95€

ACCESO GRATIS *a la Lectura en la Nube*

Para visualizar el libro electrónico en la nube de lectura envíe junto a su nombre y apellidos una fotografía del código de barras situado en la contraportada del libro y otra del ticket de compra a la dirección:

ebooktirant@tirant.com

En un máximo de 72 horas laborables le enviaremos el código de acceso con sus instrucciones.

La visualización del libro en **NUBE DE LECTURA** excluye los usos bibliotecarios y públicos que puedan poner el archivo electrónico a disposición de una comunidad de lectores. Se permite tan solo un uso individual y privado.

LA ACTUACIÓN ADMINISTRATIVA AUTOMATIZADA: SUS CLAVES JURÍDICAS

LA ACTUACIÓN ADMINISTRATIVA AUTOMATIZADA: SUS CLAVES JURÍDICAS

Director

MARCOS VAQUER CABALLERÍA

Coordinadora

JUANITA PEDRAZA CÓRDOBA

tirant lo blanch

Valencia, 2025

En caso de erratas y actualizaciones, la Editorial Tirant lo Blanch publicará la pertinente corrección en la página web www.tirant.com.

PID2020-116855RB-I00

Colección dirigida por:

LUCIANO PAREJO ALFONSO

EDITA: TIRANT LO BLANCH
C/ Artes Gráficas, 14 - 46010 - Valencia
TELFS.: 96/361 00 48 - 50
FAX: 96/369 41 51
Email: tlb@tirant.com
www.tirant.com
Librería virtual: www.tirant.es
DEPÓSITO LEGAL: V-986-2025
ISBN: 978-84-1095-036-8
MAQUETA: Tink Factoría de Color

Si tiene alguna queja o sugerencia, envíenos un mail a: *atencioncliente@tirant.com*. En caso de no ser atendida su sugerencia, por favor, lea en *www.tirant.net/ index.php/empresa/politicas-de-empresa* nuestro procedimiento de quejas.

Responsabilidad Social Corporativa: http://www.tirant.net/Docs/RSCTirant.pdf

Autores

Moises Barrio Andrés
Antonio Berlanga de Jesús
Carmen Camblor de Echanove
Miguel Casino Rubio
Tomas de la Quadra Salcedo y Fernández del Castillo
Antonio Descalzo González
Antonio Fortes Martín
Carlos Galán Cordero
Carlos M. Galán Pascual
Luis Gamo Sanz
Isabel Hernández San Juan
José Manuel Molina López
Ángel Manuel Moreno Molina
Diego Muñoz Vicuña
Alberto Palomar Olmeda
Luciano Parejo Alfonso
Juanita Pedraza Córdoba
Marcos Vaquer Caballería
José Vida Fernández

Índice

Automatización administrativa y derechos de las personas: ¿interpretación evolutiva o nuevos derechos?

Tomás de la Quadra-Salcedo Fernández del Castillo

Las oportunidades y las amenazas de la automatización administrativa para los valores constitucionales del Estado de Derecho: libertad, justicia, igualdad y pluralismo político

Moisés Barrio Andrés

Los riesgos de la actuación administrativa automatizada y las carencias de su marco legal (con propuestas para uno nuevo)

Ángel Manuel Moreno Molina

Principios computacionales y algorítmos para la transformación y automatización digital

Antonio Berlanga
José Manuel Molina

PARTE II

EFECTOS DE LA AUTOMATIZACIÓN SOBRE LA ORGANIZACIÓN Y EL PROCEDIMIENTO ADMINISTRATIVOS

Efectos de la automatización sobre la organización administrativa: las organizaciones especializadas

Isabel Hernández San Juan

La distribución de competencias e imputación de responsabilidades en la actuación administrativa automatizada

Antonio Fortes Martín

El procedimiento de automatización y los efectos de la automatización sobre los procedimientos administrativos

Marcos Vaquer Caballería

Modelos de evaluación de impacto algorítmico para las decisiones administrativas automatizadas

Diego Muñoz Vicuña

PARTE III
PARTICULAR INCIDENCIA EN ALGUNAS ACTIVIDADES ADMINISTRATIVAS TÍPICAS

La automatización de las actuaciones administrativas sancionadoras

Miguel Casino Rubio

La automatización de la actividad de fomento: en particular, las subvenciones

Carmen Camblor de Echanove

Automatización de procedimientos en el ámbito del empleo público

Alberto Palomar Olmeda

La automatización de la actuación material, gestora o prestadora de servicios públicos

José Vida Fernández

PARTE IV
LOS MEDIOS PARA LA AUTOMATIZACIÓN

Los requisitos técnicos exigibles a los sistemas de información empleados en la automatización administrativa: interoperabilidad, reutilización, ciberseguridad, accesibilidad e igualdad

Carlos Galán Cordero
Carlos M. Galán Pascual

La contratación de las aplicaciones de automatización

Luis Gamo Sanz

PARTE V
GARANTÍAS Y CONTROLES

Reserva de humanidad y otras fórmulas de gobierno de sistemas decisorios híbridos empleados por la Administración pública

Juanita Pedraza Córdoba

Abreviaturas

AAA	Actuación administrativa automatizada
AALL	Administraciones locales
AAPP	Administraciones públicas
AEPD	Agencia Española de Protección de Datos
AESIA	Agencia Española de Supervisión de Inteligencia Artificial
AGE	Administración General del Estado
AIA	Algorithmic Impact Assessment
AL	Administración local
AP	Administración pública
ATS	Auto del Tribunal Supremo
BOE	Boletín Oficial del Estado
CA	Comunidad Autónoma
CC	Código Civil
CCAA	Comunidades Autónomas
CDD	Carta de Derechos Digitales
CE	Constitución española de 27 de diciembre de 1978
CEAL	Carta Europea de la Autonomía Local
CFR	*Code of Federal Regulations* (Estados Unidos)
CGPJ	Consejo General del Poder Judicial
CP	Código Penal
DADM	*Directive on Automated Decision-Making* (Canadá)
DDA	Directrices sobre decisiones individuales automatizadas y elaboración de perfiles a los efectos del Reglamento 2016/679
Directrices EIPD	Directrices sobre la evaluación de impacto relativa a la protección de datos y para determinar si el tratamiento «entraña probablemente un alto riesgo» a efectos del Reglamento (UE) 2016/679

DOCE	Diario Oficial de las Comunidades Europeas
EA	Enviromental Assessments
EBEP	Ley 7/2007, de 12 de abril, que aprueba el Estatuto Básico del Empleado Público
EEAA	Estatutos de Autonomía de las Comunidades Autónomas
EIPD	Evaluación de Impacto relativa a la Protección de Datos
EIS	Environmental Impact Statement
ELI	European Law Institute
ENI	Real Decreto 4/2010, de 8 de enero, por el que se regula el Esquema Nacional de Interoperabilidad en el ámbito de la administración electrónica
ENS	Real Decreto 311/2022, de 3 de mayo, por el que se regula el Esquema Nacional de Seguridad
FONSI	Findings Of No Significant Impact
GT29	Grupo de trabajo sobre protección de datos del artículo 29
LAE	Ley 11/2007, de 22 de junio, de Acceso Electrónico de los Ciudadanos a los Servicios Públicos
LCSP	Ley 9/2017, de 8 de noviembre, de Contratos del Sector Público
LEF	Ley de Expropiación Forzosa, de 16 de diciembre de 1954
LEG	Ley Orgánica 5/1985, de 19 de junio, del Régimen Electoral General
LES	Ley 2/2011, de 4 de marzo, de Economía Sostenible
LG	Ley 50/1997, de 27 de noviembre, del Gobierno
LGP	Ley 47/2003, de 26 de noviembre, General Presupuestaria
LGS	Ley 38/2003, de 17 de noviembre, General de Subvenciones
LGT	Ley 58/2003, de 17 de diciembre, General Tributaria.
LITND	Ley 15/2022, de 12 de julio, integral para la Igualdad de Trato y la No Discriminación
LJCA	Ley 29/1998, de 13 de julio, reguladora de la Jurisdicción Contencioso–Administrativa

LoPD	Ley Orgánica 3/2018, de 5 de diciembre, de Protección de Datos Personales y garantía de los derechos digitales
LoPJ	Ley Orgánica 6/1985, de 1 de julio, del Poder Judicial
LoTC	Ley Orgánica 2/1979, de 3 de octubre, del Tribunal Constitucional
LPAC	Ley 39/2015, de 1 de octubre, de Procedimiento Administrativo Común de las Administraciones Públicas
LPAP	Ley 33/2003, de 3 de noviembre, de Patrimonio de las Administraciones Públicas
LBRL	Ley 7/1985, de 2 de abril, Reguladora de las Bases del Régimen Local
LRJSP	Ley 40/2015, de 1 de octubre, de Régimen Jurídico del Sector Público
LTAIBG	Ley 19/2013, de 9 de diciembre, de Transparencia, Acceso a la Información pública y Buen Gobierno
NEPA	*National Environmental Policy Act* (Estados Unidos)
NTI	Normas técnicas de interoperabilidad
RAFESP	Real Decreto 203/2021, de 30 de marzo, por el que se aprueba el Reglamento de Actuación y Funcionamiento del Sector Público por medios electrónicos
REF	Reglamento de Expropiación Forzosa, aprobado por Decreto de 26 de abril de 1957
RGPD	Reglamento (UE) 2016/679, del Parlamento Europeo y del Consejo, relativo a la protección de las personas físicas en lo que respecta al tratamiento de datos personales y a la libre circulación de estos datos y por el que se deroga la Directiva 95/46/CE (Reglamento general de protección de datos), de 27 de abril de 2016.
RIA	Reglamento (UE) 2024/1689 del Parlamento Europeo y del Consejo, de 13 de junio de 2024, por el que se establecen normas armonizadas en materia de inteligencia artificial y por el que se modifican los Reglamentos (CE) n.° 300/2008, (UE) n.° 167/2013, (UE) n.° 168/2013, (UE) 2018/858, (UE) 2018/1139 y (UE) 2019/2144 y las Directivas 2014/90/

	UE, (UE) 2016/797 y (UE) 2020/1828 (Reglamento de Inteligencia Artificial).
ROCE	Reglamento Orgánico del Consejo de Estado, aprobado por Real Decreto 1674/1980, de 18 de julio
SsTC	Sentencias del Tribunal Constitucional
SsTJUE	Sentencias del Tribunal de Justicia de la Unión Europea
SsTS	Sentencias del Tribunal Supremo
STC	Sentencia del Tribunal Constitucional
STJUE	Sentencia del Tribunal de Justicia de la Unión Europea
STS	Sentencia del Tribunal Supremo
TC	Tribunal Constitucional
TEDH	Tribunal Europeo de Derecho Humanos
TFUE	Tratado de Funcionamiento de la Unión Europea
TJUE	Tribunal de Justicia de la Unión Europea
TRRL	Texto Refundido de las Disposiciones Legales Vigentes en materia de Régimen Local, aprobado por Real Decreto Legislativo 781/1986, de 18 de abril
TREBEP	Real Decreto Legislativo 5/2015, de 30 de octubre, por el que se aprueba el Texto Refundido del Estatuto Básico del Empleado Público
TUE	Tratado de la Unión Europea
USC	*United States Code* (Estados Unidos)

Presentación

La actuación administrativa automatizada es definida en el artículo 41 de la Ley de Régimen Jurídico del Sector Público como "cualquier acto o actuación realizada íntegramente a través de medios electrónicos por una Administración Pública en el marco de un procedimiento administrativo y en la que no haya intervenido de forma directa un empleado público". Su principal rasgo definitorio es la sustitución del ser humano por la informática en la autoría directa de la actuación administrativa. Esa sustitución es relevante jurídicamente, singulariza a la AAA dentro del marco más amplio de la transformación digital y la relaciona íntimamente con la inteligencia artificial, pero también obliga a distinguirla de ella ya que, de un lado, la AAA no siempre requiere o usa la IA y, de otro lado, ésta puede ser utilizada instrumentalmente por las Administraciones sin evitar la intervención humana directa ni, por tanto, automatizar propiamente su actuación.

Si bien la IA permite multiplicar las posibilidades de AAA, es ésta y no aquélla la elegida como objeto central de la investigación que aquí presentamos por dos razones. La primera es que está recibiendo menos atención especializada. La doctrina iusadministrativista más reciente parece fascinada por los retos y las posibilidades de la IA, así como por la fuerza tractora de su regulación por el reciente Reglamento de la Unión Europea. Muy plausible y comprensible, por lo que si no abundamos en esa perspectiva no es por discrepar, sino para diversificar. La segunda y principal razón de nuestra elección obedece a que el Derecho administrativo necesita ser repensado para cuando la máquina sustituye a la persona en la actuación administrativa, con o sin IA. Aunque una y otra guarden íntima relación, no es tanto la herramienta informática utilizada como la forma de actuación administrativa por ella propiciada la decantadora de las consecuencias más relevantes para nuestro Derecho administrativo, cuya tradición garantista ha estado siempre más atenta a las formas (el cumplimiento de la competencia y el procedimiento) que a los medios lógicos (la gestión de la información) de la Administración.

Esta obra se enmarca en el proyecto de investigación LA ACCIÓN ADMINISTRATIVA AUTOMATIZADA: CONDICIONES, LÍMITES Y GARANTÍAS JURÍDICAS (PID2020-116855RB-I00). Su hipótesis de partida, ya adelantada en el párrafo anterior, es que todo el Derecho administrativo contemporáneo ha sido concebido para la actuación humana, por lo que su adaptación a la actuación maquinal o automática (resultante de la automatización) requiere repensar sistemáticamente sus instituciones. Eso no significa que haya que incurrir en un revisionismo adanista ni que desechar estas instituciones jurídicas porque ya no rijan o hayan devenido ineficaces: muchas pueden mantener plena eficacia en el contexto de la actuación automatizada. Pero sí significa que tal continuidad en el estándar alcanzado por nuestro régimen administrativo (1º) puede precisar una interpretación finalista y evolutiva del Derecho vigente, que en parte está por construir, y que (2º) no puede presumirse, como parece haber hecho por ahora el legislador español del régimen jurídico de las Administraciones públicas, en una banalización del fenómeno de la automatización que es inconsistente con su grado actual de avance, puesto que la AAA ya alcanza a múltiples actos de trámite cualificados e incluso a las resoluciones de algunos procedimientos administrativos masivos.

Por todo ello, la estructura de la investigación que presentamos propone una reconsideración general del Derecho administrativo desde la óptica de la automatización: desde los derechos y los principios constitucionales que le sirven de fundamento (parte I del libro), a la organización y el procedimiento administrativos (parte II), algunas de las principales formas de actividad (III), los medios de las Administraciones públicas (IV) y las garantías y su control (V). De esta forma, se van constatando las reformas y mutaciones que la AAA ya está introduciendo en el Derecho administrativo, así como los retos todavía pendientes a juicio de los autores.

Por lo que hace al método de trabajo, la investigación sobre una materia tan técnica e innovadora aconsejaba escuchar antes de escribir. Así que la iniciamos con dos seminarios en los que colegas expertos (como Albert Sánchez Graells, de la Universidad de Bristol, Michelle Bordachar, de la de Chile, y Angelo Giuseppe Orofino, de la Università LUM) dibujaron el marco teórico, mientras que gestores de las Administraciones públicas (Isabel Díaz Díaz, de la DGT, Dolores Pérez Pino, de la Junta de Andalucía, y José Javier Rodríguez Hernández, del Ayuntamiento de Madrid) nos expusieron algunas experiencias de AAA ya implantadas. Después, las contribuciones de los autores fueron sometidas a discusión en una serie de cuatro seminarios a puerta cerrada, dos de ellos moderados y animados por Isaac Martín Delgado y Clara Velasco Rico. La amable disposición y las aportaciones externas y expertas de todos los mencionados merecen nuestro agradecimiento.

Estos debates activaron el necesario diálogo entre los juristas e informáticos integrantes del grupo de investigación. A los segundos, en particular (José Manuel Molina, Antonio Berlanga y Carlos Galán, que reúne la doble formación), les queremos agradecer que se prestaran al juego. Pero es que esta es una materia en la que la transdisciplinariedad es tan evidente que es prácticamente la única aportación apreciable del artículo 41 LRJSP con cuya cita se abría esta presentación: si, como bien apunta el apartado 2º del precepto legal, en la actuación automatizada hay que combinar las competencias/responsabilidades informáticas con las formalmente jurídicas (materialmente jurídicas son ambas, por su relevancia y sujeción al ordenamiento jurídico), parece lógico que su investigación reúna asimismo ambas competencias, como hemos tratado de hacer aquí. En esta materia, el diálogo constructivo entre informáticos, gestores y juristas es tan difícil como necesario. Nosotros lo hemos intentado, en qué medida lo hayamos logrado es algo que deberá valorar el lector.

Marcos Vaquer Caballería

En Getafe (Madrid), septiembre de 2024

PARTE I
FUNDAMENTOS Y CONSIDERACIONES GENERALES

La administración electrónica como innovación y su implantación

LUCIANO PAREJO ALFONSO
Catedrático emérito de Derecho Administrativo
Universidad Carlos III de Madrid

I. NUEVAS TECNOLOGÍAS DE LA INFORMACIÓN Y COMUNICACIÓN E IDEA DE PROGRESO

Las nuevas tecnologías de la información y la comunicación evocan en principio la idea de progreso alimentado por la innovación. Han dado lugar, precisamente en el ámbito jurídico, a opiniones negativas como la de Frosini (1982), quien, haciéndose eco de la pesimista estimación por Spengler (1931) de la evolución de la relación del hombre y la técnica, sostiene que una "justicia hecha a máquina" da lugar a un nuevo fetichismo, aumenta la rigidez conceptual de los juristas y favorece la pérdida del sentido de la responsabilidad personal, en especial a partir de una conceptualización puramente analítica que puede conducir a malentendidos radicales de normas, sentencias y documentos jurídicos. Pero también y ya hace casi un Siglo, a otras más matizadas como las expuestas por M. García Morente y A. G. Posada en 1932, en los discursos, respectivamente, de ingreso en la Academia de Ciencias Morales y Políticas y de contestación al mismo:

Para el primero, si bien la naturaleza del progreso no es clara y la técnica mecánica no sea, por sí misma, progreso (por más que sirva para todo y en esto resida su grandeza), aquélla puede considerarse, cuando menos, instrumento del progreso posible, siempre que sus formidables avances sean aprovechados y bien usados[1].

Y para el segundo la superstición de la técnica y el predominio del sentido pragmatista en sus aplicaciones está llevando y puede continuar llevando al desvarío del descuido de los valores, pues la aplicación inconsiderada de la racionalización del trabajo tiende a convertir las sociedades humanas en las lúgubres sociedades de termes[2].

---

1 En palabras textuales de García Morente (de su discurso, titulado "Ensayos sobre el progreso"): "Si... se iniciase una reflexión sobre la verdadera naturaleza del progreso, pronto se advertiría que la técnica mecánica no es por sí misma progreso, sino, cuando más, un instrumento del progreso posible. Cabría entonces la esperanza de llegar a una actitud humana que, salvando todos los bienes y todos los valores, repusiera en orden relativo y jerárquico los componentes de nuestra cultura, dándoles un sentido general claro y preciso. Justamente los formidables avances de la técnica, si fueran bien usados, podrían permitir una organización de la vida que deparase a los hombres el más deleitable comercio con los máximos valores. La herramienta técnica sirve para todo. Esa es su grandeza. Pero su sentido se oblitera y macula cuando se la hace servir tan sólo a la fabricación de otras herramientas técnicas, en un continuo y ciego disparo hacia el futuro. Si la técnica es nuestra esclava usémosla para nosotros, en vez de postrarnos en adoración ante ella, entregándole neciamente nuestras vidas y nuestra realidad presente".

2 Las palabras empleadas por A. G. Posada fueron las siguientes: "Impera hoy, de modo general, una idea de progreso, en la que desempeñan un papel, a veces harto humilde, los valores que deberían ser preponderantes, los valores morales. Se oponen a la necesaria y urgente rectificación de esta situación angustiosa muchas extrañas supersticiones; pero quizás la que ejerce una acción más eficazmente perturbadora, es la superstición de

De modo más equilibrado, Ferrajoli (2022) se ha referido, recientemente, a los problemas generados por los posibles usos y abusos de la inteligencia artificial, señalando que la adopción de decisiones de manera autónoma por máquinas inteligentes puede aportar desde luego extraordinarios beneficios, pero puede también favorecer el desarrollo de poderes invisibles.

Pero también es crítica la opinión sobre la técnica (en general y puede decirse que actual) de Heidegger (1954), para quien, aunque la determinación instrumental de la técnica sea correcta, la moderna supone —frente a la vieja artesanal— algo completamente distinto y, por tanto, nuevo, en tanto que implica un medio para un fin. Pero su corrección no equivale a su verdad, pues la representación instrumental de la técnica determina el esfuerzo por el logro de la justa relación con ella, su manejo adecuado, su dominio; dominio, que es tanto más urgente, cuanto más tiende la técnica a escapar del señorío del hombre. El anclaje en la instrumentalidad de la técnica condena a la permanencia en tal esfuerzo de dominio, eludiendo la cuestión decisiva de su esencia o verdad. La búsqueda de esta última revela la ambigüedad de la técnica, toda vez que al propio tiempo que promete salvación implica peligro.

En este mismo sentido, el filósofo alemán de origen coreano Han (2014, 2021) denuncia hoy el riesgo de que las nuevas tecnologías electrónicas, aun pudiendo comportar beneficios en algunos ámbitos de la vida (como la medicina), implican el peligro de conducir a un "dataísmo" caracterizable como "dadaísmo digital" capaz, al sustituir toda narrativa por la simple adición de datos, de apartarnos de la vida real, es decir, de la verdad (al disolver ésta en la información).

---

la técnica y el predominio del sentido pragmatista en las aplicaciones políticas. Fijándonos en la superstición de la técnica, nos dice claramente adónde nos ha llevado y adónde nos podría llevar semejante desvarío moral, la aplicación inconsiderada por el técnico ciego —o con orejeras— de la llamada racionalización del trabajo, que dejada a sí misma, sin las catástrofes que se ponen ya a su cuenta, acabaría por convertir las sociedades humanas en las lúgubres sociedades de termes, que Maeterlink tan bellamente ha descrito".

II. PROGRESO MEDIANTE INNOVACIÓN Y DERECHO

A) Justificación de su relación

En todo caso, la reflexión sobre la relación entre Derecho e innovación (concepto asociado, como queda dicho, a la idea de progreso) se justifica esencialmente por dos razones:

Con independencia de lo que deba entenderse por progreso (toda vez que éste es un concepto cuyos efectos o consecuencias pueden ser y son de diverso signo, dando lugar, así, a ganadores y perdedores[3]), tanto el Estado social y democrático de Derecho, como la Unión Europea en la que está inserto, se ofrecen orientados, de suyo, al progreso.

Puede decirse, en efecto, que la apertura a la innovación dista de ser ajena al Estado social de Derecho, en la medida en que éste pretende ser un orden social liberal en el que se da una convivencia, una especifica combinación o, si se quiere, complementariedad entre, de un lado, la libertad de desarrollo de la personalidad (a través de los derechos fundamentales reconocidos a toda persona que aseguran la creatividad) y, de otro lado, la puesta de dicha libertad (la creatividad a ella asociada) al servicio del bien común (más concretamente, su realización efectiva).

El Derecho nacional[4] y el europeo[5] deben considerarse, por tanto, en principio proclives o favorables a la innovación, si bien parece

---

3 Incluso puede afirmarse, como hace P. Rosanvallon (*El siglo del populismo. Historia, teoría y crítica,* Ed. Galaxia Gutenberg, Barcelona 2020, p. 54) que vivimos ya en un mundo en el que la idea de progreso ha colapsado y donde reina la incertidumbre; en el cual también las determinaciones personales y la variabilidad de las situaciones son decisivas para caracterizar la vida de los individuos.

4 La Constitución proclama ya en su preámbulo la voluntad de la nación de promover, genéricamente, el progreso de la cultura y de la economía para asegurar a todos una digna calidad de vida. Y, en su artículo 9.3, impone a los poderes públicos una acción positiva de promoción de las condiciones de vida que se correspondan, en particular, con los principios rectores de la política social y económica consagrados en el capítulo tercero del título

claro que la expresada multidimensionalidad del progreso impone a todo Derecho una simultánea disposición, según proceda, a la apertura a, y la responsabilidad por, la innovación. Pues se trata de categorías, éstas, íntimamente relacionadas entre sí.

---

primero, entre los que figura el relativo a las *condiciones favorables para el progreso social y económico* (art. 40.1); principios (y, por tanto, condiciones), cuyo reconocimiento, respeto y protección deben informar la legislación positiva, la práctica judicial y la actuación de los poderes públicos (art. 53.3).

La apertura a la innovación es hoy de decisiva importancia por razón del reto que plantea el cambio climático y, en general, el agotamiento de la capacidad de absorción por el ecosistema tierra de las consecuencias de la acción humana, toda vez que existe suficiente consenso sobre la respuesta: el replanteamiento de aquella acción sobre la base de la calificada como transición energética y, en general, ecológica, como luce ya en la Ley 7/2021, de 20 de mayo, de cambio climático y transición energética y en las Leyes que con el mismo objeto han aprobado muchas Comunidades Autónomas.

5 Es suficientemente significativo, en lo que aquí interesa y sin necesidad de ulteriores referencias en la normativa derivada (que serían fáciles y abundantes), que tanto el TUE como el TFUE aludan varias veces al progreso.

Uno de los objetivos del Reglamento del Parlamento Europeo y del Consejo 2024/1689, de 13 de junio de 2024, por el que se establecen normas armonizadas en materia de inteligencia artificial (Ley de inteligencia artificial) y se modifican determinados actos legislativos de la Unión es el estímulo de la inversión y la innovación en el ámbito de la IA en Europa.

Paralelamente y en otro orden de cosas (el medio ambiente amenazado), el Reglamento del Parlamento Europeo y del Consejo 2024/1991, de 24 de junio de 2024, relativo a la restauración de la naturaleza.

En el preámbulo del TUE se afirma que los Estados firmantes están: i) decididos a *promover el progreso social y económico* de sus pueblos y a desarrollar políticas que garanticen que los avances en la integración económica vayan acompañados de *progresos paralelos en otros ámbitos*; y ii) resueltos (en materia de política exterior y de seguridad común a definir progresivamente una política de defensa común con el fin último de fomentar la paz, la seguridad y *el progreso en Europa y en el mundo.*

Y en su artículo 3.3 impone a la UE (en el contexto del mercado interior) *promover el progreso científico y técnico.*

Por su parte, el preámbulo del TFUE señala la decisión de los Estados miembros de asegurar, mediante una acción común, *el progreso económico y social* de sus respectivos Estados. Y en su parte prescriptiva determina:

B) Concepto de innovación; innovación tecnológica y social, en concreto la Administración electrónica

Alcanzado este punto, conviene precisar que por innovación —concepto no jurídico— se entiende aquí algo nuevo suficientemente significativo a lo largo de todo el proceso que va desde su ideación, descubrimiento o invención (en su caso, también ulterior modificación) hasta su empleo o aplicación en la práctica, incluyendo su generalización o difusión, muy especialmente la novedad rica en consecuencias (nuevos conocimientos; nuevos procedimientos; nuevos productos; nuevas instituciones; nuevos modelos de comportamiento), incluida desde luego la que persigue solventar mejor problemas existentes (como sucede en el caso de la llamada Administración electrónica).

Conforme a Rammert (2010: 21-51) las innovaciones pueden clasificarse según sus diferentes dimensiones (temporal: nuevo-viejo; material: misma o distinta especie; similar-novedoso; y social: normal/divergente) y los campos a los que se refiera (técnicas/tecnológicas; económicas; políticas; sociales; culturales; artísticas; y también jurídicas: el Derecho en tanto expuesto, él mismo, a procesos innovativos).

Las innovaciones tecnológicas son las que normalmente se asocian a la idea de innovación. Pero no solo el cambio tecnológico, sino los sociales que le acompañan tienen por consecuencia también alteraciones profundas en la vida social. Es esa alteración —aunque no necesariamente siempre— la que hace emerger innovaciones, que van desde las consistentes en modificaciones de comportamientos y

---

La definición (en el contexto del mercado interior) de las orientaciones y condiciones necesarias para asegurar *un progreso equilibrado en el conjunto de los sectores considerados* (art. 26.3).

La fijación, entre los objetivos de la política agrícola común, el de incremento de la productividad, *fomentando el progreso técnico* (art. 39.1).

La posibilidad de la inaplicación —en determinadas condiciones— de algunas de las normas de competencia a observar por las empresas de: i) cualquier acuerdo o categoría de acuerdos entre empresas; ii) cualquier decisión o categoría de decisiones de asociaciones de empresas; iii) cualquier práctica concertada o categoría de prácticas concertadas, que contribuyan, en particular, a fomentar *el progreso técnico o económico.*

actitudes hasta las productoras de la reestructuración/remodelación de estructuras sociales.

La creciente atención prestada a las innovaciones sociales diluye algo la que las tecnológicas han venido disfrutando, en la medida de la progresiva consideración de las primeras no tanto como efectos o consecuencias (en su caso, secundarios) de las segundas, sino como fenómenos con entidad propia. La digitalización del universo de la información y la comunicación no altera tal proceso, pues no por estar basada aquélla en la tecnología deja de inducir múltiples alteraciones en el plano social.

La relación del Derecho con el cambio tecnológico y social no es algo nuevo, pero ha pasado a primer plano desde que la tendencia a la descarga de tareas materialmente públicas en el mecanismo de mercado (funcionalizado hacia el interés general) ha obligado a replantear el papel del Estado y su Derecho respecto de los ciudadanos y la cobertura de sus necesidades, contexto en el que la manifestación más visible es la de la novedosa función de regulación, que, a la postre, se ha convertido en una re-regulación de los sectores económico-sociales y ha propiciado la teorización de la garantía como nueva función y, por tanto, responsabilidad, estatal. Como ha señalado Hoffmann-Riem (2016: 23-28), el eslogan es hoy no la no regulación, sino la regulación mejor o inteligente. Este proceso es observable en la evolución de la normativa europea[6].

Ha de tenerse en cuenta, sin embargo y como también destaca Hoffmann-Riem (2016: 23-28), que la innovación no es, en el ordenamiento jurídico, un fin en sí mismo, sino un medio para la conse-

---

6 Desde la llamada estrategia de Lisboa (Conclusiones de la Presidencia del Consejo Europeo de 23 y 24 de marzo de 2000 sobre el nuevo objetivo estratégico de la Unión y la Comunicación [COM(2010) 2020 final] denominada Europa 2020: Una estrategia para un crecimiento inteligente, sostenible e integrador (los objetivos de la Estrategia Europa 2020 también reciben el apoyo de siete iniciativas emblemáticas a escala europea y en los países de la UE: la Unión por la innovación (la estrategia de investigación e innovación 2020-2024), que persigue la consecución del futuro deseado (próspero y sostenible para la gente y el planeta) a través de las transformaciones "verde" y "digital" en curso sobre la base de la solidaridad y el respeto a los valores europeos compartidos.

cución de otros fines, por lo que lo importante es el modo en que el Derecho deba reaccionar ante una novedad. Cuestión ésta de suyo ardua por la dificultad y hasta, en su caso, imposibilidad, de la valoración de algo como nuevo y, sobre todo, digno de ser considerado y procurado, así como de cualquier diagnóstico de la índole y el alcance de sus posibles consecuencias o efectos.

No cualquier cambio o alteración en el tejido jurídico merece la conceptuación como innovación. Tratándose de la aplicación al Derecho de un concepto —el de innovación— no jurídico, es claro que el margen para la calificación de algo como tal es muy amplio. Esta amplitud no es un inconveniente, pues permite insuflar al Derecho una alta sensibilidad para percibir y valorar lo que realmente sea sustancialmente nuevo.

En lo que aquí interesa, el Derecho debe ser receptivo para con las innovaciones tanto tecnológicas, como sociales, a los efectos de su adecuado tratamiento, pero teniendo en cuenta que lo normal es que unas y otras se produzcan y desarrollen en una relación de dependencia recíproca. De nuevo es aquí de todo punto pertinente la advertencia de Hoffmann-Riem (2016: 203): muchas innovaciones tecnológicas están condenadas al fracaso si no van acompañadas de cambios sociales e institucionales, pues la capacidad y la aptitud para el manejo, la operación y la actuación de las posibilidades técnicas o tecnológicas son presupuesto del éxito de las innovaciones de este último carácter.

C) Apertura a la innovación

La apertura a la innovación, que puede traducirse tanto en mera tolerancia, como en positiva estimulación, procede desde luego cuando la innovación presente connotaciones positivas, pero ha de descansar en todo caso en la ponderación de ventajas e inconvenientes, en particular de los efectos o las consecuencias. Pues solo tal ponderación permite un juicio correcto sobre la calidad de la innovación y, por tanto, la medida idónea de su empleo (y, por tanto, su regulación por el Derecho).

D) Responsabilidad por la innovación

La responsabilidad, por su parte, apela, de un lado y positivamente, a la realización o el empleo efectivos de la innovación, y, de otro lado y negativamente, a la evitación (incluso, en su caso, preventiva) de las consecuencias o los efectos no deseados, ni deseables, es decir, comporta la preocupación por la tolerabilidad social o la protección de valores o intereses tutelados y susceptibles de ser puestos en peligro o, incluso, lesionados.

En la medida en que los intereses que en cada caso se hacen presentes pueden ser diversos e, incluso, contradictorios, el Estado social de Derecho no puede tratar las innovaciones siempre —cualquiera que sea su índole y efectos— como merecedoras de ser viabilizadas. Pues ha de tener en cuenta, como ha señalado Hoffmann-Riem (2016: 28-35), sus ventajas y sus riesgos, así como las condiciones en que pueda verificarse "correctamente" su empleo y utilización (sobre todo, desde el punto de vista de la protección de los bienes relevantes, tanto materiales, como inmateriales —salud, medio ambiente, etc.—). Lo que significa: el Derecho debe asegurar tanto la producción de innovaciones deseadas, como la evitación de las consecuencias indeseadas que de ellas puedan derivar; finalidades ambas, a las que se refiere el concepto de responsabilidad por la innovación. Tal responsabilidad se actualiza desde luego en el orden de la postulación de innovaciones de la calidad requerida, pero se proyecta fundamentalmente en el de los efectos o consecuencias; plano este último, en el que aflora la preocupación por regulaciones protectoras de determinados valores (por ej. en el ámbito de la bioética) o de intereses específicos protegidos (p. ej. la salud) en posible peligro y que se traduce (al igual que la tradicional policía administrativa) en la defensa frente a peligros e, incluso, la prevención de la actualización de riesgos.

E) Imbricación de apertura y responsabilidad

La orientación al progreso, al servicio del bien común, de las políticas públicas europeas y nacionales comporta la imbricación de las opciones de apertura y responsabilidad, sin perjuicio de la indeterminación del concepto de progreso y el carácter históricamente circunstancial de la categoría bien común o interés general. De ahí que los fines, objetivos y límites que establezca el Derecho, además variables en el tiempo, estén siempre precisados de interpretación.

La apuntada imbricación implica igualmente reciprocidad: la consideración de los términos de apertura a la innovación sólo es posible si se acompaña simultáneamente de las condiciones de la tolerabilidad social (en función de los riesgos) de la propia innovación.

En este contexto el Derecho cumple, por tanto, múltiples funciones, que van desde la posibilitación hasta la prohibición, pasando por la regulación y delimitación/limitación. Y en el cumplimiento de tales funciones entra en contacto, en diverso grado, con procesos, intereses y marcos extrajurídicos, adquiriendo relevancia con ello cómo el Derecho asume hechos de índole distinta a la jurídica, influye en ellos y, a su vez, resulta influido por los mismos. Como también señala Hoffmann-Riem (2016: 50 y ss.), Derecho y facticidad están recíprocamente relacionados a modo de una puerta giratoria, teniendo en cuenta que el saber sobre el mundo de lo fáctico está influido por la perspectiva desde la que se contempla la realidad. Tal perspectiva está también condicionada por valoraciones, predeterminadas, en su caso, por múltiples criterios que, salvo los contenidos en normas jurídicas, es decir, los extrajurídicos (estándares morales y éticos, p. ej.) precisan de la recepción jurídica (obteniendo, así, fuerza normativa). Los términos del acceso a la realidad pueden estar también predeterminados por la norma, por ejemplo, mediante la fijación de reglas para la aclaración de lo fáctico (así sobre práctica de prueba, prohibición de prueba y ponderación de la prueba) o para garantizar la "seguridad" de los hechos investigados (sin perjuicio de su posible reconsideración).

Lo mismo vale cuando, en el curso de la aplicación del Derecho, se deban hacer pronósticos sobre evoluciones futuras, como las necesarias, por ejemplo, de la defensa frente a peligros, la prevención de riesgos o la actuación en el contexto de incertidumbre. Estos pronósticos [como también los diagnósticos de posible(s) resultado(s)] son igualmente decisivos en la aplicación del Derecho, pero están afectados por la llamada paradoja de la innovación: el trato con novedades cuya índole y efectos, pero también condiciones que de ella resultan para la emergencia de lo nuevo, no pueden ser conocidas *ex ante* al menos de forma precisa y segura.

F) Derecho posibilitador de la innovación

La cuestión básica en el Derecho regulador de innovaciones es, desde el punto de vista del par apertura-responsabilidad, la del control de los problemas actuales y futuros.

En cualquier caso, el Derecho no puede imponer imperativamente las innovaciones, aunque éstas puedan merecer una valoración positiva desde el bien común o el interés general. Lo que sí puede hacer desde luego el Derecho es, como acaba de decirse, tolerarlas e, incluso, promoverlas. Pues, en general, la generación de innovaciones depende de los actos sociales, si bien no todos los presupuestos necesarios para tal generación pueden ser creados por el Derecho. Pero éste sí puede desarrollar una función directiva del proceso innovador para propiciar innovaciones deseadas (mediante, por ej., los mecanismos de la subvención, la facilitación de capital riesgo y la contratación pública, así como apoyo a las infraestructuras de educación e investigación).

Desde la óptica contraria, el Derecho puede y debe acotar y, en su caso, minimizar los riesgos asociados a la actuación innovadora. Puede y debe generar, en cada caso, un marco adecuado para que, en la medida de lo posible, los riesgos no se actualicen, se contengan en caso de actualización y se eliminen los daños, en su caso, causados.

Ocurre, sin embargo, que —como ha advertido Innerarity (2022)— si bien la actual sociedad se califica del conocimiento, lo cierto es que lo es más bien del desconocimiento, en la que la capacidad del ser humano de actuar ha superado con creces su capacidad de comprender. El resultado es una situación de ignorancia sistémica[7], que requiere la adopción de decisiones en un contexto

[7] En este sentido, H. Wilke, *Dystopie. Studien zur Krisis des Wissens in der modernen Gesellschaft*, Ed. Suhrkamp, Frankfurt 2002.

de incertidumbre[8] y de nuevas formas de legitimación, justificación y observación de las consecuencias, con la consecuencia, en todo caso, del desplazamiento del centro de gravedad del Estado hacia la prevención y, por tanto, la garantía de la seguridad conducente al llamado Estado preventivo (*Präventionsstaat*[9]) e, incluso, de vigilancia (*Überwachungsstaat*[10]). En este contexto, el bien común[11] que corresponde realizar —mediante y en el Derecho— al Estado social y democrático de Derecho va mucho más allá de la protección y seguridad jurídicas de personas y bienes, para comprender el deber de generación y mantenimiento de las condiciones de vida digna en sociedad (hoy de toda la vida y no solo de la humana). Pues impone la identificación del objetivo del bienestar en el marco no sólo del presente, sino también del futuro, como pone bien de relieve el cometido de preservación del medio ambiente y la lucha contra el cambio climático.

Así pues, estar a la altura de su función social requiere del Derecho, además de su conformidad con el marco constitucional (y, a través de él, del Derecho de la Unión Europea y del internacional), su adaptación a la realidad social y, por tanto, a la situación en ella de los individuos. Como ha expuesto Kern (1957: 505-518) la actual situación no es ya la de la época preindustrial caracterizada por la estabilidad de un espacio social dominado, sino, según avanzó ya en su momento Forsthoff (1938), por una contracción máxima de tal espacio con simultánea ampliación considerable del ámbito de vida accesible al individuo. Lo que determina la funcionalización de la exis-

---

8 En el sentido que deriva de la distinción, efectuada básicamente en la economía por F. Knight, entre el riesgo (concepto descriptor de una distribución de probabilidades conocida para un conjunto de eventos) y la incertidumbre propiamente dicha (caracterizada por la incapacidad de evaluar la probabilidad de ocurrencia de determinados casos).

9 Así E. Denninger, "Der Präventionsstaat", artículo incluido en la recopilación llevada a cabo en el libro *Der gebändigte Leviathan*, Nomos, Baden-Baden 1990.

10 En este sentido, B. Hirsch, *Auf dem Weg in den Überwachungsstaat?*, Conferencia pronunciada en la Dresdner Juristischen Gesellschaft el 24 de octubre de 2007. Accesible en http://www.djgev.de/download/Vortrag_Hirsch.pdf

11 Sobre el bien común como interés público, P. Häberle, *Öffentliches Interesse als juristisches Problem*, Ed. Berliner Wissenschaftsverlag, Berlin, 2ª ed. 2006.

tencia individual en macroorganismos configurados racionalmente y la tendencia a responsabilizar al Estado-administración de todos los procesos funcionales supraindividuales. De ahí que la problemática social resultante para el Derecho, en general y el administrativo en particular, sea el pase a segundo plano de la preocupación defensiva de los individuos por pasar, en la mayor medida posible, desapercibidos o no molestados, y al primer plano de la preocupación activa por la no exclusión de la acción prestacional estatal. En otros términos: se ha pasado de la protección frente a la intervención estatal al aseguramiento de la protección también y precisamente mediante dicha intervención. Pero, además, esa protección extensa e intensa en diverso grado alcanza, en la sociedad de la llamada modernidad reflexiva basada en la tecno-ciencia, a los riesgos manufacturados[12] y, por tanto, a las incertidumbres que ella genera por superar la capacidad del ser humano de actuar su capacidad de comprender[13]. Así lo ponen de manifiesto las crisis económico-financiera y de salud pública recientes y, sobre todo, la actual amenaza existencial que supone el cambio climático. Este último está induciendo incluso una verdadera "metamorfosis del mundo", en la que la escala del cambio supera nuestra imaginación[14], haciendo imperativo actuar para replantear el modelo económico, social y cultural y exigiendo, por tanto, políticas públicas adecuadas y coherentes para la modificación de los modos de producción y consumo.

En definitiva, el reto para el Derecho (especialmente el administrativo) es, así, doble: de un lado, el que en la vida económico-social produce la innovación y la técnica, y, de otro lado, el de la precisa adaptación o actualización propias, en un proceso reflexivo, para el adecuado tratamiento de aquélla:

---

12 U. Beck, *La sociedad del riesgo mundial. En busca de la seguridad perdida*, Ed. Paidós, Buenos Aires 2008.

13 R.T. Watson (ed.), *Environment and development challenges. The imperative to act*, obra colectiva de los ganadores del premio Blue Planet, Ed. University of Tokyo Press, Tokyo 2014.

14 U. Beck, *World risk. The new task of critical theory, Development and Society*, Vol. 37, n.º 1, junio de 2008, pp. 1-21; y *Metamorphosis of the world. How climate change is transforming our concept of the world*, Politiy Press, Cambridge 2016 (existe versión española publicada por Paidós en 2017).

a) En cuanto a lo primero, implica que debe desempeñar la función de puesta a disposición de condiciones, estructuras e institutos posibilitadores del despliegue de potenciales creativos y, por tanto, de fórmulas que, al propio tiempo que permitan la innovación, dirijan preventivamente ésta en términos que garanticen que sus resultados sean tolerables para el bien común. Pues, no asegurando las innovaciones por sí mismas la calidad de vida —no, cuando menos, en términos de distribución equitativa de sus ventajas y utilidades— el Estado social de Derecho en cualquiera de sus dimensiones actuales debe asegurar su contribución al bienestar.

A este fin, parece claro que debe recurrir a una mezcla adecuada del Derecho clásico de policía o intervención y el de fomento o incentivación[15]. Pues las alternativas precisas no pueden construirse sobre la base de la orden y la prohibición unilaterales, por más que éstas puedan seguir siendo imprescindibles, ya que su juego ordinario presenta el inconveniente de inducir respuestas elusivas y, en todo caso, no resulta especialmente idóneo para la maximización del potencial creativo de una sociedad.

Es necesario también, pues, el aprovechamiento de los recursos jurídicos que, siendo capaces de servirse de las concernencias vinculadas al propio interés de los destinatarios de las normas, incentiven de modo suficiente a éstos para mantenerse en el corredor de lo admisible, es decir, en el margen de tolerancia otorgado por el bien común. Los instrumentos clásicos del Derecho privado (la libertad de empresa y contractual, la propiedad privada y la libre competencia en el mercado), aunque polarizados en torno al interés propio, implican también, de suyo, no sólo las pertinentes políticas públicas de garantía de las instituciones precisas y de aseguramiento de la igualdad en la competencia, sino las indispensables para asegurar la justicia distributiva y los derechos de los más débiles en el mercado (los consumidores).

---

15 En este sentido, de nuevo, W. Hoffmann-Riem, *Rechtswissenschaftliche Innovationsforschung als Reaktion auf gesellschaftlichen Innovationsbedarf*, texto de conferencia pronunciada con ocasión del acto de entrega de la medalla de la Universidad de Hamburgo el día 19 de diciembre de 2000, accesible en http://www2. jura.uni-hamburg.de/ceri/publ/download01.PDF

b) En cuanto a lo segundo —la innovación reflexiva del Derecho (en especial, el administrativo)—, a ésta apunta el resalte de su función directiva de los procesos sociales y sus resultados, que pasa (como muestra la normativa de emergencia dictada a propósito de las crisis de salud pública y del cambio climático), por una adecuada solución de su potenciada relación con el saber científico-técnico, que está lejos de proporcionar al Derecho el saber necesario. En estas circunstancias es claro, pues, que el Derecho debe superar el pensamiento monocromo y dicotómico, confiar en los conceptos abiertos y flexibles y desarrollar sistemas adaptativos de gobernanza y eficacia, lo que hace cuestionable la persistencia inalterada del paradigma de la preexistencia de una norma previa en vigor precisada solo de aplicación en términos tradicionales. Pues, paradójicamente, la certeza del Derecho pasa a depender de la incerteza de sus conceptos básicos. Solo la textura abierta del Derecho puede permitir su adaptación a las actuales condiciones de transformación permanente de la sociedad, superando la ambivalencia actual de su orientación al equilibrio entre estabilización y predisposición a la transgresión.

En palabras, una vez más, de Hoffmann-Riem (2016): el Derecho debe seguir construyendo confianza mediante predictibilidad, pero, cuando no lo pueda conseguir, debe reorientarse en mayor medida —afrontando la inseguridad— hacia el manejo de la incertidumbre mediante una mayor flexibilidad y capacidad de aprendizaje para obtener resultados que estén dentro del interés de la generalidad de los ciudadanos.

III. ADMINISTRACIÓN ELECTRÓNICA COMO INNOVACIÓN

La informática —acrónimo de información y automática acuñado por Dreyfus[16]— tiene por objeto el procesamiento automático de información mediante dispositivos electrónicos y sistemas computacio-

16 Acuñador, en los años sesenta del S. XX, de los términos informática y lenguaje de programación.

nales gracias a la captación de datos, su tratamiento y su transmisión (mediante algoritmos) y abarca el campo cubierto por el soporte físico de las tareas, el o los programas, las redes (como internet) y la inteligencia artificial, por lo que constituye desde luego una innovación. La cuestión de si su empleo en la Administración pública (en términos de la automatización de su actuación, que es aquí lo único que interesa, quedando por ello fuera de consideración las posibilidades de su empleo más allá en lo que se conoce como inteligencia artificial) puede tener esa misma consideración merece una respuesta claramente positiva. Pues representa la aplicación práctica de una innovación tecnológica[17] significativa, ya que la automatización de la actuación administrativa supone algo novedoso y notablemente diferente de la forma precedente de desarrollo de ésta[18], que pretende sustituirla y hacerlo, además, de manera en principio general y duradera o permanente, y está, adicionalmente, íntimamente ligada a la innovación reflexiva del medio en que ha de desenvolverse tal

---

17 Según ya se ha expuesto, uno de los tipos de innovación, junto al cual coexisten, fundamentalmente, las económicas, políticas, sociales, culturales y artísticas.

18 El hecho de que el arranque de la informatización o digitalización de la actuación administrativa sea anterior a las Leyes 39 y 40 de 2015, remontándose a la Ley 30/1992, de 26 de noviembre, de régimen jurídico de las Administraciones públicas y del procedimiento administrativo común, como punto de partida, y, ya con la pretensión impulsar el compromiso de las Administraciones con la sociedad de la información y la asunción de la correspondiente responsabilidad en tal sentido, la Ley 11/2007, de 22 de junio, y que a ésta haya precedido, incluso, la verificada sectorialmente en la Seguridad Social y la Administración tributaria, no priva a la informatización o digitalización del carácter novedoso, diferente a la forma de actuación previa y podría decirse que condición disruptiva (por sustitutiva de la previa) con la que se la califica en el texto. Pues, como señalan I. Alamillo Domingo y F. Xavier Urios Aparisi, *La actuación administrativa automatizada en el ámbito de las Administraciones públicas. Análisis jurídico y metodológico para la construcción y la explotación de trámite automáticos*, Escola d'Administració Pública de Catalunya, Barcelona 2011, p. 7) dicha Ley pudo haber ido más allá de donde llegó, de modo que no pudo conducir a un nuevo modelo de Administración pública, concluyendo con el deseo de que su regulación no se convirtiera en una excusa para un mero cambio de soporte capaz de acabar justificando la versión actualizada de una indeseable burocracia electrónica.

actuación: su Derecho regulador. Así es en la medida en que dicha actuación lo es en, mediante y para el Derecho, planteando su conversión en electrónica la cuestión de la resolución de los problemas que suscita en el contexto del corredor marcado por los principios de posibilitación y limitación de la innovación. De hecho, ha supuesto ya y sigue suponiendo un cambio puede decirse que radical, en el plano de la legislación ordinaria y su ejecución, de la comunicación entre la Administración pública y los ciudadanos, con consecuencias en los órdenes de las correspondientes pautas de comportamiento y de expectativas, pero que tiene un alcance mucho mayor, que llega incluso a la Constitución[19].

La llamada Administración electrónica es fruto y objeto, por ello, de una verdadera política de innovación, es decir, de una estrategia, apoyada en medidas normativas, dirigida a influir en la informatización de la actuación administrativa, tanto la que se agota en el funcionamiento interno de las estructuras administrativas, como la que, trascendiéndolo, se despliega en las relaciones externas, en particular con los ciudadanos[20]. La formalización de esta política:

---

19 Aunque centrándose más bien en las transformaciones inducidas por las grandes compañías tecnológicas, el impacto de la digitalización en la Constitución ha sido ya y sigue siendo, para F. Balaguer Callejón (*La Constitución del algoritmo*, Fundación Manuel Giménez Abad, Zaragoza 2022, en especial pp. 31 y 32), de enorme entidad, pues, forjado el entero constitucionalismo en un mundo analógico, el actual mundo digital ha cambiado, en gran medida, su objeto, ya que la realidad regulada prácticamente no existe ya y no regula aún el nuevo tipo de sociedad que vive en un mundo digital. De esta suerte, sostiene la necesidad de ir a una "constitución del algoritmo" en el doble sentido de constitucionalizarlo y de digitalizar la Constitución desde la perspectiva de la garantía del respeto a y el servicio de la persona (su dignidad y derechos inherentes).

20 Conforme ha señalado A. Huergo Lora ("Administraciones Públicas e inteligencia artificial: ¿más o menos discrecionalidad", *La Administración al día, INAP*, 2022), "La "digitalización" y la "Administración electrónica", que tan destacado papel tuvieron en la reforma que llevó a la aprobación de las Leyes 39 y 40/2015, son un fenómeno muchísimo más amplio y genérico que la aplicación de la inteligencia artificial. Cualquier forma de "informatización" en la actividad administrativa puede incluirse en el epígrafe de digitalización o de Administración electrónica, claro está, aunque, de hecho, el cambio más destacado es, sin duda, el que se ha producido en la

- Arranca, con el precedente muy insuficiente de la Ley 30/1992, de 26 de noviembre, de régimen jurídico de las Administraciones públicas y del procedimiento administrativo común, con el establecimiento por la Ley 11/2007, de 22 de junio, de la obligación de las Administraciones públicas de dotarse de los medios y sistemas necesarios para su actuación electrónica y del derecho de los ciudadanos a relacionarse electrónicamente con ellas.
- Aparece notablemente influida por la Unión Europea, que primero adoptó, en 2010, el llamado Plan de Acción Europeo 2011-2015 sobre Administración electrónica[21], que tenía como objetivo global facilitar la transición de la Administración "actual" hacia una nueva generación de servicios administrativos electrónicos a nivel local, regional, nacional y europeo; y luego aprobó el Plan de Acción sobre Administración electrónica de la Unión Europea 2016-2020, dirigido a acelerar la transformación digital de la Administración[22]. En este último se afirma

---

comunicación entre la Administración y los ciudadanos, con la obligación de relacionarse electrónicamente con ella, sobre todo a la hora de presentar solicitudes y escritos y de recibir notificaciones. Salta a la vista que esta digitalización no incluye necesariamente a las predicciones algorítmicas ni a la inteligencia artificial".

21 Comunicación de la Comisión al Parlamento Europeo, al Consejo, al Comité Económico y Social Europeo y al Comité de las Regiones, de 15 de diciembre de 2010, denominada "Plan de Acción Europeo 2011-2015 sobre Administración Electrónica —Aprovechamiento de las TIC para promover una administración pública inteligente, sostenible y duradera—" [COM (2010) 743 final]. El plan preveía cuatro tipos de acciones, entre las que aquí interesan las de: i) capacitación del usuario (incremento de su capacidad para operar usar nuevas herramientas tecnológicas), gracias, entre otras acciones, al desarrollo de servicios diseñados en función de sus necesidades y servicios incluyentes, el incremento de la transparencia y su participación en la formulación de políticas; ii) mejora de la eficiencia y la eficacia, permitiendo la mejora de los procesos organizativos y la reducción de las cargas administrativas.; e iii) creación de condiciones previas necesarias.

22 Comunicación de la Comisión al Parlamento Europeo, al Consejo, al Comité Económico y Social Europeo y al Comité de las Regiones denominada "Plan de Acción sobre Administración Electrónica de la UE 2016-2020

que: i) los resultados de la evaluación plan anterior reconocen su impacto positivo en el desarrollo de la administración electrónica, tanto a nivel europeo como de Estado miembro, si bien los ciudadanos y las empresas no han obtenido aun todos los beneficios asociados a los servicios digitales; y ii) las Administraciones públicas deberían ser, a más tardar en 2020, abiertas, eficientes e integradoras, prestando servicios públicos digitales sin fronteras, personalizados, fáciles de utilizar y de extremo a extremo a todos los ciudadanos y empresas[23].

Esta influencia se intensifica con la aprobación del ya mencionado Reglamento del Parlamento Europeo y del Consejo por el que se establecen normas armonizadas en materia de inteligencia artificial ("Ley" europea de inteligencia artificial) y se modifican determinados actos legislativos de la Unión[24].

Acelerar la transformación digital de la administración" [COM/2016/0179 final].

23 Con posterioridad se ha aprobado el Reglamento (UE) 2021/694, del Parlamento Europeo y del Consejo, de 29 de abril de 2021, por el que se establece el programa Europa Digital y por el que se deroga la Decisión (UE) 2015/2240 (el programa se refiere al periodo financiero plurianual 2021-2027).
Los objetivos generales del Programa son apoyar y acelerar la transformación digital de la economía, la industria y la sociedad europeas, aportar sus beneficios a los ciudadanos, las administraciones públicas y las empresas europeos en toda la Unión, y mejorar la competitividad de Europa en la economía digital mundial, contribuyendo al mismo tiempo a reducir la brecha digital en toda la Unión y a reforzar su autonomía estratégica, a través de un apoyo global, intersectorial y transfronterizo, y una mayor contribución de la Unión.
El programa tiene como finalidad: a) reforzar y promover la capacidad de Europa en ámbitos clave de la tecnología digital mediante un despliegue a gran escala; b) en el sector privado y en áreas de interés público, ampliar la difusión y adopción de las tecnologías clave europeas, promoviendo la transformación digital y el acceso a las tecnologías digitales.
Responde a cinco objetivos específicos interrelacionados: 1) Informática de alto rendimiento; 2) Inteligencia artificial; 3) Ciberseguridad y confianza; 4) Capacidades digitales avanzadas; y 5) Despliegue y mejor uso de la capacidad digital e interoperabilidad.

24 Reglamento (UE) 2024/1689 del Parlamento Europeo y del Consejo, de 13 de junio de 2024, por el que se establecen normas armonizadas en materia

– Se formaliza propiamente con carácter general en las vigentes Leyes 39 y 40 de 2015, de procedimiento administrativo común y régimen jurídico del sector público, respectivamente (en adelante, LPAC y LRJSP)[25], de las que debe destacarse la afirmación (en el preámbulo de la primera) de que, en el entorno actual, la tramitación electrónica no puede ser ya una forma especial de gestión de los procedimientos, sino que *debe constituir la actuación habitual de las Administraciones.* Porque una Administración sin papel basada en un *funcionamiento íntegramente electrónico* no sólo sirve mejor a los principios de eficacia y eficiencia, al ahorrar costes a ciudadanos y empresas, sino que también refuerza las garantías de los interesados. Afirmación, que se traduce en el texto prescriptivo en: i) la imposición a las Administraciones públicas de la *garantía a los ciudadanos de la relación con ellas por medios electrónicos* (puesta a disposición de los canales de acceso precisos y de los sistemas y aplicaciones determinados al efecto); ii) la *diferenciación entre ciudadanos obligados y no obligados a comunicarse con la Administración por vía electrónica* (para los sujetos a dicha obligación, ésta rige, no obstante, únicamente para la realización de trámites de un procedimiento administrativo); y iii) el *otorgamiento a los segundos,* sin perjuicio de su derecho a comunicarse con las Administraciones públicas a través de un punto de acceso general electrónico, *del derecho a elegir la forma —tradicional o electrónica— de relacionarse con aquéllas, previendo,* de optar por la primera, su *derecho a asistencia en el uso de medios electrónicos,* pero traduciendo dicha asistencia por funcionarios habilitados

---

de inteligencia artificial y por el que se modifican los Reglamentos (CE) n.° 300/2008, (UE) n.° 167/2013, (UE) n.° 168/2013, (UE) 2018/858, (UE) 2018/1139 y (UE) 2019/2144 y las Directivas 2014/90/UE, (UE) 2016/797 y (UE) 2020/1828 (Reglamento de Inteligencia Artificial). De su contenido previo da cuenta Tomás Quadra-Salcedo, *Inteligencia artificial, Administraciones públicas y Derecho. Una visión comparada de un Derecho en construcción,* texto aun inédito expuesto en el XVIII Congreso de la AEPDA celebrado los días 25-27 de enero de 2024 en Vigo.

25 Concretándose en el Reglamento de actuación y funcionamiento del sector público por medios electrónicos aprobado por Real Decreto 203/2021, de 30 de marzo (en adelante RAFESP).

al efecto tan solo la realización de determinados actos relativos a un procedimiento administrativo, así como reconociendo igualmente su derecho a modificar el medio de relación elegido en cualquier momento (arts. 12, 13 y 14 LPAC).

- La previsión de la creación y el mantenimiento de sistemas integrados de información administrativa y del desarrollo de las relaciones intra e interadministrativas mediante plataformas digitales de colaboración, cooperación e intercambio de datos (arts. 142 LRJSP), así como la imposición a las Administraciones públicas, en sus relaciones recíprocas, de puesta a disposición de la que lo solicite de las aplicaciones, desarrolladas por sus servicios o que hayan sido objeto de contratación y de cuyos derechos de propiedad intelectual sean titulares, salvo que la información a la que estén asociadas sea objeto de especial protección por una norma, así como su apoderamiento para declarar dichas aplicaciones como de fuentes abiertas cuando de ello se derive una mayor transparencia en el funcionamiento administrativo o se fomente la incorporación de los ciudadanos a la Sociedad de la información (art. 157 LRJSP).
- El otorgamiento, en los procedimientos de elaboración de proyectos de Ley y de normas reglamentarias, de audiencia a los ciudadanos (cuando exista afectación de sus derechos e intereses legítimos) mediante publicación del texto en tramitación en el portal web correspondiente (art. 26 de la Ley del Gobierno, en la nueva redacción dada al mismo por la LRJSP).
- La previsión en la Carta española de derechos digitales de 2021 (se trata de un marco de referencia sin valor normativo), concretamente en su apartado XVIII.6 y en el contexto de los derechos digitales de la ciudadanía en sus relaciones con las Administraciones públicas, de la promoción de tales derechos en relación con la inteligencia artificial reconocidos en el propia Carta en el marco de la actuación administrativa.
- La imposición por el art. 23.3 de la Ley 15/2022, de 12 de julio, integral para la igualdad de trato y la no discriminación, que incluye en su ámbito de aplicación, desde la perspectiva que le es propia, la inteligencia artificial y la gestión masiva

de datos, así como otras esferas de análoga significación (art. 3.1,o), de la promoción por las Administraciones públicas del uso de una inteligencia artificial ética, confiable y respetuosa con los derechos fundamentales, siguiendo especialmente las recomendaciones de la Unión Europea en este sentido.

De estas previsiones resulta, si bien con cierta confusión entre los planos de la comunicación en general y de la verificada en una estricta relación procedimental, la persecución como objetivo de una completa y general digitalización y, en su caso, automatización de la actuación de las Administraciones, es decir, de la implantación total de la Administración electrónica (en el sentido restringido aquí empleado)[26]. De un lado, los sujetos privados obligados al empleo de medios electrónicos constituyen ya desde la Ley un amplio colectivo (el integrado, de un lado y desde el punto de vista interno, por los propios funcionarios públicos, y, de otro lado y en el ámbito externo, por los profesionales agrupados obligatoriamente en Colegios —y, en todo caso, los Notarios y Registradores—, las personas jurídicas y las entidades sin personalidad jurídica), pero ampliable por simple disposición reglamentaria a otros colectivos (al menos para ciertos procedimientos) sin otra limitación que el excesivamente genérico criterio de acceso y disponibilidad de medios electrónicos suficientes por razón de capacidad económica, técnica, dedicación profesional o cualquier otro motivo. Y, de otro lado, la coexistencia en cada momento de un colectivo más o menos amplio de sujetos no sometidos a tal obligación en modo alguno implica la subsistencia paralela del funcionamiento y actuación administrativos precedentes, pues uno y otro deben producirse también en tal supuesto por medios electrónicos, en la medida en que el medio tradicional empleado por el ciudadano ha de ser mutado en electrónico en el interfaz de la comunicación entre éste y la Administración correspondiente.

---

[26] El preámbulo del RAFESP así lo confirma al especificar —aludiendo a la Agenda España Digital 2025— al eje estratégico inclusivo, entre las diez políticas de reforma estructural, de lograr una Administración modernizada a través de la digitalización, tanto a nivel transversal como en ámbitos estratégicos.

IV. POLÍTICA DE IMPLANTACIÓN DE LA ADMINISTRACIÓN ELECTRÓNICA; VALORACIÓN GENERAL

Los análisis doctrinales, ya numerosos[27], hasta ahora realizados se centran fundamentalmente en el encuadramiento de las técnicas e instituciones específicas de la Administración electrónica en las del Derecho administrativo establecido (procedimiento, órgano, acto y disposición administrativa). Esta perspectiva es desde luego obligada, pero, para ser verdaderamente fructífera desde el punto de vista de los resultados, debe ir precedida de la valoración de la política misma, según su formalización normativa, de la implantación de la referida Administración electrónica.

A efectos de tal valoración, debe tenerse en cuenta que:

- La digitalización y automatización de la actuación administrativa, como cualquier otra innovación, no constituye un fin en sí misma, sino sólo un medio auxiliar para alcanzar más de un fin: desde luego la mejora de la actuación administrativa (tanto considerando cada organización administrativa y sus tareas específicas, como las relaciones de dicha organización con otras en el ámbito nacional y los planos supranacional, en el que los requerimientos de la buena "gobernanza" imponen la interacción en redes articuladas electrónicamente, e, incluso, internacional, pero también la del servicio a los ciudadanos, sin empeoramiento de su posición con nuevas cargas y deberes).
- El cuadro de los fines considerados debe ser tal que sus diversos componentes sean compatibles y complementarios (reforzándose recíprocamente), pues, en otro caso, la inclusión de elementos teleológicos dispares o, incluso, antagónicos puede

[27] El XVIII Congreso de la Asociación Española de Profesores de Derecho Administrativo —último de los celebrados, que tuvo lugar en Vigo los días 25 a 27 de enero de 2024— ha versado justamente sobre "El Derecho administrativo en la era de la inteligencia artificial".

provocar contradicciones que dificulten, retrasen o impidan la consecución de los efectos pretendidos.

- También la implantación de la actuación electrónica, como la de cualquier otra innovación tecnológica, i) depende de condiciones que pueden no estar dadas en paralelo a la formulación y ejecución de la correspondiente política; ii) padece inevitablemente de ambivalencias, pues si bien facilita, potencia y mejora las posibilidades de actuación, restringe, cercena o cierra otras igualmente factibles; y proporciona nuevos vectores de seguridad en el cumplimiento de las funciones o tareas, pero simultáneamente genera otros nuevos (igual o más importantes) de inseguridad; iii) está inevitablemente vinculada a factores ajenos a ella: unos internos a la propia Administración (básicamente: la organización, sus medios personales y presupuestarios) y otros externos (la aptitud y disposición de los destinatarios de la actuación administrativa) y iv) en el curso de su realización y, desde luego, a lo largo de su aplicación pueden manifestarse tanto los efectos deseados, como otros que no lo hayan sido o sean inesperados.

Desde este punto de vista, no puede negarse que el empleo de medios electrónicos ha comportado hasta ahora una mejora en el funcionamiento interno y una ampliación de las posibilidades de efectuación de las tareas impuestas a la Administración por las correspondientes programaciones normativas, si bien no tanto por sí misma, cuanto como efecto de la impulsada previamente en los sectores pioneros tributario y de la seguridad social (aunque no cabe negar tal efecto en otros sectores, como el sanitario, al menos por lo que hace a ciertas tareas, como, por ejemplo, la vacunación masiva en la epidemia del covid-19). Pero este juicio positivo no es proyectable sin más a la formalización normativa de la política de que se trata en la LPAC y la LRJSP. Las razones son concluyentes:

La determinación en el escalón legal de los fines de la Administración electrónica es de todo punto imperfecta[28].

[28] El preámbulo del RAFESP complementa, sin embargo y acertadamente, los principios-objetivos legales al incluir, junto a los de mejora de la eficiencia

La LRJSP (arts. 3 y 140) se limita a reproducir los principios de la administración pública ya consagrados en la Constitución (en adelante CE), añadiendo a ellos sólo, en lo que ahora interesa, los de mero respeto en la actuación y en las relaciones interadministrativas (que no así la exigencia de información positiva por ellos de dicha actuación) del servicio efectivo a los ciudadanos, la simplicidad, claridad y proximidad a éstos y la participación, objetividad y transparencia, así como de garantía e igualdad en el ejercicio de los derechos. Y, en tanto que centrada en la actuación procedimentalmente formalizada, la LPAC es aún más restrictiva, según resulta de su preámbulo, al reducir los principios relevantes a los de eficacia (eficiencia)-legalidad (en términos, este segundo, de garantía y salvaguarda de los derechos).

Nada hay que objetar a los principios de eficiencia y eficacia (justamente de la digitalización y la automatización ha de esperarse de suyo un incremento de la eficiencia y la eficacia en el cumplimiento de las tareas administrativas), por más que su traducción en ahorro de costes para los ciudadanos y de refuerzo de sus garantías no pasen de ser meras afirmaciones en abstracto.

---

administrativa, incremento de la transparencia y la participación, y mejora de la seguridad jurídica, el de garantía de servicios digitales fácilmente utilizables para la consecución de una relación del interesado con la Administración fácil, intuitiva y efectiva cuando use el canal electrónico. Entre las novedades referibles a este último objetivo puede destacarse la carpeta ciudadana como área personalizada (incluida en la sede electrónica del punto de acceso general electrónico de las Administraciones) a través de la cual cada interesado, mediante procedimientos seguros garantizadores de la integridad y confidencialidad de sus datos personales, puede acceder a su información, al seguimiento de los trámites administrativos que le afecten y a las notificaciones y comunicaciones en el ámbito de la Administración pública competente (arts 7.3 y 8 RAFESP).
Complemento éste, que no hace sino confirmar la deficiencia apuntada en los textos legales desarrollados.
Esa confirmación se completa si se tiene en cuenta la alusión que el mismo preámbulo hace a documentos administrativos desarrollados tras los referidos textos: la Agenda Digital España 2025 y el Plan de Digitalización de las Administraciones Públicas 2021-2025.

Pero sí es objetable que los principios de servicio y proximidad a los ciudadanos y de simplicidad y transparencia de la actuación administrativa no vayan acompañados de otras concreciones, en la parte prescriptiva del texto legal, que la de la asistencia en el uso de los medios electrónicos antes ya indicada. Se echa en falta, de un lado, la consideración y el tratamiento del ciudadano, no en general y de forma abstracta, sino en las situaciones concretas en que, para su comunicación con la Administración electrónica, puede realmente encontrarse en función de su edad o formación (en particular, la que podríamos calificar de alfabetización electrónica)[29], recursos económicos[30] y lugar de residencia[31], y, de otro lado, la imposición a la Administración de deberes específicos en punto al diseño de los procesos electrónicos en los que deba intervenir el ciudadano para asegurar su simplicidad, inteligibilidad y facilidad de cumplimentación[32].

---

29 Dificultad la expuesta, que afecta a los ciudadanos que, sobre todo en el mundo rural (pero no sólo), se han hecho adultos antes de la era de la digitalización para comunicarse por medios electrónicos. La implantación debería haberse acompañado de un programa territorializado y general debidamente financiado de enseñanza del empleo de los medios electrónicos y habituación a su empleo.

Pero, desde una perspectiva de largo plazo, el sistema educativo de la fase de enseñanza obligatoria y el de formación profesional debería haber incorporado a los currículos correspondientes el aprendizaje del uso de los medios electrónicos, lo que sólo muy lenta y parcialmente está sucediendo.

30 Mientras la forma tradicional de comunicación, aunque comportaba el uso de máquinas de escribir o equivalentes, resultaba relativamente económica y económicamente más asequible, la electrónica implica mayores costes (en soportes físicos y en programas), tanto más, cuanto que dichos soportes y programas están sujetos a una evolución y obsolescencia rápidas.

31 En los lugares que no coincidan con la localización de los centros y órganos administrativos correspondientes, los ciudadanos que no estén en situación de utilizar los pertinentes medios electrónicos (por ausencia de medios idóneos o de internet, al menos de calidad suficiente), se ven precisados —salvo que se admita la pervivencia de presentación de solicitudes, escritos y documentos por correo certificado— a desplazarse hasta la sede más próxima en la que exista el servicio de asistencia en el uso de medios electrónicos.

32 Es algo de conocimiento generalizado que el diseño de los procesos aludidos suele ser complejo en tanto que propiciado por la complejidad de la

En conjunto, los principios así consignados por ambos textos legales:

1°. Aparecen establecidos exclusivamente desde y en el plano jurídico-normativo y, por tanto, sin relación alguna con el análisis de la realidad social y, en general, extrajurídica (en particular: la constituida por la propia tecnología) condicionante al propio tiempo de la propia regulación y de su capacidad de producir en aquella realidad los efectos y las consecuencias pretendidas. Más aún, ni siquiera hay referencia alguna al estudio de la previa experiencia en el empleo de medios electrónicos adquirida ya en sectores relevantes de la actuación administrativa.

2°. En todo caso, no van mucho más allá de la reproducción de los principios que informan de suyo la organización y actuación de la Administración pública, vista en conjunto, cualesquiera que sean los medios empleados por una y otra. No es apreciable siquiera la puesta en relación de los principios enunciados a propósito de la actuación formalizada procedimentalmente y los aducidos respecto de la actuación administrativa en general (en particular el de servicio a los ciudadanos). Puede decirse, pues, que distan de ser el fruto de un esfuerzo, aun mínimo, por identificar los fines perseguidos específicamente por la mutación electrónica medial de la Administración, a pesar de reconocerse la profunda afectación de las relaciones con los ciudadanos por el desarrollo de las tecnologías de la información y

---

programación normativa y su realización pensando más en las necesidades de la propia Administración que en las del ciudadano. Con la consecuencia de la exclusión de la comunicación con la Administración de muchos ciudadanos (así sucede, por ejemplo, en la obtención de ayudas de todo tipo), con la consecuente frustración de los objetivos de la correspondiente programación, o la imposición de facto al ciudadano de la necesidad de la contratación de personas o empresas expertas de intermediación. Esto sucede con carácter general, por ejemplo, ya en sectores con experiencia tan desarrollada como el tributario o el de la seguridad social (si bien en el primer caso y al menos para la declaración de la renta, existen vías —aunque insuficientes— de cumplimentación alternativa —primero el programa Padre y luego el Renta Web—), pero también en otros muchos, como, incluso, en el sector universitario para la cumplimentación de las solicitudes de acreditación para determinada categoría de profesorado.

comunicación en paralelo al objetivo de que la actuación habitual de la Administración sea la basada en un funcionamiento íntegramente electrónico.

En tanto que los dos textos legales analizados apuestan por la llamada "buena regulación" (basada en los principios de necesidad, eficacia, proporcionalidad, seguridad jurídica, transparencia, y eficiencia), introduciendo a su servicio la exigencia de una memoria de análisis del impacto normativo en los procedimientos de elaboración de normas de rango leal y reglamentario, podría haberse esperado de ellos no sólo la precisión, sino también la justificación de los fines aludidos[33]. Pues incluyen la doble exigencia de la justificación de toda nueva regulación (en virtud del principio de necesidad y también en el de eficacia) —además de en una razón de interés general— en su base en *una identificación clara de los fines perseguidos y ser el instrumento más adecuado para garantizar su consecución*; justificación, que ha de explicitarse de modo suficiente en los correspondientes preámbulos o exposiciones de motivos.

A este defecto esencial de la política considerada debe imputarse la ausencia de una ponderación y consecuentes consideración y tratamiento, no ya de la aludida incidencia en los ciudadanos, sino, de un lado y reflexivamente, de las consecuencias innovadoras de la Administración electrónica en la propia regulación, es decir, la resolución en ésta de los problemas novedosos que dicho tipo de Administración suscita (fundamentalmente: la repercusión de los términos y el alcance del empleo de medios electrónicos en el ejercicio de las potestades administrativas y el régimen jurídico de todo tipo de decisiones administrativas adoptadas electrónicamente, así como, muy especialmente, en el diseño y aprobación de algoritmos y la naturaleza de éstos), y, de otro lado, en los factores contextuales organizativos, de personal y presupuestarios del referido empleo de medios electrónicos indispensables, como co-directivos de la implantación y, por tanto, coadyuvantes en la consecución de los objetivos perseguidos.

---

33 Véanse, además de los respectivos preámbulos, los artículos 25 de la Ley del Gobierno en la redacción que les ha dado la disposición final 3ª LRJSP y 129 LPAC.

Pues, con entera independencia de la dificultad de su precisión, el principio de eficacia eficiente en el que ponen énfasis los textos legales postula jurídicamente la materialización efectiva de la programación normativa (obligación de resultado) mediante el empleo sólo de los medios necesarios y optimizando los precisos a tal efecto (singularmente los económicos)[34]. Una ejecución aplicativa de la programación normativa respetuosa con tal principio sólo es posible, por tanto, en las condiciones que permitan la estructura, el funcionamiento y los medios personales, materiales y económicos de la Administración correspondiente.

En este contexto, falta completamente también, de un lado, una mayor aproximación, siquiera sea indicativa, a los términos de la consecución del fin de la simplificación —hoy tan de moda, esgrimido cual bálsamo de Fierabrás— que despeje los aspectos negativos que puede comportar, concretamente el de la homogeneización por el rasero del mínimo denominador común del tratamiento de supuestos de cierto grado de complejidad o potencial diversidad; homogeneización capaz, en tales supuestos, de no sólo no aligerar las cargas que pesan sobre los ciudadanos, sino de agravarlas con complicaciones añadidas para plantear debidamente ante la Administración los correspondientes asuntos. En este sentido habría sido pertinente una acotación positiva del ámbito susceptible de automatización por relación a procedimientos simples, normalmente sólo bilaterales (ciudadano interesado-Administración), en los que los documentos a aportar sean pocos y fácilmente accesibles y a resolver en ejercicio de potestades estrictamente regladas, así como —paralelamente— una exigencia agravada para la automatización de procedimientos de objeto referido a prestaciones asistenciales de carácter personal (como, en especial, las ligadas a aliviar las situaciones de incapacitación o discapacidad). La opción menos procedente en todo caso, es la justamente elegida: la de entrega de la decisión de automatización,

34 Sobre el principio jurídico de eficacia eficiente, L. Parejo Alfonso, "La eficacia como principio jurídico de la actuación de la Administración pública", *Documentación Administrativa*, núm. 218-219, abril-septiembre 1989, pp. 15-66; y *Eficacia y Administración. Tres estudios*, Ed. BOE e INAP, Madrid 1995.

sin mayores precisiones, al órgano en cada caso competente para tramitar y resolver el procedimiento.

Es bien cierto que de las apuntadas deficiencias pocas consecuencias jurídicas efectivas pueden extraerse, en el escalón de la formalización legislativa de la política analizada, más allá de su constatación y de la lamentación de la no observancia del principio de responsabilidad por la efectividad de la innovación. La posición propia del legislador parlamentario lo impide, toda vez que caracterizada por una muy amplia libertad de configuración únicamente limitada por el marco constitucional (y, en su caso, comunitario europeo); libertad, que incluye la de apreciación de los efectos considerados relevantes. Pero la obligación de considerar tales efectos sí es determinante en la fase de ejecución de la regulación legal, en la que, sin embargo, tampoco parece haberse verificado evaluación alguna de los efectos que efectivamente se han ido produciendo para la corrección de su eventual desviación respecto de los deseados o pretendidos.

Porque, por más que la suma de las secuelas de la crisis económica de 2008-2014 y de los efectos de la pandemia generada por el covid-19 sobre todo en los órdenes de las políticas de personal[35] y presupuestaria puedan proporcionar una explicación parcial, la evolución de la actuación administrativa hasta hoy mismo dista de registrar avances generales[36] en la eficacia administrativa y, desde luego, en ningún caso una compatible con un servicio efectivo y mayor aproxi-

---

35 La crisis económica determinó una severa restricción de nuevo personal, que sólo paulatinamente se ha ido levantando hasta hoy. Se explica así, por ejemplo, el anuncio por la Administración de la Seguridad Social en la segunda mitad del año 2022 de la decisión de la creación de más de mil quinientos nuevos puestos de trabajo para el fortalecimiento de la atención al ciudadano en el contexto de una voluntad por i) solucionar el abandono sufrido por la organización en la primera década del Siglo, ii) reforzar la estructura de dicha organización y iii) modernizarla en medios y efectivos

36 Juicio, que no implica negar la existencia de avances en determinados sectores de la acción administrativa, destacadamente en aquellos que, con tradición previa en el empleo de medios electrónicos (especialmente, en los campos tributario, aduanero y de la seguridad social), han continuado disfrutando de capacidad para operar conforme a normativa propia su actuación formalmente procedimentalizada.

mación al ciudadano y, en este último terreno, más bien una segregación de la ciudadanía según las posibilidades y la capacitación para la comunicación electrónica con la Administración. Por el contrario, la realidad cotidiana muestra un incremento de la incapacidad de la Administración para el cumplimiento tempestivo de sus tareas[37] y la utilización justamente de la digitalización y automatización de dicha actuación como técnica defensiva y de distanciamiento respecto a los ciudadanos[38]. Más aun, al final la consecuencia para el ciudadano no es otra (cuando no sea capaz de dominar los términos de la nueva re-

---

37 Tanto más cuanto que el proceso de asignación de nuevas tareas no sólo no se ha ralentizado, sino que se ha acelerado justamente como respuesta a las circunstancias expuestas en el texto, sin consideración de la capacidad real de los correspondientes aparatos administrativos para hacer frente con solvencia a las mismas.

38 La manifestación más acusada de tal desviación es la de las quejas generalizadas por la doble dificultad que viene representando la obtención, por medio electrónico (al no admitirse el presencial), de cita previa para ser atendido en algunos servicios de relevancia social y el acceso mismo a los correspondientes sitios en la web para gestionar la concesión de la cita.
Pero los ejemplos pueden ampliarse, especialmente en sectores en los que, como en el energético, los objetivos de descarbonización de la vida económico-social en el contexto de la lucha contra el cambio climático vienen generando exigencias recrecidas a la actuación administrativa. Así, en el plano de la autorización de proyectos de instalaciones de energías renovables, ya a finales de 2021 un apreciable atasco en la tramitación de los correspondientes procedimientos, que, según estimaciones, afectaba a más del 80% de los 140.00 MW de potencia eólica y fotovoltaica solicitados, de modo que —habiendo planteado el problema la Unión Española Fotovoltaica (UNEF) al Ministerio para la Transición Ecológica y el Reto Demográfico—, éste aprobó la Orden TED/189/2023, de 21 de febrero, creando la División de Proyectos de Energía Eléctrica; creación, expresamente justificada por la necesidad de *un refuerzo de los recursos administrativos dedicados a este tipo de procedimientos*, concretamente de *la disposición de estructuras organizativas y recursos* humanos idóneos al efecto. Y, sobre ello, el Gobierno aprobó el Real Decreto-Ley 29/2021, de 21 de diciembre, adoptando medidas urgentes en este ámbito energético.
Otro ejemplo, de gran importancia, es la dificultad que parece estar encontrando la Administración para lograr una gestión rápida y eficaz de los fondos europeos Next Generation; dificultad, a la que sin duda no son ajenos la opción una solución centralizada de dicha gestión y la compatibilización de ésta, en la tramitación electrónica, con los inevitables controles.

lación con la Administración y como ya había sucedido previamente en el ámbito de los tributos y la seguridad social), que la asunción de una nueva carga: la contratación de un experto gestor.

En definitiva y sin perjuicio de reconocer la necesidad de la implantación de la Administración electrónica[39], su regulación en las dos Leyes clave de 2015 padece del que podría calificarse de síndrome del optimismo tecnológico basado en la consideración del empleo de medios electrónicos como fórmula capaz de suyo y por sí sola de solucionar los problemas.

La imperfecta determinación de los fines específicamente perseguidos, unida a la no consideración de los factores reales y contextuales administrativos, ha determinado la emergencia, junto con los deseados, de efectos imprevistos y no deseados, la necesidad de cuya observación, valoración y corrección tampoco se ha contemplado en la fase de ejecución o implementación, por lo que ésta viene desarrollándose de forma no suficientemente coordinada o articulada en las diferentes instancias territoriales.

---

39 Pues los inconvenientes que pueda presentar desde el punto de vista jurídico no son radicalmente distintos de los que plantea la aplicación convencional de la programación normativa administrativa. Como advierte, en efecto, A. Huergo Lora ("Regular la inteligencia artificial (en Derecho Administrativo)", *El Blog. Revista de Derecho Público*, accesible en https://blogrdp.revistasmarcialpons.es/blog/regular-la-inteligencia-artificial-en-derecho-administrativo-por-alejandro-huergo-lora/), "... A veces parece que los riesgos y los problemas sólo surgen cuando se sustituye al operador humano por una aplicación informática, y que la solución consiste en rechazar la sustitución y exigir la presencia humana. Pero la historia demuestra que la garantía para los ciudadanos nunca ha estado en la intervención de un humano, sino en el establecimiento de reglas que le vinculen. El Derecho ha servido siempre para controlar la actuación de los humanos, precisamente porque esa actuación humana es peligrosa. Lo más relevante no es quién actúe. Lo importante es cómo actúe y, sobre todo, que se pueda controlar esa actuación y garantizar que respete el programa normativo previamente establecido...".

V. CARACTERÍSTICAS DE LA ADMINISTRACIÓN ELECTRÓNICA: INSTRUMENTALIDAD SIN EXCLUSIVIDAD Y RESTRICCIÓN A LA ACTUACIÓN FORMALIZADA DERECHAMENTE DIRIGIDA A PRODUCIR EFECTOS JURÍDICOS; SUS CONSECUENCIAS

Sin perjuicio de que el objetivo de la política de implantación de la Administración electrónica sea su máxima generalización, el empleo de medios electrónicos no es preceptivo, sino meramente potestativo, requiriendo, en cada caso, una autorización específica, que, además, debe precisar diversos extremos del régimen de su empleo (arts. 41.2 LRJSP y 13.1 y 2 RAFESP). Esto quiere decir que, mientras no esté efectivamente implantado el empleo en ella de los medios electrónicos, la actuación administrativa puede continuar desarrollándose desde luego en forma convencional y, cuando sea formalizada, utilizando el soporte papel. Por ello, la LPAC:

- Regula en forma tradicional las garantías del procedimiento y su iniciación, ordenación, instrucción y resolución u otra forma de terminación, sin más que introduciendo, en su caso, precisiones relativas al supuesto de utilización de medios electrónicos (Caps. I a VI del Título IV LPAC)[40].
- Prescribe el cómputo de plazos, además de en la forma requerida por el funcionamiento del registro electrónico, en la convencional no sólo de horas, sino de días naturales o hábiles e, incluso, de meses o años (arts. 30 y 31 LPAC).

---

40 En este sentido, tempranamente, I. Martín Delgado ("Naturaleza, concepto y régimen jurídico de la actuación administrativa automatizada", *RAP*, núm. 180, septiembre-diciembre 2009, p. 355) ha señalado que "... el procedimiento administrativo electrónico no es diferente del procedimiento administrativo común, sino el resultado de la aplicación al mismo de las TIC, con las nuevas oportunidades para el mejor cumplimiento del principio de eficacia que ello trae consigo". En idéntico sentido A. Palomar Olmeda, *La actividad administrativa efectuada por medios electrónicos. A propósito de la Ley de Acceso Electrónico a las Administraciones Públicas*, Ed. Thomson-Aranzadi, Cizur Menor, 2007, p. 52.

- Determina los actos administrativos, su motivación, eficacia, efectos y notificación también en términos convencionales (arts. 34, 35, 37, 38, 39 y 40 LPAC), con imposición de su práctica electrónica sólo respecto de los sujetos obligados a relacionarse con la Administración electrónicamente y otorgamiento a la misma, en otro caso, únicamente de preferencia, además de su exclusión en determinados supuestos (arts. 41 y 42 LPAC), y previsión de su publicación asimismo de forma convencional (arts. 4 y 46 LPAC).
- Establece en términos tradicionales el régimen de invalidez, conversión, conservación y convalidación de los actos (arts. 47 a 52 LPAC) y su ejecución (arts. 97 a 105 LPAC) y revisión (arts. 106 a 111 LPAC), así como de los recursos administrativos deducibles contra ellos (arts. 112 a 126 LPAC).

La llamada Administración electrónica es, pues y como ya advirtió Martín Delgado (2009)[41], meramente instrumental, no representa una "nueva" Administración. Lo que nada le resta de su condición innovadora, toda vez que, por su vocación expansiva, comporta cambios en modo alguno menores en la relación Administración-ciudadano, especialmente en el contexto de procedimientos, y, por tanto, también en la organización y el personal y el funcionamiento de la Administración, así como en la potenciación de su actuación y en la regulación de ésta. Pues, aunque trate fundamentalmente de la aplicación de medios electrónicos, tal aplicación implica y hasta presupone, como ya ha quedado visto y parafraseando a von Bogdandy

---

[41] Para I. Martín Delgado, op. cit. en nota anterior (p. 355), en efecto, "No se introduce con ella un modelo de Administración que rompa radicalmente con el anterior. La Administración sigue siendo Administración, organización pública privilegiada que tiene como finalidad la satisfacción del interés general. Lo que varía son sus formas: tanto la organización administrativa como el ejercicio de la función administrativa quedan marcadas por el empleo de las nuevas tecnologías, con todo lo que ello significa". Este autor, más adelante, alude a que lo electrónico es accesorio (p. 359) y que la máquina, la herramienta informática, no deja de ser un medio material (p. 361).

(2022)[42] un cambio del Derecho administrativo en la doble dimensión objetiva (adaptación al campo de fuerzas de la vida económico-social en una suerte de acción reflexiva) y subjetiva (producción, a su vez, por el propio Derecho de efectos en el referido campo).

Es lógico, por tanto, que los juristas adopten en este campo una visión instrumental. Así, Pérez Luño (1996), identifica el objeto de la informática jurídica en la aplicación de la tecnología de la información al Derecho, distinguiendo tres grandes tipos de aplicaciones de aquélla:

- La documental, consistente en la automatización de los sistemas de información relativos a las fuentes del conocimiento jurídico: legislación, jurisprudencia y doctrina.
- La de gestión, referida a la automatización de las tareas rutinarias.
- La informática de decisión, cuyo propósito es ya la sustitución o la reproducción, total o parcial, de las actividades del aplicador del Derecho mediante la programación, especialmente en la variedad de inteligencia artificial.

En tanto que instrumental, la automatización de actuaciones administrativas no supone una radical novedad. Basta con aludir al empleo ya tradicional, en la determinación de actos administrativos, interlocutorios o definitivos, que contengan resultados de operaciones aritméticas (incluso en la valoración de méritos, por ejemplo, en procedimientos de contratación o en la concesión de la pensión de

---

42 A. von Bogdandy (*Strukturwandel des öffentlichen Rechts. Entstehung und Demokratisierung der europäischen Gesellschaft*, Ed. Suhrkamp, Berlin 2022, p. 27) afirma, a propósito de la evolución del Derecho público en el proceso de integración europea, que el Derecho no es solo una variable dependiente de fuerzas externas, sino que posee fuerza propia. De ahí que genitivo (referido al Derecho) en el título de su libro sea un genitivo objetivo y un genitivo subjetivo. Pues el cambio del Derecho tiene dos vertientes: significa, de un lado, que su cambio sigue al complejo campo de fuerzas de la sociedad europea, pero también, de otro lado, que el propio Derecho puede, por su normatividad trascendente, causar cambio en dicho campo.

jubilación) y para la consignación en ellos del resultado de éstos, de máquinas calculadoras. Pues en este caso tampoco las operaciones mismas conducentes al resultado o resultados se llevan a cabo personalmente por empleados públicos, sino precisamente por una máquina conforme a la programación de que ha sido objeto. La clave, como en el resto de la automatización de la actuación administrativa reglada aquí contemplada, radica en la predeterminación total de las operaciones mecanizadas, de suerte que el producto de éstas es siempre el predicho.

En la política plasmada en las dos Leyes de 2015 el empleo de la nueva tecnología queda referido, no a cualquier actuación administrativa (como pudiera dar a entender el art. 1 RAFESP y, de otro lado, sería posible, incluyendo la actuación real o material), sino sólo a la que el artículo 41 LRJSP acota como actuación automatizada por relación a las dos siguientes notas:

1ª. Realización íntegra a través de medios electrónicos (sin intervención de forma directa de un empleado público) por una Administración pública.

2ª. Desarrollo en el marco de un procedimiento administrativo.

Se trata únicamente, pues, de la actuación formalizada y directa relevancia jurídica por dirigida a la producción de decisiones administrativas[43], en la que, aunque no pueda haber intervención humana directa, no se excluye ésta a efectos justamente de asegurar la instrumentalidad de la operación mecánica o automática (definición de las especificaciones, programación, mantenimiento, supervisión y control de calidad y, en su caso, auditoría del sistema de información y código fuente) y la imputación de la misma a la correspondiente Administración (determinación del órgano u órganos competentes para la aludida definición y del responsable a efectos de impugnación).

---

43 En el mismo sentido, I. Martín Delgado (op. cit. en nota 42, p. 368): "Es claro, pues, que la automatización de actuaciones administrativas no se refiere sólo al momento decisorio, sino a todas las actuaciones administrativas que puedan darse en el marco de un procedimiento administrativo".

Ahora bien, la automatización, *lato sensu,* puede aludir a una amplia gama de tecnologías (englobadas en la informática) que reducen la intervención humana en una, varias o todas las tareas que comporten los procesos a desarrollar (en el caso más elemental, factible en cualquier sector: tareas repetitivas) gracias a la predeterminación de los criterios pertinentes y la incorporación de éstos en las máquinas empleadas. En sentido estricto, sin embargo, por tal debe tenerse sólo la que no alcanza el grado de la llamada inteligencia artificial, por descansar, entre sus diversos tipos posibles[44], sólo en aquellos programas o algoritmos que sirven para mecanizar procesos reglados, consistiendo así en una fórmula que traduce el contenido de la norma que ha de aplicar la Administración a un código fuente (o conjunto de instrucciones expresadas en el lenguaje de progra-

44 A. Huergo Lora ("Una aproximación a los algoritmos desde el Derecho administrativo", en Huergo Lora, A. (dir.)/ Díaz González, G. M. (coord.), *La regulación de los algoritmos,* Aranzadi, Cizur Menor, 2020, pp. 23-87) identifica, por la función que cumplen, tres tipos de algoritmos:
a) Los que traducen un régimen jurídico para facilitar la toma de decisiones por la Administración y que, por tanto, facilitan la actuación.
b) Los que, como los anteriores, sirven para mecanizar o automatizar procesos reglados, sin cambiar su marco normativo, pero en los que el proceso es tan complejo que no se puede replicar sin el algoritmo, por lo que, en el momento de controlar la actuación administrativa, no se puede prescindir de él y es necesario verificar cómo ha funcionado.
c) Y los de tipo predictivo (inteligencia artificial s.s.), que contribuyen a orientar en una determinada dirección la actuación administrativa y que, a diferencia de los anteriores, aportan elementos decisionales propios.
Los riesgos inherentes a la inteligencia artificial motivaron, en 2021, la iniciativa de la Comisión Europea para la aprobación de un Reglamento dirigido al establecimiento de reglas armonizadas sobre: i) la puesta en el mercado interior o en servicio, así como el uso, de sistemas de inteligencia artificial de alto riesgo; y ii) la transparencia de la inteligencia artificial destinada a interactuar con personas naturales y sistemas de inteligencia artificial dirigida a generar o manipular contenidos de imágenes, audios o vídeos [véase COM(2021) 206 final]. El RIA fue publicado en el Diario Oficial el 12 de julio de 2024 y entró en vigor el 1º de agosto siguiente.

mación pertinente) y a un código binario numérico legible por la máquina[45/46].

A) *Dimensión objetiva y naturaleza de los algoritmos*

A diferencia de la precedente Ley de acceso electrónico de los ciudadanos a los servicios públicos, la LPAC no parece contemplar las posibilidades de los medios electrónicos más allá de la digitalización de los actos del procedimiento, es decir, del expediente administrativo y, en general, de la comunicación entre Administración y ciudadano[47]. Lo que quiere decir: la sustitución del papel como

---

45 En este sentido, A. Huergo Lora (op. cit. en nota 41) apunta que: "… hay actuación automatizada sin inteligencia artificial y hay inteligencia artificial sin actuación automatizada. Ejemplo de lo primero es la automatización de actos puramente reglados, como ocurre, por ejemplo, en la Administración de la seguridad social. Tenemos actuación automatizada porque el acto se dicta sin intervención humana (no hace falta la "firma", física o electrónica, del borrador o propuesta preparados por un sistema informático), pero no hay inteligencia artificial o predicción algorítmica porque el contenido del acto resulta simplemente de la constatación de unos hechos previstos en la norma y de la aplicación de la regla prevista en esta. …. en la programación tradicional la regla es previa, se incorpora al programa informático y éste nos permite aplicarla a los hechos de cada caso concreto. Eso es lo que sucede cuando se automatiza la actividad reglada de la Administración".

46 Quedan fuera de la perspectiva del presente trabajo, por tanto, los supuestos, más novedosos que el de la mera automatización, en que la inteligencia artificial se emplea para organizar sistemas dotados de autonomía decisional. Mientras que, en estos, la ejecución de una norma puede abocar —en virtud de su capacidad de aprendizaje— a diferentes resultados, la automatización solo puede conducir a un resultado. De ahí el paralelismo que establece A. Soriano Arnanz ("Decisiones automatizadas: problemas y soluciones jurídicas. Más allá de la protección de datos", *Revista de Derecho Público: Teoría y Método*, Vol. 3, 2021, p. 88) entre los sistemas autónomos y el ejercicio de potestades discrecionales, de un lado, y la automatización y el ejercicio de potestades regladas, de otro lado.

47 El preámbulo de la Ley alude sólo a que "… una Administración sin papel basada en un funcionamiento íntegramente electrónico no sólo sirve mejor a los principios de eficacia y eficiencia, al ahorrar costes a ciudadanos y empresas, sino que también refuerza las garantías de los interesados. En efecto, la constancia de documentos y actuaciones en un archivo electró-

soporte de la actuación administrativa y de aquella comunicación[48]. Ello obedece a que la pertinente autorización se recoge sólo en la paralela LRJSP, habilitando a la Administración, con carácter abierto y general, la actuación (toda ella, pues, incluyendo el dictado de actos)

---

nico facilita el cumplimiento de las obligaciones de transparencia, pues permite ofrecer información puntual, ágil y actualizada a los interesados", añadiendo, al regular el decurso del procedimiento, que "... incorpora a las fases de iniciación, ordenación, instrucción y finalización del procedimiento el uso generalizado y obligatorio de medios electrónicos. Igualmente, se incorpora la regulación del expediente administrativo estableciendo su formato electrónico y los documentos que deben integrarlo". No hay en el articulado, además, más referencia a la actuación en forma electrónica que la referida a la consulta de información en el punto de acceso general electrónico de la Administración (art. 53). Y nada se dice al respecto ni en la producción de los actos, ni en su motivación (arts. 34 y 35).

Por eso A. Huergo Lora (op. cit. en nota 41) señala: "Inteligencia artificial, digitalización y automatización son etiquetas diferentes, aunque frecuentemente se confunden. A grandes rasgos, la digitalización supone la utilización de tecnologías de la información y las comunicaciones (TIC) para los procesos administrativos, sustituyendo al papel. Afecta, en primer lugar, a la comunicación entre la Administración y otros sujetos, pero también al archivo de los procedimientos. Provoca que quede un registro de toda la actuación administrativa en forma de datos estructurados que son la base para la posterior aplicación de inteligencia artificial. Anteriormente, ese registro quedaba en papel y no estaba estructurado, por lo que cualquier trabajo estadístico requería un esfuerzo adicional".

48 Sin embargo, la derogada Ley 11/2007, de 22 de junio, de acceso electrónico de los ciudadanos a los servicios públicos autorizaba para la adopción y notificación de resoluciones de forma automatizada en los procedimientos en que así estuviera previsto (art. 38), exigiendo para el establecimiento previo del órgano u órganos competentes para la definición de las especificaciones, la programación, el mantenimiento, la supervisión y el control de calidad y, en su caso, auditoría del sistema de información y de su código fuente, así como la indicación del órgano responsable a efectos de impugnación (art. 39).

El anexo del texto legal realizaba una definición de actuación automatizada en los siguientes términos: "actuación administrativa producida por un sistema de información adecuadamente programado sin necesidad de intervención de una persona física en cada caso singular. Incluye la producción de actos de trámite o resolutorios de procedimientos, así como de meros actos de comunicación".

automatizada[49]; autorización, que el RAFESP desarrolla asimismo con toda amplitud[50]. Y en los sectores propicios al efecto —como el tributario y el de la seguridad social— figuran previsiones equivalentes[51/54]. Aunque doctrinalmente se sostenga que la actualización de

---

49 Su art. 41. 1 dispone en efecto: "Se entiende por actuación administrativa automatizada, cualquier acto o actuación realizada íntegramente a través de medios electrónicos por una Administración Pública en el marco de un procedimiento administrativo y en la que no haya intervenido de forma directa un empleado público".

50 Su art. 13 dispone:
"1. La tramitación electrónica de una actuación administrativa podrá llevarse a cabo, entre otras formas, de manera automatizada de acuerdo con lo previsto en el artículo 41 de la Ley 40/2015, de 1 de octubre.
2. En el ámbito estatal la determinación de una actuación administrativa como automatizada se autorizará por resolución del titular del órgano administrativo competente por razón de la materia o del órgano ejecutivo competente del organismo o entidad de derecho público, según corresponda, y se publicará en la sede electrónica o sede electrónica asociada. La resolución expresará los recursos que procedan contra la actuación, el órgano administrativo o judicial, en su caso, ante el que hubieran de presentarse y plazo para interponerlos, sin perjuicio de que las personas interesadas puedan ejercitar cualquier otro que estimen oportuno y establecerá medidas adecuadas para salvaguardar los derechos y libertades y los intereses legítimos de las personas interesadas.
3. En el ámbito de las entidades locales, en caso de actuación administrativa automatizada se estará a lo dispuesto en la disposición adicional octava del Real Decreto 128/2018, de 16 de marzo, por el que se regula el régimen jurídico de los funcionarios de Administración Local con habilitación de carácter nacional".

51 Conforme al artículo 96 de la Ley General Tributaria, ya citada: i) la Administración tributaria debe promover la utilización de las técnicas y medios electrónicos, informáticos y telemáticos necesarios para el desarrollo de su actividad y el ejercicio de sus competencias; ii) los procedimientos y actuaciones en los que se utilicen técnicas y medios electrónicos, informáticos y telemáticos deben garantizar la identificación de la Administración actuante y el ejercicio de su competencia y en la actuación automatizada la identificación de los órganos competentes para la programación y supervisión del sistema de información y de los órganos competentes para resolver los recursos procedentes; iii) los programas y aplicaciones electrónicos, informáticos y telemáticos a utilizar para el ejercicio de potestades han de ser previamente aprobados por ésta en la forma que se determine reglamentariamente.

esta autorización legal requiere la pertinente previsión normativa, lo cierto es que tal requisito —entendido como determinante del carácter normativo del algoritmo empleado— no resulta claramente ni de los preceptos legales examinados, ni de su desarrollo reglamentario, que aluden sólo a la pertinente resolución administrativa del órgano administrativo competente.

Este enfoque legal coincide con la perspectiva del Diccionario panhispánico del español jurídico, definiendo, estrictamente, la actuación administrativa automatizada, como cualquier acto o actuación realizada íntegramente a través de medios electrónicos por una Administración pública en el marco de un procedimiento administrativo y en la que no haya intervenido de forma directa un empleado público.

En todo caso, debe tenerse en cuenta que los sistemas empleados: de un lado, pueden ciertamente procesar informaciones y establecer inferencias lógicas, pero, de otro lado, realizan tales operaciones bajo la constricción que supone la programación de su funcionamiento

---

Véase también la resolución de la Dirección General de la Agencia Estatal de la Administración Tributaria de 29 de diciembre de 2010 por la que se aprueban las aplicaciones informáticas para las actuaciones administrativas automatizadas: https://www.agenciatributaria.gob.es/static_files/AEAT_Sede/Normativa_sede/Resolucion_%20AAA_%2029122010.pdf.

52 El artículo 130 del texto refundido de la Ley General de la Seguridad Social, aprobado por el Real Decreto Legislativo 8/2015, de 30 de octubre, habilita (de acuerdo con lo dispuesto en el art. 41 LRJSP) para la adopción y notificación de resoluciones de forma automatizada en los procedimientos de gestión de las prestaciones del sistema de la Seguridad Social, excluidas las pensiones no contributivas y las restantes del sistema de la Seguridad Social, previo establecimiento, mediante resolución de las Direcciones Generales correspondientes, el procedimiento o procedimientos de que se trate y el órgano competente para la definición de las especificaciones, programación, mantenimiento, supervisión y control de calidad y, en su caso, auditoría del sistema de información y de su código fuente, así como indicación del responsable a efectos de impugnación.
Véase la Resolución de 23 de febrero de 2016, del Instituto Nacional de la Seguridad Social, por la que se regula la tramitación electrónica automatizada de diversos procedimientos de gestión de determinadas prestaciones del sistema de la Seguridad Social: https://www.boe.es/boe/dias/2016/03/01/pdfs/BOE-A-2016-2076.pdf

(el llamado algoritmo), dependiendo así de la traducción a su lógica propia de la normativa correspondiente; y no pueden comprender, ni la multiplicidad de circunstancias que concurren en las conductas humanas, ni adaptarse por sí mismos a los cambios experimentados en dichas circunstancias y en la normativa que las regulan. Condiciones éstas, que no pueden dejar de tenerse en cuenta a la hora de determinar la procedencia y el alcance de la utilización de los sistemas en cuestión. Lo que, no obstante, nada dice sobre el campo idóneo de dicha utilización.

Desde este punto de vista y sin entrar aquí en la debatida cuestión de la naturaleza de los algoritmos (en la doctrina coexisten tanto posiciones a favor[53], como en contra[54], del carácter normativo así como, en todo caso, las que optan por no pronunciarse[55] y las que reclaman en todo caso la aprobación por procedimiento acorde a su carácter y con plenas garantías para el ciudadano[56]), quizás fuera procedente considerarlos desde la función que desempeñan, y como hace Hoffmann-Riem (2016)[57], reglas no jurídicas que condicionan, sin embargo y de manera efectiva, la actuación jurídica de la Administración pública.

---

53 Así, A. Boix Palop, "Los algoritmos son Reglamentos: la necesidad de extender las garantías propias de las normas reglamentarias a los programas empleados por la Administración para la adopción de decisiones", *Revista de Derecho Público: teoría y método*, Marcial Pons, Vol. I 2020, pp. 223-270.

54 En este sentido, A. Huergo Lora, A., *La regulación de los algoritmos*. Ed. Aranzadi, Pamplona 2020.

55 C. Alcolea Azcárraga, "La responsabilidad patrimonial de la Administración y el uso de algoritmos", *La Administración al día*, INAP, edición del 10/03/2022

56 Como, significadamente, J. Ponce Solé, "Inteligencia artificial, Derecho administrativo y reserva de humanidad: algoritmos y procedimiento administrativo debido". *La Administración al día*, INAP, 2019.

57 En efecto, este autor, partiendo del dato de que, en esta época, la creación de normas y estructuras no es privilegio del poder, es muy amplio el elenco de actores capaces de establecer reglas y el "world of rules" es cada vez más diverso, sostiene que los códigos determinantes de la arquitectura y ordenación del software (que remiten al empleo de algoritmos) representan un tipo especial de reglas no jurídicas cada vez más importante.

B) Dimensión subjetiva

La precisión que queda hecha de la dimensión objetiva de la expresión "Administración electrónica" requiere ser complementada con la subjetiva, toda vez que tanto la LPAC como la LRJSP acotan su ámbito subjetivo por relación al concepto de "sector público". No puede existir duda de su comprensión de todas las Administraciones territoriales y los organismos públicos y entidades de Derecho público a ellas vinculadas o de ellas dependientes, toda vez que los textos legales les atribuyen expresamente la consideración de Administraciones públicas. Pero no es clara sin más tal comprensión en los casos, de un lado, de las entidades de Derecho privado (vinculadas o dependientes de las anteriores Administraciones) cuando ejerzan verdaderas potestades administrativas, y, de otro lado, de las Universidades públicas y las Corporaciones de Derecho público cuando desarrollen funciones públicas.

Justamente por regirse, en general, por el Derecho privado, las entidades jurídico-privadas dependientes o vinculades a las organizaciones consideradas legalmente Administraciones públicas pueden desde luego recurrir a los medios electrónicos para el desarrollo de sus actividades en las mismas condiciones que cualesquiera otros sujetos privados, pero la aplicabilidad directa a ellas de la LPAC y la LRJSP cuando impliquen el ejercicio de potestades administrativas implica de suyo el empleo de los referidos medios con sujeción a las reglas que rigen, según ha quedado visto, para las mencionadas organizaciones. Lo que quiere decir: en este último supuesto quedan comprendidas en la expresión Administración electrónica.

Las Universidades públicas, por su parte, se rigen ciertamente por su normativa específica, pero les son de aplicación, supletoriamente, la LPAC y la LRJSP. Aunque su normativa específica (hoy, la Ley orgánica 2/2023, de 22 de marzo, del sistema universitario y, en su marco, los estatutos de cada Universidad) no establece —la Ley— régimen propio alguno para el empleo de medios electrónicos, contiene, sin embargo, referencias que apuntan, lo que es lógico, a tal empleo[58].

---

58 Así, la habilitación, no obstante el carácter preferencial de su impartición presencial, para el desarrollo de la docencia de forma virtual o híbrida (art.

De otro lado, la Ley, además de establecer la obligación de las Universidades de rendir cuentas de su actividad ante el órgano de control externo de la respectiva Comunidad Autónoma, sin perjuicio de las competencias del Tribunal de Cuentas, y someterlas al régimen de auditoría pública (art. 59), determina que las resoluciones del Rector o Rectora y los acuerdos del Consejo Social, del Consejo de Gobierno y del Claustro Universitario ponen fin a la vía administrativa, debiendo respetarse en los recursos administrativos los principios, garantías y plazos que dicha Ley reconoce a las personas y a los interesados en todo procedimiento administrativo, sin perjuicio de la impugnación directamente ante la Jurisdicción Contencioso-administrativa (art. 38.4). De lo que se sigue que, desde luego cuando en su actuación ejerzan potestades administrativas, la actuación automatizada de las Universidades públicas debe ajustarse a las reglas que rigen para las organizaciones que tengan la consideración de Administraciones públicas y, a tal efecto, quedan comprendidas también en el concepto de Administración electrónica.

Igual solución debe predicarse para las Corporaciones de Derecho Público, que igualmente se rigen por su normativa específica y supletoriamente por la LRJSP al menos cuando, en el ejercicio de las funciones públicas que tengan atribuidas por Ley o delegadas por una Administración pública, ejerzan potestades administrativas.

6.1, párr. 3º); la imposición de depósito de versión digital de las publicaciones en repositorio institucionales y la disposición —en las bibliotecas y otras unidades— de recursos informativos digitales (art. 12.3 y 7); la previsión de la digitalización ¡y accesibilidad de los archivos y fondos bibliotecarios (art. 21.4); el derecho de los alumnos de acceso a la formación para el desarrollo de capacidades digitales y recursos e infraestructuras digitales (art. 33, j); y la obligación del personal docente e investigador de hacer pública una versión digital del contenido final de investigaciones financiadas con fondos públicos (art. 99.4).

VI. ADMINISTRACIÓN ELECTRÓNICA Y PRINCIPIO DE LEGALIDAD

Incluso prescindiendo de la automatización, el entendimiento del principio de legalidad como postulador de la reducción de la actuación ejecutiva administrativa "aplicativa" a una actividad cumplida en línea de mera continuación con la norma y para la efectuación cabal de ésta, no se deja encajar limpiamente en la *praxis* administrativa. Lo impiden los límites impuestos a ésta por la realidad misma, en la que es usual que el legislador no considere en absoluto o, al menos, de modo suficiente, las condiciones en que deben hacerse efectivas sus previsiones y prescinda, además, de la adecuación y capacidad de la Administración, que —por su organización y medios personales, materiales y económicos— no pueden darse por supuestas, toda vez que la idoneidad de la organización depende de la materia en que deba producirse la tarea ejecutivo-aplicativa y las características de ésta y la capacidad de aquella organización no es en ningún caso ilimitada.

La cuestión que surge de tal constatación, de forma más acusada aun ante el fenómeno de su automatización, es la de si la Administración, al aplicar la normativa pertinente, se atiene verdaderamente, en cada caso, al supuesto normativamente predeterminado, o, por el contrario, deforma o, incluso, transforma éste mediante una interferencia propia, modulando, así, el principio de legalidad y dando lugar cuando menos bien al fenómeno, identificado por Luhmann (1964, 304-314), de la "ilegalidad útil", bien a la modulación del principio de legalidad por el calificado en su día por Isensee (1976) como principio de practicabilidad.

En la práctica, en efecto, la Administración convencional puede intercalar con frecuencia entre la norma (el supuesto legal a aplicar) y la realidad (el caso fáctico) un supuesto tipo de confección propia para facilitar la identificación de los elementos relevantes del hecho o hechos a considerar y así lo ha venido haciendo efectivamente con toda normalidad. Lo que quiere decir: encastra en una horma de confección propia (en la Administración convencional) o un programa informático (ahora en la Administración electrónica), y no directamente en la norma aplicada, las manifestaciones de la realidad, renunciando, por tanto, al en principio exigible agotamiento —en el proceso interpretativo inherente a la aplicación y con el fin de facilitar ésta— del potencial de diferenciación de la norma, es decir, del supuesto que ésta define. Este modo de proceder puede reconducirse a dos finalidades: a) la inducción de uniformidad en la efectuación del Derecho; y b) la descarga del aplicador, especialmente en las materias que suscitan numerosos asuntos análogos y repetitivos, que obligan a su tratamiento en masa (o lo permiten)[59]. Estas finalidades se consiguen mediante la estandarización de la actuación administrativa vía esquematización o simplificación de la premisa rectora de la subsunción (convencional o electrónica). El instrumento más idóneo y a la mano (aunque no único) al efecto ha sido y sigue siendo, en la administración que opera aun en soporte papel, el dictado de disposiciones interpretativas, instrucciones u órdenes de servicio, pero también el establecimiento de criterios comunes[60].

El desarrollo automatizado de la actuación administrativa aplicativa implica mecanismo idéntico al descrito de esquematización de los supuestos legales: la intercalación entre la norma y la aplicación concreta de una prefiguración administrativa de aquélla en el correspondiente algoritmo, es decir, un diseño propio —condensado, como se ha avanzado, en una fórmula— del proceso de aplicación,

---

59 Incidentalmente procede señalar que el fenómeno no es exclusivo de la aplicación administrativa, dándose también —aunque bajo forma específica— en el control judicial. Baste con remitir a las fórmulas establecidas en los arts. 110 y 111 de la Ley 29/1998, de 13 de julio, reguladora de la jurisdicción contencioso-administrativa (en adelante LJCA).

60 El art. 6 de la LRJSP habilita con carácter general a los órganos administrativos para dirigir las actividades de sus órganos jerárquicamente dependientes mediante instrucciones y órdenes de servicio. El art. 71.4 del mismo texto legal ordena que los servicios territoriales actúen de acuerdo con las instrucciones técnicas y criterios operativos establecidos por el Ministerio competente por razón de la materia. Y el posterior art. 79.1 atribuye a la Comisión Territorial de Asistencia al Delegado del Gobierno: i) la coordinación de las actuaciones que hayan de ejecutarse de forma homogénea para asegurar el cumplimiento de los objetivos generales fijados por el Gobierno a los servicios territoriales; y ii) la homogeneización del desarrollo de las políticas públicas en su ámbito territorial mediante la fijación de criterios comunes de actuación compatibles con las instrucciones y objetivos de los respectivos departamentos ministeriales.

comprensivo —en los términos del art. 41.2 LRJSP— de las especificaciones, la programación, el mantenimiento, la supervisión y el control de calidad y, en su caso, la auditoría del sistema de información y de su código fuente, así como la indicación del órgano responsable a efectos de impugnación. Pues el algoritmo es, en palabras de Soriano (2021: 87), una secuencia de instrucciones que, contenida en un programa informático, puede realizar procesos similares a los llevados a cabo por los seres humanos; definición, donde lo decisivo está en la secuencia de instrucciones, que es el que determina la semejanza con el fenómeno aludido. Y, cualquiera que sea la posición que se adopte acerca de su naturaleza jurídica, su producción lo interpone entre la norma a aplicar (el programa normativo a efectuar en la realidad) y el resultado de su funcionamiento, induciendo, si no forzando, la esquematización, es decir y en términos de N. Luhmann[61], la reducción de la complejidad, pues —como había señalado ya Zeidler (1959: 27)— la máquina solo puede resolver procesos administrativos "confeccionables"[62]. Lo que significa: comporta el peligro de distorsión de los términos de la norma, es decir, de su programación de la ejecución[63]. La prevención de ese peligro y, en su caso, su control, sólo son posibles bien desde la comprobación de la corrección de la

---

61 N. Luhmann, *Recht und Automation in der öffentlichen Verwaltung. Eine verwaltungswissenschaftliche Untersuchung*, Ed. Duncker&Humblot, Berlín 1966, pp. 141 y ss.

62 Lo cual puede suceder incluso en materias que, en principio, pudiera pensarse poco aptas al efecto, cual sucede con la de sanción de infracciones administrativas, concretamente multas de tráfico.
Por ello, J. Isensee (1976: 19) señala que, cuanto más factible sea la estandarización del proceso de trabajo individual y cuanto mayor sea la probabilidad de que estos procesos se repitan, tanto mayor será la tendencia a entregar el control de estos procesos a los aparatos. Por lo que los trabajos que no se dejen acomodar a trajes de confección se resisten, sin embargo, a la tecnificación.

63 Esto es así, porque la aplicación del Derecho requiere una compleja operación jurídica de doble trazado: en el primero, la conceptualización de los hechos reales o construcción del "caso jurídico" para posibilitar su encaje en el supuesto legal, y, en el segundo, la conexión de este último con aquel caso. Y esto es así, porque:
El caso fáctico es algo que llega al aplicador, no como algo dado, sino como realidad en bruto que ha de ser transformada justamente en "caso jurídico"

fiel traslación del programa legal al automatizado (cual sucede con los reglamentos ejecutivos), bien del reexamen de la decisión obtenida por medios mecánicos a la luz, directamente, de la norma legal aplicada[64]. La clave de la generación del expresado peligro reside

subsumible, mediante la adecuada selección de circunstancias y características relevantes a la luz de la norma rectora de la subsunción.
La norma que postule aplicación requiere, a su vez, interpretación para delimitar la realidad fáctica para la que pretenda regir.
En el desarrollo de esta operación, en la que desempeña un papel decisivo la interpretación, confluyen los dos movimientos apuntados, legitimando la extracción de la consecuencia jurídica normativamente predeterminada.
Lo que significa que la aplicación implica una doble determinación: la de la comprensión del caso jurídico por la norma y la de la pertenencia a ésta de dicho caso. Desde el punto de vista de la vinculación positiva a la legalidad, exige —así y de cada vez— de un lado, la construcción del caso jurídico en función de sus circunstancias particulares y, de otro lado, el agotamiento de las potencialidades de comprensión de casos jurídicos ínsitas en la norma legal aplicada.
La distorsión que en esta lógica del proceso aplicativo puede introducir tanto la esquematización simplificadora administrativa, como la automatización (sobre la base de un algoritmo) trae causa de la peculiaridad que introducen en dicho proceso, que, si arranca del mismo modo que la aplicación individualizada convencional, se aparta de ésta cuando fuerza el supuesto fáctico real en el lecho de procusto de un supuesto tipo o estereotipado de confección administrativa, endosando éste, sin más, a la subsunción en la norma. Se excluye así por completo la fase iterativa de consideración y análisis de la realidad y la normatividad, pues el supuesto tipo o estereotipo (administrativo) cortocircuita esta última, ocupando su puesto.

64 Se entiende, así, que el uso de algoritmos en la automatización, por el enorme salto que implica su utilización, suscite nuevos problemas de considerable entidad. Así lo ponen de manifiesto, en el terreno filosófico, las consideraciones que Byung-Chul Han (*No-cosas. Quiebras del mundo de hoy*, Ed. Taurus, Madrid 2021, pp. 53-61) dedica a la inteligencia artificial, contraponiendo pensamiento humano y cálculo automatizado: si el *arjé* del primero es una disposición anímica de escucha y puesta de atención que le imprime un *pathos*, tiene mundo, tiende a trascender el marco inicial, genera nuevos conceptos y es capaz de alumbrar nuevos mundos, la inteligencia artificial, por el contrario, sólo calcula fríamente sin disposición anímica alguna y, por tanto, es sorda, carece de mundo, está predeterminada por hechos o datos del pasado que no puede trascender, establece correlaciones y no genera nuevos conceptos y es incapaz de comprender.

en que la Administración, al ahormar el o los hechos, predetermina en cierta medida la consecuencia jurídica a extraer, de modo que el criterio de actualización de la condición prevista en la norma y, por tanto, la procedencia de la consecuencia jurídica, dejan —en caso de concurrencia de la distorsión— de ser monopolio del legislador, para pasar a ser dominio compartido entre éste y la Administración[65].

Frente a esos problemas se han adoptado posiciones pesimistas, como la de J. de la Cueva ("Código fuente, algoritmos y fuentes del Derecho", colaboración para El Notario del Siglo XXI, Colegio Notarial de Madrid, accesible en https://www.elnotario.es/index.php/opinion/opinion/8382-codigo-fuente-algoritmos-y-fuentes-del-derecho), quien, destacando el papel central de la argumentación en la aplicación del Derecho (en la medida en que permite la justificación de las decisiones sobre la base de la consistencia y coherencia de las razones esgrimidas), sostiene ser discutible que la automatización (desde luego cuando alcanza el grado de inteligencia artificial) pueda cumplir los requerimientos precisos, ya que no pretende tanto reproducir los procesos cognitivos humanos, cuanto alcanzar —mediante procedimientos heurísticos— resultados semejantes. Y, por ello, denuncia que la no exigencia de requisitos idénticos a los que rigen para las fuentes del Derecho genera el riesgo nada menos que de pérdida de los avances que suponen los principios de legalidad y de publicidad normativa o, dicho de otro modo, deriva en una imposición técnica irrebatible en la práctica, haciendo plausible la conversión de la famosa frase atribuida al conde de Romanones en una que diga "haga Ud. la Ley y el Reglamento y déjeme a mi (la Administración) la aplicación informática".

Pero también se han formulado opiniones más optimistas (con las que resulta más fácil coincidir), como la de A. Huergo Lora (op. cit. en nota 56), para quien no podemos exigir a un algoritmo lo que no le pedimos a un humano. Si bien el algoritmo puede tener sesgos (no por el propio algoritmo, sino por su programación o por los datos que se le suministran), esos sesgos dejan huellas, mientras que los sesgos de los operadores humanos que deciden, que también existen y son casi inevitables, no son tan fácilmente detectables o demostrables.

65 J. de la Cueva (op. cit. nota anterior) pone dos ejemplos reveladores: i) en la gestión tributaria, si el programador dependiente del Ministerio de Hacienda no incluye la casilla de deducción por invalidez, ha alterado el reglamento y, posiblemente la Ley; y ii) en la aplicación de la normativa de tráfico, de modificar el técnico encargado el software de los radares que controlan los excesos de velocidad añadiendo 1 km/h a la cantidad efectivamente medida, estaría ejercitando unas facultades no atribuidas por la Ley y se convertiría en un ente soberano de la aplicación de la norma.

A pesar de los problemas aludidos, la automatización de la actuación administrativa a fin de hacer practicable la aplicación efectiva de la programación normativa debe entenderse perfectamente viable por no incurrir en verdadera infracción del principio de legalidad, ni siquiera en su doble dimensión, cuando proceda, de la reserva y la primacía de la Ley formal, así como tampoco de los principios de seguridad jurídica y publicidad propios del Estado de Derecho. Como en su día expuso Isensee (1976: 128 y 129), en los efectos de mediatización derivados de la automatización se pone de manifiesto no tanto una desobediencia abierta a la Ley y al Derecho, cuanto una obediencia modulada por inevitables exigencias prácticas, que, por la naturaleza de las cosas, flexibilizan, pero no anulan, la vinculación a la Ley y al Derecho. La tarea ejecutiva permanece, pues, intacta, aunque su cumplimiento se produzca de manera más, por así decirlo y medido por el canon tradicional, tosca jurídicamente.

En efecto, el principio de legalidad o de actuación conforme, plenamente, a la Ley y al Derecho no convierte a la Administración, cual sostuvo Laband (1901: 165) a principios del S. XX, en *viva vox legis*, pues la aplicación incluye la interpretación. Y ésta, si bien no supone una habilitación para un proceder administrativo libre, no excluye, a su vez y de por sí, la esquematización o la programación automatizada. Lo que significa que la interpretación tiene, en todo caso, límites y, desde luego, los impuestos por la exigencia implícita de su práctica con disciplina jurídica, es decir, observando el método jurídico como factor de la previsibilidad o certidumbre requeridas por la seguridad jurídica entendida, como tiene dicho el Tribunal Constitucional (por todas STC 83/2005, de 7 de abril, que recoge la anterior 36/1991, de 14 de febrero) de expectativa razonablemente fundada en cuál ha de ser la actuación del poder en la aplicación del Derecho.

El argumento que sostiene la legitimidad de la aplicación esquematizada o programada algorítmicamente, no obstante los que cabe aducir para negarla, no es otro que su inevitabilidad, ya que —en la práctica— el administrar está de suyo estrechamente condicionado por factores estructurales (ajenos a la operación de aplicación propiamente dicha y no necesariamente adaptados a la concreta tarea asignada de que se trate): los que resultan de suyo de la organización, la lógica de funcionamiento y los medios personales, materiales y económico-financieros a disposición de la Administración pública. Por esta razón, toda asignación de la tarea de aplicación normativa coloca a la Administración, cuando se den las condiciones para ello, en una disyuntiva: aplicación convencional individualizada para cada caso o racionalización de la aplicación mediante esquematización/programación automatizada; disyuntiva de la que no puede escapar, en tanto que la encomienda legal implica la exigencia de la toma tempestiva de las pertinentes decisiones[66]. El deber ser normativo encuentra aquí el límite de la capacidad real de actuación, la cual fuerza, en su caso, la esquematización o automatización como única salida posible al dilema. De donde se sigue: en la aplicación, legalidad no se opone necesariamente a practicabilidad, radicando la diferencia entre ambas no tanto en el resultado (pues éste puede e, incluso, debe ser coincidente en una y otra), cuanto más bien en el proceso que conduce a él y, por tanto, en la motivación de la decisión. Y es en tal diferencia donde reside, según nos consta ya, el carácter innovador del recurso a la automatización.

Dos consideraciones confirman la conclusión así alcanzada.

1.1. *No infracción, sino modulación, del principio y derecho de igualdad ante la Ley.*

En tanto que la aplicación convencional individualizada de la norma produce, de suyo y gracias a la generalidad de esta última, la igualdad requerida por el artículo 14 CE, comporta, cuando es administrativa, también de suyo y para sí misma, la exigencia de uniformidad. Pues, según el modelo ideal clásico, la actuación administrativa debe operar como neutra transmisora, en perfecta línea de continuación con ella, de la voluntad expresada en el texto legal[67]. Y

---

66 Como resulta sin más de la obligación general de resolver todo procedimiento y notificar la resolución en el plazo máximo legal correspondiente (art. 21 LPAC).

67 Como dejó señalado E. García de Enterría (*La lengua de los Derechos. La formación del Derecho público europeo tras la Revolución francesa*, discurso leído el 24 de octubre en el acto de su recepción como académico de número de la Rea Academia Española, accesible en https://www.rae.es/sites/default/files/Discurso_Ingreso_Eduardo_Garcia_de_Enterria.pdf, luego publicado como libro por la editorial Civitas, que lleva tres ediciones) como resulta-

esa uniformidad de la ejecución aplicativa está en los genes de la organización administrativa en cuanto articulada aún —al menos cada una de las organizaciones en que el poder público administrativo se descompone hoy y sin perjuicio de su desplazamiento en buena medida por otras técnicas incluso en el seno de las mismas— sobre el principio de jerarquía (art. 103.1 CE). Desde este punto de vista, la esquematización-automatización, muy especialmente la segunda[68], suscita cuando menos la duda de la ya aludida distorsión de la *voluntas legislatoris*, en la medida en que potencialmente es capaz de sustituir la igualdad ante la Ley (los supuestos por ésta definidos) en igualdad ante los supuestos tipo generados por la propia Administración[69].

---

do de la revolución francesa todo el aparato del poder se objetiviza en un abstracto y casi mecánico (casi, porque enseguida habrá de aceptarse que la Ley puede y debe habilitar poderes llamados discrecionales ...) aparato de ejecución legal, de normas escritas y como tales ciertas, elaboradas meditadamente con la *sage lenteur* de las Asambleas, fijas e inmutables para los intérpretes y para los aplicadores, seguras, pues, para los ciudadanos, que por vez primera en la historia pueden conocer el Derecho a través de su publicación regular en su tenor exacto, con los límites rigurosos de sus derechos...".

La Ley pasa así al lugar central del sistema. No sólo es, el punto de articulación de las libertades de los ciudadanos; pasa a ser también el instrumento a través del cual impera el único poder legítimo en una sociedad de hombres libres, la voluntad general, actuando por medio de determinaciones generales, impersonales y abstractas, las cuales sólo necesitarán ser particularizadas en los casos concretos por medio de agentes ejecutores, funcionarios o jueces, para ser finalmente efectivas".

68 Pues las circulares, instrucciones u órdenes de servicio están redactadas en lenguaje natural, son, en su caso, invocables con ocasión del control judicial y en este son susceptibles de pleno control ordinario, con lo que las distorsiones que produzcan son directamente corregibles en esta última sede. Los algoritmos, en cuanto expresados en lenguaje comprensible por la máquina resulta opaco y no inteligible para el destinatario de la decisión administrativa y de difícil contraste, en sede del control judicial, con la norma legal aplicable.

69 Como señala J. Ponce Solé (op. cit. nota 58): "... Si antes la costumbre podía ser *secundum, praeter o contra legem,* hoy es la aplicación informática quien puede ocupar estas tres posturas en relación con la norma jurídica. Si en aquella ocasión se resolvió el problema mediante una intervención que señaló claramente la jerarquía de las normas jurídicas, igual solución debe

El examen del interrogante así formulado demanda la consideración de la peculiaridad del poder público administrativo respecto de los otros dos poderes; peculiaridad, que se manifiesta en dos planos:

Por de pronto, en el del funcionamiento y la toma de las decisiones.

Mientras las decisiones deben ser fruto, en el caso del legislativo, de la deliberación y el voto de los miembros de la o las Cámaras o Asambleas, y, en el del judicial, de la voluntad del juez predeterminado por la Ley y sólo de éste, en la Administración obedecen a lógica completamente diferente. Pues, constitucional y legalmente, el llamado a tomar decisiones no es ninguna de las personas que desempeñen válidamente puestos o cargos que autoricen para expresar la voluntad administrativa (no existe derecho alguno a ejerciente de función pública predeterminado por la Ley), sino la organización misma como un todo (cada una de las que tienen la condición o consideración de Administración pública o son capaces de ejercer potestades administrativas), aunque operando por medio del órgano competente (cuya decisión se imputa a la organización de la que forma parte)[70].

Y también en el del principio y derecho de la igualdad.

El legislativo goza de la libertad de configuración (en el marco y de acuerdo con la Constitución y, en su caso, el Derecho de la Unión Europea) y puede, por ello y sin incurrir en infracción de la igualdad ante la Ley, recurrir a la tipificación simplificadora de supuestos

---

proponerse en la actualidad ante la aparición de estas normas secretas e indiscutibles. Los principios de legalidad y de publicidad normativa siguen vigentes y no pueden verse derogados legal o consuetudinariamente por el uso de tecnología alguna. Existen pues poderosas pero sencillas razones tanto para iusprivatistas (arts. 1.3 y 2.2 CC), como para iuspublicistas (art. 9.3 CE), para argumentar en favor de esta regulación del código fuente y de los algoritmos. Se trata de algo tan elemental como seguir reivindicando el imperio de la ley".

70 De ahí el evidente error, de potenciales enormes consecuencias (que aún no se han extraído, pero que son claramente posibles) de la práctica normativa que se ha ido instalando de determinación no tanto del órgano actuante, sino de "la persona titular" del mismo.

e, incluso, a la habilitación de la Administración al efecto. Pues tal proceder suscita sólo, en todo caso, la cuestión, distinta a la igualdad ante la Ley, de la igualdad de tratamiento en la propia norma legal.

La Administración, sin embargo y al igual, en este caso, que el Juez, carece de semejante libertad, pues su actuación, en tanto que ejecutiva, cae de lleno en el campo de la igualdad ante la Ley y el Derecho.

Si es la Administración, en cuanto tal, la vinculada por el Derecho, por ser destinataria única de los mandatos de éste, parece claro que es a ella (y no a cada una de las personas ejercientes de función pública que la integran, de forma dispersa y potencialmente desigual, cual sucede, sin embargo, en el caso de los jueces) a la que corresponde la aplicación y, por tanto, la interpretación de la norma, asegurando la igualdad ante ella, lo que lleva implícita la exigencia de uniformidad de la aplicación. Pues la programación legal jurídico-administrativa lo es de la actuación del sujeto Administración pública, como bien luce en el artículo 103.1 CE y dicha actuación, cuando es de aplicación, está sin duda bajo el mandato de uniformidad a fin de evitar la indebida fragmentación de la voluntad general del legislador (y ello a pesar de que la Administración no sea organizativamente una unidad). Cuanto más esquemáticamente se prefigure, o se automatice, la aplicación, más resultados uniformes producirá ésta, al transformarse las decisiones o resoluciones administrativas en actos impersonales y de contenido idéntico en todos los casos; transformación a la que se prestan desde luego las circulares, instrucciones y órdenes de servicio, pero que es incluso completa en la automatización. Pues, en definitiva, esos mecanismos suponen la conversión de los mandatos normativos en órdenes:

- bien, en el caso de las circulares o instrucciones, que concretan los términos en que debe tener lugar la aplicación de la norma;
- bien, en el caso de la automatización, de proceder a través de la máquina.

Lo que vale decir: la transformación, para el titular de cada órgano, de la vinculación a la Ley y el Derecho en deber de obediencia a la instrucción o de actuar en forma automatizada.

1.2. *Procedimiento debido.*

El artículo 105, c) CE garantiza a la ciudadanía la adopción de los actos administrativos siguiendo el procedimiento debido (en el que, cuando proceda, ha de habérsele dado audiencia). Si bien esta garantía no puede, por razones obvias, considerarse de suyo en peligro en el caso de las circulares, instrucciones u órdenes de servicio, tal peligro existe sin duda en el del recurso a la automatización con empleo de algoritmos para la toma de decisiones. Y lo cierto es que, en nuestro ordenamiento, existe un claro déficit regulatorio a este respecto, ya que no se han precisado los términos en que, conforme a lo previsto en el art. 41.2 LRJSP, han de ser establecidos, previamente, los diferentes extremos precisos para una actuación administrativa automatizada, ni en el "código" de derechos de los ciudadanos en sus relaciones con las Administraciones públicas (art. 13 LPAC) figura —en contraste con la atención que presta a la comunicación por medios electrónicos entre unos y otras— derecho alguno al conocimiento de, o acceso a, los algoritmos y códigos fuente aplicados. De ahí que Ponce (2019) postule, para la aprobación de algoritmos y códigos fuente, la existencia de un procedimiento administrativo debido que permita, antes de la misma, la participación ciudadana mediante un trámite de información pública y de audiencia, en su caso, para permitir la presentación de alegaciones a las que la Administración deba legalmente dar respuesta razonada en los términos requeridos por el articulo 83.3 LPAC. Aunque el requerimiento de un procedimiento previo pueda ser, quizás, una exigencia excesiva (piénsese, por ejemplo, en la elaboración de tratamientos informáticos por terceros mediante contrato de servicios), sí parece plausible la de un trámite de información pública o audiencia o, en todo caso y más allá de la mera auditoría, un mecanismo adecuado de control previo a la efectiva aplicación del correspondiente algoritmo. Pero la inexistencia actual de uno u otro no parece que pueda considerarse que, por sí misma, infrinja el requerimiento constitucional del procedimiento debido.

Pero es que, ni siquiera con ocasión del dictado de actos por medios mecánicos se concede a los interesados en el pertinente procedimiento a diferencia de lo que sucede, por ejemplo, en el país vecino Francia[71], un derecho específico de información completa (el RAFESP no va más allá, en este terreno de lo que, con carácter general y para el tratamiento de datos de carácter personal, establece el RGPD), como tampoco de acceso al algoritmo (un tal derecho no figura entre los enumerados en el artículo 53 LPAC, a pesar de que el artículo 14.2, g) del aludido RGPD impone, desde la perspectiva ciertamente limitada de la protección de datos personales, el deber de proporcionar al interesado información significativa sobre la lógica aplicada, así como la importancia y las consecuencias previstas del tratamiento correspondiente). De esta suerte, la facilitación de estos derechos depende, en nuestro caso, de la declaración de las aplicaciones correspondientes, en los términos autorizados por el artículo 157.2 LRJSP, como de fuentes abiertas, "cuando de ello se derive una mayor transparencia en el funcionamiento de la Administración Pública o se fomente con ello la incorporación de los ciudadanos a la sociedad de la información".

Pero tampoco del contenido de la Ley 19/2013, de 9 de diciembre, de transparencia, acceso a la información y buen gobierno, cabe deducir, de modo claro, ni un derecho de acceso a los algoritmos y códigos fuente, ni la exigencia de transparencia o de publicidad

---

71 El Código francés de relaciones entre el público y la Administración dispone, en efecto y a partir de la Ley 2016-1321, de 7 de octubre de 2016:
En su artículo L.311-3-1: Sous réserve de l'application du 2° de l'article L. 311-5 (relativo a los documentos exceptuados del derecho de acceso), une décision individuelle prise sur le fondement d'un traitement algorithmique comporte une mention explicite en informant l'intéressé. Les règles définissant ce traitement ainsi que les principales caractéristiques de sa mise en œuvre sont communiquées par l'administration à l'intéressé s'il en fait la demande. Les conditions d'application du présent article sont fixées par décret en Conseil d'Etat.
En su artículo L.312-1-3: Sous réserve des secrets protégés en application du 2° de l'article L. 311-5 (documentos exceptuados del derecho de acceso), les administrations mentionnées au premier alinéa de l'article L.300-2 (el Estado, las colectividades territoriales y las personas de Derecho público o privado encargadas de una misión de servicio público) à l'exception des personnes morales dont le nombre d'agents ou de salariés est inférieur à un seuil fixé par décret, publient en ligne les règles définissant les principaux traitements algorithmiques utilisés dans l'accomplissement de leurs missions lorsqu'ils fondent des décisions individuelles.

activa en la materia, y el derecho fundamental a una buena administración no es directamente aplicable a la ejecución administrativa interna (al estar referido a la actuación de las instituciones de la UE).

No obstante, la jurisprudencia del Tribunal Supremo sostiene la decantación en nuestro ordenamiento, a partir de los artículos 9.3 y 103.1 CE [con concreción en el artículo 3.1, d) —racionalización y agilidad de los procedimientos administrativos y de las actividades materiales de gestión— y e) —buena fe, confianza legítima y lealtad institucional— LRJSP] un principio de buena administración del que derivan deberes para las Administraciones públicas y, entre ellos, el deber de cuidado y debida diligencia (con los correlativos derechos de los ciudadanos)[72]. Sobre esta base se ha postulado —así, de nuevo, Ponce (2019)— la existencia de una obligación de la Administración, genérica y transversal, de hacerse comprender en cualquier sector y respecto de cualquier información transmitida, li-

---

[72] La doctrina jurisprudencial aludida se ha producido significativamente en materia tributaria, pero es perfectamente generalizable. Las Sentencias del Tribunal Supremo fundamentales, que invocan también el art. 41 de la carta de derechos fundamentales de la UE, son las siguientes:
La de 18 diciembre 2019 (rec. cas. 4442/2018), que recoge la previa de 5 de diciembre de 2017 (rec. cas. 1727/2016) y señala: "... Procede reiterar como doctrina de interés casacional la que declaramos en nuestra Sentencia de 5 de diciembre de 2017, reafirmando que del derecho a una buena Administración pública derivan una serie de derechos de los ciudadanos con plasmación efectiva. No se trata, por tanto, de una mera fórmula vacía de contenido, sino que se impone a las Administraciones públicas de suerte que a dichos derechos sigue un correlativo elenco de deberes a estas exigibles...".
Y la de 11 de junio de 2020 (rec. 3887/2017), conforme a la cual "(...) el principio de buena administración (...) impone a la Administración una conducta lo suficientemente diligente como para evitar definitivamente las posibles disfunciones derivadas de su actuación, sin que baste para dar cobertura a sus deberes la mera observancia estricta de procedimientos y trámites, sino que, más allá, reclama la plena efectividad de garantías y derechos reconocidos legal y constitucionalmente al contribuyente y ordena a los responsables de gestionar el sistema impositivo, a la propia Administración Tributaria, observar el deber de cuidado y la debida diligencia para su efectividad y la de garantizar la protección jurídica que haga inviable el enriquecimiento injusto".

gada al estándar de conducta de debida diligencia y vinculada con la obligación de motivación de las decisiones administrativas.

1.3. *Publicidad y audiencia.*

Desde este punto de vista cabe plantear la posible infracción —en principio más problemática— de la publicidad de los mecanismos analizados y la incidencia de éstos en la motivación de las decisiones (en virtud de la exigencia de previsibilidad de la actuación del poder público y la interdicción de arbitrariedad en la misma: art. 9.3 CE) y, en todo caso en el supuesto de automatización, de la garantía constitucional de audiencia (por más que ésta aparezca formulada, en términos que la relativizan: "cuando proceda").

En ausencia de un deber legal de publicidad activa de las circulares e instrucciones internas y de las órdenes de servicio, que podría permitir obviar el correspondiente reproche, éste parece poder considerarse carente de relevancia constitucional en la medida en que las decisiones o resoluciones efectivamente dictadas contengan una motivación comprensible y mínimamente suficiente para posibilitar una defensa plena y eficaz de los derechos e intereses de los afectados (incluso frente a la circular, la instrucción u orden de servicio en que descansen o, en su caso, la lógica del algoritmo empleado para su producción).

La lógica de la automatización puede implicar, sin embargo, cuando menos una indebida restricción de las posibilidades de alegación que debe ofrecer el trámite de audiencia, caso de ser procedente. Pero también parece posible considerar ésta carente de relevancia constitucional, en virtud del principio de eficacia eficiente de la Administración (art. 103.1 CE), siempre que sea posible la subsanación, en la propia vía administrativa (en sede, en su caso, del recurso procedente), la apuntada indebida restricción.

Como resulta del precedente examen, la cuestión de la constitucionalidad de la practicabilidad de la ejecución administrativa (como justificación de la modulación de irrestricta sujeción de ésta a la Ley y al Derecho) no puede despejarse satisfactoriamente desde el análisis de su compatibilidad o no con determinaciones constitucionales concretas, por más que sean reconducibles a las exigencias básicas del Estado de Derecho. Para ello, es preciso ampliar la perspectiva, pues el Estado-ordenamiento fundado, sostenido y articulado por la CE descansa por entero en el complejo de notas caracterizadoras del primero (carácter democrático, social y de Derecho) y valores superiores correlativos (pluralismo, igualdad y libertad en justicia) basado en la dignidad de la persona, considerada en sociedad[73]; complejo, que forma un orden constitucional básico, cuyos elementos son indisociables, de modo que el Estado es, en lo que aquí interesa, al mismo tiempo social y de Derecho y, por tanto, no sólo Estado de Derecho.

Es preciso, así, abordar la cuestión en el contexto del aludido orden básico y sus irradiaciones en el resto del orden constitucional. Sólo tal perspectiva permite, en efecto, alcanzar, en su caso, la conclusión de una relevancia constitucional de la practicabilidad, que, a título de principio, dote a ésta de potencia suficiente para modular en lo necesario el de legalidad.

El valor superior del ordenamiento que se corresponde preferentemente con el carácter social del Estado es la igualdad, pero no la de la proclamada en el artículo 14 CE, ya antes analizada, sino la sustantiva o material ínsita en el mandato del artículo 9.2 CE a los poderes públicos (expresivo de un verdadero deber jurídico) de promover las condiciones para que la libertad y la igualdad del individuo y los grupos sociales en que se integra sean reales y efectivas, removiendo los obstáculos que impidan o dificulten su plenitud. Cuando del poder público administrativo se trata, ese mandato se concreta (artículo 103.1 CE) en una exigencia no de simple actuación ejecutiva (de una

---

73 En la imposibilidad de argumentar esta afirmación, baste, para su justificación, con la remisión a L. Parejo Alfonso, "Los valores en la jurisprudencia del Tribunal Constitucional", en R. Gómez-Ferrer Morant (Coord.*), Libro homenaje a Profesor José Luis Villar Palasí,* Ed. Civitas, Madrid 1989, pp. 923-976; *Constitución y valores del ordenamiento,* Ed. Centro de Estudios Ramón Areces, Madrid 1990; "Constitución y valores del ordenamiento", en S. Martín-Retortillo Baquer, *Estudios sobre la Constitución Española. Homenaje al Profesor Eduardo García de Enterría Martínez-Carande,* Vol. I (el ordenamiento jurídico), Ed. Civitas, Madrid 1991; pp. 29-134; y "Comentario al artículo 1", en C. Montesinos Padilla, P, Pérez Tremps y A. Sáiz Arnaiz (Dirs.), *Comentario a la Constitución Española: 40 aniversario 1978-2018: Libro-homenaje a Luis López Guerra,* Ed. Tirant lo Blanch, Valencia 2018.

programación normativa previa), sino de desarrollo de tal actuación precisamente con arreglo al principio de eficacia, que, en su dimensión de gasto público, ha de ser, además, eficiente y económica (art. 31.2 CE). Así se ha entendido desde luego en el desarrollo legal (art. 3.1 LRJSP) del artículo 103.1 CE, a cuyo tenor las Administraciones públicas deben respetar en su actuación, entre otros, los principios de servicio efectivo a los ciudadanos, eficacia en el cumplimiento de los objetivos fijados, economía, suficiencia y adecuación estricta de los medios a los fines institucionales y eficiencia en la asignación y utilización de los recursos públicos.

Con entera independencia de la dificultad de la precisión —dada la multivocidad de la eficacia y la eficiencia, según la disciplina desde las que se contemple— del principio de eficacia eficiente (también invocado, como nos consta, para justificar la Administración electrónica), es claro que postula jurídicamente —en el plano de la ejecución y, por tanto, de la aplicación de que aquí se trata— la materialización efectiva de la programación normativa (obligación de resultado) mediante el empleo sólo de los medios necesarios y optimizando los precisos a tal efecto (singularmente los económicos)[74]. Una ejecución aplicativa de la programación normativa respetuosa con tal principio sólo es posible en las condiciones que permitan, según ya se ha argumentado, la estructura, el funcionamiento y los medios personales, materiales y económicos de la Administración correspondiente. Siendo esto así, debe convenirse, de nuevo con Isensee (1976: 155-164), que la practicabilidad de la aludida ejecución no es otra cosa que el conjunto de condiciones que garantizan la eficacia eficiente de esta última. Con la consecuencia de que, por su imbricación en el de eficacia eficiente, la practicabilidad adquiere también la condición de principio.

De lo dicho resulta:

- La erección de la practicabilidad al rango de principio y, concretamente de principio constitucional. Pues así se deduce de

74 Sobre el principio jurídico de eficacia eficiente, véanse los estudios de L. Parejo Alfonso citados en nota 36.

su relación, gracias a su inserción en el principio de eficacia, con el mandato constitucional expresado en el artículo 9.2 CE.

- La inexistencia de oposición o antagonismo entre el principio de practicabilidad así entendido y el de legalidad de la actuación administrativa. Así se desprende de:
- La consagración simultánea, en el artículo 9 CE, de la eficacia y, por tanto, la practicabilidad como principio implícito en el deber de promoción y remoción reales y efectivas y el de legalidad de los poderes públicos.
- La imposibilidad constitucional de una eficacia eficiente (y, con ella, la practicabilidad) fuera o al margen de la legalidad. Conforme al artículo 103.1 CE, la primera debe guiar la actuación administrativa siempre sometida completamente a la Ley y al Derecho. La practicabilidad sólo es factible, pues, dentro de la legalidad.

En conclusión: en todo mandato legal de ejecución administrativa aplicativa debe considerarse inscrito, implícitamente y a título de *ratio legis*, la practicabilidad de dicha ejecución en los términos que han quedado concretados y, por tanto, bajo la reserva de comprobación de la plena legalidad del resultado (la decisión) al que conduzcan los mecanismos de que se sirva para su inexcusable cumplimiento.

Con todo, no puede dejar de advertirse, por último, que el mayor riesgo de desviación del proceso automatizado, capaz de desbordar, incluso, el margen permitido por el principio de practicabilidad, deriva de dos factores hasta aquí no contemplados: uno que opera ya en el origen mismo del diseño del programa informático y otro que se desarrolla durante el ciclo de vida de este último.

La alusión hasta ahora a la norma objeto de aplicación es una simplificación. El ordenamiento actual, en tanto que complejo y heterárquico, opera ordinariamente no tanto mediante normas concretas, perfectamente identificables como las únicas pertinentes al caso, como con estructuras normativas, es decir, mediante grupos de normas que concurren, con uno u otro alcance, en la pretensión de regulación del caso, cuya interacción precisa, por tanto, ser clarificada. Para ser válida, es decir, poder abocar a un resultado correcto en términos, al menos, de la practibilidad de la actuación administrativa, requiere la consideración y clarificación del grupo normativo pertinente.

Pero, además, el ordenamiento, precisamente por las aludidas características, está sujeto hoy, de un lado, a cambios frecuentes y, de otro lado, a la evolución que, impuesta por la socio-económica, se traduce en su concreción jurisprudencial (en última instancia en sede casacional por el Tribunal Supremo); concreción que, en tanto que manifestación del control jurídico judicial de la actuación administrativa, obra sistemáticamente como retroalimentación para el ajuste de su corrección) de dicha actuación. Por tanto, la validez de la programación informática depende también de su sincronización continuada con la evolución misma de la normativa aplicada y de su interpretación por la jurisprudencia.

VII. AUTOMATIZACIÓN DE LA ACTUACIÓN ADMINISTRATIVA FORMALIZADA

A los efectos del subsiguiente análisis, se centra la atención exclusivamente, por las razones ya expuestas, en la actuación de la Administración con directa relevancia jurídica y, por tanto, formalizada según la secuencia marcada por el procedimiento en cada caso prescrito.

Esta acotación coloca fuera del análisis la automatización de la actuación antes calificada bien como material o real, bien como de gestión, es decir, la que opere exclusivamente en el funcionamiento interno a una Administración o de dos o más Administraciones —propias, de otros Estados miembros de la Unión Europea o de las instituciones de ésta u otras organizaciones internacionales— en sus relaciones recíprocas (especialmente, cuando trabajan en red en cuyo seno se produce intercambios automáticos de datos)[75]. Pero con la

[75] Es significativo que, conforme al art. 70.4 LPAC, no forma parte del expediente administrativo la información que tenga carácter auxiliar o de apoyo, como la contenida en aplicaciones, ficheros y bases de datos informáticas, notas, borradores, opiniones, resúmenes, comunicaciones e informes

advertencia de la ausencia en tal campo, en principio y con carácter general, de cualquier contraindicación para el empleo de medios electrónicos en sus diversas funciones posibles, en la medida en que se respeten los límites impuestos por la legislación de protección de datos[76] y siempre que los resultados de los procesos automatizados no tengan efecto alguno en las relaciones de la o las Administraciones *ad extra* o con los ciudadanos. Quiere decirse que dicho empleo deberá respetar los derechos de los sujetos privados en cuanto se produzcan cualesquiera efectos en la esfera jurídica de los mismos, cual sucede en la utilización, como prueba documental, de un documento obtenido por intercambio de datos entre Administraciones en procedimiento de inspección o sanción de un sujeto privado instruido por la Administración receptora.

En el ámbito que aquí interesa, el empleo de medios electrónicos puede ser diverso y con diferente alcance (dando por supuesto que en todos los casos debe respetarse la legislación de protección de datos personales).

Puede, por de pronto, limitarse a la digitalización[77], es decir, servir simplemente para la facilitación de los procesos de trabajo y la sustitución completa en ellos del soporte papel, cual sucede también y hasta ahora, por ejemplo, en la Administración de justicia, con apo-

---

internos o entre órganos o entidades administrativas, así como los juicios de valor emitidos por las Administraciones públicas, salvo que se trate de informes, preceptivos y facultativos, solicitados antes de la resolución administrativa que ponga fin al procedimiento.

76 Debe tenerse en cuenta que el RGPD, admite, en su artículo 6, e) y a dicho efecto, la efectuación del tratamiento incluso de datos personales en y por los Estados miembros caso de ser necesario para el cumplimiento de una misión de interés público o inherente al ejercicio del poder público.

77 Conforme ha señalado A Huergo Lora, op. cit en nota 46, debe distinguirse entre digitalización, automatización e inteligencia artificial, fenómenos que normalmente se confunden. Mientras la digitalización —aunque es presupuesto de la automatización y la inteligencia artificial— solo supone la utilización de tecnologías de la información y las comunicaciones (para sustituir el soporte papel), la automatización implica ya la sustitución del operador humano en los correspondientes procesos y la inteligencia artificial se emplea para desarrollar tareas, especialmente las de cierta complejidad, que antes requerían la intervención humana.

yo, además en una plataforma específicamente diseñada para la comunicación entre los órganos judiciales y los profesionales actuantes ante ellos (LexNet). En la Administración pública tiene lugar cuando simplemente se da formato electrónico a su actuación formalizada en términos, como dispone el art. 70.2 LPAC, de agregación ordenada de los documentos, pruebas, dictámenes, informes, acuerdos, notificaciones y demás diligencias a que deba dar lugar; agregación, que pasa a constituir el expediente electrónico (reflejo del correspondiente procedimiento prescrito normativamente)[78]. En la medida en que no vaya más allá de digitalización y, por tanto, no excluya la intervención humana en la realización de las actuaciones correspondientes, este supuesto no suscita problemas jurídicos mínimamente significativos, sin perjuicio obviamente de los relativos a la identificación de los emisores y la autenticación de los documentos tanto por lo que respecta al personal y órganos de la Administración, como de las personas interesadas[79].

En el mismo escalón puede colocarse la utilización por la Administración pública de medios electrónicos como mero apoyo a la realización de tareas por los empleados públicos y los titulares de órganos o la utilización de aplicaciones informáticas, por ejemplo, para la recopilación, el almacenamiento, la sistematización y explotación de datos a efectos del empleo que de éstos se precise en cada caso (así: en la elaboración de anteproyectos de normas sea de rango legal o reglamentario o de planes, programas, estrategias y documentos

---

78 Se trata de la versión electrónica del expediente administrativo convencional, definido por el art. 70.1 LPAC como conjunto ordenado de documentos y actuaciones que sirven de antecedente y fundamento a la resolución administrativa, así como las diligencias encaminadas a ejecutarla. Esencial para esta versión es la determinación por el art. 46.1 RAFESP de su pieza básica: el documento electrónico, por el cual se entiende la información de cualquier naturaleza en forma electrónica, archivada en un soporte electrónico, según un formato determinado y susceptible de identificación y tratamiento diferenciado admitido en el esquema nacional de interoperabilidad y normativa correspondiente, y que haya sido generada, recibida o incorporada por las Administraciones públicas en el ejercicio de sus funciones sujetas a Derecho administrativo.

79 Extremos éstos, que son objeto de una regulación detallada en el capítulo II del Título II del RAFESP.

administrativos similares, pero también en la creación de registros y archivos públicos[80] o en la averiguación del domicilio a efectos de la práctica de comunicaciones y notificaciones[81]). La principal cuestión que plantea este empleo auxiliar de la tecnología es el de la corrección (compleción, exactitud y actualidad) del mismo, toda vez que de ella puede depender el acierto de la actuación a realizar.

Los interrogantes jurídicos comienzan a ser más complejos con la automatización de actuaciones correspondientes a procedimientos administrativos dirigidos a la producción de actos tanto interlocutorios, como resolutorios, sean estos últimos de conocimiento (certificaciones), juicio (calificación o valoración de una oferta en procedimiento licitatorio o de un ejercicio en unas oposiciones; apreciación de la concurrencia de valor histórico o artístico en un bien) o voluntad (otorgamiento de una autorización o concesión, aprobación de una norma o un plan). La susceptibilidad de automatización está aquí en función de diversos factores (imbricados entre sí), tales

---

80 Además de los registros de la propiedad y de bienes muebles, constituyen buenos ejemplos, en el ámbito administrativo los registros, en la Administración General del Estado, general de actos de última voluntad, de funcionarios habilitados —para la identificación y firma electrónica de personas interesadas, la expedición de copias auténticas— en la Administración General del Estado (regulado en el art. 31 RAFESP), de apoderamientos (regulado en el art. 33 RAFESP), electrónico general (regulado en el art. 38 RAFESP), estatales de formación profesional y de acreditaciones de competencias profesionales adquiridas por experiencia laboral o vías no formales e informales y general de centros de formación profesional, establecidos por la Ley orgánica 3/2022, de 31 de marzo, de ordenación e integración de la formación profesional (arts 14, 16, 19), así como el sistema de microfilmación o digitalización de los asientos (organizados en libros, cuerpos o soportes) autorizados por el Reglamento del registro general de la propiedad intelectual (Real Decreto 281/2003, de 7 de marzo; art. 7).
Como ejemplo de archivo público puede citarse el archivo electrónico de documentos integrantes de expedientes administrativos que toda Administración, organismo público y entidad de derecho público dependiente debe llevar (regulado en el art. 54 RAFESP).

81 El art. 41. 4 LPAC autoriza a las Administraciones, por ejemplo y a efectos de la iniciación de oficio de procedimientos, para recabar, mediante consulta a las bases de datos del Instituto Nacional de Estadística, los datos sobre el domicilio del interesado recogidos en el padrón municipal.

como el grado de densidad de la predeterminación normativa de la actuación administrativa —determinante del carácter reglado o discrecional, en diverso grado, de la potestad en ella ejercida—; la consecuente posibilidad de traslado preciso y fiel del lenguaje normativo al lenguaje informático; el alcance del tratamiento informático del procedimiento: sólo parcial o, por el contrario, total o completo e incluyendo únicamente actos de trámite o también resoluciones incidentales y finales.

Debe precisarse que, incluso en los supuestos de predeterminación completa y detallada de la actuación administrativa y, por tanto, de ejercicio de potestades enteramente regladas en todos sus extremos, la automatización no se limita a sustituir uno o varios actos del titular de un órgano, cargo o puesto administrativo calificable(s) de "automático(s)" por no precisar su producción una intervención humana significativa, pues la programación del sistema electrónico implica de suyo una "traducción" de la norma a aplicar (por simple que sea) capaz, como ya se ha expuesto, de distorsionar el enunciado convencional de la misma. Pero esta circunstancia es equiparable, como también se ha dicho ya, a la actuación del titular del cargo o puesto según instrucciones jerárquicas cursadas previamente y debe ser tratada y resuelta, en el electrónico, en términos equivalentes.

Prueban la factibilidad de la automatización de la actuación administrativa los siguientes ejemplos:

- *Automatización completa de actos de trámite de procedimientos incluso complejos.*

Presentación y registro de solicitudes, escritos, comunicaciones y documentos.

Es perfectamente posible (como resulta ya del art. 38 RAFESP) la automatización de los efectos derivados de la presentación por sujetos privados de solicitudes, escritos y documentos: el asiento registral, la emisión y comunicación de recibo y la remisión a la unidad u órgano destinatario a los pertinentes efectos [82].

---

[82] De conformidad con el art. 16. LPAC: i) el registro electrónico de cada Administración u organismo garantiza la constancia, en cada asiento y respecto de un documento, de un número, epígrafe expresivo de su naturale-

La automatización, aunque deba ser algo más compleja, sigue siendo igualmente posible cuando:

1°. La presentación de la solicitud, el escrito o el documento haya sido presencial por persona obligada, sin embargo, a relacionarse electrónicamente con la Administración, pues es supuesto de requerimiento de subsanación mediante presentación electrónica (art. 68 LPAC).

2°. La solicitud haya sido presentada sin ajustarse al modelo obligatorio o al formato y los estándares al efecto determinados. Pues también en este caso procede requerimiento de subsanación.

3°. El registro haya detectado en el documento presentado código malicioso.

4°. El documento o la información aportados estén sujetos a un régimen especial de presentación.

Los tres primeros supuestos dan lugar, en efecto, a requerimiento de subsanación (art. 68.1 LPAC), cuya formulación y notificación automáticas no suscitan dificultad, toda vez que derivable el requerimiento de la comprobación de datos objetivos. La automatización está por ello expresamente prevista en el art. 66.5 LPAC para el caso de normalización de las solicitudes: el sistema correspondiente puede incluir comprobaciones automáticas de la información aportada respecto de datos almacenados en sistemas propios o pertenecientes a otras Administraciones; más aún, puede ofrecer el formulario cumplimentado, en todo o en parte, con objeto de que el interesado

---

za, fecha y hora de su presentación, identificación del interesado, órgano administrativo remitente, si procede, y persona u órgano administrativo al que se envía, y, en su caso, referencia al contenido del documento que se registra; ii) los asientos se anotan respetando el orden temporal de recepción o salida de los documentos, indicando la fecha del día en que se produzcan; iii) el registro comporta la emisión automática de un recibo consistente en una copia autenticada del documento de que se trate, incluyendo la fecha y hora de presentación y el número de entrada de registro, así como un recibo acreditativo de otros documentos que, en su caso, lo acompañen, que garantice la integridad y el no repudio de los mismos; y iv) la conclusión del registro es seguida por la remisión a los destinatarios y las unidades administrativas correspondientes.

verifique la información y, en su caso, la modifique y complete (así, en las declaraciones anuales de renta).

El cuarto supuesto da lugar a una respuesta automática (igualmente posible) incluso más enérgica: la de no tener por presentados en el registro los documentos o la información (art. 16.8 LPAC).

Comprobación automática de datos de solicitud

Conforme a la autorización que al efecto contiene el art. 66.5 LPAC, los sistemas normalizados de solicitud pueden incluir, como ya se ha dicho, comprobaciones automáticas de la información aportada en la solicitud utilizando datos almacenados en sistemas propios de la Administración actuante o pertenecientes a cualquier otra e, incluso, ofrecer el formulario cumplimentado, en todo o en parte, con objeto de que el interesado verifique la información y, en su caso, la modifique y complete.

Digitalización automática de documentos

Es evidente que, en tanto las Administraciones están habilitadas legalmente para efectuar copias auténticas electrónicas de documentos presentados o que obren en su poder en soporte papel, cuando efectúen tales copias —de oficio o a solicitud de interesado— para constancia del documento correspondiente en un procedimiento realizan un acto que, al incorporarlo al expediente electrónico, lo pone a disposición de la Administración para que surta en el procedimiento los efectos pertinentes.

Impulso automático del procedimiento

Los procedimientos deben instruirse y, por tanto, impulsarse por sus diversos trámites de oficio por la Administración competente, por lo que el art. 71 LPAC autoriza para que tal deber se cumpla por medios electrónicos respetando las reglas que el precepto legal establece.

No en balde preveía el art. 37 de la Ley 11/2007 que las aplicaciones y sistemas de información utilizados para la instrucción por medios electrónicos de los procedimientos debían garantizar el control de los tiempos y plazos y la tramitación ordenada de los expedientes.

Se trata, en este caso, de actos de alcance diverso, cuyo dictado electrónico ha de responder a la concurrencia efectiva del presupuesto legal del avance concreto del procedimiento que disponga.

Foliación automática de expedientes

Si los expedientes electrónicos suponen la agregación ordenada de diligencias, tal agregación implica la pertinente secuencia de dichas diligencias y un índice numerado de todos los documentos que las reflejen. Por eso, el art. 70.2 LPAC determina que, cuando proceda, su remisión ha de ser del expediente electrónico, completo, foliado, autentificado y acompañado de un índice, asimismo autentificado, garantizando tal autentificación la integridad e inmutabilidad del expediente. De donde se sigue, obviamente, que la foliación e indexación de un expediente electrónico puede hacerse también de forma automática.

Remisión automática de comunicaciones al ciudadano

Ninguna dificultad presenta desde luego la automatización de comunicaciones, notificaciones y avisos de puesta a disposición de éstas conforme a la regulación que se contiene en los arts. 41 a 45 RAFESP y, por tanto y según el art. 21.4 LPAC, de la información a los interesados del plazo máximo establecido para la resolución de los procedimientos y de los efectos que pueda producir el silencio administrativo (información, de preceptiva inclusión en la notificación o publicación del acuerdo de iniciación de oficio o en comunicación a practicar dentro de los diez días siguientes a la recepción de la solicitud iniciadora del procedimiento).

Suspensión automática del plazo máximo para resolver el procedimiento

La automatización del requerimiento de subsanación puede extenderse a la decisión (acto de trámite) de suspensión del plazo máximo legal para resolver el procedimiento de que se trate por el tiempo que medie entre la notificación del requerimiento y su efectivo cumplimiento o, incluso, en el caso de incumplimiento en el plazo concedido al efecto, a la resolución por desistimiento (art. 68, en relación con el art. 21, ambos LPAC). Pues la decisión de suspensión no sería sino la consecuencia obligada del defecto en la presentación de la solicitud y la de finalización por desistimiento, a su vez, del dato de incumplimiento en plazo; datos ambos objetivos perfectamente constatables de forma simple y sin necesidad de intervención humana.

Puede considerarse perfectamente plausible, asimismo, la automatización, sobre la base de la constatación electrónica de la concurrencia del supuesto, de los actos de trámite de suspensión del plazo máximo para resolver un procedimiento por preceptividad de la obtención de un pronunciamiento previo de un órgano de la Unión Europea o la pendencia de un procedimiento ante el mismo que condicione de la resolución susceptible de adopción, así como la procedencia de la solicitud de informes preceptivos (art. 22 LPAC). El artículo 4, c) a f) RAFESP parece propiciar esta automatización.

Incoación automática de oficio de procedimiento, incluso sancionador

La incoación del procedimiento, incluso en los incoados de oficio que, en principio, no parecen susceptibles de ello, puede ser automatizada. Así lo prueba el ejercicio de la potestad sancionadora en materia de tráfico. Por más que en la regulación establecida por la Ley sobre tráfico, circulación de vehículos a motor y seguridad vial (texto refundido aprobado por Real Decreto Legislativo 6/2015, de 30 de octubre) y su Reglamento de procedimiento sancionador aprobado por Real Decreto 320/1994, de 25 de febrero, haya nada que la destaque del tipo de regulación convencional, lo cierto es que —tras la creación por Orden INT/2035/2007, de 2 de julio, del Centro de Tratamiento de Denuncias Automatizadas— se ha producido, al menos respecto de las infracciones detectadas por medios técnicos (captación y reproducción de imágenes), un tratamiento automatizado de procedimientos para su agilización y eficacia, con centralización del mismo (salvo en el territorio de las Comunidades Autónomas con competencias transferidas en la materia) en el referido Centro, incluso hasta el dictado de resolución. Lo que es posible por autorizar el art. 71 de la Ley la delegación en el Director del Centro aludido de la competencia para sancionar.

- *Automatización de resoluciones parciales o incidentales*

Son perfectamente automatizables:

La constatación de la estimación —con la consideración legal de acto administrativo finalizador del procedimiento— de la solicitud por transcurso del plazo máximo establecido sin la práctica de notificación de resolución en procedimientos iniciados a instancia de interesado en cuyo objeto no operen las excepciones o limitaciones legalmente establecidas al juego del silencio positivo, con expedición de certificación acreditativa de la misma.

Así resulta de la previsión por el art. 24. 1 y 4 LPAC de entenderse producida la estimación en dicho supuesto con prohibición a la Administración del dictado de resolución expresa posterior a la producción del acto distinta a la simplemente confirmatoria de éste y la expedición de oficio de certificado acreditativo del silencio producido. Pues el supuesto legal es simple y está referido a datos obrantes en el correspondiente expediente, de modo que la extracción de las consecuencias que legalmente se siguen de su concurrencia es absolutamente reglada.

La constatación, al amparo del art. 117.3 LPAC, de la producción del efecto de suspensión *ex lege* —en cualquier procedimiento impugnatorio de un acto en el que se haya solicitado la suspensión de éste— por el transcurso de un mes desde la entrada de dicha solicitud de suspensión en el registro electrónico de la Administración u organismo competente para decidir sobre la misma sin haberse dictado y notificado por el órgano competente para resolver el recurso resolución expresa al respecto. La razón aquí es idéntica a la expuesta al tratar de la producción del efecto de estimación por silencio administrativo de una solicitud, si bien la duda que al respecto pudiera derivar de la exigencia por el art. 35.1, d) LPAC de motivación con sucinta referencia de hechos y fundamentos jurídicos parece que puede despejarse —de entenderse equiparable la suspensión *ex lege* a la adopción de ésta por acto expreso— por la indudable facilidad de la automatización también de tales extremos.

La constatación de la adquisición de eficacia por la suspensión de un acto acordada expresamente bajo la condición de prestación de determinada garantía como consecuencia de la prestación efectiva de ésta en los términos establecidos reglamentariamente. La razón de la posibilidad de la automatización es aquí, teniendo en cuenta lo dispuesto en el art. 117.4, párr. 2º LPAC, también la expuesta al tratar de los dos supuestos anteriores.

- *Automatización completa de enteros procedimientos simples realizados mediante actuaciones estrictamente regladas*

Teniendo en cuenta que el art. 36.1 LPAC determina que los actos administrativos han de producirse (como regla general) por escrito a través de medios electrónicos, es perfectamente posible la automatización entera —desde el inicio hasta la resolución— de procedimientos especialmente simples por basados en solicitudes amparadas en datos limitados y comprobables electrónicamente. De hecho, está ya establecida sin plantear especiales problemas. Ejemplos claros son:

Las solicitudes de certificación de empadronamiento a los efectos de la obtención de determinados beneficios (como los referidos a la subvención de parte del coste de los billetes aéreos en determinados trayectos entre las islas y la península), de matriculación en determinado centro de enseñanza o Universidad o de los de estar al corriente en las obligaciones tributarias o de la seguridad social (como los precisos para la contratación con el sector público).

Los problemas que plantean estos supuestos se reducen, en definitiva, a la corrección, completitud y actualidad de los datos de los registros administrativos utilizados para la actuación certificante y a la identificación y autenticación tanto del solicitante, como del titular de la competencia certificante.

Las solicitudes de entrada en territorio nacional en frontera que cuenten con los medios mecánicos precisos a tal fin, que son recibidas y resueltas de forma totalmente automatizada mediante la lectura electrónica del pasaporte y la comprobación asimismo electrónica de la imagen del solicitante, que, caso de ser positivas, comportan el alzamiento de la barrera de entrada en el territorio nacional.

Aquí la ausencia de motivación del acto mecánico se justifica, cuando éste es positivo, por razón de su carácter favorable. Pero es claro que, en caso de resultado negativo y denegación mecánica, por tanto, del acceso al territorio nacional, la posterior actuación administrativa ha de convertirse en personalizada por intervención de los funcionarios de policía de control de la frontera de que se trate.

Las solicitudes de expedición de copias auténticas electrónicas de documentos tanto administrativos como privados.

En este caso el procedimiento se reduce a la comprobación de la solicitud y la expedición de la copia auténtica interesada, que el art. 27 LPAC autoriza que se extienda —además de en papel— electrónicamente; copias, que tienen la misma validez y eficacia que los documentos originales (si bien los efectos de las de los documentos privados son sólo administrativos) y se extienden sin más requisitos que la expedición por órgano competente y garantizando su identidad y la del contenido del documento con observancia de los esquemas nacionales de interoperabilidad y seguridad y determinadas reglas legales precisas.

Los procedimientos iniciados a solicitud de interesado en materia de prestaciones por desempleo.

Estos procedimientos, regulados en la resolución de 15 de octubre de 2009 del Servicio Público de Empleo Estatal, constituyen un buen ejemplo de tramitación y resolución electrónicas, toda vez que la aludida resolución advierte que la aplicación empleada en ellos efectúa tratamientos de la información cuyo resultado es utilizado por el referido Servicio para el ejercicio de su potestad de resolverlos de forma automatizada, garantizando la tramitación ordenada, el control de los tiempos y plazos y la identificación de los órganos responsables.

Los procedimientos se inician por solicitud sujeta a modelo y presentada a través del registro electrónico del aludido Servicio. Su tramitación electrónica incorpora la captura automática de información de las bases de datos del del propio Servicio, de los Servicios Públicos de Empleo, de las de la Seguridad Social, o de otros organismos o Administraciones públicas, así como de la información del certificado de empresa facilitada por los empresarios a través de Internet. Y la resolución, también automatizada, se expide con el contenido prescrito por la legislación de procedimiento administrativo.

Los ejemplos aducidos otorgan soporte para sostener la admisibilidad de la automatización de actos de trámite, parte de procedimientos e, incluso el entero procedimiento siempre que se den las siguientes circunstancias:

Densidad de la programación normativa a aplicar en términos de precisión tanto del supuesto de hecho como de la consecuencia jurídica que se siga de su concurrencia efectiva, de modo que la potestad administrativa otorgada sea reglada incluso en el fondo.

Susceptibilidad de la traducción, asimismo precisa y sin distorsión (en especial reducción o ampliación), de los dos elementos de la programación normativa (supuesto de hecho y consecuencia jurídica) a lenguaje propio de la aplicación informática, de modo que el funcionamiento de ésta equivalga *mutatis mutandis* a una intervención humana aplicativa sujeta a una instrucción de servicio.

Corrobora suficientemente esta conclusión el dato, sobre el que desde muy temprano existe suficiente consenso doctrinal[83], de que, en el ejercicio de potestades regladas, el procedimiento desempeña una función meramente accesoria de cauce para el hallazgo de la resolución, de modo que tanto la observancia de aquél (desde luego en sus trámites fundamentales y, en especial, el de audiencia), como la corrección de la decisión, pueden ser objeto de pleno control admi-

---

83 En sentido de negación de la automatización de la actuación administrativa discrecional ya tempranamente: J. Valero Torrijos, *El régimen jurídico de la e-Administración. El uso de medios informáticos y telemáticos en el procedimiento administrativo*, Ed. Comares, Granada 2007, pp. 7475. M. I. Linares Gil, "Identificación y autenticación de las Administraciones públicas", en E. Gamero Casado y J. Valero Torrijos (Coords.), *La ley de administración electrónica: comentario sistemático a la Ley 11-2007, de 22 de junio, de acceso electrónico de los ciudadanos a los servicios públicos*, Ed. Aranzadi, Madrid 2010, p. 301; A. Palomar Olmeda, en la misma obra colectiva coordinada por E. Gamero Casado y J. Valero Torrijos, en la edición por Thomson-Aranzadi, Cizur Menor,2008, p. 433; e I. Martín Delgado, op. cit. en nota 42, p. 371.

nistrativo y judicial sobre la base del contenido mismo de esta última (sea expresa o no) y su motivación, sin necesidad de examen de la aplicación informática. En otros términos: siempre es posible la reconstrucción *ex post* del proceso decisional contrastando la decisión producida con la norma aplicada.

VIII. DISCRECIONALIDAD Y AUTOMATIZACIÓN

Sin negar su posibilidad, cuestión en la que ahora no procede entrar, la mayor dificultad que, en todo caso, presenta el empleo de medios electrónicos en la actuación administrativa discrecional y, más aún, cuando ésta alcanza mayor o menor grado de libertad de configuración, trae causa de que la suma de la insuficiente predeterminación normativa del supuesto de hecho (cuando no práctica ausencia de la misma) y la permisión por el apoderamiento normativo de más de una solución o decisión, todas ellas igualmente correctas jurídicamente, impide la fijación *ex ante* de los parámetros de todos los procesos decisionales posibles a un único programa informático. Pues tal fijación resultaría contradictoria con la consideración de las circunstancias concurrentes en cada caso a la luz de los principios, fines y objetivos de la norma, indispensable para el válido ejercicio de la potestad. A lo que se añade que, precisamente por estas características de las potestades discrecionales, en su ejercicio adquiere el procedimiento, es decir, los términos del desarrollo del proceso decisional en cada caso, una función añadida a la accesoria de cauce: la de garantizar, concurrentemente con el Derecho sustantivo, la correcta efectuación de éste, es decir, el acierto de la decisión; función ésta, que se vería frustrada como ilustra suficientemente el ejemplo de la autorización de proyectos sólo en caso de una evaluación positiva de su impacto ambiental o que impliquen la alteración de la delimitación de zonas Natura 2000 (por no hablar de la aprobación de planes y programas sometidos a evaluación ambiental estratégica).

IX. INSTITUCIONES JURÍDICO-ADMINISTRATIVAS CENTRALES Y ADMINISTRACIÓN ELECTRÓNICA

El carácter puramente instrumental de la innovación que supone la automatización no provoca necesidad alguna de reconsideración o siquiera adaptación de las categorías que la doctrina ha considerado afectadas por ella, es decir, las de la potestad, la competencia, el órgano, el procedimiento y el acto. De la acotación del ámbito de la automatización ya efectuada —inclusión en ella de la actuación en ejercicio de potestades reglas y exclusión, en principio, de la efectuada en el de potestades discrecionales— se desprende ya de suyo su nula repercusión en la categoría de potestad.

Por lo que hace a la competencia tanto la LRJSP, como el RAFESP son claros: la Ley impone el establecimiento y la indicación previos (al funcionamiento de la automatización), respectivamente, del órgano u órganos competentes, según los casos, para la definición de las especificaciones, programación, mantenimiento, supervisión y control de calidad y, en su caso, auditoría del sistema de información y de su código fuente, y del órgano que deba ser considerado responsable a efectos de impugnación (art. 41.). Y el Reglamento prescribe que la determinación de una actuación administrativa como automatizada debe autorizarse por resolución del titular del órgano administrativo competente por razón de la materia o del órgano ejecutivo competente del organismo o entidad de Derecho público, según corresponda (art. 13.2).

La referencia al procedimiento administrativo en la definición legal misma de la actuación administrativa automatizada y la ausencia en la LPAC de cualquier asomo de regulación paralela al convencional de un procedimiento con entidad diferenciada y calificable de electrónico, como prueban la previsión del expediente electrónico como simple versión o formato digital de la plasmación documental o expediente del procedimiento convencional y la consecuente mera consignación de las peculiaridades que en el procedimiento derivan del uso de medios electrónicos. Se ha podido, por ello, decir que no existe el procedimiento electrónico y sí únicamente el procedimiento preexistente. No hay tampoco, pues, percusión alguna de la nueva tecnología instrumental en el instituto procedimental.

Donde la doctrina ha detectado desde el principio mayores consecuencias de la automatización es en las categorías fundamentales de órgano y acto administrativos, que en su momento I. Martín Delgado (2009) resumió en las dos proposiciones siguientes: i) el órgano administrativo es el resultado de una agrupación de funciones en torno a la persona de su titular y el acto administrativo es una declaración de voluntad, cualidad exclusiva del ser humano; yii) en la actuación automatizada la función la ejerce una máquina y el acto resultante, como producto de una máquina, no puede ser entendido como expresión de voluntad, porque carece de ella.

Para despejar cualquier duda sobre la no afección de la categoría de órgano no es preciso abordar la teorización doctrinal de que ha sido objeto y que sigue sin ser del todo pacífica[84]. Basta con la invocación de la definición jurídico-positiva al amparo del artículo 103.2 de la Constitución: unidades administrativas que tengan atribuidas funciones con efectos jurídicos frente a terceros o cuya actuación tenga carácter preceptivo definidas, en su propia organización y ámbito competencial, por cada Administración pública, en cuya creación se hayan cumplido —además del consistente en la no duplicación de otro u otros ya existentes con idénticas funciones— los siguientes requisitos: a) determinación de su forma de integración en la Administración de que se trate y su dependencia jerárquica; b) delimitación de sus funciones y competencias; y c) dotación de los créditos necesarios para su puesta en marcha y funcionamiento (art. 5 LRJSP). Se trata, por tanto, de un centro de agrupación de funciones-atribuciones para la imputación de los actos derivados del ejercicio de éstas a la organización de pertenencia en tanto que persona jurídica (conforme al art. 3.4 LRJSP cada una de las Administraciones públicas actúa con personalidad jurídica única). El carácter de ficción jurídica objetivo-organizativa del órgano dota a éste de permanencia con independencia del cambio de la o las personas físicas que en cada momento lo invistan, de modo que el elemento subjetivo es decisivo sólo para la corrección de la adopción de

84 Sobre el concepto dogmático de órgano, véase el fundamental artículo de J.A. Santamaría Pastor de hace ya casi veinte años: "La teoría del órgano en el Derecho administrativo", *REDA* núm. 40-41, pp. 43-86.

los correspondientes actos, pero no para la imputación de éstos a la organización-persona. La variación del elemento subjetivo no afecta a la permanencia inalterada del órgano. Debe recordarse aquí lo ya dicho acerca del dato diferenciador de la Administración respecto del órgano judicial: inexistencia de un derecho del destinatario de la actuación administrativa a un titular o titulares predeterminados del órgano que la realice. Sin perjuicio de que deba verificarse por órgano competente, aquella actuación es, como sin duda resulta del artículo 103.1 de la Constitución, siempre de la Administración, es decir, la organización-persona[85]. Como revela en todo caso el supuesto del órgano colegiado, cuyos actos resultan sólo de la votación de un colectivo de personas-miembros no siempre idéntico, los actos de los órganos no son derivables sin más de la voluntad subjetiva de su titular o titulares.

Siendo el órgano, pues, un artificio organizativo, nada impide el juego de la imputación al mismo de actos producidos por medios electrónicos, toda vez que predeterminado por el titular o titulares del mismo el proceso de trabajo entregado intrumentalmente a dichos medios y, por ello, reconducibles al mismo mecanismo de imputación que en el caso de intervención personal de aquél o aquéllos. No hay razón objetiva, por tanto, para una adaptación normativa del concepto de órgano[86].

Es del todo natural la extensión sin más de esta conclusión al acto administrativo, haciendo innecesaria la construcción de un innecesario acto administrativo electrónico.

---

85 De ahí que sea criticable, en estricta técnica jurídico-administrativa y como ya se ha señalado, la moda que se ha impuesto recientemente en la legislación, en el contexto de la política de igualdad de género, de la referencia a "la persona titular" del órgano de que se trate como autora de los actos de este último.

86 Se llega, así, a conclusión coincidente con la alcanzada en su momento por I. Martín Delgado, op. cit. en nota 45.

X. PRINCIPALES RETOS QUE DEBE AFRONTAR LA CIENCIA JURÍDICO-ADMINISTRATIVA

Los principales retos para la ciencia jurídica se sitúan, sin embargo, en otro terreno: el de integrar la Administración electrónica, en todas sus dimensiones posibles, en el sistema jurídico-administrativo, de modo que, preservando sus potencialidades y, con ellas, las perspectivas que abre y los beneficios que promete (y, en parte, ya ha proporcionado), queden prevenidos los riesgos que simultáneamente comporta y evite o, al menos, minimice o mitigue sus consecuencias para el modelo europeo-nacional no solo de ejecución administrativa, sino, incluso, de producción de las Leyes que deben regirla.

Es inherente al orden de lo digital (naturalmente en grado creciente: desde la mera automatización hasta el recurso a las posibilidades que va ofreciendo la inteligencia artificial), una tendencia a desnaturalizar, informatizándolas, las cosas del mundo y, por tanto, a la instauración del que, como ya se ha avanzado, ha sido calificado como dataísmo, entendido aquí como preferencia de lo cuantitativo sobre lo cualitativo, de sustitución de la comprensión directa de la realidad con pretensión de captación de su verdad por la versión digital que de la misma proporciona la acumulación de información y datos; en definitiva, la conversión de las condiciones reales de la vida social (las personas, las actividades y las cosas) sobre las que se trata de operar en cuadros de cifras y datos deslumbrantes por su efecto simplificador y supuestamente clarificador. Según se denuncia desde la filosofía[87], la apuntada tendencia encierra la posibilidad de un totalitarismo digital calificable de dadaísmo digital, capaz, a su vez y por su renuncia —a favor del discurso meramente aditivo— a todo entramado narrativo, de trastocar las bases del sistema democrático en cuanto enraizadas éstas en el pluralismo y el debate justamente en términos narrativos.

La expresada tendencia induce, por de pronto, un incremento de la tensión —antes ya aludida— entre los principios de legalidad

---

87 En este sentido, especialmente Byung Chul Han, *Psicopolítica: Neoliberalismo y nuevas técnicas de poder*, Ed. Herder, Barcelona 2014; y *No cosas: quiebras del mundo de hoy*, Ed. Taurus, Madrid 2021.

y practicabilidad, con amenaza de sobrepasar, el segundo, la mera modulación del primero. Semejante evolución afectaría nada menos que al fundamento mismo del diseño de la Administración como organización-actividad de ejecución sometida enteramente al Derecho y, en último término, al Estado de Derecho.

Pero también afecta a la relación de "diferenciación articulada" que media en el contitucionalismo actual, nacional y europeo (con creciente condicionamiento internacional), entre los órganos parlamentarios y su función y los complejos orgánico-funcionales ejecutivos. En la medida en que el desarrollo por estos últimos de su cometido propio quede penetrado y condicionado por el empleo de los sistemas informáticos (los "programas" y sus "algoritmos"), los riesgos inherentes a este empleo se contagiarán —por razón de su creciente posición prevalente en la antes aludida relación— al quehacer parlamentario y, a su través, a la Ley, repercutiendo en la calidad democrática de ésta y agravando la distorsión de la imagen y el régimen establecidos de su proceso de ejecución administrativa.

Ambos fenómenos comportan el peligro de una indebida descarga, cuando menos parcial, de la toma de decisiones en los expertos en el funcionamiento (la "programación") de los sistemas electrónicos; peligro, que —sin ser nuevo, por no serlo el recurso a expertos en los procesos de toma de decisiones en los dos planos legislativo y ejecutivo— se ofrece ahora, sin embargo, bajo nuevos y más acusados perfiles y mayores consecuencias. Exigen, pues, una completa reelaboración, para la incorporación a la legislación de dimensiones electrónicas y desde luego a la Administración electrónica, de los términos en que sus características propias —diversas según el alcance de los sistemas de que se sirva— determinan el cumplimiento de las tareas propias legislativas y administrativas. Sin abandonar, por supuesto y por lo que hace a la subsistente y calificable —por contraste— como Administración analógica o convencional, no ya las conquistas ya consolidadas, sino su continuo perfeccionamiento.

Finalmente, pero no en último lugar, es la organización administrativa misma la que resulta afectada por un riesgo de enorme relevancia, no contemplado en modo alguno —como ya se ha denunciado— en el diseño y despliegue de la política de implementación de su dimensión electrónica. El proceso de esta implantación de los correspondientes sistemas puede sintetizarse, tal como viene desarrollándose, en las tres notas de: i) renuncia —no por quizás impracticable, menos problemática— a la elaboración y el control internos de los "programas informáticos" precisos; ii) consiguiente recurso a la contratación externa de dichos programas (o, incluso, lo que es peor aún, a la aceptación de la simple puesta a disposición de dichos programas por las correspondientes empresas); y, por tanto, iii) dependencia acusada de la iniciativa privada y, en particular, de las grandes empresas tecnológicas transnacionales y dominantes en el sector sin claridad acerca del tipo de la relación contractual empleada y el régimen de derechos y deberes que resulta de la misma. Tampoco este fenómeno, aunque presente propiedades originales e inéditas, es enteramente novedoso, toda vez que —además de la clásica contratación de obras y servicios, incluso en la variante última de colaboración público-privada— el Estado, desde la adopción de la veste "reguladora" de sectores-mercados, con entrega a éstos de la entera responsabilidad sobre actividades de alta tecnología y carácter estratégico (energía atómica, electricidad, telecomunicaciones) y repliegue del poder público a una posición de supervisión y garantía, viene corriendo el riesgo de pérdida, con el tiempo, de capacidad y conocimiento en las correspondientes materias y, con ella, la de la aptitud para cumplir siquiera la función de garantía prometida a la sociedad. La gravedad y el alcance de este riesgo en el caso de la informática están lejos de ser menores, como demuestra la acelerada evolución de la llamada inteligencia artificial. Pues amenaza con convertir a la Administración electrónica (desde luego cuando recurra a sistemas de inteligencia artificial) en un verdadero Ciborg —extendiendo el término acuñado por Manfred E. Clynes y N. S. Kline en 1960 para referirse a un ser humano "mejorado" por las nuevas tecnologías)— en cuyo funcionamiento la función pública ejecutiva (interpretación y aplicación del Derecho) queda desnaturalizada por la influencia decisiva del origen privado de la correspondiente programación.

En este último terreno se echa de menos una reflexión suficiente, también en la ciencia jurídico-administrativa, sobre las necesarias innovaciones a introducir en la organización administrativa, que ya no puede descansar en los puestos de trabajo, las unidades y los órganos clásicos cuando del empleo de procesos informatizados se trata y debe articularse con unidades y órganos capaces de acumular y actualizar el conocimiento suficiente y los medios idóneos para estar en condiciones de asegurar la calidad de los programas a emplear en términos de contribución al cumplimiento de las correspondientes tareas conforme al requerimiento constitucional básico de eficacia en la legalidad. Y, en todo caso, y con el tiempo, en una organización incapaz, por falta del conocimiento y la capacidad necesarias, para diseñar y control su actuación electrónica, lo que quiere decir, para garantizar la prosecución del interés general conforme a las exigencias del pertinente estatuto constitucional.

Obviamente a tal fin no basta con medidas puramente organizativas, siendo también absolutamente indispensable una renovación de la política de recursos humanos (selección, formación y promoción) con el fin de asegurar la presencia en la función pública del personal cualificado necesario para cubrir los correspondientes puestos de trabajo y dotar las pertinentes unidades y órganos.

En definitiva, los riesgos denunciados obligan a un verdadero cambio en la cultura administrativa, es decir, de los métodos de funcionamiento y, por tanto, de recabar o recolectar información, depurar ésta, ponderar alternativas y adoptar decisiones.

XI. BIBLIOGRAFÍA

Alamillo Domingo, I. y Urios Aparisi, F. X (2011). *La actuación administrativa automatizada en el ámbito de las Administraciones públicas. Análisis jurídico y metodológico para la construcción y la explotación de trámite automáticos*, Escola d'Administració Pública de Catalunya, Barcelona 2011.

Alcolea Azcárraga, C. (2022). "La responsabilidad patrimonial de la Administración y el uso de algoritmos", *La Administración al día*, INAP, edición del 10/03/2022

Balaguer Callejón, F. (2022). *La Constitución del algoritmo*, Fundación Manuel Giménez Abad, Zaragoza 2022.

Beck, U. (2008a). *La sociedad del riesgo mundial. En busca de la seguridad perdida*, Ed. Paidós, Buenos Aires.

Beck, U (2008b). "World risk. The new task of critical theory", *Development and Society*, Vol. 37, n.º 1, junio de 2008.

Beck, U (2026). *Metamorphosis of the world. How climate change is transforming our concept of the world,* Politiy Press, Cambridge (existe versión española publicada por Paidós en 2017).

Boix Palop, A. (2020). "Los algoritmos son Reglamentos: la necesidad de extender las garantías propias de las normas reglamentarias a los programas empleados por la Administración para la adopción de decisiones", *Revista de Derecho Público: teoría y método,* Marcial Pons, Vol. I.

De La Cueva, J., "Código fuente, algoritmos y fuentes del Derecho", colaboración para El Notario del Siglo XXI, Colegio Notarial de Madrid, accesible en https://www.elnotario.es/index.php/opinion/opinion/8382-codigo-fuente-algoritmos-y-fuentes-del-derecho (consultado en marzo de 2024).

Denninger, E. (1990). "Der Präventionsstaat", artículo incluido en la recopilación llevada a cabo en el libro *Der gebändigte Leviathan,* Nomos, Baden-Baden.

Ferrajoli, L (2022). Por una Constitución de la Tierra. La humanidad en la encrucijada (trad. P. Andrés Ibañez), Ed Trotta. Madrid.

Forsthoff, E. (1938). *Die Verwaltung als Leistungsträger,* Stuttgart.

Frosini, V. (1982). *Cibernética, Derecho y sociedad,* Ed. Tecnos, Madrid.

Häberle, P. (2006). *Öffentliches Interesse als juristisches Problem,* Ed. Berliner Wissenschaftsverlag, Berlin, 2ª ed.

García De Enterría, E., *La lengua de los Derechos. La formación del Derecho público europeo tras la Revolución francesa,* discurso leído el 24 de octubre en el acto de su recepción como académico de número de la Rea Academia Española, accesible en https://www.rae.es/sites/default/files/Discurso_Ingreso_Eduardo_Garcia_de_Enterria.pdf (consultado en marzo de 2024).

Han Byung-Chul (2021). *Psicopolítica: Neoliberalismo y nuevas técnicas de poder* (trad. Bergés, A.), Ed. Herder, Barcelona 2014; - *No cosas. Quiebras del mundo de hoy,* Ed. Taurus, Madrid.

Heidegger, M, "Die Frage nach der Technik", ensayo incluido en *Vorträge und Aufsätze,* ed. Günther Neske Pfullingen, 1954; el ensayo figura en las pp. 9 y ss. Una traducción de F. Soler al castellano, bajo el título de "La pregunta por la técnica" es accesible en https://ia801407.us.archive.org/27/items/la-pregunta-por-la-tecnica-martin-heidegger/La%20pregunta%20por%20la%20t%C3%A9cnica%20-%20Martin%20Heidegger.pdf (consultado en marzo 2024).

Hirsch, B., *Auf dem Weg in den Überwachungsstaat?*, Conferencia pronunciada en la Dresdner Juristischen Gesellschaft el 24 de octubre de 2007. Accesible en http://www.djgev.de/download/Vortrag_Hirsch.pdf

Hoffmann-Riem, W (2016). *Innovation und Recht-Recht und Innovation. Recht im Ensemble seiner Kontexte,* Ed. Mohr Siebeck, Tubinga.

Hoffmann-Riem, W. *Rechtswissenschaftliche Innovationsforschung als Reaktion auf gesellschaftlichen Innovationsbedarf,* texto de conferencia pronunciada con ocasión del acto de entrega de la medalla de la Universidad de Hamburgo el día 19 de diciembre de 2000, accesible en http://www2.jura.uni-hamburg.de/ceri/publ/download01.PDF (consultado en marzo 2024).

Huergo Lora, A (2020). "Una aproximación a los algoritmos desde el Derecho administrativo", en Huergo Lora, A. (dir.)/Díaz González, G. M. (coord.), *La regulación de los algoritmos,* Aranzadi, Cizur Menor.

Huergo Lora, A (2022). "Administraciones Públicas e inteligencia artificial: ¿más o menos discrecionalidad", *La Administración al día, INAP.*

Huergo Lora, A "Regular la inteligencia artificial (en Derecho Administrativo)", *El Blog. Revista de Derecho Público,* accesible en https://blogrdp.revistasmarcialpons.es/blog/regular-la-inteligencia-artificial-en-derecho-administrativo-por-alejandro-huergo-lora/ (consultado en marzo 2024).

Innerarity, D. (2022). *La sociedad del desconocimiento,* Ed. Galaxia Gutenberg, Barcelona 2022.

Kern, E. (1957). "Zur heutigen Grundproblematik des Verwaltungsrechts", Archiv für Rechts - und Sozialkphilosophie, Tomo XLIII, 1957.

Isensee, J. (1976). *Die Typisierende Verwaltung. Gesetzesvollzug im Massenverfahren am Beispiel der typisierenden Betrachtungsweise des Steuerrechts,* Ed. Duncker&Humblot, Berlín.

Laband, P. (1901). *Das Staatsrecht des Deutschen Reiches,* Ed. J.C. Mohr, 4ª edición, Tubinga 1901.

Linares Gil, M.I. (2010). "Identificación y autenticación de las Administraciones públicas", en E. Gamero Casado y J. Valero Torrijos (Coords.), *La ley de administración electrónica:comentario sistemático a la Ley 11-2007, de 22 de junio, de acceso electrónico de los ciudadanos a los servicios públicos,* Ed. Aranzadi, Madrid.

Luhmann, N. (1964). *Funktionen und Folgen formaler Organisation,* Ed. Duncker&Humblot, Berlín.

Luhmann, N (1966). *Recht und Automation in der öffentlichen Verwaltung. Eine verwaltungswissenschaftliche Untersuchung,* Ed. Duncker&Humblot, Berlín.

Martín Delgado, I. (2009). "Naturaleza, concepto y régimen jurídico de la actuación administrativa automatizada", *RAP*, núm. 180, septiembre-diciembre 2009.

Palomar Olmeda, A. (2007). *La actividad administrativa efectuada por medios electrónicos. A propósito de la Ley de Acceso Electrónico a las Administraciones Públicas*, Ed. Thomson-Aranzadi, Cizur Menor.

Parejo Alfonso, L. (1989a). "La eficacia como principio jurídico de la actuación de la Administración pública", *Documentación Administrativa*, núm. 218-219, abril-septiembre 1989.

Parejo Alfonso, L. (1989b). "Los valores en la jurisprudencia del Tribunal Constitucional", en R. Gómez-Ferrer Morant (Coord.*), Libro homenaje a Profesor José Luis Villar Palasí*, Ed. Civitas, Madrid.

Parejo Alfonso, L. (1990). *Constitución y valores del ordenamiento*, Ed. Centro de Estudios Ramón Areces, Madrid.

Parejo Alfonso, L. (1991). "Constitución y valores del ordenamiento", en S. Martín-Retortillo Baquer, *Estudios sobre la Constitución Española. Homenaje al Profesor Eduardo García de Enterría Martínez-Carande*, Vol. I (el ordenamiento jurídico), Ed. Civitas, Madrid.

Parejo Alfonso, L. (1995). *Eficacia y Administración. Tres estudios*, Ed. BOE e INAP, Madrid.

Parejo Alfonso, L (2018). "Comentario al artículo 1", en C. Montesinos Padilla, P, Pérez Tremps y A. Sáiz Arnaiz (Dirs.), *Comentario a la Constitución Española: 40 aniversario 1978-2018: Libro-homenaje a Luis López Guerra*, Ed. Tirant lo Blanch, Valencia.

Pérez Luño, A.E. (1996). *Manual de Informática y Derecho*, Ed. Ariel, Barcelona 1996.

Ponce Solé, J. (2019). "Inteligencia artificial, Derecho administrativo y reserva de humanidad: algoritmos y procedimiento administrativo debido". *La Administración al día*, INAP.

Quadra-Salcedo, T., *Inteligencia artificial, Administraciones públicas y Derecho. Una visión comparada de un Derecho en construcción*, texto aun inédito expuesto en el XVIII Congreso de la AEPDA.

Rammert, W. (2010). "Die Innovationen der Gesellschaft", en J. Howaldt y H. Jacobsen (eds.), *Soziale Innovation Auf dem Weg zu einem Postindustriellen Innovationsparadigma*, Ed. Springer VS, Wiesbaden 2010.

Santamaría Pastor, J.A., "La teoría del órgano en el Derecho administrativo", *REDA* núm. 40-41.

Rosanvallon. P. (2020). *El siglo del populismo. Historia, teoría y crítica*, Ed. Galaxia Gutenberg, Barcelona 2020.

Soriano Arnanz, A. (2021). "Decisiones automatizadas: problemas y soluciones jurídicas. Más allá de la protección de datos", *Revista de Derecho Público: Teoría y Método*, Vol. 3, 2021.

Spengler, O, *El hombre y la técnica*, Munich 1931, traducción de M. García Morente reproducida por Instituto de Formación Docente Continua, Área Tecnología, Introducción a la Tecnología; accesible en https://www.studocu.com/es-ar/document/universidad-nacional-de-tres-de-febrero/educacion-superior-y-pueblos-indigenas-y-afrodescendientes/spengler-el-hombre-y-la-tecnica/13518459 (consultado en marzo 2024).

Valero Torrijos, J. (2007). *El régimen jurídico de la e-Administración. El uso de medios informáticos y telemáticos en el procedimiento administrativo*, Ed. Comares, Granada.

Von Bogdandy, A. (2022), *Strukturwandel des öffentlichen Rechts. Entstehung und Demokratisierung der europäischen Gesellschaft*, Ed. Suhrkamp, Berlin.

Watson, R.T. (ed.) (2014). *Environment and development challenges. The imperative to act*, obra colectiva de los ganadores del premio Blue Planet, Ed. University of Tokyo Press, Tokyo 2014.

Wilke, H. (2002). *Dystopie. Studien zur Krisis des Wissens in der modernen Gesellschaft*, Ed. Suhrkamp, Frankfurt 2002.

Zeidler, K. (1959). *Über die Technisierung der Verwaltung. Eine Einführung in die juristische Beurteilung der modernen Verwaltung*, Ed. Müller, Karlsruhe.

Automatización administrativa y derechos de las personas: ¿interpretación evolutiva o nuevos derechos?

TOMÁS DE LA QUADRA-SALCEDO FERNÁNDEZ DEL CASTILLO
Catedrático Emérito Derecho Administrativo
Universidad Carlos III de Madrid

I. INTRODUCCIÓN

Conviene subrayar desde el principio que se trata de reflexionar sobre la "automatización administrativa" y los derechos de las personas; es decir, sobre la automatización administrativa en general o automatización de la Administración y no sobre la actuación administrativa automatizada en la medida en que por esta nos limitemos a entender lo que dice el artículo 41.1[1] de la ley 40/2015 de

---

1 Ley 40/2015:
Artículo 41. Actuación administrativa automatizada.

régimen jurídico del Sector Público, ya que constriñe su alcance, estrictamente, a lo que se realiza en el seno de un procedimiento administrativo formalizado[2]; de esa forma lo restringe respecto del más amplio que figuraba en el anexo de definiciones[3] de la Ley 11/2007 de Acceso Electrónico a los Servicios Públicos y respecto del empleo de actuaciones o realizaciones vinculadas con automatismos que, desde hace tiempo, vienen produciéndose en las Administraciones públicas.

Tras esta cautela inicial —que de forma inmediata se desarrollará en el siguiente apartado (2) y que exige aclarar que hoy día no es posible hablar de Administración automatizada sin vincularla con la más relevante, aunque no única, que es la relacionada con la inteligencia artificial (IA)— procede comenzar por una consideración acerca de si estamos en realidad ante nuevos derechos fundamentales o se trata solo de derechos instrumentales ínsitos y al servicio de los derechos fundamentales que conocemos (3). A continuación se reflexionará sobre cuál es el ámbito o sector del Derecho en que mejor situar el tratamiento sobre la automatización administrativa y los derechos fundamentales (4) teniendo en cuenta tales derechos y cuestionando que la afección a los mismos por la IA —la automatización más relevante y característica de nuestro tiempo— corresponda ubicarla en la perspectiva metodológica del derecho a la protección de datos (autodeterminación informativa o la limitación del uso de la informática en relación con el derecho a la intimidad, al honor personal o familiar o el pleno ejercicio de los derechos.).

---

1. Se entiende por actuación administrativa automatizada, cualquier acto o actuación realizada íntegramente a través de medios electrónicos por una Administración Pública ***en el marco de un procedimiento administrativo*** *y en la que no haya intervenido de forma directa un empleado público*

2 Vid. Gamero Casado, Eduardo (2023) "*Sistemas automatizados de toma de decisiones en el Derecho Administrativo Español*". Revista General Derecho Administrativo nº 63.

3 Ley 11/2007:
Letra a) del anexo:
a) Actuación administrativa automatizada: Actuación administrativa producida por un sistema de información adecuadamente programado sin necesidad de intervención de una persona física en cada caso singular. Incluye la producción de actos de trámite o resolutorios de procedimientos, así como de meros actos de comunicación.

Se subrayará a continuación cómo las afecciones a los derechos fundamentales por la IA —la forma más característica hoy de la automatización de la Administración— no solo afectan a estos más o menos directamente, sino a instituciones propias de la democracia que es, ella misma, garantía de todos los derechos (5) —entre ellos del de participación política y el derecho a la información— al menoscabar la transparencia del gobierno y de las Administraciones públicas en cuanto se apoyen en informes automatizados o adopten decisiones automatizadas en la programación y diseño de políticas públicas con base en estudios, planes, informes o programas realizados con IA de propósito general[4], incluidos los de riesgo sistémico[5] y, por tanto, al margen de procedimientos formalizados atinentes a derechos subjetivos o intereses legítimos de personas singulares. Se acabará con algunas reflexiones sobre las necesarias modificaciones de la vigente normativa española a consecuencia de la aprobación del Reglamento europeo y su íntegra aplicación a la Administración, tanto como autoridad de vigilancia como en su condición de sujeto vigilado (6).

---

4 Art. 3º nº 63 de definiciones del Reglamento (UE) 2024/1689 de 13 de junio de 2024 por el que se establecen normas armonizadas en materia de inteligencia artificial: *«63. modelo de IA de uso general»: un modelo de IA, también uno entrenado con un gran volumen de datos utilizando autosupervisión a gran escala, que presenta un grado considerable de generalidad y es capaz de realizar de manera competente una gran variedad de tareas distintas, independientemente de la manera en que el modelo se introduzca en el mercado, y que puede integrarse en diversos sistemas o aplicaciones posteriores, excepto los modelos de IA que se utilizan para actividades de investigación, desarrollo o creación de prototipos antes de su introducción en el mercado;*

5 Art. 3º nº 65 de definiciones del Reglamento (UE) 2024/1689: *65. «riesgo sistémico»: un riesgo específico de las capacidades de gran impacto de los modelos de IA de uso general, que tienen unas repercusiones considerables en el mercado de la Unión debido a su alcance o a los efectos negativos reales o razonablemente previsibles en la salud pública, la seguridad, la seguridad pública, los derechos fundamentales o la sociedad en su conjunto, que puede propagarse a gran escala a lo largo de toda la cadena de valor;*

II. EL RESTRINGIDO CONCEPTO DE AUTOMATIZACIÓN ADMINISTRATIVA DE LA LEY 40/2015 DE RÉGIMEN JURÍDICO DEL SECTOR PÚBLICO Y EL SENTIDO EN EL MOMENTO ACTUAL QUE AQUÍ SE CONSIDERA

Comportamientos, usos, prácticas o rutinas automatizadas que se realizan en desarrollo de actividades, funciones o servicios competencia de las Administraciones públicas sin que se produzcan en el seno de un procedimiento formalizado, son algo conocido desde hace mucho tiempo. Baste recordar la existencia de semáforos en las ciudades cuyo cambio de color de las luces (de verde a rojo con un intermedio ámbar) determina la eventual imposición de obligaciones de conducta que, desatendidas, podían suponer una multa para el infractor, cuando no incurrir en responsabilidad penal por conducción temeraria u homicidio por imprudencia derivado de no haber respetado el sentido de una señal establecida por un automatismo.

En el presente trabajo se habla de "automatización administrativa" que es un concepto más amplio que el de "actuación administrativa automatizada" del artículo 41.1 de la Ley 40/2015 y que comprende así cualquier supuesto de automatización en (y de) la Administración; entre ellos los tradicionales que acaban de recordarse en el párrafo anterior[6].

---

6 Son innumerables los trabajos sobre la automatización o aplicación de la IA en la Administración entre otros puede verse, además del trabajo del autor del presente estudio para el Congreso de la AEPDA (*"Inteligencia artificial, administraciones publicas y Derecho. Una visión comparada de un Derecho en construcción"*). los siguientes: Alamillo Domingo, Ignacio y Urios Aparisi, F. Xavier (2011), La actuación administrativa automatizada en el ámbito de las Administraciones Públicas. Análisis jurídico y metodológico para la construcción y la explotación de trámites automáticos. EAPC, Barcelona; De Asís Roig, Rafael (2014), «Ethics and Robotics. A First Approach», The Age of Human Rights Journal, 2, pp. 1-24. De Asís Roig, Rafael (2014), Una mirada a la robótica desde los derechos humanos, Dykinson, Madrid; Barrio Andrés, Moisés (2018), «Robótica, inteligencia artificial y derecho», Real Instituto Elcano ARI 103; del mismo autor (2018), Derecho de los ro-

bots, Wolters Kluwer, Madrid; Berning Prieto, Antonio David, (2023) " La naturaleza jurídica de los algoritmos" en Eduardo Gamero Casado (dir.), "Inteligencia artificial y sector público. Retos, límites y medios", Tirant lo blanch, Valencia, 2023; Boix Palop, Andrés (2020), "Los algoritmos son reglamentos: La necesidad de extender las garantías propias de las normas reglamentarias a los programas empleados por la administración para la adopción de decisiones", Revista de Derecho Público: teoría y método, núm. 1, 2020; Carcar Benito, Jesús Esteban (2019) «La inteligencia artificial (IA): Aplicación jurídica y regulación en los servicios de salud», DS: Derecho y salud, Vol. 29, Nº. Extra-1, pp. 278-290; Cerrillo I Martínez, Agustí (2019), «Com obrir les caixes negres de les administracions públiques? Transparència i rendició de comptes en l'ús dels algoritmes (CA-EN)», Revista Catalana de Dret Public, Vol. 58; del mismo autor (2019), «El impacto de la inteligencia artificial en el Derecho administrativo ¿Nuevos conceptos para nuevas realidades técnicas?», Revista General de Derecho Administrativo, Vol. 50; (2021) «Robots, virtual assistants and automation of public administrations», REGAP: Revista galega de administración pública, Vol 61, Pp. 271-309; (2020), «¿Son fiables las decisiones de las Administraciones públicas adoptadas por algoritmos?», European review of digital administration & law, Vol. 1, Pp. 18-36; Cerrillo I Martínez, Agustí; Peguera Poch, Miguel (coords.) (2020) Retos jurídicos de la inteligencia artificial, Aranzadi, Navarra; Chan, Sarah (2017) «Bioethics in the Big Data era: health care and beyond», Rev. Bioética y Derecho Vol. 41, Pp. 3-32; Cotino Hueso, Lorenzo y Castellanos Claramunt, Jorge (2022) "Transparencia y explicabilidad de la inteligencia artificial" Valencia,Tirant lo Blanch; Ercilla García, Javier (2019): Normas de derecho civil y robótica, Aranzadi, Navarra; Fernández, Carlos (2020) «Estados Unidos presenta diez principios para el desarrollo de la inteligencia artificial», Diario La ley; Galán Pascual, Carlos (2019) «La certificación como mecanismo de control de la inteligencia artificial en Europa», Instituto Español de Estudios Estratégicos, Vol. 46; Gamero Casado, Eduardo (2023) "Sistemas automatizados de toma de decisiones en el Derecho Administrativo Español" Revista General de Derecho Administrativo, nº 63; del mismo autor (2023)"Las garantías de régimen jurídico del sector público y del procedimiento administrativo común frente a la actividad automatizada y la inteligencia artificial" en Eduardo Gamero Casado (dir.), "Inteligencia artificial y sector público. Retos, límites y medios", Tirant lo blanch, Valencia, 2023; García Mexía, Pablo y Villarino Marzo, Jorge (2021), ¿Qué sociedad digital queremos? Alternativas regulatorias para una Europa digitalmente soberana, Ed. La Ley, Madrid; Gómez Puente, Marcos (2019), La Administración electrónica. El procedimiento administrativo digital, Aranzadi, Navarra; González Yanes, Jesús Alberto (2017), «El reto big data para la estadística pública», Dins Pablo Díaz (coord.), Goberna Escuela de Política y Alto Gobierno del Instituto Universitario de Investigación Ortega y Gasset, Manual sobre utilidades del big data para bienes públicos, Pp. 59-79. Edimema: Madrid; Hernández Corchete, Juan Antonio (2018), «Expectativa de privacidad, tutela de la intimidad y protección de datos». En: Tomás de la Quadra-Salcedo y José Luis Piñar (dirs.), Sociedad digital y Derecho, pp. 279-300. Madrid: BOE-Red.es; Huergo Lora, Alejandro (Dir.) y Díaz González, Gustavo Manuel (Coord.) y otros (2020) La Regulación de los Algoritmos, Aranzadi, Madrid; Latorre, Leticia (2021), El futuro del big data en el ámbito sanitario. las claves jurídicas del tratamiento de los datos de salud, Universidad de Murcia, Murcia; de la misma autora (2021), «Salud Pública y Big Data: COVID-19. Reflexión jurídica sobre la normativa de datos de salud y de aplicación de herramientas big data en el ámbito de la investigación biomédica y de la asistencia sanitaria», Derecho y Salud, Vol. 31, núm. 1. Pp. 6-21; Laukyte, Migle (2018), «Robots y sanidad». En: Tomás de la Quadra-Salcedo y José Luis Piñar (dirs.), Sociedad digital y Derecho, pp. 865-880. Madrid: BOE-Red.es; López Latorre, Andrés Felipe, Beltrán Sebebrenik, Steffany y Martínez Vargas, Juan Ramón (dir.) (2019): Robótica, Armas y Derecho Internacional, Tirant lo Blanch, Valencia; Madrid Perez, Antonio (2021), «La Inteligencia Artificial y la Robótica como motores de cambio del Derecho». En: Estévez Araujo, José A. (Edit.), El Derecho ya no es lo que era, Pp. 171-194. Ed. Trotta, Madrid; Mantelero, Alessandro (2018), «Ciudadanía y gobernanza digital entre política, ética y derecho». En: Tomás de la Quadra-Salcedo y José Luis Piñar (dirs.), Sociedad digital y Derecho, pp. 159-178. Madrid: BOE-Red.es; Martí Miravalls, Jaume (dir.) y Rodilla Martí, Carmen (Coord.) (2021), Competencia en mercados digitales y sectores regulados, Ed. Tirant lo Blanc, Madrid; Martín Delgado, Isaac (2018), «El Acceso electrónico a los servicios públicos: hacia un modelo de Administración digital auténticamente innovador». En: Tomás de la Quadra-Salcedo y José Luis Piñar (dirs.), Sociedad digital y Derecho, pp. 179-202. Madrid: BOE-Red.es; del mismo autor "Naturaleza, concepto y régimen jurídico de la actuación administrativa automatizada" Revista de Administración Pública, núm. 180; Martínez Martínez, Ricard (2018), «Inteligencia artificial, derecho y derechos fundamentales». En: Tomás de la Quadra-Salcedo y José Luis Piñar (dirs.), Sociedad digital y Derecho, pp. 259-278. Madrid: BOE-Red.es; del mismo autor (2017), «Big data, investigación en salud y protección de datos personales ¿Un falso debate?». Revista Valenciana d'Estudis Autonòmics, Vól. 62, Pp. 235-280; Montalvo Jääskeläinen, Federico (2019). «Una reflexión desde la teoría de los derechos fundamentales sobre el uso secundario de los datos de salud en el marco del Big Data», Revista De Derecho Político, Vol. 1(106), pp. 43-75; Moreno Rebato, Mar (2021), Inteligencia artificial (Umbrales éticos Derecho y Administraciones Públicas), Ed. Aranzadi,

Pamplona; Monterroso Casado, Esther (dir.) y Muñoz Villareal, Alberto (Coord.) y otros (2019): Inteligencia artificial y riesgos cibernéticos. Responsabilidades y asesoramiento, Tirant lo Blanch, Valencia; Nuñez Zorrilla, María del Carmen (2019): Inteligencia artificial y responsabilidad civil régimen jurídico de los daños causados por robots autónomos con inteligencia artificial, Reus, Madrid; Ottolia, Andrea (2019), Derecho, Big Data e Inteligencia Artificial, Tirant lo Blanch, Valencia; Ponce Sole, Juli (2023) "Seres humanos e inteligencia artificial: discrecionalidad artificial, reserva de humanidad y supervisión humana" en Eduardo Gamero Casado (dir.), "Inteligencia artificial y sector público. Retos, límites y medios", Tirant lo blanch, Valencia; del mismo autor (2022)" Reserva de humanidad y supervisión humana de la Inteligencia artificial" en El Cronista del Estado Social y Democrático de Derecho, nº 100; Presno Linera, Miguel Angel, "Derechos fundamentales e inteligencia artificial" Marcial Pons, 2022; Quadra-Salcedo Fernandez del Castillo, Tomás (2018), «Retos, riesgos y oportunidades de la sociedad digital». En: Tomás de la Quadra-Salcedo y José Luis Piñar (dirs.), Sociedad digital y Derecho, pp. 21-87. Madrid: BOE-Red.es; del mismo autor (2023) "Derechos y libertades y neurotecnologías convergentes aplicadas a la actividad cerebral" en Derecho Digital e Innovación, Núm. 18, octubre-diciembre 2023 y "La regulación como modalidad genérica de intervención pública. La regulación en la sociedad digital. (Transformaciones en el derecho público y privado)" en Cuadernos de Derecho Transnacional (octubre 2023) Vol. 15, nº 2, págs. 361-377; Ramió Matas, Carles (2019), Inteligencia artificial y Administración Pública: Robots y humanos compartiendo el servicio público, Catarata, Madrid; Roig, Antoni (2020), Las garantías frente a las decisiones automatizadas del Reglamento General de Protección de Datos a la gobernanza algorítmica. J.M. Bosch; Romana García, María Luisa y Hernández Pardo, Blanca (2018), «Protección de datos: la «seudoanonimización» inexistente», Derecho y Salud, Vol. 28, Pp. 93-103; Sanchez-Urán, María Yolanda y Grau Ruiz, María Amparo (Dir.) Lorencini, Bruno Cesar y Francisco, José Carlos (Coord.) y otros (2019), «Nuevas tecnologías y derecho retos y oportunidades planteados por la inteligencia artificial y la robótica: balance y prospectiva». Jurua, Oporto; Santos González, María Jesús (2017), «Regulación legal de la robótica y la inteligencia artificial: retos de futuro», Revista Jurídica de la Universidad de León, Vol. 4, Pp. 25-50; Sarasíbar Iriarte, Miren (2019) «La Cuarta Revolución Industrial: el Derecho Administrativo ante la inteligencia artificial», Revista Vasca de Administración Pública, Vol. 115, Pp. 377-401; San Segundo Encinar, José María (Dir. y Coord.) (2017), «Big Data en Salud Digital. Informe de resultados». Red.es; Valero Torrijos, Julián (2019), «Las garantías jurídicas de la inteligencia artificial en la actividad administrativa desde la perspectiva de la buena administración», Revista Catalana de Dret Public,

En relación con ellos la doctrina (Villar Palasí) hablaba de “elementos desgajados de la norma” para definir su naturaleza y explicar los efectos y consecuencias de estos automatismos sobre la libertad de los ciudadanos. Elementos desgajados de la norma que podían incluso existir, pero sin automatismo alguno, como es el caso de las señales de circulación en las que, por ejemplo, a una placa metálica circular roja de unos 50 cm con un rectángulo blanco horizontal en su interior (10 cm de ancho y 40 de largo) se le atribuye el significado de dirección prohibida, lo que determina la obligación de no circular por ella en la dirección indicada y la eventual imposición de multas a quien no la observa. La desobediencia a un agente de la autoridad —un agente de tráfico— que prohibiese circular por una calle, se transforma, cuando se trata de un objeto o señal de tráfico en lugar del agente, en inobservancia (¿desobediencia?) de tal o señal de tráfico, pero con parecidas consecuencias. Es la norma la que ha previsto que en presencia de un objeto —una señal de tráfico— las personas están obligadas a comportarse de determinada manera o abstenerse de hacerlo de otra distinta. Estamos antes objetos o elementos desgajados en efecto de la norma ante cuya presencia la norma misma impone una obligación de conducta. Objetos o elementos que podían ser inmóviles o permanentes (sin capacidad de alterar temporalmente su propio significado. como la señal de dirección prohibida) o dotados de capacidad automática de modificación de

---

Vol. 58, pp. 82-96; del mismo autor (2018), «La necesaria reconfiguración de las garantías jurídicas en el contexto de la transformación digital del sector público». En: Tomás de la Quadra-Salcedo y José Luis Piñar (dirs.), Sociedad digital y Derecho, pp. 375-396. Madrid: BOE-Red.es; Sierra Moron, Susana de la (2021) “Control judicial de los algoritmos: robots, administración y estado de derecho” en ELDERECHO.COM Lefebvre; Vida Fernández, José (2018), «Los retos de la regulación de la inteligencia artificial: algunas aportaciones desde la perspectiva europea». En: Tomás de la Quadra-Salcedo y José Luis Piñar (dirs.), Sociedad digital y Derecho, pp. 203-225. Madrid: BOE-Red.es; Yuste, Rafael y Quadra-Salcedo, Tomás “New charts of digital rights in the European Union and Spain” en “Neuro-rights and new charts of digital rights: A dialogue beyond the limits of the law”, en Indiana Journal of Global Legal Studies Vol. 30.1 (Winter 2023) y Zlotnik, Alexander (2019), «Inteligencia Artificial en las Administraciones Públicas: definiciones, evaluación de viabilidad de proyectos y áreas de aplicación», BLOETIC, 84.

su forma o color como es el caso de los semáforos, que determinan la alteración de la conducta a seguir por los ciudadanos; alteración derivada de un automatismo que cambia las obligaciones y determina las consecuencias de su inobservancia.

Nada de eso suscitaba demasiados problemas desde el punto de vista del Derecho y de la imposición de obligaciones de conducta a los particulares que surgía de la presencia de determinadas señales —móviles o inmóviles— para la regulación del tráfico. Las cosas pueden ser algo diferentes[7] cuando la inteligencia artificial está llamada en ciudades inteligentes (*smart cities*), por ejemplo, a determinar y cambiar la dirección de tráfico en una ciudad en momentos de congestión, de accidentes o de eventos que determinen ese cambio de acuerdo con unos algoritmos y con los datos de congestión de tráfico o de otro tipo (contaminación ambiental por ejemplo) que le van llegando al sistema a través del internet de las cosas (IoT) o por otros medios automatizados.

En este caso la inteligencia artificial, por sí misma, en función de los algoritmos y de los datos con los que se ha entrenado al sistema

---

7 No muy diferentes, aunque pueden plantear nuevos problemas al existir mayores posibilidades de error por parte de la inteligencia artificial en la interpretación de los datos que reciben en ciudades inteligentes a diferencia de los automatismos derivados del mecánico funcionamiento de semáforos. Estos pueden estropearse y ello puede determinar, cuando es ostensible su mal funcionamiento, que la inobservancia de su significado permita excusar al que lo incumple. En el caso de las ciudades inteligentes y de la ordenación de la circulación las situaciones de error o mal funcionamiento pueden no se ostensibles por lo que subsiste la obligación, sin excusas en principio, de obedecer las indicaciones derivadas de las señales u órdenes determinadas por la inteligencia artificial, ya que los casos de ostensibilidad de errores son mucho menos evidentes para el que las incumpla.
En todo caso, el problema puede plantearse en el nivel de la determinación de desde qué punto los algoritmos están bien diseñados en estos casos, así como de la eventual impugnación de los mismos y las potestades de control de los tribunales a tal efecto. Pero nada que ver con los supuestos en que la inteligencia artificial generativa se vincula con la emanación de decisiones, la aprobación de normas o la realización de informes determinantes de las normas o actos que a continuación, y en su ejecución, se puedan dictar, pues aquí los problemas de control son mucho más complejos.

y de los que le van llegando, pueden determinar una alteración del tráfico con la consiguiente imposición de obligaciones para los conductores. Lo mismo puede ocurrir cuando en función de las mediciones de contaminación del aire o de las previsiones de congestión de determinadas áreas el sistema determina el cambio de velocidades a que se puede circular o el lugar por el que se debe hacerlo. Puede también determinar la imposición de obligaciones respecto del apagado o encendido de calefacciones o limitaciones del horario de funcionamiento de las mismas[8].

Tampoco esta nueva perspectiva de la inteligencia artificial vinculada a actuaciones automatizadas —que implican la imposición de cambios y la obligación de observar los mismos por parte de los ciudadanos— suscita demasiados problemas desde el punto de vista del Derecho aun sin ignorar que puede haberlos. Sin embargo, no acaban aquí las posibilidades que la automatización de la Administración —vinculada con la inteligencia artificial— plantea. En efecto, sería posible considerar que la realización de estudios, informes, programas o planes (determinantes incluso de políticas públicas) sean encomendados a inteligencia artificial y que conforme a tales informes se tomen las decisiones administrativas en la implantación de determinadas políticas. Incluso sería posible considerar que los propios informes realizados por inteligencia artificial se erijan, ellos mismos, en decisiones o normas al imponerse directamente en virtud de alguna norma previa que así lo prevea, limitándose la Administración a dictar actos de ejecución.

Como se desprende de las reflexiones anteriores hablar hoy de Administraciones automatizadas hace inevitable superar los viejos automatismos siempre existentes en la Administración que se han examinado, para centrarnos no en automatismos más o menos me-

---

8 *Vid.* Morcillo Moreno, Juana (2017) *"Sostenibilidad ambiental, energía y movilidad urbana: a propósito de las ciudades inteligentes"*; también Franco Escobar, Susana Eva(2017*) Luces y sombras de la administración electrónica para las smart cities"*. Ambas en "Las nuevas perspectivas de la ordenación urbanística y del paisaje: smart cities y rehabilitación.Una perspectiva hispano-italiana" Fernando García Rubio (coord.). Fundación Democracia y gobierno local (2017).

canicistas en los que los instrumentos que los producen no tienen margen alguno de decisión (constreñidos por un programa que predetermina lo que hacen), para comprender en el concepto de automatización o de automatismo una nueva realidad (en la que los eventuales fallos o errores no se deben a problemas mecánicos en el sentido de elementos físicos, pues la inteligencia artificial no puede confundirse con los fallos de tales dispositivos físicos) en la que no todo está programado de antemano, pues el sistema aprende a partir de sus algoritmos iniciales, también de los datos con que se le entrena o de los datos sucesivos que se le suministran o adquieren a partir del internet de las cosas o de los nuevos datos que al sistema lleguen de una u otra forma.

En definitiva, se trata de sistemas de IA que puede llegar a funcionar con mucha autonomía —aunque sean diferentes los niveles de tal autonomía— como reconoce el artículo 3.1 del Reglamento 2024/1689 de 13 de junio de 2024 sobre normas armonizadas en materia de inteligencia artificial[9], lo que suscita la cuestión de si puede seguir hablándose con propiedad de automatización en sentido propio —que sugiere la idea de una actuación programada previamente por referencia a la idea de un autómata mecánico— o más bien conviene emplear el término de IA para describirlo con mayor precisión.

Ello no obstante el hecho, sin embargo, de que hablemos de autonomía (art. 3.1 del Reglamento 2024/1689) en la definición de sistemas de IA —y no de independencia— nos pone sobre aviso de que tal sistema no acaba de desligarse, por sí mismo, de los algoritmos iniciales y, por tanto, podría emplearse el término de Administraciones automatizadas en relación con la que usan inteligencia artificial en su funcionamiento y toma de decisiones, pero siendo bien cons-

---

9 Reglamento 2024/1689:
«Artículo 3.1. "sistema de IA»: un sistema basado en una máquina que está diseñado para funcionar con ***distintos niveles de autonomía*** *y que puede mostrar capacidad de adaptación tras el despliegue, y que, para objetivos explícitos o implícitos, infiere de la información de entrada que recibe la manera de generar resultados de salida, como predicciones, contenidos, recomendaciones o decisiones, que pueden influir en entornos físicos o virtuales".*

cientes de las enormes diferencias entre los automatismos mecánicos o la IA.

En todo caso en la propuesta de estudio a desarrollar que se me ha encomendado parece lo era con la intención de comprender sobre todo la IA, pese a que el sentido más estricto de la automática parece que se ha ceñido hasta ahora en entenderla como ciencia limitada a dispositivos mecánicos o electrónicos[10], pero con una idea de lo electrónico ajeno a la IA, aunque la IA precise de la electrónica pero es algo que va más allá de la electrónica básica.

III. LA DIGNIDAD DE LA PERSONA Y LOS DERECHOS QUE LE SON INHERENTES COMO FUNDAMENTO PERMANENTE DE LO QUE SE PRESENTA COMO NUEVOS DERECHOS DIGITALES

La Ley Orgánica 3/2018, de 5 de diciembre, de Protección de Datos Personales —de adaptación de la legislación española al Reglamento 2016/679 europeo de Protección de Datos[11]— incorpora un título X denominado de "garantía de los derechos digitales" en el que, en realidad, más que hablar de garantías lo que se hace es reconocer una serie de derechos en la sociedad digital[12].

---

10 Es lo que dice la RAE sobre el sustantivo "automática": *"Ciencia que trata de sustituir en un proceso el operador humano por dispositivos mecánicos o electrónicos"*.

11 Ley Orgánica 3/2018, de 5 de diciembre, de Protección de Datos Personales y garantía de los derechos digitales y Reglamento (UE) 2016/679 del Parlamento Europeo y del Consejo, de 27 de abril de 2016, relativo a la protección de las personas físicas en lo que respecta al tratamiento de datos personales y a la libre circulación de estos datos y por el que se deroga la Directiva 95/46/CE (Reglamento general de protección de datos).

12 El citado artículo reconoce que los derechos y libertades que a los ciudadanos les reconocen la Constitución y los Tratados son plenamente aplicables en internet. Esta referencia a internet parece del todo desfasada en la medida en que internet no es sino un instrumento y un mecanismo de comunicación con un protocolo específico, por lo que sería más oportuno hablar de sociedad digital en lugar de internet. Solo como una sinécdoque pudiera ser válida tal referencia a internet, en el sentido de tomar la parte (internet) por el todo (la sociedad digital)

Así los derechos que allí se recogen (a la neutralidad en internet, acceso universal a internet, a la seguridad digital, a la educación digital, a la protección de los menores en internet, rectificación, actualización de informaciones en medios de comunicación digital intimidad, uso de dispositivos digitales en el ámbito laboral, desconexión digital, intimidad frente a dispositivos de videovigilancia en el ámbito de trabajo, intimidad ante la utilización de sistemas de geolocalización, etc.) no se presentan tanto como garantías (pese al epígrafe del título X), sino como aparentes nuevos derechos, aunque sea lícito preguntarse si son tan nuevos y si son, además, derechos fundamentales todos ellos[13].

La pregunta que legítimamente pueden hacerse algunos consiste en sí, en realidad, estamos hablando de nuevos derechos que surgen con motivo de la digitalización progresiva de nuestra sociedad. La respuesta en principio debe ser más bien negativa, sin perjuicio de reconocer que algunos de tales nuevos derechos concretan derechos ya existentes, conectados con derechos fundamentales o no fundamentales, pero que exigen una serie de garantías y protecciones instrumentales en el mundo digital en el que en la actualidad se desenvuelven. Tal vez por eso el epígrafe del título X de la Ley orgánica 3/2018 habla de garantía de derechos digitales, pues su mera enumeración es subsunción concretizadora de derechos tradicionales.

La Carta de derechos digitales —aprobada por el gobierno el 14 de julio de 2021 y presentada en la misma fecha por el propio presidente del Gobierno— aclara desde el primer párrafo de sus consideraciones previas (preámbulo) que es la dignidad de la persona y los derechos fundamentales que le son inherentes el fundamento del orden político y de la paz social, recordando el artículo 10 de nuestra Constitución. Esa dignidad y esos derechos inherentes a la misma, son también el fundamento de todos los derechos, por más que unos merezcan el calificativo de derechos fundamentales —como son los recogidos en nuestra Carta Magna y en los tratados internacionales

---

13 *Vid.* Vida Fernández, José. *(2018) "Los retos de la regulación de la inteligencia artificial: algunas aportaciones desde la perspectiva europea"* en Tomás de la Quadra-Salcedo y José Luis Piñar (dirs.), Sociedad digital y Derecho, pp. 203-225. Madrid

sobre derechos y libertades públicas suscritos por España— y otros, sin embargo, no tengan tal carácter fundamental. Las diferencias de protección entre unos y otros son conocidas, si bien en algunos casos se crean derechos que o son concreción de derechos fundamentales y gozan de su misma cualidad o son instrumentos adicionales e instrumentales al servicio de los mismos, sin que lleguen a adquirir la misma condición.

Eso es lo que ocurre con la mayor parte de los derechos que se recogen en ese título X de la Ley orgánica 3/2018, si bien no todos los derechos que se relacionan en los 19 artículos que comprende el citado título X tienen carácter orgánico —indicio de su carácter fundamental—, sino que algunos de ellos son preceptos de ley ordinaria como prevé expresamente la disposición final primera de la citada Ley orgánica. No queda claro si los que tienen carácter orgánico lo son por el hecho mismo de conectarse con la adaptación del reglamento europeo de derechos digitales y, por tanto, se consideran por ello comprendidos dentro de las previsiones del artículo 18.4 de la Constitución y se caracterizan así, sin más, como fundamentales.

Resulta discutible la extensión del carácter orgánico a algunos de los derechos del Título X; probablemente han recibido ese carácter orgánico por tratarse de una adaptación de la legislación española al Reglamento 2016/679 de Protección de Datos, pudiendo suscitarse dudas acerca de si la adquisición del carácter orgánico —y consiguientemente del carácter de derechos fundamentales— lo es por vincularse con derechos fundamentales específicos (distintos de los mencionados en el 18.4 CE) o simplemente por estar vinculados con el reglamento de Protección de Datos y, por esa vía, con la previsión constitucional del artículo 18.4 de que "la ley limitará el uso de la informática" que, en sí misma, no presupondría automáticamente el carácter fundamental del hecho de limitar, salvo que la limitación se conectara con la protección y defensa del honor personal o familiar, la intimidad o el pleno de disfrute de otros derechos fundamentales; disfrute referido a todos los derechos fundamentales.

En el caso, por ejemplo, del derecho de rectificación en internet del artículo 85 de la citada Ley Orgánica 3/2016 (derecho de rectificación e internet) o del artículo 86 de la misma ley (derecho a la actualización de informaciones en medios de comunicación digital) parece claro que se trata de derechos que están directamente vinculados con el derecho a dar o recibir información veraz del artículo 20.1 d) de la Constitución. En el caso de la rectificación es evidente que la persona que la quiere dar se siente afectada en sus derechos por una información que no se ajusta a la verdad y por tanto ejerce el derecho del artículo 20.1 d) de la Constitución. No presenta tampoco demasiadas dificultades entender que "la actualización de informaciones en medios de comunicación digital" (art. 86) puede conectarse asimismo con el derecho a dar información veraz, desde el momento en que una información desactualizada, aunque no sea falsa o errónea, puede afectar a los derechos de las personas cuando tal información, en lugar de haberse mostrado en un vehículo efímero de prensa o en una programa radiofónico de televisión igualmente efímero, tiene la característica de permanecer eternamente en medios de comunicación digitales accesibles desde cualquier parte del mundo y de ese modo desactualizarse y pese a ello seguir informando permanentemente de algo que ha dejado de ser verdad o no ofrecer la verdad completa. En esta perspectiva no cabe duda de que puede conectarse ese derecho a la actualización de información con el derecho a dar información veraz que figura en la Constitución.

Otra cosa sería que a la vista de los medios y potencialidades de las comunicaciones en la actualidad y de su permanencia, al derecho de rectificación se le añadiera un derecho nuevo: el derecho de réplica. Derecho reconocido en algunos países como Francia[14]. Si no se reconoció en su momento frente a los medios de prensa en papel o frente a la radio y la televisión ese derecho de réplica se debió, sin duda, al carácter limitado tanto del papel escrito y su coste en la prensa, como

14 *Vid.* Mayaud Yves (1997): « L'abus de droit en matière de droit de réponse », in Liberté de la presse et Droits de la personne, Dalloz; también Blin Henri, Chavanne Albert et Drago Roland (1969), Traité du droit de la presse. Ancien code de la presse de barbier, Librairies techniques. Para España y Mexico puede verse Rosas Martinez, Alejandro (2011) *"¿Derecho de rectificación, derecho de respuesta o derecho de réplica?"* en Derecho Comparado de la Información, nº 18, 2011; también Rodríguez V ázquez, Miguel Ángel *"Procedimientos para hacer efectivo el derecho de réplica"* en Estudio en Derecho a la Información (UNAM, Mexico) accesible en DOI: http://dx.doi.org/10.22201/iij.25940082e.2017.3.10825.

a la limitación de tiempos en radio y televisión y al interés del oyente o televidente. Esa limitación no podía permitir dejar en manos del que quiere replicar una información reconocerle el derecho a hacerlo cuando de lo que discrepa no es de un hecho o dato erróneo, sino de una opinión que no comparte basada en hechos ciertos. El derecho a discrepar de opiniones ocupando el limitado espacio del papel de la prensa escrita o el escaso tiempo de los medios de radio y televisión pareció sin duda excesivo y solo se reconoció el derecho de rectificar.

Una vez que los actuales sistemas servicios de la sociedad de información y las plataformas y redes sociales presentan la capacidad que tienen, podía ser el momento de reconocer condiciones para el derecho a réplica que, en este caso, sí se configuraría como un derecho nuevo. Derecho nuevo, aunque conectado con el derecho a la libertad de expresión e información, que hasta ahora venía limitada por el hecho de que el titular del medio de información y expresión era el dueño de lo que se ponía o no ponía en su periódico. Solo cuando lo que había informado previamente no se correspondía con la verdad, el afectado tenía derecho a rectificar y el titular del medio la obligación de permitir esa rectificación.

El cambio de circunstancias y las posibilidades que ofrece la sociedad digital, las redes sociales y las plataformas permitirían introducir como derecho nuevo en determinadas condiciones, ahora sí, el de réplica por su conexión con la libertad de expresión y opinión.

En algún otro caso de los derechos enunciados en el título X de la Ley orgánica 3/2016 puede dudarse de la oportunidad de dotar de carácter orgánico al concreto precepto por ser su conexión con alguno de los derechos fundamentales específicos menos intensa o discutible. En todo caso parecería que la mera vinculación de un derecho con la previsión del art. 18.4 de la Constitución de limitar el uso de la informática —en atención a la protección de otros derechos— ha debido de ser la justificación para dotar a algunos preceptos de carácter orgánico y a su contenido de carácter fundamental.

Pero dejando aparte la cuestión del carácter fundamental o no de los aparentes nuevos derechos que se recogen en el título X de la Ley orgánica 3/2016, el problema que se plantea es más amplio y consiste en saber si se trata de nuevos derechos o, en realidad, son concreción de derechos ya existentes.

En el caso, por ejemplo, del derecho a la desconexión digital que figura en el artículo 88 de la Ley orgánica 3/2016 —que no tiene carácter fundamental por expresa previsión de la disposición final primera de la ley orgánica— parece claro que el mismo no es tampoco un derecho completamente nuevo, en la medida en que guarda conexión con el derecho al trabajo que se sujeta a una serie de limitaciones horarias que no pueden ser menoscabadas por el hecho de que los empleadores tengan muy fácil contactar y demandar de sus empleados atender a sus requerimientos y preocupaciones en cualquier momento del día y al margen de la jornada laboral[15]. Ello no quiere decir que —aunque especificación o concreción del derecho al trabajo y a los términos con que el mismo se regula en cuanto a la duración de la jornada de trabajo en la legislación y en los convenios colectivos— no pueda reconocerse que presenta la novedad de concretar derechos preexistentes, aunque en este caso no tengan carácter fundamental. No se trata de un derecho nuevo, sino de una concreción de un derecho preexistente: el de la limitación de la jornada de trabajo[16].

En buena medida es esto lo que ocurre con muchas de las previsiones normativas que tanto en la Ley Orgánica 3/2018, como en el Reglamento de Protección de Datos o más recientemente en el Reglamento 2024/1689 de inteligencia artificial se contienen. Sin entrar ahora en la determinación de si tienen o no tienen carácter de derechos fundamentales, las previsiones y mandatos que en ellos se contienen son, en buena medida, concreciones de Derechos preexistentes, aunque sea muy importante la imposición de nuevas obligaciones y en su caso derechos puramente instrumentales o garantistas de otros.

Si nos planteamos la cuestión desde el punto de vista de la esencia o el "ser" de cada concreto derecho habría que recordar que Heide-

---

15 *Vid* Larrazabal Astigarraga, Eider (2021) "Derecho a la desconexión digital" en Cuadernos prácticos de derecho laboral

16 La generalización del trabajo a distancia obligará seguramente a introducir algunas precisiones sobre el alcance de este derecho.

gger en su pregunta por el ser —en "Ser y Tiempo"— la remite al *Dasein* —al ser ahí— que Ortega y Gasset tradujo con esa referencia al yo y su circunstancia ("yo soy yo y mi circunstancia"). El ser no puede analizarse fuera y al margen de su circunstancia y eso es lo que ocurre en la pregunta por el ser de los derechos —de cada derecho— que solo puede responderse desde la circunstancia en que cada uno se encuentra. Y las circunstancias que el mundo digital (y la IA) abre a los viejos derechos —y con que los rodea— son las que crea la IA (de propósito general o no y con riesgo sistémico o no) lo que obliga a preguntarse por el "ser" de cada uno de los derechos pre-existentes en los nuevos escenarios que se abren.

Las nuevas circunstancias de la emergencia de una Administración digital —y en general del mundo digital— obliga a incorporar derechos nuevos (o formalmente nuevos) que en realidad no son sino una concreción del "ser" de los viejos y permanentes derechos; es decir, de aquellos derechos que tienen conexión y descansan en la dignidad[17] de la persona y en los derechos que le son inherentes.

La distinción así entre el "surgimiento de nuevos derechos" o "interpretación evolutiva de los mismos" se difumina, en la medida en que forma parte del ser de los viejos derechos reflexionar sobre los mismos en sus nuevos contextos. Podríamos así sostener que en buena medida son los mismos derechos analizados en su concreta nueva circunstancia.

Ello, sin embargo, no quita que junto a los derechos fundamentales e incluso algunos no fundamentales —pero que concretan en nuevas descripciones o definiciones de su contenido en las nuevas circunstancias y que por lo tanto siguen siendo los mismos— surjan algunos derechos instrumentales a su servicio que, estos sí, podrían considerarse como nuevos derechos, si bien con ese carácter ancilar o instrumental.

Es el caso de los nuevos derechos y obligaciones que se recogen en el Reglamento 2024/1689 de inteligencia artificial, imponiendo obligaciones de actuar a la Administración (obligaciones de super-

17 *Vid.* Vaquer Caballería, M. (2023) *"El humanismo del derecho administrativo de nuestro tiempo"* en Revista de Administración Pública, 222, 33-64

visión, vigilancia, emanación de prescripciones técnicas, creación de organismos de Entidades de supervisión o certificación de otros organismos o entidades certificadas, etc.). Se trata de obligaciones que pueden generar correlativos derechos a los particulares y que pueden estar al servicio de derechos fundamentales o de su garantía, pero que en su instrumentación sí pueden considerarse derechos nuevos, aunque no fundamentales necesariamente.

Si tomamos el caso por ejemplo de la previsión del reglamento de Protección de Datos acerca del carácter independiente del organismo encargado de la supervisión en materia de inteligencia artificial (no solo de la que tiene que ver con la Administración, sino, en general, con el empleo de la inteligencia artificial por cualquier persona física o jurídica en el ámbito español) se plantea la cuestión de en qué medida el organismo actualmente existente se ajusta a las exigencias de independencia del Reglamento 2024/1689 de inteligencia artificial y por tanto genera una obligación para el Estado y, eventualmente, un derecho para los particulares de que el organismo que desarrolle dicha supervisión se ajuste a las previsiones del reglamento o solo un interés legítimo para impugnarlo. Lo mismo ocurre en relación con todas las previsiones del Reglamento 2024/1689 de inteligencia artificial en cuanto al uso de esta tecnología por las Administraciones, pues, en la medida en que éstas la usen quedan sujetas a las previsiones generales del Reglamento 2024/1689 de inteligencia artificial.

Eso supone no solo aplicarlo en aquellas previsiones del reglamento específicamente dirigidas a las Administraciones Públicas (como es el caso, por ejemplo, de los sistemas de reconocimiento biométrico en tiempo real o en diferido) sino, en general, en relación con cualquier empleo de sistemas de inteligencia artificial por las Administraciones Públicas, además de en esos supuestos específicamente previstos para determinadas actuaciones de las Administraciones Públicas (así el artículo 6 del Reglamento 2024/1689 en relación con prácticas en principio prohibidas).

Ello implica la aplicación del reglamento a la propia actividad administrativa general cuando emplea IA. Incluso también cuando sea un organismo de supervisión del empleo de la IA en España en general o de supervisión de la propia Administración cuando en esa supervisión emplee la IA.

Como es evidente en estos casos de obligaciones —y correlativos derechos instrumentales— estamos ante nuevos derechos, pero en el fondo derechos al servicio de los viejos y permanentes derechos fundamentales que justifican la puesta en pie de una regulación en su garantía.

IV. CONSIDERACIONES CRÍTICAS SOBRE EL DERECHO A LA PROTECCIÓN DE DATOS COMO SEDE MÁS ADECUADA PARA AFRONTAR LA AUTOMATIZACIÓN DE LA ADMINISTRACIÓN EN GARANTÍA DE DERECHOS FUNDAMENTALES

Harari, en su libro Homo Deus, llega a hablar de una sustitución de la democracia tal y como hoy la conocemos por sistemas perfectos de inteligencia artificial que establezcan las políticas de lo que se debe o no hacer con, supuestamente, más fiabilidad que la derivada del seguimiento de los procesos democráticos clásicos con control por los parlamentos de las decisiones del ejecutivo. No está claro si las reflexiones de Harari en la citada obra son puramente descriptivas de lo que algunos podrían concebir que es el mundo feliz del futuro o reflejan su propia posición al respecto[18]. En todo caso recordarlo aquí es pertinente en la perspectiva de la automatización administrativa a la que vamos a referirnos en este trabajo que, en sus propios términos, va más allá, como hemos destacado, del concepto de actuación administrativa tal y como —de forma reductora— se refleja en la ley 40/2015.

Es pertinente ese recuerdo, pues nos sirve desde el principio para romper con una perspectiva excesivamente individualista sobre los derechos que pueden resultar afectados por la IA (automatización administrativa en el sentido que acaba de verse). En efecto, ha habido una tendencia a vincular la IA con el derecho a la protección de

---

[18] Vid. de la Quadra Salcedo Fernández del Castillo, Tomas (2019) *"Retos, riesgos y oportunidades de la sociedad digital"* en "Sociedad digital y Derecho" BOE 2019, pag. 65.

datos, vinculación que tiene su lógica dado que los datos personales pueden resultar afectados por la actuación administrativa y dado que la legislación de datos ha sido la primera que se ha enfrentado con la cuestión de los efectos de la tecnología (el uso de la informática, en realidad) sobre los derechos. Con ese punto de apoyo de la limitación del uso de la informática (art. 18.4 de la CE), como cabeza del playa de desembarco para la ocupación de otros territorios, se ha ido avanzando hacia la limitación del empleo de otras tecnologías o avances, más o menos conectadas con la informática, como es el caso de la inteligencia artificial (IA) o hacia la protección no solo de la intimidad o el honor personal o familiar mencionado por el citado art. 18.4 CE, sino con un concepto más amplio que desborda y amplía el tradicional de la intimidad y el honor —con la privacidad y el ejercicio de los derechos— y desembarca en el derecho a la igualdad y la prohibición de discriminación o en el derecho a la información, motivación y transparencia o, como veremos, en el de participación política.

La legislación de Protección de Datos y el artículo 18.4 de nuestra Constitución han tenido el mérito de ser los primeros que atisbaron (desde la protección de datos y la informática) los problemas que las nuevas tecnologías podrían plantear en los derechos. El artículo 18.4 de la Constitución es bien expresivo en su formulación: la ley limitará el uso de la informática para la protección de los derechos al honor, la intimidad personal y familiar y el pleno ejercicio de los derechos. Expresiva sobre todo de la incertidumbre que reinaba en torno a cuáles podían ser los riesgos derivados del uso de la informática que se vinculaban directamente con el honor, la intimidad y con esa apertura imprecisa al pleno ejercicio de los derechos[19]. Muy

---

19 El primer borrador de proyecto de Constitución no se refería al pleno ejercicio de los derechos que se introdujo por una enmienda de Convergencia y Unión, y que apoyan la mayor parte de los grupos. El diputado de Convergencia Sr. Roca Junyent lo justificó de forma muy genérica. También lo hizo el diputado socialista, Martín Toval, al explicar su voto favorable a la enmienda trayendo a colación algo que había ocurrido un año antes en Francia donde el Ministerio de Interior francés había anunciado su voluntad de hacer un sistema de ficheros —el programa “Safarí” bien sugerente de cacería— donde constasen todo tipo de datos e informaciones de los

pronto la jurisprudencia de nuestro Tribunal Constitucional dotó el derecho a la protección de datos de un estatus propio y autónomo respecto al honor, la intimidad o el pleno ejercicio de los derechos[20] llevando a una parte de la doctrina a calificar el derecho como de "autodeterminación informativa"[21].

No se trata sin embargo solo de la informática —cuya invocación denota ya una cierta imprecisión en la constatación de cuáles podían ser los problemas derivados de las nuevas tecnologías que son mucho más que la informática, aunque se basen en ella— como fuente de riesgos para los derechos invocados en el 18.4, sino más bien de otra cosa que va más allá: de los algoritmos ligados a la inteligencia artificial y de los datos que se suministran al sistema.

---

ciudadanos, sus multas, sus sanciones, sus enfermedades, etc. Aquella iniciativa fue objeto de un debate en la Asamblea francesa y no prosperó. Ese ejemplo lo pone el diputado citado como muestra del alcance de esa referencia al "pleno ejercicio de los derechos" apoyando la enmienda de Minoría catalana, porque considera que además de la intimidad y el honor lo que está en cuestión es el pleno ejercicio de los derechos ante un Estado que puede pretender conocer todo de la vida privada o pública y tomar decisiones que limiten los derechos de los ciudadanos que pueden ignorar todas esas informaciones que tienen los poderes públicos y pueden ser el fundamento de sus decisiones. Solé Tura termina de apoyar la enmienda con argumentos similares y con referencia a la necesidad de controlar a los controladores.

20 STC 292/2000, de 30 de noviembre.

21 El término ha tenido acogida, aunque sea discutible hablar de autodeterminación, dado que no siempre pertenece al campo de la libre decisión de la persona ("autodeterminación") la plena libertad para dar su consentimiento o autodeterminarse. Es el caso, no único, de los denominados *"neuro-derechos":* Quadra-Salcedo Fernández del Castillo, Tomas" *Derechos y libertades y neurotecnologías convergentes aplicadas a la actividad cerebral"* en Derecho Digital e Innovación, Núm. 18, Octubre-Diciembre 2023 *LA LEY pág. 6 y ss;* también Yuste y de la Quadra-Salcedo en ·*Neuro-Rights and New Charts of Digital Rights: A Dialogue Beyond the Limits of the Law"*en Indiana Journal of Global Legal Studies Vol. 30 #1 (Winter 2023*)*. Específicamente sobe el tratamiento en la doctrina del concepto de autodeterminación informativa vid. Lucas Murillo de la Cueva, Pablo "*La Constitución y el derecho a la autodeterminación informativa"* en Cuadernos de Derecho Público, núms. 19-20 (mayo-diciembre 2003*)*.

La legislación de Protección de Datos ha ido expandiendo su ámbito de cobertura no ya a la protección de esos derechos expresamente mencionados como el honor, la intimidad personal y el pleno ejercicio de los derechos. sino a muchos otros derechos íntimamente relacionados como son el derecho a la igualdad o a la no discriminación derivada de los sesgos que se pueden contener en los algoritmos y de los datos con los que se entrenan dichos algoritmos y los sistemas de inteligencia artificial de carácter general.

Vemos, así, como el Reglamento General de Protección de Datos de las personas físicas[22] ha incluido la prohibición de tomar decisiones individuales automatizadas basadas únicamente en el tratamiento automatizado —incluida la elaboración de perfiles— que produzcan efectos jurídicos en la persona o le afecten significativamente de modo similar (artículo 22.1 del Reglamento de Protección de Datos). La paradoja reside en que esos perfiles no se construyen propiamente con los datos de la persona afectada por la decisión, sino con los datos de miles o millones de personas de los que infieren y deducen unas pautas de comportamiento, actitudes o patrones que se considera que se dan en todas las personas o en una mayoría significativa de ellas. Se trata de perfiles o patrones que se extraen o construyen a partir de datos (incluso anonimizados) de millones de comportamientos de otras personas y gracias a los algoritmos iniciales de los sistemas de IA y de los datos con que se les entrena, así como del aprendizaje autónomo de los propios sistemas por sí mismos (por su experiencia con base en los datos que se les van suministrando) con el que afinan y mejoran los perfiles y patrones iniciales.

Debe notarse que se trata de patrones o perfiles construidos con datos ajenos al afectado con los que los sistemas construyen los perfiles dominantes y, adicionalmente, cuáles son las pautas de conducta o comportamiento que corresponde a tales perfiles. También qué otros perfiles —frecuentes o no dominantes— existen y cuáles son las pautas de conducta y comportamiento correlativas.

---

22 Reglamento (UE) 2016/679 relativo a la protección de las personas físicas en lo que respecta al tratamiento de datos personales y a la libre circulación de estos datos

Así los sistemas de IA podrían predecir cuál puede ser el comportamiento futuro que corresponde a cada perfil para, a partir de dicho perfil, comparándolo, ahora sí, con los datos de una concreta persona (distinta de las tomadas en cuenta para elaborar los perfiles), adoptar una decisión que a ella le afecte.

Es posible que los datos que una persona facilita al solicitar una decisión que se va a adoptar finalmente con arreglo a perfiles (elaborados con los datos de millones de personas), sean los mismos que se le pedirían cuando la decisión no se tome de acuerdo con perfil alguno, sino con los criterios puramente humanos del seleccionador; posible, incluso, que esos datos no se incorporen a fichero alguno sino que se pidan oralmente para tomar una decisión de contratación, por ejemplo. En el primer caso parece que no se podría hacer sin más, de acuerdo con la normativa de datos, ni hoy tampoco, de acuerdo con el Reglamento de IA. En el segundo, en cambio, sí puede hacerse sin tomar en cuenta dichas normas. Es el temor a los sesgos o errores que puedan existir en la construcción de los perfiles lo que determina los límites que a su uso se ha impuesto.

El ejemplo pone de relieve cómo no son los datos del solicitante, ni la protección de los mismos, el problema —pues los datos que el candidato facilita son los mismos en uno y otro caso—, sino que para tomar una decisión que afecte a una persona dichos datos se confronten con los perfiles construidos por sistemas de IA; esto último es lo que se limita o condiciona en cuanto lo afectado puede ser el derecho a la igualdad sin discriminaciones basadas en cualquier condición personal o social.

Quiere decirse que el Reglamento de Protección de Datos o, si se prefiere, su invocación ha ido probablemente más allá del ámbito propio o finalidad que justifica su existencia (la protección de datos de cada concreta persona), pues no prohíbe o limita solicitar datos para tomar una decisión cuando no se apela a perfiles; es decir cuando es una persona física —el seleccionador con sus prejuicios humanos— quien valora esos datos. Lo que limita es que esos mismos e idénticos datos determinen o influyan en una decisión cuando se tome comparándolos con los perfiles elaborados por un sistema de IA con datos —que pueden ser incluso anonimizados o consentidos— de terceras personas.

En definitiva, nada habría que objetar en principio, si en lugar de un perfil general extraído con IA aplicado a las características de la concreta persona, estuviésemos ante un caso en que, por ejemplo, en un proceso de selección de personal el seleccionador aplicase sus propios prejuicios (sin dar aquí al término "prejuicio" ninguna connotación negativa[23]), para valorar qué características de la persona a seleccionar se adecuan mejor a lo que de ella se pretende. Ese prevención o desconfianza hacia los perfiles extraídos por IA (más que por informática) a partir de datos de terceros ajenos al solicitante, frente a la confianza en los prejuicios (sin connotación negativa) estrictamente humanos, muestra ese desbordamiento del ámbito propio de la protección de datos y exige preguntarse por el origen y fundamento de esa prevención y su lógica. Desbordamiento porque no es la protección de los datos personales de la persona concreta sobre la que se va a tomar una decisión lo que se protege, sino los sesgos y discriminaciones que puedan derivarse de los perfiles construidos por IA.

Como se ve el origen y fundamento está en el temor a la trascendencia de un error o sesgo en los perfiles construidos con IA por su aplicación indiscriminada en el futuro en infinitos casos con las consecuencias de marginación que de esos errores o sesgos se siguen para determinadas personas (perfectamente válidas por otra parte) que no se ajusten al perfil sesgado. Es decir, se está protegiendo el derecho a la igualdad —no propiamente los datos que son la esencia original y el objetivo del Derecho de la protección de datos— comprometido por sesgos que determinan una discriminación nueva hasta ahora por su origen no humano. Temor que no se suscita, en cambio, cuando es una persona física la que se equivoca con sus prejuicios (sin perjuicio de los remedios o recursos que puedan existir cuando sea, por ejemplo, una Administración), pues ello no significa que en otro caso o con otro seleccionador persona física la decisión sea la correcta. En definitiva, es la permanencia y persistencia del error originado en sesgo y discriminaciones derivados de la aplica-

23 Sin dar al término "prejuicio" ninguna connotación negativa sino entendiéndolo como las ideas que el seleccionador por su experiencia y de forma natural tiene sobre lo más adecuado que ha de seleccionar.

ción de perfiles de IA —con permanentes y persistentes marginaciones de los innumerables afectados—, lo que explica las diferencias de trato entre los sesgos de los perfiles y los derivados de prejuicios humanos; estos últimos, por otra parte, más fácilmente detectables e impugnables.

En realidad, hay otros problemas distintos de los sesgos —fuente de discriminaciones y lesiones al derecho a la igualdad y no a la protección de datos como hemos señalado— que son los que más nos interesa destacar aquí en relación con la automatización administrativa. Problemas que explican también, aunque no siempre se haya explicitado, la resistencia a dejar que las decisiones se tomen por sistemas de inteligencia artificial porque afectan a la democracia misma, a sus Instituciones y al papel del Derecho y su metodología como se verá en el apartado siguiente.

Puede, adelantarse aquí cómo es normal que el ajuste a Derecho del Gobierno y la Administración se hace con entrega a la discrecionalidad del órgano la decisión, ya sea al emplear conceptos jurídicos indeterminados que el órgano ha de aplicar, ya sea al tener que ponderar bienes o valores en presencia en los que la prevalencia de unos u otros determinan la decisión.

En estos casos es manifiesta la inadecuación de los algoritmos —de la IA en general— en cuanto operan con criterios estadísticos en la valoración de conceptos cargados de valor o significado ético o en la ponderación de muchos bienes y valores en tensión que solo puede hacerse con arreglo a valores y principios de alcance diferente de acuerdo con el contexto y la situación para los que la estadística no puede captar las razones del resultado justo. Solo con una perspectiva holística del ordenamiento según el viejo aforismo de Celso en el Digesto sobre que es contrario a Derecho juzgar o dictaminar sin tener en cuenta la totalidad del ordenamiento (*nisi tota lege perspecta*[24]) puede encontrarse la respuesta correcta. Menos aún, puede encontrarse cuando el propio ordenamiento exige tomar en consi-

---

24 Celso: *Digesto* 1, 3, 24 *Incivile est, nisi tota lege perspecta, una aliqua particula eius proposita, iudicare vel respondere* (Es contrario a Derecho juzgar o dictaminar considerando una sola parte de la ley, sin tenerla en cuenta en su totalidad)

deración valores o principios de carácter moral, en sentido amplio al modo dworkiano[25].

Y es aquí donde las "máquinas" o sistemas de inteligencia artificial con sus algoritmos no pueden tomar decisiones haciendo valoraciones en Derecho como las hacen las personas físicas, sino que se limitan a aplicar criterios estadísticos en función de los datos que se les han suministrado; con ellos encuentran la respuesta más frecuente a partir de los datos con que han sido entrenadas, pero sin que sean capaces de distinguir los miles de matices derivados del concreto contexto que determina respuestas diferentes para situaciones que parecen iguales. Es significativo que el concepto de "redes neuronales" haya surgido básicamente de la ciencia estadística y la matemática aplicada a los más diversos e insólitos campos[26]; pero esa metodología de la estadística, que aporta conocimientos decisivos y encuentra conexiones insospechadas, no es compatible con la metodología del Derecho. Por eso las "máquinas" o sistemas de inteligencia artificial encuentran aquí sus límites cuando se mueven en el ámbito del Derecho.

En todo caso, nada de esto tiene que ver propiamente con la Protección de Datos; tiene que ver más bien con una decisión que los legisladores han de tomar para —teniendo en cuenta las peculiaridades del Derecho y su propia metodología— determinar que los problemas jurídicos no son siempre asequibles a los algoritmos de la IA; para establecer así en qué casos las decisiones que debe adoptar la Administración no pueden entregarse a una "máquina" o sistema de IA por no ser capaz de hacer una correcta valoración de concep-

---

25 Vid. Quadra Salcedo Fernández del Castillo, Tomas "*Las convicciones morales de los magistrados y las decisiones de los tribunales*" en El País de 24 de enero de 2024 y *"Soberanía y poder Judicial"* en El país de 14 de febrero de 2024. También MacCormick, Neil (2011) "Argumentación e Interpretaciónen el derecho" *DOXA, Cuadernos de Filosofía del Derecho, 33* y Santos Pérez, Maria Luisa (2018)*"Haciendo una lectura moral de la Constitución*" Revista Filosofía UIS (Universidad Industrial de Santander, Colombia) vol. 17.

26 Vid por ejemplo *Alegre Gutiérrez*, Enrique et al. "*Utilización de momentos estadísticos y redes neuronales en la clasificación de cabezas de espermatozoides de verraco*" en XXV Jornadas de Automática Ciudad Real, del 8 al 10 de septiembre de 2004.

tos de valor y de principios del derecho que no son asequibles a la estadística. Pero no ya porque afecten a los datos personales, sino porque afectan a muchos otros derechos y a las instituciones de la democracia misma que son su última garantía. Y ello no solo en relación con decisiones que afecten a una persona, sino, lo que es más importante, en relación con la previa adopción de políticas públicas con base exclusiva en sistemas de IA que puedan prepararse desde las Administraciones públicas.

Aunque no siempre se explicita —y se limitan las críticas al empleo de la IA en la toma de decisiones a los sesgos que comprometen la igualdad— debe desvelarse el temor a una dictadura de las "máquinas" que no pueden ser capaces de moverse en ámbitos llenos de principios, valores, ponderaciones y sentimientos morales. Temor también a que podamos acabar confiando solo en ellas y en su capacidad estadística y perdiendo nuestra propia capacidad de juicio, aunque pueda ser más falible, pero que seguirá siendo, en todo caso, humana y abierta a conceptos de valor y moralidad[27].

Todo ello muestra cómo no es evidente, en absoluto, que sea el derecho de la protección de datos el más adecuado y en todo caso el único para afrontar los retos que suscitan las tecnologías, y especialmente la IA, por más que la protección de datos naciera, entre otras cosas, para proteger la intimidad frente al uso de la informática; intimidad, privacidad o autodeterminación informativa que no es ya lo

---

27 Sobre el tema de la moralidad en el Derecho hay que remitirse al debate entre Dworkin y Hart, sobre los límites del positivismo jurídico. Debate que ha protagonizado las reflexiones de filósofos y teóricos del Derecho desde el último cuarto del siglo XX hasta la actualidad.
Es relevante el subtítulo *("La interpretación moral de la Constitucion americana")* del libro de Dworkin *"Freedom´s Law. The Moral Reading of American Constitution". Oxford: Oxford University Press.*
Esa dimensión moral —en un sentido amplio de moral comprendiendo valores y su ponderación— no solo afecta a la Constitución, sino al entero ordenamiento jurídico, sin por eso volver a una especie de iusnaturalismo superado, pero sí atentos a los valores y principios que desde la Constitución inspiran todo el ordenamiento y que se concentran muy singularmente en los derechos fundamentales. Derechos fundamentales cargados de moralidad —y en frecuente tensión entre sí— que han entrado en el Derecho positivo al máximo nivel de las Constituciones.

más importante —ni en todo caso lo único— que se quiera proteger frente a la IA.

La sede adecuada parece que debería ser el de la regulación de la IA, pero con la vista atenta a los principios y valores de la democracia misma y los derechos fundamentales de participación política y derecho a la información que son los que pueden quedar comprometidos[28]. Democracia y derechos fundamentales de participación política que no quedan garantizados suficientemente con el derecho de sufragio activo o pasivo, si las principales decisiones se elaboran con base en sistemas de IA que sofocan el debate público y acaban con la informa clara y trasparente del porqué de lo que se decide, como veremos en el apartado siguiente.

V. LA INTELIGENCIA ARTIFICIAL (IA) Y SU EVENTUAL AFECCIÓN A INSTITUCIONES DE LA DEMOCRACIA QUE SON GARANTÍA DE LOS DERECHOS FUNDAMENTALES AL MENOSCABAR EL DERECHO DE PARTICIPACIÓN POLÍTICA Y EL DERECHO A RECIBIR INFORMACIÓN

Al margen de la actuación administrativa formalizada en que participan o resulten afectados los ciudadanos, una parte de la actividad administrativa tendrá que ver cada vez más en el futuro con políticas públicas basadas en normas, informes, programas proyectos o planes realizados con IA, ya sean inmediatamente aplicables y ejecutivas con imputación a órganos administrativos, ya precisen de una ulterior decisión del titular humano del órgano o de una supervisión más o menos sustantiva o formal. Frente a este tipo de actividad administrativa el ciudadano no resulta directamente afectado como consecuencia de una decisión adoptada en el curso de un procedimiento formalizado. Sin embargo, todos los ciudadanos acabaran siendo afectados en la aplicación de toda esa panoplia de instrumentos que concretan políticas públicas y determinan todos los mencionados instrumentos

---

28 *Vid.* Innerarity, Daniel (2020) *"El impacto de la inteligencia artificial en la democracia"* en Revista de las Cortes Generales, nº 109, Segundo semestre.

que las concretan. Se trata de políticas públicas inspiradas o determinados por IA y sus algoritmos, datos de entrenamiento suministrados y el propio aprendizaje (capacidad de aprender por sí mismos) de los sistemas que aprobados —eventualmente imputadas al Gobierno y sus distintos departamentos— que pudiera ser que invoquen como fundamento y legitimación el haberse realizado con base en sistemas de inteligencia artificial (cuando no oculten su realización por tales sistemas).

En todos esos casos, aunque no se trate de decisiones que directa e inmediatamente afecten a ciudadanos singulares, acaban afectando a todos. Afecta también a los medios e instrumentos de participación e información de los ciudadanos y de las instituciones colectivas de representación que en una democracia son garantía de información y participación. No solo las elecciones y los partidos políticos, sino también otras formas institucionales o colectivas de participación (iniciativas populares, asociaciones, movimientos vecinales, etc.) que devienen muy difíciles cuando las pretensiones que puedan sostener tropiezan con el argumento de que la omnisciente IA es la que legitima y justifica las políticas públicas, invocando los millones de datos empleados o los ejemplos internacionales de éxito tomados en cuenta por la IA.

Frente a ello puede surgir el desaliento *("chilling effect")* que acabe inhibiendo y transformando una democracia participativa y deliberativa ante la imposibilidad de conocer realmente cuáles son las razones últimas de las políticas adoptadas con base a sistemas de IA que ellos mismos no son capaces siempre de explicar, las razones últimas de sus decisiones. Las democracias tienen como uno de sus objetivos la protección y defensa de los derechos fundamentales, pero a su vez la democracia es, en sí misma, la mejor garantía institucional de los derechos a través de la participación política electoral y a través de los partidos, pero no solo por esos medios.

De hecho, en nuestro debate constituyente se recordó el debate en Alemania sobre el concepto de Estado democrático[29] sobre que el

---

29 *Vid.* para Alemania Abendroth, Wolfgang *«El Estado de Derecho democrático y social como proyecto político»* en El Estado social, CEC,1986, Madrid, pp. 9 y ss.

concepto de estado democrático de Derecho, no se constreñía sólo a la idea de la participación política electoral o a través de los partidos, sino que comprendía un Estado comprometido a llevar la democracia a la sociedad entera y no solo a sus Instituciones. Una democracia en la que, por ejemplo, la igualdad de hombres y mujeres no se limitará solo a las Instituciones públicas, sino que se extendiese por todo el tejido social —empresas, sociedades mercantiles, asociaciones, etc.— y para ello debía ser tarea del Estado la promoción de esa idea en dicho tejido social. La tarea de un estado democrático era no solo garantizar la democracia en las instituciones, sino en la sociedad misma de la que al final surge el Estado, como forma de preservar la democracia y evitar que pueda repetirse que una democracia como la de Weimar, que en su momento parecía un modelo como superestructura formal, naufrague, entre otras cosas —aunque no solo por eso, ni mucho menos, desde luego— porque la democracia no existe en la sociedad misma ni en sus valores específicos, de forma que desde su interior surja la resistencia al totalitarismo.

Pues bien, la democracia debe ser participación, información y deliberación en sus instituciones y en la sociedad. Y nada de eso se da —ni se perfecciona la democracia— si no existe otra información que la constreñida por políticas, normas, programas o planes emanados de sistemas de IA que reclaman para así la única legitimidad derivada de su pretendida omnisciencia, aunque no sean capaces de explicar el último porqué de sus opciones, especialmente cuando tienen que elegir entre opciones con base en criterios de valor y ponderación de principios. Se podría llegar en el peor de los casos a una especie de dictadura de los sistemas de IA y en el mejor de los casos a un desaliento de los ciudadanos ante el imponente *curriculum* de la IA.

El nuevo Reglamento de IA de la UE ha sido sensible a la relevancia de la democracia en relación con la IA al incorporar en el

---

y las posiciones discrepantes de otros profesores de Derecho público como Ernst Fortsthoff, «*Concepto y esencia del Estado social*» en El Estado social, cit., pp. 69 y ss., o también Doehring, Karl «Estado social, Estado de Derecho y orden democrático», en la misma obra. También Quadra-Salcedo, Tomas "*Constitución y modelo Constitución y modelo económico liberalizador*" en Cuadernos de 'Derecho Público, nº 9 (enero-abril, 2000).

considerando primero del Reglamento no solo la invocación de los derechos fundamentales sino también de la democracia y el Estado de Derecho. Y sobre ello se vuelve a invocar reiteradamente en el considerando segundo la democracia y el Estado de Derecho, que finalmente se llevan al artículo 1º con que se abre la parte dispositiva de la norma.

Se trata, desde luego, de aprovechar sus inmensas posibilidades, pero también de mantener la humanización de todas las decisiones garantizando, a través del derecho a recibir veraz información y de la transparencia de las Administraciones públicas, que se asegure que los ciudadanos continúan participando desde las instituciones del Estado y de la sociedad en la vida política.

No debe llegar a suceder que el debate político pueda quedar afectado por la imposibilidad de demostrar los errores o sesgos de dichos sistemas de IA y su transmisión a las políticas públicas aprobadas. Afectado, también, porque los ciudadanos se vean desprovistos de la capacidad de analizar el fundamento de dichas decisiones y del mismo modo los tribunales que en último término podrían controlarlas tanto las propias políticas cuando se formalizan en planes o programas como cuando se concretan en decisiones de aplicación.

Se invoca, pues, el derecho a la información y a la transparencia en todo este tipo de actuaciones de las administraciones públicas y los gobiernos, más allá de las decisiones que afecten singularmente a los ciudadanos adoptados en procedimientos formalizados.

VI. LAS ADMINISTRACIONES PÚBLICAS ANTE LOS DIFERENTES DERECHOS AFECTADOS POR EL EMPLEO POR ELLAS DE LA INTELIGENCIA ARTIFICIAL

El empleo de la inteligencia artificial en cualquier ámbito de la vida social suscita la preocupación de cuáles pueden ser los derechos afectados por ese uso de la inteligencia artificial. La Carta de Derechos Digitales aprobada por el Gobierno español el 14 de junio de 2021) trata de las afecciones que los distintos derechos fundamentales pueden sufrir como consecuencia del empleo de la inteligencia artificial en todos ámbitos de la vida social. Podría pensarse que basta con remitirse a los distintos derechos que se contiene la Carta de Derechos Digitales y a sus previsiones para listar el comportamiento de la Administración con respecto al empleo de los sistemas de inteligencia artificial como usuario en su propio ámbito y como vigilante, en su caso, de quienes los introduzcan en el mercado o los utilicen, asumiendo las previsiones y mandatos contenidos en el reciente Reglamento europeo de inteligencia artificial para deducir cuáles son las obligaciones de las Administraciones Públicas frente a la IA.

Los derechos de los ciudadanos en sus relaciones con las Administraciones Públicas están en buena medida recogidos en la Ley 39/2015 de procedimiento administrativo común y se especifican en el artículo 13.1 y siguientes de la citada ley. No parece que presente especial dificultad el respeto de dichos derechos en relación con una Administración automatizada. Por su parte el artículo 41.2 de la Ley 40/2015 de Régimen Jurídico del Sector Público establece de forma muy somera que el órgano competente que desarrolle actuaciones administrativas automatizadas deberá establecer previamente los requisitos exigencias y garantías a que deba responder la misma. Dicho artículo reproduce el de la Ley 11/2007 de acceso electrónico a los servicios públicos, pero sin avanzar nada más pese a los años transcurridos entre una y otra norma en la previsión de los requisitos de esa actuación administrativa automatizada.

El Reglamento 2024/1689 de inteligencia artificial sí lo ha hecho con mucho detalle y con remisiones a normas armonizadas, especificaciones técnicas y otros instrumentos, todo lo cual habrá de ser tenido en cuenta por las Administraciones Públicas españolas en relación con el empleo de la inteligencia artificial.

Debe notarse que lo más problemático del empleo de la inteligencia artificial tiene que ver con la entrega a los sistemas de inteligencia artificial de la toma de decisiones finales. En tales casos tanto el Reglamento de Protección de Datos como ahora Reglamento 2024/1689 de inteligencia artificial europea ponen límites a esa posibilidad y hacen muy problemática la posibilidad de que se adopten decisiones de tal carácter, salvo que se trate de decisiones completamente regladas y en las que la posibilidad de error sea poco probable.

El problema se centra en que en el caso de decisiones administrativas que vayan a adoptarse con arreglo a potestades discrecionales la adopción de la misma podría legitimarse exigiendo siempre la presencia de una persona física responsable última que sea quien finalmente adopte la decisión, aunque ello constituye poca garantía en la medida que la misma se limite, a la vista del informe o propuesta hecha por el sistema de inteligencia artificial, a realizar una supervisión formal asumiendo de antemano lo que diga. El temor que se suscita es que esa intervención de una persona física responsable sea, como acaba de decirse, puramente formal, de tal modo que se limite a poner su firma o dar el visto bueno confiando en que la máquina o el sistema de inteligencia artificial sea más sabio que la propia persona que da el visto bueno.

Nada de eso evita que el acto deba ser igualmente motivado y es aquí donde puede surgir la dificultad en la medida en que un sistema de inteligencia artificial puede no ser capaz de explicarse a sí mismo el porqué de la decisión, cuando se basa en miles de operaciones con distintos algoritmos y con base en cientos de miles de datos de los que es posible que no se sepa cuál es el decisivo para la adopción de la resolución[30]. Tampoco la apelación al código fuente es siempre posible desde el momento en que en muchas ocasiones el sistema de inteligencia artificial ha podido ser encargado por la Administración a un tercero ajeno a la propia administración con derechos de propiedad intelectual que pudieran quedar comprometidos; todo ello al margen de los riesgos que pudieran derivarse del conocimiento del código fuente para eventuales ataques o hackeos al sistema. Es lo que se ha puesto de manifiesto en el caso del algoritmo del Bono social en España[31].

---

30 Vid el interesante debate en la "Almacén de Derecho" entre *Huergo Lora, Alejandro (10 mayo 2024) "Por qué aciertan las sentencias sobre el 'algoritmo' del bono social eléctrico" y Ponce Solé, Juli (13 mayo 2024 "Por qué se equivocan las sentencias sobre el algoritmo del bono social eléctrico". Con replica del primero (15 mayo 2024)"Distopía y algoritmos" y dúplica del segundo (17 de mayo de 2024) "Utopía y Algoritmos".*

31 Se trata del procedimiento iniciado por la Fundación CIVIO sobre transparencia en la aplicación del Bono social para la bonificación del precio a determinados consumidores de energía eléctrica que se resolvía con arreglo

Existen algunos supuestos en el Reglamento 2024/1689 que específicamente se refieren a actuaciones automatizadas de la Administración como son los que en él se citan como prácticas prohibidas, pero que sin embargo pueden quedar dispensadas si tienen que ver con seguridad y defensa. En este caso de sistemas de IA dirigidos a identificación biométrica remota en tiempo real en espacios de acceso público, prohibidas con carácter general, lo pueden ser con fines de garantía de cumplimiento del Derecho, aunque en tal caso satisfaciendo una serie de condiciones, incluida la concesión de autorizaciones y vigilancia del uso de dichas técnicas.

En todo caso es evidente que el resto de las reglas y previsiones que se contienen en el Reglamento europeo de inteligencia artificial —no referidas explícitamente a las Administraciones públicas— son también aplicables a su empleo por estas que deberán, así cumplir todas sus previsiones.

Especial importancia reviste la cuestión de las autoridades de supervisión que el Reglamento europeo prevé y qué plantean, para empezar, el problema de su independencia que hasta ahora no venía exigida en la propuesta de reglamento, pero en la que sin embargo ha avanzado notablemente el reglamento de inteligencia artificial finalmente aprobado. Ello plantea un problema para la Sociedad prevista actualmente en nuestro país pues no parece satisfacer, en modo alguno, las exigencias de independencia que se desprenden del Reglamento europeo dada su composición integrada por miembros relevantes del Gobierno y de las Administraciones Públicas que no parece que satisfagan tales exigencias.

El Reglamento europeo de IA no llega a decir que las autoridades nacionales sean independientes, sino que «ejercerán sus poderes de manera independiente». Eso no puede privar de sentido la referencia a la independencia por lo que la actual configuración de la Agen-

---

a unos algoritmos (programa informático Bosco) que erraron en algunos casos y que dieron lugar a sentencias en que finalmente no se accedió a desvelar el código fuente del programa. Sentencias del *Juzgado Central de lo Contencioso-Administrativo número 8, de 30 de diciembre de 2021 (procedimiento ordinario 18/2019) y la de la Sala de lo Contencioso-Administrativo de la Audiencia Nacional (Sección 7ª) de 30 de abril de 2024 (recurso de apelación 118/2022)* cia Española de Supervisión de la Inteligencia Artificial (AESIA) aprobada por Real Decreto 729/2023, de 22 de agosto, no parece ajustarse a las previsiones del reglamento al estar su Consejo Rector presidido por el ministro competente en la materia e integrado por altos cargos de la Administración.

A destacar finalmente que el Reglamento europeo prevé en su artículo 85 la posibilidad de presentar una reclamación ante la autoridad de vigilancia del mercado por cualquier persona física o jurídica que tenga motivos para considerar que se ha infringido lo dispuesto en el reglamento. Quién sea la autoridad de vigilancia está por determinar y también, en el caso de que el vigilado sea la propia Administración, se abre una cuestión de relevancia sobre si será o no la misma autoridad de vigilancia general o no. En cualquier caso, deberá ser un órgano que no esté en la línea de mando de cada ministerio.

VII. BIBLIOGRAFÍA

Abendroth, Wolfgang (1986). El Estado de Derecho democrático y social como proyecto político en *El Estado social*, CEC, Madrid.

Alamillo Domingo, Ignacio y Urios Aparisi, F. Xavier (2011). *La actuación administrativa automatizada en el ámbito de las Administraciones Públicas. Análisis jurídico y metodológico para la construcción y la explotación de trámites automáticos*. EAPC, Barcelona.

Barrio Andrés, Moisés (2018a). Robótica, inteligencia artificial y derecho, Real Instituto Elcano *ARI* 103.

Barrio Andrés, Moisés (2018b). *Derecho de los robots*, Wolters Kluwer, Madrid.

Berning Prieto, Antonio David, (2023). La naturaleza jurídica de los algoritmos en Eduardo Gamero Casado (dir.), *Inteligencia artificial y sector público. Retos, límites y medios*", Tirant lo blanch, Valencia.

Blin Henri, Chavanne Albert et Drago Roland (1969). *Traité du droit de la presse. Ancien code de la presse de barbier*, Librairies techniques.

Boix Palop, Andrés (2020). Los algoritmos son reglamentos: La necesidad de extender las garantías propias de las normas reglamentarias a los programas empleados por la administración para la adopción de decisiones, *Revista de Derecho Público: teoría y método*, núm. 1, 2020.

Carcar Benito, Jesús Esteban (2019). La inteligencia artificial (IA): Aplicación jurídica y regulación en los servicios de salud, *DS: Derecho y salud,* Vol. 29, Nº. Extra-1, 278-290.

Cerrillo I Martínez, Agustí (2019a). Com obrir les caixes negres de les administracions públiques? Transparència i rendició de comptes en l'ús dels algoritmes (CA-EN), *Revista Catalana de Dret Public,* Vol. 58.

Cerrillo I Martínez, Agustí (2019b). El impacto de la inteligencia artificial en el Derecho administrativo ¿Nuevos conceptos para nuevas realidades técnicas?, *Revista General de Derecho Administrativo,* Vol. 50.

Cerrillo I Martínez, Agustí (2020). ¿Son fiables las decisiones de las Administraciones públicas adoptadas por algoritmos?, *European review of digital administration & law,* Vol. 1, 18-36.

Cerrillo I Martínez, Agustí (2021). Robots, virtual assistants and automation of public administrations, *REGAP: Revista galega de administración pública,* Vol 61, 271-309.

Cerrillo I Martínez, Agustí; Peguera Poch, Miguel (coords.) (2020) *Retos jurídicos de la inteligencia artificial,* Aranzadi, Navarra.

Cotino Hueso, Lorenzo y Castellanos Claramunt, Jorge (2022). *Transparencia y explicabilidad de la inteligencia artificial,* Tirant lo Blanch, Valencia.

Chan, Sarah (2017). Bioethics in the Big Data era: health care and beyond, *Rev. Bioética y Derecho* Vol. 41, 3-32

De Asís Roig, Rafael (2014a). Ethics and Robotics. A First Approach, *The Age of Human Rights Journal,* 2, 1-24.

De Asís Roig, Rafael (2014b). *Una mirada a la robótica desde los derechos humanos,* Dykinson, Madrid.

De la Quadra-Salcedo, Fernández del Castillo Tomas (2000). Constitución y modelo económico liberalizador en *Cuadernos de 'Derecho Público,* nº 9 (enero-abril).

De la Quadra-Salcedo Fernández del Castillo, Tomás (2018). Retos, riesgos y oportunidades de la sociedad digital. En: Tomás de la Quadra-Salcedo y José Luis Piñar (dirs.), *Sociedad digital y Derecho,* 21-87. Madrid: BOE-Red. es

De la Quadra-Salcedo Fernández del Castillo, Tomás (2023). Derechos y libertades y neurotecnologías convergentes aplicadas a la actividad cerebral en *Derecho Digital e Innovación,* Núm. 18, octubre-diciembre.

De la Quadra-Salcedo Fernández del Castillo, Tomás (2023). La regulación como modalidad genérica de intervención pública. La regulación en la sociedad digital. (Transformaciones en el derecho público y privado) en *Cuadernos de Derecho Transnacional* (octubre) Vol. 15, nº 2, 361-377.

Doehring, K. (1986). Estado social, Estado de Derecho y orden democrático. *VV. AA., El Estado social,* Madrid, Centro de Estudios Constitucionales.

Dworkin, R. (1999). *Freedom's law: the moral reading of the American Constitution.* OUP Oxford.

Ercilla García, Javier (2019). *Normas de derecho civil y robótica,* Aranzadi, Navarra.

Fernández, Carlos (2020). Estados Unidos presenta diez principios para el desarrollo de la inteligencia artificial, *Diario La ley.*

Forsthoff, E. (1986). Concepto y esencia del Estado Social de Derecho. *El Estado social,* 71-106.

Franco Escobar, Susana Eva (2017). Luces y sombras de la administración electrónica para las smart cities en Fernando García Rubio (coord.) *Las nuevas perspectivas de la ordenación urbanística y del paisaje: smart cities y rehabilitación. Una perspectiva hispano-italiana.* Fundación Democracia y gobierno local.

Galán Pascual, Carlos M. (2019). *La certificación como mecanismo de control de la inteligencia artificial en Europa,* Instituto Español de Estudios Estratégicos, Vol. 46.

Gamero Casado, Eduardo (2023a). Sistemas automatizados de toma de decisiones en el Derecho Administrativo Español. *Revista General de Derecho Administrativo,* nº 63.

Gamero Casado, Eduardo (2023b). Las garantías de régimen jurídico del sector público y del procedimiento administrativo común frente a la actividad automatizada y la inteligencia artificial en Eduardo Gamero Casado (dir.), *Inteligencia artificial y sector público. Retos, límites y medios,* Tirant lo blanch, Valencia.

García Mexía, Pablo y Villarino Marzo, Jorge (2021). *¿Qué sociedad digital queremos? Alternativas regulatorias para una Europa digitalmente soberana,* Ed. La Ley, Madrid.

Gómez Puente, Marcos (2019). *La Administración electrónica. El procedimiento administrativo digital,* Aranzadi, Navarra.

González Yanes, Jesús Alberto (2017). El reto big data para la estadística pública, Dins Pablo Díaz (coord.), Goberna Escuela de Política y Alto Gobierno del Instituto Universitario de Investigación Ortega y Gasset, *Manual sobre utilidades del big data para bienes públicos,* 59-79. Edimema: Madrid.

Hernández Corchete, Juan Antonio (2018). Expectativa de privacidad, tutela de la intimidad y protección de datos. En: Tomás de la Quadra-Salcedo y José Luis Piñar (dirs.), *Sociedad digital y Derecho*, 279-300. Madrid: BOE-Red.es

Huergo Lora, Alejandro (Dir.) y Díaz González, Gustavo Manuel (Coord.) y otros (2020). *La Regulación de los Algoritmos*, Aranzadi, Madrid

Innerarity, Daniel (2020). El impacto de la inteligencia artificial en la democracia en *Revista de las Cortes Generales*, nº 109, Segundo semestre.

Larrazabal Astigarraga, Eider (2021). Derecho a la desconexión digital en *Cuadernos prácticos de derecho laboral*

Latorre, Leticia (2021a). *El futuro del big data en el ámbito sanitario. las claves jurídicas del tratamiento de los datos de salud*, Universidad de Murcia, Murcia

Latorre, Leticia (2021b). Salud Pública y Big Data: COVID-19. Reflexión jurídica sobre la normativa de datos de salud y de aplicación de herramientas big data en el ámbito de la investigación biomédica y de la asistencia sanitaria, *Derecho y Salud*, Vol. 31, núm. 1. 6-21.

Laukyte, Migle (2018). Robots y sanidad. En: Tomás de la Quadra-Salcedo y José Luis Piñar (dirs.), *Sociedad digital y Derecho*, 865-880. Madrid: BOE-Red.es.

López Latorre, Andrés Felipe, Beltrán Sebebrenik, Steffany y Martínez Vargas, Juan Ramón (dir.) (2019). *Robótica, Armas y Derecho Internacional*, Tirant lo Blanch, Valencia; Madrid.

Lucas Murillo de la Cueva, Pablo (2003). La Constitución y el derecho a la autodeterminación informativa en *Cuadernos de Derecho Público*, núms. 19-20 (mayo-diciembre).

MacCormick, Neil (2011). Argumentación e Interpretación en el derecho DOXA, *Cuadernos de Filosofía del Derecho*, 33

Mantelero, Alessandro (2018). Ciudadanía y gobernanza digital entre política, ética y derecho. En: Tomás de la Quadra-Salcedo y José Luis Piñar (dirs.), *Sociedad digital y Derecho*, 159-178. Madrid: BOE-Red.es.

Martí Miravalls, Jaume (dir.) y Rodilla Martí, Carmen (Coord.) (2021). *Competencia en mercados digitales y sectores regulados*, Ed. Tirant lo Blanch, Valencia.

Martín Delgado, Isaac (2009). Naturaleza, concepto y régimen jurídico de la actuación administrativa automatizada. *Revista de Administración Pública*, núm. 180.

Martín Delgado, Isaac (2018). El Acceso electrónico a los servicios públicos: hacia un modelo de Administración digital auténticamente innovador. En: Tomás de la Quadra-Salcedo y José Luis Piñar (dirs.), *Sociedad digital y Derecho*, 179-202. Madrid: BOE-Red.es

Martínez Martínez, Ricard (2017). Big data, investigación en salud y protección de datos personales ¿Un falso debate? *Revista Valenciana d'Estudis Autonòmics*, Vol. 62, 235-280.

Martínez Martínez, Ricard (2018). Inteligencia artificial, derecho y derechos fundamentales. En: Tomás de la Quadra-Salcedo y José Luis Piñar (dirs.) *Sociedad digital y Derecho*, 259-278. Madrid: BOE-Red.es.

Mayaud, Y. (1997). L'abus de droit en matière de droit de réponse, en *Liberté de la presse et droit de la personne*, sous la direction de Dupeux JY. et Lacabarats A., Dalloz, 1997 .

Montalvo Jääskeläinen, Federico (2019). Una reflexión desde la teoría de los derechos fundamentales sobre el uso secundario de los datos de salud en el marco del Big Data, *Revista De Derecho Político*, Vol. 1(106), 43-75.

Monterroso Casado, Esther (Dir.) y Muñoz Villareal, Alberto (Coord.) y otros (2019). *Inteligencia artificial y riesgos cibernéticos. Responsabilidades y asesoramiento*, Tirant lo Blanch, Valencia.

Morcillo Moreno, Juana (2017). *Sostenibilidad ambiental, energía y movilidad urbana: a propósito de las ciudades inteligentes. Las nuevas perspectivas de la ordenación urbanística y del paisaje: smart cities y rehabilitación. Una perspectiva hispano-italiana.* Fernando García Rubio (coord.). Fundación Democracia y gobierno local.

Moreno Rebato, Mar (2021). *Inteligencia artificial (Umbrales éticos Derecho y Administraciones Públicas)*, Ed. Aranzadi, Pamplona.

Nuñez Zorrilla, María del Carmen (2019). *Inteligencia artificial y responsabilidad civil régimen jurídico de los daños causados por robots autónomos con inteligencia artificial*, Reus, Madrid.

Ottolia, Andrea (2019). *Derecho, Big Data e Inteligencia Artificial*, Tirant lo Blanch, Valencia.

Perez, Antonio (2021). La Inteligencia Artificial y la Robótica como motores de cambio del Derecho. En: Estévez Araujo, José A. (Edit.), *El Derecho ya no es lo que era*, 171-194. Ed. Trotta, Madrid

Ponce Sole, Juli (2022). Reserva de humanidad y supervisión humana de la Inteligencia artificial en *El Cronista del Estado Social y Democrático de Derecho*, nº 100.

Ponce Sole, Juli (2023). Seres humanos e inteligencia artificial: discrecionalidad artificial, reserva de humanidad y supervisión humana en Eduardo Gamero Casado (dir.), *Inteligencia artificial y sector público. Retos, límites y medios*, Tirant lo blanch, Valencia

Presno Linera, Miguel Angel (2022). *Derechos fundamentales e inteligencia artificial*, Marcial Pons, Madrid.

Ramió Matas, Carles (2019). *Inteligencia artificial y Administración Pública: Robots y humanos compartiendo el servicio público*, Catarata, Madrid.

Roig Batalla, Antoni (2020). *Las garantías frente a las decisiones automatizadas del Reglamento General de Protección de Datos a la gobernanza algorítmica.* J.M. Bosch.

Romana García, María Luisa y Hernández Pardo, Blanca (2018). Protección de datos: la «seudoanonimización» inexistente, *Derecho y Salud*, Vol. 28, 93-103.

Rosas Martinez, Alejandro (2011). ¿Derecho de rectificación, derecho de respuesta o derecho de réplica? en Derecho *Comparado de la Información*, nº 18, 2011.

San Segundo Encinar, José María (Dir. y Coord.) (2017). Big Data en Salud Digital. Informe de resultados. Red.es.

Sanchez-Urán, María Yolanda y Grau Ruiz, María Amparo (Dir.) Lorencini, Bruno Cesar y Francisco, José Carlos (Coord.) y otros (2019). *Nuevas tecnologías y derecho retos y oportunidades planteados por la inteligencia artificial y la robótica: balance y prospectiva.* Jurua, Oporto

Santos González, María Jesús (2017). Regulación legal de la robótica y la inteligencia artificial: retos de futuro, *Revista Jurídica de la Universidad de León*, Vol. 4, 25-50

Santos Pérez, Maria Luisa (2018). Haciendo una lectura moral de la Constitución, *Revista Filosofía UIS* (Universidad Industrial de Santander, Colombia) vol. 17.

Sarasíbar Iriarte, Miren (2019). La Cuarta Revolución Industrial: el Derecho Administrativo ante la inteligencia artificial, *Revista Vasca de Administración Pública*, Vol. 115, 377-401.

Sierra Moron, Susana de la (2021). Control judicial de los algoritmos: robots, administración y estado de derecho en ELDERECHO.COM Lefebvre.

Valero Torrijos, Julián (2018). La necesaria reconfiguración de las garantías jurídicas en el contexto de la transformación digital del sector público. En: Tomás de la Quadra-Salcedo y José Luis Piñar (dirs.), *Sociedad digital y Derecho*, 375-396. Madrid: BOE-Red.es

Valero Torrijos, Julián (2019). Las garantías jurídicas de la inteligencia artificial en la actividad administrativa desde la perspectiva de la buena administración, *Revista Catalana de Dret Public*, Vol. 58, 82-96.

Vaquer Caballería, M. (2023). El humanismo del derecho administrativo de nuestro tiempo, *Revista de Administración Pública*, 222, 33-64.

Vázquez, M. Á. R. (2017). Procedimientos para hacer efectivo el derecho de réplica. Estudios en derecho a la información, (3), 85-97.

Vida Fernández, José (2018). Los retos de la regulación de la inteligencia artificial: algunas aportaciones desde la perspectiva europea. En: Tomás de la Quadra-Salcedo y José Luis Piñar (dirs.), *Sociedad digital y Derecho,* 203-225. Madrid: BOE-Red.es.

Yuste y de la Quadra-Salcedo (2023). Neuro-Rights and New Charts of Digital Rights: A Dialogue Beyond the Limits of the Law, *Indiana Journal of Global Legal Studies,* Vol. 30 #1 (Winter).

Zlotnik, Alexander (2019). Inteligencia Artificial en las Administraciones Públicas: definiciones, evaluación de viabilidad de proyectos y áreas de aplicación, BLOETIC, 84.

Las oportunidades y las amenazas de la automatización administrativa para los valores constitucionales del Estado de Derecho: libertad, justicia, igualdad y pluralismo político

MOISÉS BARRIO ANDRÉS
Letrado del Consejo de Estado
Profesor de Derecho digital

I. INTRODUCCIÓN

Como es sabido, el artículo 1.1 de la Constitución española de 1978 (CE) establece en su frontispicio cómo "España se constituye en un Estado social y democrático de Derecho, que propugna como valores superiores de su ordenamiento jurídico la libertad, la justicia, la igualdad y el pluralismo político". En la actualidad, estos valores constitucionales parecen enfrentarse a una nueva amenaza tecnológica. En concreto, los avances en las tecnologías agrupadas bajo el supraconcepto de inteligencia artificial (IA) auguran un futuro en el que muchas decisiones administrativas ya no serán tomadas por personas, sino por algoritmos vitaminados con IA. Lo que este futuro signifique para la libertad, la justicia, la igualdad y el pluralismo político dependerá, en gran medida, de que estos sistemas de toma de decisiones administrativas de forma automatizada (la llamada en nuestro Derecho "actividad administrativa automatizada" o "*automated decision-making*" a nivel comparado) —y que aquí utilizaremos de forma indistinta— estén perfectamente alineados con los contenidos del señalado artículo 1.1 de la CE.

En nuestro tiempo, todas las administraciones públicas están introduciendo sistemas de toma de decisiones administrativas de forma automatizada, lo cual es directa consecuencia de los grandes avances que estos sistemas han cosechado en el sector privado, donde están mejorando y automatizando decisiones importantes, como las relativas al diagnóstico de enfermedades, la conducción autónoma de vehículos o la detección de fraudes con tarjetas de crédito (Rubel *et al.*, 2021), por ejemplo. Las instituciones del sector público han comenzado a tomar nota. Tanto a nivel de nuestro país[1] como comparado[2], las administraciones públicas están empezando a confiar en las herramientas de inteligencia artificial para ayudar a adoptar decisiones públicas importantes.

---

1 En el ámbito de la Administración General del Estado de España, desde hace unos años la Agencia Estatal de Administración Tributaria (AEAT) o la Tesorería General de la Seguridad Social (TGSS) utilizan sistemas vitaminados con IA. También cabe citar la aplicación BOSCO para verificar los requisitos de los solicitantes para la atribución del bono social eléctrico, el sistema VeriPol —que estima la probabilidad de que una denuncia sea falsa—, o el sistema VioGén —que señala la peligrosidad de posibles hombres maltratadores y puede acabar determinando las decisiones de prisión preventiva—.

2 Por ejemplo, entre los sistemas de automatización del sector público en Estados Unidos podemos destacar los sistemas destinados a orientar a los agentes de policía hacia zonas potencialmente de alta criminalidad, así como a los inspectores de sanidad hacia establecimientos con probabilidades de infringir las normas de seguridad alimentaria. También se han incorporado sistemas de toma automatizada de decisiones administrativas en auditorías de declaraciones de impuestos, en la identificación de buques con probabilidades de incumplir la normativa pesquera y en la validación de solicitudes de incapacidad de la Seguridad Social.

En España, ya la Ley 58/2003, de 17 de diciembre, General Tributaria fue el primer texto normativo que otorgó cubertura jurídica a la producción de actos administrativos sin intervención de empleado público, estableciendo garantías jurídicas para los interesados de tales actos. Posteriormente, la Ley 11/2007, de 22 de junio, de acceso electrónico de los ciudadanos a los Servicios Públicos extendió sin carácter básico su regulación a la actividad administrativa general y estableció unos requisitos para su utilización en su artículo 39. Después, la Ley 40/2015, de 1 de octubre, de Régimen Jurídico del Sector Público (LRJSP) regula con carácter básico, aplicable a todas nuestras administraciones públicas, los elementos esenciales que configuran el régimen jurídico de este tipo de actuación administrativa. Asimismo, la Ley 39/2015, de 1 de octubre, del Procedimiento Administrativo Común de las Administraciones Públicas (LPAC) contiene una referencia expresa en el artículo 27.1 a la posibilidad de emplear esta forma de actuación para la realización de copias auténticas de documentos. En fin, el Reglamento de actuación y funcionamiento del sector público por medios electrónicos, aprobado por Real Decreto 203/2021, de 30 de marzo (RAFESP), contiene el sucinto desarrollo reglamentario de la misma.

La actuación administrativa automatizada (AAA) es definida en el artículo 41.1 de la LRJSP con carácter básico como "cualquier acto o actuación realizada íntegramente a través de medios electrónicos por una Administración Pública en el marco de un procedimiento administrativo y en la que no haya intervenido de forma directa un empleado público". La definición está tomada[3] del Anexo de la Ley 11/2007. Por tanto, se trata de una noción muy amplia porque se refiere a "medios electrónicos", que no necesariamente deben —ni tienen que— incluir IA. Y puede ser incorporada en cualquier fase del procedimiento administrativo: con carácter previo (por ejemplo, en materia de diligencias preliminares contempladas en el artículo 55 de la LPAC), durante el mismo (así, en la adopción de medidas cautelares, petición de informes u otras actividades de instrucción) o para dictar la resolución definitiva.

---

3 La única diferencia es que la Ley 11/2007 se refería a personas naturales, mientras que la Ley 40/2015 se refiere a empleados públicos.

A renglón seguido, la LRJSP instituye sus límites del modo siguiente: "deberá establecerse previamente el órgano u órganos competentes, según los casos, para la definición de las especificaciones, programación, mantenimiento, supervisión y control de calidad y, en su caso, auditoría del sistema de información y de su código fuente. Asimismo, se indicará el órgano que debe ser considerado responsable a efectos de impugnación" (art. 41.2 LRJSP). No es fácil determinar el alcance de los límites, que dependerá de la proyección otorgada al inciso "en su caso". Pareciera que el legislador ha olvidado que las ventajas de las tecnologías de automatización deben tener como objetivo estructural mejorar la calidad de la toma de decisiones y establecer los medios prácticos para verificar esa calidad y posibilitar una supervisión eficaz.

A la luz de todo ello, el profesor Martín Delgado propuso en un artículo pionero sobre esta materia publicado en 2009 una definición de actuación administrativa automatizada: "[la] declaración de voluntad, juicio, conocimiento o deseo realizada por una Administración pública en el ejercicio de una potestad administrativa mediante el empleo de un sistema de información adecuadamente programado, y adoptada en el caso concreto sin necesidad de intervención de una persona física" (Martín, 2009:367). Por tanto, se trata de una actividad administrativa formalizada y no tanto comprende su utilización en la prestación de servicios públicos (Valero, 2019:85).

Ahora bien, la toma de decisiones administrativas de forma automatizada es opaca, compleja y multifuncional, y tiene el potencial de afectar a los derechos fundamentales (Jandt, 2015; Alon-Barkat y Busuioc, 2023).

En primer lugar, a pesar de su creciente uso por parte de las administraciones públicas en toda Europa, estas herramientas siguen careciendo de transparencia. En la mayoría de los casos, la ciudadanía tiene conocimiento de los sistemas automatizados cuando se producen vulneraciones de los derechos fundamentales y obtienen así la atención de los medios de comunicación, o como fruto de los esfuerzos de las organizaciones de la sociedad civil (así, entre nosotros puede citarse a la fundación CIVIO). En segundo lugar, el modo en que se utilizan los sistemas automatizados en la práctica suele ser poco claro y bastante complejo. En lugar de adoptar las decisiones finales de forma autónoma, los sistemas automatizados asisten, informan y apoyan a los responsables públicos de la toma de decisiones en un amplio abanico de posibilidades. Ahora bien, las avanzadas capacidades de procesamiento de los sistemas que utilizan IA, que permiten una rápida recuperación, comparación y examen de la información, socavan la capacidad del decisor humano para verificar la corrección, legalidad e integridad de los resultados generados automáticamente.

Cuando surgen preocupaciones por los derechos fundamentales, la Administración Pública y los gobiernos se justifican argumentando que la herramienta no toma la decisión final, como sucedió en el caso del algoritmo de visados del Reino Unido (Frankel, 2022). Sin embargo, los sistemas automatizados pueden dar lugar a vulneraciones de derechos fundamentales, aunque el proceso de toma de decisiones no esté totalmente automatizado. Cabe traer aquí a colación el escándalo de las prestaciones neerlandesas por cuidado de hijos[4], que llevó al Gobierno de los Países Bajos a dimitir en 2021 y a declarar públicamente que su algoritmo de asignación de prestaciones por cuidado de hijos era "institucionalmente racista". Incluso aunque el sistema no estaba tomando la decisión, como resultado de la deficiente evaluación del riesgo racial miles de familias se endeudaron o terminaron en la pobreza y más de mil niños fueron sacados de sus hogares y puestos bajo custodia de la Administración como resultado de las decisiones algorítmicas que en este caso supusieron auténticos "absurdos algorítmicos" (Barrio, 2020).

Hoy en día, más que adoptar las decisiones finales, los sistemas automatizados asisten, informan y apoyan a los responsables de la toma de decisiones en un nivel gradual de automatización. A nivel comparado, la toma de decisiones automatizada se utiliza para identificar a solicitantes de asilo sin documentos válidos, asignar prestaciones sociales, detectar el fraude fiscal y apoyar a los responsables públicos de la toma de decisiones con información relevante (O'Neil, 2016:179).

---

4 *Vid.* https://elpais.com/internacional/2022-12-13/paises-bajos-admite-racismo-y-discriminacion-entre-el-personal-del-ministerio-de-exteriores.html

A la luz de la multitud de usos de la toma de decisiones automatizada en la práctica, y dada la parquedad normativa en particular de nuestro ordenamiento jurídico, es preciso examinar las garantías que establecen aquí dos normas de cabecera del Derecho digital: el Reglamento General de Protección de Datos de 2016 (RGPD) y el Reglamento Europeo de Inteligencia Artificial de 2024 (RIA).

En efecto, la doctrina se ha venido centrando principalmente en la limitada función protectora del Reglamento General de Protección de Datos (RGPD) en relación con la toma de decisiones automatizada, afirmando que el artículo 22 del RGPD tiene un alcance demasiado limitado (Malgieri, 2019), necesita una interpretación más profunda (Kaminski y Urban, 2021), no proporciona derechos ni protección (Wachter *et al.*, 2017) y adolece de importantes deficiencias (Bygrave, 2020). Basándose en ejemplos de distintos ámbitos, los profesores Edwards y Veale han puesto de relieve cómo la toma de decisiones basada en la elaboración de perfiles puede cuestionar la aplicabilidad del artículo 22 del RGPD (Edwards y Veale, 2017). Asimismo, Hänold sostiene que "el artículo 22 del RGPD en realidad sólo cumple una función protectora limitada" porque su ámbito de aplicación no abarca las situaciones en las que la elaboración de perfiles respalda una decisión (Hänold, 2018).

Por último, algunos autores y organizaciones de la sociedad civil han criticado el Reglamento Europeo de Inteligencia Artificial (RIA) por la falta de suficientes derechos para las personas perjudicadas por los sistemas de IA. Este capítulo da un paso más y sostiene que la protección jurídica en la era de la automatización requiere un enfoque de derechos fundamentales basado en una comprensión empírica y jurídica de cómo la automatización condiciona la toma de decisiones. Y los valores constitucionales del Estado operarán aquí con carácter previo y estructural por su prioridad axiológica, dada su preeminencia jerárquica respecto de cualesquiera otros valores también deseables a la vista del texto constitucional o el ordenamiento jurídico infraconstitucional. Pero antes debemos examinar las previsiones de los señalados RGPD y RIA.

II. LA TOMA AUTOMATIZADA DE DECISIONES EN EL REGLAMENTO GENERAL DE PROTECCIÓN DE DATOS

La toma de decisiones automatizada no es, en absoluto, un concepto reciente en Derecho.

Ya en 1995, la Directiva 95/46/CE del Parlamento Europeo y del Consejo, de 24 de octubre de 1995, relativa a la protección de las personas físicas en lo que respeta al tratamiento de datos personales y a la libre circulación de estos datos (en adelante, DPD) otorgaba a las personas físicas un derecho cualificado "a no verse sometidas a una decisión con efectos jurídicos sobre ellas o que les afecte de manera significativa, que se base únicamente en un tratamiento automatizado de datos destinado a evaluar determinados aspectos de su personalidad, como su rendimiento laboral, crédito, fiabilidad, conducta, etc". (art. 15 DPD).

El ulterior Reglamento (UE) 2016/679 del Parlamento Europeo y del Consejo, de 27 de abril de 2016, relativo a la protección de las personas físicas en lo que respecta al tratamiento de datos personales y a la libre circulación de estos datos y por el que se deroga la Directiva 95/46/CE (Reglamento general de protección de datos o RGPD) se basa estrechamente en su predecesora, y consagra un concepto restringido de decisiones individuales automatizadas, considerando únicamente las decisiones sin intervención humana (Ernst, 2017).

A) Sentido del artículo 22 del RGPD

El artículo 22, apartado 1, del RGPD establece una prohibición general de la toma de decisiones exclusivamente automatizada[5].

---

5 En un Dictamen de 2018, el EDPB ha considerado que el artículo 22 establece una prohibición, al respaldar las Directrices del Grupo de Trabajo del artículo 29, afirmando lo siguiente: "El término derecho en la disposición no significa que el artículo 22, apartado 1, solo se aplique cuando el interesado lo invoque activamente. El apartado 1 del artículo 22 establece una prohibición general para la toma de decisiones basada únicamente en el tratamiento automatizado. Esta prohibición se aplica tanto si el interesado

La decisión de política normativa en la que se basa esta disposición, explica Bygrave, es el temor de que los procesos totalmente automatizados puedan ir en detrimento de la dignidad humana y conducir a una abdicación de la obligación de rendir cuentas y de la responsabilidad de los responsables humanos por la toma de decisiones (Bygrave, 2020:527). La preocupación por la toma de decisiones totalmente automatizada se refleja en el considerando 71 del RGPD, que tiene en cuenta los riesgos de inexactitud de los datos personales, la seguridad y los efectos discriminatorios. La razón de ser del artículo 22 del RGPD es ofrecer protección a las personas contra los efectos perjudiciales de la elaboración o el tratamiento automatizado de perfiles sobre su esfera vital y su participación en las decisiones que les afectan (Bygrave, 2020:528). No obstante, el RGPD permite excepciones a la prohibición general en tres casos limitados. Más concretamente, la toma de decisiones automatizada sólo está permitida si 1) es estrictamente necesaria para fines contractuales, 2) está autorizada por el Derecho de la Unión o de los Estados miembros, o 3) se basa en el consentimiento explícito del interesado (art. 22.2 RGPD).

Cuando se aplican las excepciones, el RGPD establece salvaguardias específicas para garantizar que los interesados no estén a merced de una decisión automatizada opaca sin intervención humana y sin la posibilidad de ejercer sus derechos. Por lo tanto, el responsable del tratamiento debe aplicar garantías específicas, como el derecho a obtener la intervención humana, a expresar su punto de vista y a impugnar la decisión (art. 22.3 RGPD). Además, y para minimizar los efectos discriminatorios basados en categorías especiales de datos personales —como el origen étnico o racial, las opiniones políticas, la religión o la orientación sexual—, el artículo 22, apartado 3, del RGPD restringe el uso de datos sensibles en la toma automatizada de decisiones. Los datos relacionados con características protegidas de la persona (es decir, categorías especiales de datos personales con arreglo al artículo 9 del RGPD) sólo pueden tratarse si se basan en un consentimiento explícito, o si existe un interés público sustancial.

---

emprende una acción en relación con el tratamiento de sus datos personales como si no".

Además de ofrecer tutela contra las decisiones discriminatorias, el RGPD pretende fomentar la transparencia y la equidad en el proceso de toma de decisiones. El considerando 71 del RGPD establece que los interesados tendrán derecho "a recibir una explicación de la decisión tomada después de tal evaluación", una previsión que dio lugar a un apasionado debate entre los juristas (Malgieri, 2019; Wachter *et al.*, 2017). La posibilidad de obtener una explicación de la decisión automatizada debe leerse a la luz de los derechos de transparencia conexos de los artículos 13 y 15 del RGPD. Estas disposiciones conceden al interesado el derecho a saber si está sujeto a una decisión automatizada y a recibir información significativa sobre la lógica implicada y las consecuencias previstas tanto antes (art. 13.2.f) RGPD) como después de que se tome una decisión (art. 15.1.h) RGPD). Por último, toda decisión automatizada que implica una evaluación sistemática y exhaustiva de los interesados está sujeta explícitamente a una evaluación del impacto sobre la protección de datos de conformidad con el artículo 35, apartado 3, letra a) del RGPD.

Del mismo modo, la Directiva (UE) 2016/680 del Parlamento Europeo y del Consejo, de 27 de abril de 2016, relativa a la protección de las personas físicas en lo que respecta al tratamiento de datos personales por parte de las autoridades competentes para fines de prevención, investigación, detección o enjuiciamiento de infracciones penales o de ejecución de sanciones penales, y a la libre circulación de dichos datos y por la que se deroga la Decisión Marco 2008/977/JAI del Consejo prohíbe las decisiones basadas únicamente en un tratamiento automatizado, incluida la elaboración de perfiles, en su artículo 11, aunque con algunas diferencias —especialmente en términos de normas de transparencia y derechos de los interesados— en comparación con el RGPD. Ahora bien, mientras que el RGPD se aplica generalmente a las decisiones públicas automatizadas en la gestión de la migración y el asilo, cuando la toma de decisiones automatizada se utiliza con fines policiales[6] la Directiva (UE) 2016/680 se aplica entonces como *lex specialis*.

---

6 Es decir, en el tratamiento de los datos personales por parte de las autoridades competentes "con fines de prevención, investigación, detección o enjuiciamiento de infracciones penales o de ejecución de sanciones pena-

B) ¿Cuándo una decisión es exclusivamente automatizada?

De conformidad con el primer párrafo del artículo 22 del RGPD, una decisión automatizada tiene que ser 1) individual con efectos jurídicos o significativos sobre el interesado y 2) basada únicamente en el tratamiento automatizado o la elaboración de perfiles.

Ante todo, el resultado tiene que ser una decisión individual. Siguiendo a Bygrave, el término "decisión" debe interpretarse en sentido amplio, incluyendo también una "actitud o postura particular hacia una persona" con efectos vinculantes (Bygrave, 2020:532). Las autoridades de protección de datos y los tribunales nacionales han considerado casos en los que un sistema automatizado fue utilizado tanto por la administración pública como por empresas privadas, especialmente en el sector de la economía de plataformas (Sander, 2020). En virtud del artículo 22 del RGPD, el hecho de que el responsable de la toma de decisiones sea un decisor público o privado es irrelevante. Lo que es crucial, en cambio, es que la decisión tenga efectos jurídicos o de importancia similar sobre la persona.

Aunque el RGPD no define los "efectos jurídicos", las Directrices sobre la elaboración de perfiles y la toma de decisiones individuales automatizadas del Grupo de Trabajo sobre Protección de Datos del artículo 29 (WP29), de 3 de octubre de 2017 y revisadas el 6 de febrero de 2018 (en lo sucesivo, Directrices)[7], aclaran que la decisión automatizada debe afectar a los derechos legales de una persona, a su situación jurídica o a sus derechos contractuales. Entre otros, algunos ejemplos referidos en las señaladas Directrices son la denegación de admisión en un país o la denegación de la ciudadanía. En cualquier caso, como se explica en las Directrices, incluso cuando no se produzca ningún cambio en los derechos u obligaciones legales de los interesados, las personas podrían verse lo suficientemente afectadas como para requerir la protección de esta disposición cuando la decisión tenga "efectos significativos". Según las Directrices, para

les, incluidas la protección y la prevención frente a las amenazas contra la seguridad pública" (art. 1.1 Directiva (UE) 2016/680).

7 Guidelines on Automated individual decision-making and Profiling for the purposes of Regulation 2016/679.

que el tratamiento de datos afecte significativamente a alguien, la decisión debe tener el potencial de afectar significativamente a las circunstancias, el comportamiento o las elecciones de las personas afectadas; tener un impacto prolongado o permanente en el interesado; o, en los casos más extremos, provocar la exclusión o discriminación de las personas. Por su parte, algunos ejemplos mencionados en el considerando 71 del RGPD incluyen la denegación automática de una solicitud de crédito en línea o las prácticas de contratación electrónica sin ninguna intervención humana.

El segundo requisito instituido en el artículo 22 del RGPD es que la decisión debe basarse únicamente en el tratamiento automatizado, incluida la elaboración de perfiles. El uso de la palabra "únicamente" significa, según las Directrices, que la decisión se toma sin "intervención humana significativa". La evaluación del umbral de significatividad es posiblemente el criterio más difícil de interpretar en el artículo 22 del RGPD y su aspecto más controvertido en la jurisprudencia. Las Directrices especifican que la persona implicada no debe limitarse a aceptar el resultado automatizado, sino tener la autorización y la capacidad para influir en la decisión, teniendo en cuenta todos los datos pertinentes. Por lo tanto, la mera participación de una persona en el proceso decisor no excluye la aplicabilidad del artículo 22 del RGPD *a priori*, sino que debe evaluarse caso por caso.

Recientemente, el Tribunal de Justicia de Luxemburgo ha interpretado por primera vez este precepto en la STJUE de 7 de diciembre de 2023, caso C-634/21, asunto *SCHUFA Holding AG*, que "promete erigir el Reglamento General de Protección de Datos como baluarte frente a la opacidad actual de las decisiones administrativas automatizadas. A partir de ahora, cualquier persona podrá solicitar acceso al perfil utilizado por estos sistemas, incluso si fue creado por una entidad ajena a la decisión final" (Rosino Calle, 2024). Y es que la sentencia admite que el Derecho nacional autorice la adopción de una decisión individual automatizada, si bien debe establecer medidas adecuadas para salvaguardar los derechos y libertades y los intereses legítimos de la persona interesada. Entre tales medidas, se subraya la obligación del responsable del tratamiento de utilizar procedimientos matemáticos o estadísticos adecuados, de aplicar las medidas técnicas y organizativas apropiadas para garantizar que se reduzca al máximo el riesgo de error y, en su caso, se corrija, y de asegurar los datos personales de forma que se tengan en cuenta los posibles riesgos para los intereses y derechos del interesado e impedir, entre otras consecuencias indeseables, los efectos discriminatorios en las personas físicas; y también, y como mínimo el derecho del interesado a obtener intervención humana por parte del responsable, a expresar su punto de vista y a impugnar la decisión.

La STJUE aclara que la generación automatizada por una agencia de información comercial, de un valor de probabilidad a partir de datos personales, acerca de la capacidad de una persona para hacer frente a compromisos de pago en el futuro constituye una "decisión individual automatizada" cuando de ese valor de probabilidad dependa de manera determinante que un tercero, al que se comunica dicho valor, establezca, ejecute o ponga fin a una relación contractual con esa persona. De manera acertada, el juez comunitario relativiza el carácter totalmente automatizado de la decisión e incluye en el ámbito de aplicación del artículo 22 del RGPD los supuestos en que existe una intervención humana mínima y fuertemente condicionada por el tratamiento automatizado.

Un estudio reciente de la jurisprudencia de los tribunales nacionales y de las autoridades europeas de protección de datos muestra que la interpretación del requisito de participación humana significativa depende en gran medida del contexto (Lind, 2023:179). Entre los factores que deben tenerse en cuenta figuran si el decisor humano consideró otros elementos para tomar la decisión final, su competencia, formación y autoridad. Los tribunales y las autoridades de protección de datos aplican un sofisticado conjunto de criterios, examinando toda la estructura organizativa, las líneas jerárquicas y las cadenas de aprobación, la formación efectiva del personal, así como las políticas y los procedimientos internos (Lind, 2023:181). Además, la aplicación del artículo 22 del RGPD no depende del tipo de sistema, sino de cómo se utiliza en el caso concreto. En el ámbito de la Administración Pública, un ejemplo claro de sistemas automatizados que están englobados en el ámbito del artículo 22 del RGPD son los que adoptan actos administrativos para los solicitantes de visados, residencia y ciudadanía o prestaciones públicas.

A la postre, en el proceso de toma de decisiones considerado por el RGPD, el decisor humano no está presente o simplemente acepta el resultado automatizado como un gesto simbólico sin tener en cuenta otros factores relevantes para la decisión. Aunque todas las disposiciones generales del RGPD siguen aplicándose a los casos en que los sistemas automatizados ayudan, apoyan o asisten a los decisores humanos en los procesos de toma de decisiones, las garantías específicas y la prohibición del artículo 22 del RGPD y los derechos de transparencia conexos de los artículos 13 y 14 del RGPD se aplican a un reducido conjunto de casos en los que una decisión, con efectos jurídicos o significativos, se basa únicamente en el tratamiento automatizado o en la elaboración de perfiles.

III. LA TOMA AUTOMATIZADA DE DECISIONES EN EL REGLAMENTO EUROPEO DE INTELIGENCIA ARTIFICIAL

Junto al RGPD, una fuente crucial de regulación de la UE para los sistemas de IA es el Reglamento Europeo de Inteligencia Artificial (RIA). Propuesto el 21 de abril de 2021, el RIA es la primera regulación jurídica exhaustiva de los sistemas de IA a nivel supranacional. Para el Reglamento, un sistema de IA es "un sistema basado en una máquina que está diseñado para funcionar con distintos niveles de autonomía y que puede mostrar capacidad de adaptación tras el despliegue, y que, para objetivos explícitos o implícitos, infiere de la información de entrada que recibe la manera de generar resultados de salida, como predicciones, contenidos, recomendaciones o decisiones, que pueden influir en entornos físicos o virtuales" (art. 3.1 RIA). Por tanto, las tecnologías aquí englobadas son más reducidas que cualquier medio electrónico que admite el meritado artículo 41.1 de la LRJSP.

En el centro de la norma europea late la idea de corregulación a través de la estandarización basada en normas armonizadas para el desarrollo, la comercialización y el uso de sistemas de IA en la UE. El RIA está presidido por dos objetivos clave que explicita su artículo 1, a saber: el primero, mejorar el funcionamiento del mercado interior estableciendo un marco jurídico uniforme para la introducción en el mercado, la puesta en servicio y la utilización de sistemas de IA fiables en la Unión; el segundo, garantizar un nivel coherente y elevado de protección de la salud, la seguridad y los derechos fundamentales consagrados en la Carta de los Derechos Fundamentales.

Aunque el RIA comparte objetivos similares con el RGPD, en particular la protección de los derechos fundamentales, es principalmente un instrumento del mercado interior basado en el artículo 114 del TFUE. La naturaleza del RIA como reglamento del mercado interior toma como modelo regulatorio la legislación europea armonizada de seguridad de los productos, lo cual no deja de tener inconvenientes que he señalado en otro lugar (Barrio, 2024:10). Los sistemas de IA son "productos" que deben someterse a una evaluación de conformidad y cumplir requisitos específicos. La norma sigue un planteamiento basado en el riesgo, con determinadas aplicaciones de IA especialmente nocivas radicalmente prohibidas o sujetas a requisitos horizontales obligatorios y procedimientos de evaluación de la conformidad antes de que puedan comercializarse cuando son de alto riesgo.

Para minimizar los riesgos para la protección de los derechos fundamentales, el RIA se centra en la calidad de los conjuntos de datos de entrenamiento, así como en la validación y prueba de los sistemas de IA. Además, impone un conjunto claro de obligaciones horizontales a los proveedores de sistemas de IA de alto riesgo, que van desde la conservación de documentos hasta el deber de información y colaboración en caso de que los riesgos se materialicen. Una vez que cumplen los requisitos legales, los sistemas de IA deben someterse a un procedimiento de evaluación de la conformidad basado, en la gran mayoría de los casos, en un control interno. Los propios proveedores evalúan la conformidad de sus sistemas con los requisitos legales, redactan una declaración de conformidad y colocan el "marcado CE". El último paso es el registro del sistema de IA en la base de datos de la UE, que es accesible al público y contiene información importante como la finalidad prevista del sistema, información sobre el proveedor e instrucciones de uso.

A diferencia del RGPD, que establece requisitos únicamente para las decisiones automatizadas, el RIA se refiere principalmente a los sistemas de IA que plantean un riesgo inaceptable o elevado, independientemente de su uso en la toma de decisiones. No obstante, la norma reconoce el papel potencial de los sistemas de IA en la toma de decisiones en diferentes disposiciones. El artículo 14 sobre vigilancia humana, por ejemplo, se refiere explícitamente a la cuestión del "sesgo de automatización", en particular para los sistemas de IA de alto riesgo utilizados "para aportar información o recomendaciones con el fin de que personas físicas adopten una decisión" (art. 14.4.b) RIA). La disposición también se hace eco del artículo 22 del RGPD, que establece que no puede tomarse ninguna decisión sobre la base de la identificación biométrica a menos que el resultado sea verificado por al menos dos personas físicas "con la competencia, formación y autoridad necesarias" (art. 14.5 RIA)[8]. Además, en el ámbito de los entornos controlados de prueba, la norma prohíbe el tratamiento de datos personales que conduzca a "decisiones que afecten a los interesados" (art. 59.1.f) RIA).

Con carácter general, cabe poner de relieve tres conjuntos de requisitos que son especialmente pertinentes para la toma automatizada de decisiones impulsada por la IA:

a) El artículo 10 del RIA sobre datos y gobernanza de datos, que establece normas sobre cómo deben diseñarse y utilizarse los conjuntos de datos de entrenamiento para reducir el error y la discriminación generados por datos inexactos o históricamente sesgados.

b) El artículo 13.1 del RIA sobre transparencia, que exige que los sistemas de IA de alto riesgo "se diseñarán y desarrollarán de un modo que se garantice que funcionan con un nivel de transparencia suficiente para que los responsables del despliegue interpreten y usen correctamente sus resultados de salida".

---

8 No obstante, el propio artículo 14.5 del RIA establece la siguiente excepción: "El requisito de la verificación por parte de al menos dos personas físicas por separado no se aplicará a los sistemas de IA de alto riesgo utilizados con fines de garantía del cumplimiento del Derecho, de migración, de control fronterizo o de asilo cuando el Derecho nacional o de la Unión considere que la aplicación de este requisito es desproporcionada".

c) El artículo 14.1 del RIA sobre la vigilancia humana impone que los sistemas se diseñen y desarrollen de forma que puedan ser "vigilados de manera efectiva por personas físicas", permitiendo al usuario detectar anomalías, ser consciente de los sesgos de la automatización, interpretar correctamente los datos introducidos y, en su caso, descartar o interrumpir el sistema.

A diferencia del RGPD, donde el interesado es un sujeto clave de derechos y beneficiario de la información, el RIA no está especialmente centrado en la posición de las personas afectadas por los sistemas de IA (o usuarios finales). El proveedor está sujeto a la obligación de transparencia, pero sólo hacia el usuario y las autoridades competentes, mientras que el usuario final tiene un papel secundario. Al fin y al cabo, el RIA es un reglamento del mercado interior, cuya idea central es que "las obligaciones de pruebas *ex ante*, gestión de riesgos y supervisión humana facilitarán el respeto de otros derechos fundamentales al minimizar el riesgo de decisiones erróneas o sesgadas asistidas por IA en ámbitos críticos como la educación y la formación, el empleo, los servicios importantes, la aplicación del Derecho y el poder judicial" (Explicación de la propuesta de Reglamento, pág. 11). Por tanto, más que otorgar nuevos derechos a los sujetos afectados por la toma de decisiones basadas en IA, el RIA se centra en el papel del proveedor y del responsable del despliegue, y pretende sobre todo proteger los derechos fundamentales de las personas con requisitos *ex ante* cuando el sistema se clasifica como de "alto riesgo".

A) Clasificación de un sistema de IA de como de "alto riesgo"

Los requisitos establecidos en el RIA, incluida la supervisión humana y la calidad de los datos mencionada anteriormente, se aplican a la toma de decisiones automatizada, definida en sentido amplio, siempre que la decisión sea tomada, apoyada o asistida por un sistema de IA que plantee un alto riesgo.

En primer lugar, los "sistemas de IA" se definen en la norma como "un sistema basado en una máquina que está diseñado para funcionar con distintos niveles de autonomía y que puede mostrar capacidad de adaptación tras el despliegue, y que, para objetivos explícitos o implícitos, infiere de la información de entrada que recibe la manera de generar resultados de salida, como predicciones, contenidos, recomendaciones o decisiones, que pueden influir en entornos físicos o virtuales" (art. 3.1) RIA), siguiendo la definición que propuso la OCDE en 2019 y ha revisado en 2023. Esta definición es relativamente amplia y abierta y pretende ser tecnológicamente neutra para adaptarse a los cambios tecnológicos posteriores a la entrada en vigor del RIA.

En segundo lugar, si un sistema cumple la definición del artículo 3.1) del RIA, el proveedor debe evaluar su riesgo como alto, limitado o mínimo.

Son sistemas de IA de alto riesgo aquellos que pueden tener efectos perjudiciales para la salud, la seguridad o los derechos fundamentales de las personas. Dichos sistemas están autorizados, pero sujetos a una serie de requisitos y obligaciones imperativos para acceder al mercado de la UE y que conforman el grueso de la norma.

De acuerdo con el artículo 6 del RIA, un sistema de IA se considerará de alto riesgo cuando pertenezca a una de estas categorías:

a) Que se trate de un sistema de IA destinado a ser utilizado como componentes de seguridad de productos cubiertos por la legislación armonizada europea de seguridad de productos y que está enumerada en el anexo I del RIA (art. 6.1 RIA), o bien que el sistema de IA sea un producto en sí mismo de los contemplados en dicha legislación sectorial. Se trata de productos como los siguientes:

   i. Máquinas.

   ii. Juguetes.

   iii. Embarcaciones de recreo y motos acuáticas.

   iv. Ascensores.

   v. Aparatos y sistemas de protección para uso en atmósferas potencialmente explosivas.

   vi. Equipos radioeléctricos.

vii. Equipos a presión.

viii. Instalaciones de transporte por cable.

ix. Equipos de protección individual.

x. Aparatos que queman combustibles gaseosos.

xi. Productos sanitarios (incluidos los de diagnóstico *in vitro*).

xii. Seguridad de la aviación civil.

xiii. Vehículos de dos, tres o cuatro ruedas.

xiv. Vehículos agrícolas o forestales.

xv. Equipos marinos.

b) Que se trate de un sistema de IA independiente clasificado como tal por el Reglamento con implicaciones principalmente en materia de derechos fundamentales y en los ámbitos listados en el anexo III del RIA (art. 6.2 RIA). Dichos ámbitos, de acuerdo con el anexo III del RIA, son los siguientes:

i. Los sistemas de identificación biométrica y clasificación de personas físicas.

ii. Los sistemas utilizados para la gestión y el manejo de infraestructuras críticas (p.ej. tráfico, agua, gas, calefacción y electricidad).

iii. Los sistemas utilizados en el ámbito de la educación y formación profesional que puede determinar el acceso a la educación y el curso profesional de alguien (por ejemplo, la calificación de los exámenes).

iv. Los sistemas utilizados en el ámbito del empleo, gestión de los trabajadores y acceso al autoempleo (por ejemplo, software de clasificación de los *curriculum vitae* para los procedimientos de contratación).

v. Los sistemas utilizados para el acceso y utilización de servicios privados y públicos esenciales (por ejemplo, acceso a servicios sociales, servicios asistenciales o de crédito).

vi. Los sistemas utilizados por las fuerzas de seguridad (por ejemplo, para evaluación de riesgo de reincidencia delictiva o sistemas de evaluación del estado emocional de una persona —polígrafos, detección de noticias falsas, valoración de pruebas, analítica forense...—).

vii. Los sistemas utilizados para la gestión de la migración, el asilo y el control de fronteras (por ejemplo, verificación de la autenticidad de los documentos de viaje).

viii. Los sistemas utilizados en la Administración de Justicia y en los procesos democráticos.

No obstante lo anterior, el artículo 6.3 del RIA establece que un sistema de IA no se considerará de alto riesgo si no supone un riesgo importante de daño para la salud, la seguridad o los derechos fundamentales de las personas físicas, incluso por no influir sustancialmente en el resultado de la toma de decisiones. Esta previsión, introducida por el Parlamento Europeo, pretende evitar el efecto automático en la calificación del riesgo. De todos modos, el Reglamento parece presumir *iuris tantum* que los usos que constan en el anexo III son de alto riesgo. Ahora bien, si el proveedor del sistema considera que el suyo no comporta el riesgo importante apuntado, documentará su evaluación antes de que dicho sistema sea introducido en el mercado o puesto en servicio y deberá registrar el mismo en la base de datos de la UE a la que se refiere el artículo 71 del RIA. Se pasa, pues, a un sistema de mucha mayor flexibilidad, no exento de cargas para los proveedores, que deberán valorar la concurrencia del riesgo.

Los requisitos imperativos para sistemas de IA de alto riesgo están definidos en el grueso del capítulo III del RIA. Entre los mismos, cabe destacar los siguientes: establecer e implementar un sistema de gestión de riesgos; utilizar datos de alta calidad para el entrenamiento, validación y evaluación de los sistemas de IA; elaborar la documentación técnica relevante y registros de datos (los archivos *log*) para la auditabilidad; asegurar el grado de transparencia adecuado y proporcionar al usuario la información necesaria sobre las capacidades y limitaciones del sistema de IA; garantizar una vigilancia humana; y proporcionar una precisión, solidez y ciberseguridad adecuadas.

B) Derecho a una explicación

El artículo 86 del RIA, bajo la rúbrica de "Derecho a explicación de decisiones tomadas individualmente", establece lo siguiente:

> "1. Toda persona que se vea afectada por una decisión que el responsable del despliegue adopte basándose en los resultados de salida de un sistema de IA de alto riesgo que figure en el anexo III, con excepción de los sistemas enumerados en su punto 2, y que produzca efectos jurídicos o le afecte considerablemente del mismo modo, de manera que considere que tiene un efecto perjudicial para su salud, su seguridad o sus derechos fundamentales, tendrá derecho a obtener del responsable del despliegue explicaciones claras y significativas acerca del papel que el sistema de IA ha tenido en el proceso de toma de decisiones y los principales elementos de la decisión adoptada.
> 2. No se aplicará el apartado 1 a la utilización de sistemas de IA para los que existan excepciones o restricciones a la obligación prevista en dicho apartado derivadas del Derecho de la Unión o nacional de conformidad con el Derecho de la Unión.
> 3. El presente artículo se aplicará únicamente en la medida en que el derecho a que se refiere el apartado 1 no esté previsto de otro modo en el Derecho de la Unión".

La disposición se aplica específicamente a los sistemas de IA de alto riesgo, fusionando este requisito con los elementos del artículo 22 del RGPD y concediendo a las personas afectadas el derecho a comprender el papel del sistema de IA en el proceso de toma de decisiones y los principales elementos de la decisión. Sin embargo, esto no incluye, al menos no necesariamente, una explicación exhaustiva del funcionamiento interno del sistema de IA, que es un tema central en el campo de la denominada IA explicable ("*explainable AI*" o XAI por su abreviatura inglesa).

Los conceptos clave de la IA explicable, como la prominencia de las características (identificar qué características de los datos de entrada fueron las más influyentes en el proceso de toma de decisiones) o las explicaciones contrafácticas (comprender cómo un ligero cambio en los datos de entrada podría haber llevado a una decisión diferente), no están cubiertos por esta disposición (salvo en raros casos en los que podría interpretarse que forman parte de los elementos principales de la decisión). Esta limitación indica un desfase entre el planteamiento del marco jurídico sobre la transparencia de la IA y las explicaciones más técnicas y detalladas que se debaten en la subdisciplina tecnológica de la XAI. Por otra parte, no vincula a los desarrolladores a técnicas de explicación específicas, lo cual es sensato dada la rápida evolución de este campo.

Además de la apuntada crítica al artículo 86 del RIA, es probable que su utilidad práctica sea bastante limitada, especialmente si se considera a la luz de la jurisprudencia reciente que ha reforzado el derecho a la explicación en virtud del RGPD.

En particular, el meritado caso *SCHUFA* resuelto por la STJUE de 7 de diciembre de 2023 y las sentencias en los asuntos *Uber*[9] y *Ola*[10] del Tribunal de Apelación de Ámsterdam, de 4 de abril de 2023, han ampliado significativamente el alcance del derecho a una explicación en virtud del artículo 15.1.h) del RGPD. Estos casos han sentado precedentes que subrayan la importancia de la transparencia y el derecho de las personas a comprender cómo se toman las decisiones que les afectan, especialmente cuando estas decisiones se derivan de un tratamiento automatizado. Es poco probable que el artículo 86 del RIA vaya a desempeñar un papel importante al margen de esta jurisprudencia de mayor alcance, especialmente si las sentencias *Uber* y *Ola* se confirman en última instancia a nivel de la UE.

IV. INSUFICIENCIAS DETECTADAS

Así las cosas, tanto el RGPD como el RIA regulan la toma automatizada de decisiones, pero con diferentes alcances y tipos de protección.

El artículo 22 del RGPD contiene en nuestra opinión una microcarta para las decisiones automatizadas con el objetivo de limitar los procesos automatizados perjudiciales para la dignidad humana y reforzar la responsabilidad de los decisores humanos. Aunque en general están prohibidas, las decisiones automatizadas que cumplen las condiciones del artículo 22.2 del RGPD se permiten excepcionalmente, siempre que existan garantías adicionales, incluido el de-

---

9 https://uitspraken.rechtspraak.nl/details?id=ECLI:NL:GHAMS:2023:793

10 https://uitspraken.rechtspraak.nl/details?id=ECLI:NL:GHAMS:2023:793

recho a impugnar la decisión y a obtener la intervención humana. En comparación con el régimen general sobre categorías especiales de datos (art. 9 RGPD), se aplican normas más estrictas para el tratamiento de datos sensibles. Por último, en los artículos 13 y 15 del RGPD se consagran derechos específicos de transparencia que permiten al interesado obtener información sobre el uso, la lógica y las consecuencias del sistema de decisión automatizado. La protección jurídica contra los efectos adversos de la toma automatizada de decisiones depende de si la decisión es "únicamente" automatizada. El RGPD no precisa este concepto, si bien la meritada la STJUE de 7 de diciembre de 2023, caso C-634/21, asunto *SCHUFA Holding AG* ha establecido una interpretación garantista. Asimismo, las autoridades de protección de datos y los tribunales nacionales se han adherido a las Directrices sobre el artículo 22 del RGPD elaboradas por el Grupo de Trabajo 29 (ahora SEPD), que interpretan el concepto de "únicamente" como "falta de intervención humana significativa". Si un sistema automatizado apoya a los responsables de la toma de decisiones, pero el humano tiene en cuenta otros elementos para tomar la decisión final y ostenta la competencia, formación y autoridad para hacer caso omiso de la recomendación del sistema, no serán aplicables las salvaguardias y derechos específicos de los interesados.

El RIA adopta un enfoque diferente. La idea central es minimizar, que no eliminar, los riesgos de decisiones erróneas o sesgadas asistidas por IA con requisitos *ex ante* y procedimientos de evaluación de la conformidad. La IA es un producto que, antes de comercializarse, debe cumplir requisitos imperativos de diseño específicos, como la calidad de los datos, la gestión de riesgos, la transparencia y la supervisión humana (capítulo III del RIA). Estos requisitos se aplican cuando los sistemas de IA —comprendidos en la definición del RIA— suponen un alto riesgo para la seguridad, la salud o los derechos fundamentales. A diferencia del RGPD, donde el interesado es un actor clave, el RIA se ocupa principalmente del proveedor y el responsable del despliegue del sistema de IA. No fue sino hasta las enmiendas del Parlamento Europeo cuando se introdujo el derecho de los afectados a presentar una reclamación ante la autoridad pública del Estado en cuestión (art. 85 RIA).

Además, las señaladas disposiciones del RGPD y del RIA no permiten imponer en esta materia una supervisión estricta por parte de una institución independiente que disponga de los conocimientos técnicos y la financiación necesaria para certificar y auditar continuamente los sistemas. Del mismo modo, toda decisión administrativa automatizada debería ir acompañada de sólidos requisitos explicativos que permitan a las personas comprender la decisión y evaluar si desean impugnarla. El RGPD sienta algunas bases valiosas a este respecto, pero aún no proporciona el derecho a tales explicaciones. No olvidemos que la lógica decisoria de la IA es muy diferente a la humana.

En conclusión, la regulación jurídica de los sistemas de toma de decisiones automatizadas con arreglo al RGPD y al RIA se basa esencialmente en dos cuestiones jurídicas: ¿se trata de una decisión exclusivamente automatizada, es decir, el papel del ser humano no es suficientemente significativo? ¿presenta el sistema (en caso de IA) un riesgo para los derechos fundamentales? No puede olvidarse que la automatización socava la asignación clara de responsabilidades en la toma de decisiones complejas y aumenta el margen potencial de error en el cumplimiento de las obligaciones establecidas. De ahí que propugnemos la urgente necesidad de complementar el enfoque *ex ante* del RIA con salvaguardias iusfundamentales específicas para el usuario final.

La regulación interna de la LRJSP y del RAFESP, así como la europea del RGPD y el RIA, es manifiestamente insuficiente para ello. A mi juicio, cuando nuestras administraciones públicas quieran optar por una toma automatizada de decisiones, el primer paso a llevar a cabo es alzar la vista a los valores constitucionales del Estado de Derecho por cuanto instituyen requerimientos directos sobre la misma, tanto con carácter previo a su implantación como en el momento de su aplicación en el caso concreto. Y ello es especialmente significativo por dos razones. La primera, por la señalada parca densidad regulatoria de la llamada actuación administrativa automatizada. La segunda, debido a la escasez de estudios doctrinales de calado (a lo cual esta obra pondrá fin) y, sobre todo, a la casi inexistente jurisprudencia en la materia.

V. LOS VALORES CONSTITUCIONALES DEL ESTADO DE DERECHO

El Estado social y democrático de Derecho en que España se constituye "propugna como valores superiores de su ordenamiento jurídico la libertad, la justicia, la igualdad y el pluralismo político". Si lo expresáramos en términos schmittianos, podría afirmarse que el precepto contiene las decisiones fundamentales adoptadas por el poder constituyente, pues determina la forma de Estado que la Constitución establece.

Este conjunto de valores, precisa el profesor Parejo Alfonso, "no culmina así en una jerarquía única y unívoca, sino en una tétrada. El conjunto que ésta forma ni contiene ni expresa las valencias respectivas y relativas entre sí de los elementos que la integran y, por tanto, tampoco dice nada sobre las reglas de armonización entre dichos elementos y sus exigencias propias. Quiere decirse que, en principio y con carácter general, todo y cada uno de estos elementos —valores— tienen idéntico rango, concretamente el superior" (Parejo, 1990:12).

Como observa Rodríguez-Zapata, el sentido de la acción verbal ("propugna") y la exacta indicación de la libertad, la justicia, la igualdad y el pluralismo político como "valores" parecen más propios de una declaración programática que de una disposición normativa. No es por ello extraño que en los preámbulos de diversas Constituciones puedan hallarse, con análoga significación, proclamaciones de objetivos que fundan y comprometen la voluntad política constituyente. No es, sin embargo, usual que una tal proclamación se incorpore, con clara intención prescriptiva, al texto de la norma (Rodríguez-Zapata, 2023:159).

Por ello, a continuación, debemos centrar nuestra atención en un ramillete de cuestiones nucleares para captar el sentido del artículo 1.1 de la CE y determinar su aplicación a la toma de decisiones administrativas de forma automatizada.

A) Su carácter normativo

La Constitución es una norma jurídica. Así resulta del artículo 9.1 de la misma, que proclama que "[l]os ciudadanos y los poderes públicos están sujetos a la Constitución y al resto del ordenamiento jurídico". Y la jurisprudencia del Tribunal Constitucional declara constantemente que los preceptos constitucionales son origen inmediato de derechos y obligaciones, y no menos principios programáticos (SSTC 21/1981, 80/1982).

El alcance de sus disposiciones podrá ser distinto atendidos los términos de cada una de ellas y su función para el despliegue y efectividad de la voluntad constituyente y para la realización plena del orden constitucional establecido. Cabe, ciertamente, a tenor de la interpretación precisa de cada precepto, diferenciar los preceptos que son de directa e inmediata aplicación, los que requieren una acción legislativa constitucionalmente exigida (así, los relativos a la justicia constitucional, inactivos en tanto no se promulgase la Ley Orgánica del Tribunal Constitucional) y los que están supeditados, en la determinación de su contenido exigible, de una ulterior configuración legal (así, los principios rectores de la política social y económica).

Sin embargo, en ningún caso se infiere de tales distinciones la existencia de previsiones constitucionales prescriptivas en contraposición a previsiones constitucionales programáticas. En todas ellas hay sustancia normativa propia, aunque difieran los sujetos llamados primariamente a su cumplimiento y aunque varíen los márgenes de opción constitucionalmente deferidos al legislador (García de Enterría, 2006: 39 y ss.).

También los principios rectores de la política social y económica (arts. 39 a 52 CE) —pese a que sólo puedan ser alegados ante la jurisdicción ordinaria de acuerdo con lo que dispongan las leyes que los desarrollen— tienen un sentido jurídicamente prescriptivo que resulta del mismo artículo 53.3 de la CE, a cuyo tenor "el reconocimiento, el respeto y la protección" de tales principios "informarán la legislación positiva, la práctica judicial y la actuación de los poderes públicos". La obligación constitucional en que así se instituye al legislador, a los Jueces y Magistrados y, en general, a los poderes públicos halla su natural reciprocidad en el derecho correlativo a exigir que tal obligación se cumpla. Por eso, la STC 19/1982 ha precisado que estas disposiciones en cuestión no son normas sin contenido, sino que han de tenerse presentes en la interpretación de las restantes normas constitucionales y de las leyes.

En fin, la naturaleza de la Constitución como norma jurídica y suprema del ordenamiento jurídico se refleja en la necesidad de interpretar todo el ordenamiento de conformidad con la Constitución (SSTC 9/1981 y 34/1983), debiendo prevalecer en todo caso, en la exégesis de una norma, el sentido de ésta que sea más conforme a la Constitución (STC 77/1985).

Las consideraciones expuestas y los ejemplos apuntados corroboran, en términos de conclusión, la afirmación antes realizada: la Constitución es una norma y en todas sus disposiciones luce su naturaleza normativa. ¿También en el artículo 1.1 al enunciar los valores superiores del ordenamiento jurídico propugnados por el Estado social y democrático de Derecho? También, desde luego, con el sentido y alcance que a continuación trataremos de precisar.

Ante todo, la esencia normativa del artículo 1.1 radica en la manifestación de la voluntad constituyente: "España se constituye en un Estado social y democrático de Derecho". Ésta es gramaticalmente la oración principal con su sujeto, su acción verbal reflexiva y su complemento circunstancial.

El acto constituyente lo es de un Estado de Derecho como categoría dogmática vigente en la doctrina y en la realidad que es social, que es democrático y que, por ser lo uno y lo otro, propugna la libertad, la justicia, la igualdad y el pluralismo político. No disminuyen un ápice ese carácter dispositivo ni las razonables preferencias de estilo ni las críticas doctrinales a su rigor, aunque se basen en la inescindible vinculación de rasgos que recíprocamente se presuponen.

El "Estado de Derecho" es aquel cuyos poderes están delimitados y tasados por las normas jurídicas, de tal modo que se excluya la arbitrariedad en su ejercicio. Es decir, un Estado en el que tanto las relaciones de los ciudadanos entre sí, como las de los poderes públicos con respecto a los ciudadanos y las de tales poderes entre ellos mismos, están delimitadas de la manera más clara y precisa posible por normas jurídicas controlables por tribunales independientes.

Se trata, como es sabido, de la clásica pretensión acuñada a partir de los orígenes del constitucionalismo (recogiendo ideas acuñadas desde la antigüedad: "el gobierno de las leyes y no de los hombres") bajo la denominación inglesa del *rule of law* o europeo continental del "Estado de Derecho" (expresión ésta objeto de especial estudio por la dogmática del Derecho Público desde el siglo XIX).

Esta definición del artículo 1.1 de la Constitución vendrá confirmada, en cuanto a su contenido, por otros preceptos constitucionales, desde la afirmación general expresada en el artículo 9.1 de la CE de que los "ciudadanos y los poderes públicos están sujetos a la Constitución y al resto del ordenamiento jurídico", hasta la garantía de los principios estructurales del Estado de Derecho en el artículo 9.3 de la CE, o la sumisión de la Administración Pública a la ley y al Derecho (art. 103.1 CE), el control por los Tribunales de la potestad reglamentaria y la legalidad de la actuación administrativa (art. 106.1 CE), la independencia de los órganos del poder judicial únicamente sometidos al imperio de la ley (art. 117.1 CE), la tutela judicial efectiva de los derechos de las personas (art. 24.1 CE) y, en fin, la sumisión del propio legislador a la Constitución, garantizada por el Tribunal Constitucional (arts. 161.1.a) y 163 CE).

Por otra parte, el "Estado social de Derecho" es el resultado de la transformación del Estado liberal decimonónico, con mayor o menor intensidad en unos u otros países, pero con una base común (al menos en Europa occidental). En su virtud, se reconocerán los derechos sociales (destacadamente, educación y derechos laborales) en las legislaciones e incluso en determinadas Constituciones (la alemana de Weimar, de 1919, y la española de la Segunda República, de 1931), el deber del Estado de proteger la salud y cuidar la enfermedad y la vejez y, en general, de disminuir, con su intervención, la desigualdad social. Pone el énfasis en el principio de igualdad real entre los individuos y los grupos. Y esas transformaciones se consolidarán en Europa después de la Segunda Guerra Mundial, llegándose hasta el punto de su reconocimiento constitucional con la Ley Fundamental de Bonn de 1949.

Por eso, el "Estado social" subraya una orientación de sus fines frente a un puro Estado de Derecho que, sin adjetivación inicial, viene a ser considerado expresión jurídico-política de lo que, por contraposición, se entiende como Estado liberal de Derecho. La cláusula "social", añadida a ese Estado, no afecta a la estructura de éste, sino a sus fines. Significa la asunción por el Estado de nuevas tareas, que no vienen tampoco a reemplazar a las antiguas (seguridad, orden público, justicia, defensa, etc.), sino a complementarlas. Y estas nuevas tareas son las relativas a procurar una mayor igualdad social y, por ello, a proteger a los sectores sociales menos favorecidos. El razonamiento y las propuestas de Heller son concluyentes a este respecto.

El Estado de Derecho es, pues, necesariamente democrático. Puede discutirse si se trata de una mención redundante. Los redactores de la Constitución no lo han estimado así, y ésta es también nuestra opinión personal. Frente a una eventual configuración técnico-formal del Estado de Derecho, la cláusula "democrático" añade una nueva exigencia referida al origen de la Ley, que el preámbulo constitucional lo expresa claramente: "Consolidar un Estado de Derecho que asegure el imperio de la ley *como expresión de la voluntad popular*", sintetizando aquí el rasgo distintivo de la democracia. "No basta con cualquier ley", advierte Rodríguez-Zapata, para que se cumpla el lema del Estado democrático, "hace falta una ley con un contenido ético y social determinado: por eso los valores superiores del ordenamiento se definen" en el mismo artículo 1.1 de la Constitución (Rodríguez-Zapata, 2023:151). Nuestro Estado es democrático porque también la Constitución asegura a los ciudadanos un amplio catálogo de derechos fundamentales. De esta manera, nuestra democracia constitucional es sustantiva y no sólo procedimental (Aragón, 2013).

El que, además, sea social traduce, conceptual e históricamente, el esfuerzo preservador del Estado de Derecho, en cuanto tal, pero afirmando su necesaria dimensión social, para evitar los riesgos a que lo han sometido los irracionales excesos del capitalismo liberal (De la Quadra Salcedo, 1995). En estas condiciones, una interpretación adecuada de la expresión del artículo 1.1 de la Constitución debe subrayar el propósito integrador de una dicción que aúna "Estado social de Derecho" y "Estado democrático de Derecho".

En efecto, el artículo 20 de la Ley Fundamental de Bonn de 1949, al definir la República Alemana como un "Estado federal, democrático y social", y el artículo 2 de la Constitución francesa de 1958, al establecer que "Francia es una República indivisible, laica, democrática y social", utilizan los vocablos "democrático" y "social" para adjetivar a su Estado y República, respectivamente. Sólo de modo tangencial, por tanto, es correcta su invocación como antecedente o modelo del artículo 1.1 de la Constitución española de 1978 que, en cambio, conecta directamente con el artículo 28 de la citada Ley de Bonn en cuanto éste se refiere a "un Estado democrático y social de Derecho". En el artículo 28 de la Ley Fundamental de Bonn y en el artículo 1.1 de la Constitución española "democrático" y "social" cualifican en el mismo sentido a "Estado de Derecho", expresando así su esencia y medida; no sólo, por tanto, unas simples y ornamentales notas distintivas del Estado.

B) Son valores superiores del ordenamiento jurídico

Todos recordamos cómo la utilización por los regímenes políticos totalitarios en el periodo de entreguerras del siglo XX de una interpretación puramente formal de los principios del Estado de Derecho llevó después de la Segunda Guerra Mundial, especialmente en Alemania, a propugnar su complemento con criterios materiales y valores que debían guiar la actividad de los poderes públicos. Por eso, no resultan fáciles de encontrar precedentes de la declaración del segundo inciso del artículo 1.1 de nuestra Constitución, ni en nuestro constitucionalismo histórico (salvo la referencia de la Constitución española de 1931, en el sentido de que, como estableció su art. 1, "la República se organiza en régimen de libertad y justicia"), ni en el derecho comparado.

Por eso, el artículo 1.1 de la Constitución aporta cierta originalidad en la medida en que se constitucionaliza la fórmula "valores superiores de su ordenamiento jurídico". Por otra parte, el profesor Parejo ha subrayado la correlación que a su juicio existe entre los valores superiores con las notas definitorias del Estado: así, el principio democrático con el valor pluralismo político, el principio Estado de Derecho con el valor libertad e igualmente el principio Estado social con el valor igualdad (Parejo, 1990).

Los valores superiores propugnados lo son del ordenamiento jurídico. Esa mediación del Derecho impulsado por y hacia la realización de valores, al igual que el personalismo humano fundamentador del orden político y de la paz social (art. 10 CE), ha suscitado un amplio debate doctrinal, que parte del significado general de los valores en el Derecho y se extiende al alcance concreto de cada uno de los cuatro valores explícitamente recogidos. No es posible aquí ni siquiera recoger las muy variadas posiciones académicas al respecto, que se desenvuelven desde el plano puramente filosófico hasta las que examinan su operatividad positiva. Nos remitimos en este punto a la referencia bibliográfica.

Baste ahora subrayar su condición de supraprincipios jurídicos o principios de principios, al formar el basamento último, nuclear e irreductible de todo el ordenamiento jurídico (Parejo, 2019), y a que los posibles conflictos que puedan surgir deben salvarse asegurando la coexistencia simultánea y el equilibrio entre ellos, de manera que la prevalencia de uno no sea a costa de eliminar por completo la aplicación de los otros (STC 20/1987). Nuestro Tribunal Constitucional asimismo se ha referido a la Constitución como orden de valores (SSTC 25/1981, 8/1983 y 35/1987, entre otras), y a la consecuencia inmediata de que su interpretación tenga un carácter teleológico, destinado a garantizar esos valores (SSTC 18/1981, 32/1985, 19/1988).

A la postre, la opción ejercitada por el constituyente al formular el artículo 1.1 subraya, con trazos vigorosos, el punto de vista jurídico y juridificador desde el que se aborda el diseño del sistema de convivencia. La percepción del carácter político de la materia sobre la que opera ni cohibió la voluntad constituyente de ahormar ese sistema según criterios jurídicos ni excusó el esfuerzo necesario para juridificar los fenómenos del poder, incluidos los que aparentemente se resisten a ser objeto de proposiciones jurídicas. Aquella voluntad y este esfuerzo, que se revelan a lo largo de todo el texto constitucional, quedan expresados en el artículo 1.1 al completar la identidad del Estado constituido confiriendo a su ordenamiento jurídico la misión de alcanzar y proteger los valores superiores positivizados.

En cualquier caso, la específica apelación al ordenamiento jurídico en el artículo 1.1 de la Constitución, desde la realidad de un sujeto constituido como Estado social y democrático de Derecho, lleva consigo precisas consecuencias que definen la fuerza normativa del texto constitucional en su conjunto. No es pues un dato de virtualidad limitada a evanescentes reflexiones académicas ni tampoco una concesión que redondea y adorna la fórmula constitucional.

La solemne proclamación de que el Estado social y democrático de Derecho propugna determinados valores como superiores de su ordenamiento jurídico supone, en primer lugar, el reconocimiento normativo de su prioridad axiológica, de su preeminencia jerárquica respecto de cualesquiera otros valores también deseables a la vista del texto constitucional; en segundo lugar, implica el carácter dinámico del ordenamiento jurídico y, no ya sólo en cuanto a la sucesión de las piezas normativas que lo integran, sino también en lo que concierne al sentido en que debe entenderse y aplicarse, incluso en evolución progresiva, el ordenamiento jurídico de nuestro país en su conjunto.

Quiere ello decir que, desde el artículo 1.1 de la Constitución y por su virtud orientadora del resto del texto constitucional como pieza básica de la arquitectura constitucional, la afirmación de que el Estado social y democrático de Derecho propugna la libertad, la justicia, la igualdad y el pluralismo político, como valores superiores del ordenamiento jurídico, proyecta requerimientos directos sobre éste, tanto en trance de creación del Derecho (de *lege ferenda*) como de interpretación y aplicación del Derecho vigente (de *lege data*). Ni la Constitución consiente el alumbramiento de normas jurídicas en contradicción con aquellos valores, ni tolera que las normas en vigor sean interpretadas y aplicadas en un sentido que colisione con el despliegue de los repetidos valores.

Por eso, el Tribunal Constitucional los ha calificado como "los principios estructurales del ordenamiento jurídico" (STC 128/2016), y deben por ello ser entendidos como "prescripciones indisociables" (STC 114/2017). Tienen, por tal razón, una utilidad de máxima relevancia en el objeto de nuestro estudio.

VI. CONCLUSIONES

La actuación administrativa automatizada puede tener efectos adversos sobre los ciudadanos. La doctrina ha analizado las consecuencias que los sistemas automatizados producen por ejemplo para la gestión de la migración y las fronteras, los procedimientos de asilo y la gestión pública, dando lugar a nuevas formas de vigilancia, discriminación y estigmatización de migrantes, solicitantes de asilo y refugiados (por todos, Demkova, 2023). Definir y clasificar los sistemas de AAA es el primer paso crucial para investigar los retos jurídicos que cada sistema plantea a los derechos fundamentales. Una decisión exclusivamente automatizada, por ejemplo, suscita problemas para el derecho a una decisión motivada y el derecho a ser oído en el procedimiento administrativo; el triaje automatizado produce riesgos, entre otros, para el derecho a la no discriminación; las pruebas automatizadas están estrictamente vinculadas a la equidad procesal y al derecho a un juicio justo. Diseccionar la toma de decisiones nos permite identificar qué derecho fundamental está en juego y qué garantías pueden utilizarse para salvaguardar a los ciudadanos.

En este capítulo hemos examinado cómo los conceptos de actuación administrativa automatizada y de decisión exclusivamente automatizada no son totalmente adecuados para afrontar el fenómeno de la automatización administrativa en la práctica. Además, también hemos puesto de manifiesto que un enfoque *ex ante* basado en el riesgo, que introduce como novedad significativa el RIA en la materia, proporciona una protección limitada a los ciudadanos. Para abordar el daño causado por la actuación administrativa automatizada, los requisitos imperativos de diseño deben ir acompañados de derechos *ex post*, sólidas garantías y transparencia hacia los usuarios finales. Por último, aunque se reconoce que la toma de decisiones algorítmica tiene implicaciones para los derechos fundamentales, independientemente de sus características técnicas, el RIA sólo regula los sistemas que cumplen la definición de IA de su artículo 3. Para colmar esta laguna, este capítulo propone ir más allá y complementar la protección jurídica del RGPD y del RIA con una garantía previa: toda actividad administrativa automatizada tiene que estar impulsada por y orientada hacia la realización de los señalados valores superiores del ordenamiento jurídico que ha positivizado el artículo 1.1 de la Constitución.

Esta salvaguardia propuesta tiene un valor teórico, doctrinal y normativo. En primer lugar, aporta claridad conceptual allí donde las categorías normativas no logran captar la realidad de la actuación administrativa automatizada. Nos permite analizar las complejas formas en que la automatización segmenta la toma de decisiones y dar cuenta de sus diferencias. En segundo lugar, señala qué normas jurídicas generales se aplican más allá de la regulación del Derecho digital. Al poner el acento en el proceso general de toma de decisiones y en el papel de la automatización en el mismo, nos permite arrojar luz sobre el marco jurídico aplicable comenzando por los supraprincipios constitucionales.

De esta manera, los valores constitucionales del Estado de Derecho —libertad, justicia, igualdad y pluralismo político—, en cuanto "fundamento y la meta, el fin del Derecho, que el legislador constituyente se propone" —en expresión que el profesor Peces-Barba gustaba repetir en sus clases—, también supraordenarán la toma automatizada de decisiones por parte de nuestras administraciones públicas.

VII. BIBLIOGRAFÍA

Aragón Reyes, M. (2013). "Del Estado intervencionista al Estado regulador", en Aragón Reyes, M., *Estudios de Derecho Constitucional*, Madrid: Centro de Estudios Políticos y Constitucionales, 2ª edición.

Barrio Andrés, M. (2020). "Luces y sombras del Estado algorítmico de Derecho", *Revista LA LEY Derecho Digital e Innovación*, n.º 5.

Barrio Andrés, M. (2022). "Inteligencia artificial: origen, concepto, mito y realidad", *El Cronista del Estado Social y Democrático de Derecho*, n.º 100.

Barrio Andrés, M. (2024). "Objeto, ámbito de aplicación y sentido del Reglamento Europeo de Inteligencia Artificial", en Barrio Andrés, M. (dir.), *El Reglamento Europeo de Inteligencia Artificial*.

Barrio Andrés, M. (2022). *Manual de Derecho digital*, Valencia: Tirant lo Blanch, 2.ª edición.

Bygrave, L. A. (2020). "Article 22 Automated individual decision-making, including profiling", en Kuner, C., *et al.* (eds.), *The EU General Data Protection Regulation (GDPR): A Commentary*, Oxford: Oxford University Press.

Cerrillo i Martínez, A. (dir.) (2022). *La administración digital*, Madrid: Dykinson.

Cohen, J. (2019). Between Truth and Power: *The Legal Constructions of Informational Capitalism*, Oxford: Oxford University Press.

De la Quadra Salcedo Fernández del Castillo, T. (1995). *Liberalización de las telecomunicaciones, servicio público y constitución económica europea*, Madrid: Centro de Estudios Políticos y Constitucionales.

Demkova, S. (2023). *Automated Decision-Making and Effective Remedies: The New Dynamics in the Protection of EU Fundamental Rights in the Area of Freedom, Security and Justice*, Londres: Edward Elgar Publishing Limited.

Dworkin, R. (2012). *Los derechos en serio*, Barcelona: Ariel.

Edwards, L. y Veale, M. (2017). "Slave to the Algorithm? Why a 'Right to an Explanation' Is Probably Not the Remedy You Are Looking For", *Duke Law & Technology Review*, vol. 16, n.º 18.

Ernst, C. (2017). "Algorithmische Entscheidungsfindung und personenbezogene Daten", *JuristenZeitung*, vol. 72, n.º 21.

Frankel, R. (2022). "Risk Assessment and Immigration Court", *Washington and Lee Law Review*, vol. 80, n.º 1.

Gamero Casado, E. (2016). "Panorama de la administración electrónica en la nueva legislación administrativa básica", *Revista Española de Derecho Administrativo*, n.º 175.

García de Enterría, E. (2006). *La Constitución como norma y el Tribunal Constitucional*, Madrid: Civitas, 4ª edición.

Hänold, S. (2018). "Profiling and Automated Decision-Making: Legal Implications and Shortcomings", en Corrales, M., Fenwick, M. y Forgó, N. (eds.), *Robotics, AI and the Future of Law*, Berlín: Springer.

Heller, H. (1965). *La soberanía*, México: Universidad Nacional Autónoma de México.

Hondrich, L. y Ruschemeier, H. (2023). "Addressing automation bias through verifiability", EWAF 2023, European Workshop on Algorithmic Fairness, *Proceedings of the 2nd European Workshop on Algorithmic Fairness.*

Jandt, S. (2015). "Big Data und die Zukunft des Scoring", *Kommunikation und Recht*, vol. 18, n.º 6.

Kaminski, M. y Urban, J. (2021). "The Right to Contest AI", *Columbia Law Review* vol. 121, n.º 7.

Lind, A. (2023). "Legislating AI: A Matter of High-Risk Administration?", en Suksi, M. (ed.), *The Rule of Law and Automated Decision-Making*, Berlín: Springer.

Malgieri, G. (2019). "Automated decision-making in the EU Member States: The right to explanation and other "suitable safeguards" in the national legislations", *Computer Law & Security Review*, vol. 35, n.º 5.

Martín Delgado, I. (2009). "Naturaleza, concepto y régimen jurídico de la actuación administrativa automatizada", *en Revista de Administración Pública,* n.º 180.

Martínez Gutiérrez, R. (2009). *Administración pública electrónica,* Madrid: Thomson Reuters-Civitas.

Mendilibar Navarro, P. (2022). "La aplicación de sistemas algorítmicos en el sector público: la actuación administrativa automatizada y las predicciones algorítmicas", *Revista LA LEY Derecho Digital e Innovación,* n.º 13.

O'Neil, C. (2016). *Weapons of math destruction: how big data increases inequality and threatens democracy,* Nueva Work, Crown Publishers.

Parejo Alfonso, L. (1990). *Constitución y Valores del Ordenamiento,* Madrid: Centro de Estudios Ramón Areces.

Parejo Alfonso, L. (2019). *El concepto de Derecho administrativo,* Chile: Ediciones Jurídicas Olejnik.

Rivero Ortega, R. (2011). "Simplificación administrativa y administración electrónica: objetivos pendientes en la transposición de la Directiva de Servicios", *Revista Catalana de Dret Públic,* n.º 42.

Rodríguez-Zapata, J. (2023). *Teoría y práctica del Derecho Constitucional,* Madrid: Tecnos, 5ª edición.

Rosino Calle, R. (2024). "Avances en IA y Administración Pública. Una nueva herramienta para la claridad en la Administración automatizada", *Revista LA LEY Derecho Digital e Innovación,* n.º 19.

Rubel, A., Castro, C. y Pham, A. (2021). *Algorithms and autonomy: The ethics of automated decision systems",* Cambridge: Cambridge University Press.

Saar Alon-Barkat, S. y Busuioc, M. (2023). "Human-AI Interactions in Public Sector Decision Making: "Automation Bias" and "Selective Adherence" to Algorithmic Advice", *Journal of Public Administration Research and Theory,* vol. 33, n.º 1.

Sander, B. (2020). "Freedom of Expression in the Age of Online Platforms: The Promise and Pitfalls of a Human Rights-Based Approach to Content Moderation", *Fordham International Law Journal,* vol. 43, n.º 4.

Sarasíbar Iriarte, M. (2023). "La integración de la Inteligencia Artificial en la Administración Pública", *Revista LA LEY Derecho Digital e Innovación,* n.º 17.

Valero Torrijos, J. (2019). "Las garantías jurídicas de la inteligencia artificial en la actividad administrativa desde la perspectiva de la buena administración", *Revista catalana de dret públic,* n.º 58.

Wachter, S., Mittelstadt, B. y Floridi, L. (2017). "Why a Right to Explanation of Automated Decision-Making Does Not Exist in the General Data Protection Regulation", *International Data Privacy Law*, vol. 7, n.º 2.

Los riesgos de la actuación administrativa automatizada y las carencias de su marco legal (con propuestas para uno nuevo)

ÁNGEL MANUEL MORENO MOLINA
Catedrático de Derecho Administrativo,
Universidad Carlos III de Madrid

"El ordenador nació para resolver problemas que antes no existían".
(Bill Gates)

Se ha vuelto terriblemente obvio que nuestra tecnología ha superado nuestra humanidad
(atribuido a Albert Einstein)

I. INTRODUCCIÓN

Las páginas que siguen analizan algunas de las cuestiones que suscita la introducción y progresiva generalización de la actividad automatizada en el seno de la Administración pública. Nuestro análisis se contrae a la "automatización" en sentido estricto, y orilla conscientemente el tratamiento de las cuestiones que tienen que ver con la inteligencia artificial (en adelante, "IA"). En la práctica, la actuación administrativa automatizada (en adelante, "AAA") puede venir acompañada del uso en mayor o menor grado de la IA, pero en muchas otras ocasiones no es así, pues se trata de una simple "robotización" mecánica, sujeta a una serie de algoritmos.

En primer lugar, localizamos el origen de la automatización, para intentar demostrar luego que su extrapolación a la Administración pública, desde el entorno empresarial que la vio nacer, se ha hecho de manera acrítica o irreflexiva. En segundo lugar, intentamos identificar y sistematizar los beneficios y —sobre todo— los inconvenientes y riesgos de todo tipo que la generalización de la AAA puede propiciar o exacerbar, para centrar luego el análisis en el impacto que dicho fenómeno puede entrañar para algunas categorías centrales del derecho administrativo.

Para terminar, se expone críticamente la evolución y el estado actual del marco legal de la AAA en nuestra patria, detectando sus carencias e insuficiencias y haciendo unas propuestas para un posible marco legal futuro, que sea respetuoso con los derechos y la dignidad humana y que embride jurídicamente con eficacia este fenómeno tumultuoso que crece sin patrón aparente.

II. LA AUTOMATIZACIÓN: ORIGEN Y TRASLACIÓN A LA ADMINISTRACIÓN PÚBLICA

A) Los orígenes: la automatización industrial

La actividad automatizada o automatización de procesos —como método fabril *científico*— aparece por primera vez en el mundo de la industria. La necesidad de reducir los costes llevó a las empresas privadas manufactureras a introducir poco a poco máquinas en las cadenas de producción, que hasta ese momento estaban compuestas por "puestos" desempeñados por obreros[1].

En ese estadio, es posible definir la automatización industrial ("*industrial automation*", en inglés) como "el uso de máquinas electromecánicas de robótica industrial o por sistemas por computadora que realizan de manera automática y autónoma los procesos que se ejecutan en una empresa"[2].

En el mundo industrial se conoce actualmente como "sistema de producción automatizada" a un trabajo o conjunto de tareas que una máquina ("autómata" o "robot") realiza por sí sola, es decir, sin la intervención directa o inmediata de un ser humano, dado que es controlada por un programa informático previamente elaborado, que determina y controla sus movimientos a través de instrucciones precisas. A través de la automatización, el trabajo realizado por un obrero es sustituido por una máquina, por un robot provisto de un *software* informático. De ahí que esta opción o patrón funcional se denomine también como "robotización" de procesos. La máquina industrial así "automatizada" tiene tres elementos: el *software* de control y programación (que permite a la empresa programar desde una computadora los diferentes movimientos y funciones que se desea que la máquina o robot realice), la parte de mando, y la parte operativa (motores, sensores, cilindros, compresores neumáticos, equipo eléctrico y electrónico, etc)[3].

En una evolución natural posterior, la automatización dio lugar a la "robótica industrial", que ha mejorado y perfeccionado este pro-

---

1 Las fuentes más usuales informan de que el Sr. Oliver Evans inventó en 1785 el primer molino harinero completamente automático (vid: https://www.progressiveautomations.com/blogs/news/the-evolution-of-automation). La expresión "automatización industrial" (*industrial automation*) se empezó a divulgar progresivamente en diferentes sectores al hilo de la revolución industrial, y en los años cuarenta del pasado siglo la empresa norteamericana General Motors creó un departamento con este nombre.

2 *Vid.*: https://revistaderobots.com/industria/automatizacion-industrial/ 27 de diciembre de 2021.

3 *Vid.*: Piedrafita Moreno, R.:*Ingeniería de la automatizacion industrial* (2ª ed.) Ed. RA-MA, 2004.

ceso de sustitución de personas por máquinas. Hoy día hay equipos electrónicos industriales capaces de (por ejemplo) recoger y procesar datos e información variadas, a través de sensores, células y cámaras, pudiendo incluso utilizar, en su caso, visión artificial, IA o sensores infrarrojos.

Pongamos el ejemplo de una fábrica de cuadros de bicicletas. En la vieja fábrica fundada por el patriarca en 1930 trabajaban 30 obreros, que realizaban manualmente las diferentes tareas asociadas al proceso industrial: corte de los tubos de los cuadros de acero, soldadura de los racores que unían los tubos, lijado y pintado de los cuadros, ensamblaje del conjunto, colocación de las cazoletas del juego de dirección y del eje del pedalier, colocación de cables, etiquetas y pegatinas, sellado y etiquetado de las cajas de cartón, etc.

Progresivamente, la fábrica introdujo máquinas, que fueron sustituyendo a los obreros allí empleados, de manera que de los 30 operarios iniciales se pasó a 20, y de 20 a 10…Hoy solo trabajan allí cinco empleados, de formación técnica superior, que se dedican a vigilar que las máquinas trabajan adecuadamente y que los insumos están en posición y cantidad suficiente para que el proceso se prolongue ininterrumpidamente durante horas, sin solución de continuidad y libre del albur de las enfermedades y achaques de los trabajadores "humanos"[4].

Los objetivos que persigue la automatización industrial son sencillos de identificar. Por un lado, acorta los tiempos y —sobre todo— los costes de producción. Por otro, aminora el número de errores de fabricación y mejora la estandarización y calidad general del producto que sale de la cadena de montaje. Finalmente, incrementa la productividad y la eficiencia de la empresa. La estandarización mecánica aumenta la calidad general de la producción y reduce el precio final del producto que se pone en el mercado, lo que permite a la empresa incrementar su competitividad.

Todas esas ventajas surgen del mismo meta-objetivo que persigue la automatización industrial, que no es otro que la maximización de

---

4 Además, los cuadros son ahora de fibra de carbono y se fabrican de una pieza por el método "*inmolding*", que evita las soldaduras y racores.

beneficios por parte de la empresa privada, en un entorno mercantil competitivo. Por ello la acogida y diseminación de la automatización solo puede ser bien vista por la empresa industrial. En efecto, desde el punto de vista conceptual o axiológico, la racionalidad de la empresa privada no encuentra, en el plano teórico, ningún interés o valor que se pueda oponer válidamente a la robotización, y que obste a la introducción entusiasta de este patrón. Ello no es así en el caso de la Administración pública, como se intentará demostrar más adelante.

La automatización industrial, a pesar de sus innegables ventajas, también tiene una serie de desventajas (que conviene no ignorar, a la hora de examinar la extrapolación de esta automatización al actuar de la Administración pública). Dichas desventajas pueden serlo para la empresa que automatiza, y para la sociedad en su conjunto.

Para la empresa que se automatiza, las principales desventajas son las siguientes:

- Exigencia de altas inversiones iniciales[5].
- Dificultad de reasignar los trabajadores existentes a otras tareas más técnicas.
- Necesidad de un estricto control de mantenimiento de los automatismos industriales y del desgaste de las piezas y de los equipos automatizados.
- Mayor dificultad para contratar mano de obra especializada y más cara (la que exige la máquina).
- Dependencia de proveedores externos[6].
- Riesgos de obsolescencia técnica, lo que obliga a perpetuar las inversiones en nuevos aparatos y *software.*

---

5 La inversión inicial necesaria para adquirir y "educar" una máquina robotizada es alta (si se compara con los salarios del obrero al que sustituirá), pero se amortiza rápidamente y al final su coste es despreciable. Además, ni enferma si exige nunca vacaciones...

6 La empresa puede verse sujeta a contratos de mantenimiento con otras empresas, para diseñar e implantar el software de automatización, para preservar el buen funcionamiento de la maquinaria, etc.

Para la Sociedad en su conjunto, la progresiva o masiva automatización del sector industrial induce también un importante efecto negativo, como es la destrucción de empleo en el sector industrial (efecto sustitutivo neto), pues muchos trabajadores pierden su puesto de trabajo y no pueden adaptarse a otros trabajos más técnicos. Todo ello, con las consiguientes repercusiones sociales.

B) La automatización de procesos "administrativos"

En un momento posterior a la automatización industrial de los procesos de fabricación en cadena de los productos manufacturados, surge la automatización de procesos "burocráticos" o de negocios, también llamada automatización de procesos *administrativos*[7]. Es la segunda fase de la evolución de la automatización productiva.

Esta automatización ya no se verifica sobre, o con respecto a, objetos muebles hechos en las fábricas, sino que afecta a los procesos *administrativos* o de gestión, de carácter interno o externo, que llevan a cabo las empresas privadas. Esto es, la automatización se va a trasladar de la cadena de montaje a las oficinas de las empresas, sobre todo a las prestadoras de servicios (por ejemplo, una agencia de viajes o una aerolínea). De ese modo, la automatización de procesos (*business process automation,* o "BPA" en inglés) consiste en el uso de software y tecnologías informáticas para automatizar procesos y funciones de negocio, a fin de lograr objetivos definidos por la empresa. Entre tales objetivos o procesos repetitivos pueden figurar la contratación de un empleado, la confección de nóminas, realizar el control horario o brindar servicios al cliente.

En el mundo empresarial y de la consultoría se maneja otro concepto muy próximo, que es la "Automatización Robótica de Procesos" (*Robotic Process Automation,* en inglés, o RPA), que es definido como la "tecnología informática por la que un software puede realizar tareas

---

7 Utilizamos la cursiva aquí para significar que no estamos hablando de procesos "de" o "dentro de" la Administración pública, sino de la función *administrativa* o de administración, que es inherente a cualquier organización, sea pública o privada.

e integrar acciones que normalmente realiza un ser humano, utilizando sistemas informáticos”[8]. Ello explica que cada vez más empresas decidan recurrir a la automatización de procesos *administrativos* o de gestión como una herramienta imprescindible en su lucha por impulsar su competitividad y rentabilidad, y que la automatización se haya identificado por las grandes compañías como una de sus principales prioridades de negocio, amén de ser una táctica imprescindible para la consecución del éxito empresarial.

A pesar de proyectarse sobre otras actividades de la empresa (y de otras empresas, no necesariamente de fabricación industrial), la BPA está inspirada en los mismos principios que alentaron a la automatización industrial, y los objetivos que se buscan son los mismos: aumento de la productividad, reducción del coste marginal (en este caso, de cada proceso o servicio), aumento de la agilidad, rapidez en la respuesta a los cambios en la demanda, etc. Son objetivos coherentes con, y hasta requeridos por, la dinámica de la competencia entre empresas y las exigencias del mercado.

A través de la BPA, los flujos de trabajo y las gestiones “burocráticas” internas de la empresa —sobre todo las de carácter repetitivo— se llevan a cabo a través de pasos formalizados, secuencias y reglas, quedando así estandarizados y manejados con carácter automático (esto es, susceptible de cristalizar en un algoritmo)[9], pudiendo ya prescindirse de la intervención humana en su desenvolvimiento.

Para aplicar la BPA, el proceso que se quiere automatizar debe estar formado por acciones repetitivas que normalmente lleva tiempo realizar. Debe igualmente exigir el manejo de varios documentos o fuentes de información que están en lugares o fuentes distintos. Finalmente, en el proceso no debe haber apenas excepciones. Cuanto más homogéneo, repetitivo y “rutinario” sea un proceso, más fácil (o incluso viable) será su automatización.

---

8 Vid.: https://rpasectorpublico.com/#rpa

9 Sobre este concepto central de “algoritmo”, *vid.*: Huergo Lora, A.: “Una aproximación a los algoritmos desde el Derecho administrativo”, en la obra colectiva: Huergo Lora A. & Díaz González, G. M.: (dirs.): *La regulación de los algoritmos*. Edit. Aranzadi -Thomson Reuters, 2020, pp. 26-29.

Con estos presupuestos operativos, las áreas en las que se suele emplear la BPA son, entre otras, la facturación, la confección de nóminas de los empleados de la empresa, la gestión de sus recursos humanos (formalización de los pasos necesarios tras el reclutamiento de un nuevo empleado), el seguimiento de pedidos, el pago a proveedores, o la comunicación con el cliente[10].

Ahora bien, la BPA no implica la utilización de robots mecánicos o articulados como los que se pueden ver en la automatización industrial (líneas de montaje). En su lugar, las herramientas que se emplean son los ordenadores, el software y los "bots", que están programados para emular y copiar acciones humanas y para completar tareas repetitivas. Los robots de *software* de la BPA pueden navegar por los sistemas informáticos de la empresa, leer e introducir datos y realizar una amplia gama de tareas basadas en reglas previamente introducidas en su memoria, a través del lenguaje computacional correspondiente.

En un estadio ulterior, la automatización de procesos administrativos puede dar lugar a diferentes fenómenos, como son la "hiper-automatización" (*hyper-automation*), o la automatización inteligentes de procesos, en las que los sistemas informáticos de la empresa pueden progresivamente aprender por sí solos gracias a la inteligencia artificial, el *blockchain*[11] o el *deeplearning*[12].

Los beneficios y ventajas que se obtienen gracias a la puesta en marcha de la BPA en una empresa son:

- Mayor velocidad y eficiencia de los procesos.
- Reducción de la carga de trabajo asociado a procesos lentos y manuales.

---

[10] Con ese método, los grandes almacenes donde compramos habitualmente nos desean feliz cumpleaños por email cuando llega esa fecha entrañable; la aerolínea con la que acabamos de volar nos ofrece un descuento si volvemos a volar con ella en el mes siguiente, etc. Ninguna persona ha redactado esas misivas…

[11] Sobre la aplicación de este patrón en la Administración, vid.: García-Valdecasas, P.: *Blockchain y automatización de procedimientos en la Administración pública.* Wolters Kluwer, 2022.

[12] Sobre estos conceptos. *Vid. op. cit.* en nota 105, pp. 30-39.

- Ahorro de tiempo y reducción de costes.
- Mayor colaboración entre departamentos y coordinación al interior de la empresa.
- Facilitación del trabajo en equipo.
- Conocimiento más profundo de los clientes.
- Mejora de la calidad del servicio al cliente (reducción del tiempo de respuesta).
- Posibilidad de campañas de "marketing" más efectivas y selectivas.

C) La automatización de la actuación de la Administración pública

1. La introducción de la automatización en la Administración

En el desarrollo de las tareas y cometidos burocráticos que se derivan del ejercicio de potestades y competencias administrativas, los funcionarios y dirigentes públicos se han ido sirviendo a lo largo de la Historia de máquinas o aparatos que han simplificado progresivamente sus tareas, ayudándoles a adoptar resoluciones estandarizadas u homogéneas de los diferentes expedientes que tienen que instruir y resolver. El progreso técnico ha ido poniendo al alcance de esos agentes diferentes tipos de aparatos, que les han ayudado a realizar tareas, sobre todo las de carácter repetitivo o en masa.

Así, la calculadora permitió a los burócratas realizar complejas y numerosas cuentas, sin recurrir al ábaco u otras ayudas manuales. La fotocopiadora les ahorró el trabajo de copiar fiel y exhaustivamente todo un documento, reproduciéndolo *ad libitum*, las veces que fuera, con solo apretar un botón. Luego, la máquina de escribir clásica, con su correspondiente "papel de calco", permitió a los funcionarios escribir dos o más veces el mismo texto, sin tener que teclearlo todas esas veces.

Posteriormente, la máquina de escribir inteligente les permitió modificar un texto, en fase de composición, antes de imprimirlo, lo que incrementó la productividad y corrección en la generación de textos, resoluciones, comunicaciones, misivas inter-administrativas, oficios y remisiones varias. Estas máquinas fueron arrinconadas luego por los ordenadores, con sus hojas de cálculo y sus procesadores de texto, que han supuesto un salto vertiginoso hacia adelante y la descarga en máquinas de actividades que hasta ese momento se hacían a mano; etc.

En un momento ulterior, se introduce paulatinamente la automatización o "BPA" en la Administración pública. Hasta hace pocos años, el recurso de la Administración a la "automatización" se limitaba a cuestiones menores, a fases preparatorias de la decisión o actuación administrativa; a aspectos ancilares incluidos en la fase de acopio informativo-cognitivo preparatorio del dictado de la decisión administrativa. Decisión que era adoptada en cualquier caso para cada expediente de modo singular, racional, consciente y ponderado ("personalmente") por el titular del órgano.

Ahora bien ¿a qué nos referimos con la expresión "actuación administrativa automatizada"? La cuestión no es baladí dado que dicho fenómeno se encuentra amonedado de forma insatisfactoria en el derecho positivo, como se expondrá más adelante (vid. rubro V.B).

En esta contribución entendemos por actuación "automatizada" (o "robotizada") de la Administración pública un amplio abanico de situaciones en los que aquella utiliza *software*, sistemas de información, dispositivos informáticos (eventualmente con sus instrucciones de funcionamiento computacional) en el seno de su actividad, sea esta de tipo jurídico-formalizado o real (actividad "técnica"), y que le permiten (sin intervención de persona alguna) la tramitación integral de un procedimiento administrativo, e incluso finalizarlo con su correspondiente resolución.

Por lo tanto, la llamada "actuación administrativa automatizada" consiste en la introducción de la "automatización de procesos de negocio" o "BPA" en el seno de la actuación administrativa. Esta extrapolación es en principio posible porque la Administración pública no es una fábrica, sino una organización burocrática, entendida esta en su acepción más amplia. Por lo tanto, en su actuación desarrolla "procesos de negocio" o procesos "administrativos" (en este caso, propios de la Administración con mayúscula).

En la actualidad existen un sinnúmero de actuaciones y procedimientos administrativos en los que la automatización engloba más y más fases o elementos preparatorios del acto administrativo (incluso la integridad del procedimiento administrativo) cuando no el acto definitivo mismo. En ese caso, estamos ante un acto administrativo dictado por una máquina, sin intervención "volitiva" directa o inmediata humana (del titular del órgano) al menos en el acto de la producción del acto mismo, aunque es cierto que la máquina resuelve de acuerdo a unas instrucciones que se le suponen suministradas previamente en formato de *software* (código fuente) por el responsable o dirigente político-administrativo[13].

Según el acercamiento inicial antes suministrado, la Administración pública puede recurrir a la automatización de su actividad con un grado e intensidades diferentes. Dado que en este terreno el legislador aún no ha establecido las reglas o grados, diremos aquí (a los solos efectos sistemático-expositivos) que dicha automatización puede presentar tres niveles esenciales: mínimo, medio o alto ("total"). Evidentemente, no son gradaciones nítidamente separadas, sino que admiten matices entre ellas.

Se podría en efecto distinguir entre una automatización total o parcial, en función del número de fases integrantes de un procedimiento administrativo formalizado que estén automatizadas, o en función de la importancia relativa de la automatización en el actuar administrativo (por ejemplo, en el caso de la actuación material, real o técnica de la Administración). Ahora bien (vid. infra) el art. 41 de la LRJSP parece acoger solamente una automatización total o completa, y ceñida exclusivamente a la actuación formalizada o procedimentalizada, aspecto sobre el que se volverá más adelante (*vid.* epígrafe V.B.1).

La utilización en grado medio o total (y con carácter ordinario) de la automatización por parte de la Administración suscita importantes cuestiones e interrogantes. Es evidente que la introducción y

13 El ejemplo más sencillo puede ser la expedición "automática" de un certificado de empadronamiento por un ayuntamiento, que el vecino puede solicitar directamente en la "web" municipal, y que se le suministra telemáticamente sin que ningún funcionario intervenga en el proceso.

empleo de la robotización en la actuación administrativa tiene consecuencias o efectos positivos, pero tampoco se puede obviar que dicho patrón también provoca una serie de cuestiones y de reflexiones críticas, entre las que figuran las que siguen:

- ¿Con qué ritmo o velocidad se tiene que introducir y aplicar (o se debería haber introducido) la actuación automática en la Administración pública?
- ¿Cuál es la dimensión correcta, los ámbitos en los que se puede o se debe aplicar este patrón?
- ¿En qué ámbitos o dimensiones no se debería introducir la automatización, o se debería introducir solo después de un profundo análisis?
- ¿Para qué tipo de funciones, competencias o potestades debería estar prohibida la robotización administrativa, si es que las hay?
- ¿Cuáles son los "beneficios" (y para quién) de su diseminación?, ¿Cuáles son los riesgos, amenazas y desventajas —directas o indirectas— de la AAA en la Administración?
- ¿Qué cautelas se deben introducir para compensar los posibles perjuicios o riesgos que la introducción de la automatización pueda entrañar (para los ciudadanos, para la Sociedad)?

Junto a esas consideraciones, merece desde luego la pena interrogarse por el sentido o justificación que puede tener la introducción de la AAA en la Administración. Dicho de otro modo: ¿qué necesidad tiene el Poder Ejecutivo de acoger en su seno la AAA? A nuestro juicio, ninguna. Al menos, ninguna que tenga que ver con su propio ser, con su propio fin. Desde el punto de vista ontológico, la Administración no necesita recurrir a la automatización, desde luego no para poder subsistir en un inexistente entorno competitivo. La Administración puede perfectamente existir sin emplear la BPA, como lo ha venido haciendo durante los últimos doscientos años.

Entonces, ¿por qué la automatización ha tenido la acogida y diseminación caudalosa que tiene hoy en la Administración? A nuestro juicio, ello se ha debido a un elenco de factores heterogéneos entre los que figuran los siguientes:

1°. Un conjunto aluvial y asistemático de decisiones adoptadas por los dirigentes, por razones de oportunismo o propaganda. El mito de la "reforma administrativa" sigue ejerciendo una atracción evidente. De ese modo, los políticos de turno que dirigen fugazmente nuestra Administración pública consideran que la automatización es el corolario natural de la digitalización, y que con ella se perpetúa la interminable "reforma" de la Administración, contribuyendo a "modernizarla".

2°. La presión exitosa de poderosos *lobbies* (grandes consultoras, empresas informáticas, multinacionales digitales, etc.), que actúan en busca de los nichos de negocio y de los jugosos contratos públicos que genera de suyo la actuación administrativa automatizada (*vid. infra*).

3°. El deseo de emulación con el sector privado, al que socialmente se continúa idealizando en lo que respecta a la excelencia o calidad gerencial. En efecto, desde el punto de vista "cultural", existe una clara voluntad de mímesis o traslación a la Administración de los procesos y patrones propios de la empresa, como ha sucedido antes con la "cultura del cliente", la "calidad total" y otras experiencias gerenciales extraídas del sector privado, que han venido "justificadas" por la supuesta necesidad de introducir, en el actuar administrativo, la lógica de la "productividad" y la dimensión de la competitividad[14].

4°. Finalmente, la robotización responde al peligroso "fetichismo" del "progreso"[15] (a nuestro juicio, teórico y discutible).

En cualquier caso, entre esas razones no figura (y es muy relevante), ningún imperativo legal. Es decir: ni la Constitución ni ninguna ley establecen como prioritaria o preferente la actuación automatizada por parte de la Administración, es decir, que exija explícitamente a la Administración que se robotice. Como argumentamos más ade-

---

14 Vid., al respecto: Mendoza Mayordomo, X. "Técnicas gerenciales y modernización de la Administración pública en España". *Documentación Administrativa,* núm. 223 (julio-septiembre 1990).

15 Sobre la idea de "progreso" vinculada a las innovaciones tecnológicas, *vid.* la contribución del Prof. Luciano Parejo en esta misma obra colectiva.

lante, en realidad el ordenamiento jurídico se ha limitado a seguir el fenómeno de la introducción y divulgación de la actuación automatizada en la Administración, pero sin atreverse nunca a embridarla, a menos de manera satisfactoria.

En una organización como la Administración pública que está completamente determinada por la Ley (principio de legalidad) la única causa o justificación que podría fundamentar la introducción y el empleo de la automatización en el seno de la Administración pública sería la existencia de algún precepto o principio que le induzca a adoptar la automatización en su actuar interno. En este sentido, inmediatamente entra en escena el principio de eficacia de la actuación administrativa (art. 103 CE), aspecto que exploramos seguidamente

2. La justificación del empleo de la automatización en la Administración pública

La eficacia es un poderoso vector que impregna, o debe impregnar, el entero actuar administrativo. La eficacia suele venir de la mano de otro concepto próximo, el de la eficiencia. No es fácil deslindar con nitidez los conceptos de "eficacia" y "eficiencia", al menos sobre la base de los materiales legales, pues estos suelen utilizarlos de manera imprecisa y hasta intercambiable. Ambos constructos, empero, no se deben confundir ni tener por sinónimos. Así, mientras que la eficacia es la "capacidad de lograr el efecto que se desea o se espera", la eficiencia es la "capacidad de lograr los resultados deseados con el mínimo de recursos"[16].

En el plano normativo también existen diferencias. El principio de eficacia luce en el propio texto constitucional entre los que informan la actuación administrativa en general (art. 103.1). Sin embargo, la eficiencia no es un principio constitucional de la actuación administrativa. La CE recoge ciertamente el principio de eficiencia en su art. 31, pero no se conecta con la AP en su conjunto o con su

---

16 Ambas definiciones están extraídas del Diccionario de la Real Academia Española de la Lengua.

actuación, sino con otro aspecto diferente, aunque evidentemente relacionado, como es la *programación y ejecución de los recursos públicos.* Además, y esto es muy relevante, la eficiencia no es configurada por la Carta Magna como un "principio", sino como un "criterio"[17].

Esta diferenciación constitucional se manifiesta fielmente en el nivel puramente normativo-legal: la eficacia se predica dos veces de la entera actuación administrativa, tanto el primer párrafo del art. 3.1 LRJSP[18] como en la letra "h" de dicho rubro ("eficacia en el cumplimiento de los objetivos fijados"). Sin embargo, la eficiencia no figura entre los principios generales del primer párrafo, y se concreta en la "asignación y utilización de los recursos públicos" (art. 3.1 (j) LRJSP).

Así expuestos y diferenciados estos dos conceptos, es pertinente interrogarse acerca de si el advenimiento y generalización de la actuación automatizada en nuestra Administración es consecuencia directa de los mandatos normativos o constitucionales de la eficacia o de la eficiencia. Veamos la primera cuestión: ¿es correcto justificar la introducción de la automatización en la actuación administrativa sobre la exclusiva razón del principio constitucional de eficacia, en el sentido de que de alguna manera dicha deriva vendría justificada o aún demandada por la fuerza jurídica del art. 103.1 de la CE? A nuestro juicio no puede mantenerse esa tesis, por las siguientes razones:

En primer lugar, y desde una proyección de la perspectiva empresarial-privada sobre el actuar administrativo, la eficacia no implica *per se* una preferencia por la actuación automatizada. En efecto, todos los objetivos que se persiguen con la robotización y la automatización de procesos en las empresas privadas están más conectados con la definición de la eficiencia ("capacidad de lograr los resultados con la

---

17 Art. 31. 2: "El gasto público realizará una asignación equitativa de los recursos públicos, y su programación y ejecución responderán a los *criterios* de *eficiencia* y economía" (cursiva añadida).

18 Así reza: "Las Administraciones Públicas sirven con objetividad los intereses generales y actúan de acuerdo con los *principios* de *eficacia,* jerarquía, descentralización, desconcentración y coordinación, con sometimiento pleno a la Constitución, a la Ley y al Derecho" (cursiva añadida).

menor cantidad de recursos") que con la de la eficacia (capacidad de lograr los resultados).

Esto es así porque la Administración puede ser eficaz a la hora de cumplir sus objetivos, ejercitar sus competencias y potestades y prestar los servicios públicos, independientemente del volumen de recursos que invierta en ello, dado que el sector público tiene un amplio margen para incrementar sus recursos. Para lograr la deseada eficacia, la Administración no necesita la automatización. Además, la Administración dispone de medios alternativos para lograr la eficacia; medios de los que no disponen, por su propia lógica, las empresas privadas: incremento de las plantillas funcionariales[19], aumento de los presupuestos públicos, reforzamiento de sus medios materiales, etc.

La doctrina administrativa ha estudiado con detalle la dimensión de la eficacia en el actuar administrativo, y no solo desde el punto de vista jurídico-constitucional[20], sino también del gerencial o práctico. Desde el punto de vista constitucional es evidente que la eficacia no se puede confundir con la eficiencia. Como ha escrito el Prof. L.Parejo, la racionalidad empresarial de lo que es eficiencia en el mundo jurídico-privado no se puede confundir con la eficacia en el actuar administrativo[21].

En segundo lugar, aunque admitiéramos que la introducción de la automatización en la Administración pública se pudiera justificar en el principio de eficacia, dicho principio no es absoluto[22].

---

19 Lo que viene ocurriendo continuamente y sin respiro durante las últimas décadas.

20 *Vid.* por todos: Parejo Alfonso, L: "La eficacia como principio jurídico de la actuación de la Administración Pública". *Administración y constitución. El principio de eficacia, Documentación Administrativa.* núm. 218-2 (1989), pp. 15 a 65; del mismo autor: *Eficacia y Administración. Tres estudios* INAP/BOE, Madrid (1995).

21 Parejo Alfonso, L., presentación del número monográfico de *Documentación Administrativa,* núm. 218-219, citado en nota anterior.

22 Siguiendo con las palabras del Prof. L. Parejo: " *la interdicción de la arbitrariedad excluye una sobrevaloración de la eficacia que lleve a fundamentar en ella misma cualquier acción administrativa que conduzca al resultado legalmente programado e impone la ponderación de aquélla en relación con los otros bienes jurídicos*

Desde el punto de vista gerencial corporativo, también se han puesto de manifiesto las profundas diferencias que existen entre el mundo privado (en punto a la eficacia) y la actuación administrativa: en esta (a diferencia de aquel) no hay asignación de *objetivos* cuantificados o medibles por servicios o departamentos; no hay planes financieros ligados a la consecución de los mismos; no hay decisiones "empresariales" motivadas por las cuentas; al contrario de lo que sucede en el sector privado, en la Administración no hay incentivos positivos (verbigracia, pagas de beneficios), ni negativos (reducción de salarios en caso de no lograr los "objetivos") destinados a los empleados públicos en función de los *resultados* (en realidad, en la Administración no hay *resultados*); no hay "estrategias" vinculadas a los vaivenes caprichosos de la demanda; no hay flexibilidad orgánico-gerencial orientada a responder al "mercado", etc. [23]

Las diferencias no pueden ser más acusadas, no solo entre las empresas privadas y la Administración pública general (por ejemplo, un ministerio) sino entre las empresas privadas y las de la Administración, sobre todo las establecidas para la prestación de servicios públicos. Por lo demás, la eficacia de la Administración se suele interpretar habitualmente desde una perspectiva administrativo-céntrica, donde lo único que importa es la "productividad" que interesa al poder público. El ejemplo supremo es actualmente el de la potestad sancionadora[24].

Por su parte, la eficiencia impone la consecución de los objetivos de la organización empleando el menor volumen de recursos

---

que se hagan presentes". Parejo Alfonso, L: "*La eficacia como principio jurídico* ...", *op. cit.* nota 21, p. 65.

23 *Vid.*: Eichhorn, P.: "La gestión empresarial aplicada los establecimientos estatales". *Documentación Administrativa,* núm. 218-219 (1989), pp. 269-281.

24 La eficacia en este campo se suele medir por el número de multas impuestas (las únicas sanciones que están automatizadas, pues procuran un rendimiento líquido inmediato). Se busca el incremento constante de la recaudación por encima del aseguramiento y garantía de los derechos y de la libertad del ciudadano, desvinculando el ejercicio de la potestad sancionadora del fin constitucional que justifica su ejercicio —la macro-conducción de procesos sociales— y sustituyéndolo por un mero fin recaudatorio.

posibles[25], y desde esa perspectiva la actuación automatizada podría encajar mejor, como medio idóneo para la realización del fin de la Administración, dado que es un principio que busca ahorrar costes e incrementar la "productividad" de aquella. Entronizado ya en su día en la Ley 30/1992 (art. 3.2), el principio de eficiencia ha sido reforzado significativamente por medio de las llamadas "leyes gemelas": la LRJSP lo menciona hasta 22 veces, y la LPAC lo hace hasta en 7 ocasiones[26].

Sería por lo tanto plausible sostener (al menos a los efectos dialécticos) que, si bien la introducción de la automatización en la actuación de la Administración "general" parece no poder anclarse *per se* en el principio de eficacia, sí podría estarlo sobre la base del principio de eficiencia. Mas también discrepamos de esta tesis.

En primer lugar, es relevante constatar, que —a diferencia de lo que hiciera en su día la Ley 30/1992— las *leyes siamesas* del 2015 no proclaman a la eficiencia como un principio general del entero actuar administrativo (como sucede con el principio de eficacia). En efecto, la eficiencia se predica más bien de otros aspectos (parciales) del sector público: de la asignación de los recursos públicos[27], de los entes que integran la Administración institucional[28], de las relaciones inter-administrativas[29], del actuar de las empresas públicas[30], de la elaboración de disposiciones generales[31] o del fin que persiguen órganos como las Comisiones Territoriales de Coordinación[32].

---

25 Sobre la eficiencia y la Administración pública, *vid*: Vaquer Caballería, M.: "El criterio de la eficiencia en el derecho administrativo". *Revista de Administración Pública*, núm. 186, septiembre-diciembre (2011).

26 La doctrina que ha estudiado a fondo el principio de eficiencia ha afirmado que "la eficiencia puede ser asumida como un corolario general y complemento necesario del principio de la eficacia en el Estado social" (Vaquer, M., *op. cit* en nota anterior, p. 99).

27 Art. 3.1 (j) LRJSP. En línea con el art. 31 de la CE.

28 Art. 81.1 LRJSP.

29 Art. 140 de la LRJSP.

30 Art. 112 LRJSP.

31 Es uno de los numerosos principios que deben informar la "buena regulación": art. 129 de la LPAC.

32 Art. 154 de la LRJSP

Como puede observarse, el principio de eficiencia se utiliza abundantemente —y a nuestro juicio de modo acrítico— para multitud de supuestos y contextos, lo que abona la tesis de que el legislador tiene al menos una idea confusa de lo que es la eficiencia, al menos como principio jurídico que se proyecta eficazmente sobre la Administración.

Nuestra tesis se conecta derechamente con esta consideración: el mero recurso a la eficiencia no puede constituir el fundamento de la utilización indiscriminada de la automatización por parte de la Administración pública, dado que la eficiencia no constituye un principio general de la actuación administrativa según nuestro marco constitucional y legal, sino un criterio que se aplica a los aspectos presupuestarios de la actuación administrativa. Pero además, la eficacia y la eficiencia no son siempre compatibles en el actuar de la Administración, siendo el primero un valor superior al primero, que se le puede oponer. Es más, a veces la Administración debe ser deliberadamente ineficiente para poder ser eficaz[33].

Finalmente, la aceptación y diseminación de la robotización administrativa debe ponderarse con las consecuencias de todo tipo que esa generalización entraña. Precisamente esas cuestiones son exploradas en el epígrafe III.

---

33 Por ejemplo, la Administración mantiene escuelas rurales que son ineficientes por su alto coste (desde la perspectiva coste-beneficio) si se tiene en cuenta la pobre ratio de profesor-alumno; abre y mantiene consultorios médicos en la España despoblada a la que solo acuden algunos achacosos ancianos, etc. Todas esas personas (los niños, los ancianos) deben ser atendidos "eficazmente", aunque sea a un precio alto (por lo tanto, de modo "ineficiente"). La diferencia con la eficiencia de la empresa privada es evidente (ejemplo: una aseguradora puede decidir libre y unilateralmente por razones de eficiencia que un solicitante de seguro médico no es "asegurable" porque le saldría demasiado caro a la vista de sus dolencias pasadas o crónicas).

3. Trasladar la automatización de procesos, de la empresa a la Administración pública, constituye una extrapolación acrítica

Una de las cuestiones más importantes que a nuestro juicio suscita el acogimiento de la actuación automatizada en la Administración es si nos encontramos simplemente ante una evolución natural, un paso más, del proceso de mecanización y de recepción de la técnica en la Administración, o si por el contrario estamos ante una tecnología o patrón disruptivo, que genera impactos profundos de carácter multifactorial en la entera Administración como organización. A nuestro juicio, la segunda tesis es la correcta. La automatización no constituye un paso "natural" más en el proceso que va de la pluma de ganso del *escribano* decimonónico al veloz procesador de textos de nuestros días (pasando por la máquina de escribir), sino que provoca vastas consecuencias en el actuar administrativo, transformándolo.

Como ya se ha expuesto, la automatización burocrática es una herramienta nacida en el mundo de la empresa privada y que persigue unos objetivos que solo tienen sentido en la lógica de la competencia. Busca como fin último la maximización del beneficio empresarial. Desde esa perspectiva, la AAA no es más que una vuelta de tuerca o prolongación del "taylorismo", conocida escuela de organización y producción industrial de principios del siglo XX, centrada en el incremento de la productividad[34].

Siendo ello así, es plenamente pertinente preguntarse por la licitud, la coherencia o el sentido que tiene extrapolar "en bruto" a la Administración este patrón de funcionamiento interno de las empresas privadas. La interpelación (al menos en el plano teórico-discursivo) nos parece plenamente oportuna, pues el empleo de la "BPA" (automatización de procesos burocráticos) en la Administración tiene entre sus justificaciones la mímesis de la actuación de organizaciones privadas (principalmente las empresas). Sin embargo, esa asunción es acrítica y pierde de vista las profundas diferencias entre las compañías privadas y la Administración.

---

34 *Vid:* Taylor, F.: *The principles of scientific management* (1911).

En efecto, no puede haber dos organizaciones más diferentes (incluso teleológicamente opuestas) que una empresa privada y la Administración pública. La primera es un instrumento para el ejercicio de una libertad económica encaminada a la obtención de ganancias; la segunda, una organización jurídica inserta en el Poder Público que ha sido establecida para ejecutar las leyes, y servir los intereses generales. La primera tiende ontológicamente a la maximización de beneficios; la segunda no persigue la obtención de ganancia económica alguna. La primera se mueve permanentemente en el horizonte azaroso de una competencia despiadada y depende de los flujos caprichosos de la demanda; la segunda no compite con nadie, pues dispone del "monopolio" institucional para la realización de su fin ontológico y no tiene que tener en cuenta el comportamiento de otras organizaciones. La primera tiene por divisa y razón ontológica el "éxito", la segunda ejecuta las leyes y presta servicios públicos de distinto signo, etc.

No está de más recordar que la Administración no es una agencia de viajes ni una aerolínea que buscan fidelizar al cliente, sino una organización jurídico-pública dotada de potestades exorbitantes, que sirve los intereses generales y dispone imperativamente de los derechos, intereses y anhelos ciudadanos.

Es evidente que los dos precitados modelos de organización (empresa privada *vs.* Administración pública) se mueven en un entorno ético, económico, institucional y teleológico completamente diverso. La Administración no precisa necesariamente de la automatización para su propia subsistencia, como sí lo necesita la empresa privada. En efecto, en esta organización la automatización es una tendencia o desarrollo prácticamente necesaria o fatal, cuya imperatividad está provocada por la propia racionalidad del magma operativo en el que se mueve el comerciante: a la larga, y en un contexto de recursos necesariamente limitados, las empresas se ven forzadas a adoptarla si quieren seguir siendo competitivas, o, lo que es lo mismo, para poder subsistir.

Contrariamente a ello, el volumen de los recursos humanos y presupuestarios de la Administración se incrementa permanentemente y parece no tener un techo de cristal, al contrario de lo que sucede en la empresa privada, donde el paradigma en materia de recursos es la escasez perenne que impone la racionalidad económico-competitiva.

Es por ello pertinente reflexionar sobre la siguiente cuestión: ¿cuáles son los objetivos que se persiguen con el empleo de la automatización en la Administración pública? Es evidente que esos objetivos no pueden ser los mismos que persiguen las empresas privadas, dado que la Administración es una organización completamente distinta. Es más, "maximizar beneficios" (o incluso "beneficios") es una terminología que es completamente ajena al mundo de la Administración pública[35].

A la luz de todo esto, se puede sostener razonablemente que la introducción de la BPA en la Administración constituye una traslación acrítica de un patrón conductual-gerencial privado en el seno de una organización jurídico-pública, que es completamente diferente. A nuestro juicio, la Administración no tiene necesidad de implementar una opción estratégica exclusivamente eficientista, máxime si esta provoca unas consecuencias negativas relevantes (*vid.* el epígrafe siguiente), o al menos sin haberlas identificado y corregido. En efecto, la introducción y diseminación de la BPA en la Administración debería haber ido precedida al menos de un análisis problemático exhaustivo, adaptando convenientemente el uso de esa técnica al contexto que es propio de la Administración como poder público, y con adecuadas garantías de los derechos e intereses legítimos de los ciudadanos, y de su dignidad como personas.

---

35 La legislación de régimen local prohíbe expresamente que el producto de las tasas que deben satisfacer los ciudadanos por la prestación de los servicios públicos locales genere un "beneficio" para la entidad local, debiendo limitarse a cubrir los costes de dicha prestación, o incluso quedarse por debajo de ellos. Así, el art. 44 del TRLH dispone que la Administración municipal puede cobrar precios públicos, que deberán cubrir como mínimo el coste del servicio prestado o de la actividad realizada. Además, "cuando existan razones sociales, benéficas, culturales o de interés público que así lo aconsejen, la entidad podrá fijar precios públicos por debajo del límite previsto en el apartado anterior. …". lo que resulta impensable en una empresa privada. Por otra parte, el art. 7 de la Ley de la Ley 8/1989, de 13 de abril, de Tasas y Precios Públicos consagra el principio de equivalencia, según el cual "las tasas tenderán a cubrir el coste del servicio o de la actividad que constituya su hecho imponible".

III. VENTAJAS, RIESGOS E INCONVENIENTES DE LA GENERALIZACIÓN DE LA AUTOMATIZACIÓN EN LA ADMINISTRACIÓN PÚBLICA (ESPAÑOLA)

A continuación intentamos sistematizar los más relevantes impactos, efectos y riesgos de todo tipo que la introducción y generalización del patrón de la *des-humanización* operativa tiene o puede tener en nuestra Administración (y cuya ponderación conjunta fundamenta la tesis que aquí se mantiene).

A tal efecto, llevamos a cabo una suerte de análisis "DAFO" de la generalización de la automatización en la actuación administrativa. Para ello, y por restricciones de espacio, hemos resuelto volcar la información, de forma lacónica o telegráfica, en las dos tablas siguientes. La primera de ellas pone en relación o contraste las ventajas que se suelen predicar de la automatización/robotización de procesos burocráticos ("BPA") en las empresas privadas (columna de la izquierda) y las que puede generar en el seno de la Administración (columna de la derecha). Como puede observarse, son muchos más numerosos los de la izquierda que los de la derecha, dado que solo en la empresa privada se pueden extraer todos los efectos benéficos de tal patrón funcional. En la Administración solo se pueden aprovechar algunos de esos efectos debido a su marco legal y constitucional específico, o pueden incluso resultar neutralizados y sobrepasados por sus efectos deletéreos.

Otros efectos positivos son privativos de la Administración pública, como el incremento de la objetividad en la resolución de procedimientos administrativos, valor este que es indiferente para la racionalidad mercantil. Ahora bien, ese valor es una hipótesis que necesitaría demostración empírica con un trabajo de campo. Además, puede verse anulada por la posibilidad de sesgos decisorios o de errores (*vid. infra*), lo que amplifica la posibilidad de ausencia de imparcialidad en la disposición de los asuntos administrativos. El análisis no es exclusivamente jurídico, sino que se tienen en cuenta factores sociológicos, económicos o culturales.

Tabla 1. Ventajas de la automatización en la empresa privada y en la administración pública

En la empresa privada	En la Administración pública
✓ Reducción de costes del proceso productivo global ✓ Reducción del coste marginal de cada unidad producida ✓ Incremento del beneficio empresarial ✓ Reducción de plantilla: sustitución de obreros por máquinas ✓ Incremento de la competitividad ✓ Mayor compartición de la información (conectividad entre departamentos de la empresa) ✓ Mayor colaboración entre empresas privadas "complementarias": aerolínea + empresa de seguro (de cancelación) ✓ Anulación de competidores ✓ Estructuras de negocio más ágiles ✓ Aumento de la facturación ✓ Atracción de talento ✓ Ahorro de tiempos ✓ Conocimiento más profundo del cliente ✓ Mejora la calidad del servicio al cliente ✓ Mejora la fidelización del cliente (felicitación *automática* por cumpleaños) ✓ Campañas de "marketing" más efectivas (ofertas secuenciales y en cascada): *tailored marketing*	✓ Reducción del tiempo de resolución de los procedimientos ✓ Mayor compartición de la información (conectividad entre servicios y órganos) ✓ Mayor colaboración-coordinación entre administraciones públicas ✓ Incremento de la "productividad" (*más multas recaudadas*) ✓ Aumento de la eficacia (administrativo-céntrica) ✓ Reducción de la carga de trabajo correspondiente a procesos tediosos y manuales ✓ Incremento de la objetividad en la actuación administrativa

En el gráfico o tabla siguiente se han sistematizado los que a nuestro juicio constituyen los más relevantes riesgos, amenazas y efectos negativos que la introducción de la robotización en la actuación administrativa pueden provocar, han provocado ya o podrían provocar en el futuro. Algunos efectos o riesgos son privativos de la actuación automatizada; otros son generados por la Administración electrónica, pero resultan amplificados por aquella. De acuerdo con la acotación temática realizada en la introducción, no hemos considerado los efectos del acoplamiento entre robotización e inteligencia artificial, pues en ese caso los riesgos se multiplican significativamente. Este cuadro se refiere, claro está, a las Administraciones públicas españolas.

Tabla 2. Riesgos e inconvenientes de la Automatización en la administración pública

MATERIA y RIESGO, IMPACTO O EFECTO NEGATIVOS
1. Acceso a procedimientos por parte del ciudadano Creación/incremento de la brecha digital[36]. Violación de la Carta de derechos digitales[37]. Segregación económico-social[38].

---

36 Uno de los aspectos más criticables del proceso de digitalización-robotización administrativa es su carácter imperativo y obligatorio, llevado a cabo por la Administración unilateralmente, con urgencia y sin "plan B" o alternativas. Llama la atención esta urgencia en un país en el que —todavía hoy— hay más de medio millón de personas analfabetas; donde hay lugares donde no llega internet o lo hace a precios prohibitivos; donde hay millones de personas que no tienen dirección de correo electrónico, etc. Este aspecto es objeto de denuncia en numerosos informes de instituciones y órganos, como la formulada recientemente por el *Sindic de Greuges* de la Comunidad Valenciana (vid.: *Informe anual a las Corts Valencianes* 2023, marzo de 2024, Queja de oficio núm. 3-2023).

37 El Gobierno elaboró en 2021 la Carta de Derechos Digitales como marco de referencia para garantizar los derechos de la ciudadanía en la nueva realidad digital. Aunque no tiene carácter normativo, la Carta recomienda que se ofrezcan alternativas en el mundo físico que garanticen los derechos de aquellas personas que opten por no utilizar recursos digitales, garantizando el derecho a la no exclusión digital y combatiendo las brechas digitales en todas sus manifestaciones, particularmente la brecha territorial, así como las brechas de género, económica, de edad y de discapacidad.

38 El Parlamento Europeo adoptó en 2022 su "Resolución sobre la brecha digital: las diferencias sociales producidas por la digitalización 2022/2810(RSP) 13/12/2022". En esta resolución el Europarlamento manifiesta que, a pesar de que la digitalización y el uso adecuado de las herramientas digitales han aportado muchos beneficios, también han generado una serie de retos éticos, jurídicos y de empleo que pueden causar graves desventajas o perjuicios a las personas y a la ciudadanía en su conjunto; que el potencial de las nuevas tecnologías es ambivalente, ya que pueden amplificar las desigualdades existentes y crear nuevas formas de discriminación. A juicio de la Eurocámara, la brecha digital constituye una nueva forma de desigualdad, de discriminación y de exclusión no sólo para determinados colectivos sociales, sino incluso para personas con competencias digitales que se ven incapaces de hacer uso de unas herramientas tecnológicas cada vez más complejas y continuamente cambiantes.

MATERIA y RIESGO, IMPACTO O EFECTO NEGATIVOS
Incremento incesante de la complejidad técnica: hiper/neo-burocratización[39].
2. Transparencia, buen gobierno y rendición de cuentas Ofuscación de la información a través de su hipertrofia[40]. Elusión/dilución de la responsabilidad político-administrativa (*vid.* epígrafe 4.1.3). Remisión a "sistemas de información" y algoritmos (incompresibles)[41]. Ausencia de participación pública y de ponderación del interés del ciudadano en los procesos de conversión a robotización de procedimientos[42]. Descentralización decisoria máxima: con el actual marco legal español, prácticamente cualquier órgano puede decidir automatizar un procedimiento de cuya gestión sea responsable.
3. Proceso de aplicación de la actuación automatizada: toma de decisiones administrativas[43] Riesgo de: Inexactitud o error en el algoritmo, esto es, en el diseño de la robotización. Ausencia de revisión de la secuencia o proceso robotizado, o del sistema de información. No detección de errores, en la aplicación de la secuencia. No corrección de errores, en caso de ser detectados.

39 Las *webs, apps, interfaces* y demás sistemas de comunicación ciudadano-Administración se modifican constantemente para hacerlos cada vez más complejos, en lugar de hacerlos más sencillos para el ciudadano. Buen ejemplo de ello es el sistema "Casia", que es obligatorio utilizar ya para cualquier consulta, error o incidencia que tenga que ver con las cotizaciones sociales que gestiona la Tesorería General de la Seguridad Social.

40 La Administración contesta frecuentemente a cualquier consulta del interesado con la manida respuesta: "*está en nuestra web*", pero las webs institucionales son cada vez más inextricables. También es sabido que las aplicaciones y solicitudes electrónicas que tienen que cumplimentar los profesores universitario que quieren acreditarse son tan complejas, que a menudo recurren a empresas privadas para esa tarea.

41 El sentido de una resolución administrativa automática se puede justificar diciendo: "es lo que da el ordenador". Se facilita al ciudadano el algoritmo si lo solicita, sabiendo que no podrá entenderlo. A veces no es posible facilitar el código-fuente al solicitante, por impedirlo los derechos de propiedad intelectual del contratista autor del algoritmo, etc.

42 Cuando la Administración decide robotizar un procedimiento o actuación, lo hace de espaldas a la ciudadanía. ¿Qué opinan los ciudadanos (los afectados) de esa iniciativa? Ni lo sabemos ni parece importarle a nadie.

43 Es decir, una vez que se ha concluido el proceso/acuerdo de automatizar, y que se decide aplicar el algoritmo a un procedimiento, convocatoria o actuación concreta.

MATERIA y RIESGO, IMPACTO O EFECTO NEGATIVOS
No supervisión y revisión constante del sistema de información/del algoritmo. Mala gestión de imprevistos técnicos. Creación y ampliación de "sesgos" decisorios. Errores "en masa" con efectos devastadores, que afectan negativamente a un alto número de personas[44]. Errores en masa, que afectan positivamente a un alto número de personas, en detrimento del interés público[45].
4. Autonomía de la Administración Erosión continuada y progresiva de su autonomía y suficiencia funcional: dependencia creciente del sector privado, del contratista[46].

---

44 El empleo de la automatización de procesos multiplica exponencialmente la magnitud potencial de los destrozos que pueda provocar un empleo erróneo, fallido o equivocado del sistema automatizado. Ejemplo de ello lo constituyen los cientos de miles de multas que el Ayuntamiento de Madrid ha impuesto durante los últimos años como consecuencia de una incorrecta automatización del sistema de sanciones de tráfico vinculado a un radar de tramo sito en Madrid, en la Carretera de Extremadura (*vid*: "El radar de tramo que más multa de Madrid está mal colocado: 250.000 sanciones y 18 millones recaudados". Diario *El Español*, edición electrónica del 23 de noviembre de 2023). La automatización puede ser un "arma de destrucción masiva", lo que constituye otra razón de peso para mirarla con recelo y que puede desaconsejar su empleo, especialmente en estos procedimientos sancionadores. Una actuación "humana" podrá ser más lenta o menos "productiva", pero en el caso de que se produzcan errores, la escala de los daños es mucho más reducida.

45 El supuesto puede consistir en la incorrecta automatización de un procedimiento de otorgamiento de subvenciones, que permitiría concederlas indebidamente a quien no tuviera derecho a ello. En ese caso el daño se inferiría a la hacienda pública.

46 La automatización acrecienta y profundiza la creciente dependencia que la Administración tiene respecto a contratistas externos, que le proveen del *software* y del *hardware* (radares, cámaras, etc.) necesario para poner en práctica dicha actuación no humana. Dado que la mayoría de los procesos de automatización se contratan con empresas privadas (consultoras, informáticas, etc.), la Administración descarga en ellas el diseño efectivo de su actuar. La Administración ya no es capaz de actuar por ella misma, a diferencia de lo que ocurriría con la máquina de escribir o con el ordenador, estadios en los que ella controlaba el proceso decisorio (aunque tuviera que comprar esas máquinas a proveedores privados). Además, la dependencia del proveedor es ahora completa, pues no se limita a la adquisición

MATERIA y RIESGO, IMPACTO O EFECTO NEGATIVOS
Dificultad de cambiar de contratista[47]. Dificultad de reconsideración estratégica: no hay marcha atrás posible[48].
5. Seguridad Riesgos de seguridad informática (*hackers, virus, ramsomware,* etc.). Acceso a información personal: vulneración de la privacidad y protección de datos personales[49]. Problemas técnicos frecuentes: discontinuidad del servicio público. Inaccesibilidad de la aplicación informática = inaccesibilidad de la Administración[50]. Aislamiento —no interoperabilidad de sistemas TIC (Estado *vs.* CCAA *vs.* entes locales)[51].

del "hardware", sino que también tiene que adquirir el "software", el algoritmo, sus actualizaciones, sus "parches" de seguridad... Por no hablar de los cursos de formación que personal de la empresa contratista debe impartir a los empleados públicos para adiestrarlos en el empleo del proceso robotizado. Al final, la Administración puede acabar siendo "rehén" de las empresas consultoras y de servicios.

47 Una vez que contrata con un proveedor externo, a la Administración le es muy difícil cambiar de contratista, por las peculiaridades de las aplicaciones informáticas, por sus costes (incluidos los de oportunidad) y por el riesgo de discontinuidad del servicio.

48 Una vez que una Administración u órgano decide automatizar un proceso, procedimiento o actuación, ya no hay marcha atrás. Desde un punto de vista realista, es muy difícil volver a "humanizarlo".

49 Este riesgo es especialmente sensible y delicado en el ámbito de la asistencia sanitaria pública. Sobre este inquietante problema, vid. el nº 154 de la *Revista de la Sociedad Española de Informática de la Salud*, monográfico sobre "Seguridad y protección de datos de salud" (abril de 2023), con varios enfoques y acercamientos, como el de Kominsky, D.: "El sector sanitario y la seguridad de los datos: protección de la información confidencial de los pacientes" (pp. 50-55).

50 Frente al slogan que se "vende" habitualmente a la ciudadanía ("*una Administración abierta las 24 hs del día*"), la ocurrencia de problemas técnicos es una constante en los procedimientos digital-electrónicos, como conocen todos sus usuarios. Mensajes como "404 file not found" se han convertido en paisaje frecuente. Al asendereado administrado se le flagela con frases lapidarias ya clásicas, como "la aplicación se cuelga", "el sistema se ha caído", etc. El "*vuelva ud. mañana*" de Larra se ha sustituido por el "*no me aparece en pantalla*", mucho más difícil de encajar. En procedimientos competitivos, es sabido que es recomendable evitar formular la solicitud en los últimos días del plazo, para evitar la saturación del sistema por uso masivo de la aplicación. No es raro tener que formular la solicitud en horas

MATERIA y RIESGO, IMPACTO O EFECTO NEGATIVOS
6. Libertad del ciudadano Ausencia o restricción continua de libertad para elegir el canal comunicativo con la Administración: lo que es un derecho se convierte en obligación para el ciudadano[52]. Interpretación extensiva del deber de relacionarse electrónicamente con la AP (art. 14 LPAC). Ausencia de "Plan B" o alternativas (ejemplo: presentación de solicitud en papel en registro)[53]. El ciudadano debe "bajarse" e instalarse un número creciente de "apps". El ciudadano debe tener un sistema informático compatible con el de la Administración (a veces demasiado avanzado).

---

intempestivas para evitar ese problema. Por no hablar de las instrucciones incomprensibles o contradictorias de las *apps* administrativas; que haya que "subir" a la aplicación documentos que aquella no soporta; o que al menor error del solicitante la aplicación se "cuelgue" y haya que recomenzar desde cero cumplimentando las sucesivas pantallas…sin poder conservar lo ya hecho.

51 Los sistemas y aplicaciones informáticas del Estado no son necesariamente los mismos que los de las CCAA o entes locales (cada cual va "por libre"). Consecuentemente, la interoperabiliad e intercambiabilidad de información entre Administraciones es más un sueño (a veces una pesadilla) que una realidad (como experimentan a diario muchos "desplazados" de la sanidad regional "A" a la sanidad regional "B").

52 La Administración amplía continuamente —a veces de forma ilegal— el conjunto de los obligados a relacionarse electrónicamente con ella, y paulatinamente estrecha el círculo de quienes en principio están exentos de tal sevicia. Buen ejemplo de ello lo constituye la sentencia de la Sala Tercera (Secc. 2ª) del Tribunal Supremo de 11 de julio de 2023 (nº 953/2023). Este fallo anuló por ilegal la Orden HAC/277/2019, de 4 de marzo, del Ministerio de Hacienda, que obligaba a todos los contribuyentes a relacionarse electrónicamente con la Administración, sin determinar los supuestos y condiciones que justificaban que se impusiera dicha obligación. Sin embargo, esta obligación constituye una excepción al derecho de los ciudadanos a ejercer sus derechos y cumplir con sus obligaciones a través de técnicas y medios electrónicos, informáticos o telemáticos con las garantías y requisitos previstos en cada procedimiento, reconocido en el art. 96.2 LGT.

53 En su Informe del año 2022, el Defensor del Pueblo nacional, como alto comisionado de las Cortes Generales, señaló que "para evitar la fractura social provocada por la brecha digital, es necesario que la Administración disponga de medios alternativos para los casos en los que una persona que se dirige a ella no encuentre accesible el servicio electrónico". Asimismo, remarcó que era imprescindible que la digitalización de la Administración

MATERIA y RIESGO, IMPACTO O EFECTO NEGATIVOS
7. Costes y cargas para el ciudadano Adquisición obligatoria (¡y continuada!) de equipos de TIC por el ciudadano: PC, scanner, periféricos, etc. Exigencia de actualización continuada del hardware y del software, al ritmo caprichoso de las innovaciones y "actualizaciones" de sus sistemas informáticos que libremente decide la AP. El ciudadano debe igualmente adquirir crecientes destrezas informáticas y dominar diferentes plataformas: *autofirma*, firma electrónica-digital, "clave permanente", "clave PIN", "e-DNI", "carpeta ciudadana", "sistema Casia", "mi Seguridad Social", "DEHú" (*dirección electrónica habilitada única)*, "IDentifica" (en la Comunidad de Madrid), etc.
8. Costes para la AP Costes crecientes y continuos: debe adquirir PCs, scanner, software, contratos múltiples con proveedores, consultoras, etc[54]. Dificultades en la contratación de proveedores[55]. Obligación de pago a contratistas por el uso de sus propios datos[56].

sea responsable y se realice en clave social, sin dejar a nadie atrás y garantizando siempre el acceso a los servicios básicos y que los procesos de digitalización sean compatibles con la asistencia presencial para personas que, por determinadas circunstancias, tienen dificultad para acceder a la comunicación virtual u *online*.

54 A principios de 2024 el ayuntamiento de Getafe (provincia de Madrid) comenzó a instalar las bases de lo que será la Zona de Bajas Emisiones del municipio…con su correspondiente y jugoso régimen sancionador. Según la prensa local, el ayuntamiento adjudicó a la empresa que se lo iba a instalar un contrato que superaba los 2 millones de euros.

55 Las Administraciones públicas están comprando "nubes" a grandes y poderosas empresas tecnológicas para almacenar sus expedientes, datos y documentos, pero muchas veces a través de medios que "rodean" la legislación de contratos del sector público (contratos menores, cláusulas de especialidad, etc.). Vid., al respecto, la contribución de Luis GAMO en esta obra colectiva.

56 Al principio, el uso de las "nubes" es gratuito, pero es práctica común que poco a poco la empresa empieza a cobrar a la Administración por el uso de esa nube. Por ejemplo, hay alguna CA (como Cataluña) que, habiendo almacenado gratuitamente todos sus archivos en la nube con una de esas empresas, actualmente tiene que pagarle cada vez que quiera consultar los datos que allí obran, que son sus "propios" datos.

MATERIA y RIESGO, IMPACTO O EFECTO NEGATIVOS
9. Relación-Comunicación entre la Administración (AP) y el ciudadano Alejamiento y extrañamiento de la AP[57]. AP deshumanizada, impersonal, sin rostro humano[58]. Dificultad de acceder a un "ser humano" y poder hablarle. Conversión de la AP en una organización antipática para el ciudadano. Valoración decreciente de la AP por la ciudadanía. Contribución a la alienación creciente de la sociedad actual. Advenimiento de un "leviatán administrativo"[59]. Remisión abusiva a códigos "QR": la información se aleja de quienes no tienen avanzados "smartphones" para acceder a ella. La dificultad de obtención de cita previa obligatoria, que ha generado incluso un mercado negro(!)[60]. El más grave de la cita previa obligatoria, extemporánea[61]. Para contactar con ella, la AP exige al ciudadano ….que acredite no ser un robot. Dificultad de contactar con la AP por problemas informáticos[62].

---

57 La AAA constituye (apoyada en su otro báculo, la digitalización) una manifestación más de la deplorable evolución reciente de la Administración, en su camino hacia una organización hostil y alejada del ciudadano.

58 La propia Administración es consciente de este fenómeno, y adopta de vez en cuando iniciativas, planes o estrategias para remediar la situación. *Vid.* en este sentido el *Plan de Humanización de la Asistencia Sanitaria,* incluido en el Plan de Salud de Castilla-La Mancha Horizonte 2025. Pretende, entre otros objetivos, promover la Humanización del sistema regional de asistencia sanitaria, asistencia que debe estar "centrada en las personas".

59 Sobre este inquietante concepto, vid. la contribución de Vida Fernández, J.: "The Risk of Digitalization: Transforming Government into a Digital Leviathan". *Indiana Journal of Global Legal Studies* 30(1):3-13 June 2023.

60 Forma ya parte del paisaje social el obstáculo que representa obtener cita para que te atiendan en las dependencias administrativas (*vid.* el artículo: "El mercado negro de las citas se extiende por la Administración", diario *El País* (digital), edición del 20 de marzo del 2023).

61 Es difícil conseguir una cita presencial en el sistema de gestión de multas de tráfico del Ayuntamiento de Madrid, en la única oficina física donde se facilita información presencial al ciudadano de sus expedientes sancionadores (calle Albarracín, lugar no céntrico por supuesto). Cuando se consigue una (hay que meterse en la "app" de madrugada), el sistema está tan "bien" diseñado que resulta ser una cita para un día en que el ciudadano ya está fuera de plazo para hacer alegaciones. Hay que reconocer que el sistema es *brillante…*

62 Este es el mensaje que el autor de estas líneas recibió recientemente al intentar realizar una gestión electrónica con la Administración: "*The Web*

MATERIA y RIESGO, IMPACTO O EFECTO NEGATIVOS
Aplicación al ciudadano del "Derecho Administrativo del enemigo"[63]. Violación sistemática del art. 3.1 LRJSP (principios de servicio efectivo al ciudadano; y de simplicidad, claridad y proximidad a los ciudadanos)[64]. Violación sistemática del art. 13 (b) LPAC: derecho del ciudadano a ser asistido en el uso de medios electrónicos.
10. Procedimiento administrativo en general Dilución del procedimiento como proceso jurídico y transmutación en proceso "técnico": mera secuencia de pantallas (F1+F2+F3, etc.)[65]. Tecnificación creciente de las piezas "digitales" del procedimiento. *Desjuridificación* por medio de la *tecnificación*. Acentuación del desequilibrio inherente a toda relación jurídica procedimental[66].

Application Firewall has denied your transaction due to a violation of policy. You may want to clear the cookies in your browser". Por supuesto, hay que saber inglés…

63 Sobre este sugerente y expresivo concepto, vid.: Melero Alonso, E.: "El «derecho administrativo del enemigo» como categoría general de análisis del derecho administrativo". *Libro Homenaje al Profesor Ángel Menéndez Rexach*, Volumen 1, Aranzadi, Cizur Menor, 2018, pp. 389 a 410

64 Repárese en que esos principios están recogidos en el mismo artículo que el de eficiencia, por lo que tienen la misma fuerza jurídica que este último, y en cualquier caso no tienen por qué ceder necesariamente ante las exigencias de aquel.

65 La noción misma de "procedimiento administrativo" como una serie de trámites machihembrados en una consecución temporal, generadora de documentos crecientes y que se cocina a fuego lento a lo largo de semanas o meses en los que crece el acopio cognitivo bajo la mano sabia de un instructor imparcial, queda literalmente destruido con la actuación automatizada y con el acto administrativo automático, dado que el procedimiento se "tritura" de modo instantáneo por una silenciosa y eficiente red de cables y chips, que segrega una serie de "0" y "1", a la que adjudicamos la naturaleza de "acto administrativo".

66 La robotización de procedimientos constituye un poderoso aliado para la Administración, que —pertrechada con esta ventaja técnica— ve definitivamente robustecida su posición subjetiva en el seno de la relación procedimental, a la par que reduce la del ciudadano, pues este no tiene ningún control, participación o decisión ni en el procedimiento de adoptar la robotización ni en su implementación secuencial. Además, la AAA robotización reduce (o aún anula) la ocurrencia de eventos favorables al ciudadano, como la caducidad de procedimientos sancionadores, el silencio administrativo positivo, etc. El ilusorio principio de "igualdad de armas" se vence definitivamente del lado más poderoso: la Administración. Se in-

MATERIA y RIESGO, IMPACTO O EFECTO NEGATIVOS
Riesgo de incorrecta transformación-secuencialización del procedimiento administrativo (lo que supone una vía de hecho virtual, por conducto de su cristalización robotizada). Efectos colaterales *contra cives* de la robotización: Dificultad/imposibilidad de subsanar o mejorar la solicitud (art. 68 LPAC)[67]. Desaparición virtual del "instructor" del PA, al que en principio se tiene acceso personal Imposibilidad de presentar alegaciones ante una propuesta de denegación de ayuda[68]. Hiper- tecno-formalización del procedimiento: La robotización finiquita definitivamente el principio antiformalista del procedimiento (ya seriamente comprometido con la Administración electrónica). Ausencia de un marco legal detallado regulador del "proceso de automatización" (procedimiento, principios, etc.)[69].

crementa sustancialmente la "potencia de fuego" de la Administración, sin que se amplíen correlativamente las defensas o garantías del ciudadano (inaccesibilidad del algoritmo, no impugnabilidad del mismo, etc.)

67 En muchos procedimientos digital-robotizados, el ciudadano tiene que rellenar una solicitud informática compuesta de sucesivas pantallas que poseen campos que tiene que rellenar íntegramente. El sistema suele estar diseñado de tal manera que, si no se introducen todos y cada uno de los datos y documentos demandados por la aplicación, no se puede pasar de una pantalla a otra, y por lo tanto no se puede completar la solicitud y enviarla digitalmente. Con un procedimiento en papel eso no sucedía (trámite de subsanación de la solicitud), lo que constituye una evidente restricción de derechos (art. 69 de la LPAC) y de la flexibilidad del procedimiento.

68 Como explica el Prof. E. Gamero, "en 2020 la Junta de Andalucía implementó 35 robots para tramitar los procedimientos de concesión de subvenciones a empresarios individuales, debido a la pandemia". Se ahorraron miles de horas de trabajo y el plazo de resolución se acortó significativamente. Sin embargo, "al tratarse de un sistema automatizado, los solicitantes se veían privados del derecho a subsanar su solicitud, o a presentar alegaciones ante una propuesta de denegación de ayuda. Si algún dato del sistema era incorrecto, se denegaba la ayuda y el solicitante se veía obligado a reclamar" (Gamero Casado, E.: "Sistemas automatizados de toma de decisiones en el Derecho Administrativo Español"; *Revista General de Derecho Administrativo,* Iustel nº 63 mayo 2023).

69 Sobre este particular, *Vid.* la contribución del Prof. Marcos VAQUER en esta obra colectiva.

MATERIA y RIESGO, IMPACTO O EFECTO NEGATIVOS
El ciudadano debe primero iniciar el procedimiento accediendo a la sede electrónica del órgano u organismo e identificarse/autenticarse con medio electrónicos que no todos poseen: DNI electrónico, certificado electrónico admitido en el ámbito de la Administración General del Estado o a través de Cl@ve permanente con identificador de usuario y contraseña. El interesado debe luego completar toda la información que en cada caso requiera la aplicación informática, confirmando la que, en su caso, les vaya presentando en sucesivos pasos. Debe rellenar las casillas de una aplicación a menuda confusa o compleja. Finalmente, el ciudadano debe firmar electrónicamente empleando sistemas de firma electrónica incorporados al documento nacional de identidad electrónico, o "firma electrónica avanzada basada en certificado electrónico reconocido o cualificado", o "sistemas de firma electrónica basados en certificados electrónicos centralizados de usuarios del sistema Cl@ve y admitidos para su uso en el entorno específico del órgano correspondiente (ejemplo. «Tu Seguridad Social»). La complejidad técnica del acceso y tramitación de los procedimientos digitales por los ciudadanos "de la calle" ha hecho renacer inopinadamente la actividad de las gestorías administrativas, cuando el *slogan* que se vende de la electronización-automatización es que sedicentemente acerca la AP al ciudadano... Dificultad de acceder a la notificación electrónica de la resolución[70].
11. Procedimiento administrativo sancionador Desequilibra aún más la desigualdad inherente en el procedimiento sancionador (automatización + presunción de certeza del art. 77 LPAC = tanques (Administración) contra cuchillos (ciudadano). Una denuncia robotizada, ¿es un documento *formalizado por los funcionarios*..."?: en ella ¿se recogen "hechos" *constatados por aquellos*? Hay una jurisprudencia demasiado tolerante con la Administración, que habría que revisar. Se reduce al máximo el albur de su ocurrencia de eventos como la caducidad, la posibilidad del extravío del expediente, etc (que beneficia al interesado en los procedimientos sancionadores). Reducción de las posibilidades de defensa[71].

70 Para acceder a la notificación hay que "entrar" primero con varias claves posibles en la "app" correspondiente (como "DEHú"). Una vez en el sistema, hay que introducir un código de verificación que hay que requerir en la aplicación. Con más frecuencia de la deseable, el código nunca llega o cuando llega ya ha expirado su validez...Por supuesto, no se puede llamar a nadie, pidiendo auxilio.

71 Del mismo modo que en el seno de un procedimiento sancionador en materia de tráfico el ciudadano tiene derecho a solicitar que la Administración pruebe que el radar ha sido conveniente y temporáneamente calibrado, ¿tiene también derecho a que se demuestre que el funcionamiento del sis-

MATERIA y RIESGO, IMPACTO O EFECTO NEGATIVOS
Restricción fáctica de las vías de recurso[72]. Dilución del principio de igualdad de armas por la fuerza de los hechos.
12. Derechos procedimentales[73] El derecho a conocer el estado del expediente (a. 53 1,a) LPAC, pues no hay interlocución humana (se exige además cita previa) El derecho a ser tratado con respeto y deferencia por funcionarios (art. (art. 13 e) LPAC): no hay trato con funcionarios que deban respetar al ciudadano. El derecho a obtener una entrevista o reunión con el instructor del procedimiento (¿*"Cómo va lo mío"?*) El derecho a identificar a las autoridades y personal (art. 53.1,b): dado que no hay nadie que identificar, ¿se debe identificar el robot?, ¿el sistema de información?, ¿el algoritmo?¿la empresa contratista-programadora? El derecho a recusar al funcionario/autoridad competente, o al instructor del procedimiento (art. 24 LRJSP): no se puede recusar a una máquina. Posible dilución del derecho a utilizar las diferentes lenguas cooficiales (art. 13 (c), LPAC): *la app está en una sola lengua.*
13. El modo de actuación de la Administración Pública En la práctica, la AP solo puede hacer lo que permite "el programa" (o "el sistema"). La posibilidad de innovaciones o cambios operativos queda condicionada a la posibilidad de ser traducidas a soluciones "digitales" o electrónicas[74]. Lo que la aplicación no permite, no se puede hacer. Fetichismo del instrumento (la Administración electrónica) que hace olvidar el fin u objetivo perseguido (facilitar el acceso y acercar la Administración). La AP, rehén de su digitalización-robotización. Réplica acrítica del *modus operandi* de la empresa privada[75]. Es necesaria la supervisión y revisión constantes del sistema de información/del algoritmo; ¿se hace en la práctica?

---

tema de información que aplica automatizadamente el procedimiento sancionador ha sido calibrado/verificado/comprobado?

72 No es infrecuente que en un procedimiento digitalizado, las alegaciones del administrado, o su recurso administrativo, deban reducir al máximo su extensión para "caber" en el número de caracteres que permite la *aplicación* administrativa.

73 Existen numerosos derechos que están reconocidos con carácter general a los ciudadanos en el procedimiento administrativo y que la aplicación de la AAA hace difícil respetar, como los que se consignan en el texto.

74 El instrumento (la máquina) acaba imponiendo su racionalidad sobre el fin al que principio sirve.

75 El paradigma empresarial es el de "proceso eficiente", mientras que el administrativo es, ante todo, "procedimiento administrativo garante de derechos".

MATERIA y RIESGO, IMPACTO O EFECTO NEGATIVOS
14. Empleo público[76] Pérdida de estatus institucional: el funcionario, reducido a mero controlador de procesos informáticos. Externalización masiva: ¿potencial vaciamiento de la AP? Coexistencia en el lugar de trabajo de empleados públicos "fetén" y empleados del contratista. No se aprovecha el ahorro de la AAA para despedir funcionarios (principal ventaja en el sector privado): ¿se reasignan a otros puestos? ¿Adiós al funcionario "tramitador"? (remplazado por máquinas-bots-robots). ¿*Quid* de los funcionarios de los cuerpos de TIC?, ¿qué papel han de jugar en los procesos de automatización?
15. Tensiones inter-orgánicas ¿quién debe/puede decidir si se robotiza un procedimiento administrativo y cómo?: ¿el centro directivo/gestor o la Subsecretaría? ¿Quién decide en la práctica, el centro directivo o la subsecretaría(DG de informática)?
16. Incidencia sobre derechos humanos, principios jurídicos y buena administración Incidencia/afección sobre derechos fundamentales (art. 18 CE). Afección negativa al principio constitucional-estructurante de la dignidad de la persona (art. 10.1 CE). Puede violar el principio o reserva de Humanidad[77]. La buena administración implica que toda persona tiene derecho a que sus asuntos, derechos e intereses legítimos sean tratados y resueltos directamente por una persona, y no por una máquina[78]. Necesidad de intervención de un empleado público[79]: el principio "human in the loop" (ser humano en el circuito).

76 Para un análisis más dilatado de estas repercusiones, *vid.* el capítulo del Prof. Alberto PALOMAR en esta misma obra colectiva.

77 Para un análisis más dilatado del principio de humanidad en el actuar administrativo, *vid.* el capítulo de la Profa. Juanita PEDRAZA en esta misma obra colectiva.

78 Sobre la conexión entre las exigencias del principio de buena administración y la actuación administrativa automatizada, *vid.* el número monográfico *European Review of Digital Administration & Law*, vol. 3, núm. 1, 2022.

79 Es conocida la jurisprudencia del Consejo de Estado italiano que requiere, aún en el caso de procedimientos automatizados, la intervención de un empleado público para verificar, controlar, validad o rechazar la resolución automática del procedimiento. *Vid.* al respecto, Ciafardoni, A.: "The Responsibility in Automated Administrative Decisions". *European Review of Digital Administration & Law – ("ERDAL")*, 2022, Vol. 3, Núm. 1, p. 154.

MATERIA y RIESGO, IMPACTO O EFECTO NEGATIVOS
Los límites del art. 22 del RGDP (vid epígrafe 5, *infra*). Violación de la Carta de derechos digitales (vid. supra)[80].
17. Categorías esenciales del Derecho administrativo Vid epígrafe IV, *infra*.
18. Régimen jurídico de la automatización administrativa Vid. epígrafe V, *infra*.

A la luz de la información condensada en estos cuadros, creemos poder extraer dos conclusiones. La primera: que la automatización procura muchos más beneficios a las empresas privadas que a la Administración pública, dado que en esta última no es posible o conveniente extraerlos (por ejemplo, despido de empleados públicos al ser sustituidos por máquinas, incremento de los beneficios "empresariales", etc.). La segunda: que los inconvenientes, riesgos y amenazas que se actualizan cuando se aplica el paradigma de la robotización de procesos en el actuar administrativo (algunos, con gran repercusión social y cultural) exceden claramente de los beneficios esperables.

Todo ello abona la tesis, avanzada en páginas anteriores, de que la introducción generalizada de la automatización en la actuación administrativa es una estrategia errónea, o por lo menos que se ha llevado a cabo de manera acrítica. En cualquier caso, no parece que nuestros dirigentes se planteen a corto plazo una pausa o revisión crítica del patrón de la automatización, sino todo lo contrario, su potenciación y diseminación[81].

---

80 El párrafo o principio XVIII de dicha Carta consagra una serie de "Derechos digitales de la ciudadanía en sus relaciones con las Administraciones Públicas", que pueden quedar comprometidos con el uso masivo e indiscriminado de la automatización, sobre todo si se combina con la inteligencia artificial.

81 *Vid.:* "La automatización de procesos dentro de la administración pública es una prioridad", revista electrónica *Administración Pública Digital*, edición del 19 de junio de 2023. En este artículo se nos informa de que "el 87% de los responsables de las Administraciones públicas han declarado que la automatización de procesos y flujos de trabajo dentro de la Administración es una prioridad en las estrategias generales de digitalización", según un estudio realizado por la consultora IDC. El mismo artículo sigue diciendo

IV. ACTUACIÓN ADMINISTRATIVA AUTOMÁTICA Y DERECHO PÚBLICO

Es evidente que un fenómeno como la AAA provoca de suyo un proceso de *des-humanización* progresiva en el actuar del Poder Ejecutivo. Dado que el Derecho administrativo y el Derecho público en su conjunto se han construido sobre la premisa de que las actuaciones materiales y las jurídicamente relevantes de la Administración son realizadas por seres humanos (agentes, autoridades, dirigentes), es lógico preguntarse si la generalización de la AAA no exige una profunda revisión del marco legal "clásico", marco que aparentemente ha acogido sin inmutarse la sustitución de personas por máquinas.

Entre las consecuencias de todo orden que la implementación indiscriminada de la automatización puede provocar en la Administración (y que se han cartografiado en el epígrafe anterior) figuran varios interrogantes y cuestiones problemáticas desde el punto de vista del Derecho público, que no podemos dejar de lado, por lo que las analizamos a continuación con la contención que impone una contribución como esta.

A) La robotización administrativa y algunas categorías esenciales del Derecho administrativo

El carácter disruptivo del proceso de sustitución del funcionario por ordenadores en la actuación administrativa suscita la cuestión de si dicho fenómeno obliga a, o aconseja, revisitar los conceptos esenciales de la organización administrativa y, por ende, de su derecho propio que es el Derecho administrativo. A nuestro juicio es así, y en

---

que "las Administraciones públicas españolas han automatizado el 40% de sus procesos. Cabe destacar que más de la mitad de las organizaciones encuestadas han automatizado más del 25% de sus procesos. Asimismo, los responsables de las Administraciones públicas han declarado que, en general, los procesos moderadamente complejos en los que intervienen varios departamentos son los que se automatizan con una mayor frecuencia". Este fenómeno parece, pues, irresistible.

ese conjunto de preocupaciones destaca la noción de acto administrativo y por extensión la de órgano administrativo.

1. Automatización administrativa, acto y órgano

La actividad formalizada de la Administración se articula sobre la base de un procedimiento administrativo (conjunto de fases y trámites sucesivos imbricados temporalmente) y cristaliza principalmente en actos administrativos y en disposiciones generales de rango inferior a la ley ("reglamentos"). El acto administrativo es una de las nociones básicas del Derecho administrativo. A pesar de su importancia doctrinal y jurisdiccional, carecemos (al menos en España) de una noción legal, o siquiera reglamentaria de dicho concepto matricial. En todas las acepciones doctrinales que se han propuesto (o al menos de las que conoce quien escribe), el acto es una decisión "formal" *de* la Administración, y esa decisión es adoptada por un órgano administrativo[82].

La noción del órgano administrativo es otra de los conceptos esenciales sobre los que pivota el Derecho administrativo[83], e igualmente es de lamentar que a pesar de su importancia, la regulación del órgano sea bastante superficial y fragmentaria[84]. Esta y la de acto, a nuestro juicio, son categorías que se ven fuertemente afectadas por la robotización administrativa.

En la actualidad, la automatización permite el dictado de actos administrativos "automáticos" [85], sin que en su procedimiento adminis-

---

82 Sobre los actos administrativos, vid. en general: Parejo Alfonso, A.: *Lecciones de Derecho Administrativo,* 12ª ed.,, Tirant lo Blanch, 2022, pp. 719 y ss.

83 Sobre este concepto basilar, *vid*: op. cit. nota anterior, pp. 377 y ss.

84 Según el art. 5.1 de la LRJSP, los órganos administrativos son las unidades a las que se atribuye el ejercicio de acciones que tengan efectos contra terceros, *id est,* que dicten actos administrativos. Vid. también el art. 34.1 de la LPAC: " Los actos administrativos que dicten las Administraciones Públicas, bien de oficio o a instancia del interesado, *se producirán por el órgano competente* ajustándose a los requisitos y al procedimiento establecido...".

85 El acto administrativo automático no debe confundirse con el acto electrónico, categoría que es más amplia que la primera. El acto administrativo electrónico es el que se corporiza de manera digital, pero no es necesario

trativo previo, ni en su dictado, intervenga directa o inmediatamente la mano de la autoridad administrativa en principio competente para dictarlo, dado que el acto es directamente producido por un sistema de información[86].

Esta categoría del acto administrativo automatizado, "automático" o *robotizado* nos parece bastante perturbadora, y nos cuestionamos si es posible hablar en ese caso de auténticos "actos administrativos", al menos en el sentido clásico que se ha venido dando a este concepto nuclear del Derecho público durante dos siglos. Como saben los versados en estos temas, la doctrina administrativista española se encuentra dividida en esta cuestión existencial: algunos autores admiten sin problemas esta nueva categoría, otros la rechazan.

No podemos abordar en profundidad esta inquisición, por razones de contención expositiva[87], pero no podemos evitar pronunciar-

---

que haya sido dictado a través de un procedimiento automatizado. En la actualidad, el acto administrativo *en forma electrónica* es la regla general (*vid.*: arts 36.1 y 88.4 de la LPAC). Por lo tanto, todos los actos administrativos "automáticos" son digitales o electrónicos, pero no todos los electrónicos son automáticos.

86 Sobre esta categoría conceptual ha trabajado de manera destacada el doctrinante uruguayo Federico J. Lacava. *Vid* su obra *Acto administrativo automático.* Ed. Astrea, Buenos Aires, 2022.

87 *Vid.* las referencias que a esta cuestión realiza el Prof. Antonio FORTES en el capítulo de su autoría incluido en esta obra colectiva. Para una exposición de las diferentes perspectivas realizadas al amparo de la antigua Ley 11/2007, *vid.*: Martín Delgado, I.: " Naturaleza, concepto y régimen jurídico de la actuación administrativa automatizada". *Revista de Administración Pública,* Nº 180, Madrid, septiembre-diciembre (2009), pp. 353 y ss. Precisamente este autor manifiesta que con la Administración electrónica, "[n*o se introduce (…) un modelo de Administración que rompa radicalmente con el anterior. La Administración sigue siendo Administración…Lo que varía son sus formas: tanto la organización administrativa, como el ejercicio de la función administrativa, quedan marcadas por el empleo de las nuevas tecnologías (…) De la misma manera, el procedimiento administrativo electrónico no es diferente del procedimiento administrativo común, sino el resultado de la aplicación al mismo de las TIC, con las nuevas oportunidades para el mejor cumplimiento del principio de eficacia que ello trae consigo*" por lo que concluye que la actuación administrativa automatizada resulta perfectamente compatible con la teoría del órgano y con el concepto actual de acto administrativo. En una posición diversa se ha

nos al respecto. A nuestro juicio, no se puede admitir el acto administrativo "robotizado", entendido como aquel que es el resultado de un procedimiento administrativo en el que la totalidad de sus fases son actuadas por un sistema de información programado, y no por una persona[88]. Dejamos a salvo la existencia de puros y simples actos de trámite, de impulso o informativos[89].

La Administración pública es una organización compuesta por seres humanos, que desarrollan tareas o misiones de la más variada naturaleza cognitivo-aplicativa y que piensan y deciden bajo su propia responsabilidad, afectando de ese modo a la esfera jurídica, las esperanzas y anhelos de sus conciudadanos. Sus decisiones se imputan a células abstractas constitutivas del universo burocrático: puestos de trabajo, unidades, altos cargos, órganos administrativos (directivos y superiores), etc. Si ello es así, no es posible aceptar entonces la existencia del denominado "acto administrativo electrónico"[90] o, más correctamente en nuestros días "acto automático", es decir, el que es el mero resultado de operaciones realizadas por máquinas, sin participación del ser humano; el que es el resultado de una automatización integral o completa de las diferentes fases o trámites que integran el procedimiento administrativo.

---

expresado Valero Torrijos, J.: *El régimen jurídico de la e-Administración. El uso de los medios informáticos y telemáticos en el procedimiento administrativo común*, Granada, 2007, p. 73. Para un examen de los posicionamientos de la doctrina argentina al respecto, y de la española más reciente, vid: Lacava, F. *Acto administrativo,... op. cit.* pp. 29-41.

88 Nos adherimos por lo tanto a la tesis escéptica, que ha sido defendida por autores tan prestigiosos como el llorado Prof. Ramón Parada Vázquez. Vid su obra *Régimen jurídico de las Administraciones Públicas y Procedimiento Administrativo Común*. Marcial Pons, Madrid, 1999, pp. 193-195.

89 Como el "recibo" de solicitudes que la Administración debe expedir automáticamente en los casos a que se refiere el art. 16.23 de la LPAC.

90 Entre los primeros cultivadores de este concepto (y de sus consecuencias doctrinales) se encuentra el administrativista italiano Giovanni Duni: "L´utilizzabilità delle tecniche elettroniche nell'emanazione degli atti e nei procedimenti amministrativi. Spunto per una teoria dell'atto amministrativo emanato nella forma elettronica". *Rivista amministrativa della repubblica italiana* anno 129° - giugno 1978, vol. CXXIX- fasc. 6).

A nuestro modesto juicio, la actuación administrativa automatizada (o *des-humanizada*) desnaturaliza por completo la noción de "acto administrativo" (al menos como la hemos venido entendiendo hasta ahora) y valida una concepción errada de la Administración pública: un maremágnum impersonal de máquinas, de robots pre-programados, y no de personas.

Frente a la tesis de que el "automático" no es más que una nueva y más moderna forma de cristalización del acto administrativo, no puede desconocerse que esa categoría no es un simple estadio más de la recepción de la ofimática en las dependencias administrativas, pues hasta ahora, incluso con el procesador de textos más avanzado, el acto administrativo es (¿era?) una decisión adoptada directa e inmediatamente por una persona, aunque se plasmara a continuación a través de la máquina que le daba forma escrita (de la mente del titular del órgano a la pantalla, y de allí a la impresora).

Con la AAA, en cambio, es el sistema de información previamente programado el que, de modo directo e inmediato toma la decisión (siguiendo instrucciones secuencializadas) que luego —solo en teoría— avala o acepta el titular del órgano. Decimos "solo en teoría", puesto que ese "ok" no es tampoco fruto de una operación racional consciente de comprobación de la identidad entre "lo querido" y "lo impreso" por persona alguna, sino que es también un acto tan impersonal como instantáneo, a través de la firma electrónica que se acopla o estampa (en forma de código de barras) al pie del escrito. No podemos negar que estamos ante un salto cualitativo de gran calado[91].

---

91 Puede apreciarse aquí una clara manifestación de lo que más arriba hemos llamado "traslación acrítica" de la robotización de procesos o RBA, de la empresa privada a la Administración. No vemos inconveniente en recibir, por nuestro cumpleaños, la felicitación impersonal y robotizada de unos grandes almacenes en los que solemos hacer compras. Sabemos que ese email que hemos recibido lo ha creado una máquina, automáticamente, sin que ninguna persona de esos grandes almacenes sepa de verdad cuándo cumplimos años, y a ninguna de ellas le importe. Recibimos con indiferencia ese mail en el que la aerolínea con la que acabamos de volar nos agradece "la confianza depositada en ella" y nos ofrece un descuento promocional si volvemos a volar con ella en los siguientes 30 días, etc. Todo eso, puede ser irrelevante que lo haga un ordenador o una persona. Pero, ¿y la Admi-

La construcción española del fenómeno administrativo (y la mayoría de las *continentales* europeas) se caracteriza por un marcado formalismo. Para el Derecho administrativo, los "actos" son decisiones emitidas o adoptadas por "órganos", no por seres humanos en sentido estricto. En realidad, para el Derecho administrativo las personas (las que deciden) no existen, o al menos tienen una importancia residual en la concepción dogmática de la actuación administrativa. Los órganos tienen, eso sí, "titulares" (esto es, personas de carne y hueso), y las decisiones de la persona que ha devenido "titular del órgano" a través del proceso de investidura se tienen por adoptadas por el órgano administrativo en virtud de la teoría de la relación orgánica[92] y se imputan a la Administración de la que forman parte dichos órganos, teoría que carece igualmente de una acabada regulación jurídica.

Es evidente que, por ejemplo, la concesión de un ascenso militar a un jefe del Ejército es una decisión que será adoptado por la Sra. M Robles (ministra de Defensa al tiempo de redactar estas líneas), después de un proceso cognitivo racional y en uso de sus facultades intelectivas superiores, sobre la base de un acopio documental-informativo formado por sus subordinados y colaboradores.

Sin embargo, ese hecho notorio y esencial del fenómeno administrativo carece de una prescripción legal. Esto es, no hay ninguna norma o precepto jurídico que diga explícitamente que un acto administrativo tiene que ser adoptado necesariamente por una persona, que es cabalmente el sustrato humano de ese constructo formal que es el "órgano". Este silencio normativo no puede explicarse más que de una sola manera sensata: porque es un hecho notorio (como la existencia de la noche) que las personas son las que actúan y deciden en la Administración, lo cual (a) no es necesario prescribirlo

---

nistración?, ¿no adopta decisiones completamente diferentes y mucho más serias? La denegación de una beca puede impedir que un joven estudie su carrera soñada; una contundente multa puede poner en serios aprietos económico-existenciales a una familia, etc. ¿Por qué estas diferencias sustanciales no se tienen en cuenta por los dirigentes a la hora de decretar la automatización indiscriminada de la actuación administrativa?

92 *Vid:* Parejo Alfonso, L*: Lecciones..., op. cit.* pp. 379-380.

porque es un "prius" sobre-entendido: la función administrativa es una función exclusivamente humana; y (b) conecta con la "reserva de humanidad" de la que hablaremos más adelante.

En realidad, y como toda noción platónica, el "órgano" no existe *en la vida*, no es más que un constructo que ha erigido (en el mundo de las ideas) una norma jurídica (de corte organizativo-creador). Hay, eso sí, un despacho amueblado, con un cartel en la puerta que lo identifica, y documentos que adveran su existencia, con diferentes códigos internos. El órgano, en realidad, no decide nada, pues nada puede decidir lo que no existe. Quien decide es su titular, la persona de carne y hueso que está "oculta" (para el Derecho administrativo) tras la pantalla del órgano.

Solo en contadas excepciones la persona que se sienta en la mesa del despacho que se ha adscrito al órgano administrativo (o a la unidad, célula de rango ontológico inferior) adquiere importancia jurídica, y las circunstancias personales de los titulares de los órganos administrativos (convertidos para ese propósito en "autoridades") se convierten en relevantes para el Derecho administrativo: surgen así las figuras de la recusación y de la abstención[93], figuras en las que, por decirlo gráficamente, se "rasga el velo" del formalismo para llegar hasta la persona que late y piensa en el despacho oficial. También adquieren relevancia dichas circunstancias humano-personales del titular del órgano en la figura de la "suplencia" inter-orgánica, caso en el que el titular de un órgano ejerce temporalmente las funciones atribuidas a otro órgano, por razones de enfermedad o viaje de su titular, etc.[94]

En ese caso se evidencia el hiper-formalismo de la teoría *continental* del órgano, pues la suplencia no supone la alteración de la competencia, por lo que (por ejemplo) el Sr. Luis Planas (Ministro de Agricultura al tiempo de escribir estas líneas) podría suplir temporalmente a la Sra. Robles en el ejercicio de sus funciones, y tomar decisiones que se atribuirán al órgano "Ministra de Defensa". Esto es, la decisión se atribuye al órgano, no a la persona que interinamente lo "actúa".

---

93 *Vid:* arts. 23 y 24 de la LRJSP.

94 *Vid.* art. 13 de la LRJSP.

Esta *Weltanschaaung* del fenómeno administrativo (tan ajena al pragmatismo y al realismo de los sistemas anglosajones) es la nuestra y tradicional. Es una concepción teórico-formal, en el que la Administración es una suerte de "Armada" compuesta por entidades angelicales, desprovistas de la carne y sangre humanas; integrada por órganos que son simples "centros de imputación" o de "emisión" de decisiones administrativas y que son creados "ex nihilo" (y disueltos) por las normas organizativas. Así, no nos perturba decir que un acto administrativo ha sido dictado por "la Dirección General de Minas", o por "la Secretaría de Estado de Medio Ambiente".

Independientemente del acierto o corrección lógica de esta concepción formalista de la Administración pública, está claro, para lo que interesa a estas cavilaciones, que dicha concepción puede favorecer o servir de pasarela epistemológica para admitir que una máquina pueda llegar a dictar un auténtico acto administrativo. Si las personas no tienen o no juegan un papel determinante en el proceso cognitivo-intelectivo del órgano (al menos no tienen un papel relevante o explicitado en Derecho). Si la Administración es una miríada de órganos *des-humanizados*; entonces, no nos repugna conceptualmente admitir que una máquina pueda llegar a adoptar una decisión que afecte a un ciudadano o empresa ampliando o restringiendo su esfera jurídica, y que dicha decisión se tenga por "adoptada" por un órgano y que se "impute" luego a la Administración.

Así, y dado que la Administración está compuesta por "órganos" abstractos desprovistos de condición humana esencial, podemos aceptar sin forzamiento conceptual excesivo que dicho órgano asuma (por virtud de la teoría de la imputación) las "decisiones" que produce una máquina, como si hubieran sido generada por la mente del titular del órgano, siempre que aquella haya sido preprogramada por aquel titular, o bajo su supervisión o aprobación[95].

---

95 Esa es precisamente la mayor debilidad de la aceptación de la automatización de la Administración como algo normal, natural o rutinario. Para nosotros, las decisiones de la persona "titular del órgano" se imputan a dicho órgano. Pero no es posible imputar al órgano "algo" producido por una máquina, que no puede realmente racionalizarse conceptualmente como "decisión". El maquinismo tiene, pues, sus límites evidentes.

Ahora bien, esa inteligencia no puede impedirnos constatar al menos un aspecto esencial: una máquina, un ordenador o un robot no son más que un amasijo de chapas, cables y tornillos. No pueden "decidir" nada —pues solo segregan una secuencia de "1" y "0"— y ni siquiera son conscientes de que están *decidiendo* algo. No es posible tergiversar lo que la Administración es en realidad: una organización integrada por personas, que han recibido la trascendental responsabilidad social de gestionar la Res Publica, y por lo tanto de adoptar decisiones personales bajo su propia responsabilidad (administrativa, política pero también eventualmente penal). El acierto de su gestión se corona con la gloria de una calle o de una estatua, su torpeza con el oprobio y el olvido. Estas personas de carne y hueso (los dirigentes de la Administración) realizan diferentes tareas, entre ellas pensar y decidir para el gobierno de lo público, ponderando a veces complejos intereses en presencia. Y solo las personas pueden expresar el sentir, el parecer o el mandato de la organización, aunque luego esa decisión "humana" se impute o conecte con la organización de las que aquellas forman parte.

Este hecho primario del carácter radicalmente *humano* de la Administración ha sido ya convenientemente estudiado y analizado por los especialistas, y han conseguido darle incluso un nombre atractivo: "la reserva de humanidad". No podemos estar más de acuerdo con estas doctrinas y con quienes las divulgan[96]. Por lo tanto, el empleo indiscriminado de la robotización en la Administración diluye *per se* un postulado esencial e irrenunciable de la actuación administrativa, que no es otro que aquella actúa a través de personas, y no a través de robots, máquinas o sistemas de información programados. Las máquinas, la ofimática, pueden ser útiles para aspectos puntuales del procedimiento (calcular revisiones de precios en la contratación, establecer listas o prelaciones de méritos en concursos funcionaria-

---

96 *Vid*, por todos: Ponce Solé, J.: "Inteligencia artificial, derecho administrativo y reserva de humanidad: algoritmos y procedimiento administrativo debido tecnológico". *Revista General de Derecho Administrativo*, 50, 2019; y Vaquer Caballería, M..: "El humanismo del derecho administrativo de nuestro tiempo". *Revista de Administración Pública*, nº 222, 2023, pp. 33-64. Vid. Igualmente la contribución de la Profa. Juanita PEDRAZA en esta obra colectiva.

les), pero no pueden asumir *in toto* el procedimiento administrativo, y mucho menos resolverlo.

2. La autoría del acto

Uno de los presupuestos básicos de toda la teoría del acto administrativo consiste en que es una decisión de un órgano dado, adoptado por su titular, y no por otra persona. No se tolera que el acto sea adoptado por otro agente (salvo los casos de suplencia). El poder administrativo que el acto de investidura otorga a una persona como titular de un órgano ha de ser ejercitado *intuitu personnae* por aquella. En nuestra concepción del fenómeno administrativo, cualquier situación diversa se considera irregular o claramente ilegal.

Tradicionalmente, el acto de la firma manuscrita —de puño y letra— por el titular del órgano servía para adverar la existencia de esta correlación estricta entre autoría nominal y real en el dictado del acto, para plasmar la identidad entre el "cogito" del dirigente y su plasmación documental[97]. La firma manual era el acto humano "finalizador" del procedimiento, acto que podía ser incluso objeto de delegación[98]. Un vestigio de dicho pasado pervive aún en la administración digital o electrónica, según advera la actual LPAC[99].

Podría ciertamente sostenerse que el acto administrativo automático no es más que una forma moderna del mismo, el resultado de una previa programación o encauzamiento decisorio traducido en "algoritmos", conjunto de

---

97 Vid. art. 5.5 de la L30/92.

98 Artículo 16 de la L30/92, actualmente reproducido textualmente por el art 12.1 de la LRJSP: *Delegación de firma. 1. Los titulares de los órganos administrativos podrán, en materia de su propia competencia, delegar la firma de sus resoluciones y actos administrativos a los titulares de los órganos o unidades administrativas que de ellos dependan, dentro de los límites señalados en el artículo 13.*

99 Art. 36.2 de la LPAC. "En los casos en que los órganos administrativos ejerzan su competencia de forma verbal, la constancia escrita del acto, cuando sea necesaria, se efectuará *y firmará por el titular del órgano* inferior o funcionario que la reciba oralmente, expresando en la comunicación del mismo la autoridad de la que procede. Si se tratara de resoluciones, el titular de la competencia deberá autorizar una relación de las que haya dictado de forma verbal, con expresión de su contenido..."

instrucciones informáticas que se suministran a la máquina. Algoritmo que, bajo la supervisión y aún aprobación del titular del órgano competente, traduciría fielmente las fases o peculiaridades instructorias de un procedimiento administrativo dado. Sin embargo, esta faceta de la robotización administrativa nos alerta de otro de sus aspectos preocupantes, pues dicho patrón puede llegar a diluir la certeza de la auténtica autoría del acto administrativo.

En efecto, en la Administración pública clásica, la que instruía procedimientos en papel, el titular del órgano podía seguir los diferentes estadios del acopio cognitivo-documental que se iba plasmando en el expediente, y luego decidir en consecuencia. En los procedimientos en masa, el instructor del procedimiento, un colaborador o subordinado, elevaba a la firma del titular del órgano competente la propuesta de resolución. Ese momento presencial permitía al dirigente examinar —siquiera fugazmente— el contenido de la futura resolución e interrogar de paso al subordinado por la naturaleza y cariz del expediente. La resolución que latía "in nuce" en el portafirmas era presta a transmutarse en un auténtico "acto administrativo" con la sola firma manual del dirigente. Era así factible que el titular del órgano, siquiera fuera de pasada, leyera el acto administrativo que iba a firmar de su propia mano y fuera el auténtico autor intelectual del acto, aunque no hubiera instruido personalmente el procedimiento ni tuviera un conocimiento exhaustivo del expediente.

En un momento posterior llegó la firma electrónica, que permitió desacoplar el momento de la preparación de la resolución o su propuesta, y el acto de la firma (electrónica), que el titular del órgano (o cualquiera al que aquel le hubiera dado las claves correspondientes) podía "firmar" en cualquier momento sin ni siquiera leer o examinar previamente el contenido del acto que presuntamente *firmaba*, haciendo "click" en la casilla correspondiente de la carátula o pantalla del programa, y sin ni siquiera hallarse en su despacho oficial. Esto era ya bastante turbador por sí solo.

La automatización administrativa llega un paso más lejos, puesto que a la producción robotizada del acto por parte del sistema informático se le acopla automáticamente una firma digital, la del titular del órgano. Ahora bien, en este caso el titular del órgano no lee ningún borrador o propuesta de resolución al que le dé "visto bueno" alguno (previo a su dictado), como consecuencia de un acto consciente y racional. Al contrario, la firma forma parte del proceso robotizado, es una fase más de la automatización. La genera de suyo la máquina, sin que intervenga tampoco en ese momento crítico ninguna persona. En este proceso evolutivo que aquí exponemos, la firma manual devino luego en un garabato digitalizado (en el que aún latía cierto aliento "humano") para acabar siendo, hoy, un mero código de barras.

Podría salvarse este escollo aduciendo que, en realidad, el acto administrativo automático es el fruto de un código fuente que ha elaborado el propio órgano autor de los innumerables actos se producirán más tarde. Con ello, el propio agente ha anticipado su circuito decisorio, plasmándolo en el código fuente, de modo que este cristaliza su "cogito", que luego la máquina se limita a aplicar a los diferentes expedientes.

No podemos aceptar esta inteligencia, pues en la práctica el titular del órgano no es la persona que programa el sistema de información, quien concibe el código-fuente y quien comprueba si el algoritmo funciona adecuadamente. Normalmente será un servicio o departamento ajeno el que realiza esas tareas, cuando no un contratista externo. Eso hace que quiebre por la base el credo de que la autoría del acto queda salvaguardada en el caso del acto automático. Al contrario, se desintegra por completo la continuidad entre la concepción del acto, su plasmación y su autoría, pues en realidad se anticipa la solución del expediente "futuro" a la ocurrencia de ciertos eventos programados secuencialmente en la memoria de la máquina (código fuente). De modo que una firma electrónica puesta al pie de una resolución no nos garantiza la autoría y responsabilidad del acto, es un mero signo gráfico que figura al pie del documento electrónico.

Como puede apreciarse, con la AAA la noción de "acto administrativo" como decisión que adopta *personalmente* un dirigente público, que se imputa a la Administración de referencia, se convierte en un puro mito, una auténtica *fictio*, pues el titular del órgano ignora por completo la existencia de los actos administrativos que "genera" y que supuestamente ha *firmado*.

En efecto, en el sistema actual ¿cómo estar seguros de que la resolución de la Dirección General de Minas ha sido realmente firmada (al menos visada) por el director general de minas? El administrado no puede tener ninguna seguridad de que así sea, o de que no haya sido dictada en realidad por un subdirector o vocal del centro directivo.

Una teórica vindicación de la robotización administrativa podría salvar ese "pequeño" escollo diciendo que ese hecho no es relevante, puesto que se supone que el titular del órgano daría también su consentimiento o visto bueno a tales actos, dado que son resoluciones estandarizadas, donde la firma final de un ser humano no añadiría nada, salvo una pérdida de tiempo. Tiempo que el dirigente puede emplear en empeños más edificantes (como acudir a un programa de televisión).

Esta tesis, empero, no se puede sostener. No se puede dar por buena una construcción según la cual una persona viene más o menos a visar "anticipadamente" cientos o miles de actos administrativos, sin haberlos visto, leído o examinado antes. Actos que afectan, a veces de manera determinante, a la vida, los derechos y las expectativas de seres humanos "de verdad". Así, la Administración da por bueno "lo que salga" de la máquina, una vez introducidos en ella el algoritmo y el *software* correspondiente, de manera que el acto administrativo automático no es más que la cristalización fatal y mecanicista —totalmente debida— del algoritmo, que es la traslación al lenguaje computacional de la regulación legal de un procedimiento.

3. La responsabilidad por el acto

Con la automatización, se supone que el titular del órgano conoce completamente los pormenores de la robotización del procedimiento del que es competente. Automatización que permite el "dictado" de los actos, que la máquina se encarga —también— de firmar por él. Esto implica que el titular del órgano "comprende" y acepta el algoritmo que le ha diseñado la empresa de servicios que ha contratado para automatizar un determinado procedimiento o actuación, y por lo tanto es responsable de dicho acto, para bien o para mal.

Ahora bien, ¿es eso así en la práctica?; ¿el titular del órgano tiene los suficientes conocimientos de ingeniería informática para verificar, antes de lanzar a la máquina a dictar miles de actos, que el procedimiento ha sido correctamente secuencializado y robotizado? Dicha persona, ¿comprende o está en condiciones de saber o verificar que el algoritmo resultante del proceso de automatización responde fielmente a sus instrucciones, o al procedimiento legal establecido?; ¿Puede estar seguro de que no hay errores o sesgos? Dudamos mucho de que ello sea así…

No hay que olvidar algo importante: en el escenario robótico, el titular del órgano no puede alterar ni modificar el algoritmo (la secuencia de instrucciones) que previamente se ha introducido en el sistema informático y con arreglo al cual se van a resolver miles de expedientes. Una vez que la aplicación informática "se lanza" o activa, el titular del órgano (la persona que formalmente firma o advera todas y cada una de las resoluciones que el ordenador segregará de forma robotizada) no puede por su propia iniciativa ni pericia alterar el algoritmo.

Vemos aquí otra diferencia sustancial con el modo tradicional o no automatizado del actuar administrativo, aspecto que nos obliga a repensar de modo crítico el advenimiento de los actos administrativos automáticos. Múltiples son las incógnitas que se advierten en lontananza. En primer lugar, cómo afecta la automatización a la rendición de cuentas y a la responsabilidad político-administrativa del dirigente, que es un postulado clásico sobre el que descansa la dogmática tradicional del acto administrativo[100] y que está recogido expresamente en nuestra Constitución (art. 9.3). Ese precepto constitucional, ¿constituye un límite a la expansión generalizada de la automatización administrativa?; ¿el empleo generalizado de máquinas puede diluir la responsabilidad *personal* del dirigente por su gestión? Vemos aquí importantes cuestiones, que solo podemos enunciar.

En segundo lugar, procede plantearse el modo o manera en que la automatización afecta a la responsabilidad penal del funcionario/

---

100 Sobre este importante asunto, vid.: Orofino A.G. y Orofino, G.R.: "L'automazione amministrativa: imputazione e responsabilità". *Giornale di diritto amministrativo*, No. 12 (2005); Ciafardoni, A.: "The Responsibility in Automated Administrative Decisions". *European Review of Digital Administration & Law – ("ERDAL")*, 2022, Vol. 3, Núm. 1, pp. 151-158.

autoridad. En efecto, en el caso del dictado un acto automático, ¿es todavía posible que se consume un delito de prevaricación administrativa? En ese caso, ¿la responsabilidad penal sería del titular del órgano o del autor del algoritmo?

La tercera, relativa igualmente al elemento volitivo tradicional del acto, tiene que ver con la desviación de poder: ¿sigue habiendo desviación del fin del acto en el caso del acto automático?; ¿realmente hay un desacople entre el fin perseguido por el titular del órgano y el fin para el que el ordenamiento autoriza a dictar ese acto?

Como puede observarse, la robotización es algo mucho más complejo que reducir un procedimiento administrativo a código fuente y lanzar a un ordenador a "producir" miles de supuestos actos administrativos. Al contrario, las implicaciones de tal estrategia son numerosas, y no parecen haberse tenido en cuenta por los dirigentes o por nuestro marco legal.

Es pertinente finalmente hacerse una pregunta que tiene importantes consecuencias prácticas: una vez que el acto automático ha sido emitido, ¿se encarga alguien, algún ser humano, de leer o de comprobar la exactitud, veracidad o sentido de esos actos administrativos? (desde luego no el titular del órgano, que ha sido exonerado gracias a la robotización de cargas de trabajo penosas y repetitivas). Por ejemplo: actualmente se emiten automáticamente miles de certificados administrativos del más variado cariz (vida laboral, notas académicas, empadronamiento, etc.). ¿Alguien se encarga de comprobar que esos certificados son correctos, que están bien o mal? La Administración confía ciegamente en la máquina, por lo que mucho nos tememos que no es así. La Administración espera, eso sí, que si un certificado está mal y ello perjudica al solicitante del mismo, se quejará y solicitará su rectificación, pero ¿y si es al revés?

Dado que aparentemente *nadie comprueba nada*, la automatización posee una gran potencialidad para acrecentar el aspecto "kafkiano" de muchas facetas del actuar administrativo, pudiendo agigantar el absurdo en el que frecuentemente se manifiesta la Administración[101].

---

101 Suelen saltar a los medios de comunicación ejemplos de comunicaciones administrativas en las que la Administración requiere al administrado a ha-

B) El ámbito lícito o conveniente de la robotización administrativa

Asunto igualmente crítico es el de determinar en qué ámbitos debe o puede introducirse la AAA. Es una cuestión de enorme calado, que solo podemos dejar apuntada aquí, y que se vertebra a lo largo de tres diferentes cuestiones.

La primera viene representada por la dualidad acto reglado-acto discrecional. En efecto, la automatización administrativa, ¿debe admitirse solo para el dictado de actos reglados, o también puede admitirse en el caso de los actos en los que la Administración goza de un margen de apreciación técnica, o incluso de abierta discrecionalidad?

Tal y como se ha dicho al principio de esta contribución, la automatización fabril o de procesos exige (para ser viable) que los procedimientos estén normalizados o estandarizados al máximo. Esta circunstancia técnica esencial, extrapolada a la actuación administrativa automatizada, nos induce a pensar que la auténtica automatización de la AP solo puede recaer, en puridad, sobre actos administrativos reglados y dictados en procedimientos en masa, dado que si el acto administrativo fuera discrecional o singularizado, se estaría dando una solución *ad hoc* a un problema que por definición debe ser estandarizado. Con lo cual, actuación automatizada y acto o competencia discrecional serían conceptos incompatibles.

La lógica del pensamiento computacional parece suscribir esta tesis, pues en el caso de actos discrecionales, la serie de instrucciones estandarizadas en que consiste el algoritmo no tiene los "elementos" suficientes para dar con la solución que es correcta, por lo que nece-

---

cer cosas absurdas, o que desafían el sentido común. Por ejemplo, Hacienda dirige a un contribuyente una reclamación por su declaración del IVA por importe de un céntimo (vid: https://www.lavozdegalicia.es/noticia/coruna/2002/01/29/hacienda-reclama-centimo-euro-duenas-bar-concepto-iva/0003_936937.htm). Evidentemente, la única explicación plausible es que nadie en la Agencia Tributaria ha debido leerse esa carta (indigna o cuanto menos absurda) antes de enviarla. Además, según el principio de eficiencia esa carta no debió enviarse nunca, pues el coste del impreso de autoliquidación, del sobre y del sello excedía con claridad el importe de la deuda reclamada.

sita de la inteligencia artificial, lo que hace que la decisión final sea difícilmente predictible para el programador informático.

El Derecho comparado no ofrece en este terreno un panorama unitario: en Alemania, como nos enseña la doctrina, está prohibido (en principio) el uso de la automatización para el dictado de actos discrecionales[102]. En Italia, sin embargo, la jurisprudencia del *Consiglio di Stato,* al principio cautelosa, actualmente parece no encontrar óbices de bulto para vedar la automatización a los actos discrecionales[103]

En estas cuestiones, ¿cuál es la opción de nuestro ordenamiento jurídico? A nuestro juicio, no hay elementos de *lege data* para resolver esta incógnita, pues nuestro marco legal es tremendamente enteco y *plano,* y no introduce restricciones materiales significativas en el uso intensivo de la automatización, lo que, como se verá más adelante, constituye una de sus falencias.

La segunda disyuntiva se refiere a la dupla acto definitivo/recursos administrativos: Si aceptamos la BPA en la actuación administrativa como algo "normal", incluso para el dictado de actos administrativos singulares, ¿cómo nos podremos entonces oponer a ella en el caso de procedimientos de impugnación o de recursos administrativos, en los que los sistemas de información debidamente adiestrados podrían, si no producir la resolución del recurso (algo por otra parte posible con la actual IA generativa) sí al menos detectar aspectos formales como la interposición en plazo del recurso u otros aspectos reglados?

La tercera y última dualidad tiene que ver con el binomio "actividad material/actividad formalizada" de la Administración[104].

Como se expondrá más adelante, el marco legal español de la automatización administrativa parece constreñirse a la actividad forma-

---

102 *Vid.* Huergo Lora, A.: "Una aproximación a los algoritmos desde el Derecho administrativo", en Huergo Lora (dir).: *La regulación de los algoritmos,* Aranzadi-Thomson-Reuters, Cizur Menor, 2020, pp. pp. 61-2.

103 Vid.: Ciafardoni, A., *op cit.*, en nota 100, p. 156

104 Sobre este binomio esencial, vid: Parejo Alfonso, L: *Lecciones….op. cit.* pp. 560-2

lizada de la Administración. Sin embargo, la automatización también puede emplearse, y se emplea de hecho en numerosos aspectos de la actuación real o técnica de la Administración.

La cuestión aquí es que la actividad "formalizada" y la "real" o técnica pueden estar conectadas de una manera tan íntima que puede llegarse a una situación en la que la distinción de una y otra sea difícil, dificultad que acrecienta la automatización. Para ilustrar esta cuestión, pongamos como ejemplo de automatización (en este caso, de actividad material o "real" de la Administración pública) la realización de un examen de la asignatura "Historia contemporánea de España" en una universidad pública, distinguiendo para ello (como se anticipaba en el epígrafe II.C.1) entre diferentes grados de automatización:

a) Automatización nula: Una profesora de la universidad puede perfectamente concebir, componer y redactar ella misma un examen de respuesta múltiple de esa asignatura, reproducirlo en el servicio de reprografía de la facultad, llevar los exámenes en papel al aula, distribuirlos entre sus alumnos y pedirles que cumplimenten las respuestas tachando las correspondientes cruces en un cuestionario aparte. Esos formularios estandarizadas son corregidos luego por la propia profesora con la ayuda de unas plantillas de cartón dotadas de los orificios correspondientes a las respuestas acertadas, etc. En este caso, todo el proceso es "humano", y la intervención de *lo automático* es nula. La funcionaria "profesora titular de Historia de España" controla en todo momento el proceso secuencial del examen.

b) Automatización baja o mínima: mismo ejemplo que el anterior, pero en este caso los cuestionarios de respuestas serán corregidos no por la profesora, sino por un lector óptico; máquina que realizará la corrección mecanizada y ofrecerá a la profesora un listado con vastas columnas y datos, de los que luego la docente extraerá las notas correspondientes, procediendo luego al volcado de las mismas y a su publicación bien en el tablón correspondiente, bien en la *web* o aplicación electrónica correspondiente de la Facultad.

En ese supuesto se aprecia un uso evidente, aunque todavía menor, de la mecanización o automatización: el examen ha sido enteramente concebido y diseñado por la profesora (por un ser humano), y las notas son el resultado de un análisis, comprobación y ponderación cuidadosa, en el que la corrección por la máquina solo ha supuesto la automatización de la fase más pesada de la corrección, puesto que si la profesora hubiera corregido uno por uno los exámenes (a mano) habría necesitado dos horas, mientras que, de esta forma, la máquina los ha corregido en tan solo dos minutos. Ahora bien, el proceso de corrección ha sido en todo momento realizado por un técnico informático, con la presencia de la profesora, y ambas personas supervisan y controlan la correcta realización de la actividad de corrección[105].

c) Automatización de grado medio: En este caso, el examen es diseñado directamente por los ordenadores del centro. Estos, siguiendo unas instrucciones (software) previamente instalado, seleccionan aleatoriamente las 60 preguntas de la prueba a partir de una base compuesta por 500 preguntas (elaboradas al principio del curso por el conjunto de profesores de Historia del departamento correspondiente). La corrección se realiza según el supuesto anterior.

d) Automatización de grado máximo: En este caso, el examen es diseñado directamente por los ordenadores del centro. Estos, siguiendo unas instrucciones (*software*) previamente instalado, seleccionan aleatoriamente las 60 preguntas de la prueba a partir de una base compuesta por 1000 preguntas (elabora-

---

[105] La máquina correctora es primero objeto de prueba (por ejemplo: si el test se compone de 60 preguntas, se comprueba que la máquina corrige las 60 preguntas y solo esas, y que califica de 0 a 10, etc.). Las dos personas están permanentemente "sobre" la máquina, controlando su funcionamiento y actuando en casos de disfunción; parando su funcionamiento en caso contrario; introduciendo los cambios y correcciones necesarias, etc. Los errores de lectura no son infrecuentes, pero se enmiendan a mano con "Tipp-ex".

das al principio del curso por medio de IA generativa)[106]. La máquina determina el orden en el que las preguntas vendrán consignadas en el examen, que no se imprime en ningún momento, puesto que es realizado (a una hora establecida precisa y puntualmente) por cada alumno utilizando los ordenadores de la sala informática del centro. Al realizar el examen, los alumnos no pueden modificar sus respuestas ni ir *hacia atrás* (rectificando, por ejemplo, la respuesta a la pregunta nº 11 cuando se encuentran cumplimentando la nº 51). Finalizado el examen, la máquina suministra de modo casi instantáneo la nota de cada estudiante. Esa es la nota final de la asignatura, que se incorpora al expediente académico oficial y digital de cada estudiante. Durante el proceso no ha intervenido ningún profesor del centro.

En las líneas precedentes hemos visto un ejemplo de utilización gradual de la actuación automática, en cuya manifestación extrema la mera actuación real o técnica llega a transformarse en auténtica actuación formalizada, mediante la producción de una calificación final definitiva que se incluye en el expediente académico, que es un supuesto, según la jurisprudencia, de acto administrativo "fetén".

C) Otros aspectos a considerar

El análisis de la *des-humanización* operativa en la Administración pública, desde la perspectiva del Derecho público, depara numerosas cuestiones adicionales, que aquí solo podemos apuntar por razones de contención temática. La primera consiste en dilucidar si la regulación general actual del acto administrativo (LPAC y normas concordantes) es suficientemente generosa y amplia para acoger en

---

106 Los ordenadores del centro crean y elaboran ellos mismos (ellos "solos") las preguntas potencialmente incluidas en el examen sobre la base de una vasta información disponible en millones de "webs", y establecen diferentes grados de dificultad, etc. De hecho, pueden elaborar miles y miles de preguntas que no se repiten nunca, e incluso actualizarlas o adaptarla a medida que el vasto orbe digital segrega nueva información sobre la Historia de España...

su seno y dar respuesta a los numerosos interrogantes que suscita la categoría del acto administrativo automático, o por el contrario es necesaria una regulación específica del acto administrativo automático, (tesis que vindicamos).

La segunda tiene que ver con la motivación del acto, que es un requisito formal imprescindible en muchos de ellos (art. 45 LPAC). Desde esa perspectiva, la duda es cómo debe enfocarse o regularse la motivación de acto en el caso del acto automático. ¿la motivación es el algoritmo?, ¿el acto automático no debe ser motivado?¿basta la remisión al algoritmo, como sucede con la remisión a informes? (art. 88.6 LPAC).

La tercera se conecta con las consecuencias que se derivan, para la teoría de las nulidades del acto, del hecho de que los actos administrativos automáticos hayan sido dictados como consecuencia de un algoritmo erróneo. La cuestión aquí es discernir si ese hecho debe ser considerado como una nueva causa, autónoma, de nulidad o anulabilidad del acto automático, o se puede subsumir entre las ya existentes.

La cuarta se refiere naturalmente al corazón o "motor" de la automatización, el código fuente o algoritmo. Dado que los juristas tienen la tendencia a cogitar sobre la naturaleza jurídica de los más variados fenómenos, es normal que se plantee cuál es la del algoritmo. Este es un debate que ya he merecido un rico debate doctrinal, al que nos remitimos y que no podemos abordar por contención temática[107].

La quinta y última es de carácter ético o filosófico, y se cuestiona si la implantación de la robotización tiene límites, y en caso positivo cuáles son estos, de carácter material o procedimental. ¿Vamos hacia una Administración total o mayoritariamente robotizada?; ¿el proceso actual tiene vuelta atrás, y en caso positivo quién o cómo puede

---

107 Sobre esta cuestión, *vid.*: Boix Palop, A.: "Los algoritmos son reglamentos: la necesidad de extender las garantías propias de las normas reglamentarias a los programas empleados por la Administración para la toma de decisiones". *Revista de Derecho Público: Teoría y Método,* vol. 1, 2020, pp. 223 y ss. Berning-Prieto, A.: "La naturaleza jurídica de los algoritmos", en Gamero Casado, E. (ed.): *Inteligencia artificial y sector público. Retos, límites y medios,* Tirant lo Blanch, Valencia, 2023.

disponerlo?; ¿el acceso presencial a funcionarios y agentes es algo del pasado? Como puede advertirse, las preguntas pueden extenderse en torno a este "*brave new world*" Huxleyano, en el que los ordenadores, los bots, los algoritmos y la inteligencia artificial conformarán una Administración que por ahora no podemos más que vislumbrar parcialmente.

V. EL MARCO LEGAL ESPAÑOL DE LA ACTUACIÓN ADMINISTRATIVA AUTOMATIZADA

La AAA es un patrón funcional cuyo empleo se ha multiplicado indiscriminada y silenciosamente en la Administración pública sin que —como intentamos razonar a continuación— exista un marco legal adecuado que habilite, discipline o controle satisfactoriamente esta transformación disruptiva de la dinámica del Poder Ejecutivo, por lo que puede decirse que la recepción y la generalización de la robotización administrativa ha caminado (y sigue discurriendo) por delante de la senda del Derecho.

A) Evolución legislativa

La evolución legislativa de esa normatividad (parcial y desfalleciente) puede exponerse, *grosso modo,* como sigue:

Iniciamos este breve *aperçu* histórico con la Ley de Procedimiento Administrativo (LPA) de 17 de julio de 1958 (BOE del 18), la primera ley española digna de ese nombre. Esta ley consagró varios principios de la actuación administrativa, y entre ellos los de economía, celeridad y eficacia (art. 29). Al servicio de tales principios, la LPA dispuso la realización de unas tareas de "normalización y racionalización" de actuaciones y procedimientos. Así, la Ley disponía que "*los documentos y expedientes administrativos serán objeto de normalización, para que cada serie o tipo de los mismo obedezca a iguales características y formato*" (art. 30.1). Por otra parte, la ley mandaba racionalizar los trabajos burocráticos, que deberían efectuarse "*por medio de máquinas adecuadas, con vista a implantar una progresiva mecanización y automatismo en las oficinas públicas*" (art. 30.2).

Puede verse cómo se emplea aquí —posiblemente por primera vez en nuestro Derecho administrativo— la palabra o concepto del automatismo en el actuar administrativo, esto es, la automatización de su actuación. La implantación de esta mecanización y automatismo, empero, se sometía a un requisito: que el volumen del trabajo a realizar hiciera "económico el empleo de estos procedimientos" (art. 30.2, *in fine*). Esto es, la automatización no podía materializarse más que en las oficinas, negociados o dependencias en los que el volumen de trabajo fuera lo suficientemente alto y complejo para ameritar aquella. No tenía sentido, por lo tanto, la automatización cuando el servicio administrativo correspondiente tuviera una carga de trabajo reducida.

La LPA introdujo una regla atributiva de competencia, según la cual la normalización y racionalización referidas serían establecidas para cada departamento por el ministro respectivo, a propuesta del secretario general técnico o, en su defecto, del subsecretario, y, cuando se tratara de normas comunes a varios ministerios, por la Presidencia del Gobierno (art. 31).

Como puede imaginarse quien esto leyere, mucho se ha avanzado en las cuestiones aquí examinadas desde la promulgación de aquellas primigenias reglas legales, aunque llama poderosamente la atención que la generalización del empleo de la actuación robotizada por la Administración no haya sido acompañada por la promulgación de ulteriores leyes o disposiciones que abordaran todas y cada una de las aristas e interrogantes de esta peligrosa forma de actuación administrativa.

Así, desde la vieja LPA transcurrieron varias décadas sin que se aprobara ley o disposición alguna que se refiriera a, o regulara, la actuación automatizada de la Administración. La razón principal para ello es que la robotización administrativa todavía era un objetivo o realidad lejanos. La promulgación de la Ley 30/1992, de 26 de noviembre (LRJ-PAC), hoy derogada, no constituyó excepción a esa observación, puesto que esa norma legal dedicó muy pocas referencias a la actuación automatizada de la Administración[108].

---

[108] Los comentarios y análisis de esta ley fueron caudalosos. Vid. por todos: Parada Vázquez, R.: *Régimen jurídicos de la Administraciones públicas y procedi-*

En efecto, la Ley 30/1992 hizo una mención a la automatización administrativa en el párrafo V de su exposición de motivos, pero lo hacía principalmente para lamentar que no se hubiera desarrollado más[109]. Curiosamente, tampoco hizo nada para incentivarla o regularla. En efecto, la única disposición digna de ese nombre que se dedica a la automatización es su Disp. Adic. 21ª, que se refiere a la remisión automática al BOE de anuncios de notificación infructuosa, para su publicación ulterior, con el fin de cumplir con las reglas legales relativas a la notificación de las resoluciones administrativas[110].

En cambio, la L30/1992 apostó fuertemente por "el empleo y aplicación de las técnicas y medios electrónicos, informáticos y telemáticos" para el desarrollo de la actividad de la Administración y el ejercicio de sus competencias (art. 45.1). Sobre esta cuestión, empero, dispuso una regla muy valiosa: dicho empleo de la técnica se debería llevar a cabo "con las limitaciones que a la utilización de estos medios establecen la Constitución y las Leyes". Es de lamentar que esta regla de cautela y de prudencia se haya perdido en las sucesivas leyes que han versado sobre estos aspectos.

Otras previsiones dignas de cita son el art. 45.3 y el 45.4 de esa ley. El primero disponía que "los procedimientos que se tramiten y terminen en soporte informático garantizarán la identificación y el ejercicio de la competencia por el órgano que la ejerce". Esta dispo-

---

miento administrativo común (estudio, comentarios y texto de La Ley 30/1992, de 26 de noviembre). 2ª ed., Marcial Pons, 1999.

109 Dice así, entre otras cosas: "....La (LPA) de 1958 pretendió modernizar las arcaicas maneras de la Administración española, propugnando una racionalización de los trabajos burocráticos ...Este planteamiento tan limitado ha dificultado el que la informatización.... haya tenido hasta ahora incidencia sustantiva en el procedimiento administrativo....El extraordinario avance experimentado en nuestras Administraciones Públicas en la tecnificación de sus medios operativos... se ha limitado al funcionamiento interno, sin correspondencia relevante con la producción jurídica de su actividad relacionada con los ciudadanos...".

110 Dice así: "La Agencia Estatal Boletín Oficial del Estado pondrá a disposición de las diversas Administraciones Públicas un sistema *automatizado* de remisión y gestión telemática para la publicación de los anuncios de notificación en el "Boletín Oficial del Estado" previstos en el artículo 59.5 de esta Ley...." (cursiva añadida).

sición no se refiere en realidad a la AAA sino a la actuación electrónica, aunque esta previsión ha pasado a la regulación de aquella, como se verá luego. En cuanto al art. 45.4, establecía que "los programas y aplicaciones electrónicos, informáticos y telemáticos que vayan a ser utilizados por las Administraciones Públicas para el ejercicio de sus potestades, habrán de ser aprobados por el órgano competente, quien deberá difundir públicamente sus características". Esta era nuevamente, una previsión digna de encomio, y su último inciso, el de la pública difusión de las características de los programas informáticos, parece haber desaparecido de la normativa actual. Con ello se comprueba una nueva falencia del marco legal vigente, tal y como se dirá luego

La legislación tributaria (Ley 58/2003, de 17 de diciembre, General Tributaria, en adelante "LGT") constituye un hito importante en este breve recorrido histórico. En efecto, de manera absolutamente inopinada y constitucionalmente irregular, el legislador "tributario" se va a adelantar al legislador del procedimiento administrativo común (art. 149.1.18 CE) y va a introducir en el articulado de esa ley ciertas disposiciones que se refieren a la AAA.

Procede destacar que la LGT de ningún modo funge como procedimiento administrativo común, sino que, según su EM, se limita a *adaptar* "a las especialidades del ámbito tributario la regulación del procedimiento administrativo común..."(Párrafo II). Como es sabido, los procedimientos de gestión tributaria y la revisión de actos en vía administrativa en materia tributaria estaban excluidos de la Ley 30/1992 al tiempo de la promulgación de la LGT (Disp. Adic. 5ª de aquella norma), exclusión discutible que sigue hoy en vigor: la Disp. Adic.1ª de la LPAC 2015 dispone la aplicación meramente "supletoria" de la misma respecto de la legislación tributaria.

El artículo relevante para nuestros propósitos expositivos es el 96. Su primer apartado se limita a decir que la administración tributaria "promoverá la utilización de las técnicas y medios electrónicos, informáticos y telemáticos necesarios para el desarrollo de su actividad" previsión absolutamente superflua por venir ya establecida en la L30/1992. El apartado 2 prevé la posibilidad de que los ciudadanos puedan relacionarse electrónicamente con la dicha Administración tributaria, posibilidad que en la práctica se ha intentado convertir en una obligación, como ya sabemos (vid nota 52).

El apartado 4 es el típico ejemplo de una previsión normativa innecesaria, pues es evidente que cualquier programa y aplicación electrónica que utilice la AP tiene que ser previamente aprobado por esta. Aquí se ve otro ejemplo de la tendencia irrefrenable del "legislador tributario" a construir, no una legislación parcial y específico-especial en el marco del procedimiento administrativo común, sino todo un ordenamiento administrativo paralelo y formalmente independiente del canon común, pero sin auténtica originalidad.

El apartado 5 confirma la observación precedente, pues al proclamar que los documentos emitidos electrónicamente "... tendrán la misma validez y eficacia que los documentos originales, siempre que quede garantizada su autenticidad...", se limita a repetir lo que ya preveía el art. 45 de la Ley 30/1992 (por entonces en vigor). Por lo tanto, es un precepto igualmente redundante e innecesario.

Vistos los apartados 1, 2, 4 y 5 del art. 96 LGT, es tiempo de concentrarnos en el único apartado realmente novedoso o interesante para nuestros propósitos expositivos, que es cabalmente el tercero. Dado que el primer inciso establece una regla elemental (otra) que se sobreentiende[111], el segundo es el más relevante para nuestros propósitos explicativos. Reza así "... *cuando la Administración tributaria actúe de forma automatizada se garantizará la identificación de los órganos competentes para la programación y supervisión del sistema de información y de los órganos competentes para resolver los recursos que puedan interponerse*".

Esta redacción nos merece varias consideraciones, ninguna positiva. La primera, que la ley no define lo que es la actuación de forma automatizada de la Administración tributaria, grave carencia que serviría por sí sola para descalificar el entero marco legal. Más grave nos

---

111 Comienza así el art. 96.3 de la LGT: "*Los procedimientos y actuaciones en los que se utilicen técnicas y medios electrónicos, informáticos y telemáticos garantizarán la identificación de la Administración tributaria actuante y el ejercicio de su competencia*". El asunto de la identificación de la Administración actuante es algo comprensible, pero no alcanzamos a discernir a qué se refiere cuando dice que se debe garantizar el "ejercicio de su competencia".

parece el hecho de que la LGT no incorpora una cláusula expresamente habilitante de la actuación automatizada. No dice, verbigracia: "La Administración tributaria estará autorizada (o "podrá") actuar de forma automatizada". Al contrario, da por supuesto ese fenómeno ("cuando actúe"), por lo que se limita a decir qué requisitos tendrá que cumplir cuando así tenga a bien hacerlo. Constata simplemente y acoge un fenómeno, no autoriza o habilita su advenimiento.

La tercera observación de peso es que la ley no identifica con precisión qué es lo que se puede automatizar: ¿un proceso, un procedimiento, una "actuación"? Por lo demás, los límites o requisitos que se establecen para dicha posibilidad de automatizar un procedimiento son prácticamente inexistentes: ni se señala en qué procedimientos o supuestos la Administración tributaria podrá acudir a la actuación robotizada (parece que puede hacerlo en todos los "tributarios"); ni se especifica si el recurso a tal robotización tiene que ser previamente autorizado por algún órgano o autoridad, tributaria o no tributaria (parece que nadie tiene que autorizar nada); ni se determina ningún requisito procedimental o sustantivo para adoptar la decisión de automatizar; ni se señalan qué derechos tiene o podrá ejercer el ciudadano en el marco de dicha actuación; etc.

Tan solo se señala algo lateral o secundario: se tiene que garantizar "*la identificación de los órganos competentes para la programación y supervisión del sistema de información y de los órganos competentes para resolver los recursos que puedan interponerse*". Esta previsión no puede ser más criticable, pues se limita a exigir una identificación de ciertos órganos. Ahora bien, ¿basta la mera "identificación" del órgano?, ¿cómo ha de realizarse la misma? Los órganos que toman las decisiones correspondientes en materia de automatización, ¿no tienen que tener ya atribuida la competencia de marras por las normas organizativas administrativas internas? Se habla de órganos competentes "para la programación del sistema de información". Ahora bien, en la práctica los órganos administrativos no suelen programar nada por sí mismos, sino que suelen contratar a alguna empresa externa o hacen el encargo a los servicios informáticos internos (servicios comunes).

La ley dispone además que se debe identificar al órgano competente para la supervisión del sistema informático, sin aclarar nada más. Ahora bien, ¿en qué consiste esa supervisión?; ¿qué poderes, funciones o competencias entraña?; el órgano que decide automatizar, ¿puede ser también competente para supervisar, o debe haber un desdoblamiento funcional (el que decide automatizar *vs.* el que supervisa? La supervisión, ¿es lo mismo que "vigilancia"?; ¿incluye de suyo la "aprobación" de la programación que permite la automatización?; ¿supone la "inspección" ulterior de sistemas y programas?; la no supervisión, ¿es susceptible de impugnación por los ciudadanos/interesados? Como puede observarse, la regulación es tan escueta e insatisfactoria que está preñada de interrogantes múltiples.

Finalmente el precepto dice que deberá estar identificado el órgano competente para resolver los recursos que puedan interponerse. Esta previsión también es una cláusula oscura: ¿a qué recursos se refiere?; y sobre todo: ¿recursos frente a qué?; ¿frente a los actos que se dicten como consecuencia de la actuación robotizada, o frente a la decisión de poner en práctica la robotización?; ¿realmente es posible para un mero contribuyente interponer un recurso frente a la decisión de automatizar un procedimiento adoptado por la todopoderosa Administración tributaria?

La decisión de automatizar debe venir acompañada con la identificación del órgano ante el que se podrán impugnar los actos que resulten de la automatización. Mas en ese caso se podría estar alterando la competencia natural o preestablecida para la resolución de recursos que frente a actos "normales" o no automáticos pudieran ya haber fijado previamente las normas organizativas internas de la Administración (por ejemplo, un decreto de estructura orgánica básica). Entonces, en ese caso, esa precisión o identificación, ¿sería legal? A nuestro juicio no, pues la atribución originaria de la competencia para resolver un recurso frente a un acto, que viene fijada en una norma reglamentaria (o aún legal) no puede ser contradicha ni mucho menos "modificada" por un simple acuerdo (de automatización). Estaríamos en ese caso ante un acto nulo de pleno derecho, por aplicación del art. 37.2 de la LRJSP.

La identificación de la que aquí se habla, ¿es una mera identificación *interna corporis* o tiene alguna utilidad para el contribuyente? Es decir, ¿hay que informar al contribuyente de todos esos extremos, o basta con que consten internamente en la organización administrativa? Finalmente ¿qué aporta esa obligación de *identificación* de órganos al contribuyente?; ¿de qué manera ello acrecienta sus derechos o sus defensas frente a la robotización?; de ningún modo, a nuestro juicio. Es un magro y huero tributo a la transparencia administrativa, sin efecto práctico sobre el sufrido ciudadano. Al fin y al cabo, ¿qué más le da al contribuyente que la decisión de automatizar sea adoptada por la Subdirección General de Planificación y Coordinación, del Departamento de Gestión Tributaria de la Agencia Tributaria, o por la Subdirección General de Verificación y Control Tributario del mismo departamento y agencia?

A nuestro juicio, la regulación aquí expuesta constituye un "marco legal" indigno de tal nombre. Antes bien, es un simple "brochazo" normativo que se limita a prever que la Administración tributaria pueda actuar automáticamente y que se limita a decir que los órganos que intervengan en el proceso de robotización tendrán que estar identificados. Tremendo avance para el Estado de Derecho....

Para terminar este estudio de la regulación de la AAA en la LGT, conviene detenernos ahora en su art. 100 (en materia de terminación del procedimiento tributario). Su primer párrafo enumera las causas o fenómenos que pone fin a los procedimientos tributarios, en una forma que no merece atención especial por su concordancia con el procedimiento administrativo común, por lo que es un nuevo ejemplo de disposición innecesaria.

El segundo párrafo es mucho más relevante para nuestros propósitos. Reza así: "*Tendrá la consideración de resolución la contestación efectuada de forma automatizada por la Administración tributaria en aquellos procedimientos en que esté prevista esta forma de terminación*". Dado que según el Derecho administrativo general una resolución es un acto administrativo definitivo o finalizador del procedimiento, parece que aquí se entroniza claramente, ni más ni menos, al acto administrativo automático, sin que el legislador del procedimiento común haya establecido esta "nueva" categoría, haya fijado sus requisitos o límites, etc. Por tanto, será un "acto tributario automático", si es que esa categoría puede existir con autonomía propia al margen del procedimiento administrativo común.

Esta no es, sin embargo, la única crítica que merece el art. 100.1 LGT. Nótese la *finezza* de la definición de esta nueva categoría conceptual seminal. El acto administrativo definitivo automático (la resolución) es una "contestación" que la Administración tributaria dirige al contribuyente. ¡Vibrante definición, digna de Zanobini! Pero ¿una contestación a qué?; ¿a una solicitud, a una petición, a un requerimiento, a una reclamación, a una consulta? Lo más preocupante es que aquí tampoco se fijan reglas, principios, criterios (materiales o procesales) de estas "contestaciones" instantáneo-robotizadas.

Además, esos actos automáticos se pueden dar en todos aquellos procedimientos... *en que esté prevista* esta forma de terminación (¡!). Es decir, que cualquier disposición tributaria puede establecer la posibilidad de una "contestación" automática, sin que exista ninguna norma general que habilite o permita ese fenómeno, ni fije sus reglas o límites. Por lo tanto, no es la LGT la que prevé, autoriza o habilita al dictado de actos administrativos (tributarios) automáticos, sino que cualquier norma (¿de cualquier rango?) puede permitirlo; lo único que hace la LGT es "constatar" o detectar ese fenómeno. Por lo tanto, es una previsión legal inútil o redundante.

Esta redacción suscita otra importante duda: si la "resolución" es la "contestación" (al contribuyente), ello da a entender que la ley se refiere a los actos definitivos que finalizan un procedimiento iniciado a instancia del interesado. ¿Significa ello que este noción solo se puede dar en los procedimientos iniciados a instancia del interesado (dado que se le "contesta"), pero en cambio no cabe en los procedimientos iniciados de oficio, pues en ellos no hay "contestación", a solicitud o *input* del contribuyente? Esta interpretación significaría nada menos que dejar fuera de la ley a la terminación automatizada de procedimientos tributarios iniciados de oficio, como son los de inspección o revisión tributaria.

Sigamos con este repaso histórico y volvamos a la legislación procedimental general. Una de las pocas normas legales que han regulado de algún modo la actuación automatizada de la Administración fue la Ley 11/2007, de 22 de junio, de acceso electrónico de los ciudadanos a los servicios públicos[112]. Esta disposición, hoy derogada

---

112 La ley fue objeto de un detenido estudio por parte de la doctrina administrativista. Para una exposición crítica y comentario de esa norma, *vid.*: Palomar Olmeda, A. (dir.): *La actividad administrativa efectuada por medios electrónicos.*: Thomson Aranzadi, Cizur Menor, Navarra 2007; Gamero Ca-

(*vid. infra*) dedicaba un artículo (el 39) a la AAA, previendo una serie de cautelas[113]. La definía en su anexo de forma somera[114], pero sin llegar a regularla de forma comprensiva. Igualmente se refería —tímidamente y sin "osar" regular el acto administrativo automático— a las resoluciones que se dicten en los procedimientos sometidos a actuación administrativa automatizada (art. 38.2). Sí que regulaba de manera algo más detallada la firma electrónica en los documentos administrativos digitales (arts. 14.3 y 18).

La regulación de la actuación automatizada que se contenía en el art. 39 de la Ley 11/2007 nos merece una serie de consideraciones, que de manera concisa son las siguientes:

Primo: esa regulación se inspiró claramente en la del art. 96 de la LGT, antes expuesta. Se produjo así una censurable inversión de la secuencia temporal que debe presidir la relación entre la normativa de procedimiento administrativo común y régimen jurídico y la normativa "especial" o singular de lo tributario. Además, la Ley 11/2007 se dictó ocho años después (!) de la LGT, sin que ese espacio de tiempo y la experiencia práctica consiguiente fueran aprovechados por el legislador para extraer las consiguientes consecuencias regulatorias.

Dado que era tributaria de la Ley hacendística, esta supuesta "regulación" de la robotización administrativa en la Ley 11/2007 parti-

sado, E. Y Valero TorrijoS, J: *La ley de administración electrónica: comentario sistemático a la Ley 11/2007, de 22 de junio, de acceso electrónico de los ciudadanos a los servicios públicos.* Thomson-Aranzadi, 2008. Lorenzo Cotino Hueso, L. & Valero Torrijos, J. *Administración electrónica: La Ley 11/2007, de 22 de junio, de acceso electrónico de los ciudadanos a los Servicios Públicos y los retos jurídicos del e-gobierno en España.* Tirant lo Blanch, 2010.

113 Rezaba así: "*En caso de actuación automatizada deberá establecerse previamente el órgano u órganos competentes, según los casos, para la definición de las especificaciones, programación, mantenimiento, supervisión y control de calidad y, en su caso, auditoría del sistema de información y de su código fuente. Asimismo, se indicará el órgano que debe ser considerado responsable a efectos de impugnación*"

114 Anexo de la ley: a) Actuación administrativa automatizada: *Actuación administrativa producida por un sistema de información adecuadamente programado sin necesidad de intervención de una persona física en cada caso singular. Incluye la producción de actos de trámite o resolutorios de procedimientos, así como de meros actos de comunicación*

cipaba de sus mismos defectos y carencias, que ya han sido expuestos *supra*. De manera singular, destaca el hecho de que la ley no introdujera tampoco una habilitación o autorización legal que legitimara el empleo de la automatización. Al igual que la LGT, la 11/2007 se limitó a contemplar un escenario posible ("en caso de actuación automatizada...") pero sin habilitarlo expresamente. Es por esto que decimos que la robotización ha sido acogida en nuestra Administración "al margen del Derecho", esto es, sin una cláusula habilitante expresa de este *modus operandi* disruptivo.

El contenido del art. 39 de la L11/2007, en cuanto replica las previsiones de la LGT, es merecedor de las mismas críticas que ya se han vertido más arriba, en relación con la "identificación" de órganos y, sobre todo, con la "indicación" del órgano "que debe ser considerado responsable a efectos de impugnación"[115].

La ley introdujo un "nuevo" término (con respecto a la LGT) de gran importancia, como es el "código fuente". A pesar de su relevancia, no aportaba ninguna definición del mismo, y eso a pesar de que no es una terminología usual. Por otra parte, la Ley 11/2007 siguió sin definir conceptos esenciales en este terreno, como el de "algoritmo", aspecto sin duda deplorable.

Secundo: Sorprendentemente, el art. 39 de la ley no tenía la consideración ni de bases del procedimiento administrativo común ni del régimen jurídico de las Administraciones públicas, a la luz de su Disp. Final Primera. Dado que no constituía legislación básica, hay que entender que sólo tenía que aplicarse a la Administración estatal. Estamos sin duda ante una abdicación incomprensible de la función constitucional de "las bases", por parte del legislador general. Por consiguiente, la ley fracasó en lo que debería haber sido su propósito constitucional: constituir el marco básico para la habilitación expresa de la actuación automatizada de todas las administraciones públicas, y su regulación acabada.

---

115 Sin embargo, la L11/2007 empeora aún más la redacción de la LGT, pues en esta se habla (correctamente) de recursos, mientras que en aquella se habla de "impugnación", término mucho menos preciso y, desde luego, impropio en materia de recursos administrativos.

En cambio, el art. 38 sí que constituía legislación básica, según la citada disposición final. Como se ha visto más arriba, este precepto constaba de dos apartados[116]. El segundo suponía la entronización indirecta del acto administrativo automático al declarar que podrían "*adoptarse* y notificarse resoluciones de forma automatizada" (cursiva añadida). Claramente reproducía este precepto la redacción del art. 100.2 de la LGT, antes expuesto, aunque corregía algo su imprecisión técnica. Sobre este precepto procede hacer la misma censura que hemos hecho más arriba sobre la ley tributaria, pues no autoriza nada por él mismo, sino que se remite a la regulación de cada procedimiento. La ley no habilitaba expresamente a la Administración a dictar actos automáticos, puesto que se limitó a decir que: "podrán adoptarse y notificarse resoluciones de forma automatizada *en aquellos procedimientos en los que así esté previsto*" (cursiva añadida).

Es decir, al igual que en el ámbito tributario, la Ley 11/2007 estableció que la posibilidad de dictar actos automáticos podría estar ya "prevista", mas ¿prevista cómo?; ¿sería necesario que así lo previera una norma legal, o bastaría cualquier disposición normativa?; ¿sería incluso posible "prever" el dictado de actos administrativos a través de una mera decisión de tipo organizativo, de un simple acto administrativo? Desde luego, cualquiera de estas posibilidades sería factible, porque la Ley 11/2007 no contenía ningún requisito o límite para el sintagma "en los que así esté previsto". Lo normal sería pensar que esa "previsión" se contuviera en la normativa especial o específica reguladora del procedimiento administrativo en cuestión, más al parecer sin restricción ninguna (¿se puede prever en cualquier procedimiento?). Por lo tanto, el art. 38.2 de la ley era (al igual que su modelo tributario) el típico ejemplo de una norma inútil o innecesaria. Si la adopción de resoluciones automatizadas ya está prevista y así se está haciendo ya en la práctica, ¿qué sentido tiene que la ley diga que se podrán adoptar esos actos administrativos (resoluciones) automáticos "en los procedimientos en los que así esté previsto"? Es

---

[116] Esto decían: "1. *La resolución de un procedimiento utilizando medios electrónicos garantizará la identidad del órgano competente mediante el empleo de alguno de los instrumentos previstos en los artículos 18 y 19 de esta Ley. 2. Podrán adoptarse y notificarse resoluciones de forma automatizada en aquellos procedimientos en los que así esté previsto*".

una mera norma de remisión o de reconocimiento de una situación preexistente.

El apartado primero de este art. 38 tampoco introducía previsión alguna digna de encomio, pues se limitaba a establecer que “la resolución de un procedimiento utilizando medios electrónicos garantizará la identidad del órgano competente” mediante el empleo de alguno de los instrumentos previstos en los artículos 18 y 19 de la ley (firma electrónica). ¡Albricias!, menos mal que se garantiza que cuando el interesado reciba una resolución adoptada electrónicamente, estará identificado el órgano autor de la misma. Ahora bien, ¿realmente cabe el acto administrativo anónimo en nuestro ordenamiento?

Repárese, además, en que el artículo no dice que habría que informar al interesado de que el acto administrativo había sido adoptado de forma automática, que es a nuestro juicio una exigencia mínima en toda regulación jurídica de la automatización administrativa.

B) El marco legal actual

El marco legal actual de la automatización en la Administración está esencialmente constituido por dos tipos de normas: por un lado, normas estatales adoptadas sobre la peana competencial del art. 149.1.18 CE, o de carácter sectorial-especial. Por otro, normativa autonómica. Dado el acotamiento analítico y de espacio de esta contribución, solo examinaremos aquí la normativa estatal[117], remitiendo al lector interesado a la legislación autonómica y bibliografía correspondientes[118].

---

117 Para una exposición de este marco, vid: Gamero Casado, E.: “Sistemas automatizados de toma de decisiones en el Derecho Administrativo Español”, *Revista General de Derecho Administrativo*, Iustel, nº 63, mayo 2023. No compartimos, empero, la valoración elogiosa de nuestro marco legal que hace el maestro sevillano en esa contribución, por la razones que vertemos en estas páginas.

118 Alguna comunidad autónoma ha legislado en la materia, aprobando normas que también fueron posteriormente derogadas. Es el caso de la Ley Foral navarra 11/2007 de 4 de abril, para la implantación de la administración

La normativa actual se puede desgajar en dos subconjuntos: normativa básica y normativa especial o sectorial.

1. Normativa estatal básica

La normativa estatal básica se encuentra principalmente contenida en la LPAC y en la LRSJP, promulgadas en el año 2015 a través de la escisión del texto unitario de la Ley 30/1992.

La Ley 11/2007 fue expresamente derogada por la Disp. Derogatoria única de la LPAC. Aunque esta operación derogatoria fue sometida a diversos plazos[119], es claro que en el momento de redactar estas líneas (primavera de 2024) aquella norma ha sido total y com-

---

electrónica en la administración de la comunidad foral de Navarra. Nótese la coincidencia en la numeración de la ley, con la estatal. Sobre esta disposición autonómica, *vid:* Alli Aranguren, J.C. (Coord): *La administración electrónica en la Administración de la Comunidad Foral de Navarra. Comentarios a la Ley Foral 11/2007, de 4 de abril. Instituto Navarro de Administración pública, 2007.* Esa ley foral fue luego derogada por la actual Ley Foral 11/2019, de 11 de marzo, de la Administración de la Comunidad Foral de Navarra y del Sector Público Institucional Foral. Sin embargo, esta norma se limita a recoger una definición general de la automatización administrativa (art. 74), pero sin incluir reglas, límites o cautelas. Por su parte, en Andalucía se ha aprobado el Decreto-ley 3/2024, de 6 de febrero, por el que se adoptan medidas de simplificación y racionalización administrativa para la mejora de las relaciones de los ciudadanos con la Administración de la Junta de Andalucía y el impulso de la actividad económica en Andalucía. Es una auténtica ley "ómnibus", que modifica casi 180 normas legales y reglamentarias regionales.

119 Su Disp. Derogatoria única, aptdo 2 (*in fine*) dispuso que hasta que produjeran efectos una serie de previsiones de la ley en ciertas materias, se mantendrían en vigor los artículos de la Ley 11/2007 relativos a aquellas materias. Esta transitoriedad no afecta a nuestro análisis, puesto que los artículos de aquella ley que se refieren a las citadas materias no regulan ni afecta a la automatización administrativa. Por otra parte, su Disp. Final Séptima estableció que las previsiones de la LPAC relativas al registro electrónico de apoderamientos, registro electrónico, registro de empleados públicos habilitados, punto de acceso general electrónico de la Administración y archivo único electrónico solo entrarían en vigor ("producirán efectos" dice la norma) a partir del día 21 abril de 2021.

pletamente derogada. A la luz de esta derogación, podría parecer que el legislador suprimía la regulación de la automatización administrativa... a través de una norma que no las reemplazaba. En efecto, la LPAC es parca en la materia que aquí nos ocupa, pues solo se refiere a la AAA en algunos pocos preceptos, y para regular cuestiones laterales. Resulta llamativo este silencio, dado que la AAA provoca la robotización de procedimientos administrativos completos y permite el dictado de actos "automáticos", materias ambas que entran de pleno en la materia "procedimiento administrativo".

Las disposiciones referidas son:

1. El art. 16 (dedicado a los registros administrativos)[120].
2. El art. 27, relativo a las copias de documentos públicos[121].
3. El art. 66, atinente a las solicitudes de iniciación del procedimiento administrativo[122].
4. La Disp. Adic. Tercera, sobre notificación por medio de anuncio publicado en el «Boletín Oficial del Estado»[123].

---

120 Establece en su apartado 3 que "El registro electrónico de cada Administración u Organismo garantizará la constancia, en cada asiento que se practique, de un número, epígrafe expresivo de su naturaleza, fecha y hora de su presentación.... Para ello, se emitirá *automáticamente* un recibo consistente en una copia autenticada del documento de que se trate..." (cursiva añadida).

121 Dispone en su aptdo 1 que "cada Administración Pública determinará los órganos que tengan atribuidas las competencias de expedición de copias auténticas de los documentos públicos administrativos o privados...la AGE, las CCAA y las Entidades Locales podrán realizar copias auténticas mediante funcionario habilitado o *mediante actuación administrativa automatizada.*" (cursiva añadida).

122 Previene en su aptdo. 5 que "los sistemas normalizados de solicitud podrán incluir *comprobaciones automáticas* de la información aportada respecto de datos almacenados en sistemas propios o pertenecientes a otras Administraciones... (cursiva añadida).

123 En su apartado primero reza así: " El «BOE» pondrá a disposición de las diversas Administraciones Públicas, *un sistema automatizado de remisión y gestión telemática* para la publicación de los anuncios de notificación en el mismo previstos en el artículo 44 de esta Ley y en esta disposición adicional. ..." (cursiva añadida).

Aunque la LPAC no nos alerte de ello, el "acervo" normativo de la Ley11/2007 sobre automatización administrativa no fue realmente finiquitado por el legislador, sino que fue integrado en la otra "ley siamesa", cabalmente la Ley 40/2015, de 1 de octubre, del Régimen Jurídico del Sector Público (LRJSP). Esta técnica legislativa debe tener su fundamento en el hecho de que el legislador debió considerar que el asunto que aquí nos ocupa constituye materia de "régimen jurídico", y no de "procedimiento administrativo", estimación de la que discrepamos.

Así, la EM de la LRJSP declara que la ley recoge "con las adaptaciones necesarias, las normas hasta ahora contenidas en la Ley 11/2007.... Se integran así materias que demandaban una regulación unitaria, como corresponde con un entorno en el que la utilización de los medios electrónicos ha de ser lo habitual, como la firma y sedes electrónicas, el intercambio electrónico de datos en entornos cerrados de comunicación y *la actuación administrativa automatizada*" (cursiva añadida). A pesar de esos buenos propósitos, y como se verá seguidamente, la LRJSP no innova prácticamente nada en esta materia, aunque parece que de su exposición de motivos parece desprenderse una *voluntas legislatoris* (al menos implícita) en el sentido de que la automatización constituya la práctica "habitual" en la Administración (*voluntas* que no cristaliza en ningún precepto concreto en su texto articulado).

Es sin duda el art. 41 de la LRJSP el que debe atraer nuestra atención. Está redactado de una manera que prácticamente copia las disposiciones de la Ley 11/2007. Por lo tanto, no se aprecian por ningún lado las "adaptaciones" a las que se refiere la EM de la ley. Con el fin de facilitar al lector la comparación entre la redacción de ambas leyes, se han volcado en el cuadro o tabla siguiente, destacándose en negrita lo que es "nuevo" en la LRJSP:

Tabla 3. Comparativo entre la LRJSP y LAES

L11/2007	LRJSP
Art. 39 En caso de actuación automatizada deberá establecerse previamente el órgano u órganos competentes, según los casos, para la definición de las especificaciones, programación, mantenimiento, supervisión y control de calidad y, en su caso, auditoría del sistema de información y de su código fuente. Asimismo, se indicará el órgano que debe ser considerado responsable a efectos de impugnación.	Art. 41.2 En caso de actuación **administrativa** automatizada deberá establecerse previamente el órgano u órganos competentes, según los casos, para la definición de las especificaciones, programación, mantenimiento, supervisión y control de calidad y, en su caso, auditoría del sistema de información y de su código fuente. Asimismo, se indicará el órgano que debe ser considerado responsable a efectos de impugnación.
Anexo (letra a)a) Actuación administrativa automatizada: Actuación administrativa producida por un sistema de información adecuadamente programado sin necesidad de intervención de una persona física en cada caso singular. Incluye la producción de actos de trámite o resolutorios de procedimientos, así como de meros actos de comunicación.	Art. 41.1 1. **Se entiende por** actuación administrativa automatizada, **cualquier acto o** actuación **realizada íntegramente a través de medios electrónicos por una Administración Pública en el marco de un procedimiento administrativo y en la que no haya intervenido de forma directa un empleado públic**o
Artículo 18.1. Sistemas de firma electrónica para la actuación administrativa automatizada. " Para la identificación y la autenticación del ejercicio de la competencia en la actuación administrativa automatizada, cada Administración Pública podrá determinar los supuestos de utilización de los siguientes sistemas de firma electrónica: a) Sello electrónico ....basado en certificado electrónico.... b) Código seguro de verificación vinculado a la Administración Pública, órgano o entidad y, en su caso, a la persona firmante del documento, permitiéndose en todo caso la comprobación de la integridad del documento mediante el acceso a la sede electrónica correspondiente.	*Artículo 42. Sistemas de firma para la actuación administrativa automatizada.* "**En el** ejercicio de la competencia en la actuación administrativa automatizada, cada Administración Pública podrá determinar los supuestos de utilización de los siguientes sistemas de firma electrónica: a) Sello electrónico ....basado en certificado electrónico ...b) Código seguro de verificación vinculado a la Administración Pública, órgano, organismo **público** o entidad **de Derecho Público, en los términos y condiciones establecido**s, permitiéndose en todo caso la comprobación de la integridad del documento mediante el acceso a la sede electrónica correspondiente.

Por su importancia evidente, cumple a nuestros propósitos expositivos hacer un breve análisis de la regulación que la LRJSP acomete de la BPA en la Administración, para hacer su crítica más adelante (vid. epígrafe V.C).

Para empezar, y a la luz del precedente cuadro comparativo, podemos extraer una sencilla conclusión preliminar: la definición de lo que según la Ley 11/2007 era la actuación automatizada se ha reproducido en la LRJSP[124]. La definición de "actuación administrativa automatizada" contenida en el anexo de la L11/2007 (letra (a)) se ha pasado casi completamente al art. 41.2 de la LRJSP, con la importante "mejora" de que ahora la ley habla de "actuación *administrativa* automatizada", cuando antes la L11/2007 simplemente hablaba de "actuación automatizada". Esta adjetivamente ("administrativa") es indudablemente un enorme progreso regulatorio, sobre todo en una ley que se refiere a la Administración…

Junto a esta adjetivación que es casi un epíteto, se ha producido un empeoramiento de la calidad normativa con la LRJSP, pues creemos que la definición de AAA que incluía la Ley 11/2007 era más correcta que la que ahora recoge la LRJSP. En efecto, en el anexo de la Ley 11/2007 se especificaba (2ª frase) que la actuación automatizada incluía "la producción de actos de trámite o resolutorios de procedimientos, así como de meros actos de comunicación". Sin embargo, la redacción de la actual LRJSP ha omitido completamente este sintagma[125]. El resultado de esta omisión es evidente: con la legislación actual, no es posible saber si la automatización administrativa se debe limitar a actos de trámite automáticos, o se pueden dictar auténticos actos administrativos finalizadores del procedimiento. La LRJSP intenta arreglar el desaguisado introduciendo al inicio del art. 41.1 la expresión "cualquier acto o actuación". El acotamiento material de la automatización no puede ser más desafortunado, pues el "acto" (administrativo) es un variedad de la "actuación administrativa"[126], concepto este último que incluye también la "actuación material".

El texto legal actual es igualmente peor que el que sustituye en lo atinente al "corazón" de la automatización administrativa: la L11/2007 afirmaba en su anexo que la misma consiste en una actuación "producida por un sistema de información adecuadamente

---

[124] Hay algunas divergencias técnicas menores en lo que hace a la firma electrónica (art. 18 de la Ley 11/2007 *versus* art. 42 de la LRJSP).

[125] Ni el "copy & paste" le sale bien al legislador algunas veces…

[126] Concepto que cincela la LJCA (arts. 1.1 y 25).

programado sin necesidad de intervención de una persona física en cada caso singular", definición que nos parece más precisa y técnicamente correcta que la que ahora recoge la LRJSP: "cualquier acto o actuación realizada íntegramente a través de medios electrónicos por una Administración Pública en el marco de un procedimiento administrativo y en la que no haya intervenido de forma directa un empleado público".

A nuestro juicio, la actividad administrativa automática no es lo que dice la LRJSP, sino lo que definía la L11/2007. La razón es evidente: la LRJSP pone el énfasis en que el procedimiento sea realizado íntegramente por medio electrónicos, cuando "administración electrónica" y automatización no son ni mucho menos lo mismo, como se ha razonado ya. En cambio, la definición del anexo de la L11/2007, sí que designaba lo que es la esencia de la actuación automatizada: cabalmente, que el acto es producido por un sistema de información previamente programado. Esa es sin duda su nota central, no la realización por medios electrónicos. Además, cualquier procedimiento debe ser hoy realizado preferentemente por medios electrónicos, pero no todos esos procedimientos (afortunadamente) son automáticos.

También es de peor calidad la LRJSP que la norma que sustituye en lo que se refiere a la intervención humana que se produce en la AAA. La L11/2007 decía en su anexo que en la automatización administrativa el acto era producido "por un sistema de información sin necesidad de intervención de una persona física en cada caso singular". Por su parte, la LRJSP dice que en esa producción no debe haber "intervenido de forma directa un empleado público". Esta definición, a nuestro juicio, es peor que la derogada, pues emplea la expresión "empleado público". Por un lado, es redundante que se hable de *empleado público*, pues es evidente que en la Administración quienes trabajan son esos empleados. Ahora bien, técnicamente hablando, un empleado público[127] no es exactamente lo mismo que un

127 *Vid.* el Real Decreto Legislativo 5/2015, de 30 de octubre, por el que se aprueba el texto refundido de la Ley del Estatuto Básico del Empleado Público.

alto cargo[128]. Por lo tanto, un acto administrativo automático dictado por un ministro no entraría en la definición legal de la LRJSP, pues un ministro no es necesariamente un empleado público, si no es ya por sí mismo un funcionario o personal laboral. La referencia a "una persona física" de la Ley11/2007 era lo suficientemente clara y evitaba estas engorrosas cavilaciones.

Por último, ¿qué quiere decir la LRJSP cuando señala que en la actuación automatizada se dicta un acto "sin que haya intervenido de forma directa" un empleado público? Es algo oscuro, y de peor calidad legislativa que la redacción de la L11/2007. Esa norma dejaba claro que el acto lo producía el ordenador (el "sistema de información") mientras que la LRSJP no desvela esa cuestión: ¿quién produce el acto, si además no interviene "de forma directa ningún empleado público"?, ¿se produce por arte de magia?

Si ningún empleado público interviene directamente, ¿se trata entonces de una intervención "indirecta"? En ese contexto, ¿qué es una intervención "indirecta"?; ¿es lo mismo que "mediata" o "anterior" (al dictado del acto)? Porque es evidente que algún ser humano habrá intervenido en (a) la adquisición del ordenador; (b) la programación del "software", o al menos la contratación del algoritmo o código fuente; (c) la supervisión del sistema; (d) el mantenimiento del sistema; (e) el control de calidad del sistema, etc (nótese que todos esos son requisitos de la automatización. Todo ello ¿no constituye una intervención directa de un empleado público en la "realización"[129] del acto?

Como puede apreciarse, la redacción actual es imprecisa desde un punto de vista léxico y técnico-jurídico. Creemos realmente que la definición del anexo de la L11/2007 era mucho más precisa, y correcta.

Aparte de esta falencia central de todo el marco legal (atinente a la definición misma del fenómeno que pretende regular), la LRJSP sigue sin aclarar la importante cuestión de si la robotización solo es

---

128 *Vid.* la Ley 3/2015, de 30 de marzo, reguladora del ejercicio del alto cargo de la Administración General del Estado.

129 Otra palabra que se utiliza con una marcada imprecisión técnica.

posible para actos reglados, o también se puede utilizar en el caso de actos discrecionales, o de aquellos en los que la Administración tiene un margen de apreciación científico-técnica (*discrecionalidad técnica*). Tampoco se especifica expresamente si la automatización se puede utilizar en cualquier supuesto de *actuación administrativa*, por ejemplo en la actividad real o técnica. Del tenor literal de la ley puede deducirse que ello no es posible, pues la AAA es la que se refiere a una actuación que se desarrolle "en el marco de un procedimiento administrativo", lo que da a entender que la automatización solo está contemplada en el seno de la actuación formalizada de la Administración. Esta interpretación es hermenéuticamente correcta, pero deja sin cobertura legal el empleo de la automatización en tantos y tantos supuestos de actuación real o técnica, aspecto al que nos hemos referido en el epígrafe IV.C

Para acabar esta disección del art. 41.1 de la LRJSP, es preciso referirse al adverbio "íntegramente" que allí se ha introducido. La *realización* del acto o actuación ha de ser "íntegramente" automática. ¿Quiere ello decir que la legislación actual solo contempla una automatización integral, de todo el procedimiento administrativo en cuestión?, ¿no es posible una automatización parcial, por ejemplo la que automatiza la mayor parte de las fases de dicho procedimiento? Así parece desprenderse de una interpretación literal de la norma.

A la luz de todo lo anterior, lo menos que se puede decir al analizar la LRJSP es que el legislador perdió una magnífica ocasión para haber ampliado, profundizado y perfeccionado el marco legal del empleo de esta tecnología disruptiva, empezando por su definición y el acotamiento de su empleo. Esta omisión es tanto más lamentable por cuanto el empleo de la automatización estaba en 2015 mucho más generalizado que en 2007.

En un nuevo ejemplo de deplorable técnica legislativa, la Disp. Final 14ª de la LRJSP (relativa a su "título competencial"), invoca hasta tres preceptos constitucionales diferentes que ampararían el dictado de la ley, pero sin especificar qué precepto competencial sirve de peana para cada artículo o precepto concreto de la ley. No obstante ello, sin especial esfuerzo intelectivo podemos deducir que los arts. 41 y 42 de la LRJSP se apoyan sobre el artículo 149.1.18º. De ese modo, los arts. 41 y 42 LRJSP constituyen "bases del régimen jurídico de las Administraciones públicas". Hay aquí un notable avance o progreso respecto de la L 11/2007, puesto que como se ha señalado ya, según esta ley algunos de sus preceptos atinentes a la actuación automática no constituían bases ni del régimen jurídico del sector público, ni del procedimiento administrativo común.

A la luz de la sistemática seguida por el legislador podríamos deducir que la regulación "esencial" o conceptual de la automatización administrativa se considera como de "régimen jurídico", mientras que las cuestiones *dinámicas* o procedimentales de la robotización se regulan en la LPAC. Sin embargo, no es así, dado que la LPAC solo regula aspectos parciales de la automatización (como se ha expuesto *supra*).

Dado que la regulación ahora contenida en la LRJSP constituye "bases del régimen jurídico del sector público", sus definiciones y (escasas) reglas se aplican a todo el conjunto de las administraciones públicas y al sector público. Este hecho suscita la interesante digresión de si, al menos desde esa perspectiva, es posible (o ya no) que exista una regulación "extramuros" de las bases, hecha a medida para la Administración tributaria o de la Seguridad Social, a diferencia con lo que ocurre desde la perspectiva del procedimiento administrativo común, donde esa exclusión (*vid. supra*) está explícitamente prevista.

La cuestión parece en principio sencilla de resolver. Por un lado, la LRJSP se aplica al entero universo del sector público, que incluye a las Administraciones públicas, donde militan desde luego la Agencia Tributaria y la administración institucional de la Seguridad Social. Sin embargo, la DA 17ª de la LRJSP destruye la ilusión de una regulación unitaria de la actuación administrativa automatizada para el conjunto de las Administraciones, al disponer que "*La Agencia Estatal de Administración Tributaria se regirá por su legislación específica y únicamente de forma supletoria y en tanto resulte compatible con su legislación específica por lo previsto en esta Ley. El acceso, la cesión o la comunicación de información de naturaleza tributaria se regirán en todo caso por su legislación específica*".

¿Cómo debe interpretarse esa disposición, de texto terminante y reduplicativo, de dudosa constitucionalidad por su incompatibilidad con la función constitucional de la legislación básica de régimen jurídico? ¿Quiere decirse que la AEAT está excluida *in toto* de la LRJSP?[130]. En cualquier caso, la exclusión se predica solo de una pieza organizativa de ese cíclope denominado "Administración tributaria", pero no afecta desde luego ni al Ministerio de Hacienda, ni a los tribunales económico-administrativos, ni a la administración tributaria de las entidades locales o autonómicas.

Por conexión temática evidente, tenemos que analizar qué ocurre con la Administración institucional de la Seguridad Social. Aquí hay menos sorpresas, puesto que la Disp. Adic. 13ª establece que "*a las Entidades gestoras, servicios comunes y otros organismos o entidades que conforme a la Ley integran la Administración de la Seguridad Social, les será de aplicación las previsiones de esta Ley relativas a los organismos autónomos, salvo lo dispuesto en el párrafo siguiente (que se refiere al personal, régimen económico-financiero, patrimonial y presupuestario)*". Como puede apreciarse, no hay singularidad en lo atinente a la AAA, al menos en principio…

Una vez descritas las normas legales básicas de aplicación a la AAA, procede examinar su eventual desarrollo reglamentario. En un primer momento, se aprobó el RD 1671/2009, 6 noviembre, por el que se desarrolló parcialmente la Ley 11/2007, de 22 de junio, en lo relativo al funcionamiento electrónico del sector público. Sin embargo, aunque dicho reglamento contenía numerosas disposiciones en materia de actuación electrónica (códigos seguros de verificación, registros y comunicaciones electrónicas, etc.) no incluía previsiones específicas en materia de automatización administrativa

El RD 1671/2009 fue derogado por el R.D. 203/2021, de 30 de marzo, por el que se aprueba el Reglamento de actuación y funciona-

130 Las preguntas incómodas podrían multiplicarse: ¿quiere decirse que es un satélite exorbitante, dotado de su régimen privativo? Pero, régimen privativo ¿en qué materias?; ¿en todo lo que signifique o constituya "régimen jurídico"?; ¿Quiere ello decir que no se le aplican los principios generales previstos en el art. 3 LRJSP?; ¿quiere decirse que la AEAT —que no es más que un ente del sector público institucional estatal— puede no guiarse por los principios de servicio efectivo a los ciudadanos; de simplicidad, claridad y proximidad a los ciudadanos; o los de buena fe, confianza legítima y lealtad institucional? (art. 3.1 LRJSP), etc.

miento del sector público por medios electrónicos («B.O.E.» del 31). Esta norma constituye por ahora la norma reglamentaria estatal más importante en la materia que estamos analizando, y sí que recoge importantes previsiones en materia de actuación administrativa automática. Los artículos más relevantes son el 13, el 20 y el 21, aunque estos dos últimos se refieren a aspectos más técnicos que jurídicos de dicha automatización: el art. 20 regula los sistemas de firma electrónica para la actuación administrativa automatizada y el 21 regula el empleo de los sistemas de firma basados en código seguro de verificación en dicha automatización. En ambos casos se trata de preceptos de alto contenido técnico, dirigidos a los ingenieros informáticos.

El precepto sin duda más interesante del decreto, desde la óptica jurídico-administrativa, es el art. 13. Conforme a su aptdo. 1, que tiene carácter básico[131]"La tramitación electrónica de una actuación administrativa podrá llevarse a cabo, entre otras formas, de manera automatizada de acuerdo con lo previsto en el artículo 41 de la Ley 40/2015, de 1 de octubre". La importancia de este humilde apartado es extraordinaria para nuestros propósitos: ni más ni menos constituye la primera (y única) habilitación normativa expresa del empleo de la actividad automatizada en nuestro país. Ahí es nada. En efecto, como se ha razonado en los epígrafes precedentes, ni la LGT, ni la L11/2007 ni ahora la LRSJP recogen una cláusula o previsión clara y abiertamente habilitante o autorizante de la automatización, simplemente se limitan a establecer que "cuando la Administración actúe automáticamente" pasarán ciertas cosas y habrá que garantizar otras[132]. También es muy relevante que este decreto no señale a la actuación automatizada como preferente o "normal", sino como una más de sus formas de actuación.

Por otra parte, este artículo diferencia correcta y claramente entre "actuación electrónica" y actuación automática: la segunda es un subtipo o variedad de la primera. La actuación electrónica puede ser automática o no, mientras que la automática siempre es (necesaria-

---

131 *Vid* la Disp. Final 1ª del decreto.

132 Es lícito plantearse si es *presentable* que dicha cláusula habilitante general se recoja en una norma simplemente reglamentaria y que no se haya promulgado hasta el año 2021. A nuestro juicio, no.

mente) electrónica. Esto refuerza la impresión de que la definición de AAA que contiene actualmente la LRSJP es inexacta, por cuando se ha dicho más arriba.

El aptdo. 2 del art. 13 del reglamento que glosamos —que en cambio no tiene carácter básico[133]— regula la competencia para adoptar las diferentes decisiones que son necesarias en el proceso de robotización, pero solo en el ámbito estatal[134]. A su tenor, en el ámbito de la AGE la determinación de una actuación administrativa como automatizada "se autorizará por resolución del titular del órgano administrativo competente por razón de la materia".

Esta redacción también es bastante imprecisa a nuestro juicio, pues ¿a qué "materia" se refiere el precepto? Puede interpretarse como la "materia" consistente en el proceso de automatizacion y todas las tareas y actuaciones que la rodean, caso en el que la competencia será claramente de la Subsecretaría, que es quien gestiona esos asuntos[135]. En cambio, puede interpretarse también como el área sectorial de actuación que cada órgano tiene en la Administración (por ejemplo: Dirección General de Minas, para automatizar un procedimiento de autorizaciones mineras). A nuestro juicio, esta segunda interpretación puede descentralizar en exceso la función de robotizar, con los peligros evidentes que ello entraña, por lo que sería conveniente que estas cuestiones se centralizaran en la Subsecretaría de cada ministerio.

Por otro lado, se aprecia una laguna importante en esta previsión reglamentaria: ¿cualquier órgano "competente por razón de la materia" puede autorizar la automatización de una *actuación* administrativa?¿Puede hacerlo una simple subdirección general? Lo menos que debería haber previsto el reglamento era limitar esa com-

---

133 *Vid.* la Disp. Final 1ª del decreto.

134 Siendo como lo son reglas plausibles, nos preguntamos si las mismas no deberían tener rango legal (por ejemplo incluyéndolas en la LRJSP). El legislador aprueba tantas normas (algunas absurdas e innecesarias) que no habría costado nada aprovechar una de las frecuentes leyes *ómnibus* que sobrecargan el BOE para haber incluido en la LRSJP estas previsiones del reglamento.

135 En el espíritu de la vieja LPA de 1958.

petencia, por ejemplo ciñéndola al Ministro, Subsecretaría, o Secretaría de Estado.

En el caso de un organismo o ente público, dicha decisión deberá ser tomada por el órgano directivo supremo, lo cual nos parece una limitación que racionaliza convenientemente esta cuestión.

En cualquiera de esos casos, el decreto exige que el acuerdo de automatizar se publique en la sede electrónica correspondiente[136]. La resolución debe expresar: (a) los recursos que procedan contra la actuación; (b) el órgano administrativo o judicial, en su caso, ante el que hubieran de presentarse y (c) plazo para interponerlos. También dispone que tal acuerdo debe establecer "medidas adecuadas para salvaguardar los derechos y libertades y los intereses legítimos de las personas interesadas". Sin embargo, dichas medidas ni están enumeradas ni vagamente indicadas.

Respecto de las CCAA, el decreto nada dice, por lo que remite en bloque a cada legislación regional. En cuanto a los entes locales, tampoco prevé nada el decreto, lo cual es censurable pues el Estado puede regular con detalle el régimen local. Eso sí, el decreto dice, de manera un tanto críptica que "en caso de actuación administrativa automatizada se estará a lo dispuesto en la disposición adicional octava del Real Decreto 128/2018, de 16 de marzo, por el que se regula el régimen jurídico de los funcionarios de Administración Local con habilitación de carácter nacional"[137].

---

136 Más acertado nos parece que se exigiera la publicación íntegra del acuerdo en el BOE, pues, ¿quién se va a meter en la sede electrónica de un ministerio para buscar *ex professo* un acuerdo de este tipo? De nuevo el mito de la transparencia *electrónica,* que equivale a la ocultación culposa de la información.

137 Sin embargo, esa disposición establece que: "A los efectos del ejercicio en soporte electrónico de las funciones reservadas a los funcionarios regulados en el presente real decreto, los puestos a ellos reservados tendrán la consideración de órganos, sin perjuicio de lo dispuesto en el título X de la Ley 7/1985, de 2 de abril, reguladora de las Bases del Régimen Local". Por favor, la ciudadanía se merece que se aprueben normas más claras, y sin remisiones mistéricas como esta.

2. Legislación especial o particular

Dos son las legislaciones estatales "especiales" en materia de AAA: la primera es la contenida en la LGT para la hacienda pública, y ya ha sido expuesta más arriba. La otra se refiere a la Seguridad Social. El legislador no ha podido resistir la tentación de establecer una regulación sedicentemente "específica" para la administración institucional de la Seguridad Social. Ahora bien, esa legislación propia ¿no es contradictoria con la D.A. 13ª de la LRJSP (antes expuesta)? Como ya se ha visto, esta disposición somete a la Seguridad Social a la LRJSP, excepto en una serie de materias...entre las que no figura la automatización administrativa.

La legislación específica de la que hablamos se contiene principalmente en el artículo 130 del texto refundido de la Ley General de la Seguridad Social, aprobado por el Real Decreto Legislativo 8/2015, de 30 de octubre, modificado (entre otros) por el Real Decreto-ley 2/2021, de 26 de enero, de refuerzo y consolidación de medidas sociales en defensa del empleo. Dicha disposición (denominada "tramitación electrónica de procedimientos en materia de Seguridad Social) establece desde 2015 (al amparo de la Ley 11/2007) la posibilidad de automatizar diversos procedimientos, cuyo número y radio se ha ido ampliando paulatinamente. En su redacción actual, este precepto establece que "de acuerdo con lo dispuesto en el artículo 41.1 (de la LRJSP), podrán adoptarse y notificarse resoluciones de forma automatizada en los procedimientos de gestión tanto de la protección por desempleo ....como de las restantes prestaciones del sistema de la Seguridad Social previstas en esta ley, excluidas las pensiones no contributivas, así como en los procedimientos de afiliación, cotización y recaudación". Como puede observarse, se trata de una cláusula habilitante prácticamente universal.

Igualmente precisa este artículo la competencia para establecer la automatización del procedimiento administrativo de que se trate. En concreto, tal competencia se atribuye al Director General de cada organismo: del INSS, del SEPE, de la TGSS o del ISM. Según la fórmula ritual acostumbrada, se dispone que en dichos acuerdos se deberá "*identificar los órganos competentes para la definición de las especificaciones, programación, mantenimiento, supervisión y control de calidad y, en su caso, auditoría del sistema de información y de su código fuente. Asi-*

mismo, se indicará el órgano que debe ser considerado responsable a efectos de impugnación". Como puede apreciarse, este último inciso concuerda plenamente con las disposiciones del art. 41.2 de la LRJSP. Lo cual confirma que nos encontramos nuevamente (salvo en lo relativo a la identificación precisa de la competencia para automatizar) con una norma superflua y repetitiva.

Aparte de esta normativa en materia de prestaciones de Seguridad Social, se han ido dictado preocupantes normas particulares en este campo, que recogen supuestos especiales de tramitación automática de expedientes, incluso en el ámbito sancionador[138].

3. Algunos ejemplos prácticos

Desde hace años, las diferentes Administraciones públicas españolas vienen adoptando multitud de decisiones (o adoptando disposiciones generales) que prevén el recurso a la actuación automatizada. Al hacerlo, se remiten habitualmente en bloque al art. 41 de la LRJSP. Expuesto el régimen legal operativo de la AAA, procede ahora poner dos ejemplos reales de la misma: por un lado, la administración institucional de la Seguridad Social y por otro el Ayuntamiento de Madrid

Por lo que respecta a la Seguridad Social, como se ha visto ya, sus diferentes organismos están recurriendo desde hace tiempo a la automatización, al menos desde 2015 cuando se automatizaron los procedimientos de reconocimiento de prestaciones de maternidad y

---

138 Entre ellas destaca el Real Decreto-ley 2/2021, de 26 de enero, de refuerzo y consolidación de medidas sociales en defensa del empleo. Esta norma gubernamental permite la iniciación de procedimientos administrativos en el ámbito de la Seguridad Social mediante "actas de infracción automatizadas", formalizadas por la Inspección de Trabajo. Como dice la EM del decreto, se permite la iniciación del procedimiento "mediante la extensión de actas de infracción automatizadas, es decir, sin intervención directa de un funcionario actuante en su emisión". Esto inicia un procedimiento que puede finalizar con una sanción. Sobre estas desasosegantes cuestiones, *vid.* el capítulo del prof. M. CASINO en esta misma obra colectiva.

paternidad[139]. Posteriormente, el número de procedimientos susceptible de su completa automatización no ha dejado de incrementarse, hasta afectar prácticamente a todas las prestaciones económicas del sistema de la Seguridad Social[140].

Por lo que hace al Ayuntamiento de Madrid: en esta entidad local, la automatización de la actuación administrativa se encuentra regulada, como norma de referencia principal, por la Ordenanza municipal de Atención a la Ciudadanía y Administración Electrónica, de 26 de febrero de 2019 (hay enmiendas posteriores). En concreto, su art. 60 proclama que el Ayto de Madrid, en su empeño por "reducir cargas", fomentará la realización de actuaciones administrativas automatizadas (art. 60.2.d)[141]. El art. 61 de la ordenanza, más que regularla en el ámbito municipal, se refiere a la AAA, pero lo hace con una lacónica remisión al art. 41 de la LRJSP. Dice así: *Los actos administrativos de la Administración municipal* (parece que todos ellos) *se podrán dictar de forma automatizada en los términos establecidos en la legislación de régimen jurídico del sector público.* Ahora bien, sabemos ya que la LRSJP no constituye una regulación acaba de esta forma de actuación. En realidad, la ordenanza madrileña se limita a identificar el sistema de firma electrónica para sus actuaciones: ora el sello electrónico del órgano, ora el código seguro de verificación.

Junto a la ordenanza municipal, la principal "fuente normativa" de la AAA en el ayuntamiento capitalino emana de decisiones o

---

139 Por Resolución de 23 de febrero de 2016, del Instituto Nacional de la Seguridad Social, se aprobó la tramitación electrónica automatizada de diversos procedimientos de gestión de determinadas prestaciones de la Seguridad Social (automatización íntegra de los procedimientos).

140 Por ejemplo, la Resolución de 5 de marzo de 2024, del INSS, determina hasta doce prestaciones del sistema de la Seguridad Social cuya resolución se puede adoptar de forma automatizada (desde la jubilación contributiva al seguro escolar, pasando por el ingreso mínimo vital). En relación con las resoluciones automatizadas que se adopten por la entidad gestora en esos procedimientos, se considerará responsable a efectos de impugnación la dirección provincial de la provincia en que tenga su domicilio la persona interesada.

141 Nos parece llamativo este loable propósito, cuando la AAA provoca, como se ha visto en el epígrafe III, el nacimiento de numerosas "cargas" de todo tipo sobre el asendereado ciudadano.

acuerdos de su Junta de Gobierno, concretamente los adoptados el 18 de noviembre de 2021, "por los que se aprueban las directrices sobre actuación administrativa automatizada y la Política de Identificación y Firma Electrónicas del Ayuntamiento de Madrid"[142]. Este acuerdo fija las directrices comunes para el desarrollo de las actuaciones administrativas automatizadas en la administración municipal, mediante la definición de unos criterios generales sobre su contenido, órganos responsables y procedimiento de elaboración.

Así, la Junta de Gobierno determina cuál ha de ser el órgano competente para aprobar las actuaciones administrativas automatizadas, nombramiento que ha recaído en el Director General de la Oficina Digital[143]. La aprobación de la actuación automatizada se realiza a propuesta del titular del área de gobierno o, en su caso, del área delegada competente en la materia a la que se refiera la actuación administrativa automatizada. Si la actuación administrativa automatizada afecta a los distritos, entonces la aprobación se realiza a propuesta del titular del área de gobierno o, en su caso, del área delegada competente en materia de coordinación territorial.

El organismo autónomo municipal "Informática" del Ayuntamiento de Madrid es el responsable de la definición de las especificaciones de diseño informático, programación, mantenimiento y supervisión, control de calidad y auditoría del sistema de información y del código fuente.

La junta de gobierno local es competente para aprobar la automatización y el responsable de la oficina digital para publicar los detalles operativos de tal decisión en el Boletín Oficial municipal[144].

---

142 Publicados en el Boletín Oficial del Ayuntamiento de Madrid (BOAM) nº 9020, del 22 de noviembre de 2021.

143 Acuerdo de la Junta de Gobierno de la Ciudad de Madrid de 5 de septiembre de 2019, sobre organización y competencias de la Coordinación General de la Alcaldía (aptdo. 8.º 1.1.q).

144 Vid., por ejemplo: Resolución de 13 de enero de 2022 del Director General de la Oficina Digital por la que se aprueba la actuación administrativa automatizada de expedición de certificaciones del Padrón municipal (BOAM núm. 9.057, de 18 de enero de 2022); Resolución de 10 de mayo de 2022 del Director General de la Oficina Digital por la que se aprueban las actuaciones administrativas automatizadas de la Agencia Tributaria Madrid para

C) Crítica y deficiencias del marco legal actual

El actual marco legal estatal básico relativo a la aplicación y diseminación de la automatización administrativa en nuestra patria adolece hoy de numerosas carencias y de aspectos insatisfactorios, que exponemos seguidamente, con la contención que expone una contribución como esta.

Primo. Como se ha expuesto más arriba, ese marco legal ha tenido una evolución anómala y errática. Surge primero *en barbecho* en el ámbito de la administración tributaria (LGT, 2003) de forma espontánea y sin apoyarse en la legislación de procedimiento administrativo común. Como se ha expuesto *supra*, la LGT contiene una mera previsión acerca de la AAA, dándola por existente, pero carece de un régimen acabado, y ni siquiera ofrece una definición dc la misma.

Más tarde, en 2007, el legislador del procedimiento administrativo común le dedicó unos "brochazos" en la L 11/2007: la ley se atreve por fin a definirla, pero no le otorga un régimen legal completo y convincente; abre la puerta al acto administrativo automático, de forma velada y sutil, pero sin entrar a fondo en esa veta y sin regular lo que bien podría ser una nueva categoría, o una categoría autónoma, del acto administrativo. Y cuando estos pobres mimbres se aprestaban, gracias a la labor doctrinal, a urdir un modesto cesto, entonces el mismo legislador deroga en 2015 todas esas disposiciones, a través de la LPAC, y las inserta en el cuerpo de la LRJSP. Sin embargo, desaprovecha el tiempo y la experiencia recogida en la materia, pues se limita a reproducir (casi textualmente) las previsiones de la Ley 11/2007. Por lo tanto, tampoco las disposiciones de la LRJSP pueden considerarse hoy como integrantes de un auténtico régimen legal, como se ha expuesto ya. Junto a la contención regulatoria del Estado, proliferan las normas, las experiencias y la práctica de las CCAA.

---

la aprobación de liquidaciones y providencias de apremio y la concesión de aplazamientos y fraccionamientos de varios impuestos y tasas municipales (BOAM núm. 9.137 13 de mayo de 2022). En la web del ayuntamiento figuran casi una decena de procedimientos y actuaciones automatizadas, la mayoría atinente a la gestión de los tributos locales (fecha de consulta: 6 de abril de 2024).

Secundo: La evolución de la normativa de la AAA permite constatar que esta la materia no ha gozado de la necesaria atención *profunda* por parte del legislador, al menos del legislador estatal básico en materia de procedimiento administrativo (o de régimen jurídico). Los políticos han pasado por alto que la automatización —como creemos haber demostrado— afecta a numerosos aspectos sensibles, como los derechos procedimentales; las claves de la relación ciudadanos-Administración; incluso los derechos fundamentales (como el de buena administración, art. 41TFUE) y la dignidad de la persona (art. 10.1 CE, reserva de humanidad). Precisamente en el epígrafe 3 de esta contribución hemos identificado un buen número de aspectos negativos, de riesgos y amenazas de la actuación automatizada, que a nuestro juicio habrían justificado que la acogida de este nuevo *modus operandi* se hubiera analizado en clave crítica y problemática por los dirigentes; mediante el estudio detenido de sus efectos y consecuencias; tras escuchar a los expertos reunidos en un marco multi-disciplinar, formado por juristas evidentemente, pero también ingenieros, sociólogos, etc.; y tras la correspondiente participación del público.

Al contrario, nuestro marco legal parece haber sido insensible a la problemática ético-sociológica de la robotización administrativa. Ha ignorado el carácter disruptivo que a nuestro juicio tiene la *deshumanización* administrativa. La legislación parece enfrentarse a ella como si se tratara de un inocuo "progreso" tecnológico más, y por lo tanto *rutinario.*

Tertio: Tal y como se ha expuesto más arriba, la recepción y el empleo de la robotización en la actuación administrativa es un espectacular fenómeno que avanza fuera o, mejor dicho, por delante, de la senda del Derecho. Las diferentes administraciones públicas del Reino han ido asumiendo y poniendo en práctica un nivel cada vez mayor y más profundo de funcionamiento automático. En todos los escalones territoriales, cada vez más procedimientos son sometidos, total o parcialmente, a mecanismos automáticos o de automatización. Todo ello sin que la normativa administrativa haya autorizado o habilitado *ex ante* y expresamente[145] esta posibilidad, ni sus límites ni sus principios informadores, pues más que regularla acabadamente, se ha limitado a "constatar" su existencia.

El marco legal es igualmente insatisfactorio porque el legislador estatal básico (art. 149.1.18) no ha exprimido todas sus potencialidades para regular de manera homogénea o esencial este desarrollo para todas las administraciones públicas, como le correspondería haberlo hecho. Como consecuencia, el marco legal básico es territorialmente fragmentado e incompleto incluso a nivel estatal (pues deja fuera a la administración tributaria). Además de ello, el legislador ha actuado en algunas ocasiones de manera precipitada y con una notable volatilidad regulatoria[146].

Quarto: Al menos a nivel nacional, no disponemos en este momento de un marco legal suficientemente avanzado y exhaustivo que regule la implantación de la automatización en el actuar administrativo, con toda su problemática y su riqueza jurídica. A nuestro juicio, es preciso elaborar una nueva teoría y praxis jurídica del procedimiento administrativo, para la automatización. La razón es evidente: durante dos siglos todas las normas procedimentales y de salvaguardias jurídicas del ciudadano *vis-à-vis* del Poder Ejecutivo se han dictado sobre la premisa de que serían aplicadas por agentes de carne y hueso, por personas. Al extirpar al funcionario del procedimiento (desde su iniciación hasta su finalización y notificación), surge un fenómeno enteramente nuevo, que precisa racionalidad y ser disciplinado con normas igualmente de nuevo cuño.

Esta observación general es aún más preocupante por cuanto sigue sin regularse el acto administrativo "automático" y sus corolarios como su motivación y sus posibles causas de anulación específicas (por ejemplo: defecto o error en el diseño del algoritmo). En efecto, la sorpresa que causa la admisión de la categoría misma del acto administrativo automático (vid., supra, epígrafe 4.1) se ve agravada por

---

145 La primera y hasta ahora única norma que habilita expresamente a la AP con carácter general a recurrir a la automatización decisoria es...un decreto dictado en 2021(¡).

146 Es el caso de la regulación de la firma electrónica. *Vid.* al respecto la contribución del profesor C. Galán en esta misma obra.

el hecho de que sea una categoría que no tiene *ninguna* regulación jurídica.

Si no existe una normativa específica para el acto administrativo automático, debe ser porque los políticos que toman las decisiones pertinentes en orden a la normación del fenómeno administrativo no lo han considerado necesario u oportuno, o no han reparado en esa *bagatela*. Esa circunstancia nos conduce a la intuición de que los dirigentes deben considerar que el acto administrativo automático solo es un acto administrativo más, si bien dotado de una forma específica (la electrónica o digital) y que es resultado de un proceso robotizado. Como hemos sostenido, el auténtico acto administrativo automático definitivo, el que es resultado de una automatización-digitalización integral del procedimiento administrativo, no puede considerarse como un "acto" administrativo, fuera de los casos de actos de mero trámite, comunicación e impulsión, o actos administrativos de constancia, limitados a expedir certificados automáticos de datos obrantes en la propia Administración (empadronamiento, notas académicas, etc.).

Quinto: El marco legal ha sido tardío y parcial, pues no establece una regulación completa de este preocupante fenómeno, con sus principios inspiradores, su gobernanza, sus reglas aplicativas, sus líneas rojas, sus cautelas en materia de remedios y garantías del ciudadano, etc. Y lo peor es que se ha mantenido así prácticamente igual desde …el año 2007, sin que se haya modificado o completado a la vista de la diseminación de esta tecnología, hoy prácticamente ubicua. Incluso da la impresión de que en esta evolución del marco legal hemos ido de mal en peor: las definiciones de la L11/2007 eran mucho más correctas que las que ahora recoge la LRJSP, y las juiciosas cautelas que la L30/1992 estableció frente al uso de las nuevas tecnologías (art. 45.1) …desaparecieron por el camino.

En nuestra legislación sigue sin aclararse o delimitarse el ámbito material al que puede aplicarse la AAA. Con la ley en la mano, no parecen existir límites materiales (actos reglados vs. discrecionales), óbices relevantes (derechos humanos), o reglas materiales que impidan la automatización indiscriminada de cualesquiera procedimiento administrativo. Tampoco identifica procedimientos "sensibles" en los que la AAA pudiera o debiera estar proscrita. ¿Vale para cualquier tipo de procedimiento/potestad?, ¿vale para actos de gravamen?, ¿vale para sanciones? Igualmente sigue sin regularse el empleo de la AAA en la actividad material o técnica de la Administración.

Parece que la legislación admite de manera indiscriminada y universal la actuación robotizada. Frente a esta *manga ancha,* los únicos requisitos que establece el marco legal para llevar a cabo la automatización completa de un procedimiento administrativo son simplemente de carácter formal, "soft" y difusos, de muy fácil cumplimentación por parte de cualquier órgano o centro directivo, básicamente limitados a "identificar" los órganos que intervendrán de una u otra forma en el diseño y puesta en práctica de la robotización. Por el contrario, la legislación ha sido insensible a la dimensión garantista que toda regulación procedimental (o su innovación) tiene que respetar en cualquier caso. En la regulación de la AAA, se aprecia una notable "facilitación" de su empleo (prácticamente una "carta blanca" para su uso indiscriminado), pero hay poco eco de las cuestiones garantistas. Sin embargo, el uso de estas tecnologías y *modus operandi* debe ir acompañado del refuerzo de las garantías y derechos de los "sujetos pasivos" de la robotización, que son los ciudadanos[147].

Por ejemplo, el ciudadano se mantiene completamente al margen del procedimiento de la adopción de la decisión de automatizar, que se hace a sus espaldas; la decisión de automatizar no se puede recurrir…y al final del proceso no se le informa de que el acto adoptado y que se le notifica es el resultado de la robotización. La única cautela en este sentido es que los acuerdos correspondientes sean objeto de publicación en las laberínticas *webs* institucionales, publicación que es a menudo *introuvable.* Se incumplen de ese modo los requisitos básicos de transparencia y buen gobierno.

---

147 La doctrina extranjera ha hecho hincapié en estas cuestiones, hablando de auténticas exigencias del Estado de Derecho, tanto de carácter procedimental como de carácter sustantivo. Sobre estas cuestiones, *vid.*: Suksi, M.: "Formal, Procedural, and Material Requirements of the Rule of Law in the Context of Automated Decision-Making", en Suksi, M. (ed): *The rule of law in automated decision-making. Exploring fundamentals of algorithmic governance.* Springer, 2022, pp. 65 y ss.

Todavía en el terreno de las garantías, cabe recordar que, cuando la BPA se aplica en la empresa privada, se exige un seguimiento continuo, y una actividad constante de revisión (y de corrección en caso de errores). Sin embargo, el marco legal actual no parece establecer esas exigencias para la automatización de procedimientos, y tampoco impone la obligación de que se tengan que revisar los actos administrativos automáticos, en busca de errores, fallos, etc.

Sexto. En la actualidad, la única definición legal de lo que constituye "actuación administrativa automatizada" se encuentra regulada (al menos en lo que respecta a la legislación estatal) en el art. 41 de la LRJSP, pero esta definición adolece de importantes aspectos oscuros y problemas interpretativos. Se multiplican así los problemas aplicativos y las cuestiones preocupantes de esta forma de actuación mediante máquinas, ya de por sí numerosos, como se ha visto en el epígrafe 3, *supra.* Del mismo modo, es lamentable que después de tantos años de aceptación y uso de la AAA sigamos sin disponer de definiciones legales de conceptos clave para su puesta en práctica, como "algoritmo" o "código fuente"[148].

Septimo: La regulación del procedimiento digital-automatizado está dejando de ser progresivamente una regulación "jurídica" de figuras "jurídicas", para convertirse en una regulación ingenieril de los elementos técnicos que intervienen en la robotización administrativa. El mejor exponente de este fenómeno es el Real Decreto 203/2021, de 30 de marzo, por el que se aprueba el Reglamento de actuación y funcionamiento del sector público por medios electrónicos (vid. epígrafe 5.2.1). Algunos de sus preceptos son absolutamente incomprensibles para un jurista...puesto que están redactados por ingenieros y para ingenieros. Dentro de unos años los juristas tendremos poco que decir en materia de procedimiento administrativo, y seremos remplazados en esa tarea por los programadores e ingenieros informáticos.

---

148 La LRJSP se refiere al código fuente en su art. 41.1, pero no lo define, e ignora la palabra "algoritmo". En su día, la L11/2007 se refería al código fuente en su art. 39.1, pero tampoco definió este constructo, ni el de algoritmo, a pesar de contar con un anexo de definiciones técnicas...

Octavo: Last but not least, forzoso es ocuparnos (siquiera con la brevedad que impone el formato de esta contribución) del impacto del Derecho de la Unión en todos estos temas. Dado que la UE aún no aprobado normas sustantivas sobre la AAA que pudieran vincular a las Administraciones de sus EM, en este terreno el punto de referencia y contraste es el Reglamento (UE) 2016/679, de protección de datos (en adelante, "RGPD")[149], todo ello en la medida en que la AAA puede afectar a la protección de datos, que es el auténtico objetivo de la norma[150]. El precepto clave, para nuestros propósitos expositivos, es su art. 22[151].

En efecto, su apartado primero dispone solemnemente que "todo interesado tendrá derecho a no ser objeto de una decisión[152] basada únicamente en el tratamiento automatizado[153], incluida la elaboración de perfiles, que produzca efectos jurídicos en él o le afecte significativamente de modo similar". Lo que parece una prohibición general de la automatización administrativa en la que se "traten" datos personales[154], sin embargo, está sometido a tantas excepciones, que

149 Su nombre completo es: Reglamento (UE) 2016/679, del Parlamento Europeo y del Consejo, de 27 de abril de 2016 relativo a la protección de las personas físicas en lo que respecta al tratamiento de datos personales y a la libre circulación de estos datos y por el que se deroga la Directiva 95/46/ CE (Reglamento general de protección de datos

150 La consulta es especialmente relevante, dado que nuestra LORTAD se remite al RGPD, que constituye *lex commune europea* en esta materia.

151 Para un análisis del impacto del art. 22 RGPD en la AAA, entre la doctrina extranjera, *vid:* Ciafardoni, A.: "The Responsibility in Automated Administrative Decisions",p. 153;. Pöysti, T.: "Legislating for legal certainty, with a right to a human face, in an automated public administration". En la obra colectiva: Suksi, M. (ed): *The rule of law in automated decision-making...op. cit,* pp. 39 y ss.

152 En el ámbito material que aquí interesa, hay que entender aquí por decisión un acto administrativo (automatizado), pues es evidente que produce efectos jurídicos en él y le afecte significativamente, en sentido del art. 22.1 RGPD

153 Importa resaltar que el RGPD define la palabra "tratamiento" (art. 4(2)), pero no el "tratamiento automatizado".

154 Según las Directrices sobre la toma de decisiones individuales automatizadas y la elaboración de perfiles a efectos del Reglamento 2016/679 (adoptadas en octubre de 2017 por un Grupo de Trabajo especializado de la

en la práctica se puede decir que la regla es la inversa: se admiten las decisiones basadas únicamente en el tratamiento automatizados, en multitud de casos.

La razón es que el aptdo. nº 2 del art. 22 establece que el nº 1 no se aplica si la decisión de marras se apoya en algunos de los tres casos que allí se indican: las letras (a) y (c) no son relevantes aquí, puesto que la letra (a) se refiere al supuesto de que la decisión sea necesaria para "la celebración o la ejecución de un contrato entre el interesado y un responsable del tratamiento", aspecto este que no interesa en esta contribución; y la letra (c) la admite "si se basa en el consentimiento explícito del interesado", aspecto que tampoco es relevante aquí porque el administrado no confiere su *consentimiento explícito* a los actos administrativos.

Por lo tanto, la letra (b) es fundamental aquí. Dicho precepto dice que la decisión automatizada será legítima si "(b) está autorizada por el Derecho de la Unión o de los Estados miembros ... (y se establecen) medidas adecuadas para salvaguardar los derechos y libertades y los intereses legítimos del interesado". El marco legal no puede ser más sorprendente: el RGPD prohíbe que se adopte una decisión completamente automatizada...[155]a menos que lo permita el Derecho de la Unión o el de sus EM (como España). Por lo tanto, parece que el análisis jurídico está condenado a tener corto vuelo, pues el RGPD no prohíbe que las Administraciones públicas españolas dicten actos administrativos automatizados, dado que el Derecho español (aún de forma imperfecta) así lo autoriza.

Mayor enjundia presenta el análisis de los otros dos apartados del art. 22 RGPD. En virtud del tercero, cuando esté autorizada la decisión automatizada, el responsable del tratamiento (es decir, la Administración pública correspondiente) deberá adoptar "las medidas adecuadas para salvaguardar los derechos y libertades y los intereses legítimos del interesado, como mínimo el derecho a obtener inter-

Comisión), " este artículo establece una prohibición general de decidir basándose únicamente en el tratamiento automatizado, independientemente de que el interesado realice o no alguna acción".

155 Prohibición que se considera como un auténtico derecho subjetivo, según la doctrina (*vid*, Ciafardoni *op. cit.* en nota 100).

vención humana por parte del responsable, a expresar su punto de vista y a impugnar la decisión"[156]. Según la doctrina más autorizada, este precepto, en conjunción con otros del RGPD, consagra también el derecho (en este caso, del administrado) a ser informado de que la decisión ha sido adoptada por medios automáticos, dimensión que lo conecta derechamente nada menos que con el art. 47 de la CDFUE[157].

Pues bien, una vez examinado al detalle el régimen jurídico de la AAA en nuestra patria, creemos que se puede afirmar que no se cumplen esos requisitos en toda su extensión. No sabemos cuáles son las medidas específicamente establecidas para "salvaguardar los derechos y libertades y los intereses legítimos del interesado" en el marco concreto de la AAA que no sean los generales del procedimiento administrativo. Y ya sabemos que en la automatización administrativa "a la española" no hay derecho a "obtener intervención humana" por parte de la Administración, al menos directa o en la práctica. Mucho menos a expresar su punto de vista (por ejemplo, ante una propuesta de denegación). El derecho a impugnar la decisión, eso sí, está específicamente establecido en nuestro marco legal de la AAA pero en el fondo es redundante, pues todo acto administrativo definitivo se puede impugnar, utilizando las reglas generales de la LPAC.

El apartado 4 del art. 22 RGPD se refiere a decisiones que se adopten utilizando datos personales especialmente sensibles, como

---

156 En sus Directrices sobre esta materia, la Autoridad Europea de supervisión recomienda las siguientes medidas: garantizar comprobaciones periódicas de control de calidad de los sistemas para garantizar que las personas reciban un trato justo, sin discriminación basada en datos personales u otros factores; realizar auditorías algorítmicas que implican probar los algoritmos utilizados para ver que no producen resultados discriminatorios, erróneos o injustificados; utilizar la anonimización o seudonimización; proporcionar un mecanismo para la intervención humana en casos definidos. ¿se cumple todo esto en España?

157 *Vid.*: Sancho Villa, Diana: "Las decisiones individuales automatizadas, incluida la elaboración de perfiles (Comentario al artículo 22 RGPD)". En la obra colectiva: Troncoso Reigada, A. (dir.).: *Comentario al reglamento general de protección de datos y a la ley orgánica de protección de datos y garantía de los derechos digitales.* Civitas, 2021 (p. RB.79-13).

raza, religión, estado de salud, etc., categorías todas ellas que están recogidas en el art. 9 RGPD. En ese caso, la norma europea vuelve a jugar a prestidigitador: por un lado, prohíbe terminantemente toda decisión automatizada basada en esos datos...pero las consiente en ciertos casos, cabalmente los previstos en las letras "b" o "g" del art. 9.2. Estos son:

- letra (a): si "el interesado dio su consentimiento explícito para el tratamiento de dichos datos personales con uno o más de los fines especificados", inciso que no nos interesa por las razones consignadas *supra.*
- letra (g): si "*el tratamiento es necesario por razones de un interés público esencial, sobre la base del Derecho...de los Estados miembros, que debe ser proporcional al objetivo perseguido, respetar en lo esencial el derecho a la protección de datos y establecer medidas adecuadas y específicas para proteger los intereses y derechos fundamentales del interesado*". Como puede apreciarse, vemos aquí una regulación específica para la AAA cuando utilice datos sensibles o especialmente protegidos, con sus cautelas y sus principios materiales restrictivos, con sus mandatos de garantías adicionales para el administrado. Regulación específica que sin embargo nuestro ordenamiento jurídico no recoge, al menos explícitamente. Lo cual constituye una falencia más de nuestro marco legal de la AAA.

Puede alegarse, efectivamente, que el RGPD es de aplicación directa y no necesita ser "recogido" por el Derecho interno, pero ¿de verdad se están aplicando las cautelas y restricciones que el RGDP impone a la AAA en la práctica de las diferentes Administraciones públicas españolas? Mucho nos tememos que no sea así.

VI. PROPUESTAS PARA UN NUEVO MARCO LEGAL

Las reflexiones críticas que anteceden abonan la tesis de que es necesario establecer en España un marco legal específico y completo para la AAA, digno de ese nombre, con sus principios informadores y sus límites materiales. En efecto, entendemos que es necesaria y urgente la promulgación de una ley parlamentaria ordinaria (debatediscusión-participación pública) sobre la base del art. 149.1.18ª CE, que regule comprensiva y globalmente el fenómeno de la actuación administrativa automática o automatizada, que venga precedida de un amplio debate y reflexión multidisciplinar entre expertos sobre todos los aspectos y aristas de este fenómeno, y que no orille su carácter disruptivo.

En el procedimiento de elaboración del citado proyecto de Ley, deberá quedar suficientemente acreditado que se ha producido el más amplio proceso de información y participación del público, especialmente en el caso de los sectores especialmente concernidos por la actuación administrativa que se somete a automatización. Las líneas que siguen recogen un conjunto de propuestas, a modo de decálogo, para la regulación de una AAA que respete y garantice los valores e intereses jurídicos y éticos afectados por aquella. Sabemos que son propuestas "voluntaristas" y que no tienen prácticamente ninguna posibilidad de ser asumidas por una hipotética legislación futura, dado que la situación actual es muy cómoda para la Administración y está instalada en una inercia que sería ingenuo ver revertida. Se desglosan en forma de párrafos o principios:

1°. Con carácter ordinario, la Administración pública actuará de manera no automatizada. Si no existe un principio o mandato jurídico que establezca que la AP tiene que actuar de modo automatizado con carácter general, y dado que la AP lleva siglos actuando de modo no automático, de existir algún principio este no puede ser otro que el de la actuación "humana" o clásica de la Administración.

2°. La actuación totalmente automatizada debe ser la forma excepcional de actuación de la Administración, no la normal o preferente. De ello se siguen una serie de garantías y cautelas. Entre ellas, la primera debería ser que cuando la Administración dicte un acto administrativo automático (a través de un procedimiento administrativo robotizado), el destinatario debe ser informado de ello.

3°. Debe establecerse la regla de principio de que la aplicación de la automatización en los procedimientos administrativos formalizados encaminados a la producción de actos administrativos deberá restringirse a aspectos o trámites parciales del mismo, y no deberá alcanzar al dictado del acto definitivo. La robotización solo será admisible para simples actos de impulso, comunicación o trámite (ej. comunicación de admisión de la solicitud /registro de la solicitud, acuse de recibo administrativo, etc.).

4º. Deberá evitarse en lo posible el empleo de la automatización para la realización de todos y cada uno de los trámites o fases en que se descompone un procedimiento administrativo formalizado.

5º. En cualquier caso, la Administración pública solo podrá poner en marcha un mecanismo o secuencia de actuación automatizada cuando lo prevea y lo permita expresamente una norma sectorial con rango de ley. En cualquier caso, la posibilidad de dictar de manera automática un acto administrativo finalizador de un procedimiento deberá estar prevista y habilitada en una norma con rango de ley.

6º. La ley deberá establecer el principio de admisión progresiva de la AAA, bajo el principio de cautela, más solo caso por caso y tras la elaboración de un análisis de impacto algorítmico.

7º. Se deberán recoger y respetar efectivamente todas las condiciones, límites y cautelas que el art. 22 RGDP establece en el caso de resoluciones administrativas automatizadas, especialmente en el caso de actos administrativos que sean el resultado de tratamiento automatizado de datos sensibles en el sentido del art. 9 del RGPD.

8º. Solo se permitirá el empleo de la AAA en todos y cada uno de los trámites o fases en que se descompone un procedimiento administrativo formalizado cuando se trate de procedimientos administrativos en masa, y que versen sobre ejercicio de la fe pública, tales como certificados de empadronamiento, notas académicas, etc.

9º. En caso de puesta en práctica de la automatización en un procedimiento dado, deberá garantizarse en todo caso la vigilancia y supervisión constantes del procedimiento/sistema, a cargo de empleados públicos. Cuando, habiéndose observado las cautelas legales, se dicten una pluralidad de actos administrativos "automáticos", se deberán revisar los así dictados, de forma permanente o de un modo discontinuo que asegure la eficacia del control por parte de empleados públicos.

10°. Se debe entronizar el principio de humanidad, y su corolario, "Human in the loop": en los procedimientos automatizados, deberá garantizarse a intervención de un empleado público para verificar, controlar, validad o rechazar la resolución automática del procedimiento.

11°. La ley debe regular convenientemente la categoría del "acto administrativo automático", con su propio régimen jurídico, causas de nulidad, motivación, etc.

12°. Estará prohibido el empleo de la automatización para la realización de todos y cada uno de los trámites o fases en que se descompone un procedimiento administrativo formalizado que esté encaminado a la producción de sanciones administrativas, al dictado de actos restrictivos de derechos o al ejercicio de competencias y potestades administrativas de policía.

13°. Se deberá regular adecuadamente el "procedimiento de robotización", esto es, el proceso a través del cual se toma la decisión de automatizar un procedimiento. En cualquier caso, la decisión de automatizar solo podrá ser adoptada por el órgano supremo de la organización administrativa respectiva, y tras un proceso de información y participación públicas.

14°. Se reconocerá legalmente el derecho de todo ciudadano (inherente a la dignidad humana) a ser atendido y tratado por personas en todo procedimiento, sin intermediación excluyente de "bots", robots o similares. A tal efecto, se deberá introducir en el art. 13 LPAC un nuevo precepto o derecho a ser atendido por un empleado público, por una persona (empleado público).

15°. Se aplicará con carácter universal el principio de simplificación y "amigabilidad" progresivas de las aplicaciones informáticas y demás interfaces informáticas que los interesados deban utilizar para iniciar y completar un procedimiento automatizado. Se creará un órgano, en el Ministerio competente en materia de Administraciones públicas, que supervise e implemente eficazmente este principio.

16º. Estará reconocido el derecho a optar por procedimientos no automatizados (o "clásicos") en el caso de personas pertenecientes a colectivos que sufren la brecha digital causada por las TIC (ancianos, analfabetos, ruralidad, etc).

17º. La AAA deberá utilizarse preferentemente en el terreno de la actuación técnica o "real" de la Administración (vigilancia del estado del ambiente, del tráfico, etc.).

18º. Estará proscrita la cita obligatoria para que el ciudadano pueda ser atendido por y en la Administración pública.

19º. Se modificará la Carta de derechos digitales, para garantizar también la intervención de empleados públicos en el caso de actos reglados (punto XVIII.6.d).

20º. Estará prohibido el empleo de la AAA en el caso de actos discrecionales, o aquellos en los que la Administración ejerce un margen de apreciación técnica ("discrecionalidad técnica").

21º. Se modificará el art. 88.3 de la LPAC en el sentido de que, en los casos de procedimientos completamente automatizados en los que el acto definitivo también lo sea, se deberá incluir una mención expresa de ese extremo en la resolución correspondiente.

22º. En los casos de procedimientos administrativos automatizados, las aplicaciones informáticas administrativas que deban cumplimentar los ciudadanos deberán permitir que el interesado lleve a cabo una cumplimentación secuencial de la solicitud, a los efectos de mejorar o subsanar eventualmente la misma. Del mismo modo, deberán permitir que el interesado pueda formular alegaciones en el caso de una propuesta de resolución desfavorable.

Los antedichos principios se podrían resumir en una reflexión conclusiva: la actuación automática materializa un proceso de *des-*

humanización creciente de la Administración. Sin embargo, no necesitamos más máquinas, bots, ni costosos e inextricables aparatos para relacionarnos con una Administración pública cada vez más hostil e inaccesible, que trate al ciudadano como un enemigo o como un presunto defraudador o infractor.

Lo que en cambio sí que necesitamos es un proceso de *re-humanización* y de acercamiento de la Administración al ciudadano. Necesitamos una Administración con rostro humano. Necesitamos repristinar la relación ciudadano-Administración, donde las personas estén en el centro del sistema. Precisamos re-instaurar urgentemente una Administración cercana y colaborativa, amable y servicial, inspirada por el buen gobierno, y no por el Derecho Administrativo del enemigo; una Administración en la que los ciudadanos no sean gobernados por un conjunto dc software y robots adiestrados por contratistas, sino por personas, precisamente las que han sido elegidas o nombradas para dicho gobierno en sus cargos y responsabilidades públicas.

VII. BIBLIOGRAFÍA

Alli Aranguren, J.C. (Coord) (2007). *La administración electrónica en la Administración de la Comunidad Foral de Navarra. Comentarios a la Ley Foral 11/2007, de 4 de abril.* Instituto Navarro de Administración pública.

Berning-Prieto, A. (2023). "La naturaleza jurídica de los algoritmos", en Gamero Casado, E. (ed.): *Inteligencia artificial y sector público. Retos, límites y medios,* Tirant lo Blanch, Valencia.

Boix Palop, A. (2020). "Los algoritmos son reglamentos: la necesidad de extender las garantías propias de las normas reglamentarias a los programas empleados por la Administración para la toma de decisiones". *Revista de Derecho Público: Teoría y Método,* vol. 1, 223 y ss.

Ciafardoni, A. (2022). "The Responsibility in Automated Administrative Decisions". *European Review of Digital Administration & Law – ("ERDAL"),* Vol. 3, Núm. 1.

Cerrillo Martínez, A. (dir) (2022). *La Administración Digital.* Dykinson.

Defensor del Pueblo: *Informe anual 2023.*

Domínguez Álvarez, J. L. & Terrón Santos, D. (dirs) (2023). *Desafíos éticos, jurídicos y tecnológicos del avance digital.* Iustel.

Duni, G (1978). "L´utilizzabilità delle tecniche elettroniche nell'emanazione degli atti e nei procedimenti amministrativi. Spunto per una teoria dell'atto amministrativo emanato nella forma elettronica". *Rivista amministrativa della repubblica italiana* anno 129° - giugno 1978, vol. CXXIX-fasc. 6).

Cotino Hueso, L. & Valero Torrijos, J. (2010). *Administración electrónica: La Ley 11/2007, de 22 de junio, de acceso electrónico de los ciudadanos a los Servicios Públicos y los retos jurídicos del e-gobierno en España.* Tirant lo Blanch.

Eichhorn, P. (1989). "La gestión empresarial aplicada a los establecimientos estatales". *Documentación Administrativa,* núm. 218-219, 269-281.

Eichhorn, P (2022). *European review of digital administration & law:* "Digitalisation and Good Administration Principle" (número monográfico) vol. 3, núm. 1.

Gamero Casado, E. (2023). "Sistemas automatizados de toma de decisiones en el Derecho Administrativo Español"; *Revista General de Derecho Administrativo,* Iustel n° 63.

Gamero Casado, E. Y Valero Torrijos, J (2008). *La ley de administración electrónica: comentario sistemático a la Ley 11/2007, de 22 de junio, de acceso electrónico de los ciudadanos a los servicios públicos.* Thomson-Aranzadi.

Gamero Casado, E (dir.) et al (2017). *Tratado de procedimiento administrativo común y régimen jurídico básico del sector público.* Tirant lo Blanch, 2 vols.

García-Martin. J.A. et al (dirs) (2022). *Administración electrónica. Aspectos jurídicos, organizativos y técnicos.* Aranzadi.

García-Valdecasas, P. (2022). *Blockchain y automatización de procedimientos en la Administración pública.* Wolters Kluwer.

Huergo Lora A. & Díaz González, G. M.: (dirs.) (2020). *La regulación de los algoritmos.* Edit. Aranzadi -Thomson Reuters.

Huergo Lora, A. (2020). "Una aproximación a los algoritmos desde el Derecho administrativo", en HUERGO LORA (dir).: *La regulación de los algoritmos,* Aranzadi-Thomson-Reuters, Cizur Menor.

Kominsky, D. (2023). "El sector sanitario y la seguridad de los datos: protección de la información confidencial de los pacientes" *Revista de la Sociedad Española de Informática de la Salud,* monográfico sobre "Seguridad y protección de datos de salud".

Lacava, F.J (2022). *Acto administrativo automático.* Ed. Astrea, Buenos Aires.

Martín Delgado, I. (2009). "Naturaleza, concepto y régimen jurídico de la actuación administrativa automatizada". *Revista de Administración Pública,* N° 180, Madrid.

Melero Alonso, E. (2028). "El «derecho administrativo del enemigo» como categoría general de análisis del derecho administrativo". *Libro Homenaje al Profesor Ángel Menéndez Rexach,* Volumen 1, Aranzadi, Cizur Menor, 389 - 410

Mendoza Mayordomo, X. (1990). "Técnicas gerenciales y modernización de la Administración pública en España". *Documentación Administrativa,* núm.

Orofino A.G. y Orofino, G.R. (2005). "L'automazione amministrativa: imputazione e responsabilità". *Giornale di diritto amministrativo,* No. 12.

Palomar Olmeda, A. (dir.) (2007). *La actividad administrativa efectuada por medios electrónicos.*: Thomson Aranzadi, Cizur Menor, Navarra.

Parada Vázquez, R. (1999). *Régimen jurídico de las Administraciones Públicas y Procedimiento Administrativo Común.* Marcial Pons, Madrid.

Parejo Alfonso, L (1989). "La eficacia como principio jurídico de la actuación de la Administración Pública". *Administración y constitución. El principio de eficacia, Documentación Administrativa.* núm. 218-2, 15-65.

Parejo Alfonso, L. (1995). *Eficacia y Administración. Tres estudios* INAP/BOE, Madrid.

Parejo Alfonso, A. (2022). *Lecciones de Derecho Administrativo,* 12ª ed., Tirant lo Blanch.

Piedrafita Moreno, R. (2004). *Ingeniería de la automatizacion industrial* (2ª ed.) Ed. RA-MA.

Sindic de Greuges de la Comunidad Valenciana: *Informe anual a las Corts Valencianes* 2023, marzo de 2024

Ponce Solé, J. (2019). "Inteligencia artificial, derecho administrativo y reserva de humanidad: algoritmos y procedimiento administrativo debido tecnológico". *Revista General de Derecho Administrativo,* 50.

Pöysti, T. (2023). Legislating for legal certainty, with a right to a human face, in an automated public administration. In *The Rule of Law and Automated Decision-Making: Exploring Fundamentals of Algorithmic Governance,* 33-63. Cham: Springer International Publishing.

Sancho Villa, Diana (2021). "Las decisiones individuales automatizadas, incluida la elaboración de perfiles (Comentario al artículo 22 RGPD)". En: Troncoso Reigada, A. (dir.).: *Comentario al reglamento general de protección de datos y a la ley orgánica de protección de datos y garantía de los derechos digitales.* Civitas.

Suksi, M. (ed) (2022). *The rule of law in automated decision-making. Exploring fundamentals of algorithmic governance.* Springer.

Suksi, M. (2022). "Formal, Procedural, and Material Requirements of the Rule of Law in the Context of Automated Decision-Making", en Suksi, M. (ed): *The rule of law in automated decision-making. Exploring fundamentals of algorithmic governance.* Springer.

Taylor, F. (1911). *The principles of scientific management.*

Vaquer Caballería, M. (2011). "El criterio de la eficiencia en el derecho administrativo". *Revista de Administración Pública,* núm. 186, septiembre-diciembre.

Valero Torrijos, J. (2007). *El régimen jurídico de la e-Administración. El uso de los medios informáticos y telemáticos en el procedimiento administrativo común,* Granada.

Vida Fernández, J. (2023). "The Risk of Digitalization: Transforming Government into a Digital Leviathan". *Indiana Journal of Global Legal Studies* 30(1).

Principios computacionales y algorítmos para la transformación y automatización digital

ANTONIO BERLANGA
Profesor Titular
Departamento de Informática
Universidad Carlos III de Madrid

JOSÉ MANUEL MOLINA
Catedrático
Departamento de Informática
Universidad Carlos III de Madrid

I. INTRODUCCIÓN

La introducción de las tecnologías de la información y las comunicaciones ha generado una transformación acelerada en los procesos económicos y productivos, impulsada por los incentivos relacionados con la mejora de la competitividad, derivada por el incremento de su eficiencia. Este fenómeno se traduce en la necesidad de emplear menos recursos para obtener mayores beneficios. No obstante, el proceso de transición desde prácticas procedimentales convencionales a métodos más acordes con la nueva realidad tecnológica demanda de definiciones precisas de todos los conceptos y prácticas involucradas. Se han formulado teorías que abordan cómo llevar a cabo esta transformación de manera óptima. Además, estas teorías consideran los enfoques específicos requeridos en función del ámbito de aplicación. Por consiguiente, cada dominio de actividad debe abordar la resolución de sus particularidades y desafíos respectivos. Por ejemplo, en un entorno vinculado a las operaciones financieras, es fundamental garantizar la velocidad en la toma de decisiones y la integridad de los datos de entrada, mientras que en un procedimiento de administración pública se hace necesario combinar la protección de los derechos de los interesados con la eficacia de la gestión en aras del bienestar general. En definitiva, todos los criterios de validez y eficacia que prevalecían en los procedimientos administrativos antes de la transformación tecnológica deben mantenerse en los procedimientos administrativos digitalizados. Cabe señalar que la inclusión de factores adicionales que caracterizan los procesos administrativos añade una capa de complejidad que ralentiza el ritmo de transformación en comparación con el experimentado por el sector privado. Sin embargo, la digitalización y los conceptos relacionados orientan una parte sustancial de las políticas de mejora de la gobernanza en las naciones desarrolladas, explicando el proceso en varios niveles que facilitan la optimización de la eficacia de los procesos administrativos (Di Maio, Howard, 2017).

En este contexto, definir con precisión todos estos conceptos se convierte en una tarea de considerable complejidad. Diversos autores han presentado propuestas para delinear con mayor precisión cada uno de estos conceptos. Por ejemplo, en el caso de la transformación digital, diferentes autores han tratado de matizar algunos aspectos del proceso o de los objetivos. No obstante, todas las definiciones de transformación digital coinciden en destacar que el empleo de tecnologías de la información y comunicación (TIC) proporcionan un incremento significativo en el rendimiento y optimizan los procesos en los que se aplican. En consecuencia, se experimenta una transformación profunda de los procesos involucrados, lo que permite crear nuevas capacidades y servicios para los ciudadanos. La transformación digital aplicada al sector público genera el concepto de Administración Digital. Se va a tomar como definición la realizada en (Williams y Valayer, 2018) que ha tenido una gran influencia en el enfoque y aspiraciones de las transformaciones digitales de las administraciones públicas de ámbito europeo.

Definición de ADMINISTRACIÓN DIGITAL: "La Administración Digital aprovecha los avances tecnológicos y se basa en el uso y la reutilización de datos y herramientas para simplificar las transacciones (tanto si son o no digitales) de los usuarios finales (ciudadanos, empresas y organismos públicos). Crea información a partir de datos para apoyar y mejorar la toma de decisiones de la Administración y fomenta la creación de modelos de prestación de servicios nuevos, colaborativos y más eficientes. En el proceso, se rediseñan y reinventan los modelos de servicio subyacentes. La ambición general a la que podrían aspirar las organizaciones a través de una actividad de este tipo no sólo incluye la mejora de la eficacia y la eficiencia de la gestión, sino también la optimización en los resultados, como pueden ser la transparencia y la accesibilidad, el ahorro de costes a largo plazo, una mejor gobernanza y, por tanto, una mejor calidad de vida para los ciudadanos". (Williams y Valayer, 2018)

Junto con la transformación digital, han surgido conceptos relacionados que revisten una gran importancia, ya que redefinen la relación de los ciudadanos con la administración pública. Algunos autores, como (O'Reilly, 2011) y (Styrin, E. *et al.*, 2022), consideran al gobierno como una plataforma de soluciones. No obstante, por motivos de concisión, no se profundizará en dichos conceptos en esta exposición.

Muchos de los conceptos involucrados en la transformación digital tienen diferentes significados en función del contexto de aplicación. El ejemplo más representativo es el de "proceso" que es muy diferente en su definición jurídica del que se tiene en el contexto de la gestión empresarial, del utilizado en ingeniería o del empleado en computación. Todas las definiciones que se van a realizar en este capítulo se encuentran en el marco de su aplicación en computación. El ánimo es poder establecer un conocimiento común del lenguaje técnico que no cause confusión semántica por su diferente uso en otras disciplinas.

Comenzando desde el nivel más bajo:

Definición de PROCESO: en un contexto de alto nivel de abstracción, se concibe como un conjunto de operaciones organizadas y definidas meticulosamente con el fin de lograr un objetivo específico. En el ámbito de la computación, el término proceso se aplica a un algoritmo, programa, que está en ejecución en el ordenador.

A partir de la definición abstracta, se pueden identificar procesos en una amplia variedad de esferas de actividad humana, lo cual ha dado lugar al desarrollo de teorías sumamente elaboradas para conceptualizarlos de acuerdo con su aplicación particular. En esta dirección, han emergido teorías que se enfocan en definir procesos relacionados con la producción industrial, desarrollo de software, procesos médicos, de instrucción educativa, entre otros; incluyendo, además, operaciones que involucran cuestiones jurídicas y, por extensión, aquellas que atañen a la administración pública. De este modo, las actuaciones administrativas, tanto en su vertiente material como formal, se podrían identificar como procesos en su definición abstracta.

Definición de ALGORITMO: especificación, sin ambigüedades, de operaciones descritas en un lenguaje formal que permiten realizar el cálculo de una función en tiempo y espacio finito.

Desde una perspectiva funcional, un algoritmo puede conceptualizarse siguiendo la descripción que proporcionó (Wirth, 1985) de un programa informático. Wirth simplificó los componentes de un programa como un algoritmo aplicado a una estructura de datos. Bajo esta perspectiva, un proceso automático de transformación se concibe como un algoritmo que es un conjunto de operadores y funciones aplicados secuencialmente a un conjunto de datos estructurados. En el contexto específico de su aplicación a los procedimientos administrativos, la transformación digital puede interpretarse como un proceso automatizado aplicado a una relación jurídica formalizada. En dicha relación intervienen elementos como personas (administraciones, interesados), hechos y actos jurídicos generados por ellas, y situaciones jurídicas atribuidas a las primeras o creadas por los segundos. Todos estos elementos se pueden tratar técnicamente como un conjunto de datos estructurados susceptibles de ser procesados por el algoritmo. Por tanto, la automatización, a partir de las definiciones anteriores, puede determinarse como una secuencia ordenada de operaciones (proceso) que se realizan sin intervención humana, en la que, además de componentes de software, pueden incorporarse operaciones electromecánicas.

En todo proceso, los puntos críticos se encuentran en las etapas donde es necesario tomar decisiones. El flujo del proceso se enfrenta a varias alternativas y la elección de una de ellas depende de los valores que toman algunas variables específicas. El enfoque clásico para abordar la toma de decisiones es recurrir al conocimiento de expertos. Los expertos definen los objetivos, restricciones y poseen expectativas en relación con el resultado del proceso, lo que les habilita para validarlo. El algoritmo de toma de decisión incorpora con un sistema de reglas el conocimiento experto. Debido, fundamentalmente, a la gran precisión que muestra el estado actual de los algoritmos basados en inteligencia artificial, estos han reemplazado mayoritariamente a los algoritmos basados en reglas como sistema de apoyo a la toma de decisiones.

En las secciones siguientes se va a profundizar en la definición de los conceptos fundamentales expuestos y otros relacionados; algoritmo, sistema de apoyo a la toma de decisión, sistemas de información, ingeniería del software, que van a permitir comprender el alcance y desafíos involucrados en el proceso de automatización de decisiones automatizadas.

II. TEORÍA DE LA COMPUTACIÓN

La creación del concepto de algoritmo está relacionada con el desarrollo de las matemáticas. A medida que los cálculos se hicieron más complejos se entendió que estos debían ser expresados en un lenguaje propio, preciso, se inventó la representación algebraica. El procedimiento, la secuencia de pasos que permiten resolver un problema, realizando operaciones sobre los símbolos, constituye una definición intuitiva de algoritmo. El algoritmo abstraía la resolución de un proceso concreto, basta cambiar los datos de entrada del problema para obtener una nueva solución. Esta formalización y "automatización" en la resolución de problemas dio lugar a un desarrollo científico y tecnológico muy importante. Se produjo un impulso durante los siglos XVII y XVIII, para avanzar en la transformación del pensamiento con el fin de formalizar un proceso algebraicamente, a este se le aplicaría una serie de pasos, el algoritmo, y se conseguiría obtener un valor numérico que sería respuesta a cualquier pregunta formulada matemáticamente.

El siguiente paso natural consistió en aumentar el grado de abstracción, esto es, en lugar de tener en la entrada del algoritmo los datos concretos de un problema, se puede tener el propio problema y el resultado sería el algoritmo que lo resuelve. Para todo problema podría construirse formalmente un algoritmo. La búsqueda de ese algoritmo general llevó, en los siglos posteriores, a grandes avances y al desarrollo de nuevos campos de la matemática como el cálculo numérico, infinitesimal y analítico o a la geometría analítica. Pero, el algoritmo general no había sido encontrado. Con el desarrollo de la lógica a principios del siglo XX el problema para definir la resolución general automática de problemas se aborda desde un nuevo enfoque dando lugar a avances significativos: se define formalmente el problema como un problema de decisión y se establecen un conjunto de teoremas y demostraciones que cambiarán profundamente la matemática y condicionarán el alcance de las ciencias de la computación, una nueva ciencia que estaba a punto de surgir.

D. Hilbert y W.Ackermann (1928) formulan el problema de decisión ("Entscheidungsproblem") como la posibilidad de que exista un algoritmo que pueda determinar si una afirmación lógica es demostrable o no.

K. Gödel pocos años después, (Gödel, 1931), resuelve con su teorema de incompletitud, la imposibilidad para resolver el Entscheidungsproblem dado que todo sistema formal que incorpora la aritmética y los números naturales no puede ser, simultáneamente, completo y consistente. Posteriormente, A.Church (Church, Alonzo, 1936) y A.Turing, (Turing, 1937) de forma independiente, desde un enfoque lógico-computacional llegan a la misma conclusión. Turing establece que no puede construirse una máquina de Turing que resuelva el *Entscheidungsproblem* y Church desde la teoría de las funciones recursivas, determinó que no existe un algoritmo para establecer si dos expresiones basadas en el cálculo lambda son equivalentes. El cálculo lambda es la forma más simple de programación universal, cualquier algoritmo computable puede ser expresado en cálculo lambda. De forma práctica, implica que no existe un algoritmo universal que pueda resolver todos los problemas que puedan formularse matemáticamente. Por tanto, para cada problema hay que construir un algoritmo particular que lo resuelva. Otra consecuencia importante es que no se puede, de forma general, demostrarse formalmente que un algoritmo soluciona un problema concreto.

La teoría de la computación estableció definiciones formales y teoremas acerca de los algoritmos y los problemas que pueden tratarse, definiendo tipos y propiedades.

Existen muchas definiciones informales de algoritmo, una puede ser la de: "conjunto de instrucciones simples para llevar a cabo una tarea", pero no hay una definición formal. En su lugar, está definida la función computable:

"*Una función parcial, f:* N → N, *es computable si existe una máquina de Turing que la calcule*" (Kleene, 1952).

La tesis de Chruch-Turing (no es una prueba formal, no está demostrada, pero es aceptada como válida) (Reus, 2016) establece que las definiciones informales de algoritmo se corresponden con la formal de función parcial. En definitiva, se asume que cualquier algoritmo computable puede ejecutarse en una máquina de Turing. A partir de aquí, se establecen diferentes clasificaciones de tipos algoritmos atendiendo a su diseño, implementación, complejidad o campo de aplicación, entre otras. Sobre la estructura de los algoritmos se tratará en la siguiente sección.

Un estudio más importante que la clasificación de los algoritmos lo constituye establecer los tipos de problemas dado que ha sido demostrado que algunos son irresolubles, para más precisión, en terminología de la teoría de la computación, indecidibles. Todo algoritmo puede expresarse como un problema de decisión tal que dada una entrada el algoritmo devuelve un valor entre dos posibles (verdadero/falso, sí/no, etc.). Un problema es indecidible cuando el algoritmo para una entrada no devuelve ningún valor, es decir, no es computable. Y no hay un algoritmo que dado como entrada otro algoritmo pueda determinar si es decidible. Que un problema sea decidible no implica que, de forma práctica este se pueda tratar. Los problemas decidibles se dividen a su vez en intratables y tratables. Los problemas intratables (por ejemplo, todos aquellos de complejidad NP-completos) son aquellos para los que dada una entrada el algoritmo terminaría su ejecución, es decir, se obtendría una salida de sí o no, pero el tiempo de ejecución excede el estimado de vida del universo. Para estos problemas intratables la solución es aplicar algoritmos (algoritmos de optimización) que estimen una solución aproximada en un tiempo razonable.

Finalmente, otro teorema con implicaciones prácticas muy importantes es el teorema de Rice-Saphiro (Rice, 1953): "No es decidible, no puede realizarse un algoritmo que pueda determinar si una propiedad no trivial pertenece a una función parcial"

Enunciado de forma más simple, no pueden hacerse algoritmos para establecer las propiedades no triviales de otro algoritmo, las propiedades interesantes de un algoritmo son indecidibles. Las propiedades triviales de un algoritmo son aquellas que pueden inspeccionarse a partir de su análisis léxico, sintáctico o semántico. Es decir, se puede comprobar si un algoritmo tiene un bucle o realiza sumas con constantes, tiene instrucciones para escribir en un fichero, etc. Pero no se puede formalmente, es indecidible, responder a cuestiones del tipo: ¿Este algoritmo resuelve el problema A? ¿El algoritmo finalizará su ejecución? ¿El algoritmo es seguro, es ético?

Las consecuencias de los teoremas de Gödel, Church, Turing y Rice-Saphiro para el desarrollo de algoritmos son muy grandes. Dado que para un problema no puede construirse formalmente el algoritmo que lo resuelve, estos requerirán ser sometidos a pruebas para verificar su validez y sólo podrá alcanzarse una certeza probabilista acerca de su comportamiento. No se pueden crear herramientas automatizas que resuelvan todos los problemas relativos al análisis de los algoritmos, se requiere realizar un abordaje específico para cada problema concreto. Por consiguiente, la tarea de creación de algoritmos pasa de ser una labor del ámbito de las matemáticas a ser una tarea de la ingeniería.

En las secciones siguientes se mostrarán los principios que guían la creación de algoritmos, diferentes metodologías que cubren las etapas que organizan el desarrollo para tratar de asegurar su correcto comportamiento.

III. INGENIERÍA DEL SOFTWARE

Desde hace décadas, el desarrollo de software se ha concebido como una disciplina de la ingeniería. En esta conceptualización, se ha abordado de manera abstracta y se han establecido principios de desarrollo de algoritmos destinados a optimizar dos objetivos fundamentales: reducir al mínimo los recursos necesarios para su creación y maximizar su calidad de desempeño. Por lo tanto, nos encontramos ante un problema complejo de optimización en el que ambos objetivos a menudo están en conflicto. En otras palabras, la búsqueda de una mayor calidad de software suele implicar un incremento en los costes y viceversa. Para abordar este problema de optimización, es esencial definir métricas que permitan cuantificar tanto el coste como la calidad. En este contexto, se han desarrollado diversas metodologías de desarrollo de software con el propósito de encontrar soluciones que equilibren adecuadamente estos dos objetivos. Ejemplos de parámetros asociados al coste pueden incluir el tiempo y coste de desarrollo, los gastos de mantenimiento y los recursos del sistema en producción, entre otros. Por otro lado, los parámetros relacionados con la calidad pueden abordar cuestiones como la tasa de errores por unidad de tiempo, la gravedad de los errores, la escalabilidad del sistema, su resistencia a ataques maliciosos, el diseño modular, la reutilización de componentes o la auditabilidad. Cada uno de estos parámetros puede estar sujeto a restricciones específicas y variará según el contexto del problema. A partir de este análisis, se puede deducir que los riesgos vinculados a la transformación digital de los procedimientos administrativos se incorporan como factores relacionados con los parámetros de coste y calidad. En consecuencia, para minimizar estos riesgos, es imperativo seguir las directrices de desarrollo que ofrece la disciplina de la ingeniería de software.

Las principales tareas que son comunes a las diferentes metodologías de desarrollo de aplicaciones software, independientemente de la aplicación concreta que se trate, son:

- Comprensión de los objetivos de la aplicación
- Captura de requisitos
- Diseño de la aplicación
- Realización de un plan de trabajo
- Construcción la aplicación
- Pruebas y validación
- Generación y gestión de la documentación
- Puesta en producción
- Mantenimiento

Existen diversas metodologías para la gestión y desarrollo de proyectos de software que se pueden clasificar en dos categorías principales: las denominadas "metodologías tradicionales" y las "metodologías ágiles". Entre las metodologías tradicionales, las más utilizadas incluyen el enfoque en cascada, el desarrollo iterativo, y el desarrollo en espiral, con numerosas variantes y combinaciones entre ellas. En contraste, las metodologías ágiles, que gozan de una gran popularidad en la actualidad, destacan la programación extrema, Scrum o Kanban. Todas estas metodologías comparten el beneficio de proporcionar una gestión completa del proceso de desarrollo, priorizando las necesidades del problema a resolver. Sin embargo, un inconveniente común a todas ellas es el aumento del costo de desarrollo, ya que requieren la disponibilidad de personal altamente calificado para su implementación efectiva.

Es importante mencionar la metodología de desarrollo "métricaV3", que fue impulsada desde el Ministerio de Hacienda y Función Pública. Basada en estándares de desarrollo, esta metodología se adhiere a un enfoque en cascada, con una atención particular a la gestión de procesos, que comprende tres etapas principales: planificación, desarrollo y mantenimiento. Además, define los roles dentro del equipo de trabajo, los cuales se dimensionan en función de la magnitud del proyecto. métricaV3 está diseñada para abordar proyectos de cualquier tamaño o sistemas de información con un énfasis especial en organizar la gestión del proyecto, facilitando la integración de módulos y reforzando la seguridad y la calidad del software. Como cualquier metodología, tiene sus ventajas y desventajas. Por ejemplo, dado que se enfoca al desarrollo de sistemas de software para las administraciones públicas, una de sus características es verificar que no se excedan los costos y los tiempos planificados. No obstante, un inconveniente de esta metodología radica en que requiere definir un número significativo de pasos en cada etapa, lo que implica la generación de una cantidad considerable de documentación.

Dado que la metodología tradicional en cascada sigue siendo una de las más utilizadas, es la que toma métricaV3, se van a presentar en más detalle sus principios. Los procedimientos asociados al desarrollo de una aplicación mediante la aplicación del diseño estructurado no se caracterizan por estar universalmente estandarizados ni predefinidos de antemano. En su lugar, estos procesos se hallan significativamente influenciados por la complejidad y la naturaleza del sistema de información que se pretende concebir. No obstante, la disciplina de Ingeniería de Software promueve enfoques de diseño que se centran en los subsistemas de información y las aplicaciones.

Un ejemplo paradigmático de método de desarrollo de aplicaciones que ha mantenido su relevancia a lo largo del tiempo es el denominado “modelo estructurado de desarrollo de software”, el cual ha sido ampliamente adoptado y aplicado en los procedimientos de desarrollo de numerosas empresas dedicadas a la creación de software. Este enfoque se conoce comúnmente como “Método para la Construcción de Aplicaciones Informáticas”, y se ha consolidado como un marco de referencia en el ámbito del Desarrollo de Software.

Este modelo de construcción, una vez que se ha identificado el subsistema que requiere ser informatizado, propone llevar a cabo la implementación de la aplicación a través de tres fases distintivas:

Etapa 1. Análisis Previo o Anteproyecto de la aplicación informática. En esta etapa se pretende realizar el anteproyecto y hacer el estudio de viabilidad de la aplicación. Se divide en las siguientes fases:

- Estudio de las aplicaciones existentes
- Determinación de las necesidades de los usuarios
- Diseño general de la aplicación propuesta
- Evaluación económica
- Planificación de la construcción

Etapa 2. Análisis de la aplicación. Esta etapa persigue diseñar los modelos de datos, de informes, canales de distribución, así como funciones y transformaciones que las afectan. Contiene las siguientes fases:

- Análisis de las aplicaciones existentes
- Diseño de la aplicación propuesta (concepción de la aplicación)
- Diseño de las unidades funcionales de la aplicación
- Juego de ensayo e instrucciones para las pruebas

Etapa 3. Diseño de la aplicación. En esta etapa se realizan los estudios y especificaciones técnicas informáticas en software y hardware, plasmando éstas en algoritmos expresados en código del lenguaje de programación. Los estudios y diseños tienen lugar en los siguientes niveles:

- Diseño de la aplicación
- Diseño de las unidades de tratamiento y cadenas de programación
- Diseño de los programas
- Codificación de los programas

La implementación y validación definitiva de la aplicación se lleva a cabo una vez concluido el proceso de desarrollo. Esta tarea recae en los desarrolladores responsables de las tres etapas previamente mencionadas. En el contexto del desarrollo de una aplicación, en su ciclo de vida, es importante destacar que el nivel de dedicación del personal y el tiempo invertido no se distribuye de manera uniforme, sino que varía a lo largo de las distintas fases de desarrollo.

Es relevante señalar que la planificación y el control de un proyecto informático guardan similitudes con la gestión de proyectos en otros campos, por ejemplo, la construcción de obras, la tramitación de permisos, la concesión de subvenciones y otras actividades genéricas que se pueden descomponer en etapas con responsabilidades de ejecución definidas y plazos de realización establecidos.

Cuando se trata de proyectos relacionados con tecnologías de la información, el control adquiere una importancia aún mayor debido a las características inherentes de esta tecnología. Se pueden destacar las siguientes características específicas del desarrollo de software: son realizaciones susceptibles de grandes desviaciones respecto a las planificaciones iniciales, son proyectos no asimilables a otros ya realizados, tiene interdependencia de muchos factores que afectan al resultado final, implican costes de personal muy elevados y están sujetos a una rápida evolución de la técnica, en otras.

La elección de la metodología más apropiada ya sea tradicional o ágil, depende de varios factores, como el tamaño del proyecto, el nivel de documentación requerido, el tamaño de los equipos de trabajo y la flexibilidad del proceso de desarrollo, entre otros. Por lo tanto, elegir la metodología más adecuada para cada problema es dependiente de las necesidades específicas del problema y las características de los equipos de desarrollo.

IV. DATOS: ALMACENAMIENTO Y TRATAMIENTO

En el pasado siglo, a fines de la década de los sesenta y principios de los setenta, los sistemas informáticos comerciales experimentaron una transición significativa, pasando de la mera manipulación de datos al procesamiento de información. Esta transformación reflejó el reconocimiento de que la información trascendía la naturaleza de simples registros relacionados con actividades económicas y de gestión. Gradualmente, se comenzó a apreciar el valor inherente de la información y el vasto potencial que los sistemas informáticos ofrecían en términos de organización y administración. A medida que la década de 1960 llegaba a su fin, esto se manifestó en la implementación de numerosos sistemas de información para la gestión empresarial. Estos sistemas se concebían con la finalidad de utilizar datos preexistentes para abordar una amplia gama de cuestiones vinculadas a la gestión y la administración.

Inicialmente, los datos se integraban directamente en los programas, aunque resultaba evidente que este enfoque no representaba la metodología más idónea para su almacenamiento. La irrupción de los ficheros provocó un cambio radical en la situación prevaleciente, ya que estos permitieron que los datos fueran concebidos como una colección homogénea. Los ficheros se muestran como conjuntos de elementos estructurados, en los que cada elemento albergaba un tipo idéntico de información y la almacenaba en un soporte informático específico. En términos de arquitectura de sistemas, los ficheros exhibían dos dimensiones: una estructura lógica que se alineaba con la perspectiva del usuario y una estructura física de los datos que se correspondía con su ubicación en el soporte físico.

Las aplicaciones desarrolladas a través de diversos lenguajes de programación permitían el acceso y la actualización de los datos contenidos en los ficheros, lo que resultaba en la creación de programas de gestión plenamente funcionales. A pesar de la distinción entre las estructuras lógica y física lograda mediante el uso de ficheros, no se lograba eliminar por completo la interdependencia entre los datos y los programas, ni entre ambos y la máquina. A causa de esta situación, tales sistemas se caracterizaban por estar orientados principalmente hacia los procesos, demostrando ser inadecuados para abordar eficazmente las tareas de gestión empresarial y para la toma de decisiones.

A) Bases de datos

Con el propósito de mitigar la interdependencia entre los datos y las aplicaciones, surgieron en la década de los sesenta los primeros sistemas de gestión de bases de datos. Estos sistemas experimentaron una transformación significativa, alejándose de su orientación inicial hacia los procesos y reenfocándose en la gestión de los datos. En estos sistemas, se establece una clara distinción entre la estructura lógica y la estructura física de los datos, lo que requiere un proceso de transformación entre ambas.

La distinción entre la representación lógica y física de los datos adquirió un reconocimiento formal en el año 1978, cuando el comité ANSI/SPARC propuso un marco general para los sistemas de gestión de bases de datos (Tsichritzis y Klug, 1978). Este marco se caracteriza por su arquitectura de tres niveles: conceptual, externo e interno. Anteriormente en 1970, se propuso (Cod, 1970) una estructura de relación para los datos que fue revolucionaria. Propuso un modelo simple de datos en el que todos ellos se representarían en tablas constituidas por filas y columnas. A estas tablas se les dio el nombre matemático de relaciones, y por eso el modelo se denominó modelo relacional. Codd también propuso dos lenguajes para manipular los datos en las tablas: el álgebra y el cálculo relacionales. Ambos lenguajes soportan la manipulación de los datos sobre la base de operadores lógicos en lugar de las relaciones físicas que eran las utilizadas en los modelos que habían sido propuestos hasta ese momento.

Al manipular los datos sobre una base conceptual en vez de una base física, Codd introdujo otra innovación revolucionaria. En los sistemas de base de datos relacionales los archivos completos de datos se pueden procesar con instrucciones sencillas. Sin embargo, los sistemas tradicionales requieren que los datos se procesen secuencialmente de registro en registro. El enfoque de Codd mejoró enormemente la eficiencia conceptual de la programación de la base de datos.

La manipulación lógica de los datos también hace factible la creación de lenguajes de consulta más accesibles al usuario no especialista en computación. Aunque es bastante difícil crear un lenguaje que pueda ser utilizado por todas las personas sin considerar su experiencia previa en computación, los lenguajes relacionales de consulta hacen posible el acceso a las bases de datos para un grupo de usuarios cada vez mayor.

Actualmente, los sistemas relacionales han consolidado su posición como un paradigma predominante en el mercado, particularmente en el ámbito comercial y de gestión. Los sistemas orientados a archivos, así como otros sistemas de bases de datos son ampliamente utilizados en determinados escenarios de aplicaciones, pueden representan la elección más económica y eficaz. No obstante, desde hace mucho tiempo, hay una tendencia muy clara de las empresas hacia la migración a sistemas relacionales en la medida de lo posible.

B) Arquitecturas de datos en la nube

Las tecnologías basadas en lo que ha sido llamado "nube" permite el acceso a programas, almacenamiento de archivos y procesamiento de datos a través de servicios remotos de red que facilita la gestión de recursos y servicios. Los usuarios consiguen mayor flexibilidad ya que les permite optimizar sus recursos y agilizar la gestión de sus procedimientos.

Las características principales de la tecnología en la nube son:

- Reducción de recursos. Se reduce el número de servidores físicos.
- Flexibilidad. Es posible aumentar o disminuir los recursos de las soluciones utilizadas bajo demanda en base a las necesidades.
- Movilidad. Las soluciones en la nube están disponibles desde cualquier dispositivo con conectividad a Internet, sin ningún tipo de dependencia de la ubicación del usuario.
- Datos. Los datos almacenados en la nube se pueden analizar fácilmente, ya que hay soluciones que tienen herramientas de análisis integradas.
- Colaboración. Mejora la participación de todos los empleados en el trabajo al permitirse el acceso rápido y fácil en tiempo real a la información.
- Escalabilidad. La solución en la nube puede crecer con las necesidades ya que es sencillo aumentar la capacidad y funcionalidades de los sistemas.
- Alta capacidad de almacenamiento de datos. No se tiene la limitación de almacenamiento de un sistema.
- Acceso a todo tipo de aplicaciones de forma remota, almacenando los datos que se reciben y procesándolos en servidores

de forma remota. En este sentido permite alojar de forma remota en servidores en la nube todo tipo de software, plataformas y bases de datos, de manera que no se tiene dependencia de ordenadores concretos para acceder a información.

Se distinguen tres tipos principales de arquitectura de nube: públicas, privadas e híbridas.

Pública. Son entornos que generalmente se originan a partir de una infraestructura de tecnología de la información que está externalizada con respecto al usuario final. Hasta hace muy poco tiempo, las nubes públicas se desplegaban en ubicaciones externas a las instalaciones de las organizaciones, pero, actualmente, los proveedores de servicios de nube pública han evolucionado sus ofertas para incluir la posibilidad de proporcionar estos servicios desde centros de datos locales, ubicados en las instalaciones de los propios clientes. Por consiguiente, ya no se puede distinguir el tipo de nube en función de la ubicación física y la titularidad de la infraestructura. Es importante destacar que todas las nubes, sin excepción, adquieren la característica de públicas cuando sus entornos se subdividen y comparten entre múltiples usuarios. Es el tipo de nube de menor coste pero también el de menor calidad y más vulnerable en cuanto a seguridad.

Privada. Para poder acceder es necesario realizar algún tipo de autenticación. Los datos se alojan de forma más segura ya que los servidores tienen dedicación exclusiva en una red privada. Se tiene mayor control y nivel de seguridad, sin embargo, se pueden diseñar nubes privadas en centros de datos alquilados de terceros que se encuentran fuera de las instalaciones, lo cual hace que todas las reglas de ubicación y propiedad queden obsoletas. Esta situación ha dado lugar a varios subtipos de nubes privadas:

Privadas gestionadas. La implementación, configuración y gestión de la nube la realiza un proveedor externo. Es una opción adecuada cuando no se dispone de los equipos, físicos y de personal, adecuado para gestionar una nube privada propia.

Exclusivas. Es una nube dentro de una nube que se dedica en exclusividad a un determinado fin.

Híbrida. Es una nube formada por la combinación de varias nubes públicas y privadas. Tiene la ventaja de poder integrar sistemas ya existentes en nube privada para proveer servicios de nube pública. Es la estructura más flexible y escalable ya que tiene mayor capacidad para ser adaptada e integrarse con otros sistemas.

Todas las nubes extraen, agrupan y comparten recursos informáticos escalables en una red. Además, todos los tipos de nube habilitan la computación en la nube. Todas ellas se crean mediante una combinación única de tecnologías, que casi siempre incluye un sistema operativo, algún tipo de plataforma de gestión e interfaces de programación de aplicaciones. También es posible agregar el software de virtualización y automatización a todos los tipos de nube para obtener funciones adicionales o mayores niveles de eficiencia.

Los servicios de computación en la nube representan arquitecturas tecnológicas, plataformas o aplicaciones de software que son gestionadas por terceros proveedores y se encuentran accesibles para los usuarios a través de la red de Internet. Estos servicios se dividen en tres categorías fundamentales: Infraestructura como Servicio (IaaS), Plataforma como Servicio (PaaS) y Software como Servicio (SaaS). Estas categorías en su conjunto facilitan la transferencia de datos desde los terminales de los usuarios hasta los sistemas de los proveedores de servicios de nube y viceversa. Cabe destacar que cada una de estas categorías ofrece un conjunto específico de funcionalidades y capacidades, diferenciándose en función de los servicios proporcionados.

IaaS: el proveedor de servicios en la nube asume la responsabilidad de la gestión de la infraestructura en su totalidad, abarcando elementos tales como servidores, red, virtualización y almacenamiento de datos físicos, a través de la conectividad proporcionada por Internet. Esta infraestructura se pone a disposición del usuario mediante la habilitación de una interfaz de programación de aplicaciones o un panel de control. En este escenario, corresponde al usuario la administración de aspectos tales como el sistema operativo, las aplicaciones y el middleware, mientras que los proveedores se encargan de mantener y gestionar los componentes hardware, las redes, los discos duros, el almacenamiento de datos y los servidores. Adicionalmente, los proveedores de servicios de nube asumen la responsabilidad de prevenir interrupciones, realizar tareas de reparación y abordar los problemas que puedan surgir en el ámbito del hardware. Esta modalidad de servicio se ajusta a lo que se podría considerar el paradigma convencional de implementación en lo que respecta a los proveedores de almacenamiento en la nube.

PaaS: el proveedor externo de servicios de nube asume la responsabilidad de proporcionar y administrar tanto la infraestructura de hardware como una plataforma de software destinada a la ejecución de aplicaciones. No obstante, es el usuario quien detenta el control y la gestión de las aplicaciones que se despliegan en esta plataforma, así como de los datos que sustentan dichas aplicaciones. La PaaS se erige como una solución que confiere a los usuarios una plataforma adecuada para el desarrollo de aplicaciones, al proporcionar una plataforma en la nube compartida que les permite desarrollar y gestionar aplicaciones sin requerir el diseño ni el mantenimiento de la infraestructura generalmente vinculada a este proceso. Esta característica se traduce en un recurso especialmente beneficioso para profesionales de desarrollo y programación.

SaaS: El Software como Servicio (SaaS) constituye un modelo de prestación de servicios que implica la provisión de aplicaciones de software a los usuarios por parte del proveedor de servicios en la nube. Habitualmente las aplicaciones SaaS son aplicaciones web o aplicaciones móviles a las cuales los usuarios pueden acceder a través de un navegador web. La responsabilidad de llevar a cabo actualizaciones de software, rectificar fallos y gestionar otros aspectos generales de mantenimiento recae sobre el usuario, quien se conecta a estas aplicaciones alojadas en la nube mediante un panel de control o una interfaz de programación de aplicaciones. No obstante, el aspecto más destacado del SaaS radica en su capacidad para eliminar la necesidad de instalación local de una aplicación en las computadoras individuales de los usuarios, lo que conlleva ventajas significativas en términos de facilitar un acceso más efectivo y colaborativo al sistema de software.

La migración de los sistemas a la nube, tanto de datos como de procesos ha influido de forma muy notable para extender el proceso de digitalización. Los cambios que ha comportado trasladar la funcionalidad de los sistemas a la nube son:

- Eliminación de los problemas de limitación de almacenamiento y de capacidad de procesamiento
- Virtualización de los servicios mediante aplicaciones móviles y web
- Explotación de la información disponible para la toma de decisiones o para la oferta de nuevos productos. Se utilizan tecnologías basadas en inteligencia artificial y algoritmos de aprendizaje automático basados en computación paralela
- Almacenamiento de la información en sistemas de persistencia más eficientes. En este ámbito, la tendencia actual se dirige a utilizar otros tipos de bases de datos diferentes a la relacionales (NoSQL) o extensiones de estas (NewSQL)

La gran capacidad para registrar datos unido al soporte para su almacenamiento y procesado en la nube ha posibilitado el desarrollo de aplicación que utilizan algoritmos de Inteligencia Artificial.

V. ALGORITMOS DE APOYO A LA TOMA DE DECISIONES

La selección de una alternativa dentro de un conjunto de posibilidades plantea una problemática muy común en diversos ámbitos de la actividad humana. En el contexto de la gestión y la estrategia, todas las decisiones conllevan la necesidad de identificar soluciones alternativas viables y optar por la más adecuada. Esta es quizás la situación que presenta mayores dificultades para realizar la digitalización de un procedimiento jurídico, la automatización de las decisiones. Ya no sólo desde el punto de vista jurídico, que no va a ser tratado en este capítulo dado que va a ser profusamente discutido en el resto de los capítulos de esta obra, si no también desde las ciencias de la computación y las matemáticas ha sido un problema central abordado desde diferentes aproximaciones con el fin de modelar toda la complejidad que comporta.

Desde una perspectiva algorítmica, la aproximación que se utiliza es la de formalizar el proceso de toma de decisiones como un sistema de reglas lógicas. Pero la cuestión queda abierta; ¿cómo construir esas reglas lógicas? Se van a mostrar dos aproximaciones: el modelado desde la inteligencia artificial y desde las técnicas de decisión multicriterio.

A) Inteligencia Artificial

A pesar de las limitaciones fundamentales previamente expuestas, no existe un algoritmo capaz de caracterizar de manera exhaustiva el comportamiento de un programa. Estas limitaciones no han supuesto un obstáculo insuperable para el desarrollo de infinidad de soluciones algorítmicas, hoy omnipresentes en todas las facetas de actividad humana. Es importante destacar que dichas limitaciones tampoco han supuesto un impedimento para el progreso de la Inteligencia Artificial, que en la última década ha alcanzado un nivel de madurez tecnológica tal que ha permitido su implementación en una multitud de procesos destinados a resolver situaciones de toma de decisiones altamente complejas.

En el contexto de la Inteligencia Artificial, no existe una definición universal única que identifique de manera precisa lo que constituye un algoritmo de este tipo. Una aproximación plausible consiste en aplicar el concepto de inteligencia a un sistema algorítmico artificial que comparte las propiedades fundamentales de la inteligencia humana, como la capacidad de aprender, razonar y mantener una representación abstracta del mundo que le permita tomar decisiones informadas. Una definición más formal es la adoptada por la Comisión Europea en su regulación del uso de la Inteligencia Artificial en todo el territorio europeo, (Reglamento de Inteligencia Artificial, 2024):

> "Un sistema basado en una máquina que está diseñado para funcionar con distintos niveles de autonomía y que puede mostrar capacidad de adaptación tras el despliegue, y que, para objetivos explícitos o implícitos, infiere de la información de entrada que recibe la manera de generar resultados de salida, como predicciones, contenidos, recomendaciones o decisiones, que pueden influir en entornos físicos o virtuales"

De la definición, hay que destacar que no se realizan referencias a software, algoritmo, procedimiento, o términos similares próximos a la computación, si no a una idea más general, la de sistema basado en una máquina. Siendo la autonomía la primera característica relevante del sistema de inteligencia artificial. Si bien la autonomía no es una característica diferencial de los algoritmos de inteligencia artificial, cualquier algoritmo opera de forma autónoma, en esta definición, se incide en su atribución a sistemas que pueden funcionar sin la intervención humana. Y dado que es una definición que se establece en un marco normativo, se quiere hacer mención explícita que incluso para los sistemas que no sean completamente autónomos, también será de aplicación esta definición. Al indicar que los sistemas inteligentes pueden mostrar capacidad de adaptación, infiriendo información, se está haciendo una referencia indirecta a los sistemas basados en aprendizaje automático que pueden cambiar sus resultados de salida dependiendo de la información que extraen de los datos de entrada. La última idea importante en la definición hace referencia a las consecuencias del funcionamiento de los sistemas inteligentes: tienen objetivos definidos explícita o implícitamente de forma que pueden realizar predicciones y recomendaciones, generar nueva información que pueden influir, es decir, cambiar, el entorno físico o virtual. Por tanto, los sistemas de Inteligencia Artificial actúan de forma recíproca con el entorno, es decir, el entorno puede modificar los sistemas y estos pueden a su vez cambiar el entorno.

Con esta definición todos los algoritmos actuales de Inteligencia Artificial están incluidos; los basados en la ingeniería del conocimiento y las aproximaciones estadísticas, basados en representaciones simbólicas y subsimbólicas que utilizan razonamiento inductivo, deductivo o bayesiano incluyendo algoritmos de búsqueda y optimización. Las técnicas simbólicas se caracterizan por representar la información mediante símbolos y conceptos, y emplean reglas lógicas para llevar a cabo razonamientos que se asemejan a la forma en que razona un ser humano. Ejemplos típicos de técnicas de Inteligencia Artificial simbólica incluyen sistemas de reglas y sistemas expertos. Estas técnicas dominaron en las etapas iniciales de la aplicación de la Inteligencia Artificial, pero han sido reemplazadas en gran medida por enfoques basados en el aprendizaje automático *("machine learning")*.

En el contexto de las técnicas simbólicas, el conocimiento se transfiere al algoritmo mediante una metodología de ingeniería del conocimiento, donde analistas capturan los conceptos, la información y las reglas de razonamiento utilizadas por expertos en el problema para tomar decisiones inteligentes. La toma de decisiones se basa en razonamientos por deducción o analogía, lo que facilita la construcción de explicaciones claras y detalladas. Sin embargo, con las técnicas basadas en el aprendizaje automático, el conocimiento se adquiere a través de la inducción de información a partir de un conjunto de datos, realizada por un algoritmo con el fin de crear un modelo. Este conocimiento se encuentra en los datos en forma de patrones y correlaciones entre atributos, y los algoritmos descubren estos patrones de manera autónoma.

Cada tipo de algoritmo tiene su propia estructura de representación del conocimiento que captura. A medida que la complejidad de la estructura aumenta, se incrementa la capacidad para capturar conocimiento más complejo. Sin embargo, esta misma complejidad dificulta la creación de explicaciones que permitan comprender cómo se toman las decisiones. Los algoritmos que crean modelos complejos son comúnmente denominados "cajas negras". Esta denominación hace referencia a la opacidad en el proceso de toma de decisiones, donde un algoritmo recibe datos de entrada, produce una salida, pero el proceso de transformación en sí mismo resulta desconocido o extremadamente difícil de comprender. Los modelos de inteligencia artificial basados en redes neuronales son el ejemplo paradigmático de estas "cajas negras". Además, los avances recientes en el campo, en particular el aprendizaje profundo, han revolucionado la capacidad de abordar problemas altamente complejos, aunque a costa de dificultar aún más la interpretación de las decisiones tomadas.

Una solución para abordar el desafío de las "cajas negras" sería la utilización de técnicas interpretables, conocidas como "cajas blancas". Estas técnicas generan modelos de baja complejidad, como regresiones lineales, logísticas, árboles de decisión, entre otros. No obstante, cuando se enfrentan problemas de toma de decisiones difíciles, los modelos de baja complejidad pueden crecer en tamaño en un intento de capturar la complejidad del problema, lo que da como resultado modelos difíciles de interpretar y explicar utilizando conceptos sencillos como reglas lógicas.

1. Rendición de cuentas mediante Inteligencia Artificial Explicable

En el contexto de un proceso administrativo, la rendición de cuentas emerge como un imperativo ético y normativo de suma relevancia. En este sentido, la transparencia en el proceso de toma de decisiones se erige como un pilar fundamental. Las secuencias de operaciones están meticulosamente establecidas, y en los casos en los que una decisión es tomada por una persona o se le imputa a alguien, su responsabilidad se encuentra inextricablemente ligada al acto de decidir, lo que conlleva la obligación de ofrecer explicaciones adecuadas. Importa destacar que esta circunstancia es independiente de la complejidad inherente a la toma de decisiones.

No obstante, en el contexto de un proceso digitalizado, surge un desafío importante en relación con cómo se puede garantizar adecuadamente la rendición de cuentas. En primera instancia, se plantea la cuestión fundamental de definir lo que constituye una "explicación" válida en este contexto particular. Actualmente, este asunto se mantiene como un tema abierto en la comunidad científica de la inteligencia artificial, y su definición requiere la participación interdisciplinaria de campos como la psicología, la filosofía, las ciencias de la computación y la cognición.

En este sentido, (Miller, 2019) ha formulado tres recomendaciones sustanciales. En primer lugar, sugiere que las explicaciones deben ser "contrafactuales", es decir, deben abordar la pregunta de por qué se obtuvo un resultado específico y no otro. En segundo lugar, las explicaciones deben ser "selectivas", lo que implica centrarse en unas pocas causas principales, en lugar de abarcar la totalidad de las posibles causas. Por último, y quizás más complejo, plantea que una explicación constituye un acto de interacción social entre el proveedor de la explicación y el receptor. En este proceso, quien proporciona la explicación va construyendo, de manera progresiva, un modelo mental del receptor con el objetivo de facilitar la transmisión efectiva del conocimiento.

En la actualidad, existen técnicas que pueden ser aplicadas al modelo de decisión y cumplir con las dos primeras características mencionadas, no obstante, la consecución de la tercera característica, la cual se relaciona con la interacción social y la construcción de un modelo mental del receptor, continúa siendo un desafío técnico pendiente de superación. Sin embargo, es importante destacar que los avances recientes en modelos de lenguaje a gran escala, basados en el aprendizaje profundo, presentan un camino prometedor para abordar esta complejidad y mejorar la inteligibilidad de las explicaciones en contextos administrativos.

Es vital subrayar que, en el contexto de los procesos administrativos, la exigencia de proporcionar explicaciones deriva de la necesidad destacada en el párrafo anterior. Estas interacciones sociales deben llevarse a cabo con los ciudadanos y, en ciertos casos, con los jueces, quienes ejercen un papel crucial en el control de la administración. Por lo tanto, la claridad y suficiencia de las explicaciones revisten una importancia innegable para que estas partes interesadas puedan cumplir efectivamente con sus funciones de supervisión.

2. Algoritmos de Inteligencia Artificial Explicable

La explicación de los sistemas de apoyo a la decisión es necesaria por varios motivos. Están descritos sistemas críticos de toma de decisión, por ejemplo, para recomendar tratamientos contra el cáncer (Casey y Swetliz, 2018), donde estos sistemas han tomado decisiones erróneas. También son muy abundantes las referencias científicas a la reproducción de sesgos de los modelos obtenidos mediante aprendizaje automático, (Dastin, 2018), (Duffy, 2019), (Diaz *et al.*, 2018), (Buolamwini *et al.*, 2018). Los modelos se crean a partir de conjuntos de datos históricos de decisiones humanas y si esas decisiones contienen sesgos, lo habitual, entonces el sistema automático aprenderá también a realizar decisiones sesgadas. De manera que independientemente de las obligaciones que aplican los marcos jurídicos, son necesarias las explicaciones para poder trazar las motivaciones de las decisiones de los algoritmos y poder auditarles adecuadamente con el fin de corregir los sesgos que pueden contener.

Como ha sido expuesto en secciones previas, en la última década los algoritmos de aprendizaje automático han tenido un gran desarrollo, especialmente los basados en redes de neuronas artificiales. Se han producido avances teóricos que han incrementado considerablemente la complejidad de los modelos y sectores económicos y productivos están masivamente incorporando estas técnicas.

El aumento en la complejidad de los modelos tiene como consecuencia un decremento en la posibilidad de dar explicaciones de su funcionamiento. Es muy difícil comprender cómo afectan un gran número de variables y parámetros a la predicción de un modelo, pero además están por resolver algunas cuestiones más generales.

Se distingue entre modelos que son explicables "a priori", para los que se puede predecir la salida dependiendo de cómo se modifica la entrada y se pueden observar relaciones causales, estos son los llamados modelos interpretables, de aquellos que sólo puede realizarse una descripción de la mecánica del proceso, los modelos explicables. Se intuye que todas las técnicas de aprendizaje automático pueden disponerse en una dimensión de interpretabilidad/explicabilidad, aunque no existe una definición formal matemática del término, por tanto, no hay métricas que midan cómo de interpretable/explicable es un modelo. Existe la discusión acerca de cómo definir qué es una explicación (Miller, 2019), Miller establece algunas características acerca de cómo son las explicaciones que utilizamos los seres humanos.

Selectivos. Las explicaciones se seleccionan, es decir pueden existir un gran número de explicaciones, pero los seres humanos sólo toman una o dos por ahorro cognitivo. Esta característica está en conflicto con la aspiración a tener explicaciones completas y no sesgadas.

No probabilísticas. No se consideran las probabilidades, los humanos no somos buenos realizando razonamientos probabilísticos que conllevan también una gran carga cognitiva, por consiguiente, habitualmente la explicación que seleccionan puede que no sea la más probable. Esta característica cognitiva humana supone un grave inconveniente, teniendo en cuenta que la naturaleza de todos los modelos basados en aprendizaje inductivo es probabilística y hay que entender en ese marco sus resultados.

Componente social. Una explicación es en esencia una transferencia de conocimiento como consecuencia de una interacción social, se establece una relación entre las creencias de quien hace la explicación sobre la base de las creencias de quien la recibe. Por tanto, no hay explicaciones universales y se adaptan según la audiencia. Puede ser necesario establecer diferentes niveles de explicación en función de la audiencia: expertos, reguladores, desarrolladores, ejecutivos y las personas sujetas a las decisiones. Los expertos del problema y los usuarios del modelo desean tener un modelo confiable y poder extraer conocimiento de valor. Las agencias y entidades reguladoras deben determinar si el modelo cumple con la legislación o supera una certificación o auditoría. Los desarrolladores y científicos de datos necesitan explicaciones para poder mejorar la eficiencia del modelo, obtener nuevas funcionalidades. Los ejecutivos y directivos desean que las explicaciones les aseguren que se cumplen las normativas regulatorias y estrategias corporativas. Finalmente, las personas afectadas por las decisiones desean comprender la motivación de los sistemas para adoptar las resoluciones que les afectan para tener la confianza de que se están tomando decisiones justas.

Por tanto, los modelos de decisión para cumplir con las necesidades de explicación expuestas deben poder verificarse la fortaleza de las evidencias que soportan su resultado, debe ser posible comprender las variables y en qué medida afectan y conocer cómo cambia la predicción de un modelo si cambian el valor de las variables de entrada. En definitiva, puede resumirse con que deben poder ser simulables, descomponibles y transparentes. En (Barredo *et al.*, 2020) se examinan las técnicas más comunes utilizadas en aprendizaje automático y se muestra el grado que muestran de explicabilidad en términos de simulables, descomponibles y de transparencia algorítmica.

Tabla. 1. Comparación de algoritmos usados para apoyo a la decisión según su transparencia algorítmica (Barredo, A. *et al.* 2020)

TRANSPARENCIA				
Técnica	**Simulable**	**Descomponible**	**Trasparencia Algorítmica**	**Análisis Post-hoc**
Regresión lineal/logística	Fácilmente interpretable	Las variables son legibles, pero si son muchas, se hace necesaria forzar la descomposición	Se necesitan herramientas matemáticas para analizar las variables e interacciones	—
Árboles de decisión	Se pueden simular y obtener predicciones sin necesidad de conocimientos matemáticos	El modelo se puede dividir, sin alterar los datos y manteniendo la legibilidad	Se explica el conocimiento aprendido de los datos y se tiene una comprensión directa del proceso de predicción	—
K-Nearest Neighbors	Se pueden seguir haciendo simulaciones del comportamiento del modelo, hace falta aplicar algún concepto matemático	Si el número de variables es alto entonces es difícil simular el modelo, pero puede descomponerse y analizarse por separado	Si el modelo es muy grande o la medida de similitud es muy compleja, entonces hay que utilizar herramientas matemáticas para analizar el modelo	—
Sistemas basados en reglas	Con pocas reglas, se puede simular mentalmente el comportamiento del modelo	Con muchas reglas es necesario descomponerlas para realizar análisis por agrupaciones de reglas	Con muchas reglas, o reglas muy complicadas, entonces son necesarias herramientas matemáticas de análisis del modelo	—
General Additive Models	Si son pocas variables e interacciones entonces puede ser interpretable	Con interacciones complejas es necesario aplicar técnicas de descomposición del modelo para poder analizarlo	Muchas variables o interacciones requieren de herramientas matemáticas de análisis	—
Modelos Bayesianos	Las variables y sus relaciones estadísticas son compresibles, hace falta tener algún conocimiento matemático básico	Modelos grandes pueden ser descompuestos por sus efectos marginales	Modelos muy grandes con variables complejas deben ser analizadas con herramientas matemáticas	—

TRANSPARENCIA				
Técnica	**Simulable**	**Descomponible**	**Trasparencia Algorítmica**	**Análisis Post-hoc**
Tree Ensembles	–	–	–	Simplificación de modelos, importancias de atributos
SVM	–	–	–	Simplificación de modelos, herramientas locales de explicación
Redes multicapa	–	–	–	Simplificación de modelos, importancias de atributos, herramientas de visualización
Redes convolucionales	–	–	–	Importancias de atributos, herramientas de visualización
Redes recurrentes	–	–	–	Importancias de atributos

En la tabla anterior se puede ver que hay un conjunto de algoritmos que cumplen, en mayor o menor grado, con los criterios de transparencia. Se puede comprender su funcionamiento a partir de la observación del modelo construido. Sin embargo, para otro grupo de algoritmos, estos son los llamados de "caja negra", sólo puede analizarse su comportamiento a partir de la aplicación de otros algoritmos, análisis post-hoc, que monitorizan su comportamiento. Desafortunadamente, como ya se ha descrito anteriormente, los algoritmos de "caja negra" tienen generalmente un rendimiento muy superior.

Una taxonomía de los algoritmos que permiten dar explicaciones de los modelos de aprendizaje automático, los divide entre algoritmos que pueden aplicarse a cualquier modelo de algoritmo de aprendizaje automático, son llamados "agnósticos" y los que son específicos a uno o varios tipos específicos de modelos. Otra taxonomía los divide según el alcance de las explicaciones que, por simplificar, se pueden dividir en globales y locales.

Métodos Globales: Estos métodos persiguen proporcionar una visión integral del funcionamiento del modelo en su conjunto. Su propósito es determinar los elementos principales y las relaciones fundamentales que inciden en las decisiones futuras.

Métodos Locales: A diferencia de los métodos globales, las técnicas de explicabilidad locales se centran en la construcción de explicaciones específicas para decisiones particulares. Como resultado, estas explicaciones pueden variar sustancialmente según el caso particular que esté siendo analizado.

Figura 1. Taxonomía de algoritmos de explicabilidad

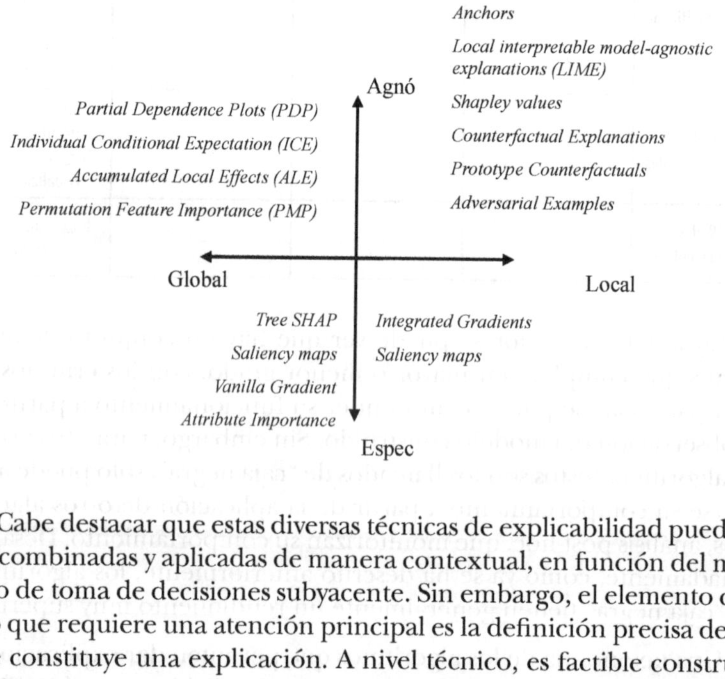

Cabe destacar que estas diversas técnicas de explicabilidad pueden ser combinadas y aplicadas de manera contextual, en función del modelo de toma de decisiones subyacente. Sin embargo, el elemento crítico que requiere una atención principal es la definición precisa de lo que constituye una explicación. A nivel técnico, es factible construir explicaciones que, aunque sean adecuadas desde una perspectiva técnica, pueden resultar ininteligibles para el ciudadano promedio. No obstante, estas explicaciones técnicas deben estar disponibles con el propósito de permitir la auditoría de sistemas de toma de decisiones automatizados, y permitir que profesionales debidamente calificados estudien y supervisen su correcto funcionamiento.

El nivel de comprensión exigible para el ciudadano común en las explicaciones de estos sistemas alcanza una dimensión política considerable. Las explicaciones simplificadas destinadas a audiencias no técnicas pueden ser inherentemente incompletas y menos precisas que sus contrapartes técnicas. En consecuencia, la determinación del grado de satisfacción de la ciudadanía con respecto a las explicaciones sobre el funcionamiento de modelos automáticos de toma de decisiones se convierte en una decisión que recae en la representación política de la sociedad.

No obstante, a pesar de los desafíos técnicos que se deben superar y los riesgos inherentes, las ventajas y oportunidades asociadas con la transformación digital y la implementación de algoritmos automáticos para la toma de decisiones se mantienen como un objetivo principal.

La elección del tipo de algoritmo de explicabilidad dependerá de las circunstancias: el tipo de modelo de aprendizaje automático y el objetivo y alcance de las explicaciones requeridas. Es muy probable que se tengan que utilizar diferentes algoritmos de explicabilidad para cubrir tanto explicaciones globales, necesarias para comprender el comportamiento del modelo con el fin de auditarlo, como de explicaciones locales. Los algoritmos de explicaciones locales responden a las cuestiones particulares de decisiones concretas del modelo. Los seres humanos demandan respuestas contrafácticas y que permitan motivar el resultado de una decisión que les afecta. De no producirse, se pierde la confianza en estos sistemas y se puede llegar a conculcar el derecho al recurso de reclamación.

B) Algoritmos de decisión multicriterio

Con el propósito de abordar situaciones en las que se presentan múltiples objetivos o criterios que deben ser tomados en cuenta simultáneamente en el proceso de toma de decisiones, ha surgido la Metodología Multicriterio como un Sistema de Ayuda a la Decisión. A diferencia de las técnicas de optimización, los métodos de evaluación y decisión multicriterio no persiguen la obtención de una solución óptima. Por el contrario, basándose en los objetivos predefinidos, que a menudo pueden entrar en conflicto, y en las preferencias del decisor, su objetivo es:

- Seleccionar la o las alternativas que mejor se ajusten a los criterios establecidos
- Aceptar aquellas alternativas que parezcan prometedoras y rechazar las que se consideren desfavorables
- Generar una ordenación o ranking de las alternativas evaluadas, ubicándolas en un espectro que va desde la mejor hasta la peor en función de los criterios considerados

Existen dos enfoques distintos, en función si el conjunto de alternativas es infinito o finito. En la primera modalidad, denominada "Decisión Multiobjetivo", se manejan conjuntos de alternativas infinitos, mientras que la segunda modalidad, conocida como "Decisión Multicriterio Discreta", se abordan conjuntos de alternativas finitos y numerables, siendo esta última el tipo más común de problemas en el mundo real.

La tarea para seleccionar la mejor alternativa dentro de un conjunto dado requiere de la definición previa de un conjunto de criterios de evaluación, también conocidos como atributos u objetivos, los cuales permiten valorar las alternativas según su importancia relativa. Estos pesos son asignados por el tomador de decisiones y reflejan la ponderación de cada atributo u objetivo en el proceso de toma de decisión. Por lo general, se procede a evaluar cada alternativa otorgándoles una medida, ya sea en una escala cuantitativa o cualitativa. Esta medida puede adquirir diferentes formas, incluyendo valores cardinales, ordinales, nominales o incluso valores probabilísticos. Es importante destacar que la relación entre la importancia de cada atributo y la valoración final de las alternativas es directa. Por lo tanto, se emplean diversas metodologías destinadas a encontrar el conjunto óptimo de pesos asignados a los atributos, de manera que estos reflejen de la manera más precisa posible las decisiones tomadas por los expertos.

Hay que considerar que habitualmente la toma de decisiones suele ser una empresa colaborativa en la que múltiples expertos intervienen, ya que el análisis de problemas complejos demanda esfuerzos significativos y la asimilación de una abundante cantidad de información con el fin de formular de manera exhaustiva el problema y discernir las distintas soluciones aplicables. Sin embargo, este proceso puede ser complicado por divergencias en las opiniones de los expertos. Por lo tanto, resulta deseable que los procedimientos formales diseñados para facilitar la toma de decisiones incorporen mecanismos que permitan integrar las opiniones no concordantes de los expertos.

Los principales algoritmos de decisión multicriterio son (Aruldoss, 2013): la ponderación lineal (scoring), utilidad multiabributo (MAUT), Electre, Promethee, proceso analítico jerárquico (AHP), Topsis, entre otros. Todas estas técnicas tienen la ventaja de poder explicarse con poco esfuerzo, se puede determinar cómo influyen los diferentes criterios a la toma de decisión y pueden incorporar el conocimiento de unos o varios expertos. También se pueden combinar estos algoritmos con otros de aprendizaje automático de forma que puedan construir sus modelos realizando aprendizaje inductivo.

C) *Consideraciones de implementación*

La necesidad de transparencia algorítmica para la rendición de cuentas de los algoritmos de toma de decisión puede entrar en colisión con otros derechos o incurrir en la desprotección del servicio para el que debe servir. Por ejemplo, en la sentencia en apelación de la Audiencia Nacional de 30 de abril de 2024, núm. de rec. 51/2022, se deniega el acceso al código fuente del programa BOSCO que asesora en la decisión para otorgar a los ciudadanos el bono eléctrico, argumentando que se pueden vulnerar requisitos de seguridad, protección de datos y colisionar con la propiedad intelectual. Desde un análisis técnico informático, efectivamente, tener acceso a todo el código informático de una aplicación puede ocasionar graves vulneraciones de seguridad. El proceso de toma de decisión necesita alimentarse de datos, estos datos, generalmente sujetos a protección, se encuentran en repositorios que requieren de sistemas de autenticación para su acceso. El proceso de autenticación puede estar incluido en el código fuente del algoritmo, lo que permitiría a cualquiera poder acceder a las fuentes de datos de forma incontrolada.

Es más complicado establecer, en este contexto, vulneraciones de la propiedad intelectual. Si bien todo el algoritmo puede tener partes no involucradas con la decisión, por ejemplo, para el acceso a los datos, su preparación de entrada y salida que podrían tener algún tipo de protección de propiedad intelectual, no lo puede ser, en ningún caso, la parte asociada a la toma de decisión misma. El motivo es que el algoritmo del proceso de toma de decisión es la trasposición de leyes, reglamentos o normativas públicas y, por tanto, necesariamente no sujeto a protección de propiedad intelectual.

Dependiendo de la forma en la que se diseña el algoritmo, puede ser difícil aislar la parte donde se realiza la toma de decisión de otras partes que habría que preservar de su acceso público. Se propone que, para cumplir con ambos requisitos, satisfacer los criterios de seguridad y protección informática y el acceso al algoritmo de toma de decisión, se diseñe la lógica de la toma de decisión en una función que reciba como parámetros formales los datos requeridos para realizar una decisión unitaria y el valor que retorna es la decisión correspondiente. De esta manera, el código fuente de esta función podrá ser siempre accedido de forma pública manteniéndose el resto del código como privado. Ninguna modificación al valor de la decisión debería ser realizada fuera de esta función. Se recomienda realizar una estandarización de su nombre, algo del tipo "funcion_nucleo_decisor", "función_decision", o similar, de forma que la solicitud de información o del código fuente estaría libre de ambigüedades y problemas técnicos, estaría referida a esta función concreta. Queda abierta la discusión técnica sobre la conveniencia de recibir como argumento el modelo del decisor. Es muy frecuente tener modelos basados en aprendizaje automático, redes de neuronas, árboles de decisión, etc. que pueden ser de un tamaño considerable y que podrían hacer el proceso ineficiente desde el punto de vista temporal y espacial.

Se ha presentado una panorámica general de los algoritmos de Inteligencia Artificial que tienen mayor orientación hacia la toma de decisiones. Se ha puesto especial énfasis en los algoritmos de explicabilidad, ya que es crucial para el desarrollo de muchas aplicaciones de la Inteligencia Artificial en el mundo real.

VI. VENTAJAS Y RIESGOS DE LA TRANSFORMACIÓN DIGITAL

En esta sección se van a enumerar algunas de las actividades que se realizan entre los ciudadanos y la Administración Pública y entre diferentes organismos de la Administración que pueden tener una mejora significativa al digitalizar sus procedimientos. Sin duda, existen riesgos asociados con la transformación digital y también serán discutidos.

A) La relación entre los ciudadanos y la Administración Pública

1. Acceso a los procedimientos

Oportunidades: Mejora en la Accesibilidad. La penetración digital entre los ciudadanos ha alcanzado niveles muy significativos. Según datos del Instituto Nacional de Estadística de España en el año 2022, aproximadamente el 95% de la población española entre 16 y 74 años utilizó Internet en los últimos tres meses, con una tendencia creciente en este porcentaje. El empleo de recursos digitales se ha convertido en una práctica normalizada en todas esferas de la vida ciudadana. Por consiguiente, se considera que el canal digital es el medio apropiado para la realización de transacciones, contratación de servicios, entre otros, y se ha consolidado como el principal medio de interacción entre los ciudadanos y la administración pública.

Riesgos: Relacionados con la accesibilidad, se presentan tres problemas fundamentales a considerar en el proceso de digitalización de los procedimientos administrativos públicos:

Infraestructura y Cobertura de Internet: La administración pública debe asegurar la disponibilidad de recursos de infraestructura, como la cobertura de Internet y la disponibilidad de aplicaciones informáticas. No obstante, este aspecto no siempre resulta sencillo, dado que existen zonas geográficas de difícil acceso o con cobertura irregular. Además, en lo que respecta a las aplicaciones, surge el desafío del mantenimiento. Cambios en las interfaces de programación de aplicaciones (API) de terceros, condiciones de uso, actualizaciones en navegadores web o sistemas operativos móviles pueden convertir en obsoleta la aplicación utilizada para acceder a los servicios administrativos. Este problema se agrava por la necesidad de garantizar la retrocompatibilidad con sistemas más antiguos.

Barreras Económicas: El acceso a Internet implica un costo económico, lo que plantea una barrera para ciertos grupos de ciudadanos vulnerables que no pueden asumirlo.

Brecha Digital: La brecha digital se manifiesta a través de notables disparidades en las habilidades y conocimientos de los ciudadanos para llevar a cabo interacciones digitales. Esta disparidad se relaciona principalmente con factores generacionales, aunque en menor medida afecta a ciudadanos de todas las edades que enfrentan dificultades al utilizar aplicaciones informáticas con la destreza requerida. Esta situación puede erigirse como un obstáculo que limita a algunos ciudadanos en el ejercicio de sus derechos en igualdad de condiciones con respecto a otros.

2. Transparencia y Rendición de Cuentas

Oportunidades: La transición hacia procesos digitalizados presenta diversas oportunidades en términos de transparencia y rendición de cuentas. Los procedimientos administrativos pueden ser consultados en cualquier momento, lo que permite a los ciudadanos acceder a información adicional relevante para su situación, los derechos que les amparan, los mecanismos de reclamación disponibles y la identificación de los responsables de cada acción administrativa. Además, los procesos públicos, como contrataciones y selecciones, pueden ser objeto de análisis detallados. Estos avances contribuyen a fortalecer la confianza de los ciudadanos en las instituciones públicas y a garantizar una mayor protección de sus derechos.

Riesgos: Sin embargo, es crucial destacar que la mera transformación digital no garantiza, por sí sola, una mejora sustancial en la transparencia de los procedimientos administrativos. Existe un riesgo inherente de que se genere una falsa percepción de que la digitalización de los procesos automáticamente conlleva una mayor transparencia. De hecho, la transformación digital puede ser utilizada de manera contraproducente al ofuscar información relevante en medio de una gran cantidad de datos superfluos. Por lo tanto, es imperativo llevar a cabo acciones explícitas con el fin de construir un seguimiento de las actuaciones, mantener registros históricos de decisiones, implementar motores de búsqueda eficientes y llevar a cabo otras medidas que fomenten la transparencia y la rendición de cuentas en la gestión administrativa.

3. Tiempo y costes de interacción

Oportunidades: Ha sido una de las principales fuerzas impulsoras detrás de la transformación digital en el ámbito económico. La capacidad de interactuar de manera inmediata con los ciudadanos, prescindiendo de la necesidad de desplazamientos y sin restricciones horarias, constituye una ventaja significativa. Desde la perspectiva del proveedor de servicios, esta modalidad permite una atención simultánea a gran escala, sin requerir una ubicación física específica ni personal de atención al cliente, lo que se traduce en notables ahorros de costos.

Riesgos: Sin embargo, los riesgos asociados al proceso de digitalización se centran principalmente, como se ha detallado previamente, en el mantenimiento continuo de los sistemas. Un riesgo muy importante surge de la amenaza de adoptar soluciones digitales inadecuadas, de baja calidad o con una dependencia excesiva de la subcontratación de servicios externos. Una implementación tecnológica deficiente no solo conlleva gastos significativos relacionados con su corrección, sino que también socava la confianza de los ciudadanos en la totalidad del proceso. Además, la externalización de la producción del sistema puede resultar en dependencias tecnológicas y presupuestarias a largo plazo, generando costos públicos excesivos que podrían afectar adversamente a la transformación digital en administraciones públicas de pequeño tamaño.

4. Toma de decisión

Oportunidades: Una de las oportunidades significativas derivadas de la incorporación de sistemas automáticos en procesos de toma de decisiones radica en la mejora de la calidad de dichas decisiones. Dos factores clave contribuyen a esta mejora. El primero se relaciona con la disponibilidad de datos en grandes volúmenes, que ofrecen registros extensos de decisiones pasadas, permitiendo así el aprendizaje de aciertos y errores. El segundo factor se vincula a la limitada fiabilidad de los seres humanos como tomadores de decisiones objetivas. La capacidad humana para manejar múltiples elementos de juicio es muy limitada, se caracteriza por una baja aptitud para el razonamiento probabilístico y está influenciada por diversos sesgos cognitivos. De manera destacable, los avances en los algoritmos de inteligencia artificial han generado modelos que superan a los seres humanos en la resolución de problemas de toma de decisiones de elevada complejidad.

Riesgos: Sin embargo, la adopción de sistemas automatizados en la toma de decisiones no está exenta de riesgos, siendo el sesgo en las decisiones automatizadas uno de los problemas principales que estos sistemas deben afrontar. Conviene señalar que los sesgos en sí no son una amenaza intrínseca de los sistemas automáticos, sino que son inherentes a los procesos de toma de decisiones en general, incluso resultan más difíciles de detectar y corregir cuando son realizados por personas. La mayor amenaza se encuentra en la replicación sistemática y rápida de errores en los sistemas automatizados, lo que dificulta su detección temprana y amplía el alcance de sus perjudiciales consecuencias. Además, en los procedimientos de toma de decisiones automatizados, existe un requisito de imputación de responsabilidad similar al de los procedimientos administrativos convencionales, sin embargo, en el contexto de los procesos y decisiones automatizadas la determinación de responsabilidades puede ser intrincada y actualmente está sujeta a algunas incertidumbres.

5. Actividad económica

Oportunidades: La implementación de políticas basadas en el principio de “open data” brinda nuevas oportunidades en el ámbito empresarial. Esto permite a las entidades económicas mejorar la calidad de sus servicios o diversificar sus ofertas comerciales. La utilización de plataformas de contratación, en particular, fortalece la confianza en los procedimientos, lo que a su vez actúa como un incentivo para su adopción y uso extensivo.

Riesgos: No obstante, el incremento constante de la ciberdelincuencia representa un fenómeno preocupante. El robo de datos, la suplantación de identidades, el secuestro de servicios y otras amenazas de naturaleza similar también tienen un impacto significativo en las instituciones públicas. Estas amenazas pueden derivar en consecuencias adversas, como daños económicos, disminución de la calidad de los servicios, interrupción de la continuidad de los servicios públicos, vulneración de los derechos y la pérdida de confianza de los ciudadanos en las instituciones públicas. Para afrontar esta problemática, es esencial diseñar procedimientos y adoptar medidas de protección adecuadas. Sin embargo, es importante reconocer que alcanzar una seguridad absoluta es imposible. La ciberdelincuencia y las medidas de seguridad establecen una dinámica que recuerda al juego depredador-presa, o a una escalada en la carrera armamentista. En este contexto, la inspección y la actualización regular de los sistemas se vuelven imperativas para detectar y prevenir violaciones de seguridad.

B) Relaciones intra- e interadministrativas

1. Coordinación

Oportunidades: Una oportunidad destacada radica en la mejora de la coordinación entre diversas entidades gubernamentales. La disponibilidad de datos digitales permite a estas administraciones compartir información de manera efectiva, lo que a su vez elimina la necesidad constante de recopilar los mismos datos de los ciudadanos de forma reiterada. La colaboración entre las administraciones públicas para mejorar la calidad de los datos conlleva un aumento en la capacidad para ofrecer servicios de mayor calidad y amplía la disponibilidad de servicios a la ciudadanía.

Riesgos: No obstante, surge un riesgo relacionado con las dificultades de coordinación. Si bien la migración a entornos digitales puede parecer, por sí misma, un avance que mejora la coordinación entre diferentes sistemas de gestión de procesos administrativos es importante destacar que, si no se realiza un esfuerzo para lograr la interoperabilidad entre estos sistemas, el resultado será la existencia de sistemas aislados y no interconectados. En esta situación, la transformación digital de procesos se convierte en un obstáculo en lugar de un facilitador, ya que la falta de coordinación efectiva puede entorpecer los esfuerzos de las administraciones públicas por aprovechar plenamente las ventajas de la digitalización.

2. Condiciones laborales

Oportunidades: Una oportunidad fundamental que surge en el contexto de la transformación digital de la administración pública se relaciona con la mejora de las condiciones laborales de los servidores públicos. La digitalización de procesos permite aumentar la satisfacción y productividad de estos funcionarios al liberarlos de tareas repetitivas y rutinarias. Asimismo, contribuye a la ampliación de sus competencias y habilidades, al tiempo que mejora su movilidad laboral, ya que los procedimientos se estandarizan y simplifican.

Riesgos: Sin embargo, se presenta un riesgo significativo vinculado a la pérdida de calidad en las condiciones laborales. Para abordar este desafío, es esencial proporcionar una formación adecuada a los empleados públicos en competencias digitales. De lo contrario, podrían experimentar una disminución en la productividad y sentir frustración debido a un desempeño laboral deficiente.

Adicionalmente, existen otras amenazas relacionadas con la transformación digital. Dos de las amenazas críticas, comunes en el ámbito de las soluciones informáticas, son las siguientes:

La primera amenaza, de naturaleza fundamental, radica en la posibilidad de realizar una adaptación deficiente de los procedimientos administrativos a su versión automatizada. El procedimiento administrativo constituye el "problema" que se pretende resolver mediante una solución algorítmica. Un análisis incorrecto o incompleto del problema podría resultar en la automatización de un procedimiento diferente al deseado. Por lo tanto, la fase de análisis del problema y definición de requerimientos nunca debe ser llevada a cabo únicamente por expertos en tecnología de la información, sino que debe involucrar a gestores públicos con conocimiento en la materia y a juristas encargados de garantizar la legalidad y los derechos afectados. Esta exigencia de la intervención de aquellos que conocen el problema adquiere una relevancia crucial, especialmente en el contexto de la automatización de actividades administrativas, ya que una adaptación inapropiada podría resultar en la violación de derechos e intereses legítimos de los ciudadanos, la responsabilidad patrimonial de la administración y la infracción de principios constitucionales que rigen su organización y funcionamiento. En resumen, el impacto de un error en esta etapa es tan significativo que las precauciones deben ser proporcionales.

La segunda amenaza importante proviene de la posible fuga de datos. Este riesgo se extiende a todas las aplicaciones informáticas, pero cobra una relevancia especial cuando se emplean algoritmos de inteligencia artificial basados en el aprendizaje inductivo. Este aspecto es particularmente crítico, dado que la administración pública maneja datos que requieren un alto grado de protección, como informes médicos, policiales, tributarios, entre otros. La fuga de estos datos implica la violación de derechos fundamentales de las personas.

La forma de minimizar riesgos, de forma general, ya ha sido expuesta en la sección dedicada al desarrollo de algoritmos. Realizar y mantener programas es una tarea de ingeniería y deben seguirse sus principios que incluyen la evaluación de riesgos, planes de mitigación y contingencia, fiabilidad, seguridad, etc.

VII. CONSIDERACIONES FINALES

Para finalizar se van a presentar un conjunto de principios de desarrollo que deberían guiar, por sus características específicas, la automatización de procesos administrativos. La amplia diversidad de procedimientos administrativos, las particularidades locales, la variabilidad en la composición de los equipos de desarrollo y los recursos disponibles, tanto económicos como de sistemas, que hacen imposible ofrecer directrices muy específicas que aborden esta diversidad de manera efectiva. Estos principios de desarrollo de software son también aplicables a muchos otros dominios diferentes, desde aplicaciones médicas hasta sistemas de control de infraestructuras:

Accesibilidad: Muchas de las aplicaciones resultantes tendrán interfaces destinadas al uso por parte de ciudadanos. Por lo tanto, es fundamental diseñar estas interfaces de manera que sean utilizables por personas que carecen de formación en tecnologías digitales o que presentan diversidad funcional.

Facilidad de mantenimiento: Dado que el mantenimiento del software, como se ha señalado previamente, representa una parte sustancial del presupuesto en proyectos de desarrollo y conlleva gastos continuos para la entidad que lo explota (en este caso, financiados con fondos públicos), es esencial considerar la simplicidad del mantenimiento, es decir, minimizar los costos asociados a esta tarea.

Interoperabilidad: Los procedimientos digitales pueden requerir la extracción de datos de sistemas de información procedentes de diversas fuentes de la administración pública. Por lo tanto, es apropiado que, desde la fase de diseño, se facilite la integración efectiva con otros sistemas de información.

Transparencia y auditabilidad: Los mismos estándares de transparencia y auditabilidad que se imponen a los procedimientos administrativos en formato analógico deben extenderse a los procedimientos digitales. Para poder rendir cuentas de las decisiones y los procedimientos, es necesario implementar registros que almacenen un historial completo de las actividades y decisiones tomadas.

Para llevar a cabo con éxito la transformación digital de procedimientos administrativos, los equipos de desarrollo deberán incluir a profesionales con la formación adecuada en desarrollo de software, conocimientos en ciberseguridad y, en caso de incorporar algoritmos de inteligencia artificial, personal con experiencia y competencia en este campo. Este enfoque garantiza una implementación más efectiva y segura de los sistemas digitales en el ámbito administrativo.

VIII. BIBLIOGRAFÍA

Aruldoss, M., Lakshmi, T. M., & Venkatesan, V. P. (2013). A survey on multi criteria decision making methods and its applications. *American Journal of Information Systems,* 1(1), 31-43.

Barredo Arrieta, A., Díaz-Rodríguez, N., Del Ser, J., Bennetot, A., Tabik, S., Barbado, A., Garcia, S., Gil-Lopez, S., Molina, D., Benjamins, R., Chatila, R. & Herrera, F. (2020). Explainable Artificial Intelligence (XAI): Concepts, taxonomies, opportunities and challenges toward responsible AI. *Information Fusion,* 58, 82-115.

Buolamwini J., Gebru T. (2018). Gender Shades: Intersectional Accuracy Disparities in Commercial Gender Classification. In *Proceedings of the 1st Conference on Fairness, Accountability and Transparency 2018* PMLR 81:77–91

Case R. and Swetliz I. (2018). "*IBM's Watson supercomputer recommended 'unsafe and incorrect' cancer treatments, internal documents show*". Statnews

Church, Alonzo, (1936). A note on the Entscheidungsproblem, *Journal of Symbolic Logic,* 1, pp 40-41.

Codd, E.F. (1970). «A Relational Model of Data for Large Shared Data Banks». *Communications of the ACM* 13 (6): 377-387

Dastin, J. (2018). *Amazon Scraps Secret AI Recruiting Tool That Showed Bias Against Women.* Reuters

Di Maio, A. y Howard, R. (2017). *Introducing the Gartner Digital Government Maturity Model 2.0.* Gartner. https://www.gartner.com/doc/3764382/introducing-gartner-digital-government-maturity

Diaz, Mark, Isaac Johnson, Amanda Lazar, Anne Marie Piper, and Darren Gergle. (2018). Addressing Age-Related Bias in Sentiment Analysis. In *Proceedings of the 2018 Chi Conference on Human Factors in Computing Systems,* 412:1-412:14. Chi '18. Montreal QC, Canada: ACM

Duffy, C. (2019). "*Apple co-founder Steve Wozniak says Apple Card discriminated against his wife*". CNN Business

Gödel, K. (1931). Über formal unentscheidbare Sätze der Principia Mathematica und verwandter Systeme I. *Monatshefte Für Mathematik, 38-38*(1), 173-198.

Hilbert, D. and Ackermann, W. (1928). *Grundzüge der theoretischen Logik.* Berlin,: J. Springer. Edited by W. Ackermann.

Samoili, S., Lopez Cobo, M., Delipetrev, B., Martinez-Plumed, F., Gomez Gutierrez, E. and De Prato, G. (2021). AI Watch. Defining Artificial Intelligence 2.0, EUR 30873 EN, *Publications Office of the European Union,* Luxembourg, 2021, ISBN 978-92-76-42648-6, doi:10.2760/019901, JRC126426.

Kleene, S.C, (1952). *Introduction to metamathematics.* Groningen: P. Noordhoff N.V..

Miller, T. (2019). Explanation in artificial intelligence: Insights from the social sciences, *Artificial Intelligence,* Vol. 267, pp. 1-38

O'Reilly, T. (2011). Government as a Platform. *Innovations: technology, governance, globalization,* 6(1), 13-40.

Reus, B. (2016). The Church-Turing Thesis. In: *Limits of Computation. Undergraduate Topics in Computer Science.* Springer, Cham.

Rice, H. G. (1953). Classes of Recursively Enumerable Sets and Their Decision Problems. *Trans. Amer. Math. Soc.,* 74, 358–366

Styrin, E., Mossberger, K., & Zhulin, A. (2022). Government as a platform: Intergovernmental participation for public services in the Russian Federation. *Government Information Quarterly,* 39(1), 101627

Turing, A. (1937). On Computable Numbers, with an Application to the Entscheidungsproblem. *Proceedings of the London Mathematical Society, s2-42*(1), 230-265

Tsichritzis, D. and Klug, A. (1978). The ANSI/X3/SPARC DBMS framework report of the study group on database management systems, *Information Systems,* Volume 3, Issue 3, pp173-191

Williams, M., & Valayer, C. (2018). *Digital Government Benchmark Study on Digital Government Transformation.* DG Joint Research Centre, European Commission

Wirth N. (1985). *Algorithms & data structures.* Prentice-Hall, Inc., USA.

PARTE II
EFECTOS DE LA AUTOMATIZACIÓN SOBRE LA ORGANIZACIÓN Y EL PROCEDIMIENTO ADMINISTRATIVOS

Efectos de la automatización sobre la organización administrativa: las organizaciones especializadas

ISABEL HERNÁNDEZ SAN JUAN
Profesora ayudante doctora de Derecho Administrativo (acreditada a titular)
Universidad Carlos III de Madrid

I. ACTORES INTERNACIONALES SECUNDARIOS Y PROTAGONISTA EUROPEA: UNA OBRA CORAL

De la lectura del Reglamento europeo sobre Inteligencia Artificial (IA) se extrae la afirmación de la existencia de una estructura internacional que decide o pergeña la inteligencia artificial como un campo donde debe definirse con claridad el concepto de "sistema IA" y armonizarlo estrechamente con los trabajos de las organizaciones internacionales, a fin de garantizar la seguridad jurídica y facilitar la convergencia a escala internacional y una amplia aceptación, al mismo tiempo que se prevé la flexibilidad necesaria para dar cabida a los rápidos avances tecnológicos en este ámbito[1].

Hasta el momento actual ha existido preocupación por la falta de un régimen internacional de gobernanza de la IA en la que las coaliciones y negociaciones bilaterales o "minilaterales" entre países

---

1 Considerando 12 del Reglamento.

han llevado a una fragmentación del desarrollo de IA y a incertidumbre jurídica, política y económica en algunos casos. Más allá del escenario que cada país elija, lo cierto es que, en materia de IA y en clave internacional, la regulación permitiría garantizar un seguimiento —que no supervisión— más continuado y riguroso de los flujos comerciales en aquellos países donde exista una técnica normativa precisa, que además pueda compartir con socios y aliados[2].

La organización internacional de las Naciones Unidas ha dado a conocer recientemente la creación del "Órgano Asesor sobre Inteligencia Artificial" para tratar los riesgos, las oportunidades y la gobernanza internacional de estas tecnologías. Con la creación de este nuevo órgano consultivo sobre la IA se apoyará la labor de la comunidad internacional para gestionarla, contribuyendo expertos procedentes de instituciones gubernamentales, del sector privado, de la sociedad civil, del mundo académico y de la investigación; la composición internacional, interdisciplinar y equilibrada en cuanto al género de este órgano consultivo ayudará a que desempeñe un papel único para que la IA esté al servicio de la humanidad. Entre las tareas inmediatas del órgano figuran la creación de un consenso científico mundial sobre los riesgos y desafíos, que favorezcan el uso de la IA en pro de los Objetivos de Desarrollo Sostenible y del fortalecimiento de la cooperación internacional para su gobernanza. También contribuirá a crear puentes entre otras iniciativas, existentes y emergentes, sobre la gobernanza de la inteligencia artificial[3].

---

2 Inteligencia artificial (i): el menor "efecto Bruselas", las posibles consecuencias desglobalizadoras de un enfoque regulatorio divergente y la importancia de políticas públicas para el empleo. ARI 88/2023-3 de octubre de 2023 - Real Instituto Elcano. Las autoras del informe: Judith Arnal y Raquel Jorge Ricart, afirman que India se ha presentado como promotor de una perspectiva ética global de la IA, si bien la ética no se corresponde con una fundamentación jurídica Accesible, aquí.

3 Naciones Unidas, *Interim Report: Governing AI for Humanity*. Diciembre 2023. El órgano ha publicado estas recomendaciones preliminares a finales de 2023 y las definitivas están previstas para el verano de 2024, previo a la celebración de la Cumbre del Futuro. Esta estrecha colaboración para la armonización y el consenso con organizaciones internacionales responde al modelo ya conocido del derecho transnacional o global en otros ámbitos

Más allá de la literalidad de la expresión de Naciones Unidas: "poner en marcha una conversación mundial y multidisciplinar en la que participen todas las partes interesadas sobre la gobernanza de la IA con el objetivo de maximizar los aspectos beneficiosos para toda la humanidad, y contener y minimizar los riesgos", esta organización cuanto menos exige que haya garantías de que la IA se despliegue para el bien común y que sus beneficios se distribuyan equitativamente, admitiendo, eso sí, que para lograrlo se exige la acción gubernamental e intergubernamental con formas innovadoras para incentivar la participación del sector privado, el mundo académico y la sociedad civil. En este sentido, se ofrece como solución ideal el permitir el acceso asociado o aliado a los fundamentos de los datos, la computación y el talento que impulsan la IA, así como a la infraestructura de las TIC y la electricidad, cuando sea necesario. Así, la Organización Europea para la Investigación Nuclear (CERN), que gestiona el mayor laboratorio de física de partículas del mundo, y otras colaboraciones científicas internacionales similares pueden ofrecer lecciones útiles. Un "CERN distribuido" concebido para la IA, conectado en red a través de diversos Estados y regiones, podría ampliar las oportunidades de una mayor participación. Otros ejemplos de ciencia abierta relevantes para la IA son el Laboratorio Europeo de Biología Molecular (EMBL) en biología o el ITER, el Reactor Termonuclear Experimental Internacional[4].

Como quiera que estos pasos en el ámbito internacional están siendo tímidos y pueden criticarse por su lentitud en un campo donde los avances se precipitan de forma vertiginosa, debemos pues, centrar nuestro esfuerzo en el presente capítulo en explicar lo que la Unión Europea y España han previsto en la regulación de la organización para la IA.

Pero es que incluso el preámbulo del reglamento que aprueba el estatuto de la Agencia Española de Supervisión de la Inteligencia Artificial (AESIA), alude al cumplimiento de la exigencia del principio

---

como la protección del medio ambiente, la biodiversidad o la lucha contra el cambio climático.

4 La gobernanza se presenta como factor clave en el documento citado en la nota anterior, p. 7. Accesible, aquí.

de buena regulación por la rápida evolución de la IA y a la necesidad de control y supervisión de los riesgos que tiene asociados, así como la promoción de la innovación responsable con esta tecnología de última generación. En dicha explicación de la justificación de la creación de la AESIA se afirma: "será clave en gestionar y liderar el ecosistema español de IA responsable gracias a la supervisión de forma voluntaria hasta la entrada de la normativa europea en materia de IA a través de sellos de calidad y responsabilidad de IA, las relaciones con el ecosistema europeo que fomentarán el desarrollo del Pacto por la IA así como el Código de Buenas Prácticas de Inteligencia Artificial Generativa, producido dentro del Consejo de Comercio y Tecnología entre EEUU y la UE, así como la generación de entornos de prueba regulados que permitan poner en marcha innovadores y desarrolladores de sistemas de Inteligencia Artificial de alto riesgo o de propósito general de manera responsable". Denominado foro operativo para la cooperación en cuestiones estratégicas comerciales tecnológicas de interés común y relevancia geopolítica, este "Consejo de Comercio y Tecnología", desde su reunión inaugural del 29 de septiembre de 2021, ha logrado avances y logros sustanciales en todas las líneas de trabajo[5].

---

5 Estos resultados han permitido a la UE y a los Estados Unidos estudiar cómo crear nuevas oportunidades comerciales y de inversión, en particular para contribuir a la transición ecológica; que impulsen el liderazgo compartido en tecnologías emergentes, como la 6G, la cuántica y la biotecnología, de modo que las democracias puedan permanecer a la vanguardia de estos avances; que proporcionen una respuesta conjunta sólida a la guerra de agresión de Rusia contra Ucrania; cooperar en las medidas de seguridad económica para reducir las dependencias económicas; seguir desarrollando una comprensión compartida de las políticas y prácticas no de mercado y de los riesgos que plantean o de nuestros trabajadores, empresas y mercados a escala mundial; mejorar conjuntamente la resiliencia de la cadena de suministro, promoviendo al mismo tiempo la transparencia y la cooperación en nuestros enfoques de política industrial en sectores clave, incluidos los semiconductores y la energía limpia; intercambiar información sobre las mejores prácticas para eliminar el trabajo forzoso de nuestras cadenas de suministro mundiales; que impulsen y refuercen la interoperabilidad entre los marcos de gobernanza de la IA basados en valores democráticos compartidos para lograr nuestra visión común de una IA segura, protegida y fiable a escala mundial; impulsar la resiliencia y la seguridad de nuestras

Aunque el foro anterior tiene fines cooperativos para cuestiones comerciales tecnológicas entre EEUU y la UE, no puede olvidarse que, en materia regulatoria, la UE ha marcado la distancia en este campo hasta el punto de generar el llamado efecto Bruselas. La postura de la UE a favor de la regulación no se limita al sector tecnológico, sino que refleja una visión más amplia de cómo funcionan los mercados y cuál es el papel óptimo de los gobiernos. En comparación con Estados Unidos, el Estado goza de mayor confianza pública en la UE y, por tanto, puede asumir un papel más destacado en la regulación de los mercados. En términos de la influyente literatura sobre las "variedades de capitalismo", la mayoría de los países europeos presentan características de un "capitalismo de mercado". Los países europeos presentan rasgos de una "economía de mercado coordinada" en contraposición a una "economía de mercado liberal", lo que significa que se reservan un papel importante en la regulación de los mercados a la regulación gubernamental ajena al mercado[6].

Otra muestra de la relevancia internacional de la materia es la aprobación del Convenio Marco sobre Inteligencia Artificial del Consejo de Europa. Articulado como "una respuesta a la necesidad de una norma jurídica internacional respaldada por Estados de distintos continentes que comparten los mismos valores, para aprovechar los beneficios de la IA a la vez que se mitigan sus riesgos, con este nuevo

---

infraestructuras de TIC; y financiar y promover una conectividad segura con proveedores de confianza en todo el mundo. Toda la información de esta "alianza" puede consultarse aquí.

6 Bradford, Anu, "The False Choice Between Digital Regulation and Innovation" (March 7, 2024). *Northwestern University Law Review*, Vol. 118, Issue 2, October 6, 2024, Available at SSRN: https: //ssrn.com/abstract=4753107 or http: //dx.doi.org/10.2139/ssrn.4753107
Andreas Schwab, miembro del Parlamento Europeo y principal negociador para el Reglamento de Mercados Digitales, subrayó este punto de vista cuando comentó la aprobación de dicha regulación en el Parlamento: "el mensaje de la Comunidad es claro: en la UE las normas de la economía social de mercado también rigen en el ámbito digital, y esto significa que los legisladores dicten las reglas de la competencia, no los gigantes digitales".

tratado, se pretende garantizar un uso responsable de la IA que respete los derechos humanos, el Estado de derecho y la democracia[7]".

Las articulaciones entre la norma europea y este Convenio Marco internacional sobre Inteligencia Artificial están aún por explorar, si bien el parco texto del último prevé como efectos que: "las Partes que sean miembros de la UE aplicarán, en sus relaciones mutuas, las normas de la UE que regulen las materias comprendidas en el ámbito de aplicación del presente Convenio, sin perjuicio del objeto y la finalidad del mismo y sin perjuicio de su plena aplicación con las demás Partes. Lo mismo se aplicará a las demás Partes en la medida en que estén vinculadas por dichas normas"[8].

En el conjunto de órganos con barniz internacional se encuentra, por último, el Consejo Asesor Internacional en IA, órgano colegiado que asesorará al Ministerio para la Transformación Digital y de la Función Pública en el despliegue de una IA inclusiva en España, así como en la fijación de las bases del desarrollo ético de la IA que permitan a la Administración General del Estado adoptar una posición en la esfera internacional.

Nace con el propósito de asesorar al Gobierno español en la implementación de políticas públicas efectivas ofreciendo un foro

---

7 El 17 de mayo de 2024 se ha publicado en la web del Consejo de Europa la noticia de la adopción del primer tratado internacional jurídicamente vinculante destinado a garantizar el respeto de los derechos humanos, del Estado de derecho y las normas jurídicas democráticas en el uso de los sistemas de IA. El tratado, que también está abierto a países no europeos, establece un marco jurídico que abarca todo el ciclo de vida de los sistemas de IA. El convenio adopta un enfoque basado en el riesgo para diseñar, desarrollar, usar e incluso "decomisar" sistemas de IA, que exige considerar cuidadosamente cualquier posible consecuencia negativa del uso de sistemas de IA. El convenio es el resultado de dos años de trabajo de un órgano intergubernamental, el Comité sobre Inteligencia Artificial, que reunió para redactar el tratado a los 46 Estados miembros del Consejo de Europa, la Unión Europea y 11 Estados no miembros (Argentina, Australia, Canadá, Costa Rica, Estados Unidos, Israel, Japón, México, Perú, la Santa Sede y Uruguay), así como a representantes del sector privado, la sociedad civil y el mundo académico, que participaron como observadores.

8 Art. 27 sobre los Efectos del Convenio.

de debate experto con una perspectiva internacional, integrando a profesionales de reconocida trayectoria exterior junto con representantes de los ámbitos científico, económico y social. Estos expertos contarán con experiencia en campos cruciales de la IA como la interacción humano-máquina, ciencia cognitiva, ética y democracia, aprendizaje automático, visión computacional, ciencia de datos, transparencia e implicaciones sociales de la IA. Adscrito al titular del Ministerio para la Transformación Digital y de la Función Pública tiene carácter de comisión de trabajo como las previstas en la LRJSP y tendrá las siguientes funciones[9]:

a) Asesorar e informar al Departamento en las principales áreas necesarias para garantizar el despliegue de una inteligencia artificial inclusiva. Dicho asesoramiento deberá incorporar las mejores prácticas internacionales y una visión integral del estado de conocimiento académico sobre cada materia.

b) Valorar observaciones y comentarios, así como formular propuestas sobre la Estrategia Nacional de Inteligencia Artificial 2024, que recoge las líneas de acción del gobierno en materia de Inteligencia Artificial, para extraer conclusiones que permitirán aprobar las nuevas versiones de la Estrategia.

c) Asesorar en materia de evaluación del impacto de la Inteligencia Artificial en la industria, Administración y sociedad.

Y, por último, como muestra de la trascendencia de las funciones de este órgano, fijémonos que asesorará sobre las líneas de pensamiento que posteriormente desarrollará la Agencia Española de Supervisión de Inteligencia Artificial[10].

Adentrarse en la realidad del gobierno y de las instituciones públicas reguladoras de la IA merece reflexionar sobre cuestiones como qué concreto tipo de actuación refiere Europa cuando decide crear

---

9 Artículos 2 y 3 de la Orden TDF/619/2024, de 18 de junio, por la que se crea y regula el Consejo Asesor Internacional en Inteligencia Artificial. Publicado en el BOE núm. 150, de 21 de junio de 2024.

10 Artículo 3 letra d) sobre las funciones del Consejo. Orden TDF/619/2024, de 18 de junio, por la que se crea y regula el Consejo Asesor Internacional en Inteligencia Artificial. BOE núm. 150, de 21 de junio de 2024.

la Oficina Europea de la IA y todos los demás protagonistas en el nivel europeo. Existe una tendencia a la autonomía organizativa por la especialización que exige la complejidad técnica, pero con necesidad de comprobación al mismo tiempo del encaje de la respuesta con la finalidad perseguida de protección del interés general en entornos digitales en los que la automatización actúa. Cuáles son los elementos para la gobernanza y la supervisión y qué criterios los definen y han permitido la creación de una organización ideal que supervise y vigile esta tecnología tratando de detectar sus carencias o intentar reflexionar sobre su efectividad y virtualidad.

Quién vigila, cuándo se vigila y cómo se vigila, en definitiva, qué grado de intensidad en la vigilancia, son preguntas que la doctrina se ha hecho (Ponce Solé, 2024: 198) determinando que no ha sido establecido por el Reglamento europeo de IA un estándar determinado de diligencia en la supervisión de la IA, indicándose que las medidas que se adopten deben ser proporcionales a tres variables: los riesgos, el nivel de autonomía del sistema de IA y el contexto del uso del sistema[11].

En el plano conceptual no existe univocidad en el sentido que debe darse a términos como "control", "supervisión", "auditoría", "evaluación de impacto", etc. Se tiende a utilizar el término "evaluación" (sin apellidos) para agrupar al conjunto de estas técnicas. En el plano práctico existen algunas herramientas desarrolladas para realizar evaluaciones. Son de muy diverso perfil y denominación: auditoría (de sistemas, o a secas) de IA, evaluación de impacto o inspección. Tampoco hay univocidad aquí, solapándose las técnicas y contenidos, lo que impide diferenciar unas de otras. Al incluirse estos términos en textos normativos, esto supone un grave problema de seguridad jurídica, pues son interpretables de diverso modo, generando grandes dudas sobre su alcance. El término "supervisión" suele aludir a

11 PONCE SOLÉ, J., "Inteligencia Artificial, decisiones administrativas discrecionales totalmente automatizadas y alcance del control judicial: ¿indiferencia, insuficiencia o deferencia?". *Revista de Derecho Público: teoría y método*, ISSN-e 2695-7191, N°.1 9, 2024 (Ejemplar dedicado a: Discrecionalidad y deferencia), pp. 171-220. P. 198.

"humana" y debe ser multidisciplinar, integrando enfoques tecnológicos, jurídicos y/o éticos, etc[12]. A las técnicas más tradicionales (protección de datos, sesgos) el nuevo Reglamento IA de la UE añade la evaluación de impacto (riesgos) sobre la salud, el medio ambiente y los derechos fundamentales, sin concretar su alcance. Es preciso desarrollar claramente cómo realizarlo. Es imprescindible un desarrollo normativo que aclare conceptos; diferencie entre evaluaciones ex ante, durante y ex post; desarrolle el alcance de cada técnica para que sean aplicadas uniformemente, superando el amplio margen de apreciación (e inseguridad) actual y asigne claramente las responsabilidades de cada actor[13].

II. LA UNIÓN EUROPEA Y SU MODELO DE GOBERNANZA PARA LA SUPERVISIÓN DE LA INTELIGENCIA ARTIFICIAL

La regulación comunitaria incorpora técnicas de gobernanza novedosas (Vida Fernández, 2022: 502) como las medidas para el fomento de la innovación entre las que se encuentra la creación de bancos de prueba regulatorios (*sandboxes*) para un uso controlado de nuevas soluciones de inteligencia artificial, resultando notable también la propuesta de una estructura organizativa específica para la gestión de esta nueva gobernanza de los riesgos derivados de la IA que prevé que los Estados miembros designen una autoridad nacional de supervisión que será la responsable de la ejecución del reglamento de forma objetiva e imparcial, y, asimismo, se dispone la creación de un Comité Europeo de Inteligencia Artificial como

---

12 *Vid.* las referencias al alcance de la supervisión que aparecen en la contribución de Juanita PEDRAZA a esta obra colectiva.

13 Conclusiones del Cuarto Seminario de "Digitapia" (Proyecto de investigación sobre Administración Digital & IA) celebrado en la Universidad Pablo de Olavide el 7 de mayo de 2024. En dicha reunión se analizaron las técnicas de control, auditoría y supervisión de los sistemas de Inteligencia Artificial. Accesible, aquí.

organismo de cooperación y consulta que servirá a las autoridades nacionales de supervisión[14].

En el caso de los entornos de prueba controlados, por ejemplo, nuestro país ha puesto en marcha un *sandbox* en el que un conjunto de empresas aplicará en sus sistemas de alto riesgo los requisitos del Reglamento con la asistencia de la Administración. Las empresas proveedoras o usuarias de sistemas de IA podrán optar a participar en este sandbox[15]. Siendo en este punto competente la Secretaría de Estado de Digitalización e Inteligencia Artificial.

Pero volviendo a Europa y su idea del gobierno algorítmico, lo cierto es que la doctrina (Velasco Rico, 2019: 83, 84) había analizado la eventual creación de una agencia, de tipo regulador, justificada para la complejidad de los riesgos que presentaban y presentan los sectores de la robótica y de la IA, así como en la necesidad de prevenir los potenciales efectos nocivos que estos desarrollos tecnológicos pudieran tener. Además, la multidisciplinariedad con la que deben abordarse las distintas problemáticas planteadas haría pertinente aglutinar los distintos y complementarios saberes y puntos de vista en un solo enclave a nivel europeo que pudiera controlar al sector (de difícil manejo) y sentar las bases de una regulación común. En cuanto a la misión de esa agencia, que tendría una doble especialidad temática (IA y Robótica), sería la de proveer los conocimientos técnicos, éticos y normativos necesarios para apoyar la labor de los actores públicos pertinentes, tanto a nivel de la UE como a nivel de los Estados miembros, en su labor de garantizar una respuesta rápida, ética y fundada ante las nuevas oportunidades y retos —sobre todo los de carácter transfronterizo— que plantea el desarrollo tecnológico. No estaría de más que se diseñara a imagen y semejanza de las agencias o autoridades de protección de datos, quienes más allá

---

14 Vida Fernández, J., "La gobernanza de los riesgos digitales: desafíos y avances en la regulación de la inteligencia artificial", *Cuadernos de Derecho Transnacional,* Vol. 14, nº. 1, 2022, pp. 489-503.

15 Real Decreto 817/2023, de 8 de noviembre, que establece un entorno controlado de pruebas para el ensayo del cumplimiento de la propuesta de Reglamento del Parlamento Europeo y del Consejo por el que se establecen normas armonizadas en materia de inteligencia artificial. BOE núm. 268, de 9 de noviembre de 2023.

de tener encomendadas labores de fomento de la cultura ética en el sector regulado y de elaborar guías de buenas prácticas, pueden atender reclamaciones de los ciudadanos, instar al cumplimiento de la normativa, y, si procede, imponer sanciones a aquellos actores que incumplan con la regulación. Para ello, y según esta misma autora, la normativa europea debería prever un catálogo de infracciones y sanciones, y la futura agencia —si llegase a crearse— debería contar con personal altamente especializado y dedicado en exclusiva a esta función. Nos parece pertinente esta opción en tanto no encontramos ante un reto de suficiente enjundia como para no revestirlo de fuertes mecanismos de garantía, sobre todo de los derechos de los ciudadanos (y de los consumidores), que se añadirían al de la tutela judicial, pero también de todo el sustrato ético que nutre el modelo europeo de IA[16].

Como incluso advierte (Presno Linera, 2023: 117): ya es conocido que existen garantías orgánicas especializadas en materia de protección de datos, tanto en el ámbito nacional como en el europeo, con organismos como la Agencia Española de Protección de Datos y el Comité Europeo de Protección de Datos; la primera es una autoridad administrativa independiente de ámbito estatal, de las previstas en la LRJSP, con personalidad jurídica y plena capacidad pública y privada, que actúa con plena independencia de los poderes públicos en el ejercicio de sus funciones; el segundo es un organismo europeo independiente que tiene como objetivo garantizar la aplicación coherente del Reglamento General de Protección de Datos y la directiva europea sobre protección de datos en el ámbito policial. Parece obvio que estas entidades también están llamadas a jugar un papel

---

16 Velasco Rico, C. I., "Vigilando al algoritmo. Propuestas organizativas para garantizar la transparencia". En: Puentes Cociña, B., Y Quintiá Pastrana, A. (directores), *El derecho ante la transformación digital. Oportunidades, riesgos y garantías.* Atelier 2019. Pp. 73-90. Ver también en el mismo sentido a Soriano Arnanz, A., "Decisiones automatizadas: problemas y soluciones jurídicas. Más allá de la protección de datos". *Revista de Derecho Público: teoría y método,* N°.1 3, 2021, pp. 85-127. Pp. 117 y 118 donde propugna la creación de una red de autoridades de control algorítmico.

importante en todo aquello que vincula a la IA con la protección de datos personales[17].

Sin embargo, la agencia como modelo organizativo europeo no se ha creado. La solución organizativa europea del Reglamento IA es la gobernanza plural, cooperativa y trabajará en red con actores públicos y privados. La Oficina Europea de Inteligencia Artificial (Oficina de IA, art. 64), el Comité Europeo de Inteligencia Artificial (art. 65), el Foro consultivo (art. 67), el Grupo de expertos científicos independientes (art. 68), y las autoridades nacionales competentes (art. 70) conforman una red de gobernanza, que se corresponde con la fórmula *multilayered governance* o *multi-level governance*[18] e implica en esencia una acción coordinada de la Unión Europea, los Estados miembros y las autoridades locales y regionales, basada en la asociación para crear y aplicar las políticas de la UE. El término ha adquirido fuerza y se ha trasladado fuera de los muros de la cohesión económica y territorial de la política regional europea para desarrollarse como modelo en la Ciencia Política y en la Ciencia de la Administración. Así, entre los modelos administrativos (Velasco Caballero, 2023: 55), señala el más contemporáneo de la gobernanza. Se parte en él de la pluralidad de actores públicos y privados, cada uno de ellos con diferentes capacidades y distintos intereses. La gobernanza administrativa consiste precisamente en insertar a todos estos actores en una red funcional única que tome en cuenta las distintas perspec-

17 Presno Linera, M. A., La propuesta de "Ley de Inteligencia Artificial" europea. Revista de las Cortes Generales. ISSN: 0213-0130. ISSNe: 2659-9678 No 116, Segundo semestre (2023): pp. 81-133 https: //doi.org/10.33426/rcg/2023/116/1775 El autor también da cuenta aquí del deseo del Parlamento Europeo que pide crear otra agencia europea para la robótica y pide a la Comisión (y a la agencia europea, en el caso de que se cree) que informe anualmente al Parlamento sobre los últimos avances de la robótica, así como sobre las medidas que resulten necesarias. A fecha de la entrega de este capítulo todavía esta Agencia para la Robótica no se ha creado.

18 La gobernanza multinivel es un término desarrollado originalmente por el Comité de las Regiones de la UE en 2009 y describe el objetivo de la Comisión Europea de construir Europa en "asociación y un proceso decisorio europeo inclusivo.

tivas y aproveche las distintas capacidades (conocimiento, capacidad financiera, etc.)[19].

La gobernanza también admite el significado de sistema de gobierno que incorpora expansivamente la "regulación administrativa (económica)" y presenta, por ello, una tendencia a la delegación de los poderes de formulación y ejecución de las concretas políticas en instituciones independientes —Agencias—, caracterizado por ello por el problema de la compatibilidad entre la independencia y la responsabilidad (Parejo Alfonso, 2004: 29)[20].

No obstante, algunos autores han profundizado en estos sistemas de gobernanza multinivel en el concreto punto de la generación de responsabilidad y rendición de cuentas e indican que la vertiente judicial de control atiende a la deficiente protección jurídica del ciudadano como parte en un procedimiento de cooperación administrativo europeo, es decir, un procedimiento en el que participan administraciones de diferentes Estados miembros, o un procedimiento en el que participan administraciones de uno o varios Estados miembros más la UE. Sin embargo, todavía no se ha explorado una alternativa que propone alinear las jurisdicciones (la de los Estados miembros y la del TJUE) con el fin de formar un modo cooperativo para la revisión de los procedimientos cooperativos: una jurisdicción europea integrada por la acción coordinada de las jurisdicciones europeas. (Fernández Gaztea, 2019: 9)[21].

Es indispensable, además, tener en cuenta que la gestión de las políticas europeas es un proceso interorganizacional que depende más de redes multinacionales y multiniveles que de jerarquías convencionales. La función primaria de la Comisión como organización-red es reforzar la ventaja cooperativa. Más que adquirir capacidades para

---

19 Velasco Caballero, F., "Administración pública". *Manual de Derecho Administrativo* / F. VELASCO CABALLERO (Dir.), M. MERCÈ DARNACULLETA I GARDELLA (dir.), 2023, ISBN 978-84-1381-664-7, pp. 43-62.

20 Parejo Alfonso, L., "Los principios de la gobernanza europea". *Revista de derecho de la Unión Europea*, ISSN 1695-1085, Nº. 6, 2004 (Ejemplar dedicado a: La gobernanza europea), pp. 27-56.

21 Fernández Gaztea, J., "A Jurisdiction of Jurisdictions". *Review of European Administrative Law*, VOL. 12, NR. 1, 9-37, PARIS LEGAL PUBLISHERS. 2019.

gestionar las políticas europeas por sí misma, la Comisión debería desarrollar competencias básicas en la construcción de regímenes de gestión, diseñando asociaciones administrativas y desarrollando capacidades de coordinación a nivel interorganizativo (Volpato, 2019: 79). Entre las competencias de ejecución de facto de las agencias europeas, aunque la pluralidad de niveles es claramente visible, una parte sustancial de las actividades de ejecución llevadas a cabo a escala de la UE sigue siendo "invisible" (...). En particular, el Derecho primario no tiene en cuenta el papel fundamental que han adquirido las agencias de la UE en la ejecución de las políticas de la UE. La creación y el refuerzo de los organismos permanentes con personalidad jurídica propia en virtud del Derecho público de la UE, establecidos por las instituciones a través del Derecho derivado, representa innegablemente un desarrollo formidable de la administración de la UE. En las últimas décadas, la "agencification" ha crecido progresivamente tanto en términos cuantitativos como cualitativos. En efecto, desde las primeras agencias de los años setenta, a las que se confiaron tareas meramente informativas, el número de agencias descentralizadas ha ido aumentando exponencialmente hasta llegar a más de 30 organismos, que hoy en día están llamados a ejercer importantes competencias en ámbitos complejos y políticamente sensibles[22].

Para la cuestión de las instituciones que trabajan en red en Europa, la intención de la regulación europea es clara en varios preceptos. Por ejemplo, en la llamada a la Agencia de Ciberseguridad y a la Agencia de los Derechos Fundamentales en el momento de evaluar la modificación del reglamento. El mismo texto prevé esa circunstancia cuando se establece en el artículo 112: "La Comisión evaluará la necesidad de modificar la lista del anexo III y la lista de prácticas de IA prohibidas previstas en el artículo 5 una vez al año a partir de la entrada en vigor del presente Reglamento y hasta el final del período de delegación de poderes previsto en el artículo 97. La Comisión presentará las conclusiones de dicha evaluación al Parlamento

---

[22] Volpato, A., "Controlling the invisible: accountability issues in the exercise of implementing powers by EU Agencies and in harmonised standardization". *Review of European Administrative Law*, Vol.12, NR.1, 75-96, PARIS LEGAL PUBLISHERS 2019. Pp. 79 y ss.

Europeo y al Consejo". Recuérdese que el Anexo III se refiere a los Sistemas de IA de alto riesgo (artículo 6, apartado 2) que formen parte de cualquiera de los ámbitos de la Biometría; infraestructuras críticas: sistemas de IA destinados a ser utilizados como componentes de seguridad en la gestión y el funcionamiento de las infraestructuras digitales críticas, del tráfico rodado o del suministro de agua, gas, calefacción o electricidad; educación y formación profesional; empleo, gestión de los trabajadores y acceso al autoempleo; acceso a servicios privados esenciales y a servicios y prestaciones públicos esenciales y disfrute de estos servicios y prestaciones; garantía del cumplimiento del Derecho, en la medida en que su uso esté permitido por el Derecho de la Unión o nacional aplicable; migración, asilo y gestión del control fronterizo, en la medida en que su uso esté permitido por el Derecho de la Unión o nacional aplicable; administración de justicia y procesos democráticos.

Aun sin agencia de IA, a principios del año 2024, la Comisión decidió crear la Oficina Europea de IA y a través de su norma de constitución se predica de ella su necesidad, pues sentará las bases de un sistema único de gobernanza de la IA europeo mediante el establecimiento de una estructura que supervise los avances en los modelos, en particular en lo que respecta a los modelos de IA de uso general, la interacción con la comunidad científica —con un papel clave en las investigaciones y las pruebas— y la ejecución de las normas; dicha estructura debe tener una vocación mundial. Por consiguiente, debe crearse una Oficina Europea de IA en el seno de la Comisión como parte de la estructura administrativa de la Dirección General de Redes de Comunicación, Contenido y Tecnologías y que dependa de su plan de gestión anual[23]. Dicha Oficina debe funcionar de conformidad con los procesos internos de la Comisión y su creación no debe afectar a las facultades y competencias de las autoridades nacionales competentes y de los órganos y organismos de la UE en la supervisión de los sistemas de IA, tal como se establece en el Reglamento por el

---

[23] Considerandos 5 y 6 de la Decisión de la Comisión, de 24 de enero de 2024, por la que se crea la Oficina Europea de Inteligencia Artificial (C/2024/1459) (DO C, C/2024/1459, 14.2.2024, ELI: http: //data.europa.eu/eli/C/2024/1459/oj).

que se establecen normas armonizadas en IA y en otra legislación sectorial de la UE. Se entiende sin perjuicio de las funciones de otros servicios de la Comisión en sus respectivos ámbitos de responsabilidad, y del Servicio Europeo de Acción Exterior en el ámbito de la política exterior y de seguridad común. La Oficina Europea de IA debe desempeñar sus funciones, en particular para publicar orientaciones, de manera que no duplique las actividades de los órganos y organismos pertinentes de la Unión en el marco de la legislación sectorial específica.

En consonancia con (Velasco Rico, 2024: 46, 47) creemos que el sentido de la norma europea es la creación de una red europea de supervisores de IA, siendo las autoridades de supervisión entidades especializadas en una materia específica que poseen diversas potestades, entre ellas la normativa y la inspectora, pero también las de coordinación, verificación y sanción. El término "supervisoras" indica que se les ha asignado un conjunto amplio y complejo de potestades administrativas, creando un catálogo con diferentes niveles de supervisión según las potestades otorgadas. Sin embargo, esta descripción es parcial, ya que lo distintivo de estas autoridades es la atribución de potestades discrecionales, especialmente aquellas que les permiten prohibir o restringir actividades si consideran que amenazan la integridad de los mercados de la Unión. Este debería ser el caso de la nueva Oficina de IA de la UE y de las autoridades nacionales homólogas[24].

Para implementar el marco comunitario se establece un sistema de gobernanza multinivel que incluye estructuras de cooperación entre la Comisión, los Estados miembros y una pléyade de instituciones u organizaciones a las que se les atribuyen funciones relacionadas

---

24 Velasco Rico, C. I., "Marco regulatorio de los sistemas algorítmicos y de inteligencia artificial. El papel de la Administración". XVIII Congreso de la AEPDA (Asociación Española de Profesores y Profesoras de Derecho Administrativo). *El Derecho Administrativo en la era de la inteligencia artificial,* celebrado en la Universidad de Vigo en febrero de 2024. Accesible, aquí. Págs 46 y 47. La autora sigue expresamente en el texto a Linde Paniagua en este punto: Linde Paniagua, E. (2015): "La supervisión como conjunto variable de potestades: una nueva frontera del derecho administrativo" en *Revista de derecho de la Unión Europea,* núm. 27-28, pp. 175-206.

con la IA. Se trata, no obstante, de una fórmula de coordinación integrada dentro de la administración compartida europea, donde autoridades y organismos de nueva creación, comités diversos y grupos de trabajo se interrelacionan mediante sistemas de intercambio de información y complejos procedimientos de comunicación, consenso y resoluciones compartidas (Hernández Peña, 2023: 612). Para reticular esta cooperación resulta central el recién creado Comité Europeo de Inteligencia Artificial. Por otra parte, la propuesta se armoniza con la regulación sectorial en materia de seguridad de los productos, por lo que también participan las estructuras y autoridades competentes en atención a la normativa interna: autoridades nacionales de supervisión, autoridades de vigilancia del mercado y autoridades notificantes[25].

Un eslabón fundamental del sistema de gobernanza de la IA es el Comité Europeo de IA. Está compuesto por un grupo de autoridades naturales: las autoridades nacionales de supervisión, representadas por su máximo representante o funcionario equivalente; el Supervisor Europeo de Protección de Datos; y, la Comisión. A ésta corresponde presidirlo, convocar las reuniones y elaborar la orden del día, así como brindar su estructura administrativa y apoyo técnico con el objetivo de que los análisis sean sólidos y se realicen sobre la base de pruebas objetivas.

El Comité establecerá dos subgrupos permanentes a fin de proporcionar una plataforma de cooperación e intercambio entre las autoridades de vigilancia del mercado y de notificar a las autoridades cuestiones relacionadas con la vigilancia del mercado y los organismos notificados, respectivamente. El subgrupo permanente de vigilancia del mercado debe actuar como grupo de cooperación administrativa (ADCOs[26]) para el Reglamento IA en el sentido del artículo

---

25 Hernández Peña, J. C., "Organización y gobernanza de la inteligencia artificial: marco general". Gamero Casado, E. (dir.) y Pérez Guerrero, Francisco L., (coord..), *Inteligencia artificial y sector público. Retos, límites y medios.* Tirant lo Blanch, 2023. Pp. 600-627. Se explica que la estructura de gobernanza es multinivel, su reparto competencial y algunas fórmulas de cooperación. P. 612.

26 Administrative Cooperation Groups (AdCos).

30 del Reglamento (UE) 2019/1020[27]. Recuérdese que lo que esta última norma prevé es la mejora del funcionamiento del mercado interior mediante el fortalecimiento de la vigilancia del mercado de productos a los que se aplica la legislación de armonización de la UE, a fin de garantizar que solamente se comercialicen productos conformes que cumplan los requisitos que proporcionan un nivel elevado de protección de intereses públicos, como la salud y la seguridad en general, la salud y la seguridad en el trabajo, la protección de los consumidores, del medio ambiente y la seguridad pública y cualquier otro interés público protegido por dicha legislación.

Otro órgano importante es el Grupo de expertos científicos independientes que asesorará y apoyará a la Oficina de IA, en particular en lo que respecta a las funciones de apoyo a la labor de las autoridades de vigilancia del mercado, a petición de estas; apoyo a las actividades transfronterizas de vigilancia del mercado (...), sin perjuicio de los poderes de las autoridades de vigilancia del mercado. Y reseñable el sistema de alertas creado y que ejecutará este grupo de expertos cuando deben alertar a la Oficina de IA de los posibles riesgos sistémicos a escala de la Unión de modelos de IA de uso general[28]. El grupo de expertos científicos podrá proporcionar alertas cualificadas a la Oficina de IA cuando tenga motivos para sospechar que un modelo de IA de uso general plantea un riesgo concreto reconocible a escala de la Unión, o un modelo de IA de uso general reúne las condiciones a que se refiere el artículo 51.

Se identifica así, (Parejo Alfonso, 2000: 122) un tipo de estructuras bajo la —insatisfactoria, sin duda— etiqueta de "grupología", ya que, probablemente nos encontremos en este ámbito ante un fenómeno que conviene distinguir de la propia comitología[29]. Es importante distinguir entre los comités de comitología, por una parte, y otros organismos, en especial, los "grupos de expertos" creados por

---

27 RIA; art. 65. Creación y estructura del Comité Europeo de Inteligencia Artificial. Apartados 5 y 6.

28 Art. 68.3 a) i en relación con el artículo 90 (Alertas del grupo de expertos científicos sobre riesgos sistémicos).

29 Parejo Alfonso, L., *Manual de derecho administrativo comunitario,* Centro de Estudios Ramón Areces, 2000. P. 122.

la propia Comisión, por otra parte. Estos últimos tienen que ver con la preparación y la realización de políticas, mientras que los comités de comitología participan en el contexto de la ejecución de actos legislativos[30].

De mayor relevancia de cara a los Estados miembros y respecto a la respuesta organizativa de sus distintas administraciones para la supervisión de la IA, son las previsiones del artículo 28 del Reglamento sobre las denominadas autoridades notificantes. En línea con el sistema comunitario de seguridad de productos (Hernández Peña, 2023: 624) se establece la participación de organismos de evaluación de la conformidad y organismos notificados. No se trata de figuras de novedosa creación, sino habitualmente de entes colaboradores de las Administraciones públicas sobre los que la doctrina ha dado buena cuenta. El Reglamento define a los primeros como aquellos organismos independientes que desempeñan actividades de evaluación de la conformidad, entre las que figuran la prueba, la certificación y la inspección. Se trata de la misma definición que recoge el art. 2.16 del Reglamento de acreditación y vigilancia del mercado relativo a la comercialización de productos[31].

Las actividades de normalización se escalonan en distintos niveles con iniciativas en organizaciones nacionales, europeas e internacionales. La Normalización mundial apoya la posición de vanguardia de la UE en tecnologías clave y fomento de los valores fundamentales

---

30 Informe de la Comisión sobre los trabajos de los Comités durante el año 2003. [COM (2004) 860] (2005/C 65 E/01). DOCE de 17 de marzo de 2005. P. 4.

31 Op. cit.: Hernández Peña, J. C., ... p. 624. Organismos notificados y organismos de evaluación de la conformidad. REGLAMENTO (CE) No 765/2008 DEL PARLAMENTO EUROPEO Y DEL CONSEJO de 9 de julio de 2008 por el que se establecen los requisitos de acreditación y vigilancia del mercado relativos a la comercialización de los productos y por el que se deroga el Reglamento (CEE) no 339/93. En la presente obra confrontar con el capítulo de Diego MUÑOZ VICUÑA en lo atinente a las Evaluaciones de Impacto Algorítmico, que no son lo mismo que las evaluaciones de la conformidad del sistema con las especificaciones técnicas, la armonización de normas, la normalización que persigue finalmente la certificación de los productos o sistemas.

de la UE. Tradicionalmente, la UE ha tenido una fuerte presencia mundial en las actividades internacionales de normalización y un buen historial en la conversión de normas internacionales en normas europeas. En la actualidad, los expertos europeos y los organismos nacionales de normalización siguen siendo importantes, pero el panorama geopolítico ha cambiado mucho en los últimos años: otros actores siguen un enfoque mucho más asertivo que la UE en la normalización internacional y han ganado influencia en los comités internacionales de normalización. El objetivo de la UE es configurar las normas internacionales de acuerdo con sus valores e intereses, pero para ello tiene una fuerte competencia. La UE y sus Estados miembros deben promover un enfoque más estratégico de las actividades internacionales de normalización, en particular en la Unión Internacional de Telecomunicaciones (UIT), la Organización Internacional de Normalización (ISO) y la Comisión Electrotécnica Internacional (CEI), pero también en otras asociaciones, foros y consorcios mundiales pertinentes[32]. Se han detectado ya normas ISO/IEC sobre IA acerca del diseño y control y los conceptos y terminología IA[33].

---

32 Las organizaciones de normalización, las que las normas europeas conocen ya con familiaridad como las European Standards Organisations (ESO) o los Organismos Europeos de Normalización (OEN), para la IA son AENOR: Asociación Española de Normalización, ISO: la organización Internacional de Normalización y la IEC: Comisión Electrotécnica Internacional. En Europa y a efectos del establecimiento de las normas técnicas armonizadas: CEN (responsable de la normalización en la mayoría de los sectores); Comité européen de normalisation électrotechnique (CENELEC, Comité Europeo de Normalización Electrotécnica, responsable de la normalización en ingeniería eléctrica), e Instituto Europeo de Normas de Telecomunicaciones (ETSI), responsable de la normalización en información y comunicaciones.

33 ISO: Organización Internacional de Normalización. IEC: Comisión Electrotécnica Internacional. Normas para el diseño y control de la IA: ISO/IEC 22989: 2022. Tecnología de la información. IA. Conceptos y terminología de IA. (Ratificada por AENOR en agosto de 2023). ISO/IEC 23053: 2022. Marco para sistemas de IA que utilizan Machine Learning (ML). (Ratificada por AENOR en agosto de 2023). ISO/IEC/TR 24027: 2023. Tecnología de la información. IA. Sesgos en los sistemas de IA y en la toma de decisiones asistida por IA. (Ratificada por AENOR en febrero de 2024). ISO/IEC TR 24029-1: 2021. IA. Evaluación de la robustez de las redes neuronales. Parte 1: Descripción general. (Ratificada por AENOR en febrero de 2024).

La doctrina lleva tiempo analizando pormenorizadamente todas las complejas aristas que presenta la normalización industrial, la certificación, la armonización, la estandarización de normas técnicas, el nuevo enfoque europeo, las especificaciones comunes, o en fin, los efectos públicos de ese sistema de normas generadas por entes privados de la normalización técnica[34]. (Álvarez García, 2023: 25, 26) señala que, al menos en ámbitos tan complejos como el de la IA, resulta indispensable que la Comisión cuente con una importante discrecionalidad, pero ésta debe ser necesariamente limitada. En efecto, que este amplio margen de actuación a la hora de elaborar las especificaciones comunes[35] se justifica, en última instancia, en el hecho de que la Comisión es una institución defensora del interés público comunitario[36].

---

34 Ver por todos: Álvarez García, V., "Los instrumentos normativos reguladores de las especificaciones técnicas en la Unión Europea: un breve ensayo de identificación de nuevas fuentes del derecho". *Revista General de Derecho Administrativo*, ISSN-e 1696-9650, Nº 64, 2023.

35 Op. cit.: Álvarez García, V., ... "Los instrumentos normativos..." ... La regulación por las instituciones europeas de especificaciones técnicas de naturaleza jurídica voluntaria (con excepciones): las especificaciones comunes. La primera nota que destaca a la hora de enfrentarse con las especificaciones técnicas comunes (o, más simplemente, especificaciones comunes) es la constatación de su carencia de una normativa reguladora general. En efecto, a diferencia de lo que sucede con las normas armonizadas (que tienen, como sabemos, una regulación general en el Reglamento sobre la normalización europea de 2012, a la que se añaden las previsiones sobre las mismas en cada uno de los actos legislativos nuevo enfoque), las especificaciones comunes carecen de una regulación general, debiendo determinarse sus características a partir de los actos legislativos sectoriales en los que se prevé su existencia.

36 Si bien las especificaciones comunes en el Reglamento (Considerando 121) están previstas como una solución alternativa excepcional para facilitar la obligación del proveedor de cumplir los requisitos cuando ninguna de las organizaciones europeas de normalización haya aceptado la petición de normalización, cuando las normas armonizadas pertinentes respondan de forma insuficiente a las preocupaciones en materia de derechos fundamentales, cuando las normas armonizadas no cumplan la petición o cuando se produzcan retrasos en la adopción de una norma armonizada adecuada. Cuando dichos retrasos en la adopción de una norma armonizada se deban a la complejidad técnica de dicha norma, la Comisión debe tenerlo

El Reglamento de IA establece una amplia serie de obligaciones para los sistemas considerados de alto riesgo a los que se refieren los 43 artículos de su Capítulo III. En particular, la sección 2 (artículos 8 a 15) detalla los requisitos que deben cumplir, con carácter general, los sistemas de IA de alto riesgo, en tanto que la sección 3 (artículos 16 a 27), detallan las obligaciones de los proveedores y usuarios de sistemas de IA de alto riesgo, así como de otras partes como los representantes de aquellos, los importadores o los distribuidores. Pero, no mucho más allá, el artículo 40 (Normas armonizadas y documentos de normalización) especifica que: "se presumirá que los sistemas de IA de alto riesgo que sean conformes con normas armonizadas, o partes de estas, cuyas referencias estén publicadas en el DOUE de conformidad con el Reglamento (UE) n.º 1025/2012, de 25 de octubre de 2012, sobre la normalización europea, son conformes con los requisitos establecidos en la sección 2 del presente capítulo o, en su caso, con las obligaciones establecidas en el capítulo IV del presente Reglamento, en la medida en que dichas normas abarquen estos requisitos u obligaciones". Estas normas armonizadas se definen por el artículo 2.1, letra c) del Reglamento 1025/2012, como aquellas normas europeas adoptadas a raíz de una petición de la Comisión para la aplicación de la legislación de armonización de la Unión. Con más detalle, el Considerando 5 de esta norma, destaca la importancia de la presunción de conformidad de los productos que se ponen en el mercado con los requisitos esenciales relativos a esos productos establecidos en la legislación de armonización pertinente de la Unión[37].

En este sentido, la reciente sentencia de la Gran Sala del TJUE de 5 de marzo de 2024[38], establece que una norma armonizada, adop-

---

en cuenta antes de considerar la posibilidad de establecer especificaciones comunes. Se anima a la Comisión a que, a la hora de elaborar especificaciones comunes, coopere con los socios internacionales y los organismos internacionales de normalización.

37 Carlos B. Fernández en *Diario La Ley* de 11 de marzo de 2024, consultar aquí. El TJUE precisa el carácter público de las normas armonizadas, fundamentales para la aplicación del Reglamento de IA.

38 Asunto C-588/21 P: Sentencia del Tribunal de Justicia (Gran Sala) de 5 de marzo de 2024 - Public.Resource.Org y Right to Know/Comisión y

tada con fundamento en una directiva y cuyas referencias han sido publicadas en el DOUE forma parte del Derecho de la Unión, debido a sus efectos jurídicos, por lo que su divulgación reviste un interés público superior que impide denegar el acceso a su contenido. Este fallo podría tener un alto impacto en la aplicación del Reglamento de IA. Téngase en cuenta, en particular, que dicho pronunciamiento decide sobre una solicitud de acceso referida a cuatro normas armonizadas adoptadas por el CEN, de conformidad con el Reglamento n.° 1025/2012, sobre seguridad de los juguetes. Y que este sector es precisamente uno a los que se refiere el Anexo I al que se remite el artículo 6 del Reglamento de IA (Reglas de clasificación de los sistemas de IA de alto riesgo), para clasificar un sistema como de alto riesgo, junto con los de máquinas; embarcaciones de recreo y a las motos acuáticas; ascensores; aparatos y sistemas de protección para uso en atmósferas potencialmente explosivas; equipos radioeléctricos; equipos a presión; instalaciones de transporte por cable; equipos de protección individual; aparatos que queman combustibles gaseosos; productos sanitarios (incluidos para diagnóstico in vitro); seguridad de la aviación civil; vehículos de dos. tres o cuatro ruedas; vehículos agrícolas o forestales y equipos marinos.

Europa define como Organismo notificado todo organismo de evaluación de conformidad designado con arreglo al Reglamento o por otra legislación armonizada. De esto se desprende, que los organismos de evaluación han de solicitar y seguir un procedimiento a efectos de poder verificar los sistemas de IA, demostrando previamente el cumplimiento de los requisitos recogidos por la normativa[39]. La designación de los organismos notificados se comunicará a la Comisión y a los Estados miembros haciendo uso de las plataformas

---

otros (OJ C, C/2024/2900, 06.05.2024, ELI: http: //data.europa.eu/eli/C/2024/2900/oj)

39 Esto es, deben ser previamente acreditados y además ser habilitados mediando declaración responsable ante los organismos notificantes. Además, en cumplimiento de la normativa de normalización, es exigible el cumplimiento de las normas "UNE-EN ISO/IEC 17065: 2012, sobre evaluación de la conformidad. Requisitos para organismos que certifican productos, procesos y servicios", así como los previstos por la normativa interna. Ver: Op. cit.: Hernández Peña, J. C., … p. 625.

que a tales efectos se pongan en funcionamiento, dejando constancia de las actividades de evaluación de conformidad que podrán realizar y las tecnologías de IA respecto de las que acreditó capacidad para evaluar. A cada organismo notificado se le asignará un número de identificación por parte de la Comisión, que publicará un listado actualizado de éstos, así como las actividades para las que han sido notificados. Corresponde a la Comisión garantizar la coordinación y cooperación de todos los organismos notificados, para lo que ha de poner en marcha un grupo sectorial de trabajo de ámbito comunitario. Ahora, debido a que es previsible que en cada Estado miembro se designen múltiples organismos notificados, deberán articularse fórmulas para estructurar la participación de éstos en el mecanismo de coordinación y cooperación comunitario. Cabe aventurar que corresponderá al Ministerio de Asuntos Económicos y Transformación digital designar, por un período de tiempo determinado, a un organismo notificado que represente a este colectivo ante el citado mecanismo.

Así pues, el entramado organizativo europeo pergeñado otorga a la Comisión un amplio margen a través de actos delegados, aprobación de *guidelines,* códigos de buenas prácticas, códigos de conducta, compromisos voluntarios de la industria, teniendo así la corregulación un papel destacado[40]. Y si bien se ha obtenido el respaldo por unanimidad de todos los Estados miembros, no es menos importante prestar atención al previsible gran ajuste que debería producirse de gran cantidad de legislación sectorial ante esta transversal norma que obligará a revisar corpus como el de la protección de datos de carácter personal, la legislación de propiedad intelectual, la legislación de defensa de la competencia, etc.

---

40 Capítulo XI: Delegación de poderes y procedimiento de comité. Artículo 97: Ejercicio de la delegación.

III. EL ESQUEMA ESPAÑOL DE LA AGENCIA DE SUPERVISIÓN DE LA INTELIGENCIA ARTIFICIAL

Ante la inexistencia de mandato europeo de tipo organizativo concreto hasta la fecha, en otros países como Italia (Galetta y Pinotti, 2023) y en cuanto al procesamiento de datos, los proyectos más interesantes hasta la fecha han sido desarrollados por autoridades independientes, pero aún no son habituales entre las administraciones italianas. Destacan dos ejemplos de interés: uno de ARERA (la Autoridad Reguladora de la Energía, las Redes y el Medio Ambiente de Italia) y otro de CONSOB (la Autoridad de Supervisión de los Mercados Financieros). ARERA ha utilizado herramientas de apoyo a la investigación capaces de analizar grandes cantidades de datos. Esta autoridad utiliza herramientas de Visual Analytics y de Visual Statistics: éstas, más que analizar los datos per se, permiten al personal técnico de las distintas oficinas tener una visión general y explorar los datos con mayor profundidad. Son, por tanto, herramientas de apoyo a la investigación, especialmente en la determinación de las tarifas[41].

La organización administrativa española especializada y dispuesta para la supervisión de la IA es la Agencia Estatal de Supervisión de la Inteligencia Artificial (AESIA). Creada por la Disposición adicional centésimo trigésima de la Ley 22/2021, de 28 de diciembre, de Presupuestos Generales del Estado para el año 2022, está dotada de personalidad jurídica pública, patrimonio propio y autonomía en su gestión, con potestad administrativa, y actuará con plena independencia orgánica y funcional de las Administraciones Públicas. Entre sus finalidades se ha previsto minimizar los riesgos sobre la seguridad y salud de las personas y los derechos fundamentales que pueda entrañar el uso de la IA. En particular, la Ley 28/2022, de 21 de diciembre, de fomento del ecosistema de las empresas emergentes, prevé, entre los fines de la agencia "la supervisión de la puesta en

---

41 D. -U Galetta Y Pinotti, G., "Automatización y sistemas algorítmicos de toma de decisiones en la administración pública italiana". *Revista General de Derecho Administrativo* 63 (2023).

marcha, uso o comercialización de sistemas que incluyan inteligencia artificial y, especialmente, aquellos que puedan suponer riesgos significativos para la salud, seguridad y los derechos fundamentales" (disposición adicional séptima)[42].

Como se ha señalado (Cerrillo i Martínez, 2023: 539, 540), la LRJSP reconoce la supervisión humana de la actuación administrativa automatizada ex ante y ex post. El nivel de supervisión humana y la capacidad de las personas para efectivamente poder supervisar el diseño, funcionamiento y las decisiones adoptadas de manera automatizada dependerá de los conocimientos, capacidades y recursos de que disponga cada órgano administrativo o cada Administración pública. Para dar respuesta a las limitaciones que puedan existir, se ha impulsado la creación de la AESIA.

(López-Jurado, 2023) distingue entre organizaciones estatales especializadas dependientes y organizaciones estatales especializadas separadas (las autoridades administrativas independientes de regulación o supervisión). En las organizaciones estatales especializadas y dependientes se encuentran las agencias estatales que son organismos públicos comunes con todos los rasgos de esa categoría: dotadas de personalidad jurídica pública, gozan de patrimonio propio y autonomía en su gestión; están facultadas para ejercer potestades administrativas. Su regulación se encuentra en los artículos 108 bis a sexies LRJSP. Frente a otros tipos de organismos públicos comunes, las agencias estatales pueden gozar de una mayor autonomía de gestión, de mayor flexibilidad en la formulación y cumplimiento de sus objetivos, de mecanismos específicos de exigencia de responsabilidades conforme al respectivo contrato plurianual de gestión (art. 108 ter 2 y 3 LRJSP), así como de una mayor flexibilidad en cuanto al reclutamiento de personal (art. 108 quáter LRJSP).

---

[42] Después de seguir el procedimiento previsto en la Orden PCM/946/2022, de 3 de octubre, por la que se publica el Acuerdo por el que se inicia el procedimiento para la determinación de la sede física de la Agencia Española de Supervisión de Inteligencia Artificial, el Consejo de Ministros, en su sesión de 5 de diciembre, adoptó el acuerdo por el que la ubicación de la sede de la Agencia Española de Supervisión de la Inteligencia Artificial será en A Coruña.

El estudio de las competencias, funciones, potestades, en definitiva, la acción con relevancia pública que ostenta la AESIA se hará de forma somera destacándose algunos puntos de complejidad presentes. De este modo, se subraya la competencia de la Agencia recogida en el artículo 10.1 d): "La ayuda al fortalecimiento de la confianza en la tecnología y aplicación de la IA, a través de la creación de un marco de certificación voluntario para entidades privadas, que permita ofrecer garantías sobre el diseño responsable de soluciones digitales y garantizar los estándares técnicos, evitando la sobrerregulación y permitiendo la innovación". Por ello, el artículo 23. 6 c) crea, dentro de los órganos ejecutivos de la AESIA, la Subdirección de Certificación, Evaluación de Tendencias, Coordinación y Formación en inteligencia artificial correspondiendo al Departamento de certificación, instrucción y supervisión, el diseño y la publicación del programa de certificación de los sistemas IA; diseñar los procedimientos de certificación por parte de las entidades interesadas, en colaboración con entidades especializadas; el control y seguimiento de la actividad certificadora y sus responsables, como acciones más destacadas[43].

Tras la justificada y fundamentada crítica (Fortes, 2022) sobre la cuestión de la elección de las agencias estatales y su regulación como fórmula organizativa y las vicisitudes sufridas en nuestro ordenamiento por causa de una normación de ida y vuelta y que no acaba de definir el modelo con claridad, lo cierto es que la AESIA está pensada como agencia estatal y, según el Reglamento europeo sería la autoridad nacional notificante, pues éste establece varias entidades de supervisión: al menos una autoridad nacional notificante y al menos una autoridad de supervisión del mercado como autoridades nacionales competentes para los propósitos del Reglamento. Las autoridades de supervisión del mercado monitorizarán el correcto funcionamiento, ya en mercado, de sistemas de IA de alto riesgo, identificando riesgos sobrevenidos, incidentes u otras situaciones que exijan tomar medidas sobre los mismos. En el esquema de certificación de productos que propone el Reglamento, una autoridad

43 Artículo 26 del Real Decreto 729/2023, de 22 de agosto, por el que se aprueba el Estatuto de la Agencia Española de Supervisión de Inteligencia Artificial.

notificante habilita a organismos de evaluación de conformidad para hacer las evaluaciones de conformidad en materia de IA a productos que quieran comercializar o poner en funcionamiento los proveedores[44].

Si hubiera que destacar una función importante de la AESIA sería esta[45]:

> La supervisión de la puesta en marcha, uso o comercialización de sistemas que incluyan inteligencia artificial y, especialmente, aquellos que puedan suponer riesgos significativos para la salud, seguridad y los derechos fundamentales.

Poner en marcha un sistema que incluya IA; usar un sistema que incluya IA o comercializar sistemas de IA y, especialmente los que puedan suponer riesgos significativos para la salud, seguridad y los derechos fundamentales, requiere supervisión por parte de la Agencia española. Sin menospreciar las demás tareas de las letras a), b), c) y d) que se presentan como labores no de menor calado, pero sí con matices menos intensos de intervención o más conocidos como de colaboración y coordinación con otras autoridades, la concienciación, divulgación y promoción de la formación, y del desarrollo y uso responsable, sostenible y confiable de la IA, la definición de mecanismos de asesoramiento y atención a la sociedad y a otros actores relacionados con el desarrollo y el uso de la IA, así como el fomento de entornos reales de prueba de los sistemas de inteligencia artificial para reforzar la protección de los usuarios.

La AESIA desarrolla las funciones asignadas en el reglamento de IA europeo y como esta norma clasifica los modelos de IA en cuatro niveles en función de riesgo, desde prohibidos hasta aquellos con niveles mínimos de riesgo, la AESIA supervisará el cumplimiento de los requisitos de los sistemas de IA de alto riesgo (como sistemas de contratación, promoción y evaluación de empleados, evaluación de

---

44 Confrontar con el capítulo de Diego MUÑOZ VICUÑA sobre los modelos de evaluación de impacto algorítmico en esta misma obra.

45 Art. 4.3 letra e) de los Estatutos, aprobados por del Real Decreto 729/2023, de 22 de agosto, por el que se aprueba el Estatuto de la Agencia Española de Supervisión de Inteligencia Artificial.

solvencia crediticia) o los requisitos de transparencia de los sistemas de riesgo mínimo.

La AESIA es la Autoridad de Vigilancia del Mercado y el Punto Único de Contacto con Europa, coordina la supervisión de todas las autoridades de vigilancia del mercado sectoriales afectadas. Promueve estándares y buenas prácticas y evalúa modelos de IA, como la familia española de modelos de IA, en coordinación con la Oficina europea de IA.

Si bien en lo que hace a las competencias de la AESIA el reglamento español abunda en la idea de la supervisión cuando dice que:

> La supervisión de los sistemas de inteligencia artificial para garantizar el cumplimiento de la normativa, tanto nacional como europea, sobre la inteligencia artificial que lleve aparejada el uso de esta tecnología, cuya competencia sea asumida por la Agencia. Más concretamente, le corresponderá la supervisión y, en su caso, sanción de acuerdo con lo estipulado en la normativa europea en lo que respecta a la supervisión de sistemas de Inteligencia Artificial. El diseño, ejercicio y evaluación de esta función de supervisión se realizará incorporando la perspectiva de género[46].

Sobre todo, y en lo que hace a las eventuales sanciones, el sector ha manifestado ya su preocupación ante la indefinición del ejercicio de dicha potestad. De los artículos 99 a 101 del Reglamento europeo de IA sobre el sistema sancionador por incumplimiento del mismo, se extrae en resumen que son los Estados los que establecerán el régimen de sanciones y otras medidas de ejecución, como advertencias o medidas no pecuniarias, aplicable a las infracciones del mismo Reglamento que cometan los operadores y adoptarán todas las medidas necesarias para garantizar que se aplican de forma adecuada y efectiva y teniendo así en cuenta las directrices emitidas por la Comisión con arreglo al artículo 96. Tales sanciones serán efectivas, proporcionadas y disuasorias. Así, a la AESIA se le atribuyen facultades sancionadoras, cuando se regulan las funciones de su Secretaría General y, concretamente de su División Jurídica y de Relaciones Institucionales (art. 27 RD 729/2023).

---

46 Art. 10.1 letra k) de los Estatutos de la AESIA.

Pensamos que está en la consideración final que realiza el Consejo de Estado en el Dictamen[47] sobre el proyecto de Real Decreto por el que se aprueba el Estatuto de la Agencia Española de Supervisión de la IA, la exigencia de una revisión exhaustiva que tenga en cuenta no solo las observaciones de carácter esencial que se formulan sobre los artículos 3.2, 6 y 29.2[48] y otros preceptos, sino que esa revisión debe ampliarse al conjunto, ya que los desajustes advertidos no son los únicos que pueden detectarse en el texto sometido a consulta, que está necesitado de un repaso destinado a garantizar la correcta formulación y la coherencia interna de sus preceptos, evitando las imprecisiones conceptuales y redundancias innecesarias que se advierten en algunos de ellos.

Resulta curioso comprobar que, entre las funciones de la Presidencia de la AESIA, además de las clásicas de representación institucional y legal de la Agencia y otras[49], el texto del Estatuto de

---

47 Dictamen del Consejo de Estado. Número de expediente: 816/2023 (Hacienda y Función Pública) Asunto: Proyecto de Real Decreto por el que se aprueba el Estatuto de la Agencia Española de Supervisión de la Inteligencia Artificial. Fecha de aprobación: 13/07/2023. La Comisión Permanente del Consejo de Estado, en sesión celebrada el día 13 de julio de 2023, emitió, por unanimidad, el dictamen con carácter de urgencia sobre el expediente relativo al proyecto de Real Decreto por el que se aprueba el Estatuto de la Agencia Española de Supervisión de la Inteligencia Artificial.

48 Dichos preceptos han sido corregidos en el sentido dictaminado por el Consejo de Estado para no considerar, en el caso del artículo 29, al personal funcionario que desarrolle actividades de investigación como agentes de la autoridad; y, respecto del artículo 3.2, del régimen jurídico de la Agencia y sobre el carácter supletorio que el precepto atribuye a las normas europeas en materia de inteligencia artificial, recordando que contraviene el principio de eficacia directa del derecho derivado de la Unión Europea establecido en el artículo 288 de su Tratado de Funcionamiento, lo previsto en el régimen jurídico de la Agencia Española de Supervisión de la Inteligencia Artificial.

49 Artículo 13 letras a) - m) del Real Decreto 729/2023, de 22 de agosto, por el que se aprueba el Estatuto de la Agencia Española de Supervisión de Inteligencia Artificial. Funciones de la Presidencia. La persona titular de la Presidencia ostenta la representación del Consejo Rector, dirige y preside sus reuniones y ejercerá, además, las siguientes funciones: ostentar la máxima representación institucional y legal de la Agencia y velar por el cumplimien-

la Agencia alude, sin embargo, en las letras i) y j) a la AIDA[50]. La AIDA: *Artificial Intelligence in a Digital Age* por sus siglas en inglés, fue una comisión especial sobre IA en la Era Digital creada por el Parlamento Europeo en el pleno de 18 de junio del año 2000 con el objetivo de definir una hoja de ruta de la UE a largo plazo sobre inteligencia artificial con un mandato de 12 meses para lograr adoptar un enfoque horizontal sobre la inteligencia artificial. Las competencias asignadas, cumplidas y ejecutadas en la hoja de ruta, fueron: "Una Europa Adaptada a la Era Digital", que proporcione a la UE un plan estratégico que defina sus objetivos comunes a medio y largo plazo, así como las medidas necesarias para alcanzarlos; analizar el impacto futuro de la inteligencia artificial en la era digital en la economía de la Unión, en particular en materia de competencias, empleo, tecnología financiera, educación, salud, transporte, turismo, agricultura, medio ambiente, defensa, industria, energía y administración electrónica; seguir investigando el reto del despliegue de la inteligencia artificial, así como su contribución al valor empresarial y al crecimiento económico; analizar el enfoque de los terceros países y su contribución a la complementariedad de las acciones de la Unión; presentar a las comisiones permanentes responsables una evaluación que defina los objetivos comunes de la Unión a medio y

---

to de su objeto, fines y funciones; convocar las sesiones del Consejo Rector; dirimir con su voto los empates en el seno del Consejo Rector; informar a los departamentos ministeriales competentes y a otras instituciones del Estado sobre la ejecución y cumplimiento de los objetivos fijados en el contrato plurianual de gestión de la Agencia; celebrar convenios de colaboración, memorandos de entendimiento, acuerdos de ejecución o instrumentos jurídicos de cualquier otra naturaleza que puedan generar compromisos y obligaciones para la Agencia, sin perjuicio de las delegaciones que, en su caso, se establezcan; proponer al Consejo Rector personas candidatas a efectos de su nombramiento para la Dirección de la Agencia; proponer al Consejo Rector la designación de los miembros de la Comisión de Control, elegidos por el Consejo Rector entre sus miembros; dictar las resoluciones y directrices que requiera el ejercicio de las funciones de la Agencia.

50 Así se ha publicado en el texto de los Estatutos de la Agencia que figuran en el BOE. Art. 13 letras i) y j). Decisión del Parlamento Europeo, de 18 de junio de 2020, sobre la constitución y la determinación de las competencias, la composición numérica y la duración del mandato de la Comisión Especial sobre Inteligencia Artificial en la Era Digital (2020/2684(RSO)).

largo plazo e incluya los principales pasos a seguir para alcanzarlos, utilizando como punto de partida las siguientes comunicaciones de la Comisión, publicadas el 19 de febrero de 2020: Configurar el futuro digital de Europa[51], Una Estrategia Europea de Datos[52], Libro Blanco sobre la inteligencia artificial —un enfoque europeo orientado a la excelencia y la confianza[53], Informe sobre las repercusiones en materia de seguridad y responsabilidad civil de la inteligencia artificial, el internet de las cosas y la robótica[54].

Puede decirse entonces, que los apartados i) y j) ya no son necesarios, pues la AIDA ha terminado su mandato[55]:

> i) Solicitar y facilitar a las autoridades autonómicas competentes en inteligencia artificial la información necesaria para el cumplimiento de sus funciones, en particular, la relativa a la actividad de la AIDA.
> j) Participar en las actividades y reuniones de la AIDA como representante común del Estado español.

En el aspecto del control efectivo que pueda realizarse de un sistema de IA por parte de las autoridades, el diseño de la herramienta por una Administración, la AESIA en este caso, tendría competencias para controlar el diseño y funcionamiento de la herramienta. Así, es importante destacar que puede resultar afectada la distribución de competencias en el caso de que otra administración adquiera ese sistema, tal y como ha ocurrido en el conocido caso MI-

51 Comunicación de la Comisión al Parlamento Europeo, al Consejo, al Comité Económico y Social Europeo y al Comité de las Regiones. *Configurar el futuro digital de Europa.* COM/2020/67 final, accesible, aquí.

52 Comunicación de la Comisión al Parlamento Europeo, al Consejo, al Comité Económico y Social Europeo y al Comité de las Regiones. *Una Estrategia Europea de Datos.* Bruselas, 19.2.2020. COM(2020) 66 final, accesible, aquí.

53 Accesible, aquí.

54 Bruselas, 19.2.2020 Documento COM(2020) 64 final. Accesible, aquí.

55 Tal y como señala la Decisión del Parlamento Europeo, de 18 de junio de 2020, sobre la constitución y la determinación de las competencias, la composición numérica y la duración del mandato de la Comisión Especial sobre Inteligencia Artificial en la Era Digital (2020/2684(RSO)), el mandato era por 12 meses.

NERVA[56]. La aplicación informática MINERVA pone a disposición de todas las entidades decisoras, entidades ejecutoras y entidades instrumentales participantes en el PRTR, así como de todos aquellos al servicio de entidades públicas que participen en la ejecución del PRTR y de los órganos de control competentes para que a través de la citada herramienta y utilizando técnicas de "minería de datos" sobre las grandes bases de datos de que dispone la Agencia Tributaria, se analicen las posibles relaciones familiares o vinculaciones societarias, directas o indirectas, en las que se pueda dar un interés personal o económico susceptible de provocar un conflicto de interés, entre empleados públicos y los participantes en los citados procedimientos. Para la identificación de las relaciones o vinculaciones la herramienta contendrá, entre otros, los datos de titularidad real de las personas jurídicas a las que se refiere el artículo 22.2. d).iii) del Reglamento (UE) 241/2021, de 12 febrero, obrantes en las bases de datos de la Agencia Estatal de Administración Tributaria y los obtenidos por vía de interoperabilidad a través de los convenios suscritos con los Colegios de Notarios y Registradores. El resultado del análisis podrá identificar con una bandera roja las personas a las que se ha detectado la existencia de una situación de riesgo de conflicto de interés, a fin de que se abstengan en el correspondiente procedimiento. Todo el proceso quedará registrado en el sistema de información de gestión del PRTR y sería conveniente que figure

---

56 Hace escasamente unos meses el Consejo de Gobierno del País Vasco ha autorizado la interposición de un recurso de inconstitucionalidad contra la disposición adicional 112 de la Ley de Presupuestos Generales del Estado para 2023 que se inmiscuye en labores ejecutivas del Gobierno Vasco y vulnera su autogobierno, ya que se produce una imposición por parte del Estado de herramientas informáticas para la realización de tareas ejecutivas del Gobierno Vasco en procedimientos de subvenciones y contratos. Se considera una imposición a la Comunidad Autónoma Vasca el uso de un aplicativo de la Agencia Estatal de Administración Tributaria (AEAT) en la tramitación de todas las subvenciones y contratos que los órganos vascos otorguen en la ejecución de los fondos del Plan de Recuperación, Transformación y Resiliencia (PRTR). Esta herramienta informática estatal tiene por misión evaluar de forma automatizada el riesgo de posibles conflictos de interés que cargos y personal empleado públicos vasco pudieran tener con las personas solicitantes de ayudas o licitadoras en el reparto de estos fondos europeos.

también en el expediente digital de contratación o de subvenciones correspondiente. No obstante, y como indica (Martínez Fernández, 2023), aunque del análisis sistematizado de la Ley 31/2022[57] pueda encuadrarse en el ámbito de las actuaciones administrativas automatizadas, el proceso de consulta a esa herramienta informática, al menos al principio, deberá realizarse con la intervención de los responsables del procedimiento de contratación o subvención correspondiente. Ese proceso de consulta no se ejecutará de forma automatizada desde las plataformas digitales mientras, por un lado, no este desarrollada esta funcionalidad en aquellas plataformas y por otro, la herramienta de la Agencia Estatal de la Administración Tributaria no disponga de los servicios web de integración sistémica que garanticen la interoperabilidad[58].

El perfil de este profesional es el de una persona que —según las bases publicadas— debe acreditar una serie de condiciones profesionales, además de ser "un perfil de referencia en la materia". En particular, la persona seleccionada deberá acreditar experiencia académica y técnica en el campo de la inteligencia artificial, además de habilidades de gestión y liderazgo, de gestión pública, conocimientos legales y con profundo dominio de los retos éticos que supone el avance de esta tecnología. Por último, se le exige la capacidad de generar una red de contactos con los líderes y actores fundamentales de la industria, en todos sus ámbitos. La exigencia de un perfil de tal naturaleza es acorde a las competencias del citado organismo, al que

---

57 La Ley 31/2022, de 23 de diciembre, de Presupuestos Generales del Estado para el año 2023, para los procedimientos de adjudicación de los contratos y de concesión de subvenciones que ejecutan el PRTR introduce técnicas de IA, para el análisis sistemático y automatizado del riesgo de conflicto de intereses de los empleados públicos y el resto de personal que participa en esos procedimientos en relación con las personas físicas y jurídicas que concurren a los citados procedimientos basándose en una herramienta informática de "data mining" con sede en la Agencia Estatal de Administración Tributaria.

58 Martínez Fernández, J., "Digitalización de datos y procedimientos automatización de actuaciones administrativas e inteligencia artificial, en la transformación digital de las administraciones públicas". *Revista española de Derecho Administrativo* num. 226/2023 parte Crónica, pp. 261-282. Editorial Civitas.

le corresponde las tareas de supervisión, asesoramiento, concienciación y formación dirigidas a entidades de derecho público y privado para la adecuada implementación de toda la normativa nacional y europea en torno al adecuado uso y desarrollo de los sistemas de IA, más concretamente, de los algoritmos (artículo 4 del Estatuto de la AESIA).

Con respecto al requisito de acreditar experiencia técnica y conocimientos especializados, no cabe duda de que ésta es una exigencia que fortalecerá la capacidad de la agencia para supervisar y regular eficazmente la IA. Esto podría inspirar confianza en los actores de la industria y el público en general. Un perfil con experiencia en el sector público y regulación será capaz de abogar por políticas efectivas que equilibren la innovación y la protección del interés público. Podría, además, colaborar eficazmente con otras agencias gubernamentales, legisladores y grupos de interés para desarrollar marcos regulatorios sólidos y adaptativos[59].

Por lo que hace a la gestión del organismo, la industria está expectante por saber cuál será el posicionamiento de la Agencia con respecto al régimen inspector y sancionador, ya que es un elemento que no ha sido especialmente tratado aún. También en lo que se refiere a la política seguida en el desarrollo de códigos de conducta y a los entornos de prueba (sandboxing), aspectos que marcarán la relación entre el regulador y la industria española en general. Esta industria espera apoyos y respuestas que, en forma de seguridad jurídica, les ayuden de cara a poder dar cumplimiento a sus obligaciones de adecuación a la norma y, en particular, de potenciar su competitividad dentro de un marco regulatorio cada vez más extenso y complejo[60].

Lo que sabemos hasta ahora es que en unos meses se espera que la AESIA comience su andadura dirigida por un ingeniero informático

---

59 Expresión de interés para Dirección General de la Agencia Española de Supervisión de la Inteligencia Artificial (AESIA) publicada por el Ministerio de Economía, Comercio y Empresa, aquí. La convocatoria pública la realiza la Secretaría de Estado de Digitalización e Inteligencia Artificial del Ministerio para la Transformación Digital y la Función Pública.

60 Pérez Bes, F., *La Agencia española de IA ya tiene quien la dirija*. Accesible, aquí.

experto que ha sido nombrado después de un período de selección de aproximadamente un mes donde se han recibido más de un centenar de solicitudes[61].

IV. ALGUNOS EJEMPLOS AUTONÓMICOS DIVERSOS Y OLVIDO LOCAL

Como ha señalado la doctrina (Velasco Rico, 2024: 49), "en nuestro Estado han sido los entes territoriales autonómicos y locales quienes antes se han atrevido a aprobar normas de derecho positivo o de *soft law* específicamente pensadas para la regular el uso de la IA en sus respectivos ámbitos de actuación. La Ley de Transparencia valenciana, el DL extremeño sobre IA y el protocolo de Barcelona para implantar la inteligencia artificial en todos los servicios municipales son buena muestra de ello. En el Estado de las Autonomías estos avances bien pueden servir para que el legislador básico, cuando proceda, pueda comprobar los resultados prácticos de las distintas normativas mediante las evaluaciones de impacto oportunas, antes de adoptar una normativa común en la materia. Ello debería redundar en un mejor diseño de la normativa estatal posterior"[62].

---

61 Resolución de 12 de junio de 2024, de la Secretaría de Estado de Digitalización e Inteligencia Artificial, por la que se publica el Acuerdo del Consejo Rector por el que se nombra Director de la Agencia Española de Supervisión de Inteligencia Artificial a don Ignacio Belda Reig. Publicado en BOE núm. 144, de 14 de junio de 2024. Belda es ingeniero informático, cuenta con un doctorado en IA y otro en derecho de la tecnología, aspecto este último que desde el Gobierno se ve como una "condición muy apta" para dirigir la agencia debido al ámbito de acción de esta y al rol que jugará en la supervisión en el marco del Reglamento Europeo de Inteligencia Artificial. Galardonado con más de 25 premios durante su trayectoria, destacan el Premio Princesa de Girona 2014 o el *Premio Healthy Longevity* otorgada por la Asociación Americana de Medicina por la Innovación del Año, en el 2020. Además, acredita un número de publicaciones académicas de calidad en materias como los retos éticos que presenta la inteligencia artificial, las redes neuronales y las matemáticas, ha añadido el Ministerio.

62 Velasco Rico, C. I., "Marco regulatorio de los sistemas algorítmicos y de inteligencia artificial. El papel de la Administración". XVIII Congreso de la Asociación Española de Profesores y Profesoras de derecho administrativo.

Únicamente han empezado a surgir regulaciones específicas del uso de algoritmos de aprendizaje automático, aquellos que más frecuentemente se asocian a la (huidiza) noción de "inteligencia artificial", como es el caso de Extremadura (Mir, 2023). El Decreto-ley 2/2023, de 8 de marzo, de medidas urgentes de impulso a la inteligencia artificial en Extremadura[63] recoge en el artículo 7 la previsión de la creación del espacio controlado de pruebas para la IA en el seno de la Fundación de Computación y Tecnologías Avanzadas de Extremadura[64], donde se podrán probar y evaluar sistemas de inteligencia artificial, antes de ser lanzados al mercado, para garantizar su seguridad y eficacia, minimizando el riesgo de daños a terceros. Para ello podrán suscribirse los correspondientes convenios y contratos, incluidos los negocios jurídicos previstos en los artículos 6 y 8 de la Ley 9/2017, de 8 de noviembre, de Contratos del Sector Público[65]. Este espacio controlado de pruebas estará a disposición de empresas y administraciones públicas y organizaciones que desarrollen sistemas de inteligencia artificial en la región, así como de aquellos que quieran probar sistemas ya existentes, simulando entornos reales de uso.

El Derecho Administrativo en la era de la inteligencia artificial, celebrado en la Universidad de Vigo en febrero de 2024. Ponencia accesible, aquí. P. 49.

63 Mir Puigpelat, O., "La automatización y el uso de algoritmos e inteligencia artificial en derecho administrativo comparado". *Revista General de Derecho Administrativo* 63 (2023). El autor también alude al caso alemán: ley del Estado federado de Schleswig-Holstein de 2022.

64 Por Decreto 237/2023, de 12 de septiembre, se establece la estructura orgánica de la Consejería de Educación, Ciencia y Formación Profesional, adscribiéndose a dicha Consejería la Fundación COMPUTAEX - Computación y Tecnologías Avanzadas de Extremadura.

65 Es necesario exigir un mayor cuidado con la información que se suministra en el página web de la Fundación COMPUTAEX, pues en el aspecto de la contratación, dicho portal remite a las instrucciones aplicables a este régimen donde señala como fuente normativa aplicable una disposición ya derogada: la de 2011, ya que en la actualidad, la normativa de contratación pública es de 2017: Ley 9/2017, de 8 de noviembre, de Contratos del Sector Público, por la que se transponen al ordenamiento jurídico español las Directivas del Parlamento Europeo y del Consejo 2014/23/UE y 2014/24/UE, de 26 de febrero de 2014.

La doctrina ha descendido al detalle crítico, con el que estamos de acuerdo, en la elección del tipo de norma en Extremadura, pues no se conoce la extraordinaria y urgente necesidad (Tahirí Moreno, 2024: 161, 162) llamando la atención el que se "establezcan mecanismos para que la utilización por parte de la Administración pública autonómica de Extremadura de sistemas de IA redunde en beneficio de los empleados públicos. Los poderes públicos deben ser conscientes de que el foco no ha de estar en el empleado público, sino en el ciudadano. La implementación de tecnologías emergentes en las actuaciones administrativas no tiene (o no debería tener) por finalidad beneficiar al empleado público, sino mejorar la prestación del servicio y la eficiencia en la gestión de los recursos públicos. Es decir, con la IA tratamos de satisfacer de la manera más eficaz los intereses generales, en cumplimiento del mandato recogido en el artículo 103.1 de nuestra Norma Fundamental"[66].

Por su parte, la creación de la Agencia Digital de Andalucía[67] se configura como una novedad en las entidades instrumentales de la Administración de la Junta, puesto que es la primera de ellas que se crea con el propósito de unificar y consolidar funciones, que se han venido desarrollando de manera distribuida, con la consiguiente integración y racionalización de los recursos de toda índole vinculados a tales funciones. Entre las potestades, fines, funciones y competencias de la Agencia tendría un gran campo de acción en la materia articulándose, entre las competencias, las siguientes: análisis, diseño, desarrollo, implantación, mantenimiento y evolución tanto de sistemas de información como de aplicaciones informáticas, aplicaciones para cualquier tipo de dispositivos, herramientas de productividad, colaboración, atención, soporte, difusión, comunicación, participación, portales y sedes electrónicas, aplicaciones y usos de la inteligencia artificial, las tecnologías de registro distribuido u otras

[66] Tahirí Moreno, Jesús A., "Una panorámica de los sistemas de inteligencia artificial desde la perspectiva del derecho administrativo". *Revista Aragonesa de Administración Pública*, ISSN 2341-2135, núm. 61, Zaragoza, 2024, pp. 137-168.

[67] Decreto 128/2021, de 30 de marzo, por el que se aprueban los Estatutos de la Agencia Digital de Andalucía. Boletín Oficial de la Junta de Andalucía, núm. 65 de 8 de abril de 2021.

tecnologías emergentes[68]. Además, es competencia de la Agencia la coordinación y ejecución de la planificación estratégica en materia de inteligencia artificial y otras tecnologías habilitadoras para la transformación digital de la Administración, así como la coordinación, ejecución y seguimiento del desarrollo de estos proyectos en la Junta de Andalucía[69].

Galicia no solo tendrá operativa la sede física de la AESIA cuando comience a funcionar, sino que, además, y tal y como se indica en otro lugar de esta obra, la Comunidad autónoma gallega cuenta ya con la Agencia para la Modernización Tecnológica de Galicia que ha aprobado y publicado las actuaciones administrativas automatizadas permitidas en un amplio elenco[70].

---

68 Art. 6.3 letra e) del Decreto 128/2021, de 30 de marzo, por el que se aprueban los Estatutos de la Agencia Digital de Andalucía. Boletín Oficial de la Junta de Andalucía, núm. 65 de 8 de abril de 2021.

69 Art. 6.3 letra h) de los Estatutos de la Agencia andaluza.

70 Puede revisarse el capítulo de VAQUER CABALLERÍA en este mismo libro donde da cuenta de los tipos de AAA permitidas en Galicia. Se han publicado hasta un total de 47 incluyendo la gestión del sistema único de registro electrónico de la Xunta (justificantes de asientos, certificación de transmisiones telemáticas de asientos y los documentos asociados), la emisión y comunicación de citaciones, la emisión de informes automatizados y la expedición de visados y certificados administrativos, e incluso la adjudicación de la cobertura temporal de puestos de trabajo de función pública o la resolución de concesión o denegación de ayudas a autónomos y microempresas "de aquellos expedientes en los que se pueda comprobar automáticamente el cumplimiento o el incumplimiento de los requisitos".

La Ley 16/2010, de 17 de diciembre, de organización y funcionamiento de la Administración general y del sector público autonómico de Galicia, en su disposición adicional tercera, autorizó la creación de la Agencia para la Modernización Tecnológica de Galicia, adscrita a la Presidencia de la Xunta de Galicia y mediante Decreto 252/2011, de 15 de diciembre, por el que se crea la Agencia para la Modernización Tecnológica de Galicia y se aprueban sus estatutos (DOG número 10, del lunes, 16 de enero de 2012) se procedió al desarrollo de la autorización antedicha, creando la Agencia para la Modernización Tecnológica de Galicia y regulando tanto sus competencias y funciones como su organización y estructura, el régimen de su personal, el régimen económico-financiero y patrimonial, así como los principios que la orientan en su actuación.

En el caso del País Vasco, y, en cuanto a la regulación del Sistema Vasco de Garantía de Ingresos y para la Inclusión[71], está clara la previsión de la posibilidad de utilización de sistemas de inteligencia artificial para el ejercicio de la potestad de control de las prestaciones económicas, si bien con las garantías de igualdad y no discriminación, reserva de humanidad en cualquier trámite que implique una decisión discrecional o fundada en un análisis y valoración de las circunstancias concurrentes, que quedarán reservados a personas. Asimismo, los sistemas de inteligencia artificial utilizados serán verificables y deberán aprobarse por el órgano competente en materia de renta de garantía de ingresos[72]. No obstante, recuérdese la importancia de la empatía en estos procedimientos que persiguen la evitación de la exclusión (Vaquer Caballería, 2022: 130) de las personas en situación de vulnerabilidad[73].

Además, en dicha comunidad autónoma se prevé la aprobación conjunta anual de un plan de asistencia, inspección y control con el objeto de prevenir, investigar y controlar incumplimientos por parte del Lanbide-Servicio Vasco de Empleo y el departamento del Gobierno vasco competente en materia de trabajo. Pudiéndose utilizar sistemas de inteligencia artificial en la elaboración de dicho plan[74].

---

71 Ley 14/2022, de 22 de diciembre, del Sistema Vasco de Garantía de Ingresos y para la Inclusión. BOPV núm. 248, de 29/12/2022.

72 Artículo 86 de la Ley 14/2022, de 22 de diciembre, del Sistema Vasco de Garantía de Ingresos y para la Inclusión.

73 Vaquer Caballería, M., "El Ingreso Mínimo Vital desde la óptica del Derecho público. Sus aportaciones al debate sobre el Estado social y autonómico. *Revista de Derecho Público: teoría y método,* ISSN-e 2695-7191, N°.1 5, 2022, pp. 115-142. Concretamente en p. 130: cuando se señala la inexistencia de cualificación tecnológica o el padecimiento de la brecha digital en estos casos donde los interesados la sufren al no poder optar en papel para la solicitud y, añadiremos que, en sentido opuesto, tampoco podrían conocer el resultado de ésta.

74 Artículo 96 de la Ley 14/2022, de 22 de diciembre, del Sistema Vasco de Garantía de Ingresos y para la Inclusión. La doctrina ha estudiado en este sentido algunos criterios para valorar la conveniencia de incorporar instrumentos de vigilancia automatizada en las rutinas administrativas, como por ejemplo la previsión en una norma con rango de ley, la proporcionalidad y la finalidad de la supervisión. Ver, por ejemplo: Martínez Otero, J. M., "Hipervigilancia administrativa y supervisión automatizada: promesas,

Además, el País Vasco, ha decidido crear la asociación Centro Vasco de Inteligencia Artificial (fórmula de colaboración público-privada), con las dificultades que estas alianzas conllevan y que ocasionan la retracción o repliegue del poder público a una posición de supervisión y garantía arriesgándose a perder la aptitud para cumplir siquiera la función de garantía prometida a la sociedad[75]. En Extremadura también están previstos estos mecanismos de colaboración público-privada para desarrollar herramientas, tecnologías y servicios en torno al uso de la inteligencia artificial, así como la transferencia de conocimiento a la sociedad, de sus aplicaciones y usos[76].

En la Comunidad autónoma de Castilla la Mancha se ha creado la Agencia de Transformación Digital como organismo autónomo con personalidad jurídica propia, patrimonio propio y autonomía en su gestión, dependiente de la Administración de la Junta de Comunidades de Castilla-La Mancha a través de la consejería competente en materia de digitalización y transformación digital[77]. Postergando a desarrollo por decreto posterior y con carácter previo a la entrada en funcionamiento efectivo de la entidad, la aprobación de los estatutos, que, al menos, regularán los siguientes extremos: las funciones y competencias de la Agencia, con indicación de las potestades administrativas que pueda ostentar[78].

La administración más cercana al ciudadano, la local, en esta cuestión vuelve a ser olvidada o por lo menos no se encuentran signos de revitalización en este campo. Sin perjuicio de los arts. 5.1, 8 f), 25 a) 4° o el art. 25. b) 4° de los Estatutos de la AESIA, los mismos aluden

---

amenazas y criterios para valorar su oportunidad". *Revista española de Derecho Administrativo* num.231/2024. Editorial Civitas, SA.

75 En este sentido lo explica Parejo Alfonso en el capítulo correspondiente de esta obra.

76 Artículo 6 del Decreto-ley 2/2023, de 8 de marzo, de medidas urgentes de impulso a la inteligencia artificial en Extremadura.

77 Art. 1 de. La Ley 1/2024, de 15 de marzo, de Medidas Administrativas y de Creación de la Agencia de Transformación Digital de Castilla-La Mancha. Publicado en: BOE núm. 123, de 21 de mayo de 2024.

78 Art. 9.2 a) de la Ley 1/2024, de Medidas Administrativas y de Creación de la Agencia de Transformación Digital de Castilla-La Mancha. Publicado en: BOE núm. 123, de 21 de mayo de 2024.

a la necesaria coordinación y cooperación administrativas en la forma siguiente: "En el ejercicio de las funciones que tenga atribuidas para el cumplimiento de su objeto y fines, la Agencia cooperará con otros órganos de la Administración General del Estado y de las demás Administraciones Públicas, así como de las entidades vinculadas o dependientes de las mismas, y establecerá con ellos las relaciones necesarias al efecto de actuar coordinadamente". "La Agencia observará los principios de interés general por los que debe regirse la actuación. En el ejercicio de sus funciones específicas se regirá, además, por los siguientes principios básicos: (...) Cooperación interinstitucional, entendido como la búsqueda de sinergias en la colaboración con otras Administraciones Públicas, agentes e instituciones, públicas o privadas, nacionales e internacionales para el fomento del conocimiento en todos sus ámbitos". El artículo 25 en sus letras a y b ofrece ya más concretamente a la Subdirección de Informes e Infraestructuras de Pruebas la misión de cooperación con otras administraciones públicas, tanto nacionales como europeas, y/o Estados miembros que hayan puesto o pongan en marcha otros entornos de prueba. Establecer medidas que faciliten la participación a pymes y empresas emergentes[79].

Por último, queremos resaltar lo que creemos que es una errata en el artículo 25.b) 4º donde establece lo que le corresponde hacer a la misma Subdirección de Informes e Infraestructuras mencionada, pero en este caso al departamento de Sistemas de Inteligencia Artificial orientados a las Administraciones Públicas. Establece que "le corresponde emitir informes sobre el impacto generado por un sistema de IA puesto en marcha, utilizado o que se esté desarrollando por las diferentes entidades del Sector Público, *AP (app)*[80] o puestos en marcha desde otro u otros departamentos ministeriales. En concreto, se realizarán evaluaciones de impacto para que los algoritmos involucrados en la toma de decisiones que se utilicen en las administraciones públicas tengan en cuenta criterios de minimización de sesgos, transparencia y rendición de cuentas".

---

79 Art. 25. a) 4º de los Estatutos de la AESIA

80 La cursiva es nuestra.

Pues bien, hubiese sido más correcto escribir el término "aplicación" en vez de *app*, que es la forma abreviada de aplicación en inglés: *application*, después de las siglas AP, que en nuestro argot estaría aludiendo a la Administración Pública, pues también hubiese sido mejor escribir la expresión completa y no abreviada, ya que induce a error o no queda del todo claro. En este aspecto, es mucho más clara la ley integral para la igualdad de trato y la no discriminación al expresar completamente los términos "aplicaciones informáticas" (art. 17.3) sobre el derecho a la igualdad de trato y no discriminación en la oferta al público de bienes y servicios por las administraciones públicas, las entidades, empresas o particulares; o en el ámbito objetivo de aplicación de la misma norma: "esta ley transversal se aplicará en los siguientes ámbitos: Internet, redes sociales y "aplicaciones móviles"[81].

Pero desde el ejercicio pleno de la autonomía local y como ejemplo destacado se ha encontrado el caso del Ayuntamiento de Barcelona como modelo creativo local más definido en cuanto al control de los algoritmos y de los sistemas de IA, como se verá seguidamente.

La gobernanza local de los Algoritmos y Datos del Ayuntamiento de Barcelona, a través del protocolo para la implantación de sistemas algorítmicos, crea un sistema de gobernanza propio o el marco: "Medida de Gobierno por la Estrategia Municipal de Algoritmos y Datos para el Impulso Ético de la Inteligencia Artificial", donde permite la creación de órganos de gobernanza internos para garantizar que los mecanismos definidos en el protocolo serán aplicados en la contratación o desarrollo piloto de cualquier sistema algorítmico por parte del Ayuntamiento de Barcelona[82]. Estos se enuncian y describen a continuación: La Comisión Transversal para el impulso de la IA Ética, la Oficina Técnica de IA del IMI (Instituto Municipal de la Informática), el Consejo asesor en Inteligencia Artificial, Ética y Derechos Digitales y el Pacto de ciudad para el impulso del humanismo tecnológico.

---

81 Ley 15/2022, de 12 de julio, integral para la igualdad de trato y la no discriminación. BOE núm. 167, de 13/07/2022. Art. 3.1 n).

82 Definición de metodologías de trabajo y protocolos para la implementación de sistemas algorítmicos

La Comisión Transversal para el impulso de la IA ética en el Ayuntamiento de Barcelona. En esta Comisión están representadas las áreas municipales y entes dependientes relacionados con la implementación de proyectos de IA. Entre otros, tiene la función de validar los sistemas basados en inteligencia artificial de aplicación al Ayuntamiento propuesto por las áreas municipales y entes dependientes, dirimir los conflictos que puedan surgir en la aplicación/ uso de algoritmos de inteligencia artificial en los procesos internos y servicios públicos prestados por el Ayuntamiento y entes dependientes y velar por que la voz de la ciudadanía sea tenida en cuenta en el proceso de diseño e implantación de servicios basados en IA.

La Oficina Técnica de IA del IMI (Instituto Municipal de la Informática). Esta Oficina se encarga de definir, a nivel técnico, los estándares, herramientas, uso e implementación de tecnologías de IA sobre los proyectos desarrollados/implantados en el Ayuntamiento de Barcelona; desarrollar proyectos piloto de IA; apoyar para conceptualizar las soluciones a nivel tecnológico, metodológico y ético y evaluar sus riesgos. Asimismo, también en el marco del despliegue de su "Medida de Gobierno por la Estrategia Municipal de Algoritmos y Datos para el Impulso Ético de la Inteligencia Artificial", el Ayuntamiento de Barcelona ha creado dos órganos de participación para que la ciudadanía, el mundo académico, las instituciones y el mundo empresarial puedan participar en el proceso de deliberación y ejercitar una supervisión externa sobre los sistemas algorítmicos que se desarrollan: El Consejo asesor y el Pacto de Ciudad para el impulso del humanismo tecnológico.

El Consejo asesor en Inteligencia Artificial, Ética y Derechos Digitales: integrado por miembros del mundo académico, de organizaciones de la sociedad civil y empresas tecnológicas y tiene, entre otras cosas, la función de evaluar externamente el impacto de los sistemas algorítmicos. El Consejo Asesor emitirá preceptivos y no vinculantes Estudios de Impacto Algorítmico (EIA) para los algoritmos considerados de alto riesgo.

El Pacto de Ciudad para el impulso del humanismo tecnológico. Este Pacto, cuyos actores firmantes se reúnen una vez al año, funcionará como un órgano participativo amplio de entidades, empresas e instituciones comprometidas con el desarrollo ético de la inteligencia artificial y la protección de los derechos digitales. Dentro del Pacto se crearán grupos de trabajo de temas específicos, según las necesidades, intereses y problemáticas que vayan emergiendo en lo que se refiere a la gobernanza de las tecnologías digitales en la ciudad. En el marco de este Pacto se producirán diálogos de carácter más general (y no tan técnico, como en el Consejo), entre otras temáticas, sobre la idoneidad e impacto social de los sistemas de IA que se impulsan desde el Ayuntamiento de Barcelona.

La modificación de la LBRL operada hace escasamente un año[83] solo prevé profundizar en la apuesta por el establecimiento de relaciones electrónicas entre las entidades locales y la ciudadanía, senda ya iniciada en el año 2007 a través de la Ley 11/2007, de 22 de junio, de Acceso Electrónico de los Ciudadanos a los Servicios Públicos. No obstante, este conjunto de previsiones queda lejos de suponer una auténtica mejora en la prestación de los servicios públicos locales a través de medios digitales, por cuanto que su efectiva implementación dependerá del grado de madurez de la respectiva entidad local, sin que se hayan previsto mecanismos reales de apoyo a los municipios con un menor grado de disponibilidad de recursos.

Nótese que un gran número de municipios españoles entran en la consideración de pequeños municipios y además otros tantos acusan el reto demográfico sin que pueda servir como panacea la IA para ellos, se ha señalado que (Losa, 2024), de modo contrario la desconfianza hacia dicha herramienta tecnológica para ese tipo de Administración, pues "será infructuoso que se teorice, se hable de innovación, o de temer los insondables avances de la inteligencia artificial

---

83 Real Decreto-ley 6/2023, de 19 de diciembre, por el que se aprueban medidas urgentes para la ejecución del Plan de Recuperación, Transformación y Resiliencia en materia de servicio público de justicia, función pública, régimen local y mecenazgo. BOE núm. 303, de 20/12/2023. La propia norma se encarga de poner de manifiesto expresamente, que tiene por objeto la ejecución del Plan de Recuperación, Transformación y Resiliencia (en adelante, PRTR). Las medidas en él incluidas persiguen con carácter preferente cumplir los compromisos asumidos ante las instituciones europeas, no llevar a cabo una auténtica revisión ni mejora de la regulación legal en torno al régimen local. Burgar Arquimbau, J. M., Breve análisis del impacto real del Real Decreto-ley 6/2023 en la Administración local (Febrero 2024)

si no hay una verdadera revisión normativa que afecte a la función pública local para conseguir su flexibilización, agilidad y refuerzo en la autonomía que dé respuestas inmediatas mediante el personal adecuado a las necesidades exigidas por los ciudadanos"[84].

Más concretamente, y como indica (Moro Cordero, 2023: 666), el despliegue de la administración digital y la incorporación de tecnologías emergentes, en especial de la IA en la actividad administrativa municipal requerirá, además, definir el modelo de gestión de la entidad local, el modelo de gobernanza de los datos propio de esa institución, así como la metodología y procesos para llevarlo a cabo[85].

V. BIBLIOGRAFÍA

Álvarez García, V. (2023). "Los instrumentos normativos reguladores de las especificaciones técnicas en la Unión Europea: un breve ensayo de identificación de nuevas fuentes del derecho". *Revista General de Derecho Administrativo,* ISSN-e 1696-9650, N° 64.

Bradford, Anu (2024). "The False Choice Between Digital Regulation and Innovation" (March 7, 2024). *Northwestern University Law Review,* Vol. 118, Issue 2, Available at SSRN: https: //ssrn.com/abstract=4753107 or http: //dx.doi.org/10.2139/ssrn.4753107...

Cerrillo I Martínez, A. (2023). *Revista de Derecho Público: Teoría y Método.* Marcial Pons Ediciones Jurídicas y Sociales. pp. 525-541. DOI: 10.37417/ManDerAdm/L21

Fernández Gaztea, J. (2019). "A Jurisdiction of Jurisdictions". *Review of European Administrative Law;* VOL. 12, NR. 1, 9-37, PARIS LEGAL PUBLISHERS.

Fortes Martín, A. (2022). "¿Déjà vu o regreso al futuro? agencias estatales y paramnesia organizativa del sector público en tiempos de recuperación". *Revista General de Derecho Administrativo* 61. Iustel.

[84] Losa Muñiz, V. (2024), Ni vacíos, ni olvidados: la urgente mejora de la gestión de personal en los pequeños municipios. Puede consultarse, aquí.

[85] Moro Cordero, M. Ascensión, "Organización y gobernanza de la Inteligencia Artificial en las entidades locales". En el libro: Gamero Casado, E. (Dir.) y Pérez Guerrero, Francisco, L. (Coord.), Inteligencia artificial y sector público. Retos, límites y medios. Tirant lo Blanch, 2023. Pp. 651-682. P. 666.

Galetta, D. -U & Pinotti, G. (2023). "Automatización y sistemas algorítmicos de toma de decisiones en la administración pública italiana". *Revista General de Derecho Administrativo* 63.

Hernández Peña, J. C. (2023). "Organización y gobernanza de la inteligencia artificial: marco general". Gamero Casado, E. (dir.) y Pérez Guerrero, Francisco L., (coord..), *Inteligencia artificial y sector público. Retos, límites y medios*. Tirant lo Blanch, 600-627.

López-Jurado, Francisco, B. (2023). "Administración y sector público estatal". *Manual de Derecho administrativo. Revista de Derecho Público: Teoría y Método*, pp. 227-249. Madrid, 2023. Marcial Pons Ediciones Jurídicas y Sociales. DOI: 10.37417/ManDerAdm/L09

Martínez Otero, J. M. (2024). "Hipervigilancia administrativa y supervisión automatizada: promesas, amenazas y criterios para valorar su oportunidad". *Revista española de Derecho Administrativo* num.231 Editorial Civitas, SA.

Martínez Fernández, J. (2023). "Digitalización de datos y procedimientos automatización de actuaciones administrativas e inteligencia artificial, en la transformación digital de las administraciones públicas". *Revista española de Derecho Administrativo* num. 226 parte Crónica, 261-282. Editorial Civitas.

Mir Puigpelat, O. (2023). "La automatización y el uso de algoritmos e inteligencia artificial en derecho administrativo comparado". *Revista General de Derecho Administrativo* 63.

Moro Cordero, M. Ascensión (2023). "Organización y gobernanza de la Inteligencia Artificial en las entidades locales". En el libro: Gamero Casado, E. (Dir.) y Pérez Guerrero, Francisco, L. (Coord.), *Inteligencia artificial y sector público. Retos, límites y medios*. Tirant lo Blanch, 651-682.

Parejo Alfonso, L. (2000). *Manual de derecho administrativo comunitario*, Centro de Estudios Ramón Areces

Parejo Alfonso, L. (2004). "Los principios de la gobernanza europea". *Revista de derecho de la Unión Europea*, ISSN 1695-1085, Nº. 6 (Ejemplar dedicado a: La gobernanza europea), 27-56.

Parejo Alfonso, L. (2016). *La vigilancia y la supervisión administrativas. Un ensayo de su construcción como relación jurídica*. Tirant lo Blanch

Ponce Solé, J. (2024). "Inteligencia Artificial, decisiones administrativas discrecionales totalmente automatizadas y alcance del control judicial: ¿indiferencia, insuficiencia o deferencia?". *Revista de Derecho Público: teoría y método*, Nº.1 9, (Ejemplar dedicado a: Discrecionalidad y deferencia), 171-220.

Soriano Arnanz, A. (2021). "Decisiones automatizadas: problemas y soluciones jurídicas. Más allá de la protección de datos". *Revista de Derecho Público: teoría y método,* ISSN-e 2695-7191, N°.1 3, 85-127.

Tahirí Moreno, Jesús A. (2024). "Una panorámica de los sistemas de inteligencia artificial desde la perspectiva del derecho administrativo". *Revista Aragonesa de Administración Pública,* ISSN 2341-2135, núm. 61, Zaragoza, 137-168.

Vaquer Caballería, M. (2022). "El Ingreso Mínimo Vital desde la óptica del Derecho público. Sus aportaciones al debate sobre el Estado social y autonómico. *Revista de Derecho Público: teoría y método,* N°.1 5, 115-142.

Velasco Rico, C.I. (2019). "Vigilando al algoritmo. Propuestas organizativas para garantizar la transparencia". En: PUENTES COCIÑA, B., Y QUINTIÁ PASTRANA, A. (directores), *El derecho ante la transformación digital. Oportunidades, riesgos y garantías.* Atelier, 73-90.

Velasco Rico, C.I. (2024). "Marco regulatorio de los sistemas algorítmicos y de inteligencia artificial. El papel de la Administración". XVIII Congreso de la Asociación Española de profesores y profesoras de derecho administrativo. *El Derecho Administrativo en la era de la inteligencia artificial,* celebrado en la Universidad de Vigo en febrero de 2024. Ponencia accesible, aquí.

Vida Fernández, J. (2022). "La gobernanza de los riesgos digitales: desafíos y avances en la regulación de la inteligencia artificial", *Cuadernos de Derecho Transnacional,* Vol. 14, n°. 1, 489-503.

Volpato, A. (2019). "Controlling the invisible: accountability issues in the exercise of implementing powers by EU Agencies and in harmonised standardization". *Review of European Administrative Law;* Vol.12, NR.1, 75-96, PARIS LEGAL PUBLISHERS.

La distribución de competencias e imputación de responsabilidades en la actuación administrativa automatizada

ANTONIO FORTES MARTÍN
Catedrático de Derecho Administrativo
Universidad Carlos III de Madrid

I. SENTIDO Y ALCANCE JURÍDICOS DE LA ACTUACIÓN ADMINISTRATIVA AUTOMATIZADA

A) La actuación automatizada en la Administración Pública: la consolidación jurídica de una realidad técnica

Mucho se viene hablando en los últimos tiempos de la digitalización de la Administración Pública y de la presencia de la inteligencia artificial en la estructura administrativa[1] organizativa y procedimental. También del empleo de mecanismos de *machine learning*, así como de la automatización progresiva de los procedimientos y de ciertas decisiones multiplicando, en definitiva, el volumen de la información tratada y convirtiendo en simultáneos procesos que antes eran secuenciales. La automatización irrumpe en el campo del Derecho a la hora de reducir cargas burocráticas y trámites en el seno de la gestión administrativa[2]. Sin duda alguna, el desarrollo de nuevas tecnologías y la explosión de la inteligencia artificial y la entrada en juego de sistemas automatizados[3], incluso en la toma de decisiones, dan paso a lo que se ha denominado como la "cuarta revolución industrial[4]". Una revolución que permite modernizar y mejorar la

---

1 De hecho, el XVIII Congreso de la Asociación Española de Profesores y Profesoras de Derecho Administrativo celebrado en Vigo los días 25 a 27 de enero de 2024 tuvo como tema central el Derecho Administrativo en la era de la inteligencia artificial.

2 *Vid.* claramente el artículo 3.2.g) del Decreto 622/2019, de 27 de diciembre, de administración electrónica, simplificación de procedimientos y racionalización organizativa de la Junta de Andalucía; los artículos 67.3.f) y 68.1.b) de la Ley 4/2019, de 17 de julio, de administración digital de Galicia; el artículo 38.1 de la Ley 2/2010, de 11 de marzo, de derechos de los ciudadanos en sus relaciones con la Administración de la Comunidad de Castilla y León y de Gestión Pública; y el artículo 19.1 de la Ley 9/2022, de 20 de julio, sobre economía social y solidaria de La Rioja.

3 El Plan de Digitalización de las Administraciones Públicas 2021-2025, que define la Estrategia en materia de Administración Digital y Servicios Públicos Digitales en el marco de la Agenda España Digital 2025, menciona expresamente el vínculo entre la automatización y la inteligencia artificial como elemento impulsor de una Administración más ágil, proactiva y eficiente. Aunque existe una inercial relación asociativa entre ambas no son, empero, términos sinónimos ni de por sí intercambiables dado que es posible hablar de automatización sin inteligencia artificial y de inteligencia artificial sin automatización comoquiera que la automatización es una forma de actuación administrativa mientras que la inteligencia artificial es una herramienta informática que puede ser empleada en aquélla (Vaquer Caballería, 2023: 42). Así, como exponen Fernando Pablo y Terrón Santos (2019: 397), frente a la previsibilidad de resultados de la automatización, en el caso de la inteligencia artificial el proceso da lugar a respuestas no lineales sobre la programación introducida.

4 Vid. más ampliamente Sarasíbar Iriarte (2019). Precisamente Ponce Solé (2019: 3) advierte de los efectos e importancia de esa cuarta revolución en

eficacia, la eficiencia y, en general, el funcionamiento de la Administración Pública a la hora de alcanzar una mayor escalabilidad de la solución a adoptar siempre que las tecnologías utilizadas "posean un alto grado de fiabilidad e integridad[5]". Porque la actuación automatizada no está exenta de evidentes riesgos, sobre todo en lo que se refiere a la toma automatizada de decisiones, para los derechos e intereses de los ciudadanos[6].

La actuación automatizada se llega a considerar, incluso, sin perjuicio de lo que más adelante matizaremos, como una actuación completamente robotizada[7] ante la pretendida sustitución del ser humano por una máquina, aplicación o robot software. Y es que ese reemplazo humano ante la creciente "algoritmización" de la Administración pública está provocando una suerte de metamorfosis[8] del Derecho administrativo, tal y como hasta ahora lo veníamos enten-

---

equivalencia a lo que en su día supuso la revolución industrial de los siglos XVIII y XIX y de la que surgieron las instituciones y paradigmas centrales del Derecho administrativo. Unas instituciones y paradigmas que deben ser objeto de reconsideración (¿y reformulación?) sobre la base del impacto que provoca la revolución de la inteligencia artificial.

5 Justo en los términos advertidos por la Resolución del Parlamento Europeo, de 22 de noviembre de 2023, con recomendaciones destinadas a la Comisión sobre digitalización y Derecho administrativo acerca de los potenciales riesgos del llamado sesgo algorítmico. Vid. Considerando AD de la citada Resolución. Cfr. también el artículo 23.1 de la Ley 15/2022, de 12 de julio, integral para la igualdad de trato y la no discriminación.

6 De forma que, como gráficamente reconoce Medina Guerrero (2022: 141), estos riesgos "se condensan en el temor genérico a que el ser humano se convierta en un mero objeto de los programas informáticos".

7 Según la RAE automatización es la acción y el efecto de automatizar o hacer automático algo entendiendo, a su vez, por automatizar, en la segunda acepción del Diccionario de la RAE, "aplicar la automática a un proceso o a un dispositivo", esto es, considerando por automática la "ciencia que trata de sustituir en un proceso el operador humano por dispositivos mecánicos o electrónicos". Mientras, la robótica, también según la RAE, es la "técnica que aplica la informática al diseño y empleo de aparatos que, en sustitución de personas, realizan operaciones o trabajos, por lo general en instalaciones industriales".

8 Llano Alonso (2022: 11) apunta cómo la digitalización y automatización han "metamorfoseado" el modo tradicional de gestionar la toma de decisiones de las administraciones.

diendo. Porque la cuestión, a fin de cuentas, es si una máquina es un medio material (o instrumental) más al servicio del ejercicio de las competencias administrativas[9] por parte del órgano administrativo que las tiene atribuidas o si puede llegar a ejercer competencias (decisorias) en total sustitución del titular de un órgano administrativo y, en su caso, bajo qué fundamento.

Antes de adentrarnos en las consecuencias que, desde el punto de vista del ejercicio de competencias y de la imputación de eventuales responsabilidades en el actuar cotidiano de la Administración Pública, presenta la automatización de su actividad interesa delimitar, siquiera sea a los meros efectos de este capítulo, el sentido y el alcance jurídicos de la llamada actuación administrativa automatizada. Para ello resulta crucial realizar una primera aproximación indiciaria al tenor literal del artículo 41 LRJSP donde se recoge, a día de hoy, la llamada actuación administrativa automatizada.

En primer lugar, conviene señalar que la LRJSP no introduce, *ex novo*, la actuación administrativa automatizada existiendo antecedentes previos que preconizaban o aventuraban una realidad que cristaliza, definitivamente, en el siglo XXI.

En efecto, ya el artículo 30.2 de la vieja Ley de Procedimiento Administrativo de 1958 llamaba a racionalizar los trabajos burocráticos y a efectuarlos "por medio de máquinas adecuadas, con vista a implantar una progresiva mecanización y automatismo en las oficinas públicas, siempre que el volumen del trabajo haga económico el empleo de estos procedimientos". Por su parte, la derogada Ley 30/92, de 26 de noviembre, de Régimen Jurídico de las Administraciones Públicas y del Procedimiento Administrativo Común asentó las bases para conformar posteriormente un marco jurídico general de referencia para la incorporación sistemática de las tecnologías de la información y de las comunicaciones a las funciones administrativas. En este sentido, es útil recordar la Exposición de Motivos de

---

9 Claramente, el artículo 1.1 de la Ley 23/2015, de 21 de julio, ordenadora del sistema de inspección de trabajo y seguridad social dispone que ese sistema está constituido por "el conjunto de principios legales, normas, órganos, personal y medios materiales, incluidos los informáticos, que contribuyen al adecuado cumplimiento de la misión que tiene encomendada".

la propia Ley 30/92, de 26 de noviembre donde de manera expresa se apuntaba cómo "la Ley se abre decididamente a la tecnificación y modernización de la actuación administrativa en su vertiente de producción jurídica y a la adaptación permanente al ritmo de las innovaciones tecnológicas".

Pero, sin duda alguna, a los efectos que aquí ahora interesan, el verdadero avance se produjo con la aprobación de la LGT. En esta disposición se recoge (artículo 96) por vez primera en nuestro ordenamiento jurídico la automatización de la actuación administrativa y, junto a ella, la obtención de imágenes electrónicas de los documentos con idéntica validez y eficacia que el documento origen. Posteriormente, la derogada LAE abundaría en las posibilidades de la actuación automatizada. Así, su artículo 38.2 recogía la posibilidad de adoptar y notificar resoluciones de forma automatizada en aquellos procedimientos en los que así se previese; y su artículo 39 el régimen de la actuación administrativa automatizada que se recibe en el actual artículo 41.1 LRJSP. Ahora bien, la LGT no incorpora una definición de lo que se entiende por actuación administrativa automatizada como sí hacía, por el contrario, el anexo de la LAE y también recoge el artículo 41.1 LRJSP. Y es que la inclusión de una definición (que no mera descripción) constituye una destacada novedad representativa del nuevo impulso que se pretende dar a esta cuestión, tal y como se desprende de la propia Exposición de Motivos de la LRJSP[10]. Es así como, a día de hoy, y conforme al artículo 41 LRJSP[11], se entiende por actuación administrativa automatizada "cualquier acto

---

10 Así, expresamente se determina que "la Ley recoge, con las adaptaciones necesarias, las normas hasta ahora contenidas en la LAE, en lo relativo al funcionamiento electrónico del sector público, y algunas de las previstas en el Real Decreto 1671/2009, de 6 de noviembre, por el que se desarrolla parcialmente la anterior. Se integran así materias que demandaban una regulación unitaria, como corresponde con un entorno en el que la utilización de los medios electrónicos ha de ser lo habitual, como la firma y sedes electrónicas, el intercambio electrónico de datos en entornos cerrados de comunicación y la actuación administrativa automatizada".

11 De forma idéntica, cfr. el anexo 2 del Decreto 76/2020, de 4 de agosto, de Administración digital de Cataluña. Vid. también el artículo 74.1 de la Ley Foral 11/2019, de 11 de marzo, de la Administración de la Comunidad Foral de Navarra y del Sector Público Institucional Foral y el artículo 43.1

o actuación realizada íntegramente a través de medios electrónicos por una Administración Pública en el marco de un procedimiento administrativo y en la que no haya intervenido de forma directa un empleado público".

B) Los componentes y caracteres de la actuación administrativa automatizada: en especial, la actuación sin intervención humana de forma directa

A la vista de la definición que de actuación administrativa automatizada ofrece el artículo 41 LRJSP son tres, de entrada, los elementos que perimetran el radio de acción de la actuación administrativa automatizada. Por un lado, y asumiendo, como no puede ser de otro modo, que nos encontramos ante un acto o actuación de una Administración Pública o de un sujeto que tiene la condición de tal, dicho acto o actuación se realiza "íntegramente a través de medios electrónicos[12]". Abundando sobre esta idea el artículo 13.1 RAFESP prescribe que la tramitación electrónica de una actuación administrativa podrá llevarse a cabo, entre otras formas, de manera automatizada. Por lo que, aunque parezca algo obvio, la actuación automatizada sólo parece tener encaje en las actuaciones administrativas tramitadas electrónicamente tal y como la definición de la LAE venía a confirmar al referirse a que la actuación es "producida por un sistema de información adecuadamente programado".

En segundo lugar, el acto o actuación es desarrollada "en el marco de un procedimiento administrativo". Junto a esta referencia al procedimiento administrativo entendemos que debería añadirse también, pese al silencio del legislador, una mención a las normas de competencia por ser esta circunstancia capital para el devenir de la

de la Ley 5/2021, de 29 de junio, de Organización y Régimen Jurídico del Sector Público Autonómico de Aragón.

12 Y es que no puede olvidarse que tanto la LRJSP como la LPAC "aspiran a telematizar todo el procedimiento, toda la actuación jurídica administrativa, y a extender la aplicación de los medios tecnológicos al plano sustantivo o material de la decisión o actuación administrativa". *Vid.* Gómez Puente (2019: 187).

autoría e imputación de la actuación automatizada que tratamos en este capítulo.

Sea como fuere, el artículo 41 LRJSP parece restringir cualquier posibilidad de automatización en la actividad administrativa a que la misma tenga lugar en el marco de un procedimiento administrativo[13]. De modo que el artículo 41 LRJSP admite la producción automatizada de actos de la misma manera que el anexo de la LAE cuando aludía a una actuación administrativa producida por un sistema de información adecuadamente programado sin necesidad de intervención de una persona física en cada caso singular y que "incluye la producción de actos de trámite o resolutorios de procedimientos, así como de meros actos de comunicación". Es así que lo más relevante de la actuación automatizada es que la misma puede llegar a tener una funcionalidad decisional comoquiera que pueden ponerse fin a procedimientos mediante el dictado de actos resolutorios[14] de forma automatizada.

Ahora bien, si se trata de un acto administrativo en su concepción clásica o tradicional, el acto sólo puede ser dictado por el órgano competente y siguiéndose el procedimiento administrativo debido, en los términos dispuestos por el artículo 34.1 LPAC. Con lo que la actuación administrativa automatizada necesariamente, y según el

---

13 Tal y como recrea la Exposición de Motivos de la Ley 4/2019, de 17 de julio, de administración digital de Galicia es destacable la apuesta por la modernización de los procedimientos administrativos mediante el fomento de actuaciones administrativas automatizadas "en el marco de un procedimiento administrativo".

14 En el ámbito tributario así se dispone de forma expresa en el artículo 100.2 LGT al reconocer como resolución a "la contestación efectuada de forma automatizada por la Administración tributaria en aquellos procedimientos en que esté prevista esta forma de terminación". También el artículo 122-8 apartado 3 de la Ley 17/2017, de 1 de agosto, del Código tributario de Cataluña y de aprobación de los libros primero, segundo y tercero, relativos a la Administración tributaria de la Generalidad prevé que la Administración tributaria pueda producir actos de trámite o que resuelvan procedimientos de modo automatizado. Y en materia de seguridad social, el RDLegislativo 8/2015, de 30 de octubre, por el que se aprueba el Texto Refundido de la Ley General de la Seguridad Social contempla (artículo 130) la posibilidad de adoptar y notificar resoluciones de forma automatizada.

tenor literal del artículo 41 LRJSP, debe ser una actuación formal en tanto que "procedimentalizada[15]". En este contexto, la actuación administrativa automatizada es equivalente a cualquier otra actuación procedimental en la que no se utilicen medios automáticos. O, dicho de otra manera, las normas de competencia y procedimiento[16] que rijan una determinada actuación administrativa incluyen también la práctica automatizada[17] cuando así se contemple y para los actos o actuaciones que sean susceptibles de ser configuradas como tales en el marco de un procedimiento administrativo o cuando la naturaleza del trámite lo aconseje o lo posibilite.

Pese al tenor del artículo 41 LRJSP, que parece reducir, indebidamente, la actuación automatizada a la realizada únicamente "en el marco de un procedimiento administrativo", en verdad existen también actuaciones automatizadas no procedimentales o actuaciones automatizadas sin procedimiento[18], tal y como recogía más acer-

---

15 También Gamero Casado (2023: 405) enfatiza que la actuación automatizada solo viene referida a la actividad administrativa formalizada.

16 Un magnífico ejemplo de ello lo encontramos en el artículo 42.1 de la Ley 5/2021, de 29 de junio, de Organización y Régimen Jurídico del Sector Público Autonómico de Aragón. Conforme al mismo, en la normativa reguladora de los procedimientos administrativos deben establecerse las formas de presentación de las solicitudes y documentación por parte de las personas interesadas, los medios de relación, "si alguno de los actos administrativos se va a producir mediante una actuación administrativa automatizada" y la forma y medios válidos para la interposición de los recursos administrativos correspondientes.

17 Claramente esto mismo es lo que sucede, por ejemplo, con la generación de una copia electrónica de un documento electrónico. Para que esa copia electrónica tenga la condición de copia auténtica, entre otros requisitos, debe suceder que la copia sea obtenida conforme a las normas de competencia y procedimiento que en cada caso se aprueben, incluidas las de obtención automatizada. Vid. artículo 43.2.b), 44.3.e) y 45.c) del RD 1671/2009, de 6 de noviembre, por el que se desarrolla parcialmente la Ley 11/2007, de 22 de junio, de acceso electrónico de los ciudadanos a los servicios públicos.

18 Por ejemplo, el artículo 15.1 de la Ordenanza de movilidad sostenible del Ayuntamiento de Madrid donde se reconoce que el Ayuntamiento de Madrid puede emplear medios técnicos para la vigilancia automatizada, la circulación y el estacionamiento de vehículos, así como para la denuncia

tadamente, a nuestro juicio[19], la LAE al omitir cualquier mención concreta al procedimiento cubriendo con ello el espectro de "todas" las manifestaciones de actuaciones automatizadas con o sin procedimiento[20]. Es por ello que la mención expresa del artículo 41 LRJSP a la inserción de la actuación automatizada en un procedimiento administrativo debe ser interpretada en un sentido amplio, considerando de esta forma toda actuación administrativa con relevancia o consecuencias jurídicas[21].

---

automatizada de las infracciones que se cometan. Si bien, y un tanto sorprendentemente, el TSJ de Madrid (Sala de lo contencioso-administrativo, Sección 2ª), en Sentencia de 29 de enero de 2021 (RJCA/2021/441) ha determinado (F.J. 5º) que el artículo 15.1 de la Ordenanza de movilidad sostenible no encaja en el artículo 41 LRJSP que se refiere a actuaciones realizadas íntegramente a través de medios electrónicos.

19 En los mismos términos Gamero Casado (2016: 93) ha criticado la definición del artículo 41 LRJSP dado que una actuación automatizada no tiene por qué acontecer únicamente en el seno de un procedimiento administrativo en el sentido estricto del término. Así ocurre con los llamados servicios de respuesta inmediata como los relativos a la obtención en línea de un certificado y que constituyen actuaciones automatizadas en toda regla sin venir encuadradas necesariamente en un procedimiento administrativo en sentido propio.

20 También Gómez Puente (2019: 351) concluye que la actuación automatizada viene referida tanto a actuaciones jurídicas, que deben autenticarse, como a actuaciones materiales de finalidad meramente informativa o asistencial que no es necesario autenticar.

21 De hecho, ésta es la interpretación resultante del artículo 22 del Reglamento UE 2016/679, de 27 de abril, de protección de datos personales. Este precepto, relativo a las decisiones automatizadas individuales, obvia si la actuación automatizada está inserta o no en un procedimiento más o menos formalizado, porque lo importante es que la citada actuación "produzca efectos jurídicos en él [el interesado] o le afecte significativamente de modo similar". Así, la afección significativa se constata en la relevante Sentencia del Tribunal de Distrito de La Haya (*Rechtbank Den Haag*) de 5 de febrero de 2020. En la misma se declara ilegal un sistema algorítmico que venía siendo utilizado por el Gobierno de los Países Bajos para la prevención del fraude a la seguridad social y a la hacienda pública. El sistema de algoritmos elaboraba perfiles individuales de riesgo de fraude a partir de la recopilación y tratamiento de una serie de parámetros y una ingente cantidad de datos personales por los que se evaluaban y parametrizaban las características personales de los ciudadanos. Y en la decisión final el Tribu-

Porque debe tenerse en cuenta, en todo caso, que la actuación automatizada está prevista para funciones administrativas estandarizadas, rutinarias, repetitivas o masivas en el manejo de datos y/o de potenciales destinatarios de la misma "que no implican una actividad compleja de interpretación del ordenamiento jurídico, de razonamiento o de análisis de los hechos sino simplemente la comprobación de unos determinados datos o su comunicación a la persona interesada[22]". De modo que la finalidad de la automatización es sustituir al operador humano en esas tareas burocráticas instrumentales y repetitivas. Empero, la problemática aparece cuando esa automatización pretende también, como posibilita el artículo 41 LRJSP, proyectarse al dictado de actos administrativos, incluidos los decisorios, donde el funcionario, autoridad o agente administrativo es sustituido o desplazado por una máquina en el ejercicio de sus atribuciones ordinarias.

En efecto, en tercer lugar, siendo este elemento el que más nos interesa a los fines de esta contribución, el tenor del artículo 41 LRJSP refiere una actuación automatizada en la "que no haya intervenido de forma directa un empleado público" o "sin necesidad de intervención de una persona física en cada caso singular" como apuntaba la derogada LAE. Sobre este último extremo merece la pena detenerse un poco más por resultar el aspecto nuclear de cara a la determinación de la competencia y la eventual responsabilidad de "alguien" o de "quien esté detrás" de esa actuación automatizada[23].

Lo primero que llama la atención es que, por más que se ha querido entender, ver o explicar la actuación administrativa automatizada

---

nal concluye que el sistema de algoritmos no cumple con las exigencias de proporcionalidad y transparencia necesarias. Pero lo más relevante ahora a nuestros efectos es que el informe de riesgos que generaba el sistema de algoritmos, si bien no tenía en sí mismo un efecto jurídico, sí que provocaba un efecto significativo similar en la vida privada de los ciudadanos cuyos datos eran tratados. *Vid.* Eguíluz Castañeira (2020: 27 y 28).

22 *Vid.* Cerrillo Martínez (2023: 528 y 529).

23 Porque, en el ámbito administrativo, la decisión no puede confiarse, en última instancia y de manera completa, a las máquinas con inhibición del funcionario o autoridad de turno para no asumir ni incurrir en ningún tipo de responsabilidad.

como una absoluta "deshumanización del procedimiento[24]", como una actuación sin intervención humana de ningún tipo, este extremo admite alguna necesaria puntualización. Y es que quizás a ello condujera en su momento la singular definición de actuación administrativa automatizada del anexo de la LAE[25]. Porque, conforme a la misma, nos encontramos ante una actuación administrativa producida por un sistema de información adecuadamente programado "sin necesidad de intervención de una persona física en cada caso singular". Es así como abiertamente en una actuación automatizada no resulta necesaria "la intervención de una persona física en cada caso singular" comoquiera que la actuación o el acto es producido por una máquina.

Aceptando este primer presupuesto, consideramos que el tenor del artículo 41 LRJSP admite todavía algún matiz más. Porque, a diferencia de la LAE, donde claramente se apunta a la no intervención de una persona física, en el caso del artículo 41 LRJSP se habla de la no intervención "de forma directa" de un empleado público. La literalidad del dictado del artículo 41.1 LRJSP no deja lugar a la duda comoquiera que refiere a una no intervención "de forma directa" por parte de un empleado público. Ese "de forma directa" es el elemento que genera más sombras que luces en el entendimiento actual de la actuación automatizada ya que permite entrever que, pese a que la intervención humana no es directa, la misma existe[26]

---

24 *Vid.* Gómez Puente (2019: 350).

25 En idénticos términos vid. artículo 40.1 del Decreto 622/2019, de 27 de diciembre, de administración electrónica, simplificación de procedimientos y racionalización organizativa de la Junta de Andalucía.

26 Vid. en el mismo sentido Bauzá Martorell (2017: 789) quien acertadamente puntualiza que comoquiera que no puede haber una actuación administrativa "absolutamente carente de intervención humana" para que la misma se considere como automatizada el legislador "se conforma con que esta intervención no sea directa". También Gamero Casado (2023: 4 y 5) advierte cómo el legislador es consciente de la imposibilidad de adoptar una actuación administrativa "absolutamente desprovista de intervención humana" por lo que "basta con que dicha intervención humana sea indirecta". Y coincidiendo con esta necesidad Moral Soriano (2022: 481) constata cómo toda actuación administrativa en la que exista una resolución administrativa "exige la intervención humana", incluso las resoluciones basadas

o va a existir de forma necesaria, tanto previamente a la actuación automatizada, siquiera sea en su configuración previa y preparación inicial[27], pasando por la autorización de su uso, como finalmente de forma indirecta[28], mediata, diferida o inducida en la atribución de la autoría y la subsecuente responsabilidad de dicha actuación. Como abundaremos más adelante, la producción de un acto administrativo de mera comunicación, pero también de trámite o incluso resolutorio, se puede haber producido a través de un algoritmo[29] sin intervención humana directa. Pero no se puede negar que desde la lógica de la dogmática clásica de la organización y la competencia administrativa la intervención humana concurre (y debe concurrir) en todo caso desde el mismo momento que el acto dictado o la actuación manifestada de forma automatizada por parte de la Administración Pública tiene que haberse producido de alguna manera a través del procedimiento legalmente establecido y por el titular del órgano competente (artículo 34.1 LPAC).

---

en sistemas de decisión automatizada. De ahí que, y en los términos gráficos apuntados por Larson (2022: 11), la ciencia de datos, la automatización y la aplicación de la inteligencia artificial a los macrodatos es, en el mejor de los casos, "una prótesis del ingenio humano".

27 Ocurre que en la propia esencia del algoritmo hablamos de una creación humana, de la representación de ideas y opiniones "incrustadas" en las matemáticas. En suma, el algoritmo evidencia una secuencia de instrucciones desarrollada por el ser humano para realizar tareas y encontrar soluciones de forma automatizada. *Vid.* Eguíluz Castañeira (2020: 330).

28 Claramente, el artículo 43.1 del RD 928/98, de 14 de mayo, por el que se aprueba el Reglamento general sobre procedimientos para la imposición de sanciones por infracciones de orden social identifica la actuación automatizada en este ámbito como cualquier actuación realizada íntegramente a través de medios electrónicos por la Inspección de Trabajo y Seguridad Social en la que la intervención del personal con funciones inspectoras "se produzca de forma indirecta".

29 En la forma, como lo define Huergo Lora (2020: 27), que nos encontramos ante "cualquier procedimiento formalizado en una serie de pasos para solucionar un problema o conseguir un resultado".

C) Una actuación administrativa... ¿sin intervención humana alguna, completamente despersonalizada o más bien con intervención humana indirecta?[30]

A resultas de lo apuntado anteriormente son dos las posibilidades diferentes en las que la actuación administrativa automatizada ha de encajarse en la concepción organizativa y procedimental de la Administración con el fin de confirmar o desmentir los postulados dogmáticos que damos por ciertos y estables en el seno de nuestra disciplina[31].

Así las cosas, la primera de las posibilidades, más sencilla, lógica y menos problemática parte del uso de la tecnología para el desarrollo de actuaciones materiales o para la adopción de actos pero como mero apoyo en la toma de decisiones por parte del órgano competente "a través de la intervención de una persona que basa su decisión en la información generada de manera automatizada por un algoritmo[32]". Aquí hay intervención humana directa y plena, podríamos decir, desde el mismo momento que la actuación automatizada es un paso previo, una función de servicio o instrumental[33], puramente auxiliar, mediante la automatización de procesos previos a la toma de decisión final que, en última instancia, posibilita al titular del órgano competente adoptar una determinada resolución administrativa sirviéndose del trabajo mecánico y automatizado pre-

---

30 *Vid.* también las contribuciones de Parejo Alfonso, Barrio Andrés y Moreno Molina.

31 Como ya destacara tempranamente Martín Delgado (2009: 356), "la total ausencia de intervención de persona física en la adopción de una resolución administrativa parece no encajar en la construcción dogmática de la teoría del órgano y del concepto de acto administrativo".

32 En los términos apuntados por Cerrillo Martínez (2023: 533).

33 La llamada "informática instrumental", frente a la informática "decisional", a la que se refiere la Sentencia de 14 de enero de 2010 del Juzgado Central de lo contencioso-administrativo nº7 (ROJ: SAN 5796/2010 ECLI:ES:AN:2010:5796) y que aparece soportada en programas y aplicaciones estandarizados, de uso corriente y cuya virtualidad se limita a facilitar el trabajo administrativo efectuando para ello tratamientos de información auxiliares o preparatorios de las decisiones administrativas pero sin determinar en ningún caso el contenido de estas últimas.

vio[34]. Por ejemplo, en la instrucción o la gestión automatizada de denuncias en los procedimientos sancionadores por infracciones en materia de tráfico, circulación de vehículos a motor y seguridad vial y también en materia de seguridad social[35]. También en la posibili-

---

[34] Como refiere Valero Torrijos (2013: 67), la decisión es adoptada a partir de los datos proporcionados por el sistema de información empleado. También Vestri (2021: 377) sostiene que en ese caso nos encontramos ante "un acto administrativo informático no vinculante" comoquiera que el algoritmo utilizado por la Administración pública no produce efectos externos de modo que la decisión del algoritmo define las características del acto administrativo de trámite.

[35] En este sentido, es especialmente significativo el artículo 53.1.a) del RD-Legislativo 5/2000, de 4 de agosto, por el que se aprueba el Texto Refundido de la Ley de infracciones y sanciones en el orden social. Este apartado a) fue introducido con una nueva redacción por la Disposición final 4ª del RD-Ley 2/2021, de 26 de enero, de refuerzo y consolidación de medidas sociales en defensa del empleo. La importancia de este apartado a) pasa por el reconocimiento de la expedición de forma automatizada de las actas de infracción de la Inspección de Trabajo y Seguridad Social. Estas actas reflejan, entre otros extremos, los hechos constatados por la autoridad laboral actuante, que motivaron el acta, destacando los relevantes a efectos de la determinación y tipificación de la infracción y de la graduación de la sanción. Y, en el caso de que el acta sea dictada en el marco de actuaciones administrativas automatizadas, la misma refleja los hechos constitutivos de la infracción cometida. Es así como de forma automatizada una aplicación informática puede llegar a apreciar, en términos idénticos al ser humano, la concurrencia de los hechos que constituyen la infracción que supuestamente se ha cometido de cara a iniciar el procedimiento administrativo sancionador correspondiente y limitando, con ello e inicialmente, aquí sus efectos. Empero nada se dice acerca del potencial valor probatorio de un acta de infracción automatizada a los efectos del artículo 77.5 LPAC donde expresamente se alude a "los documentos formalizados por los funcionarios a los que se reconoce la condición de autoridad". Pese a esto, sí parecieran gozar las actas automatizadas de cierto valor probatorio con presunción de certeza comoquiera que, si notificado el inicio del procedimiento sancionador al presunto responsable éste no formula alegaciones, la propuesta de resolución también se genera de forma automatizada (artículo 44.1 del RD 928/98, de 14 de mayo, por el que se aprueba el Reglamento general sobre procedimientos para la imposición de sanciones por infracciones de orden social). Pero, por contra, si el presunto infractor formula alegaciones en las que se invoquen hechos o circunstancias distintos a los consignados en el acta, insuficiencia del relato fáctico de dicha acta, o indefensión por

dad que se reconoce en el artículo 146.2 LCSP de modo que cuando se utilicen una pluralidad de criterios de adjudicación, en su determinación, siempre y cuando sea posible, se dará preponderancia a aquellos que hagan referencia a características del objeto del contrato que puedan valorarse "mediante cifras o porcentajes obtenidos a través de la mera aplicación de las fórmulas[36] establecidas en los pliegos". O, finalmente, en el caso recogido en el artículo 28.1 de la Ley 4/2022, de 27 de julio, de racionalización y simplificación administrativa de Extremadura donde expresamente se dispone que los organismos, órganos y entidades de la Administración autonómica, cuando ejerzan competencias administrativas, "podrán realizar comprobaciones o verificaciones automatizadas de las informaciones que precisen para la gestión de los trámites de su competencia". Una comprobación automatizada que se lleva a cabo sin intervención del personal involucrado en la gestión de los expedientes pero no así de la fase resolutoria o de terminación del procedimiento de competencia del órgano correspondiente. Así cabe entenderlo, además, a raíz del propio artículo 34.1 LPAC donde el acto no sólo aparece soportado en un procedimiento administrativo sino también producido por el órgano competente. Y es que, por más que el artículo 41 LRJSP recree las posibilidades de la actuación administrativa automatizada, no deja de sorprender que en la definición-descripción de actuación administrativa automatizada de su apartado primero no se mencione que el acto o actuación es obra, en última instancia, directamente o por imputación indirecta, del órgano competente.

De otro lado, una segunda hipótesis pasa porque en la actuación automatizada no haya intervención humana directa, tal y como postula el artículo 41 LRJSP. Ese "directa", en esta nueva posibilidad, sig-

---

cualquier causa, la actuación automatizada queda desplazada por la necesaria intervención humana comoquiera que debe asignarse el expediente "a un actuante con funciones inspectoras, para que informe sobre las mismas" (artículo 47.3 del RD 928/98, de 14 de mayo). *Vid.* con mayor detalle Izquierdo Carrasco (2022).

36 Tal y como refiere Gutiérrez David (2021: 157), en la práctica normalmente las fórmulas aparecen identificadas en los pliegos con un algoritmo cuya aplicación puede comprobarse fácilmente por los destinatarios de la propuesta de adjudicación del contrato adoptada por la Mesa de contratación

nifica que en la propia actuación o en la misma toma de decisiones no hay atisbo alguno de intervención humana, ni directa, ni de ningún tipo, con lo que el dictado del acto se produce de forma "despersonalizada", sin mediación de persona física alguna, ni siquiera del titular del órgano administrativo que tiene atribuida la competencia para ello. En estos casos, una máquina, un programa informático, un algoritmo "sustituye" a la persona física llamada tradicionalmente a adoptar la decisión administrativa que corresponda. El acto administrativo es dictado sin que medie intervención humana alguna[37], de manera automatizada por el propio algoritmo[38] que, a diferencia del supuesto anterior, no es ya de carácter instrumental sino un algoritmo predictivo[39] y, por ende, decisorio. Pues bien, son dos, a su vez, y dentro de esta segunda posibilidad de actuación automatizada pura o plena, las opciones que se abren. Así, cabe referir actuaciones materiales automatizadas que no implican la adopción de ningún acto resolutorio de ningún procedimiento. El ejemplo paradigmático es la realización de copias auténticas de documentos aportados a un expediente y que pueden realizarse por funcionario público habilitado o mediante una actuación administrativa automatizada[40]. También el artículo 42.1 del Decreto 622/2019, de 27 de diciembre, de administración electrónica, simplificación de procedimientos y racio-

---

[37] Éste es el sentido técnico cabal de la automatización tal y como es interiorizada en estrictos términos jurídicos. Como botón de muestra, el artículo 88.2.i) de la Ley 4/2019, de 17 de julio, de administración digital de Galicia describe la automatización como principio rector de la utilización de medios digitales por el personal empleado público expresándola como una forma de "maximizar la productividad del personal empleado público eliminando su intervención directa en cualquier tarea que pueda informatizarse".

[38] En esos casos, y como ha determinado la Sentencia nº3769, de 22 de marzo de 2017, de la Sección III Bis del Tribunal Administrativo de Lazio-Roma, "la asimilación del algoritmo en cuestión al acto administrativo puede y debe ser considerada".

[39] Enfatizando esta distinción *vid.* Vestri (2021: 375) para quien una cosa es delegar completamente la decisión administrativa a un programa informático y otra bien distinta la posibilidad de utilizar un algoritmo para poder fundamentar la decisión administrativa tomada por una persona física.

[40] Vid. articulo 27.1 LPAC y artículo 48 del Decreto 76/2020, de 4 de agosto, de Administración digital de Cataluña.

nalización organizativa de la Junta de Andalucía conforme al cual la comprobación y constancia de los datos y documentos que se deban aportar al procedimiento administrativo y que ya obren en poder de la Administración, "se realizará de manera automatizada o de oficio por la persona instructora".

Por otra parte, en segundo lugar, la ausencia absoluta de intervención humana en la producción automatizada de un acto administrativo, incluso resolutorio de un procedimiento administrativo. Esta posibilidad de actuación automatizada es factible en todos aquellos procedimientos administrativos de respuesta inmediata o de resolución automatizada para el reconocimiento inicial de un derecho o facultad, para su renovación o permitir la continuidad en su ejercicio[41]. Piénsese, por ejemplo, en una convocatoria para la adjudicación de becas donde la mera comprobación del cumplimiento de los requisitos determina el reconocimiento del otorgamiento de la beca a una concreta persona. Un algoritmo puede realizar, de manera automatizada y en sustitución de una persona física, no sólo la tramitación de las solicitudes presentadas sino la ulterior adjudicación de la beca a los futuros beneficiarios por reunir los requisitos de la convocatoria conforme a los criterios de análisis o decisión integrados en un programa informático que realiza la actuación automatizada[42] y donde el algoritmo simplemente se limita a cruzar datos y comprobar la concurrencia de los requisitos y el posterior reflejo, mediante una evidencia digital, de la consecuencia jurídica prevista en la norma sin ninguna otra consideración valorativa de índole subjetivo. Con lo que resulta que el algoritmo se interpone entre la norma y el acto decisorio aplicativo de la misma en una suerte de "estandarización" algorítmica con una funcionalidad similar a la de una circular o una orden de servicio interna[43]. Porque en esos casos, el algoritmo, como

---

41 Vid. claramente el artículo 4.1.g) de la Ley 1/2021, de 11 de febrero, de simplificación administrativa de Aragón.

42 Vid. artículo 76.1 de la Ley 4/2019, de 17 de julio, de administración digital de Galicia.

43 De su consideración como posible norma jurídica concretamente como una norma reglamentaria *vid.* Boix Palop (2020). Pero, es más, por encima incluso de su pretendida consideración normativa entendemos que el algoritmo se erige en una suerte de nuevo elemento reglado del acto admi-

el empleado público a quien sustituye en la actuación automatizada, se limita a aplicar lo que previamente ha sido determinado normativamente, ejecuta la instrucción que se le ha introducido[44] con la misma operativa que la que recibiera el empleado público encargado de cumplirla a través de una orden de servicio. Con lo que es posible desentrañar la "ruta algorítmica" de decisión que permita explicar la consecuencia o el resultado final de la actuación automatizada.

Sea como fuere, y en el mismo ejemplo de la adjudicación de la beca, la misma viene determinada por una resolución, un acto administrativo que, caso de ser adoptado mediante un algoritmo, cristaliza jurídicamente como "acto líquido", como un acto administrativo[45] "algorítmico" o "informatizado" que, aunque expresado en términos matemáticos, tiene plena validez y efectos legales y al que, por lo tanto, se aplican todos los principios propios de los actos administrativos[46]. Es así como puede llegar a afirmarse que el código

---

nistrativo. *Vid.* Al respecto el apartado VI de la contribución de L. Parejo Alfonso a esta obra colectiva.

44 Como refiere Soriano Arnanz (2021: 87), el algoritmo es una secuencia de instrucciones que, contenida en un programa informático, puede realizar procesos similares a los llevados a cabo por los seres humanos.

45 En la Sentencia del Juzgado Central de lo Contencioso Administrativo nº143, de 30 de diciembre de 2021 (ROJ: SAN 5863/2021 — ECLI:ES:AN:2021:5863) sobre la aplicación informática "sistema de información BOSCO" para la adjudicación del bono social eléctrico, si bien "no puede considerarse que el acto administrativo se dicte por una aplicación informática, sino por un órgano administrativo", el Magistrado sí infiere, al mismo tiempo, del resultado dictado por la aplicación informática ciertos efectos jurídicos propios del acto administrativo, sobre todo a la hora de desplegar efectos jurídicos sobre la esfera de los derechos e intereses de las personas a las que se dirige la actuación automatizada.

46 En línea con esta tesis el Consejo de Estado italiano (en su Decisión 2270/2019) ha reconocido que el algoritmo merece la consideración, a todos los efectos, de "acto administrativo informatizado" al que resultan aplicables todos los principios y garantías que se predican de los actos administrativos. A mayor abundamiento, y desde el punto de vista de la transparencia y el acceso a la información pública, como apunta Gutiérrez David (2021: 148), el código fuente y los algoritmos implementados en los programas informáticos utilizados por la administración tienen la consideración jurídica de "documentos administrativos" conforme así se viene re-

informático del algoritmo se acompasa y se ajusta al código normativo administrativo.

De modo que, llegados a este punto, puede admitirse el postulado de que un acto administrativo se adopte de forma automatizada por un algoritmo sin (supuesta) intervención humana alguna en una suerte de actuación automatizada pura o completa y que claramente es proyectable en el ejercicio de potestades regladas, por su mayor prestancia a la programación y ulterior motivación de una decisión que, por venir preestablecida o configurada previamente, es de todo punto predecible[47]. Pero, sin duda alguna, resulta más comprometida y cuestionable en el caso de potestades discrecionales[48]. En nuestro ordenamiento jurídico, siguiendo en este sentido la estela del artículo 35.a) de la Ley federal alemana de procedimiento administrativo, parece rechazarse también el empleo de la automatización

---

conociendo en Francia desde 2016 por la *Commission d'Accès aux Documents Administratifs* y se ha dispuesto en la Ley 2016-1321, de 7 de octubre. Esto conduce a que la caracterización jurídica de documento administrativo se extienda también a la documentación técnica relativa al propio código fuente como las especificaciones del software empleado. Ahora bien, pese a ser documentos a los efectos de la información pública, una cosa es ver para saber (por tener acceso) al código fuente o al algoritmo y otra cosa bien distinta entender la regla algorítmica decisional aplicada.

47 Y donde no hay lugar a la interpretación subjetiva y la motivación del acto administrativo automatizado viene presidida por el diseño y las reglas algorítmicas empleadas por la propia aplicación informática para adoptar las decisiones de forma automatizada. No obstante, Gutiérrez David (2021: 162) advierte que, aún tratándose de actos reglados, pueden concurrir elementos que exijan la interpretación e integración de la norma aplicable a través de una operación intelectual o humana que no se consigue con un algoritmo.

48 Porque, en el caso del ejercicio de potestades discrecionales pretendidamente actuadas de forma automatizada, entendemos que existen mayores inconvenientes, tal y como ha advertido ya nuestra doctrina más autorizada al manifestar con rotundidad que la actuación automatizada debe prohibirse tratándose de potestades discrecionales o en aquellas actuaciones con margen de apreciación. *Vid.* Valero Torrijos (2007: 75), Ponce Solé (2009), Gamero Casado (2016: 94) Gómez Puente (2019: 351), Cerrillo Martínez (2021: 295 y 296), Menéndez Sebastián (2023: 210 y 211), Tahirí Moreno (2023: 210) y la contribución de Parejo Alfonso en esta obra colectiva.

en actuaciones discrecionales, no mecánicas o con cierto margen interpretativo o de apreciación en las que parece prevalecer una suerte de derecho a la decisión humana[49]. Y en el fondo resulta lógico, a la vez que necesario, que así sea comoquiera que una actuación automatizada es el resultado de un comportamiento inductivo al procesar un conjunto de datos para predecir un resultado o una determinada consecuencia. Empero, en el ejercicio de potestades discrecionales estamos en presencia de un comportamiento abductivo donde hay lugar a la conjetura (humana), a la ponderación, a la flexibilidad y adaptabilidad a cada caso en concreto y a la pura intuición a partir de la información proveniente del propio contexto y de la experiencia[50] que no puede predicarse en ningún caso de las actuaciones administrativas automatizadas[51].

---

49 Es en esos escenarios donde parece alumbrarse necesariamente un principio de humanidad y de empatía humana de la actuación administrativa con "reserva de humanidad" en todo caso, o lo que es lo mismo, con reserva legal del ejercicio de potestades discrecionales a favor de seres humanos. Vid. sobre este último extremo Ponce Solé (2009) y Cerrillo Martínez (2021: 296). Una reserva de humanidad que, a juicio de Ponce Solé (2023: 206 y 207), es comparable a la reserva del ejercicio de ciertas potestades a los funcionarios conforme prescribe el artículo 9.2 TREBEP. *Vid.* al respecto la contribución de Pedraza Córdoba en esta obra colectiva.

50 Vid. más ampliamente Larson (2022).

51 Así lo atestiguan el artículo 44.2 de la Ley 26/2010, de 3 de agosto, de régimen jurídico y de procedimiento de las administraciones públicas de Cataluña que prescribe que "sólo son susceptibles de actuación administrativa automatizada los actos que puedan adoptarse con una programación basada en criterios y parámetros objetivos". También resulta muy contundente el artículo 40.2 del Decreto 622/2019, de 27 de diciembre, de administración electrónica, simplificación de procedimientos y racionalización organizativa de la Junta de Andalucía en el que se detalla que "no cabrá realizar mediante actuación administrativa automatizada actividades que supongan juicios de valor". En línea con esto mismo, el artículo 43.3 de la Ley 5/2021, de 29 de junio, de Organización y Régimen Jurídico del Sector Público Autonómico de Aragón conforme al cual no se considera actuación administrativa automatizada "cuando sea necesario aplicar criterios subjetivos de decisión, bien de forma individualizada o colectiva". Por último y también, el epígrafe XVIII apartado 6.d) de la Carta de Derechos Digitales de 2021. Conforme al mismo y en el marco de la actuación administrativa, en particular en los aspectos referidos al diseño y al uso de algoritmos, se

D) La "voluntad" del algoritmo y la voluntad última del órgano en la decisión administrativa automatizada

Cuestión distinta a la ausencia de la intervención humana en la automatización de la decisión es la posterior y necesaria imputación formal a "alguien", dentro de la estructura organizativa administrativa, de la autoría de esa decisión o actuación a efectos de posibles responsabilidades frente a los ciudadanos o eventuales impugnaciones. Y es que la actuación automatizada obliga a una reformulación de la comprensión de la formación de la voluntad en la toma de decisiones por parte del órgano administrativo introduciendo para ello un enlace más en la secuencia de imputaciones dentro de la teoría del órgano administrativo.

A día de hoy, y que sepamos, las máquinas carecen de sentimientos, de motivación, de voluntad y de conciencia. Aceptando el presupuesto de que en una decisión administrativa automatizada el algoritmo sustituye al procedimiento administrativo y, en principio, también al propio acto, el problema está en la voluntad manifestada de forma automatizada (declaración de voluntad algorítmica). Ya que, tal y como hemos asumido tradicionalmente en la categorización formulada por Zanobini, cabe plantearse si hay realmente voluntad en una decisión automatizada considerando por la misma "una potencia anímica de un sujeto[52]".

Si, de acuerdo con la dogmática clásica, el acto administrativo es una declaración "intelectual" de voluntad, de juicio, de deseo o de conocimiento ¿dónde está esa manifestación de voluntad en un acto automatizado? Lo intelectual, según la RAE, es lo perteneciente o relativo al entendimiento, a algo mental, cerebral, especulativo, teórico. Lo importante es que no tiene por qué asociarse necesariamente con una actividad puramente material ya que cuando hay una deci-

---

reconoce el derecho de la ciudadanía a "que la adopción de decisiones discrecionales quede reservada a personas, salvo que normativamente se prevea la adopción de decisiones automatizadas con garantías adecuadas". Vid. sobre este concreto particular Roig Batalla (2020) y el apartado VII de la contribución de Parejo Alfonso a esta obra colectiva.

52 Tal y como recuerda Boquera Oliver (1963: 124).

sión administrativa automatizada concurre también una declaración o manifestación "intelectual" de voluntad[53]. En una decisión automatizada el algoritmo que toma la decisión pasa a constituir un mero soporte de conocimiento que no aparece formalizado en ningún documento pero que emerge funcionalmente como una manifestación de voluntad al declarar o reconocer derechos e imponer obligaciones y, por tanto, como un acto enteramente válido y eficaz. Porque ¿está dentro de la concepción iusadministrativista del acto administrativo que el mismo tenga que ser dictado por una persona física siempre y en todo caso? Todo acto administrativo, automatizado o no, que crea, modifica o extingue derechos y obligaciones es un acto jurídico. Ahora bien, cabe plantearse si la creación o el reconocimiento de derechos y obligaciones requiere siempre la participación de la "potencia humana" que conocemos como voluntad porque "lo importante para el Derecho no son los nombres de las personas, sino las consecuencias jurídicas de sus actos[54]" ya que la garantía es que el titular del órgano responda y se haga responsable de esa actuación o acto automatizado. Ahí entendemos que radica la clave de todo este entramado, tal y como precisamos un poco más adelante.

Lo que acontece en la actuación administrativa automatizada es que la voluntad del titular del órgano administrativo aparece simplemente desplazada por un algoritmo de modo que lo que ejecuta una máquina vale o se toma como decisión administrativa[55] (resolución). Pero también hay voluntad en el algoritmo comoquiera que dicha voluntad se encuentra en la especificación donde se plasma en última instancia la voluntad de un sujeto, que es el que programa o define

---

53 Según Vestri (2021: 389), un algoritmo se convierte en la expresión (intelectual) de quien lo elabora. Se trata, en realidad, de emular las facultades intelectuales humanas en máquinas para que éstas puedan realizar tareas propias de los seres humanos.

54 *Vid.* Boquera Oliver (1963: 147).

55 Como puntualiza Delgado Martín (2009: 366), el elemento diferenciador radica en el proceso intelectivo, a saber, bien porque la decisión es adoptada por una persona física, bien la decisión se encuentra automatizada "de tal modo que la máquina decide simplemente en ejecución de los parámetros que han sido introducidos en el sistema de información por ella empleado".

el diseño del algoritmo o, incluso, de la persona (titular del órgano) que encarga la programación informática y aprueba o autoriza, como veremos más adelante, la propia actuación automatizada[56].

Sea como fuere, a los efectos de interiorizar el resultado jurídico de una actuación automatizada en la dogmática administrativa nos seguimos aferrando, sí o sí, al órgano administrativo[57]. Órgano administrativo que no es más que la entidad encarnada en la competencia y que tradicionalmente hemos venido asociando con la persona física titular del mismo comoquiera que la Administración es una organización de personas. Ahora bien, la actuación automatizada obliga a repensar el espectro del propio órgano administrativo. Porque la concepción tradicional del órgano administrativo lo concibe como una estructura integrada por un elemento subjetivo y un elemento objetivo. En el primero hablamos de la persona (órgano unipersonal) o personas (órgano colegiado) que lo integran. Mientras que en el segundo elemento nos ocupamos de los medios (no humanos) de los que dispone el órgano para el cumplimiento de sus cometidos. Así las cosas, el órgano administrativo no sólo está integrado por la

56 En términos similares Alamillo Domingo y Urios Aparisi (2011: 16) recrean cómo la desaparición de la voluntad humana en la actuación automatizada es puramente aparente comoquiera que la misma “se manifiesta mediante la programación que se debe confeccionar y aprobar con carácter previo a la automatización del acto de que se trate”.

57 Porque la figura del órgano administrativo “no es sino un artificio técnico para explicar jurídicamente la traslación de los actos (o de sus efectos) realizados por los servidores de una persona pública a la esfera jurídica de ésta” (Santamaría Pastor, 1984: 22). Más recientemente Gamero Casado (2023: 7) alude a la imposibilidad de que la actuación administrativa automatizada puede entenderse como completamente “autónoma”, por la necesidad de estar siempre atribuida a un órgano administrativo concreto. Así se desprende también en la Sentencia del Juzgado Central de lo Contencioso Administrativo nº143, de 30 de diciembre de 2021 (ROJ: SAN 5863/2021 – ECLI:ES:AN:2021:5863) sobre el programa BOSCO de cara a la adjudicación del bono social eléctrico donde el Magistrado sostiene que “no puede considerarse que el acto administrativo se dicte por una aplicación informática, sino por un órgano administrativo, y en caso de que el destinatario de dicho acto esté disconforme con el mismo, podrá impugnarlo en vía administrativa y en vía judicial”.

persona física[58] sino por los medios materiales y técnicos necesarios para el ejercicio de la competencia encomendada, entre ellos y ahora el algoritmo, aplicación o programa informático en el que se sustenta la actuación automatizada misma.

Es así que en la formalización jurídica de la actuación automatizada se introduce un "eslabón" más y previo en la cadena interna de imputación de voluntades. De este modo, la "voluntad" manifestada a través de un programa informático[59] es "tomada", asimilada o repercutida, en estrictos términos jurídico-administrativos, como voluntad del titular del órgano administrativo competente[60] quien a su vez imputa esa actuación a la entera organización. A mayor abundamiento, en la actuación automatizada la voluntad del titular del órgano administrativo emerge como una voluntad mediata o diferida en la consideración estrictamente subjetiva del órgano administrati-

---

58 Mientras que el titular del órgano es siempre una persona física, la máquina, la herramienta informática, no deja de ser un medio al servicio del titular del órgano. Más aún, el algoritmo pasa a erigirse como un nuevo elemento relevante del órgano, uno más, pero no el único de los que integran el órgano administrativo.

59 Siquiera sea esto a efectos argumentativos comoquiera que "el acto resultante, como producto de una máquina, no puede ser entendido como expresión de voluntad, porque carece de ella" (Martín Delgado, 2009: 361). También Vestri (2021: 376), para quien, desde una perspectiva general, la decisión adoptada por un algoritmo no puede ser considerada una resolución administrativa, "por lo menos no según la teoría clásica de los actos administrativos". En la misma posición ya Parada Vázquez (1999: 194) defendía que "los actos administrativos son manifestaciones de voluntad y las máquinas, al no tenerla, carecen de posibilidad de producir actos jurídicos, y lo que reflejan no es más que el resultado de los datos y programas que se introducen en ellas, por lo que la producción jurídica sigue estando referida al personal funcionario y autoridades que se sirven de aquéllas".

60 En los términos apuntados por Martín Delgado (2009: 366), el hecho de que la decisión haya sido adoptada por una máquina de forma automatizada no implica que la actuación se le impute a ella, sino que la autoría del acto recae sobre el órgano administrativo que tiene encomendada la competencia. Más aún, el nexo de unión entre la realización material de la actuación y la organización personificada es el titular del órgano administrativo que tiene atribuida la competencia ejercitada.

vo[61] hasta que el propio órgano interioriza el dictado del algoritmo al asumir la decisión de la máquina como propia sobre la base de que el algoritmo es un elemento instrumental más del órgano administrativo y, por ende, de la actividad material de la Administración pública[62]. Sigue habiendo voluntad "humana" pero revestida, reconstruida o diferida. El titular del órgano hace suyo lo emanado por la máquina[63]. Si el acto automatizado es igual que si lo hubiera dictado individualmente el titular del órgano como persona física no hay problema en considerarlo acto administrativo a través de una suerte de asunción o subsunción. La única diferencia es el modo (automatizado) en que se lleva a cabo su dictado[64].

---

61 Una construcción que recuerda en mucho a la respuesta dada por la teoría pura del Derecho a la concepción tradicional del acto jurídico a la hora de "prescindir" del elemento subjetivo. Ahora bien, como puntualizaba ya Boquera Oliver (1963: 125), no se trata de negar por completo el elemento subjetivo, "pues de algún sujeto nacerá la disposición; alguien llevará a cabo la operación". Con lo que se trata, simplemente, de no tomar en cuenta dicho elemento y, en cambio, "adoptar un punto de vista que, sin negar la existencia del sujeto del acto, le haga perder todo relieve".

62 Muy interesante, aunque un tanto forzada, resulta la hipótesis formulada por Bermejo Latre (2024: 20 y 21) conforme a la cual, y sobre la base de la recreación del artículo 56 LRJSP, una aplicación informática o un sistema de inteligencia artificial podría llegar a caracterizarse como una unidad administrativa (informática o artificial) en su diferenciación con el órgano administrativo.

63 En el mismo sentido, *vid.* Delgado Martín (2009: 367).

64 Hay quien sostiene que todo descansa en una cuestión del lenguaje utilizado para expresar o proyectar dicha voluntad de la Administración ya sea éste natural o de programación de modo que en este último se utiliza una fórmula que traduce el contenido de la norma que ha de aplicar la Administración a un código fuente, esto es, un conjunto de instrucciones expresadas en el lenguaje de programación. En este mismo sentido, en los términos apuntados por Gutiérrez David (2021: 156), en un escenario de creciente automatización, "la Administración puede expresar sus decisiones y, por tanto, su voluntad también a través del lenguaje de programación insertado en el código fuente de un programa informático". De modo que el código fuente no es más que la representación, la traducción de una norma jurídica a lenguaje informático (Huergo Lora, 2020: 85) lo que entraña el riesgo de la denominada "reglamentación oculta" (Gutiérrez David, 2021: 161) por la traducción incorrecta, deliberada o no, de la norma jurídica en lenguaje de código. Esta operación implica que el diseñador de un

A nuestro juicio, la actuación automatizada no compromete la voluntad del titular del órgano administrativo[65]. Aun aceptando que lo que parece es que se sustituye al titular del órgano, pero en ningún caso al órgano mismo, tampoco esto es correcto del todo. Porque por más que se quiera sostener que el acto o actuación, por muy automatizada que sea, ha tenido lugar sin intervención directa (y alguna) de empleado público, en puridad, sí hay intervención humana desde el momento en que se procede a la imputación[66] del resultado de la máquina o, lo que es lo mismo, a la hora de atribuir la autoría de la actuación o el acto automatizados al órgano administrativo que tiene atribuida la competencia[67]. Este mismo postulado se confirma en el

---

sistema automatizado, ya sea de soporte a las decisiones administrativas o de adopción autónoma de tales decisiones, "debe analizar el discurso legal para representar no solo la información (las proposiciones) sino el razonamiento (el motor de inferencia) que implica el texto (legal)". Porque, en definitiva, es esa representación algorítmica, en sustitución de la norma, la que se aplica a los supuestos concretos y la que decide con consecuencias jurídicas pudiéndose llegar a dar una suerte de "desviación informática de poder" (Alamillo Domingo y Urios Aparisi, 2011: 25) en los casos en que la programación informática, aparentemente sujeta a la legalidad aplicable, puede haberse realizado realmente para perseguir una finalidad distinta de la prevista por la norma jurídica.

65 Como gráficamente refiere Martín Delgado (2009: 365), si bien en relación con la LAE aunque entendemos que resulta igualmente válido bajo el tenor actual del artículo 41 LRJSP, "la Ley no redefine ni el concepto de órgano ni el concepto de acto administrativo. No crea la figura del órgano administrativo electrónico, sino que habla del empleo de medios electrónicos por parte de los órganos administrativos en el ejercicio de las funciones encomendadas; y tampoco inventa el concepto de acto administrativo electrónico...".

66 Téngase en cuenta, como destacara Santamaría Pastor (1984: 22), que "la imputación no consiste en la traslación interpersonal de actos o consecuencias jurídicas. En su estructura más simple, imputación equivale a designación normativa de la persona o figura subjetiva a quien deben atribuirse determinados actos o efectos jurídicos".

67 Como refiere Arzoz Santisteban (2023: 428), en la caracterización del acto administrativo a través del elemento jurídico-formal del ejercicio de una potestad o función administrativa "la identidad del autor [del acto] pierde importancia en relación con la definición del acto: la condición de autor del acto derivará de la titularidad y ejercicio de una potestad o poder público".

apartado segundo del propio artículo 41 LRJSP por el que se despeja cualquier atisbo de duda a la hora de concretar "las entrañas" de la actuación administrativa automatizada y desvelar cuál es el "sistema operativo humano" que sustenta esa actuación automatizada que, pese al empleo de la automática, se sigue realizando (proyectando) siempre y en todo caso con intervención humana. Así, el artículo 41.2 LRJSP obliga a determinar, por un lado, "el órgano u órganos competentes, según los casos, para la definición de las especificaciones, programación, mantenimiento, supervisión y control de calidad y, en su caso, auditoría del sistema de información y de su código fuente" y, por otro, el "órgano que debe ser considerado responsable a efectos de impugnación". Un órgano considerado responsable, como órgano "competente", que asume la producción o autoría del acto o actuación automatizada lo que nos abre otros frentes que es necesario abordar seguidamente.

II. EL EJERCICIO DE COMPETENCIAS EN LA ACTUACIÓN ADMINISTRATIVA AUTOMATIZADA

A) *La distinción legal entre la competencia técnica y la competencia jurídica.*

La actuación automatizada, en los casos en que así se contempla y permite, responde a una práctica administrativa de todo punto equivalente a la actuación administrativa tradicional, física "o en persona" desarrollada a través del titular del órgano competente. Dadas las repercusiones que la entrada en juego de la automatización representa, no sólo en la lógica organizativa y procedimental interna, sino de cara a las garantías para los destinatarios últimos de esa actividad, la actuación automatizada no es ni puede ser improvisada debiendo estar previamente aprobada y fijándose los casos[68] y las condiciones

68 Un buen ejemplo de ello lo dispone el artículo 40.1 del Decreto 622/2019, de 27 de diciembre, de administración electrónica, simplificación de procedimientos y racionalización organizativa de la Junta de Andalucía contemplando los supuestos en los que tiene cabida la actuación administrativa automatizada, a saber, a) la adopción de un acuerdo o decisión administrativa

en que la misma puede desarrollarse por medios automatizados. Así, y conforme concreta el artículo 11.1.i) RAFESP, la sede electrónica de la Administración actuante[69] debe incorporar una "relación actualizada de las actuaciones administrativas automatizadas vinculadas a los servicios, procedimientos y trámites". A lo que se suma que cada actuación automatizada "se acompañará de la descripción de su diseño y funcionamiento, los mecanismos de rendición de cuentas y transparencia, así como los datos utilizados en su configuración y aprendizaje".

Esto último conecta con la obligación del artículo 41.2 LRJSP donde, pese a no aludir expresamente a la previa aprobación de la actuación automatizada[70], se impone definir previamente, por un lado "el órgano u órganos competentes, según los casos, para la definición

---

mediante la aplicación de fórmulas matemáticas y otros procesos puramente mecánicos en los que se utilicen valores cuantificables y susceptibles de ser expresados en cifras y porcentajes; b) La certificación de hechos o datos preexistentes en registros o en sistemas de información, incluso del silencio administrativo; c) la constatación puramente mecánica de requisitos previstos en la normativa aplicable y la posterior declaración, en su caso, de la consecuencia jurídica prevista en la misma; d) La comunicación o declaración de un hecho, acto o acuerdo preexistente a través de su transcripción total o parcial; e) La práctica de las notificaciones electrónicas.

69 A la aprobación previa de las actividades que se realicen mediante actuación administrativa automatizada siendo objeto de publicación, al menos, en la sede electrónica correspondiente se refieren también el artículo 40.3 del Decreto 622/2019, de 27 de diciembre, de administración electrónica, simplificación de procedimientos y racionalización organizativa de la Junta de Andalucía, el artículo 54.2 del Decreto 76/2020, de 4 de agosto, de administración digital de Cataluña y el artículo 17.1.g) de la Ley 4/2019, de 17 de julio, de administración digital de Galicia.

70 Sí lo hacía, en cambio, el artículo 45.4 de la Ley 30/92, de 26 de noviembre, de régimen jurídico de las Administraciones Públicas y del procedimiento administrativo común cuando claramente disponía que "los programas y aplicaciones electrónicas, informáticos o telemáticos que vayan a ser utilizados por las Administraciones Pública para el ejercicio de sus potestades, habrán de ser previamente aprobadas por el órgano competente, quien deberá difundir públicamente sus características". *Vid.* en términos idénticos el artículo 40.3 del Decreto 622/2019, de 27 de diciembre, de administración electrónica, simplificación de procedimientos y racionalización organizativa de la Junta de Andalucía.

de las especificaciones, programación, mantenimiento, supervisión y control de calidad y, en su caso, auditoría del sistema de información y de su código fuente". Y, de otro lado, "el órgano que debe ser considerado responsable a efectos de impugnación".

Son dos, al menos, los órganos administrativos intervinientes en la actuación automatizada. Y es que la automatización introduce un destacado escenario circunstancial en la estructura organizativa de la Administración comoquiera que la programación informática no está al alcance de todo el mundo y, por ello, la configuración previa de las aplicaciones empleadas en las decisiones administrativas automatizadas no puede ni va a ser determinada necesariamente por el titular del órgano competente en la materia de que se trate.

Esta doble distinción orgánica ya venía apuntada con anterioridad, y en los mismos términos, por el artículo 96.3 LGT y por el artículo 39 de la derogada LAE sin que la LRJSP haya introducido cambios sustantivos en su redacción salvo algún matiz menor.

En efecto, el artículo 96.3 LGT se refiere de una manera mucho más escueta y simplificadora a la garantía de la identificación de "los órganos competentes para la programación y supervisión del sistema de información". Y fue el artículo 39 LAE el que introdujo una mayor concreción del ámbito competencial del órgano competente "para la definición de las especificaciones, programación, mantenimiento, supervisión y control de calidad y, en su caso, auditoría del sistema de información y de su código fuente" en un tenor que es literalmente recibido en el artículo 41.2 LRJSP. De este modo, dentro de la llamada competencia técnica de la actuación automatizada cabe distinguir, de una manera más clara que la que lo hace el artículo 41 LRJSP, dos órganos diferentes ya que el artículo 41 se refiere al órgano u órganos competentes[71], según los casos, dando a

---

71 *Vid.* artículo 130 del RD-Legislativo 8/2015, de 30 de octubre, por el que se aprueba el Texto Refundido de la Ley General de la Seguridad Social. En el mismo se prevé que mediante resolución de la persona titular de la Dirección General del Instituto Nacional de la Seguridad Social, del Servicio Público de Empleo Estatal o de la Tesorería General de la Seguridad Social, o de la persona titular de la Dirección del Instituto Social de la Marina, según proceda, se establezca previamente el procedimiento o procedimientos de

entender que un mismo órgano pudiera encargarse de la definición de las especificaciones, programación, mantenimiento, supervisión y control de calidad y, en su caso, auditoría del sistema de información y de su código fuente[72].

Mayor lógica y garantías de seguridad arroja, a nuestro modo de ver, que, dentro de la competencia técnica, los órganos sean distintos. Por un lado, el órgano encargado de la programación, de definir los algoritmos y los datos de los que se va a servir la actuación automatizada de la Administración[73]. Con una mayor concreción, el artículo 43.4 de la Ley 5/2021, de 29 de junio, de Organización y Régimen Jurídico del Sector Público Autonómico de Aragón reconoce que el Departamento con competencias en materia de administración electrónica es el encargado de definir el marco al que deben ajustarse los órganos de la Administración de la Comunidad

que se trate y "el órgano u órganos competentes" para la definición de las especificaciones, programación, mantenimiento, supervisión y control de calidad y, en su caso, auditoría del sistema de información y de su código fuente. Y, de otro lado, el órgano que debe ser considerado responsable a efectos de impugnación.

72 *Vid.* en este sentido el artículo 74.2 de la Ley Foral 11/2019, de 11 de marzo, de la Administración de la Comunidad Foral de Navarra y del Sector Público Institucional Foral que atribuye la definición de las especificaciones, programación, mantenimiento, supervisión y control de calidad y, en su caso, auditoría del sistema de información y de su código fuente "al Departamento competente en materia de administración electrónica".

73 Tal y como destaca Valero Torrijos (2013: 68), esa tarea sólo puede ser desarrollada por personal especializado en tecnología. Es así que en los casos de actuación automatizada resulta imprescindible el concurso de un nuevo sujeto que se limita a programar la aplicación informática a partir de los criterios que le traslade el titular del órgano competente, el servicio encargado de la materia informática en la Administración de que se trate o el personal encargado de la gestión y tramitación de los asuntos a los que viene referida la actuación automatizada. Y ocurre, además, que ese escenario de diseño y definición de las aplicaciones informáticas utilizadas en la actuación automatizada queda fuera de la órbita de la propia Administración dado que muchas veces vienen diseñadas por empresas ajenas a la estructura administrativa que desconocen el lenguaje jurídico-administrativo y la lógica secuencial del procedimiento administrativo (Valero Torrijos, 2013: 69).

Autónoma de Aragón en el desarrollo de actuaciones administrativas automatizadas. Para, acto seguido, precisar que a tal fin "identificará los criterios de modelización de algoritmos, de publicación de los árboles de decisión y los códigos fuente, de almacenaje, de identificación de los responsables, así como los criterios éticos de actuación en el tratamiento de la información". Y, por otro lado, el órgano competente o responsable, en estrictos términos técnicos, de la supervisión de todo ese entramado de información, tal y como precisamos un poco más adelante.

Por su parte, el mismo artículo 96.3 LGT contempla también la identificación de "los órganos competentes para resolver los recursos que puedan interponerse". Es aquí donde se hace preciso introducir un mayor calado respecto de la regulación estrictamente tributaria comoquiera que el órgano competente para resolver el recurso que pueda interponerse contra la actuación automatizada[74] no debe ser necesariamente el órgano considerado responsable de la misma, en tanto que órgano a quien se le atribuye la competencia jurídica de la actuación automatizada y contra la que se puede recurrir o impugnar. Y de nuevo fue el artículo 39 LAE el que precisó aún más al referirse, más propiamente, al "órgano que debe ser considerado responsable a efectos de impugnación" extremo éste que viene a ser confirmado por el artículo 41.2 LRJSP[75]. Un órgano responsable de la actuación automatizada que, como comprobaremos seguidamente, debe confirmarse que es el mismo órgano que ejerce la competencia jurídica que sustenta dicha actuación.

---

74 Hasta el punto que Cerrillo Martínez (2021: 24) postula la necesidad de crear órganos administrativos específicos para el control de las decisiones automatizadas y en general de la inteligencia artificial en las administraciones públicas.

75 También y en el mismo sentido, vid. artículo 84 del RD 1065/2007, de 27 de julio, por el que se aprueba el Reglamento General de las actuaciones y los procedimientos de gestión e inspección tributaria y de desarrollo de las normas comunes de los procedimientos de aplicación de los tributos.

B) La competencia jurídica "inducida" en la actuación automatizada... ubi es?

1. La autorización o aprobación previa de la actuación automatizada por el órgano competente (¿y responsable de la misma?)

El articulo 41 LRJSP dispone que en caso de actuación administrativa automatizada "deberá establecerse previamente..." sin mayor concreción. Como ya nos consta, ha de identificarse tanto el órgano con la competencia técnica en la actuación automatizada como el órgano que se considera jurídicamente responsable y a quien se va a imputar, supuestamente, la actuación automatizada a efectos de los recursos que procedan contra la misma. El carácter escueto e "impersonal" (deberá establecerse) arroja serias dudas acerca del posicionamiento del órgano administrativo en una actuación automatizada[76]. Porque de inmediato surge la cuestión de quién y cómo se establecen previamente los pormenores de la actuación automatizada[77] ante la falta de precisión del legislador estatal. A nuestro modo de ver, el Gobierno de la Nación ha perdido la oportunidad, al tiempo de aprobar el RAFESP, de respetar el orden de prelación que incorporaba el artículo 9 del Borrador de ese mismo Real Decreto a la hora de disponer el empleo de actuaciones automatizadas en función de las posibilidades de automatización de cada procedimiento y de los medios materiales al alcance de cada Administración[78].

---

76 Aunque, como ha manifestado Bauzá Martorell (2017: 790), la actuación automatizada no pueda quedar desconectada de la organización administrativa.

77 Resulta claro que la admisibilidad de la actuación automatizada va a depender de la mayor o menor densidad normativa de la actuación administrativa en sí misma considerada. En definitiva, de que el supuesto de hecho y la consecuencia jurídica sean o no susceptibles de programación.

78 Concretamente, el fallido artículo 9 disponía: "Con arreglo a los medios materiales disponibles, la forma de tramitación para llevar a cabo una actuación administrativa debe seguir el siguiente orden de prelación: a) Automatizada: cuando los criterios en los que se fundamente la decisión puedan ser objeto de tratamiento informatizado en relación con la información de soporte de la misma, no siendo necesaria la intervención directa de un empleado público; b) Colectiva: cuando el análisis de la información que dé soporte a la decisión permita calificar a los expedientes mediante

Sea como fuere, que deba quedar identificado el órgano que se considera responsable a efectos de impugnación puede resultar un suficiente indicio para determinar que es el propio órgano administrativo competente el que vaya a preestablecer y, por ende, a autorizar la actuación automatizada que, en última instancia, a él se le imputa por considerarse que cae en su propio radio de acción. Así podría entenderse a partir de lo dispuesto en el artículo 13.2 RAFESP que especifica[79] que la determinación de una actuación administrativa como automatizada se autorizará por resolución "del titular del órgano administrativo competente por razón de la materia[80]" o "del órgano ejecutivo competente del organismo o entidad de derecho público", según corresponda, y "se publicará" en la sede electrónica o sede electrónica asociada. En esta misma lógica, también el artículo 54.2 del Decreto 76/2020, de 4 de agosto, de Administración digital de Cataluña recoge que la actuación administrativa automati-

---

atributos que sirvan de base para que el empleado público pueda realizar la actuación sobre un colectivo de expedientes con atributos comunes; c) Individual: cuando no sea posible analizar informáticamente el contenido de la información de soporte a la decisión, porque no se pueda traducir a una regla de tramitación automatizada o a un atributo que clasifique el expediente para su tramitación colectiva o bien porque las condiciones del expediente así lo aconsejen, será necesario aplicar los criterios de decisión de forma individualizada".

79 La precisión que se hace en el precepto citado en el texto principal es de "en el ámbito estatal" pero entendemos que igual formulación procede en el resto de administraciones públicas territoriales y sector público institucional. No obstante, el apartado 3 del artículo 13 determina que en caso de actuación administrativa automatizada en el ámbito local se debe estar a lo dispuesto en la Disposición adicional 8ª del RD 128/2018, de 16 de marzo, por el que se regula el régimen jurídico de los funcionarios de administración local con habilitación de carácter nacional. Esta Disposición adicional 8ª determina que, a los efectos del ejercicio en soporte electrónico de las funciones reservadas a los funcionarios de administración local con habilitación de carácter nacional, los puestos a ellos reservados tendrán la consideración de órganos.

80 Y añadía con buen criterio el artículo 9.1 del derogado RD 263/96, de 16 de enero, por el que se regula la utilización de técnicas electrónicas, informáticas y telemáticas por la Administración General del Estado que la aprobación se producirá por resolución del órgano administrativo que tenga atribuida la competencia "para resolver el procedimiento".

zada debe establecerse "por resolución del órgano competente", que debe dictarla "con carácter previo a la puesta en funcionamiento del servicio".

Ejemplos de esa autorización o aprobación previa de la actuación administrativa automatizada por parte de quien se entiende que es el órgano competente en estrictos términos jurídicos la encontramos claramente en la legislación tributaria y presupuestaria. Así, el artículo 85.1 del RD 1065/2007, de 27 de julio reconoce que en el caso de aplicaciones informáticas que efectúen tratamientos de información cuyo resultado sea utilizado por la Administración tributaria para el ejercicio de sus potestades y por las que se determine directamente el contenido de las actuaciones administrativas han de ser previamente aprobadas "mediante resolución del órgano considerado responsable a efectos de la impugnación de los correspondientes actos administrativos".

Es, por tanto, el órgano que actúa la competencia sustantiva o jurídica, en tanto órgano competente, el que previamente debe autorizar, mediante resolución, la actuación administrativa automatizada que se desarrolla bajo su propia órbita competencial[81]. Una resolución que, como sigue abundando el artículo 13.2 RAFESP, expresará tanto los recursos que procedan contra esa actuación automatizada, el plazo de interposición, así como "el órgano administrativo o judicial, en su caso, ante el que hubieran de presentarse[82]" y, por último, el establecimiento de las medidas adecuadas para la salvaguarda de los derechos y libertades y los intereses legítimos de las personas interesadas.

Y es esa resolución aprobatoria del órgano competente[83], al modo de un acto plúrimo con vigencia durante todo el ciclo de vida de

---

81 De modo que, si no existe esa resolución o acuerdo aprobatorio del órgano competente, no puede desarrollarse la actuación de forma automatizada pero no peligra la actuación administrativa en sí misma considerada porque, en ese supuesto, se podría realizar por medios convencionales.

82 Todo ello sin perjuicio de que las personas interesadas pueden ejercitar cualquier otro recurso que estimen oportuno.

83 Una aplicación ejemplificativa de este supuesto la encontramos recogida en el artículo 49.2 de la Ordenanza Fiscal General de Gestión, Recaudación e

la máquina o de la aplicación informática, la que determina la definición de las especificaciones, programación, mantenimiento, supervisión y control de calidad y, en su caso, auditoría del sistema de información y de su código fuente. Ahora bien, y en los términos ya apuntados, difícilmente el órgano competente, por sí mismo, tendrá los conocimientos técnicos adecuados y suficientes para conformar el diseño del algoritmo o de la aplicación informática en la que se sustenta la actuación automatizada. Con lo que la resolución del órgano competente se limitará a integrar o reproducir una definición y un diseño externos por parte de otro órgano e, incluso, un sujeto o entidad completamente diferente que hasta nada tenga que ver con el "tráfico" de la Administración Pública.

Abundando sobre esta misma idea, y de una forma un tanto más precisa, el artículo 76.4 de la Ley 4/2019, de 17 de julio, de administración digital de Galicia señala que "las actuaciones administrativas automatizadas deberán declararse mediante una resolución conjunta del órgano competente para la definición de las especificaciones, programación, mantenimiento, supervisión y control de calidad y, en su caso, auditoría del sistema de información y de su código fuente, así como del órgano responsable a efectos de impugnación". En el caso de la Ley gallega, y con el fin de evitar la falta de criterio técnico por parte del órgano con competencia jurídica, la resolución de la actuación automatizada es conjunta del órgano competente técnicamente y del órgano que tiene atribuida la competencia jurídica. Esto mismo viene a confirmar y a explicar por qué el tenor, manifiestamente mejorable, del artículo 41.2 LRJSP obliga a establecer previamente la identificación tanto del órgano competente para la definición de las especificaciones, programación, mantenimiento, supervisión y control de calidad y, en su caso, auditoría del sistema de

Inspección del Ayuntamiento de Madrid, de 9 de octubre de 2001, donde se apunta que la determinación de los procedimientos y actuaciones que deben desarrollarse de manera automatizada se efectuará "por resolución de la dirección de la Agencia Tributaria de Madrid". También en la Resolución, de 4 de agosto de 2021, de la Subsecretaría, por la que se regulan las actuaciones administrativas automatizadas a través de sistemas de información de su ámbito de competencias mediante el sello electrónico del Ministerio de Asuntos Exteriores, Unión Europea y Cooperación.

información y de su código fuente como del órgano considerado responsable a efectos de impugnación. Porque esa misma resolución autorizatoria de la actuación automatizada, publicada tanto en la sede electrónica como en el Boletín Oficial correspondiente, es la que va a especificar la identificación de tales órganos y los sistemas de firma utilizados, en su caso, para la actuación administrativa automatizada.

Ahora bien, y dicho lo anterior, las dudas vuelven a surgir desde el mismo instante que esa resolución del (de los) órgano/s competente/s debe igualmente indicar "el órgano responsable a los efectos de impugnación de la actuación automatizada". De forma que si es el propio órgano competente el que autoriza la actuación automatizada parece de todo punto innecesario que en la resolución se indique que el órgano que se va a considerar responsable de esa misma actuación a efectos de las impugnaciones que procedan es el mismo que la autoriza. Salvo que pudiera llegar a aceptarse que el órgano que autoriza la actuación automatizada no es el que se considera finalmente responsable de la misma a partir de la posibilidad, a efectos puramente argumentativos, que recrean las formas de inicio de un procedimiento de oficio que recoge el artículo 58 LPAC. Así las cosas, el órgano competente de la actuación automatizada puede autorizarla por acuerdo suyo si bien la resolución adoptada puede también venir instada "como consecuencia de orden superior" o "a petición razonada de otros órganos". De forma que cualquiera de estos otros órganos (el que formula la orden jerárquica o el que hace una petición razonada) fueran a quienes se vaya imputar la actuación automatizada considerándolos responsables de las mismas a efectos de impugnaciones.

En todo caso, esta última posibilidad a la hora de transferir la autoría y, por ende, la responsabilidad de la actuación automatizada a un órgano distinto del que dicta la resolución autorizatoria o aprobatoria de la actuación automatizada se nos antoja poco factible comoquiera que el propio órgano competente que autoriza la actuación automatizada mediante resolución suya lo hace "con carácter previo a la puesta en funcionamiento del servicio", tal y como prescribe el artículo 54.2 del Decreto 76/2020, de 4 de agosto, de Administración digital de Cataluña. Un servicio que comprende la materialización de la actuación automatizada y que necesariamente se entiende dependiente o bajo la órbita competencial de ese mismo (y no otro) órgano autorizante de la actuación automatizada[84].

2. El sello del órgano administrativo en el ejercicio de la competencia en la actuación automatizada: la autenticación y validación de la actuación a través del sistema de firma electrónica

La LRJSP no es del todo precisa y cuidadosa, a nuestro modo de ver y en estrictos términos de técnica legislativa, a la hora de revestir la actuación administrativa automatizada dentro de la dogmática jurídica del ejercicio de competencias por parte de órganos dentro de una Administración Pública. Comprobado ya, en sus justos términos, el alcance de la competencia técnica o automatizada, sorprende que el legislador, en el propio artículo 41 LRJSP, haya silenciado, por olvido, descuido o porque lo considera como algo obvio y que va de suyo, la competencia jurídica por parte de un órgano administrativo. Porque sea cual sea el alcance de la actuación administrativa automatizada, incluso de la que no aparece formalmente sustentada en una actuación procedimental, también en esos casos impera la lógica (y la necesidad) de identificar al órgano administrativo competente y, por ende, responsable de esa actuación.

Claramente esto que ahora afirmamos ocurre en el caso del artículo 27.1 LPAC. Este precepto precisa, sin ningún género de dudas, que cada Administración Pública "determinará los órganos que tengan atribuidas las competencias de expedición de copias auténticas de los documentos públicos administrativos o privados". Para, acto seguido, señalar que en el caso de las tres administraciones territoriales las mismas pueden realizar copias auténticas "mediante funcionario habilitado o mediante actuación administrativa automatizada". Extremo éste que aparece confirmado por el artículo 48 RAFESP[85].

---

84 También a esta tesis conduce el tenor del artículo 42.1 de la Ley 5/2021, de 29 de junio, de Organización y Régimen Jurídico del Sector Público Autonómico de Aragón en el que se apunta a "los procedimientos administrativos que sean responsabilidad de los órganos de la Administración pública".

85 Precepto éste que determina que en caso de que la expedición de las copias auténticas se realice, no de forma automatizada, sino por funcionario

Aquí sí desaparece toda intervención humana directa porque la expedición de las copias auténticas se hace alternativamente por funcionario habilitado o mediante actuación administrativa automatizada. Pero en todo caso, y previamente, hay constancia del órgano que tiene atribuida la competencia de expedición de la copia auténtica, tal y como obliga a ello el artículo 27.1 LPAC.

Es por ello que, incluso ante este tipo de situaciones no procedimentalizadas de mera expedición de copias, hubiera sido deseable la incorporación en el artículo 41.1 LRJSP de alguna mención similar a la contenida en el artículo 96.3 LGT donde expresamente se indica que los procedimientos y actuaciones en los que se utilicen técnicas y medios electrónicos, informáticos y telemáticos "garantizarán la identificación de la Administración tributaria actuante[86] y el ejercicio de su competencia".

Y es que el artículo 41.2 LRJSP a lo más que alcanza es a prescribir la identificación del "órgano que debe ser considerado responsable a efectos de impugnación". El órgano que, sin llevar a cabo la actuación administrativa, por ser ésta automatizada, se considera que es autor último o "resulta ser[87]" el responsable de la misma a los efectos de los posibles recursos que puedan interponerse contra ella. Un órgano administrativo "competente" cuya existencia se descubre, en última instancia, por la entrada en juego del artículo 42 LRJSP relativo a los sistemas de firma para la actuación administrativa automatizada.

habilitado la Administración correspondiente debe mantener actualizado un registro u otro sistema equivalente donde conste el personal funcionario habilitado para la expedición de copias auténticas. En el caso de la Administración General del Estado, vid. artículo 31 RAFESP y Orden PCM/1383/2021, de 9 de diciembre, por la que se regula el Registro de Funcionarios Habilitados en el ámbito de la Administración General del Estado, sus Organismos Públicos y Entidades de Derecho Público.

86 Lo que debe conducir además, y en virtud del artículo 53.1.b) LPAC, a la identificación de las autoridades y al personal al servicio de las Administraciones Públicas bajo cuya responsabilidad se tramite el procedimiento en cuestión.

87 Como matiza, de forma gráfica, el artículo 74.1 de la Ley Foral 11/2019, de 11 de marzo, de la Administración de la Comunidad Foral de Navarra y del Sector Público Institucional Foral.

En efecto, ya el artículo 15.2 RAFESP señala que las Administraciones Públicas pueden utilizar, para su identificación electrónica y para garantizar el origen, autenticidad e integridad de los documentos electrónicos[88], "c) sistemas de firma electrónica para la actuación administrativa automatizada". Por tanto, y de entre los apuntados en ese mismo artículo 15.2, la actuación administrativa automatizada sólo posibilita la identificación electrónica de la Administración pública (y de su órgano actuante) a través del sistema de firma electrónica[89]. Lo que supone que el sistema de firma electrónica es el soporte jurídico que visibiliza los efectos externos de la actuación automatizada[90]. Así, y de forma expresa, el artículo 44.1 de la Ley 26/2010, de 3 de agosto, de régimen jurídico y de procedimiento de las administraciones públicas de Cataluña reconoce que las administraciones públicas catalanas pueden realizar actuaciones automatizadas para constatar la concurrencia de los requisitos que establece el ordenamiento jurídico, declarar las consecuencias previstas, adoptar las resoluciones y comunicar o certificar los datos, actos, resoluciones o acuerdos que consten en sus sistemas de información "mediante la utilización del sistema de firma electrónica que determinen".

Conforme a este sistema de firma electrónica, y en términos similares a como ya hacía el artículo 18.1 LAE, el artículo 42 LRJSP[91] indica que "en el ejercicio de la competencia en la actuación administrativa automatizada" cada Administración Pública puede determinar la utilización de algunos de los sistemas de firma electrónica si-

---

88 Y, no se olvide, también de su validez en virtud del artículo 26.2.e) LPAC.

89 Así se confirma en el artículo 84.2 del RD 1065/2007, de 27 de julio, por el que se aprueba el Reglamento General de las actuaciones y los procedimientos de gestión e inspección tributaria y de desarrollo de las normas comunes de los procedimientos de aplicación de los tributos donde, en caso de actuación automatizada, la Administración tributaria deberá identificarse y garantizar la autenticidad del ejercicio de su competencia con alguno de los sistemas de firma electrónica.

90 Más aún, la propia firma de las resoluciones de los órganos unipersonales y colegiados de la Administración constituye, en sí misma considerada, una actuación administrativa automatizada.

91 Vid. también el artículo 20.1 RAFESP.

guientes[92], i) el sello electrónico de Administración Pública, órgano, organismo público o entidad de derecho público[93], basado en certificado electrónico reconocido o cualificado que reúna los requisitos exigidos por la legislación de firma electrónica, o ii) el código seguro de verificación vinculado a la Administración Pública, órgano, organismo público o entidad de Derecho público, permitiéndose en todo caso la comprobación de la integridad del documento mediante el acceso a la sede electrónica correspondiente[94].

Lo más importante que interesa destacar ahora es que tanto el sello electrónico como el código seguro de verificación pueden venir referidos no sólo a la organización sino al propio órgano administrativo que tiene atribuida la competencia[95] sobre todo, y esto es lo más determinante, a la hora de reconocer en una actuación administrativa automatizada el órgano que, en última instancia, ejerce la

---

92 En los mismos términos el artículo 84.2 del RD 1065/2007, de 27 de julio, especifica que cada Administración tributaria determinará los supuestos de utilización de uno y otro sistema de firma electrónica. En el ámbito autonómico, cfr. artículo 54.1 del Decreto 76/2020, de 4 de agosto, de administración digital de Cataluña y artículo 76.2 de la Ley 4/2019, de 17 de julio, de administración digital de Galicia.

93 Tal y como precisa el artículo 20.2 RAFESP, cada Administración Pública debe determinar los medios admitidos para la firma electrónica en las entidades de derecho privado vinculadas o dependientes de ella cuando las mismas tramiten procedimientos de forma automatizada en el ejercicio de potestades administrativas.

94 Mucho más ilustrativo resulta el artículo 84.2 del RD 1065/2007, de 27 de julio y el artículo 45.b) del RD 1671/2009, de 6 de noviembre al referirse al acceso por medios electrónicos a los archivos "del órgano u organismo emisor".

95 *Vid.* artículo 45.5 de la Ordenanza de Atención a la Ciudadanía y Administración Electrónica del Ayuntamiento de Madrid, de 26 de febrero de 2019, donde expresamente se indica que el Ayuntamiento de Madrid también puede emplear, para firmar de forma automatizada, además de sistemas de sello electrónico, sistemas de código seguro de verificación. Un código seguro de verificación "expedido preferentemente a sus órganos para el ejercicio por estos de sus competencias legalmente establecidas", sin perjuicio de la posibilidad de que el ayuntamiento también disponga de un sistema de código seguro de verificación a su nombre.

competencia jurídica[96]. Porque, la voluntad última del legislador es asociar la actuación administrativa automatizada al sistema de firma electrónica de modo que la firma electrónica permite identificar "y marcar" (sello electrónico[97]) el órgano administrativo (supuestamente actuante) "en el ejercicio de la competencia en la actuación administrativa automatizada" conforme prescribe el artículo 42 LRJSP. De modo que "la conexión entre actividad automatizada y órgano se produce a través del uso de un sistema para firmar y autenticar el ejercicio de la competencia[98]".

Más aún, a partir de lo dispuesto en el artículo 40 LRJSP, el certificado electrónico reconocido o cualificado en el que se basa el sello electrónico incluye "la identidad de la persona titular del órgano en

---

96 Valero Torrijos (2013: 163) ha reconocido que la referencia a que el sello y el código pueden estar vinculados no sólo a un órgano en concreto sino a la organización o entidad en su conjunto puede llegar a provocar "un desplazamiento de la titularidad de competencia desde los órganos hasta las personas jurídicas en que se integran, con lo que se pretende facilitar la realización automatizada de ciertas actuaciones sin necesidad de una intervención humana". En todo caso, esta posibilidad no puede contrariar las propias normas de atribución de competencias a favor de órganos concretos.

97 Una aplicación concreta de esto que ahora afirmamos lo encontramos en el caso de la Ordenanza de Atención a la Ciudadanía y Administración Electrónica del Ayuntamiento de Madrid, de 26 de febrero de 2019. En la misma se reconoce que desde el punto de vista de la tramitación de los expedientes, la clave es la firma electrónica, debiendo todos los empleados públicos que tengan alguna responsabilidad en la tramitación del procedimiento estar en posesión de un certificado de firma, bien para firmar, en sentido estricto, bien para tramitar o remitir información. Y junto con la firma electrónica asociada directamente a la persona, destaca la generalización de la actuación administrativa automatizada, a través de sellos de entidad, de órgano y de tiempo, esencialmente.

98 *Vid.* Martín Delgado (2009: 367 y 368) para quien "sin la firma, no hay actividad administrativa válida, porque no existe imputación". De modo que resulta indiferente que el sello o el código sean utilizados por un funcionario, persona física, o por una aplicación informática de forma automatizada. Porque, y en definitiva, "lo importante es que se produce la imputación por voluntad de la norma y que se aplica la ficción consistente en atribuir a la Administración o al órgano titular del sistema de firma (y, en este caso, desde él a la Administración) la autoría de tal actuación".

el caso de los sellos electrónicos de órganos" como la garantía visible de transparencia[99] que tiene el destinatario de la actuación automatizada de que la misma se ha producido debidamente por el órgano competente. Porque el titular del órgano que ordinariamente tiene atribuida la competencia firma con su sello[100] la actuación automatizada, instante a partir del cual interioriza y se hace responsable de la misma, procediendo a su autenticación en una suerte de validación[101], de simple visto bueno, del ejercicio de la competencia actua-

---

99 Una transparencia que no sólo pasa por la identificación del órgano competente "actuante" sino también de los criterios sobre la base de los cuales se adoptan las decisiones automatizadas. *Vid.* artículo 23.2 de la Ley 15/2022, de 12 de julio, integral para la igualdad de trato y la no discriminación que expresamente determina que "las administraciones públicas, en el marco de sus competencias en el ámbito de los algoritmos involucrados en procesos de toma de decisiones, priorizarán la transparencia en el diseño y la implementación y la capacidad de interpretación de las decisiones adoptadas por los mismos".

100 El artículo 43.2 de la Ley 5/2021, de 29 de junio, de Organización y Régimen Jurídico del Sector Público Autonómico de Aragón resulta de todo punto determinante al precisar que el sistema de firma para la actuación administrativa automatizada en la Administración de la Comunidad Autónoma de Aragón es el sello de órgano. Para enfatizar acto seguido que el sello de órgano, como método de firma, es el medio que se utiliza "exclusivamente para los supuestos de actuación administrativa automatizada".

101 Una validación que puede suponer la comprobación y, en su caso, corrección o rectificación del acto administrativo automatizado por parte del titular del órgano administrativo. Pero no necesariamente entraña un control administrativo, tal y como lo entendemos en términos jurídicos, en caso de impugnación del acto administrativo automatizado. Sea como fuere, cabe plantearse hasta qué punto el titular del órgano administrativo decisorio puede apartarse o prescindir del trabajo algorítmico previo y dictar una decisión en sentido radicalmente opuesto a la marcada o predefinida por la aplicación informática. Las opciones pasan, de aceptarse esta posibilidad, en primer lugar, por motivar fundadamente esta decisión, por analogía a lo dispuesto en el artículo 35.1.c) LPAC (los actos que se separen del criterio seguido en actuaciones precedentes). O bien, y en segundo lugar, por rechazar esa opción de modo que la decisión administrativa tomada por el titular del órgano competente apartándose del algoritmo puede llegar a considerarse nula de pleno derecho en virtud del artículo 47.1.e) LPAC (los actos dictados prescindiendo total y absolutamente del procedimiento legalmente establecido).

da mediante la actuación automatizada como si la hubiera llevado a cabo él mismo sin medios automatizados[102]. De hecho, en estos mismos términos se expresaba el artículo 18.1 LAE cuando aludía a "la identificación y la autenticación del ejercicio de la competencia en la actuación administrativa automatizada" y en la actualidad el artículo 73.4 de la Ley Foral 11/2019, de 11 de marzo, de la Administración de la Comunidad Foral de Navarra y del Sector Público Institucional Foral donde de forma taxativa se determina que "para garantizar la autenticidad de las actuaciones administrativas automatizadas" se podrán utilizar los sistemas de identificación y firma electrónica de la Administración Foral entre los que se encuentran, como ya nos consta, el sistema de sello electrónico o sistemas de códigos seguros de verificación.

A mayor abundamiento, una manifestación concreta del alcance del sistema de firma electrónica en actuaciones automatizadas la encontramos en el apartado 8.1.1 de la Resolución de 29 de abril de 2020 por la que se publica la Resolución de 17 de febrero de 2020 de la Presidencia del Instituto Nacional de Estadística y de la Dirección General de Cooperación Autonómica y Local, por la que se dictan instrucciones técnicas a los ayuntamientos sobre la gestión del Padrón municipal. En ese apartado 8.1.1 se señala que, al amparo del artículo 41 LRJSP, cuando la emisión de un certificado de empadronamiento constituya una actuación administrativa automatizada de conformidad con lo establecido en dicho precepto, podrá utilizarse el sistema de firma de sello electrónico de órgano y el de código seguro de verificación según establece el artículo 42 LRJSP. Para, a continuación, concretar que si el sistema de firma electrónica que utilice el Secretario del Ayuntamiento para la emisión de la certificación de empadronamiento permite acreditar "su identidad y cargo público" no será necesaria la conformidad del Alcalde. De modo que la emisión de la certificación de empadronamiento puede ser reali-

---

102 De forma muy clara el artículo 64 del Decreto 76/2020, de 4 de agosto, de Administración digital de Cataluña contempla, en los casos de externalización del proceso de digitalización de documentos, que "deben firmarse con sello del órgano mediante una actuación automatizada". De forma que al hacer entrega de las imágenes el contratista al órgano competente éste pueda "firmarlos mediante una actuación automatizada en un proceso masivo".

zada de forma automatizada pero en todo caso con firma electrónica del Secretario del Ayuntamiento como órgano que se responsabiliza de dicha emisión y a quien se le considera órgano emisor y firmante de dicha certificación[103]. Pareciera que la Resolución de 17 de febrero de 2020 permite que la firma electrónica puede incluir una sola mención al órgano en abstracto "Secretaría del Ayuntamiento" comoquiera que es en los casos en los que la firma electrónica permita acreditar "su identidad y cargo público" cuando no es necesaria la conformidad del Alcalde.

A todo esto cabe sumar el dictado del artículo 43 LRJSP en el que, sin perjuicio de los artículos 41 y 42, prescribe que toda actuación de una Administración Pública, órgano, organismo público o entidad de derecho público, cuando utilice medios electrónicos, se realizará mediante firma electrónica "del titular del órgano o empleado público". Y es que, como se estipula en el artículo 42.2 del RD 1671/2009, de 6 de noviembre, por el que se desarrolla parcialmente la LAE, los documentos electrónicos susceptibles de ser integrados en un expediente electrónico deben tener asociados metadatos[104] que permitan su contextualización "en el marco del órgano u organismo, la función y el procedimiento administrativo al que corresponde". Sin

---

103 Por contra, el artículo 61 del RD 1690/86, de 11 de julio por el que se aprueba el Reglamento de Población y Demarcación Territorial de las Entidades Locales establece que los ayuntamientos podrán expedir volantes de empadronamiento, como documentos de carácter puramente informativo, en los que no serán necesarias las formalidades previstas para las certificaciones. En este sentido, el volante de empadronamiento no requiere la firma de ningún funcionario o autoridad municipal debiéndose entender que también puede ser generado de forma automatizada.

104 Entendiendo por metadato, de conformidad con el artículo 42.1 del RD 1671/2009, de 6 de noviembre "cualquier tipo de información en forma electrónica asociada a los documentos electrónicos, de carácter instrumental e independiente de su contenido, destinada al conocimiento inmediato y automatizable de alguna de sus características, con la finalidad de garantizar la disponibilidad, el acceso, la conservación y la interoperabilidad del propio documento". Unos metadatos que el mismo precepto citado prevé que pueden ser modificados por el órgano competente conforme a la normativa de organización específica o de forma automatizada conforme a las normas que se establezcan al efecto.

perjuicio de esto último también se asociará a los documentos electrónicos la información relativa a la firma del documento así como la referencia temporal de los mismos.

Precisamente, la mención "a la persona firmante del documento" ya se encontraba recogida en el artículo 18.1 LAE y en el artículo 3.1 y 3.2 de la también derogada Ley 59/2003, de 19 de diciembre, de firma electrónica. En la actualidad se contempla igualmente en el artículo 21 RAFESP al disponer que el código seguro de verificación de documentos vinculará al órgano, organismo público o entidad de derecho público y, en su caso, "a la persona firmante del documento[105]".

El firmante, según se recoge en el apartado II.3 de la Resolución de 27 de octubre de 2016, de la Secretaría de Estado de Administraciones Públicas, por la que se aprueba la Norma Técnica de Interoperabilidad de Política de Firma y Sello Electrónicos y de Certificados de la Administración, es uno más de los actores involucrados en la firma electrónica, considerando por el mismo "una persona física que crea una firma electrónica utilizando datos de creación de firma electrónica que el firmante puede utilizar, con un alto nivel de confianza, bajo su control exclusivo, y que actúa en nombre propio o en nombre de una persona física o jurídica a la que representa".

La persona firmante de un documento normalmente aparece identificada con su nombre y dos apellidos. Empero, en el caso de una actuación administrativa automatizada, la identificación de la persona firmante puede hacerse a través de la mera identificación del órgano o unidad actuante[106]. Por tanto, en el caso de la actua-

---

105 También, en los mismos términos, vid. artículo 61 de la Ordenanza de Atención a la Ciudadanía y Administración Electrónica del Ayuntamiento de Madrid de 26 de febrero de 2019.

106 Vid. en este mismo sentido el Anexo I apartado 2.4.2.8.2.3 "firmante" del RD 181/2008, de 8 de febrero, de ordenación del Diario Oficial "Boletín Oficial del Estado". Hay que tener en cuenta que, aunque el artículo 43.2 LRJSP determina que los sistemas de firma electrónica pueden identificar de forma conjunta al titular del puesto de trabajo o cargo y a la Administración u órgano en la que presta sus servicios, por razones de seguridad pública los sistemas de firma electrónica pueden referir tan sólo el número de identificación profesional del empleado público sin consignar su nombre.

ción administrativa automatizada existe una prevalencia por el órgano en sí mismo considerado más que por la persona física (titular del órgano). De esta forma se confirma, como apuntábamos *ut supra* (epígrafe I.D), el desplazamiento (que no desaparición) del elemento subjetivo del órgano ante la mayor preferencia en la actuación administrativa automatizada por la concepción objetiva del órgano, con independencia de la persona física que en cada momento forme parte de él, diferenciado en el seno de la organización, y que imputa su actividad (también la automatizada) a la Administración.

C) La producción de la actuación automatizada ¿con traslación de la competencia a una máquina? La ineludible imputación de la autoría y la subsecuente responsabilidad al órgano competente

Llegados a este punto, sigue sin quedar clara la cuestión de si la competencia jurídica se relaciona tan sólo y únicamente con la mención al órgano que el artículo 41 LRJSP identifica como responsable de la actuación automatizada a efectos de impugnaciones. Una impugnación que no tiene por qué producirse ante ese mismo órgano que se considera responsable y autor último de la actuación automatizada comoquiera que el artículo 13.2 RAFESP obliga, por su parte, a la identificación del órgano administrativo ante quien se presentará el recurso que corresponda. Así pues, resulta preciso confirmar o despejar la asociación previsiblemente existente entre el órgano considerado responsable a efectos de impugnación —como, supuestamente[107], el órgano sustantivo que tiene atribuida la competencia jurídica pese a ser canalizada o formalizada a través de una actuación automatizada— y, de otro lado, el órgano administrativo competente para conocer del recurso contra la actuación automatizada. De este

107 Porque cabría establecer una distinción entre el órgano competente, jurídicamente hablando, y el órgano que se considera responsable de la actuación automatizada. La LRJSP sólo menciona a este último y la inercia es tomar a ambos por igual, como si se tratase del mismo órgano, pero nada obsta para que puedan ser órganos distintos al modo de órgano competente y órgano responsable.

modo, ¿son el mismo órgano o son órganos diferentes[108]? Y en este último supuesto, ¿cuál es el órgano que ejerce la competencia jurídica dado el silencio del legislador estatal en la LRJSP?

Una respuesta cabal a estos interrogantes, dado el escueto y poco preciso tenor del artículo 41 LRJSP, se alcanza a partir del postulado recogido en el artículo 44.3 de la Ley 26/2010, de 3 de agosto, de régimen jurídico y de procedimiento de las administraciones públicas de Cataluña. Conforme al mismo la actuación administrativa automatizada no afecta a la titularidad de la competencia de los órganos administrativos[109] "ni a las competencias atribuidas para la resolución de los recursos administrativos". Por lo que claramente se da a entender que estamos en presencia de dos órganos distintos. Aunque también pudiera darse el caso de que tanto el órgano competente a quien se atribuye la actuación automatizada como el órgano competente para conocer de los recursos que se interpongan contra aquélla coincidan en uno mismo[110].

Claramente, el artículo 40.4 del Decreto 622/2019, de 27 de diciembre, de administración electrónica, simplificación de procedi-

---

108 Ciertamente el artículo 41 LRJSP no es nada claro en este sentido comoquiera que el tenor del "órgano que debe ser considerado responsable a efectos de impugnación" se puede prestar a una doble interpretación. Bien, en primer término, porque ese órgano responsable sea el que tiene atribuida la competencia y asume por ello la autoría o responsabilidad de la actuación automatizada con independencia del órgano (diferente) que vaya a conocer de los posibles recursos en vía de impugnación; bien, en segundo lugar, porque el órgano responsable es el competente para conocer, caso de impugnación, del recurso que proceda contra la actuación automatizada (con independencia del órgano que ostenta la competencia ordinaria).

109 Recuérdese que ya el artículo 33 LAE prescribía en idénticos términos que "la gestión electrónica de la actividad administrativa respetará la titularidad y el ejercicio de la competencia por la Administración Pública, órgano o entidad que la tenga atribuida y el cumplimiento de los requisitos formales y materiales establecidos en las normas que regulen la correspondiente actividad".

110 Por ejemplo, una decisión automatizada que agote la vía administrativa y contra la que quepa potestativamente recurso de reposición ante el mismo órgano a quien se imputa la actuación automatizada.

mientos y racionalización organizativa de la Junta de Andalucía dispone que la actuación administrativa automatizada se imputará, "a todos los efectos", a la persona titular del órgano o entidad responsable del sello electrónico o, en su caso, código seguro de verificación con el que se lleve a cabo.

Y es que la actuación administrativa automatizada debe producirse en un entorno seguro que permita al interesado en el procedimiento tener perfectamente identificado al órgano administrativo a quien se imputa la decisión automatizada. Porque el acto administrativo automatizado es producido por una realidad extrajurídica, en concreto, por un algoritmo por (supuesta) traslación[111] a éste de la competencia para actuar, si bien, jurídicamente, se entiende o se formaliza como una decisión adoptada en todo caso por el órgano competente.

Esta realidad, lejos de ser puramente circunstancial en una actuación automatizada, visibiliza y personifica una acción a través de una aplicación informática que, de otro modo, puede llegar a convertirse en una barrera para el ciudadano destinatario de la decisión automatizada. De este modo, la identificación del órgano competente a quien se atribuye la actuación automatizada permite conocer "el criterio humano que soporta la decisión[112]".

Ahora bien, la actuación administrativa que se desarrolla mediante el empleo de medios automatizados plantea, dentro de la dogmática organizativa, la siguiente cuestión. Si bien al órgano competente, sea indistintamente un órgano unipersonal o un órgano colegiado, se le imputa la titularidad (autoría) de la actuación automatizada, al

---

111 Situación que se correspondería en la inteligencia artificial con el modelo de interacción hombre-máquina llamado "Human in the loop" gracias al cual se permite al usuario llevar el control en el proceso de aprendizaje automático (machine learning) y hacer una transferencia de competencias a la máquina o robot inteligente. *Vid.* Llano Alonso (2022: 12).

112 *Vid.* Fernando Pablo y Terrón Santos (2019: 406 y 407) quienes llaman la atención sobre el hecho de que, más allá de que el algoritmo alcance resultados injustos, es necesario garantizar que los criterios respetan las instrucciones de los poderes públicos y que, en la decisión adoptada por un algoritmo, se ha seguido una regla, política o criterio de acción puesto en práctica por la Administración.

menos desde una consideración estrictamente jurídica[113] como si la hubiera desarrollado él mismo, queda sin resolverse de forma satisfactoria la manera de formalizar jurídicamente esa asociación entre la actuación automatizada y el titular del órgano. Pues bien, el único indicio claro resulta del ya citado artículo 44.3 de la Ley 26/2010, de 3 de agosto, de régimen jurídico y de procedimiento de las administraciones públicas de Cataluña, conforme al cual la actuación administrativa automatizada no afecta a la titularidad de la competencia de los órganos administrativos. Es así que la actuación automatizada no compromete ni afecta a la atribución inicial u ordinaria de competencias que la norma hace a un determinado órgano administrativo y que tiene lugar a partir de los criterios material, territorial y temporal, por todos conocidos.

En efecto, la actuación automatizada evidencia claramente la doble vertiente de la llamada "dinamicidad" de la competencia donde en toda competencia cabe reconocer y diferenciar la titularidad del ejercicio de la misma. La competencia sigue al órgano administrativo comoquiera que el titular de la competencia es el órgano administrativo mismo. Sin embargo, el ejercicio de la competencia puede suceder que sea desarrollado por un órgano administrativo distinto (de la misma e incluso de distinta organización) que no sea por tanto el órgano titular de la misma. Y es aquí donde la actuación automatizada se inmiscuye en la teoría general de la competencia propiciando un nuevo escenario dado que el órgano administrativo titular de la competencia no la ejerce por quedar desplazado en su ejercicio o actuación, no por otro órgano administrativo, sino por un programa informático[114]. Lo que, en modo alguno, supone un supuesto de renuncia de la competencia por más que en su literalidad no se ejerza por el órgano administrativo que la tenga atribuida como propia en los términos del artículo 8.1 LRJSP.

---

113 *Vid.* Valero Torrijos (2013: 69).

114 Asistimos, así pues, a una suerte de "despersonalización" del órgano administrativo donde la máquina o el programa informático arroja un resultado que se imputa en última instancia al órgano del que depende y del que forma parte, precisamente, esa máquina o programa.

A resultas de lo anterior, son varias las posibilidades que concurren para tratar de explicar el encaje de la actuación automatizada dentro de la dogmática del ejercicio de la competencia por el órgano administrativo que la tiene atribuida ordinariamente. En este sentido, podemos referir bien que el órgano administrativo sea sustituido por un algoritmo, bien que el órgano administrativo delegue el ejercicio de su propia competencia en un algoritmo, bien que la automatización de la actuación responda a un caso de encomienda de gestión. Veamos brevemente la factibilidad de cada uno de ellos en el supuesto de una actuación automatizada donde, en apariencia, se opera una traslación de la competencia a favor de un algoritmo[115]. Y apuntamos que, en apariencia, porque conforme al ya citado artículo 44.3 de la Ley 26/2010, de 3 de agosto, de régimen jurídico y de procedimiento de las administraciones públicas de Cataluña, la actuación administrativa automatizada no afecta a la titularidad de la competencia de los órganos administrativos. De esta forma, aunque un algoritmo puede llegar a adoptar la decisión de manera autónoma e independiente, resulta imposible que un sistema o aplicación informática, un robot software, reemplace las competencias del órgano administrativo. Es así como la actuación automatizada no compromete la titularidad de la competencia por parte del órgano que la tiene atribuida, tal y como el párrafo segundo del artículo 8.1 LRJSP[116] también precisa para la delegación de competencias, las encomiendas de gestión, la delegación de firma y la suplencia que, como resulta sabido, no suponen alteración de la titularidad de la competencia, aunque sí de los elementos determinantes de su

115 Sin entrar en tanto detalle como el que aquí proponemos seguidamente con la recreación de diversos supuestos, Tahirí Moreno (2023: 202) habla de “una subdelegación de la función interpretativa (que ya es bastante), siendo ésta transferida del funcionario a la máquina por su mayor capacidad de procesamiento”.

116 Porque, “incluso dentro del entramado orgánico que se constituye en el seno de las Administraciones, el concreto ejercicio de una determinada actividad ha de desarrollarse de manera concreta por el órgano que tenga atribuida la competencia, por el que la tenga asignada como propia, conforme a lo que se declara en el artículo 8 de la vigente Ley de Régimen Jurídico del Sector Público”. *Vid.* STS de 14 de septiembre de 2020 (ROJ STS 2812/2020 – ECLI:ES:TS:2020:2812).

ejercicio como ahora también parece acontecer con la actuación automatizada al ser ejercida o desarrollada por una aplicación informática en lugar de por el titular del órgano administrativo que la tiene atribuida[117].

En primer lugar, en cuanto a la eventual sustitución del órgano administrativo por un algoritmo o una aplicación informática, la sustitución, en estrictos términos jurídico-administrativos, tiene lugar en aquellos casos de traslación temporal y forzosa de la facultad de ejercicio de todas o parte de las competencias de un ente público u órgano administrativo a otro ente público (sustitución intersubjetiva) o a otro órgano administrativo (sustitución interorgánica). Esta última (la sustitución entre órganos de una misma Administración) resulta más excepcional en la práctica y de hecho no se encuentra formalizada jurídicamente en la LRJSP lo que tampoco quiere decir que no pueda darse. Aún así, lo más destacado de todo ahora es que esta traslación de competencias, que hemos mencionado que es temporal y forzosa, concurre, de forma imperiosa, ante la falta de ejercicio de las competencias por parte del ente u órgano administrativo originariamente titular de las mismas, o bien por el acaecimiento de una serie de circunstancias anómalas[118]. En puridad, y pese a que de facto la persona física parece sustituida por un robot software, realmente no parece encajar bien la actuación automatizada en un caso de sustitución del órgano que tiene atribuida la competencia comoquiera que no hay traslación temporal ni forzosa a favor de una máquina ni falta de ejercicio por parte de aquél para que tenga que decidirse su sustitución. Una sustitución que, como decimos, no es tal comoquiera que el titular del órgano valida la actuación automatizada y la hace suya finalmente mediante su firma (sello del órgano).

---

117 Lo que bien hubiera merecido, a nuestro modo de ver, la mención oportuna en el propio artículo 8.1 LRJSP para dejar hecha la matización correspondiente respecto de la actuación automatizada.

118 De hecho, en nuestro ordenamiento jurídico se encuentran formalizados algunos ejemplos de sustitución, sobre todo de sustitución intersubjetiva (entre distintas Administraciones Públicas) como el conocido artículo 155 CE o el artículo 60 LBRL.

En segundo lugar, la delegación de competencias, prevista en el artículo 9 LRJSP, es el supuesto más frecuente y recurrido en materia de relaciones administrativas. Con la delegación se traslada únicamente el ejercicio de la competencia sin quedar comprometida la titularidad de la misma que sigue recayendo en el órgano delegante que la tiene inicialmente atribuida. Así, conforme al artículo 9.4 LRJSP, las resoluciones administrativas adoptadas por delegación se consideran siempre dictadas (lo que tiene importantes consecuencias a los efectos de los recursos procedentes) por el órgano delegante (debiéndose expresar la circunstancia de la delegación en dicha resolución adoptada por el órgano delegado). Sólo con este presupuesto podríamos llegar a pensar que en caso de actuación automatizada concurre un supuesto de delegación de competencias a favor de una máquina[119]. Empero, el problema radica en quién o a qué se le delega supuestamente esa competencia y que no es otro que una aplicación informática o un robot software[120].

En efecto, el artículo 9 LRJSP contempla la delegación de competencias entre órganos administrativos. Ésta es, sin duda, la principal dificultad para poder pensar, en el caso de una actuación automatizada, en una delegación "algorítmica" de competencias ya que, aunque en el resultado final permanece intacta la titularidad de la competencia, de aceptarse la existencia de una delegación de competencias[121] estaríamos obligados a asumir que el algoritmo es el "órgano" administrativo en quien se delega la competencia[122]. Pero por si fuera

---

119 Así lo refiere inicialmente Ponce Solé (2019: 28) comoquiera que el algoritmo toma la decisión por delegación del ser humano siendo a este último, como titular de la competencia, a quien se imputa a todos los efectos dicha decisión.

120 También Vestri (2021: 378) advierte de la dificultad de encontrar el fundamento jurídico-administrativo por el que se le permite delegar la competencia a una máquina.

121 De La Sierra (2024: 15) sí sostiene que, pese a que el empleo de una aplicación informática no puede conllevar la existencia de una delegación del ejercicio de la competencia en la máquina, sí concurre una "delegación lato sensu o de facto".

122 De igual modo se pronuncia Vestri (2021: 378) cuando afirma que el algoritmo predictivo que adopta una decisión definitiva estaría ejerciendo la competencia administrativa que en realidad queda reconocida al órgano

poco esto, es necesario agotar, si cabe todavía, todos los argumentos para poder pensar en una delegación de competencias a favor de un algoritmo o de una máquina. Así, el párrafo tercero del artículo 9.1 LRJSP contempla que los órganos de la Administración General del Estado puedan delegar sus competencias "cuando resulte conveniente para alcanzar los fines que tengan asignados y mejorar la eficacia de su gestión". Y, sin duda, una actuación automatizada mejora la eficacia en la gestión de ciertas actuaciones masivas, repetitivas o rutinarias en los términos expuestos *ut supra*. Otro argumento pasa por el hecho de que la delegación de competencias debe ser aprobada previamente, a partir de lo dispuesto en el párrafo segundo del artículo 9.1 LRJSP y, como ya hemos tenido ocasión de precisar, la propia actuación automatizada igualmente necesita de aprobación previa. Finalmente, y de entre las prohibiciones a la delegación de competencias, el artículo 9.2.d) LRJSP se refiere a las materias en que así se determine por norma con rango de Ley. Lo que en el caso de la actuación automatizada obligaría a tener en cuenta la restricción que para la misma supone el ejercicio de potestades discrecionales o cuando en las decisiones interfieran juicios de valor en los términos también expuestos precedentemente.

Finalmente, la hipótesis de la encomienda de gestión (artículo 11 LRJSP) donde se produce una aparente traslación del ejercicio de la competencia a favor de otros órganos o entidades en lo relativo, específicamente, al desarrollo de actividades de carácter material, técnico o de servicio de cara a la gestión ordinaria de la actuación de una organización. La encomienda de gestión tiene lugar por razones de eficacia o porque no se posean los medios técnicos idóneos para su desempeño. Y esto mismo determina su posible consideración en el caso de actuaciones automatizadas referidas a funciones de comprobación o certificación o las que, incluso, se desarrollan para actuaciones materiales o técnicas como la vigilancia del tráfico o la regulación semafórica.

Ahora bien, en el caso de las decisiones automatizadas el hándicap para considerar que estamos ante una encomienda de gestión hecha

---

administrativo. En este escenario estaríamos admitiendo una delegación de la competencia administrativa a favor de una fórmula matemática.

a un algoritmo o una máquina no es otro que su empleo, vía artículo 11 LRJSP, para actividades de carácter material o técnico pero no para actuaciones jurídicas o "en el marco de un procedimiento administrativo" como prescribe el artículo 41 LRJSP. En todo caso, y aceptando eventualmente esta hipótesis, comoquiera que la encomienda de gestión no entraña cesión de la titularidad de la competencia ni de los elementos sustantivos de su ejercicio, el órgano encomendante de la gestión es el llamado a dictar los actos o resoluciones de carácter jurídico que den soporte a la concreta actividad material objeto de la encomienda. Y aunque en una actuación automatizada el órgano a quien se imputa la misma no va a dictar ningún acto a posteriori, sí es verdad que debe autenticar y validar la actuación mediante alguno de los sistemas de firma electrónica, en los términos que ya nos resultan conocidos.

III. LA SUPERVISIÓN ADMINISTRATIVA, CON INTERVENCIÓN HUMANA, DE LA ACTUACIÓN AUTOMATIZADA

El empleo de algoritmos o programas informáticos puede generar, en aquellos procedimientos que se presten de mejor forma a una actuación automatizada[123], una mayor confianza, seguridad y una aparente garantía de imparcialidad y objetividad que la actuación humana tradicional. Ello es debido al manejo de un número desbordante de datos y solicitudes en procesos masivos que, sin duda, mejoran los tiempos de atención y respuesta[124] y donde el error humano puede

---

123 De forma muy gráfica el artículo 68.1.b) de la Ley 4/2019, de 17 de julio, de administración digital de Galicia reconoce que en la fase de diseño de un procedimiento administrativo o servicio habrán de tenerse en cuenta, entre los elementos básicos de su configuración digital, la incorporación de actuaciones administrativas automatizadas en trámites que sean susceptibles de esta configuración, reduciendo sustancialmente los tiempos de tramitación y atención.

124 Como se reconoce en el artículo 6.2.f) del Decreto 622/2019, de 27 de diciembre, de administración electrónica, simplificación de procedimientos y racionalización organizativa de la Junta de Andalucía y en el artículo 4.1.g)

ser mayor que el de una máquina. Ahora bien, la actuación automatizada, despojada de cualquier interferencia subjetiva en los supuestos incluso de adopción de resoluciones de procedimientos, no está exenta tampoco de posibles errores que, de producirse, también en la toma automatizada de decisiones, cuestionan su fiabilidad[125] por repercutir en la esfera jurídica de derechos de los ciudadanos. Ésta es la razón por la que resulta necesario que, sin perjuicio del control de legalidad de la propia actuación automatizada en vía de recurso, la misma sea supervisada debidamente "desde la consideración del respeto al ejercicio de la competencia por quien la tiene realmente atribuida[126]". Una supervisión que alcanza al corazón de la propia actuación automatizada[127], a la famosa "caja negra" del sistema, como lo es la conformación del algoritmo empleado para adoptar el acto automatizado y la comprensión del código fuente de las aplicaciones utilizadas por la administración pública para evitar que errores en su diseño o por datos indebidos en su manejo se generen actuaciones o decisiones "herméticas[128]", opacas y claramente perjudiciales para los intereses de los destinatarios de las mismas. De este modo, en la distinción, que ya nos consta, que introduce el artículo 41.2 LRJSP, el órgano competente de la supervisión es el llamado a velar por el respeto de los principios de legalidad, igualdad, publicidad, transparencia, eficacia y eficiencia en estas actuaciones automatiza-

---

de la Ley 1/2021, de 11 de febrero, de simplificación administrativa de Aragón, la prestancia de la actuación automatizada se produce con aquellos procedimientos en que se resuelven las pretensiones y demandas de la ciudadanía tras un único contacto con la Administración o en un tiempo muy breve.

125 *Vid.* Cerrillo Martínez (2020).

126 *Vid.* Valero Torrijos (2013: 70).

127 La supervisión de la actuación automatizada obliga a definir y establecer los objetivos y criterios que se utilizarán para evaluar la actuación automatizada. Esto implica determinar qué se espera lograr con la automatización y los estándares que se deben cumplir. También es esencial contar con un diseño y desarrollo adecuados de la actuación automatizada, seguir buenas prácticas de programación y utilizar algoritmos transparentes y explicables con revisiones o auditorías periódicas para detectar posibles errores o sesgos y escrutar si se están cumpliendo los objetivos previstos y si está produciendo algún efecto no deseado.

128 *Vid.* Llano Alonso (2022: 17).

das[129]. Porque, así como resulta necesario conformar una situación abstracta de imparcialidad en el titular del órgano administrativo garantizándose mediante unas causas de abstención (artículo 23 LRJSP) y unas causas de recusación (artículo 24 LRJSP), en el caso de la actuación automatizada un algoritmo o fórmula algorítmica no es absoluta y necesariamente neutra en su configuración. Lo que implica que las decisiones tomadas por el sistema informático deben estar basadas en criterios objetivos y transparentes, evitando cualquier tipo de sesgo (el llamado sesgo algorítmico[130]), discriminación, incluso indirecta, o arbitrariedad.

Por la propia lógica que imprime la fuerza de las cosas, la supervisión de la actuación automatizada no puede estar a su vez automatizada con lo que es aquí donde entra de lleno la intervención humana directa[131]. Así, el epígrafe XXV apartado 3 de la Carta de Derechos Digitales de 2021 reconoce abiertamente que "las personas tienen derecho a solicitar una supervisión e intervención humana y a impugnar las decisiones automatizadas tomadas por sistemas de inteligencia artificial que produzcan efectos en su esfera personal y patrimonial". También el artículo 22.3 del Reglamento UE 2016/679, de 27 de abril, de protección de datos personales cuando reconoce el control o reserva de humanidad[132] y la supervisión humana mediante "el derecho a obtener intervención humana por parte del responsable". Y es que los destinatarios últimos de una actuación automatizada tienen derecho a la explicación del algoritmo y, con ello, a cono-

---

129 Velar, en definitiva, porque el diseño del algoritmo sea adecuado al marco jurídico vigente aplicable.

130 Un sesgo que no es tanto del algoritmo en sí mismo considerado o de la aplicación informática utilizada sino del programador o de la persona que introduce y adapta la regla jurídica a una fórmula matemática a partir de su propia interpretación subjetiva pudiendo llegar a crear un modelo con modificación del contenido y del alcance de la propia norma jurídica.

131 Gamero Casado (2023: 416 y 417) no sólo apunta que la supervisión ha de ser humana sino que también de índole multidisciplinar al deber venir integrada por especialistas de diferentes campos o especialidades donde además de matemáticos, ingenieros e informáticos haya también juristas.

132 *Vid.* Ponce Solé (2022).

cer la lógica subyacente y las consecuencias en casos que supongan la utilización de algoritmos para adoptar decisiones automatizadas[133].

La supervisión e intervención humana de la actuación automatizada fiscaliza la corrección en la actuación administrativa a través de una suerte de (auto)control interno en el seno de la propia administración[134]. Lo que cobra especial sentido cuando la programación o el diseño previo de las aplicaciones o formulaciones informáticas empleadas en la actuación automatizada es realizada por una empresa o un sujeto externo a la propia administración pública[135]. El fin último es preservar, al igual que cualquier otra actuación administrativa, la legalidad de la actuación automatizada. Pero, al tratarse de una actuación automatizada o sobre la base de un software, es necesario introducir una serie de cautelas previas que no están presentes en la operativa de una actuación administrativa humana al uso. Así, la supervisión de la actuación automatizada se puede desarrollar en dos momentos o secuencias distintas.

En efecto, y como ya nos consta, el artículo 41.2 LRJSP contempla, en toda actuación administrativa automatizada, la previa determinación del órgano u órganos competentes, según los casos, para la definición de las especificaciones, programación, mantenimiento, supervisión y control de calidad y, en su caso, auditoría del sistema de información y de su código fuente. A lo que se suma la indicación

---

133 En esos casos, resulta imprescindible la determinación de los criterios de programación y funcionamiento del algoritmo, así como la inteligibilidad y la trazabilidad del proceso de toma de decisiones final. *Vid.* más ampliamente acerca del derecho a conocer el algoritmo empleado en la toma de decisiones el trabajo de Medina Guerrero (2022) y sobre el acceso al código fuente Fuertes López (2022).

134 En el mismo sentido Gamero Casado (2021: 3) reconoce que "la supervisión del sistema y su auditoría son, por tanto, el primer y muy relevante mecanismo de control que debe existir sobre la inteligencia artificial en el sector público".

135 Como advierte Valero Torrijos (2013: 70) esa supervisión o fiscalización no es, sin embargo, realizada porque el personal de la Administración carece de la formación y los conocimientos necesarios para poder realizar todas las comprobaciones que son necesarias o, "lo que resulta aún más grave, por inercia o confianza en los productos que ofrecen tales prestadores de servicios".

del órgano considerado responsable de la actuación automatizada a efectos de impugnación de la misma porque no se considere válida.

Así las cosas, la supervisión puede ser *ex ante* o previa a la misma actuación automatizada comoquiera que resulta necesario definir anticipadamente y aprobar[136] las especificaciones técnicas y la programación seguida en el diseño del algoritmo a utilizar en la actuación automatizada. Porque la norma es definida o traducida mediante una función matemática o un algoritmo, sobre el que se desarrolla un programa informático para tramitar y resolver los procedimientos oportunos, que incorpora ponderaciones o diferencias no establecidas expresamente por el legislador. Es por ello por lo que resulta necesaria una "verificación matemática", una suerte de evaluación de la conformidad a Derecho de esa función[137]. De modo que el órgano titular o competente técnicamente como responsable último del sistema es el llamado a asumir los errores, imprecisiones o incoherencias que puedan derivarse de la actuación automatizada.

Además de lo anterior, en segundo término, también cuando la actuación automatizada se encuentre operativa, resulta ineludible su mantenimiento, supervisión y control de su calidad así como la auditoría del sistema de información y del código fuente empleado. Una manifestación muy clara y concreta de esta supervisión previa la encontramos en el artículo 142.2 LGP. Este precepto, referido al control de la gestión económico-financiera efectuado por la Intervención General de la Administración del Estado, prevé una auditoría previa de la Intervención General de la Administración del Estado para verificar que en los casos de actuación administrativa automatizada el nuevo procedimiento de gestión incorpora los controles automatizados necesarios a la naturaleza del mismo y se ajusta a las prescripciones del por entonces artículo 39 LAE, hoy en día artículo

136 Gómez Puente (2019: 350) entiende que esa definición previa y aprobación debe hacerse a través de una disposición de carácter general.

137 *Idem*. A mayor abundamiento, y como refiere Parejo Alfonso (2021: 59), el control de la eventual desviación del algoritmo, que se interpone entre la norma legal y el resultado de su funcionamiento, obliga a "la comprobación de la corrección de la fiel traslación del programa legal al automatizado (cual sucede con los reglamentos ejecutivos)".

41 LRJSP. De forma que cuando de ese informe de auditoría se derive el incumplimiento de las especificaciones del sistema de información o la detección de deficiencias graves, dichos incumplimientos o deficiencias deben ser solventados por el órgano u órganos competentes antes de la aprobación de la norma por la que se establezca la actuación automatizada[138].

Junto a esta supervisión "técnica" que se produce antes de tener lugar la actuación automatizada concurre también una supervisión *ex post* o del resultado de claros tintes jurídicos. Y es que una vez adoptada la decisión administrativa automatizada entra en juego el sistema de control interno previsto para cualquier actuación administrativa a través de la revisión de oficio o del sistema de recursos administrativos, todo ello sin perjuicio del control externo actuado mediante la jurisdicción contencioso-administrativa. Y es que la actuación administrativa, por muy automatizada que sea, se debe fiscalizar mediante parámetros jurídico-administrativos y no estrictamente informáticos[139].

Un control de legalidad de la actuación automatizada especialmente complejo comoquiera que exige "evaluar la conformidad a Derecho de un desarrollo informático, de un algoritmo definido para dar cumplimiento a la ley haciendo una interpretación de ella[140]" por

---

138 Vid. también, en los mismos términos, el artículo 93.2 de la Ley 1/2015, de 6 de febrero, de hacienda pública, del sector público instrumental y de subvenciones de Valencia.

139 Es aquí donde concurre el riesgo de la que se ha dado en llamar (Gutiérrez David, 2021: 161) como "automatización del sesgo" o, lo que es lo mismo, "la complacencia y dependencia excesiva del usuario del modelo (en este caso, la Administración) con los resultados generados por el algoritmo sin entrar a evaluar la adecuación, validez y justicia del modelo y sus resultados". También Ponce Solé (2019: 17) apunta a la inercia del ser humano a confiar en el resultado final ofrecido por un algoritmo, sin llegar a cuestionarse si se ha podido producir un error o si se ha llegado a una decisión con datos sesgados.

140 *Vid.* Gómez Puente (2019: 350). También Parejo Alfonso (2021: 53) ha advertido, dadas las especiales características del algoritmo, la dificultad de su examen externo, en particular, "su reproducción jurídica convencional para su contraste con la norma legal de cuya aplicación se trata". Y es que no puede perderse de vista que así como la norma puede llegar a ser

parte de alguien que tenga la autoridad, competencia, pero también el suficiente conocimiento[141] para modificar o revisar la decisión algorítmica cuestionada por su destinatario último. Y es que aquí la clave se encuentra en la motivación del acto automatizado adoptado sobre la base de un modelo utilizado y su encaje con la exigencia del artículo 35.1 LPAC en lo relativo a la "sucinta referencia de hechos y fundamentos de derecho[142]". Porque en el caso de una decisión algorítmica la legislación administrativa no contempla[143] ni representa

programada o definida en lenguaje algorítmico "la interacción con otras normas jurídicas, principios o precedentes no es un aspecto del Derecho que parezca fácilmente susceptible de computación" (Moral Soriano, 2022: 479).

141 Es así como se abre otro frente que no podemos abordar ahora relativo al control jurisdiccional de la legalidad de los actos administrativos fundados en un algoritmo. Tal y como ya advirtiera certeramente Auby (2018: 21 y 22), por lo general, el juez no sólo no estará mejor equipado que el ciudadano medio para comprender los algoritmos, sino que es dudoso que los instrumentos que utiliza habitualmente para controlar las razones de las decisiones administrativas y la relación de estas decisiones con sus razones conserven su eficacia habitual. Estos instrumentos, ya sean el control de la racionalidad, la proporcionalidad, el error manifiesto de apreciación, etc, están dirigidos a racionalidades clásicas y causales que es probable resulten de poca ayuda frente a motivaciones que se basan en correlaciones estadísticas. Es así como el autor francés sentencia si a resultas de lo anterior los tribunales se verán inducidos a admitir demandas contra los propios algoritmos.

142 Como con acierto manifiesta Tahirí Moreno (2023: 203), aplicado al ámbito de las decisiones algorítmicas, todo ciudadano tiene derecho a conocer las razones fácticas y jurídicas (que no informáticas) del acto administrativo dictado.

143 A diferencia del caso francés donde el artículo L311-3-1 del Código de relaciones entre el público y la Administración respecto de las decisiones individuales adoptadas sobre la base de un tratamiento algoritmo obliga a que las reglas que definen ese tratamiento y las principales características principales de su implementación sean comunicadas por la Administración a la parte interesada si así lo solicita esta última. A mayor abundamiento, el artículo R311-3-1-2 del Decreto nº2017-330, de 14 de marzo, relativo a los derechos de las personas que sean objeto de decisiones individuales adoptadas sobre un tratamiento algorítmico concreta cuál es la información específica que debe facilitarse al interesado cuando la decisión que le afecta sea automatizada. Así, i) el grado y el modo de contribución del

convenientemente la obligación para la administración de motivar un acto automatizado y evidenciar cómo una aplicación informática ha llegado a esa decisión y no a otra.

IV. LA RESPONSABILIDAD POR LA ACTUACIÓN ADMINISTRATIVA AUTOMATIZADA

Nuestro ordenamiento jurídico construye el régimen de responsabilidad como un mecanismo de cierre del sistema que se activa y se vuelve operativo, en caso de quiebra, ante la causación de un efecto indeseado y lesivo en los ciudadanos con el fin de corregir o subsanar el daño producido. Sistema de cierre donde se hace preciso proceder a la identificación de un centro de imputación.

En efecto, en el llamado requisito subjetivo de la responsabilidad patrimonial, toda la atención se concentra en el sujeto Administración Pública como responsable último de la causación del daño y del abono de la correspondiente indemnización. Ahora bien, este sistema de responsabilidad está pergeñado para todas aquellas acciones u omisiones de la administración pública desarrolladas de forma convencional. Pero, ¿cómo saber, en caso de una actuación automatizada, si la Administración Pública es la responsable del daño causado y, por tanto, la obligada al pago de la indemnización? ¿Cuál es el perjuicio, la lesión, en el caso de actuación automatizada? ¿Quién es

tratamiento algorítmico a la toma de la decisión; ii) los datos tratados y sus fuentes; iii) los parámetros de tratamiento y, si procede, su ponderación aplicados a la situación del interesado; y iv) las operaciones efectuadas por el tratamiento. Vid. más ampliamente Gutiérrez David (2021: 186 y 189). No obstante lo anterior, la Carta de Derechos Digitales de 2021 sí recoge en su apartado XVIII, entre los derechos digitales de la ciudadanía en sus relaciones con las Administraciones Públicas, el derecho a "obtener una motivación comprensible en lenguaje natural de las decisiones que se adopten en el entorno digital, con justificación de las normas jurídicas relevantes, tecnología empleada, así como de los criterios de aplicación de las mismas al caso. El interesado tendrá derecho a que se motive o se explique la decisión administrativa cuando esta se separe del criterio propuesto por un sistema automatizado o inteligente".

el causante de la lesión y cómo se imputa, en su caso, a la Administración? A nadie se le escapa que si el empleo de algoritmos se produce en el seno de la Administración la misma debe ser responsable de los resultados que arrojen las series algorítmicas. Pero ¿cómo y con qué fundamento?

La lesión puede venir provocada por el empleo por la Administración de una aplicación informática o por la propia actuación automatizada en sí misma considerada que, al resultar contraria a los intereses del ciudadano destinatario de la misma, le provoca una afección negativa en su esfera de derechos. En esos casos, el artículo 41.2 LRJSP, como ya nos consta, obliga a identificar al órgano "que debe ser considerado responsable a efectos de impugnación". Una responsabilidad que es jurídica en cuanto al órgano que da la cara en la actuación automatizada y que, se entiende por lo ya expuesto, asume la autoría de la misma como responsable por ser el órgano que tiene atribuida la competencia jurídica material de la actuación administrativa. Pero el artículo 41.2 LRJSP no está atribuyendo necesariamente la responsabilidad disciplinaria o personal al titular de este órgano administrativo comoquiera que en esa actuación están (o pueden llegar a estar) implicados distintos órganos[144] que participan en algún momento o secuencia de la actuación automatizada y de los que es preciso desentrañar su eventual responsabilidad.

En estrictos términos jurídicos, necesitamos, lo primero de todo, un "título de imputación". Y en materia de responsabilidad patrimonial de la Administración Pública el título de imputación del daño a la Administración Pública no es otro que el funcionamiento normal o anormal de un servicio público (artículo 106.2 CE) que, a nuestro juicio, sigue siendo válido para sostener las eventuales responsabilidades derivadas de una actuación administrativa automatizada. No

---

[144] Así, el órgano competente jurídicamente que asume la autoría de la actuación automatizada como responsable de la misma; el órgano que autoriza o aprueba la actuación automatizada y que no tiene por qué ser el mismo que el anterior; el órgano encargado de la supervisión técnica de la actuación automatizada; el órgano que contrata o que encarga el diseño y elaboración del algoritmo para emplear en la actuación automatizada; y, finalmente, el órgano que elabora el algoritmo y que, en la mayoría de los casos, será un sujeto externo a la propia organización administrativa.

obstante, aunque el título de imputación es el funcionamiento de un servicio público resta por desentrañar las causas de imputación. O, lo que es lo mismo, los supuestos en los que se puede, a través de ese título, imputar a la Administración Pública el efecto lesivo provocado al ciudadano como resultado de una actuación automatizada.

Una actuación automatizada que ocasiona una lesión a un ciudadano puede imputarse a la Administración sobre la base de un funcionamiento anormal, bien porque la misma sea el resultado de la acción u omisión del personal al servicio de la Administración o de sus agentes, bien por el riesgo como causa de imputación y que ha acabado formalizándose en una norma jurídica, concretamente y en la actualidad en el artículo 34.1 LRJSP.

Comenzando por esta última causa de imputación, sólo son indemnizables las lesiones producidas al particular provenientes de daños que éste no tenga el deber jurídico de soportar de acuerdo con la Ley. Y lo que este precepto introduce es un mecanismo corrector señalando acto seguido que "No serán indemnizables los daños que se deriven de hechos o circunstancias que no se hubiesen podido prever o evitar según el estado de los conocimientos de la ciencia o de la técnica existentes en el momento de producción de aquéllos, todo ello sin perjuicio de las prestaciones asistenciales o económicas que las leyes puedan establecer para estos casos".

La norma limita la posible responsabilidad patrimonial de la Administración Pública por causa de riesgo (no se le podrá imputar el daño producido) y, por tanto, no habrá indemnización si el estado del conocimiento científico impide conocer sus potenciales efectos lesivos. Hay que señalar, no obstante, que esta causa de imputación (con origen en la jurisprudencia recaída en los casos de responsabilidad sanitaria de contagios por transfusiones de sangre contaminada) no está exenta de dudas en determinados ámbitos de actuación, como puede ser ahora el empleo de la automatización o la inteligencia artificial. Porque si el estado de los conocimientos científicos y técnicos no permite asegurar, en el momento en que la actividad comienza a desarrollarse, ni los peligros ni la neutralidad, ante el mínimo atisbo de duda lo lógico es que la actividad no deba desarrollarse por lo que, si finalmente se lleva a cabo, la Administración

Pública debe asumir el riesgo y la consiguiente responsabilidad por los posibles daños ocasionados[145].

Por lo que se refiere a la acción u omisión del personal al servicio de la Administración, agentes o autoridades es aquí donde pensamos que adquiere todo su protagonismo el titular del órgano administrativo que se considera "autor" y, por ende, responsable de la decisión automatizada en los términos apuntados por el artículo 41.2 LRJSP y que ya nos constan.

En todo caso, y como se ha apuntado *ut supra*, la actuación automatizada incrementa el número de posibles sujetos (órganos) responsables frente a una actuación convencional. Porque, así como con el dictado de un acto o actuación administrativa no automatizada seguida por el titular del órgano administrativo éste va a ser el único responsable, en caso de una actuación automatizada asistimos a una suerte de responsabilidad colegiada o concurrente entre diversos órganos previamente definidos con competencias técnicas y jurídicas en dicha actuación. Y es que, por el hecho de que la actuación administrativa se encuentre automatizada, no puede significar una total exención de responsabilidad del/los órgano/s que no puede/n por ello escudarse en un algoritmo para eludir su eventual responsabilidad. Al mismo tiempo, no puede pasarse por alto que, y estrechamente relacionado con esto, resulta mucho más sencillo a un ciudadano exigir la responsabilidad de una persona "de carne y hueso" que de un robot.

Conforme a esta causa de imputación de la que ahora nos ocupamos, la lesión realmente se produce por una persona física (funcionario, agente, personal o autoridad al servicio de la Administración Pública) y no por una máquina. Luego, como resulta sabido, esa actuación de esa persona física se toma como actuación de la Administración misma a los efectos de imputar a la Administración Pública la responsabilidad. Es así como en una actuación automatizada, y sobre la base de lo dispuesto en el artículo 36 LRJSP, y en

---

145 Lo que puede suceder en casos de discriminación (por los sesgos algorítmicos), vulneración de la intimidad o la privacidad de las personas y la contravención del principio de igualdad.

línea con el propio artículo 41.2 LRJSP, hay “culpa del servicio” en la persona del titular del órgano administrativo competente jurídicamente que asume y hace suya, como propia y en los términos que ya nos constan, la decisión automatizada[146] por lo que la persona perjudicada podrá reclamar directamente a la Administración Pública la indemnización por los daños y perjuicios causados por autoridades, funcionarios y personal a su servicio[147] (artículo 36.1 LRJSP). El régimen de responsabilidad patrimonial posibilita, por tanto, la imputación a la Administración Pública de la lesión sufrida por el ciudadano como consecuencia del funcionamiento (normal o anormal) de los servicios públicos aún cuando el daño, y esto es ahora lo más importante, pueda personalmente atribuirse a un funcionario[148] o agente al servicio de la Administración Pública sin que una actuación automatizada provoque, en principio, alteración alguna de este postulado general[149] siempre y cuando el titular del órgano competente asuma la autoría o se le impute, como autor interpuesto, la actuación

146 En la práctica administrativa el titular del órgano asume la decisión automatizada del programa informático porque de esta forma está más protegido o cubierto frente a posibles responsabilidades ya que la responsabilidad última será del órgano y, por ende, de la Administración. En cambio, si el titular del órgano administrativo decide variar o modificar la decisión automatizada proporcionada por la máquina y resuelve en sentido contrario se expone o se enfrenta a eventuales responsabilidades personales.

147 Ello sin perjuicio de la responsabilidad penal y la responsabilidad civil derivada de delito en la que puede haber incurrido igualmente el funcionario, agente, o autoridad. Responsabilidad que se ventilará según la legislación correspondiente, tal y como prevé el artículo 37.1 LRJSP.

148 Debe entenderse que la responsabilidad no puede ser estrictamente personal del funcionario, autoridad o titular del órgano administrativo sino del órgano mismo ya que, en puridad, la actuación automatizada no es realmente suya por más que se impute en última instancia esa actuación a la persona física por el sistema de firma electrónica.

149 La imputación jurídica del error (y de la decisión misma) debe referirse siempre al ser humano que es el titular del órgano administrativo, porque el sistema de imputación de las decisiones y, por ende, la responsabilidad administrativa relacionada con esas mismas decisiones no cambian con el empleo de la automatización en una actuación administrativa. Es más, la responsabilidad “humana” del titular del órgano administrativo se puede llegar a dar, bien porque el titular del órgano se oponga y, por tanto, rechace lo que le diga la aplicación informática, bien porque el titular del órgano

automatizada y, por ende, se responsabilice[150] de la misma frente al ciudadano.

A mayor abundamiento, todavía puede atisbarse un paso más en la eventual responsabilidad del titular del órgano administrativo. El artículo 20.1 LPAC determina claramente que los titulares de las unidades administrativas y el personal al servicio de las Administraciones Públicas que tuviesen a su cargo la resolución o el despacho de los asuntos, serán responsables directos de su tramitación. De forma que los interesados podrán solicitar la exigencia de esa responsabilidad a la Administración Pública de que dependa el personal afectado (artículo 20.2 LPAC). Por su parte, el artículo 21.6 LPAC atribuye directamente al personal al servicio de las Administraciones Públicas que tenga a su cargo el despacho de los asuntos, así como a los

---

administrativo no haya mínimamente fiscalizado el resultado de la máquina y que resulta claramente lesivo o perjudicial para un ciudadano.

150 En esta primera posibilidad, si se confirma la responsabilidad patrimonial y la Administración Pública indemniza al ciudadano por los daños imputables a la acción dolosa o gravemente culposa del funcionario realmente responsable, se abre una "vía de regreso" interna donde la Administración Pública viene obligada a repetir (internamente y en un plano disciplinario "doméstico") contra el funcionario o agente responsable. Téngase en cuenta que el tenor literal del actual artículo 36.2 LRJSP señala "exigirá de oficio" lo que supone que la Administración Pública debe, siempre y en todo momento, exigir la responsabilidad de sus funcionarios, agentes, autoridades y personal, previa instrucción del procedimiento reglamentariamente establecido. A tal fin, el propio artículo 36.2 LRJSP introduce una serie de prescripciones a los efectos de que la Administración Pública module el alcance de esa responsabilidad interna y que se hacen particularmente interesantes en el caso de lesión por una actuación automatizada. Así, el artículo 36.2 LRJSP obliga a atender al resultado dañoso producido, el grado de culpabilidad, la existencia o no de intencionalidad, la responsabilidad profesional del personal al servicio de las Administraciones Públicas y su relación con la producción del resultado dañoso. Supuestos estos en los que, tratándose de una actuación automatizada completa donde la decisión administrativa es tomada por un robot software, el titular del órgano administrativo no ha tenido ningún tipo de intervención directa. Por lo que su responsabilidad disciplinaria entendemos que debe ser básica o "en grado mínimo" a no ser que haya podido comprobar el resultado automatizado de la decisión administrativa y cambiar, en su caso, el parecer de la máquina para tratar de evitar los efectos lesivos de la misma.

titulares de los órganos administrativos competentes para instruir y resolver la responsabilidad, en el ámbito de sus competencias, del cumplimiento de la obligación legal de dictar resolución expresa en plazo. El incumplimiento de dicha obligación dará lugar a la exigencia de responsabilidad disciplinaria, sin perjuicio de la que hubiere lugar de acuerdo con la normativa aplicable. Extremo éste donde, quizás, mayor incidencia puede tener la entrada en juego de la automatización comoquiera que una máquina podrá resolver en plazo de una manera, supuestamente, más ágil y eficiente que el ser humano.

Sea como fuere, la responsabilidad "sobrevuela" sobre el titular del órgano administrativo competente en estrictos términos jurídicos. Así, habiendo tomado o no la decisión, auxiliado por medios automatizados o por imputación al mismo de la decisión administrativa totalmente automatizada, el titular del órgano administrativo es responsable igualmente de la gestión de la información resultante de una actuación automatizada. Así, conforme al artículo 44.1 de la Ley 5/2021, de 29 de junio, de Organización y Régimen Jurídico del Sector Público Autonómico de Aragón, "los titulares de los órganos administrativos son los responsables de la gestión de la información que sirve de base a la toma de decisiones o a la actuación administrativa sea automatizada o individualizada".

La responsabilidad parece quedar reducida a "la gestión de la información" que es necesaria para la toma de decisiones o para la actuación administrativa también en los casos en que la misma sea automatizada. Una responsabilidad que por imputación alcanza a la responsabilidad de la completa actuación automatizada como órgano a quien se le atribuye la competencia jurídica. Y es que el artículo 44.2 de la citada Ley 5/2021, de 29 de junio determina que los órganos responsables de los procedimientos administrativos son a su vez responsables de la integridad, veracidad y exactitud de los datos que obren en sus bases de datos comoquiera que los datos incluidos en las bases de datos de la Administración pública se consideran como válidos a efectos de la actuación administrativa automatizada. Es así como el titular del órgano administrativo debe asegurarse de que los datos utilizados en los sistemas automatizados sean de calidad y estén actualizados asumiendo la responsabilidad de ellos. Esto implica establecer mecanismos de control y supervisión para verificar la veracidad y fiabilidad de los datos utilizados que pueden caer en la órbita competencial de otros órganos (el competente de la supervisión técnica de la actuación automatizada) pero cuya responsabilidad se imputa al órgano competente jurídicamente.

Todo lo anterior en el supuesto de que el funcionario, agente o autoridad sea responsable de la lesión provocada a un ciudadano. Ya que cuando una autoridad, agente, funcionario y demás personal a su servicio sea responsable de los daños y perjuicios causados en los bienes y derechos de la propia Administración Pública (aquí, por tanto, ya no interviene ningún ciudadano como víctima de una lesión) concurriendo además dolo, culpa, o negligencia graves, la Administración Pública, en buena lógica, instruirá el correspondiente procedimiento disciplinario de responsabilidad (artículo 36.3 LRJ-SP). Esta responsabilidad disciplinaria no ofrece, a nuestro modo de ver, ninguna particularidad relevante en el caso de una actuación automatizada ya que el daño a cualquier máquina o programa informático que emplee la administración para su actuación debe entenderse como un daño a un bien material de la administración que se sustancia de la forma apuntada.

En otro orden de consideraciones, la actuación administrativa automatizada también puede desencadenar una suerte de responsabilidad *in vigilando* de la Administración por el correcto funcionamiento de la aplicación informática. Ya nos consta que la Administración que se sirva de medios o sistemas automatizados debe establecer mecanismos de control y supervisión de los mismos para detectar posibles errores, sesgos o irregularidades. Esto implica establecer procedimientos de revisión y reclamación para que los ciudadanos puedan impugnar las decisiones automatizadas si consideran que han sido injustas o incorrectas. Pero no sólo eso, también evaluar el impacto de los sistemas automatizados. Es así que la Administración debe evaluar y supervisar periódicamente el impacto de los sistemas automatizados en los ciudadanos y en la sociedad en general. Esto implica analizar los resultados y consecuencias de las decisiones automatizadas, identificar posibles problemas o efectos no deseados, y tomar medidas de corrección si fuese necesario mediante una suerte de monitorización continua. Por lo que, llegado el caso, y en ausencia de dicha vigilancia sobre la actuación automatizada, la Administración es responsable de los daños que puedan producirse a resultas de la misma. Responsabilidad que surge del órgano con la competencia técnica en la supervisión de la actuación automatizada.

Es así como se infiere que la responsabilidad por la actuación automatizada de la administración puede llegar a implicar a distintos órganos sin que la LRJSP haya introducido criterios adecuados para discriminar la responsabilidad por una actuación automatizada con la participación de diferentes órganos con un grado de responsabilidad distinto. En esos casos, y ante la necesidad de determinar hasta dónde alcanza la responsabilidad del órgano competente jurídicamente, la del órgano que tiene atribuida la competencia técnica de la supervisión del programa informático y, eventualmente, la del órgano que contrata o encarga la elaboración del algoritmo, si es distinto de alguno de los anteriores, una solución racional la encontramos aplicando el mismo criterio que el artículo 33 LRJSP dispone en los casos de concurrencia de administraciones (aquí y ahora de órganos). Y es que en el caso de una responsabilidad derivada de una actuación automatizada hay concurrencia, si bien no de distintas administraciones, sí de diferentes órganos administrativos. Y lo que debe primar es la garantía del ciudadano lesionado. Es por ello que la regla seguida en el citado artículo 33 LRJSP en los casos de concurrencia entendemos que puede resultar ahora perfectamente aplicable en un supuesto de actuación automatizada lesiva. De forma que todos y cada uno de los órganos administrativos implicados responderán de forma solidaria. Ello como salvaguarda última en los casos en que la responsabilidad no pueda determinarse para cada órgano administrativo atendiendo a criterios de competencia, interés público tutelado e intensidad de la intervención en los términos que contempla el apartado 2 del artículo 33 LRJSP.

Por último, la cuestión se puede complicar aún más cuando en la causación del daño participa un tercero, concretamente el programador o el responsable de crear el algoritmo y traducir, por ende, la norma jurídica en lenguaje de programación de forma que por error, omisión o de forma intencionada o deliberada no traslada correctamente el postulado de la norma al algoritmo. En esos casos, el artículo 32.9 LRJSP, en línea con lo contemplado en el artículo 121.2 de la Ley de expropiación forzosa de 1954, marca la frontera de la responsabilidad de la Administración o del propio tercero en los casos en que exista una orden inmediata o directa de la Administración sobre el tercero encargado de definir el algoritmo o bien que este último haya podido actuar con cierta libertad y margen a la hora de construir el sistema algorítmico donde su responsabilidad será por entero privada y se ventilará por los cauces de la responsabilidad civil y/o penal en los términos que proceda.

V. BIBLIOGRAFÍA

Alamillo Domingo I. y Urios Aparisi F. X (2011). *La actuación administrativa automatizada en el ámbito de las Administraciones Públicas. Análisis jurídico y metodológico para la construcción y la explotación de trámites automáticos.* Barcelona: Escuela de Administración Pública de Cataluña.

Arzoz Santisteban X. Actos administrativos (2023). En Velasco Caballero F. y Darnaculleta i Gardella Mª M. (dirs). *Manual de Derecho Administrativo.* Madrid: Marcial Pons.

Auby J-B (2018). "Algorithmes et Smart Cities: Données Juridiques", Revue Générale du Droit, Etudes et Rèflexions.

Bauzá Martorell F.J (2017). Identificación, autenticación y actuación automatizada de las administraciones públicas, en Gamero Casado E. (dir). *Tratado de procedimiento administrativo común y régimen jurídico básico del sector público.* Valencia: Tirant lo Blanch.

Bermejo Latre J. L (2024). *La aplicación de la inteligencia artificial en la actividad formal e informal de la Administración.* Ponencia presentada al XVIII Congreso de la Asociación Española de Profesores y Profesoras de Derecho Administrativo. El Derecho Administrativo en la era de la inteligencia artificial.

Boix Palop A (2020). "Algorithms as regulations: considering algorithms, when used by the Public Administration for decisión-making, as legal norms in order to guarantee the proper adoption of Administrative Decisions", *European Review of Digital Administration & Law,* 1-2: 75-100.

Boquera Oliver J. Mª (1963). "Criterio conceptual del Derecho administrativo", *Revista de Administración Pública,* 42: 121-153.

Cerrillo Martínez A (2020). "¿Son fiables las decisiones de las Administraciones publicas adoptadas por algoritmos?", *European Review of Digital Administration & Law,* 1-2: 18-36

Cerrillo Martínez A (2021). "Robots, asistentes virtuales y automatización de las administraciones públicas", *Revista galega de Administración Pública*, 61: 271-309

Cerrillo Martínez A (2023). Actuación automatizada, robotizada e inteligente, en Velasco Caballero F. y Darnaculleta i Gardella Mª M. (dirs). *Manual de Derecho Administrativo.* Madrid: Marcial Pons.

De la Sierra S (2024). *El ejercicio de potestades mediante inteligencia artificial. Cautelas jurídicas frente al imperio acrítico de la tecnología.* Ponencia presentada al XVIII Congreso de la Asociación Española de Profesores y Profesoras de Derecho Administrativo. El Derecho Administrativo en la era de la inteligencia artificial.

Eguíluz Castañeira J.A (2020). "Desafíos y retos que plantean las decisiones automatizadas y los perfilados para los derechos fundamentales", *Estudios de Deusto*, 68/2: 325-367.

Fernando Pablo M. M. y Terrón Santos D (2019). Sobre la gobernanza de la inteligencia artificial, en Del guayo Castiella I. y Fernández Carballal A. (coords). *Los desafíos del Derecho Público en el siglo XXI. Libro conmemorativo del XXV Aniversario del acceso a la Cátedra del Profesor Jaime Rodríguez-Arana Muñoz.* Madrid: INAP.

Fuertes López M (2022). "Reflexiones ante la acelerada automatización de actuaciones administrativas", *Revista Jurídica de Asturias*, 45: 105-124.

Gamero Casado E (2016). Funcionamiento electrónico del sector público, en López Menudo F. (dir). *Innovaciones en el procedimiento administrativo común y el régimen jurídico del sector público.* Sevilla: Editorial Universidad de Sevilla e Instituto García Oviedo.

Gamero Casado E (2021). "Compliance (o cumplimiento normativo) de desarrollos de inteligencia artificial para la toma de decisiones administrativas", *Diario La Ley*, 50: 1-13.

Gamero Casado E (2023a). "Sistemas automatizados de toma de decisiones en el Derecho administrativo español", *Revista General de Derecho Administrativo*, 63, 1-18

Gamero Casado E (2023b). Las garantías de régimen jurídico del sector público y del procedimiento administrativo común frente a la actividad automatizada y la inteligencia artificial, en Gamero Casado, E. (dir). *Inteligencia artificial y sector público. Retos, límites y medios.* Valencia: Tirant lo Blanch.

Gómez Puente M (2019). *La Administración electrónica. El procedimiento administrativo digital.* Cizur Menor: Thomson Aranzadi.

Gutiérrez David Mª E (2021). "Administraciones inteligentes y acceso al código fuente y los algoritmos públicos. Conjurando riesgos de cajas negras decisionales", *Derecom*, 30: 143-228

Huergo Lora A (2020). Una aproximación a los algoritmos desde el derecho administrativo, en Huergo Lora A. y Díaz González G. *La regulación de los algoritmos.* Cizur Menor: Thomson Aranzadi.

Izquierdo Carrasco, M (2022). Actuaciones automatizadas en la sanción de irregularidades en el orden social, en Cotino Hueso, L. y Todolí Signes, A (coords). *Explotación y regulación del uso del big data e inteligencia artificial para los servicios públicos y la ciudad inteligente.* Valencia: Tirant lo Blanch

Larson E. J (2022). *El mito de la inteligencia artificial. Por qué las máquinas no pueden pensar como nosotros lo hacemos.* Barcelona: Shackleton Books.

Llano Alonso F.H (2022). La toma de decisiones automatizada y el control de humanidad, en Sánchez Bravo A. (dir). *Intellegentiae artificialis, imperium et civitatem.* Madrid: Alma Mater.

Martín Delgado I (2009a). "Naturaleza, concepto y régimen jurídico de la actuación administrativa automatizada", *Revista de Administración Pública,* 180: 353-386.

Martín Delgado I (2009b). La administración electrónica como problema actual para la investigación y la docencia en el Derecho administrativo, Monografías de la *Revista Aragonesa de Administración Pública.* Agua, Territorio, Cambio Climático y Derecho administrativo. Zaragoza.

Medina Guerrero M (2022). "El derecho a conocer los algoritmos utilizados en la toma de decisiones. Aproximación desde la perspectiva del derecho fundamental a la protección de datos personales", *Teoría y Realidad Constitucional,* 49: 141-171.

Menéndez Sebastián E. Mª (2023). Los procedimientos subvencionales. De la burocracia a la IA: Eficacia o garantía, en Gamero Casado E. y Alarcón Sotomayor L. (coords). *20 años de la Ley General de Subvenciones.* Madrid: INAP.

Moral Soriano L (2022). Decisiones automatizadas, Derecho administrativo y argumentación jurídica, en Llano Alonso F. H (dir). *Inteligencia artificial y Filosofía del Derecho.* Murcia: Laborum

Parada Vázquez J.R (1999). *Régimen jurídico de las Administraciones Públicas y Procedimiento Administrativo Común.* Madrid: Marcial Pons.

Parejo Alfonso L (2021). "Aplicación administrativa de la ley: ¿Legalidad y/o practicabilidad?", *Revista de las Cortes Generales,* 111: 45-74.

Ponce Solé J (2019a). "El Derecho administrativo del siglo XXI", *Revista General de Derecho Administrativo,* 52.

Ponce Solé J (2019b). "Inteligencia artificial, Derecho administrativo y reserva de humanidad: algoritmos y procedimiento administrativo debido tecnológico", *Revista General de Derecho Administrativo*, 50.

Ponce Solé J (2022). "Reserva de humanidad y supervisión humana de la Inteligencia Artificial", *El Cronista del Estado social y democrático de derecho*, 100: 58-67.

Ponce Solé J (2023). Seres humanos e inteligencia artificial: discrecionalidad artificial, reserva de humanidad y supervisión humana, en Gamero Casado, E. (dir). *Inteligencia artificial y sector público. Retos, límites y medios.* Valencia: Tirant lo Blanch

Roig Batalla, A (2000). *Las garantías frente a las decisiones automatizadas. Del Reglamento General de Protección de Datos a la gobernanza algorítmica.* Barcelona: JMBosch.

Santamaría Pastor J. A (1984). "La teoría del órgano en el Derecho administrativo", *Revista española de Derecho Administrativo*, 40-41: 43-86.

Sarasíbar Iriarte M (2019). "La cuarta revolución industrial: el derecho administrativo ante la inteligencia artificial", *Revista Vasca de Administración Pública*, 115: 377-401.

Soriano Arnanz A (2021). "Decisiones automatizadas: problemas y soluciones jurídicas. Más allá de la protección de datos", *Revista de Derecho Público: Teoría y Método*, 3: 85-123.

Tahirí Moreno J.A (2023). "El principio de presunción de falibilidad de las decisiones algorítmicas desfavorables: una nueva garantía jurídica frente a las decisiones automatizadas y el uso de sistemas de inteligencia artificial en la Administración pública", *Revista aragonesa de Administración Pública*, 60: 188-214.

Valero Torrijos J (2013). *Derecho, innovación y Administración electrónica.* Sevilla. Global Law Press-Editorial Derecho Global.

Valero Torrijos J (2007). *El régimen jurídico de la e-administración. El uso de medios informáticos y telemáticos en el procedimiento administrativo.* Granada: Comares.

Vaquer Caballería M (2023). "El humanismo del Derecho administrativo de nuestro tiempo", *Revista de Administración Pública*, 222: 33-64.

Vestri G (2021). "La inteligencia artificial ante el desafío de la transparencia algorítmica. Una aproximación desde la perspectiva jurídico-administrativa", *Revista aragonesa de Administración Pública*, 56: 368-398.

El procedimiento de automatización y los efectos de la automatización sobre los procedimientos administrativos

MARCOS VAQUER CABALLERÍA
Catedrático de Derecho Administrativo
Universidad Carlos III de Madrid

Sumario: I. INTRODUCCIÓN. LA RELACIÓN ENTRE LA ACTUACIÓN AUTOMATIZADA Y EL PROCEDIMIENTO ADMINISTRATIVO: ¿SIMBIOSIS O DEPREDACIÓN? II. AUTOMATIZACIÓN Y ACTUACIÓN AUTOMATIZADA, DOS PROCEDIMIENTOS DISTINTOS. III. OBJETO, ALCANCE Y PROCEDIMIENTO DE LA AUTOMATIZACIÓN. IV. EL PROBLEMA DE SU DEFICIENTE COBERTURA NORMATIVA.V. EFECTOS SOBRE LA ESTRUCTURA DEL PROCEDIMIENTO AUTOMATIZADO. VI. EFECTOS SOBRE LA CONCEPCIÓN DEL PROCEDIMIENTO ADMINISTRATIVO. VII. LOS PROCEDIMIENTOS ADMINISTRATIVOS DE REVISIÓN.

I. INTRODUCCIÓN. LA RELACIÓN ENTRE LA ACTUACIÓN AUTOMATIZADA Y EL PROCEDIMIENTO ADMINISTRATIVO: ¿SIMBIOSIS O DEPREDACIÓN?

La actuación administrativa automatizada (en adelante, también AAA) se define legalmente en el art. 41 LRJSP como "cualquier acto o actuación realizada íntegramente a través de medios electrónicos por una Administración Pública en el marco de un procedimiento administrativo y en la que no haya intervenido de forma directa un empleado público".

La existencia de una relación entre la AAA y el procedimiento administrativo es evidente *prima facie*, desde el momento en que el legislador sólo tiene por tal la que ocurre "en el marco de un procedimiento administrativo". Mucho más difícil me parece valorar la incidencia que la novedosa institución de la AAA va a tener sobre la vieja institución del procedimiento, ya que se trata de un fenómeno todavía emergente y, según cómo se desarrolle, su impacto podrá ser positivo, negativo o ambivalente.

De un lado, la AAA puede contribuir a la decadencia de la importancia que históricamente ha desplegado el acto administrativo en la construcción, tanto dogmática como legal, de nuestro Derecho administrativo[1]. El acto administrativo, entendido como decantación instantánea y formal de la actividad administrativa, ha inspirado el régimen administrativo, impregnando toda su teorización (como acreditan el régimen de validez —arts. 47 a 52 LPAC— o la concepción del procedimiento —art. 70.1 LPAC—). Pero su decadencia ya se ha dejado notar, por ejemplo, al superarse la concepción del contencioso-administrativo como un recurso al acto y al dar cabida a la impugnación de otras formas de "actuación" sujeta al Derecho administrativo (art. 1.1 LJCA), como la inactividad o la vía de hecho (arts. 29 y 30 LJCA).

La AAA puede precipitar esta evolución y, con ello, facilitar la reconsideración y revitalización de la institución del procedimiento administrativo. Al fin y al cabo, un algoritmo es un conjunto ordenado y finito de operaciones que permite hallar la solución de un problema, según el *Diccionario* de la RAE. En otras palabras, es un procedimiento. El protagonismo adquirido por el procedimiento lógico de

---

1 Se deja sentir en esto la impronta de la dogmática alemana del Derecho administrativo. Son célebres y todavía resuenan las palabras de Otto Mayer (1904: 125) según las cuales el Derecho administrativo moderno está dominado por el acto administrativo. Y más recientemente Maurer (2011: 206-207), que ya da noticia de las críticas vertidas en su país a la predominancia del acto administrativo y las propuestas de sustituirlo por la relación jurídico-administrativa como fundamento del sistema del Derecho administrativo, reafirma al acto administrativo como "un concepto irrenunciable" porque, si bien acepta la idea de Bachof (1972: 231) de que el acto "representa sólo un instante dentro de las relaciones en desarrollo", replica que "no se trata de cualquier momento, sino del instante decisivo, del punto temporal en el cual el procedimiento administrativo se cierra y las relaciones jurídicas se regulan y definen para el futuro". Por ello, aunque acepta que "el acto administrativo no es *la*, sino *una* forma, entre otras, de actuación de la Administración", sigue sosteniendo que "tiene una importancia considerable".

decisión puede y debe animar la reflexión sobre la funcionalidad del procedimiento administrativo como institución jurídica.

En una obra seminal en la materia, Julián Valero (2007: 73) advirtió que el acto automático "produce una quiebra del elemento subjetivo del acto administrativo" porque su autor no es el titular del órgano administrativo competente para dictarlo y, por tanto, aquél no es expresión directa de la voluntad, deseo, juicio o conocimiento de éste, por más que eventualmente haya podido visar su programación informática o lo autorice formalmente con su firma electrónica. La relevancia y consecuencias de esta "quiebra" subjetiva sobre la competencia, la imputación y la responsabilidad administrativas son valoradas en el capítulo de Antonio Fortes en la Parte II de esta obra. Lo que aquí interesa es que, como ha subrayado Alejandro Huergo (2022), en la AAA sí hay intervención humana, que ocurre cuando se programa y acaso también cuando se introducen datos y cuando se supervisa el funcionamiento del sistema, pero esta intervención de la persona titular del órgano competente no es "directa" porque no se da en el momento o instante de producción del acto, sino acaso antes y/o después, en el curso de la actuación administrativa.

La alusión definitoria a "cualquier acto o actuación" del artículo 41 LRJSP apunta en este mismo sentido: el acto diluye su importancia en el concepto más comprensivo y flexible de actuación administrativa, esto es, en el proceder o funcionamiento de la administración pública en las relaciones jurídicas que entabla, sobre todo las trabadas con los ciudadanos[2]. Y esta aproximación —menos instantánea, más secuencial— a la actividad administrativa apunta, a su vez, a revalorizar la institución del procedimiento administrativo. Entendido, eso sí, en un sentido amplio (como curso reglado de toda actuación administrativa jurídicamente relevante, no sólo la conducente al dictado de normas o actos o la celebración de contratos) y funcional, no ritualista (es decir, configurado como foro de diálogo que contribuye

---

2 Sobre la conveniencia de superar la tradicional aproximación objetiva y formal al Derecho administrativo por otra subjetiva y funcional, más atenta a la relación jurídica y a las situaciones jurídicas de los sujetos que interactúan en ella, pueden verse Parejo, 2016: 129-141, Utrilla, 2020, *in toto*, y García-Andrade, 2021: 26.

a la eficacia de la administración en el servicio objetivo a los intereses generales con salvaguarda de las competencias, los derechos y los intereses legítimos de todos los sujetos afectados)[3], que podría multiplicar sus potencialidades con la AAA.

Pero de otro lado y contrariamente, la AAA también puede contribuir a devaluar el procedimiento administrativo, restándole capacidad de adaptación a lo nuevo o lo singular y de escucha. Su mecanización puede frustrar algunas de las funciones que el procedimiento está llamado a cumplir. La banalización que, por ahora, ha hecho de la AAA el legislador de las bases del régimen jurídico de las administraciones públicas y el procedimiento administrativo común, que le da una amplia cobertura sin ponerle límites materiales[4] ni apenas requerimientos formales ni tampoco extraer sus consecuencias, puede alimentar este peligro[5]. Sobre el peligro devaluador del procedimiento que arrastra un mecanicismo simplista volveré con mayor fundamento en el apartado V de este trabajo, después de analizar el régimen jurídico de la AAA en España desde una perspectiva procedimental.

---

3 Sobre esta concepción amplia y funcional del procedimiento administrativo, me permito remitir a Vaquer, 2016, de nuevo en Parejo y Vaquer, 2020: 53 ss.

4 Esta omisión podría incluso ser tachada de inconstitucional, habida cuenta de que el artículo 18.4 CE establece que “la ley limitará el uso de la informática para garantizar el honor y la intimidad personal y familiar de los ciudadanos y el pleno ejercicio de sus derechos”. La AAA difícilmente violará el honor de las personas, pero sí puede violar su intimidad y restringir el ejercicio de sus derechos, como la igualdad (art. 14), la participación en asuntos públicos y el acceso a funciones públicas (art. 23), la tutela judicial efectiva (art. 24) o la audiencia en el procedimiento administrativo (art. 105).

5 Una mayor banalidad aún ha denunciado la doctrina en Italia, donde el legislador del *Codice dell'amministrazione digitale* no menciona siquiera las decisiones automatizadas (Civitarese Matteucci, 2019: 10), de donde surge la cuestión de si les da cobertura o si opta más bien por una “digitalización de pura apariencia” de procedimientos que sigan lógicas “en papel” pero con actos predefinidos, difundidos y conservados en modalidad digital, lo que ha provocado una jurisprudencia vacilante en la materia (Carloni, 2020).

II. AUTOMATIZACIÓN Y ACTUACIÓN AUTOMATIZADA, DOS PROCEDIMIENTOS DISTINTOS

Toda actuación administrativa automatizada es el resultado de un proceso previo de automatización. En consecuencia, todo procedimiento (total o parcialmente) automatizado requiere un procedimiento administrativo previo conducente a disponer esa automatización.

Para ilustrarnos sobre la relevancia jurídica de la actuación de automatización y su necesaria diferenciación de la actuación automatizada, pensemos, como hipótesis, en la instalación de un sistema informático de detección automatizada de indicios de infracciones administrativas que incurriera sistemáticamente en algún sesgo, es decir, sobreponderase los riesgos y/o indicios de infracción de las personas de determinado sexo, raza, religión, ideología o condición socio-económica, siendo así que las alertas del sistema determinasen la iniciación de actuaciones inspectoras y/o sancionadoras[6]. Pues bien, la discriminación en que incurre el sistema informático violaría derechos fundamentales susceptibles de amparo y debería determinar tanto la nulidad radical de la disposición que habilitó su uso como el cese del mismo, aunque algunas o todas las alertas y las consecuentes resoluciones sancionadoras, si estuviesen motivadas por infracciones efectivamente cometidas y acreditadas, pudieran ser válidas en virtud del criterio de conservación de los actos y trámites cuyo contenido se hubiera mantenido igual de no haberse cometido la infracción (art. 51 LPAC). En suma, la actuación de automatización sería nula, pero la actuación automatizada podría ser válida y eficaz.

---

6 Estas hipótesis están inspiradas en el caso resuelto por la famosa Sentencia del Tribunal de Distrito de La Haya de 5 de febrero de 2020 (ECLI:NL:RBDHA:2020:865) que anuló el empleo gubernamental de un sistema de detección de riesgos de fraude a la seguridad social, por sus sesgos en contra de pobres e inmigrantes, como un tratamiento de datos personales contrario al derecho de respeto a la privacidad del art. 8 de la Carta Europea de Derechos Humanos.

Sin embargo, de esa actividad previa de automatización, el art. 41 LRJSP se limita a decir que deberá "establecerse previamente" el órgano o los órganos competentes sobre el sistema de información y su código fuente y que "se indicará" asimismo el responsable a efectos de impugnación, a lo que el art. 42 añade una habilitación a cada administración pública para "determinar los supuestos de utilización" de los sistemas de firma electrónica que contempla.

El lacónico artículo 41 reproduce literalmente lo que antes preveía el artículo 39 LAESP, por lo que sigue siendo cierta quince años después la advertencia que hizo tempranamente Isaac Martín (2009: 356) de que "son muchas las cuestiones que quedan por resolver".

En primer lugar, ese establecimiento, indicación y determinación previos a que apela la Ley ¿se hacen por norma o por acto? La atribución de competencias a los órganos administrativos debe hacerse mediante una "disposición" administrativa (art. 8.3 LRJSP), pero no necesariamente una disposición general. En consecuencia, en principio cabría tanto una disposición general que regule la actuación automatizada, su inserción en el procedimiento, las competencias aludidas y su régimen jurídico, como una mera resolución autorizatoria de la automatización y atributiva de las competencias sobre la actuación automatizada. Esta última es la opción del artículo 13 RAFESP para el ámbito estatal:

> "la determinación de una actuación administrativa como automatizada se autorizará por resolución del titular del órgano administrativo competente por razón de la materia o del órgano ejecutivo competente del organismo o entidad de derecho público, según corresponda, y se publicará en la sede electrónica o sede electrónica asociada. La resolución expresará los recursos que procedan contra la actuación, el órgano administrativo o judicial, en su caso, ante el que hubieran de presentarse y plazo para interponerlos, sin perjuicio de que las personas interesadas puedan ejercitar cualquier otro que estimen oportuno y establecerá medidas adecuadas para salvaguardar los derechos y libertades y los intereses legítimos de las personas interesadas".

Como se ve, el precepto atribuye a esta resolución capacidad habilitante de la automatización, informativa ("expresará") de su régimen jurídico y también creadora ("establecerá") de "medidas" de alcance incierto, pues podrían ir desde meras medidas organizativas a auténticas garantías de los derechos y libertades de los interesados.

No entraré aquí en el debate dogmático (y aporético) sobre la diferencia entre normas y actos: en todo caso y aun cuando se entienda que dicha disposición no crea Derecho, es claro que surte efectos generales y debe ser publicada, como también exige el precepto citado.

Para ilustrar la cuestión, veamos un decálogo de ejemplos, variados y referidos a los tres niveles territoriales de administración pública, de disposiciones de automatización que han sido publicadas oficialmente:

1. Por Resolución de la Subsecretaría del Ministerio de Asuntos Exteriores, Unión Europea y Cooperación de 4 de agosto de 2021, se "regulan" las actuaciones administrativas automatizadas de su ámbito de competencias (BOE nº 198, de 19 de agosto de 2021).

2. En la sede electrónica del Ministerio de Hacienda[7] se publican diversas resoluciones que "regulan" actuaciones administrativas automatizadas anteriores a la LRJSP y todavía al amparo de la LAESP, como la Resolución de 23 de enero de 2014 de la Secretaría General de Coordinación Autonómica y Local, sobre el intercambio de información con otras administraciones, entidades e instituciones de la Administración central y el intercambio de información económico-financiera con Administraciones territoriales; o la Resolución de 10 de julio de 2013, de la Presidencia del Tribunal Económico-Administrativo Central, que cubre no sólo el intercambio de información, la formación del expediente o las comunicaciones y notificaciones a los interesados, sino también genéricamente "actos de trámite realizados de forma automatizada en los recursos y reclamaciones económico-administrativas". Pese a incluir la sede electrónica a estas resoluciones bajo el epígrafe "Normativa reguladora de actuaciones administrativas automatizadas", no me consta su publicación en el BOE.

3. Mediante resolución de 24 de julio de 2023, de la Autoridad Portuaria de Barcelona, se publicó la Instrucción reguladora

---

7 https://sedeminhap.gob.es/es-ES/Normativa/Paginas/NormativaSellosElectronicos.aspx (consultado el 11/2/2024).

del uso del sistema de actuación administrativa automatizada en la gestión ordinaria y procedimientos administrativos de la Autoridad Portuaria de Barcelona (BOE nº 223, de 18 de septiembre de 2023).

4. La sede electrónica de las Illes Balears[8] da cuenta de seis resoluciones de "declaración" de actuaciones administrativas automatizadas, todas publicadas en el BOIB, que incluyen una de la Dirección General de Asuntos Sociales que "autoriza" la generación y emisión de forma automatizada de certificados acreditativos de la inscripción en determinados registros administrativos.

5. Mucho más amplio es el elenco de actuaciones automatizadas "declaradas" contenido en la sede electrónica de la Xunta de Galicia[9], hasta un total de 47, publicadas en el DOG y conforme a un modelo de resolución aprobado por Resolución de la Agencia para la Modernización Tecnológica de Galicia de 7 de septiembre de 2017 (DOG nº 180, de 21 de septiembre de 2017). Dichas AAA incluyen la gestión del sistema único de registro electrónico de la Xunta (justificantes de asientos, certificación de transmisiones telemáticas de asientos y los documentos asociados), la emisión y comunicación de citaciones, la emisión de informes automatizados y la expedición de visados y certificados administrativos, e incluso la adjudicación de la cobertura temporal de puestos de trabajo de función pública o la resolución de concesión o denegación de ayudas a autónomos y microempresas "de aquellos expedientes en los que se pueda comprobar automáticamente el cumplimiento o el incumplimiento de los requisitos".

6. Por Resolución de 29 de agosto de 2023 del Vicepresidente de la Junta de Castilla y León, se "autorizan" actuaciones administrativas automatizadas en materia de contratación públi-

---

8 https://www.caib.es/seucaib/es/fichainformativa/5614065 (consultado el 8/2/2024).

9 https://sede.xunta.gal/a-sede/actuacions-administrativas-automatizadas (consultado el 10/2/2024).

ca (no me consta publicación oficial, sí en la sede electrónica[10]).

7. La Resolución de 7 de noviembre de 2023 de la Intervención General de la Junta de Comunidades de Castilla-La Mancha dispone la automatización de determinadas operaciones contables en el sistema de información económico-financiero (Diario Oficial de Castilla-La Mancha, año XVII, nº 217).

8. La Resolución de 19 de agosto de 2022 del Concejal de Gobierno de Economía y Transformación Digital del Ayuntamiento de Oviedo "aprueba" un conjunto de actuaciones administrativas automatizadas, en su mayoría notificaciones (de providencias de apremio, de diligencias y mandamientos de embargo, de aplazamientos y fraccionamientos, …).

9. La Ordenanza de Movilidad Sostenible del Ayuntamiento de Madrid, de 5 de octubre de 2018, modificada el 13 de septiembre de 2021 (BOCM nº 225, de 21 de septiembre de 2021) le habilita para "emplear medios técnicos automatizados para la vigilancia de la circulación y el estacionamiento, así como para la denuncia automatizada de las infracciones que se cometan" (art. 15.1) y "los sistemas automatizados de control de Madrid Zona de Bajas Emisiones y de las ZBEDEP Distrito Centro y Plaza Elíptica, para el control de cumplimiento de la normativa de tráfico, circulación y seguridad vial" (art. 16).

Parece que es ya común el empleo de sistemas automatizados en el control municipal de las zonas de bajas emisiones[11]. Dado el volumen de vehículos que circulan por esas zonas urbanas de alta densidad de población y actividad económica, se procura la automatización de sus sistemas de control. Tales

---

10 https://www.tramitacastillayleon.jcyl.es/web/es/automatizacion-actuaciones-administrativas-materia.html (consultada el 7/2/2024).

11 En el área metropolitana de Barcelona, por ejemplo, pueden verse las Ordenanzas de los Ayuntamientos de Hospitalet o de Cornellá de Llobregat, de 29 de enero de 2020, cuyo idéntico artículo 12 dispone que el control de su cumplimiento se realiza automáticamente mediante un sistema de lectura de matrículas y la plataforma tecnológica de la AMB, "sin perjuicio de las facultades que la Policía Local tenga asignadas".

sistemas no sólo gestionan la información, sino que también gestionan las sanciones. En los términos de la guía técnica publicada por el Área Metropolitana de Barcelona con el apoyo de la FEMP, "se puede llegar a automatizar la validación de las sanciones sin que personal de la policía revise las imágenes"[12].

10. La Resolución de 13 de enero de 2024 del Director General de la Oficina Digital del Ayuntamiento de Madrid, por la que se aprueba la actuación administrativa automatizada de los actos de aprobación de las providencias de apremio de los tributos municipales y de los restantes ingresos municipales de derecho público no tributario (BOAM nº 9551, de 17 de enero de 2024).

Como se observa fácilmente, la dispersión es amplia: tanto por la supuesta naturaleza jurídica del acto (que en unos casos dice regular, en otros autorizar o aprobar o incluso sólo declarar) y por la forma de su publicación (en boletín oficial, en sede electrónica o ambos), como por el alcance y relevancia de las actuaciones cuya automatización habilita (que van desde meras operaciones contables a actos formales con efectos *ad extra*, como las diligencias de apremio o las notificaciones a los interesados, las denuncias, la expedición de informes o certificados, e incluso a algunas resoluciones). El desorden es evidente y comprensible, pues falta todavía un *ordenamiento* de la AAA.

La escasa atención dedicada por el legislador español al procedimiento administrativo de automatización no debe llevarnos a despreciar su importancia. Disponer sobre qué actuaciones administrativas se automatizan, con qué alcance, efectos, responsabilidades y garantías, es ciertamente relevante y debería llevar al legislador a ordenarlo debidamente.

---

12 Me refiero a la *Guía técnica para la implementación de zonas de bajas emisiones* elaborada por el Área Metropolitana de Barcelona con la colaboración de la FEMP y publicada en 2021 en https://revista.dgt.es/images/GUIA-ZBE.pdf, en particular sus páginas 33 y 38 (consultada el 17/2/2024). https://revista.dgt.es/images/GUIA-ZBE.pdf (consultada el 17/2/2024).

Mientras esto llega, debemos procurar en lo posible que el fenómeno se despliegue de conformidad con el ordenamiento vigente, empezando por sus valores y principios rectores. Ante un fenómeno tan innovador y disruptivo, esto exige a los jueces y a la doctrina un esfuerzo interpretativo guiado por los criterios finalista y evolutivo, capaces de adaptar un régimen administrativo concebido para la actuación humana a la actuación automatizada propia del tiempo en el que ha de ser aplicado.

III. OBJETO, ALCANCE Y PROCEDIMIENTO DE LA AUTOMATIZACIÓN. EL PROBLEMA DE SU DEFICIENTE COBERTURA NORMATIVA

De conformidad con lo previsto en el artículo 41 LRJSP, la actuación automatizada puede comprender "cualquier acto o actuación realizada ... por una Administración Pública en el marco de un procedimiento administrativo". De estos tres elementos de la definición destacados aquí a los efectos que ahora interesan, hay uno claro y otros dos que precisan un mayor esfuerzo interpretativo:

a) Está claro que sólo forman parte de la AAA los actos o actuaciones de la Administración pública, no los de los interesados en el procedimiento.

Eso no quita para que también las actuaciones de los interesados en los procedimientos puedan ser automatizadas, como se ocupa de facilitar el artículo 29.3 de la Ley 4/2019, de 17 de julio, de administración digital de Galicia. La cuestión que surge entonces es si la automatización de la actuación de los interesados les puede ser impuesta como una obligación sustantiva o una carga procedimental y la respuesta que creo que debe dársele —en general y en el estado actual del ordenamiento jurídico— es que no, puesto que nuestra legislación de procedimiento administrativo común sólo obliga a ciertas personas a relacionarse electrónicamente con las administraciones públicas (art. 14 LPAC), pero la forma en que actúan internamente forma parte de su esfera de libertad.

b) ¿A qué acepción de procedimiento se refiere el art. 41 LRJSP?

Desde 1958, nuestras leyes de procedimiento administrativo manejan dos acepciones distintas de procedimiento administrativo: una amplia, referida a las formalidades propias de toda relación jurídico-administrativa (y en particular de aquéllas en las que participan los ciudadanos, es decir, con relevancia jurídica ad extra, como la prestación de servicios públicos, tradicionalmente orillada en el concepto de actividad material o de gestión), y otra estricta, referida al conjunto ordenado de actos conducentes al dictado de una resolución o una disposición administrativa. La dualidad de listas de derechos —de las personas en sus relaciones con las AAPP, art. 13, y de los interesados en el procedimiento, art. 53— expresa muy bien esta disemia, así también el empleo del término procedimiento en el título de la Ley (necesariamente en sentido amplio, pues incluye ambos contenidos)[13] y en su Título IV (ya en sentido estricto).

Sin duda, la acepción más común o extendida de procedimiento administrativo es la estricta y a ella parece referirse *prima facie* el artículo que comentamos. Otras referencias hechas al procedimiento en la LRJSP confirman esta hipótesis, ya que lo contraponen a las actuaciones materiales de gestión (art. 3.1.d) o aluden a su terminación por una resolución (arts. 9.5, 10.2, 24.5 o 33.3, por ejemplo).

Obviamente, eso tampoco impide la automatización del resto de la actuación administrativa, incluida aquella sujeta a alguna formalidad y/o con relevancia jurídica *ad extra.* Más bien lo propicia, ya que quedaría extramuros de las exigencias del art. 41 LRJSP. Sobre esta mayor extensión de la automatización, puede traerse nuevamente a colación lo dispuesto en la Ley 4/2019, de 17 de julio, de administración digital de Galicia, que manda fomentar la automatización no sólo de los procedimientos administrativos, sino también de los servicios en el sector público autonómico [artículos 5.2.c), 67.3.f) y 69.2].

---

13 Como dice el preámbulo de la LRJSP, el discutible propósito de volver a separar en dos leyes lo que ya se había codificado en una era volver a separar el régimen organizativo y de funcionamiento internos del sector público de las relaciones *ad extra,* de manera que la LPAC "integraría las normas que rigen la relación de los ciudadanos con las Administraciones". Relación, claro está, que no siempre se formaliza en un procedimiento en sentido estricto.

Por todo ello, convendría que la automatización de los "procedimientos" de prestación de servicios públicos o, en general, de cualquier actuación material o técnica con relevancia jurídica *ad extra* también se rodease de las debidas exigencias y garantías, ya sea las específicas de que la doten sus normas reguladoras, ya supletoriamente de las generales mediante una interpretación amplia del art. 41 LRJ-SP y concordantes. De ella se ocupa monográficamente el capítulo de José Vida en la Parte III de esta obra, al que desde aquí remitimos.

c) Literalmente, "cualquier acto o actuación ... en el marco de un procedimiento" es una expresión que incluye tanto (1°) los *interna corporis acta* (levantamiento y tratamiento de información, notas internas, opiniones preliminares, etc.) a que se refiere el art. 70.4 LPAC y que no es preciso incorporar al expediente, como (2°) los actos de trámite (sean cualificados o no a efectos de recursos), como también (3°) las propias resoluciones definitivas que ponen fin al procedimiento. Porque una resolución es un acto administrativo y se dicta en el marco de un procedimiento administrativo.

La interpretación finalista del precepto parece conducir a la misma conclusión. Pues, si debe indicarse el órgano a efectos de impugnación, quiere decirse que estamos ante actos o actuaciones susceptibles de ser directa e inmediatamente impugnados, y eso sólo ocurre con los actos cualificados de trámite y las resoluciones.

Y lo mismo cabe decir de la interpretación sistemática del ordenamiento, porque la analogía con las leyes especiales en materia tributaria y de seguridad social apunta en la misma dirección. En ellas, la extensión de la automatización a determinadas resoluciones es expresa en la ley y ya relativamente común en la práctica. Me refiero a los artículos 100.2 de la Ley General Tributaria, por cuya virtud "tendrá la consideración de resolución la contestación efectuada de forma automatizada por la Administración tributaria en aquellos procedimientos en que esté prevista esta forma de terminación", y 130 de la Ley General de la Seguridad Social, que no sólo permite adoptar y notificar resoluciones de forma automatizada en ciertos procedimientos de gestión, sino que además sostiene que ello es "de acuerdo con lo dispuesto en el artículo 41.1 de la LRJSP", de modo que el legislador nos da una interpretación auténtica de este precepto.

Por lo demás, no faltan ya ejemplos de Derecho comparado en los que se habilita expresamente a la adopción automatizada de ciertas resoluciones administrativas (las de menor trascendencia y/o impacto), como la pionera Directiva sobre procesos decisorios automatizados de las administraciones públicas de Canadá o la Ley de Procedimiento Administrativo de Alemania[14]. Y por lo que hace a la legislación autonómica y local, es habitual que se limiten a parafrasear la habilitación genérica del artículo 41 LRJSP, sin apenas desarrollo sobre el alcance material ni el cauce procedimental de la automatización. Pueden verse, por ejemplo, la ya citada Ley 4/2019, de 17 de julio, de administración digital de Galicia, cuyo artículo 76 dispone "el fomento de actuaciones administrativas automatizadas cuando se trate de actos o actuaciones respecto a los cuales los criterios de análisis o decisión puedan integrarse en un programa que realice la actuación automatizada", o la Ordenanza de Atención a la Ciudadanía y Administración Electrónica del Ayuntamiento de Madrid, de 26 de febrero de 2019, cuyo artículo 61 prevé que "los actos administrativos de la Administración municipal se podrán dictar de forma automatizada en los términos de lo establecido en la legislación de régimen jurídico del sector público". En lo sustantivo, sólo cabe destacar de la primera que las actuaciones automatizables no son sólo de análisis sino también de "decisión", lo que abunda en la tesis aquí defendida, y en lo formal, ambas se limitan a precisar los sistemas de firma electrónica que se pueden emplear.

Detengámonos brevemente en el estudio de los requerimientos tanto sustantivos como formales y procedimentales de la actuación de automatización.

En lo que se refiere al análisis sustantivo, el capítulo de Juanita Pedraza en la Parte V de esta obra se dedica a estudiar la *reserva de*

---

14 En Canadá, me refiero a la Directive on Automated Decision-Making de 2019, modificada en 2023 (consultada el 14/2/24). En Alemania, la Ley federal de procedimiento administrativo o *Verwaltungsverfarhrensgestez* habilita asimismo en su artículo 35 a) a dictar actos administrativos íntegramente por medios automáticos, siempre que así lo permita la ley y no exista discrecionalidad ni margen de apreciación, lo que *—inclusio unius, exclusio alterius—* parece dejar fuera de la prohibición a las resoluciones regladas.

humanidad, esto es, las actuaciones administrativas excluidas de la automatización. De este problema sólo interesa aquí lo que afecte a los procedimientos de automatización y automatizados.

Al respecto, debe tenerse presente que, si la actuación trata datos personales y afecta a actos de trámite cualificados que puedan predeterminar la terminación del procedimiento o a la resolución misma, le será aplicable lo dispuesto en el artículo 22 del Reglamento General de Protección de Datos de la UE[15]. Como es bien sabido, este precepto reconoce un derecho "a no ser objeto de una decisión basada únicamente en el tratamiento automatizado, incluida la elaboración de perfiles, que produzca efectos jurídicos en él o le afecte significativamente de modo similar" (22.1), del que es preciso hacer a nuestros efectos tres precisiones:

a) Este derecho puede ser desplazado por la sujeción a la decisión automatizada si "está autorizada por el Derecho de la Unión o de los Estados miembros que se aplique al responsable del tratamiento y que establezca asimismo medidas adecuadas para salvaguardar los derechos y libertades y los intereses legítimos del interesado" [22.2.b)]. Pero este inciso nos devuelve a la importante cuestión ya planteada: la "autorización" a que nos referimos debe establecer medidas de salvaguarda de derechos, libertades e intereses, por lo que debe ser adoptada "por el Derecho de la Unión o de los Estados miembros", lo que parece requerir una disposición general. En suma, pues, para la disposición habilitante de la automatización —si no de cualquier actuación, sí al menos de las decisiones administrativas basadas en el tratamiento de datos personales— no basta una mera resolución (un acto plúrimo), sino que debe mediar una norma[16].

---

15 Cuya vigencia salva expresamente el artículo 2 del Reglamento de Inteligencia Artificial de la UE. Sobre su aplicación a decisiones automatizadas basadas en controles de presencia mediante sistemas biométricos, puede verse el apartado VII (pp. 22-23) de la Guía de la AEPD de noviembre de 2023.

16 En Francia, la Ley 78/17, de 6 de enero de 1978, *relative à l'informatique, aux fichiers et aux libertés* modificó en 2004 su Capítulo IV (Trámites previos a la ejecución de los tratamientos) para ordenar el procedimiento y las competencias de informe y/o autorización de los tratamientos en función de su afección a la intimidad o las libertades de las personas.

b) El derecho del interesado también puede inaplicarse cuando la decisión sea necesaria para la celebración o la ejecución de un contrato con él o cuando se basa en su consentimiento explícito [22.2. a) y c)]. Pero incluso en tales casos, "el responsable del tratamiento adoptará las medidas adecuadas para salvaguardar los derechos y libertades y los intereses legítimos del interesado, como mínimo el derecho a obtener intervención humana por parte del responsable, a expresar su punto de vista y a impugnar la decisión" (22.3). Dichas medidas deberán establecerse en la norma o, al menos, tener cobertura bastante en ella, por su afección a derechos y libertades de los ciudadanos.

c) Y dicha cobertura normativa se requiere siempre que la "decisión" esté basada "únicamente" en el tratamiento automatizado, lo que ha sido interpretado de forma finalista y extensiva por el Tribunal de Justicia de la Unión Europea en la importante Sentencia 7 de diciembre de 2023, OQ y Land Essen, C-634/21, ECLI:EU:C:2023:957, en el sentido de aclarar que:

c.1. "El concepto de «decisión», en el sentido del artículo 22, apartado 1, del RGPD, no se define en dicho Reglamento. Sin embargo, del propio tenor de esta disposición se desprende que tal concepto no se refiere solo a actos que produzcan efectos jurídicos que afecten al interesado de que se trate, sino también a actos que lo afecten significativamente de modo similar". Luego no sólo estamos hablando de resoluciones formales de procedimientos administrativos *stricto sensu,* sino también de otras decisiones que afecten significativamente a las personas, como las de prestación de servicios o su denegación. Se trata, volviendo al texto de la Sentencia, de un concepto de "amplio alcance" que "puede incluir diversos actos con potencial para afectar al interesado de múltiples maneras".

c.2. El precepto se aplica también cuando la actuación automatizada "desempeña un papel determinante" en la decisión[17], aunque ésta la adopte formalmente un ser humano y aun cuando aquélla la

17 En la misma línea apunta la citada Directiva canadiense sobre procesos decisorios automatizados cuando, en su exigencia de intervención humana (*human-in-the-loop*) en las decisiones de impacto alto o muy alto (las que tipifica como de nivel III o IV), no se conforma con que la decisión final sea

realice un tercero, porque el Tribunal entiende que así "refuerza la protección efectiva" del precepto y evita "un riesgo de elusión del artículo 22 del RGPD y, en consecuencia, una laguna en la protección jurídica, si se optara por una interpretación restrictiva de esta disposición".

Por ello, como he anticipado más atrás, estas garantías deberán aplicarse no sólo a la automatización de las resoluciones administrativas, sino también a la de los actos de trámite cualificados, o incluso de otras actuaciones que jueguen *de facto* un "papel determinante" en las decisiones administrativas que afecten significativamente a los ciudadanos. En mi opinión, el art. 22 RGPD, tal y como ha sido interpretado por el Tribunal de Justicia de la UE, refuerza algunas propuestas interpretativas ya hechas en este trabajo: que el art. 41 LRJSP debe aplicarse extensivamente a las decisiones administrativas con eficacia *ad extra*, aunque no se adopten en el marco de un procedimiento en el sentido estricto; y que la disposición de automatización que requiere debiera consistir, o tener cobertura, en una disposición general que establezca no sólo lo previsto en dicho artículo legal, sino también las necesarias salvaguardias para los derechos y libertades de los ciudadanos, al menos cuando la actuación que se proyecte automatizar trate sus datos personales y les afecte significativamente.

Y respecto del procedimiento de automatización, debe asimismo tenerse presente que la normativa o resolución previa exigida por los arts. 41 LRJSP y 13 RAFESP no puede dictarse de plano. El problema es que nada ha dicho el legislador sobre el "procedimiento previo" que es su condición de validez (art. 34.1 LPAC). A falta de toda previsión legal, parece claro que:

a) En este procedimiento administrativo previo, no sólo deberá dilucidarse la legalidad de la automatización proyectada, sino también su oportunidad o conveniencia para los intereses generales. Dicho en otros términos, deberá hacerse un juicio de ponderación sobre las ganancias o pérdidas en eficacia eficiente de la actuación que pueden obtenerse con su automatización y las que pueden pro-

---

adoptada por un ser humano, sino que exige asimismo puntos específicos de intervención humana durante el proceso decisorio.

ducirse en los derechos o intereses de los ciudadanos y en sus garantías (el derecho a la igualdad, a ser oído, a obtener una resolución en un tiempo razonable y, en su caso, a que esté expresamente motivada, a la tutela judicial efectiva, etc.). Porque tanto el principio de la eficacia (modalizado por el criterio de eficiencia) como el principio de buena administración son mandatos de optimización que tendrán que ponderarse caso a caso, teniendo en cuenta no sólo los fines de interés general perseguidos en la concreta actuación sino también los medios (propios o ajenos) disponibles por cada administración en cada momento.

De conformidad con lo dispuesto en el artículo 23 de la Ley 15/2022, de 12 de julio, Integral para la Igualdad de Trato y la No Discriminación, los algoritmos involucrados en la toma de decisiones de las administraciones públicas deben atender a criterios de minimización de sesgos, transparencia y rendición de cuentas, para lo que se promoverá la realización de evaluaciones de impacto, que son objeto de estudio en el capítulo de Diego Muñoz en la Parte II de esta obra.

Esta evaluación *ex ante*, como decimos, requiere un juicio de ponderación capaz de sobreponerse al "sesgo de automatización"[18]. Un juicio complejo y completo sobre los beneficios y los costes de la automatización, no sólo económicos sino también para la consecución de los fines de interés general perseguidos por la actuación administrativa y para los derechos e intereses de los potenciales afectados en ella. En principio, la automatización sólo debería aprobarse cuando dicho juicio dé un resultado concluyentemente positivo. Por ello mismo, debería rechazarse no sólo cuando infrinja los estándares mínimos vigentes para el cumplimiento de los principios y derechos vigentes, sino también cuando implique una regresión significativa en su satisfacción efectiva ya alcanzada[19].

---

[18] El "sesgo de automatización" se refiere a la tendencia a confiar de forma espontánea y excesiva en el buen juicio de los algoritmos informáticos y es mencionado, por ejemplo, en el artículo 14.4.b) de la Ley de Inteligencia Artificial de la UE.

[19] Este criterio de la *no regresión* aparece implícito, por ejemplo, en el artículo 5.2 del Convenio Marco del Consejo de Europa sobre Inteligencia Artificial y Derechos Humanos, Democracia y Estado de Derecho de 17 de mayo de 2024, según el cual deben adoptarse medidas para asegurar que los sistemas

Para evaluar el impacto de la automatización sobre la eficacia de la Administración en el servicio objetivo a los intereses generales, ya hemos propuesto en otro lugar[20] que conviene tener en cuenta al menos tres características de la actuación cuya automatización se proyecta:

a.1. *Discrecionalidad*: carácter discrecional o reglado de la potestad, utilizando *lato sensu* el concepto de discrecionalidad, que admite diversos grados y modalidades[21]. Cuanto más reglada, esto es, cuanto menor sea el margen de decisión o de apreciación de la Administración, más proclive es la actuación a su automatización. Las posibilidades que brinda la IA para automatizar actuaciones discrecionales son crecientes, pero sus riesgos también[22].

a.2. *Replicabilidad*: carácter masivo o singular de la actuación, en el bien entendido de que este criterio no es sólo cuantitativo sino también cualitativo, pues hay tipos de actuaciones que, aun siendo susceptibles de reproducirse en gran número, requieren una relación interpersonal y empática que las singulariza. Cuanto más replicable, más automatizable es una actuación.

a.3. *Controlabilidad*: capacidad de la administración de prever el resultado del ejercicio de la potestad en casos y circunstancias diver-

---

de IA no se usan para socavar la integridad, independencia y efectividad de las instituciones y los procesos democráticos, incluidos el principio de separación de poderes, respecto a la independencia judicial y acceso a la justicia. Y aunque no toda automatización utilice la IA ni todo empleo de la IA suponga la automatización de una actuación, parece perfectamente aplicable a esta.

20 Sobre los criterios técnicos y jurídicos que deberían orientar este juicio de ponderación en cada caso, puede verse Berlanga, Pedraza y Vaquer, 2023.

21 Los grados a que se refiere al texto aluden a la variada intensidad de la vinculación de la actuación administrativa por el ordenamiento jurídico, y las modalidades a que el margen de que goza la Administración puede ser de decisión (político, volitivo) o sólo de juicio (técnico, racional).

22 De ahí que el artículo 35 a) de la Ley federal de procedimiento administrativo de Alemania lo prohíba, como ya se ha comentado en una nota anterior. La automatización de potestades discrecionales ha generado un extenso debate doctrinal en España, del que da cuenta el capítulo V.1 de esta obra.

sas y de reducir sus riesgos (su margen de error —invalidez— y su impacto o efecto dañoso —responsabilidad—) a un nivel aceptable. Cuanto más controlable, más automatizable.

Estas tres variables están interrelacionadas: la actuación reglada suele ser más replicable y controlable. Pero deben diferenciarse: puede haber factores distintos de la discrecionalidad que mengüen la replicabilidad (por ejemplo, allí donde la casuística sea muy variada, dificultando su subsunción en la regla aplicable, o donde la eficacia de una decisión reglada requiera empatía para generar consenso y cumplimiento voluntario en su destinatario) o la controlabilidad (allí donde una decisión reglada pueda fácilmente incurrir en un error de hecho —por la dificultad de identificar o verificar los hechos determinantes de la decisión— o producir daños muy elevados), tal y como han sido descritas aquí.

Y para valorar la eficiencia de la automatización, es decir, si optimiza el empleo de los medios o recursos disponibles para la consecución de los fines pretendidos, habrá además que evaluar los medios propios de que dispone la Administración y, si se opta por la contratación de medios ajenos, tener en cuenta su coste total (comprensivo no sólo de su adquisición, sino también de la formación del personal y de su operación y mantenimiento), su calidad, interoperabilidad y seguridad y el grado de dominio y autonomía que adquirirá sobre los sistemas adquiridos[23].

b) Siendo un procedimiento cuya terminación surte efectos generales, debería abrirse a la participación de todos sus potenciales

---

[23] En Italia, el artículo 68 del *Codice dell'amministrazione digitale* aprobado por Decreto Legislativo de 7 de marzo de 2005, n. 82, manda a las Administraciones públicas, antes de adquirir un sistema informático, hacer una evaluación comparativa de tipo técnico y económico de las diferentes soluciones disponibles en el mercado, sobre la base de estos criterios: coste comprensivo (no sólo de adquisición sino también de implementación, mantenimiento y soporte); nivel de uso de formatos de datos e interfaces de tipo abierto y de interoperabilidad; y garantías de seguridad y de niveles de servicio. Por lo demás, sobre la compra pública de las soluciones informáticas de automatización y sobre sus requerimientos técnicos (interoperabilidad, seguridad, etc.) remito a los capítulos correspondientes de la Parte IV de esta obra.

afectados (mediante los trámites participativos que correspondan, según sea su naturaleza normativa —art. 133 LPAC— o resolutoria —art. 83 LPAC—)[24] y publicarse la disposición con que termine (en virtud del principio de publicidad de las normas del art. 9.3 CE si es una disposición general y de lo dispuesto en el art. 45 LPAC si es una resolución).

c) En él debieran participar asimismo los órganos llamados a tener competencias sobre la actuación automatizada resultante: el responsable sobre el sistema de información y su código fuente y el responsable a efectos de impugnación. Más incierto parece cuál sea el órgano competente para resolver sobre la automatización. Como se ha visto más atrás, el art. 13 RAFESP atribuye respecto del Estado la competencia al "titular del órgano administrativo competente por razón de la materia o del órgano ejecutivo competente del organismo o entidad de derecho público, según corresponda". Ahora bien, dado que el art. 41 LRJSP desdobla la competencia material sobre la actuación matizada entre dos órganos, el competente sobre el sistema de información y su código fuente y el responsable a efectos de impugnación, ¿cuál de ambos —en caso de que no coincidan— debe entenderse competente para resolver sobre la automatización?

En el ámbito tributario, el artículo 85 del Reglamento General de Procedimientos aprobado por Real Decreto 1065/2007, de 27 de julio, le atribuye la resolución al segundo, mientras que, en la legislación autonómica, el art. 76.4 de la Ley gallega dispone que las actuaciones administrativas automatizadas "deberán declararse mediante una resolución conjunta de ambos". Una tercera solución es que dicte la resolución el titular del órgano superior o directivo que encabece el departamento u organismo competente, como ocurre en materia de seguridad social en virtud de lo dispuesto en el art. 43 del Reglamento General sobre procedimientos de sanciones en materia social aprobado por Real Decreto 928/1998, de 14 de mayo.

---

24 Si la AAA va a emplear un sistema de IA, deberá tenerse en cuenta asimismo la exigencia de consultas públicas del artículo 19 del Convenio Marco del Consejo de Europa sobre Inteligencia Artificial y Derechos Humanos, Democracia y Estado de Derecho de 17 de mayo de 2024.

IV. EFECTOS SOBRE LA ESTRUCTURA DEL PROCEDIMIENTO AUTOMATIZADO

La reflexión acerca de los efectos de la automatización sobre la estructura de los procedimientos administrativos no puede, obviamente, ser general y abstracta. Los efectos dependerán del impacto de la actuación automatizada en el seno del procedimiento de que se trate en cada caso.

Este juicio de relevancia jurídica debe considerar al menos dos variables interrelacionadas: la herramienta y su uso. Es decir, (1°) la arquitectura y funcionalidad del sistema informático empleado en la actuación y (2°) la inserción y los efectos de la actuación en el seno del procedimiento de que se trate. Veamos.

(1°) Si el sistema de actuación automática emplea un algoritmo de inteligencia artificial (IA), puede entrar dentro del ámbito objetivo de aplicación del Reglamento de Inteligencia Artificial de la UE.

El Reglamento de Inteligencia Artificial de la UE define a sus efectos un sistema de IA en su artículo 3° como un sistema basado en una máquina diseñado para funcionar con distintos niveles de autonomía, que puede mostrar capacidad de adaptación tras el despliegue y que, para objetivos explícitos o implícitos, infiere de la información de entrada que recibe la manera de generar información de salida, como predicciones, contenidos, recomendaciones o decisiones, que puede influir en entornos físicos o virtuales.

Si bien cabe AAA sin el empleo de IA y, de hecho, los primeros sistemas de automatización hasta ahora utilizados solían carecer de tal autonomía, adaptabilidad y capacidad de inferencia, parece obvio que cuanto mayor sea la capacidad del sistema informático de asemejarse a la conducta humana (aprender, inferir, crear, predecir, opinar, proponer o recomendar, decidir), tanto mayor será su potencialidad ya no para preparar, sino para sustituir la intervención humana directa en el procedimiento administrativo, lo que permite aventurar que la extensión de la inteligencia artificial abre un nuevo capítulo en el proceso de automatización de las administraciones públicas (Cerrillo, 2020: 390).

Pues bien, cuando el sistema de IA utilizado en la actuación sea de alto riesgo a los efectos del Reglamento (conforme a su art. 6 y anexos II y III, que incluyen sistemas de identificación biométrica, acceso al empleo o a servicios públicos o privados, calificación crediticia, polígrafos, etc.), estará sometido a un estándar de gestión de riesgos cuyo análisis exhaustivo desbordaría el objeto de este capítulo, pero que tiene consecuencias directas sobre los procedimientos de automatización y automatizado, pues es definido como un "proceso iterativo continuo" de identificación y evaluación de riesgos y adopción de medidas (art. 9).

En la caracterización de un riesgo como alto, el Anexo III del Reglamento ya no sólo se basa en criterios relativos a la arquitectura y funcionalidades del sistema como, por ejemplo, el empleo de datos biométricos, sino que los combina con criterios relativos a su "contexto de uso" o aplicación, tales como los sistemas de IA "destinados a ser utilizados" para la categorización biométrica, o como componentes de seguridad en la gestión y explotación de infraestructuras críticas, o para determinar el acceso y disfrute de los servicios privados o públicos esenciales, o para la gestión de la migración, el asilo y el control de las fronteras, etc.

Es más, en la última redacción dada al artículo 6 se excluye del alto riesgo a los sistemas de IA que no suponen un riesgo significativo de daño para la salud, la seguridad o los derechos fundamentales de las personas físicas, incluido el hecho de no influir sustancialmente en el resultado de la toma de decisiones. Este inciso final ya introduce en la medición del riesgo los criterios relativos a la inserción y efectos del sistema dentro del procedimiento gestor o de toma de decisiones de que se trate, que abordaremos en seguida en el ordinal (2°). En efecto, la norma no considera de alto riesgo, entre otros, el sistema de IA "destinado a realizar una tarea de procedimiento limitada".

Ahora bien, el Reglamento europeo no es estatutario de las administraciones públicas, sino ordenador del mercado interior, por lo que se aplica tanto a los sujetos públicos y privados que sean "responsables del despliegue" o usuarios de la IA y con independencia del régimen jurídico de su uso. Por ello, cuando éste consista en la automatización de una actuación administrativa sujeta al Derecho administrativo, que es de lo que aquí se trata, cobrará una relevancia particular la segunda variable.

(2º) Deberá tenerse presente la inserción y efectos de la actuación automatizada en el seno del procedimiento administrativo en el que se enmarca. En efecto y en una escala de impacto creciente:

a) Si la actuación automatizada constituye una actuación de tratamiento de la información auxiliar o de apoyo (*interna corporis acta*) de las que no es preciso siquiera incorporar al expediente administrativo (art. 70.4 LPAC), su impacto es jurídicamente irrelevante.

b) Si la AAA consiste en un acto de trámite, preceptivo o no, tomado en consideración para la decisión a adoptar, deberá incorporarse al expediente y adquiere una cierta relevancia jurídica. Y lo mismo cabe decir de las actuaciones previas que provoquen la iniciación del procedimiento de conformidad con lo previsto en el art. 55 LPAC.

Pensemos, por ejemplo, en la formación automatizada de la prueba de los hechos determinantes para la decisión, como la interpretación de un conjunto de datos contables o comerciales como un indicio o prueba de una infracción del Derecho de la competencia, o de una imagen de video para identificar una infracción de las normas de tráfico, o de una imagen satelital para identificar una infracción de la ordenación territorial y urbanística o de la legislación de costas.

O pensemos en el tratamiento y la contestación automatizados de las observaciones recibidas un trámite de información pública de una norma o un acto con eficacia general. Dado que la ley permite dar una respuesta "común para todas aquellas alegaciones que planteen cuestiones sustancialmente iguales" (art. 83.3 LPAC), hay fuertes incentivos para su automatización en los procedimientos en los que se prevea una participación masiva, como ocurre por ejemplo en los procedimientos de revisión de planeamientos urbanísticos generales de las grandes ciudades.

Mientras no se adopten garantías *ad hoc*, estos supuestos ya requieren hacer una interpretación finalista y evolutiva del ordenamiento vigente, adaptándolo a la realidad social de los tiempos en los que ha de ser aplicado, para evitar que sea defraudado. Así, por ejemplo, los derechos del artículo 53.1.a) LPAC de los interesados en un procedimiento administrativo a conocer “el órgano competente para su instrucción, en su caso, y resolución; y los actos de trámite dictados” y a “identificar a las autoridades y al personal al servicio de las Administraciones Públicas bajo cuya responsabilidad se tramiten los procedimientos”, deben incluir necesaria y respectivamente el derecho a conocer cuáles de dichos actos no los ha dictado el titular del órgano competente, sino un algoritmo, y a identificar tanto a dicho algoritmo (o conocer, cuando menos, su descripción técnica) como a las autoridades y al personal bajo cuya responsabilidad es utilizado.

c) Si la AAA alcanza a los actos de trámite cualificados (por ejemplo, una inadmisión de una solicitud o un informe vinculante) o a la resolución misma del procedimiento, tiene la máxima relevancia, porque la automatización ya no sólo prepara, sino que determina materialmente la decisión administrativa, aun cuando ésta la adopte formalmente un ser humano.

Llegados a este punto, se impone una reflexión dogmática sobre el régimen legal del procedimiento administrativo, que fue enteramente concebido para la actuación humana y ha sido después abierto a la actuación automatizada —es decir, literalmente *inhumana*— sin apenas reflexión ni adaptación. Debería aprovecharse tan novedosa innovación para hacerlo más favorable a los interesados, facilitando su participación en el procedimiento y las garantías de objetividad, pero puede ocurrir lo contrario. Veámoslo con tres conjuntos de cuestiones que creo suficientemente ilustrativos del problema.

Cuando se automatiza una actuación administrativa no parece que pueda ser recusado su autor, al amparo de lo dispuesto en el art. 24 LRJSP, habida cuenta que es un algoritmo informático y no una autoridad ni personal al servicio de la administración. Pero sí es personal el responsable de su programación, mantenimiento y supervisión. Si un interesado cree que dicho responsable tiene un interés o vínculo directo en el asunto, que haya empañado su imparcialidad en la programación, el entrenamiento o la alimentación del sistema con datos, ¿puede recusarlo y con qué efectos sobre el curso del procedimiento: suspensivos (art. 74 LPAC) y sustitutivos de dicho responsable (art. 24.3 LRJSP) o incluso invalidantes de la automatización para esa actuación concreta o para todas en las que concurra la misma causa de abstención? En mi opinión, dicha recusación debe ser posible y sus efectos invalidantes dependerán de si la parcialidad ha contaminado o no a la actuación administrativa automatizada (art. 23.4 LRJSP).

Por otra parte, la automatización tiene un efecto temporal de aceleración hasta la inmediatez del que no se han extraído las debidas consecuencias jurídicas favorables para los interesados, sino paradójicamente sólo consecuencias ralentizadoras, al añadir nuevos supuestos de ampliación de los plazos por una incidencia técnica en el sistema o aplicación o por un ciberincidente en los apartados 4 y 5 del art. 32 LPAC. En los procedimientos automatizados se mantiene la secuencialidad lógica pero la temporal se hace prácticamente imperceptible, salvo fallo del sistema. ¿Tiene entonces sentido mantener el plazo supletorio máximo de tres meses para resolver del art. 21.3 LPAC?, ¿y mantener su ampliación por causas distintas de la incidencia técnica o el ciberincidente ya previstos en el art. 32?, ¿y el de diez días del art. 40.2 para las notificaciones automatizadas?, ¿y excluir los sábados, domingos y festivos del cómputo de los plazos señalados por días (art. 30.2) si las máquinas no descansan durante ellos?, y la tolerante regla general de validez de las actuaciones administrativas extemporáneas del art. 48.3, ¿debe extenderse sin más a la actuación automática? No adaptar este régimen temporal, concebido para la actuación humana, cuando de la automatizada se trata, acrecienta arbitrariamente los privilegios de la Administración.

Por último, si lo automatizado fuera la resolución del procedimiento, todavía debemos abrir nuevos interrogantes:

¿Es el silencio administrativo la respuesta adecuada para su omisión en el tiempo debido? Sabemos que el silencio administrativo es una institución concebida como garantía de los derechos de los interesados en el procedimiento, pero también que es problemática y que ha degenerado en una mala práctica de la Administración, por desgracia extendida, sobre todo allí donde el sentido del silencio es negativo, como los recursos administrativos ordinarios. Por su función garantista, tiene sentido que se extraigan efectos jurídicos del silencio de la Administración en toda actuación administrativa, incluida la automatizada, pero no deberíamos admitir que también prolifere en ella. Porque la automatización está para aportar ganancias en eficacia y celeridad; si no mejora la capacidad de respuesta en un tiempo razonable de la Administración, habrá fracasado.

Y ¿cabría la terminación convencional del art. 86 LPAC? Parece difícil sostener que la administración pueda imponer unilateralmente a los interesados una negociación con una máquina, por lo que parece más plausible la hipótesis de que el titular del órgano competente para instruir y/o resolver rescatara el ejercicio de la competencia para negociar y, en su caso, celebrar personalmente el acuerdo, pacto, convenio o contrato. Claro que tal posibilidad de desactivación de la automatización, ya sea de oficio o a instancia de interesado, deberá haber sido prevista y programada.

V. EFECTOS SOBRE LA CONCEPCIÓN DEL PROCEDIMIENTO

Una AAA mal dispuesta puede contribuir a asentar una concepción reduccionista del procedimiento administrativo, entendido como un proceso ordenado racionalmente de obtención y tratamiento de la información. Como ya he expuesto en otro lugar, el procedimiento administrativo cumple una triple función ordenadora, dialéctica e informativa en las relaciones jurídico-administrativas (Vaquer, en Parejo y Vaquer, 2020). En él no sólo se trata información, sino que se ordena la actuación administrativa y se propicia el diálogo entre los titulares de todos los intereses afectados. Reducir su definición a su función informativa favorece la mecanización del procedimiento, lo que es empobrecedor y arriesgado, ya que puede devaluar la capacidad efectiva de interlocución entre los sujetos intervinientes en la relación jurídica procedimentalizada e impedir que el procedimiento administrativo funcione eficazmente como un *foro de diálogo* entre personas. Y este peligro es crítico en aquellas relaciones jurídicas en las que la eficacia de la administración requiere más empatía, como ocurre con muchas prestaciones sociales (Vaquer, 2023: 57-58).

El Estado automatizado necesita ser un Estado empático, cuya administración provea ocasiones para la interacción humana, la escucha y la expresión de aflicción (Coglianese, 2021: 106, 113). El derecho a "obtener intervención humana" capaz de romper el bucle informático (*human-in-the-loop*) es aludido en el art. 22.3 RGPD y en mi opinión debe extenderse objetivamente más allá del tratamiento de datos personales hasta generalizarse, porque es intrínseco al valor jurídico supremo de la dignidad humana proclamado en el art. 10.1 CE. Este valor está inspirado por la formulación del imperativo categórico kantiano que manda tratar a la humanidad siempre al mismo tiempo como fin y nunca simplemente como medio (Vaquer, 2023: 36). Si todos los seres humanos somos seres de fines en nosotros mismos y no podemos ser tratados como medios del poder público, tenemos derecho a relacionarnos con otros seres de fines, sin ser compelidos a hacerlo exclusivamente con meros medios informáticos, por más inteligentes que puedan ser. Las personas no somos un haz de datos, sino miembros activos de una comunidad soberana de la que emanan todos los poderes del Estado (art. 1.2 CE).

No es una cuestión de inteligencia, sino de dignidad[25]. Y por ello subsistirá aunque los algoritmos aprendan a imitar o incluso a replicar la empatía humana. El valor constitucional de la dignidad de las personas se traduce, entre otras cosas, en su derecho legal a "ser tratados con respeto y deferencia por las autoridades y empleados públicos, que habrán de facilitarles el ejercicio de sus derechos y el cumplimiento de sus obligaciones" [art. 13 e) LPAC]. La negación de una interlocución personal directa es, sin duda, una falta de respeto.

Con todo, el imperativo del respeto a la dignidad humana no tiene por qué ser una enmienda a la totalidad de la automatización ni aboca a renunciar a sus beneficios: sólo impide que pueda extenderse a lo largo de toda la vía administrativa. Debe garantizársenos un derecho al trato humano, al menos, en los momentos más sensibles, significativos o concluyentes de las relaciones jurídico-administrativas.

---

25 Y la subordinación de la inteligencia artificial a la dignidad humana debiera estar fuera de toda duda. En los términos del artículo 7 del Convenio Marco del Consejo de Europa sobre Inteligencia Artificial varias veces citado ya, cada Parte adoptará o mantendrá medidas para respetar la dignidad humana y la autonomía individual en relación con las actividades durante el ciclo vital de los sistemas de inteligencia artificial.

VI. LOS PROCEDIMIENTOS ADMINISTRATIVOS DE REVISIÓN

Desde la Ley de Procedimiento de 1958, la revisión de la actuación administrativa en la propia vía administrativa ha quedado desdoblada en dos tipos de procedimientos: los de revisión de oficio, cuya función principal es el control interno de la Administración sobre su propia actuación, y los recursos administrativos, que cumplen una función impugnatoria llamada a enervar la litigiosidad, aunque no siempre la cumplan eficazmente.

Hay cierto consenso en que, si ha sido automatizada una decisión administrativa (noción material que ya sabemos que incluye no sólo la resolución formal finalizadora del procedimiento, sino también los actos que la determinan), su revisión por vía de recurso no puede serlo también y, por tanto, debe instruirse y resolverse por un ser humano. Las razones ya han sido expuestas en el apartado anterior. El recurso administrativo es un derecho de los interesados (de ahí que todos los actos administrativos cualificados sean recurribles, ya sea potestativamente en reposición u obligatoriamente en alzada) a la revisión en la vía administrativa de lo actuado. Como afirma —sin eficacia normativa— el apartado XXV.3 de la Carta de Derechos Digitales, "las personas tienen derecho a solicitar una supervisión e intervención humana y a impugnar las decisiones automatizadas tomadas por sistemas de inteligencia artificial que produzcan efectos en su esfera personal y patrimonial". Si la intervención humana no ha sido determinante en la actuación, debe serlo necesariamente en su impugnación.

Distinto es el caso de la revisión de oficio. Salvo por un inciso asistemático del art. 106 LPAC que conserva la histórica acción de nulidad, estos procedimientos no se inician a solicitud de ningún interesado sino por la propia Administración actuante. Ahora que los expedientes administrativos y su archivo son electrónicos, facilitando el tratamiento masivo de la información que contienen (datos y metadatos), para cumplir eficazmente con la función de control interno propia de estos procedimientos, la actuación automatizada podría cumplir una función en el procesamiento de la información y la detección de instrucciones o resoluciones "anómalas" según los parámetros con o para los que hubiera sido programada, a los efectos de provocar su revisión de oficio por la administración. Es más, se podría automatizar una revisión de oficio de carácter sistemático y científico, que no sólo revisara los actos singulares con criterios de validez, detectando posibles nulidades, sino también evaluara el conjunto de la actividad con criterios de eficacia y eficiencia y extrajera inferencias estadísticas sobre la conducta de los sujetos intervinientes con las que poder mejorar el diseño de las políticas públicas. Pero me temo que las ventajas de la automatización se estén aprovechando mucho antes para actuar con celeridad que no para evaluar y reconsiderar lo actuado. Yo, al menos, apenas he encontrado ejemplos de esto último[26].

VII. BIBLIOGRAFÍA

Bachof, Otto (1972). "Die Dogmatik des Verwaltungsrechts vor den Gegenwartsaufgaben der Verwaltung", *Veröffentlichungen der Vereinung der Deutschen Staatsrechtslehrer*, vol. 30.

Berlanga de Jesús, Antonio, Pedraza Córdoba, Juanita, y Vaquer Caballería, Marcos (2023). "Consideraciones técnicas y jurídicas para la automatización de la actuación administrativa de los entes locales", *Revista Iberoamericana de Gobierno Local*, nº 24.

Capdeferro Villagrasa, Óscar (2023). "Las obligaciones sujetas a control administrativo automatizado", *Revista de Internet, Derecho y Política*, nº 37, marzo.

Carloni, Enrico (2020). "IA, algoritmos y Administración pública en Italia", *Revista de Internet, Derecho y Política*, nº 30, marzo.

Cerrillo i Martínez, Agustí (2020). "Automatización e inteligencia artificial", en Martín Delgado, Isaac (dir.), *El procedimiento administrativo y el régimen*

---

26 Aunque no en procedimientos de revisión de oficio, sí cumple una función de vigilancia para el control interno, por ejemplo, el sistema informático de alertas contemplado en los artículos 25 y ss. de la Ley de la Comunidad Valenciana 22/2018, de 6 de noviembre, de Inspección General de Servicios y del sistema de alertas para la prevención de malas prácticas en la Administración de la Generalitat y su sector público instrumental, cuyas alertas deben ser tramitadas conforme a lo previsto en sus artículos 30.1.a) y 31.

jurídico de la administración pública desde la perspectiva de la innovación tecnológica, Madrid, Iustel.

Cerrillo i Martínez, Agustí (2021). "Robots, asistentes virtuales y automatización de las Administraciones públicas", *Revista Galega de Administración Pública*, nº 61, 271-309.

Civitarese Mattcucci, Stefano (2019). "«Umano troppo umano». Decisioni amministrative automatizzate e principio di legalità", *Diritto pubblico*, nº 1, enero-abril.

Coglianese, Cary (2021). "Administrative Law in the Automated State", *Daedalus, the Journal of the American Academy of Arts & Sciences*, nº 150, 104-120.

Cotino Hueso, Lorenzo (2024). "La primera sentencia del Tribunal de Justicia de la Unión Europea sobre decisiones automatizadas y sus implicaciones para la protección de datos y el Reglamento de inteligencia artificial", *Diario La Ley*, nº 80, 17 de enero.

Finck, Michèle (2020). "Automated decision-making and Administrative Law", *Max Planck Institute for Innovation and Competitive Research Paper* nº 19-10.

Fuertes López, Mercedes (2022). "Reflexiones ante la acelerada automatización de actuaciones administrativas", *Revista Jurídica de Asturias*, nº 45.

Gamero Casado, Eduardo (2023). "Sistemas automatizados de toma de decisiones en el Derecho administrativo español", *Revista General de Derecho Administrativo*, nº 63.

García-Andrade Gómez, Jorge (2021). *Las actuaciones administrativas sin procedimiento. Relaciones jurídicas en el Estado de Derecho*, Madrid, Marcial Pons.

Huergo Lora, Alejandro (2022). "Gobernar con algoritmos, gobernar los algoritmos", *El Cronista del Estado Social y Democrático de Derecho*, nº 100.

Martín Delgado, Isaac (2009). "Naturaleza, concepto y régimen jurídico de la actuación administrativa automatizada", *Revista de Administración Pública*, nº 180, 353-386.

Maurer, Hartmut (2011). *Derecho administrativo. Parte general*, Madrid, Marcial Pons.

Mayer, Otto (1904-1982).: *Derecho administrativo alemán*, Tomo I. *Parte General*, 2ª ed., Buenos Aires, Depalma, 1982 [Traducción del francés *Le droit administratif allemand*, 1904].

Parejo Alfonso, Luciano (2016). *La vigilancia y la supervisión administrativas: un ensayo de su construcción como relación jurídica*, Valencia, Tirant lo Blanch.

Parejo Alfonso, Luciano y Vaquer Caballería, Marcos (2020). *Estudios sobre el procedimiento administrativo. III Instituciones*, Valencia, Tirant lo Blanch.

Utrilla Fernández-Bermejo, Dolores (2020). "La relación jurídica en el sistema de Derecho administrativo", *Revista de Derecho Público: Teoría y Método*, vol. 2.

Vaquer Caballería, Marcos (2016). "La codificación del procedimiento administrativo en España", *Revista General de Derecho Administrativo*, nº 42.

Vaquer caballería, Marcos (2023). "El humanismo del Derecho administrativo de nuestro tiempo", *Revista de Administración Pública*, nº 222, 33-64.

Valero Torrijos, Julián (2007). *El régimen jurídico de la e-administración. El uso de medios informáticos y telemáticos en el procedimiento administrativo*, Granada, Comares.

Modelos de evaluación de impacto algorítmico para las decisiones administrativas automatizadas

DIEGO MUÑOZ VICUÑA
Doctorando en Derecho Público Comparado
Universidad Carlos III de Madrid[1]

Sumario: I. INTRODUCCIÓN. II. AIA EN ESTADOS UNIDOS. III. AIA EN LA UNIÓN EUROPEA. IV. AIA EN CANADÁ. V. DESAFÍOS COMUNES. VI. CONCLUSIONES.

I. INTRODUCCIÓN

Los avances científicos y tecnológicos observados en los últimos años, especialmente en lo que respecta a la inteligencia artificial[2], han implicado cambios profundos en la manera en que se ejerce el poder. Las decisiones públicas que anteriormente eran adoptadas completa y exclusivamente por seres humanos, en un lenguaje creado por seres humanos, hoy se ejecutan también por medios y lenguajes informáticos, dando lugar a decisiones automatizadas que tienen como protagonistas a los algoritmos.

Los algoritmos, entendidos como un conjunto prescrito de instrucciones o reglas bien definidas, ordenadas y finitas que permiten

---

1 El autor agradece enormemente a la profesora Juanita Pedraza Córdoba, académica del Departamento de Derecho Público del Estado de la Universidad Carlos III de Madrid, por sus comentarios y sugerencias.

2 Se ha sostenido, de hecho, que estaríamos ingresando a una cuarta revolución industrial. La primera fue la revolución de la máquina de vapor. La segunda sería la revolución de la electricidad. La tercera, la revolución digital. La cuarta revolución sería aquella que fusiona las esferas físicas, digital y biológica (Vaquer, 2023:37; Cerrillo, 2023:531).

llevar a cabo una actividad mediante pasos sucesivos que no generan dudas a quien deba hacer dicha actividad, pasando de un estado inicial y una entrada a un estado final y una solución[3], o como un procedimiento a través del cual los ordenadores pueden encontrar la solución a un problema[4], pueden calificarse según su tipo —condicionales tradicionales o de aprendizaje automático— y según el grado de automatización que producen —parcial o completa—[5].

Los algoritmos condicionales tradicionales operan sobre la base de reglas predeterminadas por los programadores ("*if-then*"), mientras que los algoritmos de aprendizaje automático (*machine learning*), con el subtipo de algoritmos de aprendizaje profundo (*deep learning*), están basados en redes neuronales inspiradas en el cerebro humano, que establece sus propias reglas a partir de correlaciones que infieren de grandes cantidades de datos (big data) con los que han sido entrenados[6].

En cuanto a su grado de automatización, los algoritmos pueden dar lugar a una actuación administrativa parcialmente automatizada o semiautomatizada, que se limitan a proporcionar un input al ser humano que debe decidir o a proponer una decisión por defecto que el ser humano puede corregir, o a una actuación administrativa completamente automatizada, en la que no existe intervención humana alguna[7].

El hecho de que algunas decisiones automatizadas puedan eventualmente ser adoptadas sobre la base de algoritmos de aprendizaje automático que producen correlaciones complejas y opacas que ni los propios programadores son capaces de explicar[8], ha llevado a algunos a sostener que estamos frente a un nuevo modelo de ejercicio del poder, un modelo que no reside en las normas impuestas por el Estado, sino en el análisis de innumerables trazas digitales sobre la

---

3 Solano, 2019: 36; Ponce, 2018:12.
4 Cerrillo, 2023: 531.
5 Mir, 2023: 693-695.
6 Mir, 2023: 694-695.
7 Mir, 2023: 693.
8 Ponce, 2019: 7; Mir, 2023: 695.

actitud y comportamientos de las personas, en un fenómeno que ha recibido el nombre de "gubernamentalidad algorítmica"[9].

En el marco de esta nueva manera de gobernar ha surgido una interesante discusión respecto a la naturaleza de los algoritmos. Boix (2020:262) sostiene que los algoritmos empleados por la Administración para apoyar o adoptar decisiones son normas reglamentarias, pues reglan y predeterminan su actuación. Huergo (2020:66-67) discrepa, pues en su posición la Administración no puede (ni debe) regular mediante algoritmos, los cuales serían elementos auxiliares o complementarios a la aplicación de la norma, o simples actos trámites. Para Cerrillo (2023:532), en cambio, no existe una respuesta única respecto a la naturaleza jurídica de los algoritmos, pues éstos varían en su configuración, finalidad y capacidad innovadora.

Cualquiera sea la posición que adoptemos, lo cierto es que hoy día las decisiones administrativas también se pueden tomar a través de algoritmos. Para afrontar esta nueva realidad, el Derecho Administrativo, en su vocación juridificadora que aspira a domesticar el poder suprimiendo actuaciones arbitrarias y caprichosas[10], tiene el ineludible desafío de actualizarse, reto que ha empezado a abordar a través de un novedoso instrumento: La Evaluación de Impacto Algorítmico (*Algorithmic Impact Assessment*, "AIA").

Según Selbst (2021:140), tres son los modelos de AIA. El primer modelo es estadounidense y se propone en base a la Ley Nacional de Política Ambiental, teniendo como fin extender los requisitos y garantías de las Declaraciones de Impacto Medioambiental a la utilización de algoritmos. El segundo modelo es europeo, y consiste en la Evaluación de Impacto relativa a la Protección de Datos regulada por el Reglamento 2016/679, del Parlamento Europeo y del Consejo, de 27 de abril de 2016, relativo a la protección de las personas físicas en lo que respecta al tratamiento de datos personales y a la libre circulación de estos datos. El tercer modelo es canadiense, y se aborda en la *Directive on Automated Decision-Making*, que entró en vigor en abril del 2019.

---

9 Rouvroy y Berns, 2016: 96; Muracciole, 2023: 287-288.

10 Montt, 2010:1-2.

El presente capítulo tiene por objeto revisar las referidas modalidades de AIA, en base a cinco criterios distintos: Finalidad; sujetos, identificando al responsable de completar el instrumento y al de su control; fase del procedimiento en que se implementa; diseño; y garantías, concentrando el estudio en la participación pública y transparencia. El análisis de los criterios precedentemente indicados nos permitirá extraer desafíos comunes, los cuales contrastaremos, por la atención que ha recibido en la literatura, con la propuesta del Instituto de Derecho Europeo[11], ente que en el 2022 elaboró, con participación de académicos y altos funcionarios de países miembros y no miembros de la Unión Europea, un informe sugiriendo un nuevo modelo de AIA para la toma de decisiones automatizadas de la Administración Pública. Tras dicho análisis, expondremos nuestras conclusiones.

II. AIA EN ESTADOS UNIDOS

A la fecha, no se ha desarrollado en Estados Unidos un auténtico modelo de AIA. Este es el motivo por el que Selbst (2017:168; 2021:140) plantea el desarrollo de una innovadora AIA basada en la Ley Nacional de Política Ambiental (*National Environmental Policy Act*, "NEPA"). NEPA fue promulgada en 1969 y, hasta el día de hoy, exige que las agencias federales estadounidenses realicen Declaraciones de Impacto Medioambiental (*Environmental Impact Statements*, "EIS") antes de emprender "*acciones federales importantes que afecten significativamente la calidad del medio ambiente humano*"[12].

Según Selbst (2017:169-170; 2021:122-123), NEPA ha permitido la expansión de la evaluación de impacto más allá del análisis medioambiental, sirviendo de inspiración y base a los estudios sobre los impactos de las acciones administrativas en materias de derechos humanos, de protección de datos o de política tecnológica. De ahí

---

11 Mir (2023:707) califica la propuesta del Instituto de Derecho Europeo como la más detallada presentada a la fecha. Gamero (2023:9), por su parte, la describe como "*un documento excelente, y diseñado de manera específica para el sector público, que puede aplicarse a cualquier ordenamiento jurídico*".

12 Karkkainen, 2002:904; 42 USC, §4332(2)(C).

que proponga su extensión a los algoritmos utilizados en las decisiones automatizadas.

Trasladadas al contexto de las decisiones automatizadas, Selbst (2021:140) sostiene que las AIA tendrían una doble finalidad. La primera de ellas sería de diseño, pues en razón de una AIA los desarrolladores de proyectos que utilicen algoritmos pueden aprovechar su experiencia para estimar los impactos futuros de las diversas decisiones previo a su adopción, a fin de eliminar o mitigar cualquier impacto dañino de forma anticipada. Una segunda finalidad sería de conocimiento, pues en la producción de una AIA se utiliza y publica la información generada con fines de rendición cuentas o para el desarrollo de políticas futuras.

En rigor, un modelo de AIA basado en NEPA se centraría exclusivamente en las decisiones adoptadas por las autoridades (sin perjuicio de la demanda de Selbst [2021:152-176] por extenderlas al sector privado, exigiendo su colaboración). En consecuencia, su objetivo sería estudiar los efectos razonablemente previsibles que podría tener la implementación de algoritmos en una acción federal propuesta, analizando los efectos adversos, los impactos que implican a corto y largo plazo, los recursos federales implicados, e incorporando una gama razonable de alternativas propuestas[13].

En cuanto a su control, durante el proceso de elaboración de la EIS se observa un rol importante de la Agencia de Protección Ambiental (*Environmental Protection Agency*, "**EPA**"). Este órgano recibe y publica semanalmente en el Registro Federal las EIS de las agencias federales[14], las revisa y comenta, y está habilitado para calificar una acción federal como insatisfactoria desde el punto de vista de la salud pública, bienestar o calidad ambiental, lo cual implicaría remitir el asunto al Consejo de Calidad Ambiental[15]. Para el mejor cumplimiento de sus funciones, EPA emite guías que deben tenerse en

---

13 42 USC, § 4332.

14 Véase 40 CFR, § 1506.11.

15 Véase 40 CFR, § 1504.1. Sobre el Consejo de Calidad Ambiental, véase 42 USC, § 4342 a § 4347.

consideración para la revisión de una EIS[16]. Así, siguiendo a NEPA, en materia de decisiones automatizadas debiera diseñarse un ente especializado para la asesoría y revisión de AIA.

En lo relativo a la fase del procedimiento en que se implementa, calificaría como un modelo de evaluación *ex ante*. Con fundamento en NEPA, estas AIA buscarían analizar los efectos de los algoritmos que eventualmente formen parte de una decisión automatizada, sin pretender explicarlos una vez que la decisión ya ha sido adoptada. Como se ha dispuesto respecto de las declaraciones de impacto exigidas por NEPA, éstas deben servir como medio para evaluar los efectos de las acciones propuestas por las agencias, contribuyendo al proceso de toma de decisiones, y no a "*racionalizar o justificar decisiones ya tomadas*"[17]. Con todo, Selbst (2017:188-189) propone incorporar medidas que permitan garantizar la evaluación *ex post* de los efectos previstos por las AIA, haciéndose cargo de una de las mayores críticas que reciben las EIS[18].

Sobre su diseño, es pertinente hacer presente que, para confeccionar una EIS, primero debe haberse realizado una *Environmental Assessment* ("**EA**"), la que procede siempre que la acción propuesta probablemente no tenga efectos significativos, o cuando se desconozcan los efectos de la acción, salvo que la acción haya sido previamente excluida de preparación de EA o EIS por ser de aquellas que normalmente no tienen efecto significativo en el medio ambiente[19]. En base a la EA, procede elaborar con posterioridad un documento denominado *Finfings Of No Significant Impact* ("**FONSI**") o la EIS[20].

---

16 Ejemplos son las guías para la revisión de las EIS para planes de gestión pesquera (reviewing-eiss-fishery-management-plans-pg.pdf (epa.gov)) o para la revisión de EIS para nuevas centrales nucleares (309-reviewers-guidance-for-new-nuclear-power-plant-eiss-pg.pdf (epa.gov)).

17 Véase 40 CFR, § 1502.2.

18 En materia de evaluación *ex post*, Selbst (2017:188-189) se refiere a propuestas como la de asignar responsabilidad por daños futuros al predictor inexacto o la de actualizar los resultados y proyectos cuando ya estén siendo implementados.

19 40 CFR, § 1501.4 y § 1501.5.

20 40 CFR, §1501.3 y §1501.6.

Así, se trataría de un modelo de evaluación de impacto que distingue entre diversos niveles de riesgos.

El modelo de evaluación de impacto regulado por NEPA, conforme al cual Selbst propone el desarrollo de las AIA en Estados Unidos, se caracteriza también por ser sumamente detallado, pudiendo llegar a abarcar hasta 300 páginas, y excepcionalmente más, si así lo solicita un alto funcionario de una agencia[21]. Las preguntas formuladas en este modelo son abiertas, por lo que exigirían respuestas exhaustivas por parte del organismo que utilice algoritmos en sus actuaciones. Si bien las declaraciones de impacto exigidas por NEPA "*no deben ser una enciclopedia*", sí "*deben ser analíticas*" y deben "*discutir los impactos en proporción a su importancia*"[22].

Este modelo, además, tiene por cualidad principal otorgar cabida a la participación pública y la transparencia[23]. En el desarrollo de una AIA, las agencias deberían seguir el procedimiento de *notice and comment*, que implica notificar a la ciudadanía, a las partes interesadas, y a las agencias y gobiernos estatales, tribales y locales, sobre la AIA de una decisión administrativa automatizada, ofreciendo un considerable periodo de tiempo tanto para recibir comentarios durante la elaboración del borrador de una AIA, como para la redacción de una AIA final, una vez que el borrador está listo[24]. Una vez finalizada la AIA, debería publicarse y ser accesible al público[25].

La propuesta de Selbst, en todo caso, no es la única. Desde el año 2019 se viene discutiendo en el Congreso de los Estados Unidos un nuevo modelo de AIA fundado en el proyecto de ley denominado *Algorithmic Accountability Act* ("**AAA**")[26]. Este proyecto no centra

---

21 *Vid.* 40 CFR, § 1502.7.

22 *Vid.* 40 CFR, § 1502.2; Selbst, 2021:141.

23 Selbst, 2017: 177; Selbst, 2021: 150-152.

24 *Vid.* 40 CFR, § 1503.1; Selbst, 2017: 178.

25 Las EIS pueden encontrarse en: Environmental Impact Statement (EIS) Database|USEPA

26 Existen versiones de este proyecto del año 2019 (Text - H.R.2231 - 116th Congress (2019-2020): Algorithmic Accountability Act of 2019 | Congress.gov | Library of Congress), 2022 (Text - H.R.6580 - 117th Congress (2021-2022): Algorithmic Accountability Act of 2022 | Congress.gov | Library of

la evaluación de impacto de los algoritmos en las actividades de las agencias federales, sino en aquellas actividades efectuadas por las compañías que cuentan con grandes bases de datos, a fin de resguardar ámbitos sensibles de la vida de las personas[27].

La última versión de la AAA, de 2023, distingue entre el "sistema de decisión automatizada" y el "proceso de decisión crítica aumentada" que utilizan las personas, sociedades o corporaciones que, estando bajo la jurisdicción de la Comisión Federal de Comercio, tengan un determinado ingreso económico y manejo de datos. El "sistema de decisión automatizada" refiere a cualquier sistema, *software* o proceso que utiliza la computación, cuyo resultado sirve como base para una decisión o juicio, mientras el "proceso de decisión crítica aumentada" significa el proceso, procedimiento o actividad que emplea un "sistema de decisión automatizada" para tomar una decisión crítica —esto es, una decisión de efecto significativo para un consumidor, entendido como cualquier individuo—. Ambos requieren de una "Evaluación de Impacto"[28], que debiera incluir evaluaciones continuas de los riesgos a la privacidad, con medidas que permitan garantizarla[29].

III. A IA EN LA UNIÓN EUROPEA

En la literatura, se ha sostenido que la Unión Europea tendría su propio modelo de AIA, consistente en las Evaluaciones de Impacto relativo a la protección de Datos Personales ("EIPD") reguladas en el Reglamento 2016/679, del Parlamento Europeo y del Consejo, de 27 de abril de 2016, relativo a la protección de las personas físicas en lo que respecta al tratamiento de datos personales y a la libre circulación de estos datos (Reglamento General de Protección de Datos, "RGPD"), confeccionadas en el marco de las decisiones automatizadas[30]. En este contexto, las EIPD continuarían con el camino iniciado

Congress) y 2023 (Text - H.R.5628 - 118th Congress (2023-2024): Algorithmic Accountability Act of 2023 | Congress.gov | Library of Congress).

27 Watkins *et al.* 2021:1011.

28 Sección 2, numeral 1, 2, 5, 6, 7, 8 y 12 de la AAA de 2023.

29 Sección 4, letra a), numeral 3 de la AAA de 2023.

30 Selbst, 2021:141; Watkins *et al.*, 2021:1010; Kaminski y Malgieri, 2021:129.

por las EIS exigidas a través de NEPA, pero trasladándolas a Europa para la protección de los derechos y las libertades de las personas[31].

El RGPD se aplica al tratamiento total o parcialmente automatizado de datos personales, así como al tratamiento no automatizado de datos personales contenidos o destinados a ser incluidos en un fichero[32]. Para estos efectos, el RGPD define como "tratamiento" a cualquier operación o conjunto de operaciones realizadas sobre datos personales o conjunto de datos personales, ya sea por procedimientos automatizados o no[33], y como "responsable del tratamiento" a la persona física o jurídica, autoridad pública, servicio u otro organismo que, solo o junto con otros, determine los fines y medios del tratamiento[34].

En lo que nos interesa, el artículo 22 apartado primero del RGPD prescribe que todo interesado tiene derecho a no ser objeto de una decisión basada únicamente en el tratamiento automatizado, incluida la elaboración de perfiles, que produzca efectos jurídicos en él o le afecte significativamente de modo similar. Luego, el apartado segundo del artículo 22 del RGPD establece las excepciones, las que tendrían lugar cuando la decisión basada únicamente en un tratamiento automatizado de datos es necesaria para la celebración o ejecución de un contrato entre el interesado y un responsable del tratamiento, cuando está autorizada por el Derecho de la Unión o de los Estados miembros que se aplique al responsable y que establezca medidas adecuadas para salvaguardar los derechos, las libertades y los intereses legítimos del interesado, y cuando el tratamiento automatizado se basa en el consentimiento explícito del interesado.

El artículo 35 del RGPD regula la Evaluación de Impacto relativa a la Protección de Datos ("**EIPD**"). Según esta disposición, cuando sea probable que un tipo de tratamiento, en particular si utiliza nuevas tecnologías, por su naturaleza, alcance, contexto o fines, entrañe un alto riesgo para los derechos y libertades de las personas físicas, el responsable del tratamiento deberá realizar, antes del tratamiento,

---

31 Selbst, 2021:122.

32 Art. 2 del RGPD.

33 Art. 4.2. del RGPD.

34 Art. 4.7. del RGPD.

una evaluación del impacto de las operaciones de tratamiento en la protección de datos personales.

Sobre la base del RGPD, específicamente sus artículos 22 y 35, se desprende la obligación de elaborar una AIA, en tanto modalidad de EIPD, para las decisiones administrativas automatizadas, la cual puede ser especialmente útil para aquellos responsables que no estén seguros si sus actividades se ajustan a la definición del apartado primero del artículo 22 del RGPD, y para el caso de que una excepción lo permita[35]. Así también lo ha entendido la literatura, pues Watkins *et al.* (2021:1010) sostienen que el RGPD estableció las AIA a nivel europeo, Kaminski y Malgieri (2021:129) expresaron que "*las EIPD exigidas por el RGPD servirán, en el contexto de las decisiones administrativas automatizadas, como AIA*", y Selbst (2021:141) considera las EIPD como un segundo modelo de AIA. Esta hipótesis, además, tiene asidero fáctico, pues se ha constatado que Eslovenia, Estado miembro de la Unión Europea, exige AIA para las decisiones administrativas automatizadas del artículo 22 apartado primero del RGPD[36].

En cuanto a los sujetos implicados, las EIPD son exigidas respecto de todos los responsables de tratamientos de datos personales. De esta manera, una EIPD puede ser requerida tanto en el sector público como en el sector privado. Este es el motivo por el que la Agencia Española de Protección de Datos ("**AEPD**"), en tanto autoridad de control, ha publicado en su sitio web un modelo de EIPD que deben seguir las Administraciones Públicas en el tratamiento de datos personales que involucre un alto riesgo para los derechos y libertades de las personas físicas, y otro distinto que deben seguir las empresas del sector privado[37].

Las respectivas autoridades de control de los Estados miembros son responsables de supervisar la aplicación del RGPD, con el fin de proteger los derechos y las libertades fundamentales de las personas físicas[38], cumpliendo un relevante papel en el proceso de confección

---

35 Grupo de Trabajo sobre protección de datos del artículo 29, 2017b:22.

36 Kaminski y Malgieri, 2021:129.

37 Véase el sitio web de la AEPD: Realización de evaluaciones de impacto de protección de datos | AEPD.

38 Art. 51 del RGPD.

de una EIPD. Así, ellas establecen y publican una lista con los tipos de operaciones de tratamiento que requieran una EIPD, y aquellas que no requieren de dicha evaluación[39]. Además, deben ser consultadas por los responsables antes de proceder a un tratamiento en que la EIPD muestre que entrañará un alto riesgo si no se toman medidas para mitigarlo y, si considera que dicho riesgo no fue identificado o mitigado, asesorará al responsable, estando habilitada para utilizar los poderes de investigación, correctivos y de autorización dispuestos en el artículo 58 del RGPD[40].

Otro rol importante lo cumplen los delegados de protección de datos, que son personas con conocimientos especializados del Derecho y la práctica en materia de protección de datos[41]. Estos delegados deben ofrecer el asesoramiento que se les solicite acerca de la EIPD y supervisan su aplicación, actuando como punto de contacto de la autoridad de control para cuestiones relativas al tratamiento, lo que incluye la consulta previa que se exige respecto de un tratamiento que puede entrañar un alto riesgo si no se toman medidas para mitigarlo[42].

Para efectos de este trabajo, nos interesan aquellas EIPD que deben realizarse en el sector público, por cuanto pueden ser calificadas como AIA exigibles en el marco de una decisión administrativa automatizada —de hecho, dentro de la lista de tipos de tratamientos de datos que requieren EIPD, publicada por la AEPD, se encuentra la de "*tratamientos que impliquen la toma de decisiones automatizadas o que contribuyan en gran medida a la toma de tales decisiones*"[43]—.

Las EIPD, al igual que las AIA que se proponen con fundamento en la NEPA, son instrumentos de evaluación *ex ante* que tienen como fin advertir los efectos de alto riesgo que un futuro tratamiento de

---

39 Arts. 35.4, 35.5 y 57.1 letra k) del RGPD.

40 Arts. 36.1, 36.2, 57.1 letra l) y 58 del RGPD.

41 Considerando 97 y artículo 37.5 del RGPD.

42 Arts. 35.2, 37 y 39.1 letra c) y letra e) del RGPD.

43 Véase la lista de tipos de tratamientos de datos que requieren EIPD: https://www.aepd.es/sites/default/files/2019-09/listas-dpia-es-35-4.pdf. La AEPD también publicó una lista orientativa de tipos de tratamientos que no requieren una EIPD: Plantilla escrito (aepd.es).

datos personales puede acarrear para los derechos y las libertades de las personas físicas[44]. También puede existir una evaluación *ex post*, toda vez que, en caso necesario, los responsables deberán examinar si el tratamiento es conforme con la EIPD, al menos cuando exista un cambio del riesgo que representen las operaciones del tratamiento[45].

El análisis efectuado a través de una EIPD, tal y como en el caso de una AIA basada en NEPA, es exhaustivo. En este sentido, los órganos de la Administración del Estado responsables de una decisión administrativa automatizada deben considerar, como mínimo, una descripción sistemática de las operaciones de tratamiento previstas y de los fines del tratamiento, incluyendo, cuando proceda, el interés legítimo perseguido por el responsable del tratamiento. Asimismo, estos responsables deben incluir una evaluación de la necesidad y proporcionalidad de las operaciones del tratamiento con respecto a su finalidad, una evaluación de los riesgos para los derechos y libertades de los interesados, y las medidas previstas para afrontar los riesgos, incluidas las garantías, medidas de seguridad y mecanismos que garanticen la protección de datos personales, y las medidas para demostrar la conformidad con el RGPD, teniendo en cuenta los derechos e intereses legítimos de los interesados y de otras personas afectadas[46].

El modelo de AIA de la Unión Europea tiene una gran diferencia con el estadounidense en lo que respecta a la participación pública y la transparencia[47]. Esta diferencia no se produciría por la ausencia de instancias participativas, sino por la imperatividad y la publicidad de las mismas.

En cuanto a la participación, el apartado noveno del artículo 35 del RGPD dispone que, cuando proceda, el responsable recabará la opinión de los interesados o de sus representantes en relación al tratamiento previsto, sin perjuicio de la protección de intereses pú-

---

44 El art. 35.1 del RGPD es claro al señalar que "*el responsable del tratamiento realizará, antes del tratamiento, una evaluación de impacto de las operaciones de tratamiento en la protección de datos personales*"; Selbst, 2021:147.

45 Art. 35.11 del RGPD.

46 Art. 35.7 del RGPD; Selbst, 2021:148.

47 Selbst, 2021:142-143.

blicos o comerciales o de la seguridad de las operaciones del tratamiento. Estas opiniones, según lo planteado por el grupo de trabajo sobre protección de datos del artículo 29 ("**GT29**"), en las "Directrices sobre la evaluación de impacto relativa a la protección de datos y para determinar si el tratamiento «entraña probablemente un alto riesgo» a efectos del Reglamento (UE) 2016/679" de 2017 ("**Directrices EIPD**"[48]), pueden recabarse a través de un estudio genérico, consultas a expertos, preguntas a los representantes de los empleados o encuestas a los futuros clientes del responsable del tratamiento[49].

Las "Directrices sobre decisiones individuales automatizadas y elaboración de perfiles a los efectos del Reglamento 2016/679" de 2017 ("**Directrices de Decisiones Automatizadas**"[50]), también elaboradas por el GT29, agregan que una EIPD puede ser un medio útil para que el responsable del tratamiento identifique las medidas para abordar los riesgos, mencionando dentro de dichas medidas la de informar a los interesados acerca de la existencia del proceso de decisiones automatizadas y la de permitir a los interesados expresar sus puntos de vista[51].

En consecuencia, el RGPD fomentaría la realización de instancias de participación para la elaboración de una EIPD de una decisión automatizada. No obstante, se observa que estas instancias tendrían lugar solamente "cuando procedan" (lo que otorgaría un margen para prescindir de ellas), siempre resguardando la protección de los intereses públicos, los intereses comerciales o la seguridad de las operaciones. Las Directrices EIPD profundizarían en esta materia, mencionando como ejemplos para omitir estas instancias la confidencialidad de los negocios de las empresas, su desproporción o su impracticabilidad[52].

Se debe hacer presente que este modelo contempla también instancias consultivas cuando ya se ha realizado la EIPD. Así, el artículo 36 del RGPD dispone que cuando una evaluación de impacto con-

---

48 También conocidas como WP248.

49 GT29, 2017a: 16-17.

50 También conocidas como WP251.

51 GT29,2017b: 33.

52 GT29, 2017a: 16-17.

cluya que el tratamiento entrañará un alto riesgo si no se toman medidas para mitigarlo, se consultará a la autoridad de control. A este respecto, señala la AEPD que, al 27 de diciembre de 2023, se habían presentado a dicho organismo nueve consultas provenientes del sector público en base al artículo 36 del RGPD[53].

No obstante, la AEPD ha manifestado su disconformidad con las consultas recibidas y las EIPD revisadas, declarando que "*Con carácter general, el número de consultas previas recibidas, y la calidad de las evaluaciones de impacto en protección de datos realizadas por los responsables, se evidencia un intento de cumplimiento meramente formal de los requisitos que exigen los artículos 35 y 36 del RGPD sin dar respuesta al enfoque de riesgos que exige el principio de responsabilidad activa del RGDP. (…) En general, se advierte cierta confusión entre lo que es un informe de carácter jurídico y la documentación de un proceso de gestión de los riesgos que exige análisis, toma de decisiones y ejecución de acciones para implementar medidas y garantías*"[54].

La ausencia de transparencia es otro aspecto que caracteriza a este modelo. Las Directrices EIPD del GT29 expresamente señalan que no existe la obligación de publicar una EIPD, reconociendo en todo caso que la publicación de un resumen o de las conclusiones podría fomentar la confianza, demostrando proactividad y transparencia[55]. Una línea similar sigue la "Guía para la gestión del riesgo y evaluación de impacto en tratamiento de datos personales", de 2021, de la AEPD, que establece que "*No existe la obligación de hacer pública toda la documentación relativa a una EIPD, ni siquiera se considera recomendable*"[56].

---

[53] En respuesta a la solicitud de transparencia N° 0001-00083640, la AEPD señala: "*Sentado lo anterior, se informa de que el número de consultas previas planteadas a la AEPD al amparo del artículo 36 del RGPD desde el sector público es de nueve. Así mismo, se participa que la información relativa a las EIPD y consultas previas se viene recogiendo en la memoria anual que la AEPD hace pública en el apartado de transparencia activa dentro su página web en el siguiente enlace: https://www.aepd.es/la-agencia/transparencia/informacion-economica-presupuestaria-y-estadistica/memorias*".

[54] Memoria AEPD, 2021:51; Memoria AEPD, 2022: 54.

[55] GT29, 2017a: 20.

[56] AEPD, 2021:147.

En la actualidad, la Unión Europea está discutiendo, tal como en Estados Unidos, nuevas modalidades de AIA. Así se observa en el Reglamento (UE) 2024/2016 del Parlamento Europeo y del Consejo, de 13 de junio de 2024, por el que se establecen normas armonizadas en materia de inteligencia artificial ("**RIA**") y en el proyecto efectuado por el Instituto de Derecho Europeo para las AIA de los sistemas de decisiones automatizadas usados por la Administración Pública.

Conforme al texto aprobado del RIA, los proveedores de sistemas de IA de alto riesgo[57] —que incluye a las autoridades públicas, órganos u organismos[58]— deben establecer un sistema de gestión de calidad que, a su vez, incluya un sistema de gestión de riesgos que determine y analice los riesgos conocidos y previsibles que el sistema de IA de alto riesgo utilizado de acuerdo a la finalidad prevista pueda plantear para la salud, la seguridad o los derechos fundamentales, y estime y evalúe los riesgos que pueden surgir cuando el sistema de IA de alto riesgo se utilice conforme a la finalidad prevista y cuando se le dé un uso indebido razonablemente previsible, adoptando medidas adecuadas y específicas de gestión de riesgos[59]. Además, se establece que los responsables del despliegue de sistemas de IA de alto riesgo —entre quienes también podrían encontrarse autoridades públicas, órganos u organismos[60]— deben cumplir con la obligación de llevar a cabo una EIPD que les impone el artículo 35 del RGPD[61], y una Evaluación de Impacto relativa a los Derechos Fundamentales, que complementará la EIPD[62].

Con motivo del RIA, los Estados miembros deberán seleccionar una autoridad nacional que se encargue de supervisar la aplicación y ejecución de este Reglamento. En el caso de España, dicha función recaerá en la Agencia Española de Supervisión de Inteligencia Artificial ("**AESIA**"), órgano cuyo Consejo Rector se constituyó en

---

57 Para calificar de sistema de alto riesgo, se deben cumplir las condiciones del artículo 6.1 del RIA, o ser uno de los sistemas indicados en el anexo III, sin perjuicio de lo establecido en el artículo 6.3 del citado Reglamento.

58 Art. 3.3 del RIA.

59 Art. 17.1 letra g), en relación al artículo 9.2 del RIA.

60 Art. 3.4 del RIA.

61 Art. 26.9 del RIA.

62 Art. 27.4 del RIA.

diciembre del 2023[63]. Dentro de sus competencias se encuentran la promoción, en el contexto del desarrollo y uso de sistemas de IA, de evaluaciones de impacto capaces de identificar posibles sesgos discriminatorios por cualquiera de los motivos prohibidos por el ordenamiento jurídico, en particular, los sesgos de género y los de índole étnico-racial[64]. Además, AESIA estaría habilitada para sancionar, de acuerdo con lo estipulado en la normativa europea, en lo que respecta a la supervisión de los sistemas de inteligencia artificial[65].

Cabe destacar que integrando la AESIA se encuentra el Departamento de Sistemas de IA, el que debe emitir informes sobre el impacto generado por un sistema de inteligencia artificial puesto en marcha, utilizado o que se esté desarrollando por las diferentes entidades del sector público, AP (app) o puestos en marcha desde otro u otros departamentos ministeriales. Este Departamento, en concreto, deberá encargarse de realizar "*evaluaciones de impacto para que los algoritmos involucrados en la toma de decisiones que se utilicen en las administraciones públicas tengan en cuenta criterios de minimización de sesgos, transparen-*

---

63 Véase la nota de prensa del Ministerio de Transformación Digital "Se constituye Consejo Rector de la Agencia Española de Supervisión de Inteligencia Artificial" (20231207_ConsejoRectorAESIA.pdf (mineco.gob.es)). *Vid.* al respecto la contribución de Isabel HERNANDEZ en esta obra colectiva.

64 Art. 10.1 letra c) del Real Decreto 729/2023, de 22 de agosto, por el que se aprueba el Estatuto de la Agencia Española de Supervisión de Inteligencia Artificial.

65 Art. 10.1 letra k) del Real Decreto 729/2023, de 22 de agosto, por el que se aprueba el Estatuto de la Agencia Española de Supervisión de Inteligencia Artificial. El art. 4.2 del citado Estatuto, sobre objetos y fines, señala: "*La Agencia dentro del ámbito de competencias correspondientes al Estado y, de acuerdo con lo dispuesto en los artículos 108 bis a 108 sexies de la Ley 40/2015, de 1 de octubre, tiene por objeto la minimización de los riesgos que puede suponer el uso de esta nueva tecnología, el adecuado desarrollo y potenciación de los sistemas de inteligencia artificial. En el ámbito de la competencia estatal, ejercerá las funciones de autoridad responsable de la supervisión, y en su caso sanción, de los sistemas de inteligencia artificial con el objeto de eliminar o reducir los riesgos para la integridad, la intimidad, la igualdad de trato y la no discriminación, en particular entre mujeres y hombres, y demás derechos fundamentales que pueden verse afectados por el mal uso de los sistemas*".

cia y rendición de cuentas"[66]. De esta manera, pareciera que España pretendería centralizar la confección de estos nuevos AIA para los sistemas de decisiones administrativas automatizadas en un único departamento de la AESIA[67].

A la propuesta anterior, se suma la del Instituto de Derecho Europeo, ente que propone un nuevo modelo que puede ser utilizado para la implementación de AIA conforme al RGPD, al RIA, pero también conforme a legislaciones fuera de la Unión Europea[68].

IV. AIA EN CANADÁ

Canadá forma parte de la alianza internacional "*Digital Nations*", la cual está integrada también por Corea del Sur, Estonia, Israel, Nueva Zelanda, Reino Unido, Uruguay, México, Portugal y Dinamarca, países considerados líderes en materias de gobierno digital. El objetivo de esta alianza es que los países puedan ayudarse mutuamente a ser cada vez mejores gobiernos digitales, más ágiles y eficientes, mediante un intercambio y aprendizaje conjunto[69].

Una de las materias en que Canadá ha innovado es en la creación de un modelo propio de AIA, modelo regulado en la *Directive on Automated Decision-Making* ("**DADM**"), que empezó a regir en abril de 2019, y que ha sido replicado por otros países de la "*Digital Nations*", como Uruguay[70].

---

66 Art. 25, letra b, número 4 del Real Decreto 729/2023, de 22 de agosto, por el que se aprueba el Estatuto de la Agencia Española de Supervisión de Inteligencia Artificial.

67 Véase en esta materia el capítulo de la profesora Isabel HERNÁNDEZ.

68 European Law Institute, 2022: 11.

69 Para más información, véase: Uruguay en Digital Nations | Agesic (www.gub.uy).

70 La Agencia de Gobierno Electrónico y Sociedad de la Información y Conocimiento de Uruguay, señala lo siguiente respecto a su evaluación de impacto algorítmico: "*Este proyecto fork del proyecto del Gobierno de Canadá al que se le realizaron posteriores modificaciones adaptadas a Uruguay*" (Evaluación de impacto algorítmico | Agesic (www.gub.uy)).

Conforme a la DADM, el gobierno de Canadá busca incrementar el uso de la inteligencia artificial para adoptar o respaldar decisiones administrativas, a fin de mejorar la prestación de sus servicios. Según lo señalado en esta Directiva, el gobierno está comprometido a utilizar la inteligencia artificial de una manera que sea compatible con los principios básicos del Derecho Administrativo, como la transparencia, la rendición de cuentas, la legalidad y la equidad procesal[71].

La DADM define sistema de decisión automatizada como cualquier tecnología que asista o reemplace el juicio de los seres humanos en la toma de decisiones, basándose para ello en la estadística, la lingüística y la informática, y utilizando técnicas basadas en reglas, regresión, análisis predictivo, aprendizaje automático, aprendizaje profundo y redes neuronales[72]. En este contexto, las AIA se definen como "*un marco para ayudar a las instituciones a comprender mejor y reducir los riesgos asociados con los sistemas de decisión automatizada y para proporcionar una gobernanza adecuada, con los requisitos para la supervisión y para la presentación de informes/auditorías que mejor se adapten al tipo de aplicación que se está diseñando*"[73].

Así, en Canadá las AIA se utilizan por las instituciones públicas como herramientas que permiten prevenir los riesgos derivados de una decisión administrativa automatizada, con la finalidad de proporcionar una gobernanza adecuada. Las AIA serían un instrumento para cumplir con las expectativas declaradas por la DADM, esperando que las decisiones basadas en datos adoptadas por las instituciones federales cumplan con la equidad procesal y el debido proceso, reduciendo los impactos negativos, y poniendo los datos e información sobre el uso de sistemas de decisión automatizada a disposición del público[74].

En cuanto a los sujetos, las AIA canadiense se exigen para las decisiones adoptadas por las instituciones pública sujetas a la Política de Servicio y Digital, siendo específicamente la persona que tenga el cargo de *Assistant Deputy Minister*, y que sea responsable del progra-

---

71 Preámbulo de la DADM.
72 Véase la sección 3, en relación al apéndice A, de la DADM.
73 Véase la sección 3, en relación al apéndice A, de la DADM.
74 Véase la sección 4 de la DADM.

ma que utiliza el sistema de decisión automatizada, o cualquier otra persona designada por ella, quien deberá completar y monitorear la AIA[75]. Además, las agencias, corporaciones de la Corona o agentes del Parlamento pueden celebrar acuerdos específicos con la Secretaría de la Junta del Tesoro de Canadá para adoptar los requisitos de la DADM y aplicarlos a su organización, según sea necesario[76].

La Secretaría de la Junta del Tesoro de Canadá es responsable de proporcionar orientación a todo el gobierno sobre el uso de sistemas de decisión automatizada. Además, debe diseñar y mantener la herramienta de AIA, junto con cualquier documento de respaldo[77]. También debe comunicarse e involucrarse con el gobierno y sus socios en otras jurisdicciones y sectores para desarrollar estrategias, enfoques y procesos comunes para respaldar el uso responsable de sistemas de decisión automatizada[78]. La referida Secretaría es, finalmente, la encargada de interpretar y responder consultas de los funcionarios en relación a la DADM, incluyendo las consultas respecto a las AIA[79].

Una de las mayores características de las AIA reguladas por la DADM es que no solo se centran en la elaboración de un acto administrativo automatizado[80], sino también en su aplicación[81]. Así, la evaluación *ex post* recibe especial preocupación en la implementación de las AIA canadienses, exigiéndose el desarrollo de procesos que permitan monitorear los resultados del sistema de decisión automatizada, analizando si hubo efectos no intencionales, y revisando de manera sistemática el cumplimiento de la legislación, programas públicos y de la DADM[82]. De igual forma, las AIA deben estar revi-

---

75 Secciones 6.1. y 9.1. de la DADM.

76 Sección 9.2. de la DADM.

77 El gobierno de Canadá ha desarrollado un sitio en que presenta la *Algorithmic Impact Assessment tool*. En dicho sitio se indica que la Oficina del Director de Información de la Secretaría de la Junta del Tesoro de Canadá es responsable de mantener la herramienta AIA y supervisar el cumplimiento de la DADM (Algorithmic Impact Assessment Tool - Canada.ca).

78 Sección 8 de la DADM.

79 Sección 11 de la DADM.

80 Sección 6.1.1. de la DADM.

81 Selbst, 2021: 147.

82 Sección 6.3.2 de la DADM.

sándose y actualizándose de forma programada, incluyendo también los casos en que la funcionalidad y el alcance del sistema de decisión automatizada haya sido modificado[83].

El modelo de AIA regulado por la DADM tiene un diseño singular. En primer término, la AIA sirve para determinar el nivel de riesgo del sistema de decisión automatizada, y a partir de ello se establecen los procedimientos y las garantías que deberán implementarse[84]. En segundo lugar, la AIA canadiense no considera, a diferencia de Estados Unidos y la Unión Europea, preguntas abiertas que pretendan obtener respuestas detalladas y exhaustivas, sino que se basa en un cuestionario compuesto por aproximadamente ochenta preguntas, la gran mayoría de alternativas y en las que basta responder "Si" o "No", que se espera sea complementado en un tiempo aproximado de treinta y cinco minutos[85].

Un ejemplo más cercano de este cuestionario podemos observarlo en Uruguay, que utiliza el modelo canadiense adaptado a su realidad. Este modelo, salvo la breve descripción de aproximadamente 300 palabras que debe realizarse del proyecto que utilizará el algoritmo, también está compuesto por preguntas binarias de respuestas afirmativas o negativas, y por preguntas de alternativas múltiples, con la particularidad de exigir la justificación, especificación o descripción de una alternativa distinta en caso de no haber sido considerada[86].

Otro rasgo característico de la DADM es que exige participación y transparencia para la implementación de una AIA. Así, previo a adoptarse una decisión administrativa automatizada de riesgo moderado, alto o muy alto, es perentorio notificar a través de diversos canales (internet, mail, teléfono o de manera personal), en un len-

---

83 Sección 6.1.3 de la DADM.

84 Sección 6.1 y apéndice C de la DADM.

85 Para más información sobre el cuestionario, véase: Algorithmic Impact Assessment - Évaluation de l'incidence algorithmique (canada.ca); Algorithmic Impact Assessment Tool - Canada.ca.

86 La Guía para la Evaluación de Impacto Algorítmico puede descargarse en el sitio web de la Agencia de Gobierno Electrónico y Sociedad de la Información y del Conocimiento: Guía para la evaluación del Estudio de Impacto Algorítmico (EIA) | Agesic (www.gub.uy).

guaje sencillo, que la decisión se tomará mediante este sistema, describiendo los componentes del mismo y cómo respalda la decisión administrativa automatizada[87], y se consideran consultas a expertos para evaluar el sistema[88]. Sumado a lo anterior, se exige proporcionar, incluso en caso de un sistema automatizado de nivel bajo de riesgo, una explicación a todas las personas afectadas en relación al cómo y por qué se adoptó la decisión con un sistema automatizado[89]. En la misma línea, se exige publicar en el Portal de Gobierno Abierto la información acerca de la eficacia y eficiencia que ofrece el sistema de decisión automatizada para cumplir los objetivos propuestos[90], y los resultados finales de la AIA[91].

Veinte son las AIA que encontramos publicadas en el Portal del Gobierno Abierto de Canadá, las que abordan principalmente la automatización de procedimientos en materias de salud, trabajo e inmigración[92]. De las veinte AIA publicadas, cinco informan que "*se reemplazarán decisiones humanas que requieren juicio o discreción*", y otras cuatro dejan constancia que "*se tomarán decisiones que requieren juicio o discreción*"[93].

Tabla 1. AIA publicadas en el portal del gobierno abierto de Canadá

Fecha última actualización	Motivo de AIA	¿Se reemplazan o toman decisiones que requieren juicio o discreción?
27-04-2024	Reducción del atraso en reclamaciones por el seguro de empleo	No.
27-04-2024	Registro de comentarios laborales	Sí, toman.

87 Secciones 6.2.1 y 6.2.2 de la DADM; Apéndice C de la DADM.

88 Sección 6.3.5 de la DADM; Apéndice C de la DADM.

89 Sección 6.2.3 de la DADM.

90 Sección 6.5.1 de la DADM.

91 Véase: Algorithmic Impact Assessment Tool - Canada.ca

92 Véase: Open Government Portal (canada.ca)

93 Sobre la automatización de las decisiones discrecionales, véase el capítulo del profesor PAREJO y el capítulo de la profesora CAMBLOR DE ECHANOVE.

Fecha última actualización	Motivo de AIA	¿Se reemplazan o toman decisiones que requieren juicio o discreción?
27-04-2024	Modernización del programa de solicitudes de pasaportes	No.
26-04-2024	Aprendizaje automático para recalcular seguro de empleo	No.
20-04-2024	Sistema de inteligencia artificial para reducir trabajo atrasado	Sí, toman.
28-03-2024	Herramienta Griffeye que asiste en la clasificación de imágenes y videos de explotación sexual infantil	No.
07-03-2024	Orientación previa a carga aérea	Sí, toman.
01-03-2024	Automatización de la evaluación de candidatos para la dotación de personal	No.
14-02-2024	Experiencia internacional del modelo de elegibilidad para permisos de trabajo	No.
10-01-2024	Automatización para apoyar la toma de decisiones sobre beneficios por discapacidad	No.
29-11-2023	Servicio de Acceso a la Información y Solicitud de Datos Personales	No.
29-11-2023	Clasificación de análisis avanzado de solicitudes de registros de visitantes	Sí, reemplazan.
29-11-2023	Automatización de la aprobación de solicitudes para residencia permanente conyugal y de hecho	Sí, reemplazan.
29-11-2023	Análisis avanzado de solicitudes de visa de residencia temporal	Sí, reemplazan.
29-11-2023	Herramientas de automatización para ayudar a procesar solicitudes de refugiados patrocinadas de forma privada	Sí, reemplazan.
29-11-2023	Herramientas de análisis de tendencias de integridad relacionadas con la Ley de Inmigración y Protección de Refugiados	No.
29-11-2023	Solicitudes no complejas de visas de residentes temporal y permisos de trabajo bajo la Autorización de Viaje de Emergencia Canadá-Ucrania	Sí, reemplazan.

Fecha última actualización	Motivo de AIA	¿Se reemplazan o toman decisiones que requieren juicio o discreción?
16-10-2023	Beneficio de Salud Mental	No.
16-10-2023	Clasificación automatizada y determinaciones positivas de elegibilidad de solicitudes de permisos de trabajo	Sí, toman.
28-10-2021	Prueba de reconocimiento de vacunación	No.

V. DESAFÍOS COMUNES

El breve análisis efectuado a los distintos modelos de AIA nos permite extraer desafíos comunes en cuanto a los criterios estudiados, criterios que categorizamos en finalidad, identificación de los responsables para su desarrollo y control, fase del procedimiento en que se elaboran, diseño que utilizan, y garantías de participación pública y transparencia. En el presente apartado, abordaremos estos desafíos contrastándolos con la propuesta del Instituto de Derecho Europeo (*European Law Institute*, "**ELI**"), a fin de plantear posibles soluciones de cara al futuro.

Las finalidades de los respectivos modelos de AIA, hemos observado, son distintas. El modelo propuesto en base a NEPA se llevaría a cabo para evaluar acciones federales importantes que afecten significativamente al ser humano, mitigando o eliminando los impactos dañinos de dichas acciones, y sirviendo para la rendición de cuentas y el desarrollo de políticas. El modelo europeo pretende analizar el impacto de las operaciones de un tipo de tratamiento de datos personales que probablemente entrañe un alto riesgo para los derechos y libertades de las personas físicas, contemplando medidas para afrontarlo. En Canadá, las AIA se entienden como una herramienta para la buena gobernanza, identificando los riesgos derivados de una decisión administrativa automatizada, a fin de determinar su utilización, con las pertinentes garantías y supervisión.

El modelo de ELI también establece el objeto y alcance de las AIA. En el artículo 1° de su propuesta, ELI plantea que las AIA deben ser utilizadas para aquellas decisiones algorítmicas adoptadas por autoridades públicas que puedan tener impactos significativos en el público[94]. Luego, el artículo 6 regula los informes de AIA, focalizándose en la evaluación de impacto en los derechos fundamentales —u otros derechos o intereses—, principalmente en lo relativo a la privacidad y protección de datos, la no discriminación y la buena administración. La propuesta contempla también una evaluación a los impactos a la democracia, al bienestar social y ambiental, y a la propia autoridad administrativa, analizando el nivel de aceptación del sistema y de sus decisiones por los funcionarios, con los riesgos de dependencia de este sistema, estudiando la alfabetización digital y las habilidades técnicas con que cuentan[95].

Sumado a lo anterior, las AIA propuestas por ELI deben evaluar, entre otras medidas, aquellas que permitan garantizar el mejor uso del sistema, minimizando y mitigando los riesgos identificados. Además, estas AIA deben analizar medidas que permitan garantizar la agencia, supervisión y el control humano, la alta calidad de datos, la necesidad y proporcionalidad del tratamiento en relación a los fines, y la robustez técnica y de seguridad. De igual forma, se deben estudiar medidas para asegurar transparencia del sistema y la explicabilidad de las decisiones, con la correspondiente rendición de cuenta[96].

En relación al responsable de su desarrollo, hemos observado como las AIA basadas en NEPA y en la DADM se implementan a las acciones o decisiones automatizadas adoptadas por las respectivas agencias u organismos del Estado, mientras que el RGPD dispone la utilización de AIA tanto para las autoridades públicas como para las empresas del sector privado responsables del tratamiento de datos personales. Cabría agregar, en todo caso, que en Europa se discuten nuevos modelos de AIA que centralizarían su confección en un solo organismo, como se aprecia de las competencias de la AESIA, y que en Estados Unidos existiría una intención de extender las AIA al sector privado, como se desprende de lo planteado por Selbst (2021:152-176) y del proyecto de ley AAA.

---

94 European Law Institute, 2022: 16, art. 1.
95 European Law Institute, 2022: 18, art. 6.
96 European Law Institute, 2022: 18-19, art. 6.

Es pertinente detenerse en el hecho de que un procedimiento administrativo automatizado puede utilizar algoritmos que pertenecen o son comprados a un privado, siendo la respectiva empresa creadora del algoritmo quien conoce mejor como se utiliza[97]. Con motivo de lo anterior, cabe preguntarse por el rol que en la elaboración de una AIA corresponde a las empresas privadas que diseñan los sistemas y algoritmos utilizados por las entidades públicas, habida cuenta que son quienes mayor información tienen de estos sistemas.

De esta interrogante parece hacerse cargo ELI, que en el artículo 1.2 de su propuesta dispone que es la autoridad de implementación quien debe llevar a cabo una AIA, siendo ésta definida en el artículo 2 como la autoridad pública que está utilizando o tiene intención de utilizar un sistema algorítmico para la toma de decisiones. La misma disposición define como autoridad pública, entre otras acepciones, a cualquier persona natural o jurídica que preste servicios públicos bajo el control de un organismo o funcionario público[98], incluyendo en este concepto a los actores privados que ejercen funciones administrativas[99]. Si entendemos que las funciones realizadas por las empresas propietarias de los algoritmos en el contexto de un procedimiento administrativo automatizado son públicas, también debieran efectuar o participar en la elaboración de una AIA.

Por otro lado, se advierte que todos los modelos de AIA designan a uno o más entes responsables de asesorar y controlar el sistema de decisión automatizada y las AIA. En el modelo estadounidense, dicha función recaería en una agencia especializada (para el caso medioambiental, EPA). En el modelo europeo, explicamos las competencias que en la materia cumplen las autoridades de control y los delegados de protección de datos. En el caso canadiense, la labor de asesoría y revisión recaería en la Secretaría de la Junta del Tesoro de Canadá.

La propuesta de ELI sigue la misma línea. En base a lo planteado en el artículo 15 de su modelo, sería necesario crear una autoridad

97 Boix, 2020:254; Muracciole, 2023: 286.
98 European Law Institute, 2022: 16-17, arts. 1 y 2.
99 European Law Institute, 2022: 41, comentarios al art. 2.

de supervisión, independiente y con recursos financieros y humanos adecuados, que debería supervisar la aplicación de los sistemas de decisión automatizada utilizados por las autoridades públicas, asesorando sobre su uso y sobre las evaluaciones de impacto. Además, la autoridad de supervisión recibiría las denuncias en relación al sistema de decisión automatizada, tras lo cual podría efectuar recomendaciones a las autoridades de implementación o iniciar procedimientos en orden a detener su uso cuando no haya recibido una apropiada AIA[100].

Importante sería también el rol que cumpliría, en el marco de un sistema de alto riesgo, el comité experto independiente. Según el artículo 10 de la propuesta de ELI, la AIA elaborada respecto de un sistema de alto riesgo debería ser auditada por un comité experto independiente, organismo que podría comentar y presentar objeciones respecto del proceso de confección de la AIA, identificando instancias omitidas durante su elaboración, constatando deficiencias del sistema, o sugiriendo mejoras a la autoridad de implementación. En base al informe del comité experto independiente, la autoridad de implementación debería complementar o subsanar la AIA[101].

En cuanto a la fase del procedimiento en que se implementan las AIA, se pudo apreciar que todos los modelos estudiados las consideran previo a la adopción de la decisión administrativa automatizada. El modelo de la Unión Europea, además, exige que los responsables del tratamiento, en caso necesario, examinen si el tratamiento es conforme a la EIPD, al menos cuando exista un cambio del riesgo que representen las operaciones. Así también, el modelo canadiense establece medidas de evaluación *ex post* que exigen monitoreo y revisión del sistema de decisión automatizada.

La propuesta de ELI también comprende esta realidad. Su modelo ordena efectuar las AIA antes de implementar un sistema de decisión automatizada, sin perjuicio de contemplar excepciones en razón de emergencias públicas, por el significativo daño que un retraso en la confección de una AIA generaría en el propósito del siste-

---

100 European Law Institute, 2022: 24-25, art. 15. 3, letra e), art. 15.5, letra c) y d), y art. 16, numerales 1 y 2.

101 European Law Institute, 2022: 21-22, art.10.

ma, o porque el riesgo de implementar un sistema sin AIA no supera el riesgo del retraso. En estos casos, la autoridad de implementación deberá completar la respectiva AIA inmediatamente después de utilizar el sistema[102].

En cuanto a la evaluación *ex post*, el artículo 14 de su proposición regula el monitoreo de la decisión administrativa automatizada cuando existen indicios de ciertos impactos sustanciales negativos, exigiendo una revisión para el caso de que se presenten cambios en el sistema, en el contexto del sistema que se usa, o en el personal que lo utiliza. Si las circunstancias anteriores no se producen, la propuesta aboga por una revisión transcurridos seis meses desde que se haya utilizado el sistema, y cada dos años después de su última revisión[103].

En lo que respecta al diseño, se observa que la NEPA, el RGPD y la DADM distinguen entre niveles de riesgos, aunque con objetivos distintos. Las AIA de NEPA y del RGPD exigen un "impacto significativo" para el ser humano o un "probable riesgo alto" a sus derechos o libertades para llevarse la práctica, valorando un conjunto de alternativas y medidas para seguir adelante con una acción, mientras que las AIA de la DADM pretenden identificar el nivel de riesgo del sistema de decisión automatizada, a fin de determinar los procedimientos y garantías que deben implementarse para su utilización.

Dado que el objetivo de distinguir entre niveles de riesgos varía, la manera de complementar estos instrumentos difiere. Las AIA de NEPA y del RGPD se componen de preguntas abiertas que aspiran a alcanzar un análisis íntegro y exhaustivo. La DADM, en cambio, considera una AIA que se implementa mediante un cuestionario conformado por alternativas múltiples y binarias, a fin de identificar de manera más rápida los riesgos involucrados.

La propuesta de ELI se refiere también al diseño que debiera tener una AIA. En su perspectiva, es primero necesario completar un cuestionario compuesto "*por alternativas múltiples elaboradas conforme al modelo canadiense de Evaluaciones de Impacto Algorítmico*". Esta primera parte permitirá determinar si la decisión automatizada tiene un

---

102 European Law Institute, 2022: 16, art.1.

103 European Law Institute, 2022: 23-24, art.14.

riesgo bajo, un riesgo sustancial, o un riesgo alto[104]. En caso de que el riesgo sea sustancial o alto, se debe complementar una AIA, que exige respuestas explicativas y descriptivas por parte de la autoridad[105].

En cuanto al último criterio en estudio, sobre las garantías, NEPA y DADM consideran la participación pública y la transparencia como principios fundamentales para el desarrollo de una AIA, notificando al público y a los potenciales afectados de la decisión administrativa automatizada, y publicando sus estudios. No ocurre lo mismo con las EIPD que se desarrollan conforme al RGPD, en que las consultas a las partes interesadas cuentan con una serie de excepciones, y en que no existe la obligación de ser publicado.

Gamero (2023:6-7) recuerda la insistencia de expertos en Derecho comparado y español por incorporar la participación y transparencia en esta materia, a fin de comprobar que los sistemas de decisión automatizada no incurran en sesgos o en cualquier otra infracción al ordenamiento jurídico. Cerrillo (2021:290 y 292) sostiene que, para prevenir los riesgos propios de la actuación administrativa automatizada, en especial aquellos riesgos que se generen por razón de género o de cualquier condición personal o social, y con el fin de diversificar el perfil de los diseñadores de algoritmos, identificando y evitando los sesgos con los eventuales resultados discriminatorios que puedan generarse, debe dársele cabida a la publicidad y transparencia.

Con todo, el desafío de avanzar en esta materia no ha tenido la recepción esperada. Señala Muracciole (2023:286-288) que los *softwares* contratados por los organismos públicos se encuentran, en su mayoría, sujetos a licencias de uso que restringen la revelación de información para la protección de los productos (algoritmos) de las empresas y su *know how* respecto de otros competidores. En consecuencia, la Administración estaría impedida de transparentar esta información, afectando también el análisis de los impactos que los algoritmos pueden tener en la sociedad.

---

104 European Law Institute, 2022: 28, Anexo 3, Cuestionario de Selección.

105 European Law Institute, 2022: 29, Anexo 4A, Cuestionario para el Informe de Análisis Impacto Estándar.

Vaquer (2023:44), además, ha constatado que los avances legislativos en esta materia han sido insuficientes, toda vez que se otorga una preponderancia a la utilización de algoritmos para la toma de decisiones públicas en desmedro de las garantías, en circunstancias que debiera ser al revés. En sus palabras, "*si no es factible técnicamente la minimización de riesgos, la transparencia o la rendición de cuentas, no son estas garantías quienes deben ser descartadas, sino el algoritmo en cuestión*".

La propuesta de ELI intenta hacer frente al desafío de conciliar la propiedad intelectual y la protección de datos personales con la participación pública y la transparencia. En cuanto a la participación, el artículo 11 dispone que el público debe ser consultado e informado respecto del hecho de que un sistema de alto riesgo está sujeto a un procedimiento de evaluación de impacto y sobre el cronograma y el medio para trasmitir las preguntas y comentarios, ofreciendo una instancia en línea de al menos 30 días de duración. Además, la propuesta considera la opción de incluir una audiencia pública. Ahora bien, si una AIA tiene información confidencial o reservada, solo debe ponerse a disposición del público una versión editada[106].

En cuanto a la transparencia, el artículo 8 de la propuesta de ELI establece que las AIA, tanto en los sistemas de riesgo bajo, sustancial o alto, deben respetar y proteger la confidencialidad de datos e información relativa o perteneciente a personas y entidades involucradas en los procesos de evaluación. Asimismo, la autoridad de implementación, el proveedor del sistema de decisión automatizada y el proveedor de datos[107] debieran poder reservarse la confidencialidad de

106 European Law Institute, 2022: 22, art.11.

107 El proveedor del sistema de decisión automatizada es la entidad, o el departamento o unidad organizativa dentro de la entidad, responsable de diseñar, desarrollar, establecer o probar el sistema algorítmico de toma de decisiones. El proveedor de datos es la entidad, departamento o unidad organizativa dentro de la entidad, que suministra datos al proveedor del sistema o a la autoridad de implementación para diseñar, desarrollar, configurar, probar y utilizar el sistema algorítmico de toma de decisiones (European Law Institute, 2022: 17, art. 2). El proveedor del sistema y el proveedor de datos puede ser un equipo dentro de la autoridad de implementación, o una entidad privada que se adjudica una licitación para desarrollar el sistema (European Law Institute, 2022: 46).

los datos e información compartida, utilizada o adquirida a lo largo de las evaluaciones de impacto. Con todo, esta reserva deberá estar debidamente justificada y ser sopesada con los requisitos de transparencia a que está afecta la evaluación, los intereses de la autoridad de implementación y aquellos del proveedor del sistema o de datos[108].

Así también, el artículo 13 de la propuesta de ELI exige, para todo tipo de sistema, la publicación en línea de la AIA por el periodo en que éste sea utilizado. Una vez que se deje de usar, la autoridad de implementación conservará las AIA, y deberá mantenerlos publicados por al menos un año. Ahora, si la evaluación contiene elementos confidenciales o reservados en razón de lo dispuesto en el artículo 8 previamente analizado, la autoridad de implementación publicará una versión editada de la AIA, encontrándose habilitada para conceder acceso a las versiones no editadas de conformidad a la pertinente legislación de transparencia[109].

Para mayor claridad, resumimos las diferencias entre los diversos modelos de AIA estudiados en la Tabla N° 2:

Tabla 2. Diferencias entre modelos de AIA

	NEPA	RGPD	DADM	ELI
Finalidad	- Mitigar o eliminar impactos dañinos de las decisiones automatizadas que tengan efectos significativos en el ser humano; - Rendición de cuentas y desarrollo de políticas futuras.	Evaluar el impacto de un tipo de tratamiento de datos personales que probablemente entrañe un alto riesgo para los derechos y libertades de las personas físicas, contemplando medidas para afrontarlo.	Buena gobernanza, identificando los riesgos derivados de una decisión administrativa automatizada, a fin de determinar su utilización, garantías y supervisión.	Evaluar las decisiones algorítmicas adoptadas por autoridades públicas que puedan tener impactos significativos en el público, con las medidas para afrontarlos.

108 European Law Institute, 2022: 20, art.8.
109 European Law Institute, 2022: 23, art.13.

	NEPA	RGPD	DADM	ELI
Sujetos	- Agencias federales complementan, aunque se propone extender al sector privado. - Agencia especializada cumple funciones de asesoría y revisión.	- Responsable del tratamiento de datos personales, perteneciente al sector público o privado, complementa. - Autoridad de control y delegado de protección de datos asesoran y revisan.	- *Assistant Deputy Minister*, o funcionario debidamente designado, responsable del programa que utiliza el sistema de decisión automatizada, complementa. - Secretaría de la Junta del Tesoro de Canadá asesora y revisa.	- Autoridad pública de implementación, incluyendo actores privados que ejercen funciones administrativas, complementa. - Autoridad de supervisión y, en el caso de sistemas de alto riesgo, comité de expertos independiente, asesoran y revisan.
Procedimiento	*Ex ante*, aunque se proponen medidas *ex post*.	*Ex ante* y *ex post*.	*Ex ante* y *ex post*.	*Ex ante* y *ex post*.
Diseño	- Procede cuando ya existe riesgo significativo. - Preguntas abiertas.	- Procede cuando ya existe un probable alto riesgo. - Preguntas abiertas.	- Procede para identificar riesgos. - Cuestionario con preguntas binarias o de alternativa múltiple.	- Para identificar riesgos, se utiliza cuestionario de alternativas binarias y múltiple. - Si el riesgo es sustancial o alto, procede una AIA de preguntas abiertas.
Garantías	- Notifica al público, abriendo instancia para recibir comentarios y consultas. - AIA deben publicarse.	- Cuando proceda, se recaba la opinión de los interesados o sus representantes. - No existe obligación de publicar AIA.	- Para las decisiones administrativas automatizadas de riesgo moderado, alto o muy alto, notifica e informa al público previo a su adopción. - Siempre explicar por qué y cómo se adopta decisión a través de sistema automatizado. - AIA deben publicarse.	- Para la AIA de sistemas de alto riesgo, se notifica al público, abriendo instancia para recibir comentarios y consultas. - AIA de todo tipo de sistema deben publicarse.

VI. CONCLUSIONES

El modo en que la Administración del Estado ejerce el poder está sufriendo veloces y profundas alteraciones, siendo una manifestación de ellas las decisiones administrativas automatizadas. En el procedimiento de adopción de estas decisiones, el ser humano puede ser sustituido por la informática, la cual se configura en base a algoritmos y datos.

Debido a que la manera en que se ejerce el poder se ha visto modificada, los instrumentos que pretenden alcanzar su domesticación han tenido que actualizarse. En este contexto surgen las Evaluaciones de Impacto Algorítmico, una herramienta que sirve a los organismos públicos para explicar y justificar sus decisiones automatizadas, identificando los riesgos que implican y las medidas correspondientes para minimizarlos.

En el presente capítulo se han revisado, a partir de cinco criterios distintos (finalidad, sujetos, fase del procedimiento en que se utiliza, diseño, y garantías), tres modelos de AIA. En primer lugar, se analizó el modelo estadounidense propuesto en base a la NEPA. En segundo término, se estudió el modelo de la Unión Europea tratado en el RGPD. En tercer lugar, se examinó el modelo canadiense abordado por la DADM. Estos tres modelos fueron, con posterioridad, contrastados con la propuesta de ELI.

El análisis anterior nos permitió vislumbrar ciertos desafíos comunes que enfrentan los modelos de AIA. Primero, queda por decidir si las AIA tendrán por finalidad solamente identificar y minimizar riesgos, o si se utilizarán también como instrumento para la buena gobernanza. Segundo, falta distinguir el rol que le compete a los privados en el desarrollo de estas herramientas, considerando que suelen ser ellos los propietarios de los sistemas y de los algoritmos usados por los órganos del Estado para las decisiones automatizadas, y son quienes mejor conocen su funcionamiento, con las eventuales consecuencias que implica su utilización. Tercero, resulta necesario discutir medidas que permitan garantizar una evaluación *ex post* para las decisiones automatizadas. Cuarto, es perentorio debatir el mejor diseño de AIA, distinguiendo entre niveles de riesgos algorítmicos, y el tipo de preguntas a realizar (abiertas, cuestionarios de preguntas binarias o múltiples, o ambas). Quinto, queda por establecer con mayor claridad la oportunidad y los medios para la participación pública, y decidirse por una mayor transparencia.

En consecuencia, la evaluación *ex ante* y *ex post* del impacto algorítmico de las decisiones administrativas automatizadas encuentran hoy día más preguntas que respuestas. Para abordar los desafíos a que esta materia se enfrenta, recomendamos revisar las legislaciones que actualmente se están debatiendo o que prontamente entrarán en aplicación —como la *Algorithmic Accountability Act* en Estados Unidos y el RIA en la Unión Europea—, y analizar las propuestas planteadas por la comunidad académica —algunas se observan en este libro—, los foros internacionales —como *Digital Nations*—, y los centros de estudios —especialmente las del Instituto de Derecho Europeo—.

VII. BIBLIOGRAFÍA

Agencia Española de Protección de Datos. (2021). Gestión del riesgo y evaluación de impacto en tratamientos de datos personales. *Agencia Española de Protección de Datos.* (consultado en 17/01/2024).

(2021) Memoria Anual 2021. *Agencia Española de Protección de Datos.* (consultado en 17/01/2024).

(2022). Memoria Anual 2022. *Agencia Española de Protección de Datos.* (consultado en 17/01/2024).

Boix Palop A (2020). "Los algoritmos son reglamentos: La necesidad de extender las garantías propias de las normas reglamentarias a los programas empleados por la Administración para la adopción de decisiones", *Revista de Derecho Público: Teoría y Método,* 1: 223-270.

Cerrillo Martínez A (2021). "Robots, asistentes virtuales y automatización de las administraciones públicas", *Revista Galega de Administración Pública, EGAP,* 61:271-309.

Cerrillo Martínez, A (2023). "Lección 21. Actuación automatizada, robotizada e inteligente", en Velasco Caballero F y Darnaculleta Gardella M.M, *Manual de Derecho Administrativo,* Madrid: Marcial Pons.

European Law Institute. (2022). Model Rules on Impact Assessment of Algorithmic Decision-Making Systems Used by Public Administration. *European Law Institute.* (consultado en 17/01/2024).

Gamero Casado E (2023). "Sistemas Automatizados de toma decisiones en el Derecho Administrativo español", *Revista General de Derecho Administrativo*, 63:1-18.

Grupo de Trabajo sobre Protección de Datos del Artículo 29. (2017a). Directrices sobre la evaluación de impacto relativa a la protección de datos y para determinar si el tratamiento «entraña probablemente un alto riesgo» a efectos del Reglamento (UE) 2016/679. *Grupo de Trabajo sobre Protección de Datos del Artículo 29.* (consultado en 17/01/2024).

(2017b). Directrices sobre decisiones individuales automatizadas y elaboración de perfiles a los efectos del Reglamento 2016/679. *Grupo de Trabajo sobre Protección de Datos del Artículo 29.* (consultado en 17/01/2024).

Huergo Lora A. (2020). "Una aproximación a los algoritmos desde el Derecho Administrativo", en Huergo Lora A y Díaz González G.M, *La regulación de los algoritmos,* Cizur Menor: Aranzadi-Thomson Reuters.

Kaminski M. E. y Malgieri G (2021). "Algorithmic impact assessments under the GDPR: producing multi-layered explanations", *International Data Privacy Law,* 11(2): 125–144.

Karkkainen B. C. (2002). "Toward a Smarter NEPA: Monitoring and Managing Government's Environmental Performance", *Columbia Law Review,* 102(4): 903–972.

Mir Puigpelat O (2017). "Algoritmos, inteligencia artificial y procedimiento administrativo: principios comunes en el Derecho de la Unión Europea", en Gamero Casado E y Pérez Guerrero F, *Inteligencia Artificial y Sector Público: Retos, límites y medios,* Valencia: Tirant los Blanch.

Montt Oyarzún S (2010). "Autonomía y responsividad: Dos expresiones de la vocación juridificadora del Derecho Administrativo y sus principios fundamentales", *Centro de Regulación y Competencia,* 1-23.

Muracciole B (2023). "Estrategia de inteligencia artificial en Uruguay. Transparencia algorítmica, acceso a la información pública y protección de los datos personales", *Revista de la Escuela del Cuerpo de Abogados y Abogadas del Estado,* 7(9): 281–295.

Ponce Solé J (2018). "La prevención de riesgos de mala Administración y corrupción, la inteligencia artificial y el derecho a una buena Administración", *Revista Internacional de Transparencia e Integridad,* 6: 1-19.

Ponce Solé, J (2019). "Inteligencia artificial, derecho administrativo y reserva de humanidad: Algoritmos y procedimiento administrativo debido tecnológico", *Revista General de Derecho Administrativo,* 50: 1-52.

Rouvroy A y Berns T (2016). "Gubernamentalidad algorítmica y perspectivas de emancipación; ¿La disparidad como condición de individuación a través de la relación?", *Agenda Filosófica,* 1:88-116.

Selbst A. D. (2017). "Disparate impact in big data policing", *Georgia Law Review,* 52: 109-195.

Selbst A.D. (2021). "An Institutional View of Algorithmic Impact Assessments", *Harvard Journal of Law & Technology,* 35(1):117-191.

Solano Gadea M (2019). "Diccionario de términos y conceptos de la Administración Electrónica. Cuarta Edición Electrónica", *Ministerio de Hacienda y Ministerio de Política Territorial y Función Pública,* 1-717.

Vaquer Caballería M (2023)- "El humanismo del Derecho Administrativo de nuestro tiempo", *Revista de Administración Pública,* 222: 33-64.

Watkins E. A., Moss E, Metcalf J, Singh R y Elish M. C. (2021). "Governing Algorithmic Systems with Impact Assessments: Six Observations", *Proceedings of the 2021 AAAI/ACM Conference on AI, Ethics, and Society (AIES'21):1010-1022.*

PARTE III
PARTICULAR INCIDENCIA EN ALGUNAS ACTIVIDADES ADMINISTRATIVAS TÍPICAS

La automatización de las actuaciones administrativas sancionadoras

MIGUEL CASINO RUBIO
Prof. Titular (acred. Catedrático) de Derecho Administrativo
Universidad Carlos III de Madrid

Sumario: I. INTRODUCCIÓN. II. ACTUACIONES AUTOMATIZADAS EN MATERIA DE SANCIONES TRIBUTARIAS. III. ACTUACIONES AUTOMATIZADAS SANCIONADORAS EN MATERIA DE TRÁFICO Y SEGURIDAD VIAL. IV. ACTUACIONES AUTOMATIZADAS SANCIONADORAS EN EL ORDEN SOCIAL. V. OBSERVACIONES FINALES SOBRE LA AUTOMATIZACION DE LAS ACTUACIONES SANCIONADORAS

I. INTRODUCCIÓN

Conforme ha salido repetidamente a lo largo de este libro, el art. 41 de la Ley 40/2015, de 1 de octubre, de régimen jurídico del sector público (LRJSP), define la actuación administrativa automatizada como "cualquier acto o actuación realizada íntegramente a través de medios electrónicos por una Administración pública en el marco de un procedimiento administrativo y en la que no haya intervenido de forma directa un empleado público".

Esta regla, junto las demás que luego irán saliendo y que sustituyen a la que introdujo en nuestro ordenamiento la Ley 11/2007, de 22 de junio, de acceso electrónico de los ciudadanos a los servicios públicos (LAE)[1], deja no obstante en el aire algunos interrogantes.

---

1 De conformidad con la definición que figuraba en la letra a) del Anexo de la LAE, actuación administrativa automatizada es la "actuación administrativa producida por un sistema de información adecuadamente programado sin necesidad de intervención de una persona física en cada caso singular. Incluye la producción de actos de trámite o resolutorios de procedimientos, así como de meros actos de comunicación". Sobre esta ley, por todos,

Singularmente, aparte de la cuestión sobre qué debe entenderse por actuación automatizada, plantea la cuestión de determinar qué tipo de actividad administrativa puede ser efectivamente automatizada y bajo qué condiciones y con qué límites. Pues, aunque nadie cuestiona las ventajas de la automatización, que tanto tiempo y recursos ahorra, y que, en consecuencia, tan bien sirve a los principios constitucionales de eficacia y eficiencia en la gestión de los intereses generales del art. 103.1 CE, la sustitución del hombre por la máquina tiene también sus inconvenientes.

En particular, según ha sido muchas veces notado, la automatización de la actuación administrativa puede arriesgar la integridad de los derechos y garantías de los ciudadanos, especialmente, además, si se produce con ocasión del ejercicio de las potestades de inspección y de sanción que aquí particularmente nos va a interesar, supuestas sus consecuencias normalmente desfavorables para su destinatario[2].

Palomar Olmeda, A., *La actividad administrativa efectuada por medios electrónicos. A propósito de la Ley de Acceso Electrónico a las Administraciones Públicas,* Thomson-Aranzadi, Cizur Menor, 2007; y Gamero Casado, E., y Valero Torrijos, J., *La Ley de Administración Electrónica. Comentario sistemático a la Ley 11/2007, de 22 de junio, de Acceso Electrónico de los Ciudadanos a los Servicios Públicos,* Thomson-Aranzadi, Cizur Menor, 2008.

2 Con carácter general, entre otros muchos, Martín Delgado, I., "Naturaleza, concepto y régimen jurídico de la actuación administrativa automatizada", *Revista de Administración Pública,* núm. 180 (2009), pp. 353 y ss.; Menéndez Sebastián, E., *Las garantías del interesado en el procedimiento administrativo electrónico: luces y sombras de las nuevas leyes 39 y 40/2015,* Tirant lo Blanch, Valencia, 2017; Cerrillo I Martínez, A., "El impacto de la inteligencia artificial en el Derecho administrativo. Nuevos conceptos para nuevas realidades técnicas", *Revista General de Derecho Administrativo,* núm. 50 (2019), pp. 1-38, en especial, pp. 20 y ss.; Huergo Lora, A., "Una aproximación a los algoritmos desde el Derecho administrativo", en el libro colectivo dirigido por el propio autor y coordinado por G. M. Díaz González, *La regulación de los algoritmos,* Thomson Reuters-Aranzadi, Cizur Menor (Navarra), 2020. A propósito de la actuación sancionadora en los sectores de la actividad administrativa que nos van a interesar en el texto, por todos, cfr., Olivares Olivares, B. D., "Transparencia y aplicaciones informáticas en la Administración tributaria", *Crónica Tributaria,* núm. 174 (2020), p 93; Goerlich Peset, J. M.ª, "Decisiones administrativas automatizadas en materia social: algoritmos en la gestión de la Seguridad Social y en el procedimiento sancionador", *Labos.*

Por esta razón, y porque la automatización de la actuación administrativa no es ningún fin en sí mismo, no es extraño que los principales especialistas hayan advertido desde un principio sobre la necesidad de calibrar muy bien el tipo de actividad administrativa que puede ser efectivamente automatizada y sobre el procedimiento y requisitos a observar para acordar la automatización, por ese orden.

Sobre quién y cómo ha de decidirse la automatización de una actuación administrativa, la LRJSP guarda silencio[3] y su art. 41.2 se limita a exigir que en el caso de actuación administrativa automatizada "deberá establecerse previamente el órgano competente para la definición de las especificaciones, programación, mantenimiento, supervisión y control de calidad y, en su caso, auditoría del sistema de información y de su código fuente". Para añadir simplemente a continuación que "asimismo, se indicará el órgano que debe ser considerado responsable a efectos de impugnación". Pero ciertamente nada más.

El art. 13.2 del Real Decreto 203/2021, de 30 de marzo, por el que se aprueba el Reglamento de actuación y funcionamiento del sector público por medios electrónicos, completa estas previsiones legales y, en el ámbito estatal, exige ahora, recuperando la regla que establecía el antiguo art. 45.4 de la Ley 30/1992[4], que la automatización de

---

Revista de Derecho del Trabajo y Protección Social, Vol. 2, núm. 2 (2021), pp. 22 y ss.

3 Este llamativo silencio legal ha sido subrayado repetidamente. Entre otros, M. Izquierdo Carrasco, "Actuaciones automatizadas en la sanción de irregularidades en el orden social", en *Explotación y regulación del uso de big data e inteligencia artificial para los servicios públicos y la ciudad inteligente* (Dirs.: L. Cotino Hueso-A. Todolí Signes), Tirant lo Blanch, Valencia, 2022, pp. 261 y ss.; en especial, pp. 268 y 271-273

4 El citado art. 45. 4 LRJPAC disponía, con mayor rigor, que "los programas y aplicaciones electrónicos, informáticos y telemáticos que vayan a ser utilizados por las Administraciones Públicas para el ejercicio de sus potestades, habrán de ser previamente aprobados por el órgano competente, quien deberá difundir públicamente sus características". El hecho que esta regla despareciera primero de la LAE, y más tarde de la LRJSP ha sido criticado por la doctrina. Por todos, Valero Torijos, J., *El régimen El régimen jurídico de la e-Administración. El uso de los medios informáticos y telemáticos en el procedimiento administrativo común,* Comares, 2ª ed., Granada, 2007, pp. 77-78. Más

una actuación administrativa "se autorizará por resolución del titular del órgano administrativo competente por razón de la materia o del órgano ejecutivo competente del organismo o entidad de derecho pública, según corresponda, y se publicará en la sede electrónica".

Comentando esta regulación sobre los requisitos de la automatización, y que coincide sustancialmente con la dispuesta por legislación autonómica[5], la doctrina ha subrayado la obligación de que se apruebe de cada vez mediante la oportuna resolución expresa, que deberá estar motivada en la ponderación de las específicas circunstancias concurrentes en el tipo de actividad administrativa considerada, apreciadas a la luz de los principios y criterios constitucionales y legales que determinan la organización y funcionamiento de la Administración, y bajo la atenta mirada del principio de precaución[6]. Y ha insistido también en la necesidad de su publicación con

---

modernamente, Huergo Lora también ha notado la rebaja de exigencias que contempla la LRJSP respecto de la LRJPAC, en "Una aproximación a los algoritmos desde el Derecho administrativo", cit., p. 25; y también. Goerlich Peset, J. M.ª, "Decisiones administrativas automatizadas en materia social…", ob. cit., pp. 37-38.

5 Cfr., entre otros, los artículos 44.2 de la Ley 26/2010, de 3 de agosto, de régimen jurídico y de procedimiento de las Administraciones públicas de Cataluña; y 54 del Decreto 76/2020, de 4 de agosto, de Administración digital de Cataluña; art. 74 de la Ley 11/2019, de 11 de marzo, de la Administración de la Comunidad Foral de Navarra y su sector institucional; art. 40 del Decreto 622/2019, de 27 de diciembre, de administración electrónica, simplificación de procedimientos y racionalización organizativa de la Junta de Andalucía; art. 43 de Ley 5/2021, de 29 de junio, de organización y régimen jurídico del sector público autonómico de Aragón; y el art. 76 de la Ley 4/2019, de 17 de julio, de Administración digital de Galicia.

6 Al respecto, Alamillo Domingo, I., y Urios Aparisi, F. X., subrayan sin matices la discrecionalidad de la Administración a la hora de decidir automatizar su actuación, en *La actuación administrativa automatizada en el ámbito de las Administraciones Públicas. Análisis jurídico y metodológico para la construcción y la explotación de trámites automáticos,* Escola d'Administració Pública de Catalunya, Barcelona, 2011, pp. 17, 29 y 51-52. También lo subraya Goerlich Peset J. M.ª, "Decisiones administrativas automatizadas…", ob., cit., p. 40. Más razonada es la opinión de Berlanga, C., Pedraza, J., y Vaquer M., quienes, sin perjuicio de reconocer el carácter discrecional de la decisión, la sujetan no obstante a la observancia de criterios teleológicos, materiales y organizativos y procedimentales, en "Consideraciones técnicas y jurídicas

el objetivo, entre otros fines, de asegurar los derechos y garantías de los ciudadanos en el procedimiento[7], aunque, como luego podrá

---

para la automatización de actuaciones administrativas de los Entes locales", *Revista Iberoamericana de Gobierno Local*, núm. 24 (2023), en especial, pp. 17 y ss.

Sobre el principio de precaución, cfr., entre otros, Ponce Solé, J, "Inteligencia artificial, Derecho administrativo y reserva de humanidad: algoritmos y procedimiento administrativo debido tecnológico", *Revista General de Derecho Administrativo*, núm. 50 (2019), en especial, pp. 32 y ss.; Cerrillo Martínez, A., "¿Son fiables las decisiones de las Administraciones públicas adoptadas por algoritmos?", *European Review of Digital Administration & Law*, vol. 1, Issue 1-2 (2020), p. 26; y "Robots, asistentes virtuales y automatización de las administraciones públicas. *Revista Galega de Administración pública*, EGAP, núm., 61 (2020), p. 296; y Goerlich Peset, J. M.ª, "Decisiones administrativas automatizadas...", ob., cit., p. 38.

7 Esta preocupación figura en prácticamente todos los comentarios y estudios doctrinales. Además de los citados, pueden verse, entre otros, Valero Torrijos, J., *Derecho, innovación y Administración electrónica*, Global Law, Sevilla, 2013; Cotino Hueso, L.,"Big data e inteligencia artificial. Una aproximación a su tratamiento jurídico desde los derechos fundamentales", *Dilemata*, núm. 24 (2017), pp. 131 y ss.; Martínez Martínez, R., "Inteligencia artificial, derecho y derechos fundamentales", en *Sociedad digital y derecho* (Dirs.: T. Quadra-Salcedo- J.L. Piñar), Ministerio de Industria, comercio y turismo, Madrid, 2018, pp. 259 y ss.; Olivares Olivares, B. D., "Transparencia y aplicaciones informáticas en la Administración tributaria", cit., pp. 89 y ss.; Goerlich Peset, J. M.ª, "Decisiones administrativas automatizadas...", ob., cit., pp. 31 y ss.; Jiménez-Castellanos Ballesteros, I., "Decisiones automatizadas y transparencia administrativa: nuevos retos para los derechos fundamentales", *Revista Española de Transparencia*, núm. 16 (2023), pp. 191 y ss.

Y está presente también desde el principio en el ánimo del legislador, conforme testimonia muy bien la larga lista de principios a observar en el uso de las nuevas tecnologías que recogía el art. 4 LAE, cuando advertía que "la utilización de las tecnologías de la información tendrá las limitaciones establecidas por la Constitución y el resto del ordenamiento jurídico, respetando el pleno ejercicio por los ciudadanos de los derechos que tienen reconocidos". Y prueba también hoy el art. 13.2 del Reglamento de actuación y funcionamiento del sector público por medios electrónicos de 2021, que subraya que la Administración, cuando decida automatizar una actuación, "establecerá medidas adecuadas para salvaguardar los derechos y libertades y los intereses legítimos de las personas interesadas". Como es natural, la misma preocupación por garantizar los derechos de los interesados luce, en fin, en la legislación autonómica. El art. 34.1 del Decreto catalán 56/2009, comprobarse, la práctica administrativa no parezca muy dispuesta a cumplir con estas exigencias, al menos a rajatabla.

Como también, en segundo lugar, y según testimonian esos mismos comentarios, se ha debatido mucho sobre el tipo de actuación administrativa susceptible de automatización y, en particular, acerca de si la automatización comprende únicamente la actividad administrativa formalizada y no, por tanto, la actividad material[8] y, sobre todo, si es posible a propósito únicamente de las actuaciones en las que se ventila el ejercicio de potestades regladas o también respecto de las discrecionales[9]. Todo esto es conocido y no parece preciso insistir ahora más en ello.

---

de 7 de abril, para el impulso y el desarrollo de los medios electrónicos en la Administración de la Generalitat, es un buen ejemplo cuando establecía que las Administraciones "deben impulsar la automatización de los procesos que por sus características y por razones de eficiencia lo justifiquen, sin que se produzca ninguna reducción de garantías del administrado o la administrada y, en su caso, determinando el órgano responsable a efectos de impugnación".

8 Gamero Casado, E., "Sistemas automatizados de toma de decisiones en el Derecho administrativo español", *Revista General de Derecho Administrativo,* núm. 63 (2023), subraya, por ejemplo, que, teniendo en cuenta que el art. 41 LRJSP que habla de actuación realizada «en el marco de un procedimiento», la actuación automatizada solo cabe respecto de "la actividad administrativa formalizada". En el mismo sentido, aunque con algunos matices, Cerrillo Martínez, A., "Actuación automatizada, robotizada e inteligente", en *Manual de Derecho Administrativo,* (Dirs.: F. Velasco y M. Darnaculleta), Marcial Pons, Madrid, 2023, p. 533.
Sobre la actividad material y sus distintas modalidades, con particular atención a los actos sin procedimiento, cfr., García-Andrade Gómez, J., *Actuaciones administrativas sin procedimiento. Relaciones jurídicas en el Estado de Derecho,* Marcial Pons, Madrid, 2021; y Velasco Rico, C. I., "La actividad informal de la Administración. Premisas para una tentativa de reconstrucción de una categoría (casi) olvidada", *Revista de Derecho Público: Teoría y Método,* núm. 5 (2022), pp. 37 y ss.

9 Aunque con algunos matices entre las respectivas opiniones, la doctrina administrativa admite la automatización únicamente respecto de las actuaciones administrativas regladas y, todo lo más, en algún caso, con ocasión de la llamada discrecionalidad técnica, y rechaza, por tanto, la automatización de las decisiones administrativas discrecionales o que incorporan o traducen un componente subjetivo o juicios de valor. Cfr., Valero Torrijos, J., *El régi-*

De todas formas, antes de seguir adelante y de ver todo eso con algo más de razón, conviene distinguir muy bien desde el principio entre el empleo por la Administración de técnicas, medios y mecanismos electrónicos, informáticos o telemáticos y auténtica o verdadera Administración automatizada[10].

---

men El régimen jurídico de la e-Administración…, cit., pp. 74-75; I. Martín Delgado, "Naturaleza, concepto y régimen jurídico de la actuación administrativa automatizada" cit., 367-371; y "La gestión electrónica del procedimiento", *Cuadernos de Derecho Local* (QDL), núm. 21 (2009), en especial pp. 99-101; A. Palomar Olmeda, "El procedimiento administrativo electrónico", *Claves del Gobierno Local,* núm. 12 (2009), pp. 108-109; Alamillo Domingo, I., y Urios Aparisi, F. X., *La actuación administrativa automatizada en el ámbito de las Administraciones Públicas…*,ob. cit., p. 26; Ponce, J., "Inteligencia artificial, Derecho administrativo y reserva de humanidad…", ob. cit. pp. 26 y ss.
Este mismo criterio es el que despunta en alguna de las normas autonómicas en materia de actuación administrativa automatizada. Es el caso, por ejemplo, del art. 76 la Ley 4/2019, de 17 de julio, de administración digital de Galicia, que impulsa la automatización, pero únicamente "cuando se trate de actos o actuaciones respecto a los cuales los criterios de análisis o decisión puedan integrarse en un programa que realice la actuación automatizada". Pero también, y más claramente, del art. 40 del Decreto andaluz 622/2019, de 27 de diciembre, de administración electrónica, simplificación de procedimientos y racionalización organizativa, cuando excluye expresamente la posibilidad de automatizar "actividades que supongan juicios de valor" y la ciñe a las actuaciones que tenga especialmente por objeto "a) La adopción de un acuerdo o decisión administrativa mediante la aplicación de fórmulas matemáticas y otros procesos puramente mecánicos en los que se utilicen valores cuantificables y susceptibles de ser expresados en cifras y porcentajes; b) La certificación de hechos o datos preexistentes en registros o en sistemas de información, incluso del silencio administrativo; c) La constatación puramente mecánica de requisitos previstos en la normativa aplicable y la posterior declaración, en su caso, de la consecuencia jurídica prevista en la misma; d) La comunicación o declaración de un hecho, acto o acuerdo preexistente a través de su transcripción total o parcial"; y del artículo 44.2 de la Ley 26/2010, de 3 de agosto, de régimen jurídico y de procedimiento de las administraciones públicas de Cataluña, indica que "sólo son susceptibles de actuación administrativa automatizada los actos que se puedan adoptar con una programación basada en criterios y parámetros objetivos".

10 Lacava, F., distingue, por ejemplo, entre acto administrativo de forma electrónica y acto administrativo de elaboración electrónica, en "Decisiones administrativas automáticas y derechos", *Revista de Derecho Público,* 2018-1,

En el primer caso, no hay en rigor una verdadera y nueva forma de actuación administrativa, sino simplemente la utilización instrumental por la Administración de los dispositivos, sistemas y medios informáticos y telemáticos que alumbran los avances tecnológicos y que justifican o sirven de apoyo a la correspondiente decisión administrativa adoptada en forma convencional por el titular del órgano administrativo competente[11].

Estas nuevas herramientas de uso frecuente en la Administración, pero que no suponen ningún cambio sustantivo en su actuación, son desde luego muy variados y comprenden un amplio repertorio: desde los dispositivos mecánicos de medida y control administrativos[12],

---

Derecho humanos y nuevas tecnologías, p. 235; en parecido sentido, Oliver Cuello, R., "*Big data* e inteligencia artificial en la Administración tributaria", *Revista de Internet, Derecho y Política,* núm. 33 (2022), p. 8; y también, ahora junto a Ana M.ª Delgado García, en "Regulación de la informática decisional en la Administración electrónica tributaria", Comunicación a las *IX Jornadas sobre Tecnología de la Información para la modernización de las Administraciones* Públicas (TECNIMAP), Sevilla 30 de mayo-2 de junio 2006, p. 8, y recogida luego en "La actuación administrativa automatizada. Algunas experiencias en el ámbito tributario", *Revista Catalana de Derecho Público,* núm. 35 (2007), pp. 463 y ss. También Jiménez-Castellanos Ballesteros, I., "Decisiones automatizadas y transparencia administrativa: nuevos retos para los derechos fundamentales", cit., p. 195.

11 Así lo advierten, entre otros, Valero Torrijos, J., *El régimen El régimen jurídico de la e-Administración…,* cit., pp. 74-75; Huergo Lora, A., "Una aproximación a los algoritmos desde el Derecho administrativo", en el libro colectivo dirigido por el propio autor y coordinado por G. M. Díaz González, *La regulación de los algoritmos,* Thomson Reuters-Aranzadi, Cizur Menor (Navarra), 2020, pp. 25-26

12 Es el caso, por ejemplo, del uso de los célebres cinemómetros y radares y de los etilómetros o, en fin, de las cámaras dotadas con lector OCR y que la Administración utiliza con absoluta normalidad desde hace tiempo para formular denuncias no automatizadas por infracciones en materia de tráfico y seguridad vial; y de los sistemas y aparatos de medición y de control de emisiones o de calidad de los productos. Pero también de los más modernos lectores de identificación personal y de control de las zonas de estacionamiento regulado y sistemas de geolocalización de personas o bienes o, en fin, de las cámaras de videovigilancia. La sentencia de la Sala de lo Contencioso-Administrativo del Tribunal Superior de Justicia de Madrid núm. 30/2021, de 29 de enero, que resuelve el recurso interpuesto

hasta los sistemas de obtención de información y su tratamiento y análisis[13], pasando por los medios electrónicos de documentación y comunicación administrativas[14].

---

contra la Ordenanza de Movilidad Sostenible del Ayuntamiento de Madrid de 2018 y contra el acuerdo municipal de 29 de octubre de 2018 por el que se desarrolla el régimen de gestión y funcionamiento de la Zona de Bajas Emisiones "Madrid Central", declara, por ejemplo, a propósito de las previsiones que incorporan de utilización de medios técnicos para la vigilancia automatizada de la circulación y el estacionamiento, así como para la denuncia automatizada de las infracciones, que esas previsiones "no cabe incardinarlas en el supuesto del art. 41 LRJSP [porque] no contemplan actuaciones administrativas automatizadas realizadas íntegramente a través de medios electrónicos" (FJ 5). La misma idea, en el ámbito de la Administración tributaria que más adelante nos va a interesar en el texto, en Oliver Cuello, R., *Big data* e inteligencia artificial en la Administración tributaria", *Revista de Internet, Derecho y Política,* núm. 33 (2022), p. 8.

13 Conocidamente, la Administración se sirve cada vez con más frecuencia de la recogida y tratamiento masivo de datos para formular sus programas políticos y adoptar sus decisiones, y es habitual, por ejemplo, en el ámbito de la actividad inspectora para la elaboración de patrones y perfiles de riesgo y la selección sus destinatarios, según prueban las explicaciones, entre otros, de Huergo Lora, A., "Una aproximación a los algoritmos desde el Derecho administrativo", cit.; y también del propio autor, "Inteligencia artificial y sanciones administrativas", en *Anuario de Derecho Administrativo Sancionador 2022* (Dirs.: M. Rebollo; A. Huergo; J. Caramés; T. Cano), Civitas-Thomson Reuters, Madrid, 2022, pp. 275 y ss.; y García Saura, P. J., "Actividad inspectora automatizada en el entorno digital. Especial referencia al ámbito de las viviendas de uso turístico", *Revista Aragonesa de Administración Pública,* núm. 59 (2022), en especial, pp. 128-129.

Al respecto, puede verse, la Resolución de 21 de febrero de 2024, de la Dirección General de la Agencia Estatal de Administración Tributaria, por la que se aprueban las directrices generales del Plan Anual de Control Tributario y Aduanero de 2024 (BOE núm. 53, de 29 de febrero de 2024). Igualmente, la Ley de la Comunidad Valenciana 22/2018, de 6 de noviembre, de Inspección general de servicios y del sistema de alertas para la prevención de malas prácticas en la Administración de la Generalitat y su sector público instrumental, es también otro buen ejemplo del uso de este tipo de herramientas. La Ley establece al respecto que el citado sistema se articula a través de un conjunto de herramientas de software que recopila y procesa por medios informáticos la información que figura en las bases de datos de la propia Administración valenciana y de su sector público instrumental, así como de las bases de datos de otros organismos y entidades, para la detec-

El otro, y que es el que nos particularmente nos interesa ahora, da cuenta, por el contrario, de una genuina nueva forma de actuación administrativa caracterizada *grosso modo* por la sustitución íntegra del empleado público por una aplicación informática en la adopción de decisiones administrativas formalizadas, en los términos del art. 41 LRJSP que ya conocemos, y que algunos autores han denominado "informática decisional" por contraste con "informática relacional"[15].

---

ción, con carácter preventivo, de irregularidades y malas prácticas administrativas a partir del análisis de la información obtenida y de la evaluación de factores de riesgo que puedan originarlas, mediante la generación de alertas que, una vez comprobadas por la Inspección, habilitan en su caso la adopción de la decisión administrativa que proceda y que podrá consistir finalmente en la formulación de recomendaciones y planes de mejora, así como en la incoación de los oportunos procedimientos disciplinarios y, en su caso también, de recuperación de los activos económicos y patrimoniales indebidamente obtenidos.

Las decisiones justificadas en el procesamiento por medios informáticos de la información disponible en ficheros o bases de datos propias o ajenas es una herramienta de uso frecuente en la Inspección para la detección de fraudes e irregularidades y la adopción de la correspondiente decisión administrativa. Las alertas o indicios de irregularidades que sugiere la información procesada no son siempre suficientes, sin embargo, y en ocasiones reclaman una comprobación o investigación posterior que confirme las sospechas para descartar los denominados falsos positivos. Al respecto, puede verse la STS 1231/2020, de 1 de octubre, que anula las resoluciones judiciales que autorizaron y confirmaron la autorización para la entrada en el domicilio de una empresa con fines de investigación tributaria con fundamento en los resultados obtenidos a partir de la proyección de datos genéricos disponibles en cuadros estadísticos sobre la rentabilidad media de empresas del sector.

14 La tramitación y resolución de procedimientos en soporte electrónico; las comunicaciones electrónicas y los sistemas de identificación y autentificación y de firma electrónica de los órganos administrativos y de los ciudadanos, o los denominados asistentes virtuales o *chabots* en el contexto de la robotización de procesos de información administrativa y de asistencia técnica a los ciudadanos. Sobre esto último, Cerrillo Martínez, A., "Actuación automatizada, robotizada e inteligente", cit., pp. 529-531.

15 Delgado García, A. M.ª y Oliver Cuello, R., "Regulación de la informática decisional en la Administración electrónica tributaria", cit., p. 7; también Oliver Cuello, R., "*Big data* e inteligencia artificial en la Administración tri-

Desde esta perspectiva estricta de la Administración automatizada y, concretamente, respecto de la actuación automatizada en materia de intervención y sanción administrativas, me ha parecido conveniente fijarme ahora en unos pocos sectores de la actividad administrativa y, en particular, en las actuaciones y procedimientos sancionadores en materia tributaria, por infracciones del orden social y en materia de tráfico y seguridad vial.

Esta elección, aunque caprichosa, como cualquier otra personal, tiene, no obstante, en este caso una justificación añadida, habida cuenta de que esos tres procedimientos se rigen directa y principalmente por su propia normativa específica que escapa de la general prevista en la Ley 39/2015, de 1 de octubre, del procedimiento administrativo común (LPAC), según advierte su disposición adicional primera. Una excepción que ha sido muchas veces criticada[16], pero que probablemente se comprende mejor con solo reparar en el elevado número de expedientes sancionadores que acumulan anualmente y la necesidad de mejorar su gestión eficiente, y que es precisamente una de las motivaciones que más veces aparece para justificar la automatización de la correspondiente actuación administrativa[17].

---

butaria", *Revista de Internet, Derecho y Política,* núm. 33 (2022), p.6; y Palomar Olmeda, A., "El procedimiento administrativo electrónico", cit., p. 105.

16 Huergo Lora, A., "Las leyes 39 y 40/2015. Su ámbito de aplicación y la regulación de los actos administrativos», *El Cronista del Estado social y democrático de Derecho,* núm. 63 (2015); Cano Campos, T., *Sanciones Administrativas,* Francis Lefebre, Madrid, 2018, pp. 34-35 y 153; González Ríos, I., "La vix expansiva del concepto «procedimiento administrativo común» en nuestros días", *Revista de Administración Pública,* núm. 207 (2018), pp. 152-155.

17 Últimamente, entre otros, Martínez Otero, J. M.ª, "Hipervigilancia administrativa y supervisión automatizada: promesas, amenazas y criterios para valorar su oportunidad", *Revista Española de Derecho Administrativo,* núm. 231 (2024), pp. 145 y ss.; Oliver Cuello, R., "*Big data* e inteligencia artificial en la Administración tributaria", cit., pp. 3 y ss.; Cerrillo Martínez, A., "Actuación automatizada, robotizada e inteligente", cit., p. 528.
La Exposición de Motivos de la Ley 18/2009, de 23 de noviembre, por la que se modifica la Ley de Tráfico de 1990, precisamente en materia sancionadora, lo testimonia muy bien cuando advierte que "la experiencia acumulada durante los últimos años pone de manifiesto la necesidad de construir un procedimiento especial para el ámbito sancionador del tráfico donde puedan ser tenidas en cuenta las especialidades que lo diferencian

II. ACTUACIONES AUTOMATIZADAS EN MATERIA DE SANCIONES TRIBUTARIAS

La Ley 58/2003, de 17 de diciembre, General Tributaria (LGT), es seguramente la primera norma que asume este planteamiento y que admite, en consecuencia, la utilización de técnicas y medios electrónicos, informáticos y telemáticos en las actuaciones y procedimientos administrativos tributarios[18]. Su art. 96.1 arranca con una decidida apuesta por esta forma de actuación señalando que "la Administración tributaria promoverá la utilización de las técnicas y medios electrónicos, informáticos y telemáticos necesarios para el desarrollo de su actividad y el ejercicio de sus competencias".

Por su parte, el siguiente art. 96.3 LGT advierte que los procedimientos y actuaciones en los que se utilicen esas técnicas y medios garantizarán la identificación de la Administración tributaria actuante y el ejercicio de su competencia. Para añadir a continuación que cuando la Administración tributaria actúe de forma automatizada deberá además garantizar la identificación de los órganos administrativos competentes para la programación y supervisión del sistema utilizado y de los órganos competentes para resolver los recursos que puedan interponerse.

Un poco más adelante, el art. 100.2 la LGT vuelve sobre este asunto con motivo de determinar las formas de terminación del procedimiento tributario para advertir ahora, que "tendrá la consideración

---

de los demás procedimientos administrativos [y] en primer lugar, su carácter masivo". Al respecto, Aguado I Cudolà, V., "El procedimiento administrativo sancionador en materia de tráfico, vehículos a motor y seguridad vial: el debido equilibrio entre especialidades y garantías comunes", *Documentación Administrativa,* núms. 284-285 (2011), pp. 61 y ss., subraya cómo efectivamente ese es el principal argumento para justificar la especialidad de las reglas del procedimiento sancionador en materia de tráfico, y que es el mismo que se utiliza en materia tributaria o de extranjería (p. 65). También subraya esta motivación Cano Campos, T., *Las sanciones de Tráfico,* Thomson Reuters, Cizur Menor, 2011, p. 403.

18 Martín Delgado, I., "Naturaleza, concepto y régimen jurídico de la actuación administrativa automatizada", cit., pp. 355-356; y Delgado García A., M.ª y Oliver Cuello, R., "Regulación de la informática decisional en la Administración electrónica tributaria", cit., p. 5

de resolución la contestación efectuada de forma automatizada por la Administración tributaria en aquellos procedimientos en que esté prevista esta forma de terminación".

Estas previsiones en materia de automatización se completan con las reglas que establece el Real Decreto 1065/2007, de 27 de julio, por el que se aprueba el Reglamento general de las actuaciones y los procedimientos de gestión e inspección tributaria y de desarrollo de las normas comunes de los procedimientos de aplicación de los tributos. En particular, su art. 85.1 establece que, en los supuestos de actuación automatizada, "las aplicaciones informáticas que efectúen tratamientos de información cuyo resultado sea utilizado por la Administración tributaria para el ejercicio de sus potestades y por las que se determine directamente el contenido de las actuaciones administrativas, habrán de ser previamente aprobadas mediante resolución del órgano que debe ser considerado responsable a efectos de la impugnación de los correspondientes actos administrativos".

Comentando estas previsiones legales, la doctrina tributaria ha subrayado la existencia de un doble régimen, según se trate de la utilización meramente auxiliar o instrumental de las aplicaciones informáticas, de un lado, y verdaderas decisiones o actos automatizados, de otro. Apurando esta distinción, se ha defendido que, en el primer caso, basta con la identificación de la Administración actuante que garantice la autenticidad del ejercicio de su competencia mediante el correspondiente sistema de firma electrónica y de código de verificación. En el segundo, en cambio, hay que identificar, además, al órgano encargado de programación y supervisión del sistema utilizado, así como el órgano competente para resolver los recursos que puedan interponerse[19].

Sobre actuaciones o actos automatizados, y con arreglo a estas previsiones normativas, la Dirección General de la Agencia Estatal de la Administración Tributaria (AEAT) ha dictado unas cuantas re-

---

19 Delgado García A., M.ª Y Oliver Cuello, R., "Regulación de la informática decisional en la Administración electrónica tributaria", p. 6; R. Oliver Cuello, "*Big data* e inteligencia artificial en la Administración tributaria", cit., p. 8; y Olivares Olivares, B. D., "Transparencia y aplicaciones informáticas en la Administración tributaria", cit., p. 96.

soluciones aprobando un buen número de aplicaciones informáticas para la actuación administrativa automatizada, también en materia sancionadora. Concretamente, esas resoluciones, que aparecen con una cadencia prácticamente anual, son hasta la fecha y salvo error por mi parte las siguientes: resoluciones de 29 de diciembre de 2010; de 29 de julio de 2011; de 24 de noviembre de 2011; de 31 de mayo de 2012; de 21 de marzo de 2013; de 10 de junio de 2014; de 23 de febrero de 2015; de 27 de abril de 2018; de 4 de julio de 2019; y de 13 de julio de 2023.

Todas estas resoluciones, matices aparte, siguen prácticamente el mismo esquema. Se abren con una breve exposición de motivos que arranca con el reconocimiento de los beneficios demostrados con la aprobación de las anteriores actuaciones automatizadas para a continuación anunciar las nuevas aplicaciones informáticas que ahora se aprueban y que luego se describen individualmente en apartados comúnmente separados en los que precisan: a) el objeto de la actuación que se automatizada; b) los requisitos o presupuestos habilitantes; b) el sistema de autentificación y el contenido necesario de la actuación automatizada; y d) pero únicamente en el caso de actos automatizados resolutorios, el órgano competente para resolver el recurso contra el acto correspondiente.

El catálogo de actuaciones administrativas que se automatizan es ciertamente amplio y comprende actuaciones muy variadas. En particular, entre todas estas resoluciones y actuaciones administrativas que se automatizan merece la pena destacar por su interés para el asunto que ahora singularmente nos interesa las siguientes:

i) La resolución de la Dirección General de la AEAT de 4 de julio de 2019 aprueba la automatización, entre otras varias actuaciones administrativas, de la consistente en la "generación y emisión de acuerdos de cancelación de sanciones de personas físicas fallecidas". Y lo hace en los siguientes términos:

Advierte que el sistema informático de la AEAT podrá, efectivamente, generar y emitir en forma automatizada los acuerdos de cancelación de sanciones, tributarias y no tributarias, de personas fallecidas de conformidad con lo dispuesto en los art. 39.1 y 190.1 LGT (sobre la prohibición de transmisión de las sanciones tributarias y las causas de su extinción, respectivamente), y el art. 11 de la Ley 47/2003, de 26 de noviembre, General Presupuestaria (que remite la determinación de la extinción de los derechos de la Hacienda Pública lo dispuesto en la LGT). Para poder acordar en esa forma la oportuna cancelación, basta con que la aplicación informática compruebe en las bases de datos de la propia AEAT el fallecimiento de personas físicas con sanciones tributarias o no pendientes de ingreso. Cuando esto sucede, la aplicación emite el correspondiente acuerdo de cancelación de sanciones que deberá incluir la identificación del obligado al pago que hubiera fallecido; la fecha de su fallecimiento; la sanción o sanciones que se cancelan y su respectivo importe pendiente de pago.

ii) La misma resolución citada de la Dirección General de la AEAT de 4 de julio de 2019 aprueba la automatización de la "generación y emisión de requerimientos de pago referidos a la exigencia de las reducciones de las sanciones (por conformidad y pronto pago) por la comisión de infracciones tributarias en los procedimientos sancionadores".

El art. 188.1 b) LGT contempla para los supuestos de conformidad del responsable una reducción de un 30% en el importe de las sanciones pecuniarias impuestas en aplicación de los art. 191 a 197 LGT. Y el siguiente art. 188.3 añade al importe resultante de esa reducción otra reducción de un 40% cuando el responsable realice el ingreso total del importe restante de la sanción en los plazos que establece el art. 62.2 de la propia Ley, y que varían en función de la fecha de su notificación[20]. En ambos casos, la respectiva reducción está condicionada a que el interesado no interponga recurso o reclamación contra la correspondiente sanción tributaria.

---

[20] Con arreglo al art. 62.2 LGT, el pago de las sanciones en período voluntario deberá hacerse en los siguientes plazos: *a)* Si la notificación de la liquidación se realiza entre los días uno y 15 de cada mes, desde la fecha de recepción de la notificación hasta el día 20 del mes posterior o, si éste no fuera hábil, hasta el inmediato hábil siguiente; *b)* Si la notificación de la liquidación se realiza entre los días 16 y último de cada mes, desde la fecha de recepción de la notificación hasta el día cinco del segundo mes posterior o, si éste no fuera hábil, hasta el inmediato hábil siguiente.

Teniendo en cuenta estos requisitos, la citada resolución de 2019 establece que el sistema de información de la AEAT podrá generar, mediante actuaciones administrativas automatizadas, los requerimientos de pago referidos a la exigencia de las reducciones practicadas en las sanciones impuestas por la comisión de una infracción tributaria en aplicación de los citados art. 188.1 b) y 188.3 LGT. Al igual que antes, el sistema automatizado funciona de manera muy simple: la aplicación informática, sirviéndose de las bases de datos de la AEAT, comprueba si se ha producido el incumplimiento de alguna de esas condiciones para, en caso afirmativo, emitir el correspondiente requerimiento de pago con la exigencia de la reducción o reducciones practicadas.

La citada resolución de la AEAT precisa que los citados requerimientos de pago incluirán la identificación del infractor; de las sanciones de las que trae causa y su respectivo importe, así como los importes de las reducciones que ahora se exigen y el plazo para ingresarlas; los recursos y reclamaciones económico-administrativas que puede presentar el infractor caso de no estar conforme con el requerimiento notificado y el plazo de su interposición.

Y se cierra con las siguientes dos indicaciones: según la primera, los recursos y las reclamaciones económico-administrativas cuyo plazo de interposición se inicie con la notificación del requerimiento se dirigirán al órgano de recaudación que figure indicado en el encabezamiento de la notificación del requerimiento. Y con arreglo a la segunda, los recursos de reposición serán resueltos por el órgano de recaudación que, con arreglo a los previsto en la normativa aplicable de organización y atribución de competencia, hubiera sido competente para dictar dicho requerimiento de pago de forma no automatizada, y las reclamaciones económico-administrativas serán resueltas por el Tribunal Económico-Administrativo Regional correspondiente a la sede de dicho órgano o por el Tribunal económico-administrativo Central en los supuestos previstos en el art. 229 LGT.

iii) Sin abandonar todavía esa misma resolución de 2019, igualmente se aprueba entonces la automatización de la actuación consistente en la "generación y emisión del acuerdo de inicio de procedimiento y propuesta de imposición de sanciones tributarias por comisión de la infracción tributaria por resistencia, obstrucción, excusa o negativa a las actuaciones de la Administración tributaria; por falta de cumplimiento de las obligaciones referidas en diligencia de embargo y por falta de contestación a requerimientos de información"

Como en los supuestos anteriores, aunque con algo menos de precisión, la resolución advierte que la aplicación informática, una vez que ha comprobado la existencia en las bases de datos de la AEAT de diligencias de embargo y de requerimientos de información debidamente notificados pero desatendidos en el plazo habilitado al efecto, y que esas diligencias y requerimientos han sido renovados por dos veces, procederá a generar y emitir el oportuno acuerdo de incoación de expediente sancionador por ese motivo, así como la correspondiente propuesta de resolución.

Según se encarga de advertir la citada resolución de la AEAT el acuerdo de incoación y la propuesta contendrán necesariamente la identificación de la persona o entidad presuntamente responsable; la descripción de la conducta infractora, así como su posible calificación y sanciones que pudieran corresponderle; la identificación del órgano competente para resolver el procedimiento y del instructor; la indicación del derecho a formular alegaciones y a la audiencia del procedimiento; así como el momento y plazos para su ejercicio; y la propuesta de resolución.

iv) Hay que esperar algunos años para encontrar otra resolución de la AEAT que apruebe el uso de nuevas aplicaciones informáticas en materia sancionadora. La resolución de 13 de julio de 2023 del Director General de la Agencia es, según mis cuentas, la última que lo hace por el momento. En este caso, para aprobar la generación y emisión mediante actuaciones administrativas automatizadas "de acuerdos de imposición de sanciones tributarias pecuniarias, previa conformidad expresa de la persona o entidad infractora".

Cuando esto sucede y, por tanto, una persona o entidad infractora, debidamente identificada e informada, manifieste expresamente en la Sede electrónica de la AEAT su conformidad con la propuesta de resolución previamente notificada, la aplicación informática generará automáticamente el acuerdo de imposición de sanción, que será notificado de manera inmediata por medios electrónicos mediante comparecencia de la persona o entidad infractora en la Sede electrónica de la Agencia.

La citada resolución de 2023 aclara, en todo caso, que la utilización de esta actuación automatizada exigirá que previamente se haya notificado a la persona o entidad infractora la correspondiente propuesta de resolución, que deberá incluir todas las indicaciones que obliga el art. 210 LGT, con expresa advertencia además de la posibilidad de formular alegaciones o de manifestar en la Sede electrónica de la Agencia Estatal de Administración Tributaria su conformidad con la propuesta recibida.

Para el caso de que la persona o entidad infractora opte por esta última posibilidad, accederá a la Sede electrónica de la Agencia Estatal de Administración Tributaria, en donde, tras identificarse debidamente, se le informará de que la opción elegida supondrá que se tenga por realizado el trámite de alegaciones, que se emita automáticamente el acuerdo de imposición de la sanción conforme a lo notificado en la propuesta y que se notifique el acuerdo por vía electrónica. La conformidad de la persona o entidad infractora, aceptando todas estas circunstancias, se hará constar en una diligencia que se generará e incorporará automáticamente al expediente administrativo.

El acuerdo de imposición de sanción así generado se autenticará mediante código seguro de verificación de la Agencia Estatal de Administración Tributaria e incluirá el contenido recogido en el artículo 211.3 LGT[21], además de los recursos y reclamaciones que puede presentar la persona o entidad infractora en caso de no estar conforme con el acuerdo.

Finalmente, la citada resolución de la AEAT que aprueba esta actuación automatizada advierte que los recursos y las reclamaciones

---

21 Según el citado art. 211.3 LGT, "la resolución expresa del procedimiento sancionador en materia tributaria contendrá la fijación de los hechos, la valoración de las pruebas practicadas, la determinación de la infracción cometida, la identificación de la persona o entidad infractora y la cuantificación de la sanción que se impone, con indicación de los criterios de graduación de la misma y de la reducción que proceda de acuerdo con lo previsto en el artículo 188 LGT".

económico-administrativas cuyo plazo de interposición se inicie con la notificación del acuerdo de imposición de sanción que consideramos se formalizarán mediante escrito dirigido al titular del órgano que figure indicado en el encabezamiento de la notificación del acuerdo, siendo este órgano el competente para la resolución de los recursos de reposición.

III. ACTUACIONES AUTOMATIZADAS SANCIONADORAS EN MATERIA DE TRÁFICO Y SEGURIDAD VIAL

Según antes se ha recordado, el abultado número de infracciones en materia de tráfico y seguridad vial es, en efecto, una de las motivaciones que más veces aparecen en las explicaciones doctrinales para justificar las especialidades del procedimiento sancionador en esa materia, y que, como ya nos consta, la propia LPAC ha terminado por reconocer. Naturalmente, esta misma justificación es la que impulsa también la automatización de la actuación administrativa sancionadora, supuestas las innegables ventajas que proporciona la utilización de aplicaciones informáticas en la tramitación y resolución de los correspondientes expedientes sancionadores.

De todas formas, y aunque tengo la impresión de que este asunto de las infracciones y sanciones en materia de tráfico y la seguridad vial ha sido efectivamente uno de los primeros sectores de la actividad administrativa en servirse de las aplicaciones informáticas, adelanto que en el ordenamiento no hay, sin embargo, muchos rastros normativos de que el proceso de automatización haya alcanzado al ejercicio de la potestad sancionadora, en cualquiera de sus fases. Personalmente, al menos, yo no he podido encontrarlos[22].

---

22 Para ilustrar esta dificultad sirva de testimonio el libro de Rafael Martínez Niza, *Sanciones automatizadas. Los problemas de las sanciones de tráfico por medio de dispositivos de captación de evidencias visuales,* RDU ediciones, 2021. Si se repasa su contenido podrá comprobarse que no hay a lo largo de sus más de cuatrocientas páginas, y pese a lo que literalmente sugiere su título, apenas referencias específicas a la automatización de las actuaciones sancionado-

Este déficit es particularmente visible en el ámbito de la Administración General del Estado, en el que, aparte de la Orden ministerial de 2007, por la que se crea el Centro de Tratamiento de Denuncias Automatizadas[23], no hay, en efecto, muchas más noticias. De hecho, si hacemos caso a la información que figura en la página web de la propia Dirección General de Tráfico (DGT), las aplicaciones informáticas que utiliza para la gestión del procedimiento sancionador tienen únicamente por objeto facilitar a los interesados el cumplimiento de determinados trámites del procedimiento y no, por tanto, la automatización de ninguna actuación formal de la propia Administración sancionadora, a salvo de la certificante del registro electró-

ras en materia de tráfico y seguridad vial. Lo único que consta son unas pocas observaciones generales (pp. 302-313) a propósito de los problemas de prueba en las infracciones de tráfico detectadas por medio de dispositivos electrónicos de captación de evidencias, y cuyo interés notaremos más adelante en el texto. Pero ciertamente muy poco o nada más.

23 La Orden INT/2035/2007, de 2 de julio, subraya muy bien en su preámbulo la especificidad de este tipo de procedimiento sancionador, particularmente destacada en el caso de las infracciones a las normas de circulación y seguridad vial que se detectan mediante el empleo de medios técnicos. Literalmente advierte que, en esa materia y en el ámbito de la Administración General del Estado, "destacan, por su especificidad, aquéllas cuya detección se produce mediante el empleo de medios técnicos de captación y reproducción de imágenes, especificidad que tiene una doble vertiente: por una parte, por las propias características del medio técnico a través del cual se tiene conocimiento de los hechos; y por otra, por la propia tramitación administrativa del procedimiento sancionador. Además, el aumento progresivo de implantación de los indicados medios técnicos, cuyo fin primordial es aumentar la seguridad vial, produce el correlativo de tramitación de denuncias para el cual no está dimensionada la organización periférica de la Jefatura Central de Tráfico. Esta especificidad aconseja tanto un tratamiento homogéneo a estos procedimientos en todo el territorio nacional en que ejerce sus competencias la Administración General del Estado, como un desarrollo eficaz y ágil de los mismos, del que queda exceptuado, por tanto, aquella parte del territorio donde las Comunidades Autónomas tienen transferidas las competencias ejecutivas en materia de tráfico, circulación de vehículos a motor y seguridad vial. El tratamiento homogéneo, ágil y eficaz, antes expresado, exige la centralización de toda la gestión de este tipo de procedimientos, a cuyo efecto se crea el Centro de Tratamiento de Denuncias Automatizadas del Organismo Autónomo Jefatura Central de Tráfico".

nico de los documentos presentados por el interesado sirviéndose de esas aplicaciones informáticas.

Si se repasa esa información, podrá verse, en efecto, que esas aplicaciones informáticas permiten al interesado en el procedimiento sancionador identificar por vía telemática al conductor responsable de la infracción; acceder a través de la sede Electrónica de la DGT al expediente sancionador y formular alegaciones o presentar un recurso administrativo; y también pagar la multa o solicitar la devolución del importe indebidamente pagado, con emisión, según se ha adelantado, del respectivo justificante del registro electrónico del escrito presentado. Pero ciertamente nada más.

Todas estas actuaciones del interesado se procesan automáticamente en la correspondiente aplicación informática de gestión del procedimiento sancionador y se incorporan a la documentación digitalizada del expediente sancionador, pero no se traducen ni expresan la adopción automatizada de ninguna decisión administrativa[24].

No muy distinto es el panorama si nos fijamos ahora en las Comunidades Autónomas con competencias en materia de tráfico y en la Administración local, aunque en este último caso con algunas excepciones, como la que despunta en las actuaciones sancionadoras, entre otros, de los Ayuntamientos de Barcelona y Madrid.

En el caso del Ayuntamiento de Barcelona, la resolución de la gerente municipal de 30 de agosto de 2022, publicada en la Gaceta Municipal de 1 de septiembre de 2022, acuerda la automatización de los actos administrativos de iniciación de los procedimientos sancionadores en materia de tráfico y la notificación de la correspondiente denuncia a los titulares de los vehículos con los que se cometan infracciones detectadas por cualquiera de los medios tecnológicos de

---

[24] Al respecto, puede verse la comunicación presentada a las Jornadas TECNIMAP 2010 celebradas en Zaragoza del 6 al 9 de abril de 2010 por el entonces Jefe de Área de Aplicaciones del procedimiento sancionador de la Gerencia informática de la DGT, don Jacinto Darriba Alles, "Implantación de la Ley 11/2007 en el ámbito del procedimiento sancionador de la DGT", *https://administracionelectronica.gob.es/pae_Home/pae_Biblioteca/pae_Tecnimap/pae_TECNIMAP_2010_Zaragoza/pae_COM_2010-Iniciativas_legales_y_tecnologicas.html* (última fecha de consulta: 29 de abril de 2024).

captación de imágenes y videovigilancia automatizada de la disciplina viaria instalados en la ciudad, integrados en la Plataforma Municipal de Visión Artificial y destinados a controlar:

a) Los límites de velocidad establecidos.

b) Rebasar un semáforo en fase roja.

c) Los incumplimientos de las limitaciones horarias de parada y estacionamiento en las zonas de estacionamiento regulado (AREA).

d) Los incumplimientos de las normas de estacionamiento y parada en carriles reservados al transporte urbano de viajeros, y del acceso de vehículos a vías de titularidad del Ayuntamiento limitados o restringidos por la señalización.

e) Los incumplimientos para circular por carriles específicamente destinados a transporte público.

f) Los incumplimientos en zonas de accesos restringidos.

g) Los incumplimientos relativos a la normativa de bajas emisiones.

h) Los incumplimientos relativos a control gálibo y control giros prohibidos.

Según se encarga de aclarar la citada resolución municipal, esos medios técnicos de captación de imágenes reconocen mediante sistemas de lectores OCR las matrículas y distintivos de los vehículos infractores y suministran los datos identificativos de la infracción (hora, día, lugar, motivo y, en su caso, velocidad). Con todos estos datos, que se validan automáticamente, el sistema informático genera en forma automatizada la correspondiente denuncia y la notificación al titular del vehículo infractor. Únicamente en el caso de que los equipos de cinemómetros (en especial, radar o radar por tramo) capten imágenes de infracciones por exceso de velocidad que puedan constituir delitos contra la seguridad vial, las correspondientes denuncias se validan entonces de forma manual por la Guardia Urbana de Barcelona, y quedan en suspenso en el sistema a la espera de la oportuna decisión judicial que permita eventualmente, en su caso, continuar con el procedimiento administrativo sancionador.

Algo distinto y en cualquier caso menos preciso es el sistema automatizado de las actuaciones sancionadoras del Ayuntamiento de Madrid en materia de tráfico y seguridad vial. Al respecto, sin embargo, conviene advertir que lamentablemente no hay apenas huellas de ese proceso de automatización, ya sea en forma de normas o de simples resoluciones administrativas. La única que he podido encontrar es la que figura en el artículo 15.1 de la Ordenanza de Movilidad Sostenible, de 5 de octubre de 2018, modificada por la Ordenanza 10/2021, de 13 de septiembre, cuando advierte que

> "el Ayuntamiento de Madrid podrá emplear medios técnicos automatizados para la vigilancia de la circulación y el estacionamiento, así como para la denuncia automatizada de las infracciones que se cometan utilizando, entre otros, los siguientes medios técnicos definidos en el anexo VI: radar de punto; radar de tramo y cámaras dotadas con lector OCR".

De todas formas, apurando esta previsión y si hacemos caso a las explicaciones de sus principales responsables, parece que efectivamente algunas de esas actuaciones sancionadoras se han automatizado[25].

Siguiendo esas explicaciones, las actuaciones administrativas sancionadoras automatizadas por el Ayuntamiento de Madrid se refieren también ahora a unas pocas infracciones. De hecho, de las casi 300 claves de infracciones y sanciones de tráfico que al parecer utiliza el Ayuntamiento em aplicación de la citada Ordenanza municipal, únicamente en 10 de ellas se ha producido algún tipo de automatización. Estas infracciones, que coinciden prácticamente con las que

---

[25] Sigo en este punto las explicaciones de José Javier Rodríguez Hernández, a la sazón subdirector general de regulación de la circulación y del servicio del taxi del Ayuntamiento de Madrid, expuestas con motivo de su intervención en el Seminario Internacional sobre "Retos jurídicos: las decisiones administrativas automatizadas" celebrado en la Universidad Carlos III de Madrid el 14 de abril de 2023, con la ponencia titulada precisamente "Actuaciones administrativas automatizadas en materia de infracciones de tráfico en el Ayuntamiento de Madrid", y disponible en https://www.uc3m.es/uc3m/media/uc3m/doc/archivo/doc_seminario-internacional-retos-juridicos-presetacion-ayun/ayuntamiento-de-madrid.pdf (Fecha última consulta: 15 de mayo 2020)

antes hemos visto en el caso del Ayuntamiento de Barcelona, son asimismo las relativas a infracciones por exceso de velocidad; por rebasar el semáforo en fase roja; en materia de acceso a las zonas de bajas emisiones (ZEB) y de bajas emisiones de especial protección (ZBEDEP); por circular en el carril bus o por carriles reservados; y, en fin, en materia de estacionamiento regulado (SER), y que no comportan la pérdida de puntos del permiso de conducir.

Para controlar y detectar, en su caso, las correspondientes infracciones de tráfico, el Ayuntamiento de Madrid se sirve asimismo de medios automatizados de visión artificial para la captación de imágenes y foto-rojo, y de equipos de radares, instrumentos, aparatos o sistemas de medida que reconocen las matrículas y suministran los datos de la infracción (hora, día, lugar, motivo y, en su caso, velocidad) y que, según precisa el art. 242.1 de la Ordenanza, "se someterán a control metrológico en los términos establecidos por la normativa de metrología"[26].

Los siguientes apartados 2 y 3 del art. 242 de la Ordenanza precisan respectivamente que la utilización de estos dispositivos automatizados debe ser advertida a la ciudadanía "mediante la instalación de carteles informativos en lugares visibles que avisen de la captación y transmisión de datos o imágenes", y que, antes de su definitiva implantación o modificación sustancial, "se realizará un período de aviso, de al menos dos meses, durante el cual el órgano municipal competente facilitará o enviará a las personas titulares de los vehículos que hayan sido detectados una comunicación, de carácter meramente informativo"[27].

Esta comunicación, de conformidad con el art. 242. 4 y 5 de la citada Ordenanza, deberá incluir: "*a)* Las razones que han motivado la instalación del radar o foto-rojo en esa concreta ubicación o la regulación de la respectiva ZBEDEP en ese ámbito geográfico; *b)* La fecha prevista para su efectiva operatividad; *c)* El tipo de sanción, cuantía

---

[26] Esta normativa es la constituida principalmente por la Ley 32/2014, de 22 de diciembre, de metrología, y en su Reglamento de desarrollo, aprobado por Real Decreto 244/2016, de 3 de junio.

[27] Sobre esta moratoria, puede verse la Sentencia del Juzgado de lo Contencioso-Administrativo núm. 7 de Madrid, núm. 103/2020, de 17 de junio.

de la multa y, en su caso, de los puntos que le serían detraídos por la infracción cometida, a partir de la puesta en funcionamiento efectivo del radar o foto-rojo o del sistema de control de la ZBEDEP; y *d)* En las infracciones detectadas por radares y foto-rojos: la importancia de respetar la normativa de tráfico para garantizar la seguridad vial y la convivencia de quienes transitan por las vías públicas. En los accesos indebidos a ZBEDEP: la necesidad de proteger la salud y la seguridad de las personas, así como del resto de objetivos de cada respectiva ZBEDEP".

Además, en el caso de los controles automatizados de acceso a Madrid ZBE y de cada respectiva ZBEDEP, esa comunicación incluirá también "la dirección web del portal municipal de información a la ciudadanía de los procedimientos sistemáticos de control y la ubicación de los puntos de control en que se han instalado dispositivos automatizados municipales de control y detección de infracciones de tráfico".

A diferencia, sin embargo, del caso de Barcelona que antes hemos repasado, las infracciones detectadas por cualesquiera de estos dispositivos no generan una denuncia automatizada, sino que las evidencias captadas y los datos de la infracción suministrados son revisados manual y personalmente por los funcionarios municipales para confirmarlas o, en su caso, rechazarlas (los denominados falsos positivos), salvo en el caso de las infracciones por exceso de velocidad que sí dan lugar a una denuncia automatizada.

A partir de aquí, no obstante, no hay ya más precisiones sobre las actuaciones sancionadoras efectivamente automatizadas. En particular, nada se dice sobre si la automatización comprende la propuesta de resolución o la resolución misma del procedimiento ni, en su caso, bajo qué condiciones. De todas formas, bien parece posible concluir que en esos mismos supuestos la resolución del procedimiento sancionador se produce en forma asimismo automatizada. Esta es la conclusión que sugiere el art. 95.4 LTSV de 2015 cuando establece que "si el denunciado no formula alegaciones ni abona el importe de la multa en el plazo de veinte días naturales siguientes al de la notificación de la denuncia, ésta surtirá el efecto de acto resolutorio del procedimiento sancionador en los siguientes casos: a) Infracciones leves en todos los casos; y b) Infracciones graves que no supongan la detracción de puntos cuya notificación no se haya podido efectuar en el acto de la denuncia".

IV. ACTUACIONES AUTOMATIZADAS SANCIONADORAS EN EL ORDEN SOCIAL

El panorama en materia de actuaciones sancionadoras automatizadas por infracciones en el orden social es, en cambio, algo más despejado. El Real Decreto 688/2021, de 3 de agosto, por el que se modifica el Reglamento general sobre procedimientos para la imposición de sanciones por infracciones de Orden Social y para los expedientes liquidatarios de cuotas de la Seguridad Social, aprobado por el Real Decreto 928/1998, de 14 de mayo, añade a este último Reglamento un nuevo Capítulo IX, que lleva por título precisamente "del procedimiento sancionador promovido por actuación administrativa automatizada en el ámbito de la Administración General del Estado".

La exposición de motivos del citado RD 688/2021 justifica este nuevo capítulo del siguiente modo. Luego de notar la creciente incorporación de la actuación administrativa automatizada que permiten las nuevas tecnologías y que impulsa el art. 41 LRJSP, advierte que

> "el análisis masivo de datos para la detección de fraude permite conocer la existencia de incumplimientos de los sujetos obligados, especialmente en materia de Seguridad Social, que provocan perjuicios a los trabajadores afectados y a la propia administración de la Seguridad Social. En ocasiones, la constatación de estos incumplimientos no requiere la intervención directa de ningún funcionario del Sistema de Inspección de Trabajo y Seguridad Social. Partiendo de esta base, se pone de manifiesto la necesidad de automatizar, en casos concretos, la actividad de la Inspección de Trabajo y Seguridad Social para poder actuar ante tales incumplimientos".

Con arreglo a este fundamento, y apurando la previsión del artículo 53.1.*a)* del texto refundido de la Ley sobre Infracciones y Sanciones en el Orden Social, aprobado por el Real Decreto Legislativo 5/2000, de 4 de agosto, en la redacción dada al mismo por el apartado 1 de la disposición final cuarta del Real Decreto-ley 2/2021, de 26 de enero, que contempla por primera vez la posibilidad de extensión de actas de infracción automatizadas, confirma a continuación que efectivamente el propósito del nuevo procedimiento que incorpora busca de modo congruente

> "adaptar a los procedimientos sancionadores iniciados mediante actas extendidas por la Inspección de Trabajo y Seguridad Social, y sin reducción de las garantías jurídicas de los ciudadanos, el marco jurídico que ofrece el artículo 41 de la Ley 40/2015, de 1 de octubre, así como el artículo 21.2 de la Ley 23/2015, de 21 de julio, Ordenadora del Sistema Inspección de Trabajo y Seguridad Social, relativo a las modalidades y documentación de la actuación inspectora, permitiendo la citada actuación, mediante la comprobación de datos o antecedentes relativos a incumplimientos de la normativa del orden social que obren en las Administraciones Públicas, a los que tiene acceso la Inspección de Trabajo y Seguridad Social en virtud de lo dispuesto en los artículos 16 y 24 de la [citada] Ley 23/2015".

Este nuevo capítulo IX del Reglamento general sobre procedimientos para la imposición de sanciones por infracciones del orden social sancionadores (arts. 43 a 48) se abre con la definición del concepto de actuación automatizada y la obligación de indicar el órgano u órganos competentes según los casos, para la definición de especificaciones, programación, mantenimiento, supervisión y control de calidad del sistema de información, así como el órgano que debe ser considerado responsable a efectos de impugnación.

Además, el art. 43.2 precisa que, en el caso de actuaciones automatizadas, deberá determinarse previamente mediante resolución del director del Organismo Estatal Inspección de Trabajo y Seguridad Social, que será publicada en su sede electrónica, "los supuestos en los que se hará uso de dicha actuación".

Y dicho todo esto, que recuerda mucho a las previsiones del art. 41 LRJSP y del art. 13 del RD 203/2021, y que ya conocemos, el siguiente art. 44 del Reglamento establece para el ámbito de la Administración General del Estado que

> "el Organismo Estatal Inspección de Trabajo y Seguridad Social podrá generar a través de su sistema de información, mediante actuaciones administrativas automatizadas, las actas de infracción que resulten pertinentes en virtud de los datos, antecedentes e informes que obren en dicho sistema, así como en las bases de datos de las entidades que le prestan su auxilio y colaboración, de conformidad con lo establecido en los artículos 16 y 24 de la Ley 23/2015, de 21 de julio [Or-

> denadora del Sistema de Inspección de Trabajo y Seguridad Social][28]. Asimismo, se podrán generar de forma automatizada las propuestas de resolución que procedan cuando no se hayan presentado alegaciones contra las actas".

Según el siguiente art 45 las actas de infracción automatizadas deberán contener los mismos requisitos que deben contener las actas levantadas por los inspectores, con excepción de la indicación de los criterios que fundamentan la graduación de la sanción propuesta, y de la identificación del funcionario actuante. En particular, deberán reflejar los hechos comprobados como resultado de la actuación administrativa, con expresión de aquellos que sean relevantes a efectos de la tipificación de la infracción, los medios utilizados para la comprobación de los hechos que fundamentan el acta y deberán indicar expresamente de que se trata de una actuación administrativa automatizada.

Estas actas, con arreglo al art. 46, serán notificadas al presunto responsable, con concesión de plazo de quince días para alegaciones y prueba, e irán acompañadas de la oportuna carta de pago con reducción del 40% del importe de la sanción para el supuesto de que el interesado procediese a su pago en ese mismo plazo, en cuyo caso se dará por concluido el procedimiento.

---

[28] Según el art. 16.1 de la Ley, "las autoridades, cualquiera que sea su naturaleza, los titulares de los órganos de la Administración General del Estado, de las Administraciones de las Comunidades Autónomas y de las Entidades Locales; los organismos autónomos y las entidades públicas empresariales; las cámaras y corporaciones, colegios y asociaciones profesionales; las demás entidades públicas, y quienes, en general, ejerzan funciones públicas, estarán obligados a suministrar a la Inspección de Trabajo y Seguridad Social cuantos datos, informes y antecedentes que tengan trascendencia en el ámbito de sus competencias, así como a prestarle la colaboración que le sea solicitada para el ejercicio de la función inspectora". En este contexto, el siguiente art. 24.2 establece que "el personal del Sistema de Inspección de Trabajo y Seguridad Social, podrá acceder a la información necesaria para el ejercicio de las funciones inspectoras, de los registros y bases de datos disponibles [de las distintas Administraciones públicas], de acuerdo con lo dispuesto en el artículo 16 y en los términos que se establezcan".

De conformidad con el art. 47, en caso de no efectuar alegaciones ni proceder al pago, el acta de infracción será considerada propuesta de resolución. No obstante, si el interesado formulase alegaciones invocando hechos o circunstancias distintos a los consignados en el acta, insuficiencia del relato fáctico expresado en el acta, o indefensión por cualquier causa, deberá asignarse el expediente a un funcionario con funciones inspectoras, para que informe sobre las mismas, continuando la tramitación del procedimiento hasta su resolución por los trámites ordinarios previstos en el propio Reglamento

V. OBSERVACIONES FINALES SOBRE LA AUTOMATIZACION DE LAS ACTUACIONES SANCIONADORAS

Si repasamos nuevamente las normas, resoluciones y explicaciones que se han dejado anotadas sobre actuaciones automatizadas en los tres sectores de la actividad administrativa sancionadora que hemos repasado, es posible formular ahora unas pocas observaciones finales.

i) La primera y más evidente es que la automatización de las actuaciones administrativas sancionadoras está envuelta todavía en una notable oscuridad. A pesar de que el art. 13 del RD 203/2021, apurando la regla del art. 41 LRJSP, obliga con carácter general a que la automatización de una actuación administrativa se autorice por resolución del órgano competente y se publique en la sede electrónica de la correspondiente Administración, y de que la misma obligación figura expresamente también en alguna de las normas sectoriales que hemos repasado[29], la práctica administrativa en materia sancio-

---

[29] Además de las previsiones anotadas en el texto, por ejemplo, el art. 16.1 *l)* de la Ley 1/2022, de 13 de abril, de transparencia y buen gobierno de la Comunidad Valenciana, exige a las Administraciones públicas “la relación de sistemas algorítmicos o de inteligencia artificial que tengan impacto en los procedimientos administrativos o la prestación de los servicios públicos con la descripción de manera comprensible de su diseño y funcionamiento, el nivel de riesgo que implican y el punto de contacto al que poder dirigirse

nadora no parece muy dispuesta a cumplir con esa obligación, al menos a rajatabla.

En lo que he podido comprobar, y a salvo de lo que sucede, como ya nos consta, en el ámbito de la AEAT, las resoluciones que aprueban la automatización de actuaciones administrativas en materia de infracciones y sanciones del orden social, de un lado, y de infracciones y sanciones en materia de tráfico y seguridad vial, de otro, simplemente no existen o, de existir, no se publican y, en cualquier caso, no son desde luego fáciles de encontrar. Basta acudir a las respectivas sedes electrónicas del Organismo Estatal Inspección de Trabajo y Seguridad Social, y de DGT para comprobarlo.

Es verdad que este déficit está suplido en ocasiones por la indicación que debe figurar en la notificación del correspondiente acto advirtiendo de que se trata de una actuación automatizada[30]. Y también

---

en cada caso, de acuerdo con los principios de transparencia y explicabilidad"

30 Cfr., Olivares Olivares, B. D., ""Transparencia y aplicaciones informáticas en la Administración tributaria" cit., p. 96; Rodríguez Muñoz, J. M.ª, "Algunas cuestiones polémicas o problemáticas en torno a los procedimientos tributarios por medios electrónicos", *Revista Aranzadi Doctrinal,* núm. 5 (2009), pp. 61 y ss. Izquierdo Carrasco, M., "Actuaciones automatizadas en la sanción de irregularidades en el orden social", cit., p. 265.
Esta exigencia de publicidad ha sido subrayada por el Consejo de Estado en su Dictamen 466/2021, de 15 de julio, emitido a propósito del reglamento general sobre procedimientos para la imposición de sanciones por infracciones de orden social anotado en el texto. En su opinión "aun cuando está regulación se adecua a lo dispuesto en el mencionado artículo 41 de la Ley 40/2015, debería completarse con alguna regla adicional que deje claro que la resolución a la que se refiere este apartado debe incluir también la determinación de los supuestos de actuación administrativa automatizada, pues su correcta identificación por el órgano competente en la materia resulta imprescindible para garantizar los principios de seguridad jurídica, publicidad y transparencia. Así lo exige, además, el artículo 13.2 del Reglamento de actuación y funcionamiento del sector público por medios electrónicos, aprobado por el Real Decreto 203/2021, de 30 de marzo". Asimismo [añade el Dictamen], y con la misma finalidad de asegurar el respeto a tales principios, debe exigirse que dicha resolución sea publicada en la sede electrónica del organismo o sede asociada, incorporando así la exigencia contenida en el artículo 13.2 del citado reglamento".

que en otras esa publicidad incluso no solo no es oportuna[31], sino que está expresamente excluida, como es el caso singularmente de los sistemas informáticos utilizados en las actuaciones inspectoras[32]. Pero a salvo de estas excepciones, sorprende que la automatización de las actuaciones sancionadoras se produzca de esta forma, ciertamente poco transparente y rebajada en garantías, verdadera piedra de toque de todas las explicaciones doctrinales y jurisprudenciales en materia sancionadora[33].

ii) De todas formas, este comportamiento administrativo, en principio tan poco transparente, se explica quizás algo mejor y, en todo caso, su verdadera significación jurídica desde la perspectiva de las garantías del ciudadano en el procedimiento sancionador que ahora nos interesa[34] se reduce sensiblemente con solo reparar en el contenido reglado de las actuaciones sancionadoras automatizadas.

---

31 La publicidad puede efectivamente desembocar en ocasiones en un resultado perverso, permitiendo que los infractores ajusten su conducta a los precisos parámetros del sistema informático utilizado y de ese modo quedar fuera de su radar de actuación. Al respecto; A. Cerrillo I Martínez, "Actuación automatizada, robotizad e inteligente", cit., pp. 535-536; y M. Izquierdo Carrasco, "Actuaciones automatizadas en la sanción de irregularidades en el orden social", cit., p. 265.

32 En el ámbito tributario, por ejemplo, el art. 170.7 del RGAT de 2007 establece que "los planes de inspección, los medios informáticos de tratamiento de información y los demás sistemas de selección de los obligados tributarios que vayan a ser objeto de actuaciones inspectoras tendrán carácter reservado, no serán objeto de publicidad o de comunicación ni se pondrán de manifiesto a los obligados tributarios ni a órganos ajenos a la aplicación de los tributos". En el criterio doctrinal, esta excepción no alcanza, sin embargo, a la potestad sancionador. Cfr., por todos, Olivares Olivares, B. D., "Transparencia y aplicaciones informáticas en la Administración tributaria", *Crónica Tributaria,* núm. 174 (2020), p. 978.,

33 Entre otros, Capdeferro Vilagrasa, O, "La inteligencia artificial del sector público y regulación de la actuación administrativa inteligente en la cuarta revolución industrial", *Revista de Internet, Derecho y Política,* núm. 30 (2020), en especial, pp. 5 y ss.; y Olivares Olivares, B. D., "Transparencia y aplicaciones informáticas en la Administración tributaria",

34 Martín Delgado, I., "Naturaleza, concepto y régimen jurídico de la actuación administrativa automatizada", cit. p. 383, opina que "la ausencia de publicidad de los mismos constituye una mera irregularidad formal que solo dará lugar a invalidez de la actuación administrativa automatizada si causa

Como se ha dejado anotado, las actuaciones automatizadas se refieren *grosso modo* a la generación de los actos de incoación del correspondiente procedimiento sancionador y, en su caso, pero todo lo más y siempre que no medien alegaciones del interesado frente al mismo o se preste su conformidad a la sanción propuesta, a la formulación de la oportuna propuesta de resolución y del acuerdo de imposición de sanción, según sea. Y siempre, además, con fundamento en datos y antecedentes que figuran en las bases de datos de la propia Administración o en infracciones captadas por medios electrónicos[35].

En resumidas cuentas, se trata, pues, de actuaciones administrativas regladas y en las que apenas hay margen para la apreciación"[36], y, por tanto, de supuestos en los que la sustitución de la intervención humana por una aplicación informática se limita en la mayor parte de los casos examinados a la declaración, mediante el tratamiento informático de las bases de datos, de los hechos constitutivos de in-

indefensión al destinatario de la misma, al no poder conocer los criterios técnicos y jurídicos empleados por la aplicación informática para la adopción de la resolución". Una posición distinta, aunque desde la perspectiva también algo diferente de los denominados algoritmos predictivos, parece defender Huergo Lora que defiende su necesaria publicidad cuando la utilización de la aplicación informática determina el contenido de las decisiones administrativas, en "Una aproximación a los algoritmos desde el Derecho administrativo", cit., pp. 72 y ss.

35 Se trata, en fin, como bien nota Izquierdo Carrasco, a propósito de las actas de automatizadas de infracción en el orden social, con explicaciones que son trasladables a los otros dos sectores administrativos examinados en el texto, de actuaciones sancionadoras automatizadas que tienen, no obstante, muy concretado su ámbito: "la acotación tiene como base la fuente probatoria: la comisión del ilícito debe derivar de datos, antecedentes e informes que obren en el Organismo estatal Inspección de Trabajo y Seguridad, así como en las bases de datos de las entidades que le prestan su auxilio y colaboración. Esto es, debe tratarse de ilícitos que no requieran un proceso de investigación previa o individualizable o comprobaciones en los locales [...]", en "Actuaciones automatizadas en la sanción de irregularidades en el orden social", cit., pp. 286-288,

36 *Vid.*, al respecto, por todos, Martín Delgado, I., "Naturaleza, concepto y régimen jurídico de la actuación administrativa automatizada", cit., pp. 369-371

fracción y, en su caso también, a la formulación automatizada del acuerdo de incoación del procedimiento sancionador, con el contenido reglado a que obligan las propias normas sectoriales y acuerdos de automatización que hemos vistos o, con carácter general, el art. 64.2 LRJSP, de manera que el contenido del acto de incoación no se aparta sustancialmente del que hubiera adoptado el órgano competente en forma convencional[37].

De hecho, como también ya nos consta, la más mínima oposición del interesado a la infracción sirve para desactivar automáticamente la automatización del procedimiento sancionador, que sigue, a partir de entonces, su curso ordinario y pasa a manos de un funcionario[38].

Con estos perfiles, la automatización de las actuaciones sancionadoras en los tres sectores examinados no parece por el momento que sea, en efecto, muy ambiciosa ni, en cualquier caso, que comprometa seriamente los derechos de los interesados en el procedimiento sancionador. Más bien parece lo contrario y, por tanto, que la extensión automatizada de la denuncia o del acuerdo que inicia el correspondiente procedimiento sancionador y que, en defecto, de alegaciones del interesado, se convierte en propuesta de resolución, es una tarea técnicamente sencilla y hasta conveniente, supuesto que efectivamente no arriesga *icto oculi* ninguna garantía en el procedi-

---

37 Delgado García, A. M.ª y Oliver Cuello, R., "Regulación de la informática decisional en la Administración electrónica tributaria", cit., p. 7; Jiménez-Castellanos Ballesteros, I., "Decisiones automatizadas y transparencia administrativa: nuevos retos para los derechos fundamentales", cit., p. 195.

38 Al respecto, el Plan estratégico de la Agencia Tributario 2024-2027, advierte expresamente que, aunque la AEAT apuesta por el uso de la inteligencia artificial, "las actuaciones administrativas automatizadas que dicte la Agencia Tributaria no descansarán, en ningún caso, de manera exclusiva en el resultado obtenido de un sistema de inteligencia artificial. En estas situaciones, se garantiza siempre la intervención humana que habrá de supervisar, validar o incluso vetar las opciones que hayan podido ser propuestas por el sistema. En definitiva, todas las decisiones serán adoptadas por personas" (p. 58). Disponible en https://sede.agenciatributaria.gob.es/Sede/todas-noticias/2024/marzo/25/plan-estrategico-agencia-tributaria-2024-2027.html (fecha última consulta: 8 de mayo de 2024).

miento, dado su fundamento y contenido objetivos o reglados[39]. Desde esta última perspectiva, no obstante, un par de observaciones son oportunas.

iii) En primer lugar, aunque, según se ha advertido, la automatización de la formulación de la correspondiente denuncia o acuerdo de iniciación del procedimiento con motivo de las infracciones detectadas por medios asimismo automatizados no parece, matices aparte, que modifique significativamente el régimen de garantías del infractor y ofrece, en cambio, notables ventajas, no es, sin embargo, de todas formas, una operación jurídicamente neutra o inocua, al menos para los infractores y sus defensores, que han visto en esta forma de actuación de la Administración algunos inconvenientes.

El principal, y que es más propio de la sociología jurídica o de la política sancionadora, es el que alerta del *determinismo tecnológico* y de la consecuente *deshumanización* del ejercicio de la potestad sancionadora, y que algunos autores se han encargado de denunciar para alertar, resumiendo ahora las cosas, de la pérdida de *empatía*[40] de la Administración sancionadora. En lo que he podido comprobar, es Martínez Otero quien recientemente con mayor ardor se ha preocupado de hacerlo, razonando sobre los inconvenientes y las amenazas de la automatización del procedimiento sancionador.

Para este autor, la sustitución de funcionarios por aplicaciones informáticas, primero, aleja al infractor del cumplimiento de la norma, al impedirle conocer de primera mano las causas y los motivos de su sanción. Y segundo, suprime el margen de discrecionalidad de la Administración para perseguir las infracciones que detecta, convirtiendo, en nombre de la eficacia administrativa, el ejercicio de la potestad sancionadora en automático y, por tanto, en inevitable, con consecuente riesgo de obtener resultados desproporcionados, por demasiado rigurosos. A su juicio, esta despersonalización de la potestad sancionadora, que busca "el incumplimiento cero", termina por

39 Por todos, Valero Rorrijos, J., *El régimen El régimen jurídico de la e-Administración...*, cit., pp. 74-75.

40 Ponce León, J., "Inteligencia artificial, Derecho administrativo y reserva de humanidad: algoritmos y procedimiento administrativo debido tecnológico", cit., pp. 29-30

restar legitimidad a la Administración sancionadora y amenaza con eliminar garantías de los ciudadanos y restringir su libertad, "incluso para incumplir las normas"[41].

Aunque reconozco que algo de verdad hay en estas observaciones, veo en ellas una nueva manifestación de la inclinación doctrinal por colocarse del lado de los infractores, en detrimento de la defensa de la Administración y del resto de ciudadanos que cumplen escrupulosamente con las normas. Un planteamiento que personalmente no comparto, por injustificadamente vencido del lado de las garantías de los infractores y, sobre todo, porque tampoco tiene en cuenta que la verdadera y principal vocación del derecho administrativo sancionador no es, a diferencia del derecho penal, proteger bienes individuales, sino evitar que se incumplan las normas administrativas comprometiendo la efectividad de los intereses generales que formalizan[42].

Por esta razón, y desde la perspectiva de una política sancionadora justa, confieso que prefiero mil veces la sanción objetiva y automática a la que responde a criterios subjetivos del funcionario actuante, y que, a la postre, tanto terminan por aislar al ciudadano de la Administración sancionadora, como muy bien advirtiera Nieto[43].

Además, de otra parte, me parece que este tipo de planteamientos descubren una contradicción muy llamativa si hacemos caso a alguna de las explicaciones más usuales del Derecho administrativo sancionador. Pues la protesta, que ciertamente está muy extendida en esas explicaciones, por la indefensión y la injusticia que padecen los ciudadanos ante el ejercicio discrecional de la potestad sancionadora, que solo persigue y castiga a unos pocos y no, en cambio a todos los infractores, no se concilia muy bien con la queja ahora por

---

41 Martínez Otero, J. M.ª, "Hipervigilancia administrativa y supervisión automatizada…", ob. cit., pp. 145 y ss.

42 A propósito de esta idea, cfr., Nieto, A., *Derecho Administrativo Sancionador*, 5ª ed., Tecnos Madrid, 2012, en especial, pp. 26 y ss.; y 574 y ss; y. Parejo Alfonso, L., "Algunas reflexiones sobre la necesidad de la depuración del *statuts* de la sanción administrativa", *Revista General de Derecho Administrativo*, núm. 36 (2014).

43 Nieto, A., *Derecho Administrativo sancionador*, cit., p. 35.

su ejercicio objetivo e indiscriminado contra todos los infractores, sin ninguna distinción. De modo que no cabe defender el ejercicio reglado u obligatorio de la potestad sancionadora[44] para luego, una vez que se ha objetivado, eliminando el margen de discrecionalidad u oportunidad en la persecución de las infracciones, deslegitimar esa opción por demasiado rigurosa[45]. En suma, hay que ser congruentes.

iv) Sin abandonar el contenido reglado de las actuaciones sancionadoras automatizadas, hay también en esas mismas opiniones doctrinales una advertencia que me parece certera y que comparto plenamente. Es la que alude a la eliminación de los tradicionales márgenes sancionadores que usualmente establecen las leyes sancionadoras en forma de horquillas o de límites mínimos y máximos, y que deben ser precisados luego por la Administración con ocasión de cada expediente sancionador mediante la aplicación de los co-

---

[44] Sobre esta cuestión del ejercicio discrecional o reglado de la potestad sancionadora, vid., entre otros, Cobreros Mendadoza, E., "El reconocimiento al denunciante de la condición de interesado", en *El derecho administrativo en el umbral del siglo XIX. Homenaje al Profesor Ramón Martín Mateo* (Coord. F. Sosa Wagner), Tirant lo Blanch, Valencia, 2000, Tomo II, pp. 1437 y ss.; Rebollo Puig, M., "Ejercicio obligado o facultativo de la potestad sancionadora. Legitimación para exigir su ejercicio", en Rebollo Puig, M.; Izquierdo Carrasco, M.; Alarcón Sotormayor, L.; Bueno Armijo, A. M.ª, *Derecho Administrativo Sancionador,* Lex Nova, Valladolid, 2010, pp. 473 y ss.; Cano Campos, T., *Sanciones Administrativas,* cit., pp. 158-159; Nieto, A., *Derecho Administrativo sancionador,* cit., pp. 100 y ss.; Laguna De Paz, J. C., "Sanciones administrativas en materia de defensa de la competencia", *Revista General de Derecho Administrativo,* núm. 65 (2024).

[45] A lo que no obsta, por descontado, la necesidad de extremar el rigor en el diseño y la programación de la correspondiente aplicación informática a fin de evitar el excesivo rigor sancionador y los denominados falsos positivos. Sobre este riesgo, al que el autor suma los supuestos de reiteración de sanciones por infracciones inadvertidas, por todos, Capdeferro Vilagrasa, O, "Las obligaciones sujetas a control administrativo automatizado", *Revista de Internet, Derecho y Política,* núm. 37 (2023), pp. 9-11. Desde la perspectiva de una mejor y correcta programación del ejercicio automatizado de la potestad sancionadora, Izquierdo Carrasco, M., "Actuaciones automatizadas en la sanción de irregularidades en el orden social", cit., p. 265. También, Goerlich Peset, J. M.ª, "Decisiones administrativas automatizadas…", ob., cit., p. 35

rrespondientes criterios de graduación. Conocidamente, esta forma de tipificación de las sanciones es muy habitual en el Derecho administrativo sancionador y, de hecho, es la que utilizan también las leyes en materia infracciones de tributarias, de las normas de tráfico y seguridad vial, y del orden social que hemos repasado.

Sucede, sin embargo, que esta operación de determinación de la sanción a imponer en cada caso no se concilia fácilmente con la automatización, supuesto que no es fácil traducir a lenguaje informático la intencionalidad del infractor, la gravedad y trascendencia del hecho infractor o, en fin, el concreto peligro creado o la entidad de los perjuicios causados con la infracción, y que son algunos de los criterios de graduación que debe observar la Administración según esas mismas leyes.

Para superar este inconveniente solo se me ocurren dos soluciones. O se incorporan los criterios de graduación de la sanción a la aplicación informática[46] o se eliminan los márgenes sancionadores, convirtiendo la determinación de la sanción a imponer en una decisión reglada. Probablemente porque la primera opción no es una tarea técnicamente sencilla[47], y la segunda exige la previa modificación normativa que convierta las horquillas sancionadoras en sanciones fijas, la automatización de las actuaciones sancionadoras mira directamente por el momento al acto de incoación, pero sin alcanzar en principio a la resolución del expediente sancionador.

En este ambiente favorable a la automatización, se comprende algo mejor el propósito de eliminar el margen sancionador que es posible adivinar en algunas iniciativas normativas. Es el caso, por

---

46 Martín Delgado, I., "Naturaleza, concepto y régimen jurídico de la actuación administrativa automatizada", cit., pp. 369-371; y Izquierdo Carrasco, M., "Actuaciones automatizadas en la sanción de irregularidades en el orden social", cit., p. 265.

47 Conforme la indicación del art. 47 del Reglamento general sobre procedimientos para la imposición de sanciones por infracciones de Orden Social que ya conocemos cuando excluye de las indicaciones que deben constar en las actas automatizadas la relativa precisamente a "los criterios en que se fundamenta la de graduación de la sanción propuesta" y que sí es obligatoria, en cambio, en las actas levantadas por la inspección, según precisa su art. 14.1.*b*).

ejemplo, del cuadro de sanciones introducido por la Ley 18/2009 en materia de tráfico y seguridad vial, luego incorporado al vigente Texto refundido de Ley de Tráfico de 2015, y que, con revisión del sistema hasta entonces vigente, opta por definir las cuantías de las multas en una cantidad exacta. Aunque las explicaciones al respecto de su preámbulo parecen mirar a otro lado, no resulta descabellado ver también en esa opción la decisión del legislador por colocarse del lado de la automatización e impulsar la actuación del Centro de Tratamiento de Denuncias Automatizadas, puesto en marcha poco tiempo antes.

Y esa es igualmente la intención que asimismo parece animar la aprobación por el Ayuntamiento de Madrid en noviembre de 2005 del denominado *"Cuadro de claves de infracciones e importe de sanciones"* en materia de circulación vial (BOCAM, núm. 271, de 22 de noviembre de 2.005). Este cuadro es muy preciso y, según mis cuentas, contiene 232 claves de infracciones, distribuidas en ocho tipos en función de su respectiva naturaleza, y para las que prevé individualmente una sanción de multa de importe fijo en su doble modalidad de multa y multa reducida en aplicación de la reducción del 30% que por entonces preveía el art. 67.1 de la Ley de Tráfico de 1990.

Este cuadro, en la medida que concretaba la cuantía de las multas previstas en la citada Ley de 1990 en forma mínimos y máximos según la gravedad de las infracciones (de hasta 90 € para las infracciones leves; de 91 a 300 € las graves; y de 301 a 600 € las muy graves), fue impugnado en su momento con fundamento en la infracción del principio de legalidad en materia sancionadora. La sentencia de la Sala de lo Contencioso-Administrativo del Tribunal Superior de Justicia de Madrid núm. 1327/2009, de 18 de junio, estimó el recurso y, en consecuencia, anuló el citado cuadro, al concluir que

> "del examen de la disposición impugnada se desprende claramente que se infringe el principio de jerarquía normativa, pues establece una cuantía fija para cada tipo de infracción sin tener en cuenta que la ley establece un margen o recorrido de la sanción, a modo de ejemplo para las infracciones leves serán sancionadas con multa de hasta 90 euros, lo que implica que pueden ser sancionadas con una multa inferior a los 90 euros que de modo general establece la norma, que es en el concreto acto de imposición de la sanción cuando de manera motivada se debe elegir la concreta sanción a imponer teniendo en

> consideración todos los elementos del caso, y no puede de manera apriorística determinarse el importe de la sanción"[48].

De todas formas, y matices aparte, hay que ser conscientes de que, mientras las posibilidades técnicas no permitan incorporar los criterios de graduación de las sanciones a las aplicaciones informáticas[49], el objetivo de facilitar la automatización de las actuaciones sancionadoras mediante la previsión normativa de sanciones fijas desemboca en un resultado que tiene una apariencia algo inquietante. Pues, de ese modo, es el impulso de la automatización el que acaba por determinar la adaptación de las normas sancionadoras a las aplicaciones informáticas, y no al revés, como sería desde luego lo razonable[50].

Naturalmente, importa notar que parecidas complicaciones existen, en línea de principio, para automatizar las actuaciones sancionadoras que comprenden la calificación de la infracción detectada cuando, como no es infrecuente que suceda, la correspondiente norma sancionadora descarga en la Administración la tarea de clasificarla según su gravedad en atención asimismo a los criterios de graduación que la ley se encarga de precisar, y que tampoco son fáciles de traducir a lenguaje informático[51].

---

48 Aunque, según parece, el Ayuntamiento de Madrid aprobó en septiembre de 2022 un nuevo cuadro de claves de infracciones y sanciones que sustituye al anulado, y que es el utiliza para la tramitación automatizada de los procedimientos sancionadores por infracción a las normas de circulación vial, el mismo no ha sido publicado, sin embargo. Posiblemente por miedo al seguro reproche, puesto que la Ley de Tráfico
Art. 80 1. Las infracciones leves serán sancionadas con multa de hasta 100 euros; las graves, con multa de 200 euros, y las muy graves, con multa de 500 euros. No obstante, las infracciones consistentes en no respetar los límites de velocidad se sancionarán en la cuantía prevista en el anexo IV.

49 Huergo Lora, A., "Una aproximación a los algoritmos desde el Derecho Administrativo", cit., pp. 70-71

50 J. M.ª Martínez Otero, "Hipervigilancia administrativa y supervisión automatizada…", ob. cit., p. O. Capdeferro Villagrasa, "Las obligaciones sujetas a control administrativo automatizado", cit., pp. 8 y 12.

51 Esta forma de tipificación de las infracciones, que admite a su vez varias modalidades, es doctrinal y jurisprudencialmente muy controvertida en cualquier caso y ha dado lugar ya a expresos pronunciamientos del propio Tribunal Constitucional. El último, por el momento, puede leerse en la

v) Una última observación es finalmente oportuna. En lo que he podido comprobar, prácticamente todos los autores que se han ocupado de comentar estas mismas actuaciones sancionadoras automatizadas han puesto de manifiesto su preocupación por el asunto de la prueba y, en particular, por elucidar si las actas de denuncia automatizadas gozan de la misma presunción de certeza que, según el art. 77.5 LPAC, es característica de los hechos constatados directamente por los funcionarios actuantes y documentados formalmente, y que también, con distintas formulaciones, declaran por su parte las respectivas leyes en los tres sectores consultados[52].

Esta preocupación está muy bien resumida en la opinión de GOERLICH, cuando, a propósito de las actas automatizadas por infracciones del orden social, advierte que "la principal cuestión es si despliegan también un efecto probatorio típico: la presunción de certeza[53]". Al respecto, la discusión bien parece abierta por el momento, con división de opiniones y que testimonian muy bien la resistencia doctrinal a otorgar a las actas de infracción automatizadas la misma presunción *iuris tantum* de veracidad que legalmente se reconoce a las actas levantadas por funcionarios y que en expresión jurisprudencial normalizada "alcanza no solo a los hechos que por su objetividad son susceptibles de percepción directa por el Inspector, o a los inmediatamente deducibles de aquellos o acreditados por medios de prueba consignados en la propia acta como pueden ser documentos o declaraciones incorporadas a la misma"[54].

STC 77/2022, de 15 de abril, que matiza algo su rigurosa doctrina anterior. Al respecto, por todos, M. Casino Rubio, "La graduación *ad hoc* de las infracciones. Motivos para la discusión", *Revista de Estudios de la Administración Local y Autonómica,* núm. 16 (2021), pp. 53 y ss.

52 García Saura, P. J., "Actividad inspectora automatizada en el entorno digital.", ob. cit., pp. 144 y ss.

53 Goerlich Peset, J. M.ª, "Decisiones administrativas automatizadas…", ob., cit., p. 30.

54 Entre otras, pueden consultarse las sentencias de la Sala de lo Contencioso-Administrativo del Tribunal Supremo de 4 de diciembre de 2009 (recurso 292/2008); de 18 de septiembre de 2012 (recurso 1272/2011); de 10 de diciembre de 2014 (recurso 370/2014); núm. 1949/2016, de 21 de julio; núm. 2403/2016, de 10 de noviembre; y 2644/2016, de 15 de diciembre.

La opinión de Izquierdo Carrasco es un buen ejemplo de esa resistencia. Para este autor, en el caso de las actas automatizadas por infracciones del orden social, "la prueba [...] está en las fuentes de información cuyos datos hayan nutrido el sistema automatizado" y no, por tanto, de la comprobación o constatación de hechos por un funcionario, y que es el presupuesto legal de su valor probatorio privilegiado. De modo que, en su caso, el acta automatizada puede tener "valor probatorio como prueba documental, esto es, una especie de certificación de la prueba original existente que [hace] innecesaria la incorporación de esa prueba originaria al expediente", pero ciertamente poco más. De hecho, en su opinión, "más allá de eso, el otorgamiento de una presunción de certeza nos parece excesivamente forzado"[55].

Sin abandonar el orden social, parecidas dudas lucen en las explicaciones de otros autores que han notado también que, a pesar que la posibilidad de la extensión actas de infracción automatizadas se introdujo en el art. 53.1 *a)* LISOS y ha sido desarrollada luego por el Reglamento que ya conocemos, nada, sin embargo, ha cambiado sobre la presunción de certeza de los hechos consignados en las actas y que, de acuerdo con los arts. 53.2 LISOS; 23 de la Ley 23/2015, ordenadora de la inspección de trabajo y seguridad social,; y 15 del Reglamento que ya conocemos, sigue confiada exclusivamente en favor de los hechos constatados por los funcionarios[56].

---

55 M. Izquierdo Carrasco, "Actuaciones automatizadas en la sanción de irregularidades en el orden social", cit., pp. 265-266. En contra de atribuir presunción de veracidad, también, Capdeferro Vilagrasa, O., "Las obligaciones sujetas a control administrativo automatizado", cit., p. 10.

56 J. M.ª Goerlich Peset, "Decisiones administrativas automatizadas...", ob. cit., p. 30; Marta Marcos Cardona, "Las actuaciones administrativas automatizadas tributarias", en A. García Martínez; M. Marcos Cardona y V. Selma Penalva *La digitalización de la economía y la innovación tecnológica en la administración tributaria: de la eficiencia en la aplicación de los tributos a la protección de los derechos y garantías de los contribuyentes,* Documentos de trabajo 9/2022, Instituto de Estudios Fiscales, Madrid, 2022, p. 160; También, Capdeferro Villagrasa, O., "Las obligaciones sujetas a control administrativo automatizado", cit., p. 10

Adelanto que personalmente no veo razón para tantos remilgos si se tiene en cuenta el fundamento que precisamente justifica la presunción de certeza que consideramos. Como es de sobra conocido, este valor probatorio reforzado se justifica doctrinal y jurisprudencialmente en las notas de imparcialidad y especialización que deben reconocerse a los funcionarios en el ejercicio de sus funciones, sean las de los funcionarios de la AEAT, los encargados de la vigilancia del tráfico o, en fin, los inspectores de trabajo[57]. Pues, desde esta perspectiva, no hay duda que los instrumentos técnicos y las aplicaciones informáticas son desde luego tanto o más objetivos que la actuación de un funcionario y que, por tanto, la veracidad de los datos automatizados es incluso mayor que la de los consignados en el acta por el funcionario actuante.

Por ninguna otra razón, porque, como dice el preámbulo de la Ley 18/2009, de 23 de noviembre, por la que se modifica el texto articulado de la Ley sobre Tráfico, Circulación de Vehículos a Motor y Seguridad Vial, aprobado por el Real Decreto Legislativo 339/1990, de 2 de marzo, en materia sancionadora, "la veracidad de los hechos otorgada por los medios técnicos homologados o por los agentes de la autoridad dejan poco margen a la duda", la jurisprudencia, con el Tribunal Constitucional a la cabeza, tiene declarado que los datos obtenidos mediante el funcionamiento de esos instrumentos técnicos y aplicaciones informáticas "gozan de una presunción *iuris tantum* de veracidad" (STC 40/2008, de 10 de marzo, FJ 2).

---

[57] Esta explicación está presente efectivamente en todas las sentencias que antes se han anotado. De lado de la doctrina, vid., por todos, el temprano estudio de Aguado I Cudola, V., *La presunción de certeza en el Derecho administrativo sancionador*, Civitas, Madrid, 1994; y "Presunción de certeza de denuncias y actas de inspección", en Diccionario de Sanciones Administrativas, (Dir. B. Lozano Cutanda), Tirant lo Blanch, Valencia, 2010, pp. 666 y ss.; T. Cano Campos, *Presunciones y valoración legal de la prueba en el derecho administrativo sancionador*, Cuadernos Civitas, Thomson-Civitas, Madrid, 2008, en especial, pp. 67 y ss.; y también del mismo autor, pero más modernamente, "La presunción de veracidad de las actas de infracción", en *La Función inspectora* (Coord. J. J. Díez Sánchez), Actas del VII Congreso de la Asociación Española de Profesores de Derecho Administrativo, INAP. Madrid, 2013, pp. 223 y ss. En este mismo volumen, vid., Rebollo Puig, M., "La actividad inspectora", en especial, pp. 99 y ss.

Y por eso mismo también que la verdadera cuestión en este asunto de la prueba no esté tanto en reconocer la presunción de certeza o veracidad de los datos automatizados, sino en la homologación y fiabilidad de los instrumentos y mecanismos mecánicos y de las aplicaciones informáticas utilizados, y las posibilidades de su control efectivo jurídico.

De modo que, como se ha cuidado muy bien de advertir la jurisprudencia, nuevamente con el Tribunal Constitucional al frente, no hay ningún inconveniente en admitir la presunción de los datos obtenidos por medios mecánicos "siempre que [los] aparatos hayan sido fabricados y hayan superado los controles establecidos por la normativa técnica vigente en cada momento, y así resulte acreditado, además, mediante las correspondientes certificaciones de naturaleza técnica" (ATC 193/2004, de 26 de mayo, FJ 5). Lo que significa, por decirlo ahora en las palabras de la sentencia del Tribunal Supremo núm. 4624/2017, de 14 de diciembre, que "la denuncia formulada sobre hechos que un aparato detecta, solo puede tener valor como prueba de cargo si existen garantías de la regularidad técnica y no manipulación del aparato".

En este contexto se inscriben las advertencias que figuran en todas las normas sobre actuaciones administrativas automatizadas que hemos repasado y que, en expresión normalizada, subrayan la obligación de que el acuerdo de automatización incorpore la definición de los mecanismos de supervisión y control de calidad y, en su caso, auditoría de los correspondientes sistemas y aplicaciones informáticas, y la unánime preocupación doctrinal por la transparencia y el control de las decisiones automatizadas[58].

Una preocupación, por lo demás, que enlaza con la cuestión ya tradicional entre nosotros del control metrológico de los instrumentos mecánicos, que condensa muy bien el art. 83.2 LTSV cuando dispone que "los instrumentos, aparatos o medios y sistemas de medida que sean utilizados para la formulación de denuncias por infraccio-

---

[58] Entre otros, Goerlich Peset, J. M.ª, "Decisiones administrativas automatizadas...", ob., cit., p. 35; y Huergo Lora, A., "Inteligencia artificial y sanciones administrativas", cit., en especial, pp. 304 y ss.

nes a la normativa de tráfico, seguridad vial y circulación de vehículos a motor estarán sometidos a control metrológico en los términos establecidos por la normativa de metrología"[59], y sobre la existe una abundante bibliografía y jurisprudencia[60].

VI. BIBLIOGRAFÍA

Aguado I Cudola, V. (1994). *La presunción de certeza en el Derecho administrativo sancionador*, Civitas, Madrid.

Alamillo Domingo, I., Y Urios Aparisi, F. X. (2011). *La actuación administrativa automatizada en el ámbito de las Administraciones Públicas. Análisis jurídico y metodológico para la construcción y la explotación de trámites automáticos*, Escola d'Administració Pública de Catalunya, Barcelona.

Berlanga, C., Pedraza, J., Y Vaquer M. (2023). "Consideraciones técnicas y jurídicas para la automatización de actuaciones administrativas de los Entes locales", *Revista Iberoamericana de Gobierno Local*, núm. 24.

Cano Campos, T. (2008). *Presunciones y valoración legal de la prueba en el derecho administrativo sancionador*, Cuadernos Civitas, Thomson-Civitas, Madrid.

Capdeferro Vilagrasa, O (2023). "Las obligaciones sujetas a control administrativo automatizado", *Revista de Internet, Derecho y Política*, núm. 37.

---

59 La misma obligación establece el art 245.2 de la Ordenanza de Movilidad Sostenible de 2018 de Madrid cuando, bajo el título de «garantías procedimentales», establece que "los instrumentos, aparatos o sistemas de medida que sean utilizados para la formulación de denuncias estáticas deberán estar sometidos a control metrológico en los términos establecidos por la normativa de metrología".

60 Palomar Olmeda, A., "El procedimiento sancionador de tráfico y seguridad vial (apropósito de las cámaras en los semáforos", en *Por el derecho y la libertad. Lib*ro homenaje al Prof. J. A. Santamaría Pastor. Vol. II. Garantías del ciudadano en el régimen administrativo (Dir.: J. E. Soriano García; Coord. M. Estepa Montero), Iustel, Madrid, 2014, pp. 1577 y ss.; Sánchez Fernández, B., "Cuestiones controvertidas en la jurisprudencia menor derivadas de la utilización de elementos automáticos en materia de sanciones de tráfico", *Revista Aranzadi Doctrinal*, núm. 2/2020; y Martínez Niza, R., *Sanciones automatizadas. Los problemas de las sanciones de tráfico por medio de dispositivos de captación de evidencias visuales*, cit., pp. 300 y ss.

Capdeferro Vilagrasa, O (2020). "La inteligencia artificial del sector público y regulación de la actuación administrativa inteligente en la cuarta revolución industrial", *Revista de Internet, Derecho y Política,* núm. 30.

Cerrillo I Martínez, A. (2019). "El impacto de la inteligencia artificial en el Derecho administrativo. Nuevos conceptos para nuevas realidades técnicas", *Revista General de Derecho Administrativo,* núm. 50.

Cerrillo I Martínez, A. (2020). "¿Son fiables las decisiones de las Administraciones públicas adoptadas por algoritmos?", *European Review of Digital Administration & Law,* vol. 1, Issue 1-2.

Cerrillo I Martinez, A (2023). "Actuación automatizada, robotizada e inteligente", en *Manual de Derecho Administrativo,* (Dirs.: F. Velasco y M. Darnaculleta), Marcial Pons, Madrid.

Cobreros Mendadoza, E. (2000). "El reconocimiento al denunciante de la condición de interesado", en *El derecho administrativo en el umbral del siglo XIX. Homenaje al Profesor Ramón Martín Mateo* (Coord. F. Sosa Wagner), Tirant lo Blanch, Valencia, Tomo II.

Cotino Hueso, L. (2017). "Big data e inteligencia artificial. Una aproximación a su tratamiento jurídico desde los derechos fundamentales", *Dilemata,* núm. 24.

Gamero Casado, E. (2023). "Sistemas automatizados de toma de decisiones en el Derecho administrativo español", *Revista General de Derecho Administrativo,* núm. 63.

García-Andrade Gómez, J. (2021). *Actuaciones administrativas sin procedimiento. Relaciones jurídicas en el Estado de Derecho,* Marcial Pons, Madrid.

García Martínez, A.; M. Marcos Cardona, M. Y Selma Penalva, V. (2022). *La digitalización de la economía y la innovación tecnológica en la administración tributaria: de la eficiencia en la aplicación de los tributos a la protección de los derechos y garantías de los contribuyentes,* Documentos de trabajo 9/2022, Instituto de Estudios Fiscales, Madrid.

García Saura, P. J. (2022). "Actividad inspectora automatizada en el entorno digital. Especial referencia al ámbito de las viviendas de uso turístico", *Revista Aragonesa de Administración Pública,* núm. 59.

Goerlich Peset, J. M.ª (2021). "Decisiones administrativas automatizadas en materia social: algoritmos en la gestión de la Seguridad Social y en el procedimiento sancionador", *Labos. Revista de Derecho del Trabajo y Protección Social,* Vol. 2, núm. 2.

Huergo Lora, A. (2020). "Una aproximación a los algoritmos desde el Derecho administrativo", en el libro colectivo dirigido por el propio autor y coordinado por G. M. Díaz González, *La regulación de los algoritmos,* Thomson Reuters-Aranzadi, Cizur Menor (Navarra).

Huergo Lora, A (2022). Inteligencia artificial y sanciones administrativas", en *Anuario de Derecho Administrativo Sancionador 2022* (Dirs.: M. Rebollo; A. Huergo; J. Caramés; T. Cano), Civitas-Thomson Reuters, Madrid.

Izquierdo Carrasco, M. (2022). "Actuaciones automatizadas en la sanción de irregularidades en el orden social", en *Explotación y regulación del uso de big data e inteligencia artificial para los servicios públicos y la ciudad inteligente* (Dirs.: L. Cotino Hueso-A. Todolí Signes), Tirant lo Blanch, Valencia.

Jiménez-Castellanos Ballesteros, I. (2023). "Decisiones automatizadas y transparencia administrativa: nuevos retos para los derechos fundamentales", *Revista Española de Transparencia,* núm. 16,

Lacava, F. (2018). "Decisiones administrativas automáticas y derechos", *Revista de Derecho Público, No.*1.

Laguna De Paz, J. C. (2024) "Sanciones administrativas en materia de defensa de la competencia", *Revista General de Derecho Administrativo,* núm. 65.

Martín Delgado, I. (2009a) "Naturaleza, concepto y régimen jurídico de la actuación administrativa automatizada", *Revista de Administración Pública,* núm. 180.

Martin Delgado, I. (2009b). La gestión electrónica del procedimiento", *Cuadernos de Derecho Local* (QDL), núm. 21.

Martínez Martínez, R. (2018). "Inteligencia artificial, derecho y derechos fundamentales", en *Sociedad digital y derecho* (Dirs.: T. Quadra-Salcedo-J.L. Piñar), Ministerio de Industria, comercio y turismo, Madrid.

Martínez Niza, R. (2021). *Sanciones automatizadas. Los problemas de las sanciones de tráfico por medio de dispositivos de captación de evidencias visuales,* RDU ediciones

Martínez Otero, J. M.ª (2024). "Hipervigilancia administrativa y supervisión automatizada: promesas, amenazas y criterios para valorar su oportunidad", *Revista Española de Derecho Administrativo,* núm. 231.

Menéndez Sebastián, E. (2017). *Las garantías del interesado en el procedimiento administrativo electrónico: luces y sombras de las nuevas leyes 39 y 40/2015,* Tirant lo Blanch, Valencia.

Nieto, A. (2012). *Derecho Administrativo Sancionador,* 5ª ed., Tecnos Madrid

Olivares Olivares, B. D. (2020). "Transparencia y aplicaciones informáticas en la Administración tributaria", *Crónica Tributaria,* núm. 174.

Oliver Cuello, R. (2022). "*Big data* e inteligencia artificial en la Administración tributaria", *Revista de Internet, Derecho y Política,* núm. 33.

Oliver Cuello, R.-Delgado García, A. M.ª (2007). "La actuación administrativa automatizada. Algunas experiencias en el ámbito tributario", *Revista Catalana de Derecho Público,* núm. 35.

Palomar Olmeda, A. (2014). "El procedimiento sancionador de tráfico y seguridad vial (apropósito de las cámaras en los semáforos", en *Por el derecho y la libertad. Lib*ro homenaje al Prof. J. A. Santamaría Pastor. Vol. II. Garantías del ciudadano en el régimen administrativo (Dir.: J. E. Soriano García; Coord. M. Estepa Montero), Iustel, Madrid.

Palomar Olmeda, A (2009). "El procedimiento administrativo electrónico", *Claves del Gobierno Local,* núm. 12.

Parejo Alfonso, L. (2014). "Algunas reflexiones sobre la necesidad de la depuración del *statuts* de la sanción administrativa", *Revista General de Derecho Administrativo,* núm. 36.

Ponce Solé, J (2019). "Inteligencia artificial, Derecho administrativo y reserva de humanidad: algoritmos y procedimiento administrativo debido tecnológico", *Revista General de Derecho Administrativo,* núm. 50.

Rebollo Puig, M. (2013). "La actividad inspectora", *La Función inspectora* (Coord. J. J. Díez Sánchez), Actas del VII Congreso de la Asociación Española de Profesores de Derecho Administrativo, INAP. Madrid

Rebollo Puig, M.; Izquierdo Carrasco, M.; Alarcón Sotormayor, L.; Bueno Armijo, A. M.ª (2010). *Derecho Administrativo Sancionador,* Lex Nova, Valladolid.

Sánchez Fernández, B. (2020). "Cuestiones controvertidas en la jurisprudencia menor derivadas de la utilización de elementos automáticos en materia de sanciones de tráfico", *Revista Aranzadi Doctrinal,* núm. 2.

Valero Torrijos, J. (2007). *El régimen El régimen jurídico de la e-Administración. El uso de los medios informáticos y telemáticos en el procedimiento administrativo común,* Comares, 2ª ed., Granada.

Valero Torrijos, J (2013). *Derecho, innovación y Administración electrónica,* Global Law, Sevilla

Velasco Rico, C. I. (2022). "La actividad informal de la Administración. Premisas para una tentativa de reconstrucción de una categoría (casi) olvidada", *Revista de Derecho Público: Teoría y Método,* núm. 5.

La automatización de la actividad de fomento: en particular, las subvenciones

CARMEN CAMBLOR DE ECHANOVE
Profesora de Derecho Administrativo
Universidad Carlos III de Madrid

Sumario: I. EXCURSO ACERCA DE LA AUTOMATIZACIÓN DE LA ACTIVIDAD DISCRECIONAL. II. LA AUTOMATIZACIÓN DE LA ACTIVIDAD DE FOMENTO. III. LA AUTOMATIZACIÓN DE LAS SUBVENCIONES CONCEDIDAS EN RÉGIMEN DE CONCURRENCIA COMPETITIVA. IV. PRECISIONES SOBRE LAS SUBVENCIONES DIRECTAS Y DE CONCESIÓN EN RÉGIMEN DE CONCURRENCIA NO COMPETITIVA. V. CONCLUSIÓN: UN LLAMAMIENTO AL LEGISLADOR. VI. BIBLIOGRAFÍA.

I. INTRODUCCIÓN

Las líneas que siguen tienen por objeto reflexionar acerca de la incidencia de la automatización en la actividad administrativa de fomento, con especial atención a los retos que plantea para el que es su principal instrumento jurídico administrativo: la subvención.

II. EXCURSO ACERCA DE LA AUTOMATIZACIÓN DE LA ACTIVIDAD DISCRECIONAL

Ya se ha apuntado en la presente obra la dificultad que representa para el Derecho la automatización de decisiones administrativas discrecionales[1], cuestión que interesa tratar aquí, brevemente, por la importancia que, como veremos, revisten en el marco del ejercicio de la llamada *potestad subvencional*.

---

1 *Vid. supra* el capítulo de Luciano PAREJO.

Tal y como se indica en el Capítulo precedente sobre "Principios computacionales y algorítmicos para la transformación y la automatización digital", el punto crítico en los procesos de automatización no es otro que la toma de decisiones, en las que quepa la posibilidad de escoger entre varias alternativas. La respuesta de la Ciencia de la computación consiste en la programación de algoritmos que, bien a través de la incorporación de reglas, bien a través de la inteligencia artificial, adopten la opción más conveniente[2].

Transportando esta realidad al plano que nos interesa —la existencia de procedimientos administrativos que incluyan normas cuya aplicación comporte la elección entre diversas consecuencias jurídicas—, debemos precisar que:

- En los supuestos en los que dicha elección se configura de forma predeterminada por la norma, de tal suerte y manera que el resultado sea una consecuencia lógica y sólo exista una solución ajustada a Derecho, la automatización del procedimiento no plantea ningún problema jurídico. Nos encontramos en sede de *ejercicio de potestades regladas*, fácilmente traducibles al lenguaje informático.
- En el caso de los procedimientos en los que se requiere la aplicación de *conceptos jurídicos indeterminados*[3], que se caracterizan

---

2 *Vid. supra* (p. 305): "*En todo proceso, los puntos críticos se encuentran en las etapas donde es necesario tomar decisiones. El flujo del proceso se enfrenta a varias alternativas y la elección de una de ellas depende de los valores que toman algunas variables específicas. El enfoque clásico para abordar la toma de decisiones es recurrir al conocimiento de expertos. Los expertos definen los objetivos, restricciones y poseen expectativas en relación con el resultado del proceso, lo que les habilita para validarlo. El algoritmo de toma de decisión incorpora con un sistema de reglas el conocimiento experto. Debido, fundamentalmente, a la gran precisión que muestra el estado actual de los algoritmos basados en inteligencia artificial, estos han reemplazado mayoritariamente a los algoritmos basados en reglas como sistema de apoyo a la toma de decisiones*".

3 La doctrina discute sobre la naturaleza jurídica de dichos conceptos jurídicos indeterminados. No es este el lugar para profundizar en dicha cuestión; basta con apuntar (simplificando mucho) que, bien se consideran un supuesto de *discrecionalidad técnica* o *discrecionalidad débil*, bien se catalogan como supuestos reglados en los que la Administración goza de un cierto

por su necesidad de concreción a la hora de ser aplicados con base en criterios técnicos o científicos, *a priori* tampoco parece existir ningún problema en introducir en la programación del algoritmo criterios de dicha naturaleza (Martín, 2009:369), si bien la doctrina no es pacífica en este punto (Ponce, 2019:31-33).

- En los casos en que la norma confía a la voluntad de la Administración la elección entre una pluralidad de soluciones, todas ellas justas (esto es, en el ámbito de las *potestades discrecionales*), la automatización resulta más problemática, e incluso, rechazable de todo punto para la doctrina, habida cuenta de que "*la fijación ex ante de los parámetros de todos los procesos decisionales posibles a un único programa informático … resultaría contradictoria con la consideración de las circunstancias concurrentes en cada caso a la luz de los principios, fines y objetivos de la norma, indispensable para el válido ejercicio de la potestad*"[4], reclamándose la intervención de personas para realizar dicha ponderación, habida cuenta de que la inteligencia artificial carecería de una cualidad humana esencial para ello, como es la empatía, lo que se traduce en la aplicación del principio que Ponce Solé ha denominado *reserva de humanidad*, que estaría basado en el principio de precaución[5]. Argumento que, como señala la

---

margen de apreciación. En cualquier caso, dichas posturas coinciden en que en ambos supuestos la decisión no depende de la voluntad de la Administración, como sí ocurre en la actuación discrecional – Por todos, Bacigalupo Saggese, 1997.

4 Ver *supra* el capítulo anterior escrito por el prof. Luciano Parejo Alfonso (pp. 102 y ss.). Ya en su día, el prof. García de Enterría señaló que «*la Administración pública no podrá nunca reducirse a un sistema de respuestas fijas, que puedan quizás ser codificadas un día agotadoramente por un ordenador. Lo sustancial de los poderes administrativos son poderes discrecionales, que es verdad que es la Ley la que los otorga y regula, que es verdad que el juez administrativo podrá controlar en cuanto a sus posibles excesos, pero que sustancialmente dejan a los administradores extensos campos de libertad, de cuyo ejercicio podrá derivarse una buena o mala gestión*», GARCÍA DE ENTERRÍA, 2000: 574.

5 Posición acogida y desarrollada por la doctrina; entre otros, Cerrillo i Martínez (2022: 296) y Vaquer Caballería (2022: 139), que se refiere a la importancia del principio de proximidad y de la reserva de humanidad que rigen

doctrina, fundamenta la legislación alemana sobre procedimiento administrativo, que excluye expresamente la automatización de los procedimientos administrativos que comporten la adopción de decisiones discrecionales (35ª de la Ley Federal de Procedimiento administrativo alemán) (Huergo, 2022:15). Asimismo, la Carta de los Derechos Digitales (instrumento, como es sabido, de *soft law*), recoge en su art. XVIII.6 d) la reserva de humanidad para la adopción de decisiones discrecionales *salvo que normativamente se prevea la adopción de decisiones automatizadas con garantías adecuadas*[6].

No obstante lo anterior, la cuestión del recurso a herramientas que incorporan inteligencia artificial para el ejercicio de la actividad administrativa fuera del procedimiento (y, por tanto, del ámbito de aplicación del art. 41 LRJSP), ha sido abordada desde otra perspectiva: la de que precisamente contribuye a reducir la discrecionalidad, objetivando la decisión adoptada, *en la medida en que algunas decisiones que actualmente tienen esa característica (la de ser decisiones discrecionales) pasarían a fundamentarse en datos, es decir, en predicciones basadas en datos y obtenidas a partir del análisis algorítmico de los mismos* (Huergo, 2021:15)[7].

Finalmente, la doctrina coincide en el riesgo de que los sistemas incorporen sesgos discriminatorios derivados del programador, el etiquetado y la calidad de los datos, etc. (Zuddas, P., 2022:1), que conduzcan a la producción de decisiones injustas[8], riesgo que se acentúa

---

en los procedimientos prestacionales de protección social y que impiden su entera automatización (sin entrar a valorar la naturaleza reglada o discrecional que puedan tener). Sobre esta cuestión, *Vid.* el Capítulo de Juanita PEDRAZA.

6 Recogiéndose la propuesta formulada en su día por Ponce Solé.

7 Huergo Lora se refiere a algunas de las infinitas posibilidades que plantea el recurso a estos sistemas; así, la determinación de las zonas sometidas a riesgo sísmico, vulcanológico, etc., que afectarán a la posterior aprobación de planes urbanísticos, ambientales o de ordenación del territorio, si bien, en última instancia, el nivel de riesgo asumible habrá de ser adoptado por una persona, al entrar en juego "*consideraciones exquisitamente humanas*" – Huergo Lora, 2021:15.

8 Sobre la cuestión *vid.* Soriano Arnanz, A. (2021).

en los casos de sistemas de inteligencia artificial de *deep learning*, que funcionan al modo de redes neuronales complejas, extrayendo patrones de masas de datos que les conducen a adoptar decisiones cuya causa no es fácilmente determinable (Ponce, 2019:3), lo que consecuentemente dificulta de manera considerable el conocimiento de la motivación adoptada (exigencia inapelable para los actos discrecionales, tal y como dispone el art. 35.1 i) LPAC).

III. LA AUTOMATIZACIÓN DE LA ACTIVIDAD DE FOMENTO

De acuerdo con la caracterización efectuada en su día por Jordana de Pozas, el fomento es aquella forma de actividad administrativa mediante la cual se estimula a los particulares para que ajusten voluntariamente su comportamiento al interés general, sin coaccionarles (lo cual sería intervención), ni llevar a cabo directamente el fin perseguido (lo que identificaríamos con la actividad prestacional o de servicio público). En estos casos, pues, la consecución del interés general no va a ser directamente efectuada por la Administración, sino que serán los particulares quienes, impelidos o animados por las distintas técnicas disponibles, colaboran, llevándola a cabo voluntariamente[9].

De la doctrina y jurisprudencia sobre la materia, podemos destacar las siguientes notas:

- En primer lugar, que la actividad de fomento no constituye un título competencial en si mismo, sino que supone una herramienta al servicio de las competencias que las distintas Administraciones tienen encomendadas. Esto implica que las Administraciones adoptan medidas de fomento en el marco de las

---

9 En este sentido *vid.* Jordana De Pozas, 1949. La teoría de Jordana, por más que criticada y puntualizada, no se ha visto sustituida por ninguna alternativa que haya tenido tanta acogida en la doctrina - Baena Del Alcázar, 1967:85.

competencias que les son propias, limitadas por los principios de territorialidad y de competencia material[10].

- En segundo lugar, su sujeción al principio de legalidad consagrado, entre otros, en los arts. 9.3, y 103 de la Constitución, y al de reserva de ley en los arts. 53 y 133.3 de la Norma Fundamental[11].
- En tercer lugar, la sujeción desde luego al principio de igualdad, de lo que se derivan la aplicación a los procedimientos de aplicación y concesión de estas medidas los principios de transparencia, publicidad y libre concurrencia (Santamaría Pastor, 2004:347).
- En cuarto lugar, que existen una variedad de fórmulas para llevar a cabo la actividad de fomento; así, desde una perspectiva clásica, se distinguía las subvenciones de los beneficios fiscales y sociales y de la acción premial. Hoy en día, hay que sumar otras instituciones que tienen la consideración de ayudas públicas, como son el crédito oficial, los anticipos o créditos reintegrables, los préstamos participativos, los seguros públicos, los avales y demás garantías públicas y, en fin, los llamados instrumentos de nivelación económico-financiera de negocios contractuales (Garcés, 2010:9).
- Y, finalmente, que la Administración, cuando adopta políticas de fomento, ejerce una potestad discrecional, dado que escoge qué bienes jurídicos promover y con qué medios y recursos. Eso

---

10 Por todos, Gimeno Feliu señala que "*A diferencia de lo que ocurre en otros ordenamientos (el* spending power *en el Derecho norteamericano, cláusula que ha tenido un papel creciente en la perturbación del sistema de distribución competencial), el poder de gasto del Estado no le confiere disponibilidad alguna sobre competencias que le son ajenas*" - Gimeno Feliu, 1995:162.

11 En este punto, debemos traer aquí la denuncia formulada en su día por Santamaría Pastor acerca del abandono dogmático del que tradicionalmente ha sido objeto la actividad de fomento, debido a lo que denomina su *supuesta ajenidad respecto del Derecho,* fundada en su carácter benéfico y amable, que habría determinado la inaplicación de principios básicos del Derecho público, como el de legalidad o el de competencia – Santamaría Pastor, 2004:345.

sí; lo hace condicionada, por supuesto y como hemos apuntado, por el contenido de la Constitución (particularmente, por las disposiciones de los Capítulos segundo y tercero del Título primero), las leyes presupuestarias y las sectoriales de aplicación.

En este punto, procede cuestionarse acerca de la automatización de las medidas de fomento, así como a la posible utilización de sistemas de inteligencia artificial. Aquí habría que distinguir dos planos:

El del diseño de la acción o política de fomento y la consiguiente elección de la herramienta para llevarla a cabo, con el apoyo en programas que, a partir del análisis de datos, elaboren recomendaciones y predicciones sobre el tema.

El de la ejecución de la misma, con la automatización de los procedimientos de concesión y de revisión posterior, encaminados estos últimos tanto a la revisión del cumplimiento de los beneficiarios con los requisitos exigidos, como a la comprobación de la eficacia de las medidas adoptadas.

Dada la heterogeneidad de las instituciones al servicio del fomento, resultaría empero muy complejo analizar las implicaciones jurídicas de la implementación de la automatización, por lo que en las líneas que siguen nos centraremos en la que, además de ser su herramienta estrella[12], viene siendo objeto de una progresiva automatización: la subvención. Y ello, como consecuencia de que nos encontramos ante procedimientos que suscitan la presentación de incontables solicitudes, lo que conlleva el manejo de volúmenes ingentes de documentación, tanto en sede de concesión como de su-

---

12 Por más que existan otras herramientas para llevar a cabo el fomento aparentemente menos costosas para la Administración, las subvenciones son una técnica que permite dirigir los recursos con precisión a la promoción de los objetivos deseados, y que facilita la distribución de la renta. En este sentido, el prof. García De Enterría señaló en su día que la subvención constituía "*un instrumento capital en la obra de conformación social en que la Administración de nuestro tiempo está rigurosamente comprometida, y concretamente, un modo de dirección económica de una eficacia extraordinaria en orden a la distribución de renta*" – García De Enterría, 1953:153. Sobre su condición de medida nuclear de las técnicas de fomento *vid.* Santamaría Pastor, 2004:352).

pervisión del cumplimiento de los requisitos que han de reunir los beneficiarios y de las obligaciones que se derivan de la carga que conlleva su concesión.

IV. LA AUTOMATIZACIÓN DE LAS SUBVENCIONES CONCEDIDAS EN RÉGIMEN DE CONCURRENCIA COMPETITIVA

A) Breve caracterización de las subvenciones

La Ley 38/2003, de 17 de noviembre, General de Subvenciones (en adelante, la "LGS"), en su art. 2 la define como una disposición dineraria, por la que el beneficiario no realiza contraprestación alguna, quedando obligado al cumplimiento de un determinado objetivo, la realización de una actividad, la adopción de un comportamiento singular o la concurrencia de una situación, vinculados al fomento de una actividad de utilidad pública o interés social. Es, pues, una atribución patrimonial no reintegrable, sin contraprestación a cambio, sometida al cumplimiento de una carga jurídica, que está afectada a una finalidad pública (Fernández, 1983:267).

En cuanto a su naturaleza jurídica, las subvenciones poseen una doble condición, recogida en la Exposición de motivos de la LGS:

Desde una perspectiva presupuestaria, constituyen una importante modalidad de gasto público, que debe ajustarse a las directrices de política presupuestaria, lo que se traduce, fundamentalmente, en la necesidad de previsión del gasto que supone la subvención en el Presupuesto correspondiente, así como el establecimiento de un procedimiento de control previo y posterior por parte de la Intervención General del Estado (en el caso de la AGE).

Y desde la óptica administrativa, la Exposición de motivos reconoce su condición de técnica de fomento e incluso de colaboración con los particulares para la gestión de actividades de interés público. Las subvenciones son, así, *la más importante de las manifestaciones del fomento* (Baena, 1967:44).

Ambas vertientes caracterizan esencialmente el régimen jurídico de las subvenciones, y para muestra, un botón: de un lado, la carencia o insuficiencia de crédito determina la nulidad de la resolución de la concesión *ex* art. 36.1b) LGS, y de otro, el incumplimiento total o parcial del objetivo, actividad o proyecto es causa de reintegro del importe de la subvención más los intereses de demora a tenor de lo dispuesto en el art. 37.1 b) LGS.

En las líneas que siguen, nos centraremos en las subvenciones otorgadas en régimen de concurrencia competitiva en tanto que forma ordinaria de concesión, de modo que sólo al final de la exposición haremos referencia a las subvenciones directas y a las otorgadas en régimen de concurrencia no competitiva.

B) Los retos que presenta la automatización en el ámbito de las subvenciones

Dejando de lado los antecedentes históricos, en los que la subvención se concebía como una institución graciable desde la perspectiva de la Administración y precaria desde la del beneficiario (Villar, 1956:80) (lo que venía acentuado por la falta de una regulación general de su régimen jurídico, que se construía a partir de disposiciones locales, presupuestarias y su consiguiente interpretación jurisprudencial)[13], la vigente LGS parte de una concepción discrecional de la subvención, si bien con los matices que veremos a continuación[14].

---

13 Ayudada en no poca medida, por la sistematización de la doctrina de la época, de la que son ejemplo los citados estudios de los profesores Villar Palasí y Fernández Farreres.

14 La LGS vino así a incorporar principios y garantías decantados vía jurisprudencial, fundamentalmente con posterioridad a la aprobación de la Constitución – en este sentido, *vid.* Rodríguez Díaz, 2007:81-83.

1. El diseño de la subvención

A tenor de las disposiciones de la LGS, existen dos momentos claves en la concepción de una subvención:

En primer lugar, el de la aprobación previa del *Plan Estratégico de Subvenciones*, a cargo de los órganos de las Administraciones o cualesquiera entes que propongan el establecimiento de subvenciones, en el que deberán figurar los objetivos y efectos proyectados con su aplicación, el plazo preciso para su logro, los costes previsibles y los medios de financiación (art. 8.1 LGS).

En segundo lugar, el de la *aprobación de las bases* por las que se ha de regir la concreta subvención, lo que se hará, con carácter general para la AGE, por orden ministerial[15], y habrá de publicarse en el BOE. Su contenido es exhaustivo[16], y, como señala Fernández Torres, contempla, en un plano formal, las normas a las que se ha de sujetar la Administración concedente, y en un plano material, el conjunto de derechos y obligaciones sobre los que se construye la relación jurídica subvencional, siendo "*la justicia del gasto la que reclama una clara y rigurosa regulación a través de unas bases reguladoras que fijen unos criterios objetivos con el fin de seleccionar a los beneficiarios y garantizar una concesión de las subvenciones que sea respetuosa con las exigencias derivadas de la imprescindible igualdad, y esté provista de la debida justificación objetiva y razonable*" (2005:312). Asimismo, además de su obligatorio respeto a la estabilidad presupuestaria, las bases no podrán suponer

---

15 De naturaleza reglamentaria.

16 Así, el art. 17.3 LGS establece que como mínimo contendrán los siguientes elementos: objeto de la subvención; requisitos de los beneficiarios y solvencia; procedimiento de concesión; criterios objetivos de otorgamiento y, en su caso, de ponderación; cuantía individualizada/criterios para su determinación; órganos competentes; en su caso, determinación de los libros y registros contables específicos para la adecuada justificación; el plazo y forma de justificación del cumplimiento de la finalidad de la subvención y de la aplicación de los fondos percibidos; las medidas de garantía, en su caso; posibilidad de efectuar pagos anticipados y abonos a cuenta; circunstancias que, como consecuencia de la alteración de las condiciones tenidas en cuenta para su concesión, puedan dar lugar a la modificación de la resolución; compatibilidad o no con otras subvenciones y ayudas para el mismo fin, y, en fin, los criterios de graduación de los posibles incumplimientos.

una alteración de la competencia en el caso de que las subvenciones proyectadas afectasen al mercado.

Interesa aquí detenernos en la discrecionalidad que asiste a la Administración competente en la descrita génesis de las subvenciones:

En cuanto a la fase de planificación estratégica, es clara: la Administración decide, en el ámbito de sus competencias y circunscrita a su presupuesto, qué ámbitos de la actividad que le concierne van a financiarse, de qué modo y cuál será su cuantía. En estos supuestos, pues, la Administración actúa en ejercicio de una potestad planificadora de naturaleza discrecional, dentro de los límites esbozados por la Constitución, la legislación presupuestaria y las disposiciones sectoriales de aplicación[17].

Y en cuanto a la redacción y aprobación de las bases, la Administración ejerce una potestad reglamentaria (Fernández, 2005:312), de naturaleza, por tanto, discrecional (nuevamente, dentro de los cánones marcados por la planificación estratégica, las previsiones de la LGS y demás normativa aplicable), concretando así aún más la política de fomento, fundamentalmente al establecer condiciones objetivas para la adjudicación y los requisitos de los beneficiarios. Como veremos más adelante, a mayor especificación y desarrollo de las bases, menor será la posterior discrecionalidad débil, técnica o impropia que ejerza la Administración al valorar las solicitudes.

---

[17] Ante la frecuente omisión de la aprobación del plan estratégico por parte de un gran número de Administraciones, doctrina y jurisprudencia se han planteado acerca de su obligatoriedad, de un lado, y de otro, acerca de los efectos que su omisión produce de cara a la validez de la subvención (Toscano Gil, 2021: 829-830). Entiendo que la obligatoriedad de la previa aprobación del Plan estratégico es clara, de acuerdo con la formulación del art. 8.1 de la LGS y con el tenor de la Exposición de motivos de dicha norma. En cuanto a los efectos de su omisión en el seno del procedimiento, el contenido que ha de tener el Plan *ex* art. 8.1 LGS se ve prácticamente reproducido en las exigencias que para la aprobación de la convocatoria estipula el art. 23.2 LGS, lo que descartaría encontrarnos en el supuesto de nulidad descrito en el art. 47.1 e) de la LPAC, quedándonos en la anulabilidad recogida en el art. 36.2 de la LGS.

En ambos planos del establecimiento de la subvención, pues, la Administración actúa con discrecionalidad, si bien a la hora de aprobar las bases, lo hace autolimitada por las previsiones del Plan Estratégico[18]. De este modo, la discrecionalidad va viéndose reducida progresivamente por la propia actuación administrativa, hasta, idealmente, desaparecer por completo del procedimiento de concesión.

En esta fase de diseño de las subvenciones cabe la posibilidad de, en los términos señalados *supra*, emplear herramientas de inteligencia artificial que detecten, por ejemplo, las necesidades de un sector, o que ofrezcan datos históricos o comparados sobre la experiencia de otras administraciones, incluso extranjeras, para ayudar a fundamentar y diseñar la actividad administrativa, reduciendo la discrecionalidad administrativa o, cuando menos, dotándola de una mayor motivación (en el entendimiento de que las Administraciones, caso de recurrir a las citadas herramientas, no estarían obligadas a seguir sus indicaciones).

2. El procedimiento de concesión de la subvención en régimen de concurrencia competitiva

Según dispone el art. 22.1 LGS, el procedimiento de concesión de subvenciones en régimen de concurrencia competitiva es la forma ordinaria para la concesión de subvenciones, lo que, en palabras de Laguna de Paz (2005:333), "*constituye una exigencia común a todos los casos en los que la Administración distribuye ventajas o utilidades escasas entre los ciudadanos (contratos, usos del dominio público y beneficios públicos)*"[19]. La publicidad de la convocatoria, la objetivación de los criterios de concesión y su otorgamiento en unidad de acto, como señala el mismo autor, constituyen exigencias de los principios de igualdad, eficacia y eficiencia en la asignación de los recursos públicos.

---

[18] Si bien la LGS no aclara la competencia para la aprobación del Plan Estratégico, se entiende que será bien el mismo órgano que posteriormente aprobará las bases, bien otro incardinado en la misma Administración (Toscano Gil, 2021:833).

[19] En el mismo sentido, *vid.* Vaquer Caballería, 2020: 54.

De otro lado, se prevé nada menos que la intervención de tres órganos: un órgano encargado de la instrucción, otro colegiado que formulará la propuesta de resolución, y, finalmente, otro competente para la resolución. Esta estructura redunda en beneficio de los principios constitucionales de objetividad e imparcialidad, y constituye una garantía del procedimiento (Ponce, 2020:131).

Así las cosas, el procedimiento se inicia de oficio mediante la publicación de un extracto de la convocatoria en el BOE y en la Base de Datos Nacional de Subvenciones (hoy Sistema Nacional de Publicidad de Subvenciones y Ayudas Públicas), abriéndose con posterioridad el plazo para la presentación solicitudes y posterior fase de subsanación (art. 23 LGS).

En cuanto a la fase de instrucción, esta consiste en la realización de diversos trámites, a impulso del órgano instructor, que realizará actuaciones de comprobación de datos, petición de informes y evaluación de las solicitudes de acuerdo con los criterios preestablecidos en las bases de la convocatoria (art. 24 LGS).

Posteriormente, informará el órgano colegiado, que realizará una propuesta de resolución provisional, de la que se dará traslado a los interesados para que formulen las alegaciones pertinentes y tenga lugar el trámite de audiencia (prescindible, en su caso). Cumplido lo anterior, se formulará propuesta de resolución definitiva, tras la que los beneficiarios deberán comunicar su aceptación. Finalmente, se dictará resolución motivada por el órgano competente, con indicación de las solicitudes excluidas (art. 25 LGS).

Con respecto al descrito procedimiento de concesión, en relación a su automatización, cabe formular las siguientes precisiones:

- Primera: respecto a la fase inicial, la automatización aparece como especialmente idónea para el análisis[20] y clasificación

[20] Por ejemplo, la Agencia para la Administración Digital de la Comunidad de Madrid informaba en 2022 de la implementación de cuatro sistemas de automatización inteligente que, mediante el empleo de tecnologías de Automatización Robótica de Procesos (RPA) e Inteligencia Artificial, agilizaban la consulta de datos en los expedientes de Ayudas a la Contratación de la Consejería de Economía, Hacienda y Empleo - https://www.comunidad.

de las solicitudes presentadas, no sólo mediante herramientas que las califiquen y organicen, sino también a través de la puesta a disposición de los interesados de calculadoras o simuladores de la subvención. Algunas de ellas están destinadas a que los interesados se hagan cargo de las posibilidades de obtener el recurso[21], lo que sin duda podría evitar la presentación de aquellas candidaturas que claramente no podrían llegar a ser beneficiarias, y otros consisten en herramientas que permiten a los ciudadanos conocer a qué ayudas tienen potencialmente acceso teniendo en cuenta su situación[22].

Siempre, claro está, que la utilización del recurso por parte de los futuros solicitantes sea voluntaria, no condicione ni restrinja su derecho a la posterior presentación de la solicitud sea cual fuere el resultado, ni tampoco vincule la futura resolución administrativa.

Todo ello redunda en beneficio del alivio de las enormes cargas burocráticas que suponen estos procedimientos, así como de su celeridad, lo que indudablemente acaba por favorecer a los ciudadanos.

– Sobre la evaluación de las solicitudes: como se ha visto, la adopción de decisiones con ayuda de algoritmos, conlleva riesgos en cuanto a la posibilidad de que incorporen sesgos, así como con respecto a las dificultades que ofrecen de cara a la

---

madrid/noticias/2022/01/03/comunidad-madrid-emplea-inteligencia-artificial-acelerar-pago-ayudas-contratacion-agilizando-consulta-expedientes (última consulta: marzo de 2024).

21 Así, la calculadora del programa de Ayudas a la Rehabilitación de Edificios de la Comunidad de Madrid (Orden de 20 de octubre de 2023, de la Consejería de Vivienda, Transportes e Infraestructuras, se convocan, para el año 2023, subvenciones al programa de mejora de la accesibilidad en y a las viviendas, previstas en el Real Decreto 42/2022, de 18 de enero, por el que se regula el Bono alquiler joven y el Plan Estatal para el acceso a la vivienda 2022-2025).

22 Por ejemplo, la Calculadora de Ayudas a la Contratación de la Comunidad de Madrid.

rendición de cuentas[23], es decir, en cuanto a la motivación. Debemos señalar que aquí el órgano instructor puede disponer de un cierto margen de apreciación para decidir. Como hemos apuntado supra, dependiendo de cómo hayan sido diseñadas las bases de la convocatoria, dicho margen será generoso, estrecho o incluso puede no existir, de modo que, a mayor densidad y especificaciones, menor discrecionalidad (técnica) y viceversa (Fernández, 2005:315). Así, si bien no hay auténtica discrecionalidad política o volitiva, si se precisará en muchos casos el desempeño de una labor de *determinación de conceptos jurídicos indeterminados.*

- Sobre el informe del órgano colegiado: aquí, amén de reproducir el argumento anterior, hemos de tomar en consideración la naturaleza y finalidad de los órganos colegiados. En ellos, la voluntad se forma mediante la votación de las personas físicas que lo componen, lo que obedece a la búsqueda de la ponderación de puntos de vista entre los miembros del órgano administrativo (Jiménez, 2020:3), y persigue la adopción de decisiones imparciales y objetivas, ajustadas a Derecho. Dependiendo del órgano en concreto, su composición obedecerá a la búsqueda de una combinación de saberes científico o técnico (así, los vocales de la Junta de Valoración, Calificación y Exportación de Bienes del Patrimonio Histórico Español que designa la Dirección General de Bellas Artes[24]); relativos al control del gasto (así, los funcionarios del Ministerio de Hacienda que forman parte del Jurado de Expropiación Forzosa[25] o de la mencionada Junta de Valoración, Calificación y Exportación de Bienes del Patrimonio Histórico Español); jurídicos (así, la persona que desempeñe funciones de asesoramiento jurídico

---

23 Vid. al respeto la contribución de Antonio BERLANGA y J. Manuel MOLINA en esta obra colectiva.

24 *Vid.* art. 3 de la Ley 16/1985, de 25 de junio, de Patrimonio Histórico Español, y 7 y ss. del Real Decreto 111/1986, de 10 de enero, de desarrollo parcial de la Ley 16/1985, de 25 de junio, del Patrimonio Histórico Español.

25 Art. 32.1 a) y b) de la Ley de 16 de diciembre de 1954 sobre Expropiación Forzosa.

prevista como miembro de las mesas de contratación[26]), etcétera.

Probablemente sea posible (y quizás ya exista), diseñar un algoritmo que incorpore la combinación de saberes y opiniones que poseen los miembros de los órganos colegiados y sustituya su labor. La imparcialidad y objetividad del sistema, será —salvando los supuestos de incorporación de sesgos—, casi con toda seguridad superior a la del órgano compuesto por humanos.

Así, (dejando de lado aquellos casos de órganos colegiados en los que uno o varios de sus miembros fueran designados democráticamente), lo cierto es que, si hablamos de decisiones no discrecionales, sino regladas, en las que como mucho se dispone de un margen de apreciación sujeto a criterios técnicos, no habría ningún problema en automatizar la labor del órgano colegiado. Sin embargo, si nos encontrásemos ante criterios de concesión difícilmente objetivables (por ejemplo, la *calidad* de una pieza teatral, o la *utilidad social* de la actividad a desempeñar por una asociación sin ánimo de lucro), procede plantearse si la labor del órgano colegiado debería ser objeto de la mencionada reserva de humanidad o si, por el contrario, precisamente su automatización contribuiría a garantizar la adopción de decisiones objetivas y justas.

- Sobre el respeto a los trámites de formulación de alegaciones y de audiencia: la automatización del procedimiento no puede conllevar una omisión sistemática de dichos momentos procedimentales, en la medida en que son exigidos por la LGS (si bien el de audiencia puede ser prescindible), y constituyen garantías del interesado derivadas del art. 24.1 de la Constitución[27].

---

[26] Art. 326.5 de la Ley 9/2017, de 8 de noviembre, de Contratos del Sector Público.

[27] Contrariamente a lo que sucedió en la experiencia relatada por Gamero Casado, E. (2023:8) sobre la automatización del sistema de concesión de subvenciones a empresarios individuales debido a la pandemia en 2020 llevada a cabo por la Junta de Andalucía. La celeridad y el ahorro conseguidos

3. El control financiero

Como hemos mencionado más arriba, la LGS contempla las subvenciones como una forma de gasto público, que debe ajustarse a la normativa presupuestaria aplicable. Lo anterior se traduce en el establecimiento de sendos procedimientos de fiscalización del gasto, que son competencia de la Intervención General del Estado, sin perjuicio de las atribuidas por las leyes al Tribunal de Cuentas (art. 44.3 de la LGS)[28]:

En primer lugar, por medio de la fiscalización previa, mediante la *aprobación previa del gasto* que implica la subvención. Como cualquier acto de contenido económico, y de acuerdo con los arts. 9.4, incisos b, d y e, y 34.1, de la LGS y 148 y ss. de la LGP, el gasto que supone la concesión de una subvención, debe:

(i) Estar previsto en el correspondiente Presupuesto, de modo que "*La legalidad presupuestaria condiciona también la* validez *de la actuación de la Administración*" de forma que toda actuación pública que implique un gasto deberá contar con el correspondiente respaldo presupuestario *ex* art. 134.2 CE (Sesma, 1998:481-483). De no concurrir, supondría la nulidad de pleno derecho del acto administrativo por el que se otorgue la subvención; sin embargo, lo determinante es que la consignación se produzca en la fecha de otorgamiento de la subvención, de modo que, si estuviera aún pendiente durante la tramitación, ello constituiría una irregularidad no invalidante (Laguna, 2005:329-330).

De otro lado, esta exigencia se satisface mediante el cumplimiento de tres límites: cuantitativo (la cuantía del gasto ha

---

se vieron empañados por el hecho de que el sistema no permitiese ni realizar subsanaciones ni formular alegaciones.

28 Asimismo, la DA Primera de la LGS establece que "*Anualmente, la Intervención General de la Administración del Estado remitirá al Tribunal de Cuentas informe sobre el seguimiento de los expedientes de reintegro y sancionadores derivados del ejercicio del control financiero.*
El régimen de responsabilidad contable en materia de subvenciones se regulará de acuerdo con la Ley Orgánica 2/1982, de 12 de mayo, del Tribunal de Cuentas, y la Ley 7/1988, de 5 de abril, de funcionamiento del Tribunal de Cuentas".

de estar totalmente cubierta por la cantidad reflejada en el Presupuesto), material (los gastos deben estar cubiertos en su partida específica), y temporal (los gastos han de estar previstos en el Presupuesto del ejercicio en el que se contraen) (Laguna, 2005:329).

(ii) Ser fiscalizado previamente por la Intervención General del Estado (en el caso de la AGE), y

(iii) Ser aprobado por el órgano competente, lo que implica su autorización y la reserva a tal fin de la totalidad o parte del crédito presupuestario correspondiente, iniciándose el procedimiento de ejecución del gasto, sin que ello implique relaciones con terceros por el momento (art. 73.2 LGP).

En segundo lugar, el control *financiero ex post* previsto en los arts. 44 y ss. de la LGS, así como en el 141 de la LGP, que se despliega sobre beneficiarios y entidades gestoras que hayan recibido o gestionado subvenciones otorgadas con cargo a los Presupuestos Generales del Estado o a los fondos europeos. Compete a la Intervención General de la AGE, y comprende actuaciones de comprobación tanto de índole formal como material (art. 150 LGP).

Pues bien: el control previo sí parece fácilmente automatizable, por cuanto consiste en verificar la existencia de créditos disponibles en el presupuesto correspondiente para la financiación de las subvenciones proyectadas. El control posterior, sin embargo, es más complejo de automatizar en que se refiere a la realización de comprobaciones de índole material, que suponen la verificación de la real y efectiva aplicación de los fondos, lo que implica la inspección *in situ* de las actividades u obras por parte de un representante de la Intervención General. En cambio, por lo que respecta a la comprobación formal, esta supone el examen de todos los documentos del expediente para verificar el cumplimiento de los requisitos legales (art. 150.1 LGP), tarea que sí podría ser automatizada.

En este sentido, la propia LGP, a la hora de regular el control de la gestión económico-financiera, prevé la adaptación, en su caso, por la Intervención General del Estado, de los procedimientos de control cuando vayan a instrumentarse y formalizarse a través de actuaciones administrativas automatizadas[29], siendo necesaria una auditoría previa que verifique que dicha adaptación *satisface, a efectos de la función interventora, los requerimientos de seguridad que correspondan a la categoría del respectivo sistema de información, de acuerdo con el Esquema Nacional de Seguridad vigente en cada momento, y se ajusta a los términos establecidos en*

---

29 Así las cosas, en la página web del Ministerio de Hacienda, en la sección de *Actividad Administrativa Automatizada,* se encuentran una serie de resoluciones al respecto:

- Orden HAC/1108/2019, de 7 de octubre, por la que se establece el uso del sistema de código seguro de verificación por la Secretaría de Estado de Presupuestos y Gastos y la Intervención General de la Administración del Estado.
- Resolución de 8 de noviembre de 2017 de la Dirección General de Presupuestos, por la que se regulan las actuaciones administrativas automatizadas a través de sistemas de información de su ámbito de competencias.
- Resolución de 18 de febrero de 2014, de la Subsecretaría de Hacienda y Administraciones Públicas, de creación de sellos electrónicos para su utilización por varios órganos del Ministerio de Hacienda y Administraciones Públicas.
- Resolución de 18 de octubre de 2013, de la Dirección General de Fondos Comunitarios, por la que se regulan las actuaciones administrativas automatizadas a través de sistemas dc información de su ámbito de competencias.
- Resolución de 17 de junio de 2010 conjunta de la Secretaría General de Presupuestos y Gastos y de la Intervención General de la Administración del Estado, por la que se regulan las actuaciones administrativas automatizadas en procesos de copias electrónicas y de digitalización certificada.
- Resolución de 12 de marzo de 2010 de la Intervención General de la Administración del Estado, por la que se regulan las actuaciones administrativas automatizadas realizadas a través de sistemas de información de su ámbito de competencia.
- Resolución de 27 de julio de 2010 de la Subsecretaría de Economía y Hacienda, de creación de sello electrónicos para su utilización por la Intervención General de la Administración del Estado.
- Resolución de 16 de marzo de 2010 de la Subsecretaría de Economía y Hacienda, de creación del sello electrónico para su utilización por la Dirección General de Presupuestos.

el artículo39 de la Ley 11/2007, de 22 de junio, de acceso electrónico de los ciudadanos a los servicios públicos[30].

A esta tarea contribuyen las llamadas *SupTech,* herramientas tecnológicas dirigidas a facilitar el ejercicio de supervisión por parte de las Administraciones, que se traducen en *predicciones algorítmicas dirigidas a detectar situaciones de riesgo,* que vienen siendo utilizadas por instituciones como el Banco de España, Hacienda o la Tesorería General de la Seguridad Social (Huergo, 2021:8).

Los principales retos que plantea la automatización de los procedimientos de control *ex post* son, de un lado, la posibilidad de que en el proceso de verificación del cumplimiento de normas y criterios, surjan espacios (supuestos de hecho o consecuencias jurídicas) en las que la decisión esté provista de una cierta discrecionalidad técnica o margen de apreciación; y de otro, la posibilidad de que el sistema de análisis de datos incorpore sesgos o prejuicios que den lugar a resoluciones injustas.

Sobre esta última cuestión se pronuncia la Sentencia de Sala de lo Contencioso-Administrativo Sección Segunda del Tribunal Supremo (núm. 1.231/2020), de 1 de octubre de 2020, en la que se establece que, para autorizar la entrada en un domicilio a los efectos de realizar una inspección tributaria, los indicios de fraude no pueden basarse en únicamente en meras estadísticas, cuya cita no excusa la obligación de motivar que pesa sobre la Administración:

> "No pueden servir de base, para autorizar la entrada, los datos o informaciones generales o indefinidos procedentes de estadísticas, cálculos o, en general, de la comparación de la situación supuesta del titular del domicilio con la de otros indeterminados contribuyentes o grupos de estos, o con la media de sectores de actividad en todo el territorio nacional, sin especificación o segmentación detallada alguna que avale la seriedad de tales fuentes.

30 Es el caso de la Intervención General de Castilla-La Mancha, Acuerdo de 15/11/2022, del Consejo de Gobierno de Castilla La Mancha, por el que se sustituye la función interventora por el control financiero permanente en relación con los expedientes de gasto correspondientes a la concesión de subvenciones y/o el reconocimiento de la obligación derivado de la misma, que se lleven a cabo mediante actuaciones administrativas automatizadas.

> Tal análisis, de hacerse excepcionalmente, debe atender a todas las circunstancias concurrentes y, muy en particular, a que de tales indicios, vestigios o datos generales y relativos —verificado su origen, seriedad y la situación concreta del interesado respecto a ellos— sea rigurosamente necesaria la entrada, lo que exige valorarla existencia de otros factores circunstanciales y, en particular, la conducta previa del titular en respuesta a actuaciones o requerimientos de información efectuados por la Administración".

4. La comprobación de las subvenciones

De acuerdo con el art. 32 de la LGS, el órgano concedente o, en su caso, la entidad colaboradora, comprobará:

- La adecuada justificación de la subvención: el art. 30 de la LGS dispone la obligatoriedad de justificar documentalmente el cumplimiento de las condiciones impuestas y objetivos perseguidos con la subvención en la forma que determine la normativa reguladora. En todo caso deberá constar una relación de las actividades financiadas con la subvención, desglosándose los gastos incurridos. La comprobación de la adecuada justificación de la subvención, habida cuenta de que consiste fundamentalmente en el análisis de documentos, parece fácil e inocuamente automatizable. Sin embargo, la propia definición de lo que se consideran *gastos subvencionables*, prevista en el art. 31.1 de la LGS, confirma que en no pocas ocasiones será necesario realizar una labor interpretativa, quedando, nuevamente, un margen de apreciación a favor de la Administración.
- La realización de la actividad.
- El cumplimiento de la finalidad a la que estaba afectada la subvención.

Al igual que sucedía con las comprobaciones de índole material propias del control financiero posterior, estas dos últimas circunstancias no parecen fácilmente automatizables hoy en día.

Finalmente, de acuerdo con el art. 43 de la LGS dichas actuaciones son compatibles (*"se entenderá si perjuicio"*) con el control financiero descrito más arriba.

5. El reintegro de las subvenciones

El procedimiento de reintegro se rige fundamentalmente por las disposiciones de la LPAC, sin perjuicio de ciertas especialidades recogidas en los arts. 41-43 de la LGS. Como señala Rebollo Puig, la LGS ubica bajo el mismo título *Del reintegro de las subvenciones*, dos situaciones jurídicas que nada tienen que ver: el reintegro y la nulidad de las subvenciones, habida cuenta de que el primero parte de la validez de la subvención concedida, si bien tienen en común la consecuencia jurídica, que es la devolución de las cantidades percibidas (Rebollo, 2005:407-409)[31].

Y es que el incumplimiento no ya de los objetivos propuestos con la subvención, sino del conjunto de obligaciones que pesan sobre el beneficiario (entre otras, el incumplimiento de las obligaciones en materia de justificación o difusión), es decir, de lo que la doctrina ha calificado como *carga jurídica* (Fernández, 1983:424), determina la resolución de la subvención, con la procedencia del reintegro de las cantidades percibidas, a las que hay que sumar los intereses de demora correspondientes (art. 37 LGS). No es, por tanto, una sanción, de modo que es irrelevante la culpabilidad del sujeto, lo que, por un lado, indica ya la propia LGS en su art. 40.1 *in fine*; por otro, concuerda con el hecho de que, en caso de fallecimiento del obligado al reintegro, ésta se transmita a sus causahabientes (art. 40.5 LGS), y, finalmente, es coherente con que no esté contemplada en el Capítulo II del Título IV de la LGS, dedicado a las sanciones.

Debemos señalar que la inclusión como causas del reintegro de ciertos supuestos ha sido calificado como un exceso difícilmente justificable por parte de la doctrina, encubriendo bajo esta modalidad, causas de invalidez y auténticas sanciones (Rebollo, 2005:435-437).

Por lo que se refiere al procedimiento de reintegro, se encuentra previsto en los arts. 41 y ss. de la LGS, que, tras remitirse al procedimiento administrativo común, indican que se tramitará de oficio, siendo competente el órgano concedente (salvo que fuera acordado

---

31 Aquí nos ocuparemos únicamente del reintegro propiamente dicho, ya que las causas de invalidez se sustancian por la revisión de oficio prevista en los arts. 106 y ss. de la LPAC.

por órganos de la Unión Europea, así como en ciertos supuestos de subvenciones concedidas por instituciones comunitarias, casos en los que correspondería al órgano gestor), en un plazo máximo de hasta 12 meses a contar desde el acuerdo de iniciación, garantizándose la audiencia al interesado (art. 42 LGS). Asimismo, el pronunciamiento del órgano gestor respecto a la aplicación de los fondos no vincula a la Intervención de la AGE en el marco de sus actuaciones destinadas al control financiero (art- 43 LGS).

De cara a su posible automatización, se plantean las mismas cuestiones a las que hemos hecho referencia con anterioridad, destacando las siguientes: (i) la imposibilidad de verificación de forma automatizada de las actuaciones materiales; (ii) la posibilidad de automatizar las comprobaciones documentales, y (iii) las dificultades en el supuesto de que existan márgenes de apreciación u oscuridad a la hora de verificar el cumplimiento de ciertos requisitos o la calificación de los gastos.

V. PRECISIONES SOBRE LAS SUBVENCIONES DIRECTAS Y CONCEDIDAS EN RÉGIMEN DE CONCURRENCIA NO COMPETITIVA

Las conclusiones obtenidas con respecto al establecimiento, la concesión y la supervisión de las subvenciones otorgadas por medio de concurrencia competitiva, son trasladables, *mutatis mutandis*, al régimen de aquellas de concesión directa y de concurrencia no competitiva, con las siguientes apreciaciones:

- Por lo que se refiere al establecimiento o diseño de la subvención (especialmente de las directas), resulta interesante la posibilidad de reducir la discrecionalidad administrativa a la hora de conceder nominalmente una subvención, por motivos de justicia e igualdad, en la medida en que los informes y análisis realizados mediante herramientas de inteligencia artificial contribuyan a motivar y justificar la decisión administrativa.
- Por lo que se refiere a su concesión, la automatización es mucho más simple tanto en los supuestos de subvenciones direc-

tas como de concurrenciales no competitivas (que se conceden por orden de llegada de la solicitud), al no realizarse una prelación valorativa de las solicitudes.

- En sede de supervisión del cumplimiento de las obligaciones derivadas de la carga jurídica que comporta la subvención, no hay ninguna diferencia, como tampoco la hay en materia de procedimiento de reintegro.

VI. CONCLUSIÓN: UN LLAMAMIENTO AL LEGISLADOR

A lo largo del capítulo se ha podido comprobar que el de las subvenciones es un campo especialmente abonado para la automatización. Así, ante la promesa del aligeramiento de la carga burocrática, diversos procedimientos subvencionales vienen siendo automatizados por las distintas Administraciones, con o sin empleo de inteligencia artificial, lo que indudablemente resultará *pro cive*, toda vez que se traduzca en una mayor celeridad de las actuaciones y en una mayor eficacia en el servicio al interés general.

Ello no obstante, la automatización de la actividad subvencional comporta una serie de riesgos, que podríamos clasificar de la forma que sigue:

- Derivados de la naturaleza jurídica de las potestades en juego, que comportan la adopción de resoluciones discrecionales o que presentan un margen de apreciación, según los casos.
- Derivados de la estructura del procedimiento de concesión, que contempla la intervención de tres órganos, uno de ellos colegiado.
- Derivados de los fallos o incapacidades de los sistemas: la cuestión de los sesgos en los procedimientos de control o del respeto a las garantías del procedimiento.

Son, en fin, problemas o riesgos que, como se pone de manifiesto en diversos momentos de la obra en la que se inserta el presente estudio y viene señalando la doctrina tempranamente, atañen al conjunto del Derecho administrativo. La automatización de la actividad administrativa en general y del procedimiento en particular (que es lo estricta y escuetamente contemplado en el art. 41 de la LRJSP), no es inocua en la mayoría de los casos. Implica la supresión de la intervención humana, incluso cuando aquella es colegiada, y requiere que los sistemas que la llevan a cabo respeten los trámites de audiencia y alegaciones, así como que sean diseñados con neutralidad y rigor, sin que incorporen sesgos y garanticen el cumplimiento de las obligaciones de transparencia y motivación que pesan sobre la Administración.

La cuestión es, ¿basta con los principios del Derecho administrativo, con el derecho a la buena administración, para exigir a las Administraciones que lleven a cabo una automatización del procedimiento que sea conforme al interés general y respete las garantías de los ciudadanos?

La respuesta no puede ser sino afirmativa, pero con reservas. Y es que desde luego una correcta automatización del procedimiento (y de la actividad administrativas), es constitucionalmente exigible. No obstante, la falta de concreción normativa, unida al desconocimiento de las nuevas tecnologías que evolucionan de manera galopante, ha propiciado la multiplicidad y la dispersión de la automatización, de manera que a veces se incumple hasta el mínimo requerimiento del art. 41 de la LRJSP, con el consiguiente perjuicio para el ciudadano.

Consecuentemente, si hablamos de unas nuevas herramientas que afectan a las garantías del procedimiento e incluso, lo modifican, es necesario que sean las normas básicas de procedimiento y régimen jurídico de las Administraciones públicas las que contemplen los requisitos y el régimen jurídico de la actividad automatizada[32].

---

32 Sobre el fenómeno que supone la reticencia del Parlamento a la hora de legislar sobre cuestiones científico-técnicas y la necesidad de que éstas se sometan en todo caso al principio de constitucionalidad, *vid.* Baamonde, 2023.

VII. BIBLIOGRAFÍA

Baamonde Gómez, L. (2023). *Vindicación del Parlamento: su necesaria revitalización ante el reto de la globalización,* Tirant lo Blanch.

Bacigalupo Saggese, M. (1997). *La discrecionalidad administrativa: (estructura normativa, control judicial y límites constitucionales de su atribución),* Marcial Pons.

Baena Del Alcázar, Mariano (1967). "Sobre el concepto de fomento", *Revista de Administración Pública,* 54: 43-86.

Fernández Farreres, G. (1983). *La subvención: concepto y régimen jurídico,* Madrid: Instituto de Estudios Fiscales.

Fernández Torres, J. R. (2005). "El establecimiento de subvenciones", en Fernández Farreres, G. (Coord.), *Comentario a la Ley General de Subvenciones,* Cizur Menor (Navarra): Civitas.

Gamero Casado, E. (2023). "Sistemas automatizados de toma de decisiones en el Derecho Administrativo Español", *Revista General de Derecho Administrativo,* Iustel, 63.

Toscano Gil, F. (2021). "Las potestades administrativas en el ámbito de las subvenciones", en Gamero Casado, E., *La potestad administrativa: concepto y alcance práctico de un criterio clave para la aplicación del derecho administrativo,* Valencia: Tirant lo Blanch.

Garcés Sanagustín, M. (2010). "La acción de fomento ante la nueva tipología de entes públicos", *Presupuesto y gasto público,* Instituto de Estudios Fiscales, 60:7-23.

García De Enterría, E. (2000). "La Administración pública y la Ley", REDA, 108: 565-574.

García De Enterría, E (1953). "Sobre la naturaleza de la tasa y los servicios públicos", Revista de Administración Pública, 12: 129-160.

Gimeno Feliu, J.M. (1995)."Legalidad, transparencia, control y discrecionalidad en las medidas de fomento del desarrollo económico", *Revista de Administración Pública,* 137: 147-188.

Gómez Jiménez, M.L. (2023). "Límites a la decisión algorítmica en la adjudicación de subvenciones públicas", Actas del XVII Congreso AEPDA - 20 años de la Ley General de Subvenciones.

Huergo Lora, A. (2021). "Administraciones Públicas e Inteligencia Artificial: ¿más o menos discrecionalidad?", *El Cronista del Estado Social y Democrático de Derecho,* Iustel, 96-97.

Jiménez Vacas, J.J. (2020). "El principio de actuación ética de los miembros de órganos colegiados de selección de personal de las Administraciones Públicas", *Revista Jurídica de la Comunidad de Madrid*, 2020, 2020.

Jordana de Pozas, L. (1949). "Ensayo de una teoría del fomento en el Derecho Administrativo", *Revista de estudios políticos*, 48:41-54.

Laguna de Paz, J.C. (2005). "El otorgamiento de subvenciones", en Fernández Farreres, G. (Coord.), *Comentario a la Ley General de Subvenciones*, Cizur Menor (Navarra): Civitas.

Martín Delgado, I. (2009). "Naturaleza, concepto y régimen jurídico de la actividad administrativa automatizada", *Revista de Administración Pública*, 180: 353-386.

Ponce Solé, J. (2019). "Inteligencia artificial, Derecho administrativo y reserva de humanidad: algoritmos y procedimiento administrativo debido tecnológico", *Revista General de Derecho Administrativo*, 50.

Ponce Solé, J. (2020). "Los sujetos de la relación jurídico-administrativa y su participación en el procedimiento administrativo", en Parejo Alfonso, Luciano y Vaquer Caballería, Marcos (coord.), *Estudios sobre el procedimiento administrativo III. Instituciones*, Valencia: Tirant lo Blanch.

Rebollo Puig, M., (2005). "El reintegro de las subvenciones", en Fernández Farreres, G. (Coord.), *Comentario a la Ley General de Subvenciones*, Cizur Menor (Navarra): Civitas.

Rodríguez Díaz, Ó., (2007). "La discrecionalidad en el ejercicio de la potestad subvencional", *Auditoría Pública*, 43:81-100.

Santamaría Pastor, J. A. (2004). *Principios de Derecho Administrativo General II*, Iustel.

Sesma Sánchez, B. (1998). *Las subvenciones públicas*, Valladolid: Lex Nova.

Soriano Arnanz, A. (2021). "Decisiones automatizadas: problemas y soluciones jurídicas. Más allá de la protección de datos", *Revista de Derecho Público: Teoría y Método*, Marcial Pons, 3.

Vaquer Caballería, M (2020). "¿Para qué sirve el procedimiento administrativo?", en PAREJO ALFONSO, L. y VAQUER CABALLERÍA, M. (coord.), *Estudios sobre el procedimiento administrativo III. Instituciones*, Valencia: Tirant lo Blanch

Vaquer Caballería, M. (2022). "El Ingreso Mínimo Vital desde la óptica del Derecho público: Sus aportaciones al debate sobre el Estado social y autonómico", *Revista de Derecho Público: teoría y método*, 1 5:115-142.

Velasco Rico, C. (2024). "Marco regulatorio de los sistemas algorítmicos y de inteligencia artificial: el papel de la Administración", Ponencia impartida en el XVIII Congreso de la AEPDA.

Automatización de procedimientos en el ámbito del empleo público

ALBERTO PALOMAR OLMEDA
Magistrado de lo Contencioso-Administrativo en Madrid (E.V) y Profesor Titular (acred.) de Derecho Administrativo de la Universidad Carlos III

I. BREVE REFERENCIA AL ESQUEMA DE AUTOMATIZACIÓN EN LA GESTIÓN DEL EMPLEO PÚBLICO

No es sencillo encontrar una sistematización de los procesos de introducción en la función o el empleo público, como en general, en los procedimientos administrativos, de la tecnologías y procesos electrónicos. No lo es porque no existen elementos uniformados ni únicos porque, finalmente, nos estamos proyectando sobre realidades diversas en las que el empleo de la tecnología ocupa una posición diferencial. Cada solución electrónica responde a análisis funcionales que no son idénticos ni en la estructura ni en la finalidad ni, en general, por lo que la sistematización de realidades tan diferenciadas es, ciertamente, una labor compleja y no siempre sencilla de realizar.

Esta falta de sistematización es la que, convencionalmente, ha permitido indicar que existen tres ámbitos, tres facetas, en las que es posible reconocer el proceso de sustitución de los procedimientos convencionales por electrónicos. Es por este motivo por el que la regulación legal contiene elementos que pertenecen a las diferentes facetas o ámbitos organizativos sin que se aprecie o trasluzca la sistematización a la propia regulación legal lo que obliga, en gran medida, a intentar que los esfuerzos de conceptualización superen la propia ordenación y, sobre todo, la propia sistemática legal.

En el primero de estos tres ámbitos o facetas de la organización productiva de una organización se suelen pensar que la electrónica afecta a la relación entre los que están dentro y los que están fuera (o a veces a los que están dentro considerados en sí mismos); el segundo, la electrónica al servicio de la organización interna de la información; y, finalmente, la electrónica como un proceso de sustitución del personal físico para la adopción de algunas decisiones. Conviene aclarar, en relación con este último punto, que lo que se aborda en este trabajo no es la utilización de procesos de sustitución en la formación del criterio o de la decisión que, hemos convenido en llamar, como inteligencia artificial. Lo que nos corresponde analizar es una problemática más reducida que se centra en la utilización de técnicas electrónicas en las diferentes fases de un procedimiento —en este caso interno— y pensado en clave de administración de los recursos de una organización.

Con esta tipología convencional de clasificación podemos ahora analizar las consideraciones más específicas siguiendo, precisamente, el esquema conceptual que acabamos de proponer y en base al que vamos a efectuar seguidamente algunas consideraciones ya en el plano del detalle.

A) Aspectos relacionales

La automatización de los procedimientos en el ámbito del empleo público reviste caracteres generales en relación con los procedimientos administrativos convencionales. Es cierto, sin embargo, que, por centrarnos en sus características, podemos indicar que se trata de procedimientos internos, pensados en clave de lo que, históricamente, hemos denominado relaciones de sujeción especial, perspectiva que simplifica, en gran medida, las posibilidades de actuación pero que, realmente es en este ámbito donde el régimen de implementación resulta, sin duda, más sencillo y de menor intensidad garantistas.

Como consecuencia de lo anterior podemos indicar que prima la condición de especial vinculación que supone la relación de empleo público. Esta determinación tiene reflejo en el artículo 14 de la Ley 39/2015, de 1 de octubre, del procedimiento administrativo común de las Administraciones públicas (LPAC) cuando al establecer el marco común de las relaciones electrónicas determina la obligación de relacionarse con las Administraciones Públicas para "... Los empleados de las Administraciones Públicas para los trámites y actuaciones que realicen con ellas por razón de su condición de empleado público, en la forma en que se determine reglamentariamente por cada Administración...". Es cierto que la determinación reglamentaria no tiene una formulación taxativa y general más allá del Real Decreto 203/2021, de 30 de marzo, por el que se aprueba el Reglamento de actuación y funcionamiento del sector público por medios electrónicos, pero la obligación se mantiene intacta.

Recordemos, en todo caso, que la anterior determinación se mueve en el entorno previo y más general que el establecimiento del derecho de las personas físicas a la relación electiva entre lo electrónico y lo que no lo es. Este derecho de las personas físicas quiebra cuando la relación pasa de ser la de sujeción general (la que une a todas las personas con su estructura institucional) y se ubica en el contexto de las relaciones de sujeción especial, esto es, aquellas que se establecen, normalmente, por una relación de carácter voluntaria y que conforman un estatuto específico al que debe someterse o ajustarse la actuación del sujeto en cuestión. Se trata, podemos recordar, que una construcción de la dogmática alemana que ha pasado al conjunto de los ordenamientos para vincular la aplicación más amplia y delimitada de derechos y deberes[1].

---

1 Al respecto, por todos, Cotino Hueso, L., "Relaciones de especial sujeción. Su diversa evolución en Alemania y España (Particular seguimiento de la jurisprudencia constitucional, contencioso-administrativa y militar de la presente década)", *Revista del poder judicial*, nº 55, 1999, pp. 291-324, y la monografía de Lasagabaster Herrarte, I., *Las relaciones de sujeción especial*, Civitas, Madrid, 1994.

En el aspecto que estamos intentando analizar, esto es la relación de empleo público, la capacidad de elección se transforma porque lo determinante es el derecho de la Administración a establecer los medios que considera adecuados para la organización de sus servicios.

Esta obligación, es cierto, que, en algunas ocasiones se ha formulado de una manera más explícita. Un ejemplo, lo constituye la Ley Orgánica 6/1985, de 1 de julio, del Poder Judicial (LOPJ), cuyo artículo 230 establece la siguiente consideración:

> "...1. Los juzgados y tribunales y las fiscalías están obligados a utilizar cualesquiera medios técnicos, electrónicos, informáticos y telemáticos, puestos a su disposición para el desarrollo de su actividad y ejercicio de sus funciones, con las limitaciones que a la utilización de tales medios establecen el capítulo I bis de este título y la normativa orgánica de protección de datos personales...".

En todo caso, lo que realmente sucede es que, para asegurar el cumplimiento de la obligación, el Real Decreto Legislativo 5/2015, de 30 de octubre, por el que se aprueba el texto refundido de la Ley del Estatuto Básico del Empleado Público (TREBEP), no establece una formulación específica, sino que, configurada la obligación como un deber, el citado texto legal solo lo puede subsumir en el plano del incumplimiento de las obligaciones propias del cargo. Se trata, por tanto, de establecer la obligación previa por una norma de adecuado rango para la organización interna y posteriormente, de extraer las consecuencias, ya en el plano disciplinario, de su eventual incumplimiento.

En este punto debe recordarse que el modelo disciplinario del TREBEP sitúa en el mismo, únicamente, las infracciones disciplinarias muy graves y remite a las leyes de las Comunidades Autónomas. la tipificación de las faltas graves y leves. Por tanto, la delimitación real del incumplimiento se presenta tan abierta como el resto de las determinaciones del marco disciplinario y muy en la línea de la arquitectura general del empleo público, del papel ordinamental del TREBEP y de las normas de desarrollo que deben dictarse para cada una de las Administraciones Públicas que se encuentran en el ámbito de aplicación del mismo.

Si nos situamos en el TREBEP, la posibilidad de vinculación con las infracciones muy graves se vincula a tipos como el de no hacerse cargo de las tareas o funciones encomendada o, probablemente, el más ajustado de "notorio incumplimiento de las funciones esenciales inherentes al puesto de trabajo o funciones encomendada". Se trata, claro está, de determinaciones muy elevadas en el plano de la exigencia de los deberes inherentes a cualquier empleado público pero es evidente que presentan como determinación su carácter común, de un lado, y, de otro, la exigencia de que la utilización de la tecnología se configure como un elemento central de las obligaciones que le corresponden.

En estas consideraciones podemos encontrar dos líneas de referencia que nos sirven para la formulación de un contexto general en el que desarrollar el tratamiento común de la automatización en la gestión del empleo público.

De esta manera y, en primer lugar, podríamos indicar que la normativa de procedimiento administrativo común establece la obligación de los empleados públicos de realizar su función en el ámbito de los procedimientos electrónicos y con utilización de los instrumentos que se pongan a disposición de los mismos para la realización de la función administrativa que les corresponde. En gran medida y por buscar un término de ponderación, podemos insistir en que el conjunto de las Administraciones Públicas asume la obligación legal de la tramitación electrónica de los procedimientos al margen de cuál sea la forma, conforme al esquema común, utilizada por el instante o el iniciante del procedimiento.

De esta forma si la tramitación del procedimiento debe efectuarse mediante medios electrónicos, lo que se establece es la correlativa obligación de que quienes lo impulsan utilicen los medios que son acordes con dicha obligación legal.

En todo caso, esta prescripción es, esencialmente, relacional de forma que obliga a los empleados públicos a relacionarse con terceros y entre sí de forma electrónica, aunque es evidente que en la obligación en si misma debería respetar los derechos de los ciudadanos y, por tanto, producirse, cuando esto sea aplicable en los términos que admite la propia legislación común.

B) La conformación de grandes acervos documentales o de información

Este es uno de los aspectos con mayor alcance en relación con la utilización de la tecnología en el ámbito de los grandes procesos que tratan o se sirven de información: la configuración de acervos documentales que ayuden o colaboren en la adopción de decisiones de gestión. En este punto parece que cuando se habla de empleo público pensamos, únicamente, en clave de aplicación individual de los derechos y obligaciones y del estatuto jurídico aplicable, pero, es cierto, que esta relación individual encuentra, a menudo, un soporte genérico en instrumentos de información y documentación que justifica la presente referencia.

Es cierto, sin embargo, que una de las asignaturas menos aprobadas por la gestión del empleo es la planificación del empleo público. La planificación es un ejercicio de prospección que solo puede obtenerse a partir del conocimiento de la realidad y del comportamiento de los parámetros en la historia reciente y datos informativos y estadísticos suficientes que permitan fundar la prospección.

Este terreno de la prospección nos lleva directamente a los datos y a la formación de bases e instrumentos informativos. Esto nos conduce, a su vez, a dos bloques normativos que tienen que ver con la protección de datos personales y otros elementos que procedemos a sistematizar.

El primero está en el Reglamento (UE) 2016/679 del Parlamento Europeo y del Consejo de 27 de abril de 2016 relativo a la protección de las personas físicas en lo que respecta al tratamiento de datos personales y a la libre circulación de estos datos y por el que se deroga la Directiva 95/46/CE (Reglamento general de protección de datos)

En este ámbito, el artículo 23 del Reglamento (UE) 2016/679 establece que:

> "...1. El Derecho de la Unión o de los Estados miembros que se aplique al responsable o el encargado del tratamiento podrá limitar, a través de medidas legislativas, el alcance de las obligaciones y de los derechos establecidos en los artículos 12 a 22 y el artículo 34, así como en el artículo 5 en la medida en que sus disposiciones se correspondan con los derechos y obligaciones contemplados en los artículos

12 a 22, cuando tal limitación respete en lo esencial los derechos y libertades fundamentales y sea una medida necesaria y proporcionada en una sociedad democrática para salvaguardar:
a) la seguridad del Estado;
b) la defensa;
c) la seguridad pública;
d) la prevención, investigación, detección o enjuiciamiento de infracciones penales o la ejecución de sanciones penales, incluida la protección frente a amenazas a la seguridad pública y su prevención;
e) otros objetivos importantes de interés público general de la Unión o de un Estado miembro, en particular un interés económico o financiero importante de la Unión o de un Estado miembro, inclusive en los ámbitos fiscal, presupuestario y monetario, la sanidad pública y la seguridad social;
f) la protección de la independencia judicial y de los procedimientos judiciales;
g) la prevención, la investigación, la detección y el enjuiciamiento de infracciones de normas deontológicas en las profesiones reguladas;
h) una función de supervisión, inspección o reglamentación vinculada, incluso ocasionalmente, con el ejercicio de la autoridad pública en los casos contemplados en las letras a) a e) y g);
i)la protección del interesado o de los derechos y libertades de otros;
j) la ejecución de demandas civiles…"[2].

Estas referencias nos sitúan, por tanto, ante una referencia general que nos permite indicar que la gestión del empleo público y, claro está, dentro de la misma la referencia general a los sistemas de documentación y gestión están en el marco de lo que podríamos de-

2 Esta determinación se completa, en el apartado 2 del mismo precepto, con la indicación de que:
"2. En particular, cualquier medida legislativa indicada en el apartado 1 contendrá como mínimo, en su caso, disposiciones específicas relativas a:
a) la finalidad del tratamiento o de las categorías de tratamiento;
b) las categorías de datos personales de que se trate;
c) el alcance de las limitaciones establecidas;
d) las garantías para evitar accesos o transferencias ilícitos o abusivos;
e) la determinación del responsable o de categorías de responsables;
f) los plazos de conservación y las garantías aplicables habida cuenta de la naturaleza alcance y objetivos del tratamiento o las categorías de tratamiento;
g) los riesgos para los derechos y libertades de los interesados, y
h) el derecho de los interesados a ser informados sobre la limitación, salvo si puede ser perjudicial a los fines de esta…".

nominar "régimen común", frente al régimen específico que ampara algunas de las excepciones sectoriales a las nos acabamos de referir.

La configuración del derecho a la protección de datos se conforma sobre el Reglamento al que nos acabamos de referir y, sobre la legislación de cada país. Específicamente, en el caso español, sobre la Ley Orgánica 3/2018, de 5 de diciembre, de Protección de Datos Personales y garantía de los derechos digitales (LoPDGDD). Recordemos, en este punto, que el artículo 1 de la LoPDGDD establece que:

> "... La presente ley orgánica tiene por objeto:
> a) Adaptar el ordenamiento jurídico español al Reglamento (UE) 2016/679 del Parlamento Europeo y el Consejo, de 27 de abril de 2016, relativo a la protección de las personas físicas en lo que respecta al tratamiento de sus datos personales y a la libre circulación de estos datos, y completar sus disposiciones.
> El derecho fundamental de las personas físicas a la protección de datos personales, amparado por el artículo 18.4 de la Constitución, se ejercerá con arreglo a lo establecido en el Reglamento (UE) 2016/679 y en esta ley orgánica.
> b) Garantizar los derechos digitales de la ciudadanía conforme al mandato establecido en el artículo 18.4 de la Constitución...".

Esta regulación se traduce, en el ámbito de los principios, en los que se refieren a la exactitud de los datos; al deber de confidencialidad, al tratamiento basado en el consentimiento del interesado.

Probablemente debemos destacar de esta regulación la que se contiene en el artículo 8 de la LoPDGDD relativa al tratamiento de datos por obligación legal, interés público o ejercicio de los poderes públicos. El citado artículo establece:

> "... 1. El tratamiento de datos personales solo podrá considerarse fundado en el cumplimiento de una obligación legal exigible al responsable, en los términos previstos en el artículo 6.1.c) del Reglamento (UE) 2016/679, cuando así lo prevea una norma de Derecho de la Unión Europea o una norma con rango de ley, que podrá determinar las condiciones generales del tratamiento y los tipos de datos objeto del mismo así como las cesiones que procedan como consecuencia del cumplimiento de la obligación legal. Dicha norma podrá igualmente imponer condiciones especiales al tratamiento, tales como la adopción de medidas adicionales de seguridad u otras establecidas en el capítulo IV del Reglamento (UE) 2016/679.

> 2. El tratamiento de datos personales solo podrá considerarse fundado en el cumplimiento de una misión realizada en interés público o en el ejercicio de poderes públicos conferidos al responsable, en los términos previstos en el artículo 6.1 e) del Reglamento (UE) 2016/679, cuando derive de una competencia atribuida por una norma con rango de ley...".

Se trata de un precepto que se ubica, claro está, en el marco de la utilización de los datos personales y de la legitimación para el tratamiento, pero es cierto que supone una habilitación para la actuación de los empleados públicos en el ámbito de la acumulación y el tratamiento de los datos de las personas que tienen alguna relación con el ámbito jurídico administrativo.

Desde una perspectiva administrativa podemos referirnos a determinaciones específicas que se refieren directamente a actuaciones en el ámbito de la Administración Pública[3].

---

[3] Con un carácter más específico podríamos referirnos, también, a la Disposición adicional séptima de la LoPDGDD, cuya rúbrica es "Identificación de los interesados en las notificaciones por medio de anuncios y publicaciones de actos administrativos". Dispone lo siguiente:
"1. Cuando sea necesaria la publicación de un acto administrativo que contuviese datos personales del afectado, se identificará al mismo mediante su nombre y apellidos, añadiendo cuatro cifras numéricas aleatorias del documento nacional de identidad, número de identidad de extranjero, pasaporte o documento equivalente. Cuando la publicación se refiera a una pluralidad de afectados estas cifras aleatorias deberán alternarse.
Cuando se trate de la notificación por medio de anuncios, particularmente en los supuestos a los que se refiere el artículo 44 de la Ley 39/2015, de 1 de octubre, del Procedimiento Administrativo Común de las Administraciones Públicas, se identificará al afectado exclusivamente mediante el número completo de su documento nacional de identidad, número de identidad de extranjero, pasaporte o documento equivalente.
Cuando el afectado careciera de cualquiera de los documentos mencionados en los dos párrafos anteriores, se identificará al afectado únicamente mediante su nombre y apellidos. En ningún caso debe publicarse el nombre y apellidos de manera conjunta con el número completo del documento nacional de identidad, número de identidad de extranjero, pasaporte o documento equivalente.
2. A fin de prevenir riesgos para víctimas de violencia de género, el Gobierno impulsará la elaboración de un protocolo de colaboración que defina

1º. Disposición adicional primera de la LoPDGDD. En la misma, referida a "Medidas de seguridad en el ámbito del sector público", se establece que:

> "1. El Esquema Nacional de Seguridad incluirá las medidas que deban implantarse en caso de tratamiento de datos personales para evitar su pérdida, alteración o acceso no autorizado, adaptando los criterios de determinación del riesgo en el tratamiento de los datos a lo establecido en el artículo 32 del Reglamento (UE) 2016/679.
> 2. Los responsables enumerados en el artículo 77.1 de esta ley orgánica deberán aplicar a los tratamientos de datos personales las medidas de seguridad que correspondan de las previstas en el Esquema Nacional de Seguridad, así como impulsar un grado de implementación de medidas equivalentes en las empresas o fundaciones vinculadas a los mismos sujetas al Derecho privado.
> En los casos en los que un tercero preste un servicio en régimen de concesión, encomienda de gestión o contrato, las medidas de seguridad se corresponderán con las de la Administración pública de origen y se ajustarán al Esquema Nacional de Seguridad".

Su regulación reglamentaria se produce con la publicación del Real Decreto 311/2022, de 3 de mayo, por el que se regula el Esquema Nacional de Seguridad[4].

2ª. La remisión a la normativa propia en materia de transparencia. Se contiene en la disposición adicional segunda de la LoPDGDD cuándo señala que

> "La publicidad activa y el acceso a la información pública regulados por el Título I de la Ley 19/2013, de 9 de diciembre, de transparencia, acceso a la información pública y buen gobierno, así como las obligaciones de publicidad activa establecidas por la legislación autonómica, se someterán, cuando la información contenga datos personales, a lo dispuesto en los artículos 5.3 y 15 de la Ley 19/2013, en el Reglamento (UE) 2016/679 y en la presente ley orgánica...".

Con carácter general y a modo de síntesis podríamos indicar que se trata de una norma que habilita la utilización de datos personales en el ámbito de las relaciones jurídicas administrativas y que deter-

---

procedimientos seguros de publicación y notificación de actos administrativos, con la participación de los órganos con competencia en la materia...".

4 *Vid.* al respecto la contribución de Carlos M. GALÁN PASCUAL y Carlos GALÁN CORDERO en esta obra colectiva.

mina la forma de recolección de los mismos, los títulos habilitantes y la conexión con algunos elementos centrales de dicha utilización.

Una vez que constatamos que se trata de una regulación común ya sea el usuario público o privado y más allá, claro está, de la posibilidad de que en el ámbito público se produzcan más afecciones que en el estrictamente privado lo que nos corresponde, en este momento, es analizar las articulaciones específicas que provienen del estatus de la Administración y de las habilitaciones que le establecen sus propias normas de organización que es, precisamente, lo que realizamos en el apartado siguiente.

3ª. La Ley 40/2015, de 1 de octubre, de Régimen Jurídico del Sector Público (LRJSP). Como su propia denominación específica o permite deducir de su título, la LRJSP es la norma organizativa del sector público. Nos sirve para determinar los principios generales de organización y funcionamiento. Dentro de estos últimos se incluye los relativos a la utilización de medios electrónicos en el funcionamiento administrativo. Se trata de una regulación que condesa, en cierta forma, las determinaciones que se contenían en la Ley 30/1992, de 26 de noviembre, de Régimen Jurídico de las Administraciones Públicas y del Procedimiento Administrativo Común, de un lado, y, de otro, las que se contenían en la Ley 11/2007, de 22 de junio, de acceso electrónico de los ciudadanos a los Servicios Públicos[5].

El modelo ahora es que la LRJSP contiene las determinaciones más generales aplicables al conjunto de las relaciones jurídico-administrativas con presencia, claro está, de una entidad administrativa y en la LPAC las determinaciones específicas que inciden no en las regulaciones sustantivas sino en las puramente aplicativas y procedimentales.

Específicamente podemos referirnos a la determinación prevista en el artículo 44 de la citada norma cuando señala que:

> "...1. Los documentos electrónicos transmitidos en entornos cerrados de comunicaciones establecidos entre Administraciones Públicas,

---

5 Sobre la evolución, por todos, García Martín, L., *Derecho administrativo electrónico. Procedimiento administrativo común y de adjudicación contractual*, BOE, Madrid, 2024, pp. 67-84.

> órganos, organismos públicos y entidades de derecho público serán considerados válidos a efectos de autenticación e identificación de los emisores y receptores en las condiciones establecidas en este artículo.
> 2. Cuando los participantes en las comunicaciones pertenezcan a una misma Administración Pública, ésta determinará las condiciones y garantías por las que se regirá que, al menos, comprenderá la relación de emisores y receptores autorizados y la naturaleza de los datos a intercambiar.
> 3. Cuando los participantes pertenezcan a distintas Administraciones, las condiciones y garantías citadas en el apartado anterior se establecerán mediante convenio suscrito entre aquellas.
> 4. En todo caso deberá garantizarse la seguridad del entorno cerrado de comunicaciones y la protección de los datos que se transmitan"[6].

Esta referencia nos sitúa en un entorno concreto conforme al cual el ámbito sectorial al que nos referimos queda en el marco de la protección de datos. La regulación específica de la Administración Pública permite, en este entorno, compartir datos para una finalidad legítima que es la que corresponde con el ejercicio de la propia función o, en términos jurídicos, de la propia competencia. Se trata de entornos creados para hacer posible la colaboración administrativa y aún más, el ejercicio por parte de algunos ciudadanos de los de-

---

6 En el plano ad extra, la regulación anterior se completa con la prevista en el artículo 46 bis de la LRJSP cuando señala que:
"Ubicación de los sistemas de información y comunicaciones para el registro de datos.
Los sistemas de información y comunicaciones para la recogida, almacenamiento, procesamiento y gestión del censo electoral, los padrones municipales de habitantes y otros registros de población, datos fiscales relacionados con tributos propios o cedidos y datos de los usuarios del sistema nacional de salud, así como los correspondientes tratamientos de datos personales, deberán ubicarse y prestarse dentro del territorio de la Unión Europea.
Los datos a que se refiere el apartado anterior no podrán ser objeto de transferencia a un tercer país u organización internacional, con excepción de los que hayan sido objeto de una decisión de adecuación de la Comisión Europea o cuando así lo exija el cumplimiento de las obligaciones internacionales asumidas por el Reino de España…"
Un ejemplo puede verse en la Orden PJC/385/2024, de 30 de abril, por la que se crea la Plataforma Digital de Colaboración entre las Administraciones Públicas y se regula su configuración y funcionamiento.

rechos que le son inherentes en el plano procedimental como es el derecho a la no presentación de documentos que obran en el ámbito de la actuación administrativa correspondiente.

En todo caso, lo que debe quedar claro es que pueden crearse legítimamente entorno de comunicación segura de datos que, conforme a su normativa específica, corresponden a cada Administración.

C) La automatización de procesos

1. Una referencia de contexto

El Reglamento (UE) 2016/679 (Reglamento general de protección de datos) al que nos venimos refiriendo contiene algunas determinaciones esenciales que conviene tomar en consideración.

Así, el artículo 22 del Reglamento se refiere a las decisiones individuales automatizadas cuando señala que:

> "Decisiones individuales automatizadas, incluida la elaboración de perfiles
> 1. Todo interesado tendrá derecho a no ser objeto de una decisión basada únicamente en el tratamiento automatizado, incluida la elaboración de perfiles, que produzca efectos jurídicos en él o le afecte significativamente de modo similar.
> 2. El apartado 1 no se aplicará si la decisión:
> a) es necesaria para la celebración o la ejecución de un contrato entre el interesado y un responsable del tratamiento;
> b) está autorizada por el Derecho de la Unión o de los Estados miembros que se aplique al responsable del tratamiento y que establezca asimismo medidas adecuadas para salvaguardar los derechos y libertades y los intereses legítimos del interesado, o
> c) se basa en el consentimiento explícito del interesado.
> 3. En los casos a que se refiere el apartado 2, letras a) y c), el responsable del tratamiento adoptará las medidas adecuadas para salvaguardar los derechos y libertades y los intereses legítimos del interesado, como mínimo el derecho a obtener intervención humana por parte del responsable, a expresar su punto de vista y a impugnar la decisión.
> 4. Las decisiones a que se refiere el apartado 2 no se basarán en las categorías especiales de datos personales contempladas en el artículo 9, apartado 1, salvo que se aplique el artículo 9, apartado 2, letra a) o g), y se hayan tomado medidas adecuadas para salvaguardar los derechos y libertades y los intereses legítimos del interesado...".

2. Una referencia específica a la automatización de procedimientos

Es la prevista en el artículo 41 de la LRJSP cuando, con carácter general, se refiere a la actuación administrativa automatizada[7] y que, realmente, debería constituir el encaje único de lo aquí analizado. Señala el artículo indicado que:

> "...1. Se entiende por actuación administrativa automatizada, cualquier acto o actuación realizada íntegramente a través de medios electrónicos por una Administración Pública en el marco de un procedimiento administrativo y en la que no haya intervenido de forma directa un empleado público.
> 2. En caso de actuación administrativa automatizada deberá establecerse previamente el órgano u órganos competentes, según los casos, para la definición de las especificaciones, programación, mantenimiento, supervisión y control de calidad y, en su caso, auditoría del sistema de información y de su código fuente. Asimismo, se indicará el órgano que debe ser considerado responsable a efectos de impugnación...".

De esta regulación general nos corresponde recordar algunas referencias generales que se proyectan sobre todos los sistemas de automatización. Específicamente podríamos referirnos a la siguientes:

- La característica más esencial es que la actuación automatiza tiene una referencia de carácter positivo: la utilización de medios electrónicos para su realización; y, otra, de carácter negativa, consistente en negar que sea precisa la intervención de un empleado público sin precisar ni diferenciar si esta intervención es la de impulso, validación o asunción de la decisión final que se pudiera dictar.
- Se establece la obligación general de establecer, con carácter previo, a la sustitución de los procedimientos manuales o convencionales por procedimientos electrónicos de las definiciones, programación y mantenimiento e, incluso, el responsable

---

7 Por todos, Gómez Padilla, R., "Artículo 41. Actuación administrativa automatizada", *Régimen jurídico del sector público y procedimiento administrativo común* (Recuerda Girela, M.A., Dir.) Thomson Reuters Aranzadi, Cizur Menor (Navarra), 2016, pp. 1218-1224

a efectos de la imputación. Esta presentación de las características generales se delimita con un carácter muy general y sin gran precisión de carácter jurídico, pero resulta evidente, más allá de la precisión general, que para que produzca efecto frente a terceros debe producirse necesariamente la externalización y el conocimiento general de la situación. De esta forma es necesaria la publicación en forma que se permite, incluso, la impugnación general de las citadas instrucciones y características.

- La responsabilidad de la producción de los actos. Este tema que está en el trasfondo de la sustitución de los empleados públicos por los procesos electrónicos conlleva necesariamente y para el buen orden del conjunto del sistema administrativo, una referencia final, a la competencia. Es evidente que la aplicación de la tecnología produce una potencial (o real) disociación entre el procedimiento, los trámites del procedimiento y la resolución final dictada por un empleado público[8].

A partir de aquí hay que volver a los orígenes y preguntarnos por la doctrina de la responsabilidad del titular del órgano administrativo en relación con el acto que dicta en representación del conjunto del sistema. En aquella historia, esencial en el marco del procedimiento administrativo, llegamos a la consideración que la doctrina que permite asumir los actos por el titular del órgano administrativo no puede reconducirse a la representación sino a la imputación. Es el apoderamiento, la legalidad del apoderamiento conforme a las reglas que lo rigen, el que permite que se le imputen los actos o las manifestaciones de volición individual al órgano que representa en virtud de la legalidad del apoderamiento o del nombramiento y siempre que se produzca en el marco objetivo de actuación del mismo que es lo que, finalmente, denominamos como competencia y que delimita el marco de actuación de unos órganos frente a otros.

El precepto transcrito se limita a señalar que es necesario (o posible) imputar la responsabilidad a un empleado público. Esta aplicación singular de la imputación clásica debería acompañarse

---

8 *Vid.* al respecto la contribución de Antonio FORTES en esta obra colectiva.

con la referencia a que dicha imputación debe producirse en el marco de la competencia que, legalmente, se atribuye al órgano en cuestión.

El principio de competencia es el esqueleto sobre el que se sustenta el conjunto armónico del derecho administrativo y el que permite proyectar la validez o la eficacia del acto en cuestión. La transmutación del procedimiento y la incorporación de técnicas electrónicas produce una evidente diferenciación física entre quien produce el acto y quien asume la responsabilidad por el mismo. Es a esto a lo que se refiere el último inciso del precepto transcrito al señalar o vincular la actuación administrativa con la responsabilidad de un órgano administrativo lo que hace es cerrar un círculo administrativo estrictamente necesario que se vincula con el ejercicio de la competencia en términos coloquiales lo que, prácticamente, nos llevaría a poder indicar que la referencia que se contiene en el precepto debería haber precisado que esa responsabilidad en la imputación solo puede realizarse a favor del órgano administrativo que tiene legalmente atribuida la competencia.

3. Una visión de conjunto

Las consideraciones que acaban de apuntarse nos sitúan, por tanto, ante una regulación de la actividad administrativa que apunta directamente a la utilización de medios electrónicos. Esta utilización debe estar amparada en el marco común de protección de datos personales y en la normativa prevista en la regulación del procedimiento y la organización administrativa que, ciertamente, apuntan a un conjunto de circunstancias y de formas de ejercicio de los derechos reconocidos que admiten una relación administrativa directa o que la fomentan. Este es el marco común al ejercicio de esta facultad.

Sobre la base de esta consideración general lo que nos corresponde, seguidamente, es centrarnos en las distintas fases que componen la relación jurídica de empleo público para determinar algunos de los elementos centrales en los que su utilización es más común y admisible.

II. EL DESCENSO A LOS PROCEDIMIENTOS ESPECÍFICOS: UNA APROXIMACIÓN CONCEPTUAL

A) La planificación del empleo público

Anteriormente y con un carácter y una consideración general indicábamos que si existe un déficit palpable en la gestión pública de los recursos humanos este está en la planificación[9]. Realmente cada día nos situamos o nos encontramos ante situaciones que demuestran la falta de conocimiento de las plantillas o lo que es igual o peor la falta de transparencia sobre los aspectos que tienen que ver con la organización interna de la Administración. En todo caso, el efecto devastador que va a tener en el conjunto del empleo público la errónea política de empleo público de los últimos años y la opción decidida (aunque no explícita) sobre la precarización del empleo público es una prueba suficiente de la necesidad y la oportunidad de la planificación en el marco del empleo público[10].

Es cierto, sin embargo, que podríamos afirmar que la insuficiencia de la programación constituye una afirmación de conjunto y referida a la Administración como institución. Para fundar esta afirmación es suficiente comprobar que, de repente, los medios de comunicación nos alertan de la imposibilidad de la prestación de servicios en las condiciones que se venían prestado, que no se puede acceder a las citas y que la Administración recupera el viejo concepto de las barreras de acceso. En el mismo sentido, cuando con motivo de un conjunto de pronunciamientos judiciales, esencialmente, europeos se descubre que el número de personal interino y eventual de nuestras organizaciones es de tal nivel que nos hace plantearnos la virtualidad de los conceptos clásicos de gestión de personal como son las plantilla

---

9 Palomar Olmeda, A., "La planificación del Empleo Público y su ejecución. Llas medidas de redimensionamiento en el ámbito de las Administraciones Públicas", *La Función Pública local: del Estatuto Básico a la Ley de Reforma Local de 2013* (Fuentetaja Pastor, J.A., Coord.), Thomson Reuters Aranzadi, Cizur Menor (Navarra), 2014, pp. 223-259.

10 A todo ello nos referimos en Palomar Olmeda, A., *La administración pública en el Siglo XXI: una situación de crisis evidente*, Aranzadi, Cizur menor (Navarra), 2023, pp. 87-126.

o las relaciones de puestos de trabajo. Algún mecanismo, algún responsable se tenía que haber dado cuenta de que los servicios podrían no llegar a ser atendidos y que, por tanto, el compromiso con la sociedad de la Administración Pública ha decrecido notablemente.

Este es, claro está, un problema de gestión y, probablemente, de conexión entre la gestión de recursos y la presupuestación o, directamente, el gasto de las Administraciones Públicas en el ámbito interno. Es cierto que no solo son estas las causas sino también una cierta moda o tendencia de que el gasto público es ineficiente y que, por tanto, hay que reducirlo a costa de conseguir que la mayor parte de las necesidades sociales se conviertan en individuales. Como planteamiento teórico se trata de una teoría que merece el respeto general, pero es evidente que su proyección sobre la sociedad de nuestros días no permite el repliegue nítido del poder público en la satisfacción de necesidades sociales básicas por lo que las políticas de repliegue público en los medios sin afectar a la esencia prestacional lo que produce, realmente, es un deterioro de la situación y de la calidad de los servicios prestados.

Siendo cierta esta ubicación, lo es también que la mecanización o automatización de los procesos tendría no solo la virtualidad de agilizar y objetivar la necesidad de la organización sino, sobre todo, proyectar una imagen de publicidad y conocimiento general[11] que evite que la planificación del empleo público se mantenga en este plano interno que ha generado las situaciones de interinidad, de precariedad, y de falta de provisión de las plantillas en la que estamos situados.

Es probable que conocer la situación no sea una patente para la solución final de las disfuncionalidades, pero es cierto que el conocimiento público de la situación debería ser una palanca para la solución final y, sobre todo, para la presentación del problema. La planificación es, sin duda, un elemento de reflexión y autoorganización de las entidades públicas que forma parte de su política interna y de

---

[11] En la contribución de Carmen CAMBLOR DE ECHANOVE en esta obra colectiva, se realiza una consideración similar sobre el recurso a la automatización en sede de la planificación.

las facultades que corresponden al titular del órgano en relación con la mayor cantidad o calidad de las prestaciones que realiza y, también, de los procesos de optimización de las entidades.

Pero, al lado de este factor interno, es cierto que la planificación, su transparencia y su conocimiento es, también, la muestra evidente de la continuidad del servicio y de que las decisiones de personal deben dejar de ser un instrumento interno que la sociedad y que los ciudadanos realmente no conocen.

La automatización del proceso de planificación debería servirnos para la objetivación de las amortizaciones, de las ofertas, de las previsiones temporales, del incremento de necesidades o de su desincremento. Muchos de estos procesos deberían ser automatizaciones no solo en los aspectos puramente informativos sino también en la objetivación de su propia configuración. Este proceso de automatización responde a la determinación previa de una serie de parámetros que nos permitan diferenciar entre cada tipo de supuesto, y que cada decisión se corresponda con los parámetros que justifican el planteamiento central del empleo público.

Con carácter general podríamos indicar que la automatización de la planificación debería ser el instrumento para el conocimiento general de la situación, pero, también, el elemento central para otras políticas generales como las de selección, la provisión de puestos y servicios e, incluso, la referencia a los procesos de jubilación o salida del empleo público.

Desde una consideración metodológica es evidente que este proceso de automatización tiene un destinatario amplio pero interno porque, finalmente, se proyecta sobre la propia organización y sobre la forma de cubrir las necesidades públicas.

En este sentido podemos constatar un elemento evidente que se aprecia en estos días. Diversas leyes de ámbito sectorial han ido en los últimos años creando organismos de diferente tipo y condición para la satisfacción de diversas necesidades sociales o para el cumplimiento de políticas que la sociedad ha considerado necesarias en los últimos años. Si la planificación operativa estuviera disponible podríamos indicar que la oferta creativa tiene una muy escasa viabilidad práctica porque los medios humanos existentes en el conjunto de las

Administraciones Públicas y, específicamente, en las creadoras, no admiten la disponibilidad del personal necesario.

Una afirmación de este orden hubiera conducido al legislador ordenado a considerar que el esquema de organización y de prestación del servicio o ejercicio de implementación de la correspondiente prestación pública no era viable en los términos de utilización común de los esquemas previos de plantilla. Hoy es relativamente sencillo poder afirmar que cualquier nueva operación fundada en la redistribución de efectivos está abocada al fracaso más evidente. Luego los proyectos que realmente nacen con una inviabilidad radical de medios deberían ser repensados tanto en su necesidad como, sobre todo, en la valoración de esquemas diferentes de organización y prestación.

Estos procesos de racionalidad y de realidad son esenciales para la credibilidad de los modelos. En el momento actual puede llegar a tenerse la sensación de que nada de lo que se proyecta o innova tiene una viabilidad real. Esta inviabilidad es inicial: se dictan las leyes pero no somos capaces de organizar la estructura ni de poner en funcionamiento políticas que han sido objeto de aprobación parlamentaria. Más adelante, cuando se llega a conseguir la creación, los problemas de funcionamiento y de medios son una lacra para la implementación real de las medidas y, por ende, acaban proyectando sobre la sociedad una imagen de reduccionismo y de limitación que no contribuye a creer en el sistema en su conjunto.

La planificación debería conducir a que estas políticas y estas medidas fueran adecuadamente establecidas. En este sentido es común en muchos casos señalar en las memorias previas que determinadas reformas no afectan a las estructuras ni al gasto público. No es necesario insistir en que cuando esto ocurre hay que desconfiar nítidamente de la viabilidad de implementación y de la efectividad de la reforma. Cuando una determinada política o medida es relevante y el Parlamento decide su implementación no puede ocurrir que no tenga coste porque la decisión parlamentaria habilita al coste, es más, lo valora como elemento final de eficacia del sistema. Por tanto, no es un problema solo de coste, sino de medios y los medios no son neutrales. Pensar siempre en clave de reasignación es, literalmente hablando, la de resolver la miseria. Cuando este es el planteamiento, la efectividad de la medida parlamentaria y de la política decidida por las Cortes queda, claramente, en entredicho.

B) Los procesos de selección

El proceso de selección incluye dos ámbitos plenamente diferenciables. El de determinación de las plazas que deben ser seleccionadas en cada momento y, específicamente, las que deben incluirse en el ámbito de las ofertas de empleo. Este proceso queda subsumido en la utilidad y conveniencia de la actividad de planificación del empleo público a la que nos hemos referido en el apartado anterior.

Pero más allá del contenido de las ofertas y, por tanto, de la formalización concreta de las ofertas o de las propias convocatorias es lo cierto que la realización de los procesos constituye un segundo aspecto que puede ser objeto de automatización.

Esto nos lleva al debate tan intenso que se ha planteado en los últimos tiempos en relación con la comprobación de conocimientos. Es claro que no se trata de un debate propio del ámbito administrativo, sino que es extensible al conjunto de organización —incluidas las educativas— en las que se produce el debate sobre la acreditación de conocimientos.

El planteamiento en el que nos situamos es puramente instrumental y prescinde, en este momento, si son los conocimientos o las competencias lo que se debe de evaluar en el ámbito del acceso al empleo público. Este debate —que es común al conjunto de los procesos de reclutamiento de las organizaciones— forma parte de un planteamiento más general y propio del modelo legal que los aspectos instrumentales como son lo que aquí abordamos.

Desde esta consideración podemos plantearnos un intento de sistematización en relación la realización de los diferentes procesos de mecanización y automatización

1. Acreditación de conocimiento

El papel de la tecnología y de los procesos de automatización de la acreditación de conocimientos está directamente vinculado con el tipo de prueba a realizar y es más sencillo, claro está, cuanto más se pueda automatizar la respuesta del opositor y del empleado, según los casos. Por el contrario, es mucho más complejo allí donde existe un factor de discrecionalidad y de apreciación tanto puramente técnica como simplemente valorativa.

a) *Realización y corrección de los procesos en elementos de carácter instrumental*

Por aclarar el concepto nos referimos en este apartado a los test o pruebas similares en las que la tecnología aporta el soporte de la realización y objetiva la corrección mediante un sistema de aciertos o errores previamente incluidos en el ámbito de la mecanización.

Las posibilidades de automatización en este punto resultan muy certeras y permiten ganar rapidez y seguridad en todos los niveles de la realización de la prueba.

b) *Pruebas adicionales de contenido subjetivo*

Aquí los procesos de automatización estarán en función directa con la propia prueba y con la finalidad que persigue con la misma. Es cierto, en todo caso, que podría aportar un elemento central de constancia y validación que podría cambiar claramente el principio de la discrecionalidad técnica que conforma el esquema teórico.

En estos supuestos, la posibilidad de automatización de procesos se centra en lo puramente instrumental pero debe asegurarse un elemento final de valoración y de apreciación por el tribunal o por la persona que, conforme al Ordenamiento general, deba efectuar dicha tarea de validación

c) *La combinación de las referencias anteriores con los problemas presentes*

Estamos en un momento especial en el ámbito de la función pública. Es un momento en el que ayudaría mucho a una visión de conjunto que las oposiciones y los concursos fueran capaces de reducir el alto número de empleos públicos ocupados en fórmulas de interinidad o de temporalidad.

Es evidente que esto ha reabierto viejos debates y, específicamente, el de la dificultad o la complejidad de los procesos selectivos. Desde nuestra opinión es complejo abrir este debate sin simultáneamente plantear el de la vinculación entre las competencias profesionales y el puesto o la tarea a realizar y sobre otras cuestiones que, de alguna forma, parecen haberse olvidado como son relativas a las titulaciones y a las competencias que cada una de ellas otorga de cara al desarrollo de las competencias necesarias y que obligaría, claro está, a repensar el esquema actual de vinculación de los cuerpos de funcionarios con una titulación universitaria de una forma tan estricta.

Pero sin desviarnos a esta cuestión lo que realmente no debería ocurrir es que sea la electrónica o la técnica en general el elemento justificativo de una reducción del nivel de exigencia de los procesos públicos. La mecanización de procesos debe llegar a donde deba de llegar y debe ser el instrumento para sustituir muchos procesos manuales y conseguir un marco de eficacia que, también, sería especialmente valorado en un momento como el que estamos viviendo en relación con la celeridad en la cobertura de los puestos públicos.

Pero lo que, en síntesis, conviene indicar es que la automatización de los procesos debe ser el fruto de una reflexión serena que incluya una valoración ponderada de los requisitos y las demandas de la Administración y no únicamente una consideración ligada a la simplicidad y a la rapidez[12].

C) Los procesos relativos a la provisión de puestos de trabajo

Si nos centramos en los dos procedimientos clásicos: el concurso y la libre designación parece evidente que la mecanización permite ganar seguridad y eficacia en el ámbito del concurso con la referencia final y más compleja a los supuestos de valoración de méritos especí-

---

12 *Vid.* al respecto la contribución de Angel M. MORENO MOLINA en esta obra colectiva.

ficos y, específicamente, cuando las formas de validación se vinculan a elementos de valoración subjetiva como puede ser la entrevista.

Pero, más allá de esta consideración final y, en muchos supuestos residual desde la perspectiva aplicativa podríamos indicar que se trata de un ámbito de la relación jurídica de empleo público que admite una mecanización del mayor nivel porque los elementos sobre los que opera son elementos reglados y, por tanto, donde la capacidad de validar su cumplimiento y de adverar su aportación y requisitos aparece como especialmente alta.

Frente a esto cabe indicar que los sistemas que están ligados a la decisión del responsable de recursos humanos tales como la comisión de servicios o la redistribución de los efectivos en toda su extensión, el papel de la mecanización se presenta como muy reducido porque la valoración de conjunto que se atribuye al responsable público no es susceptible de sustitución electrónica al tener un claro componente valorativo.

D) La declaración y el reconocimiento de situaciones administrativas

En la medida en que nos acercamos a los elementos más reglados de la relación jurídica de empleo público, los términos de la automatización son más sencillos de percibir.

Con carácter general es el artículo 85 del TREBEP el que establece las situaciones administrativas de los empleados públicos que fija en las siguientes: "1. Los funcionarios de carrera se hallarán en alguna de las siguientes situaciones: a) Servicio activo. b) Servicios especiales. C) Servicio en otras Administraciones Públicas; d) Excedencia. E) Suspensión de funciones…".

Sin entrar, ahora, en el análisis de cada una de ellas[13] podemos indicar que su regulación es, esencialmente, una regulación con elementos muy determinantes de carácter reglado frente al carácter discrecional de otras actuaciones administrativa. Es cierto que, en su

---

13 *Vid.* Palomar Olmeda, A., *Derecho de la función pública. Régimen jurídico de los funcionarios públicos*, 13ª ed., Dykinson, Madrid, 2021, pp. 497-524.

regulación específica, pueden detectarse elementos de mayor valor o consideración discrecional que en otras, pero, realmente, se trata de procedimientos en los que la automatización del procedimiento es muy elevada sin perjuicio, claro está, de estos factores adicionales que exigen la valoración por el órgano administrativo en función de la existencia de parámetros que exigen algunos elementos de valoración y de validación con el conjunto de la actuación.

Esto nos permitiría indicar que este ámbito de la relación jurídica de empleo público es especialmente hábil para la conformación de programas y aplicaciones que permitan la valoración del cumplimiento de los requisitos legales y, por tanto, la validación de la solicitud realizada. Cuando concurran elementos de valoración que exigen elementos que están al margen de un proceso puramente automático la labor de automatización será parcial e integrará el juicio de valor del funcionario o del empleado público correspondiente.

E) Derechos, deberes, incompatibilidades

La regulación de los derechos, deberes e incompatibilidades nos muestra un proceso con posibilidad amplia de automatización en lo que se refiere a la formación y adveración de los expedientes que permiten cumplir o entender cumplidos los ejercicios correspondientes.

De este proceso de automatización deben quedar al margen los procesos de investigación y control de cumplimiento de los deberes y de las incompatibilidades. En estos supuestos lo que hay, esencialmente, es un proceso de comprobación y validación de las circunstancias previstas en la normativa y de su cumplimiento que, en muchos casos, puede ser una actividad mecánica.

Desde nuestra perspectiva, sin embargo, debería quedar al margen de la automatización más allá de la estandarización de modelos, la labor de aprobación de modelos o esquemas de tramitación que permitan el cumplimiento de las circunstancias concurrentes.

F) El régimen disciplinario

En línea con lo que se acaba de indicar cabe señalar, en este momento, que la función disciplinaria encubre realmente dos procesos que tienen, desde la perspectiva finalista, una entidad propia.

En este esquema, la adveración del cumplimiento de las obligaciones es, ciertamente, una actuación que tiene un gran elemento apreciativo y de investigación cuya automatización solo puede encubrir a los aspectos ancilares de la relación jurídica. Su automatización, más allá, de los aspectos incluidos en este ámbito son, por tanto, ciertamente difíciles de percibir porque es la labor del empleado público que instruye el procedimiento el que resulta determinante de la actuación subsiguiente.

III. RÉGIMEN ESPECÍFICO DE LOS REGISTROS DE PERSONAL

Más allá de la configuración estructural, ligada a los aspectos más conocidos de la relación jurídica del empleo público, a la que nos acabamos de referir es lo cierto que la LoPDGDD contiene una referencia que incide, precisamente el ámbito del empleo público.

Nos referimos a la Disposición adicional 12 que tiene por título "disposiciones específicas aplicables a los tratamientos de los registros de personal del sector público".

Conviene recordar que el artículo 71 del TREBEP regula los registros de personal y de gestión integrada de recursos humanos y, específicamente, establece la siguiente regulación[14]:

> "1. Cada Administración Pública constituirá un Registro en el que se inscribirán los datos relativos al personal contemplado en los artículos

---

[14] Puede consultarse Vázquez Garranzo, J., "Artículo 71. Registros de personal y Gestión integrada de recursos humanos", *Comentarios a la ley 7-2007, de 12 de abril, del Estatuto Básico del Empleado Público* (Palomar Olmeda, A. y Sempere Navarro, A.V., Dirs.), Aranzadi Thomson Reuters, Cizur Menor (Navarra), 2008, pp. 618-627.

> 2 y 5 del presente Estatuto y que tendrá en cuenta las peculiaridades de determinados colectivos.
> 2. Los Registros podrán disponer también de la información agregada sobre los restantes recursos humanos de su respectivo sector público.
> 3. Mediante convenio de Conferencia Sectorial se establecerán los contenidos mínimos comunes de los Registros de personal y los criterios que permitan el intercambio homogéneo de la información entre Administraciones, con respeto a lo establecido en la legislación de protección de datos de carácter personal.
> 4. Las Administraciones Públicas impulsarán la gestión integrada de recursos humanos.
> 5. Cuando las Entidades Locales no cuenten con la suficiente capacidad financiera o técnica, la Administración General del Estado y las Comunidades Autónomas cooperarán con aquéllas a los efectos contemplados en este artículo".

El registro de personal se configura, por tanto, como un elemento de la planificación del empleo público y se ubica, conceptualmente, en el Título V del TREBEP que se refiere, en general, a la ordenación de la actividad profesional. A la actividad de planificación nos hemos referido anteriormente y no vamos a insistir en el papel que puede representar en este ámbito salvo el de dejar conexión con lo allí expuesto.

Es cierto que esta regulación tiene, en esencia, una operatividad limitada a la propia Administración para la ordenación de su propia burocracia, pero, en su configuración, se admite que los datos y la información puedan ser objeto de transferencia para la articulación de las necesidades de otras Administraciones Públicas.

A esto se refiere la Disposición adicional duodécima de la LoPDGDD que contiene una regulación que podemos sintetizar indicando que los tratamientos de los registros de personal del sector público se entenderán realizados en el ejercicio de poderes públicos conferidos a sus responsables, de acuerdo con lo previsto en el artículo 6.1.e) del Reglamento (UE) 2016/679.

El citado artículo permite el tratamiento cuando "... e) el tratamiento es necesario para el cumplimiento de una misión realizada en interés público o en el ejercicio de poderes públicos conferidos al responsable del tratamiento... 2. Los registros de personal del sector público podrán tratar datos personales relativos a infracciones y condenas penales e infracciones y sanciones administrativas, limitándose a los datos estrictamente necesarios para el cumplimiento de sus fines. 3. De acuerdo con lo previsto en el artículo 18.2 del Reglamento (UE) 2016/679, y por considerarlo una razón de interés público importante, los datos cuyo tratamiento se haya limitado en virtud del artículo 18.1 del citado reglamento, podrán ser objeto de tratamiento cuando sea necesario para el desarrollo de los procedimientos de personal…".

IV. UN PUNTO DE VISTA ADICIONAL

En los apartados anteriores si bien hemos establecido algunas reglas generales sobre las posibilidades de la automatización de los procesos que componen la relación jurídica de función o empleo público, es lo cierto que existe un elemento adicional que, desde una perspectiva diferente, regula la automatización.

Nos referimos, esencialmente, a los efectos de la automatización sobre la intensidad del control jurisdiccional. Los problemas de control, de intensidad, del control jurisdiccional son cada vez más agudos en el ámbito de contencioso-administrativo en el que se imponen una detrás de otras medidas de gestión de expedientes que, finalmente, conforman una modelización de la respuesta que, ciertamente, está planteando ya muchas dudas en el ámbito doctrinal. Es muy probable que la lentitud de los tiempos de la justicia haga que el debate no se haya planteado con la agudeza y la intensidad que merece, pero los efectos reales sobre la concepción tradicional del contencioso-administrativo son más que visibles.

En este orden de cuestiones podemos intentar una sistematización que se refiere a dos categorías jurídicas:

A) Automatización de trámites comunes

En los supuestos en los que esto ocurre nos situamos en un marco únicamente de procedimiento administrativo. Como tantas veces ocurre en los primeros momentos de la interpretación de las normas y de la transformación de los procesos analógicos en electrónicos, se pensó que las infracciones a las reglas específicamente electrónicas suponían en todo caso una consecuencia inmediata sobre el acto en cuestión y que la misma era incardinable, directamente, en la causa de haber prescindido total y absolutamente del procedimiento establecido. Fueron los primeros momentos en los que, por tanto, no se proyectaba la nulidad procedimental sobre los efectos que había producido, sino que se proyectaban directamente sobre el trámite en cuestión.

La evolución posterior, de la que es fiel reflejo la reforma de la Ley de Enjuiciamiento Civil según la cual la constatación de la existencia de un error procedimental no se proyecta sobre el procedimiento en su conjunto sino que determina la nulidad en función de los efectos que realmente ha causado. Volvemos, por tanto, a donde estábamos en materia de vicios procedimentales de forma que solo cuando el acto causa una situación de indefensión evidente y palmaría puede encuadrarse en el supuesto previsto en el artículo 47.1.c) de la LPAC. Frente a esto cuando la elusión de trámites o la infracción de las reglas de tramitación pueda considerarse como una situación remediable en el propio procedimiento o, incluso, mediante los recursos que procedan contra la resolución final, la solución es que los trámites electrónicos no añaden un ápice de cualificación a la ineficacia derivada de la tramitación procedimental sino que se sitúan en el marco central del procedimiento administrativo y de las reglas comunes que ligan la nulidad de pleno derecho a la concurrencia de una situación de indefensión que ha impedido participar y accionar en el propio procedimiento administrativo.

B) Automatización de trámites específicos.

En el contexto al que nos hemos referido inicialmente cabria plantearse de una forma diferencial a lo que acabamos de indicar en el apartado anterior que cuando la automatización de trámites supone la sustitución total del empleado público y, por tanto, la decisión se convierte en enteramente electrónica es cuando la doctrina de la indefensión debe matizarse.

El matiz pasa, como se apuntó, por la consideración de que la sustitución del empleado público cuando afecta a la capacidad decisional del procedimiento que se imputa *ex lege* al titular del órgano administrativo en cuestión los efectos no pueden ser del mismo tener que una elusión de carácter común.

Desde esta consideración podríamos indicar que cuando el procedimiento se tramita y resuelve íntegramente en sede electrónica, el conocimiento de las características del procedimiento y de las reglas aplicadas en la adopción final de la decisión por el órgano administrativo se constituye en un elemento de garantía intrínseca del procedimiento y su elusión, en los mismos términos que planteábamos, conduce a una situación de indefensión que ameritaría la inclusión como un supuesto de nulidad de pleno derecho. Esta consideración está ligada, claro está, a la propia idea de la indefensión en la que se coloca a un ciudadano cuyas pretensiones se aprueban o rechazan mediante un programa cuyas características se desconocen y que, por tanto, no pueden ser objeto de revisión.

C) Consideraciones de carácter general

Al margen del desglose que se acaba de indicar lo que nos corresponde señalar ahora es que la ineficacia del acto está ligada, esencialmente, a la situación que se proyecta sobre el interesado en orden al ejercicio de sus derechos procedimentales y de aplicación de las normas.

Cuando la sustitución del empleado se produce en términos materiales y susceptibles de comprobación o constatación anterior, la situación no dista mucho de la que se establecía en el marco de la normativa anterior cuando los elementos electrónicos tenían un menor alcance.

Es cierto, sin embargo, que en la configuración meramente proyectiva que hemos hecho de las diferentes etapas que configuran la relación jurídica de empleo público se aprecian sectores amplios donde se puede producir una sustitución de los procesos previos por otros de carácter electrónico. Esta sustitución no se percibe, *a priori*, en términos meramente mecánicos, sino ligada a la reconsideración de algunos de los elementos de constatación y de gestión que componen dicha relación jurídica.

Es esta reconsideración general la que debe dotar a los procedimientos electrónicos de las garantías suficientes para conseguir que la sustitución no merme los derechos reaccionales y no altere el régimen de control de los actos en cuestión.

De lo que no cabe duda es que nos encontramos en un momento central para la introducción de elementos electrónicos que pueden llevarnos, sin duda, a la referencia final de encontrar las reglas para la aplicación de la inteligencia artificial que está, sin duda, en el frontispicio de muchas reflexiones. Este elemento de reflexión y, finalmente, de garantía es la esencia de lo que aquí analizamos porque es la que debe asegurar que la introducción de la electrónica, en el nivel y con el alcance que se considere, no puede hacerse contra la necesidad de control y aseguramiento de los elementos centrales de cada relación jurídica. Este es, sin duda, el gran reto del futuro que obligará a muchos cambios de paradigmas, probablemente también, en el ámbito judicial pero que resulta necesaria para que algo instrumental no acabe afectando a una regulación sustantiva.

V. BIBLIOGRAFÍA

Cotino Hueso, L. (1999). "Relaciones de especial sujeción. Su diversa evolución en Alemania y España (Particular seguimiento de la jurisprudencia constitucional, contencioso-administrativa y militar de la presente década)", *Revista del poder judicial*, nº 55, 1999, 291-324,

García Martín, L. (2024). *Derecho administrativo electrónico. Procedimiento administrativo común y de adjudicación contractual*, BOE, Madrid, 67-84.

Gómez Padilla, R. (2016). "Artículo 41. Actuación administrativa automatizada", *Régimen jurídico del sector público y procedimiento administrativo común* (Recuerda Girela, M.A., Dir.), Thomson Reuters Aranzadi, Cizur Menor (Navarra), 1218-1224

Lasagabaster Herrarte, I. (1994). *Las relaciones de sujeción especial*, Civitas, Madrid.

Palomar Olmeda, A. (2014). "La planificación del Empleo Público y su ejecución. Las medidas de redimensionamiento en el ámbito de las Administraciones Públicas", *La Función Pública local: del Estatuto Básico a la Ley de Reforma Local de 2013* (Fuentetaja Pastor, J.A., Coord.), Thomson Reuters Aranzadi, Cizur Menor (Navarra), 223-259.

Palomar Olmeda, A. (2021). *Derecho de la función pública. Régimen jurídico de los funcionarios públicos*, 13ª ed., Dykinson, Madrid, 497-524.

Palomar Olmeda, A. (2023). *La administración pública en el Siglo XXI: una situación de crisis evidente*, Aranzadi, Cizur menor (Navarra), 87-126.

Vázquez Garranzo, J. (2008). "Artículo 71. Registros de personal y Gestión integrada de recursos humanos", *Comentarios a la ley 7-2007, de 12 de abril, del Estatuto Básico del Empleado Público* (Palomar Olmeda, A. y Sempere Navarro, A.V., Dirs.), Aranzadi Thomson Reuters, Cizur Menor (Navarra), 618-627.

La automatización de la actuación material, gestora o prestadora de servicios públicos

JOSÉ VIDA FERNÁNDEZ[1]
Profesor Titular de Derecho Administrativo
Universidad Carlos III de Madrid

Sumario: I. INTRODUCCIÓN: A TRAVÉS DEL ESPEJO. II. IDENTIFICACIÓN Y DELIMITACIÓN DE LA ACTUACIÓN MATERIAL AUTOMATIZADA DE LAS ADMINISTRACIONES PÚBLICAS. A) Actividad jurídica *vs.* actividad material o técnica. B) Actividad formal *vs.* actividad informal. C) Actividad automatizada: sistemas de programación clásica y sistemas basados en inteligencia artificial. D) Actividad administrativa *vs.* actividad privada. III. LA COMPLEJA SISTEMATIZACIÓN DEL RÉGIMEN JURÍDICO DE LAS ACTUACIONES MATERIALES AUTOMATIZADAS DE LAS ADMINISTRACIONES PÚBLICAS. IV. LA NORMATIVA ADMINISTRATIVA COMÚN APLICABLE A LAS ACTUACIONES MATERIALES AUTOMATIZADAS DE LAS ADMINISTRACIONES PÚBLICAS. A) El origen del régimen jurídico de la actividad administrativa automatizada. B) La generalización del régimen de la actividad administrativa automatizada. C) El régimen jurídico vigente de las actuaciones administrativas automatizadas. D) El régimen jurídico de las actuaciones administrativas automatizadas basadas en inteligencia artificial. E) La relevancia de la contratación pública en la regulación de las actuaciones automatizadas. V. EL RÉGIMEN JURÍDICO DE LOS SISTEMAS INFORMÁTICOS EMPLEADOS EN LAS ACTUACIONES MATERIALES AUTOMATIZADAS DE LAS ADMINISTRACIONES PÚBLICAS. A) La ausencia de una regulación general de los sistemas informáticos. B) La regulación de los sistemas informáticos basados en inteligencia artificial. C) Otras normativas que enmarcan el funcionamiento de los sistemas informáticos. VI. LA REGULACIÓN SECTORIAL APLICABLE A DETERMINADAS ACTUACIONES MATERIALES AUTOMATIZADAS DE LAS

[1] El presente trabajo surge como un ejemplo de sana colaboración entre el proyecto de investigación "La acción administrativa automatizada: condiciones, límites y garantías jurídicas" (PID2020-116855RB-I00) dirigido por los profesores M. Vaquer Caballería y M. Casino Rubio y el proyecto "Implantación de la inteligencia artificial en el Sistema Nacional de Salud: Soluciones a problemas jurídicos concretos" (PID2021-128621NB-I00) bajo mi dirección, ambos desarrollados en la Universidad Carlos III de Madrid.

I. INTRODUCCIÓN: A TRAVÉS DEL ESPEJO

El presente trabajo es un verso suelto —pero necesario— dentro de los estudios de la AAA que tienen como punto de referencia el artículo 41 de la LRJS que, precisamente, no se aplica a lo que aquí se analiza.

En efecto, el objeto de esta investigación no es otro que la actuación material automatizada de las AAPP que se desarrolla en garantía, gestión o prestación de servicios públicos —entendidos estos en sentido lato—, lo que supone cruzar a través del espejo para encontrar todas aquellas actividades que se llevan a cabo por las AAPP al margen del procedimiento administrativo y que no se materializan en un acto jurídico.

Se trata de innumerables actividades, muchas de ellas esenciales, que se desarrollan de forma cotidiana por las distintas AAPP —directa o indirectamente—, y que forman un conjunto tan enorme como heterogéneo, por lo que resulta extremadamente difícil de definir, delimitar y sistematizar.

Estas actividades materiales automatizadas pueden darse en una infinidad de ámbitos: atención ciudadana (asistentes y cita previa), prevención y extinción de incendios, seguridad ciudadana (policía), enseñanza, asistencia sanitaria, servicios de transporte, servicios de empleo, servicios sociales, medio ambiente, investigación científica, gestión administrativa interna (personal, presupuestos), etc. Su planteamiento puede ser tan sencillo como el de un semáforo o un radar de control de velocidad, pero también puede llegar a ser tan sofisticado como una cirugía robótica asistida por IA o un sistema de reconocimiento facial para localizar personas desaparecidas.

Dentro de las actividades materiales también se incluyen aquellas auxiliares de gestión precisas para el despliegue de la actividad jurídica[2] —que van desde formularios y notificaciones a los actos de ejecución (voluntaria o forzosa)— de los actos administrativos declarativos. Sin embargo, esta categoría de actuaciones materiales formalizadas, que se desarrollan en el marco del procedimiento administrativo no van ser objeto del presente análisis ya que presentan una naturaleza específica y se les aplica el artículo 41 LRJPS que pretendemos trascender.

La actuación material de las AAPP ha sido una materia tradicionalmente relegada dentro de los estudios del Derecho Administrativo que se han centrado, casi de manera exclusiva, en la actividad jurídica y formalizada de las AAPP. Las razones son múltiples y justificadas, y es la principal el que se trata una materia —la actuación material o técnica de las AAPP— que presenta una menor densidad normativa y que, por tanto, genera una complejidad jurídica más limitada, en tanto lo que requiere es un tratamiento que se circunscribe esencialmente al plano técnico.

Esto plantea una dificultad de partida para el estudio de la actuación material automatizada de las AAPP ya que, a diferencia de lo que ocurre con la actividad jurídico-formalizada no existen puntos de referencia, ni legales ni dogmáticos. La actuación material de la Administración no se encuentra sometida a un régimen común que la ahorme y fije una configuración única homogénea a partir de la cual surgen múltiples variedades sometidas normas sectoriales concretas, como ocurre con los actos administrativos. Por el contrario, las actuaciones administrativas materiales presentan una naturaleza muy diversa ya que no responden a un marco común, y se manifiestan en múltiples contextos que responden a normas sectoriales

---

2 Como indican L. Parejo Alfonso: *Derecho Administrativo*, 10ª ed. Tirant lo Blanch, Valencia, 2024, p. 294; E. García de Enterría, Eduardo; T.R. Fernández Rodríguez: *Curso de Derecho Administrativo I*, Civitas, Madrid, 2022, p. 868. J. A. Fuentetaja Pastor: «El acto administrativo (I): concepto, clases y requisitos», en C. Fernández Rodríguez (coord.): *Derecho Administrativo II: Régimen jurídico de la actividad administrativa*, Tirant lo Blanch, Valencia, 2023, p. 23.

que, por lo general, son poco detalladas en la configuración de estas actuaciones materiales —actividad de vigilancia y localización de peligros, la búsqueda y asignación de un empleo, un diagnóstico por imagen, la gestión de una infraestructura ferroviaria, la identificación de menores en situación vulnerable—.

Estas circunstancias determinan que resulte extremadamente complejo sistematizar el régimen jurídico al que se encuentran sometidas las actuaciones administrativas materiales de las AAPP. La actividad administrativa mediante la que prestan los servicios sanitarios, educativos, sociales, de seguridad, etc. se desarrolla conforme a un marco normativo sectorial propio y diferenciado en cada caso, por lo que sería más lógico hacer una aproximación individualizada a cada uno de estos sectores, más que plantear una formulación común a todos ellos. La dificultad de esta sistematización se intensifica aún más cuando se introduce como factor adicional el análisis de las actuaciones materiales automatizadas, tal y como ocurre aquí.

A pesar de tan sombrío panorama, el presente trabajo trata de ofrecer una panorámica del régimen jurídico de las actuaciones materiales automatizadas de las AAPP para lo se propone estructurar la normativa aplicable en tres bloques (apartado III): en primer lugar, la normativa común aplicaciones a las actuaciones materiales automatizadas de las AAPP (apartado IV); en segundo lugar, la normativa aplicable a los sistemas informáticos empleados en dichas actuaciones materiales automatizadas por las AAPP —incluidos los sistemas de IA— (apartado V); y, por último, la normativa sectorial que rige determinadas actuaciones materiales automatizadas —en concreto, en el ámbito de la salud, transporte y tráfico—.

Este ejercicio de puesta en común de los distintos bloques normativos que rigen las actuaciones materiales automatizadas de las AAPP permite comprobar la escasa entidad de su régimen jurídico —ya que prima la regulación técnica—, la falta de coordinación dentro del mismo —en tanto los bloques se plantean como compartimentos estancos— y la indiferencia del carácter público o privado de la actividad o del sujeto que las desarrolla —ya que se trata de una actividad técnica y no consiste en el ejercicio de poder—

Esto último pone manifiesto la verdadera naturaleza de la actividad material de la Administración de la que se espera precisión, seguridad y acierto (corrección técnica) que, de no producirse, permitirá reclamar por el daño causado; mientras que el objetivo de las actuaciones jurídicas es que sean válidas y eficaces (corrección jurídica) y, en caso contrario, se podrá recurrir frente a la ilegalidad. Estas diferencias explican muchas de las singularidades del tratamiento jurídico de la actuación material de las AAPP que, de este modo, se separa del propio de la actividad jurídica formalizada.

Por lo tanto, se trata aquí de ofrecer unas coordenadas para identificar y entender el régimen jurídico de las actuaciones materiales automatizadas de las AAPP que se encuentra en plena transformación como consecuencia de la irrupción de los sistemas de IA que generalizarán su automatización, dando lugar a nuevos retos que tendrán que ser afrontados por una nueva normativa que encauce esa nueva realidad y garantice tanto los derechos y libertades de los ciudadanos como el interés general en la prestación de los servicios públicos.

II. IDENTIFICACIÓN Y DELIMITACIÓN DE LA ACTUACIÓN MATERIAL AUTOMATIZADA DE LAS ADMINISTRACIONES PÚBLICAS

A) Actividad jurídica vs. actividad material o técnica

En los estudios sobre los actos administrativos suele ser habitual la diferenciación entre la actividad jurídica de las Administraciones Públicas y las actuaciones materiales o técnicas. Se trata de una distinción dogmática que se deriva de la configuración que hace nuestro ordenamiento jurídico de la actividad administrativa, pero que no se llega a definir legalmente ni, menos aún, se desarrolla y sistematiza en ninguna norma específica. Sin embargo, esta distinción entre actividad jurídica y actividad material o técnica está presente en todo el ordenamiento jurídico-administrativo[3] y su existencia se recoge de manera reiterada por la doctrina[4].

En una aproximación muy básica podemos comprobar que la Administración realiza numerosas actuaciones de carácter fáctico o material que suelen tener una naturaleza técnica[5], y que constituyen el grueso y la esencia misma de la actividad administrativa en tanto la finalidad de las Administraciones Públicas es ofrecer servicios a

---

3 Así se aprecia esta distinción en determinados puntos de fricción entre las actuaciones jurídicas y las actuaciones materiales, entre otros, la capacidad que se reconoce exclusivamente a los órganos administrativos para desarrollar actividades con efectos jurídicos frente a terceros (actos administrativos) que los caracteriza como tales (art. 5.1 LRJSP); la configuración de la encomienda de gestión, ya que ésta se refiere a la realización de actividades de carácter material o técnico que puede ser encomendada a otros órganos o entidades públicas (art. 11 LRJSP); en la ejecución forzosa que implica actuaciones materiales que deben contar con una resolución que le sirva de fundamento jurídico (art. 97 LPAC); o los recursos contra la vía de hecho, que constituyen actuaciones materiales carentes del correspondiente fundamento jurídico (art. 25 y 32.2 LJCA).

4 La mayoría de los manuales de Derecho Administrativo recogen esta distinción sin entrar en un análisis detallado de la naturaleza, significado y alcance de las actividades materiales o técnicas, ya que es la actividad jurídica de la Administración la que se somete a una regulación detallada en tanto se desarrolla para producir efectos jurídicos, por lo que es la que centra la atención y el análisis. *vid.* D. Blanquer Criado: *Derecho Administrativo,* Tirant lo Blanch, Valencia, 2020, p. 814; J. A. Fuentetaja Rodríguez (2023) *op. cit.* 33; J. García Andrade: «Lección 20. Actuaciones sin procedimiento», en VV.AA. *Manual de Derecho Administrativo,* Marcial Pons, pp. 507-523; E. García de Enterría, T.-R. Fernández Rodríguez (2022) *op. cit.* 868-871; O. Mir Puigpelat: «Lección 9. Procedimiento Administrativos», en VV.AA. Manual de Derecho Administrativo, Marcial Pons, 2023, p. 368; S. Muñoz Machado: *Tratado de Derecho Administrativo y Derecho Público general,* Tomo XII, Madrid, BOE, 2015, p. 15); L. Parejo Alfonso (2024) *op. cit.* pp. 560-561; R. Rivero Ortega, *Derecho Administrativo,* Tirant lo Blanch, Valencia, 2023, p. 145; J. A. Santamaría Pastor: *Principios de Derecho Administrativo General.* Vol. II. Madrid, Iustel, 2009, pp. 106-109.

5 Se considera como actividad técnica en la medida que se trata de funciones, tareas o cometidos, que se cumplen normalmente observando las reglas técnicas o facultativas propias de aquéllos, tal y como indica L. Parejo Alfonso (2024) *op. cit.* p. 561.

los ciudadanos[6]. A pesar de su volumen y relevancia esta actividad material o técnica no ha sido objeto de una especial atención ni por parte del legislador ni tampoco de la doctrina[7], ya que ambos se han centrado en las grandes categorías de la actividad jurídica —como son los reglamentos, los actos y los contratos administrativos[8]— que son el resultado del ejercicio del poder administrativo dirigido de manera directa e inmediata a modificar la esfera jurídica de los ciudadanos, y que constituye la base y fundamento —por lo general— de las actuaciones materiales[9].

---

6 Así, García de Enterría reivindicaba la importancia de esta actuación material o técnica de las Administraciones frente a la actividad jurídica ya que «(…) *normalmente tales normas y actos* (los jurídicos) *no tienen una finalidad sustantiva, sino auxiliar de su objetivo más destacado, ofrecer al público un sistema efectivo y práctico de servicios públicos, en el sentido más elemental de esta expresión como actividad material por la que se prestan infraestructuras, servicios, utilidades concretas al público. Si, por ejemplo, repasamos uno por uno todos los Ministerios, centros que dirigen los grandes sectores de acción de la Administración, comprobaremos que todos ellos se plasman en organizaciones, servicios, prestaciones al público que se manifiestan en una multivaria actividad técnica y material que constituye así el nervio mismo de la Administración como efectiva realidad. El Derecho no puede ignorar este hecho capital.*» E. García de Enterría; T.R. Fernández Rodríguez (2022) *op. cit.*, p. 868.

7 Los estudios monográficos sobre la actividad material o técnica son muy escasos a pesar de su relevancia, y entre ellos destacan el de J. García Andrade: *Las actuaciones administrativas sin procedimiento. Relaciones jurídicas en el Estado de Derecho*, Marcial Pons, 2021 y J. García Andrade (2023) *op. cit.* y C. Velasco Rico: «La actividad informal de la administración. Premisas para una tentativa de reconstrucción de una categoría (casi) olvidada», *Revista de Derecho Público: teoría y método*, nº.1 5, 2022, pp. 37-71. Esto sin perjuicio de los estudios sobre manifestaciones concretas de la actividad administrativa material ya sea en modalidades concretas (coacción, uso de la fuerza) o en sectores específicos (servicios sociales, asistencia sanitaria, etc.).

8 De hecho, hasta tiempos recientes, la única actividad relevante para el Derecho era la jurídica, por lo que se exigía siempre un pronunciamiento formal de la Administración para poder actuar contra la misma, situación, como se sabe, superada con los recursos contra la inactividad y la vía de hecho.

9 «*La eficacia que como norma básica del actuar administrativo se impone a la Administración en el artículo 103.1 de la Constitución es referible normalmente a este tipo de actividad* (la actuación material o técnica), *aunque, naturalmente, la activi-*

Esta forma de actividad administrativa ha recibido múltiples denominaciones (material, técnica, real, informal, simple actuación administrativa) y responde a una manifestación común como es la actuación fáctica, material de la Administración de carácter técnico, que, generalmente, está enmarcada y ordenada a través de la actividad jurídica administrativa[10], que, a su vez, necesita de la actividad material para su producción y ejecución.

Por lo tanto, como punto de partida, podemos identificar la actividad material de la Administración como un tipo de actividad administrativa que es la materialización fáctica y técnica de las atribuciones jurídico-públicas conferidas por el ordenamiento a la Administración[11]. Este carácter material hace referencia a que se trata de una actividad que tienen manifestación, proyección e impacto inmediato sobre la realidad fáctica —sea tangible o no— a diferencia de la actividad jurídica que consiste en enunciados lingüístico dotados de efectos jurídicos[12], y que, por tanto, tienen su manifestación, proyección e impacto en el Derecho[13]. Esto no significa que las actuaciones materiales sean irrelevantes para el Derecho ya que tienen valor jurídico[14], pero la diferencia es que son meros actos materia-

dad jurídica la enmarque, la condicione y la haga posible» E. García de Enterría; T. R. Fernández Rodríguez (2022) *op. cit.* p. 868.

10 E. García de Enterría; T. R. Fernández Rodríguez (2022) *op. cit.* p. 870.

11 J. Agudo González, Jorge, «Actuación material e informalidad. El ejemplo de la concertación con la Administración», *Revista Aragonesa de Administración Pública,* nº 41-42, 2013, p.131.

12 O. Mir Puig (2023) *op. cit.* p. 372.

13 La actividad jurídica se define como «*la actividad derecha e inmediatamente dirigida a producir efectos jurídicos, a adoptar actos con contenido y alcance diverso, pero que poseen la nota común de su relevancia jurídica directa*» como afirma L. Parejo Alfonso (2024) *op. cit.* p. 561. Mientras que «*los actos materiales y técnicos, que no implican ninguna modificación de situaciones jurídicas o la producción de efectos jurídicos específicos ligados a su sola emanación*» como indica E. García de Enterría; T. R. Fernández Rodríguez (2022) *op. cit.* p. 868.

14 La actividad material o técnica no carece de incidencia sobre el Derecho, ya que es, «*en el caso normal, ejercicio de algún derecho o de alguna libertad o potestad que el Derecho construye y protege, y si esa circunstancia no se da será entonces un acto que el Derecho califique de ilícito (...) dilema lícito-ilícito es de aplicación absoluta y constituye por sí sólo una réplica a cualquier intento de hablar de actos indiferentes para el Derecho*» E. García de Enterría; T. R. Fernández Rodríguez

les y técnicos con trascendencia jurídica frente a los actos jurídicos que encuentran su fundamento y existencia en el Derecho, si bien pueden tener una trascendencia material. A diferencia de los actos materiales o técnicos, los actos jurídicos y, en particular, los actos administrativos consisten en una "declaración de voluntad, de juicio, de conocimiento o de deseo"[15]. Por lo tanto, cuando la Administración dicta un acto jurídico "dice", mientras que cuando adopta una actuación material "hace".

En esta última nos vamos a centrar en el presente trabajo, en las actuaciones materiales de las Administraciones que inciden de forma inmediata y directa sobre la realidad que, a diferencia de la actividad jurídica que se somete a la LPAC, carecen de un régimen jurídico común, lo que no impide puedan existir normas sectoriales que las regulan con mayor o menor detalle[16].

B) Actividad formal vs. actividad informal

Una vez identificada la actuación material de las Administraciones Públicas, debe tenerse en cuenta una segunda distinción que se refiere a la actividad formal e informal de aquellas. La actividad material suele identificarse con lo que se denomina como actividad informal y que engloban una amplia tipología de acciones bastan-

---

(2022) *op. cit.* p. 868. En el mismo sentido indica L. Parejo Alfonso (2024) *op. cit.* p. 561 que no puede decirse que la actividad técnica, material o real, carezca de relevancia jurídica, ya que la tiene mediata o indirecta.

15 Conforme a la clásica definición de Zanobini. Por lo que se estará ante una actividad jurídica «*en tanto contiene manifestaciones de conocimiento, juicio o voluntad con relevancia para el Derecho, por las que las AAPP declaran, constituyen o extinguen situaciones jurídicas, así como, en su caso, las confirman, alteran o modulan*» L. Parejo Alfonso (2024) *op. cit.* p. 617.

16 En efecto, si bien no existe una norma común que regule la actuación administrativa material, éstas suelen desarrollarse en un marco más o menos detallado a nivel sectorial que contiene tanto normas genéricas —que se aplica en general para ese tipo de actividades (normas de seguridad, calidad y fiabilidad de productos, de sistemas, etc.)— como normas específicas para las actuaciones de las Administraciones Públicas —que regulan el desarrollo de estas actividades por entidades o centros públicos—.

te heterogéneas (una operación quirúrgica, la impartición de una clase, etc.) que carecen de formalización en un doble sentido. Por una parte, no responden a las categorías fundamentales de la actividad jurídico-administrativa como son los reglamentos, los actos y los contratos administrativos; y, en tanto que no responden a estas categorías son, asimismo, ajenas a cualquier procedimiento administrativo[17], y no tienen que ser adoptadas necesariamente por un órgano administrativo.

En este punto conviene aclarar que no toda la actividad material de la Administración es informal por definición[18], ya que hay numerosas actuaciones materiales que están vinculadas a un procedimiento formalizado —como son las inspecciones o actividades de supervisión en general— o que se desarrollan en su seno —como son trámites interlocutorios o de impulso procesal (comprobación de requisitos, clasificación de solicitudes, etc.) que sean meramente instrumentales[19]—, e, incluso, algunas de estas actuaciones materiales son consideradas verdaderos actos administrativos —como es el caso de las notificaciones[20]—. Asimismo, existen otras actuaciones materiales que se adoptan a consecuencia de resoluciones adminis-

---

17 Frente a ésta, la actividad jurídica de las Administraciones suele estar formalizada por su relevancia jurídica y trascendencia para el interés público general y los derechos de los particulares. Esta formalización suele interpretarse «*en el sentido de estar regulado el procedimiento a través del cual tiene lugar el dictado de los referidos actos*» L. Parejo Alfonso (2024) *op. cit.* p. 560.

18 En este punto, otros planteamientos contraponen la actividad formal a la actividad material, como es el caso de C. Velasco Rico (2022) *op. cit.* pp. 39 y 54, quien considera que toda la actividad que no está formalizada es actividad material.

19 De hecho, estas actuaciones materiales que se desarrollan como parte de la gestión de los procedimientos administrativos pueden ser objeto de una encomienda de gestión (art. 11 LRJSP) siempre que no impliquen la transmisión de la titularidad de la competencia (STS de 8 de octubre de 2013, núm. 4915/2013 y STS de 14 de septiembre de 2020, núm. 1160/2020).

20 La notificación puede conceptuarse como el acto administrativo que tiende a poner en conocimiento de las personas a que afecta un acto administrativo previo (STS de 11 de marzo de 2011). El acto de notificación tiene una naturaleza independiente del acto que se notifica o publica, determinando el comienzo de la eficacia de este último (STS de 11 de marzo de 2011).

trativas que son los actos materiales de ejecución[21], que pueden ser favorables a los derechos de los particulares (como sería un pago de una subvención) o bien puede limitarlos (el cobro de una sanción), y que pueden derivar en una ejecución forzosa. Todas estas actuaciones materiales pueden considerarse actuaciones formalizadas en la medida que son complementarias a un procedimiento administrativo —al que derivan (actos preliminares), en el que coexisten (actos trámite) o del que proceden (actos de ejecución)—, que les dota de fundamento jurídico, ya que, de lo contrario, podrían considerarse actuaciones materiales constitutivas de vía de hecho[22].

En este trabajo nos centraremos exclusivamente en las actuaciones materiales de carácter informal, es decir, en aquellas que no van a derivar ni forman parte de un procedimiento administrativo, ni tampoco son ejecución de un acto administrativo, por lo que no se encuentran vinculadas por la LPAC. En todo caso la actividad material informal de la Administración encuentra su fundamento en el Derecho[23] y se encuentra sometida a una regulación de carácter técnico[24].

---

21 A la que se refiere el Capítulo VII del Título II LPAC, además de los regímenes especiales.

22 Estas son, actuaciones materiales de la Administración que carecen de la necesaria cobertura jurídica y lesionan derechos e intereses legítimos de cualquier clase (Exposición de Motivos de la LJCA y artículo 25.2 LJCA). Por lo general la vía de hecho se imputa en el caso de actuaciones materiales que se desarrollan ajenas a un procedimiento y un acto jurídico que constituya su fundamento, y no tanto a actuaciones materiales de servicios ajenas a estos (una operación quirúrgica, una clasificación de aguas residuales, que no pueden ejercerse en vía de hecho).

23 Por lo pronto a la LRJPS que determina la competencia para desarrollar actuaciones —tanto jurídicas como materiales—, a lo que se suman normas sectoriales de organización y prestación de servicios (por ejemplo, los sanitarios, educativos, sociales) y también aquellas específicas regulan determinados aspectos de seguridad y calidad (productos sanitarios, etc.).

24 En tanto deben seguirse criterios técnicos que pueden o no estar formalizados en normas jurídicas, y que, en todo caso, deben observarse a efectos de evitar una eventual reclamación de responsabilidad. Y es que, como indicaba García de Enterría la actividad material o técnica consiste en «*gestionar, en actuar con arreglo a las regulae artis y no a los postulados jurídicos*» E. García de Enterría, T. R. Fernández Rodríguez (2022) *op. cit.* p. 868.

En definitiva, se trata de todas aquellas actuaciones materiales desarrolladas por las Administraciones Públicas, de forma directa o indirecta, para la prestación de innumerables servicios (asistencia sanitaria, educación, empleo, seguridad pública, prevención incendios, abastecimiento de agua, etc.) e incluso para la producción de bienes (fabricación de moneda, etc.), y que se desarrollan conforme a criterios técnicos y que no están sometidas a un procedimiento formalizado ni pueden considerarse actos administrativos.

C) *Actividad automatizada: sistemas de programación clásica y sistemas basados en inteligencia artificial*

Dentro las actuaciones administrativas materiales no formalizadas pueden identificarse aquellas que se llevan a cabo de forma automatizadas que, según la definición legal y común[25], son las que se desarrollan sin que intervenga de forma directa una persona. Debe subrayarse que lo que define a la automatización es la ausencia de intervención humana en el desarrollo de las actuaciones, por lo que, en la medida que intervenga una persona controlando, validando o interfiriendo de algún modo en dichas actuaciones, no podrá considerarse una actuación automatizada. Tampoco será una actuación automatizada aquella que se desarrolla de forma auxiliar o complementaria a la que finalmente es adoptada por una persona[26], a me-

---

[25] El artículo 41.1 LPAC define la actuación administrativa automatizada como aquella realizada íntegramente a través de medios electrónicos por una Administración Pública en la que no haya intervenido de forma directa un empleado público, si bien se concibe dentro de un procedimiento. La concepción común de la automatización apunta en el mismo sentido, ya que el Diccionario de la RAE define lo automático como aquello que funciona por sí solo, sin intervención humana.

[26] De otro modo, el uso de cualquier programa informático —una tabla de Excel, por ejemplo— en la tramitación de un procedimiento daría lugar a una actuación automatizada. En la determinación de lo que puede considerase como "automatización" puede aplicarse la doctrina derivada del artículo 22 RGPD relativo a las decisiones automatizadas que son aquellas que basadas "únicamente" en el tratamiento automatizado, sin participación humana activa en el proceso de decisión (Directrices WP 251 sobre decisiones individuales automatizadas y elaboración de perfiles a los efectos

nos que la actuación se base de forma determinante en el resultado de aquella[27]. Esta última cuestión introduce un debate esencial, ya que cada vez más los supuestos en que la intervención humana es meramente formal, y aunque sea una persona la que adopta la decisión, ésta se basa en los resultados ofrecidos por sistemas automatizados que funcionan sin intervención humana[28].

Si bien la automatización puede llevarse a cabo a través de cualquier tipo de mecanismo que permita esta actuación sin intervención humana —tanto mecánicos como electrónicos—, lo habitual es que se lleve a cabo a través de tecnologías de la información y la comunicación consistentes en medios electrónicos y, más específicamente, en sistemas informáticos basados en una programación que contiene los algoritmos —esto es, un conjunto ordenado de operaciones— que permiten la actuación sin intervención humana. Estas actuaciones materiales automatizadas son innumerables y van en constante crecimiento, dándose tanto en el ámbito público como en el privado —de la domótica a los pilotos automáticos en medios de transporte, de semáforos a los sistemas de gestión de grandes infraestructuras, de marcapasos a sistemas de dosificación de medicamentos, de alarmas a sistemas de gestión de emergencias—. Los sistemas informáticos en que se basan estas actuaciones automatizadas se han venido desarrollando de forma libre sometidos exclusivamente a regulación técnica, si bien determinados usos han sido sometidos a normas específicas que imponen exigencias de seguridad (productos sanitarios, vehículos a motor, etc.).

---

del Reglamento 2016/679, revisadas por última vez y adoptadas el 6 de febrero de 2018).

27 En la relevante STJUE de 7 diciembre 2023, asunto C-634/21, *Schufa Holding*, se considera que existe una decisión automatizada en el sentido artículo 22 del RGPD, cuando la generación automática de un valor a partir de datos personales es transmitido a un tercero, y éste, de un modo determinante, basa una decisión sobre dicho valor.

28 Sobre la problemática de la ausencia de intervención humana *vid.* J. Ponce Solé: «Límites jurídicos de la toma de decisiones discrecionales automatizadas mediante inteligencia artificial: racionalidad, sabiduría y necesaria reserva jurídica de humanidad en el ámbito digital», número 66 de la *Revista General de Derecho Administrativo*, 2024.

Dentro de los sistemas informáticos se distinguen los sistemas de programación clásica de aquellos sistemas que están basados en inteligencia artificial[29]. En el primer caso, los sistemas de programación clásica se limitan a ofrecer resultados conforme a unas reglas dadas a partir de la información que se le suministre, actuando de forma lineal para alcanzar unos resultados previstos. Por el contrario, los sistemas de inteligencia artificial (IA) basados en aprendizaje automático u otras estrategias que elaboren sus propias reglas para solucionar problemas a partir de unos resultados previos y de la información que se le suministre, por lo que son sistemas que se caracterizan por funcionar con distintos niveles de autonomía[30]. Esta capacidad propia de los sistemas de IA da lugar a una categoría muy singular dentro de las actuaciones automatizadas, que se caracterizan por el desarrollo de un funcionamiento autónomo y no tanto automático de los sistemas. Por lo tanto, si bien en las actuaciones automatizadas implican una ausencia de intervención humana en unas acciones que están perfectamente predeterminadas por el criterio humano, en el caso de las actuaciones automatizadas basadas en IA desaparece también el criterio humano en la toma de decisiones que es —parcialmente[31]— sustituido por el de la máquina. Esta singular característica de los sistemas de IA ha dado lugar a que, a diferencia de lo que había ocurrido con los sistemas informáticos de programación clásica que no habían sido sometido a ningún tipo de regulación

29 Sobre la distinción de los sistemas de programación y su aplicación en la actividad administrativa *vid.* A. Zlotnik, «Inteligencia Artificial en las Administraciones Públicas: definiciones, evaluación de viabilidad de proyectos y áreas de aplicación», *Boletic*, 84, 2019. pp. 24-32.

30 Conforme a la definición del artículo 3.1 del RIA, los sistemas de IA se caracterizan por funcionar con distintos niveles de autonomía, si bien muestra capacidad de adaptación y es capaz de generar resultados de salida, como predicciones, contenidos, recomendaciones o decisiones, que pueden influir en entornos físicos o virtuales.

31 La intervención humana no puede excluirse en su totalidad de los sistemas de IA ya que es la voluntad y el criterio humano el que determina los objetivos del sistema, sienta las bases de su programación, decide inicialmente sobre los datos que lo alimentan, y fija el uso y finalidad que deban tener los resultados que ofrezca el sistema de IA.

jurídica específica[32], se haya aprobado una normativa establece prohibiciones, limitaciones y condiciones, como puede comprobarse en el Reglamento 2024/1689 del Parlamento Europeo y del Consejo, de 13 de junio de 2024, por el que se establecen normas armonizadas en materia de inteligencia artificial (RIA).

En este trabajo se abordarán las actuaciones automatizadas en general, independientemente de que se basen en sistemas informáticos de programación clásica o basados de IA. En todo caso se distinguirá si se trata de sistemas de programación clásica o de IA en la medida que varía el régimen jurídico que resulta aplicable en cada caso, al quedar, en el segundo caso sometidas a lo dispuesto en el RIA ya que introduce una regulación que resulta determinante para el desarrollo de buena parte de las actividades materiales automatizadas de las Administraciones Públicas.

D) Actividad administrativa vs. actividad privada

Por último, debe tenerse en cuenta que la actuación material informal automatizada a la que nos referimos va a ser la que se lleva a cabo por parte de las Administraciones Públicas en ejercicio de sus funciones y competencias, y siempre de forma directa a través de sus propios medios y por el personal a su servicio, ya que esto determina que se someta a un régimen jurídico específico[33].

Por lo tanto, quedan al margen las actividades materiales que puedan desarrollarse por sujetos privados en general, independientemente de que puedan imputarse a las Administraciones Públicas, ya sea en tanto se trate de entidades de derecho privado vinculadas o dependientes de las Administraciones Públicas que pertenecen al sector público —sociedades o fundaciones públicas que, por ejem-

---

[32] Sobre este cambio de paradigma puede consultarse mi trabajo J. Vida Fernández «La gobernanza de los riesgos digitales: desafíos y avances en la regulación de la inteligencia artificial», *Cuadernos de Derecho Transnacional*, Vol. 14, no. 1, 2022, pp. 489-503.

[33] Se trata de un incipiente régimen jurídico contenido en el art. 23 LITND y en el RIA, al margen de otras normas sectoriales que puedan aplicarse a determinados usos (sanitarios, transporte, etc.).

plo, presten asistencia sanitaria—, o bien sean entidades privadas que operan como contratistas o concesionaria de la Administración —empresas concesionaria de un hospital o prestadoras de un servicio de diagnóstico—.

Como se podrá comprobar a lo largo del trabajo, si bien esta distinción resulta determinante para el caso de las actuaciones jurídicas formalizadas en tanto son privativas de las Administraciones Públicas y se somete a un régimen jurídico singular (LRJPS, LPAC, y normas sectoriales), sin embargo presenta escasa relevancia en el caso de las actuaciones materiales ya que, por lo general, pueden ser desarrolladas indistintamente por sujetos públicos o privados sin que la naturaleza del sujeto determine la aplicación de un régimen jurídico diferenciado —excepto en el caso de las actividades de ejercicio de autoridad como son las relacionadas con la seguridad pública (policía)—.

III. LA COMPLEJA SISTEMATIZACIÓN DEL RÉGIMEN JURÍDICO DE LAS ACTUACIONES MATERIALES AUTOMATIZADAS DE LAS ADMINISTRACIONES PÚBLICAS

Las actuaciones materiales de las AAPP, como no puede ser de otro modo, se encuentran sometidas a la Ley y al Derecho[34], por lo que es el propio ordenamiento jurídico el que establece el fundamento y el límite de todas sus actuaciones. Sin embargo, no cabe duda de que la densidad y la textura de la legalidad aplicable y la proyección del principio de legalidad es muy distinta cuando se trata de actuaciones materiales mediante las que se prestan servicios, y no de actuaciones jurídicas que implican el ejercicio de poder público.

---

[34] La Administración, en cuanto poder público, se encuentra sujeta a la Constitución y al resto del ordenamiento jurídico (art. 9.1 CE). Por su parte, el artículo 103 CE dispone que «*la Administración (...) actúa (...) con sometimiento pleno a la ley y al Derecho*».

Como ya se ha adelantado, nuestro ordenamiento jurídico no ha prestado especial atención a las actuaciones materiales de las AAPP, centrándose esencialmente en las actividad jurídica y formalizada para las que dispone un régimen completo, sistemático y detallado. Así puede comprobarse en la LRJSP y, sobre todo, en la LPAC que, en cuanto norma que ordena la actuación de las AAPP —las relaciones *ad extra* de las Administraciones con los ciudadanos y empresas (Exposición de Motivos I)—, limita su objeto a la actividad jurídica formalizada —en tanto su objeto es regular los requisitos de validez y eficacia de los actos administrativos, el procedimiento administrativo común a todas las Administraciones Públicas (art. 1)—.

Por lo tanto, no existe un régimen jurídico general equivalente para las actuaciones materiales de las AAPP, lo cual es lógico dado que se trata de actuaciones de naturaleza muy heterogénea y con implicaciones completamente diversas que sería imposible encajar en una normativa común que podría introducir unas rigideces que, sin duda, afectarían a la capacidad de actuación de las Administraciones en los distintos ámbitos. Además, el hecho de que no implique el ejercicio potestades sobre los ciudadanos hace innecesaria la regulación de un procedimiento y de unas garantías que encaucen y modulen el ejercicio del poder.

Esto no significa que las actuaciones materiales automatizadas de las AAPP carezcan de regulación ya que se encuentran sometidas a diversas normas que varían en su número y densidad dependiendo de las características del sistema informático de que se trate —no es lo mismo un semáforo vial que un sistema de IA para la gestión del tráfico ferroviario— y de la finalidad de su uso —que puede ir de un sistema de cita previa a un sistema de IA para el diagnóstico por imagen—. En efecto, la gran cantidad y variedad de ámbitos en que se desarrollan las actuaciones materiales, junto a la ausencia de un régimen administrativo común que las ahorme, genera una enorme fragmentación y dispersión en el tratamiento jurídico de dichas actuaciones que resulta difícil de sistematizar. De este modo sobre las actuaciones materiales automatizadas de las AAPP se proyectan normas de distinta procedencia, con objeto y fines muy dispares que se solapan sin coordinación alguna.

Se propone a continuación un intento de sistematización de esta amalgama normativa estableciendo tres bloques normativos que regulan los sistemas informáticos en la actuación material automatizada de las AAPP ordenados conforme al principio de especialidad.

En primer bloque se corresponde con la normativa administrativa común aplicable a las actuaciones materiales automatizadas de las AAPP precisamente por tratarse de Administraciones. Dentro de este régimen común es posible identificar que, si bien se les aplica disposiciones generales, estas actividades materiales quedan prácticamente al margen de su regulación. De hecho, se podrá comprobar cómo la disposición específica que regula la AAA en el artículo 41 LRJSP no se aplica a este tipo de actividades materiales, que solamente quedan sometidas al artículo 27 LITDN cuando se trate de actuaciones basadas en sistemas de IA. Se trata de una normativa especial por un doble motivo, ya que solamente se aplica a aquellas actuaciones que son llevadas a cabo por una Administración Pública y que son actuaciones automatizadas.

El segundo bloque se encuentra conformado por la normativa general aplicable a los sistemas informáticos mediante los que se realizan las actuaciones materiales automatizadas por parte de las AAPP. Estos sistemas informáticos, al margen de los criterios y estándares técnicos, deberán responder en su funcionamiento a la normativa sobre datos —y, en particular, la relativa a protección de datos—, así como las normas sobre seguridad de la información y ciberseguridad. Asimismo, en el caso de que se trate de sistemas informáticos basados en IA deberán someterse a lo dispuesto en el nuevo régimen contenido en el RIA que, sin duda es la pieza más relevante de todo el régimen jurídico de este tipo de actuaciones.

El tercer y último bloque se compone de la normativa sectorial aplicable a determinados usos de los sistemas informáticos que exigen un nivel especial de protección. Se trata de distintas normas que se proyectan sobre los sistemas informáticos cuyo uso entraña un riesgo de especial entidad, independientemente de que el uso tenga lugar en el ámbito público o en el privado y de que el sistema sea o no autónomo. Es el caso de la normativa sobre productos sanitarios (dispositivos médicos) que se aplica a todos los sistemas informáticos que se utilicen con fines sanitarios y que se contiene en el Reglamento (UE) 2017/745. Asimismo, se encuentra la normativa sobre medios de transporte que exige determinadas condiciones de seguridad de los componentes (incluidos los programas informáticos) de las aeronaves, los ferrocarriles, las embarcaciones o los vehículos de motor. También puede incluir la normativa reguladora del tráfico de vehículos que prevé las actuaciones automatizadas (radares). Estos son algunos de los regímenes sectoriales que condicionan la actuación material o técnica que se lleve a cabo por las AAPP como prestadoras de servicios sanitarios, de transporte, etc.

Como se puede comprobar se trata un esquema que, en su conjunto, presenta una difícil coherencia pero que permite identificar y sistematizar las distintas normas que se aplican a las diferentes actuaciones materiales automatizadas que llevan a cabo a las AAPP. A continuación, se procede al análisis de las características esenciales de la normativa incluida en cada uno de estos bloques siguiendo el esquema propuesto.

IV. LA NORMATIVA ADMINISTRATIVA COMÚN APLICABLE A LAS ACTUACIONES MATERIALES AUTOMATIZADAS DE LAS ADMINISTRACIONES PÚBLICAS

El primer bloque de normas a analizar que rigen las actuaciones materiales automatizadas de las AAPP es el que abarca al conjunto de la normativa administrativa común dentro del cual se contienen disposiciones específicas para las actuaciones administrativas automatizadas, tanto en el artículo 41 LRJPS —y sus equivalentes en la normativa tributaria y de Seguridad Social— como en el artículo 23 LITND.

En tanto que se trata de actuaciones de las AAPP se someten, con carácter general, a toda la normativa administrativa común que regula su organización y funcionamiento con carácter general, más allá de lo dispuesto para su actuación formalizada a través del procedimiento administrativo. De este modo resultaría aplicable, por lo pronto, la LRJSP en tanto contiene principios de organización y de actuación que se proyectan en todas las actuaciones de las Administraciones, incluidas las materiales. Así, estas actuaciones materiales se desarrollarán dentro de las competencias de los órganos responsables de las mismas y conforme a principios de actuación como el servicio efectivo, la participación, la racionalidad y agilidad o la responsabilidad, entre otros[35].

Dentro de la normativa administrativa común se encuentran disposiciones que se refieren específicamente a las actuaciones administrativas automatizadas, en concreto el artículo 41 LRJSP que se desarrolla a nivel estatal en el artículo 13 RAFESP y que tiene sus equivalentes a nivel autonómico y local[36]. Asimismo, existen disposiciones específicas para las actuaciones administrativa automatizadas en el ámbito tributario, a las que se refiere el artículo 96 LGT, y así como de la Seguridad Social, que se contienen en el artículo 130 TRLGSS.

Por otra parte, también como normativa común se ha introducido en el artículo 23 LITND una disposición específica sobre la inteligencia artificial y los mecanismos de toma decisiones automatizados, que constituye la avanzadilla de la regulación del uso de la IA por las AAPP.

Conviene ahora de hacer un análisis del origen y evolución de estas disposiciones que regulan las AAA en general y el uso de la IA en el ámbito administrativo para determinar su significado y alcance por lo que respecta, en concreto, a las actuaciones materiales automatizadas de las AAPP.

---

35 De hecho, entre los principios de actuación que se enumeran en el artículo 3 LRJSP en el apartado d) se hace referencia expresa a la «*racionalización y agilidad (…) de las actividades materiales de gestión*».

36 A nivel autonómico, en las CCAA se recoge con distintas redacciones el contenido del artículo 41 LRJSP como, por ejemplo, en el artículo 40 del Decreto 622/2019, de 27 de diciembre, de administración electrónica, simplificación de procedimientos y racionalización organizativa de la Junta de Andalucía, o en el artículo 5 del Decreto n. 302/2011, de 25 de noviembre, de Régimen Jurídico de la Gestión Electrónica de la Administración Pública de la Comunidad Autónoma de la Región de Murcia. En el ámbito local, también los Ayuntamientos han desarrollado reglamentariamente esta cuestión como es el caso del artículo 61 de la Ordenanza de Atención a la Ciudadanía y Administración Electrónica, de 26 de febrero de 2019.

A) El origen del régimen jurídico de la actividad administrativa automatizada

El régimen jurídico de las AAA en nuestro ordenamiento tiene su origen en el artículo 96 LGT de 2023 que formalizó la introducción de esta modalidad de actuación en el ámbito tributario. Se consagró así, por primera vez, la posibilidad de que las Administraciones desarrollasen sus actuaciones de forma automatizada, sin perjuicio de que estas pudieran estar produciéndose con anterioridad sin contar con una base jurídica específica.

De hecho, el artículo 96 LGT[37], más que establecer el régimen jurídico de esta modalidad de actuación administrativa, se limitó a introducir la obligación de asignar (identificar) las competencias para la programación y supervisión del sistema de información, así como para resolver los recursos que pudieran interponerse. Se establece así un modelo de regulación de la AAA que se extendería a todas las actuaciones administrativas y que es el que permanece en la actualidad.

En concreto, el artículo 96 LGT procedió a formalizar los aspectos técnicos de los sistemas automatizados, dando relevancia jurídica a la programación y supervisión que, a partir de entonces, solamente puede ser desarrollada por los órganos competentes para ello. Asimismo, se impuso la obligación de atribuir la responsabilidad (jurídica) de las actuaciones automatizadas para facilitar la impugnación de las mismas en tanto que, al adoptarse sin intervención de una persona concreta, se dificultaba su imputación a un órgano o unidad concreto.

Como puede comprobarse, en este origen de las AAA contenido en el artículo 96 LGT no se hace mención alguna a las actuaciones materiales y, de hecho, se deduce que se refiere a las actividades jurídicas formalizadas, ya que se hace referencia expresa a la interposición de recursos contras dichas actuaciones.

---

[37] Sobre las AAA en el ámbito tributario *vid.* M. Marcos Cardona (2022): «Las actuaciones administrativas automatizadas tributarias», *Documentos - Instituto de Estudios Fiscales*, Nº. 9.

Este modelo dispuesto para las AAA tributarias se extendería posteriormente a todas las AAA en general a través del artículo 39 LAU —que se analiza a continuación—, y, posteriormente, alcanzó también a la Seguridad Social en el que se introdujeron los procedimientos automatizados.

En concreto, fue en 2009[38] cuando se introdujo la tramitación automatizada de los procedimientos en materia de protección por desempleo, con un contenido similar al establecido en el artículo 96 LGT. Posteriormente se extendió, en 2014[39] a todos los procedimientos relativos a prestaciones del sistema de la Seguridad Social, excepto a las pensiones en su modalidad no contributiva. En la actualidad se contiene en el artículo 130 TRLGSS de 2015[40] que mantiene la misma redacción, si bien se excluyeron, además de las pensiones no contributivas, los procedimientos de afiliación, cotización y recaudación.

La regulación en este ámbito es muy similar a la prevista para el ámbito tributario, exigiéndose que se determinen los órganos responsables de los aspectos técnicos y el responsable de dichas actuaciones a efectos de su impugnación. No obstante, aquí se hace referencia, no tanto a actuaciones sino a la tramitación de "procedimientos automatizados", por lo que, si cabía alguna duda del alcance de esta regulación, queda claro que no se aplican a las actuaciones

[38] Se introdujo a través de la disposición adicional primera del Real Decreto-ley 10/2009, de 13 de agosto, por el que se regula el programa temporal de protección por desempleo e inserción, que modificó la disposición adicional cuadragésimo sexta de la Ley General de la Seguridad Social de 1994.

[39] Mediante la modificación introducida por la disposición final 3.1 de la Ley 34/2014, de 26 de diciembre, de medidas en materia de liquidación e ingreso de cuotas de la Seguridad Social

[40] Real Decreto Legislativo 8/2015, de 30 de octubre, por el que se aprueba el texto refundido de la Ley General de la Seguridad Social. Sobre este tipo de procedimientos automatizados vid. J. M. Goerlich Peset,: «Decisiones administrativas automatizadas en materia social: algoritmos en la gestión de la Seguridad Social y en el procedimiento sancionador», *Labos*, Vol. 2, No. 2, 2022, pp. 22-42; M. A. Díaz Mordillo: *Automatización del proceso de determinación de contingencias por incapacidad temporal en INSS*, INAP, 2024.

materiales no formalizadas ya que se refiere a actuaciones dentro de un procedimiento administrativo.

B) La generalización del régimen de la actividad administrativa automatizada

El reconocimiento y formalización de las actuaciones administrativas automatizadas se generalizó a través del artículo 39 de la LAE en 2007, que lo extendió a todos los ámbitos de actuación de la Administración General del Estado[41], limitándose a reproducir las mismas exigencias previstas en el artículo 96 LGT para el ámbito tributario, esto es, que se estableciesen previamente los órganos competentes sobre los aspectos técnicos del sistema de información automatizado, y que se indicara el órgano considerado responsable a efectos de impugnación para determinar al responsable de la actuación.

Lo relevante aquí es la definición legal que se hacía de la AAA en el Anexo apartado a), que abarcaba cualquier "*actuación administrativa producida por un sistema de información adecuadamente programado sin necesidad de intervención de una persona física en cada caso singular*", pero aclaraba expresamente que "*incluye la producción de actos de trámite o resolutorios de procedimientos, así como de meros actos de comunicación*". De este modo, aunque se hacía referencia a actuaciones materiales como son las de comunicación, se trataba en todo caso de actuaciones formalizadas vinculadas a un procedimiento, ajenas a la actividad administrativa de gestión o prestación de servicios públicos. Así podía comprobarse a lo largo del contenido de la propia Ley, en la que se regulaban la comprobación de formulario, los registros o las notificaciones automatizadas[42], que no son más que actuaciones ma-

---

41 Ya que el artículo 39 carecía de carácter básico conforme a lo dispuesto en la disposición final primera de la Ley 11/2007.

42 En concreto se reconocía la posibilidad de utilizar sistemas normalizados de solicitud con comprobaciones automática de la información aportada y con la posibilidad, incluso, de ofrecer el formulario cumplimentado para que el ciudadano verifique la información y, en su caso, la modifique y complete (art. 35 LAE). También se hacía referencia a la emisión automática de los recibos por parte de los registros electrónicos (art. 25.3 LAE).

teriales de gestión procedimental de carácter formalizado en tanto se insertan en un procedimiento.

Por lo tanto, las actuaciones materiales informales de las Administraciones Públicas quedaban fuera del alcance del artículo 39 de LAE, lo cual se confirmaba a partir de una interpretación sistemática de la misma, ya que a pesar de que su título era "Ley de acceso electrónico de los ciudadanos a los Servicios Públicos"[43], a lo largo de su articulado se podía comprobar cómo su objeto se limitaba a la actividad jurídica formalizada de las Administraciones Públicas, centrándose en el acceso electrónico al procedimiento y atendiendo a las condiciones validez y eficacia de la actividad administrativa[44].

En definitiva, la LAE no recogía nada en relación con las actuaciones materiales informales de gestión y prestación de servicios públicos[45], ya que se centraba exclusivamente en las relaciones con las Administraciones en un plano estrictamente jurídico y formal, incluido el artículo 39 sobre la actuación administrativa automatizada.

Asimismo, se contemplaba la adopción y notificación automatizada de las resoluciones (art. 38 LAE).

43 Esta referencia a los servicios públicos se hace influida probablemente por la terminología de la UE que, por entonces establecía objetivos políticos de impulso a la accesibilidad de los servicios públicos. En concreto tiene su origen en los impulsos de convergencia de la Unión que trataba de hacer converger los niveles de digitalización de las Administraciones nacionales a partir de indicadores basados en "servicios públicos" accesibles al público.

44 Así puede comprobarse en el objeto de la Ley (art. 1) que se centra en «*el derecho a relacionarse por medios electrónicos con las Administraciones garantizando los derechos de los ciudadanos, un tratamiento común ante ellas, y "la validez y eficacia de la actividad administrativa" en condiciones de seguridad jurídica*». Asimismo, en las finalidades de la Ley (art. 3) se incluye, entre otras, el «*facilitar el acceso por medios electrónicos de los ciudadanos a la información y al "procedimiento administrativo"*» (apartado 1) o «*simplificar los "procedimientos administrativos" y proporcionar oportunidades de participación y mayor transparencia, con las debidas garantías legales*» (apartado 6).

45 Solamente en la enumeración de sus principios, en el artículo 4 de la LAE se hace mención a los servicios públicos al enunciar el principio de igualdad para que no haya restricciones o discriminaciones para los ciudadanos que se relacionen con las Administraciones Públicas por medios no electrónicos, "*tanto respecto al acceso a la prestación de servicios públicos como respecto a cualquier actuación o procedimiento administrativo*".

C) El régimen jurídico vigente de las actuaciones administrativas automatizadas

La regulación de las AAA pasó posteriormente al artículo 41 LRJSP en el que se proyecta ahora con carácter básico para todas las Administraciones[46], aunque con algunas modificaciones con respecto a su redacción original cuyas razones resultan imposibles de conocer a la luz de la tramitación[47].

Así, en la definición de la AAA se pasa a hablar de "acto o actuación", cuando antes solamente se hablaba de "actuación", lo que afianza aún más su vinculación a la actividad jurídica formalizada a través de actos administrativos. Además, al igual que se hacía en la LAE se incorporan en la LRJSP las referencias a las actuaciones materiales para la gestión de los procedimientos como son los formularios automatizados, los recibos automáticos de los registros y las notificaciones automáticas.

También se matiza en este artículo 41 LRJSP la referencia al soporte técnico de la actuación automatizada, que deja de ser un siste-

---

46 Así lo dispone la disposición final decimocuarta apartado primero LRJSP. Un estudio general sobre el contenido del artículo 41 LRJSP se contiene en I. Martín Delgado: «Naturaleza, concepto y régimen jurídico de la actuación administrativa automatizada», *Revista de Administración Pública*, n° 180, 2009, pp. 353-386. También en F. J. Bauzá Martorell: «Identificación, autentificación y actuación automatizada de las administraciones públicas», en Severiano Fernández Ramos, Julián Valero Torrijos; Eduardo Gamero Casado (dirs.), *Tratado de Procedimiento Administrativo Común y Régimen Jurídico Básico del sector público*, vol. 1, 2017, pp. 769-794, y también en M. Silva-Ardanuy, Manuel: «Acomodo constitucional de las actuaciones administrativas automatizadas (AAA) reguladas en los arts. 41 y 42 de la ley 40/2015, de 1 de octubre, de régimen jurídico del sector público, en la Administración Local», en Ignacio Hernández Meni, Mario Neupavert Alzola; Margarita Castilla Barea (dir.) *El derecho y la justicia ante la inteligencia artificial y otras tecnologías disruptivas*, Aranzadi, 2024, pp. 427-442.

47 Resulta muy llamativo que durante la tramitación de la LRJSP no se hiciera ni una sola mención a este artículo 41 LRJSP o a la actuación administrativa automatizada ni en los informes al anteproyecto (del Consejo de Estado, del CGPJ, de la AEPD) ni en la MAIN ni tampoco se mencionó la cuestión en las enmiendas o en los debates parlamentarios.

ma de información programado y pasa a ser genéricamente "medios electrónicos". Con ello parece quererse hacer una mención más abstracta de las técnicas utilizadas para el ejercicio de estas actividades, aunque no parece ganarse más generalidad con esa mención, ya las actuaciones automatizadas requieren necesariamente sistemas de información programados.

Asimismo, se especifica que en la realización de la actuación no haya intervenido de forma directa un "empleado público", mientras que, antes, se indicaba de forma genérica que la actuación fuese sin necesidad de intervención de una persona física. Aunque resulta una referencia confusa[48], ésta parece apuntar a la intervención de cualquier responsable público en actos o actuaciones desarrollados en el seno de un procedimiento ya sean de trámite o resolutorias.

En cuanto a las exigencias que se contienen en este artículo 41 LRJSP de las AAA, se mantienen exactamente en los mismos términos que en la normativa precedente y, así, se exige que, en estos casos, se identifiquen el órgano u órganos competentes de los aspectos técnicos que se encarga de fijar sus especificaciones, programación, mantenimiento, supervisión y control de calidad y, en su caso, auditoría; y el órgano responsable a efectos jurídicos, que lo será a efectos de los recursos que se interpongan contra las actuaciones automatizadas efectuadas.

48 Esta definición de la AAA como aquella en que no participe un "empleado público", podría llevar a pensar que se restringe a los actos de trámite ya que, como es bien sabido, solamente las autoridades pueden adoptar actos resolutorios sobre el fondo del asunto en ejercicio de las competencias del órgano que ocupen, mientras que los empleados públicos se limitan a adoptar actos de trámite desde las unidades administrativas. A esta interpretación apunta también el hecho de que se haya omitido la referencia a que las AAA incluyen "la producción de actos de trámite o resolutorios de procedimientos", como se indicaba en el Anexo a) de la LAE. Frente a esto, el artículo 42 LRJSP apunta en sentido contrario, ya que se refiere a los sistemas de firma para la AAA "*en el ejercicio de la competencia en la actuación administrativa automatizada*", y dicha competencia solamente puede ejercerse por el órgano, por lo que no cabría la actuación automatizada de los empleados públicos

Resulta sorprendente que la regulación de las AAA no fuese algo más evolucionada en este artículo 41 de la LRJSP ya que habían transcurrido más de doce años desde su incorporación a nuestro ordenamiento mediante el artículo 96 LGT en 2003. Y sorprende más aún que, en la actualidad, ante la progresiva extensión de los sistemas de IA que permiten generalizar y sofisticar las AAA, la regulación vigente se siga limitando a las dos exigencias que se introdujeran inicialmente en 2003[49], estas son, juridificar la configuración técnica y aclarar el órgano responsable de la actuación automatizada a efectos de su impugnación, sin añadir ninguna cuestión adicional a pesar del tiempo transcurrido y del nuevo contexto para la AAA de las Administraciones Públicas.

Todo esto a pesar de que el artículo 41 LRJSP se inserta en el Capítulo V bajo el ambicioso título del "Funcionamiento electrónico del sector público"[50] que, sin embargo, se limita a incluir medidas relativas a las Administraciones Públicas —sin hacer mención al resto del sector público— y se contraen a la actividad formalizada desarrolladas en el seno de un procedimiento, sin abordar las actuaciones materiales.

Este planteamiento, que ya se contenía en el artículo 39 LAE, se confirma ahora en la redacción del primer apartado del artículo 41 LRJSP que se refiere expresamente a los actos o actuaciones realizados "en el marco de un procedimiento", lo que se limitaría a los actos

---

49 Lo que contrasta con las actuaciones automatizadas en el ámbito de la Administración de Justicia que han sido reguladas de forma amplia en el Capítulo VII del Real Decreto-ley 6/2023, de 19 de diciembre, por el que se aprueban medidas urgentes para la ejecución del Plan de Recuperación, Transformación y Resiliencia en materia de servicio público de justicia, función pública, régimen local y mecenazgo.

50 También resulta sorprendente que una normativa que se refiere a la actuación automatizada de la Administración se enmarque en la LRJSP y no en la LPAC, ya que tiene que ver más con el procedimiento y no tanto con la organización. La justificación a esta inclusión en la LRJSP se justifica en la MAIN (p. 21) porque gran parte de los artículos relativos al funcionamiento electrónico del sector público (la sede electrónica, los registros, etc.) tienen que ver con aspectos orgánicos, aunque, en el caso de la actuación administrativa automatizada es evidente que no es así.

de trámite, actos resolutorios y las simples comunicaciones, como se indicaba en el Anexo de la LAE[51]. A este respecto se puede plantear la duda de si las actuaciones preliminares de carácter material —como son los sistemas de inspección o de verificación del cumplimiento normativo—, quedarían sometidos al artículo 41 LRJSP, lo que debería ser así ya que éste se refiere actuaciones que se realice "en el marco de un procedimiento", lo que supone un planteamiento más amplio a que se desarrollen "en el seno" o "dentro" de un procedimiento, a lo que se añade que se trata de actuaciones jurídicas formalizadas vinculadas a un procedimiento —sancionador, de reintegro, etc.—, por lo que es lógico que estén sometidas al mismo régimen y garantías.

En definitiva, el régimen jurídico común de las AAA contenido en el artículo 41 LRJSP no se aplica a las actuaciones materiales no formalizadas que desarrollen las AAPP con ocasión de la organización, gestión o prestación de servicios públicos al margen de un procedimiento administrativo.

La exclusión de las actuaciones materiales automatizadas de la aplicación del artículo 41 LRJSP no tiene, en realidad, una gran trascendencia ya que las exigencias que se imponen a las AAA son más bien exiguas y su contenido responde a unos fines distintos a los que son propios de las actuaciones materiales automatizadas.

En efecto, la exigencia relativa a la designación del órgano competente de los aspectos técnicos del sistema que determinan su actuación —especificaciones, programación, mantenimiento, supervisión y control de calidad— resulta esencial ya que en el caso de las actuaciones automatizadas (jurídicas) está en juego el ejercicio de potestades, por lo que son determinantes estas cuestiones técnicas para que el resultado de la AAA sea conforme a derecho y responda al interés general. En cambio, en el caso de las actuaciones materia-

[51] De hecho, se siguen recogiendo las mismas referencias a estas actuaciones materiales formalizadas que se dan dentro de los procedimientos, como son la comprobación y autocumplimentado de la información en los formularios (art. 66.5 LPAC), la emisión de recibos por los registros (art. 16.3 LPAC) y, aunque no se indica expresamente, la notificación automatizada que va implícita a los actos automatizados.

les automatizadas estas cuestiones relacionadas con la configuración y funcionamiento tiene un alcance instrumental ya que, de lo que se trata, es que el sistema funcione correctamente y con precisión, y su utilización sea segura. En cuanto a la otra exigencia relativa a la indicación órgano que debe ser considerado responsable a efectos de impugnación carece de sentido para las actuaciones materiales automatizadas, ya que para éstas lo relevante es la identificación del órgano responsable a efectos de una eventual reclamación de responsabilidad patrimonial, en cuyo caso, esta identificación resulta indiferente a efectos de la viabilidad de la misma en tanto las AAPP responden ante los daños con personalidad única.

D) El régimen jurídico de las actuaciones administrativas automatizadas basadas en inteligencia artificial

El régimen jurídico de las AAA se ha visto ampliado y especificado por lo que respecta a las basadas en sistemas de IA, a las que se refiere el artículo 23 de la LITND.

La redacción de este artículo 23 LITND resulta muy confusa ya que, en su apartado primero, se refiere a "mecanismos de toma de decisiones basados en algoritmos", lo cual puede hacer referencia a sistemas informáticos o no, y dentro de los sistemas informáticos a los de programación clásica —que también utilizan algoritmos— o los basados en técnicas propias de los sistemas de IA. Asimismo, con esa expresión no se aclara si se trata de sistemas automatizados o no, ya que los sistemas de IA no tienen por qué utilizarse únicamente para actuaciones automatizadas, ya que puede ser usados de forma auxiliar o de simple apoyo.

La clave para una adecuada interpretación de su contenido la proporciona el propio título del artículo 23, ya que se indica que se trata de "Inteligencia artificial y mecanismos de toma de decisiones automatizados".

Por una parte, el hecho de que se haga mención ahora a "mecanismos de toma de decisión automatizada" y ya no "actuación administrativa automatizada" resulta muy significativo y necesita ser explicado. Es muy plausible que el cambio en esta referencia se deba al intento de distinguir la tecnología a la que se refiere, que es la IA, a la que atribuye una capacidad para "adoptar decisiones" de forma automatizada, esto es sin intervención humana. Por lo tanto, frente a la AAA, que se basaría en sistemas informáticos de programación clásico que actúan de forma lineal sin intervención humana a partir de las decisiones prefijadas, aquí se hace referencia a los sistemas basados en técnicas de IA capaces de adoptar decisiones sin intervención humana.

En todo caso, la consecuencia es que esta nueva referencia a los "sistemas de toma de decisiones" abre el ámbito de aplicación que se extiende a todas las actuaciones de las AAPP, sin que se limite a las actuaciones jurídicas formalizadas como se ha visto que ocurre en el artículo 43 LRJSP. Por el contrario, el hecho de que en el artículo 23 LITND no se haga mención en ningún punto a que tenga que ser en el "marco de un procedimiento", expande su alcance más allá de la toma de decisiones formalizadas vinculadas a un procedimiento administrativo. Por tanto, la configuración del artículo 23 LITND resulta así extraordinariamente amplia ya que se aplica a todas las actuaciones de las AAPP, sean jurídicas o materiales y se encuentren formalizadas o no.

Por otra parte, este artículo 23 LITND se refiere en su rúbrica a la "inteligencia artificial y mecanismos de toma de decisión automatizados", lo que, de partida, implicaría que su aplicación se limitaría a los supuestos en se empleen sistemas de IA para la toma de decisiones sin intervención de una persona. Por lo tanto, quedarían excluidos los sistemas de IA que se utilizase como apoyo en la toma de decisiones cuando esta sea finalmente adoptada por una persona. Esta interpretación redundaría en una limitación al alcance del artículo 23 que lo haría casi inoperante, ya que, cada vez más, se dan actuaciones en las que la toma de decisiones las lleva a cabo formalmente una persona, pero se basan exclusivamente en el resultado producido por un sistema de IA[52]. Por lo tanto, se debe hacer interpretación flexible de

---

[52] Esto es especialmente relevante en el caso de actuaciones que implican decisiones altamente tecnificadas o que implican el manejo de cantidades ingentes de datos, como es el caso de los diagnósticos médicos o la gestión del tráfico vial o ferroviario.

lo que significa el carácter automatizado de la toma de decisiones a que se refiere el artículo 23 LITND para incluir todos los supuestos en que el sistema de IA sea utilizado de forma determinante para la adopción de la decisión, como apunta la sentencia del TJUE de 7 diciembre 2023, asunto C-634/21, *Schufa Holding*, en el ámbito de la protección de datos. Esta interpretación viene avalada por el hecho de que en el artículo 23 LITND solamente se haga mención en su título al carácter automatizado de la toma de decisiones mediante sistemas de IA, mientras que en el contenido se limita a hacer referencia a los "procesos de toma de decisiones" sin hacer referencia a su carácter automatizado. A esto se suma que en su apartado 1 y 2 se refiere a "los algoritmos involucrados" en la toma de decisiones de las AAPP, utilizándose una expresión, como es la de "involucrados", que no parece casual y apunta a una voluntad de expandir su contenido a cualquier uso que se haga de la IA en las AAPP. Incluso la expresión "toma de decisiones" también puede interpretarse como una voluntad de ampliar el alcance del artículo 23 LITND ya que parece referirse a cualquier tipo decisión y no sólo a "actos y actuaciones" vinculadas con actos administrativos.

En cuanto a su contenido, el artículo 23 LITND no establece ningún régimen jurídico del uso de la IA en las actuaciones administrativas, sino que, por el contrario, se limita a formular una serie de recomendaciones que carecen de carácter preceptivo para las Administraciones Públicas —que deben "tener en cuenta", "favorecer la puesta en marcha", "siempre que sea factible técnicamente", "se promoverá"[53]—, que están configuradas de forma principial sin entrar en detalles —transparencia, minimización de sesgos, calidad, etc.— y basadas en remisiones a la normativa europea —RIA y otras iniciativas en IA— y a las iniciativas internas —Carta de Derechos Digitales y Estrategia Nacional de IA—.

53 Al respecto se critica la falta de carácter preceptivo de determinadas garantías de los sistemas de IA que se hacen depender de la voluntad de las Administraciones y de la capacidad tecnológica, lo que más bien debería determinar, no tanto la exclusión de la aplicación de las garantías cuanto la exclusión del uso de esos sistemas *vid.* M. Vaquer Caballería: «El humanismo del derecho administrativo de nuestro tiempo», *Revista de Administración Pública, núm.* 222, 2023, p. 44.

En concreto se establecen medidas de impulso a la no discriminación y lucha contra los sesgos, a la transparencia, a la seguridad y confianza, y a la calidad de los algoritmos. Así se dispone que las Administraciones públicas deben favorecer la puesta en marcha de mecanismos para que los algoritmos que utilicen tengan en cuenta criterios de minimización de sesgos, transparencia y rendición de cuentas, siempre que sea factible técnicamente; estos mecanismos deben abordar su potencial impacto discriminatorio en su diseño y datos de entrenamiento, para lo que se promoverá la realización de evaluaciones de impacto discriminatorio. Asimismo, se establece que las Administraciones priorizarán la transparencia en el diseño y la implementación y la capacidad de interpretación de las decisiones adoptadas por los algoritmos. También se añade que las Administraciones promoverán el uso de una IA ética, confiable y respetuosa con los derechos fundamentales. Y se concluye indicando que se promoverá un sello de calidad de los algoritmos

Todas estas medidas que se contienen en el artículo 23 LITND tienen sentido y resultan oportunas tanto para las actuaciones administrativas jurídicas como para las actuaciones materiales, a las que se aplican indistintamente. El planteamiento de estas medidas es lo suficientemente versátil como para cubrir todas las modalidades de actuación de las Administraciones Públicas, ya que están formuladas de forma genérica y abstracta conforme al modelo de la Unión Europea que se proyecta para todos los sistemas de IA en general.

En todo caso este artículo 23 LITND no es más que una solución provisional que tendrá que concretarse en una verdadera regulación del uso de la IA por la actuación de las Administraciones Pública que, sin duda, se desarrollará en todos los Estados miembros a partir del contenido del RIA[54].

---

54 Una reflexión sobre este proceso de construcción del régimen del uso de la IA por las Administraciones Pública a partir del RIA *vid.* J. Vida Fernández: «El marco europeo de la regulación del uso de la inteligencia artificial en las Administraciones Públicas» en *El Derecho Administrativo en la Era de la Inteligencia Artificial: Actas del XVIII Congreso de la Asociación Española de Profesores de Derecho Administrativo*, INAP, 2024, pp. 143-153.

E) La relevancia de la contratación pública en la regulación de las actuaciones automatizadas

Como se ha podido comprobar, no existe un verdadero régimen jurídico de las AAA y del uso de la IA por las AAPP más allá de lo dispuesto en el artículo 41 LRJSP y en el artículo 23 LITND que, en verdad se limitan, el primero, a establecer unos requisitos para que se identifique el órgano responsable de definir los aspectos técnicos y el responsable a efectos de la impugnación, y aunque el segundo establece unos requisitos y medidas algo más sofisticados, son de carácter meramente potestativo.

La ausencia de un régimen jurídico completo y detallado ha llevado a que la regulación de las AAA y, en particular, el uso de sistemas de IA por las AAPP implica que, en el caso de las actuaciones jurídicas, se apliquen las disposiciones del régimen administrativo común contenido en la LRJSP y, en particular, en la LPAC. Esto genera importantes disfunciones ya que se trata de una construcción que está pensada para una actuación administrativa basada en la toma de decisiones humana y que ahora se desplaza hacia sistemas que son capaces de adoptar la decisión de manera autónoma.

En el caso de las actuaciones materiales automatizadas la situación es distinta ya que no les resulta aplicable gran parte del régimen administrativo común que está dispuesto para las actuaciones formalizadas. Por lo tanto, el régimen jurídico al que se someten estas actuaciones viene definidos a través de la contratación de los medios necesarios para llevarlas a cabo, o bien de los servicios para que sean desarrolladas por el contratista.

Esta relevancia de la contratación pública en la configuración del régimen jurídico de las actuaciones materiales es aún mayor en el caso de las actuaciones automatizadas que utilicen sistemas de IA, ya que es en los contratos de suministro mediante los que se adquieren los sistemas y programas informáticos que se van a utilizar para prestar de forma directa los servicios, y en aquellos contratos de concesión o de servicios mediante los que se articula la prestación indirecta externalizada, donde se van a definir las condiciones en que se van desarrollar las actuaciones materiales automatizadas.

En efecto, son los pliegos de prescripciones técnicas donde se van a concretar cuestiones básicas como la transparencia, la minimización de los sesgos, la fiabilidad o robustez del sistema de los sistemas informáticos, junto al resto de condiciones técnicas y jurídicas de su funcionamiento que determinarán el uso que se haga de los mismos en la prestación del servicio público de que se trate por parte de la Administración.

Esta relevancia de la contratación pública para cubrir el vacío de una regulación del uso de la IA en las AAPP ha sido identificada por la doctrina[55] y, asimismo, por la propia Comisión Europea que ha formulado una propuesta de cláusulas contractuales tipo para la contratación de IA por parte de organismos públicos[56], que no tienen por finalidad garantizar el libre mercado en este ámbito a través de unas cláusulas homogéneas, sino introducir las bases de un régimen jurídico sobre el que la UE no tiene competencia.

---

55 A la relevancia de la contratación en la regulación de los sistemas de la IA se refiere A. D. Berning Prieto: «El uso de sistemas basados en inteligencia artificial por las Administraciones públicas: estado actual de la cuestión y algunas propuestas ad futurum para un uso responsable», *Revista de Estudios de la Administración Local y Autonómica*, núm, 20, 2023, p. 179-181. Sobre la contratación pública de sistema de IA por la Administraciones Públicas vid. I. Gallego Córcoles, Isabel: «La contratación de soluciones de inteligencia artificial», en E. Gamero Casado (dir.) y F. L. Pérez Guerrero (coord.), *Inteligencia artificial y sector público: retos, límites y medios,* 2023, pp. 503-567). Tirant Lo Blanch, pp. 503-567, y también el exhaustivo trabajo de M. E. Gutiérrez David; J. L. Quintana Cortés: «Public Procurement of AI for the EU Healthcare Systems. First Insights from the Spanish Experience», *European Review of Digital Administration & Law - ERDAL,* vol. 4, Issue 1, 2023, pp. 87-139.

56 Propuesta de cláusulas contractuales tipo para la contratación de inteligencia artificial por parte de organismos públicos, de septiembre de 2023. https://public-buyers-community.ec.europa.eu/sites/default/files/2023-10/AI_Procurement_Clauses_template_High_Risk%20ES.pdf

V. EL RÉGIMEN JURÍDICO DE LOS SISTEMAS INFORMÁTICOS EMPLEADOS EN LAS ACTUACIONES MATERIALES AUTOMATIZADAS DE LAS ADMINISTRACIONES PÚBLICAS

A) La ausencia de una regulación general de los sistemas informáticos

Las actuaciones materiales automatizadas que llevan a cabo las AAPP en la prestación de servicios públicos se desarrollan a través de sistemas informáticos[57]. Esto nos lleva a tener que analizar el régimen jurídico al que se encuentran sometidos los sistemas informáticos, con carácter general, independientemente para qué sean utilizados y de quién los utilice.

Ya se ha adelantado que los sistemas informáticos, tanto los aparatos (*hardware*) como los programas (*software*) se habían venido desarrollando de forma libre sin que se hubiese dictado ninguna normativa (jurídica) que regulase su desarrollo y puesta en el mercado hasta la aprobación del RIA que afecta a los sistemas basados en IA. Este tradicional abstencionismo por parte de los poderes públicos con respecto al desarrollo de la informática es lógico en tanto permite el avance tecnológico, tal y como ocurre con otros muchos productos excepto con aquellos que pueden comprometer la salud o la seguridad de las personas (como es el caso de los medicamentos).

Los fabricantes y desarrolladores informáticos han tenido hasta ahora plena libertad para investigar e innovar incorporando nuevas funcionalidades a sus productos hasta la aparición del RIA. Esto no implica que los sistemas informáticos se desarrollasen al margen del Derecho, sino que han seguido sus propias reglas y criterios de carácter estrictamente técnico que constituye la *regulae artis* y que deben garantizar un correcto funcionamiento del producto conforme a sus características declaradas. El cumplimiento de estos criterios técnicos se asegura de forma negativa, a través del mecanismo de la res-

---

57 En la medida que se define la informática como «*el conjunto de conocimientos científicos y de técnicas que hacen posible el tratamiento automático de la información por medio de computadoras*» (Diccionario de la Real Academia de la Lengua Española).

ponsabilidad —contractual o extracontractual (privada o pública)—, que, precisamente, se basa en el cumplimiento de la *lex artis* para exonerar de los daños causados. Asimismo, existen otros límites a esta libertad de innovación consistente en los derechos de propiedad industrial de terceros que deberán respetar.

Los criterios técnicos que siguen los fabricantes y programadores pueden llegar a formularse como normas técnicas dentro de los distintos sistemas de estandarización o normalización industrial[58] que existen tanto a nivel internacional (ISO, CEN, CENELEC) como nacional (AENOR)[59]. Se trata de unas normas técnicas (en sentido estricto) que tienen una naturaleza privada en tanto son dictadas por organizaciones privadas, por lo que no tienen carácter preceptivo sino de cumplimiento voluntario (*soft law*) para obtener la correspondiente certificación que permite acreditar su seguridad, calidad, respeto del medio ambiente, etc. Al ser una normativa muy técnica, detallada y actualizada que surge del propio sector, sirve como completar e, incluso, sustituir a de la normativa imperativa (*hard law*) aplicable. Dentro de las certificaciones de los distintos sistemas de normalización son numerosas las que se refieren a diversos aspectos de los sistemas informáticos en general —calidad del software (ISO 25000), seguridad de la información (ISO 27001), calidad de los servicios TI (ISO 20000)—, y también certificaciones específicas para sistemas de IA —conceptos y terminología de IA (ISO 22989), sesgos

---

58 La normalización industrial se puede definir como el proceso o la actividad destinada, por un lado, a establecer de forma unificada los criterios técnicos que deben respetar tanto los productos industriales como las propias empresas encargadas de producirlos y, por otro, a fijar un lenguaje común respecto a estos dos campos concretos de actividad V. Álvarez García: *La normalización industrial*, Tirant lo Blanch, 1999, p. 33.

59 Entre las organizaciones internacionales se encuentra la ISO-International Organization for Standardization; CEN-European Committe for Standardization; CENELEC-Comité Eutopeo de Normalización Electrotécnica; ETSI-Comité Eutopeo de Normalización; IEC-International Electrotechnical Commission; ITU-T-International Telecommunication Union Telecommunication Standarization Sector; IEEE-Institute of Electrical and Electronics Engineers. A la que se suma la organización a nivel nacional que es la Asociación Española de Normalización (AENOR).

en sistemas de IA (ISO 24027), implementación sistemas de IA (ISO 42001), gestión de riesgos de la IA (ISO 23894)—.

Como se puede comprobar no existe una regulación de los sistemas informáticos en general —más allá del RIA, que se analiza a continuación— que deba tenerse en cuenta para aquellos sistemas que son utilizados por las AAPP para el desarrollo de sus actividades, en general, y para la prestación material de servicios públicos, en particular. Esto no impide que, tanto en los pliegos de prescripciones técnicas con los que se licita la adquisición de programas de ordenador como en los desarrollos que lleven a cabos las AAPP a través de sus propios medios, se exijan estas certificaciones específicas para garantizar la calidad y seguridad del software.

B) La regulación de los sistemas informáticos basados en inteligencia artificial

La aprobación del RIA ha supuesto un punto de inflexión en la política digital de la Unión Europea ya que es la primera ocasión en que se regula una innovación digital estableciendo prohibiciones, limitaciones y condiciones en su introducción, utilización, funcionamiento y desarrollo[60]. En todo caso debe tenerse en cuenta que el RIA no establece una regulación completa y detallada de la IA, sino que se limita a una intervención básica dirigida a establecer restricciones de distinta intensidad sobre determinados usos.

El RIA se aplica de forma transversal a todos los sistemas de IA, independientemente de cuál sea la finalidad de su uso —con la única excepción de los usos militares y relacionados con la defensa nacional[61]— y de que la naturaleza del sujeto que lo desarrolle (proveedor) o que lo utilice (responsable del despliegue) sea público o

---

60 *Vid.* J. Vida Fernández (2022) *op. cit.* pp. 490.

61 El artículo 1.3. RIA hace una delimitación negativa ya que dispone que «*El presente Reglamento no se aplicará a los ámbitos que queden fuera del ámbito de aplicación del Derecho de la Unión y, en cualquier caso, no afectará a las competencias de los Estados miembros en materia de seguridad nacional*».

privado[62]. De este modo, el RIA se aplica de forma transversal a todas las actuaciones de las AAPP —ya sean jurídicas o materiales, automatizadas o no—, siempre que se basen en sistemas de IA.

En cuanto a la definición que se hace de los sistemas de IA[63], se basa, no tanto por las características técnicas (pueden no ser sistemas informáticos), sino en sus funcionalidades, en concreto en su autonomía y capacidad para dotarse de las reglas que le permiten generar resultados como predicciones, recomendaciones, decisiones, etc. De este modo, el RIA va a condicionar gran parte de los sistemas informáticos que utilizan las AAPP para la prestación de servicios públicos, ya que, cada vez más, aumentan los que están basados en sistemas de IA. Esto supondrá igualmente un incremento del número de actuaciones automatizadas dadas las características de los sistemas de IA que, precisamente, se definen por su autonomía y tiene capacidad de adaptación.

La relevancia del RIA exige un análisis más detallado ya que será la norma de obligado cumplimiento —una vez que entre en vigor (en agosto de 2027)— en todos los casos en que las AAPP incorporen sistemas de IA en el desarrollo de sus actividades materiales. En este sentido es muy probable que, en un futuro inmediato, se dicte una normativa específica que regule el uso de la IA por las AAPP que tendrá su clave de bóveda en el RIA, aunque está por ver que esta norma aborde la actividad material de las AAPP.

---

62 El artículo 3.3 RIA define al «proveedor» como «*una persona física o jurídica, autoridad pública, órgano u organismo que desarrolle un sistema de IA o un modelo de IA de uso general o para el que se desarrolle un sistema de IA o un modelo de IA de uso general y lo introduzca en el mercado o ponga en servicio el sistema de IA con su propio nombre o marca, previo pago o gratuitamente*»; mientras que el artículo 3.4 se refiere al «responsable del despliegue» como «*una persona física o jurídica, o autoridad pública, órgano u organismo que utilice un sistema de IA bajo su propia autoridad, salvo cuando su uso se enmarque en una actividad personal de carácter no profesional*».

63 El artículo 3.1 del RIA los define como aquel «*Sistema basado en una máquina que está diseñado para funcionar con distintos niveles de autonomía y que puede mostrar capacidad de adaptación tras el despliegue, y que, para objetivos explícitos o implícitos, infiere de la información de entrada que recibe la manera de generar resultados de salida, como predicciones, contenidos, recomendaciones o decisiones, que pueden influir en entornos físicos o virtuales*».

El RIA dispone un sistema de intervención gradual, flexible y basado en el riesgo que parte de la premisa del libre uso de los sistemas de IA, imponiendo restricciones en la medida que sea estrictamente necesario para la protección de derechos e intereses. Así, establece unas prohibiciones en ciertos usos de riesgo inaceptable; impone requisitos y su consiguiente evaluación de conformidad para los usos de alto riesgo; incorpora unas obligaciones de transparencia en los usos de riesgo limitado; introduce algunas medidas específicas para los sistemas de IA generativa; y deja libre el resto de usos que se consideran de riesgo mínimo.

Por lo que respecta a los usos de riesgo inaceptable que quedan prohibidos, estos afectan puntualmente a algunas actuaciones materiales que desarrollan las AAPP, tanto en el ámbito de la policía de seguridad —como son los sistemas de IA para la evaluación o clasificación de personas, los sistemas de predicción de delitos, los sistemas de reconocimiento facial, los sistemas de categorización biométrica y los sistemas de identificación biométrica en tiempo real en espacios públicos[64]— de los servicios públicos sanitarios —sistemas de IA

---

[64] Los sistemas de IA de uso prohibido que entran dentro de la actividad material de policía de seguridad son:

a) Sistemas de IA para evaluar o clasificar a personas físicas o a colectivos de personas durante un período determinado de tiempo atendiendo a su comportamiento social o a características personales o de su personalidad conocidas, inferidas o predichas, de forma que la puntuación ciudadana resultante provoque un trato perjudicial o desfavorable hacia determinadas personas físicas o colectivos de personas en contextos sociales que no guarden relación con los contextos donde se generaron o recabaron los datos originalmente, o que sea injustificado o desproporcionado con respecto a su comportamiento social o la gravedad de este (art. 5.1 c) RIA).

b) Sistemas de IA para realizar evaluaciones de riesgos de personas físicas con el fin de valorar o predecir el riesgo de que una persona física cometa un delito basándose únicamente en la elaboración del perfil de una persona física o en la evaluación de los rasgos y características de su personalidad (art. 5.1 d) RIA).

c) Sistemas de IA para realizar evaluaciones de riesgos de personas físicas con el fin de valorar o predecir el riesgo de que una persona física cometa un delito basándose únicamente en la elaboración del perfil de una persona física o en la evaluación de los rasgos y características de su personalidad (art. 5.1 d) RIA).

para alterar el comportamiento[65]— y servicios educativos —los sistemas para inferir las emociones, y los sistemas dirigidos a menores o personas con discapacidad[66]—, algunas de las cuales, no obstante, pueden llegar a utilizarse en determinadas circunstancias —cuando no generen perjuicios o trato desfavorable, o sean utilizados para la localización de víctimas o para la prevención de una amenaza, etc.—.

Los usos de alto riesgo de los sistemas de IA por parte de las AAPP se corresponden con determinadas actuaciones materiales relacio-

---

d) Sistemas de IA que creen o amplíen bases de datos de reconocimiento facial mediante la extracción no selectiva de imágenes faciales de internet o de circuitos cerrados de televisión (art. 5.1. e) RIA).

Sistemas de categorización biométrica que clasifiquen individualmente a las personas físicas sobre la base de sus datos biométricos para deducir o inferir su raza, opiniones políticas, afiliación sindical, convicciones religiosas, etc. (art 5.1 g) RIA).

e) Sistemas de identificación biométrica remota «en tiempo real» en espacios de acceso público con fines de garantía del cumplimiento del Derecho, salvo y en la medida en que dicho uso sea estrictamente necesario para alcanzar determinados objetivos (art. 5.1 h) RIA).

65 Entre los sistemas de IA de uso prohibido que entran dentro de la asistencia sanitaria estarían aquellos que sirvan que se sirva de técnicas subliminales que trasciendan la conciencia de una persona o de técnicas deliberadamente manipuladoras o engañosas con el objetivo o el efecto de alterar de manera sustancial el comportamiento de una persona o un colectivo de personas, mermando de manera apreciable su capacidad para tomar una decisión informada y haciendo que tomen una decisión que de otro modo no habrían tomado (art. 5.1 a) RIA).

66 Los sistemas de IA de uso prohibido que entran dentro de la IA:

a) Sistema de IA que se sirva de técnicas subliminales que trasciendan la conciencia de una persona o de técnicas deliberadamente manipuladoras o engañosas con el objetivo o el efecto de alterar de manera sustancial el comportamiento de una persona o un colectivo de personas, mermando de manera apreciable su capacidad para tomar una decisión informada y haciendo que tomen una decisión que de otro modo no habrían tomado (art. 5.1. a) RIA).

b) Sistema de IA que explote alguna de las vulnerabilidades de una persona física o un determinado colectivo de personas derivadas de su edad o discapacidad, o de una situación social o económica específica, con la finalidad o el efecto de alterar de manera sustancial el comportamiento de dicha persona.

nadas con la prestación de servicios públicos esenciales en las que se genera un riesgo para la libertad o integridad de las personas, o bien en las que los ciudadanos se encuentran en una posición vulnerable frente a las autoridades en la medida que su bienestar depende de ellos[67]. Dentro de la clasificación de los sistemas de IA como sistemas de alto riesgo se puede identificar los siguientes usos que encajan en lo que se puede considerar como actuaciones materiales de las AAPP:

a) Sistemas de IA utilizados en la prestación de la asistencia sanitaria, ya sea pública o privada, dentro de los que se pueden distinguir las siguientes modalidades de uso:

   - Sistemas de IA con fines médicos que se utilicen en la práctica clínica para la prevención, diagnóstico, tratamiento o seguimiento de los pacientes, que son considerados productos sanitarios[68],
   - Sistemas de IA utilizado para la gestión de los servicios de atención médica de urgencia: ambulancia, triaje[69].
   - Sistemas de IA en la asistencia sanitaria pública utilizados en la gestión de las prestaciones sanitarias que incidan en el acceso a las mismas[70], lo cual no tiene que producirse a

---

67 Así se describen los usos de la IA que condicionan el acceso a aquellos servicios que garantizan la procura existencial (*daseinversorge*): «*El acceso a determinados servicios y prestaciones esenciales, de carácter público y privado, necesarios para que las personas puedan participar plenamente en la sociedad o mejorar su nivel de vida, y el disfrute de dichos servicios y prestaciones* (...)» (cd. 58). Estos usos de la IA se enumeran en el Anexo III al que remite el artículo 6.2 RIA.

68 Los sistemas de IA para uso médico que sean considerados productos sanitarios y se encuentren sometidos al Reglamento (UE) 2017/745 se considerarán por defecto sistema de alto riesgo (art. 6.1 a).

69 Sistemas de IA destinados a ser utilizados para la evaluación y la clasificación de las llamadas de emergencia realizadas por personas físicas o para el envío o el establecimiento de prioridades en el envío de servicios de primera intervención en situaciones de emergencia, por ejemplo, policía, bomberos y servicios de asistencia médica, y en sistemas de triaje de pacientes en el contexto de la asistencia sanitaria de urgencia (Anexo III. 5 d) RIA).

70 Sistemas de IA destinados a ser utilizados por las autoridades públicas o en su nombre para evaluar la admisibilidad de las personas físicas para beneficiarse de servicios y prestaciones esenciales de asistencia pública, incluidos

través de una resolución administrativa, sino que el acceso puede quedar determinado a través de listas de espera, visados, etc.

b) Sistemas de IA utilizados en la prestación de servicios educativos, ya sean públicos o privados, dentro de los que se pueden distinguir las siguientes modalidades[71]:
   - Sistemas de IA para el acceso o admisión a centros educativos y de formación profesional o la distribución entre estos;
   - Sistemas de IA para evaluar los resultados del aprendizaje y orientar el proceso de aprendizaje a todos los niveles;
   - Sistemas de IA para evaluar el nivel de educación adecuado que corresponde;
   - Sistemas de IA para la vigilancia de los alumnos durante los exámenes.

c) Sistemas de IA utilizados en el ámbito del empleo y la gestión de trabajadores[72];
   - Sistemas de IA para la contratación o la selección de personas, lo que se extiende a los servicios (públicos o privados) de empleo;
   - Sistemas de IA para la gestión de los empleados (promoción, despido), que pueden aplicarse de forma interna en la gestión del personal de las AAPP.

d) Sistemas de IA utilizados en la gestión y funcionamiento de infraestructuras críticas (tráfico y suministro de agua, gas, electricidad)[73]. Se trata de sistemas de IA que estén destinados

---

los servicios de asistencia sanitaria, así como para conceder, reducir o retirar dichos servicios y prestaciones o reclamar su devolución (Anexo III. 5 a) RIA).

71 Sistemas de IA de alto riesgo en el ámbito de la educación y la formación profesional (art. III. 3. RIA).

72 Sistemas de IA de alto riesgo en el ámbito del empleo, gestión de los trabajadores y el acceso al autoempleo (art. III. 4. RIA).

73 Sistemas de IA de alto riesgo en el ámbito de la gestión y funcionamiento de infraestructuras esenciales (Anexo III. 2. RIA).

a ser utilizados como componentes de seguridad en la gestión y el funcionamiento digital de las infraestructuras críticas.

e) Sistemas de IA utilizados en la gestión de la migración, asilo y control fronterizo[74]:

- Sistemas de IA destinados a ser utilizados como polígrafos o herramientas similares;
- Sistemas de IA destinados a evaluar riesgos (seguridad, salud, migración irregular) que pueda plantear el solicitante;
- Sistemas de IA para detectar, reconocer o identificar a personas físicas, excluida la verificación de documentos de viaje;
- Sistema de IA para examinar las solicitudes de asilo, visado o permiso de residencia y las reclamaciones determinar si se reúnen los requisitos necesarios, incluida el análisis de la fiabilidad de las pruebas;

f) Sistemas de IA utilizados en la gestión de la seguridad pública, (identificación biométrica y categorización de personas[75])

- Sistemas de identificación biométrica remota —excluidos los destinados a confirmar que una persona física concreta es la persona que afirma ser—;
- Sistemas de IA destinados a ser utilizados para la categorización biométrica basada en la inferencia de dichos atributos o características sensibles o protegidos;
- Sistemas de IA destinados a ser utilizados para el reconocimiento de emociones.

---

74 Sistemas de IA de alto riesgo en el ámbito de la gestión de la migración, el asilo y el control fronterizo (art. III. 7. RIA).

75 Sistemas de IA de alto riesgo en el ámbito de la biometría, en la medida en que su uso esté permitido por el Derecho de la Unión o nacional aplicable, Anexo III. 1.

g) Sistemas de IA utilizados en la gestión de las llamadas de emergencia a los servicios de urgencia: protección civil, bomberos, servicios sociales[76].

h) Sistemas de IA utilizados para determinar el acceso de las personas a otros servicios y prestaciones esenciales —distintos de la asistencia sanitaria— que pueden ser en el ámbito educativo (becas, ayudas), de la Seguridad Social, servicios sociales, etc[77].

Estos sistemas de alto riesgo tendrán que cumplir una serie de requisitos para garantizar su fiabilidad y seguridad, para lo que tienen que ser sometidos a una evaluación de la conformidad por un organismo notificado y poder así llevar el marcado CE que habilita a su uso y comercialización dentro la Unión (Sección 2 Capítulo III)[78]. Esta evaluación de conformidad la otorgarán los denominados organismos notificados que estén acreditados por las autoridades nacionales, en nuestro país, la AESIA.

Las AAPP deberán garantizar el cumplimiento de estos requisitos en la medida que desarrollen sus propios sistemas de IA como proveedores, y en el caso de que adquieran los sistemas de IA de terceros, en cuanto responsables del despliegue (usuarios), solamente

---

[76] Anexo III. 5 d) RIA) a los que se hace referencia supra npp. 69.

[77] Anexo III. 5 a) RIA, a la que se hace referencia supra npp. 70. Se consideran servicios esenciales los servicios de asistencia sanitaria, prestaciones de seguridad social, servicios sociales que garantizan una protección en casos como la maternidad, la enfermedad, los accidentes laborales, la dependencia o la vejez y la pérdida de empleo, asistencia social y ayudas a la vivienda, suelen depender de dichas prestaciones y servicios y, por lo general, se encuentran en una posición de vulnerabilidad respecto de las autoridades responsables (cd. 58).

[78] En concreto se trata de contar con un sistema de gestión de riesgos para su identificación, evaluación y mitigación (art. 9), una política de gestión y gobernanza de datos para garantizar su calidad y pertinencia (art. 10), una documentación técnica actualizada y adecuada (art. 11), un sistema de registro que debe permitir la trazabilidad (art. 12), un nivel de transparencia suficiente para interpretar y usar correctamente sus resultados (art. 13), el supervisión humana efectiva para prevenir o reducir los riesgos (art. 15), y una garantía de precisión, solidez y ciberseguridad (art. 15).

deberán garantizar su utilización, vigilancia y seguimiento conforme a las instrucciones de uso del proveedor (art. 26).

Los modelos de IA de uso general[79] —que incluye la IA generativa— se encuentran sometidos a unas obligaciones específicas de transparencia y de información[80], mientras que los modelos de IA de uso general de riesgo sistémico se someten a unas obligaciones adicionales más intensas[81]. Estos sistemas de IA de uso general pueden utilizarse de forma independiente para la prestación de servicios por parte de la Administraciones Pública —como son asistentes— o bien pueden utilizarse como un componente de otro sistema de IA, en cuyo caso este último se considerará, además, modelo de uso general.

Los sistemas de riesgo limitado son los que interactúan con personas físicas sin entrañar riesgos (*bots*) y los que generen o manipulen contenido de imagen, sonido o vídeo que puedan inducir a error (*deepfake*), por lo que afectarán esencialmente a los sistemas administrativos que encargan de la atención a los ciudadanos. En estos casos solamente se imponen unas obligaciones de transparencia que permitan identificar que se trata de un sistema de IA[82].

El resto de sistemas de IA se consideran de riesgo inexistente y son de desarrollo y uso libre[83]. Por lo tanto, una gran parte de los

---

79 Que se regulan en el Capítulo V del RIA.

80 Deben elaborar y mantener actualizada: a) documentación técnica del modelo para facilitarla a las autoridades competentes; b) información para los proveedores que quieran integrar el modelo en sus sistemas de IA; c) directrices para cumplir con los derechos de autor; d) un resumen del contenido utilizado para el entrenamiento (sección 2 del Capítulo V RIA).

81 Como presentar en la documentación técnica del modelo (estrategias de evaluación y sus resultados, medidas adoptadas para realizar pruebas adversarias internas o externas, arquitectura del sistema), evaluar los modelos de conformidad con protocolos y herramientas normalizados que reflejen el estado de la técnica, evaluar el origen y reducir los posibles riesgos sistémicos; vigilar, documentar y comunicar incidentes graves y las medidas correctoras, y garantizar la protección de la ciberseguridad (sección 3 del Capítulo V RIA).

82 Que se regulan en el Capítulo IV del RIA.

83 Sin perjuicio de que puedan someterse voluntariamente a los previstos para los sistemas de alto riesgo a través de códigos de conducta (Título X).

sistemas de IA que utilicen las AAPP estarán exentos de requisito u obligación alguna por lo que respecta al RIA, lo que no quita que se les apliquen otras normas, y puedan (y deban) ser objeto de una regulación específica a nivel nacional.

Más allá del RIA, están surgiendo a nivel europeo otras normas que se aplican de forma específica a los sistemas de IA en cuanto tecnología y que tienen relevancia para el uso que se haga de estos sistemas para la prestación de servicios públicos. En concreto se trata de la propuesta de Directiva sobre responsabilidad en materia de IA[84] que tiene por finalidad armonizar las normativas nacionales sobre responsabilidad extracontractual basada en la culpa (subjetiva), para facilitar que las personas que reclamen una indemnización por los daños y perjuicios causados por un sistema de IA estén en una situación similar a la que sufren daños y perjuicios de cualquier otra procedencia. Con esta finalidad se introducen una obligación de exhibición de pruebas, y se introduce una presunción *iuris tantum* del nexo causal entre la culpa (incumplimiento) y el daño (actuación del sistema)[85], con los que pretende superar ese desequilibrio y facilitar las reclamaciones de responsabilidad civil extracontractual que pueden verse frustradas por la complejidad de los sistemas de IA y su opacidad cuando son de caja negra.

Por lo tanto, se trata de una iniciativa que será absolutamente esencial para determinar la responsabilidad patrimonial en el caso

---

84 Propuesta de Directiva del Parlamento Europeo y del Consejo relativa a la adaptación de las normas de responsabilidad civil extracontractual a la inteligencia artificial (Directiva sobre responsabilidad en materia de IA) COM/2022/496 final, de 28.9.2022.

85 El artículo 3 de la propuesta de Directiva se refiere a la obligación de exhibición de pruebas para los proveedores y usuarios de IA ante los órganos jurisdiccionales con el fin de permitir a los demandantes fundamentar sus demandas de responsabilidad civil extracontractual subjetiva (basada en la culpa) por daños y perjuicios. El artículo 4 de la propuesta de Directiva introduce una presunción iuris tantum del nexo causal entre la culpa (incumplimiento) y el daño (actuación del sistema), invirtiendo la carga de la prueba en el caso de demandas de responsabilidad civil extracontractual subjetiva (basada en la culpa) interpuestas ante tribunales nacionales por daños y perjuicios causados por sistemas de IA.

de daños derivados de sistemas IA utilizados en la prestación de servicios en general, incluidos los servicios públicos ya que facilita las reclamaciones tanto a los prestadores de dichos servicios como a los proveedores de los sistemas de IA. En estos casos parece indiferente que se trate de un proveedor o un prestador de naturaleza pública o bien privada, ya que, aunque las reglas hacen referencia a los supuestos de responsabilidad civil, se entiende que estas reglas son aplicables a los supuestos de responsabilidad administrativa[86], aunque será una de las cuestiones a aclarar durante su tramitación.

C) Otras normativas que enmarcan el funcionamiento de los sistemas informáticos

En la medida que las AAPP lleven a cabo la prestación de servicios públicos a través de sistemas informáticos deberán cumplir con la normativa de datos, de ciberseguridad y, en su caso, de servicios digitales. Se trata de normas conexas que no regulan los sistemas informáticos en si, sino las actividades que se desarrollan a través de los mismos en tanto que sistemas de información y comunicación.

En cuanto a la normativa relativa a los datos debe considerarse en sentido amplio, más allá de la protección de datos. En este sentido se han aprobado recientemente diversa normativa que trata de garantizar que existe un verdadero mercado europeo de datos. Esta normativa puede proyectarse sobre la actividad de las AAPP en un doble sentido, por una parte, facilitándoles el acceso a una mayor y mejor cantidad de datos que alimenten sus sistemas informáticos y, por otra, obligándolas a facilitar y compartir sus datos. Se trata de la Directiva (UE) 2019/1024 relativa a los datos abiertos y la reutilización de la información del sector público; el Reglamento (UE) 2022/868 de Gobernanza de Datos; el Reglamento (UE) 2023/2854

---

86 El término "responsabilidad civil" se asimila más bien a "responsabilidad patrimonial". Además, utiliza la definición de proveedor y de usuario (o responsables del despliegue) del RIA que incluye sujetos públicos y privados. Por lo demás, el documento que acompaña a la propuesta afirma que el sistema de responsabilidad "puede resultar aplicable a la responsabilidad del Estado", aunque no hace más aclaraciones.

de Datos; y de los Espacios Europeos de Datos —por ahora, el de Datos Sanitarios[87]—.

Dentro de esta normativa sobre datos se encuentra también el RGPD y la LOPD, que debe ser observados en la medida que los sistemas de IA utilicen datos personales. En estos casos será necesario realizar un análisis de riesgos y, en los casos en que el tipo de tratamiento entrañe un alto riesgo para los derechos y libertades de las personas deberá llevarse a cabo una evaluación de impacto en la protección de datos ante la AEPD. Asimismo, y en la medida que se trata de sistemas de IA deberá tenerse en cuenta el derecho a no ser objeto de una decisión basada únicamente en el tratamiento automatizado, incluida la elaboración de perfiles, que produzca efectos jurídicos en ellas o las afecte significativamente de modo similar, con algunas situaciones excepcionales, a que se refiere el artículo 22 RGPD.

Por otra parte, también resulta relevante la normativa en materia de ciberseguridad para garantizar adecuadamente la seguridad de la información tratada y las actividades que se desarrollen a través de los sistemas mediante los que se presten servicios públicos. En este sentido, al igual que resto de los sistemas se encuentran sometidos a la normativa general sobre ciberseguridad que se contiene en la Directiva (UE) 2022/2555 de Ciberseguridad (NIS2)[88] y, en los casos

---

87 Directiva (UE) 2019/1024 relativa a los datos abiertos y la reutilización de la información del sector público; Reglamento (UE) 2022/868 del Parlamento Europeo y del Consejo de 30 de mayo de 2022 relativo a la gobernanza europea de datos y por el que se modifica el Reglamento (UE) 2018/1724 (Reglamento de Gobernanza de Datos); Reglamento (UE) 2023/2854 del Parlamento Europeo y del Consejo, de 13 de diciembre de 2023, sobre normas armonizadas para un acceso justo a los datos y su utilización, y por el que se modifican el Reglamento (UE) 2017/2394 y la Directiva (UE) 2020/1828 (Reglamento de Datos); Propuesta de Reglamento Del Parlamento Europeo y del Consejo sobre el Espacio Europeo de Datos Sanitarios COM/2022/197 final

88 Directiva (UE) 2022/2555 del Parlamento Europeo y del Consejo de 14 de diciembre de 2022 relativa a las medidas destinadas a garantizar un elevado nivel común de ciberseguridad en toda la Unión, por la que se modifican el Reglamento (UE) nº 910/2014 y la Directiva (UE) 2018/1972 y por la que se deroga la Directiva (UE) 2016/1148 (Directiva SRI 2).

que puedan considerarse como infraestructuras críticas, a lo dispuesto en la Directiva (UE) 2022/2557[89].

Asimismo, y en la medida en que se trata de entidades del sector público, tienen que someterse a la normativa de ciberseguridad dispuesta a nivel interno que se contienen en el Esquema Nacional de Seguridad (Real Decreto 311/2022), tal y como exige el artículo 156.1 LRJSP, que define la política de seguridad en la utilización de medios electrónicos. En concreto, el ENS contiene los criterios y recomendaciones en materia de seguridad, conservación y normalización de la información, de los formatos y de las aplicaciones que deberán ser tenidos en cuenta por las entidades del sector público en el diseño e implementación de sus sistemas de información a través de los que lleven a cabo actuaciones automatizadas.

VI. LA REGULACIÓN SECTORIAL APLICABLE A DETERMINADAS ACTUACIONES MATERIALES AUTOMATIZADAS DE LAS ADMINISTRACIONES PÚBLICAS: ASISTENCIA SANITARIA, TRANSPORTES Y CONTROL DEL TRÁFICO

A) Características de las normas sectoriales aplicables a las actuaciones materiales automatizadas de las Administraciones Públicas

Hasta ahora se ha analizado la normativa que regulan los sistemas informáticos con carácter general, independientemente de que sean utilizados en el ámbito público o privado y del uso concreto al que se destinen. Más allá de esta normativa general es posible identificar normas sectoriales en distintos ámbitos —productos sanitarios, medios de transporte, etc.— que contienen disposiciones específicas que se aplican a los sistemas informáticos que se utilizan en dichos ámbitos.

---

89 Directiva (UE) 2022/2557 del Parlamento Europeo y del Consejo de 14 de diciembre de 2022 relativa a la resiliencia de las entidades críticas y por la que se deroga la Directiva 2008/114/CE del Consejo.

Esta normativa sectorial se proyecta de forma transversal, sin distinguir si el uso de dichos productos tiene lugar en el ámbito público o privado, por lo que constituyen un régimen de obligado cumplimiento para los sistemas informáticos que soporten las actuaciones materiales de las AAPP que entren dentro de su ámbito de aplicación, sean o no automatizadas. Se trata de una normativa que tiene que ver con la seguridad de los productos y sistemas y que se dirige exclusivamente a garantizar el correcto funcionamiento técnico de los sistemas informáticos utilizados en estos ámbitos.

Como se podrá comprobar, se trata de regímenes sectoriales aislados que se aplican a determinadas actuaciones materiales automatizadas de las AAPP pero que no están dirigidos a regular el uso de estos sistemas informáticos por la Administración, sino que se centran en el garantizar el correcto funcionamiento técnico del sistema para que sea preciso y seguro.

B) La normativa sobre productos sanitarios y su aplicación a sistemas informáticos utilizados en la asistencia sanitaria

En la prestación de los servicios sanitarios, ya sean públicos o privados, la utilización de sistemas informáticos en la práctica clínica se encuentra sometida al régimen jurídico específico de los productos sanitarios que se contiene en el Reglamento (UE) 2017/745 y al Real Decreto 192/2023[90].

Los productos sanitarios (o dispositivos médicos) se definen como todo instrumento, dispositivo, equipo, programa informático, implante, reactivo, material u otro artículo destinado por el fabricante a ser utilizado en personas, por separado o en combinación, con determinados fines médicos específicos [art. 1.2 Reglamento (UE)

---

[90] Reglamento (UE) 2017/745 del Parlamento Europeo y del Consejo, de 5 de abril de 2017, sobre los productos sanitarios, por el que se modifican la Directiva 2001/83/CE, el Reglamento (CE) n.° 178/2002 y el Reglamento (CE) n.° 1223/2009 y por el que se derogan las Directivas 90/385/CEE y 93/42/CEE del Consejo; y el Real Decreto 192/2023, de 21 de marzo, por el que se regulan los productos sanitarios.

2017/745]. Como puede comprobarse, se trata de una definición amplia que abarca diversos tipos de productos, tanto tangibles como inmateriales, entre los que se incluye específicamente los "programas informáticos" (*software*), a lo que se sumarían los "equipos" que los soportan (*hardware*).

Lo determinante en la definición de los productos sanitarios es su uso clínico, que se define de manera detallada enumerando unos fines médicos específicos, como son: a) el diagnóstico, prevención, seguimiento, predicción, pronóstico, tratamiento o alivio de una enfermedad; b) el diagnóstico, seguimiento, tratamiento, alivio o compensación de una lesión o de una discapacidad; y c) la investigación, sustitución o modificación de la anatomía o de un proceso o estado fisiológico o patológico. De este modo son numerosos los sistemas informáticos que son considerados productos sanitarios que van desde programas informáticos individuales —monitores cardiacos, programas para el diagnóstico de enfermedades, programas para calcular la dosis de radiación en radioterapia o la dosificación de medicamentos—, a programas accesorios en otros productos sanitarios[91] —marcapasos, electrocardiógrafos, bombas de insulina, desfibriladores, TAC (tomografía computarizada)—.

Por el contrario, no serían productos sanitarios los sistemas informáticos que no se utilicen en la práctica clínica, como es el caso de los programas de vida saludable —apps de actividad física, sueño, dieta— que suelen estar presentes en los smartphones y demás dispositivos personales y tampoco los programas informáticos de uso general presentes en la prestación de la asistencia sanitaria —como procesadores de texto, tablas de Excel, etc.—[92]. De este modo, y conforme a este criterio restrictivo en la consideración de los programas informáticos como productos sanitarios, tampoco se considerarían como tales aquellos programas de gestión de la asistencia sanitaria que no tengan que ver con los fines médicos definidos —programas

---

91 El cd. 17 del Reglamento (UE) 2017/745 aclara que la calificación de programa informático, bien como producto sanitario o como un accesorio, es independiente de la ubicación del programa informático y del tipo de interconexión entre el programa informático y el producto.

92 Como se indica en el cd. 17 del Reglamento (UE) 2017/745.

para fijar la financiación y precio de un medicamento, o para la gestión de material sanitario en un centro hospitalario—.

En este último caso la delimitación no es sencilla ya que son múltiples los programas informáticos que se utilizan en la gestión de la asistencia sanitaria que no se emplean de forma directa para los fines médicos definidos, pero que sirven de forma indirecta a dichos fines. En estos supuestos, y conforme al criterio funcional presente en la definición de los productos sanitarios deben considerarse productos sanitarios los programas de gestión de los triajes o aquellos que proporcionan información para la prescripción de medicamentos[93]. Por el contrario, quedarían fuera de la consideración de productos sanitarios sistemas informáticos para la gestión de la asistencia sanitaria que no tengan tienen una incidencia directa o indirectamente unos fines médicos como ocurre, por ejemplo, con los programas de gestión de las guardias o de las citas médicas, aunque son determinantes en la adecuada prestación de la asistencia sanitaria.

Los programas informáticos que sean considerados productos sanitarios se clasifican en distintas categorías en función de la incidencia y riesgo que presenten sobre la salud de las personas, sometiéndolos a unos requisitos más o menos exigentes para obtener el marcado CE necesario para su puesta en el mercado[94]. Conforme a

---

93 Así lo ha confirmado el TJUE en su sentencia de 7 de diciembre de 2017, asunto C-329/16 que considera como productos sanitario un programa informático que coteja datos del paciente con los medicamentos que se pretende prescribir, que proporciona automáticamente un análisis para detectar posibles contraindicaciones, interacciones y posologías excesivas, y que se utiliza con fines de prevención, control, tratamiento o alivio de una enfermedad, persiguiendo así una finalidad médica específica, es un producto sanitario.

94 Conforme a la Regla 11 del Anexo VIII del Reglamento (UE) 2017/745 se clasifican como clase IIa los programas informáticos destinados a proporcionar información que se utiliza para tomar decisiones con fines terapéuticos o de diagnóstico, excepto si estas decisiones tienen un impacto que pueda causar la muerte o un deterioro irreversible de la salud (en cuyo caso sería clase III), o un deterioro grave del estado de salud (en cuyo caso sería clase IIb). Por otra parte, se encuentran los programas informáticos destinados a observar procesos fisiológicos que se clasifican como de clase IIa, salvo si son parámetros fisiológicos vitales en cuyo caso se clasifican como

dicha clasificación, será necesario llevar a cabo una declaración de conformidad —que es común para todas las clases— con la que los fabricantes aseguran que sus productos son conformes con los requisitos esenciales que les resultan de aplicación, o bien deben obtener un certificado de conformidad —clase IIa, IIb, III— emitido por un organismo notificado que verifica la adecuación de los productos correspondientes a unos requisitos más exigentes en función de la clase de que se trate, todo ello bajo la supervisión de la Agencia Española de los Medicamentos y Productos Sanitarios (AEMPS).

Una peculiaridad de esta clasificación de los productos sanitarios es que no se contempla su funcionamiento automatizado, sino que se describen como "programas informáticos para observar procesos fisiológicos" o bien como "programas informáticos destinados a proporcionar información que se utiliza para tomar decisiones con fines terapéuticos o de diagnóstico", por lo que se entiende que la decisión final de la actuación clínica queda en manos del profesional sanitario o del paciente.

Esta exclusión del funcionamiento automatizado de los productos sanitarios coincide con los derechos que se han incluido en la Declaración Europea sobre los Derechos y Principios Digitales[95] y en la Carta de Derechos Digitales de España de 2021[96], que hacen referencia a la exclusión de sistemas de IA que limiten o excluyan las decisiones humanas —esto es, el libre albedrío clínico—. Al margen de que se trata de declaraciones políticas, por lo que no implican el reconocimiento de un verdadero derecho subjetivo, si es cierto que

---

IIb. Mientras que todos los demás programas informáticos se clasifican en la clase I.

95 El apartado 9 d) de la Declaración Europea sobre los Derechos y Principios Digitales para la Década Digital (2023/C 23/01) se manifiesta que: «*Nos comprometemos a: (...) d) Garantizar que las tecnologías como la inteligencia artificial no se utilicen para anticiparse a las decisiones de las personas en ámbitos como, por ejemplo, la salud, la educación, el empleo y la vida privada*».

96 En la Carta de Derechos Digitales adoptada el 14 de julio de 2021 por el Consejo de Ministro, el apartado XII sobre Derecho a la protección de la salud en el entorno digital, se establece que: «*4. El empleo de sistemas digitales de asistencia al diagnóstico, y en particular de procesos basados en inteligencia artificial no limitará el derecho al libre criterio clínico del personal sanitario*».

se concibe la reserva de humanidad en la práctica clínica de manera que siempre sea un profesional sanitario el que adopta la decisión en cuanto al diagnóstico y el tratamiento. Este planteamiento no impide que puedan admitirse productos sanitarios que ejecutan de forma autónoma el tratamiento previamente definido y pautado[97].

C) *La normativa sobre seguridad en vehículos e infraestructuras y su aplicación a sistemas informáticos utilizados en servicios de transporte*

De manera paralela a la normativa sobre productos sanitarios es posible identificar otras normas que regulan las condiciones de seguridad de distintas modalidades de transporte que incorporan entre sus componentes sistemas informáticos. Se trata de normas de seguridad tanto de los vehículos como de las infraestructuras necesarias para la navegación aérea, marítimo-fluvial, transporte por ferrocarril, o por carretera, en las que se tienen en cuenta la incorporación de sistemas informáticos que son cada vez más relevantes para su funcionamiento.

En el caso de los vehículos como son las aeronaves, trenes, embarcaciones y vehículos de motor se establece un sistema de certificación u homologación específico para garantizar su funcionamiento y que se aplica a los productos y piezas, incluidos los sistemas informáticos[98]. En estos procedimientos de certificación se supervisan los sis-

---

[97] Por ejemplo, un marcapasos o un desfibrilador que se activa en función de pautas previamente fijadas por el profesional sanitario. También un brazo robótico que corrige un movimiento dentro de unas instrucciones previas definidas por el profesional sanitario.

[98] En el caso de las aeronaves a nivel europeo se encuentra el Reglamento (UE) nº 748/2012 por el que se estable en las disposiciones de aplicación sobre la certificación de aeronavegabilidad y medioambiental de las aeronaves y los productos, componentes y equipos relacionados con ellas, así como sobre la certificación de las organizaciones de diseño y de producción; asimismo, se aplica el Real Decreto 660/2001 por el que se regula la certificación de las aeronaves civiles y de los productos y piezas relacionados con ellas. En el caso de los ferrocarriles se prevé en la Directiva (UE) 2016/797 sobre la interoperabilidad del sistema ferroviario dentro de la

temas informáticos incorporados a estos vehículos en la medida que sean necesarios para el desarrollo de sus actividades. Por lo tanto, se imponen exigencias a estos sistemas informáticos en cuanto a las condiciones de seguridad funcional de los vehículos, de modo que se garantice la protección de sus usuarios y de terceros. Estos sistemas informáticos son, por lo tanto, certificados como parte del vehículo de que se trate, sin perjuicio de que sus funciones pueden ser auxiliares o bien sustitutiva de determinadas funciones, permitiéndose en determinados casos una conducción o navegación automatizada. En tanto que normas de seguridad de productos se aplica con carácter general, resultando indiferente que la naturaleza del titular del vehículo —que, por lo general, serán sujetos privados—, ya que lo único relevante son las condiciones de seguridad del mismo.

Por otra parte, existe igualmente una normativa similar para las infraestructuras necesarias para el desplazamiento de estos vehículos que garantizan la seguridad de aeropuertos, líneas férreas, puertos y carreteras y vías públicas[99]. Se trata de unas normas de seguridad

---

Unión Europea, que se desarrolla en el Reglamento de Ejecución (UE) 2018/545 de la Comisión, de 4 de abril de 2018, por el que se establecen las disposiciones prácticas relativas a la autorización de vehículos ferroviarios y al proceso de autorización de tipo de vehículos ferroviarios; y a nivel interno el Real Decreto 929/2020, de 27 de octubre, sobre seguridad operacional e interoperabilidad ferroviarias. En cuanto a las embarcaciones de transporte se aplica el Reglamento (CE) nº. 391/2009 sobre reglas y normas comunes para las organizaciones de inspección y reconocimiento de buques; y, a nivel nacional, el Real Decreto 1837/2000, de 10 de noviembre, por el que se aprueba el Reglamento de inspección y certificación de buques civiles. Por lo respecta a los vehículos de motor debe tenerse en cuenta el Reglamento (UE) 2018/858 del Parlamento Europeo y del Consejo, de 30 de mayo de 2018, sobre la homologación y la vigilancia del mercado de los vehículos de motor y sus remolques y de los sistemas, los componentes y las unidades técnicas independientes destinados a dichos vehículos; y, a nivel interno, el Real Decreto 2028/1986, de 6 de junio, por el que se dictan normas para la aplicación de determinadas Directivas de la CEE, relativas a la homologación de tipos de vehículos automóviles, remolques y semirremolques, así como de partes y piezas de dichos vehículos.

99 En el caso de los aeródromos se trata del Reglamento (UE) n ° 139/2014 de la Comisión, de 12 de febrero de 2014, por el que se establecen los requisitos y procedimientos administrativos relativos a los aeródromos, que

operacional aérea, marítima, ferroviaria o vial para garantizar la seguridad de las infraestructuras que permiten o habilitan el transporte, y que incorporan sistemas informáticos que son supervisados, homologados o autorizados de forma junta a la infraestructura. En tanto se trata de normas de seguridad, estas se aplican con carácter general independiente de la naturaleza pública de la infraestructura y de que el titular de su gestión sea un sujeto público o privado.

Por lo demás, dentro de los servicios de transporte existen otros supuestos de actuaciones materiales automatizadas basadas en IA, aunque muchos de ellos no son verdaderas actuaciones materiales o, al menos, son formalizadas[100].

D) La normativa aplicable a los sistemas informáticos de control del tráfico de vehículos

Al margen de los servicios de transporte existen otros supuestos actividades materiales automatizadas que tienen que ver con el control y la vigilancia del tráfico de vehículos, y que se encuentra vinculada con el ejercicio de poder público. En este ámbito encontramos el

---

se recoge en nuestra Ley 21/2003, de 7 de julio, de Seguridad Aérea y en el Real Decreto 98/2009, de 6 de febrero, por el que se aprueba el Reglamento de inspección aeronáutica. En el caso de las vías férreas se trata de la Directiva (UE) 2016/798 del Parlamento Europeo y del Consejo de 11 de mayo de 2016 sobre la seguridad ferroviaria, y, en nuestro país, del Real Decreto 929/2020, de 27 de octubre, sobre seguridad operacional e interoperabilidad ferroviarias. En cuanto a navegación marítima es Real Decreto Legislativo 2/2011, de 5 de septiembre, por el que se aprueba el Texto Refundido de la Ley de Puertos del Estado y de la Marina Mercante y el Real Decreto 587/2022, de 19 de julio, por el que se modifican diversas normas reglamentarias en materia de seguridad marítima. Para las carreteras la Ley 37/2015, de 29 de septiembre, de carreteras y el Real Decreto 1812/1994, de 2 de septiembre, por el que se aprueba el Reglamento General de Carreteras.

100 Es el caso del uso de la IA para el control del uso ayudas al transporte insular, que, en el fondo es el control de una subvención *vid.* D. Ramis Melero (2017): «Actuación Administrativa Automatizada en las Obligaciones de Servicio Público», *Revista de Evaluación de Programas y Políticas Públicas*, nº. 8, pp. 15-30.

que, probablemente, sea el caso de actuación material automatizada más antiguo como son los semáforos y otras señales luminosas de carácter dinámico para la gestión del tráfico, que son dispositivos que funcionan de manera autónoma y su actividad incide en la circulación de los vehículos.

Los semáforos se encuentran regulados en el art. 76 k) Ley Tráfico[101] que prevé como infracción grave el no respetar la luz roja, si bien sus características generales se desarrollan en el Reglamento de Circulación —en la Sección 3ª del Capítulo VI del Título IV sobre Señalización—, y en el que se establece la obligación de los usuarios de obedecer sus indicaciones y de otras señales (art. 132.3 Reglamento). En cuanto a su funcionamiento automatizado, se asume como algo propio de su naturaleza y no se dispone nada al respecto, si bien en su instalación y funcionamiento se observan instrumentos de normalización técnica[102].

Otros dispositivos automatizados que presentan una regulación más detallada son los radares de velocidad (cinemómetros), y los de traspaso de semáforos (foto-rojo) que sirven para garantizar el cumplimiento de la normativa misma y poder actuar frente a eventuales incumplimientos[103]. Este tipo de dispositivos encuentra su fundamento en el artículo 89.2 de la Ley de Tráfico que admite la posibilidad de que las denuncias no se notifiquen en el acto sino en un momento posterior cuando se "haya tenido conocimiento de la infracción a través de medios de captación y reproducción de imágenes que permitan la identificación del vehículo"[104]. En la medida que se les reconoce esa funcionalidad se exige que "*los instrumentos,*

---

[101] Real Decreto Legislativo 6/2015, de 30 de octubre, por el que se aprueba el texto refundido de la Ley sobre Tráfico, Circulación de Vehículos a Motor y Seguridad Vial.

[102] Normas UNE-EN 12675:2001 sobre Requisitos funcionales de seguridad en los semáforos.

[103] Sobre esta cuestión y la problemática de su uso *vid.* O. Capdeferro Villagrasa: «Las obligaciones sujetas a control administrativo automatizado», *IDP: Revista de Internet, Derecho y Política*, nº. 37, 2023.

[104] Real Decreto Legislativo 6/2015, de 30 de octubre, por el que se aprueba el texto refundido de la Ley sobre Tráfico, Circulación de Vehículos a Motor y Seguridad Vial.

aparatos o medios y sistemas de medida que sean utilizados para la formulación de denuncias por infracciones a la normativa de tráfico, seguridad vial y circulación de vehículos a motor estarán sometidos a control metrológico en los términos establecidos por la normativa de metrología" (art. 83.2 Ley de Tráfico). Por lo tanto, la regulación de estos dispositivos deriva en la normativa sobre metrología que encabeza la Ley 32/2014, de 22 de diciembre, de Metrología, que desarrolla el Real Decreto 244/2016 y que se concreta en la Orden ICT/155/2020, de 7 de febrero, por la que se regula el control metrológico del Estado de determinados instrumentos de medida que contiene un Anexo XII con diversos epígrafes para la evaluación de conformidad y la verificación posterior de los cinemómetros.

Hasta aquí se han expuesto algunos ejemplos de las regulaciones sectoriales que inciden en las actuaciones materiales automatizadas que desarrollan las AAPP. En realidad, estas normas sectoriales son excepcional, por lo que la mayoría de las actuaciones materiales que llevan a cabo las AAPP de forma automatizada se desarrollan sin que se encuentren sometidas a regulación alguna.

VII. CONCLUSIONES Y UNA PROPUESTA

Las actuaciones materiales automatizadas que se llevan a cabo las AAPP en la prestación de servicios públicos carecen de un régimen jurídico propio, lo cual es coherente con la tradicional ausencia de una regulación específica para las actuaciones materiales en general.

Estas actuaciones materiales automatizadas se desarrollan bajo un exiguo marco jurídico que nada que ver con el régimen aplicable a las AAA que, además del artículo 41 LRJSP, abarca la totalidad del régimen común de las AAPP que resulta aplicable con las correspondientes dificultades en su adaptación a la nueva modalidad de actuación sin intervención humana.

En el caso de las actuaciones materiales automatizadas ni siquiera le resulta aplicable el artículo 41 LRJSP, ya que éste se limita a las AAA formalizadas que se desarrollen en el marco de un procedimiento. Por lo tanto, esta modalidad de actuación administrativa queda sometida, además de a los aspectos básicos del régimen administrativo contenido en la LRJSP, a lo dispuesto en el artículo 23 LITDN cuando se utilicen sistemas basados en IA que, sin embargo, se trata de una norma que carece de carácter preceptivo y se limitan a establecer principios y algunas medidas que se encuentran faltas de concreción.

Solamente en algunas actuaciones materiales administrativas que se desarrollan de forma automatizada quedan sometidas a una regulación sectorial más desarrollada y sólida que se dirige a garantizar la seguridad de los sistemas informáticos que se utilizan en el desarrollo de dichas actuaciones, como es el caso de la normativa de productos sanitarios en la asistencia sanitaria o la de los vehículos y las infraestructuras en los servicios de transporte.

Sin embargo, se trata de una excepción que confirma la regla de la ausencia de un régimen jurídico propio de las actuaciones materiales automatizadas, ya que las AAPP, desarrollan estas actividades sometidas al reconocimiento de una habilitación competencia que le permite actuar en el ámbito concreto y los principios y directrices generales que se puedan extraer de la normativa sectorial correspondiente —sanidad, educación, seguridad, medio ambiente, etc.— que sirve de base para el desarrollo de la actuación automatizada de que se trate.

Este anomia en que las AAPP desarrollan sus actividades materiales de forma automatizada está empezando a disiparse gracias a la aprobación del RIA que afronta los retos de la generalización de los sistemas de IA, también en su uso por las AAPP. En efecto, el RIA ha supuesto un punto de inflexión ya que introduce unas medidas sobre determinos usos de los sistemas de IA que afectan de lleno a las actuaciones materiales basadas en IA. En concreto se establecen prohibiciones en el caso de usos de riesgo inaceptable que impedirán a las AAPP desarrollar determinadas actividades materiales a través de sistemas de IA —en el ámbito de la seguridad pública, pero también de la educación y de la extranjería—. En particular, introduce unas limitaciones y requisitos para usos de alto riesgo de los sistemas de IA que alcanza a numerosas actividades materiales de las AAPP que solamente podrán desarrollarse previa evaluación de conformidad, y que incluyen el uso de IA en la práctica clínica y gestión de urgencias médicas, el ámbito educativo para evaluar o vigilar pruebas, el ámbito de los servicios de empleo público, la gestión de infraestructuras críticas, el desarrollo de la política de extranjería, la gestión de la seguridad pública mediante sistemas de vigilancia y reconocimiento vigilancia, y, una fórmula genérica relativa al acceso de los ciudadanos a servicios esenciales prestacionales.

Esta nueva normativa que se va proyectar sobre numerosas actuaciones materiales automatizadas de las AAPP se aplicará de forma adicional e independiente de las normas sectoriales que garantizan la seguridad y precisión de determinados sistemas informáticos como son los que se usan como productos sanitarios, como componentes de seguridad de vehículos e infraestructuras de transporte o para el control del tráfico. De este modo se producirá un solapamiento que dará lugar a que, en determinados casos un sistema de IA usado, por ejemplo, para el diagnóstico de enfermedades, tendrá que pasar por una evaluación de conformidad como producto sanitario, otro como sistema de IA de alto riesgo e, incluso, una última de protección de datos en el caso de que afecte a datos personales.

Esta concurrencia de regímenes sobre el uso de determinados sistemas de IA que afecta a actividades materiales, tanto en el ámbito público como en el privado, no puede verse como una disfunción ya que debe tenerse en cuenta que cada normativa responde a unos fines distintos —en el caso de la de productos sanitarios se trata de garantizar la salud y la integridad física, mientras que el RIA protege derechos y libertades en general, y la de protección de datos el derecho a la intimidad específicamente—. Ahora bien, sí sería necesaria una coordinación entre las distintas normativas de manera que se proyecten de forma complementaria y no resulten redundantes, e, igualmente, se hace imprescindible una simplificación en los procedimientos de evaluación de manera que se pueda llevar de forma unificada en un único procedimiento.

En definitiva, las actuaciones materiales de las AAPP van a experimentar una transformación como consecuencia de la incorporación de los sistemas de IA en la prestación de servicios público, y esto va a venir acompañado por una mayor regulación de las actuaciones automatizadas que se van a ir generalizando. El RIA constituye la base de mínimos de esta nueva regulación de las actuaciones materiales automatizadas que, en el ámbito de las AAPP debería venir acompañada por un desarrollo normativo específico ya que el uso de esta nueva tecnología plantea retos para la libertad, la igualdad y la dignidad de los ciudadanos que no pueden resolverse a partir de las normas sectoriales que garantizan la seguridad de determinados productos y del régimen de la responsabilidad patrimonial de las AAPP por los daños que generen dichas actuaciones, tal y como se ha hecho hasta ahora.

VIII. BIBLIOGRAFÍA

Agudo González, Jorge (2013). Actuación material e informalidad. El ejemplo de la concertación con la Administración, *Revista Aragonesa de Administración Pública*, nº 41-42, 2013, 123-172

Álvarez García, Vicente (1999). *La normalización industrial*, Tirant lo Blanch, Valencia.

Blanquer Criado, David (2020). *Derecho Administrativo*, Tirant lo Blanch, Valencia.

Bauzá Martorell, Felio José (2017). Identificación, autentificación y actuación automatizada de las administraciones públicas, en Severiano Fernández Ramos, Julián Valero Torrijos; Eduardo Gamero Casado (dirs.), *Tratado de Procedimiento Administrativo Común y Régimen Jurídico Básico del sector público*, vol. 1, 2017, 769-794.

Berning Prieto, Antonio David (2023). El uso de sistemas basados en inteligencia artificial por las Administraciones públicas: estado actual de la cuestión y algunas propuestas ad futurum para un uso responsable, *Revista de Estudios de la Administración Local y Autonómica*, núm, 20.

Capdeferro Villagrasa, Oscar (2023). Las obligaciones sujetas a control administrativo automatizado, *IDP: revista de Internet, derecho y política = revista d'Internet, dret i política*, nº. 37.

Cerrillo i Martínez, Agustí (2023). Lección 21. Actuación automatizada, robotizada e inteligente, en VV.AA. *Manual de Derecho Administrativo*, Marcial Pons, 525-541.

Díaz Mordillo, Mª Alexandra (2024). *Automatización del proceso de determinación de contingencias por incapacidad temporal en INSS*, INAP.

Fuentetaja Pastor, Jesús Ángel (2023). El acto administrativo (I): concepto, clases y requisitos, en Fernández Rodríguez, Carmen (coord.): *Derecho Administrativo II: Régimen jurídico de la actividad administrativa*, Tirant lo Blanch, Valencia.

Gamero Casado, Eduardo (2023). Sistemas automatizados de toma de decisiones en el Derecho Administrativo Español, *Revista General de Derecho Administrativo*, nº, 63, 2023

García Andrade, Jorge (2021). *Las actuaciones administrativas sin procedimiento. Relaciones jurídicas en el Estado de Derecho*, Marcial Pons.

García Andrade, Jorge (2023). Lección 20. Actuaciones sin procedimiento, en VV.AA. *Manual de Derecho Administrativo*, Marcial Pons, pp. 507-523.

García de Enterría, Eduardo; Fernández Rodríguez, Tomás Ramón (2022). *Curso de Derecho Administrativo I*, Civitas.

Goerlich Peset, José María (2021). Decisiones administrativas automatizadas en materia social: algoritmos en la gestión de la Seguridad Social y en el procedimiento sancionador, *Labos*, Vol. 2, No. 2, 22-42.

Gutiérrez David, María Estrella; Quintana Cortés, José Luis (2023). Public Procurement of AI for the EU Healthcare Systems. First Insights from the Spanish Experience, *European Review of Digital Administration & Law - ERDAL*, vol. 4, Issue 1, 87-139.

Maldonado Meléndez, Mirko, A. (2023). La regulación (necesaria) de la actuación administrativa automatizada.: El uso de la robótica mediante chatbots y asistentes virtuales en la administración pública, *RIGL: Revista Iberoamericana de Gobierno Local*, Nº. 23, 2023

Marcos Cardona, Marta (2022). «Las actuaciones administrativas automatizadas tributarias, *Documentos - Instituto de Estudios Fiscales*, Nº. 9.

Martín Delgado, Isaac (2009). Naturaleza, concepto y régimen jurídico de la actuación administrativa automatizada, *Revista de Administración Pública*, nº 180, 53-386

Mendilibar Navarro, Patricia (2022). La aplicación de sistemas algorítmicos en el sector público: la actuación administrativa automatizada y las predicciones algorítmicas, *Derecho Digital e Innovación. Digital Law and Innovation Review*, Nº. 13 (julio-septiembre).

Merli, Franz (2023). Sistemas automatizados de toma de decisiones en el derecho administrativo Austriaco», *Revista General de Derecho Administrativo*, núm. 63.

Mir Puigpelat, Oriol (2023). Lección 9. Procedimientos Administrativos, en VV.AA. *Manual de Derecho Administrativo*, Marcial Pons, 367-394.

Muñoz Machado, Santiago (2015). *Tratado de Derecho Administrativo y Derecho Público general*, Tomo XII, Madrid, BOE.

Padilla Ruiz, Pedro (2023). Actuaciones administrativas automatizadas y automatización robótica de procesos en la gestión de personas», *Pertsonak eta Antolakunde Publikoak Kudeatzeko Euskal Aldizkaria-Revista Vasca de Gestión de Personas y Organizaciones Públicas,* 19 24, 52-67.

Parejo Alfonso, Luciano (2022). *Derecho Administrativo,* Tirant lo Blanch, Valencia.

Ponce Solé, Juli (2024). Límites jurídicos de la toma de decisiones discrecionales automatizadas mediante inteligencia artificial: racionalidad, sabiduría y necesaria reserva jurídica de humanidad en el ámbito digital, número 66 de la Revista General de Derecho Administrativo.

Prados Pérez, Elisa Rocío (2022). De las actuaciones administrativas automatizadas a la inteligencia artificial. Un breve apunte sobre su implementación y regulación en la administración pública española, en Álvaro A. Sánchez Bravo (dir.) *Intellegentiae artificialis, imperium et civitatem,* Alma Mater, 91-110.

Ramis Melero, Daniel (2017). Actuación Administrativa Automatizada en las Obligaciones de Servicio Público, *Revista de Evaluación de Programas y Políticas Públicas,* nº. 8, 15-30.

Rivero Ortega, Ricardo (2024). *Derecho Administrativo,* Tirant lo Blanch, Valencia.

Santamaría Pastor, Juan Alfonso (2009). *Principios de Derecho Administrativo General.* Vol. II. Madrid, Iustel.

Silva-Ardanuy, Manuel (2024). Acomodo constitucional de las actuaciones administrativas automatizadas (AAA) reguladas en los arts. 41 y 42 de la ley 40/2015, de 1de octubre, de régimen jurídico del sector público, en la Administración Local», en Ignacio Hernández Meni, Mario Neupavert Alzola; Margarita Castilla Barea (dir.) *El derecho y la justicia ante la inteligencia artificial y otras tecnologías disruptivas,* Aranzadi, 427-442.

Vaquer Caballería, M. (2023). «El humanismo del derecho administrativo de nuestro tiempo», *Revista de Administración Pública,* 222, 33-64.

Velasco Rico, Clara (2022). La actividad informal de la administración. Premisas para una tentativa de reconstrucción de una categoría (casi) olvidada, *Revista de Derecho Público: teoría y método,* Nº.1 5, 37-71.

Vida Fernández, José (2023). Regulation of Artificial Intelligence in Healthcare within the European Union, *European Review of Digital Administration & Law - ERDAL,* vol. 4, Issue 1, 1-17.

Vida Fernández, José (2022). La gobernanza de los riesgos digitales: desafíos y avances en la regulación de la inteligencia artificial, *Cuadernos de Derecho Transnacional,* Vol. 14, no. 1, 489-503.

Vida Fernández, José (2024). El marco europeo de la regulación del uso de la inteligencia artificial en las Administraciones Públicas en *El Derecho*

Administrativo en la Era de la Inteligencia Artificial: Actas del XVIII Congreso de la Asociación Española de Profesores de Derecho Administrativo, INAP.

Zlotnik, Alexander (2019). «Inteligencia Artificial en las Administraciones Públicas: definiciones, evaluación de viabilidad de proyectos y áreas de aplicación», *Boletic*, 84, 24-32.

PARTE IV
LOS MEDIOS PARA LA AUTOMATIZACIÓN

Los requisitos técnicos exigibles a los sistemas de información empleados en la automatización administrativa: interoperabilidad, reutilización, ciberseguridad, accesibilidad e igualdad

CARLOS GALÁN CORDERO
CARLOS M. GALÁN PASCUAL
Profesores del Área de Derecho Administrativo de la Universidad Carlos III de Madrid
Miembros de la Agencia de Tecnología Legal, S.L.

I. INTRODUCCIÓN: LA EFICACIA ADMINISTRATIVA COMO TELÓN DE FONDO

La Constitución española de 1978 proclama en su artículo 103.1: *"La Administración Pública sirve con objetividad los intereses generales y actúa de acuerdo con los principios de eficacia, jerarquía, descentralización, desconcentración y coordinación, con sometimiento pleno a la Ley y al Derecho."*

Así pues, y amparado genéricamente en el principio irrenunciable de la **eficacia**, el adecuado despliegue de los servicios que las Administraciones Públicas deben prestar a los ciudadanos, especialmente cuando dichas prestaciones se construyen usando **Tecnologías de la Información**, exige contar —para dar cumplida respuesta a aquella exigencia constitucional— con los procedimientos administrativos, métodos y herramientas más adecuados y rigurosos que vengan a garantizar a todos sus destinatarios (ciudadanos, profesionales y empresas) y al resto de las Administraciones Públicas, la **interoperabilidad**, la **seguridad** y la **confiabilidad** de sus actos, así como la debida **accesibilidad** a los recursos tecnológicos usados y a la necesaria aplicación de la economía de escala basada en una adecuada **reutilización** de sistemas y aplicaciones.

De nada serviría usar unas magníficas tecnologías que posibilitaran el tratamiento y la comunicación de millones de datos si los actores implicados en el ciclo de vida de los procedimientos administrativos no percibieran los sistemas de información en los que se sustenta su relación como infraestructuras tan seguras y confiables como la esencia de sus actividades lo requiere.

Es obvio que el adecuado despliegue de la actual Administración Pública requiere la correlativa modernización tecnológica, aunque esto, empero, no es bastante. Debe perseguirse sobre todo la **eficacia** y la **eficiencia** de los actos administrativos, conceptos que deben entenderse desde la agilización de los trámites, el incremento de la productividad, el desarrollo de nuevos servicios y, extraordinariamente importante en momentos de crisis: el ahorro de costes.

II. EL CAMINO INICIADO POR LA LEY DE ACCESO ELECTRÓNICO DE LOS CIUDADANOS A LOS SERVICIOS PÚBLICOS Y LA EVOLUCIÓN NORMATIVA

No cabe duda —como así se ha afirmado—, que el mejor servicio al ciudadano constituye la razón de las reformas que tras la aprobación de la Constitución se han ido realizando en España para configurar una Administración moderna, que haga del principio de eficacia y eficiencia su objetivo último, y siempre con el foco puesto en los ciudadanos administrados.

Aquel servicio constituyó la razón de ser de la Ley 11/2007, de 22 de junio, de Acceso Electrónico de los Ciudadanos a los Servicios Públicos (LAECSP, en adelante), eje vertebrador de la que se dio en llamar Administración Electrónica, y que persiguió, además, estar a la altura de nuestra época y del adecuado posicionamiento de nuestras Administraciones Públicas en el marco europeo e internacional.

Es en este contexto en el que las Administraciones deben comprometerse con su época y ofrecer a sus ciudadanos las ventajas y posibilidades que la Sociedad de la Información tiene, asumiendo su responsabilidad de contribuir a hacer realidad tal paradigma. Como señala la norma, técnicos y científicos han puesto en pie los instrumentos de esta sociedad, pero su generalización depende, en buena medida, del impulso que reciba de las Administraciones Públicas.

No podemos olvidar que lo antedicho, finalmente, depende de la **confianza y seguridad** que genere en los ciudadanos y depende también de los servicios que ofrezca.

El uso de las Tecnologías de la Información y las Comunicaciones (TIC) acerca la Administración a los ciudadanos, las empresas y los profesionales. El tiempo y el espacio, en este nuevo paradigma, ya no constituyen elementos que puedan poner en peligro una comunicación adecuada —y cercana— entre el administrado y su Administración.

Como se ha dicho, un uso eficiente de las TIC permite a los ciudadanos ver a la Administración como una entidad a su servicio y no como una burocracia pesada que empieza por exigir el sacrificio de tiempo y desplazamiento que impone el espacio que separa el domicilio de los ciudadanos y empresas de las dependencias oficiales. Pero, además de eso, estas nuevas tecnologías facilitan, sobre todo, el acceso a los servicios públicos a aquellas personas que antes tenían grandes dificultades para llegar a las oficinas públicas, por motivos de localización geográfica, condiciones físicas de movilidad, etc., posibilitando la paulatina **integración y accesibilidad** de las personas y los grupos sociales.

Aquella ley consagró la relación con las Administraciones Públicas por medios electrónicos como un **derecho de los ciudadanos** y, correlativamente, como una **obligación para tales Administraciones**. El reconocimiento de tal derecho y su correspondiente obligación se erigen así en el eje central de esta norma y de las que después se han incorporado al elenco de regulaciones de la actividad administrativa por medios electrónicos, especialmente, la Ley 39/2015, de 1 de octubre, del Procedimiento Administrativo Común de las Administraciones Públicas (LPAC, en adelante), la Ley 40/2015, de 1 de octubre, de Régimen Jurídico del Sector Público (LRJSP, en adelante) y el Real Decreto 203/2021, de 30 de marzo, por el que se aprueba el Reglamento de actuación y funcionamiento del sector público por medios electrónicos (RAFESP, en adelante), entre otras.

III. CONSECUENCIAS DEL DERECHO A LA RELACIÓN ELECTRÓNICA

El reconocimiento general del derecho de acceder electrónicamente a las Administraciones Públicas tiene varias consecuencias que es necesario considerar.

La progresiva utilización de medios electrónicos suscita la cuestión de la **privacidad de los datos** que se facilitan en relación con un expediente concreto que, archivados de forma electrónica, hacen emerger el problema de su uso por otros servicios o dependencias del propio organismo, de cualquier otra Administración o, incluso, en otro expediente.

Es bien sabido que los legitimados tienen, en el procedimiento convencional, el derecho de acceso al estado de tramitación del procedimiento administrativo, así como a examinar los documentos de los que se compone. Lo mismo debe suceder, por tanto y como mínimo, en un expediente iniciado electrónicamente o tramitado de esta forma. Dicho expediente debe poder permitir el acceso en línea a los interesados para verificar la situación del expediente, sin mengua de todas las garantías de confidencialidad y autenticación que sean exigibles.

En todo caso, la progresiva utilización de las comunicaciones electrónicas, derivada del reconocimiento del derecho a relacionarse electrónicamente con la Administración, suscita no sólo la cuestión de su adaptación —recursos humanos y materiales— a una nueva forma de comunicación, sino también la adopción de unos nuevos modelos de actuación y tramitación de los expedientes, que conllevan la necesidad de **racionalizar, simplificar y adaptar los procedimientos,** aprovechando la nueva realidad que representan las TIC.

Finalmente, aquel derecho de los ciudadanos a comunicarse electrónicamente con la Administración plantea la necesidad de definir claramente la **sede administrativa electrónica** con la que se establecen las relaciones, promoviendo un régimen de **identificación**, **autenticación**, **contenido mínimo**, **protección jurídica, accesibilidad, disponibilidad y responsabilidad.**

Todo ello comporta y exige **seguridad**, en sus tres vertientes: **administrativa**, **tecnológica** y **jurídica**.

Como se ha dicho —y en lo que profundizaremos más adelante—, la consagración del derecho a la relación electrónica y su obligación correlativa tiene, como premisas, la promoción de las condiciones para que la libertad y la igualdad sean reales y efectivas, así como la remoción de los obstáculos que impidan o dificulten su plenitud, lo que exige una **aplicación segura e interoperable de las tecnologías usadas**.

A ello vino a dar respuesta el artículo 42 de la LAECSP, mediante la creación del **Esquema Nacional de Interoperabilidad en el ámbito**

de la Administración Electrónica, norma desarrollada por **Real Decreto 4/2010, de 8 de enero, por el que se regula el Esquema Nacional de Interoperabilidad en el ámbito de la administración electrónica** (ENI, en adelante) y que, nuevamente referenciada en el art. 156 de la LRJSP, señala:

> Artículo 156. Esquema Nacional de Interoperabilidad y Esquema Nacional de Seguridad.
> 1. El Esquema Nacional de Interoperabilidad comprende el conjunto de criterios y recomendaciones en materia de seguridad, conservación y normalización de la información, de los formatos y de las aplicaciones que deberán ser tenidos en cuenta por las Administraciones Públicas para la toma de decisiones tecnológicas que garanticen la interoperabilidad.
> 2. El Esquema Nacional de Seguridad tiene por objeto establecer la política de seguridad en la utilización de medios electrónicos en el ámbito de la presente Ley, y está constituido por los principios básicos y requisitos mínimos que garanticen adecuadamente la seguridad de la información tratada.

IV. LA INTEROPERABILIDAD Y LA REUTILIZACIÓN

A) Introducción a la interoperabilidad

Como se ha dicho, en su momento y desde el entonces denominado Ministerio de Política Territorial y Administración Pública[1], la interoperabilidad resulta necesaria para la cooperación, el desarrollo, la integración y la prestación de servicios conjuntos por las Administraciones Públicas; para la ejecución de las diversas políticas públicas; para la realización de diferentes principios y derechos; para la transferencia de tecnología y la reutilización de aplicaciones en beneficio de una mejor eficiencia; para la cooperación entre diferentes aplicaciones que habiliten nuevos servicios; todo ello para facilitar, en definitiva, el desarrollo de la administración electrónica y de la sociedad de la información.

---

[1] M.A. Amutio. "El Esquema Nacional de Interoperabilidad". Comunicación Tecnimap 2010.

Sin embargo, son muchos los factores que hay que considerar para alcanzar el nivel deseable de interoperabilidad.

Así, nos encontramos con problemas derivados de la interoperabilidad **metodológica y formativa** (son innumerables, y en algún caso contradictorias, las metodologías usadas por las AA.PP. españolas para abordar la misma problemática; por no hablar de los dispares procedimientos formativos usados); problemas derivados de la interoperabilidad **física** (entendida como alejamiento espacial de los elementos llamados a inter-operar); problemas de interoperabilidad **tecnológica e instrumental** y, finalmente, problemas asociados con un complejo (por extenso) sistema de **fuentes normativas**: europeas, nacionales, autonómicas y locales.

Como resulta obvio, todo ello contribuye a dificultar la interoperabilidad perseguida. Se hace necesario, por tanto, establecer los criterios mínimos para evitar (o minimizar) los efectos causados por la problemática anterior.

Con este objetivo nace el Esquema Nacional de Interoperabilidad.

1. La elaboración del ENI

El ENI es, en la práctica, más que una norma. Por este motivo contó en su elaboración con el concurso de todos los elementos e instituciones que pudieran garantizar el éxito de su futura implantación. Esta filosofía cooperativa, que pudo dilatar la obtención del texto final, posee, sin embargo, la enorme ventaja de que el consenso alcanzado es la mejor garantía para su despliegue.

El ENI fue elaborado, en primera instancia, por la Comisión Permanente del Consejo Superior de Administración Electrónica[2], que entregó sus trabajos al Comité Sectorial de Administración Electrónica[3], compuesto por miembros de la Administración General del

---

2 www.csi.map.es

3 administracionelectronica.gob.es

Estado y de las Comunidades Autónomas), para remitirlos, a su vez, a la Comisión Nacional de Administración Local[4].

Asimismo, se recabaron los comentarios y aportaciones de los sectores más representativos o involucrados en el desarrollo tecnológico del Estado. Tales entidades fueron, entre otras: la Agencia Española de Protección de Datos[5], el Consejo de Estado[6] la Conferencia de Rectores de Universidades de España[7], diversas Asociaciones de la industria de las TIC, etc.

Como último eslabón, se sometió a la audiencia de los ciudadanos según las previsiones establecidas en el artículo 24 de la Ley 50/1997, de 27 de noviembre, del Gobierno.

Por otro lado, para el desarrollo del ENI también se tuvieron en cuenta la Decisión 922/2009 del Parlamento Europeo y del Consejo, de 16 de septiembre de 2009, relativa a las soluciones de interoperabilidad para las administraciones públicas europeas (ISA), los planes de acción sobre administración electrónica en materia de interoperabilidad y de aspectos relacionados, particularmente, con la política comunitaria de compartir, reutilizar y colaborar.

2. Objetivos y elementos del ENI

Como hemos señalado, el Esquema Nacional de Interoperabilidad (ENI) persigue la creación de las condiciones necesarias para garantizar el adecuado nivel de interoperabilidad técnica, semántica y organizativa de los sistemas y aplicaciones empleados por las Administraciones Públicas.

El glosario del ENI contiene la siguiente definición de ***interoperabilidad***:

---

4 ww.mpt.gob.es/areas/politica_local/cooperacion_local/organos_de_cooperacion/comision_nacional_de_administracion_local.html

5 www.agpd.es

6 www.consejo-estado.es

7 www.crue.org

> Interoperabilidad: Capacidad de los sistemas de información, y por ende de los procedimientos a los que éstos dan soporte, de compartir datos y posibilitar el intercambio de información y conocimiento entre ellos.

El artículo 3 'Principios generales' de la LRJSP incluye a la *interoperabilidad* entre los principios de actuación de las Administraciones Públicas, de forma que éstas se relacionarán entre sí a través de medios electrónicos que aseguren la interoperabilidad y seguridad de los sistemas y soluciones adoptadas por cada una de ellas, la protección de los datos de carácter personal, y facilitarán preferentemente la prestación conjunta de servicios a los interesados.

Por su parte, el artículo 156 de dicho cuerpo legal recoge el Esquema Nacional de Interoperabilidad, señalando que:

> "comprende el conjunto de criterios y recomendaciones en materia de seguridad, conservación y normalización de la información, de los formatos y de las aplicaciones que deberán ser tenidos en cuenta por las Administraciones Públicas para la toma de decisiones tecnológicas que garanticen la interoperabilidad".

Como decimos, el ENI fue establecido originariamente en el artículo 42 de la Ley 11/2007, de 22 de junio, materializándose en el Real Decreto 4/2010, de 8 de enero, por el que se regula el Esquema Nacional de Interoperabilidad en el ámbito de la Administración Electrónica.

Para facilitar su adecuada implantación en las entidades de su ámbito de aplicación, el ENI se desarrolla a través de las denominadas Normas Técnicas de Interoperabilidad (NTI), de obligado cumplimiento, que desarrollan aspectos concretos de la interoperabilidad entre las AA.PP. y con los ciudadanos.

Las NTI originariamente publicadas fueron las siguientes:

- Catálogo de estándares
- Documento electrónico
- Digitalización de documentos
- Expediente electrónico

- Política de firma electrónica y de certificados de la Administración
- Protocolos de intermediación de datos
- Relación de modelos de datos
- Política de gestión de documentos electrónicos
- Requisitos de conexión a la Red de comunicaciones de las Administraciones Públicas españolas
- Procedimientos de copiado auténtico y conversión entre documentos electrónicos, así como desde papel u otros medios físicos a formatos electrónicos
- Modelo de Datos para el intercambio de asientos entre las Entidades Registrales
- Reutilización de recursos de información

Para facilitar su adecuada implantación, cada una de estas NTI viene acompañada de las correspondientes Guías de Implementación[8].

Además de ello, aunque sin el carácter jurídico-normativo de las NTI, se han publicado los siguientes documentos adicionales:

- Reutilización y transferencia de tecnología:
  - Reutilización de aplicaciones: Guía para la prestación de aplicaciones en modo servicio[9]
  - Reutilización de activos: Guía de publicación y licenciamiento de activos[10]

---

8 https://administracionelectronica.gob.es/pae_Home/pae_Estrategias/pae_Interoperabilidad_Inicio/pae_Normas_tecnicas_de_interoperabilidad.html

9 https://administracionelectronica.gob.es/pae_Home/dam/jcr:962152a8-2266-48ad-b090-6458d1c80110/Guia_prestacion_aplicaciones_modo_servicio_PDF_2016.pdf

10 https://administracionelectronica.gob.es/pae_Home/dam/jcr:9e73dc2d-cc40-4780-a54c-5ab24e158101/ENI_Guia_reutilizacion_activos_v1-0.pdf

- Declaración de conformidad con el Esquema Nacional de Interoperabilidad:
    - Guía de adecuación al ENI[11]
    - Guía de auditoría de cumplimiento del ENI[12]
- URL's de esquemas XML:
    - Documentoeni.xsd[13]
    - MetadatosDocumentoEni.xsd[14]
    - ContenidoDocumentoEni.xsd[15]
    - FirmasEni.xsd[16]
    - ExpedienteEni.xsd[17]
    - IndiceExpedienteEni.xsd[18]
    - IndiceContenidoExpedienteEni.xsd[19]
    - MetadatosExpedienteEni.xsd[20]

---

11 https://administracionelectronica.gob.es/pae_Home/dam/jcr:a65cea77-17ed-440c-9ab9-824421a2ac97/Guia_adecuacion_al_ENI_PDF_NIPO_630-14-238-6.pdf

12 https://administracionelectronica.gob.es/pae_Home/dam/jcr:a859d9ac-9519-4cf9-b525-cc7238b5271b/Guia_auditoria_ENI_PDF_1ed_2016.pdf

13 http://administracionelectronica.gob.es/ENI/XSD/v1.0/documento-e/documentoEni.xsd

14 http://administracionelectronica.gob.es/ENI/XSD/v1.0/documento-e/metadatos/metadatosDocumentoEni.xsd

15 http://administracionelectronica.gob.es/ENI/XSD/v1.0/documento-e/contenido/contenidoDocumentoEni.xsd

16 http://administracionelectronica.gob.es/ENI/XSD/v1.0/firma/firmasEni.xsd

17 http://administracionelectronica.gob.es/ENI/XSD/v1.0/expediente-e/expedienteEni.xsd

18 http://administracionelectronica.gob.es/ENI/XSD/v1.0/expediente-e/indice-e/IndiceExpedienteEni.xsd

19 http://administracionelectronica.gob.es/ENI/XSD/v1.0/expediente-e/indice-e/contenido/IndiceContenidoExpedienteEni.xsd

20 http://administracionelectronica.gob.es/ENI/XSD/v1.0/expediente-e/metadatos/MetadatosExpedienteEni.xsd

- SICRES3_INTERCAMBIO_APL.xsd[21]
- SICRES3_MENSAJE_APL.xsd[22]

Por otro lado, con la publicación del Real Decreto 203/2021, de 30 de marzo, por el que se aprueba el Reglamento de actuación y funcionamiento del sector público por medios electrónicos, se ha adelantado la futura publicación de las siguientes Normas Técnicas de Interoperabilidad adicionales:

- Norma Técnica de interoperabilidad de inventario y codificación de objetos administrativos: conteniendo las reglas relativas a la codificación de objetos administrativos, así como la conexión entre los inventarios correspondientes, incluyendo, por un lado, las unidades orgánicas y oficinas de la Administración, y, por otro lado, la información administrativa de procedimientos y servicios.
- Norma Técnica de Interoperabilidad de Transferencia e Ingreso de documentos y expedientes electrónicos: conteniendo los requisitos y condiciones relativos a la transferencia de agrupaciones documentales en formato electrónico, documentos y expedientes electrónicos, junto con los metadatos asociados, entre sistemas de gestión de documentos electrónicos y sistemas de archivo electrónico.
- Norma Técnica de Interoperabilidad de Valoración y Eliminación de documentos y expedientes electrónicos: conteniendo las condiciones y requisitos relativos a la valoración de los documentos y expedientes electrónicos para establecimiento de plazos de conservación, transferencia y acceso o, en su caso, eliminación total o parcial.
- Norma Técnica de Interoperabilidad de preservación de documentación electrónica: conteniendo las condiciones y requisitos relativos a la conservación de los documentos electrónicos

21 http://administracionelectronica.gob.es/ENI/XSD/v1.0/documento-e/SICRES3_INTERCAMBIO_APL.xsd

22 http://administracionelectronica.gob.es/ENI/XSD/v1.0/documento-e/SICRES3_MENSAJE_APL.xsd

para garantizar su autenticidad, integridad, confidencialidad, disponibilidad y trazabilidad, así como la protección, recuperación y conservación física y lógica de los documentos y su contexto.

- Norma Técnica de Interoperabilidad de tratamiento y preservación de bases de datos: conteniendo las condiciones y requisitos relativos a la conservación de las bases de datos para garantizar su autenticidad, integridad, confidencialidad, disponibilidad y trazabilidad, y permitiendo la protección, recuperación y conservación física y lógica de los datos y su contexto.
- Norma Técnica de Interoperabilidad de Plan de Direccionamiento: conteniendo las reglas aplicables a la asignación y requisitos de direccionamiento IP para garantizar la correcta administración de la Red de comunicaciones de las Administraciones Públicas españolas y evitar el uso de direcciones duplicadas.
- Norma Técnica de Interoperabilidad de reutilización de activos en modo producto y en modo servicio: conteniendo los requisitos y condiciones para facilitar la reutilización de activos tanto en modo producto como en modo servicio por las Administraciones Públicas españolas.
- Norma Técnica de Interoperabilidad del modelo dc datos y condiciones de interoperabilidad de los registros de funcionarios habilitados: conteniendo los aspectos funcionales y técnicos para la plena interoperabilidad de los registros electrónicos de funcionarios habilitados pertenecientes a las Administraciones, así como la interconexión de estos a las sedes electrónicas.
- Norma Técnica de Interoperabilidad del modelo de datos y condiciones de interoperabilidad de los registros electrónicos de apoderamientos: conteniendo los aspectos funcionales y técnicos para la plena interoperabilidad de los registros electrónicos de apoderamientos pertenecientes a las Administraciones, así como la interconexión de estos a las sedes electrónicas, a los registros mercantiles, de la propiedad, y a los protocolos notariales.

– Norma Técnica de Interoperabilidad de Sistema de Referencia de documentos y repositorios de confianza: conteniendo los requisitos técnicos que deberán cumplir las referencias a documentos al ser intercambiadas, de forma que se evite trasladar documentación de forma innecesaria.
– Norma Técnica de Política de firma electrónica y de certificados en el ámbito estatal: conteniendo las directrices y normas técnicas aplicables a la utilización de certificados y firma electrónica dentro de su ámbito de aplicación, organizadas alrededor de los conceptos de generación y validación de firma e incluirá los perfiles interoperables de los medios de identificación de las Administraciones Públicas previstos en Ley 40/2015, de 1 de octubre.

El Esquema Nacional de Interoperabilidad persigue los **objetivos** siguientes:

- **Comprender los criterios y recomendaciones** que deberán ser tenidos en cuenta por las AA.PP. para la toma de decisiones tecnológicas que garanticen la interoperabilidad, que eviten la discriminación a los ciudadanos por razón de su elección tecnológica y que, por tanto, contribuyen a crear las condiciones necesarias para la interoperabilidad en el uso de los medios electrónicos que permitan a los ciudadanos y a las administraciones el ejercicio de derechos y el cumplimiento de deberes a través de estos medios.
- **Proporcionar los elementos comunes** que han de guiar la actuación de las AA.PP. en materia de interoperabilidad, para facilitar la interacción de dichas administraciones públicas, así como la comunicación de los requisitos de interoperabilidad a la industria.
- **Facilitar la implantación de las políticas de seguridad,** al contribuir a un escenario de mayor racionalidad técnica y de economías de escala.

Por su parte, los **elementos principales del ENI** son:

- **Los principios básicos de la interoperabilidad**: la interoperabilidad como cualidad integral presente desde la concepción de los servicios y sistemas y a lo largo de su ciclo de vida; el carácter multidimensional de la interoperabilidad; y el enfoque de soluciones multilaterales (arts. 4-7)

- **La interoperabilidad organizativa**: incluye los aspectos relativos a la publicación de servicios a través de la Red de comunicaciones de las AA.PP. (Red SARA), con las condiciones asociadas; la utilización de nodos de interoperabilidad; y el mantenimiento de inventarios de información administrativa (arts. 8 y 9).
- **La interoperabilidad semántica**: a través de la publicación y aplicación de los modelos de datos de intercambio, horizontales y sectoriales, así como los relativos a infraestructuras, servicios y herramientas comunes (art. 10).
- **La interoperabilidad técnica**: a través del uso de estándares en las condiciones previstas en la normativa para garantizar la independencia en la elección, la adaptabilidad al progreso y la no discriminación de los ciudadanos por razón de su elección tecnológica (art. 11).
- **Las infraestructuras y los servicios comunes**, elementos de dinamización, simplificación y propagación de la interoperabilidad, a la vez que facilitadores de la relación multilateral (art. 12).
- **La utilización, preferentemente, de la Red de comunicaciones de las Administraciones Públicas españolas** para comunicarse entre sí y a la que conectarán sus redes y nodos de interoperabilidad, aplicando el Plan de Direccionamiento de la Administración. La Red SARA presta la citada Red de comunicaciones (arts. 13 a 15).
- **La reutilización**: incluye condiciones de licenciamiento de las aplicaciones, de la documentación asociada y de otros objetos de información que las AA.PP. pongan a disposición de otras administraciones y de los ciudadanos; enlace entre los directorios de aplicaciones reutilizables y consulta por parte de las AA.PP. de las soluciones disponibles para libre reutilización; así como publicación del código de las aplicaciones (arts. 16 y 17).

- **La interoperabilidad de la firma electrónica y de los certificados:** la política de firma electrónica y de certificados de la Administración General del Estado como herramienta que puede ser utilizada como referencia por otras AA.PP.; aspectos relativos a la validación de certificados y firmas electrónicas, las listas de confianza, las aplicaciones usuarias, los prestadores de servicios de certificación (Actualmente denominados Prestadores de Servicios de Confianza) y las plataformas de validación de certificados y firma electrónica (arts. 18 a 20).
- **La recuperación y conservación del documento electrónico**, como manifestación de la interoperabilidad a lo largo del tiempo, y que afecta de forma singular al documento electrónico (arts. 21 a 24).
- Las **Normas Técnicas de Interoperabilidad** y los instrumentos para la interoperabilidad. (Disposición adicional primera).

3. Ámbito subjetivo y objetivo de aplicación del ENI

De manera análoga a lo que sucede con el resto del ordenamiento jurídico, el ámbito de aplicación del Real Decreto 4/2010, de 8 de enero, por el que se regula el Esquema Nacional de Interoperabilidad (ENI) es doble:

Ámbito subjetivo de aplicación

Tras la entrada en vigor de la Ley 40/2015, de 1 de octubre, de Régimen Jurídico del Sector Público, el ámbito subjetivo de aplicación del RD 4/2010 se determinará atendiendo a lo recogido en el apartado primero del artículo 156 de aquella norma.

Por su parte, el ámbito subjetivo de aplicación de la Ley 40/2015, de 1 de octubre, está definido en su artículo 2.

La figura siguiente muestra un esquema del ámbito subjetivo de aplicación del RD 4/2010, de 8 de enero, en base a los respectivos ámbitos de aplicación de las leyes 39/2015 y 40/2015, ambas de 1 de octubre.

Gráfico 1. Ámbito subjetivo de aplicación de las leyes 39/2015 y 40/2015, ambas de 1 de octubre

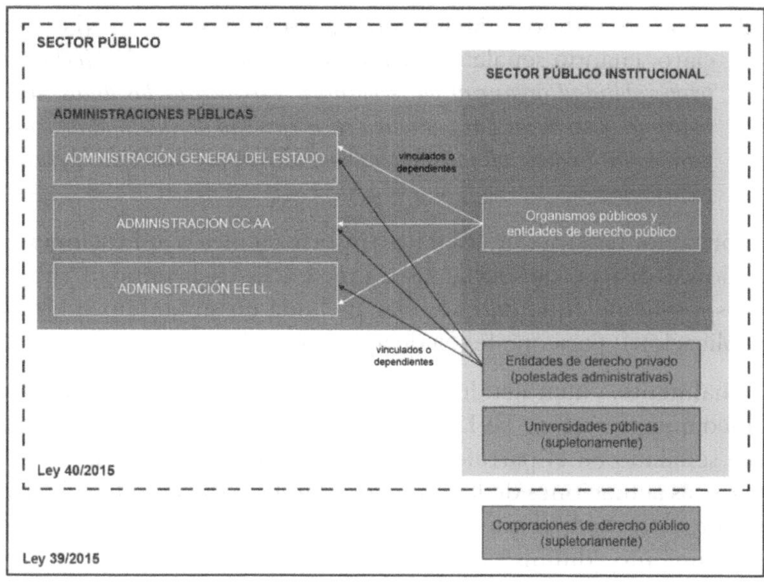

Fuente: Guía CCN-STIC 830.

Ámbito objetivo o material de aplicación

La primera y más amplia referencia al ámbito de aplicación objetivo o material del ENI se encuentra en el número dos de su artículo 1, cuando señala:

> 2. El Esquema Nacional de Interoperabilidad comprenderá los criterios y recomendaciones de seguridad, normalización y conservación de la información, de los formatos y de las aplicaciones que deberán ser tenidos en cuenta por las Administraciones públicas para asegurar un adecuado nivel de interoperabilidad organizativa, semántica y técnica de los datos, informaciones y servicios que gestionen en el ejercicio de sus competencias y para evitar la discriminación a los ciudadanos por razón de su elección tecnológica.

El párrafo contiene dos cuestiones que conviene comentar:

1. La aplicación del ENI (que el párrafo encomienda a las "Administraciones públicas"), y que habrá que entenderlo hecho al

ámbito subjetivo definido anteriormente, trayendo causa de lo dispuesto en las leyes 39/2015 y 40/2015.

2. El objeto último de las garantías perseguidas por el ENI es muy claro, cuando señala: "… *para asegurar un adecuado nivel de interoperabilidad organizativa, semántica y técnica de los datos, informaciones y servicios que gestionen en el ejercicio de sus competencias y para evitar la discriminación a los ciudadanos por razón de su elección tecnológica.*"

Por tanto, bastará que los datos, informaciones o aplicaciones en cuestión se dirijan a gestionar las competencias de la entidad pública correspondiente (que deberá estar incluida en su ámbito subjetivo de aplicación), para que le sea de aplicación el ENI.

Finalmente, y atendiendo a la exigencia de desenvolvimiento electrónico que prescriben las LPAC y LRJSP, el marco de aplicación material señalado en el párrafo anterior se concretará en todas y cada una de las actuaciones de las entidades públicas del ámbito subjetivo de aplicación del ENI que desarrollen o contribuyan a desarrollar el procedimiento administrativo.

Así pues, entre otras, el ENI resulta de aplicación a lo relativo al archivo electrónico de documentos y expedientes (art. 17, LPAC) o la relación, por medios electrónicos, entre las propias entidades de las AA.PP., sus órganos, organismos públicos y entidades vinculadas o dependientes (art. 3, LRJSP).

Soluciones y servicios prestados por el sector privado

De todo lo anterior, y especialmente de lo ya dicho respecto del ámbito objetivo o material de aplicación del ENI, también las soluciones, servicios o aplicaciones prestados o suministrados por el sector privado, cuando son usadas por las entidades del ámbito subjetivo de aplicación del ENI, ya sea *on premise* o en forma de servicios *SaaS*, deben ser conformes, en la medida correspondiente, con lo dispuesto en el ENI[23].

---

[23] La aplicabilidad de los Esquemas Nacionales de Seguridad (ENS) y de Interoperabilidad (ENI) queda reflejada de manera más explícita todavía en

Por tanto, es responsabilidad de las entidades públicas contratantes notificar a los operadores del sector privado que participen en la provisión de soluciones tecnológicas o la prestación de servicios, la obligación de que tales soluciones o servicios sean conformes con lo dispuesto en el ENI, garantizando que las soluciones, servicios o aplicaciones provistos sean conformes con su articulado general y con lo dispuesto en las Normas Técnicas de Interoperabilidad que resulten de aplicación para la solución, servicio o aplicación concreta de que se trate.

4. Definición y principios de la Interoperabilidad

Recordamos que, según lo recogido en el Anexo-Glosario del ENI, la interoperabilidad se define como "*Capacidad de los sistemas de información, y por ende de los procedimientos a los que éstos dan soporte, de* ***compartir datos*** *y posibilitar el* ***intercambio de información y conocimiento*** *entre ellos*". Por tanto, al amparo de esta definición, observamos que la *interoperabilidad* es un concepto superior a "*interconectar*", aunque, desde luego, lo contiene.

Señala su art. 4, que en la aplicación del ENI se tendrán en cuenta los principios generales establecidos en el artículo 4 de la originaria LAECSP, que podemos dividir en principios generales y principios específicos.

---

la regulación del ENS, toda vez que, de conformidad con lo dispuesto en la Resolución de 13 de octubre de 2016, de la Secretaría de Estado de Administraciones Públicas, por la que se aprueba la Instrucción Técnica de Seguridad de conformidad con el Esquema Nacional de Seguridad, cuando los operadores del sector privado presten servicios o provean soluciones a las entidades públicas, a los que resulte exigible el cumplimiento del Esquema Nacional de Seguridad, deberán estar en condiciones de exhibir la correspondiente Declaración de Conformidad con el Esquema Nacional de Seguridad, cuando se trate de sistemas de categoría BÁSICA, o la Certificación de Conformidad con el Esquema Nacional de Seguridad, cuando se trate de sistemas de categorías MEDIA o ALTA, utilizando los mismos procedimientos que los exigidos en esta Instrucción Técnica de Seguridad para las entidades públicas.

Principios Generales

Los **Principios generales de la Interoperabilidad** son los siguientes:

a) **Respeto al derecho a la protección de datos de carácter personal,** en los términos establecidos por la normativa de aplicación.

b) **Principio de igualdad,** con objeto de que en ningún caso el uso de medios electrónicos pueda implicar la existencia de restricciones o discriminaciones para los ciudadanos que se relacionen con las Administraciones Públicas por medios no electrónicos, tanto respecto al acceso a la prestación de servicios públicos como respecto a cualquier actuación o procedimiento administrativo, sin perjuicio de las medidas dirigidas a incentivar la utilización de los medios electrónicos.

c) **Principio de accesibilidad a la información y a los servicios** por medios electrónicos, en los términos establecidos por la normativa vigente en esta materia, a través de sistemas que permitan un acceso seguro y comprensible, garantizando especialmente la accesibilidad universal para todos de los soportes, canales y entornos, con objeto de que todas las personas puedan ejercer sus derechos en igualdad de condiciones, incorporando las características necesarias para garantizar la accesibilidad de aquellos colectivos que lo requieran.

d) **Principio de legalidad,** en cuanto al mantenimiento de la integridad de las garantías jurídicas de los ciudadanos ante las Administraciones Públicas.

e) **Principio de cooperación** en la utilización de medios electrónicos por las Administraciones Públicas, al objeto de garantizar tanto la interoperabilidad de los sistemas y soluciones adoptados por cada una de ellas como, en su caso, la prestación conjunta de servicios a los ciudadanos. En particular, se deberá garantizarse el reconocimiento mutuo de los documentos electrónicos y de los medios de identificación y autenticación.

f) **Principio de seguridad** en la implantación y utilización de los medios electrónicos por las Administraciones Públicas, en cuya virtud se exigirá al menos el mismo nivel de garantías y seguridad que se requiere para la utilización de medios no electrónicos en la actividad administrativa.

g) **Principio de proporcionalidad,** en cuya virtud sólo se exigirán las garantías y medidas de seguridad adecuadas a la naturaleza y circunstancias de los distintos trámites y actuaciones. Asimismo, sólo se requerirán a los ciudadanos aquellos datos que sean estrictamente necesarios en atención a la finalidad para la que se soliciten.

h) **Principio de responsabilidad y calidad** en la veracidad y autenticidad de las informaciones y servicios ofrecidos por las Administraciones Públicas a través de medios electrónicos.

i) **Principio de neutralidad tecnológica** y de adaptabilidad al progreso de las técnicas y sistemas de comunicaciones electrónicas, garantizando la independencia en la elección de las alternativas tecnológicas por los ciudadanos y por las Administraciones Públicas, así como la libertad de desarrollar e implantar los avances tecnológicos en un ámbito de libre mercado. Se insta a las AA.PP., a estos efectos, el uso de estándares abiertos o estándares que sean de uso generalizado por los ciudadanos.

j) **Principio de simplificación administrativa**, por el cual se reduzcan de manera sustancial los tiempos y plazos de los procedimientos administrativos, logrando una mayor eficacia y eficiencia en la actividad administrativa.

k) **Principio de transparencia y publicidad** del procedimiento, por el cual el uso de medios electrónicos debe facilitar la máxima difusión, publicidad y transparencia de las actuaciones administrativas.

Principios Específicos

Por su parte, los **Principios específicos de la Interoperabilidad** son los siguientes:

a) La interoperabilidad como **cualidad integral**.

b) Carácter **multidimensional** de la interoperabilidad.

c) Enfoque de **soluciones multilaterales**.

Respecto del primero de ellos, hay que señalar que la interoperabilidad deberá tenerse en cuenta, **de forma integral,** desde la concepción de los servicios y sistemas, y a lo largo de su ciclo de vida: planificación, diseño, adquisición, construcción, despliegue, explotación, publicación, conservación y acceso o interconexión con los mismos.

Respecto del segundo, como veremos más adelante, la interoperabilidad se entenderá contemplando sus tres dimensiones: **organizativa, semántica y técnica**.

La **cadena de interoperabilidad** se manifiesta en la práctica en:

- Los acuerdos interadministrativos.
- El despliegue de los sistemas y servicios.
- La determinación y uso de estándares.
- Las infraestructuras y servicios básicos de las Administraciones públicas y, por último,
- La publicación y reutilización de las aplicaciones de las Administraciones públicas, de la documentación asociada y de otros objetos de información.

Todo ello sin olvidar la dimensión **temporal** que ha de garantizar el acceso a la información a lo largo del tiempo.

Finalmente, señala el ENI, se favorecerá la aproximación **multilateral** a la interoperabilidad, de forma que se puedan obtener las ventajas derivadas del escalado, de la aplicación de las arquitecturas modulares y multiplataforma, de compartir, de reutilizar y de colaborar.

5. Dimensiones de la Interoperabilidad

Las tres dimensiones de la interoperabilidad, **organizativa, semántica** y **técnica,** se encontraban enunciadas en el art. 41 de la LAECSP. A ellas —que estudiaremos por separado seguidamente— ha de unirse la dimensión **temporal**, es decir la relativa a la interacción entre elementos que correspondan a diversas oleadas tecnológicas.

Interoperabilidad organizativa

Es aquella dimensión de la interoperabilidad relativa a la capacidad para colaborar de las entidades y de los procesos a través de los cuales llevan a cabo sus actividades, con el objeto de alcanzar logros mutuamente acordados, relativos a los servicios que prestan.

Es exigencia del ENI que las AA.PP.:

- Establecerán y publicarán las condiciones de acceso y utilización de los servicios, datos y documentos en formato electrónico que pongan a disposición del resto de Administraciones, especificando las finalidades, las modalidades de consumo, consulta o interacción, los requisitos que deben satisfacer los posibles usuarios de los mismos, los perfiles de los participantes implicados en la utilización de los servicios, los protocolos y criterios funcionales o técnicos necesarios para acceder a dichos servicios, los necesarios mecanismos de gobierno de los sistemas interoperables, así como las condiciones de seguridad aplicables.
- Se asegurarán que estas condiciones serán en todo momento conformes a los principios, derechos y obligaciones contenidos en la normativa reguladora del tratamiento de los datos personales, así como a lo dispuesto en el Esquema Nacional de Seguridad, y los instrumentos jurídicos que deberán suscribir las AA.PP. requeridoras de dichos servicios, datos y documentos.
- Potenciarán el establecimiento de Convenios entre las AA.PP. emisoras y receptoras y, en particular, con los nodos de interoperabilidad previstos en el ENI, con el objetivo de simplificar la complejidad organizativa sin menoscabo de las garantías jurídicas.

Señala el art. 8 del ENI que, en el Comité Sectorial de Electrónica se identificarán, catalogarán y priorizarán los servicios de interoperabilidad que deberán prestar las diferentes Administraciones públicas.

Adicionalmente, las AA.PP.:

- Publicarán aquellos servicios que pongan a disposición de las demás administraciones a través de la Red SARA, de comunicaciones de las AA.PP. españolas, o de cualquier otra red equivalente o conectada a la misma que venga a garantizar el acceso seguro al resto de administraciones.

- Podrán utilizar Nodos de Interoperabilidad, entendidos como entidades a las cuales se encomienda la gestión de apartados globales o parciales de la interoperabilidad organizativa, semántica o técnica.

Completando las previsiones anteriores, el ENI prescribe que las AA.PP. mantendrán actualizado un Inventario de Información Administrativa, que incluirá los procedimientos administrativos y servicios que prestan —de forma clasificada y estructurados en familias—, con indicación del nivel de informatización de los mismos. Asimismo, deberán mantener una relación actualizada de sus órganos administrativos y oficinas de registro y atención al ciudadano, y sus relaciones entre ellos. Se añade que dichos órganos y oficinas se codificarán de forma unívoca y esta codificación se difundirá entre las Administraciones públicas.

Por otra parte, es exigencia del ENI que cada Administración Pública debe regular la forma de creación y mantenimiento del antedicho Inventario, que deberá inter-operar con el Inventario de la Administración General del Estado, en las condiciones que se determinen por ambas partes y en el marco de lo previsto en el ENI. Las AA.PP. podrán hacer uso del citado Inventario centralizado para la creación y mantenimiento de sus propios inventarios.

Interoperabilidad semántica

Es aquella dimensión de la interoperabilidad que persigue que la información intercambiada pueda ser interpretable y reutilizable de forma automática por aplicaciones que no intervinieron en su creación.

Para ello, el ENI define Modelo de Datos como el conjunto de definiciones (modelo conceptual), interrelaciones (modelo lógico) y reglas y convenciones (modelo físico) que permiten describir los datos para su intercambio.

Más en concreto, el ENI define Modelo de Datos para el intercambio de asientos entre las Entidades Registrales como aquel modelo que tratará de aspectos funcionales y técnicos para el intercambio de asientos registrales, gestión de errores y excepciones, gestión de anexos, requerimientos tecnológicos y transformaciones de formatos.

Para cumplir este objetivo el ENI enuncia el concepto de Modelos de Datos de Intercambio, precisando a tal efecto que:

- Se establecerá y mantendrá actualizada la Relación de Modelos de Datos de Intercambio que tengan el carácter de comunes, que serán de preferente aplicación para los intercambios de información en las AA. PP., de acuerdo con el procedimiento establecido en la Disposición Adicional Primera del ENI (en relación con las Normas Técnicas y los cometidos del Centro de Interoperabilidad Semántica de la Administración).
- Los órganos de las AA.PP. y sus entidades de derecho público vinculadas o dependientes, que sean titulares de competencias sobre materias sujetas a intercambio de información con los ciudadanos y con otras AA.PP., así como en materia de infraestructuras, servicios y herramientas comunes, establecerán y publicarán los correspondientes modelos de datos de intercambio que serán de obligatoria aplicación para los intercambios de información en las AA.PP.
- Tales Modelos de Datos a los que nos hemos referido se ajustarán a lo previsto en el ENI sobre estándares[24], y se publicarán, junto con las definiciones y codificaciones asociadas, a través del Centro de Interoperabilidad Semántica de la Administración, según las condiciones de licenciamiento previstas en el ENI[25].
- Las definiciones y codificaciones empleadas en los antedichos Modelos de Datos deberán tener en cuenta lo dispuesto en la Ley 12/1989, de 9 de mayo, de la Función Estadística Pública y el resto de las disposiciones que regulan la función estadística.

Interoperabilidad técnica

Es aquella dimensión de la interoperabilidad relativa a la relación entre sistemas y servicios de tecnologías de la información, incluyendo aspectos tales como interfaces, interconexión, integración de da-

---

24 Art. 11, interoperabilidad técnica.

25 Art. 16.

tos y servicios, presentación de la información, accesibilidad y seguridad, y otros de naturaleza análoga.

6. Gestión de documentos electrónicos

Condiciones para la recuperación y conservación de documentos

Para lograr la adecuada interoperabilidad es necesario que las AA.PP. adopten las medidas organizativas y técnicas necesarias para garantizar la recuperación y conservación de los documentos electrónicos, a lo largo de su ciclo de vida.

El ENI señala, entre las medidas que deben adoptar las AA.PP., las siguientes:

- Definición de una Política de Gestión de Documentos, en cuanto al tratamiento, de acuerdo con las normas y procedimientos específicos que se hayan de utilizar en la formación y gestión de los documentos y expedientes.
- Inclusión en los expedientes de un Índice Electrónico, firmado por el órgano o entidad actuante, que garantice la integridad del expediente electrónico y permita su recuperación.
- Identificación única e inequívoca de cada documento, por medio de convenciones adecuadas, que permitan clasificarlo, recuperarlo y referirse al mismo con facilidad.
- Presencia de los metadatos mínimos obligatorios y, en su caso, complementarios, asociados al documento electrónico, a lo largo de su ciclo de vida.
- Clasificación de cada Administración Pública y de las Entidades de Derecho Público vinculadas o dependientes de aquéllas, de acuerdo con un plan de clasificación adaptado a las funciones, tanto generales como específicas.
- Período de conservación de los documentos, que será establecido por las comisiones calificadoras que correspondan, de acuerdo con la legislación en vigor, las normas administrativas y obligaciones jurídicas que resulten de aplicación en cada caso.

- Acceso completo e inmediato a los documentos, a través de métodos de consulta en línea que permitan su visualización con todo el detalle de su contenido, la recuperación exhaustiva y pertinente de los documentos, la copia o descarga en línea en los formatos originales y la impresión a papel de aquellos documentos que sean necesarios. Los sistemas de las AA.PP. permitirán la consulta durante todo el período de conservación de, al menos, la firma electrónica, incluido, en su caso, el sello de tiempo y los metadatos asociados al documento.
- Medidas para asegurar la conservación de los documentos electrónicos a lo largo de su ciclo de vida, de forma que se pueda garantizar su recuperación de acuerdo con el plazo mínimo de conservación determinado por las normas administrativas y obligaciones jurídicas, asegurando su conservación a largo plazo, su valor probatorio y su fiabilidad, como evidencias electrónicas de las actividades y procedimientos, así como la transparencia, la memoria y la identificación de los órganos de las AA.PP. y entidades de derecho público vinculadas o dependientes de aquéllas, que ejerzan la competencia sobre el documento o expediente.
- Coordinación horizontal entre el responsable de gestión de documentos y los restantes servicios interesados en materia de archivos.
- Transferencia de los expedientes entre los diferentes repositorios electrónicos a efectos de conservación —cuando ello sea preciso—, de acuerdo con lo establecido en la legislación en materia de Archivos, de manera que se pueda asegurar su conservación, y recuperación a medio y largo plazo.
- Borrado o destrucción física, en su caso, de la información o de los soportes, si el resultado del procedimiento de evaluación documental así lo establece, de acuerdo con la legislación que resulte de aplicación, dejando registro de su eliminación.
- Formación tecnológica del personal responsable de la ejecución y del control de la gestión de documentos, como de su tratamiento y conservación en archivos o repositorios electrónicos.

- Documentación de los procedimientos, que garanticen la interoperabilidad a medio y largo plazo, así como las medidas de identificación, recuperación, control y tratamiento de los documentos electrónicos.

Señala el ENI que, para todo ello, será preciso que las AA.PP. creen Repositorios Electrónicos, complementarios y equivalentes en cuanto a su función a los archivos convencionales, destinados a cubrir el conjunto del ciclo de vida de los documentos electrónicos.

Seguridad de los documentos electrónicos

En lo tocante a la seguridad, el ENI remite explícitamente al Esquema Nacional de Seguridad (ENS)[26], como norma que aglutina los criterios para mantener la seguridad de los activos de las AA.PP. y, en nuestro caso, como mecanismo para garantizar la conservación de los documentos electrónicos en cuanto al cumplimento de los principios básicos y de los requisitos mínimos de seguridad, mediante la aplicación de las medidas adecuadas a los medios y soportes en los que se almacenen los documentos, de acuerdo con la categorización de los sistemas[27].

Naturalmente, cuando los antedichos documentos electrónicos contengan datos de carácter personal, les será de aplicación lo dispuesto en la normativa de aplicación.

Como el resto de los activos involucrados en los Sistemas de Información de las AA.PP., estas medidas se dirigen a garantizar las dimensiones de la seguridad (*integridad, autenticidad, confidencialidad, disponibilidad y trazabilidad*), así como la calidad, protección, recuperación y conservación física y lógica de los documentos electrónicos y sus soportes y medios. Como señala el ENS, tales medidas se imple-

---

26 Real Decreto 3/2010, de 8 de enero, por el que se regula el Esquema Nacional de Seguridad en el ámbito de la Administración Electrónica.

27 Sugerimos examinar la documentación y recursos que, sobre el ENS, están disponibles en el CCN.
www.ccn-cert.cni.es/index.php?option=com_content&view=article&id=2420&Itemid=211&lang=es

mentarán atendiendo a los riesgos a los que puedan estar expuestos y a los plazos durante los cuales deban conservarse los documentos.

Finalmente, los aspectos relativos a la firma electrónica involucrados en la conservación del documento electrónico se establecerán en la Política de Firma Electrónica y de Certificados de la administración u organismo, a través del uso de formatos de firma longeva que preserven la conservación de las firmas a lo largo del tiempo. Como hemos señalado con anterioridad, cuando la firma y los certificados no puedan garantizar la autenticidad y la evidencia de los documentos electrónicos a lo largo del tiempo, señala el ENI que la autenticidad del documento se proclamará mediante su conservación y custodia en los repositorios y archivos electrónicos, así como de los metadatos de gestión de documentos y otros metadatos vinculados, de acuerdo con las características que se definirán en la Política de Gestión de Documentos que debe tener disponible cada administración u organismo.

Formato de los documentos

Señala el ENI que, con el fin de garantizar la conservación, el documento se conservará en el formato en que haya sido elaborado, enviado o recibido, y, preferentemente, en un formato correspondiente a un estándar abierto que preserve a lo largo del tiempo la integridad del contenido del documento, de la firma electrónica y de los metadatos que lo acompañan.

La elección de formatos de documento electrónico normalizados y perdurables para asegurar la independencia de los datos de sus soportes se realizará de acuerdo con lo que hemos señalado anteriormente y prevé el ENI[28].

Sin embargo, como quiera que el formato de cualquier documento puede cambiar, habrán de preverse mecanismos que garanticen la permanente disponibilidad del contenido del documento en cuestión y de su eficacia jurídica a lo largo del tiempo.

---

[28] Art. 11.

Por este motivo, cuando exista riesgo de obsolescencia del formato o bien deje de figurar entre los admitidos en el ENI (y en el Catálogo de Estándares que regula su Norma Técnica), deberán aplicarse procedimientos normalizados de copiado auténtico de los documentos con cambio de formato, de etiquetado con información del formato utilizado y, en su caso, de las migraciones o conversiones de formatos.

Digitalización de documentos en papel

Aunque el objetivo final de la Administración Electrónica no puede ser otro que lograr que el ciclo de vida de los documentos administrativos sea mayoritariamente (por no decir, únicamente) electrónico, de forma tal que los documentos precisos para el procedimiento administrativo se creen (cuando ello dependa de las AA.PP.), desplieguen sus efectos y se almacenen en formato electrónico, no es menos cierto que, en la actualidad, y especialmente en determinados sectores de las AA.PP., se mantiene pese a todo un importante tratamiento de documentos en soporte papel, que resta eficacia y eficiencia al procedimiento, además de generar costes adicionales.

Se hace necesario, por tanto, acometer acciones tendentes a posibilitar la digitalización de documentos administrativos, emitidos originariamente en papel por las AA.PP., transformándolos en documentos electrónicos y, lo que es sin duda más importante: manteniendo su eficacia jurídica.

Por este motivo, señala el ENI que la digitalización de documentos en soporte papel por parte de las AA. PP. se realizará de acuerdo con lo indicado en la Norma Técnica de Interoperabilidad de Digitalización de Documentos[29] correspondiente, en relación con los siguientes aspectos:

a) Formatos estándares de uso común para la digitalización de documentos en soporte papel y técnica de compresión empleada.

---

29 Promulgada como Resolución de 19 de julio de 2011, de la Secretaría de Estado para la Función Pública, por la que se aprueba la Norma Técnica de Interoperabilidad de Digitalización de Documentos.

b) Nivel de resolución.

c) Garantía de imagen fiel e íntegra.

d) Metadatos mínimos obligatorios y complementarios, asociados al proceso de digitalización.

Esta posibilidad de digitalización, con eficacia jurídica plena, y permitiendo la destrucción de los originales en papel, tiene un claro precedente normativo en la Digitalización Certificada de Facturas, Documentos Sustitutivos y Otros Documentos, contenida en la Orden EHA 962/2007, de 10 de abril; con la que comparte en buena medida principios y mecanismos.

7. Control de la interoperabilidad y su actualización

Hemos señalado antes que la Sede Electrónica y el Registro Electrónico de los organismos públicos constituyen claramente el *front-end* por excelencia del canal de comunicación con los ciudadanos, empresas y profesionales que deseen relacionarse electrónicamente con sus Administraciones Públicas. Por este motivo, es en estos lugares digitales donde deben extremarse las cautelas de interoperabilidad que impone el ENI.

La conformidad con el ENI debe incluirse en el ciclo de vida de los servicios y sistemas, acompañada de los correspondientes procedimientos de control que aseguren su mantenimiento a lo largo del tiempo.

Este cumplimiento podrá ser expresado por los órganos y Entidades de Derecho Público de las AA.PP. cuando den publicidad, en las correspondientes Sedes Electrónicas, a las declaraciones de conformidad y a otros posibles distintivos de interoperabilidad de los que sean acreedores, obtenidos respecto al cumplimiento del ENI, y cualesquiera otra norma o recomendación.

Finalmente, parece lógico indicar que el ENI, como regulación de obligado cumplimiento por parte de todas las AA.PP. y alineada con la evolución tecnológica, se deberá mantener actualizado de manera permanente, desarrollándose y perfeccionándose a lo largo del tiempo, en paralelo al progreso de los servicios de Administración

Electrónica, de la evolución tecnológica y a medida que vayan consolidándose las infraestructuras que le apoyan.

8. Las normas técnicas de interoperabilidad

Como hemos señalado más arriba, el ENI se desarrolla a través de distintas Normas Técnicas de Interoperabilidad (NTI).

Norma Técnica de Catálogo de estándares

Esta NTI establece un conjunto de estándares que satisfacen lo previsto en el artículo 11 del ENI de forma estructurada y con indicación de los criterios de selección y ciclo de vida aplicados.

En todo caso, esta NTI *no* debe considerarse como:

- Un conjunto completo de los estándares actualmente utilizados por las Administraciones públicas o por los ciudadanos.
- Una serie de restricciones sobre aplicaciones y herramientas concretas que cada administración utiliza para su gestión interna. La NTI no define tecnologías para el desarrollo de herramientas, sólo trata los estándares que aquéllas generan y utilizan.
- Un procedimiento de homologación de estándares a utilizar para el intercambio de información entre administraciones y con el ciudadano.

Por otro lado, puesto que esta NTI incluye un listado de estándares, esto debe ser interpretado como el conjunto mínimo de estándares que facilite la implementación del resto de NTIs de aplicación; en concreto:

a) Documento Electrónico (apartado VI, anexo I).

b) Digitalización de Documentos (apartado IV).

c) Expediente Electrónico (apartado V).

d) Política de Firma Electrónica y de certificados de la Administración (apartado III).

e) Protocolos de intermediación de datos (apartado III.5).

f) Relación de modelos de datos (apartados IV, V y VI).

g) Política de gestión de documentos electrónicos (apartado III).

h) Procedimientos de copiado auténtico y conversión entre documentos electrónicos (apartado VIII.2).

Norma Técnica de Documento electrónico

Esta NTI trata los metadatos mínimos obligatorios, la asociación de los datos y metadatos de firma o de sellado de tiempo, así como otros metadatos complementarios asociados y los formatos de documento.

Siendo el ámbito de aplicación de esta NTI coincidente con el del ENI (art. 3), resulta de aplicación en el tratamiento de:

- documentos administrativos electrónicos o
- cualquier otro documento electrónico susceptible de formar parte de un expediente electrónico (cláusula II.a).

Según el documento "Documento Electrónico —Guía de aplicación de la Norma Técnica de Interoperabilidad, 2ª edición electrónica, (2016)—", se define:

> "Documento administrativo electrónico: Objeto digital administrativo que contiene la información objeto (datos) y los datos asociados a ésta (firma y metadatos). En el marco del ENI, este concepto incluye tanto los documentos electrónicos producidos por las Administraciones públicas en el ejercicio de sus competencias como los documentos electrónicos aportados por los ciudadanos en el contexto de un procedimiento dado."

Por su parte, el artículo 26.1 de la Ley 39/2015, de 1 de octubre, dice:

> "Se entiende por documentos públicos administrativos los válidamente emitidos por los órganos de las Administraciones Públicas. Las Administraciones Públicas emitirán los documentos administrativos por escrito, a través de medios electrónicos, a menos que su naturaleza exija otra forma más adecuada de expresión y constancia".

Añadiendo, en su artículo 26.2:

> "Para ser considerados válidos, los documentos electrónicos administrativos deberán: a) Contener información de cualquier naturaleza archivada en un soporte electrónico según un formato determinado susceptible de identificación y tratamiento diferenciado; b) Disponer de los datos de identificación que permitan su individualización, sin perjuicio de su posible incorporación a un expediente electrónico; c) Incorporar una referencia temporal del momento en que han sido emitidos; d) Incorporar los metadatos mínimos exigidos; e) Incorporar las firmas electrónicas que correspondan de acuerdo con lo previsto en la normativa aplicable".

En resumen: un documento administrativo electrónico es, por tanto, el objeto digital administrativo que contiene la información objeto (datos y firma) y los datos asociados a ésta (metadatos).

Llegado este momento, conviene recordar lo que señala la precitada Guía de aplicación de esta NTI, cuando dice: "*Además, cabe contemplar la aplicación de los criterios y características definidos en la NTI a todos los documentos electrónicos manejados en el ámbito de las organizaciones en tanto que, con independencia de su procedencia y entorno de producción, cualquiera de ellos sería susceptible de ser integrado en el sistema de gestión de documentos de una organización y, en un momento posterior, podría ser objeto de intercambio con el ciudadano o con otra organización.*"

Por otro lado, la citada Guía explicita la aplicabilidad de esta NTI a sus distintos destinatarios, entre ellos: "*iii. Responsables de gestión, conservación y archivo de documentos electrónicos. iv. Desarrolladores de aplicaciones de gestión, conservación y archivo de documentos electrónicos.*".

Según lo dispuesto en la cláusula III de la NTI, los componentes que forman el documento electrónico son:

a) Contenido, entendido como conjunto de datos o información del documento.

b) Firma electrónica, cuando se trate de un documento administrativo electrónico, o si es un documento susceptible de formar parte de un expediente, obligatoriamente, una o varias firmas electrónicas.

c) Metadatos del documento electrónico, elemento que proporciona contexto al contenido, estructura y firma de un documento, contribuyendo al valor probatorio y fiabilidad de éste a lo largo del tiempo como evidencia electrónica de las actividades y procedimientos.

La NTI exige que, cuando se trate de documentos administrativos electrónicos o aquellos que sean susceptibles de formar parte de un expediente, siempre tendrán asociada una firma electrónica, de acuerdo con la normativa aplicable.

Respecto de los metadatos, la NTI distingue entre *metadatos mínimos obligatorios* y *metadatos complementarios.*

Como se ha dicho, los metadatos constituyen un componente del documento electrónico que, como información estructurada o semi-estructurada, facilita la creación, gestión, uso y conservación de documentos a lo largo del tiempo en el contexto de su creación y pueden definirse en el marco de un sistema de gestión documental completo desde una perspectiva multi-entidad en la que, además de los propios documentos, participan otro tipo de entidades caracterizadas por sus propios metadatos, como pueden ser agentes, regulaciones o actividades.

Como se señala en la Guía de aplicación de esta NTI, el Esquema de Metadatos para la Gestión del Documento Electrónico (e-EMGDE), que se referencia en la NTI de Política de gestión de documentos electrónicos, constituye un modelo funcional para la aplicación de los metadatos como herramienta de gestión global dentro de una organización a través de una aproximación multi-entidad en la que las relaciones entre documentos y el resto de los elementos del sistema son tratadas como una entidad más. Este esquema puede ser utilizado como herramienta para la adecuación de cada organización a los requisitos de interoperabilidad en materia de gestión documental, si bien cada una de ellas debe establecer sus aplicaciones particulares, de acuerdo con sus propias necesidades de gestión de documentos complementarias a la interoperabilidad.

Para la implementación práctica de esta NTI es necesario señalar que —como así se dispone en su Guía de aplicación—, las implantaciones específicas a llevar a cabo por cada administración deben diseñarse valorando la necesidad de aplicar requisitos adicionales en función de sus circunstancias específicas. En cualquier caso, estos requisitos deberán ser diseñados e implantados bajo el principio de proporcionalidad y en concordancia con la normativa específica aplicable. En concreto, la NTI de Documento Electrónico no hace previsiones con respecto a la forma de implementación a nivel interno de los metadatos que forman parte de un documento electrónico (incrustación, vinculación, etc.). A este respecto, la implementación de metadatos por parte de cada administración es libre siempre y cuando cumpla el requisito mínimo necesario de mantener de manera permanente las relaciones entre el documento y sus metadatos.

Esta misma Guía señala que las pautas para la gestión del documento electrónico se definen y normalizan en la NTI de Política de gestión de documentos electrónicos y que las cuestiones en relación con la seguridad del documento se aplican según lo establecido a tal efecto en el Esquema Nacional de Seguridad (ENS).

Norma Técnica de Digitalización de documentos

Esta NTI tiene por objeto establecer los requisitos a cumplir en la digitalización de documentos en soporte papel o en otro soporte no electrónico susceptible de digitalización a través de medios fotoeléctricos, siendo de aplicación en la digitalización de documentos en el ámbito establecido en el artículo 3 del ENI.

El proceso de digitalización de documentos está compuesto por:

a) La imagen electrónica que representará el aspecto y contenido del documento en el soporte origen y cumplirá los requisitos establecidos en el apartado IV de esta norma.

b) Los metadatos mínimos obligatorios definidos en la NTI de Documento Electrónico. Se podrán asignar metadatos complementarios para atender a necesidades de descripción específicas del proceso de digitalización que se aplicarán, en su caso, de acuerdo con lo previsto en la NTI de Política de Gestión de Documentos Electrónicos.

c) Si procede, firma de la imagen electrónica de acuerdo con la normativa aplicable.

Norma Técnica de Expediente electrónico

La NTI de Expediente Electrónico establece las especificaciones técnicas para los servicios de remisión y puesta a disposición de los expedientes electrónicos, en base a la necesidad de establecer ciertas pautas para la normalización de los servicios de remisión y puesta a disposición de expedientes electrónicos, que se concreta con la implementación del índice electrónico, como elemento para garantizar la integridad y recuperación del expediente, según lo establecido en el apartado 1.b) del artículo 21 del ENI.

Siendo el ámbito de aplicación de esta NTI coincidente con el del ENI (art. 3), resulta de aplicación en el tratamiento de los expedientes electrónicos, del ámbito de aplicación señalado (cláusula II.1), circunstancia que se refuerza con lo dispuesto en la Guía de aplicación de esta NTI, cuando señala su aplicabilidad a, entre otros: "*iii. Responsables de gestión, conservación y archivo de expedientes electrónicos y iv. Desarrolladores de aplicaciones de gestión, conservación y archivo de expedientes y documentos electrónicos.*".

Además de su aplicación a los expedientes electrónicos, esta NTI podrá aplicarse también a otros conjuntos de documentos electrónicos que, habiendo sido creados al margen de un procedimiento reglado, se hubiesen formado mediante agregación, como resultado de una secuencia de actuaciones coherentes que conducen a un resultado específico (cláusula II.2).

El art. 70 de la Ley 39/2015, define el expediente administrativo como:

> "conjunto ordenado de documentos y actuaciones que sirven de antecedente y fundamento a la resolución administrativa, así como las diligencias encaminadas a ejecutarla", estableciendo además que "los expedientes tendrán formato electrónico".

Para garantizar la vinculación de los documentos electrónicos que conforman un expediente, la Ley define el índice electrónico como:

> "un índice numerado y autentificado de todos los documentos que contenga cuando se remita", estableciendo además que "La autenticación del citado índice garantizará la integridad e inmutabilidad del expediente electrónico generado desde el momento de su firma y permitirá su recuperación siempre que sea preciso"

Según dispone la NTI, un expediente electrónico se compone de:

a) *Documentos electrónicos*: objetos digitales administrativos de cada una de las actuaciones administrativas que integran el expediente, y que contienen la información (contenido y firma) y los datos asociados a ésta (metadatos) que, como tales, han de cumplir lo establecido en la NTI de Documento Electrónico.

b) *Índice electrónico*: objeto digital que contiene la identificación sustancial de los documentos electrónicos que componen el expediente, debidamente ordenada para reflejar la disposición de los documentos, así como otros datos con el fin de preservar la integridad y permitir la recuperación del mismo, en los términos del artículo 70.3 de la Ley 39/2015.

c) *Firma electrónica* del índice electrónico autenticado, por el titular del órgano que conforme el expediente para su tramitación, o bien *sello electrónico* en el caso de expedientes electrónicos que se formen de manera automática, a través de un sistema que garantice su integridad.

d) *Metadatos* del expediente electrónico, distinguiendo entre *metadatos mínimos obligatorios* y que se asociarán en la formación del expediente para su remisión o puesta a disposición, no debiendo ser modificados en ninguna fase posterior del procedimiento administrativo, a excepción de modificaciones necesarias para la corrección de errores u omisiones en el valor inicialmente asignado, y *metadatos complementarios* para atender a necesidades de descripción específicas de la organización de que se trate.

El Anexo II de la NTI incluye los esquemas XML (XSD) para el intercambio de expedientes electrónicos. Dada su extensión, las consideraciones de aplicación y las pautas para la generación de XMLs de expedientes electrónicos atendiendo a los esquemas XSD definidos en la NTI se tratan en el ya citado *Manual de usuario de esquemas XML para el intercambio de documentos y expedientes electrónicos del ENI*[30].

---

30 https://administracionelectronica.gob.es/pae_Home/dam/jcr:75c0897b-a2be-4081-ae41-28616b5dd1a7/2015_ENI_Esquemas_XML_Manual_De_Usuario_2%C2%AA_ed_PDF.pdf

Conviene recordar que esta NTI no hace previsiones con respecto a la forma de implementación a nivel interno de los diferentes componentes de un expediente electrónico (índice, documentos y metadatos) fuera de operaciones de intercambio.

Las pautas para la gestión de los componentes de un expediente electrónico se definen y normalizan en la NTI de Política de gestión de documentos electrónicos y las consideraciones relativas a la seguridad del expediente electrónico deben aplicarse según lo establecido a tal efecto en el Esquema Nacional de Seguridad (ENS).

En lo tocante al acceso al expediente y obtención de copias, el art. 52 del RAFESP señala:

> "De acuerdo con lo previsto en el artículo 53.1.a) de la Ley 39/2015, el derecho de acceso de las personas interesadas que se relacionen electrónicamente con las Administraciones Públicas al expediente electrónico y, en su caso, a la obtención de copia total o parcial del mismo, se entenderá satisfecho mediante la *puesta a disposición de dicho expediente en el Punto de Acceso General electrónico de la Administración competente* o en la sede electrónica o sede electrónica asociada que corresponda.
> A tal efecto, la Administración destinataria de la solicitud remitirá al interesado o, en su caso a su representante, *la dirección electrónica o localizador que dé acceso* al expediente electrónico puesto a disposición, garantizando aquella el acceso durante el tiempo que determine la correspondiente política de gestión de documentos electrónicos siempre de acuerdo con el dictamen de valoración emitido por la autoridad calificadora correspondiente, y el cumplimiento de la normativa aplicable en materia de protección de datos de carácter personal y de transparencia y acceso a la información pública y de patrimonio documental, histórico y cultural."

Por otro lado, la cláusula III.2 de la NTI señala que:

> "La incorporación de un expediente electrónico a un sistema de gestión documental atenderá a lo dispuesto en la NTI de Documento electrónico y en la NTI de Política de gestión de documentos electrónicos."

En relación con las condiciones para los servicios de intercambio y consulta de expedientes electrónicos, responde al derecho reconocido en el art. 53 de la LPACAP, relativo a que los interesados pueden solicitar la consulta o puesta a disposición de expedientes por medios electrónicos, mediante el acceso al Punto de Acceso General electrónico de la Administración o a una sede electrónica, por ejemplo, o bien solicitar la remisión o envío del mismo.

Cuando se produzcan solicitudes de remisión o puesta a disposición de expedientes entre distintas organizaciones o por parte de los ciudadanos, éstas deben seguir unas pautas comunes, para llevar a cabo dichas consultas y el intercambio de expedientes electrónicos, que favorezcan la interoperabilidad.

Sin embargo, cuando el intercambio de expedientes se produce a nivel interno, cada organización se rige por lo establecido en su política interna, pudiendo contemplar las consideraciones que se desarrollan a continuación.

Respecto del intercambio de expedientes electrónicos, se deberá estar en condiciones de garantizar que dicho intercambio, a los efectos de remisión y puesta a disposición, se realiza (cláusula V.1):

1. Mediante el envío, en primer lugar, de la estructura definida en el anexo II de la NTI (sin perjuicio de la aplicación de otras, reguladas por su normativa específica).
2. Tras el envío de dicha estructura, se enviarán cada uno de los documentos electrónicos que componen el expediente, en el orden indicado en el índice y atendiendo a lo establecido en la NTI de Documento electrónico.

Cuando exista acuerdo entre ellas, de forma excepcional, se podrán aplicar otras estructuras para el intercambio de expedientes electrónicos entre Administraciones públicas, salvo en el caso de remisión a un tercero, que deberá respetar la estructura definida en el citado anexo II de la NTI (cláusula V.2).

Según la cláusula V.3, cuando la naturaleza o la extensión de las pruebas o documentos que forman parte del expediente electrónico no permitan o dificulten notablemente su inclusión en una de las estructuras establecidas, será posible incorporar al expediente electrónico un documento en el que se especifique cuáles son estas pruebas o documentos. Dichas pruebas o documentos serán custodiados por el órgano gestor sin perjuicio, en su caso, de aportación separada cuando así se requiera.

Análogamente a lo señalado en Documento Electrónico, la cláusula V.5 de la NTI prescribe que, para el intercambio de expedientes electrónicos, entre Administraciones públicas, en procesos de actuación automatizada se utilizará preferentemente la Red de comunicaciones de las Administraciones públicas españolas como medio para la transmisión. Además, si el expediente electrónico forma parte de un asiento registral, éste será tratado como adjunto del mensaje de datos de intercambio según lo establecido en la NTI de Modelo de Datos para el intercambio de asientos entre las Entidades Registrales.

Finalmente (cláusula V.6), en el caso de intercambio de expedientes electrónicos entre Administraciones públicas que suponga una transferencia de custodia o traspaso de responsabilidad de gestión de expedientes que deban conservarse permanentemente, el órgano o entidad transferidora verificará la autenticidad e integridad del expediente en el momento de dicho intercambio.

Respecto del ciclo de vida del expediente electrónico, la Guía de aplicación de la NTI recoge, a modo informativo, las acciones posibles en cada una de las fases que se contemplan: Fase de apertura, Fase de tramitación y Fase de Conservación y selección, y que no entramos ahora a repetir aquí.

Finalmente, de cara a la implementación y la gestión del expediente electrónico, conviene señalar que la NTI no desarrolla consideraciones específicas para la gestión de los expedientes electrónicos puesto que su gestión atendería en cualquier caso al marco de gestión documental que se aplique en cada organización acorde a lo dispuesto en la NTI de Política de gestión de documentos electrónicos.

Además, la NTI tampoco establece ninguna consideración relativa a la implementación del expediente. No obstante, cabría contemplar que las relativas al Punto de Acceso General electrónico y las sedes electrónicas, en cumplimiento de lo establecido en la LPACAP, podrán implantar aplicaciones para la puesta a disposición de expedientes electrónicos a los ciudadanos interesados, que permitan cumplir los requisitos de interoperabilidad desarrollados en la NTI.

Independientemente de que las funcionalidades propias de la gestión de documentos electrónicos sean proporcionadas por la misma herramienta, a través de una solución integral, o por aplicaciones independientes, el sistema utilizado para la gestión de expedientes electrónicos proporcionaría las siguientes funcionalidades:

i. Registro y almacenamiento de los metadatos asociados al expediente.
ii. Mecanismos para el aseguramiento de su autenticidad, fiabilidad, integridad y disponibilidad.
iii. Mecanismos de foliado o indizado al cierre del expediente.
iv. Generación y registro de expedientes vinculados al original durante la etapa de tramitación.
v. Mecanismos para la puesta a disposición y remisión, que permitirán dejar constancia de las solicitudes atendidas, consultas recibidas e intercambios de información, según corresponda.
vi. Requisitos establecidos en la NTI de Política de gestión de documentos electrónicos.
vii. Para cuestiones de seguridad en la implantación de estas aplicaciones se atendería a lo establecido a tal efecto en el ENS.

Norma Técnica de Política de Firma y Sello Electrónico y de Certificados de la Administración

La NTI de Política de firma y sello electrónico y de certificados de la Administración trata, entre otras cuestiones, aquellas que afectan a la interoperabilidad incluyendo los formatos de firma, los algoritmos a utilizar y longitudes mínimas de las claves, las reglas de creación y validación de la firma electrónica, la gestión de las políticas de firma, el uso de las referencias temporales y de sello de tiempo, así como la normalización de la representación de la firma electrónica en pantalla y en papel para el ciudadano y en las relaciones entre las Administraciones Públicas (Disp. Ad. 1ª ENI).

Esta NTI tiene por objeto establecer el conjunto de criterios comunes asumidos por la Administración pública en relación con la autenticación y el reconocimiento mutuo de firmas electrónicas y sellos electrónicos basados en certificados electrónicos cualificados o reconocidos y que, como tales, serán desarrollados y consolidados a través de las políticas de firma y sello electrónicos basados en certificados, siendo el objetivo final de esta NTI facilitar el uso de firmas electrónicas y sellos electrónicos seguros e interoperables entre las distintas organizaciones de la Administración pública (cláusula I.1).

El art. 18.1 del ENI señala que la Administración General del Estado definirá una política de firma electrónica y de certificados que servirá de marco general de interoperabilidad para el reconocimiento mutuo de las firmas electrónicas basadas en certificados de documentos administrativos en las Administraciones Públicas, y que todos los organismos y entidades de derecho público de la Administración General del Estado aplicarán esta política de firma electrónica y de certificados. La no aplicación de dicha política deberá ser justificada por el órgano u organismo competente y autorizada por la Secretaría General de Administración Digital.

Por su parte, el art. 18.2 señala que las restantes Administraciones Públicas podrán acogerse a la política de firma electrónica y de certificados a que hace referencia el apartado anterior, así como que (art. 18.3), sin perjuicio de lo expuesto en el apartado anterior, las Administraciones Públicas podrán aprobar otras políticas de firma electrónica dentro de sus respectivos ámbitos competenciales, de forma que las políticas de firma electrónica que aprueben las Administraciones Públicas partirán de la norma técnica establecida a tal efecto en la disposición adicional primera, de los estándares técnicos existentes, y deberán ser interoperables con la política marco de firma electrónica mencionada, en particular, con sus ficheros de implementación. La Administración Pública proponente de una política de firma electrónica particular garantizará su interoperabilidad con la citada política marco de firma electrónica y con sus correspondientes ficheros de implementación según las condiciones establecidas en la norma técnica de interoperabilidad recogida a tal efecto en la disposición adicional primera.

El contenido de esta NTI será de aplicación para el desarrollo o adopción de políticas de firma y sello electrónicos basada en certificados por parte de cualquier órgano de la Administración pública o Entidad de Derecho Público vinculada o dependiente de aquélla, según el ámbito establecido en el artículo 3 del ENI (cláusula I.2.1).

Como señala la cláusula I.2.2, las políticas de firma y sello harán referencia a un contexto concreto de carácter horizontal donde sea necesario normalizar aspectos de las firmas electrónicas de los Documentos Electrónicos Administrativos para garantizar la interoperabilidad, no a una Administración u organismo particular. Para establecer los aspectos técnicos de las firmas dentro de una Administración u organismos concreto, se optará por la generación de instrucciones técnicas internas, procedimientos o directrices de aplicaciones, que en todo caso deberán ajustarse a lo establecido por el ENS.

Siendo el ámbito de aplicación de esta NTI coincidente con el del ENI (art. 3), resulta de aplicación en el tratamiento de los documentos y expedientes electrónicos que se gestionen en las plataformas públicas.

Según la definición del ENI, una política de firma electrónica es el "*conjunto de normas de seguridad, de organización, técnicas y legales para determinar cómo se generan, verifican y gestionan firmas electrónicas, incluyendo las características exigibles a los certificados de firma*" resultando de aplicación asimismo a los sellos electrónicos.

La versión 1.9 de la Política de Firma Electrónica y de Certificados de la AGE se aprobó por la Comisión Permanente del Consejo Superior de Administración Electrónica el 30/05/2012 y se publicó en el Boletín Oficial del Estado núm. 299 de 13 de diciembre, mediante la Resolución de 29 de noviembre de 2012, de la Secretaría de Estado de Administraciones Públicas, por la que se publica el Acuerdo de aprobación de la Política de Firma Electrónica y de Certificados de la Administración General del Estado y se anuncia su publicación en la sede correspondiente[31].

Lo anterior deberá contemplarse por las aplicaciones públicas sin perjuicio de mantener la conformidad con lo dispuesto en las Leyes 39/2015 y 40/2015 respecto de los tipos de firmas electrónicas, sellos electrónicos, sellos de tiempo electrónicos y certificados de autenti-

31 En la dirección https://sede.administracion.gob.es/PAG_Sede/LaSedePAG/PoliticaFirmaElectronicaYCertificadosAGE.html se encuentra el punto de acceso general dónde se localiza el texto completo de la Política de Firma de la AGE, versión 1.9, y los Perfiles de certificados versión 1.XXX.

cación de sitios web, usados por las entidades del sector público, de conformidad con lo dispuesto en el Reglamento (UE) 910/2014 del Parlamento Europeo y del Consejo, de 23 de julio de 2014, relativo a la identificación electrónica y los servicios de confianza para las transacciones electrónicas en el mercado interior, y en la Ley 6/2020, de 11 de noviembre, reguladora de determinados aspectos de los servicios electrónicos de confianza.

Norma Técnica de Protocolos de intermediación de datos

Esta NTI trata las especificaciones de los protocolos de intermediación de datos que faciliten la integración y reutilización de servicios en las Administraciones Públicas y que serán de aplicación para los prestadores y consumidores de tales servicios.

El art. 62 del RD 203/2021 regula las plataformas de intermediación de datos, señalando que, en el ámbito estatal, se dispondrá de la Plataforma de Intermediación de Administración General del Estado y sus organismos públicos y entidades de derecho público vinculados o dependientes a que se refiere la Ley 39/2015, de 1 de octubre, que será gestionada por la Secretaría General de Administración Digital y actuará como un punto a través del cual cualquier órgano, organismo público o entidad de derecho público podrá consultar los datos o documentos asociados al procedimiento de que se trate, con independencia de que la presentación de los citados datos o documentos tenga carácter preceptivo o facultativo en el procedimiento de que se trate.

Además, esta Plataforma de Intermediación de la AGE actuará como punto de conexión con el sistema técnico regulado por el Reglamento (UE) n.º 2018/1724 del Parlamento Europeo y del Consejo, de 2 de octubre de 2018, para el intercambio automático de datos o documentos a nivel europeo

Es exigencia del RD 203/2021 que las plataformas de intermediación de datos deberán dejar constancia de la fecha y hora en que se produjo la transmisión, así como del procedimiento administrativo, trámite o actuación al que se refiere la consulta.

Las plataformas de intermediación, o sistema electrónico equivalente, existentes en el sector público deberán ser interoperables con la Plataforma de Intermediación de la AGE y sus organismos públicos y entidades de derecho público vinculados o dependientes y entre ellas.

La adhesión a las plataformas de intermediación de datos requerirá que se garantice el cumplimiento de las condiciones de seguridad exigidas por los cedentes de la información para el tratamiento de datos por parte de la plataforma encargada del tratamiento de dichos datos y de los cesionarios de los mismos.

Norma Técnica de Relación de modelos de datos

Esta NTI trata de los modelos de datos que tengan el carácter de comunes en la Administración y aquellos que se refieran a materias sujetas a intercambio de información con los ciudadanos y otras Administraciones y tiene por objeto definir las condiciones para establecer y publicar modelos de datos que tengan el carácter de comunes en la Administración y aquellos que se refieran a materias sujetas a intercambio de información con los ciudadanos y otras administraciones, así como las definiciones y codificaciones asociadas, de cara a su publicación en el Centro de Interoperabilidad Semántica.

Según dispone la cláusula III de la NTI, los órganos de la Administración pública y las entidades de Derecho Público vinculadas o dependientes de aquélla establecerán y compartirán, junto a las definiciones y codificaciones asociadas, los modelos de datos de los que sean titulares y se refieran a:

a) Materias sujetas a intercambio de información con los ciudadanos y con otras Administraciones públicas.
b) Infraestructuras, servicios y herramientas comunes, que no sean de uso exclusivamente interno a la organización.

Los modelos de datos a publicar en el Centro de Interoperabilidad Semántica (CISE) se ajustarán a la estructura de intercambio definida en el anexo I conteniendo (cláusula IV).

Norma Técnica de Política de gestión de documentos electrónicos

Esta NTI incluye las directrices para la asignación de responsabilidades, tanto directivas como profesionales, y la definición de los programas, procesos y controles de gestión de documentos y administración de los repositorios electrónicos, y la documentación de los mismos, a desarrollar por las Administraciones Públicas y por los organismos públicos y entidades de derecho público vinculados o dependientes de aquéllas. Es decir, se trata de una NTI para establecer las directrices para la definición de políticas de gestión de documentos electrónicos, incluyendo directrices para entornos híbridos en que convivan documentos en soporte papel y documentos electrónicos (cláusulas I y II).

Una política de gestión de documentos electrónicos es un documento que debe incluir (cláusula III.1):

1. Definición del alcance y ámbito de aplicación.
2. Roles de los actores involucrados.
3. Directrices para la estructuración y desarrollo de los procedimientos de gestión documental.
4. Acciones de formación relacionada contempladas.
5. Actuaciones de supervisión y auditoría de los procesos de gestión de documentos.
6. Proceso de revisión del contenido de la política con el fin de garantizar su adecuación a la evolución de las necesidades de la gestión de documentos.

La política de gestión de documentos electrónicos:

1. Se integrará en el marco general de gestión de documentos y en el contexto de cada organización junto al resto de políticas implantadas para el desempeño de sus actividades.
2. Aplicará los criterios, métodos de trabajo y de conducta generalmente reconocidos, así como los estándares y buenas prácticas nacionales e internacionales aplicables para la gestión documental, atendiendo a lo establecido en la NTI de Catálogo de estándares.

Por su parte, los actores involucrados en la definición, aprobación e implantación de la política de gestión de documentos electrónicos en una organización serán, al menos, los siguientes:

1. La alta dirección que aprobará e impulsará la política.
2. Los responsables de procesos de gestión que aplicarán la política en el marco de los procesos de gestión a su cargo.
3. El personal responsable de la planificación, implantación y administración del programa de tratamiento de documentos y sus operaciones, cualificado, dedicado e instruido en gestión y conservación documental y que participará en el diseño, implementación y actualización de los sistemas de gestión y conservación documental.
4. El personal implicado en tareas de gestión de documentos electrónicos, que aplicará lo establecido en la política a través del programa de tratamiento implantado.

Norma Técnica de Requisitos de conexión a la Red de comunicaciones de las Administraciones Públicas españolas

La NTI de Requisitos de conexión a la Red de comunicaciones de las Administraciones públicas españolas tiene por objeto establecer las condiciones en las que cualquier órgano de una Administración, o Entidad de Derecho Público vinculada o dependiente de aquélla (en adelante, organización), accederá a la Red SARA (cláusula I.1).

El acceso a la Red SARA se realizará a través de lo que se denomina Punto de Presencia (PdP) entendido como cualquier sede en la que existe una conexión directa a la Red SARA, sin presencia de ninguna organización intermedia.

Los PdP pueden ser de los siguientes tipos:

a) Proveedores de Acceso a la Red SARA (PAS).
b) Centros de Proceso de Datos (CPD) de SARA.
c) Red sTESTA (secure Trans-European Services for Telematics between Administrations).
d) Centros externos de monitorización.

e) Prestadores de servicios de certificación.

f) Otros: como son las Ventanillas Únicas Empresariales.

Así pues, siendo el ámbito de aplicación de esta NTI coincidente con el del ENI (art. 3) y pudiendo resultar que el órgano utilizador de determinadas plataformas o aplicaciones pudieran estar comprendidas entre las entidades definidas como PdP, esta NTI podría resultar de aplicación, debiendo tener en cuenta lo siguiente:

1. En general y salvo casos especiales, en la conexión de cualquier organización a la Red SARA será necesaria la intervención del Ministerio para la Transformación Digital y de la Función Pública, a través de la Secretaría de Estado de Digitalización e Inteligencia Artificial (Secretaría General de Administración Digital), un proveedor de acceso y la propia organización que desea conectarse, que actuará como usuario final.

2. En relación con los Proveedores de Acceso a la Red SARA (PAS), la conexión directa a la Red SARA se proporcionará a través de un Área de Conexión (AC) que se ubicará en las dependencias de la Administración pública correspondiente convirtiéndose ésta en Proveedor de Acceso a la Red SARA (PAS) para sus Unidades, Organismos y Entidades de Derecho Público dependientes y, en el caso de las Comunidades Autónomas, también para las Administraciones Locales de su ámbito territorial.

3. Las organizaciones que no están adscritas a ningún organismo superior: Ministerios, Comunidades y ciudades con Estatuto de Autonomía y Órganos constitucionales, funcionarán como PAS a excepción de las Administraciones Locales que quedarán asignadas al PAS de la Comunidad Autónoma correspondiente.

4. Otros organismos públicos podrán asumir las funciones de PAS siempre que el MAETD así lo establezca atendiendo a la singularidad del organismo o a la prestación, por parte de aquél, de servicios considerados singulares.

5. El establecimiento de un nuevo PAS, a solicitud del interesado, corresponderá al MAETD a través del Centro de Soporte de la Red SARA.
6. En relación con los órganos usuarios finales, todo órgano usuario final de la Red SARA accederá a ésta a través de una organización que ejercerá las funciones de PAS.
7. Las características y dispositivos de la conexión de los órganos finales con el PAS correspondiente dependerán de las condiciones y mecanismos que disponga el propio PAS.
8. La solicitud de conexión de los órganos finales se dirigirá directamente al PAS del que dependen y será comunicada al Centro de Soporte de la Red SARA.
9. El listado completo de PAS estará disponible en el portal web www.redsara.es, accesible desde la Red SARA.

La cláusula III de esta NTI detalla los requisitos técnicos para la conexión con el PAS. Por su parte, la cláusula IV contiene las condiciones para el acceso y utilización de los servicios.

Norma Técnica de Procedimientos de copiado auténtico y conversión entre documentos electrónicos, así como desde papel u otros medios físicos a formatos electrónicos

Esta NTI tiene por objeto establecer las reglas para la generación de copias electrónicas auténticas, copias papel auténticas de documentos públicos administrativos electrónicos y para la conversión de formato de documentos electrónicos, y es de aplicación en los procedimientos de copiado auténtico y conversión entre documentos electrónicos en el ámbito establecido en el artículo 3 del ENI.

En consecuencia, coincidiendo el ámbito de aplicación, si la plataforma o aplicación en cuestión dispusiera entre sus funciones de procedimientos para la realización de copias papel auténticas de documentos públicos administrativos electrónicos y/o para la conversión de formato de documentos electrónicos, entonces sería de aplicación a la plataforma o aplicación lo dispuesto en esta NTI de Procedimientos de copiado auténtico y conversión entre documentos electrónicos.

Norma Técnica de Modelo de Datos para el Intercambio de asientos entre las entidades registrales

Esta NTI (que sustituye a una previa de 2011) define las condiciones y características para la interconexión de registros de las Administraciones públicas, y, por tanto, el intercambio de información entre estas, y contiene la especificación SICRES 4.0.

La NTI tiene el siguiente contenido (cláusula II):

i. Definición y características principales de SICRES 4.0.

ii. Esquema de datos y formatos para los ficheros intercambiados.

iii. Mecanismos de control y gestión de errores a aplicar en el proceso.

iv. Prestaciones de alto nivel a garantizar por el sistema de intercambio utilizado.

Esta NTI **se** aplica a todos los órganos de la Administración pública o Entidades de Derecho Público vinculadas o dependientes de aquella (en adelante, organizaciones) que participan en el intercambio de asientos registrales, ya sea para la prestación de servicios directos a los ciudadanos, como de cara al intercambio de información con otros órganos (cláusula III), siendo sus destinatarios:

i. Responsables de sedes electrónicas y, por tanto, de garantizar los requisitos de interoperabilidad de las mismas y, concretamente, de sus registros electrónicos.

ii. Responsables y administradores de aplicaciones, redes y servicios corporativos de cualquier órgano.

Así pues, en la medida que la plataforma o aplicación de que se trate pueda ser utilizada como elemento participante en el intercambio de asientos registrales, le será de aplicación lo dispuesto en esta NTI de Modelo de Datos para Intercambio de Asientos entre las entidades registrales.

El intercambio entre entidades registrales engloba —según la cláusula IV.1 de la NTI— todo el proceso de intercambio desde la Unidad de Tramitación Origen hasta la Unidad Tramitación destino proporcionando un contexto único a cada uno de los intercambios, y consta de los siguientes elementos:

i. *Unidades de Tramitación de Origen y Destino.* Entidades, o unidades pertenecientes a dichas entidades, responsables de la tramitación de los documentos registrados. La identificación de ambas Unidades debe ser única a través de Directorios unificados, como se indica en el apartado VI.4 de esta NTI.

ii. *Entidad Registral de Origen y Destino.* Entidades, o unidades pertenecientes a dichas entidades, que, bien sea por medio del personal al servicio del mismo, o bien sea por medio de actuación automatizada, se encarga tanto de inscribir los asientos de entrada y salida en el Registro Electrónico de la Administración u Organismo, como de llevar a cabo el proceso de intercambio registral, responsabilizándose del envío y recepción de Mensajes de Datos de Intercambio y Mensajes de Control, desde el punto de vista técnico y de comunicación, pero sin implicación en la tramitación de los documentos. La identificación de ambas Entidades Registrales debe ser única a través de Directorios unificados, como se indica en el apartado VI.4 de esta NTI.

iii. *Mensaje de datos de intercambio.* Es creado y emitido por la Entidad Registral de Origen y alberga, además de campos para el control e identificación, la información del asiento registral y los documentos correspondientes adjuntos. Su estructura y formato se definen en el apartado IV.2 de esta NTI.

Si la antedicha plataforma o aplicación participara activamente como proveedora de la emisión o recepción de mensajes de datos involucrados en la actividad de los Registros, le sería de aplicación los requisitos de estructura formato exigibles a estos mensajes de datos. El Anexo V de este documento contiene dicha estructura y contenido.

iv. *Mensajes de control.* Son emitidos por la Entidad Registral destino o por el propio sistema de intercambio y proporcionan información de estado para la gestión de la operación de intercambio. Su estructura y formato se definen en el apartado IV.3 de la NTI.

Si la antedicha plataforma participara activamente como proveedora de la emisión o recepción de mensajes de datos involucrados en la actividad de los Registros, le sería de aplicación los requisitos de estructura formato exigibles a estos mensajes de control. El Anexo VI de este documento contiene dicha estructura y contenido.

v. *Sistema de intercambio.* Proporciona la gestión del intercambio y la comunicación directa con las Entidades Registrales Origen y Destino. Sus funciones y requisitos técnicos deben cumplir lo establecido en el apartado VI de la NTI.

Si dicha plataforma participara activamente como proveedora de la emisión o recepción de mensajes de datos involucrados en la actividad de los Registros, le sería de aplicación los requisitos exigibles al sistema de intercambio.

vi. *Plataforma de intercambio.* Comprende el Sistema de intercambio y las Entidades Registrales de Origen y de Destino.

Tal y como señala la NTI, el proceso de intercambio inicia y finaliza en la Entidad Registral de Origen, punto de contacto con el ciudadano o Unidad de Tramitación que origina la creación del asiento registral.

El inicio viene marcado por la generación del mensaje de datos de intercambio en la Entidad Registral Origen conteniendo la información del asiento. A través del sistema de intercambio, este mensaje es recibido en la Entidad Registral Destino, que, si procede, confirma la recepción correcta al Origen a través del mensaje de control correspondiente.

Los intercambios disfrutan de un contexto único dentro del espacio SICRES mediante la asignación de un identificador del intercambio único a cada proceso de transacción que es generado por la aplicación de registro de la Entidad Registral de Origen y acompaña tanto al mensaje de datos de intercambio como a los mensajes de control relacionados. La generación del identificador del intercambio se detalla en el apartado V.1 de la NTI.

Para una adecuada implementación de lo exigido en esta NTI conviene tener en cuenta lo señalado en la Guía Funcional para las

Oficinas de Asistencia en materia de Registro (Sistema de Interconexión de Registros —SIR—)[32].

Norma Técnica de Reutilización de recursos de información

Esta NTI trata de las normas comunes sobre la localización, descripción e identificación unívoca de los recursos de información puestos a disposición del público por medios electrónicos para su reutilización. Es decir, contiene el conjunto de pautas básicas para la reutilización de documentos y recursos de información elaborados o custodiados por el sector público a los que se refiere el artículo 3 de la Ley 37/2007, de 16 de noviembre, sobre reutilización de la información del sector público por cualquier agente interesado.

La NTI —cláusula II— resulta de aplicación, para la puesta a disposición, para su reutilización, de recursos de información de carácter público por parte de cualquier órgano de la Administración pública o Entidad de Derecho Público vinculada o dependiente de aquella en el ámbito establecido en el artículo 3 del ENI.

Si la plataforma o aplicación de que se trate tuviera entre sus funcionalidades originarias (o fueran solicitadas por sus clientes) la custodia de documentos o información reutilizable, le sería de aplicación lo dispuesto en esta NTI.

Según dispone la NTI (cláusula IV), los documentos y recursos de información reutilizables estarán identificados mediante referencias únicas y unívocas, basadas en identificadores de recursos uniformes, que permitirán hacer referencia a los documentos o recursos que representan de forma unívoca, estable, extensible, persistente en el tiempo y ofreciendo garantías de procedencia, requisitos clave para facilitar su posterior reutilización.

La construcción de los identificadores de recursos uniformes requiere:

---

32 https://administracionelectronica.gob.es/ctt/resources/Soluciones/214/Descargas/Guia-Funcional-para-las-Oficinas-de-Registros-SIR.pdf?idIniciativa=214&idElemento=17414

a) Usar los protocolos HTTP o HTTPS, con el fin de garantizar el direccionamiento y resolución de cualquier identificador de los recursos en la web.

b) Dado que pueden existir representaciones distintas asociadas a un mismo recurso de información, un servidor al que se le solicita un identificador de recurso uniforme debería gestionar dicha petición en función de la cabecera HTTP recibida, devolviendo la representación del recurso adecuada a las preferencias del cliente.

c) Se usará un esquema consistente, extensible y persistente, preferentemente de acuerdo con el esquema definido en el anexo II de la NTI. Las normas de construcción de los mismos seguirán unos patrones determinados que ofrezcan coherencia en la uniformidad, los cuales podrán ser ampliados o adaptados en caso de necesidad. Aquellos Identificadores que sean creados y publicados en algún momento, deberán mantenerse en el tiempo.

d) Los identificadores de recursos uniformes seguirán una estructura de composición comprensible y significativa. El identificador deberá ofrecer información de manera que pueda ser entendido y fácilmente escrito por personas lo que permitirá disponer de información sobre el propio recurso, así como su procedencia únicamente interpretando el identificador.

e) El identificador de recursos uniforme que identifica cada documento o recurso, en la medida de lo posible, no revelará información sobre la implementación técnica de generación del recurso representado.

Para la descripción de los documentos y recursos de información reutilizables puestos a disposición pública se asociarán los metadatos mínimos recogidos en el anexo III de la NTI. Por su parte, para los valores de ciertos metadatos se tendrá en cuenta lo establecido en los anexos IV y V de la NTI.

Como señala la cláusula VI de esta NTI, con el objeto de garantizar la independencia en la elección de alternativas tecnológicas por los ciudadanos y las Administraciones públicas y la adaptabilidad al progreso de la tecnología, los documentos y recursos de información reutilizables puestos a disposición pública, los metadatos y los servicios asociados a los mismos utilizarán estándares abiertos, así como, en su caso y de forma complementaria, estándares que sean de uso generalizado por la ciudadanía, siendo de aplicación lo previsto en el artículo 11 del ENI y se ceñirán a lo establecido en la NTI de Catálogo de estándares.

No obstante, se podrán utilizar otros estándares cuando existan particularidades que lo justifiquen, cuando no sea viable la conversión a un estándar más adecuado o, bien no exista alternativa, siendo de aplicación lo previsto sobre estándares en el artículo 11 del ENI.

Cualquier documento o recurso de información reutilizable podrá ser puesto a disposición pública a través de una o varias distribuciones en varios formatos distintos, con el objeto de facilitar la reutilización a agentes con distintos perfiles, seleccionando preferentemente formatos que ofrezcan representación semántica de la información, con el fin de facilitar una mejor comprensión de la información representada y su tratamiento automatizado. Si los formatos elegidos lo permiten, se priorizará el uso de esquemas o vocabularios internacionalmente reconocidos para representar la información. Además, se incluirá preferentemente información de ayuda complementaria sobre los esquemas o vocabularios utilizados para representar la información.

Las condiciones de reutilización específica de los órganos y entidades de Derecho Público de las Administraciones públicas se ajustarán a lo dispuesto en la Ley 37/2007 y su normativa de desarrollo[33]. Dichas condiciones de reutilización globales a un organismo, disponibles en formato digital y procesables electrónicamente, podrán ser complementadas por condiciones específicas aplicadas a categorías de documentos o recursos de información concretos mediante licencias-tipo, disponibles en las mismas condiciones que las globales.

---

33 Lo establecido en el Real Decreto 1495/2011, de 24 de octubre, por el que se desarrolla la Ley 37/2007, de 16 de noviembre, sobre reutilización de la información del sector público, para el ámbito del sector público estatal, podrá ser utilizado como referencia por otras Administraciones Públicas.

9. Instrumentos para la interoperabilidad

La Disposición Adicional Primera del ENI alude a lo que denomina Instrumentos para la Interoperabilidad, como elementos facilitadores del cumplimiento y control de esta normativa.

Tales instrumentos son:

1. Inventario de procedimientos administrativos y servicios prestados: Que contendrá información de los procedimientos y servicios, clasificada con indicación del nivel de informatización de los mismos, así como sus interfaces, al objeto de favorecer la interacción o, en su caso, la integración de los procesos.
2. Centro de Interoperabilidad Semántica de la Administración: Donde se publicarán los modelos de datos de intercambio —comunes o sectoriales—, así como los relativos a infraestructuras y servicios comunes, junto con las definiciones y codificaciones asociadas, proporcionando funciones de repositorio, generación de formatos para procesamiento automatizado, colaboración, publicación y difusión de los modelos de datos que faciliten la interoperabilidad semántica entre las Administraciones públicas y de éstas con los ciudadanos. Este Centro se enlazará con otros instrumentos equivalentes de las Administraciones Públicas y del ámbito de la Unión Europea (SEMIC.eu)[34].
3. Directorio de aplicaciones para su libre reutilización: Que contendrá la relación de aplicaciones para su libre reutilización, incluyendo, al menos, los datos descriptivos relativos a nombre de la aplicación, breve descripción de sus funcionalidades, uso y características, licencia, principales estándares abiertos aplicados y estado de desarrollo.

[34] http://www.semic.eu/semic/

10. Formación

No es posible abordar con garantías de éxito todo lo descrito en los epígrafes precedentes si el personal de las AA.PP. encargado de organizar, diseñar e implementar las exigencias del ENI no está adecuadamente formado.

El ENI, consciente de esta realidad, hace un llamamiento claro en su Disposición Adicional Segunda, señalando que el personal de las AA.PP. recibirá la formación necesaria para garantizar el conocimiento del ENI, a cuyo fin los órganos responsables dispondrán lo necesario para que esta formación sea una realidad efectiva.

11. La dimensión europea de la interoperabilidad

El ENI no sólo pretende la interoperabilidad de sistemas, aplicaciones y servicios correspondientes a las AA.PP. españolas. Además, sienta las bases para facilitar la interoperabilidad de las entidades públicas del Estado español con sus homólogas del resto de Europa.

Algunos ejemplos de instrumentos de interoperabilidad europeos son las iniciativas:

- IDABC[35]: proyecto para la prestación interoperable de servicios paneuropeos de administración electrónica al sector público, empresas y los ciudadanos, utilizando las oportunidades que ofrecen las tecnologías de información y comunicación para fomentar y apoyar la prestación de los servicios transfronterizos del sector público a los ciudadanos y las empresas en Europa, para mejorar la eficiencia y la colaboración entre las administraciones públicas europeas y contribuir a hacer de Europa un lugar atractivo para vivir, trabajar e invertir.
- ISA (Decision No 922/2009/EC of the European Parliament and of the Council of 16 September 2009 on interoperability solutions for European public administrations —ISA—)[36]: El

35 http://ec.europa.eu/idabc/

36 http://eur-lex.europa.eu/LexUriServ/LexUriServ.do?uri=OJ:L:2009:260:0020:0027:EN:PDF

programa ISA crea un marco que permite a los Estados miembros a trabajar juntos para crear electrónica eficiente y eficaz transfronteriza de servicios públicos para el beneficio de los ciudadanos y las empresas. Ofrece las administraciones públicas europeas un enfoque integral para la creación de servicios electrónicos que pueden cooperar a través de las fronteras (interoperable de servicios públicos electrónicos). Promoción de la interoperabilidad de los servicios públicos constituye el primer pilar del programa ISA.

- EIF[37]: El Marco Europeo de Interoperabilidad (EIF por sus siglas inglesas) es un documento de la Unión Europea que define una serie de directrices y recomendaciones para los servicios de administración electrónica que garanticen la interoperabilidad de los sistemas. Fue redactado por la Comisión Europea en cumplimiento del Plan de Acción eEurope 2005, adoptado por el Consejo Europeo en Sevilla en 2002. El Plan de Acción estipuló que el Marco debería basarse en estándares abiertos y promover el uso de software de código abierto.
- SEMIC.eu[38] El Centro Europeo de Interoperabilidad Semántica es un servicio proporcionado por la Comisión Europea. Se inició en el marco de la *Prestación interoperable de servicios paneuropeos de administración electrónica al sector público, empresas y los ciudadanos*, el programa (IDABC). Con IDABC y su sucesor, ISA, la Comisión Europea aborda estos desafíos mediante la coordinación de normas comunes para la colaboración y los proyectos relacionados con infraestructura. Como un servicio de colaboración y con un repositorio de activos para la interoperabilidad semántica, SEMIC.eu es un catalizador para la conservación del significado de los datos intercambiados en la administración electrónica europea a todos los niveles de la administración. Sus principios rectores son la participación, la apertura y la transparencia de los procesos.

---

37 http://ec.europa.eu/idabc/en/document/2319/5644.html

38 www.semic.eu

- OSOR.eu[39]: El Repositorio de Fuentes Abiertas de las administraciones públicas europeas apoya y fomenta el desarrollo colaborativo y la reutilización de los desarrollos, libres y de código abierto, financiados con fondos públicos (F/OSS), para su uso en las aplicaciones de las administraciones públicas europeas. Es una plataforma para el intercambio de información, experiencias y F/OSS. También promueve y enlaza con los trabajos de repositorios nacionales, fomentando la aparición de una federación paneuropea de repositorios de software de código abierto.
- EUPL[40]: La EUPL es la primera licencia europea de software libre y fuentes abiertas (F/OSS). Se ha desarrollado por iniciativa de la Comisión Europea, habiendo sido aprobada en 22 lenguas oficiales de la Unión Europea, de modo que cualquiera puede usar esta licencia para la distribución de software.

Este concepto de interoperabilidad paneuropea ha propiciado la interconexión e integración de los modelos de interoperabilidad españoles con sus homólogos del resto de la Unión Europea.

Así, nos encontramos con la interconexión de la Red SARA española con la red europea sTESTA. La red sTESTA, *Servicios Transeuropeos Telemáticos entre Administraciones*, proporciona una infraestructura de comunicaciones para atender las necesidades de negocio y requerimientos de intercambio de información entre las administraciones europeas y nacionales.

Algo análogo sucede con la interconexión entre el español Centro de Interoperabilidad Semántica y el europeo SEMIC.eu; el Centro de Transferencia de Tecnología (CTT) con el europeo OSOR.eu, y la plataforma @FIRMA con la iniciativa europea eIDM[41].

---

39 www.osor.eu

40 www.osor.eu/eupl

41 La identidad electrónica es uno de los facilitadores principales de los procesos de administración electrónica y la creación de valor para los proveedores de servicios y consumidores. La Comisión Europea está investigando la manera a través del cual el gobierno y las industrias pueden aprovechar los beneficios de la identificación electrónica en actividades y sectores tales

12. La Interoperabilidad en la Administración de Justicia

La Ley 18/2011, de 5 de julio, reguladora del uso de las tecnologías de la información y la comunicación en la Administración de Justicia pretende la efectiva y general utilización de las tecnologías de la información y comunicación en la Administración de Justicia, e igualmente *por parte de los ciudadanos y de los profesionales de la justicia, en sus relaciones con dicha Administración y en las relaciones entre ésta con el resto de Administraciones y organismos públicos*, de modo que se garantice, en dicho ámbito, el acceso, autenticidad, confidencialidad, integridad, disponibilidad, trazabilidad, conservación e *interoperabilidad de los datos, informaciones y servicios gestionados.* Para ello, el Preámbulo de la precitada Ley señala como uno de sus objetivos, definir el conjunto de requisitos mínimos de interconexión, interoperabilidad y seguridad necesarios a fin de garantizar la seguridad en la transmisión de los datos y cuantas otras exigencias se contengan en las leyes procesales.

Dada la concurrencia de diversas Administraciones e instituciones con diferentes títulos competenciales en materia de justicia, la Ley prevé un concreto marco de cooperación y colegiación entre todas ellas, destacando la creación de un órgano llamado a desempeñar una esencial actividad en la implantación de la Administración judicial electrónica en España. Dicho órgano fue desarrollado por el Real Decreto 396/2013, de 7 de junio, regulador del Comité técnico estatal de la Administración judicial electrónica (CTEAJE) que, en su artículo 3 señala su naturaleza, al concebirlo expresamente como el órgano de cooperación en materia de Administración judicial electrónica.

Desde la dimensión tecnológica, entre las funciones de este Comité destaca especialmente la producción del desarrollo de las normas técnicas previsto en los artículos 51 y siguientes de la referida Ley 18/2011, de 5 de julio, materia de la que se ocupa el documento de Bases del Esquema judicial de interoperabilidad y seguridad (EJIS).

---

como el acceso seguro a Internet, la salud, el transporte, la justicia, la banca, etc., dentro y fuera de las fronteras de la UE.

Las Bases del EJIS, que constituyen, junto con sus guías y normas técnicas, el desarrollo del Esquema Judicial de interoperabilidad y seguridad en la Administración de Justicia, han sido elaboradas atendiendo a las necesidades y requerimientos específicos de la actividad judicial, y respetando el principio de neutralidad tecnológica, teniendo en cuenta que *existen preceptos del Esquema Nacional de Interoperabilidad y en el Esquema Nacional de Seguridad de válida aplicación en Justicia, a los que las presentes Bases se acogen* evitando con ello su reproducción literal, y dotando de regulación específica y diferenciada a aquellos aspectos que son particulares y necesarios en el ámbito de la Justicia, así como el resto de las normas y recomendaciones invocadas en el artículo 47.3 de la Ley 18/2011, de 5 de julio.

Por mandato del artículo 45 de la Ley 18/2011, de 5 de julio, se establece que "el Comité técnico estatal de la Administración judicial electrónica fijará las bases para el desarrollo del Esquema judicial de interoperabilidad y seguridad de modo que permita, a través de las plataformas tecnológicas necesarias, la *interoperabilidad* total de todas las aplicaciones informáticas al servicio de la Administración de Justicia."

Del mismo modo, el artículo 230.6 párrafo segundo, establece que "los sistemas informáticos que se utilicen en la Administración de Justicia deberán ser compatibles entre sí para facilitar su comunicación e integración, en los términos que determine el Comité Técnico Estatal de la Administración de Justicia Electrónica".

A tal efecto se ha publicado el documento Bases del Esquema Judicial de Interoperabilidad y Seguridad (EJIS) establecido en el artículo 47 de la precitada Ley 18/2011.

El documento sobre Bases fue aprobado por pleno del CTEAJE con fecha 1 de junio de 2015, procediendo a su publicación el 6 de julio de 2015[42].

---

42 https://www.cteaje.gob.es/documents/185545/300043/CTEAJE-BIS-INF-MJU-Bases+del+EJIS.pdf/f646cb40-398b-f31f-2b33-15daa4c34c95?t=1566296077051

El documento sobre Bases del Esquema judicial de interoperabilidad y Seguridad será aplicado en la Administración de Justicia para asegurar el acceso, integridad, disponibilidad, autenticidad, confidencialidad, trazabilidad y la conservación de los datos, informaciones, documentos y servicios, utilizados por medios electrónicos que gestionen los distintos órganos judiciales en el ejercicio de sus competencias. Y todo ello se llevará a efecto con observancia de las prescripciones que en adelante se establecen y de los requisitos funcionales aplicables.

El ámbito de aplicación de las Bases del EJIS es el ya establecido en el artículo 2 de la propia Ley 18/2011, es decir:

> Artículo 2. Ámbito de aplicación.
> La presente Ley será de aplicación a la Administración de Justicia, a los ciudadanos en sus relaciones con ella y a los profesionales que actúen en su ámbito, así como a las relaciones entre aquélla y el resto de Administraciones y organismos públicos.

Conviene señalar ahora que las Bases del EJIS prescriben que:

> En aquellos aspectos relacionados con la interoperabilidad y seguridad que sean regulados en las presentes Bases, prevalecerán sus conceptos y principios sobre el Esquema Nacional de Interoperabilidad y el Esquema Nacional de Seguridad. A su vez, aquellos preceptos regulados en el Esquema Nacional de Interoperabilidad y en el Esquema Nacional de Seguridad que sean de aplicación a la Administración de justicia, no se regularán en el presente texto.

Interoperabilidad Judicial: principios básicos

La aplicación de la Interoperabilidad Judicial y, en su caso, el cumplimiento de las Disposiciones Generales emanadas de las Bases del EJIS, se desarrollarán de acuerdo con los principios generales establecidos en los Títulos I, II y V de la misma Ley 18/2011, de 5 de julio, observando los siguientes principios específicos de la interoperabilidad judicial:

- Interoperabilidad como cualidad integral.
- Carácter multidimensional de la interoperabilidad.
- Enfoque de soluciones multilaterales.

Principios todos ellos contenidos en el ENI.

Interoperabilidad Judicial: dimensiones

Del mismo modo que lo hace el ENI y con el mismo propósito y contenido, las Bases del EJIS contemplan:

- Interoperabilidad organizativa:
  - Con ciudadanos y profesionales (sedes judiciales electrónicas) en actuaciones procesales y procedimientos judiciales.
  - Con el resto de Administraciones públicas (intercambio de documentos).
- Interoperabilidad semántica jurídica:
  - Modelos de datos de intercambio de la Normativa Técnica del CTEAJE.
- Interoperabilidad técnica:
  - Formatos y estándares del ENI.
- *Firma electrónica*:
  - Reglamento eIDAS.
- Condiciones para la recuperación y conservación de documentos judiciales electrónicos (además de las Guías de interoperabilidad y seguridad):
  - Política de gestión de documentos judiciales electrónicos.
  - Inclusión en los expedientes judiciales electrónicos de un índice electrónico firmado por la oficina judicial actuante.
  - Identificación única e inequívoca de cada documento judicial electrónico a través de las convenciones adecuadas.
  - Asociación de los metadatos obligatorios y, en su caso, complementarios, al documento judicial electrónico.
  - Clasificación y tipología de los documentos judiciales electrónicos, prevista en la guía de interoperabilidad y seguridad del documento judicial electrónico.

- o Período de conservación de los documentos judiciales electrónicos, fijado en las normas procesales y demás legislación aplicable.
- o Acceso completo e inmediato a los documentos judiciales electrónicos.
- o Medidas para asegurar la conservación de los documentos judiciales electrónicos a lo largo de su ciclo de vida procesal.
- o Coordinación horizontal entre el responsable de gestión de documentos judiciales y los restantes servicios interesados en materia de archivos judiciales.
- o Borrado de la información o, en su caso, la destrucción física de los soportes en los que está fijada dicha información.
- o Transferencia, en su caso, de los expedientes judiciales electrónicos entre los diferentes repositorios de los órganos judiciales a efectos de conservación.
- o Formación tecnológica del personal responsable de la ejecución y del control de la gestión de documentos.
- o Documentación de los procedimientos que garanticen la interoperabilidad a medio y largo plazo.

– Digitalización certificada de documentos en papel:

- o Guía de Interoperabilidad y Seguridad de Digitalización Certificada en la Administración de Justicia.

– Guías de Interoperabilidad Judicial previstas en las Bases del EJIS:

a) Expediente judicial electrónico: tratará de su estructura y formato, así como de las especificaciones técnicas de los servicios de remisión y puesta a disposición.

b) Documento judicial electrónico: tratará los metadatos exigibles en el mismo y su carácter, la asociación de los datos y metadatos de firma o de sellado de tiempo y los formatos de documento.

c) Política de firma electrónica y de uso de certificados en la Administración de Justicia.

d) Digitalización certificada en la Administración de Justicia: tratará los formatos y estándares aplicables, los niveles de calidad, las condiciones técnicas y los metadatos asociados al proceso de digitalización, así como el procedimiento de homologación de las soluciones de digitalización certificada.

e) Procedimientos de copiado auténtico y conversión entre documentos judiciales electrónicos, así como desde papel u otros medios físicos a formatos electrónicos.

f) Protocolos de intermediación de datos: tratará las especificaciones de los protocolos de intermediación de datos que faciliten la integración y reutilización de servicios en la Administración de Justicia y que serán de aplicación para los prestadores y consumidores de tales servicios.

g) Relación de modelos de datos que tengan el carácter de comunes en la Administración de Justicia y aquellos que se refieran a materias sujetas a intercambio de información con los ciudadanos, profesionales de la justicia y otras Administraciones.

h) Política de gestión de documentos electrónicos: incluirá pautas para la asignación de responsabilidades, tanto directivas como profesionales; la definición de los programas, procesos y controles de gestión de documentos; así como la administración de los repositorios electrónicos y la documentación de los mismos, a desarrollar por la Administración de Justicia.

i) Declaraciones de conformidad con las Bases del Esquema judicial de interoperabilidad y seguridad: establecerá las reglas para la aplicación de lo dispuesto en el apartado 4 de las Bases del EJIS.

j) Guía técnica de seguridad.

k) Cualquier otra guía de interoperabilidad y seguridad que el CTEAJE considere necesaria para regular otros aspectos de la interoperabilidad y seguridad judiciales que, con suficiente entidad, no estuviere contemplado en los puntos anteriores.

13. La reutilización

Con una clara intención de aprovechar tecnologías previamente desarrolladas o contratadas por las Administraciones Públicas, y mejorar por tanto la eficiencia de sus actuaciones, el artículo 157 de la LRJSP prevé la reutilización de sistemas y aplicaciones de propiedad de la Administración.

Con el mismo propósito se expresa el RAFESP, cuando incluye un precepto bajo el título "*Artículo 64. Reutilización de sistemas y aplicaciones de las Administraciones Públicas.*"

Al objeto de satisfacer lo dispuesto en el artículo 17 del ENI y las citadas regulaciones, se crea el Centro de Transferencia de Tecnología (CTT), que publica un Directorio General de Aplicaciones o/y soluciones cuyo objetivo es favorecer la reutilización de soluciones por todas las Administraciones Públicas.

Como se señala en su canal del Portal de Administración Electrónica[43], el directorio de soluciones del CTT, disponible a través de Internet y de la Red SARA, es el lugar indicado para encontrar una solución, proyecto, servicio o activo semántico para reutilizar. Todas las soluciones disponibles en el CTT recogen información divulgativa y de uso sobre ellas, ofreciendo diferentes opciones de descarga y de colaboración en ellas, como foros y listas de distribución de correo. Además, en aquellos casos en los que sea posible, se podrá descargar el código fuente o se enlazará con el repositorio externo en el que pueda realizarse la descarga.

Para aquellas soluciones que desean construir una comunidad de desarrollo alrededor de su proyecto software libre, se ha creado la organización forja-CTT dentro del gran entorno colaborativo público de GITHUB, en la que las administraciones públicas pueden crear y gestionar sus repositorios[44].

Finalmente, indicar que el CTT está a disposición de cualquier administración pública y a cualquier perfil que trabaje en el entorno de la Administración Electrónica.

---

43 http://administracionelectronica.gob.es/ctt

44 https://github.com/ctt-gob-es

V. LA CIBERSEGURIDAD

A) Los conceptos de sistemas de información y ciberseguridad

Antes de introducirnos en este apartado, y con el propósito de favorecer su comprensión, conviene comenzar recordando algunos conceptos esenciales antes de sumergirnos en unos contenidos tan poliédricos como los que presenta la ciberseguridad.

Como toda aproximación científica, lo primero que hemos de hacer es definir el campo de nuestro estudio: los *sistemas de información* y su *ciberseguridad.*

Apoyándonos en la regulación vigente, podemos definir **sistema de información** como[45]:

Cualquiera de los elementos siguientes:

1º Las redes de comunicaciones electrónicas que utilice la entidad del ámbito de aplicación de este real decreto sobre las que posea capacidad de gestión.

2º Todo dispositivo o grupo de dispositivos interconectados o relacionados entre sí, en el que uno o varios de ellos realicen, mediante un programa, el tratamiento automático de datos digitales.

3º Los datos digitales almacenados, tratados, recuperados o transmitidos mediante los elementos contemplados en los números 1º y 2º anteriores, incluidos los necesarios para el funcionamiento, utilización, protección y mantenimiento de dichos elementos.

Por su parte, podemos definir **ciberseguridad** (o seguridad de los sistemas de información) como:

La capacidad de las redes y sistemas de información de resistir, con un nivel determinado de fiabilidad, toda acción que comprometa la disponibilidad, autenticidad, integridad o confidencialidad

---

45 Según aparece en el Anexo IV-Glosario del Real Decreto 311/2022, de 3 de mayo, por el que se regula el Esquema Nacional de Seguridad (ENS)

de los datos almacenados, transmitidos o tratados, o los servicios correspondientes ofrecidos por tales redes y sistemas de información o accesibles a través de ellos[46].

Obsérvese que, de estas definiciones, podemos extraer ya algunas conclusiones:

1. El concepto sistema de información comprende cualquier elemento físico (*hardware*) o lógico (*software*) que se vea involucrado en el tratamiento de datos, cualesquiera que sean estos.
2. La ciberseguridad no persigue garantizar siempre y en cualquier situación la absoluta inmunidad de los sistemas de información concernidos frente a las amenazas —cuestión esta imposible de alcanzar, por otro lado—, sino más bien construir un modelo de seguridad sustentado en medidas de *resistencia* —aquellas que razonable y ponderadamente impiden la penetración del ataque y, en general, el progreso del ciberincidente—, y en medidas de *resiliencia* —aquellas dirigidas a recuperar la plena funcionalidad de un sistema de información, una vez concluido el ciberincidente.

B) La ciberseguridad como manifestación de la seguridad

Definidos los conceptos esenciales del trabajo, debemos proseguir analizando hasta qué punto *seguridad* y *ciberseguridad* son conceptos jurídicamente diferenciados; análisis que no resulta baladí, pues, de estar ubicados dentro de un bien jurídico protegido común, cabría deducir que podrían ser igualmente aplicables las precisiones que en torno a cualquiera de ellos pudieran realizarse.

Debemos mencionar, en primer lugar, lo señalado por la Ley 36/2015, de 28 de septiembre, de Seguridad Nacional, que identifica en su artículo 10 la ciberseguridad como uno de los "*ámbitos de*

---

46 Idem. Definición asimismo coincidente con la recogida en el artículo 3 b) del Real Decreto-ley 12/2018, dictado al amparo de las competencias exclusivas del Estado en materia de telecomunicaciones y régimen general de comunicaciones (art. 149.1.21 CE) y seguridad pública (art. 149.1.29 CE), que define la *seguridad de las redes y sistemas de información* del mismo modo.

especial interés de la seguridad nacional... que requieren una atención específica, por resultar básicos para preservar los derechos y libertades, así como el bienestar de los ciudadanos, y para garantizar el suministro de los servicios y recursos esenciales".

Asimismo, la Ley 8/2011, de 28 abril, de medidas para la Protección de las Infraestructuras Críticas —a las que define como aquellas infraestructuras estratégicas "*cuyo funcionamiento es indispensable y no permite soluciones alternativas, por lo que su perturbación o destrucción tendría un grave impacto sobre los servicios esenciales*", dictada al amparo de la competencia atribuida al Estado en virtud del artículo 149.1.29 de la Constitución Española (CE), hace referencia a la ciberseguridad. El artículo 2 de esta Ley define las infraestructuras estratégicas como "*las instalaciones, redes, sistemas y equipos físicos y de tecnología de la información sobre las que descansa el funcionamiento de los servicios esenciales*", entendiendo que tales servicios son los necesarios para el mantenimiento de las funciones sociales básicas, la salud, la seguridad, el bienestar social y económico de los ciudadanos, o el eficaz funcionamiento de las instituciones del Estado y las Administraciones públicas.

Además, el mantenimiento de la ciberseguridad es una de las funciones propias del Centro Nacional de Inteligencia (CNI), según establece el artículo 4 b) de la Ley 11/2002, de 6 de mayo, reguladora del Centro Nacional de Inteligencia.

Finalmente, debemos mencionar el Real Decreto-ley 12/2018, de 7 de septiembre, de seguridad de las redes y sistemas de información, que transpone al ordenamiento jurídico español la Directiva (UE) 2016/1148 del Parlamento Europeo y del Consejo, de 6 de julio de 2016, relativa a las medidas destinadas a garantizar un elevado nivel común de seguridad de las redes y sistemas de información en la Unión. Esta norma tiene por objeto regular la seguridad de las redes y sistemas de información utilizados para la provisión de los servicios esenciales y de los servicios digitales y establecer un sistema de notificación de incidentes, además de un marco institucional para su aplicación y la coordinación entre autoridades competentes y con los órganos de cooperación relevantes en el ámbito comunitario. Como es sabido, este Real Decreto-ley se aplica a los servicios esenciales dependientes de las redes y sistemas de información comprendidos en los sectores estratégicos definidos en el anexo de la Ley 8/2011, así como a los servicios de la sociedad de la información en el sentido recogido en la letra a) del anexo de la Ley 34/2002, de 11 de julio, de servicios de la sociedad de la información y de comercio electrónico.

Sobre estas cuestiones ha venido a pronunciarse el Tribunal Constitucional en su sentencia 142/2018, de 20 de diciembre de 2018, en relación con el recurso de inconstitucionalidad 5284-2017 interpuesto por el Presidente del Gobierno respecto de la Ley 15/2017, de 25 de julio, de la Agencia de Ciberseguridad de Cataluña, sobre las competencias en materia de telecomunicaciones, defensa y seguridad pública.

De la citada sentencia y de la normativa que invoca, a modo de resumen, extraemos las consecuencias más significativas:

- La ciberseguridad, como sinónimo de la seguridad en la red, es una actividad que se integra en la seguridad pública, así como en las telecomunicaciones. A partir de su conceptuación como conjunto de mecanismos dirigidos a la protección de las infraestructuras informáticas y de la información digital que albergan, fácilmente se infiere que, en tanto que dedicada a la seguridad de las tecnologías de la información, presenta un componente tuitivo que se proyecta específicamente sobre el concreto ámbito de la protección de las redes y sistemas de información que utilizan los ciudadanos, empresas y administraciones públicas, (FJ 1).
- La ciberseguridad se incluye en materias de competencia estatal en cuanto, al referirse a las necesarias acciones de prevención, detección y respuesta frente a las ciberamenazas, afecta a cuestiones relacionadas con la seguridad pública y la defensa, las infraestructuras, redes y sistemas y el régimen general de telecomunicaciones, (FJ 1)[47].

---

[47] Efectivamente, la citada sentencia TC 142/2018, señala que "*la seguridad pública es, en principio, competencia exclusiva del Estado ex artículo 149.1.29 CE, precepto constitucional que pone de manifiesto que ya en él se establecen salvedades («sin perjuicio de») que, en cierto sentido, vienen a modular la exclusividad de la competencia estatal, proclamada en el párrafo inicial del artículo 149 CE*", aña-

Todas estas cuestiones han encontrado definitiva consolidación en el Real Decreto 1150/2021, de 28 de diciembre, por el que se aprueba la Estrategia de Seguridad Nacional 2021, en el que la ciberseguridad pública se configura como parte integrante de la Seguridad Nacional, al encuadrar el ciberespacio dentro de los objetos materiales de la seguridad exigible a los espacios comunes globales e integrando el modelo de gobernanza de la ciberseguridad en el marco del Sistema de Seguridad Nacional.

C) Las dimensiones de la ciberseguridad

Como hemos señalado en otros trabajos[48], la ciberseguridad es un concepto poliédrico que puede estudiarse desde diferentes puntos de vista, atendiendo precisamente a las garantías exigibles a la información tratada o los servicios que deben ser preservados.

El Esquema Nacional de Seguridad (ENS), siguiendo la metodología MAGERIT de análisis y gestión de riesgos[49] establece cinco dimensiones de seguridad:

Confidencialidad, Integridad, Autenticidad, Trazabilidad y *Disponibilidad*, a las que nosotros hemos añadido una más, de carácter genérico: *Conformidad Legal.*

El cuadro siguiente muestra las definiciones de estas dimensiones, así como su aplicabilidad a la información tratada o los servicios prestados por los sistemas de información de que se trate.

---

diendo que "*la competencia exclusiva del Estado en materia de seguridad pública no admite más excepción que la que derive de la creación de las policías autónomas*" (STC 104/1989, de 8 de junio, FJ 3).

48 Galán Pascual, Carlos Manuel. *El Derecho a la Ciberseguridad*, en *Sociedad Digital y Derecho.* Varios autores. BOE, 2018.

49 MAGERIT versión 3: Metodología de Análisis y Gestión de Riesgos de los Sistemas de Información. Disponible en: https://administracionelectronica.gob.es/pae_Home/pae_Documentacion/pae_Metodolog/pae_Magerit.html

Tabla 1. Dimensiones de la ciberseguridad

Dimensión de la ciberseguridad	Definición	Aplicabilidad
Confidencialidad	Propiedad o característica consistente en que la información ni se pone a disposición, ni se revela a individuos, entidades o procesos no autorizados.	Información
Integridad	Propiedad o característica consistente en que el activo de información no ha sido alterado de manera no autorizada.	Información
Autenticidad	Propiedad o característica consistente en que una entidad es quien dice ser o bien que garantiza la fuente de la que proceden los datos.	Información y Servicios
Trazabilidad	Propiedad o característica consistente en que las actuaciones de una entidad (persona o proceso) pueden ser trazadas de forma indiscutible hasta dicha entidad.	Información y Servicios
Disponibilidad	Propiedad o característica de los activos consistente en que las entidades o procesos autorizados tienen acceso a los mismos cuando lo requieren.	Información y Servicios
Conformidad legal	Propiedad o característica de las tecnologías, productos, soluciones o servicios que sustentan las operaciones, para mantenerse permanentemente alineados con lo dispuesto en la legislación nacional, europea o internacional que resulte de aplicación.	Sistemas de Información, en su conjunto.

Naturalmente, dependiendo de la aplicación o del servicio concreto de que se trate, ciertas dimensiones de seguridad cobrarán más importancia que las restantes. En el caso de las telecomunicaciones, todas ellas, en mayor o menor medida, constituyen los elementos esenciales de la ciberseguridad en el ámbito de los servicios de telecomunicaciones, como se verá a lo largo de este capítulo.

Si contemplamos la ciberseguridad como el conjunto de medidas dirigidas a satisfacer las exigencias de las que hemos denominado *dimensiones de la ciberseguridad* (disponibilidad, integridad, confidencialidad, autenticidad, trazabilidad y su conformidad legal) encontramos un significativo número de regulaciones que, en mayor o menor medida, generales o sectoriales, abordan tal problemática.

D) La primera Directiva NIS y su transposición al ordenamiento jurídico nacional. Las nuevas Directivas NIS2.0 y de Resiliencia de Entidades Críticas

La que ha venido siendo conocida como Directiva NIS (Directiva (UE) 2016/1148 del Parlamento Europeo y del Consejo, de 6 de julio de 2016, relativa a las medidas destinadas a garantizar un elevado nivel común de seguridad de las redes y sistemas de información en la Unión) fue publicada en el DOUE el 19 de julio de ese mismo año, y consideraba esencial que todos los Estados miembros de la UE poseyeran unas capacidades mínimas y una estrategia que garanticen un elevado nivel de seguridad de las redes y sistemas de información en su territorio, especialmente en lo tocante a lo que la norma europea definió como *operadores de servicios esenciales* y *proveedores de servicios digitales,* lo que debía traducirse en la adopción de un conjunto de medidas de ciberseguridad exigibles a tales entidades, tendentes a mejorar el funcionamiento del mercado interior.

Los destinatarios últimos de la norma se muestran en el cuadro siguiente:

Tabla 2. Destinatarios Directiva NIS

Operadores de servicios esenciales, de los sectores...[50]
Energía: electricidad, crudo y gas.
Transporte: aéreo, ferrocarril, marítimo y fluvial y carretera.
Banca.

[50] Siempre que sean: a) una entidad presta un servicio esencial para el mantenimiento de actividades sociales o económicas cruciales; b) la prestación de dicho servicio depende de las redes y sistemas de información, y c) un incidente tendría efectos perturbadores significativos en la prestación de dicho servicio.

Infraestructuras de los mercados financieros.
Sector sanitario: entornos de asistencia sanitaria (entre ellos hospitales y clínicas privadas).
Suministro y distribución de agua potable.
Infraestructura digital: IXP, Proveedores de servicios DNS y Registros de nombres de dominio de primer nivel.
Proveedores de servicios digitales
Mercados en línea.
Motores de búsqueda en línea.
Servicios de computación en la nube.

Los criterios para la identificación de los operadores esenciales fueron:

a) Presta un servicio esencial para el mantenimiento de actividades sociales o económicas cruciales;

b) La prestación de dicho servicio depende de las redes y sistemas de información, y

c) Un incidente tendría efectos perturbadores significativos en la prestación de dicho servicio.

La Directiva NIS, en resumen:

a) Establecía la obligación para todos los Estados miembros de adoptar una estrategia nacional de seguridad de las redes y sistemas de información;

b) Creaba un Grupo de Cooperación para apoyar y facilitar la cooperación estratégica y el intercambio de información entre los Estados miembros y desarrollar la confianza y seguridad entre ellos;

c) Creaba una red de equipos de respuesta a incidentes de seguridad informática (Red de CSIRT[51]), con el fin de contribuir al desarrollo de la confianza y seguridad entre los Estados miembros y promover una cooperación operativa rápida y eficaz;

---

51 *Computer Security Incident Response Team*

d) Establecía requisitos en materia de seguridad y notificación para los operadores de servicios esenciales y para los proveedores de servicios digitales;

e) Establecía obligaciones para que los Estados miembros designen autoridades nacionales competentes, puntos de contacto únicos y CSIRT con funciones relacionadas con la seguridad de las redes y sistemas de información.

El 8 de septiembre de 2018, el Boletín Oficial del Estado publicaba el Real Decreto-ley 12/2018, de 7 de septiembre, de seguridad de las redes y sistemas de información, cumpliendo el mandato de transposición de la Directiva NIS.

Aunque la Directiva de la que traía causa limitaba su ámbito de aplicación a los denominados "operadores de servicios esenciales" y los "proveedores de servicios digitales", la norma española aprovechó el mandato para ampliar su alcance a sectores no expresamente incluidos en la europea (sin que ello suponga una derogación encubierta o un desplazamiento normativo de la legislación española vigente). Ejemplos significativos de esta ampliación lo constituyen los prestadores de servicios de confianza o los operadores de redes y servicios de comunicaciones electrónicas, que entran a formar parte de los destinatarios de la norma, en cuanto puedan ser designados operadores críticos.

Conviene señalar, llegado este punto, el esfuerzo desarrollado por el grupo de trabajo de redacción del RD-ley para cohonestar en aquel momento las tres normas estatales de especial significación en materia de (ciber)seguridad: el Real Decreto 3/2010, de 8 de enero, por el que se regula el Esquema Nacional de Seguridad (ENS)[52], la Ley 8/2011, de 28 de abril, por la que se establecen medidas para la protección de las Infraestructuras Críticas y la Ley 36/2015, de 28 de septiembre, de Seguridad Nacional[53].

---

52 Derogado por Real Decreto 311/2022, de 3 de mayo, por el que se regula el Esquema Nacional de Seguridad.

53 Recordamos que los sectores estratégicos definidos en la Ley 8/2011, de 28 de abril, son: Administración; Espacio; Industria Nuclear; Industria Quími-

El modelo de gobernanza recogido en este RD-ley se sustenta en el esquema de competencias que las vigentes Estrategias de Seguridad y Ciberseguridad nacionales han dibujado: el Consejo de Seguridad Nacional, el Consejo Nacional de Ciberseguridad, las Autoridades Competentes y los CSIRT de referencia, confiriendo a las así denominadas Autoridades Competentes las funciones de supervisión, vigilancia y sancionadora, reservando para los CSIRT de referencia las funciones más operativas, tales como el análisis de riesgos y la conducción operativa nacional de la respuesta a incidentes, actuación nacional amparada en lo dispuesto en el art. 1491.29ª de nuestra Constitución, que confiere al Estado las competencias exclusivas en materia de seguridad nacional, siendo la ciberseguridad una de sus manifestaciones, como hemos señalado antes.

Estos CSIRT de referencia constituyen, a nuestro entender, la piedra angular sobre la que descansa el tratamiento de la ciberseguridad, pues, más allá de las funciones otorgadas legalmente a las Autoridades Competentes, materializan los mecanismos de prevención, detección y respuesta a los incidentes, funciones que, a partir de la entrada en vigor de este nuevo RD-ley, vienen exigiendo de todos ellos la máxima coordinación, como asimismo prevé la norma, que confiere al CCN-CERT (del Centro Criptológico Nacional, adscrito al Centro Nacional de Inteligencia) la función de coordinador nacional en los supuestos de especial gravedad.

Pese a tratarse de una norma en vigor y, por tanto, ejecutiva, el Real Decreto-ley pospuso a su desarrollo reglamentario determinadas cuestiones que veremos más adelante.

En la actualidad, son numerosas las regulaciones de sustrato tecnológico que prescriben la notificación de incidentes al organismo competente de que se trate en cada caso. Esta diversidad, de la que en muchas ocasiones es sujeto obligado la misma entidad, alienta y justifica la existencia de una Plataforma Común para la notificación de incidentes, capaz de dar respuesta, a través de un solo proceso (contemplando la notificación inicial, las intermedias y la final) diri-

---

ca; Instalaciones de Investigación; Agua; Energía; Salud; TIC; Transporte; Alimentación y Sistema Financiero y Tributario.

gido automáticamente a cada autoridad competente por razón de la legislación afectada, lo que puede constituir, a nuestro juicio, una de las medidas más innovadoras de este Real Decreto-ley en materia de ciberseguridad, a imagen de lo que ha venido desarrollando en CCN-CERT en el Sector Público con la plataforma LUCIA.

El RD-ley exhibe un régimen de infracciones especialmente riguroso. Un solo ejemplo: en determinadas circunstancias, tipifica como muy grave la falta de adopción de las medidas para subsanar las deficiencias detectadas o el incumplimiento reiterado de la obligación de notificar los incidentes.

El desarrollo reglamentario al que antes nos hemos referido tuvo lugar por Real Decreto 43/2021, de 26 de enero, que vino a regular los siguientes aspectos:

- La identificación de los factores específicos en los sectores de los operadores de servicios esenciales para determinar si un incidente podría tener efectos perturbadores significativos.
- En la determinación de las Autoridades Competentes, la autoridad sectorial correspondiente por razón de la materia, cuando no se trate de operadores críticos.
- Dentro de las funciones de las Autoridades Competentes, el establecimiento de canales de comunicación con los operadores de servicios esenciales y los proveedores de servicios digitales, y los protocolos de actuación para la coordinación con los CSIRT de referencia.
- La identificación de los operadores de servicios esenciales con incidencia en la Defensa Nacional.
- La determinación de los supuestos de especial gravedad que requieran de la coordinación nacional del CCN-CERT.
- La determinación de los mecanismos de coordinación de los CSIRT de referencia con la Oficina de Coordinación Cibernética del Centro Nacional de Protección de Infraestructuras y Ciberseguridad del Ministerio del Interior, cuando las actividades de respuesta puedan afectar a un operador crítico.

- La determinación de las medidas técnicas y de organización que deberán adoptar los operadores de servicios esenciales y los proveedores de servicios digitales.
- La fijación de los plazos para la designación y comunicación a la Autoridad Competente por parte de los operadores de servicios esenciales, de la persona, unidad u órgano colegiado responsable de la seguridad de la información y la identificación de sus funciones.
- La determinación, a efectos de notificación, de los sucesos o incidencias que podrían afectar a las redes y sistemas de información, aun cuando todavía no lo hayan hecho.
- La determinación de las medidas necesarias relativas a la notificación de incidentes por parte de los operadores de servicios esenciales.
- El órgano de la autoridad competente para la imposición de sanciones en el caso de infracciones graves o leves.

A finales de 2022 se publicó la Directiva (UE) 2022/2555 del Parlamento Europeo y del Consejo, de 14 de diciembre de 2022, relativa a las medidas destinadas a garantizar un elevado nivel común de ciberseguridad en toda la Unión, por la que se modifican el Reglamento (UE) n.o 910/2014 y la Directiva (UE) 2018/1972 y por la que se deroga la Directiva (UE) 2016/1148, denominada coloquialmente NIS2.0.

Efectivamente, durante la segunda mitad de 2020, la Comisión Europea llevó a cabo una evaluación de los resultados alcanzados con la Directiva NIS, incluyendo una consulta pública que concluyó, desde diversos ámbitos, la necesidad de mejorar la transposición de la norma, su alcance y su definición.

Como consecuencia de ello, la Comisión presentó una propuesta de revisión[54] que trataba de mejorar algunos problemas que la pri-

---

[54] Propuesta de Directiva COM (2020) 823 (final) de la Comisión de 16 de diciembre sobre medidas para un alto nivel común de Ciberseguridad en la UE y Anexos sobre entidades esenciales e importantes.

mera Directiva NIS no había resuelto y que, como se ha dicho[55], aparecían en la antedicha evaluación, tales como la reducida ciberresiliencia empresarial, la diferente implementación según los países, el bajo conocimiento situacional y la carencia de respuestas comunes.

En su exposición de motivos, la Comisión reconoce que:

- El ámbito de aplicación de la Directiva NIS se ha quedado pequeño debido al avance de la digitalización y la conectividad en los últimos años y no incluye a servicios digitales relevantes.
- Tampoco incluye a todos los actores relevantes porque los criterios de la Directiva y de las transposiciones nacionales para identificar los proveedores de servicios digitales no han sido claros.
- Por las mismas razones, el procedimiento para la notificación de incidentes por los proveedores de servicios esenciales no es el mismo y las sanciones y exigencia de obligaciones varía en cada Estado miembro.
- El intercambio de información entre actores públicos y privados sigue siendo muy bajo y poco sistematizado.
- La disparidad de los recursos presupuestarios y humanos disponibles por los Estados miembros condiciona su nivel de madurez y su capacidad de ciberresiliencia.

La Directiva (UE) 2022/2555 del Parlamento Europeo y del Consejo, de 14 de diciembre, refleja así el deseo de la Comisión de extender el ámbito de aplicación de la norma europea a otros actores, tales como los suministradores de servicios o redes públicas de comunicación, los de contenidos o datos, los de plataformas de redes sociales y los dedicados a fomentar la confianza en los anteriores o a las Administraciones Públicas, los servicios postales, la gestión de aguas, el espacio, la alimentación, entre otros, eliminando la clasificación actual de operadores de servicios esenciales y proveedores de servicios digitales, sustituyéndolos por **entidades esenciales** y **entidades importantes.**

---

55 Arteaga. F. "La evaluación y la revisión de la Directiva NIS: la directiva NIS2.0". R. I. Elcano (Feb., 2021)

La adscripción por sectores de las entidades contempladas en la nueva Directiva NIS2.0 es la siguiente:

Tabla 3. Entidades esenciales y entidades importantes de la Directiva NIS2.0

Entidades Esenciales	Entidades Importantes
Energía (Electricidad, Calefacción y refrigeración urbana, Crudo, Gas, Hidrógeno) Transporte (Aire, Ferrocarril, Agua, Carretera). Banca. Infraestructuras de los mercados financieros. Salud. Agua potable. Aguas residuales. Infraestructura Digital[56]. Administraciones públicas. Espacio.	Servicios postales y de mensajería. Gestión de residuos. Fabricación, producción y distribución de productos químicos. Producción, transformación y distribución de alimentos. Fabricación[57]. Proveedores digitales (Mercados en línea, Motores de búsqueda en línea, Plataformas de servicios de redes sociales.) Investigación.

Fuente: Elaboración propia.

56 Entre ellas: - Proveedores de Puntos de Intercambio de Internet - Proveedores de servicios de DNS, excluidos los operadores de servidores de nombres raíz - Registros de nombres de TLD - Proveedores de servicios de computación en la nube - Proveedores de servicios de centros de datos - Proveedores de redes de entrega de contenidos - Proveedores de servicios de confianza a los que se refiere el punto (19) del artículo 3 del Reglamento (UE) n.º 910/2014(1) - Proveedores de redes públicas de comunicaciones electrónicas a los que se refiere el punto (8) del artículo 2 de la Directiva (UE) 2018/1972(2) o proveedores de servicios de comunicaciones electrónicas a los que se refiere el punto (4) del artículo 2 de la Directiva (UE) 2018/1972 cuando sus servicios estén disponibles al público. Gestión de servicios de TIC (B2B); Gestión de servicios de TIC (B2B); Proveedores de servicios gestionados (MSP) - Proveedores de servicios de seguridad gestionados (MSSP).

57 Fabricación de productos sanitarios y productos sanitarios para diagnóstico in vitro; productos informáticos, electrónicos y ópticos; maquinaria y equipos n.c.o.p.; vehículos de motor, remolques y semirremolques y otro material de transporte.

En ambos grupos, el nuevo texto obliga a los Estados a supervisar (mediante actuaciones *ex ante* o *ex post*, atendiendo a su adscripción) las medidas de seguridad que hayan de adoptarse por las entidades afectadas, que, en caso de incumplimiento, conllevarían importantes sanciones.

De nuevo el análisis de riesgos previo, como método para la determinación de las medidas de seguridad adecuadas, se configura como un elemento esencial, también de esta nueva norma, al igual que ya lo viene siendo, por ejemplo, en el caso español con el Esquema Nacional de Seguridad.

Por último, dando respuesta a los llamamientos a la acción por parte del Consejo[58] y del Parlamento[59] para revisar el actual enfoque de seguridad de las entidades críticas y garantizar una mayor armonización con la Directiva NIS, acaba de publicarse la Directiva (UE) 2022/2557 del Parlamento Europeo y del Consejo, de 14 de diciembre de 2022, relativa a la resiliencia de las entidades críticas y por la que se deroga la Directiva 2008/114/CE del Consejo, cuyo objeto es mejorar la prestación en el mercado interior de servicios esenciales para el mantenimiento de funciones sociales o actividades económicas vitales, aumentando la resiliencia de las entidades críticas que prestan tales servicios, haciendo frente al aumento de la interconexión entre el mundo físico y digital mediante un marco legislativo con sólidas medidas de resiliencia, tanto para los aspectos cibernéticos como físicos, tal como se establece en la Estrategia para una Unión de la Seguridad[60].

Como señala su texto introductorio, la norma refleja los enfoques nacionales que ponen el acento en las interdependencias intersectoriales y transfronterizas, en las que la protección es solo un elemento junto con la prevención y mitigación de riesgos, la continuidad de las actividades y la recuperación (resiliencia).

58 Conclusiones del Consejo, de 10 de diciembre de 2019, sobre las acciones complementarias para aumentar la resiliencia y luchar contra las amenazas híbridas (doc. 14972/19).

59 Informe sobre las conclusiones y recomendaciones de la Comisión Especial sobre Terrorismo del Parlamento Europeo (2018/2044 (INI)).

60 COM (2020) 605.

Así pues, esta Directiva tiene por objeto:

a) Establecer la obligación de los Estados miembros de adoptar determinadas medidas destinadas a garantizar la prestación en el mercado interior de servicios esenciales para el mantenimiento de funciones sociales o actividades económicas vitales, en particular para identificar las entidades y entidades críticas que deberán considerarse equivalentes en determinados aspectos y para permitirles cumplir sus obligaciones;

b) Establecer obligaciones de las entidades críticas destinadas a aumentar su resiliencia y mejorar su capacidad de prestar esos servicios en el mercado interior;

c) Establecer normas sobre la supervisión y ejecución de las entidades críticas, y la supervisión específica de las entidades críticas consideradas de particular importancia europea.

Siendo su ámbito de aplicación cualquiera de las entidades (públicas o privadas) de uno de los tipos mencionados en su Anexo, y que asimismo haya sido identificada como "entidad crítica" por un Estado miembro de conformidad con el artículo 5 de la misma, los tipos de entidades relacionados con el sector Infraestructura Digital son los siguientes:

- Los proveedores de puntos de intercambio de Internet (de la Directiva NIS2.0).
- Los proveedores de servicios de DNS (de la Directiva NIS2.0).
- Los registros de nombres del dominio de primer nivel (de la Directiva NIS2.0).
- Los proveedores de servicios de computación en nube (de la Directiva NIS2.0).
- Los proveedores del servicio de centros de datos (de la Directiva NIS2.0).
- Los proveedores de redes de distribución de contenidos (de la Directiva NIS2.0).

- Los proveedores de servicios de confianza a que se refiere el artículo 3, punto 19), del Reglamento (UE) n.º 910/2014 (Reglamento eIDAS).
- Los proveedores de redes públicas de comunicaciones electrónicas a que se refiere artículo 2, punto 8), de la ya estudiada Directiva 2018/1972/UE (Código Europeo de Comunicaciones Electrónicas) o los proveedores de servicios de comunicaciones electrónicas en el sentido del artículo 2, punto 4), de la Directiva (UE) 2018/1972, en la medida en que sus servicios estén a disposición del público.

Entre los cuales también se encuentran los proveedores de redes públicas de comunicaciones electrónicas.

E) El Esquema Nacional de Seguridad

Tratándose de sistemas de información destinados a prestar servicios públicos, prescindiendo por tanto en este momento del análisis de otras regulaciones, centraremos nuestra reflexión en el examen del Esquema Nacional de Seguridad, operado por Real Decreto 311/2022, de 3 de mayo, que, entre otros ámbitos de aplicación que también comentaremos, regula la (ciber)seguridad de los sistemas de información públicos.

El reconocimiento general de la relación electrónica en y con el Sector Público plantea varias cuestiones que es necesario contemplar:

- La progresiva utilización de medios electrónicos suscita la cuestión de la privacidad de los datos que se facilitan electrónicamente en relación con un expediente.
- Los legitimados tienen derecho de acceso al estado de tramitación del procedimiento administrativo, así como examinar los documentos de los que se compone. Lo mismo debe suceder, como mínimo, en un expediente iniciado electrónicamente o tramitado de esta forma. Dicho expediente debe permitir el acceso en línea a los interesados para verificar su situación, sin mengua de las garantías de privacidad.

- En todo caso, la progresiva utilización de comunicaciones electrónicas, derivada del reconocimiento del derecho a comunicarse electrónicamente con la Administración, suscita la cuestión no ya de la adaptación de ésta —recursos humanos y materiales a una nueva forma de relacionarse con los ciudadanos—, sino también la cuestión de la manera de adaptar sus formas de actuación y tramitación de los expedientes y, en general, racionalizar, simplificar y adaptar los procedimientos, aprovechando la nueva realidad que imponen las TIC.
- El hecho de reconocer el derecho (obligación, en algunos casos) de los ciudadanos a comunicarse electrónicamente con la Administración, plantea, en primer lugar, la necesidad de definir claramente la sede administrativa electrónica con la que se establecen las relaciones, promoviendo un régimen de identificación, autenticación, contenido mínimo, protección jurídica, accesibilidad, disponibilidad y responsabilidad.

Son muchos los preceptos contenidos en nuestras leyes administrativas de referencia (Ley 39/2015 y Ley 40/2015, ambas de 1 de octubre) que insisten en la necesidad de que el desenvolvimiento de las entidades del Sector Público, tanto si obedece al desarrollo del procedimiento como si responde al ejercicio general de sus competencias, debe tener lugar en el marco de un entorno que contemple todas las medidas de seguridad que sean precisas para garantizar a los administrados y a las propias entidades públicas, la integridad, confidencialidad, autenticidad y trazabilidad de la información tratada y la disponibilidad de los servicios prestados, en el marco del respeto a la legislación vigente.

La Ley 39/2015, de 1 de octubre, recoge, entre los derechos de las personas en sus relaciones con las Administraciones Públicas, el relativo "*a la protección de datos de carácter personal, y en particular a la seguridad y confidencialidad de los datos que figuren en los ficheros, sistemas y aplicaciones de las Administraciones Públicas*". Realiza, además, diversas menciones al cumplimiento de las garantías y medidas de seguridad, cuando se refiere a los registros, archivo de documentos y copias.

Por su parte, la Ley 40/2015, de 1 de octubre, que recoge en su artículo 156 el Esquema Nacional de Seguridad, así mismo menciona la seguridad al referirse a las relaciones de las administraciones por medios electrónicos, la sede electrónica, el archivo electrónico de documentos, los intercambios electrónicos en entornos cerrados de comunicaciones y las transmisiones de datos entre Administraciones Públicas.

Algunos ejemplos de preceptos contenidos en el citado ordenamiento que refuerzan la necesidad de "seguridad" se muestran seguidamente.

Tabla 4. La normativa de seguridad

Ley 39/2015 – Procedimiento Administrativo Común de las AA.PP	
Art. 13. Derechos de las personas en sus relaciones con las Administraciones Públicas … h) A la protección de datos de carácter personal, y en particular a la seguridad y confidencialidad de los datos que figuren en los ficheros, sistemas y aplicaciones de las Administraciones Públicas.	Art. 16. Registro 1… Tanto el Registro Electrónico General de cada Administración como los registros electrónicos de cada Organismo cumplirán con las garantías y medidas de seguridad previstas en la legislación en materia de protección de datos de carácter personal.
Art. 17. Archivo de documentos … 3. Los medios o soportes en que se almacenen documentos, deberán contar con medidas de seguridad, de acuerdo con lo previsto en el ENS, que garanticen la integridad, autenticidad, confidencialidad, calidad, protección y conservación de los documentos almacenados. En particular, asegurarán la identificación de los usuarios y el control de accesos, así como el cumplimiento de las garantías previstas en la legislación de protección de datos.	Art. 27. Validez y eficacia de las copias realizadas por las Administraciones Públicas … Las copias auténticas tendrán la misma validez y eficacia que los documentos originales. 3. Para garantizar la identidad y contenido de las copias electrónicas o en papel, y por tanto su carácter de copias auténticas, las Administraciones Públicas deberán ajustarse a lo previsto en el Esquema Nacional de Interoperabilidad, el ENS y sus normas técnicas de desarrollo.

Art. 28. Documentos aportados por los interesados al procedimiento administrativo. ... 3... Se presumirá que esta consulta es autorizada por los interesados, salvo que conste en el procedimiento su oposición expresa o la ley especial aplicable requiera consentimiento expreso, debiendo, en ambos casos, ser informados previamente de sus derechos en materia de protección de datos de carácter personal.	Art. 31 Cómputo de plazos en los registros ... 2. El registro electrónico de cada Administración u Organismo se regirá a efectos de cómputo de los plazos, por la fecha y hora oficial de la sede electrónica de acceso, que deberá contar con las medidas de seguridad necesarias para garantizar su integridad y figurar de modo accesible y visible
Art. 40. Notificación ... 5. Las Administraciones Públicas podrán adoptar las medidas que consideren necesarias para la protección de los datos personales que consten en las resoluciones y actos administrativos, cuando éstos tengan por destinatarios a más de un interesado.	Disposición adicional segunda. Adhesión de las Comunidades Autónomas y Entidades Locales a las plataformas y registros de la Administración General del Estado. .. Opte por mantener su propio registro o plataforma, las citadas Administraciones deberán garantizar que éste cumple con los requisitos del Esquema Nacional de Interoperabilidad, el ENS, y sus normas técnicas de desarrollo.
Ley 40/2015 – Régimen Jurídico del Sector Público	
Art. 38. Sede electrónica ... 2. El establecimiento de una sede electrónica conlleva la responsabilidad del titular respecto de la integridad, veracidad y actualización de la información y los servicios a los que pueda accederse a través de la misma. Cada Administración Pública determinará las condiciones e instrumentos de creación de las sedes electrónicas, con sujeción a los principios de transparencia, publicidad, responsabilidad, calidad, seguridad, disponibilidad, accesibilidad, neutralidad e interoperabilidad.	Art. 44. Intercambio electrónico de datos en entornos cerrados de comunicación ... 4. En todo caso deberá garantizarse la seguridad del entorno cerrado de comunicaciones y la protección de los datos que se transmitan.

Art. 46. Archivo electrónico de documentos 3. Los medios o soportes en que se almacenen documentos, deberán contar con medidas de seguridad, de acuerdo con lo previsto en el ENS, que garanticen la integridad, autenticidad, confidencialidad, calidad, protección y conservación de los documentos almacenados. En particular, asegurarán la identificación de los usuarios y el control de accesos, el cumplimiento de las garantías previstas en la legislación de protección de datos, así como la recuperación y conservación a largo plazo de los documentos electrónicos producidos por las Administraciones Públicas que así lo requieran, de acuerdo con las especificaciones sobre el ciclo de vida de los servicios y sistemas utilizados	Art. 155. Transmisiones de datos entre Administraciones Públicas. 1. De conformidad con lo dispuesto en la Ley Orgánica 15/1999, de 13 de diciembre, de Protección de Datos de Carácter Personal y su normativa de desarrollo, cada Administración deberá facilitar el acceso de las restantes Administraciones Públicas a los datos relativos a los interesados que obren en su poder, especificando las condiciones, protocolos y criterios funcionales o técnicos necesarios para acceder a dichos datos con las máximas garantías de seguridad, integridad y disponibilidad.

El Esquema Nacional de Seguridad (ENS), operado en la actualidad por Real Decreto 311/2022, de 3 de mayo, constituye uno de los mejores ejemplos europeos de tratamiento de la ciberseguridad.

El vigente ENS, actualizado y heredero del originariamente regulado en el Real Decreto 3/2010, de 8 de enero, ha tenido los siguientes objetivos:

- Alinear el ENS al marco normativo y al contexto estratégico existente para garantizar la seguridad en la administración digital, tratando de reflejar con claridad su ámbito de aplicación en beneficio de la ciberseguridad y de los derechos de los ciudadanos, así como actualizar las referencias al marco legal vigente y revisar la formulación de ciertas cuestiones a la luz de éste, conforme a la Estrategia Nacional de Ciberseguridad 2019, de forma que se logre simplificar, precisar o armonizar los mandatos del ENS, eliminar aspectos que hayan podido considerarse excesivos, o añadir aquellos otros que se identifican como necesarios.
- Introducir la capacidad de ajustar los requisitos del ENS, para garantizar su adaptación a la realidad de ciertos colectivos o tipos de sistemas, atendiendo a la semejanza que presentan una

multiplicidad de entidades o servicios en cuanto a los riesgos a los que están expuestos sus sistemas de información y sus servicios. Ello aconseja la inclusión en el ENS del concepto de "Perfil de Cumplimiento Específico" que, aprobado por el Centro Criptológico Nacional, permita alcanzar una adaptación del ENS más eficaz y eficiente, racionalizando los recursos requeridos sin menoscabo de la protección perseguida y exigible.

- Facilitar una mejor respuesta a las tendencias en ciberseguridad, reducir vulnerabilidades y promover la vigilancia continua mediante la revisión de los principios básicos, los requisitos mínimos y las medidas de seguridad.

Como señala el Centro Criptológico Nacional en su documentación de referencia, el ENS ha sufrido un proceso permanente de evolución desde su publicación inicial en 2010, con actualizaciones en 2015 y en 2022.

La experiencia acumulada a lo largo de estos años en la implantación del ENS, la evolución y especialización de los agentes afectados directa o indirectamente, la implantación de la certificación de la conformidad con el ENS en 2016 (lo que ha venido proporcionando un amplio conocimiento de centenares de sistemas de información a partir de las evaluaciones y certificaciones), junto con la constitución del Consejo de Certificación del ENS (CoCENS, en 2018) han sentado las bases para que el Esquema Nacional de Seguridad sea una realidad plenamente adaptada a las necesidades actuales y a la regulación europea y nacional de aplicación, como es el caso de la normativa de transposición de la Directiva NIS o la vigente legislación nacional sobre protección de datos, que viene a desarrollar y complementar al RGPD.

De hecho, la actualización del ENS publicada en 2022 ha perseguido en primer lugar, alinear el instrumento con el marco normativo de referencia, nacional y europeo, para facilitar la seguridad en la administración digital. En segundo lugar, introducir la capacidad de ajustar los requisitos del ENS a necesidades específicas de determinados colectivos de entidades, o de determinados ámbitos tecnológicos, dando respuesta a las nuevas demandas. Y, en tercer lugar, actualizar los principios básicos, los requisitos mínimos y las medidas de seguridad para facilitar la respuesta a las nuevas tendencias y necesidades de ciberseguridad.

Como resultado de este esfuerzo, el nuevo Esquema Nacional de Seguridad publicado en 2022 constituye la plataforma más significativa para afrontar, a través de un nuevo marco regulatorio firme y consolidado, la ciberseguridad indisoluble de la transformación digital del sector público y sus proveedores del sector privado, mediante un Framework de Seguridad que contempla todos los elementos necesarios: medidas de gobernanza, organizativas, operativas y tecnológicas, esquemas de certificación de la conformidad, mecanismos de adaptación al medio o modelos de monitorización y vigilancia continua, todo ello, como decimos, incardinado en nuestro ordenamiento jurídico.

Conviene recordar que el ámbito subjetivo de aplicación de esta norma es la totalidad de las entidades comprendidas en el denominado Sector Público, en los términos en que se define en el artículo 2 de la LRJSP, y de acuerdo con lo previsto en el artículo 156.2 de la misma, siendo también exigible a los sistemas de información de las entidades del sector privado, cuando, de acuerdo con la normativa aplicable y en virtud de una relación contractual, presten servicios o provean soluciones a las entidades del sector público para el ejercicio por estas de sus competencias y potestades administrativas, lo que alcanza también, aunque de una forma instrumental, a los operadores de telecomunicaciones, extendiéndose también a la cadena de suministro de los antedichos contratistas o proveedores, en la medida que sea necesario y de acuerdo con los resultados del correspondiente análisis de riesgos.

En resumen, el ENS está constituido por los principios básicos y requisitos mínimos necesarios para una protección adecuada de la información tratada y los servicios prestados por las entidades de su ámbito de aplicación, con objeto de asegurar el acceso, la confidencialidad, la integridad, la trazabilidad, la autenticidad, la disponibilidad y la conservación de los datos, la información y los servicios utilizados por medios electrónicos que gestionen en el ejercicio de sus competencias.

Tabla 5. El ENS

PRINCIPIOS BÁSICOS	REQUISITOS MÍNIMOS
Seguridad como proceso integral. Gestión de la seguridad basada en los riesgos. Prevención, detección, respuesta y conservación. Existencia de líneas de defensa. Vigilancia continua. Reevaluación periódica. Diferenciación de responsabilidades.	Organización e implantación del proceso de seguridad. Análisis y gestión de los riesgos. Gestión de personal. Profesionalidad. Autorización y control de los accesos. Protección de las instalaciones. Adquisición de productos de seguridad y contratación de servicios de seguridad. Mínimo privilegio. Integridad y actualización del sistema. Protección de la información almacenada y en tránsito. Prevención ante otros sistemas de información interconectados. Registro de la actividad y detección de código dañino. Incidentes de seguridad. Continuidad de la actividad. Mejora continua del proceso de seguridad.

El ENS contempla la adopción por parte de las entidades de su ámbito de aplicación de medidas de seguridad concretas, de naturaleza organizativa y técnica, según la siguiente distribución:

Gráfico 2. Medidas de seguridad del ENS

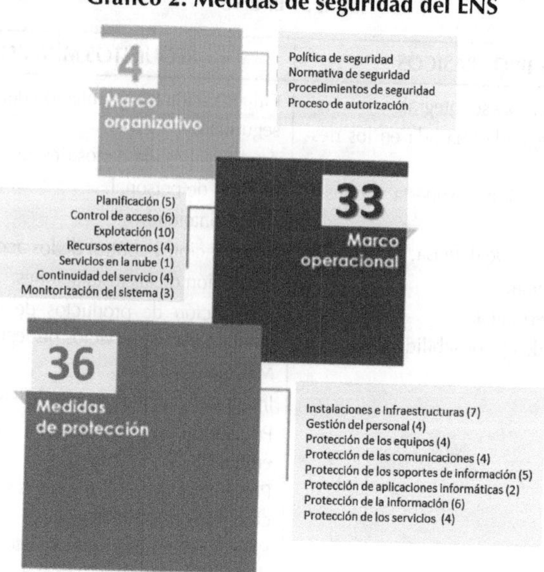

Fuente: Infografías CCN, ENS.

- Marco organizativo: medidas relacionadas con la organización global de la seguridad.
- Marco operacional: medidas para proteger la operación del sistema como conjunto integral de componentes para un fin.
- Medidas de protección: para proteger activos concretos, según su naturaleza, con el nivel requerido, en cada dimensión de seguridad.

Como señala el propio Real Decreto, lo dispuesto en él, por cuanto afecta a los sistemas de información utilizados para la prestación de los servicios públicos, deberá considerarse comprendido en los recursos y procedimientos integrantes del Sistema de Seguridad Nacional recogidos en la Ley 36/2015, de 28 de septiembre, de Seguridad Nacional.

El ámbito de aplicación del ENS es amplio y lógico, y se extiende a los sistemas de información:

- De las entidades de todo el sector público, según se encuentra definido este término en el artículo 2 de la LRJSP.
- Que tratan información clasificada.
- De las entidades del sector privado cuando, presten servicios o provean soluciones a los anteriores, incluyendo los elementos de la cadena de suministro hasta donde un análisis de riesgo así lo determine.

Para garantizar tal cumplimiento, los pliegos de prescripciones de los concursos públicos contemplarán los requisitos de conformidad con el ENS.

Constituyendo las telecomunicaciones un riesgo significativo adicional para garantizar la conformidad de las dimensiones de seguridad antes citadas, especialmente las de última generación, no podía quedar al margen de este nuevo ENS la referencia a la instalación, despliegue, explotación de redes 5G o prestación de servicios 5G por entidades del sector público.

Finalmente, la disposición adicional primera de la Ley Orgánica 3/2018, de 5 de diciembre, de Protección de Datos Personales y garantía de los derechos digitales, confiere al ENS la inclusión de las medidas que deban implantarse en caso de tratamiento de datos personales para evitar su pérdida, alteración o acceso no autorizado, adaptando los criterios de determinación del riesgo en el tratamiento de los datos a lo establecido en el artículo 32 del Reglamento (UE) 2016/679, obligando a los responsables enumerados en el artículo 77.1 de esta ley orgánica la aplicación a los tratamientos de datos personales las medidas de seguridad que correspondan de las previstas en el Esquema Nacional de Seguridad, así como impulsar un grado de implementación de medidas equivalentes en las empresas o fundaciones vinculadas a los mismos sujetas al Derecho privado, obligación que se extiende a los casos en los que un tercero preste un servicio en régimen de concesión, encomienda de gestión o contrato, las medidas de seguridad se corresponderán con las de la Administración pública de origen y se ajustarán al Esquema Nacional de Seguridad.

Un aspecto interesante de este nuevo ENS son los llamados Perfiles de Cumplimiento Específicos, y que comprenden aquel conjunto de medidas de seguridad que resultando del preceptivo análisis de riesgos, resulten idóneas para una concreta categoría de seguridad; haciendo posible la capacidad de ajustar los requisitos del ENS a necesidades específicas de determinados colectivos tales como Entidades Locales, Universidades, Organismos Pagadores, etc., u ámbitos tecnológicos concretos, tales como los servicios en la nube, por ejemplo.

Nada obsta para que, llegado el caso y planteada la necesidad, pudiera desarrollarse un Perfil de Cumplimiento específico para los sistemas de información que presten servicios públicos sanitarios.

Respecto de la respuesta a los ciberincidentes, el ENS señala la obligatoriedad de las entidades públicas en la notificación al CCN-CERT de los incidentes de seguridad de que sean víctimas, mientras que las organizaciones del sector privado que presten servicios a las entidades públicas desarrollarán tal notificación al INCIBE-CERT quien lo pondrá inmediatamente en conocimiento del CCN-CERT.

El CCN-CERT determinará técnicamente el riesgo de reconexión de sistemas afectados, indicando procedimientos a seguir y salvaguardas a implementar y la Secretaría General de Administración Digital, de la Secretaría de Estado para la Digitalización y la Inteligencia Artificial del Ministerio para la Transformación Digital y de la Función Pública, autorizará la reconexión a medios y servicios comunes en su ámbito de responsabilidad, si un informe de superficie de exposición del CCN-CERT determina que el riesgo es asumible.

Por último, señalar que la conformidad con el ENS (y su exhibición pública) se alcanza a través de dos caminos: una Autoevaluación, solo aplicable a sistemas de información de categoría de seguridad Básica; o una Auditoría Formal, aplicable a sistemas de información de cualquier categoría (Básica, Media o Alta), desarrollada por una Entidad de Certificación del ENS previamente acreditada por la Entidad Nacional de Acreditación (ENAC), según dispone la Resolución de 27 de marzo de 2018, de la Secretaría de Estado de Función Pública, por la que se aprueba la Instrucción Técnica de Seguridad de Auditoría de la Seguridad de los Sistemas de Información y la Resolución de 13 de octubre de 2016, de la Secretaría de Estado de Administraciones Públicas, por la que se aprueba la Instrucción Técnica de Seguridad de conformidad con el Esquema Nacional de Seguridad.

En este sentido, hay que señalar que el objeto de la Auditoría de Seguridad del ENS debe determinar:

a) Que la Política de Seguridad de la Información define los roles y funciones de los responsables de la información, los servicios, los activos y la seguridad del sistema de información.

b) Que existen procedimientos para resolución de conflictos entre dichos responsables.

c) Que se han designado personas para dichos roles a la luz del principio de "separación de funciones".

d) Que se ha realizado un análisis de riesgos, con revisión y aprobación anual.

e) Que se cumplen las recomendaciones de protección sobre medidas de seguridad, en función de las condiciones de aplicación en cada caso.

f) Que existe un sistema de gestión de la seguridad de la información, documentado y con un proceso regular de aprobación por la Dirección.

En resumen: la Auditoría de la Seguridad del ENS es un proceso sistemático, independiente y documentado, para la obtención de evidencias y su evaluación objetiva, con el fin de determinar el grado de conformidad con el ENS del sistema de información auditado, debiendo permitir a sus responsables adoptar las medidas oportunas para subsanar las deficiencias y atender a las observaciones o recomendaciones que pudiera haber identificado el Equipo Auditor y, en su caso, posibilitar la obtención de la correspondiente Certificación de Conformidad con el ENS, que se examinará en el epígrafe siguiente.

Considerando que las auditorías de seguridad del ENS tienen como destinatarios los sistemas de información de las entidades del ámbito subjetivo de aplicación del RD 311/2022, de 3 de mayo, es muy importante determinar a priori cual será el alcance de la auditoría, identificando con precisión los sistemas de información comprendidos y los servicios prestados por medio de tales sistemas. Tanto unos (los sistemas de información) como los otros (los servicios sustentados en tales sistemas) deberán aparecer explícitamente mencionados en el Certificado de Conformidad con el ENS que, en su caso, se expida, y que se ajustará a lo dispuesto en la Resolución, de 13 de octubre de 2016, de la Secretaría de Estado de Administraciones Públicas, por la que se aprueba la Instrucción Técnica de Seguridad de Conformidad con el Esquema Nacional de Seguridad.

Desarrollar adecuadamente las Auditorías de Seguridad del ENS exige igualmente que la entidad auditora —muy especialmente, cuando se encuentra acreditada para la expedición de Certificaciones de Conformidad con el ENS, a la que se denomina Entidad de Certificación— posea unas determinadas características y capacidades.

Al objeto de facilitar la realización de las Auditorías de Seguridad, el ENS señala que el Centro Criptológico Nacional, en el ejercicio de sus competencias, elaborará y difundirá las correspondientes guías de seguridad de las tecnologías de la información y las comunicaciones, para el mejor cumplimiento de lo establecido en el ENS, las Guías CCN-STIC deben considerarse como "Buenas Prácticas" o *soft law*[61]. Por tanto, no tratándose exactamente de normas imperativas, su cumplimiento no resulta obligatorio, aunque su inobservancia, caso de producirse algún incidente que pueda poner en riesgo la seguridad de los sistemas de información concernidos, podría derivar en responsabilidad.

Suele ser frecuente expresar la conformidad con una determinada normativa o regulación usando procedimientos que señalan cuáles son las exigencias para poder optar a tal reconocimiento y

---

61 Que el diccionario panhispánico del español jurídico, de la Real Academia Española, define como el conjunto de normas o reglamentaciones no vigentes que pueden ser consideradas por los operadores jurídicos en materias de carácter preferentemente dispositivo y que incluye recomendaciones, principios, etc., que podrían influir en el desarrollo legislativo, pudiendo asimismo ser utilizadas como referentes específicos en la actuación judicial o arbitral.

su ulterior exhibición pública que, como en el caso del ENS, han sido regulados formalmente. La precitada ITS de Conformidad con el ENS señala los requisitos a los que deberán sujetarse las denominadas Declaraciones y Certificaciones de Conformidad con el ENS.

La Declaración de Conformidad con el ENS, aplicable exclusivamente a sistemas de información de categoría BÁSICA, podrá ser expedida por la propia entidad bajo cuya responsabilidad se encuentren dichos sistemas, tras haber superado una Autoevaluación, y se exhibirá mediante un Distintivo de Declaración de Conformidad cuyo uso estará condicionado a la expedición previa de la antedicha Declaración de Conformidad.

Para publicar la Declaración de Conformidad con el ENS bastará con la exhibición en la sede electrónica (entidades del sector público) o página web (entidades del sector privado) del Distintivo de Declaración de Conformidad, que incluirá un enlace al documento de Declaración de Conformidad correspondiente, que también permanecerá accesible a través de dicha sede electrónica o página web.

Gráfico 3. Distintivo de Declaración de Conformidad con el ENS

Fuente: Guía CCN-STIC 809.

Por su parte, la Certificación de Conformidad con el ENS, aplicable a los sistemas de información de cualquier categoría, solo podrá ser expedida por una Entidad de Certificación, tras haber superado una Auditoría de Certificación, y se exhibirá mediante un Distintivo de Certificación de Conformidad cuyo uso estará condicionado a la expedición previa de la antedicha Certificación de Conformidad.

La Certificación de Conformidad con el ENS, así como su Distintivo de Conformidad se expresarán en documentos electrónicos, en formato no editable.

Gráfico 4. Distintivo de Certificación de Conformidad con el ENS

Fuente: Guía CCN-STIC 809.

Especialmente importante en el caso de las Certificaciones de Conformidad con el ENS es el papel desempeñado por las denominadas Entidades de Certificación, encargadas de auditar y certificar, en su caso, los sistemas de información sujetos a evaluación.

Las Entidades de Certificación deberán estar acreditadas por la Entidad Nacional de Acreditación (ENAC) para la certificación de sistemas del ámbito de aplicación del Esquema Nacional de Seguridad, conforme a la norma UNE-EN ISO/IEC 17065:2012 Evaluación de la conformidad. Requisitos para organismos que certifican productos, procesos y servicios. Como es sabido, la acreditación es la herramienta establecida a escala internacional para generar confianza sobre la correcta ejecución de un determinado tipo de actividades, denominadas Actividades de Evaluación de la Conformidad, y que incluyen ensayo, calibración, inspección, certificación o verificación entre otras. En general, cualquier actividad que tenga por objeto evaluar si un producto, servicio, sistema, instalación, etc. es conforme con ciertos requisitos, puede estar sujeta a acreditación. Dichos requisitos pueden estar establecidos por ley y tener por tanto carácter reglamentario o estar recogidos en normas, especificaciones u otros documentos de carácter voluntario.

Por último, el ENS confiere a la Secretaría General de Administración Digital (de la Secretaría de Estado para la Digitalización y la Inteligencia Artificial del Ministerio para la Transformación Digital y de la Función Pública) y al Centro Criptológico Nacional (adscrito al Centro Nacional de Inteligencia del Ministerio de Defensa), en sus respectivas competencias, la responsabilidad de velar por la adecuada implantación, desarrollo y seguimiento del ENS en las entidades de su ámbito de aplicación.

F) Conclusiones en materia de ciberseguridad

Como hemos podido analizar en los párrafos precedentes, y atendiendo a los riesgos derivados de operar en el ciberespacio, la ciberseguridad es una condición *sine qua non* para la adecuada prestación de los servicios públicos, sin la que no pueden satisfacerse los principios de atención pública señalados en nuestras leyes administrativas, en la Estrategia Nacional de Seguridad y en la Constitución.

Por tanto, habiendo descartado de su ámbito de aplicación la actual redacción de la Propuesta de Reglamento del Parlamento Europeo y del Consejo relativo a los requisitos horizontales de ciberseguridad para los productos con elementos digitales y por el que se modifica el Reglamento (UE) 2019/1020 los dispositivos médicos para uso humano (regulados en el Reglamento (UE) 2017/745), el modelo de ciberseguridad que habrá de aplicarse a los sistemas de los sistemas de información (y a sus elementos constitutivos individuales) dirigidos a prestar servicios sanitarios, deberá acomodarse a lo dispuesto en el antedicho real decreto 311/2022, de 3 de mayo, por el que se regula el Esquema Nacional de Seguridad, del que hemos dado cuenta en estas páginas.

Es el momento, por tanto, de generar confianza en los destinatarios últimos de los servicios sanitarios, garantizando que los sistemas de información usados por las entidades públicas en su prestación son seguros y confiables.

VI. LA ACCESIBILIDAD Y LA IGUALDAD

A) Concepto y regulación de la accesibilidad

El origen del Real Decreto 1112/2018, de 7 de septiembre, sobre accesibilidad de los sitios web y aplicaciones para dispositivos móviles del sector público (RDA, en adelante) se encuentra en la Directiva (UE) 2016/2102, del Parlamento Europeo y del Consejo, de 26 de octubre de 2016, sobre la accesibilidad de los sitios web y aplicaciones para dispositivos móviles de los organismos del sector público que tenía por objeto mejorar el funcionamiento del mercado interior, aproximar las disposiciones legales, reglamentarias y administrativas de los Estados miembros relativas a los requisitos de accesibilidad.

Por la parte que ahora nos interesa, podemos definir la **accesibilidad** como un conjunto de principios y técnicas que se deben respetar a la hora de diseñar, construir, mantener y actualizar los sitios web y las aplicaciones para dispositivos móviles. para garantizar la igualdad y la no discriminación en el acceso de las personas usuarias, en particular de las personas con discapacidad y de las personas mayores.

Como se ha señalado, la Directiva aplica a todos los sitios web y aplicaciones móviles del sector público, incluyendo las Administraciones Públicas territoriales, los Tribunales y órganos constitucionales y los de los servicios gestionados por éstas como Hospitales, Colegios, Universidades, Bibliotecas públicas, etc., exigiendo que los sitios web y las aplicaciones para dispositivos móviles de los organismos del sector público se basen en requisitos comunes de accesibilidad establecidos a nivel europeo, poniendo fin a la fragmentación del mercado y a la diferenciación técnica existente, evitando que los países apliquen diferentes versiones, niveles de cumplimiento o tengan diferencias técnicas a escala nacional, reduciendo la incertidumbre de los desarrolladores y fomentando la interoperabilidad.

El Real Decreto 1112/2018, de 7 de septiembre, viene a complementar al Real Decreto 1494/2007, de 12 de noviembre, y para ello deroga los artículos del reglamento que hacen referencia a la accesibilidad de las páginas de internet, los artículos 5, 6 y 7, y los desarrolla con mayor detalle. Por lo tanto, este Reglamento recoge los aspectos relativos a los requisitos mínimos de accesibilidad de los sitios web y aplicaciones para dispositivos móviles del sector público, adoptando las medidas necesarias para cumplir con las disposiciones de la Directiva (UE) 2016/2102, de 26 de octubre de 2016, y, de este modo, seguir garantizando que la accesibilidad y no discriminación, en general y especialmente de las personas con discapacidad en sus relaciones con el sector público, sean reales y efectivas. A tal efecto, además de establecer los requisitos mínimos que deben cumplirse e incorporar el resto de actuaciones previstas en la Directiva, este real decreto establece el sistema a través del cual las personas usuarias podrán comunicar al organismo del sector público cualquier posible incumplimiento por parte de su sitio web o de su aplicación para dispositivos móviles de los requisitos de accesibilidad establecidos y que también permita solicitar a las personas interesadas, previa solicitud razonable y legítima, la información sobre contenidos que están excluidos del ámbito de aplicación de este real decreto o exentos del cumplimiento de los requisitos de accesibilidad por imponer una carga desproporcionada.

B) Ámbitos subjetivo y objetivo de aplicación

Según lo dispuesto en su art. 2, el RDA resulta de aplicación al Sector Público, que comprende:

a) La Administración General del Estado.

b) Las Administraciones de las comunidades autónomas.

c) Las entidades que integran la Administración Local.

d) El Sector Público Institucional, en los términos establecidos en el artículo 2.2 de la Ley 39/2015, de 1 de octubre, del Procedimiento Administrativo Común de las Administraciones públicas.

e) Las asociaciones constituidas por las Administraciones, entes, organismos y entidades que integran el sector público.

Además, el Real Decreto 1112/2018, de 7 de septiembre, también es de aplicación a la Administración de Justicia.

Respecto de los elementos materiales a los que resulta de aplicación, el art. 3 de la norma recoge los siguientes:

- Sitios web (independientemente del dispositivo empleado para acceder a ellos).
- Aplicaciones para dispositivos móviles de los organismos del sector público.

El contenido accesible de los sitios web y de las aplicaciones para dispositivos móviles incluye:

- La información tanto textual como no textual,
- Los documentos y formularios que se pueden descargar,
- Los contenidos multimedia pregrabados de base temporal,
- Las formas de interacción bidireccional, el tratamiento de formularios digitales y la cumplimentación de los procesos de identificación, autenticación, *firma y pago* con independencia de la plataforma tecnológica que se use para su puesta a disposición del público.

No obstante, ciertos contenidos están **excluidos** de la aplicación de esta norma, entre ellos:

Tabla 6. El RDA

Contenidos multimedia en directo y pregrabad	De base temporal de los sitios web y aplicaciones para dispositivos móviles de prestadores del servicio público de radiodifusión y sus filiales, así como los de otros organismos o sus filiales que cumplan un mandato de servicio público de radiodifusión.
Otros contenidos excluidos	a) *Formatos de archivo de ofimática publicados antes de la entrada en vigor de este real decreto,* salvo que los mismos sean necesarios para tareas administrativas activas relativas a las funciones realizadas por los sujetos obligados por este real decreto. b) *Contenido multimedia pregrabado de base temporal* publicado antes de la entrada en vigor de este real decreto. c) *Contenido multimedia en directo de base temporal* salvo lo dispuesto en otra legislación específica que obligue al respecto. d) *Servicios de mapas y cartografía en línea,* siempre y cuando la información esencial se proporcione de manera accesible digitalmente en el caso de mapas destinados a fines de navegación.

Otros contenidos excluidos (cont.)	e) *Contenidos de terceros que no estén financiados* ni desarrollados por el sujeto obligado ni estén bajo su control. f) *Reproducciones de bienes de colecciones del patrimonio* que no puedan hacerse plenamente accesibles por alguna de las siguientes causas: 1.° Incompatibilidad de los requisitos de accesibilidad con la conservación del bien de que se trate o con la autenticidad de la reproducción. 2.° Indisponibilidad de soluciones automatizadas y rentables que permitan extraer el texto de manuscritos u otros bienes de colecciones del patrimonio y transformarlos en contenidos compatibles con los requisitos de accesibilidad. g) *Contenidos de extranet e intranet entendidos* como sitios web accesibles únicamente para un grupo restringido de personas y no para el público en general, publicados antes del 23 de septiembre de 2019, hasta que dichos sitios web sean objeto de una revisión sustancial. h) *Contenidos de sitios web y aplicaciones para dispositivos móviles que tengan la condición de archivos o herramientas de archivo por contener únicamente contenidos no necesarios* para el desarrollo de cualesquiera tareas administrativas activas, siempre que no hayan sido actualizados ni editados con posterioridad a la entrada en vigor de este real decreto.

C) Requisitos para la accesibilidad de los sitios web y aplicaciones para dispositivos móviles

Señala la norma que los sitios web y aplicaciones para dispositivos móviles deberán ser accesibles para sus personas usuarias y, en particular, para las personas mayores y personas con discapacidad, de modo que sus contenidos sean perceptibles, operables, comprensibles y robustos, de manera que la accesibilidad se tendrá presente de forma integral en el proceso de diseño, gestión, mantenimiento y actualización de contenidos de los sitios web y las aplicaciones para dispositivos móviles.

Como consecuencia, las entidades obligadas adoptarán, siempre que sea posible, medidas para aumentar la accesibilidad de sus sitios web y aplicaciones para dispositivos móviles respecto del nivel mínimo de accesibilidad que deba cumplirse en cada momento.

D) Conformidad con los requisitos de accesibilidad

Se presumirá que el contenido de los sitios web y aplicaciones para dispositivos móviles que cumpla las normas armonizadas o partes de éstas cuyas referencias hayan sido publicadas en el Diario Oficial de la Unión Europea son conformes con los requisitos de accesibilidad establecidos en el citado real decreto que estén cubiertos por dichas normas o partes de ellas, recogiendo algunas consideraciones adicionales para el caso de que no se hayan publicado las referencias de las normas armonizadas precitadas, estableciendo presunciones relativas al cumplimiento de determinadas especificaciones técnicas o normativas específicas, tales como la norma originariamente prevista: EN 301 549 V1.1.2 (2015-04)[62].

Con carácter excepcional, en atención a la carga desproporcionada que el cumplimiento de los requisitos de accesibilidad pueda suponer para la entidad obligada, se podrá exceptuar el cumplimiento de los requisitos de accesibilidad recogidos en el real decreto. La excepción al cumplimiento de los requisitos de accesibilidad deberá ser motivada y se limitará al contenido concreto y a lo estrictamente necesario para reducir la carga.

A este propósito, se considera carga desproporcionada aquella que impone a la entidad obligada una carga financiera y organizativa excesiva, o que compromete su capacidad para cumplir su cometido o para publicar la información necesaria y pertinente para sus tareas y servicios, teniendo en cuenta al mismo tiempo el posible beneficio o perjuicio para los ciudadanos, en particular para las personas con discapacidad y personas mayores.

Por el contrario, no se consideran motivos que permitan apreciar la excepción de la carga desproporcionada la falta de prioridad, de tiempo o de conocimientos. Asimismo, tampoco es posible justificar la necesidad de adquirir o desarrollar sistemas informáticos, para la gestión de contenidos de sitios web, y aplicaciones para dispositivos móviles que no sean accesibles.

---

62 La norma EN 301 549 V1.1.2 fue reemplazada por la norma EN 301 549 V2.1.2, que, a su vez, fue sustituida por la norma EN 301 549 V3.2.1 en agosto 2021.

Se señalan seguidamente algunas de las circunstancias para evaluar si existe carga desproporcionada previstas por el real decreto:

a) El tamaño, los recursos y la naturaleza del sujeto concreto obligado.

b) Los costes y beneficios estimados para el mismo, en relación con los beneficios estimados para las personas con discapacidad y las personas mayores, teniendo en cuenta la frecuencia y la duración del uso del sitio web o aplicación para dispositivos móviles en especial.

En todo caso, la entidad que desee acogerse a la excepción deberá llevar a cabo una evaluación inicial de la medida en que el cumplimiento de los requisitos de accesibilidad previstos en el real decreto impone una carga desproporcionada, debiéndolo hacer constar por escrito mediante el correspondiente informe. Dicha evaluación deberá revisarse al menos una vez al año para contemplar los posibles cambios organizacionales o técnicos.

Sea como fuere, en la declaración de accesibilidad para el sitio web concreto o la aplicación para dispositivos móviles concreta, después de realizar la correspondiente evaluación, se hará constar las partes de los requisitos de accesibilidad que no puede cumplir y, en su caso, se ofrecerá alternativas accesibles según los términos definidos en el artículo 15 de dicho cuerpo legal.

E) Promoción, concienciación, formación y mecanismos de comunicación

Los organismos del sector público y otros obligados incluidos en el ámbito de aplicación de la norma adoptarán medidas de sensibilización y divulgación para incrementar la concienciación dentro de las AA.PP. y en la sociedad en general sobre los requisitos de accesibilidad y la universalidad de sus beneficios, así como sobre todas las medidas puestas en práctica con este real decreto, especialmente la posibilidad y medios para reclamar en caso de incumplimiento de las previsiones establecidas.

En particular, las entidades obligadas velarán por la concienciación en materia de accesibilidad de todo el personal a su servicio y específicamente de aquellos órganos o Unidades con competencias en el desarrollo de los sitios web y las aplicaciones para dispositivos móviles del sector público, así como de los encargados de la edición y generación de sus contenidos, fomentando y facilitando asimismo programas de formación internos que garanticen conocimientos actualizados sobre las condiciones de accesibilidad en la creación, gestión y actualización de los contenidos de los sitios web y aplicaciones para dispositivos móviles.

El RDA señala que las entidades están obligadas a ofrecer a las personas usuarias un mecanismo de comunicación que permita a cualquier persona presentar sugerencias y quejas, así como informar sobre cualquier posible incumplimiento por parte de su sitio web o de su aplicación para dispositivos móviles de los requisitos de accesibilidad y solicitar la información excluida.

Se distinguen dos modalidades en función de la naturaleza de la comunicación y de los efectos y tratamiento que ésta vaya a tener:

a) Comunicaciones sobre requisitos de accesibilidad: permitiendo que cualquier persona física y jurídica informe sobre cualquier posible incumplimiento por parte del sitio web o de la aplicación para dispositivos móviles de los requisitos de accesibilidad establecidos. También permite transmitir otras dificultades de acceso al contenido o formular cualquier otra consulta o sugerencia de mejora relativa a la accesibilidad del sitio web o aplicación para dispositivos móviles.

b) Solicitudes de información accesible y quejas: permitiendo a cualquier persona física o jurídica formular quejas relativas al cumplimiento de los requisitos del real decreto y solicitar la información relativa a contenidos que están excluidos de su ámbito de aplicación o exentos del cumplimiento de los requisitos de accesibilidad por imponer una carga desproporcionada.

Las comunicaciones sobre requisitos de accesibilidad podrán presentarse mediante medios electrónicos habilitando una dirección de correo electrónico específica o un formulario que permita la presentación telemática o, adicionalmente, habilitando al menos un teléfono o una oficina física de atención.

F) La declaración de accesibilidad

Las entidades responsables de las webs y aplicaciones para móviles están obligadas a proporcionar una declaración de accesibilidad detallada, exhaustiva y clara sobre la conformidad de sus respectivos sitios web y aplicaciones para dispositivos móviles. Dicha declaración será actualizada periódicamente, como mínimo una vez al año, o cada vez que se realice una revisión de accesibilidad.

En el caso de los sitios web, la declaración se publicará en el sitio web correspondiente estando disponible su acceso desde todas las páginas del sitio web con un enlace denominado "Accesibilidad" o su equivalente en el idioma en el que se encuentre disponible la página.

Por su parte, en el caso de las aplicaciones para dispositivos móviles, la declaración estará disponible en el sitio web de la entidad obligada que haya desarrollado la aplicación concreta para dispositivos móviles junto con el enlace para su descarga o bien se facilitará junto con otra información disponible al descargar la aplicación de las plataformas de distribución de aplicaciones.

La declaración de accesibilidad comprenderá, como mínimo, la siguiente información:

a) Una explicación sobre aquellas partes del contenido que no sean accesibles y las razones de dicha inaccesibilidad, así como, en su caso, las alternativas accesibles que se ofrezcan.

b) Un enlace y descripción del mecanismo de comunicación en los términos que se establecen en los artículos 10, 11 y 12 del citado real decreto.

c) Un enlace al procedimiento de reclamación regulado en el artículo 13 al que cualquier persona interesada pueda recurrir en caso de que la respuesta a la comunicación o a la solicitud sea insatisfactoria.

La Orden TMA/851/2021, de 23 de julio, desarrolla el documento técnico de condiciones básicas de accesibilidad y no discriminación para el acceso y la utilización de los espacios públicos urbanizados.

Finalmente, el Real Decreto 193/2023, de 21 de marzo, regula las condiciones básicas de accesibilidad y no discriminación de las personas con discapacidad para el acceso y utilización de los bienes y servicios a disposición del público.

El Ministerio para la Transformación Digital y de la Función Pública ha elaborado recomendaciones para facilitar la elaboración de la declaración de accesibilidad conforme al modelo europeo por parte de los organismos del sector público, a saber:

- Recomendaciones para realizar el modelo europeo de declaración de accesibilidad[63].
- Recomendaciones para realizar el modelo europeo de declaración de accesibilidad[64].
- Guía rápida Declaración de accesibilidad[65].

A modo de ejemplo, se recoge a pie de página el enlace contiene la Declaración de accesibilidad del PAe – Portal de Administración Electrónica[66].

---

63 https://administracionelectronica.gob.es/pae_Home/dam/jcr:da4785f6-6c22-4d67-a466-3b62c4f10056/RECOMENDACIONES-MODELO-EUROPEO-ACCESIBILIDAD-acc.pdf

64 https://administracionelectronica.gob.es/pae_Home/dam/jcr:8a75185b-dfb6-4678-8b3d-97901e69b4ba/RECOMENDACIONES-MODELO-EUROPEO-ACCESIBILIDAD-acc.epub

65 https://administracionelectronica.gob.es/pae_Home/dam/jcr:a68e4de1-1a0d-4f57-a37e-5d8ac1c0ca66/Declaracion_oaw.pdf

66 https://administracionelectronica.gob.es/pae_Home/pae_Informacion/pae_Accesibilidad.html

G) Unidad responsable de accesibilidad

Cada entidad obligada determinará la Unidad responsable de garantizar el cumplimiento de los requisitos de accesibilidad de los sitios web y aplicaciones para dispositivos móviles dentro de su ámbito competencial.

Así, en la AGE deberán designarse las Unidades responsables de accesibilidad en el ámbito de las Subsecretarías de cada Departamento considerando todos los posibles organismos públicos y entidades de derecho público dependientes de ese Departamento. En las comunidades autónomas se designará la Unidad responsable de accesibilidad para todo el ámbito autonómico. En las entidades locales y demás organismos obligados se designará, conforme a sus características organizativas propias, la Unidad responsable de accesibilidad de su ámbito.

La Unidad responsable de accesibilidad definirá el modelo de funcionamiento dentro de su ámbito competencial actuando directamente sobre todo el ámbito o con un posible esquema de responsables de accesibilidad delegados en los diferentes organismos o entidades dependientes.

La Unidad responsable de accesibilidad tendrá las siguientes funciones:

a) Coordinar y velar por el funcionamiento efectivo de los mecanismos de comunicación establecidos en el capítulo del real decreto, ayudando a la definición, emitiendo directrices y promoviendo la existencia de los medios y procedimientos para garantizar una adecuada gestión y atención de cuantas consultas, sugerencias, comunicaciones, quejas y solicitudes de información accesible se reciban en cada uno de los órganos, organismos o entidades bajo su competencia.

b) Atender y dar respuesta a las reclamaciones que, en aplicación de lo dispuesto en el artículo 13 del citado cuerpo legal le sean dirigidas.

c) Revisar las evaluaciones realizadas para acogerse a la excepción del cumplimiento de los requisitos de accesibilidad por imponer éstos una carga desproporcionada regulada en el artículo 7.

d) Coordinar las revisiones periódicas de accesibilidad establecidas en el artículo 17, con la colaboración, en su caso, de las Unidades de tecnologías de la información y comunicaciones.

e) Coordinar y fomentar las actividades de promoción, concienciación y formación establecidas en el artículo 8.

f) Realizar los informes que se determinen para garantizar el cumplimiento de las previsiones establecidas en el artículo 19.

g) Actuar como punto de contacto con el organismo encargado de realizar el seguimiento y presentación de informes y colaborar con las tareas que tiene asignadas.

h) Cualesquiera otras, que en garantía de la accesibilidad de los sitios web y aplicaciones para dispositivos móviles le puedan ser atribuidas.

H) La revisión de la accesibilidad y coordinación para el seguimiento y presentación de informes

Una vez puesto en funcionamiento un sitio web o aplicación para dispositivos móviles, las entidades obligadas realizarán revisiones periódicas del cumplimiento de los requisitos de accesibilidad con el fin de garantizar el mantenimiento de su cumplimiento a lo largo del tiempo. Especialmente, se deberá tener en cuenta el caso de los contenidos añadidos o modificados durante el ciclo de vida de los sitios web así como las actualizaciones tecnológicas de estos últimos y de las aplicaciones para dispositivos móviles.

Las revisiones de accesibilidad deberán abarcar todos los requisitos exigidos y tendrán en consideración tanto aspectos de revisión automática como aspectos de revisión manual experta. El resultado de éstas deberá quedar recogido en un informe de revisión de la accesibilidad.

Las entidades obligadas podrán certificar el cumplimiento de los requisitos del real decreto en sus sitios web y aplicaciones para dispositivos móviles por una entidad de certificación cuya competencia técnica haya sido reconocida formalmente por la Entidad Nacional de Acreditación (ENAC) o por otro organismo nacional de acuerdo al Reglamento (CE) n.º 765/2008 del Parlamento Europeo y del Consejo, de 9 de julio de 2008, por el que se establecen los requisitos de acreditación y vigilancia del mercado relativos a la comercialización de los productos y por el que se deroga el Reglamento (CEE) n.º 339/93.

En cualquier caso, la primera revisión de accesibilidad deberá haberse realizado en el caso de los sitios web antes de dos años desde la entrada en vigor del real decreto, y, en el caso de las aplicaciones móviles, antes de tres años desde su entrada en vigor.

Cada Unidad responsable de accesibilidad preparará tres informes anuales sobre su ámbito de actuación concreto que tendrá disponibles antes del 1 de octubre de cada año a partir del año 2020:

a) Informe sobre la atención de quejas y reclamaciones. Dicho informe incluirá las medidas puestas en práctica para atender las cuestiones planteadas junto a un estudio de las comunicaciones, consultas, sugerencias, solicitudes de información accesible y quejas formuladas a través del mismo.

b) Informe de seguimiento sobre el cumplimiento de los requisitos de accesibilidad dentro de su ámbito competencial incluyendo las medidas puestas en marcha para atender las acciones contempladas y los resultados derivados de ellas. Asimismo, se incluirán todos los informes de revisión de la accesibilidad realizados.

c) Informe de seguimiento sobre la promoción, concienciación y formación dentro de su ámbito competencial incluyendo las medidas puestas en marcha para atender las acciones contempladas y los resultados derivados de ellas.

I) Los criterios de accesibilidad aplicables a los sitios web y aplicaciones para dispositivos móviles con financiación pública

El citado real decreto prescribe que las Administraciones Públicas exigirán que se apliquen los criterios de accesibilidad a:

a) Los sitios web y aplicaciones para dispositivos móviles que reciban financiación pública para su diseño o mantenimiento.

b) Los sitios web y aplicaciones para dispositivos móviles, vinculados a la prestación de servicios públicos, de entidades y empresas que se encarguen, ya sea por vía concesional o a través de otra vía contractual, de gestionar servicios públicos, en especial, los que tengan carácter educativo, sanitario, cultural, deportivo y de servicios sociales.

c) Los sitios web y aplicaciones para dispositivos móviles de los centros privados educativos, de formación y universitarios sostenidos, total o parcialmente, con fondos públicos.

J) La igualdad

Concluimos este epígrafe recordando lo que, en relación con las cautelas exigibles relativas a la actividad en o desde los medios de comunicación social, internet, las redes sociales, la inteligencia artificial y los algoritmos, prescribe la Ley 15/2022, de 12 de julio, integral para la igualdad de trato y la no discriminación.

Efectivamente, el art. 22 de dicho cuerpo legal dispone que todos los medios de comunicación social deben respetar el derecho a la igualdad de trato, evitando toda forma de discriminación en el tratamiento y formato accesible de la información, en sus contenidos y su programación, requiriendo de las administraciones públicas, dentro de sus respectivas competencias, la promoción y adopción de acuerdos de autorregulación de los medios de comunicación social, publicidad, internet, redes sociales y las empresas de tecnologías de la información y comunicación que contribuyan al cumplimiento de esta norma, haciendo especial mención a evitar la promoción de una imagen estereotipada de diferentes personas y grupos de población, e instando a un lenguaje y mensajes contrarios a la discriminación y a la intolerancia.

Del mismo modo, el precepto alienta la adopción de acuerdos con las empresas y plataformas de servicios de internet que mejoren la efectividad en la prevención y eliminación de contenidos que atenten contra el derecho a la igualdad en este ámbito.

Por su parte, el art. 23 de dicha norma, en el marco de la Estrategia Nacional de Inteligencia Artificial, de la Carta de Derechos Digitales y de las iniciativas europeas en torno a la Inteligencia Artificial, alienta a las administraciones públicas la puesta en marcha de mecanismos para que los algoritmos involucrados en la toma de decisiones que se utilicen en las administraciones públicas tengan en cuenta criterios de minimización de sesgos, transparencia y rendición de cuentas, añadiendo "siempre que sea factible técnicamente", promoviendo la realización de evaluaciones de impacto que determinen el posible sesgo discriminatorio.

En este mismo sentido, requiere el precepto de las administraciones públicas, la priorización de la transparencia en el diseño y la implementación y la capacidad de interpretación de las decisiones adoptadas por los algoritmos, promoviendo, junto con las empresas, el uso de una Inteligencia Artificial ética, confiable y respetuosa con los derechos fundamentales, siguiendo especialmente las recomendaciones de la Unión Europea en este sentido, y la utilización de los sellos de calidad de los algoritmos[67].

VII. BIBLIOGRAFÍA

Arteaga. F (2021). "*La evaluación y la revisión de la Directiva NIS: la directiva NIS2.0*". R. I. Elcano

Galán Pascual, Carlos Manuel (2018). *El Derecho a la Ciberseguridad, en Sociedad Digital y Derecho.* Varios autores. BOE.

---

[67] Cuestiones que ya se habían recogido en el trabajo "La certificación como mecanismo de control de la inteligencia artificial en Europa" (C. Galán, Instituto Español de Estudio Estratégicos, 2019)

Galán Pascual, Carlos Manuel (2019). "*La certificación como mecanismo de control de la inteligencia artificial en Europa*" (Instituto Español de Estudio Estratégicos)

M.A. Amutio (2010). "*El Esquema Nacional de Interoperabilidad*". Comunicación Tecnimap.

La contratación de las aplicaciones de automatización

LUIS GAMO SANZ
Doctor en Derecho
Agencia para la Administración Digital de la Comunidad de Madrid

Sumario: I. INTRODUCCIÓN. II. DE LA ADMINISTRACIÓN ELECTRÓNICA A LA INTELIGENCIA ARTIFICIAL. A) La incorporación de la automatización en la contratación pública. III. EVOLUCIÓN DEL MARCO NORMATIVO PARA LA ADQUISICIÓN DE BIENES Y SERVICIOS TECNOLÓGICOS EN EL SECTOR PÚBLICO ESPAÑOL. IV. EL MARCO JURÍDICO ACTUAL PARA LA IMPLANTACIÓN DE LAS TECNOLOGÍAS EN ESPAÑA: LA LEY 9/2017, DE 8 DE NOVIEMBRE, DE CONTRATOS DEL SECTOR PÚBLICO. V. HERRAMIENTAS PARA LA ADQUISICIÓN DE BIENES Y SERVICIOS TECNOLÓGICOS: LA ASIGNATURA PENDIENTE. VI. ASPECTOS RELEVANTES EN EL USO DE LOS SISTEMAS DE AUTOMATIZACIÓN. A) Pero, ¿qué debemos entender por inteligencia artificial? B) El papel de los algoritmos en la IA. VII. DIFICULTADES EN LA CALIFICACIÓN JURÍDICA DE LOS CONTRATOS RELACIONADOS CON IA. A) Parches, actualizaciones y nuevas versiones de las licencias software. B) El fenómeno del cloud computing. 1. El cloud computing y la contratación pública. 2. Tipificación de los contratos en la nube. 3. Discrepancias en la calificación de los contratos de tecnologías en la nube. VIII. EL RIA: LAS CLÁUSULAS CONTRACTUALES TIPO. IX. REFLEXIONES FINALES. X. BIBLIOGRAFÍA.

I. INTRODUCCIÓN

En la actualidad, las Administraciones públicas están haciendo un enorme esfuerzo, no solo para modernizarse tecnológicamente, sino que también para hacer posible el acceso a los servicios públicos que presta a través de internet a los ciudadanos. Sin duda, este proceso de transformación digital, supone el mayor reto al que se ha enfrentado, que conlleva un cambio disruptivo en sus esquemas de funcionamiento tradicionales con la ruptura de barreras físicas y temporales para incorporar las tecnologías de la información y la comunicación (TIC) en todos sus procesos y ámbitos operativos.

Este nuevo paradigma al que se enfrenta la Administración debe entenderse definido por la aplicación de las TIC como un elemento esencial de la propia e-Administración, que ha pasado a ocupar un lugar prioritario dentro de las políticas de la organización, donde la definición del modelo tecnológico más adecuado para el desarrollo de las infraestructuras y los servicios que forman parte ya de la Administración electrónica debe realizarse con criterios estratégicos que, indiscutiblemente, deberán estar alineados con los objetivos de la Administración.

Pero, las nuevas tecnologías han alcanzado un punto de evolución en el que se pone en cuestión nuestra propia capacidad para regularla, de acuerdo con nuestro marco jurídico actual, y con la necesaria y adecuada rapidez, con la que debemos adaptarlo. En esta vorágine permanente, de innovación y desarrollo tecnológico, no se acompaña en muchos casos del desarrollo normativo necesario, o al menos, a la velocidad que se requiere.

Así pues, nos encontramos que este desarrollo tecnológico, su constante y rápida evolución, ha impactado de forma decisiva en los modos y formas de contratar bienes y servicios relacionados con la tecnología. Si bien no ha supuesto una revolución desmesurada respecto a los principios y criterios de la contratación pública tradicional, sí ha provocado cambios importantes en cuestiones como la configuración del objeto de los contratos, la utilización de procedimientos poco adecuados, la protección de datos de carácter personal, la propiedad intelectual, los aspectos laborales en las relaciones de los operadores económicos con las Administraciones, etc., que obligan a realizar un esfuerzo para entender y regular esta nueva realidad.

La Administración pública ha empezado a utilizar sistemas de automatización y la inclusión de técnicas de inteligencia artificial (IA) en sus procesos y procedimientos que, sin duda, redundará en una mejora de la eficacia y eficiencia de todo el Sector Público. Por ello el debate hoy día se centra en los usos que puede hacer de los mismos, y cuáles deben ser los límites o garantías que deben dotarse para proteger los derechos de los ciudadanos.

Pero resulta paradójico que poco se está abordando desde el punto de vista de si se dispone de las herramientas necesarias para adquirir esta tecnología, de tal manera que queden garantizados esos derechos y al mismo tiempo doten de seguridad jurídica a las Administraciones y operadores económicos en este tipo de transacciones.

Los gestores públicos deben convertir esta premisa en un objetivo estratégico. Tienen la obligación de potenciar la concurrencia y la transparencia de las licitaciones, para contribuir al sostenimiento de un mercado competitivo y que, la política de contratación pública debe ser un instrumento fundamental para el desarrollo del mercado único, así como, para un uso eficiente y eficaz de los fondos públicos.

En palabras del profesor Gimeno Feliú, la contratación pública debe ser «una "ventana de oportunidad" para un nuevo liderazgo institucional público a través de una adecuada articulación de la política de contratación pública que, además, puede ayudar en la estrategia de mejorar la productividad de nuestro modelo económico»[1].

Deben buscarse fórmulas para acomodar en su caso, los mecanismos de los que ya dispone la propia normativa de contratos públicos o analizar la posibilidad de incorporar nuevas herramientas que permitan una mayor adaptación a este entorno tan cambiante.

Las Directivas europeas de cuarta generación en materia de contratación pública[2], quisieron adaptar las necesidades de los poderes adjudicadores y los operadores económicos a los avances tecnológicos, la sostenibilidad medioambiental y al aumento del interés de

---

1 Gimeno Feliú, J. A. (2021) «El derecho de los contratos públicos en España: novedades y propuestas de futuro». Revista IUS ET VERITAS Nº 62, p. 62.

2 Directiva 2014/23/UE, del Parlamento Europeo y del Consejo, de 26 de febrero, relativa a la adjudicación de contratos de concesión (en adelante Directiva 2014/23/UE), la Directiva 2014/24/UE, del Parlamento Europeo y del Consejo, de 26 de febrero de 2014, sobre contratación pública (en adelante Directiva 2014/24/UE), y la 2014/25/UE del Parlamento Europeo y del Consejo, de 26 de febrero de 2014, relativa a la contratación por entidades que operan en los sectores del agua, la energía, los transportes y los servicios postales (en adelante Directiva 2014/25/UE).

la sociedad por un gasto público más sostenible[3]. Sin embargo, no profundizaron en el desarrollo de herramientas que permitieran una contratación de productos tecnológicos de una forma más eficiente y neutral, ayudando a no poner en riesgo los principios vertebradores de la contratación pública.

II. DE LA ADMINISTRACIÓN ELECTRÓNICA A LA INTELIGENCIA ARTIFICIAL

Con la aprobación de la Ley 39/2015, de 1 de octubre, del Procedimiento Administrativo Común de las Administraciones Públicas[4] (LPAC) y la Ley 40/2015, de 1 de octubre, de Régimen Jurídico del Sector Público (LRJSP), se viene a configurar un nuevo escenario, en el que la tramitación electrónica pasa a constituirse en una actuación esencial de las Administraciones públicas en sus múltiples vertientes, tanto en su gestión interna, en la relación con los ciudadanos y como no podía ser de otra manera, de aquellas entre sí.

Estas normas, han venido a dar respuesta a la demanda actual, en el sentido de que la tramitación electrónica de los procedimientos debe constituir la actuación habitual de las Administraciones Públicas, superando el modelo anterior, establecido por la Ley 11/2007, de 22 de junio, de acceso electrónico de los ciudadanos a los Servicios Públicos, según el cual, la tramitación electrónica no era sino una forma de gestión de los procedimientos.

Con esta nueva concepción, se prevé que las relaciones de las Administraciones entre sí y con sus órganos, organismos públicos y

---

3 Sobre este asunto, puede leerse artículo Pintos Santiago, J. (2015). *El sistema de contratación público español. Una visión constructiva a sus principios generales: la incorporación de los principios de promoción del desarrollo humano y de sostenibilidad ambiental.* Contratación Administrativa Práctica, Nº 139. Editorial LA LEY.

4 En la parte expositiva de la LPAC señala que: «Una Administración sin papel basada en un funcionamiento íntegramente electrónico no sólo sirve a los principios de eficacia y eficiencia, al ahorrar costes a ciudadanos y empresas, sino que también refuerza las garantías de los interesados a la vez que facilita una mejor transparencia».

entidades vinculados o dependientes se realice a través de medios electrónicos, estableciendo también esta obligatoriedad para las personas jurídicas y entes sin personalidad y también, en algunos supuestos para las personas físicas, y todo ello sin perjuicio de la posibilidad de extender esta obligación a otros colectivos, por vía reglamentaria.

Así pues, con carácter primordial, los actos administrativos deberán producirse a través de medios electrónicos, en los que serán de particular interés, las previsiones relativas a los derechos de las personas en sus relaciones con las Administraciones, la representación y los registros electrónicos de apoderamientos; los registros; los sistemas de identificación de los interesados en el procedimiento, los sistemas de firma admitidos por las Administraciones; el uso de medios de identificación y firma en el procedimiento administrativo; la forma de los actos administrativos; las cuestiones relativas a solicitudes de iniciación, comparecencia de las personas, obligación de resolver y cómputo de plazos; las notificaciones a través de medios electrónicos; la emisión de documentos y sus copias, los documentos aportados por los interesados, el expediente electrónico y el archivo electrónico. Todas estas cuestiones integran el concepto de "Administración electrónica".

Por lo tanto, podemos utilizar la definición aportada por Martínez Gutiérrez para afirmar que, con la Administración pública electrónica, nos encontramos con «un nuevo modelo de administrar basado en la aplicación de las tecnologías de la información y la comunicación en el desarrollo de las actividades administrativas con dos dimensiones diferenciadas: de un lado, la dimensión interna, que comprende la aplicación de las TIC en el trabajo administrativo interno y en las relaciones interadministrativas; y, de otro lado, la dimensión externa, referida a la aplicación de las TIC con el objetivo de ofrecer servicios públicos y procedimientos administrativos en sede electrónica a los administrados[5]».

---

5 Martínez Gutiérrez, R. (2017) "E*l uso de medios electrónicos en la contratación pública. la relación entre las leyes 39 y 40 de 2015 y las directivas 24 y 55 de 2014 de contratación pública y facturación electrónica. propuestas para su transposición*" en Martín Delgado, I. (Dir.) INNAP INVESTIGA (2017) "La reforma de la

Por otro lado, las normas también no pierden de vista el cómo se relacionarán las Administraciones públicas, entre sí y con sus órganos, a través de medios electrónicos, de tal manera que de conformidad con lo establecido con los principios generales, regulan el funcionamiento electrónico del Sector Público (sede electrónica, portal de internet, sistemas de identificación de las Administraciones, actuación administrativa automatizada, sistemas de firma para la actuación administrativa automatizada, firma-e del personal al servicio de las Administraciones, aseguramiento e interoperabilidad de la firma-e, archivo electrónico de documentos); la gestión compartida de servicios comunes (sistemas de información y comunicaciones); las técnicas de colaboración (suministro de Información, sistemas integrados de información administrativa); el intercambio de datos en entornos cerrados de comunicación, transmisiones de datos entre Administraciones,... etc.

No podemos olvidar, que este marco normativo en el ámbito de la actuación de la Administración electrónica, debe acompañarse con dos normas fundamentales: el Esquema Nacional de Interoperabilidad (ENI)[6] "que comprende el conjunto de criterios y recomendaciones en materia de seguridad, conservación y normalización de la información, de los formatos y de las aplicaciones que deberán ser tenidos en cuenta por las Administraciones Públicas para la toma de decisiones tecnológicas que garanticen la interoperabilidad[7]", y el Esquema Nacional de Seguridad (ENS)[8], "que está constituido por los principios básicos y requisitos mínimos necesarios para una protección adecuada de la información tratada y los servicios prestados por las entidades de su ámbito de aplicación, con objeto de asegurar el acceso, la confidencialidad, la integridad, la trazabilidad, la autenticidad, la disponibilidad y la conservación de los datos, la información

---

Administración electrónica: Una oportunidad para la innovación desde el Derecho", p. 286-287.

6 Real Decreto 4/2010, de 8 de enero, por el que se regula el Esquema Nacional de Interoperabilidad en el ámbito de la Administración Electrónica

7 Art. 3 Ley 40/2015, de 1 de octubre.

8 Real Decreto 311/2022, de 3 de mayo, por el que se regula el Esquema Nacional de Seguridad.

y los servicios utilizados por medios electrónicos que gestionen en el ejercicio de sus competencias[9]"[10].

Finalmente, todo este contexto debe completarse con el Reglamento de actuación y funcionamiento del sector público por medios electrónicos[11], que tiene por objeto, el desarrollo de la LPAC y de la LRJSP, en lo referido a la actuación y el funcionamiento electrónico del sector público, y que persigue mejorar la eficiencia administrativa para hacer efectiva una Administración totalmente electrónica e interconectada, incrementar la transparencia y la participación, garantizar servicios digitales fácilmente utilizables y por último, mejorar la seguridad jurídica.

En este contexto complejo, el marco legal se convierte en un poderoso resorte para movilizar la Administración en pos de esta transformación digital; lo que constituye hoy en día un gran activo, sin perjuicio de que sea necesario su constante perfeccionamiento y evolución. El marco legal constituye, por tanto, una formidable palanca de acción no exenta de retos y dificultades para su plena aplicación[12].

---

9 Art. 1.2 ENS.

10 *Vid.* al respecto la contribución de Carlos GALAN PASCUAL y Carlos GALAN CORDERO en esta obra colectiva.

11 Real Decreto 203/2021, de 30 de marzo, por el que se aprueba el Reglamento de actuación y funcionamiento del sector público por medios electrónicos.

12 Dentro de este marco legal que conforma la Administración electrónica, deben considerarse otras normas que regulan aspectos como: Identificación, firma electrónica y representación, registros electrónicos, notificación electrónica, archivo electrónico de documentos, normas técnicas de interoperabilidad, instrucciones Técnicas de seguridad, sistema de verificación de datos, factura electrónica, transparencia y acceso a la información pública, reutilización de la información del sector público, accesibilidad, protección de datos, entre otros.
Todas ellas pueden consultarse en el Código de Administración Electrónica que promueve la Secretaría General de Administración Digital del Ministerio para la Transformación Digital y de la Función Pública. (https://www.boe.es/biblioteca_juridica/codigos/codigo.php?id=29&modo=2¬a=0&tab=2 consulta 21/03/2024). Tampoco puede obviarse que España es un país de administración fuertemente descentralizada, por lo que esta legislación básica ha de completarse, en determinados casos, con normativa específica

Por otra parte, en materia de contratos públicos, con la entrada en vigor de las mencionadas Directivas de cuarta generación en materia de contratación pública, la utilización de los medios electrónicos en el ámbito de la contratación pública cobra especial relevancia, convirtiéndose en un eje fundamental en el desarrollo de este nuevo marco normativo.

Anteriormente, la implantación de las "nuevas técnicas electrónicas de compra" —en el lenguaje de las directivas de 2004[13]— tuvo un carácter potestativo, de forma que se dejaba a la discrecionalidad de los países la incorporación o no, de distintos procedimientos y trámites, lo que, en la práctica, se tradujo en un reducido uso de estos medios electrónicos en la contratación pública.

Frente a la debilidad de estas Directivas, que no quisieron imponer una adaptación forzosa en la implantación de medios electrónicos en la contratación pública, las Directivas de cuarta generación, obligan ya a los Estados a garantizar «que todas las comunicaciones y todos los intercambios de información en virtud de la presente Directiva, y en particular la presentación electrónica de ofertas, se lleven a cabo utilizando medios de comunicación de conformidad con los requisitos establecidos en el presente artículo. Las herramientas y dispositivos que deban utilizarse para la comunicación por medios

---

de desarrollo que nuestro marco competencial atribuye a Comunidades Autónomas y Entidades Locales.

13 Directivas de tercera generación: La Directivas 2004/17/CE del Parlamento Europeo y del Consejo de 31 de marzo de 2004 sobre la coordinación de los procedimientos de adjudicación de contratos en los sectores del agua, de la energía, de los transportes y de los servicios postales, que sustituye a la Directiva 93/38 y la Directiva 2004/18/CE del Parlamento Europeo y del Consejo de 31 de marzo de 2004, sobre coordinación de los procedimientos de adjudicación de los contratos públicos de obras, de suministro y de servicios, que refunde las anteriores Directivas 93/36, del contrato de suministros; 93/37, del contrato de obras, y 92/50, del contrato de servicios. Posteriormente, también se incorpora dentro de este grupo, la Directiva 2009/81/CE del Parlamento Europeo y del Consejo de 13 de julio de 2009, sobre coordinación de los procedimientos de adjudicación de determinados contratos de obras, de suministro y de servicios por las entidades o poderes adjudicadores en los ámbitos de la defensa y la seguridad, y por la que se modificarán las Directivas 2004/17/CE y 2004/18/CE.

electrónicos, así como sus características técnicas, serán no discriminatorios, estarán disponibles de forma general y serán compatibles con los productos informáticos de uso general, y no restringirán el acceso de los operadores económicos al procedimiento de contratación[14]».

Así pues, también la Comisión Europea ha impulsado a que los gobiernos aborden la necesaria modernización en el ámbito de los contratos públicos, a través de la digitalización y la reforma, como una de sus prioridades principales. Por ello, la contratación pública electrónica se convierte en un elemento fundamental para la consecución de estos objetivos[15], no sólo para simplificar el proceso de adjudicación de los contratos y maximizar la eficiencia del gasto público, sino también como un instrumento necesario para perseguir los objetivos estratégicos de la contratación pública buscados por las Directivas, de tal manera, que con la implementación de la contratación pública electrónica se mejoren elementos claves como la transparencia.

En línea con lo manifestado, la Comisión ha seguido trabajando en delimitar un nuevo marco legal para regular el uso de la tecnología y de los sistemas de automatización y técnicas de IA que, como hemos afirmado, están llamados a ocupar un papel esencial en el desarrollo de la Administración pública. Así podemos señalar la importancia que supuso la exigencia legal del uso de formatos abiertos y reutilizables en los perfiles del contratante, obligación cuyo efectivo cumplimiento constituye un primer paso para asegurar la disponibilidad de datos en formatos que permitan su reutilización de manera automatizada[16].

---

14 Art. 22.1 Directiva 2014/24/UE.

15 Así se ha puesto de manifiesto reiteradamente por la doctrina, especialmente: GIMENO FELIÚ, J.M. (2018). "Corrupción y contratación públicas: las soluciones de la LCSP", en Tratado de contratos del sector público. Tomo I (Dirs. Gamero Casado, E.e Gallego Córcoles, I.), Tirant lo Blanch, Valencia, pp. 240-318; Razquin Lizarraga, M. y Vázquez Matilla, F.J. (2018); La adjudicación de contratos públicos en la nueva Ley de Contratos del Sector Público, Thomson-Reuters-Aranzadi, Cizur Menor, 2018.

16 Así la Directiva (UE) 2019/1024 del Parlamento Europeo y del Consejo de 20 de junio de 2019, relativa a los datos abiertos y la reutilización de la in-

A este marco normativo, en España debemos sumar la aprobación de la Estrategia Digital España 2025 (Gobierno de España 2020)[17] y la «Estrategia Española en I+D+I en Inteligencia Artificial» (Ministerio de Ciencia, Innovación y Universidades de España 2019)[18], que se alinean, con la Agenda Digital para Europa, para alcanzar lo que denomina una Administración Pública «data-driven», marcada por tecnologías como la Inteligencia Artificial, el blockchain, o la explotación de la información a través del big data, en la que la personalización de los servicios o conceptos de relación con la ciudadanía como Ciudadano360º son clave, y más recientemente, la Carta de Derechos Digitales, de julio de 2021. Aunque todos ellos no tienen un carácter normativo, sugieren sin duda una serie de principios y políticas referidos a los sistemas automatizados y a las técnicas de IA[19].

Por otra parte, el Plan de Recuperación, Transformación y Resiliencia (PRTR) incorpora dentro de la transición digital, el despliegue de la Estrategia Nacional de Inteligencia Artificial como uno de los siete planes estratégicos que desarrollan la agenda España Digital 2025[20].

---

formación del sector público, declara como uno de los principales objetivos adoptar las medidas necesarias que permitan hacer frente a las exigencias que plantea la IA y, en general, otras tecnologías emergentes esenciales para abordar el desafío de la transformación digital en el sector público.

17 El eje 5 del plan recoge: Potenciar el uso de la IA en la Administración Pública y en las misiones estratégicas nacionales. mejorar la eficiencia y eliminar cuellos de botella administrativos https://www.lamoncloa.gob.es/presidente/actividades/Documents/2020/ENIA2B.pdf

18 https://www.ciencia.gob.es/Estrategias-y-Planes/Estrategias/Estrategia-espanola-de-I-D-I-en-Inteligencia-Artificial.html

19 No puede obviarse tampoco, la novedad que ha supuesto en el ámbito autonómico, la aprobación del Decreto-Ley 2/2023 de 8 de marzo, de medidas urgentes de impulso a la IA en Extremadura, que tiene por objeto el establecimiento del marco esencial de las medidas destinadas al apoyo, promoción, impulso y desarrollo de los sistemas de IA en la Comunidad Autónoma de Extremadura

20 Componente 16 del Plan de Recuperación, transformación y Resiliencia del Gobierno de España. Publicado en el BOE de 30 de abril, el contenido del Acuerdo del Consejo de Ministros de 27 de abril de 2021.

Por último, debemos detenernos por la relevancia que tiene, el Reglamento de Inteligencia artificial de la UE que tiene como objetivo garantizar que los sistemas de IA comercializados y utilizados en el mercado comunitario, sean seguros y respeten los derechos fundamentales y los valores de la UE. El objetivo principal es la regulación de la IA basado en el "riesgo": cuanto mayor es el riesgo, más estrictas son las reglas. Brevemente, podemos señalar que los elementos que lo configuran pueden resumirse en:

- El Reglamento no se aplicará fuera del ámbito de aplicación del Derecho de la UE y que, en cualquier caso, no debe afectar a las competencias de los Estados miembros en materia de seguridad nacional ni a ninguna entidad a la que se hayan encomendado tareas en este ámbito.
- Establecimiento de unos criterios suficientemente claros para distinguir la IA de los sistemas de *software* más sencillos.
- Establecimiento de criterios horizontales de protección, en particular una clasificación de sistemas de alto riesgo, con el fin de garantizar que no se incluyan en dicha clasificación sistemas de IA que probablemente no acarrearán violaciones graves de los derechos fundamentales ni otros riesgos considerables. Los sistemas de IA que solo tienen un riesgo limitado estarían sujetos a obligaciones de transparencia muy leves.
- Distinción y regulación sobre Sistemas de IA de uso general y modelos fundacionales o sistemas de gran impacto.
- Creación de un nuevo modelo de gobernanza, que se encargue, entre otras cuestiones: de supervisar los modelos de IA más avanzados, de contribuir a fomentar las normas y las prácticas de ensayo y de garantizar el cumplimiento de las normas comunes en todos los Estados miembros.

Así mismo, y no por ello menos importante, la comunidad de contratación pública de IA de la Comisión Europea, ha publicado un modelo de cláusulas contractuales de IA de la UE desarrolladas para su uso piloto en la contratación de IA, de manera que puedan establecerse responsabilidades para un desarrollo fiable, transparente y responsable de las tecnologías de IA entre el proveedor y la organización pública, sobre las que profundizaremos más adelante, para analizar si nos encontramos con un marco jurídico suficiente, para que las Administraciones públicas puedan contratar IA.

La delimitación del tipo contractual de muchos de estos productos tecnológicos, como veremos, no está exenta hoy día de polémica, especialmente en lo que se refiere a la distinción de compra o arrendamiento de los sistemas informáticos y programas ya elaborados, y el encargo de unos específicos para la Administración.

A) La incorporación de la automatización en la contratación pública

La LCSP, como consecuencia de la transposición de las Directivas, apuesta de manera decidida —como uno de los ejes estratégicos— por la contratación electrónica. Así, en el apartado V de la exposición de motivos señala, "...la decidida apuesta que el nuevo texto legal realiza en favor de la contratación electrónica, estableciéndola como obligatoria en los términos señalados en él, desde su entrada en vigor, anticipándose, por tanto, a los plazos previstos a nivel comunitario[21]".

De esta manera la contratación pública pasa formar parte de los servicios públicos esenciales de la Administración Electrónica, al incorporar las tecnologías tanto a los procedimientos de contratación pública tradicionales como la implantación de nuevos procedimientos enteramente electrónicos.

La contratación pública electrónica por tanto, supone la aplicación de las tecnologías al procedimiento de licitación en todas sus fases, es decir, publicación, licitación electrónica, incluidas la presentación de ofertas, evaluación, adjudicación y claro está facturación y pago, pero siempre y cuando se garantizaran aspectos fundamentales como: la seguridad y disponibilidad de los sistemas informáticos y telemáticos, la integridad de la información, la identidad de los participantes, la autenticidad integridad de los documentos electrónicos

---

21 Los legisladores españoles decidieron no esperar y adelantaron la entrada en vigor de la contratación pública electrónica al momento de entrada en vigor de la LCSP, con carácter general, el 9 de marzo de 2018.

y su imputabilidad a sus autores, así como la seguridad y confidencialidad de las transacciones electrónicas.

De esta manera, podemos decir que los procedimientos en materia de contratación no serán "procedimientos especiales", dado que es plenamente aplicable la regulación de la LPAC: es decir, sede, registro, firma, notificación...etc. Como ejemplo paradigmático, podemos señalar al denominado documento europeo único de contratación (DEUC), como documento electrónico, cuyo objetivo no es otro que simplificar y facilitar la aportación de documentación por parte de los operadores económicos que participan en los procedimientos de contratación pública, y que tal como señala la Directiva 2014/24/UE, constituye una declaración formal del operador económico y que debe ser aceptada como prueba preliminar por los poderes adjudicadores[22].

Por tanto, la contratación pública no es una excepción a la imparable incorporación de la digitalización en las Administraciones públicas. Ya con la entrada en vigor de la LCSP no es posible una contratación que no incorpore los medios electrónicos en sus procedimientos, lógicamente sin perjuicio de las excepciones legales previstas. Esto se ha visto confirmado por los distintos tribunales administrativos de recursos contractuales[23].

Como se ha señalado a lo largo de esta obra, la incorporación de sistemas de automatización y la inclusión de técnicas de IA en la Administración pública está inmersa en un debate, tecnológico, social y jurídico, y que lógicamente, no es ajeno en el ámbito de la contratación pública. Es obvio, que la implantación de este tipo de sistemas en este ámbito, puede resultar beneficioso, especialmente en aspectos cruciales como la gestión del dato o el control, la prevención y la lucha contra la corrupción.

---

[22] Art. 59 Directiva 2014/24/UE.

[23] Sobre esta cuestión pueden consultarse a modo de ejemplo, la Resolución 104/2018 del Tribunal Administrativo de Recursos Contractuales de Castilla y León, de 22 de octubre, y la Resolución 324/2018 Tribunal Administrativo de Recursos Contractuales de la Juta de Andalucía, de 14 de noviembre, sobre la obligatoriedad de exigir la utilización de medios electrónicos.

En cualquier caso, conviene que distingamos su aplicación dependiendo de la fase en la que nos encontremos. Así, en la preparación de los contratos, esta tecnología puede servir como instrumento de apoyo para la elaboración de los pliegos teniendo en cuenta decisiones adoptadas por otros organismos similares. En el caso de la adjudicación, podría ser interesante en la automatización de la valoración económica de las ofertas, especialmente en la determinación de ofertas anormalmente bajas y también, en la fase de ejecución, podría ser significativamente beneficiosa, en el seguimiento y aplicación de penalidades ante incumplimiento de los niveles de servicios establecidos en los pliegos, detectando desviaciones de los niveles previamente fijados en los pliegos. Todo ello sin obviar la realización de informes automatizados con los datos de las diferentes licitaciones, para conseguir información del mercado, que permita elaborar pliegos de prescripciones técnicas más completos y ajustado a lo dispuesto en el mercado.

La incorporación de estos sistemas en la contratación pública, se está llevando a cabo de forma lenta, teniendo en cuenta las dificultades que presenta la inexistencia de un marco regulatorio propio, pero que no ha sido óbice para que algunas Administraciones públicas más innovadoras, hayan querido explorar las posibilidades que ofrece el uso de estos sistemas en la contratación pública. La mejor manera de valorarlo es conociendo algunas de estas experiencias prácticas:

- El Sistema Arachne[24], utilizado por la UE para la ejecución de los fondos europeos. Es un sistema integrado de puntuación de riesgo, dirigida al control, la prevención y la lucha contra el fraude, desarrollado por la Comisión Europea, y puesto a disposición de los estados miembros de forma gratuita. Está destinado a la prospección y al enriquecimiento de datos. Su función principal consiste en ayudar a las autoridades de gestión en los controles administrativos y de gestión que llevan a cabo en el ámbito de los Fondos Estructurales (Fondo Social Europeo y Fondo Europeo de Desarrollo Regional). A partir

24 https://ec.europa.eu/social/main.jsp?catId=325&intPageId=3587&langId=es (última consulta 28/02/29024).

de una base de datos exhaustiva de los proyectos facilitada por las autoridades de gestión de los Fondos Estructurales de la Unión Europea, va enriqueciendo esta base de datos con información de dominio público para determinar, sobre la base de una serie de indicadores de riesgo, los proyectos, beneficiarios, contratos y contratistas que pudieran presentar riesgos de fraude, conflicto de intereses u otras irregularidades. La herramienta ofrece alertas de riesgos, de gran valor, que enriquecen las verificaciones de gestión. Sin embargo, no proporciona ninguna prueba de errores, irregularidades o fraudes, pero no tiene como objetivo evaluar la conducta individual de los receptores de fondos y, por lo tanto, no sirve para excluir de los Fondos a ningún beneficiario de manera automática.

En España ha cobrado especial relevancia, con la aprobación de la Orden HFP/1030/2021, de 29 de septiembre por la que se configura el sistema de gestión del Plan de Recuperación, Transformación y Resiliencia, dado que contempla como medidas de prevención del fraude y la prevención de conflictos de intereses, «la comprobación de información a través de bases de datos de los registros mercantiles, bases de datos de organismos nacionales y de la UE, expedientes de los empleados (teniendo en cuenta las normas de protección de datos) o a través de la utilización de herramientas de prospección de datos («data mining») o de puntuación de riesgos (ARACHNE)[25]».

- La experiencia Blockchain del Gobierno de Aragón: El Gobierno de Aragón puso en marcha un sistema de licitación electrónica mediante la tecnología de registro distribuido (Blockchain). Este servicio, actualmente en producción, permite la presentación electrónica de ofertas para procedimientos de tipo abierto simplificado, modalidad "abreviada"[26]. La entrega de la oferta por parte de los licitadores se realiza mediante un único sobre o archivo electrónico y se evalúa, en todo caso, con

---

[25] ANEXO III.C Referencia medidas de prevención, detección y corrección del fraude, corrupción y conflicto de intereses, de la Orden HFP/1030/2021, de 29 de septiembre.

[26] Art. 159.6 LCSP.

arreglo a criterios de adjudicación cuantificables mediante la aplicación de fórmulas establecidas en los pliegos. Con este servicio, se quiere garantizar que no se produce la apertura de ofertas hasta que no finaliza el plazo de presentación.

De esta manera, esta tecnología basada en la criptografía de clave pública[27], hace que no sea necesario, la celebración de un acto público para la apertura de las ofertas. Este servicio también permite la valoración automática de las ofertas, calculando para ello la puntuación de todas las ofertas recibidas, con arreglo a las fórmulas matemáticas establecidas en los diferentes criterios objetivos. Este sistema no sólo garantiza en todo momento el cumplimiento de la LCSP en cuanto a la presentación electrónica de las ofertas, garantizando la integridad e inmutabilidad de las ofertas, de tal modo que la huella electrónica impide la alteración de la documentación que contiene, sino también un indudable incremento de la transparencia, pues permite la comprobación por cualquier persona de la trazabilidad en la contratación, y por supuesto, el control de la misma.

Sin entrar en tecnicismos, la idea central sobre la que se asiente este sistema de registro distribuido de ofertas se fundamenta en las siguientes fases: Primero, se solicita a los licitadores que confeccionen su oferta en formato electrónico, siguiendo un modelo normalizado, a través de la propia aplicación del servicio. Después, el licitador se identifica en el sistema, que calculará la huella electrónica (hash)[28]

---

27 La criptografía de clave pública o asimétrica está basada en el uso de un par de claves que cumplen, entre otros requisitos, que lo que somos capaces de cifrar con una de ellas, somos capaces de descifrarlo con la otra y sólo con ella. Una de las claves solo está en poder del propietario, que debe conservarla de forma segura, y se denomina clave privada. La otra clave es publicada para que la conozcan todos aquellos que quieran comunicarse de modo seguro con el propietario mencionado, a esta última se la denomina clave pública.

28 De conformidad con la Disposición Adicional Decimosexta de la LCSP, apartado h) A estos efectos, se entiende por huella electrónica de la oferta el conjunto de datos cuyo proceso de generación garantiza que se relacionan de manera inequívoca con el contenido de la oferta propiamente dicha, y que permiten detectar posibles alteraciones del contenido de esta garantizado su integridad. Las copias electrónicas de los documentos que deban incorporarse al expediente, deberán cumplir con lo establecido a tal

de la oferta del licitador en su propio equipo y presentará al sistema antes de la finalización del plazo de presentación de ofertas. La oferta se envía para su registro en una red de registro distribuido. Una vez finalizado el plazo de presentación de ofertas, los licitadores deberán enviar su oferta en formato electrónico a través del frontal del sistema. El sistema, tras volver a calcular la huella electrónica de la oferta, comprueba su coincidencia con la registrada previamente en la red de registro distribuido. En caso de darse esa coincidencia, la oferta es admitida a la licitación y se procede a su valoración. En caso contrario, el sistema rechaza la oferta y constará como no presentada. Por último, el gestor, de manera automatizada, analiza la documentación administrativa y valora los criterios objetivos, elevando la propuesta de adjudicación al órgano de contratación.

Dado el éxito del proyecto, el Gobierno de Aragón pretende profundizar en el sistema desarrollado y crear una nueva herramienta de licitación electrónica utilizando esta tecnología, con la idea de corregir las deficiencias observadas y mejorar y ampliar sus funcionalidades. Para ello tiene en licitación un nuevo contrato para desarrollo y evolución del sistema de licitación electrónica con tecnología de Registro distribuido (BLOCKCHAIN) de la Comunidad Autónoma de Aragón[29].

A la vista de lo señalado hasta ahora, con carácter general podemos decir, que la implantación de la Administración electrónica, se encuentra en un proceso avanzado en lo que se refiere al uso de medios electrónicos tanto en la gestión documental interna como

efecto en la legislación vigente en materia de procedimiento administrativo común, surtiendo los efectos establecidos en la misma. Así mismo, en los procedimientos de adjudicación de contratos, el envío por medios electrónicos de las ofertas podrá hacerse en dos fases, trasmitiendo primero la huella electrónica de la oferta, con cuya recepción se considerará efectuada su presentación a todos los efectos, y después la oferta propiamente dicha en un plazo máximo de 24 horas. De no efectuarse esta segunda remisión en el plazo indicado, se considerará que la oferta ha sido retirada.

29 https://contrataciondelestado.es/wps/portal/!ut/p/b0/DcoxDoAg-DADAJ9VJowmDgzO6qHQxDVTTWNGBwPdlvOQAYQeMlOWiJG8kr-XaB-VOJ9xA4kSofKl4S-RpgAwSUMGWtr29sHpfTlnZf1mabOnVzMQa-5xl_p4RmPg!!/ (última consulta 28/02/2024)

en las comunicaciones que tienen lugar con las personas interesadas en los diferentes procesos administrativos, y podemos hoy ya afirmar que, la digitalización y el uso de la IA constituye en estos momentos el principal factor del cambio o innovación en la actividad administrativa en España[30].

Así mismo, hemos puesto de manifiesto que el avance de la Administración electrónica también se produce en el ámbito de la contratación pública, donde hemos querido reseñar algunos ejemplos significativos de la utilización de sistemas de automatización y la inclusión de técnicas de inteligencia artificial (IA) en la actividad contractual de la Administración. Sin duda, su incorporación en la contratación pública, va a suponer un gran avance en la mejora de la eficiencia de la actividad contractual, y al mismo tiempo va a suponer un impulso en la prevención del fraude y la prevención de conflictos de intereses, así como, una herramienta muy potente para favorecer la transparencia en la contratación pública.

Una vez señaladas las posibilidades que las tecnologías pueden ofrecer a la Administración pública, debemos plantearnos ahora, si disponemos de las herramientas jurídicas adecuadas para adquirirlas con las suficientes garantías. Para ello, en primer lugar, se hace necesario analizar cuál ha sido el devenir de la normativa en materia

---

[30] El Informe Sociedad Digital en España 2023, publicado por Fundación Telefónica, señala que la relación de la ciudadanía con las Administraciones públicas a través de medios digitales es cada vez más intensa. El fuerte impulso a la Administración electrónica durante la pandemia ha continuado tras la vuelta a la normalidad. El 79,7% de las personas de entre 16 y 74 años utilizaron en 2022 páginas web o aplicaciones móviles de alguna Administración. La actividad más usual es la descarga de formularios oficiales (63,5%), seguida de las interacciones relacionadas con el acceso a la información (56,3%). La tramitación electrónica de servicios públicos de la Administración General del Estado ha continuado creciendo en 2022. El 91,9% de todos los trámites realizados con la AGE se llevaron a cabo mediante medios electrónicos, 1,5 puntos más que en 2021. El crecimiento del porcentaje de tramitación electrónica ha sido mucho mayor considerando los servicios ofrecidos a ciudadanos (el 87,8% en 2021 frente al 93,3% en 2022) que en el ámbito de las empresas (el 97,2% en 2021 frente al 99,2% en 2022). https://www.fundaciontelefonica.com/cultura-digital/publicaciones/sociedad-digital-en-espana-2023/780/ (consultado 28/02/204).

de contratos públicos en materia de bienes y servicios tecnológicos, su situación actual y alguno de los principales problemas detectados, para finalmente abordar, como afrontar los retos que se vislumbran en la adquisición de sistemas de automatización y la inclusión de técnicas de inteligencia artificial (IA).

III. EVOLUCIÓN DEL MARCO NORMATIVO PARA LA ADQUISICIÓN DE BIENES Y SERVICIOS TECNOLÓGICOS EN EL SECTOR PÚBLICO ESPAÑOL

Hoy día, estamos inundados de tecnología, vivimos con normalidad la interacción con las administraciones de forma electrónica, podemos ir a un registro de nuestro ayuntamiento y tramitar el envío de documentación a otro registro de cualquier otro organismo público (sea estatal, autonómico o local) de forma inmediata, la realización de la declaración de la renta de forma telemática, la petición de una cita previa en nuestro centro de salud a través de una aplicación móvil, la solicitud y matrícula de nuestros hijos en un centro escolar, la firma electrónica, etc.

Pero, en realidad, la introducción de las tecnologías y de los sistemas informáticos en España, fue relativamente tardía. Unas pocas empresas y entidades se anticiparon e introdujeron los primeros sistemas informáticos en los años postreros de la década de los 50 del siglo xx. El desarrollo tecnológico en España tuvo un mayor retraso respecto a los países europeos de nuestro entorno. La tardía introducción de computadoras en nuestro país tiene origen en los insalvables problemas para la importación que soportaba una España autárquica y aislada[31].

---

[31] Es necesario recordar que la primera máquina contable (es decir los predecesores de los ordenadores) se instaló en nuestro país en 1925 en la Compañía Telefónica Nacional de España. El año siguiente, el Ayuntamiento de Barcelona adquiere una tabuladora Samas, y, sorprendentemente, la fábrica de embutidos Campofrío instala otra. Le siguieron empresas públicas o semipúblicas como el Banco de Crédito Local (1925), el Banco Exterior de

Lógicamente, con este tardío despertar, el Decreto 923/1965, de 8 de abril, con el que se aprobaba la Ley de Contratos del Estado (en adelante LCE), no contemplaba en la descripción del contrato de suministro[32], aquellos que tuvieran por objeto programas de ordenador o el tratamiento de la información, entre otras razones, porque como ya hemos comentado, aún quedaba lejos la llegada de los primeros ordenadores a la Administración pública. Lo que sí se produjo con esta norma fue la emancipación legislativa del contrato administrativo de suministro, con respecto a los contratos de obras y servicios públicos[33].

Será en la década de los años 70 cuando realmente, se inicia "el despertar de la informática en España con una gran concentración de instalaciones: el 50 % en Madrid, un 30 % en Barcelona y el resto distribuido de manera más o menos irregular por toda la geografía peninsular. La Administración y el sector financiero representaban más del 50% del parque instalado"[34].

Este despertar, obligó a la promulgación del Decreto 2572/1973, de 5 de octubre, con el que se aprueba el «Pliego de Cláusulas Administrativas Generales para la contratación de equipos y sistemas para el tratamiento de la información y de mantenimiento, arrendamiento y programas» (PCAG), con el fin de ordenar este nuevo sector de la contratación pública, y de precisar aspectos relacionados con

España (1929), CAMPSA (1928) y CEPSA (1929), y detrás varias entidades financieras y grandes empresas como Standard Eléctrica, la Unión y el Fénix, la Dirección General de Aduanas, el Instituto Nacional de Estadística, el Banco de Vizcaya. Unas eran tabuladoras Remington, establecidas en España desde 1927, mientras que otras eran de la marca Hollerith, comercializadas por un ciudadano norteamericano, establecido en Madrid, que representaba los productos de la empresa CTR (IBM a partir de 1924). No será hasta el inicio de los años 70, cuando las tabuladoras serán sustituidas masivamente por ordenadores de tercera generación. Mateo Cortes, V. (2009). *Historia de los pioneros, desarrollo del mercado y consolidación de los ordenadores en nuestro país* (Cap. 9). *En La informática en España.* coord. por Sánchez del Río, C., Muñoz Ruiz, E. y Alarcón Álvarez. España Siglo XXI. Fundación Sistema y IdE Instituto de España. Biblioteca Nueva.

32 Art. 87 del Decreto 923/1965, de 8 de abril, de la LCE.

33 Art. 83 del Decreto 923/1965, de 8 de abril, de la LCE.

34 Barceló M. (2008). *Una Historia de la Informática. UOC*, p. 134.

la celebración de contratos referidos a los equipos, sistemas u otros aspectos del tratamiento automático de la información[35].

Teniendo en cuenta que la Ley de Contratos del Estado era una norma preconstitucional, con la incorporación de España el 1 de enero de 1986 a las Comunidades Europeas, era necesaria una revisión para adaptar la contratación pública al nuevo marco jurídico. Así pues, con la aprobación de la Ley 13/1995 de 18 de mayo, de Contratos de las Administraciones Públicas, el Estado español toma conciencia de la subordinación a las directivas europeas de sus propias leyes en materia de contratación pública. Por tanto, en esta nueva norma ya se incorporan, lógicamente, la Directiva 92/50/CEE, sobre contratos de servicios, las Directivas 93/36/CEE y 93/37/CEE, que constituyen los textos refundidos de las directivas vigentes en materia de contratos de suministro y de obras, respectivamente.

Heredera de la regulación anterior, la Ley 13/1995 incorporaba ya en la delimitación del contrato de suministros «la adquisición y el arrendamiento de equipos y sistemas para el tratamiento de la información, sus dispositivos y programas y la cesión del derecho de uso de estos últimos, así como de equipos y sistemas de telecomunicaciones»[36].

---

35 Se introduce por primera vez en nuestro ordenamiento de contratos públicos «la contratación de los equipos y sistemas para el tratamiento de la información, sus programas o los servicios conexos con los mismos, por parte de los Departamentos de la Administración Civil del Estado o por los Organismos Autónomos definidos en el artículo segundo de la Ley de veintiséis de diciembre de mil novecientos cincuenta y ocho, cualquiera que fuere el específico régimen jurídico de éstos» todo ello de conformidad con lo dispuesto en artículo 88 de la extinta Ley de Contratos del Estado de 1965. (Artículo segundo del Decreto 2572/1973, de 5 de octubre, por el que se aprueba el pliego de cláusulas administrativas generales para la contratación de equipos y sistemas para el tratamiento de la información y de mantenimiento, arrendamiento y programas.)

36 Art. 173.1.b de la Ley 13/1995, de 18 de mayo de Contratos de las Administraciones Públicas. (redacción final dada por el artículo único de la Ley 53/1999, 28 diciembre, por la que se modifica la Ley 13/1995, de 18 de mayo, de Contratos de las Administraciones Públicas).

Así mismo, incluía todos aquellos trabajos de mantenimiento cuando se contrataban conjuntamente con la adquisición o el arrendamiento[37], con la salvaguarda de que «la adquisición de programas de ordenador a medida se considerara contrato de servicios»[38].

Posteriormente, se aprobó el RD Legislativo 2/2000, de 16 de junio, por el que se aprueba el Texto Refundido de la Ley de Contratos de las Administraciones Públicas (TRLCSP), y podemos señalar que las variaciones con su antecesora son inapreciables en la mayoría de los casos. En realidad, se limitó a agrupar la normativa dispersa y a realizar ajustes técnicos utilizando muy limitadamente aquellas facultades de armonización, regularización y aclaración[39].

Teniendo en cuenta el mandato de la Directiva 2004/18/CEE, se aprobó la Ley 30/2007, de 30 de octubre, de Contratos del Sector Público, manteniendo en esencia la configuración y tipificación que se hacía sobre la adquisición y arrendamiento de equipos y sistemas para el tratamiento de la información, señalada en el anterior art. 172 del TRLCAP, aunque cambia la redacción por: «los que tengan por objeto la adquisición y el arrendamiento de equipos y sistemas de telecomunicaciones o para el tratamiento de la información, sus dispositivos y programas, y la cesión del derecho de uso de estos últimos, a excepción de los contratos de adquisición de programas de ordenador desarrollados a medida, que se considerarán contratos de servicios», unificando la redacción señalada del apartado 1.b) y el apartado 2 del art. 172 TRLCAP.

Por último, mediante Real Decreto Legislativo 3/2011, se aprueba el TRLCSP de 16 de noviembre, en el que no se incorporaba nada nuevo con respecto al texto anterior, en relación a la adquisición

---

37 Art. 173.3 de la Ley 13/1995, de 18 de mayo de Contratos de las Administraciones Públicas.

38 Art. 173.2 de la Ley 13/1995, de 18 de mayo de Contratos de las Administraciones Públicas.

39 Ceballos Revilla, H. (2000). *RD Legislativo 2/2000, de 16 de junio por el que se aprueba el Texto Refundido de la Ley de Contratos de las Administraciones Públicas.* Revista el Consultor de los Ayuntamientos y de los Juzgados, nº 17, pp. 2834-2835.

y el arrendamiento de equipos y sistemas para el tratamiento de la información.

IV. EL MARCO JURÍDICO ACTUAL PARA LA IMPLANTACIÓN DE LAS TECNOLOGÍAS EN ESPAÑA: LA LEY 9/2017, DE 8 DE NOVIEMBRE, DE CONTRATOS DEL SECTOR PÚBLICO

Con la aprobación de la LCSP, se han dado importantes pasos para solventar determinados problemas estructurales que acarreaba la contratación pública. Podemos resumirla en dos ideas principales en torno a las que gira el nuevo texto: transparencia y prevención de la corrupción, y la apuesta decidida por un modelo de contratación pública estratégica.

Como señala Gimeno Feliú, "conviene resaltar el importante trabajo y debate de los diputados y sus asesores, y de la especial atención prestada a esta norma que es, sin duda, estratégica. El resultado podrá ser más o menos satisfactorio, pero resulta innegable que ha existido verdadera política en la tramitación de la Ley. Y el tono de las intervenciones en el seno de la Comisión que aprobaba el texto (todas de gran interés, pero muy especialmente la del Presidente de la Comisión) son un excelente ejemplo de que el interés general puede ser el eje del parlamentarismo y que hay verdadera política más allá de reproches o confrontación. Desde este aspecto conviene reconocer la labor de la tramitación parlamentaria y del resultado final"[40].

De igual manera, con la nueva LCSP el legislador apuesta de forma decida por una visión estratégica de la contratación pública[41],

---

40 Gimeno Feliú, J.M. (2017). *Las novedades del Proyecto de Ley de Contratos del Sector Publico tras su aprobación en el Congreso de los Diputados.*https://www.obcp.es/opiniones/las-novedades-del-proyecto-de-ley-de-contratos-del-sector-publico-tras-su-aprobacion-en

41 Interesa referenciar, desde el máximo nivel político, el documento del Consejo Europeo *Conclusiones del Consejo: Inversión pública a través de la contratación pública: recuperación sostenible y reactivación de una economía de la UE*

que se orienta en el impulso de políticas de desarrollo sostenible, la innovación, el apoyo al tejido empresarial de las pymes con medidas de simplificación de los trámites, que suponen una menor burocracia para los licitadores y un mejor acceso a las licitaciones, y, por último, la introducción de obligaciones y normas más estrictas en materia medioambiental, social o laboral, tanto en beneficio de las empresas como en el de sus trabajadores, que se convierten en el eje principal de la contratación.

Así pues, el art. 1 LCSP se convierte en el nuevo pilar de la contratación pública, avanzado así en palabras de Gimeno Feliú «hacia una visión "más cercana" a la consideración del contrato público como inversión y no como gasto (superando la tradicional aplicación burocrática y economicista de los procedimientos de licitación pública en España). El artículo 1.3 LCSP supone una clara "innovación" sobre la comprensión práctica de la contratación pública, renunciando a una filosofía burocrática formal y excesivamente economicista para incorporar, de forma preceptiva, la visión estratégica de la contratación pública, incluyendo referencias expresas al valor social y ambiental y la protección de las PYMES. Se abandona así una visión presupuestaria de la contratación pública, que se reorienta a una perspectiva instrumental de implementación de políticas públicas»[42].

Hasta aquí, podemos decir que el avance de la contratación pública es innegable. Hoy disponemos de una contratación pública madu-

---

resiliente, (2020/C 412I/01), en el que, tras hacer una análisis previsor de la contratación pública, se insiste en la necesidad de su función estratégica: «Hay que reforzar la economía europea y reducir la dependencia estratégica de terceros países, especialmente en determinados sectores de la economía europea, que son fundamentales para el funcionamiento de los servicios públicos y la atención sanitaria pública, como los medicamentos y los productos sanitarios; a la hora de determinar un enfoque proporcionado y específico para abordar esta cuestión deberán considerarse detenidamente las repercusiones en la competencia, los precios y los procedimientos de contratación pública».

42 Gimeno Feliú, J.M. (2018). La nueva regulación de la contratación pública en España desde la óptica de la incorporación de las exigencias europeas: Hacia un modelo estratégico, eficiente y transparente, en Estudio Sistemático de la Ley de Contratos del Sector Público. Coord. GIMENO FELIÚ, J.M. Ed. Thomson Reuters, p. 91

ra que, gracias al impulso de las políticas europeas, se ha consolidado la visión estratégica de la contratación pública como un instrumento imprescindible para implementar las políticas públicas que se consideren esenciales para el progreso de los Estados que integran la UE, y en los que se deben incorporar criterios de sostenibilidad: ambientales, sociales, económicos, innovadores y éticos, pero nos hemos dejado algo al margen.

Los esfuerzos regulatorios en el ámbito tecnológico, se han centrado en transformar una contratación en papel a una contratación electrónica, incorporándose así en nuestro ordenamiento, normas que inicialmente tenían daban cierta flexibilidad a los poderes adjudicadores, para implantar los medios electrónicos en las licitaciones, a su obligatoriedad. Pero no es suficiente, dado que no se ha abordado si los órganos de contratación tienen las herramientas jurídicas necesarias para adquirir estos bienes y servicios en un mercado tan especial como lo es el tecnológico, y que como ejemplo, hemos dado cuenta de cuál ha sido la evolución de los tipos contractuales para este ámbito, en las sucesivas leyes de contratos.

Los tipos contractuales recogidos en la vigente LCSP[43], son en general, bastante continuistas de sus precedentes, como así se indica en el propio Preámbulo LCSP, cuando menciona que: «Las principales novedades que presenta esta Ley se han introducido a lo largo de todo su articulado, si bien queda a salvo el régimen jurídico específico correspondiente al contrato de obras, al de suministro y al contrato de servicios, en cuyas disposiciones no se han incluido, salvo en cuestiones muy concretas, excesivas reformas»[44].

Se ha incidido en algunas cuestiones respecto al tratamiento que la LCSP hace sobre la adquisición y arrendamiento de equipos y sistemas para el tratamiento de la información —principalmente en relación a los contratos de *software*[45], de la que me extenderé más

---

43 Sección 1ª del Capítulo II (artículos 12 a 18) LCSP.

44 Apartado II del Preámbulo LCSP.

45 Según el Diccionario de la Real Academia de la lengua española: «Conjunto de programas, instrucciones y reglas informáticas para ejecutar ciertas tareas en una computadora», en https://dle.rae.es/*software*?m=form (última consulta: 25 de octubre de 2023).

adelante—, pero el grueso de la regulación, en este sentido, es básicamente el mismo.

V. HERRAMIENTAS PARA LA ADQUISICIÓN DE BIENES Y SERVICIOS TECNOLÓGICOS: LA ASIGNATURA PENDIENTE

Como hemos señalado, desde el Decreto 923/1965, de 8 de abril, por el que se aprobaba la Ley de Contratos del Estado, hasta nuestra vigente Ley 9/2017, de 8 de noviembre, de contratos del Sector Público, hemos podido observar un lento camino para incorporar la adquisición de bienes y servicios tecnológicos hasta su configuración tal y como la conocemos hoy.

No hay mayor referencia a su tratamiento salvo la delimitación en el tipo contractual (suministro o servicios). ¿Es suficiente con esto?

La legislación se ha limitado a señalar y regular la necesidad de implantar la tecnología en la actividad administrativa, incluyendo también el ámbito de la contratación pública, y sin duda, su implantación está tenido un impacto positivo, especialmente en este último ámbito como instrumentos para combatir la corrupción, aumentar la transparencia y la rendición de cuentas en la contratación pública. Pero, ¿nuestras normas de contratos públicos nos permiten disponer de los instrumentos adecuados para la adquisición de bienes y servicios tecnológicos —incluido lógicamente los sistemas de automatización y la inclusión de técnicas de IA— con todas las garantías?

Sorprende que, en este momento tan trascendental en el que se encuentran las Administraciones públicas con la incorporación de las tecnologías en todos sus procesos y ámbitos operativos, no haya un aporte mayor en este punto. Salvo en lo relativo a la necesidad de incorporar las tecnologías en los trámites y procedimientos[46], no se incorpora nada sustancial en relación a este ámbito.

---

[46] En el Preámbulo del actual texto de la LCSP se menciona la obligatoriedad de la implantación de la contratación electrónica que «debe necesariamente aludirse a la decidida apuesta que el nuevo texto legal realiza en favor de

Como señala Gimeno Feliu, "es una notable ausencia de difícil explicación, la LCSP no incorpora la necesaria visión electrónica de las decisiones contractuales, ignorando el reto de la digitalización, de soluciones *cloud computing* y de la inteligencia artificial en la contratación pública. En un sector tan dinámico y de gran impacto socioeconómico, esta ausencia de visión moderna (a modo de una vía de tren estrecha frente al modelo de vía ancha europea) impide el desarrollo, con la necesaria seguridad, de inversiones y de innovación a través del contrato público"[47].

Con estos antecedentes, se echa en falta una regulación más explícita sobre estas cuestiones. Era necesario haber desarrollado y concretado previsiones legales con el fin de facilitar la adquisición de los medios tecnológicos, aclarando y precisando los aspectos complejos que se sustancian en este tipo de productos, que no pueden dejarse exclusivamente al esfuerzo interpretativo de los tribunales y la doctrina. Sirva como ejemplo el caso de la tipificación de productos tecnológicos en la nube, que hoy día es objeto de un intenso debate del que hablaremos más adelante.

Así mismo, la rígida mecánica organizativa de las Administraciones públicas, y en ocasiones, la falta de profesionalización de sus funcionarios, en general, pone de relieve la dificultad de adaptarse a la rápida evolución tecnológica actual. No es nuevo que el poder público reaccione con desconcierto ante los avances tecnológicos, lo que supone en muchos casos, que los poderes adjudicadores no sepan articular correctamente la definición de sus proyectos e ideas, o detectar y definir claramente sus necesidades con la precisión necesaria.

En este sentido las normas sobre contratación pública deben adaptarse a los nuevos retos para ordenar jurídicamente otras formas

---

la contratación electrónica, estableciéndola como obligatoria en los términos señalados en él, desde su entrada en vigor, anticipándose, por tanto, a los plazos previstos a nivel comunitario».

47 Gimeno Feliu, J.M. (2023). Cinco años de la entrada en vigor de la Ley 9/2017, de Contratos del Sector Público (LCSP): reflexiones retrospectivas, prospectivas y propositivas. OBSCP. https://www.obcp.es/opiniones/cinco-anos-de-la-entrada-en-vigor-de-la-ley-92017-de-contratos-del-sector-publico-lcsp

de adquisición de bienes y servicios tecnológicos. También los tribunales deben prestar una mayor atención a determinados aspectos relacionados con la adquisición de bienes y servicios en tecnología, y evitar así que proliferen prácticas incorrectas.

Sin duda, faltan instrumentos específicos en el ámbito de la contratación pública para evitar los efectos que las prácticas empresariales, basadas en situaciones de dominio de mercado, puedan distorsionar los procedimientos de licitación, limitando las posibilidades de la competencia y, por tanto, las posibilidades de conseguir que la prestación responda a la mejor relación calidad-precio[48].

Por eso, hay que buscar fórmulas para acomodar, en su caso, los mecanismos de los que ya dispone la propia normativa de contratos públicos o analizar la posibilidad de incorporar nuevas herramientas que permitan una mayor adaptación a este entorno tan cambiante, siendo un objetivo básico y prioritario.

Sin duda alguna, los sistemas de automatización y la inclusión de técnicas de IA, están llamados a resolver importantes desafíos, pero primero debemos replantearnos y revisar los parámetros en los que se ha venido sustentando la actuación de los poderes públicos, en relación con el uso de las tecnologías en su propia actividad, y seguidamente, plantearnos si estamos preparados para incorporarla en el devenir de la actuación administrativa.

Si hoy día no disponemos de los mecanismos que resuelvan los problemas actuales, difícilmente podremos abordar la incorporación de este tipo de tecnología disruptiva, sin que suponga una merma de las garantías y los principios jurídicos en los que se cimenta la contratación pública.

Por ello se hace necesario iniciar un debate sereno sobre algunos problemas que se plantean actualmente, como la calificación de determinados productos informáticos, las adquisiciones de licencias *software*, la dependencia tecnológica del sector privado, el encaje correcto en los tipos contractuales previstos en la legislación de con-

---

48 Gimeno Feliu, J. M., García-Alvarez García, G. Y Tejedor Bielsa, J. (2022). *La compra pública de tecnología en la Nube en España.* Thomson Reuters – Ed. Aranzadi, p. 103.

tratos (servicio, suministro o mixto), que conllevan a menudo una excesiva dependencia tecnológica del sector privado, la evolución constante y ultrarrápida de las tecnologías, que mañana deja obsoleta lo que hemos adquirido hoy, los problemas de compatibilidad e interoperabilidad de productos, la protección de los derechos de propiedad intelectual, los de protección de datos, etcétera.

VI. ASPECTOS RELEVANTES EN EL USO DE LOS SISTEMAS DE AUTOMATIZACIÓN

Como estamos viendo a lo largo de esta obra, son muchos los debates abiertos sobre los usos que los sistemas de automatización y la inclusión de técnicas de IA pueden aportar en la Administración, pero también sus límites y desventajas o mejor expresado, hasta dónde pueden alcanzar sus algoritmos[49]. Aunque si bien se está empezando a utilizar sistemas que incorporan técnicas de IA en algunos ámbitos de la Administración, su implantación no es total y ha planteado dudas, sobre todo en materia de protección de datos, seguridad y confidencialidad.

Por su parte, la implementación de estas tecnologías en el marco de la contratación pública se enfrenta a innumerables retos, no sólo la de garantizar la ética y la transparencia en el uso de los algoritmos y los datos, sino también en una correcta tipificación del objeto y la elección de los procedimientos más adecuados para su adquisición.

Por todo ello, es crucial que el contrato público se convierta en una herramienta estratégica para incorporar estos sistemas en nuestras administraciones de forma segura. Además de los principios y garantías que determina nuestro ordenamiento, la transparencia, la integridad, interoperabilidad y neutralidad, deben convertirse en ejes fundamentales en los que debe apoyarse la adquisición de este tipo de herramientas en la Administración pública.

---

49 *Vid.* al respecto la contribución de Angel M MORENO MOLINA en esta obra colectiva.

A) Pero, ¿qué debemos entender por inteligencia artificial?

Aunque los sistemas de automatización y las técnicas de IA existen como campo de conocimiento desde los años 50, sin duda su relevancia se ha multiplicado exponencialmente en los últimos años. Esto ha sido posible gracias, en primer lugar, a la disponibilidad de cantidades ingentes de datos (Big Data) resultado del crecimiento acelerado en el uso de servicios digitales y de la digitalización del mundo físico a través de sensores; en segundo lugar, a la disponibilidad de grandes capacidades de computación a bajo coste y al desarrollo de arquitecturas complejas de IA que permiten encontrar patrones automáticamente y realizar predicciones a partir de los datos.

Tratar de traer aquí un concepto claro de lo que debe entenderse por IA, es complicado, ya que su definición no es pacífica, existiendo diversidad de opiniones al respecto[50]. Pero es necesaria esta conceptualización para determinar el tratamiento jurídico que deberíamos dar al uso de estas herramientas y, sobre todo en el ámbito de la contratación pública, poder establecer su correcta tipificación.

En primer lugar, para determinar a qué nos referimos cuando hablamos de sistemas automatizados, algorítmicos o de inteligencia artificial, debemos distinguir entre sistemas automáticos y sistemas autónomos[51]

Los sistemas automáticos son aquellos que establecen un resultado predeterminado frente al supuesto de hecho y no disponen de la capacidad de actualizarse ni tomar decisiones de manera autónoma. Por ejemplo, el sistema BOSCO, programa desarrollado por el Gobierno para evaluar las solicitudes de quienes pretendan acogerse al bono social que genera un descuento en la factura de la luz y usado por las compañías eléctricas para determinar las personas que cum-

---

50 *Vid. la contribución de Antonio BERLANGA y José M. MOLINA a esta obra colectiva.*

51 Soriano Arnanz, A. (2021). Decisiones automatizadas. Problemas y soluciones jurídicas: más allá de la protección de datos. Revista de Derecho Público: Teoría y Método, 3, 85-127. https://doi.org/10.37417/RPD/vol_3_2021_535

plen con los requisitos[52]. En este caso, el sistema únicamente procesa la información, atribuyendo a las diferentes variables concurrentes de los solicitantes, el valor y peso previamente atribuido por los programadores, ofreciendo un resultado que, en realidad, está predeterminado.

Por otra parte, los sistemas autónomos, son aquellos que se actualizan de manera autónoma, tras su puesta en funcionamiento, retroalimentándose de los datos que va incorporando, de la realidad social que deben medir y predecir, adaptando los resultados que generan a la nueva información que van recibiendo. Un claro ejemplo, sería los buscadores de internet, que van modificando y adaptando las sugerencias que realizan a los internautas en función del contenido que estos consumen en cada momento.

La propia Comisión Europea reconoce esta dificultad de encontrar una definición que se acomode a todas las opiniones, pero justamente por ello, insta a definir con claridad la noción de sistema de IA para ofrecer seguridad jurídica y facilitar la convergencia a escala internacional y una amplia aceptación, que al mismo tiempo proporcione la flexibilidad necesaria para adaptarse a los futuros avances tecnológicos. Para la Comisión, esta definición debe basarse en las principales características de los sistemas de IA que los distinguen de los sistemas de software o los planteamientos de programación tradicionales y más sencillos, y no debe incluir los sistemas basados en las normas definidas únicamente por personas físicas para ejecutar automáticamente operaciones [53].

Continúa señalando una cuestión fundamental que debe tenerse en cuenta en al ámbito de la contratación pública, y es que «Los sistemas de IA están diseñados para funcionar con distintos niveles de autonomía, lo que significa que pueden actuar con cierto grado de independencia con respecto a la actuación humana y tienen ciertas capacidades para funcionar sin intervención humana. La capacidad

---

[52] Para más información en Fuertes López, M. (2022). *Reflexiones ante la acelerada automatización de actuaciones administrativas.* Revista Jurídica de Asturias, 45, 105-124. https://reunido.uniovi.es/index.php/RJA/article/view/18989

[53] Considerando 12 del RIA.

de adaptación que un sistema de IA podría mostrar tras su despliegue se refiere a las capacidades de autoaprendizaje que permiten al sistema cambiar mientras está en uso. Los sistemas de IA pueden utilizarse de manera independiente o como componentes de un producto, con independencia de si el sistema forma parte físicamente del producto (integrado) o contribuye a la funcionalidad del producto sin formar parte de él (no integrado)».

Por ello en el art. 3 del Reglamento señala que, se entenderá por:

«Sistema de inteligencia artificial (sistema de IA): un sistema basado en una máquina que está diseñado para funcionar con distintos niveles de autonomía y que puede mostrar capacidad de adaptación tras el despliegue, y que, para objetivos explícitos o implícitos, infiere de la información de entrada que recibe la manera de generar resultados de salida, como predicciones, contenidos, recomendaciones o decisiones, que pueden influir en entornos físicos o virtuales;», es decir, precisando, cuando hablamos de sistema de IA, es suficiente con que nos encontremos con un sistema que sea capaz de procesar datos de forma masiva y autónoma, que esté diseñado para funcionar con distintos niveles de autonomía y que pueda demostrar capacidad de adaptación tras su despliegue, llegando a conclusiones más precisas, como predicciones, contenidos, recomendaciones o decisiones, que pueda influir en entornos físicos o virtuales.

Por otra parte, Zlotnik Enaliev señala que, los sistemas de IA actuales, no son inteligencia en el sentido que los seres humanos otorgamos a esa palabra. Las técnicas de IA que han logrado los resultados más prometedores parten de un conjunto de variables de entrada y salida; la relación entre ellas se establece mediante un proceso de "entrenamiento" o "aprendizaje" realizado por algoritmos, generalmente guiados por grandes cantidades de datos[54].

---

54 Zlotnik Enaliev, A. (2019). Inteligencia Artificial en las Administraciones Públicas: definiciones, evaluación de viabilidad de proyectos y áreas de aplicación. *Revista de la Asociación Profesional de Cuerpos Superiores de Sistemas y Tecnologías de la Información de las Administraciones Públicas*, Nº 84, 24-32. Disponible en: https://www.ciegs.upv.es/wp-content/uploads/2023/06/Inteligencia-Artificial-en-las-Administraciones-definiciones-evaluacion-de-viabilidad-alexander_zlotnik-2019.pdf

Para este autor, hoy día todavía faltan varias décadas para que un sistema de IA pueda considerarse una Inteligencia Artificial General (IAG), con capacidades similares a las de un ser humano. Si esto fuese posible ya, sería una verdadera revolución para todos los sectores y también introduciría numerosos retos éticos, sociales y jurídicos para la humanidad en su conjunto.

B) El papel de los algoritmos en la IA

Debemos tener claro, que cuando hablamos de IA, implica la desvinculación de los datos de los documentos y procesarlos de forma masiva (*big data*) y de manera independiente, para tomar decisiones y realizar tareas complejas, sin haber sido programado específicamente para ello. De ahí que estos sistemas puedan tener una gran capacidad para identificar patrones y formular descripciones, predicciones o recomendaciones basadas en algún razonamiento automatizado expresado en algoritmos. Por ello, es necesario analizar el funcionamiento interno de los sistemas de IA, teniendo en cuenta que los algoritmos son el motor de este tipo de sistemas.

Así pues, sucintamente, utilizando la definición de la Real Academia Española, podemos decir que un algoritmo es «un conjunto ordenado y finito de operaciones que permiten hallar la solución a un problema», pero su característica aplicada a la IA, es su uso con la existencia de datos masivos con los que alimentar su sistema, la operatividad se multiplica de forma exponencial. Puede implementarse en cualquier lenguaje de programación y utilizarse en el sistema informático.

Por lo tanto, debemos tener en cuenta que el *big data* se erige como fuente de alimentación de los sistemas de IA, por lo que la disponibilidad de datos masivos en estos sistemas se convierte en un aspecto fundamental, ya que los algoritmos en que basan su funcionamiento, necesitan de los mismos para su ejecución. Por tanto, para un desarrollo adecuado de un sistema de automatización o que incorpore técnicas de IA, además de disponer de una base de datos lo más completa posible, se requiere de un programa o sistema operativo que precise de algoritmos, para ejecutar los pasos o instrucciones de una forma automatizada.

Algunos de estos ejemplos, quizás más extendidos y útiles en el ámbito de la Administración pública, los encontramos en la adquisición de los asistentes virtuales o *chatbots* (asistentes virtuales, que permiten resolver consultas sencillas o proporcionar información de carácter general sin necesidad de presencia ni intervención humana, por ejemplo: *Siri, Cortana, Echo, Alexa,* etc.)[55].

Este tipo de programas, está permitiendo la posibilidad de entender mucho mejor lo que desea el interlocutor, aunque no utilice la frase exacta que el programa tiene grabada. En este caso, el procesamiento del lenguaje natural (PLN)[56] ha tenido mucho que ver, pues se trata de una de las aplicaciones de *machine learning* que más empuje está teniendo.

---

55 Algunos ejemplos: Contrato de Servicio del diseño, desarrollo, configuración y mantenimiento de un asistente virtual conversacional (chatbot) para la atención a la ciudadanía en materia de urbanismo y medio ambiente (Ref. 15/22), para el Ayuntamiento de Sevilla en materia de Urbanismo y Medio Ambiente. (https://contrataciondelestado.es/wps/portal/!ut/p/b0/04_Sj9CPykssy0xPLMnMz0vMAfIjU1JTC3Iy87KtUlJLEnNyUuNzM-pMzSxKTgQr0w_Wj9KMyU1zLcvQjVQ2CczLKQi1NLF3Ci6qM3QNTTI-vMggNtbfULcnMdAV-owZY!/). Puesta en marcha de un asistente conversacional (chatbot) que facilite al usuario los datos disponibles de Aragón Open Data. Instituto Tecnológico de Aragón. (https://contrataciondelestado.es/wps/wcm/connect/8a0dbfd1-ab79-4c9a-afaa-488905b04249/DOC_CD2018-314210.pdf?MOD=AJPERES)

56 El Procesamiento del Lenguaje Natural o PLN, es el campo de conocimiento de la IA que se ocupa de la investigar la manera de comunicar las máquinas con las personas mediante el uso de lenguas naturales, como el español, el inglés o el chino. Virtualmente, cualquier lengua humana puede ser tratada por los ordenadores. Las lenguas humanas pueden expresarse por escrito (texto), oralmente (voz) y también mediante signos. Tratar computacionalmente una lengua implica un proceso de modelización matemática. Los ordenadores solo entienden de bytes y dígitos y los informáticos codifican los programas empleando lenguajes de programación como C, Python o Java. Los lingüistas computacionales se encargan de la tarea de "preparar" el modelo lingüístico para que los ingenieros informáticos lo implementen en un código eficiente y funcional. Véase en: INSTITUTO DE INGENIERÍA DEL CONOCIMIENTO. *Procesamiento del lenguaje natural ¿qué es?* https://www.iic.uam.es/inteligencia/que-es-procesamiento-del-lenguaje-natural/

A la vista de lo señalado, y teniendo como referencia lo manifestado por el RIA, podemos afirmar que un sistema basado en IA se configurará como un sistema de *software* (y posiblemente también de hardware) que incorporará la combinación de varios algoritmos. Una vez, aclarado esto, se hace necesario, ver su encaje jurídico en las diferentes tipologías de contratos, establecidas en nuestra LCSP, que no dista de cualquier otro producto *software* que las Administraciones públicas pretendan adquirir o desarrollar.

VII. DIFICULTADES EN LA CALIFICACIÓN JURÍDICA DE LOS CONTRATOS RELACIONADOS CON IA

La calificación jurídica del tipo contractual y la aplicación de las reglas de adjudicación, debe ser consecuencia de una definición correcta del objeto del contrato[57], y consecuentemente, de su precio. Por tanto, debemos analizar, en primer lugar, aunque sea brevemente, cómo encajan los productos *software*, en esta delimitación de los tipos contractuales, en esencia como contratos de servicios o de suministros[58].

La LCSP define en su art. 16 a los contratos de suministro como "(...) los que tienen por objeto la adquisición, el arrendamiento financiero, o el arrendamiento, con opción a compra o sin ella, de productos o bienes muebles". Por otra parte, en el apartado 3 b) de dicho artículo, en relación con los productos informáticos, considera que en todo caso son contratos de suministro, "Los que tengan por objeto la adquisición y el arrendamiento de equipos y sistemas de telecomunicaciones o para el tratamiento de la información, sus dispositivos y programas, y la cesión del derecho de uso de estos últimos, en cualquiera de sus modalidades de puesta a disposición, a ex-

---

57 Art. 99 de la LCSP.

58 La clasificación de los contratos en la LCSP resulta relevante para conocer qué normas son las que hay que seguir para su preparación, licitación, adjudicación y ejecución. Atendiendo a lo dispuesto en el art. 12 de la LCSP, la clasificación en función de su objeto, en cuyo caso, podemos distinguir los siguientes tipos: Los contratos de obra, concesión de obras, concesión de servicios, suministro y servicios.

cepción de los contratos de adquisición de programas de ordenador desarrollados a medida, que se considerarán contratos de servicios".

Esta definición del contrato de suministro en la vigente LCSP, es muy similar a como lo hacía el art. 9 del TRLCSP, y como hemos visto, a la forma tradicional que se ha venido caracterizando ese tipo de contratos en nuestra legislación. El contrato de suministro regulado en la legislación de contratos públicos, pese a sus orígenes comunes, poco tiene que ver con el contrato de suministro concebido en el ámbito privado.

Por otra parte, el artículo 17 de la LCSP señala que: «son contratos de servicios aquellos cuyo objeto son prestaciones de hacer consistentes en el desarrollo de una actividad o dirigidas a la obtención de un resultado distinto de una obra o suministro, incluidos aquellos en los que el adjudicatario se obligue a ejecutar el servicio de forma sucesiva y por precio unitario».

Esta redacción, ha mantenido una definición idéntica a la contenida en el art. 10 del TRLCSP[59], es decir carece de una definición clara y concisa, lo que demuestra una vez más, la inexistencia de una delimitación y consolidación clara de estos contratos, que los mismos arrastran desde sus comienzos tardíos, definiéndose por exclusión de otros, pero ni siquiera en este extremo gozan de la precisión necesaria[60].

Por lo tanto, se presenta aquí el tipo contractual residual, al que reconducir la adquisición de todas aquellas prestaciones cuando no corresponde contratarlas a través de los otros tipos analizados. En otras palabras, cualquier prestación de hacer que no tenga encaje en

---

59 Redacción similar a la de su precedente, con la salvedad de incorporar a los servicios que se ejecutan de forma sucesiva y por precio unitario, y la desaparición del Anexo II de la normativa anterior, donde se enumeraban los servicios concretos, lo que nos obliga a acudir al Reglamento (CE) nº 2195/2002 del Parlamento Europeo y del Consejo e 5 de noviembre de 2002, por el que se aprueba el Vocabulario Común de los contratos públicos (CPV)

60 Menéndez Sebastián, E. M. (2018). El contrato de servicios, en Dir. Gimeno Feliú, J.M., *Estudio sistemático de la Ley de Contratos del Sector Público.* Ed. Thomson-Reuters Aranzadi, p. 1.539.

los conceptos de obra o de suministro ha de ser calificada como un contrato público de servicios[61].

Por otra parte, si podemos afirmar que, el inicio de esta figura contractual surge como medida, para hacer frente a aquellas obligaciones que no pueden hacerse con los medios personales y materiales de los que dispone la Administración, es por tanto necesario recurrir a la vía externa que le brinda la contratación[62].

Estas carencias, que impiden a la Administración llevar a cabo el cumplimiento de sus fines, requiere en muchos casos, de actividades que por su alto componente intelectual, así como el grado necesario de especialidad, conocimiento y titulación, el personal laboral o funcionarial carece de ello, pero siempre que sea de carácter excepcional u ocasional, en el sentido de no tratarse de una necesidad constante y manifiesta, ya que surgiría la obligación por parte de la Administración de aumentar la plantilla.

Lógicamente, en los contratos de servicios tecnológicos esta necesidad se hace muy patente, por el alto nivel de especialización en determinadas tecnologías que se requiere, en algunos casos, o el acceso directo a los laboratorios, acceso a códigos fuentes, o a plantas de fabricación de los equipos, o la disposición de profesionales especialistas entrenados en su fábrica para poder dar satisfacción a los requerimientos de la administración. En aras a dar respuesta a estas necesidades, se estima más conveniente acudir a la vía externa de la contratación administrativa para dar respuesta a las necesidades requeridas en cada caso.

Aun asi este comienzo legal tardío, ha marcado el desarrollo de esta figura contractual, de tal manera que su desarrollo normativo ha

---

61 Valcárcel Fernández, p. (2018). La delimitación de los tipos contractuales, en Dir. Gimeno Feliú, J.M., *Estudio sistemático de la Ley de Contratos del Sector Público.* Ed. Thomson-Reuters Aranzadi, p. 463.

62 Debemos recordar que en el art. 116 LCSP, exige en la tramitación del expediente de contratación de servicios un informe de insuficiencia de medios, que justifique estas carencias que hemos señalado.

sido escaso, y que no será hasta la ley de Contratos de 1995 cuando tenga un reconocimiento pleno[63].

Todo esto, nos lleva a concluir que hubiese sido deseable una clarificación de esta figura contractual, pues no sólo no ha introducido una regulación acorde con la situación actual, sino que, ha introducido elementos que han producido una mayor distorsión. Si esto sucede en contratos de servicios que se realizaba hasta la fecha, no digamos en servicios con un componente tecnológico.

Sin duda controvertido y debatido por la doctrina, hubiese sido preferible dar a este tipo de contratos una regulación específica que lógicamente su condición particular reclama, especialmente en lo que se refiere a la distinción entre compra o arrendamiento de los sistemas informáticos y programas ya elaborados, y el encargo de unos específicos para la administración, y más ahora mismo, con la problemática que como veremos, surge con la figura del modelo *cloud*.

A modo de conclusión, siguiendo la interpretación marcada por la JCCA, que ya tuvo la oportunidad de pronunciarse sobre esta cuestión, «los contratos que tienen por objeto la adquisición de programas de ordenador son contratos de suministro con una excepción, que se trate de programas de ordenador confeccionados a medida, en cuyo caso constituyen contratos de servicios, sujetos ambos a la Ley 9/2017, de 8 de noviembre, de Contratos del Sector Público[64]», haciendo la salvedad, en línea con lo señalado en el precepto, que solo cuando los trabajos contratados, requieran una actividad compleja, que implique el desarrollo de un programa informático a medida, nos encontraríamos con un contrato de servicios, por tanto, lo que no dejaría espacio a la duda, si tenemos en cuenta la naturaleza de la obligación: «(…) si lo que predomina es la obligación de una entrega su naturaleza será la de suministro; cuando lo que predomine sea una obligación de hacer, el contrato será un servicio[65]».

---

63 La Ley de Contratos del Estado de 1965 no hacía mención alguna a este tipo de contratos.

64 Informe 58/2018 JCCP, de 15 de julio.

65 Informe 13/2021 JCCP, de 10 de junio.

A) *Parches, actualizaciones y nuevas versiones de las licencias software*

Es práctica habitual encontrarse expedientes que tienen por objeto la adquisición o renovación de licencias de productos informáticos, que además incorporan en el coste de la adquisición o renovación, una garantía de soporte. Esta garantía, tiene como finalidad mantener actualizados dichos productos, recibir los parches que resuelvan posibles incidencias detectadas, para corregir errores, actualizarlo, eliminar secciones antiguas de *software* o simplemente añadirle funcionalidad.

En otros casos, podemos encontrarnos con la adquisición de nuevas versiones del producto, con su correspondiente garantía de soporte. Por último, también nos podemos encontrar con contratos de mantenimiento de productos *software*, que incorporarán la actualización de las licencias.

¿Cómo deben calificarse este tipo de contratos? ¿Qué ocurre con el mantenimiento incorporado en la garantía? ¿Es lo mismo una actualización que una nueva versión? ¿Qué queremos decir cuando renovamos una licencia? Estas son algunas de las preguntas que se hacen las áreas de contratación, cuando tienen que calificar este tipo de contratos.

Dada la imprecisión de nuestra ley de contratos, nos encontrarnos con problemas de interpretación para establecer una correcta calificación de cualquiera de los tipos mencionados anteriormente, dado que plantean prestaciones que pueden incorporar suministros y servicios, lo que impactará en el régimen jurídico aplicable en relación a sus efectos y extinción, que deberá quedar establecido en los pliegos ateniéndose a las normas aplicables a las diferentes prestaciones fusionadas. Por otra parte, también podríamos sopesar en calificar alguna de estas situaciones como un contrato mixto, de conformidad con lo recogido en el art. 18 de la LCSP.

Dado que, con carácter general, este tipo de prestaciones se califican como contratos de suministro, estos llevan aparejado que el abono del 100% de pago se realice a la entrega de dicha renovación o actualización[66]. Pero ¿qué ocurre con las prestaciones incorporadas en la garantía del producto?

En los supuestos de adquisición, arrendamiento, cesión de uso o renovación de licencias de *software*, no deja lugar a dudas su carácter de suministro, es decir, existe una obligación de entrega. El escollo, lo tenemos en la consideración del régimen jurídico aplicable en la inclusión, mediante la cláusula del plazo de garantía del producto, de tareas de soporte o mantenimiento.

Debemos recordar que con la cláusula de garantía, una de las partes se obliga a que aquello que constituye el objeto del contrato permanezca en perfecto estado durante un determinado período de tiempo, y en el supuesto de que no fuera así, proceder a su reparación, sustitución de piezas defectuosas o la sustitución del objeto en sí[67], por lo que en los contratos de adquisición o renovación de productos *software*, dicha cláusula supone una obligación que recae en el adjudicatario, para garantizar el correcto funcionamiento de las funcionalidades y especificaciones técnicas acordadas durante ese periodo.

En este sentido, las incidencias en el *software* que tengan lugar dentro del plazo de vigencia de la garantía, con el alcance limitado previsto anteriormente, conllevan una obligación de actuación para el adjudicatario quien deberá proceder conforme a los términos previstos para la misma —por ejemplo, procediendo a la sustitución del *software*, a la corrección de errores o la devolución del precio, entre otras posibles obligaciones—.

Así pues, en este periodo que, normalmente, suele oscilar entre tres y seis meses para este tipo de productos, la Administración no

---

66 Art. 198.1,2 y 4, art. 300 y art. 301 LCSP.

67 Véase el art. 210.3 de la LCSP, que señala que «En los contratos se fijará un plazo de garantía a contar de la fecha de recepción o conformidad, transcurrido el cual sin objeciones por parte de la Administración, salvo los supuestos en que se establezca otro plazo en esta Ley o en otras normas, quedará extinguida la responsabilidad del contratista. Se exceptúan del plazo de garantía aquellos contratos en que por su naturaleza o características no resulte necesario, lo que deberá justificarse debidamente en el expediente de contratación, consignándolo expresamente en el pliego».

puede incorporar prestaciones que no sean estrictamente aquellas que garanticen la funcionalidad del producto, y por otra parte, este periodo no puede suponer un coste adicional para la Administración.

Ahora bien, ¿qué es una actualización del *software*? La Oficina de Seguridad de Internauta (en adelante OSI) señala que, «una actualización es un añadido o modificación realizada sobre los sistemas operativos o aplicaciones que tenemos instaladas en nuestros dispositivos, cuya misión es mejorar tanto aspectos de funcionalidad como de seguridad[68]», es decir, las actualizaciones de *software* (también conocidas como parches), son fragmentos adicionales de *software* para optimizar o introducir mejoras en el producto, rectificar errores o fallos que se van detectando con el uso del *software*, evitando ulteriores problemas que puedan afectar a los usuarios del sistema y por último, corregir vulnerabilidades de seguridad en el funcionamiento del *software* que está instalado.

Por tanto, son los propios desarrolladores y fabricantes de los *softwares* instalados en equipos y dispositivos, quienes tienen que desarrollar y publicar dichas actualizaciones, normalmente de forma automática, con el fin de mejorarlos.

La actualización del *software* se regula pues, desde una doble vertiente obligacional: como una obligación del fabricante o desarrollador a proporcionar a la Administración las actualizaciones que, en su caso, resulten de aplicación al *software* objeto de la licencia durante plazo de garantía señalado en el contrato, y como obligación para la Administración de llevar a cabo la instalación de dichas actualizaciones en aras de facilitar el correcto funcionamiento de dicho producto.

Ahora bien, con respecto a su correcta tipificación, con independencia de que nos encontremos con un contrato de adquisición o

---

68 Oficina de Seguridad Internauta (OSI) del Instituto de Ciberseguridad de España (INCIBE) proporciona información y soporte necesarios para evitar y resolver los problemas de seguridad que pueden existir al navegar por Internet. Puede consultarse en https://www.osi.es/es/actualizaciones-de-seguridad Fecha de la consulta: 27-10-2022.

arrendamiento de licencias, no podemos estar más de acuerdo con lo señalado con por la JCCA del Estado, en su informe 4/16, de 30 de junio, cuando señala que,

> "(...) la actualización de un programa estandarizado no conlleva ningún tipo de actuación compleja sino tan sólo la mejora, el parcheado o la corrección de fallos (*bugs fixing*) en el mismo. Esto forma parte del desarrollo normal de cualquier programa estandarizado del que se venden licencias de uso tales como sistemas operativos, paquetes de procesamiento de textos, tablas de cálculo, etc.
> En este supuesto, resulta difícil sostener la calificación como contrato de servicios puesto que el contratista únicamente suministra una nueva versión del programa ya adquirido[69]".

Por lo que, en este tipo de situaciones, el servicio incluido en el plazo de la garantía de soporte, mientras no conlleve actuaciones complejas o no sean necesarias para el desarrollo normal del programa, el «mantenimiento» o «soporte» de la garantía de la licencia, no hará que el contrato en cuestión tenga la consideración de un contrato mixto, sino exclusivamente de suministro, dado que esos cambios son necesarios para su correcto funcionamiento.

Un apunte importante es, no confundir actualización con versión, es decir, no es lo mismo tener una aplicación actualizada, que tener la última versión. Podemos haber adquirido un producto *software*, tenerlo instalado y también actualizado, pero no tiene por qué tratarse de la última versión de ese producto.

Los fabricantes no solo comercializan nuevas versiones que incorporan mejoras, sino que mantienen las antiguas versiones, durante un largo periodo de tiempo, a través de oportunas actualizaciones. Por su parte, una versión nueva es el mismo producto que ha aumen-

69 En este mismo sentido también se pronunció la Comisión Consultiva de Contratación Administrativa de la Junta de Andalucía en su informe 10/2009, de 15 de junio, consideró que: «La adquisición del derecho de actualizaciones y soporte *software* de las licencias del producto, y la entrega y acceso a los parches y correcciones de errores relativas a dicho *software* así como el acceso a las nuevas versiones liberadas, entrarían dentro del concepto de suministro, mientras que, por otro lado, la atención y resolución de incidencias vía telefónica y por correo electrónico constituirían prestaciones propias de un contrato de servicios (...)».

tado su nivel de desarrollo o de funcionalidad por parte del fabricante, introduciendo cambios o mejoras sustanciales del producto. En el versionado de *software* se le asigna un nombre, código o número único, para indicar su nivel de desarrollo. Aquí estaríamos hablando de un nuevo producto, y no de una actualización o mejora de *software*.

Para concluir, podemos indicar que, para determinar la calificación jurídica de un contrato de adquisición de licencias, renovación o actualización que incluya además una garantía de soporte, con independencia de la modalidad por la que se ponga a disposición del organismo público —adquisición, arrendamiento, cesión de uso—, si estos servicios se limitan a mejoras, parches o corrección de errores, necesarios para el correcto funcionamiento de las mismas, estipuladas a iniciativa del proveedor (actualizaciones), y que además se corresponde con la práctica habitual de actuar en el mercado, estaremos ante un contrato de suministro.

Si, por el contrario, las prestaciones incorporadas a la garantía de soporte, son a instancia del poder adjudicador, sin duda estaremos ante una prestación de servicio que deberá estar correctamente detallada en los pliegos, así como, deberá especificarse con claridad el importe o precio que corresponda para distinguirlo del precio de la adquisición, arrendamiento o cesión de uso de la licencia y determinar así, sin margen de duda, que estamos ante un contrato mixto[70].

B) El fenómeno del cloud computing

La instauración de servicios en la nube en el sector público se ha convertido en una pieza clave en la modernización de las Administraciones públicas. Este nuevo modo de prestación, está cambiando sin duda, el mundo del almacenamiento electrónico de bienes, archivos y datos, pasado a ser una herramienta fundamental para la innovación y las tecnologías impulsadas por datos, como el 5G[71], la

---

70 Determinante también es, sin duda, lo señalado por la Junta Consultiva de Contratación Administrativa de Baleares en su Informe 1/2020, de 28 de julio de la JCCP de Baleares.

71 5G es la denominación de la nueva generación de tecnología móvil, que mejora sensiblemente las prestaciones (ancho de banda, latencia, capaci-

IA y el Internet de las cosas (loT)[72], permitiendo desarrollar modelos de almacenamiento y procesamiento de datos, tanto en centros de procesamientos de datos (CPD) centralizados como en dispositivos conectados cerca de los usuarios[73]. Y como no, supone para los juristas, continuas dificultades en relación con la inclusión de alguna de estas novedades en el ámbito de las categorías jurídicas preexistentes.

El *cloud computing* se ha convertido hoy día, en uno de los motores de la innovación en todos los ámbitos, pero sin duda son muchas las preguntas relevantes que se plantean desde el punto de vista jurídico, como: ¿qué calificación jurídica requiere el *cloud computing*? ¿Cómo afecta a las relaciones de las empresas con terceros, desde el punto de vista del cumplimiento del derecho? ¿Es un fenómeno que tiene regulación propia? ¿Cómo afecta a las Administraciones Públicas?

---

dad de dispositivos conectados) de acceso a Internet en movilidad respecto a las generaciones anteriores. Sus especiales características hacen de ella una pieza clave para acelerar la transformación digital de la sociedad y la economía. Véase en https://avancedigital.mineco.gob.es/5G/Paginas/Index.aspx

72 La definición de *IoT* podría ser la agrupación e interconexión de dispositivos y objetos a través de una red (bien sea privada o Internet, la red de redes), dónde todos ellos podrían ser visibles e interaccionar. Respecto al tipo de objetos o dispositivos podrían ser cualquiera, desde sensores y dispositivos mecánicos hasta objetos cotidianos como pueden ser el frigorífico, el calzado o la ropa. Cualquier cosa que se pueda imaginar podría ser conectada a internet e interaccionar sin necesidad de la intervención humana. Véase en https://www2.deloitte.com/es/es/pages/technology/articles/IoT-internet-of-things.html

73 El Plan de Digitalización de las Administraciones Públicas 2021-2025, con un presupuesto de inversión de 2.600 millones de euros, ha previsto que parte de ese presupuesto esté dirigido a desarrollar «una política pública de nube (*cloud*),». En concreto la medida 7 del Eje 1 del Plan de Digitalización, tiene como objetivo «(...) habilitar infraestructuras para el alojamiento de los Centros de Proceso de Datos de los distintos departamentos ministeriales en centros redundantes entre sí. En esta línea se pretende transformar los Centros de Proceso de Datos de la Administración General del Estado, impulsando su consolidación sobre centros internos (nube privada) y, en su caso, de proveedores externos (nube pública)»

En este sentido, la utilización de la tecnología en la nube en España se ha producido en muchos casos, por no decir en la mayoría, de un modo improvisado, sin una estrategia clara, al margen de la necesaria evaluación de riesgos y oportunidades, de la planificación de su contratación y materializado a través de mecanismos contractuales de diferente naturaleza[74].

1. El cloud computing y la contratación pública

Como hemos venido manifestando, cuestiones como la seguridad, las adecuadas garantías sobre protección de datos personales, la privacidad, ... etc., suscitan hoy día un intenso debate, pero pocos interrogantes se han planteado de cómo abordar la adquisición de esta tecnología por las Administraciones públicas, de ahí que debieran surgir nuevos interrogantes como: ¿cuál es el contrato tipo que mejor se ajusta al ordenamiento en materia de contratos públicos? ¿Existe alguna posibilidad de normalizar el contenido de este tipo de contratos? ¿Cuál debería ser la duración de estos contratos?,... etc.

Adicionalmente, la propia ejecución del contrato, con las sucesivas incidencias que pudieran surgir, cuestiones como los problemas de interoperabilidad, la migración, integridad y actualización de la información en los procesos de devolución de datos ante un cambio de proveedor, la responsabilidad ante la falta de disponibilidad, la ubicación, ... etc., se convierten sin duda, en otra fuente de preocupación jurídica para los gestores públicos, cuando tienen que acudir al mercado a comprar esta tecnología.

Sorprende que hoy día, el sistema de contratación pública actual no esté preparado para adaptarse a las características de las tecnologías en la nube, lo que contribuye, en ciertos casos, a generar ineficiencias, situaciones irregulares, generación de prácticas anticompetitivas y mayores costes para la Administración.

---

74 Campos Acuña, C. (2022). *Una visión de la tecnología en la nube en la gestión Pública. Usos riesgos y aspectos claves en su contratación.* Observatorio Cultura y Comunicación. Fundación Alternativas.

Brevemente podemos señalar que, la gestión en un entorno *cloud* se realiza de forma virtual, es decir, acceden a los productos contratados (bases de datos, correo electrónico, o cualquier otro tipo de aplicaciones), en modo *on line* a través de internet. El proveedor del servicio puede encontrarse en cualquier lugar del mundo, y su objetivo último será proporcionar los servicios citados optimizando sus propios recursos a través de, por ejemplo, prácticas de deslocalización, compartición de recursos y movilidad o realizando subcontrataciones adicionales, proporcionando a la entidad, de un servicio confiable, continuado, elástico y seguro por lo que, solo pagará por lo realmente consumido, lo que la tendencia a la externalización de este tipo de servicios, en teoría supone una importante reducción de los costes de los servicio[75].

Este modelo se ha convertido ya, en una pieza clave del desarrollo tecnológico de las Administraciones públicas, beneficiándose de aspectos tan importantes, como el consumo bajo demanda y el pago por uso que proporciona este tipo de tecnología.

Con la gestión TIC tradicional, las organizaciones tienen que realizar cuantiosas inversiones en recursos, incluyendo *hardware, software*, centros de procesamiento de datos, redes, personal, seguridad, etc.; mientras que con los modelos de soluciones en la nube se elimina la necesidad de grandes inversiones y costes fijos, transformando a los proveedores en empresas de servicios que ofrecen de forma flexible e instantánea la capacidad de computación bajo demanda[76].

---

75 En palabras de la Agencia Española de Protección de Datos (AEPD), podemos decir que «una solución *cloud computing* permite al usuario optimizar la asignación y el coste de los recursos asociados a sus necesidades de tratamiento de información. El usuario no tiene necesidad de realizar inversiones en infraestructura, sino que utiliza la que pone a su disposición el prestador del servicio, garantizando que no se generan situaciones de falta o exceso de recursos, así como el sobrecoste asociado a dichas situaciones. *Guía para clientes que contraten servicios de Cloud Computing.* 27 de septiembre de 2018. AEPD. https://www.aepd.es/es/documento/guia-cloud-clientes.pdf-0. *Vid.* al respeto la contribución de Antonio BERLANGA y José M. MOLINA a esta obra colectiva.

76 Cierco Jiménez De Parga, D. *Cloud computing: retos y oportunidades.* Informe 2/2011 Fundación Ideas. Puede consultarse en https://www.gutierrez-rubi.

De esta forma, el *cloud computing* permite el uso de recursos tecnológicos que se encuentran distribuidos geográficamente, a los que se accede a través de redes públicas, de forma dinámica, cuando se necesitan y abonando una tarifa sobre lo que se consume; es decir, proporcionando un servicio de tecnologías de información bajo demanda.

Por lo tanto, nos encontramos con un modelo de contrato de servicios tecnológicos, complejo, cuyo objeto puede ir desde implementar soluciones de TIC más dinámicas y ágiles, capaz de crear productos y servicios, incluidos sistemas de automatización, o modelar nuevos productos, entre otros, que, sin duda, va a condicionar, en muchos casos, el tipo contractual que debemos utilizar.

Como contrapunto a los beneficios que otorga, existe una serie de riesgos que paradójicamente derivan de alguna de las principales ventajas señaladas: el procesamiento de datos por agentes externos o proveedores de servicio que pueden optimizar sus propios recursos a través de, por ejemplo, prácticas de deslocalización, compartición de recursos y movilidad o realizando subcontrataciones adicionales, lo que posibilita que el servicio puede estar en cualquier lugar del mundo.

Teniendo en cuenta el volumen y la sensibilidad de los datos que gestiona el sector público, es indiscutible que, el análisis de la contratación de tecnología en la nube en las Administraciones públicas deba incorporarse también la perspectiva de los datos, así como, las consiguientes amenazas a las que estos pueden verse expuestos como consecuencia de la utilización de estas tecnologías, para que de esta manera puedan diseñarse procesos de contratación que permitan disminuir al máximo los riesgos.

Si a esto sumamos la incorporación de sistemas de automatización y la inclusión de técnicas de IA en la nube, esto conlleva el riesgo inherente de tener que confiar a la nube los datos sensibles que manejan los servicios contratados, lo cual, puede suponer una serie de desventajas en lo que respecta a la integridad de información mane-

---

es/wp-content/uploads/2011/05/DT-Cloud_Computing-Ec.pdf (Última consulta: 21/08/2022).

jada, la gestión de datos sensibles, así como su proyección de futuro en torno a la transferencia y portabilidad[77].

Por eso, determinar contractualmente la responsabilidad de cada una de las partes en el proceso de migración, la clasificación de los datos que van a migrar a la nube y el nivel de protección adecuado, deben formar parte del contenido a determinar en los pliegos de contratación que vayan a definir la relación contractual.

Así pues, los principales recelos que se derivan de la implantación de estos modelos se centran en la gestión de los datos, fundamentalmente en su propiedad y forma de operarlos y tratarlos. Por lo tanto, la seguridad y la propiedad de los datos, se convierten en aspectos clave, dado que estas infraestructuras pueden gestionarse en países terceros, lo que puede generar conflictos en cuanto al marco legal en el que son tratados.

El cumplimiento normativo también es uno de los pilares de la seguridad en entornos *cloud*. En este caso, el problema se presenta debido a la falta de transparencia de estas infraestructuras que, en muchos casos el suscriptor del servicio no dispone de una información clara sobre el funcionamiento y operativa del servicio que contrata, y donde, al ser entornos complejos pueden intervenir diferentes *softwares* de distintos proveedores, lo que obliga a estar vigilantes para detectar posibles vulnerabilidades.

2. Tipificación de los contratos en la nube

Las Administraciones públicas españolas están adquiriendo tecnología en la nube a través de mecanismos que no están diseñados para este tipo de modelos tecnológicos, lo que genera cierta insegu-

---

77 No podemos olvidar lo señalado en el ENI, en relación a la necesidad de garantizar la conservación de los documentos electrónicos en el formato en que hayan sido elaborados, enviados o recibidos, preferentemente en un formato con estándar abierto que preserve la integridad del documento, de la firma electrónica y los metadatos que lo acompañan. Véase art. 21 de la Real Decreto 4/2010, de 8 de enero, por el que se regula el Esquema Nacional de Interoperabilidad en el ámbito de la Administración Electrónica.

ridad para los órganos de contratación, y así como ineficiencias. Por tanto, se hace necesario realizar un esfuerzo interpretativo que, lógicamente como toda interpretación, no está exenta de controversias.

Por ello, en primer lugar, es necesario analizar al amparo de nuestra vigente LCSP, la ubicación conceptual del modelo tecnológico de *cloud computing* entre los diferentes tipos contractuales que puede utilizar la Administración para la provisión de sus bienes y servicios, teniendo en consideración que su adecuada calificación va afectar a aspectos como, la solvencia empresarial, la consideración de su partida presupuestaria (inversión o gasto corriente), el abono de las prestaciones…, etc.

La calificación jurídica del tipo contractual y consecuentemente, la aplicación de las reglas de adjudicación, debe ser consecuencia de una definición correcta del objeto del contrato, y consecuentemente de su precio, por lo que se hace necesario que el objeto del contrato sea completo, y que el precio guarde concordancia con ello.

Así pues, calificar si estamos ante un contrato de servicio o un contrato de suministro, presenta una serie de problemas específicos en relación con la contratación de un modelo *cloud*, habida cuenta de las diferentes características y funcionalidades que lo integran, y que son susceptibles de constituir el objeto del contrato. Por ello, se hace necesario analizar las dos posiciones doctrinales al respecto.

3. Discrepancias en la calificación de los contratos de tecnologías en la nube

Tras el análisis de las contrataciones de prestaciones de activos en modalidad *cloud*, la Subdirección General de Contratación Centralizada de Tecnologías de la Dirección General de Racionalización y Centralización de la Contratación, identificaba expedientes que, aunque tienen objetos contractuales y prestaciones de similar naturaleza, son calificados unas veces como contratos de suministro y otras veces como contratos de servicios. Por ello, esa Dirección General solicita a la JCCP del Estado que informe sobre la calificación jurídica de ciertos contratos que tienen por objeto la adquisición de *software*, infraestructura y plataformas de sistemas de desarrollo en la denominada modalidad de *cloud computing* o servicios en la nube.

La Junta de Consultiva se ha posicionado de forma rotunda al respecto, con su Informe 13/2021, de 16 de junio[78], concluyendo de forma categórica que los contratos en la nube, como regla general son contratos de suministro, tanto si son titulares o cesionarios de los derechos de uso de un contrato o licencia, a menos que se trate del desarrollo de programas de ordenador a medida del órgano de contratación en la nube, que serán contratos de servicios[79].

La JCCP[80], que parte de un informe propio, en el que ya se pronunció sobre la adquisición de programas de ordenador, para deter-

---

78 Informe sobre la consulta realizada por la Dirección General de Racionalización y Centralización de la Contratación del Ministerio de Hacienda y Función Pública. Tras el Informe, el Secretario General de Administración Digital emitieron la *Nota sobre calificación jurídica de los servicios en la nube y su contratación centralizada*, el 5 de mayo de 2021, en la que asumen el criterio mantenido por la Junta, considerando que las modalidades SaaS, Pass e Iaas tienen la calificación jurídica de suministro a los efectos de la contratación pública, así como que «*los activos de software, infraestructura y plataforma de sistemas y de desarrollo en la modalidad de cloud computing o servicios en la nube, están declarados como de contratación centralizada*».

79 Para llegar a esta conclusión, la JCCP solicitó informe, a la Secretaría General de Administración Digital (SGAD), del que extrajo la conclusión de que «La peculiaridad de estos servicios en la nube es que los recursos que se utilizan están sujetos a un sistema de pago por uso, que incluye tanto la licencia de *software* asociada, como la infraestructura, como el soporte de la misma», y que estos contratos pueden referirse a «recursos que pueden estar ubicados en las instalaciones de un organismo o conjunto de organismos que utilizan estos servicios en la nube de forma privada (nubes privadas) o a otras, que se denominan nubes públicas en las que los recursos se ubican en las infraestructuras del proveedor. Cuando conviven recursos privados con públicos se denomina nube híbrida».

80 La cuestión que se plantea la JCCP, se concreta en cuál es la calificación adecuada de los contratos que tienen por objeto las prestaciones comercializadas como servicios en la nube en los siguientes supuestos señala que «… de modo introductorio en este tipo de contratos, los organismos públicos tienen como objeto la adquisición del uso de: 1 Contrato por el que los organismos públicos adquieren el derecho de uso de activos de *software*. En este caso el cesionario del derecho es un organismo o entidad pública en todo caso, pudiendo la licencia instalarse en la infraestructura del organismo público cesionario, en las infraestructuras de otros organismos públicos o en las infraestructuras de terceros en modalidad de *cloud computing*», es

minar el tipo de contrato que sería un contrato en la nube, señala que, «(...) no cabe ninguna duda de que conforme a la Ley de Contratos del Sector Público la adquisición, en cualquiera de sus modalidades de puesta a disposición, de programas necesarios para el uso de equipos y sistemas de telecomunicaciones o para el tratamiento de la información e incluso la cesión del derecho de uso de los mismos debe considerarse como un contrato de suministro, sujeto a las prescripciones de la normativa contractual pública referentes a este tipo de contrato[81] ».

Para el órgano consultivo, debemos tener claro que la diferencia sustancial entre suministro y servicio radica en la confección a medida de los servicios que, como tales, presentan una enorme complejidad, funcionalidades específicas y únicas para el órgano de contratación o una personalización que excede de las prestaciones que de forma ordinaria se pone a disposición del público en general. Es decir, hay una intervención dirigida por parte de las Administraciones para conseguir un fin que, es el desarrollo de un producto a media de sus necesidades.

---

decir, *software* de aplicaciones tales como correo electrónico, sistemas de videoconferencia, o paquetes ofimáticos que incluyen determinadas prestaciones en la nube. «2 Contrato por el que se adquiere el derecho de uso de activos provistos en la infraestructura del proveedor (nube pública o privada), siendo los titulares o cesionarios de los derechos de uso de los activos los organismos públicos. Estos activos pueden ser: a. Plataforma *software* y *hardware* en el que el coste va en función del uso de la misma. b. Plataforma de almacenamiento en la que el coste va en función del espacio ocupado recibido», es decir, infraestructuras para sistemas de información o comunicación como pueden ser servidores, máquinas virtuales, sistemas de almacenamiento, balanceadores de carga, en la nube. «*3 Contrato por el que los organismos contratan las prestaciones a las que se refieren los apartados 2.a) y 2.b) no siendo titulares de ningún contrato o licencia que se suscribe en todos los casos por el adjudicatario* », es decir plataformas para el desarrollo y ejecución de aplicaciones con diferentes elementos de *software* y *hardware* que permiten el despliegue de aplicaciones como aplicaciones móviles, aplicaciones web, bases de datos, Inteligencia Artificial en la nube. La peculiaridad de todos estos "servicios en la nube" es que los recursos que se utilizan están sujetos a un sistema de pago por uso, que incluye tanto la licencia de *software* asociada como la infraestructura y el soporte de la misma.

81 Informe 58/2018 JCCP, de 15 de julio.

Esta conclusión coincide con la naturaleza de la prestación contractual en la que cuando estemos en presencia de un contrato en el que predomine la obligación de entrega en su estaremos ante un suministro, y cuando estemos ante una obligación de hacer, el contrato será un servicio[82].

Así pues, los organismos públicos que adquieren el derecho de uso de programas o aplicaciones, con independencia de donde se instale dicho producto *software*, es decir en las instalaciones del cedente, en las instalaciones de un tercero o en las propias instalaciones del organismo, estaremos ante un contrato de suministro, dado que el derecho que se transfiere a la entidad cesionaria es el uso del programa o sistema.

Considera por tanto, contrato de suministro, a todos aquellos que tengan por objeto la cesión del derecho de uso de los productos informáticos, cualquiera que sea la modalidad de puesta a disposición, siempre y cuando, y esto es lo relevante, no han sido desarrollados a medida para la entidad contratante.

Por último, para la Junta Consultiva, señala la necesidad de atenerse a la intención del legislador, cuando se incluyó en el artículo 16.3.b) que estaremos ante un contrato de suministro «con independencia de la modalidad de puesta a disposición que se utilice»[83]

---

[82] La JCCP, remite a su Informe 4/2016, para clarificar la distinción de "programa a medida" y "programa estandarizado", considerando como diferencia entre ambos que en el primero se adquiere la propiedad del mismo, lo que implica poder enajenar, ceder y utilizar libremente el programa, así como, en la medida en que se adquiere también el código fuente del mismo, poder modificar ese programa con cualquier finalidad. Por el contrario, en un programa estandarizado, el órgano de contratación no adquiere la propiedad, sino únicamente la licencia de uso del mismo. Tampoco tiene derecho a modificarlo, incluso en el caso de que pudiera hacerlo sin el código fuente del mismo, ni a enajenarlo.

[83] Se introdujo esta frase, mediante la Enmienda 451 del Grupo Parlamentario Socialista al Proyecto de Ley de Contratos del Sector Público, por la que se transponen al ordenamiento jurídico español las Directivas del Parlamento Europeo y del Consejo, 2014/23/UE y 2014/24/UE, de 26 de febrero de 2014, p. 385 B.O. Cortes Generales. Congreso de los Diputados XII Legislatura 16 de marzo de 2017.

Sin duda alguna, la JCCP ha querido dar respuesta a una problemática que se plantean en todas las áreas de contratación pública, intentando encajar todas las piezas en adquisición de *software*, infraestructura y plataformas de sistemas de desarrollo en la denominada modalidad de *cloud computing* o servicios en la nube, siguiendo los modelos tradicionales de la contratación, pero deja sin resolver situaciones y problemáticas concretas que se producen en el devenir de estas contrataciones teniendo en cuenta que, normalmente estas llevan aparejadas prestaciones adicionales, que hacen difícil el encaje en esta calificación tan rotunda que ha determinado la JCCP.

Por ello, es interesante analizar, el razonamiento de un sector de la doctrina[84], que no comparte la conclusión a la que llega la JCCP, que determina como regla general, que los contratos en la nube son contratos de suministros. Para este sector de la doctrina, el razonamiento expuesto por la JCCP, «constituye una mera simplificación excesiva identificar cualquiera de los servicios de nube con la mera adquisición y el arrendamiento de equipos y sistemas de telecomunicaciones o para el tratamiento de la información, sus dispositivos y programas, y la cesión del derecho de uso de estos últimos, en cualquiera de sus modalidades de puesta a disposición[85]», dando una visión demasiado ajustada a los modelos tradicionales de adquisición de equipos y programas, y por ello alejada de la realidad, de la complejidad que en muchos casos supone la adquisición de bienes y servicios en la nube.

De entre los razonamientos expuestos por este sector, caben señalar a mi juicio, tres poderosos argumentos que ponen en cuestión lo señalado por la Junta Consultiva:

---

84 Parte de este sector está compuesto por el grupo de investigación ADESTER (Administración, Economía, Sociedad y Territorio) de la Universidad de Zaragoza, financiado por el Gobierno de Aragón para el periodo 2021-20236 (proyecto S22_20R). Entre los miembros de este grupo de investigación, destacan los autores del manual reseñado anteriormente GIMENO FELIÚ, J.M., GARCÍA-ALVAREZ GARCÍA, G. Y TEJEDOR BIELSA, J. (2022).

85 Gimeno Feliú, J.M., García-Alvarez García, G. Y Tejedor Bielsa, J. (2022). Op. cit., p. 68.

1. El alejamiento de las normas de contratación pública del derecho comunitario, al considerar nuestra LCSP, el contrato de servicios como categoría residual respecto al contrato de suministro, cosa que no sucede así en la normativa europea[86]. Es decir, cuestionan, la ambigüedad conceptual prevista en la letra b) del artículo 16 de la LCSP, sobre lo que debe entenderse como suministro en materia de tecnología, en el que basa principalmente el posicionamiento del informe mencionado. Así mismo, apoyan sus planteamientos, en el examen de licitaciones de contratos relativos a tecnología en la nube en el Diario Oficial de la Unión Europea, que arroja a su juicio resultados concluyentes, señalando que «son inmensa mayoría los expedientes que califican los contratos relativos a servicios en la nube, o que los incluyen como contratos de servicios y las escasas excepciones, además son españolas[87].»

2. La naturaleza del objeto en cuestión. Determinar con tanta rotundidad que estamos ante un contrato de suministro, habida cuenta de la complejidad de este tipo de adquisición teniendo en cuenta las diferentes capas y funcionalidades que la integran, a juicio de este sector, sostienen que este tipo de tecnología en la nube no se puede equiparar a las tradicionales adquisiciones de equipos o programas, dado que algunas de sus modalidades, puede no encajar en absoluto en el concepto de suministro, pues no es un producto (ni tiene porque operar necesariamente bajo licencia).

   En esta línea, refuerzan su propuesta señalando que «Lo que las tecnologías en la nube proporcionan es capacidad de alojamiento y proceso en nube, no necesariamente en un servidor o equipo concreto (lo que lo diferencia del *hosting*) y, sobre tal base, capacidad de proceso y aplicativos, desarrollados o

86 Véanse los arts. 2.1.8 y 2.1.9 de la Directiva 2014/24/UE.

87 Gimeno Feliú, J.M., García-Alvarez García, G. Y Tejedor Bielsa, J. (2022). *op. cit.,* pp. 66.

susceptibles de combinación o desarrollo por el prestador del servicio o por el propio cliente[88].»

3. Como tercer argumento, aluden a las implicaciones que la contratación de servicios puede tener desde la perspectiva de la propiedad intelectual o industrial señalada en el apartado 1 del art. 308 de la LCSP[89], que prevé «salvo que se disponga otra cosa en los pliegos de cláusulas administrativas o en el documento contractual, los contratos de servicios que tengan por objeto el desarrollo y la puesta a disposición de productos protegidos por un derecho de propiedad intelectual o industrial llevarán aparejada la cesión de este a la Administración contratante. En todo caso, y aun cuando se excluya la cesión de los derechos de propiedad intelectual, el órgano de contratación podrá siempre autorizar el uso del correspondiente producto a los entes, organismos y entidades pertenecientes al sector público».

   Así, ateniéndose a las conclusiones del Informe de la Junta Consultiva, en su otro informe 58/2018, la regla general nos dice que «los contratos que tienen por objeto la adquisición de programas de ordenador son contratos de suministro con una excepción, que se trate de programas de ordenador confeccionados a medida, en cuyo caso constituyen contratos de servicios, sujetos ambos a la Ley 9/2017, de 8 de noviembre, de Contratos del Sector Público» y por tanto, lo que sería de aplicación son las previsiones contenidas en el art. 308 de la LCSP.

   Lo que cuestionan no es tanto esta consideración, sino que volviendo al argumento segundo respecto a la naturaleza jurídica, afirman que: «(…) lo relevante es si esta regulación, inicialmente concebida para compra o arrendamiento de equipos, sistemas de comunicaciones y programas, es además aplicable

88 Gimeno Feliú, J.M., García-Alvarez García, G. Y Tejedor Bielsa, J. (2022). *op. cit.*, p. 68.

89 Gimeno Feliú, J.M., García-Alvarez García, G. Y Tejedor Bielsa, J. (2022). *op. cit.*, p. 63.

a cualquier tipo de contratación de tecnología en la nube, muy diversa como ya hemos señalado, habida cuenta del hecho de que la contratación en nube no se proyecta sobre concretos equipos, sistemas de comunicaciones o programas y que, además, lo decisivo, lo que se contrata, es capacidad de proceso, alojamiento, innovación y, en ocasiones, aplicaciones inescindiblemente unidas al entorno de la nube para ser operativas».

En los pliegos de contratación, nos encontramos normalmente la cesión de los derechos de propiedad intelectual, cuyo marco regulador, lógicamente está amparado por la LPI, así pues, dependiendo del objeto se deberá introducir cautelas o soluciones regulatorias más completas, respetando siempre los derechos morales de autoría o integridad de la obra y precisando en su caso el régimen de explotación o contemplando en su caso la pura cesión a favor de la Administración

Sin duda, las consecuencias de la calificación de los contratos de tecnología en la nube como contratos de servicios tendrá su importancia en el devenir de la ejecución del contrato, en aspectos como el relativo a las diferencias en el plazo de duración de los contratos, entre otros, pues debemos ser conscientes que el plazo de cinco años que rige para servicios y suministros de prestación sucesiva, y recordar que en los contratos de servicio dicho plazo puede verse ampliado excepcionalmente, «cuando lo exija el período de recuperación de las inversiones directamente relacionadas con el contrato y estas no sean susceptibles de utilizarse en el resto de la actividad productiva del contratista o su utilización fuera antieconómica, siempre que la amortización de dichas inversiones sea un coste relevante en la prestación del suministro o servicio, circunstancias que deberán ser justificadas en el expediente de contratación con indicación de las inversiones a las que se refiera y de su período de recuperación[90]», o en relación a la gestión presupuestaria del gasto, teniendo en cuenta que los contratos de suministros encajan en el capítulo VI como inversiones, frente a los contratos de servicios que se incluyen en el capítulo II de gastos corrientes, y que no se puede obviar desde el

---

90 Art. 29.4 LCSP.

punto de vista de la elegibilidad para justificar los gastos cuando nos encontremos con contratos sujetos a cofinanciación comunitaria.

Todo ello lleva a concluir, a este sector de la doctrina, que la categórica calificación de los contratos relativos a tecnología en la nube como contratos de suministro resulta muy cuestionable y que, al menos en modalidades de nube pública e híbrida[91], tales contratos pueden encajar mejor, conforme al Derecho europeo y a la propia naturaleza de las prestaciones contratadas, en la categoría de los contratos de servicios[92].

VIII. EL REGLAMENTO SOBRE IA: LAS CLÁUSULAS CONTRACTUALES TIPO

Ya hemos señalado, la importancia que la Comisión Europea está dando a la regulación de la IA, con la aprobación del RIA[93]. El Reglamento, pretende tener un enfoque normativo horizontal, equilibrado y proporcionado, estableciendo los requisitos mínimos necesarios para subsanar los riesgos y problemas vinculados a la IA, sin obstaculizar ni impedir indebidamente el desarrollo tecnológico y sin aumentar de un modo desproporcionado el coste de introducir soluciones de IA en el mercado.

---

91 Se considera la nube pública, cuando la infraestructura es operada por un proveedor que ofrece servicios al público en general. La infraestructura de la nube está disponible al público en general (o un subconjunto en función de los criterios de venta del proveedor del servicio). La infraestructura pertenece a la organización que vende sus servicios de *cloud*, que la aloja, opera y gestiona desde uno o más centros de datos sobre una infraestructura común para todos los usuarios. Se considera nube hibrida, cuando la infraestructura de la nube está compuesta por dos o más tipos (privada, pública o comunitaria), incluyendo los medios para la conexión, mediante tecnología propietaria o estándar y la portabilidad de la información y aplicaciones entre las diferentes estructuras de la nube.

92 Gimeno Feliú, J.M., García-Alvarez García, G. Y Tejedor Bielsa, J. (2022). *op. cit.*, p. 73.

93 Previamente la Comisión ya había iniciado los trabajos con la publicación del Libro Blanco sobre la inteligencia artificial: un enfoque europeo orientado a la excelencia y la confianza, COM (2020) 65 final, 2020.

Al mismo tiempo, pretende garantizar que, los sistemas de IA que se utilice en la UE sean seguros y respeten los derechos de los ciudadanos, y se estimule la inversión y la innovación en el ámbito de la IA en Europa.

Es la primera norma en esta materia, de modo que puede convertirse en un referente mundial para otras jurisdicciones. En definitiva, el Reglamento tiene como idea principal, la de regular la IA teniendo en cuenta su capacidad de producir daño a la sociedad, siguiendo un enfoque basado en el riesgo: a mayor riesgo, normas más estrictas. Así pues, su objetivo será el garantizar que los sistemas de IA introducidos en el mercado europeo, sean seguros y respeten los derechos fundamentales y los valores de la UE.

De esta manera, teniendo en cuenta que algunos usos de la IA entrañan riesgos considerados como inaceptables, el RIA prohíbe, por ejemplo, la manipulación cognitiva conductual, el rastreo indiscriminado de imágenes faciales sacadas de internet o de circuitos cerrados de televisión, el reconocimiento de emociones en los lugares de trabajo y en las instituciones de enseñanza, la puntuación ciudadana, la categorización biométrica para deducir datos sensibles, como la orientación sexual o las creencias religiosas, y algunos casos de vigilancia policial predictiva de personas.

Este marco normativo se aplicará a los agentes tanto públicos como privados, de dentro y fuera de la UE, en la medida en que el sistema de inteligencia artificial se introduzca en el mercado de la Unión o su uso afecte a personas establecidas en ella. Por lo tanto, será de aplicación: a las instituciones, las oficinas, los organismos y las agencias de la Unión, con independencia de si actúan como proveedores o usuarios de un sistema de IA[94].

Por su parte, la comunidad de contratación pública de inteligencia artificial de la Comisión Europea, ha publicado un modelo de cláusulas contractuales tipo de IA, para aquellos organismos públicos, que deseen adquirir un sistema de IA desarrollado por un opera-

94 Véase Considerando 12 y arts. 2 y 3 del RIA.

dor económico[95]. Se trata, de un conjunto de cláusulas desarrolladas para su uso piloto en la contratación de IA, de manera que puedan establecerse responsabilidades para un desarrollo fiable, transparente y responsable de las tecnologías de IA entre el proveedor y la organización pública.

Como piloto, no se trata de un documento oficial de la UE y en ningún caso, puede considerarse que plasma la posición oficial de la Comisión. Se trata de dos modelos de cláusulas tipo, diferenciados en función del riesgo: alto riesgo o riesgo no elevado. En abril de 2023 se publicó una primera versión de estos modelos de cláusulas contractuales, los cuales han sido actualizados en octubre de 2023.

La versión de alto riesgo del modelo de cláusulas contractuales sobre IA de la UE, está dirigida a los sistemas de IA clasificados como de "alto riesgo" en el sentido del art. 6 y enumerados en uno de los ámbitos cubiertos por el anexo III del RIA (por ejemplo: identificación biométrica y categorización de personas físicas, gestión y funcionamiento de infraestructuras esenciales, o sistemas de IA destinados a utilizarse para determinar el acceso o la asignación o evaluación de personas físicas a los centros de educación y formación profesional, entre otros).

En el caso de sistemas de IA que no sea considerada de «alto riesgo», también se dispone, de una versión abreviada de estas cláusulas, dado que no sería necesario aplicar los requisitos señalados en el RIA para sistema de IA de "alto riesgo", aunque en último término se recomienda hacerlo, a fin de mejorar la fiabilidad de las aplicaciones y sistemas de IA que adquieran los organismos públicos.

---

95 Este trabajo ha contado con el apoyo de la Dirección General de Redes de Comunicación, Contenidos y Tecnología (DG CNECT), la Dirección General de Mercado Interior, Industria, Emprendimiento y Pymes (DG GROW), Living-in.EU, y Pels Riicken, un bufete de abogados holandés. Estas cláusulas tipo se basan en las cláusulas tipo para la contratación de sistemas algorítmicos desarrolladas por el Ayuntamiento de Ámsterdam en 2018. https://public-buyers-community.ec.europa.eu/sites/default/files/2023-10/AI_Procurement_Clauses_Template_NON_HIGH_RISK_ES.pdf (consultado 06/03/2024)

Por otra parte, cuando los órganos gestores lo crean conveniente y esté justificado en función del impacto del sistema, éstos podrán ampliar la aplicación de estas cláusulas a otros sistemas algorítmicos que no tengan la consideración de sistemas de IA. El objetivo que se pretende es abarcar a sistemas basados en normas de *software* más sencillos, teniendo en cuenta que su uso en el sector público también puede requerir en determinados casos un mayor nivel de rendición de cuentas, control y transparencia.

Por otra parte, estas cláusulas contractuales tipo están redactadas de manera que puedan incorporarse como anexo a los propios pliegos de cláusulas de los organismos públicos, dado que éstas contienen disposiciones específicas sobre los sistemas de IA y sobre cuestiones señaladas en el RIA, excluyendo así otras obligaciones o requisitos que puedan surgir en virtud de la legislación aplicable pertinente, como el Reglamento General de Protección de Datos (RGPD). Los organismos que decidan aplicarlas voluntariamente, deberán por tanto completar dichas cláusulas, con aquellas otras relativas a la propiedad intelectual, la aceptación, el pago, los plazos de entrega, la legislación aplicable o la responsabilidad, entre otras.

Por último, y a mi juicio, por novedoso e importante, es lo señalado en este modelo de cláusulas tipo, lo relativo a la transparencia de los sistemas, dado que se establece un apartado específico en el documento sobre la necesidad de que los proveedores garanticen que el sistema de IA, ha sido y será diseñado y desarrollado de manera que su funcionamiento resulte lo suficientemente transparente como para que la Administración pública pueda comprender su funcionamiento y que datos trata, todo ello dentro de lo razonable, con el objetivo de disponer de información precisa y suficiente para explicar las decisiones adoptadas por el sistema de IA a las personas o al grupo de personas con respecto a los que se utilice o está previsto que se utilice[96].

---

96 Véase el Capítulo IV *Obligaciones de transparencia para determinados sistemas de IA* del RIA y el art. 6 de la Propuesta de cláusulas contractuales tipo para la contratación de inteligencia artificial por parte de organismos públicos.

IX. REFLEXIONES FINALES

El avance de la contratación pública es indudable. Hemos visto que, gracias al impulso de las políticas europeas, se ha consolidado una visión estratégica de la contratación pública para implementar las políticas públicas que se consideren esenciales para el progreso de los Estados que integran la UE, y en los que se deben incorporar criterios de sostenibilidad: ambientales, sociales, económicos, innovadores y éticos.

Sin embargo, como he querido poner de manifiesto a lo largo de estas páginas, en nuestro ordenamiento jurídico, la regulación de las tecnologías en el ámbito de la contratación pública no está teniendo el desarrollo que debería. Las modificaciones que se han producido se han limitado a adaptar los procedimientos de contratación y las formas de trabajar a las nuevas tecnologías (licitación electrónica, firma electrónica, etc.), pero, más allá de esto, no se les ha otorgado la importancia necesaria.

Es indudable que la implantación de sistemas de automatización y la inclusión de técnicas de IA en la Administración Pública, proporciona una mejora de la eficiencia y eficacia en sus procesos y procedimientos, que redundan ya en el ciudadano, pero debemos ser conscientes que su implantación no sólo proporciona ventajas, sino que también puede traer consigo dificultades o desventajas en determinados casos si no se dota de las suficientes garantías jurídicas por parte de los poderes públicos.

Son innegables los beneficios que va a traer consigo, como, por ejemplo, la automatización de procesos (reducirá la carga de trabajo de los empleados públicos en tareas rutinarias, como la gestión de documentos y la tramitación de formularios, y permitirá que sus tareas se enfoquen a trabajos de mayor valor añadido). Por este motivo, los expertos debaten sobre la privacidad, el impacto en el personal, la seguridad…, pero también se hace necesario abordar cómo deben adquirirse estos sistemas automatizados, con las suficientes garantías y la necesaria seguridad jurídica para todos los implicados: Administraciones públicas, empresas y ciudadanía.

Uno de los ejemplos más claros analizados son los problemas existentes en la calificación jurídica de los contratos *cloud* por parte de los tribunales, y que la propia doctrina no tiene un criterio unánime sobre su correcta tipificación. Pero hay otros que, de igual manera, no se ajustan a las disposiciones recogidas en la LCSP; por ejemplo: las actualizaciones, las renovaciones o las nuevas versiones de licencias de *software*, que tienen componentes específicos y que deben ser interpretados por Tribunales o Juntas Administrativas de Contratación para buscar su correcta tipificación, ya que muchas veces no encaja con lo que el órgano de contratación necesita para cubrir sus necesidades o simplemente no se adecúa al tráfico del mercado.

La incorporación en la tramitación parlamentaria de la LCSP, a mi juicio apresurada, del apartado 3 b) del art. 16, que considera «la cesión de uso de estos últimos, en cualquiera de sus modalidades puesta a disposición» (es decir, la tecnología *cloud* como un contrato de suministro) que ha supuesto este intenso debate, pone de manifiesto la escasa reflexión, por parte de los grupos parlamentarios, sobre la tipificación contractual de este tipo de tecnología.

La problemática sobre la adquisición de este tipo de tecnología emergente en el sector público se observa a su vez, en la falta de una estrategia común y en la de una legislación ordenada que regule este tipo de servicios de una manera efectiva, empezando por una adecuada tipificación contractual.

No ha de olvidarse que las tecnologías *cloud* y los sistemas automatizados, pueden plantear algunas dudas sobre su ejercicio. Las relativas a la necesidad de garantizar un alto nivel de seguridad y de privacidad son las que hoy día están presentes en cualquier tema de discusión o de análisis, pero no se contempla, por lo menos con la suficiente voluntad, la manera en que las administraciones deben contratarlas, cuáles son las pautas para definir una estrategia o qué instrumentos son los más adecuados. Por ello, es necesario incorporarlas al debate.

Así pues, en muchos casos, el desarrollo de sistemas de información complejos, que dan soporte a una cantidad importante de usuarios, que realizan una infinidad de procesos, que interactúan con otros sistemas, que almacenan una cantidad ingente de datos, que pueden incorporar técnicas de IA y que deben ser accesible a través de diferentes dispositivos electrónicos, no pueden ajustarse a las disposiciones establecidas en la LCSP (como por ejemplo el plazo máximo de cinco años que establece la normativa para los contratos de servicios[97]).

De la misma manera, algunas situaciones que acontecen comúnmente (como el cambio normativo sobre el ámbito funcional del sistema que se esté desarrollando [por ejemplo, un sistema para tributos], un cambio tecnológico necesario por obsolescencia o incluso, cuestiones fundamentales como el traspaso del conocimiento a los usuarios y administradores del sistema), tienen un gran impacto en aspectos presupuestarios o temporales que hacen difícil su tratamiento, como contrato de servicios tal y como se recoge en nuestro ordenamiento jurídico de contratos públicos. Todo ello, sin mencionar las consecuencias que tiene el desarrollo de estos productos bajo una licencia *software* propietaria, sujeta a derechos de propiedad intelectual o industrial.

Así, nos encontramos que la compra pública actual no está adaptada a las características de este tipo de tecnología, encontrándonos con situaciones anticompetitivas de operadores económicos tradicionales de *software* que paquetizan de forma poco transparente sus servicios *cloud*, que obligan a comprar sus "nubes" como requisito técnico para poder acceder a sus licencias de *software* exclusivas.

Por ello, la falta de un estudio y de la necesaria motivación de las necesidades que se pretenden cubrir a través del contrato puede perjudicar la eficiente utilización de los fondos públicos. El diseño de los pliegos técnicos, la elección del procedimiento, la determinación del contrato que no se ajuste al mercado, los criterios de solvencia, los criterios de adjudicación, entre otros, influyen directamente en la participación de los licitadores. Por lo tanto, una mala decisión en la elaboración puede favorecer a unos operadores frente a otros, afectando la igualdad de trato de los licitadores.

Por lo tanto, la obligación de motivación y de justificación en las actuaciones preparatorias del contrato no solo se debe considerar

---

97 Art. 29.4 LCSP.

como una exigencia formal derivada para todos los actos administrativos, sino que, en el expediente de contratación, se convierte en un requerimiento sustancial, que debe determinar su validez y que debe quedar plasmado, no sólo en la redacción de una memoria justificativa bien fundamentada, sino también en el diseño de los pliegos. Aunque existe ese margen discrecional de la Administración, ésta debe motivar fehacientemente que la elección de aquellas prescripciones técnicas no supone una restricción de la competencia.

Se ha puesto de manifiesto, que la Administración pública carece de los suficientes instrumentos jurídicos para la corrección de los desequilibrios y los problemas que las nuevas tecnologías ocasionan en la adquisición de bienes y servicios tecnológicos. No puede quedar sólo en la interpretación por los órganos consultivos o de los TACP para solventar los problemas que se plantean. Es necesario dotar de una mayor seguridad jurídica al sistema de adquisición de tecnología.

Esta necesidad regulatoria resulta fundamental para proporcionar mayor garantía jurídica en el uso de esta tecnología y exige un esfuerzo por parte de los poderes públicos que, en el ámbito de la Unión Europea, como ya hemos visto, tiene su máximo exponente en el Reglamento de IA, esfuerzo que no excluye la necesidad de que también cada Estado miembro regule convenientemente su empleo, especialmente en el sector público.

En nuestro ordenamiento jurídico, más allá de la regulación de la actividad administrativa automatizada efectuada en la LRJSP, que deviene claramente insuficiente a tal fin, no existe una regulación expresa de los sistemas de automatización y de la inclusión de técnicas de IA, ni de su uso por parte del sector público, por lo que resulta imprescindible que se aborde esta cuestión y se proporcione un marco jurídico adecuado, conforme con la regulación europea que se encuentra en gestación, para que el resultado de la aplicación de esta tecnología tenga más ventajas que inconvenientes y salvaguardar de esta forma la seguridad jurídica y las garantías debidas a los ciudadanos.

El legislador no solo debe ser consciente de que la incorporación de estas herramientas en sus relaciones con los ciudadanos, empresas u otras Administraciones aumenta el riesgo de lesionar derechos, como el de la privacidad, sino que, además, debe tomar conciencia de que las herramientas que los órganos de contratación utilicen para adquirir estas soluciones tengan las suficientes garantías de interoperabilidad y de neutralidad, de tal manera que no queden cautivas por una determinada compañía.

No podemos olvidar, que los principios generales de la contratación pública reciben su fortaleza de los principios fundamentales de los tratados constitutivos de UE: la libre circulación de mercancías, la libre prestación de servicios y la libertad de establecimiento. Sin duda, estos postulados han influido en la interpretación global que hoy día hacemos de los principios generales de la contratación pública, adquiriendo un protagonismo como nunca antes habían tenido.

La evolución de las Directivas comunitarias en materia de contratación pública, y su consecuente incorporación a los ordenamientos nacionales han permitido afianzar y consolidar la contratación pública como un instrumento fundamental para la ejecución de políticas, consiguiendo uno de los mayores logros: reforzar extraordinariamente los principios generales de la contratación pública, para consolidar una normativa global en este ámbito, situando el principio de transparencia, como principio transversal, que sin él, dejaría debilitado todo el sistema.

Por ello, se hace necesario convertir los principios de neutralidad e interoperabilidad[98] en elementos estratégicos de la contratación pública va a exigir que se tomen en consideración cada vez que se aborde una nueva iniciativa en materia de tecnologías, ya sea dotación de infraestructuras, desarrollo de herramientas o servicios de administración digital.

De este modo, el reforzamiento de los principios generales con los principios de neutralidad e interoperabilidad, como elementos

---

98 En esta línea se ha aprobado recientemente el Reglamento (UE) 2024/903 del Parlamento Europeo y del Consejo, de 13 de marzo de 2024, por el que se establecen medidas a fin de garantizar un alto nivel de operatividad del sector público en toda la Unión (Reglamento sobre la Europa interoperable).

nucleares de la contratación pública y de la adquisición de bienes y servicios tecnológicos, tiene que servir como equilibrio de los distintos intereses existentes en el ámbito tecnológico, constituyéndose en verdaderos pilares del derecho de la contratación pública. Al formar parte del cuerpo de principios de la contratación, servirán como criterio de interpretación de las normas para colmar las lagunas o los vacíos normativos, y, al mismo tiempo, constituirán, de forma trasversal, el medio más idóneo para asegurar la unidad dentro de la pluralidad de preceptos que se aplican en este ámbito del derecho.

Una mala elección del procedimiento, una insuficiente justificación técnica de una determinada solución, la incorporación en los pliegos de referencias a marcas o prescripciones técnicas restrictivas, o una estimación errónea del presupuesto que no se adecúe verdaderamente al mercado, entre otros, contribuyen, sin duda, a inducir o facilitar prácticas anticompetitivas, todavía más en un mercado tan tecnificado y en constante desarrollo como es el tecnológico.

Es vital, que las Administraciones públicas asuman como propio el objetivo de lograr una contratación pública más competitiva, y para ello, es fundamental y necesario que realicen análisis rigurosos de la situación de los mercados antes de efectuar las contrataciones, y más en un mercado tan voluble y dinámico como el tecnológico.

Por su parte, los pliegos de condiciones, verdaderas herramientas de gestión, deben introducir nuevas cláusulas vinculantes, destinadas a evitar o prevenir conductas anticompetitivas de las empresas en el procedimiento de contratación, y otras que requieran incorporar, para determinados contratos tecnológicos, una adecuada planificación de los proyectos.

Esta planificación global del ciclo de vida redunda en el beneficio de la Administración y de los licitadores, dado que permitirá a la Administración disponer del conocimiento de la inversión necesaria que va a realizar durante un determinado plazo, teniendo claro, además, el límite en el que tendrá que iniciar una nueva licitación. En segundo lugar, la definición de las prescripciones técnicas, en función de su ciclo de vida, permitirá a los licitadores tener una visión completa del desarrollo o la implantación de un sistema o de una infraestructura. De esta manera, todas las partes conocerán el verdadero plazo de ejecución del contrato, la inversión total y la consecuente amortización, la futura migración a una nueva solución y el correspondiente traspaso del conocimiento, sin perder la integridad de la información soportada.

Así mismo, más allá de las características técnicas que definen a un sistema automatizado o que incorpore técnicas de IA, se deben analizar, valorar y contemplar los potenciales riesgos que se asumen ante su implantación, entre los que destacan: la autentificación de los usuarios, la seguridad de los datos guardados en la nube, la privacidad y confidencialidad de la información, la disponibilidad del servicio, la interconexión entre los diferentes sistemas de la propiedad de los contenidos y, lógicamente, los problemas relacionados con la propiedad intelectual e industrial de las herramientas utilizadas, e incorporar todas estas cuestiones en la definición de las prescripciones técnicas del proyecto.

Sin duda, es imperativo no quedarse atrás. Por ello, hay que empezar un debate más profundo sobre los cambios normativos que necesitan las Administraciones públicas para incorporar de manera segura estas tecnologías, y que vaya más allá de una mera declaración de intenciones. Hay que seguir avanzando para mejorar nuestras normas de contratación para lograr soluciones dotadas de garantías.

X. BIBLIOGRAFÍA

Barceló M. (2008). *Una Historia de la Informática.* UOC.

Campos Acuña, C. (2022). *Una visión de la tecnología en la nube en la gestión Pública. Usos riesgos y aspectos claves en su contratación.* Observatorio Cultura y Comunicación. Fundación Alternativas.

Ceballos Revilla, H. (2000). RD Legislativo 2/2000, de 16 de junio por el que se aprueba el Texto Refundido de la Ley de Contratos de las Administraciones Públicas. *Revista el Consultor de los Ayuntamientos y de los Juzgados,* nº 17.

Cierco Jiménez De Parga, D. Cloud computing: retos y oportunidades. Informe 2/2011 Fundación Ideas. Puede consultarse en https://www.gutierrez-rubi.es/wp-content/uploads/2011/05/DT-*Cloud*_Computing-Ec.pdf

Fuertes López, M. (2022). Reflexiones ante la acelerada automatización de actuaciones administrativas. *Revista Jurídica de Asturias*, n. 45.

Gimeno Feliú, J.M. (2017). *Las novedades del Proyecto de Ley de Contratos del Sector Público tras su aprobación en el Congreso de los Diputados.*https://www.obcp.es/opiniones/las-novedades-del-proyecto-de-ley-de-contratos-del-sector-publico-tras-su-aprobacion-en

Gimeno Feliú, J.M. (2018). "Corrupción y contratación públicas: las soluciones de la LCSP", en *Tratado de contratos del sector público.* Tomo I (Dirs. Gamero Casado, E. y Gallego Córcoles, I.), Tirant lo Blanch, Valencia.

Gimeno Feliú, J.M. (2018). La nueva regulación de la contratación pública en España desde la óptica de la incorporación de las exigencias europeas: Hacia un modelo estratégico, eficiente y transparente, en *Estudio Sistemático de la Ley de Contratos del Sector Público.* Coord. GIMENO FELIÚ, J.M. Ed. Thomson Reuters.

Gimeno Feliú, J. M. (2021). «El derecho de los contratos públicos en España: novedades y propuestas de futuro». *Revista IUS ET VERITAS* Nº 62.

Gimeno Feliu, J. M., García-Alvarez García, G. Y Tejedor Bielsa, J. (2022). *La compra pública de tecnología en la Nube en España.* Thomson Reuters – Ed. Aranzadi.

Martínez Gutiérrez, R. (2017). "El uso de medios electrónicos en la contratación pública. la relación entre las leyes 39 y 40 de 2015 y las directivas 24 y 55 de 2014 de contratación pública y facturación electrónica. Propuestas para su transposición" en Martín Delgado, I. (Dir.) INNAP INVESTIGA (2017) "*La reforma de la Administración electrónica: Una oportunidad para la innovación desde el Derecho*"

Mateo Cortes, V. (2009). Historia de los pioneros, desarrollo del mercado y consolidación de los ordenadores en nuestro país (Cap. 9). En *La informática en España.* coord. por Sánchez del Río, C., Muñoz Ruiz, E. y Alarcón Álvarez. España Siglo XXI. Fundación Sistema y IdE Instituto de España. Biblioteca Nueva.

Menéndez Sebastián, E. M. (2018). El contrato de servicios, en Dir. Gimeno Feliú, J.M., *Estudio sistemático de la Ley de Contratos del Sector Público.* Ed. Thomson-Reuters Aranzadi.

Pintos Santiago, J. (2015). El sistema de contratación público español. Una visión constructiva a sus principios generales: la incorporación de los principios de promoción del desarrollo humano y de sostenibilidad ambiental. *Contratación Administrativa Práctica,* Nº 139. Editorial LA LEY.

Razquin Lizarraga, M. Y Vázquez Matilla, F.J. (2018). *La adjudicación de contratos públicos en la nueva Ley de Contratos del Sector Público,* Thomson-Reuters-Aranzadi, Cizur Menor.

Soriano Arnanz, A. (2021). Decisiones automatizadas. Problemas y soluciones jurídicas: más allá de la protección de datos. *Revista de Derecho Público: Teoría y Método.*

Valcárcel Fernández, p. (2018). La delimitación de los tipos contractuales, en Dir. Gimeno Feliú, J.M., *Estudio sistemático de la Ley de Contratos del Sector Público.* Ed. Thomson-Reuters Aranzadi.

Zlotnik Enaliev, A. (2019). Inteligencia Artificial en las Administraciones Públicas: definiciones, evaluación de viabilidad de proyectos y áreas de aplicación. *Revista de la Asociación Profesional de Cuerpos Superiores de Sistemas y Tecnologías de la Información de las Administraciones Públicas,* N° 84.

PARTE V
GARANTÍAS Y CONTROLES

Reserva de humanidad y otras fórmulas de gobierno de sistemas decisorios híbridos empleados por la Administración pública

JUANITA PEDRAZA CÓRDOBA
Profesora visitante (acred. Titular)
Universidad Carlos III de Madrid

Sumario: I. INTRODUCCIÓN. II. CONTEXTUALIZACIÓN Y DELIMITACIÓN CONCEPTUAL. III.GOBIERNO EN EL DERECHO POSITIVO. IV. DERECHO A LA INTERVENCIÓN HUMANA. V. BASES CONSTITUCIONALES DE LA GARANTÍA DE INTERVENCIÓN HUMANA ADUCIBLE POR CUALQUIER INTERESADO A. El contraste entre los tipos de razonamiento. VI. LOS ROLES DE LAS PERSONAS EN UN SISTEMA HÍBRIDO. A) Función correctiva B. Otras funciones.VII. EL GOBIERNO DEL SISTEMA HÍBRIDO A. Requisitos infraestructurales B) Garantía de fiabilidad técnico/jurídica C) Planificación y gestión del riesgo D) Colaboración desde el diseño E. Control continuo y evaluación. VIII. CONSIDERACIÓN FINAL. IX. BIBLIOGRAFÍA.

I. INTRODUCCIÓN

El recurso a sistemas informáticos en la ejecución de actividades administrativas es un fenómeno que, de manera vanguardista, se recogía en el art. treinta.dos de la Ley de 17 de julio de 1958, del procedimiento administrativo, que promovía la racionalización de los trabajos burocráticos a través de la progresiva mecanización y automatismo en las oficinas públicas. Fijando el punto de partida en esta norma, pueden identificarse varios hitos normativos en el proceso de transformación digital de la Administración (Ley 30/1992, Ley 11/2007) que conducen a la formulación del propósito actual que anima las decisiones normativas, planes, programas y acciones adoptadas y/o emprendidas en torno a este objeto: articular la actividad de la administrativa, formalizada y material, como una plataforma de servicios que no sólo atienda las necesidades de los ciudadanos, sino que sea capaz de anticiparse a las mismas. La administración, como plataforma de servicios[1], es un estadio dentro del proceso de *data drive-regulation*, definido como el uso de análisis predictivos, utilizando distintos tipos de inteligencia artificial, algoritmos y computación en la nube, para compilar y procesar datos que son utilizados directa o indirectamente en la adopción de decisiones administrativas (Velasco, 2019:217). Simplificando la cuestión, desde hace tiempo, la Administración ha reconocido el valor de los datos para mejorar la calidad de sus decisiones y, a medida que los desarrollos tecnológicos posibilitan extraer mayor información de los mismos, se ha valido de diferentes técnicas y soluciones para incorporarlos dentro de su actividad; la pretensión actual, no es sólo que se empleen para atender las demandas sociales, sino que se anticipen a las mismas para mejorar la calidad de los servicios prestados a la ciudadanía. Esta ambiciosa idea se configura bajo el auspicio de los desarrollos tecnológicos y la Administración, así como el Derecho que le es propio, se actualizan en aras de ajustarse a las nuevas realidades y demandas sociales.

Un tema, que como se advertirá a renglón seguido, no es excesivamente novedoso en cuanto el planteamiento, pero que no ha sido pacíficamente resuelto en el ámbito jurídico, es el de las condiciones de convivencia e interacción entre las personas y los sistemas en el desarrollo de una actuación administrativa. El análisis de esta cuestión constituye el objeto de este capítulo.

---

[1] COM (2021) 118 final, de 9 de marzo, COMUNICACIÓN DE LA COMISIÓN AL PARLAMENTO EUROPEO, AL CONSEJO, AL COMITÉ ECONÓMICO Y SOCIAL EUROPEO Y AL COMITÉ DE LAS REGIONES. Brújula Digital 2030: el enfoque de Europa para el Decenio Digital. (Cerrillo, 2022)

II. CONTEXTUALIZACIÓN Y DELIMITACIÓN CONCEPTUAL

La reserva de humanidad[2], entendida con la proscripción de la automatización en determinadas actuaciones o fases de los procedimientos administrativos, forma parte de un concepto más amplio relativo al gobierno de los sistemas decisorios híbridos. La fijación de las condiciones de la interacción entre los sistemas y las personas, se engloba, a su vez, en una noción más amplia que, pese a su carácter polisémico (Katzenbach, C. & Ulbricht, L., 2019), sirve como punto de partida de esta reflexión: el gobierno algorítmico (*algorithmic governance*), que aglutina las acciones encaminadas a identificar cómo la tecnología impacta sobre las dinámicas sociales, concretando los riesgos inherentes o derivados de tal ascendencia, así como, precaviendo las medidas de eliminación, mitigación o adaptación a los mismos. Bajo esta premisa, el gobierno de los sistemas híbridos puede considerarse una medida de gestión de los riesgos derivados de la utilización de sistemas informáticos en la toma de decisiones administrativas.

Cuando el tema se circunscribe al ámbito de las actuaciones administrativas regidas por el art. 41 de la Ley 40/2015, de 1 de octubre, de Régimen Jurídico del Sector Público (LRJSP), el concepto de sistema decisorio híbrido abarca toda actuación o fase de la misma, en la que participan, de forma conjunta, sistemas informáticos y personas físicas. En ese contexto, el gobierno del sistema híbrido establece qué actuaciones o trámites han de ser ejecutadas por personas y cuáles por sistemas, atendiendo las exigencias del ordenamiento jurídico.

Dentro del conjunto de alternativas, el gobierno puede implicar:

- Que la decisión se reserve por completo a las personas
- Conservar la presencia humana en una parte del proceso decisorio

---

[2] Término acuñado por J. Ponce Solé si bien él mismo reconoce que la autoría original es de Silvia Diez.

- Human-in-the-loop algorithms (el sistema ofrece un elemento de juicio),
- Human-on-the-loop algorithms (el sistema realiza una recomendación que el órgano activo puede seguir o no)

– Excluir a la persona de la decisión: human-out-of-the-loop algorithms[3].

---

[3] Las nociones de "human in the loop" (HITL), "on the loop" (HOTL) y "out the loop" (HOOTL) provienen de la ciencia de los ordenadores y no son unívocas. En este ámbito, el significado HITL es distinto si se aplica en el contexto del machine learning o sobre el de sistemas de toma de decisión. Hoy al hablar de HITL se sobreentiende que está referido a una forma de entrenamiento de un sistema de machine learning en el que, durante el entrenamiento, un humano actúa como "función de error", indica al sistema si ha acertado o se ha equivocado; el sistema aprende con esa información. Con HOTL el humano corrige al sistema en determinadas circunstancias, (ChatGPT es un ejemplo de esta estrategia: ante determinadas salidas, el humano corrige [va a introducir un sesgo]). En el caso descrito, HITL y HOTL se emplean en la fase de creación del modelo, pero también pueden considerarse en la fase de utilización:
HITL: sistemas de toma de decisión (que pueden ser o no IAs) donde la salida del modelo siempre tiene que ser validada por un humano. Por ejemplo, la apertura o no de un expediente sancionador será decidida por una persona.
HOTL: el humano verifica sólo en determinadas circunstancias. Siguiendo con el ejemplo del expediente sancionador, sólo intervendría si hay lugar a la apertura.
Al incorporar estas nociones en las normas, se han introducido algunos ajustes, que no se han mantenido en el devenir normativo:
En la COM/2019/168 final. Comunicación de la Comisión al Parlamento Europeo, al Consejo, al Comité Económico y Social Europeo y al Comité de las Regiones "Generar confianza en la inteligencia artificial centrada en el ser humano" se especificó que Human-in-the-loop (HITL) se refiere a la intervención humana en cada ciclo de decisión del sistema. Human-on-the-loop (HOTL) alude a la capacidad de la intervención humana durante el ciclo de diseño del sistema y a la supervisión del funcionamiento del sistema. Human-in-command (HIC) se refiere a la capacidad de supervisar la actividad global del sistema de IA (incluido su impacto más amplio económico, social, jurídico y ético) y a la capacidad de decidir cuándo y cómo utilizar el sistema en cada situación determinada. Esto puede incluir la decisión de no utilizar un sistema de IA en una situación concreta, establecer

Contrario a lo que podría pensarse en un primer momento, esta cuestión no es novedosa, ni está asociada a la utilización de las técnicas de inteligencia artificial; por el contrario, es un asunto que se discute desde mediados del siglo XX (Coglianese y Hefter, 2022: 899 y ss), especialmente en el ámbito de la seguridad (v.g. la presencia de conductores y pilotos en trenes y aviones, así como la reserva de cier-

---

niveles de discreción humana durante el uso del sistema o garantizar la capacidad de imponerse a una decisión tomada por el sistema.

En el Libro Blanco (LIBRO BLANCO sobre la inteligencia artificial —un enfoque europeo orientado a la excelencia y la confianza COM/2020/65 final/2)—, las condiciones de intervención ya no se plantean en función al ciclo, sino en torno al efecto:

El resultado del sistema de IA no es efectivo hasta que un humano no lo haya revisado y validado (por ejemplo, la decisión de denegar una solicitud de prestaciones de seguridad social solo podrá adoptarla un ser humano).

El resultado del sistema de IA es inmediatamente efectivo, pero se garantiza la intervención humana posterior (por ejemplo, la decisión de denegar una solicitud de tarjeta de crédito puede tramitarse a través de un sistema de IA, pero debe posibilitarse un examen humano posterior).

Se realiza un seguimiento del sistema de IA mientras funciona y es posible intervenir en tiempo real y desactivarlo (por ejemplo, un vehículo sin conductor cuenta con un procedimiento o botón de apagado para las situaciones en las que un humano determine que el funcionamiento del vehículo no es seguro).

En la fase de diseño, se imponen restricciones operativas al sistema de IA (por ejemplo, un vehículo sin conductor dejará de funcionar en determinadas condiciones de visibilidad reducida en las que los sensores sean menos fiables, o mantendrá una cierta distancia con el vehículo que lo preceda en una situación dada).

Se prefiere la formulación que obra en el texto, toda vez que distingue tres situaciones con efectos jurídicos distintos: que el resultado del sistema se tenga como un elemento de juicio dentro del proceso decisorio, constituya, en sí mismo, una recomendación o sea el acto resolutorio. En todo caso, la comprensión de lo que se pretende exponer debe hacerse partiendo de esta definición de los escenarios y atendiendo la circunstancia adicional de que el tema de los sistemas se aborda de manera general: no se distingue entre sistemas que usen inteligencia artificial, o no, o entre éstos, aquellos que empleen IA simbólica o machine learning (ver cap. 5). La fijación del modelo de gobierno de los sistemas decisorios híbridos ha de tener en cuenta las características específicas del sistema analizado, pero una formulación abstracta del mismo, requiere prescindir de estas especificidades.

tas decisiones a los mismos, expresan, justamente, la existencia de las reglas de gobierno del sistema híbrido). Pese a que son cuestiones antiguas no se han identificado evidencias acerca de que se consideren plenamente zanjados algunos puntos cruciales del gobierno, tales como, los criterios que rigen la colaboración. Una primera aproximación, extraída de los ejemplos precitados, permiten considerar que la reserva de humanidad se activa en dos casos: (1) ante la presencia de riesgos sobre la vida e integridad de las personas que conduce a hacer inadmisible cualquier tasa de error en los sistemas (vg. despegar o aterrizar) y (2) ante errores o situaciones imprevistas o de emergencia, que no sean resueltos cabalmente por los sistemas. Los dos factores involucran componentes comunes: bienes jurídicos en riesgo y limitaciones de los sistemas (falibilidad y desempeño). Tal y como se expondrá a lo largo de este trabajo, el gobierno de sistemas decisorios híbridos debe tener en cuenta estos criterios, a los que se suman otros tantos, desde un enfoque humanista[4], cuyas líneas generales también son objeto de examen en este escrito.

III. GOBIERNO EN EL DERECHO POSITIVO

A día hoy, en el derecho positivo español, el concepto de órgano garantiza la presencia de la persona física en la decisión (LRJSP; art. 5.1), toda vez que esta ficción, clave para la imputación de la actuación a la Administración, alude a la existencia de un conjunto de medios personales y materiales, articulados en torno a la persona del titular, que ejercitan competencias (Santamaria Pastor, 1984). Así mismo, la propia redacción del art. 41 LRJSP refuerza la presencia humana al prever la participación de varios órganos (ergo, varias personas titulares de los mismos) en la actuación automatizada. De lo anterior se infiere que los componentes básicos de la organización administrativa española, eliminan la posibilidad de la adopción de un acto, sin algún grado de intervención o participación humana[5].

---

4 Vaquer Caballería, M. (2023). El humanismo del derecho administrativo de nuestro tiempo. *Revista de Administración Pública*, 222, 33-64.

5 Cuestión diferente son las condiciones temporales y modales que caracterizan la intervención. En una actuación convencional, por oposición a la

En línea con esta idea, existen varios ejemplos de las modalidades del gobierno de sistemas híbridos en el ordenamiento:

- Reserva de humanidad

El art. 130 del Real Decreto Legislativo 8/2015, de 30 de octubre, por el que se aprueba el texto refundido de la Ley General de la Seguridad Social (LGSS) consagra la adopción y notificación de resoluciones de forma automatizada para la protección del desempleo, afiliación y cotización, así como para el reconocimiento de prestaciones, excepto para las no contributivas[6].

- Human out the loop

En la normativa procedimental general se prevé su utilización esencialmente en actuaciones materiales [remisión de anuncios al BOE (LPAC[7]; Disposición adicional tercera)], actos de conocimiento con efectos jurídicos limitados o concretos [constancia de presentación en el registro electrónico (LPAC; art. 16.3), emisión de copias

---

automatizada, el titular del órgano compromete la responsabilidad de la administración cuando expresa su voluntad, en ejercicio de su competencia y siguiendo el procedimiento establecido, suscribiendo la decisión. En el caso de una actuación automatizada, la voluntad del órgano activo se traduce en reglas que pueden ser entendidas y ejecutadas por los sistemas informáticos, dándose un desplazamiento de la voluntad del titular desde la decisión hacia el momento previo del diseño de la solución. *Vid.*al respecto la contribución de Antonio FORTES en esta obra colectiva.

6 Beneficios que se reconocen a personas que, habiendo alcanzado la edad de jubilación, no cuentan con el número de semanas exigibles en el régimen general o se hallan en situación de invalidez. Otro ejemplo de reserva de humanidad puede encontrarse en el art. 49.6 tratándose del envío de datos básicos el ámbito de los procesos de intercambio de datos entre Estados para la cooperación judicial [Reglamento (UE) 2024/982 del Parlamento Europeo y del Consejo, de 13 de marzo de 2024, relativo a la búsqueda y al intercambio automatizados de datos para la cooperación policial, y por el que se modifican las Decisiones 2008/615/JAI y 2008/616/JAI del Consejo y los Reglamentos (UE) 2018/1726, (UE) 2019/817 y (UE) 2019/818 del Parlamento Europeo y del Consejo (Reglamento Prüm II) (DOUE de 5 de abril de 2024)].

7 Ley 39/2015, de 1 de octubre, del Procedimiento Administrativo Común de las Administraciones Públicas.

auténticas (LPAC, art. 27.1 y RAFESP[8]; art. 48.2), verificación de condiciones de representación (RAFESP; art. 35)][9] o interadministrativos (cesión de datos [RAFESP; art. 61.5]).

El art. 53.1.a) del Real Decreto Legislativo 5/2000, de 4 de agosto, por el que se aprueba el texto refundido de la Ley sobre Infracciones y Sanciones en el Orden Social, habilita el uso de actas automatizadas como *forma de inicio* de los procedimientos sancionadores.

El art. 159.6.d) de la Ley 9/2017, de 8 de noviembre, de Contratos del Sector Público, por la que se transponen al ordenamiento jurídico español las Directivas del Parlamento Europeo y del Consejo 2014/23/UE y 2014/24/UE, de 26 de febrero de 2014 (LCSP) prescribe para el procedimiento abierto simplificado que "La *valoración de las ofertas* se podrá efectuar automáticamente mediante dispositivos informáticos (…)".

El artículo 100.2 de la Ley 58/2003, de 17 de diciembre, General Tributaria (LGT) atribuye la consideración de *resolución terminadora* de los procedimientos tributarios a la contestación realizada de forma automatizada, aunque sólo en aquellos procedimientos en que esté prevista esta forma de terminación, como ocurre con el procedimiento de devolución conforme al artículo 124 de su Reglamento General de Procedimientos.

- Human in the loop

Cualquier sistema de detección de comportamientos sospechosos que puedan indicar la existencia de actividades fraudulentas o de blanqueo de capitales, puede constituir prueba indiciaria que sustente la apertura de un procedimiento de inspección. En la Ley 22/2018, de 6 de noviembre, de Inspección General de Servicios y

---

8 Real Decreto 203/2021, de 30 de marzo, por el que se aprueba el Reglamento de actuación y funcionamiento del sector público por medios electrónicos

9 También está prevista, con estos efectos, la emisión de certificados tributarios (art 73.2 del Real Decreto 1065/2007, de 27 de julio, por el que se aprueba el Reglamento General de las actuaciones y los procedimientos de gestión e inspección tributaria y de desarrollo de las normas comunes de los procedimientos de aplicación de los tributos).

del sistema de alertas para la prevención de malas prácticas en la Administración de la Generalitat y su sector público instrumental, se prevé un sistema de alertas que puede dar origen al inicio de una investigación, de acuerdo con la valoración que realice el órgano competente (art. 31).

- Human on the loop

El art. 8.1 del Real Decreto 897/2017, de 6 de octubre, por el que se regula la figura del consumidor vulnerable, el bono social y otras medidas de protección para los consumidores domésticos de energía eléctrica, faculta al comercializador de referencia a comprobar los datos de la solicitud de bono social, a través de la plataforma informática disponible a tal efecto en la Sede Electrónica del Ministerio de Energía, Turismo y Agenda Digital.

Y, en otro ámbito de actuación administrativa, el art. 6.1 del Real Decreto 190/1996, de 9 de febrero, por el que se aprueba el Reglamento Penitenciario, prescribe que ninguna decisión de la Administración penitenciaria que implique la apreciación del comportamiento humano de los reclusos podrá fundamentarse, exclusivamente, en un tratamiento automatizado de datos o informaciones que ofrezcan una definición del perfil o de la personalidad del interno.

Se infiere de las disposiciones precitadas que el legislador ha admitido el uso de sistemas en distintas fases del procedimiento: inicio (actas de inspección automatizadas), instrucción (valoración de ofertas y concesión del bono social energético), terminación (declaración de devolución tributaria). Así mismo, permite prescindir de la intervención humana en actos de conocimiento y con efectos interadministrativos. Finalmente remarca la necesidad de contar con el razonamiento humano en procedimientos para la concesión de prestaciones a personas vulnerables o a sujetos que formen parte de una relación de sujeción especial. Confirma esta descripción lo señalado previamente acerca de que la definición de las condiciones de interacción está dada por los bienes jurídicos afectados (no se admiten tratándose de los derechos de personas vulnerables, ni pueden ser la base exclusiva para la adopción de decisiones administrativas dirigidas hacia reclusos), para añadir que también ha de tomarse en consideración el alcance de los efectos jurídicos: tratándose de actos de conocimiento o interadministrativos, se admite la prescindencia de la intervención humana.

Cuando la decisión sobre el gobierno del sistema híbrido, no se realiza en sede legislativa, sino en ejercicio de la potestad organizativa, es necesario identificar los derroteros y límites que la condicionan:

IV. DERECHO A LA INTERVENCIÓN HUMANA

Para responder a la pregunta de si existe o no un derecho de los ciudadanos o interesados a interactuar con un ser humano, en lugar de un sistema informático, o a requerir la intervención humana en algún momento de un proceso decisorio administrativo, han de tenerse en cuenta varias normas de diversa textura y finalidad jurídicas. Esta circunstancia resulta especialmente relevante para delimitar bajo qué condiciones puede entenderse reconocido este derecho.

Así, la Carta de Derecho Digitales, que carece de carácter normativo pero que se propone como un marco de referencia para la acción de los poderes públicos, prevé la reserva de humanidad en el caso de decisiones discrecionales, salvo que normativamente se autorice su uso acompañado de garantías adecuadas (cuyo contenido no se dilucida) (XVIII.6.d), el derecho a requerir la intervención humana cuando en la actuación automatizada se empleen técnicas de inteligencia artificial (XXV.3), así como los derechos a obtener asistencia en los procedimientos que se tramiten de forma electrónica (XXIII.1) y a contar con alternativas en el mundo físico que garanticen los derechos de aquellas personas que no quieran o no puedan utilizar recursos digitales (XXIII.4).

De otra parte, el derecho a la atención personalizada se recoge en el art. 8.2 de la propuesta de Ley de servicios para la atención a la clientela[10], para proteger los derechos de los consumidores o usuarios de servicios de carácter básico de interés general (electricidad,

[10] 121/000012 Proyecto de Ley por la que se regulan los servicios de atención a la clientela.

telecomunicaciones, agua, financieros, entre otros), quienes, en la tramitación de una consulta, queja, reclamación, o comunicación de incidencia que se formule vía telefónica o electrónica, pueden solicitar una atención personalizada en cualquier momento de la interacción. "A tales efectos, se considera atención personalizada la ofrecida directamente a través de un operador especializado que contesta en tiempo real a la clientela, que deberá identificarse en todo caso al inicio de la conversación".. Si bien esta disposición aún no ha entrado en vigor y las administraciones públicas no se encuentran cobijadas por su ámbito subjetivo de aplicación, la finalidad de la protección puede extenderse hasta las mismas como resultado de la aplicación de los principios de proximidad y servicio efectivo a los ciudadanos (arts. 3.1. letras a y c de LRJSP) quienes pueden aducir el mismo derecho a obtener atención personalizada en los servicios provistos por la administración. Si el legislador impone una carga a los sujetos privados, en aras de proteger a los consumidores y garantizar la calidad de la prestación de servicios de interés económico general, no se advierten motivos para que exonere de tales exigencias a las administraciones públicas cuya propia legitimación se funda, en parte, en su idoneidad para la prestación de bienes y servicios, así como en la dotación de las necesarias infraestructuras que constituyen el entorno para los bienes y servicios que debe prestar la sociedad (Vaquer, 2011:95).

Finalmente, el derecho a la intervención humana se consagra expresamente en la normativa de protección de datos personales, si bien ésta tiene una finalidad concreta (proteger el ejercicio del derecho a la autodeterminación informativa[11]) del que dimana, tratándose de las administraciones públicas, una limitación significativa, cual es la de servir como fuente de legitimación del ejercicio del derecho a solo una parte del conjunto de la ciudadanía que se relaciona con la administración[12]. Así, toda reflexión basada en el art. 22 del Reglamento (UE) 2016/679 del Parlamento Europeo y del Consejo,

---

11 TRIBUNAL CONSTITUCIONAL. Sentencias 254/1993, FJ.7; 290/2000, FJ7; 58/2018, FJ5. (Lucas Murillo de La Cueva, 2008).

12 En el documento eGovernment Benchmark 2023 Connecting Digital Governments se alude a que las administraciones de la UE atienden a 447 millones de personas y 23 millones de empresas.

de 27 de abril de 2016, relativo a la protección de las personas físicas en lo que respecta al tratamiento de datos personales y a la libre circulación de estos datos y por el que se deroga la Directiva 95/46/CE (RGPD) estará encaminada a garantizar que las personas físicas controlen el uso y destino de sus datos, ejercitando el haz de facultades que el Reglamento les reconoce, incluyendo, el de oponerse a que una decisión, que tenga incidencia significativa en sus vidas, se base solamente en datos y sea adoptada por sistemas informáticos, sin ninguna intervención humana.

De acuerdo con Bygrave (2020:530) la norma busca proteger la dignidad humana de los riesgos que puede suponer quedar a merced del determinismo de las máquinas, apoyando su posición en la redacción de la propuesta de la Comisión que desencadenó el proceso de aprobación de la hoy extinta Directiva 95/46[13], en la que se establecía que el antiguo art. 15 estaba dirigido a proteger el derecho del titular del dato de participar en el proceso de toma de decisiones que sean importantes para él[14]. Se parte de la premisa de que el uso de amplios perfiles de datos de individuos por poderes públicos y entes privados, priva al sujeto de la capacidad de influenciar los procesos decisorios en el caso que las decisiones sean adoptadas sobre la base de "la sombra de sus datos" (*shadow data*), recelo que también se

---

13 "Con esta disposición se pretende proteger el interés de interesado en participar en aquellas decisiones que sean Importantes para él. El uso de perfiles detallados basados en datos personales por parte de importantes instituciones públicas y privadas priva al interesado de la posibilidad de influir en los procesos decisorios de dichas instituciones cuando esas decisiones se toman únicamente sobre la base de su perfil personal" COM (90) 314 final COMUNICACIÓN DE LA COMISIÓN SOBRE LA PROTECCIÓN DE LAS PERSONAS EN LO REFERENTE AL TRATAMIENTO DE DATOS PERSONALES EN LA COMUNIDAD Y A LA SEGURIDAD DE LOS SISTEMAS DE INFORMACIÓN – SYN 287, 14.9.1990, p. 22.

14 En palabras de Cerrillo (2020:28) "el reconocimiento de este derecho es una manera de asegurar la dignidad humana en la medida en que las personas y no los algoritmos son las responsables de protegerse". La idea de la autorregulación y el desapoderamiento que puede experimentar un sujeto cuando la decisión la adopta un sistema también está presente en el análisis de Huq (2020:656)

halla presente en el considerando 71 RGPD[15]. Resulta entonces que el art. 22 RGPD pretende preservar el derecho de las personas a controlar que sus datos no sean empleados para la toma de decisiones relevantes, sin la participación de los titulares, toda vez que son las personas y no los algoritmos las responsables de protegerse (Cerrillo, 2020:28)[16]. Esa perspectiva del derecho de participación de las personas en la adopción de decisiones con trascendencia jurídica está presente, en el ámbito administrativo, por mor de la aplicación del art. 105.c) CE, que garantiza el derecho de audiencia de los interesados, vinculado al derecho de defensa (CE; art. 24). En palabras del Tribunal Supremo "el trámite de audiencia no es de mera solemnidad, ni rito formalista y sí medida práctica al servicio de un concreto objetivo, como es el de posibilitar a los afectados en el expediente el ejercicio de cuantos medios puedan disponer en la defensa de su derecho"[17]. De lo anterior se infiere que, tratándose de las administraciones, el art. 22 RGPD, interpretado en clave de participación, simplemente refuerza la garantía de audiencia que, a diferencia de éste, se reconoce a todos los interesados, con independencia de su carácter jurídico.

De forma complementaria a la visión de la intervención humana como instrumento al servicio de la participación, Lazcoz y De Hert (2023: 2, 13) enfatizan el valor del art. 22 RGPD como norma orientada a evitar la elusión de responsabilidades por parte del responsable del tratamiento, fundada en el recurso a los sistemas informáticos. Para estos autores, "(...) esta abdicación es inaceptable desde el punto de vista de la ley de protección de datos. El problema aquí no es la

---

15 En el mismo sentido, lo previsto en el XXV.1 de la Carta de Derechos Digitales 1. La inteligencia artificial deberá asegurar un enfoque centrado en la persona y su inalienable dignidad, perseguirá el bien común y asegurará cumplir con el principio de no maleficencia. También puede verse Roig Batalla (2020:28)

16 La perspectiva de que el art. 22 RGPD está basado en el derecho a participar en las decisiones se refuerza con el contenido del art. 9.1.a) del Convenio 108 modernizado del Consejo de Europa sobre protección de datos personales.

17 TRIBUNAL SUPREMO. Sentencia 3639/2023, de 12 de septiembre - ECLI: ES:TS:2023:3639 FJ.6.

impugnación, sino la rendición de cuentas. El artículo 22 del RGPD refleja el escepticismo europeo hacia los sesgos y las decisiones potencialmente falsas que pueden tomar máquinas no verificadas por humanos. Las actividades de procesamiento no controladas son irrespetuosas con los principales principios de protección de datos, como la equidad (y la no discriminación) y la precisión. Los seres humanos son cruciales para evitar correlaciones inadecuadas y, por lo tanto, garantizar la equidad en la extracción de datos, y no solo para excluir la discriminación sino también para reducir los falsos positivos" (Lazcoz y De Hert, 2023: 14). Bajo este entendido, los autores consideran que el derecho a la intervención humana es una medida organizativa encaminada a garantizar la sujeción del tratamiento a los principios del RGPD y la observancia del principio de responsabilidad proactiva que orienta la actividad del responsable. Tampoco, desde esta perspectiva, el art. 22 RGPD crea una nueva obligación para las administraciones públicas, toda vez que la responsabilidad de estas organizaciones depende de que el comportamiento les resulte imputable, a través de la intervención del órgano, que, como ya se ha dejado indicado previamente, impone la intervención humana de su titular.

La doctrina especializada[18], plantea varios cuestionamientos sobre la propia eficacia de la norma:

En efecto, tratándose del art. 22 RPGPD, no existe unanimidad en torno a su carácter jurídico: si bien el GT29 (WP251, 2018:21), la jurisprudencia del Tribunal de Justicia de la UE[19] y una parte de la doctrina estiman que se trata de una prohibición con reserva de alzamiento (no pueden emplearse sistemas completamente automatizados cuyos resultados tengan efectos jurídicos o sustancialmente equivalentes, salvo que se apliquen las excepciones previstas en la norma) (Lazcoz y De Hert, 2023: 3; Roig Batalla, 2020: 37; Cerrillo, 2021: 299

---

18 Lazcoz y De Hert (2023: 4) comparan el artículo 22 con un queso suizo, imagen que da cuenta de su fragilidad como fuente normativa del derecho a solicitar la intervención humana. Roig Batalla (2020: 30), citando a Bygrave, lo describe como un castillo de naipes, con condiciones cada vez más concretas y complejas, unidas a un elenco de excepciones con amplia capacidad expansiva.

19 TRIBUNAL DE JUSTICIA DE LA UE. Sentencia de 7 de diciembre de 2023. Asunto C- 634/21. ECLI:EU:C:2023:957, ap. 52.

y 2020:26), otra parte de la doctrina considera que las prohibiciones en el RGPD están previstas de forma expresa y la propia ubicación de la norma apunta a considerar que reconoce un derecho de oposición (Bygrave, 2020:530; Palma, 2019: 3 y 4). Lo que sí resulta incuestionable es que, prohibición o derecho, sólo es ejercitable tratándose de personas físicas (lo que excluye su aplicación en el caso de personas jurídicas que también pueden tener la consideración de interesados en el procedimiento) y que es una disposición que admite excepciones, una de las cuales puede resultar de aplicación frecuente tratándose de las administraciones públicas: si la actuación automatizada trae causa en una competencia atribuida por el derecho nacional o de la Unión, siempre que se fijen medidas de salvaguardia de los derechos (cuyo contenido también se discute), puede prescindirse de la intervención humana en el proceso decisorio.

El art. 22.3 RGPD consagra tres garantías en el marco de las actuaciones automatizadas que no se basen en una habilitación legal: (1) intervención humana, (2) manifestar el punto de vista y (3) impugnar la decisión. A tales garantías, se suman las derivadas del derecho de información consagrado en los arts. 13.2.f) y 14.2.g) del RGPD y que obligan a comunicar al titular del dato: (1) la existencia del tratamiento automatizado; (2) información significativa sobre la lógica aplicada y (3) consecuencias que se derivan de su ejecución. En el caso del art. 14 que regula los derechos cuando los datos se obtienen de un tercero, se prevé como excepción, en el numeral 5 letra b. que la revelación pueda imposibilitar u obstaculizar gravemente el logro de los objetivos de tal tratamiento, en cuyo caso, el responsable adoptará medidas adecuadas para proteger los derechos, libertades e intereses legítimos del interesado, inclusive haciendo pública la información y que la base sea legal, siempre que la norma de habilitación incluya garantías adecuadas.

El art. 15.1 RGPD prescribe el derecho del interesado a obtener del responsable del tratamiento confirmación de si se están tratando o no datos personales que le conciernen y, en tal caso, el derecho de acceder a los mismos, acompañado de la misma información que se regula en los arts. 13 y 14.

Todas estas garantías, según lo prevenido en el cons.71, se complementan con el deber de los responsables del tratamiento de utilizar procedimientos matemáticos o estadísticos adecuados y aplicar medidas técnicas y organizativas apropiadas para garantizar, en particular, que se corrigen los factores que introducen *inexactitudes* en los datos personales y se *reduce al máximo el riesgo* de error, asegurar los datos personales de forma que se tengan en cuenta los *posibles riesgos para los intereses y derechos del interesado* y se impidan, entre otras cosas, efectos discriminatorios en las personas físicas o que den lugar a medidas que produzcan tal efecto.

La excepción de habilitación legal no está condicionada por las garantías del numeral 3 del art. 22 (expresamente previstas para el consentimiento o ejecución contractual como fuente de legitimación) y permite también la exoneración de los deberes de información y acceso, siempre que se establezcan medidas adecuadas de salvaguardia de los derechos. La cuestión entonces es precisar, qué se entiende, en ese contexto, por medida adecuada:

La Directiva (UE) 2016/680 del Parlamento Europeo y del Consejo de 27 de abril de 2016 relativa a la protección de las personas físicas en lo que respecta al tratamiento de datos personales por parte de las autoridades competentes para fines de prevención, investigación, detección o enjuiciamiento de infracciones penales o de ejecución de sanciones penales, y a la libre circulación de dichos datos y por la que se deroga la Decisión Marco 2008/977/JAI del Consejo, consagra en el art. 11.1 la intervención humana como garantía mínima en un actuación automatizada de esta naturaleza y, de acuerdo con el considerando 38, esta intervención ha de permitir que el interesado obtenga una explicación de la decisión adoptada, pueda expresar su punto de vista o ejercer su derecho a impugnar la decisión. Se tiene entonces que, aún el campo de la seguridad, ámbito en el que se admiten fuertes limitaciones al ejercicio de los derechos que reconoce el RGPD, la intervención humana se reconoce como una garantía mínima que permite, esencialmente, ejercitar el derecho de participación e impugnación.

El WP 251 (apartado f) para el resto de excepciones (consentimiento y ejecución de un contrato), establece como medida adecuada la intervención humana, que se considera "(…) un elemento clave. Toda revisión debe ser llevada a cabo por una persona con la autorización y capacidad adecuadas para modificar la decisión. El revisor debe llevar a cabo una evaluación completa de todos los datos pertinentes, incluida cualquier información adicional facilitada por el interesado". Las Directrices del SEPD para la evaluación de la proporcionalidad de las medidas que limitan los derechos fundamentales a la intimidad y a la protección de los datos personales, también parecen considerar la intervención humana como una garantía indisponible, al considerar como salvaguardia que reduce el impacto de una propuesta legislativa que incluya un tratamiento que incida sobre los derechos fundamentales en juego, la verificación humana en caso de que la legislación prevea medidas totalmente automatizadas (2019: 43).

Este carácter de garantía mínima ha sido destacado por la doctrina autorizada (Bygrave, 2020: 537; Palma, 2019:20; Roig Batalla, 2017:41), que, en todo caso, enfatiza la necesidad de circunscribir el efecto exonerativo de la habilitación legal a las garantías específicas de los arts. 13, 14, 15 y 22, sin que puedan extenderse a la totalidad de las exigencias que impone el RGPD, lo que significa que, verbigracia, aún liberadas del deber de informar, deben cumplir con los principios de licitud, minimización de datos, limitación de la finalidad, responsabilidad proactiva y, en el marco de este último, aplicar las técnicas de gestión de riesgo correspondientes: PIA, DPO, entre otros (Cerrillo, 2020:29)[20].

Sobre el alcance de la garantía de intervención humana puede precisarse que, en línea con lo señalado por el WP 251, la doctrina considera que su finalidad es correctiva (Lazcoz y De Hert, 2023: 14) y expresa la desconfianza de la sociedad civil sobre el funcionamiento de los sistemas. El Parlamento Europeo planteaba así la cuestión en 2017 "32. Pide a las autoridades encargadas de la aplicación de la ley de los Estados miembros que utilizan la analítica de datos en apoyo de las normas éticas más elevadas en el análisis de datos y que garanticen la intervención humana y la rendición de cuentas a lo largo de las distintas etapas de la toma de decisiones para evaluar no solo la representatividad, la exactitud y la calidad de los datos sino también

[20] El Parlamento Europeo, en la Resolución sobre big data de 2017, ya instaba a las administraciones públicas a usar técnicas de responsabilidad proactiva, como los códigos de conducta, certificaciones (num.12)

la idoneidad de cada una de las decisiones que vayan a adoptarse sobre la base de dicha información"[21]. Sobre las condiciones que debe cumplir el supervisor (DPO, auditor, u otro sujeto), atendiendo lo previsto en el WP251 sobre las exigencias que deben satisfacerse para que se entienda que la intervención humana es significativa, la doctrina coincide en la necesidad de contar con un supervisor debidamente formado (Roig Batalla, 2020, 38), de tal suerte que sea capaz de detectar el error y su causa, de lo contrario, su intervención debe tenerse por eminentemente formal y, por ende, inocua (Batalla Roig, 2017: 6)[22]. Se deduce de lo anterior que la garantía de intervención humana que consagra el RGPD tiene un carácter de mínimo, aun tratándose de tratamientos legitimados mediante habilitación legal y posee un carácter correctivo, centrado en el resultado del tratamiento, si bien la valoración del resultado puede demandar la verificación de la idoneidad y exactitud de los datos empleados en la adopción de la decisión, así como de las reglas que permiten alcanzar el resultado, lo que de suyo impone que el supervisor cuenta con formación suficiente para ejecutar de manera idónea tales valoraciones.

Por su parte, en el Reglamento de Inteligencia Artificial, se amplía el alcance de la función vinculada a la intervención humana, en cuanto al momento en que ésta tiene lugar y su finalidad: en el art. 14.1 se consagra la intervención humana como una garantía para los sistemas de alto riesgo, que cubre las fases de diseño, desarrollo y uso y persigue, según el numeral 2 ".... prevenir o reducir al mínimo los riesgos para la salud, la seguridad o los derechos fundamentales que pueden surgir cuando se utiliza un sistema de IA de alto riesgo conforme a su finalidad prevista o cuando se le da un uso indebido razo-

---

21 Resolución del Parlamento Europeo, de 14 de marzo de 2017, sobre las implicaciones de los macrodatos en los derechos fundamentales: privacidad, protección de datos, no discriminación, seguridad y aplicación de la ley (2016/2225(INI)) (2018/C 263/10)

22 Num. 26. de garantizar que las personas a las que se refieren las decisiones y/o los agentes que intervienen en los procesos de toma de decisiones son capaces de entender e impugnar la recopilación o el análisis, los patrones y las correlaciones y evitar cualesquiera efectos perjudiciales para determinados grupos de personas. (Resolución big data de Parlamento Europeo, 2017)

nablemente previsible, en particular cuando dichos riesgos persistan a pesar de la aplicación de otros requisitos establecidos en la presente sección". Dicho de otra forma, el Reglamento extiende la garantía correctiva y en fase de resultado del RGPD a todo el ciclo de vida del dato empleado en un sistema de alto riesgo, teniendo por tal, verbigracia, los vinculados al ejercicio de potestades administrativas en el marco de las actividades que aparecen en el Anexo III del RIA.

Así mismo, el contenido de la función de supervisión se detalla en el art. 14.4 del RIA, para abarcar todas las acciones definidas y ejecutadas durante el diseño (supervisión por el proveedor), definidas por el proveedor y ejecutadas por el responsable del despliegue antes de su puesta en el mercado (supervisión por el responsable) y aquellas que permitan al usuario o persona bajo cuya supervisión se emplee el sistema, realizar alguna de las siguientes acciones:

a) entender adecuadamente las capacidades y limitaciones pertinentes del sistema de IA de alto riesgo y poder vigilar debidamente su funcionamiento, por ejemplo, con vistas a detectar y resolver anomalías, problemas de funcionamiento y comportamientos inesperados;

b) ser conscientes de la posible tendencia a confiar automáticamente o en exceso en la información de salida generada por un sistema de IA de alto riesgo («sesgo de automatización»), en particular con aquellos sistemas que se utilizan para aportar información o recomendaciones con el fin de que personas físicas adopten una decisión;

c) interpretar correctamente la información de salida del sistema de IA de alto riesgo, teniendo en cuenta, por ejemplo, los métodos y herramientas de interpretación disponibles;

d) decidir, en cualquier situación concreta, no utilizar el sistema de IA de alto riesgo o desestimar, invalidar o revertir la información de salida que este genere;

e) intervenir en el funcionamiento del sistema de IA de alto riesgo o interrumpir el sistema pulsando un botón de parada o mediante un procedimiento similar que permita que el sistema se detenga de forma segura.

Finalmente, en el numeral 5 del mismo art. 14 RIA, se fijan reglas especiales para la identificación biométrica remota que exigen la intervención de dos personas, que, sin embargo, contemplan una excepción en caso de actividades de control migratorio.

El Reglamento IA, aplicable a decisiones automatizadas que empleen técnicas que se ajusten a las exigencias de su ámbito de aplicación, extienden el control de la supervisión a todo el ciclo de vida del dato e imponen la obligación de realizar acciones de supervisión tanto al proveedor, como al responsable de su puesta a disposición y al mismo usuario. Con el fin de que este último realice de manera adecuada su labor, se fijan obligaciones para los proveedores y responsables de puesta a disposición en materia de información sobre el funcionamiento del sistema.

Las dos normas (RIA y RGPD) tienen en común que emplean un enfoque de riesgo para la definición de las medidas técnicas y organizativas encaminadas a su conjura o mitigación: a mayor riesgo, como el que supone el recurso a las técnicas IA, mayores exigencias de supervisión, en cuanto al alcance, obligados y fase, y a menor riesgo, como se advierte en actuaciones automatizadas que no empleen las técnicas, los alcances de la supervisión son más limitados.

Un elemento diferencial de las normativas guarda relación con su finalidad: mientras que el RGPD está configurado para salvaguardar el ejercicio de un derecho fundamental, el RIA se concibe como una garantía técnica de fiabilidad que contribuye a mejorar la confianza en los sistemas, promoviendo su utilización, la innovación y el desarrollo del mercado[23]. Mientras que la garantía del RGPD sólo puede aducirse tratándose de personas físicas, la intervención humana es una medida organizativa a la que se hallan obligadas las administraciones por el simple hecho de hacer uso de las técnicas IA: no está condicionada por el carácter jurídico del interesado, sino por el recurso a las tecnologías innovadoras, de tal suerte que cubren también a las personas jurídicas.

---

[23] *Vid.* al especto la contribución de Moisés BARRIO en esta obra colectiva.

Se concluye entonces que las administraciones públicas deben garantizar la intervención humana: (1) correctiva y sobre el resultado, si el tratamiento incluye datos personales; (2) preventiva y correctiva, en todo el ciclo de vida del dato, si usa técnicas de IA. Pese a la amplitud de la garantía, lo cierto es que las normas precitadas dejan algunos espacios sin cubrir: (a) La intervención cuando el tratamiento verse sobre datos no personales de personas físicas, si no se usan técnicas IA; (b) la intervención cuando el tratamiento se base en datos de personas jurídicas y demás interesados, no personas físicas, si no se emplean técnicas de IA. Sobre la existencia de los fundamentos jurídicos de la garantía en estos casos y, en general, respecto a la condición de interesado, versa el siguiente apartado:

V. BASES CONSTITUCIONALES DE LA GARANTÍA DE INTERVENCIÓN HUMANA ADUCIBLE POR CUALQUIER INTERESADO

La doctrina especializada (Huq, 2020:659; Binns, 2022:202; Green, 2022:4; Bygrave, 2020:53; Crootof y Kaminski, 2023:489) suele vincular, en el ámbito europeo, el derecho a la intervención humana con la dignidad. En el caso español, el art 10.1 CE consagra que "la dignidad de la persona, los derechos inviolables que le son inherentes, el libre desarrollo de la personalidad, el respeto a la ley y a los derechos de los demás son fundamento del orden político y de la paz social".

Sobre el alcance de la noción ha apuntado la Abogada General Christine Stix-Hackl "75. La «dignidad humana» constituye la expresión del máximo respeto y valor que debe otorgarse al ser humano en virtud de su condición humana. Se trata de proteger y respetar la esencia y la naturaleza del ser humano como tal, de la «sustancia» del ser humano. Por tanto, en la dignidad humana se refleja el propio ser humano; ampara sus elementos constitutivos. Sin embargo, la cuestión de cuáles son los elementos constitutivos de un ser humano remite inevitablemente a un ámbito prejurídico, es decir, en última instancia el contenido de la dignidad humana viene determinado por una determinada «imagen del ser humano»"[24]. De acuerdo con Peces Barba (2007, 162 y ss.) esa "imagen de ser humano" posee varias dimensiones: (i) la autonomía, con una doble connotación de capacidad de elección (libertad psicológica, el poder de decidir, libremente, pese a los condicionamientos y limitaciones de nuestra condición) y libertad (resultado de la elección que se ajusta a la regla a la que se somete el sujeto de forma libre); (ii) capacidad de construir conceptos generales y razonar; (iii) capacidad de reproducir sentimientos, afectos y emociones a través de valores estéticos; (iv) capacidad de dialogar y socializar racionalmente (que implica reconocimiento del otro como digno y de la imposibilidad de alcanzar la dignidad en solitario). Sobre la dimensión de la autonomía, ha añadido el Tribunal Constitucional, al referirse a la dignidad: "El derecho de todas las personas a un trato que no contradiga su condición de ser racional, igual y libre, capaz de determinar su conducta en relación consigo mismo y su entorno, esto es, la capacidad de autodeterminación consciente y responsable de la propia vida"[25].

Así enunciada, la dignidad protegida por la CE es la pasiva: los ciudadanos tenemos derecho a que se nos prodigue el trato digno que todo hombre merece. Ese trato digno implica, entre otras cuestiones: (i) respeto a la autonomía, a la posibilidad de diseñar un plan vital y de determinarse según sus características (vivir como quiera)[26], (ii) disfrute de ciertas condiciones materiales concretas de existencia (vivir bien)[27] y (iii) la dignidad humana entendida como intangibilidad

[24] Conclusiones del Abogado General Stix-Hackl presentadas el 18 de marzo de 2004. Omega Spielhallen- und Automatenaufstellungs-GmbH contra Oberbürgermeisterin der Bundesstadt Bonn. Asunto C-36/02. ECLI: EU:C:2004:162

[25] TRIBUNAL CONSTITUCIONAL. Sentencia 192/2003, de 27 de octubre, ECLI:ES:TC:2003:192 (FJ. 7)

[26] Perspectiva que se ha adoptado en los fallos sobre el derecho al aborto y a la eutanasia. Por todas, Sentencia 94/2023, de 12 de septiembre, ECLI:ES:TC:2023:94, FJ.3 y Sentencia 44/2023, de 9 de mayo, ECLI:ES:TC:2023:44, FJ3.

[27] Visión apreciable en las sentencias sobre inembargabilidad de prestaciones (Sentencia 113/1989, de 22 de junio, ECLI:ES:TC:1989:113; FJ.3), renta disponible a efectos fiscales (Sentencia 19/2012, de 15 de febrero, ECLI:ES:TC:2012:19, FJ.4)

de los bienes no patrimoniales, integridad física e integridad moral (vivir sin humillaciones).

El trato que todo ser digno merece, siguiendo la tradición kantiana, implica considerar al hombre como un fin en sí mismo, lo que impone la proscripción de cualquier acción que pretenda reducirlo a un objeto. En palabras de Michelini (2010: 47) "Kant ha hecho un aporte clave a la conceptualización de la dignidad humana: ha definido, en un sentido negativo, lo que debe ser omitido siempre que se haga referencia a la dignidad humana, a saber: el instrumentalizar y ser instrumentalizado, el tratar a los otros seres humanos sólo como medio u objetivarlos hasta convertirlos en una cosa o en una mercancía". Y es, justamente en ese sentido, en el que se ha aludido a la dignidad como fundamento de la garantía de intervención humana:

En las Directrices Éticas para una IA fiable, (Grupo de Expertos de IA, 2019) se indica sobre el particular: "La dignidad humana contiene en sí la idea de que todo ser humano posee un «valor intrínseco» que jamás se debe menoscabar, poner en peligro ni ser objeto de represión por parte de otros (ni de las nuevas tecnologías, como los sistemas de IA). En el contexto de la inteligencia artificial, el respeto de la dignidad humana implica que todas las personas han de ser tratadas con el debido respeto que merecen como sujetos morales, y no como simples objetos que se pueden filtrar, ordenar, puntuar, dirigir, condicionar o manipular. En consecuencia, los sistemas de IA deben desarrollarse de un modo que respete, proteja y esté al servicio de la integridad física y mental de los seres humanos, el sentimiento de identidad personal y cultural y la satisfacción de sus necesidades esenciales".

La dignidad humana, en un contexto de riesgo tecnológico asumido por la administración pública, en el que "(..) la tecnificación es resultado de un proceso consciente y científico de aprendizaje, llamado a producir desocultamiento y conducir a la verdad. Pero [que] no debería rebelarse contra su creador" (Vaquer, 2023: 39), impide que en el desarrollo de la relación jurídica entre la administración y el ciudadano se emplee una visión reduccionista de este último que lo convierta en un objeto, en un simple conjunto de datos[28], a merced de la dictadura del algoritmo (Barrio, 2019; Peeters, 2020:509).

No obstante, el simple hecho de que una actuación se base en los datos de un sujeto y no haya una interacción personal con él, no comporta una vulneración de su dignidad. Es más, Huq (2020: 659) defiende que, en puridad, en los procedimientos masivos, el tratamiento que se prodiga no es humanizado y que la decisión impersonal puede ser más dignificante que una decisión humana sesgada.

Cuestión diferente puede señalarse a propósito de las actuaciones encaminadas a la prestación de los servicios personales uno de cuyos objetivos es contribuir, justamente, a la propia dignificación de la persona. Tal es el caso de las actuaciones encaminadas a proteger a personas vulnerables o remover los obstáculos para que puedan ejercitar sus derechos en condiciones de igualdad. Si bien el reconocimiento de las emociones y su valoración están siendo objeto de investigación con avances significativos en el marco de las técnicas IA, lo cierto es que una empatía artificial no puede considerarse sustituta de la capacidad humana que le permite al titular del órgano comprender circunstancias y condiciones que se consideren elementos esenciales de la toma de decisiones administrativas. La compresión de tales circunstancias y la adopción de medidas de protección o garantes de la igualdad real, sí que pueden considerarse ligadas al propio concepto de dignidad, de tal suerte que, en esos casos, las nociones de reserva de humanidad y dignidad están estrechamente relacionadas.

La idónea delimitación del campo que legítimamente puede ocupar la relación administrativa basada en datos, depende de las funciones del procedimiento. Como lo señala Vaquer (2020: 58 y ss) el procedimiento cumple funciones de ordenación, dialéctica e información que no son excluyentes, sino complementarias. En sede de las relaciones de información, *stricto sensu*, el procedimiento sirve al propósito de constatar la existencia de hechos para realizar la operación de subsunción normativa y definir la consecuencia jurídica,

---

28 Sobre los riesgos del dataísmo puede revisarse la contribución de Luciano PAREJO en esta obra colectiva.

de ahí que lo relevante para el trato digno al interesado sea que la información refleje fielmente la realidad del sujeto.

Cuando el procedimiento no sólo se advierte como una forma de obtención y tratamiento de la información relacionada con la acción, sino también de contraste de opiniones jurídicas y de selección y aplicación de criterios de la Administración (Vaquer, 2020:66), el trato digno demanda la generación de espacios para que el sujeto exprese sus opiniones, hijas de la racionalidad que lo distingue de otros seres vivos[29]. Similar consideración surge tratándose de la función dialéctica: si el procedimiento se ve como un fórum, han de garantizarse los medios para que se genere el diálogo entre la administración y los ciudadanos, de forma tal que ellos pueden expresar su capacidad de autodeterminación. Siempre que las condiciones del diálogo entre la administración y el interesado sean previsibles (las alegaciones son recurrentes, los datos en poder del interesado también son accesibles por la Administración) no existen limitaciones técnicas para que la función, desde la perspectiva del intercambio de información, se satisfaga con una programación adecuada, sin embargo, como se analizará en los párrafos siguientes, no toda casuística es programable, bien por la dificultad de anticiparse a todas las situaciones o bien porque no existe una relación unívoca entre los hechos y la consecuencia jurídica, de tal suerte que, el derecho de audiencia constituye una base sólida para la fundamentación de la garantía de intervención humana a favor de cualquier interesado.

Otra posibilidad se plantea en el plano del derecho a la motivación de los actos administrativos: tal y como lo ha reconocido la jurisprudencia "(..) se trata […] de un derecho subjetivo público del interesado no sólo en el ámbito sancionador sino en todos los sectores de la actuación administrativa: la Administración ha de dar siempre y

---

29 Parte de la doctrina especializada, tampoco cree que esta función imponga la presencia humana (Huq, 2020:626) (Green, 2022: 4): el derecho a ser escuchado y obtener una respuesta, que se sitúa en el núcleo del derecho de audiencia, puede ser limitado legalmente y su ejercicio, más que demandar la intervención humana, propugna por la toma en consideración de elementos de juicio en poder del interesado, que también pueden ser tratados como datos por un sistema, capaz de ofrecer una respuesta, atendiendo los parámetros y reglas de programación.

en todo caso, razón de sus actos, incluso en el ámbito de su potestad discrecional, cuyos elementos reglados (competencia, adecuación a los fines que la legitiman, etc.), cuyos presupuestos, y cuya sujeción a los principios generales son aspectos o facetas que son siempre controlables[30]. Resulta indubitable que el destinatario del acto, en aras de ejercitar su derecho de defensa (CE; art. 24) debe poder acceder a las razones que fundamentan la decisión; sin embargo, de nuevo, no resulta privativo de las personas dar cuenta de los mismas: una programación adecuada de los sistemas puede y debe prever, esta funcionalidad[31]. En efecto, la motivación, entendida como el conjunto de elementos fácticos y razonamientos jurídicos que soportan la decisión final, puede anticiparse, en especial, si la potestad tiene carácter reglado: basta que en la decisión conste la subsunción de los hechos revelados por los datos en el supuesto de hecho normativo, para que se aplique la consecuencia jurídica. La situación adquiere mayor complejidad tratándose de las potestades discrecionales, en ejercicio de las cuales la operación jurídica no se limita a casar un conjunto de hechos con una consecuencia, sino que implica la elección, dentro de un conjunto de posibilidades igualmente legítimas, de aquella que resulte aplicable al caso en concreto. En esos eventos, la intervención humana permite la formulación de un razonamiento específico para los hechos que se someten a consideración de la administración[32].

Se concluye de lo expuesto que el respeto a la dignidad humana puede considerarse el fundamento constitucional de la reserva de humanidad tratándose de procedimientos encaminados a la prestación de servicios personales. Por su parte, el derecho de audiencia (CE, art. 105.c) y el deber de motivación, justifican la intervención humana, cuando se está en presencia del ejercicio de las potestades discre-

---

30 TRIBUNAL SUPREMO (Sala 3.ª, Sección 6.ª). Sentencia de 3 de diciembre, ECLI:ES:TS:2002:8073, FJ.2

31 Cuando en este apartado se hace referencia a la programación se alude a la totalidad de las fases que integran el proceso de desarrollo de software. Sobre este particular *Vid.* elcapítulo de Antonio BERLANGA y J. Manuel MOLINA.

32 *Vid* al respecto la contribución de Luciano PAREJO ALFONSO en esta obra colectiva

cionales, si bien, tal y como se expondrá en los párrafos subsiguientes, el papel de la persona puede adquirir diferentes contornos, según se definan las condiciones de relación entre el sistema y el sujeto.

Sobre este particular ha de considerarse que los criterios de interacción hombre-sistema fueron tempranamente definidos en el ámbito de la informática y el estudio de estas cuestiones constituye una disciplina específica en las ciencias de la computación (HCI —*human computer interaction*—). A los efectos de este análisis interesa realizar una aproximación a esta visión para comprender los argumentos expuestos por parte de la doctrina especializada[33] a favor y en contra del recurso a los sistemas en el desarrollo de actuaciones administrativas.

A) El contraste entre los tipos de razonamiento

El funcionamiento de los sistemas híbridos suele recurrir a la función de distribución de Fitt (1951) para explicar los modos de interacción entre los sistemas y las personas. Esta función, conocida como MABA- MABA (Men-Are-Better-At/Machines-Are-Better-At) expresa qué tareas ejecuta mejor un sistema y cuáles una persona (Crootof y Kaminski:2023, 461)[34]. El razonamiento se resume en la siguiente tabla:

Tabla 1. The original Fitts list[35]

Humans appear to surpass present-day machines in respect to the following:	Present-day machines appear to surpass humans in respect to the following:
1. Ability to detect a small amount of visual or acoustic energy.	1. Ability to respond quickly to control signals and to apply great force smoothly and precisely.
2. Ability to perceive patterns of light or sound.	2. Ability to perform repetitive, routine tasks.

33 Huq y Coglianese especialmente

34 Sobre la permanencia en el tiempo de este modelo de razonamiento, las críticas y ajustes que se ha realizado al mismo en el campo de la IHC puede verse (De Winter, J.C.F., Dodou, D, 2014).

35 *Ibid* supra.

Humans appear to surpass present-day machines in respect to the following:	Present-day machines appear to surpass humans in respect to the following:
3. Ability to improvise and use flexible procedures.	3. Ability to store information briefly and then to erase it completely.
4. Ability to store very large amounts of information for long periods and to recall relevant facts at the appropriate time.	4. Ability to reason deductively, including computational ability.
5. Ability to reason inductively.	5. Ability to handle highly complex operations, i.e. to do many different things at once.
6. Ability to exercise judgment.	

Partiendo de este planteamiento, las decisiones algorítmicas presentan importantes ventajas, respecto del razonamiento humano, en términos de: capacidad (procesan una gran cantidad de datos), eficiencia (no se cansan, no se aburren, ni pierden concentración), consistencia (a igualdad de inputs, se obtienen los mismos resultados), velocidad (celeridad en la respuesta). Todos estos atributos las hacen buenas candidatas para el desarrollo de actuaciones: masivas, en las que la oportunidad resulte un factor determinante de la eficacia, se ejerciten potestades regladas y los objetivos de consistencia y no discriminación en el ejercicio de competencias administrativas sean los más relevantes (Crootof y Kaminski, 2023:463; Huq, 2020:636; Coglianase y Lai, 2022, 1306; Binns, 2022: 204).

Por el contrario, según (Crootof y Kaminski, 2023: 464; Coglianase y Lai, 2022:1309) el razonamiento de los sistemas presenta algunas limitaciones que desaconsejan su utilización, o cuando menos introducen reservas, en el marco de las actuaciones administrativas: inflexibilidad (ejecutan correctamente las tareas para las que fueron diseñados, pero responden mal ante las situaciones imprevisibles e inciertas), asepsia (generan resultados de acuerdo con los parámetros que se les fijen sin valorarlos), opacidad (algunos sistemas, especialmente aquellos que emplean técnicas de *machine learning*, han sido calificados como cajas oscuras; en principio, ni siquiera los desarrolladores puede dar cuenta de la totalidad de fases y factores que integran el proceso decisorio), realización de proxies (algunas técnicas de IA llegan al resultado a través de correlaciones, no de relaciones de causalidad; para ello utilizan lo que se denomina proxies: detectan otras cosas que suelen coincidir con ese objetivo que se intenta predecir y que sí son fáciles de detectar), rigidez (resuelven correctamente los casos para los que han sido entrenados y no pueden atender las situaciones atípicas), están sometidos a nuevas amenazas (tales como, el hacking) al tiempo que las generan (se discute sobre el impacto ambiental del uso de los centros de procesamiento de datos)[36].

El alcance de los problemas y sus eventuales soluciones, se resume en la siguiente tabla:

Tabla 2. Limitaciones de los sistemas en la adopción de decisiones administrativas

CARACTERÍSTICA	PROBLEMA	SOLUCIÓN
Inflexibilidad	Las AAPP deben responder ante cualquier tipo de situaciones: ordinarias, extraordinarias, con un mayor o menor grado de incertidumbre.	Mantenimiento del sistema para ajustarlo a las nuevas condiciones, y/o intervención humana.
Asepsia	Los resultados irracionales son inadmisibles jurídicamente. Esta característica puede concretarse en varios eventos: (1) el resultado es irracional porque el dato es erróneo (vg. Se adjudica una prestación en función del género y la casilla correspondiente está mal cumplimentada. El hecho de que el nombre sea ordinariamente femenino, resulta indiferente para el sistema mientras que una persona, en igualdad de condiciones, dudaría sobre la validez de la desestimación); (2) el resultado no es racional porque hay circunstancias, en el caso que se analiza que hacen que la respuesta generalmente correcta, devenga en irrazonable.	Introducir datos, reglas y someter al sistema a un férreo entrenamiento para que no se llegue a ese resultado o el error se detecte y/o incluir la supervisión humana para ejercer una función correctiva .

[36] Huq (2020: 639) es categórico en indicar que el razonamiento, especialmente el jurídico, también es opaco, el cerebro es, en sí mismo, una caja negra (643) sesgado y que es mucho más fácil detectar un error en un sistema, que en el proceso volitivo humano. En el mismo sentido, Coglianese y Lai (2022: 1286) quienes enfatizan que el proceso decisorio humano es un algoritmo en el que se cometen errores y en el que puede haber mayor propensión a la opacidad y a los sesgos. No puede plantearse la elección desde una visión platónica del razonamiento humano, contrastada con una visión negativa de los sistemas: cada uno presenta ventajas y limitaciones (1287).

CARACTERÍSTICA	PROBLEMA	SOLUCIÓN
Proxies	No pueden emplearse técnicas que empleen correlaciones en actuaciones tendentes a imputar responsabilidades toda vez que el régimen general de la responsabilidad parte de la existencia de un nexo de causalidad. Tampoco pueden usarse como fundamento exclusivo en actuaciones donde sea indispensable constatar la existencia del hecho (no baste una prueba indiciaria).	En los casos descritos, la intervención del sistema no puede ser de carácter decisorio, pero sí puede servir como medio probatorio, como mínimo, indiciario: la intervención humana en la valoración del medio probatorio resultante de la intervención del sistema, en conjunto con los demás, resulta insoslayable.
Opacidad	La motivación y la transparencia son imperativos constitucionales para las AAPP, fundados en las notas caracterizadoras del Estado democrático y de Derecho (CE; art. 1.1.), los principios de interdicción de la arbitrariedad (CE; art. 9.3), acceso a los archivos y registros administrativos (CE; art. 195.b) y los derechos de participación en los asuntos públicos (CE; art. 23.1), así como de acceso a información veraz (CE; art. 20.1d).	Se debe garantizar la transparencia y la explicabilidad desde el diseño y/o, Prever la intervención humana.
Rigidez	Las AAPP deben conocer de todos los casos que se les presenten, no sólo los típicos.	Mejorar los datos y reglas para reducir los atípicos (reconociendo que es improbable que se puedan definir reglas finitas que sean capaces de dar respuesta anticipada a todos los casos) o Admitir la intervención humana
Nuevas amenazas	Cuando los sistemas no son una herramienta, sino una forma de gobernar (algocracia) la regularidad, calidad, oportunidad del servicio depende por completo de su disponibilidad.	Mejorar la seguridad. Mejorar la resiliencia Prever la intervención humana en subsidio.

Del conjunto de limitaciones de las soluciones algorítmicas, la rigidez puede generar un problema de orden constitucional, toda vez que el derecho a obtener una respuesta ante un caso atípico (teniendo por tal, una situación de hecho o derecho que no esté programada), en el que no sea aplicable de forma automática la regla, viene avalado por los valores de igualdad y justicia (CE; art. 1.1), las notas de Estado Social y de Derecho (CE; art. 1.1.), la proscripción de la arbitrariedad (CE; art. 9.1) y la eficacia de la actuación administrativa (CE; art. 101). En este contexto, puede hablarse de un derecho constitucional a que se adopte una decisión administrativa que tenga en cuenta la individualidad de los sujetos, si tal individualidad (la singularidad de su situación, bien fáctica o jurídica) modula la aplicación de la regla o, en todo caso, desaconseja su aplicación automática o acrítica. En otras palabras, el derecho a la intervención humana, aducible por cualquier interesado, parte de la premisa de que no toda situación que se somete a consideración de la Administración o cuyo conocimiento sea avocado por la misma, puede ser programable, bien porque los hechos no puedan reducirse a un número finito de casos o porque la propia naturaleza de la potestad redunde en que no exista una única solución posible. También es factible que, aun siendo programable, la solución para el caso concreto, o singular, no se ajuste al ordenamiento, dada la existencia de motivos jurídicos que modulen su aplicación. Estas situaciones pueden consolidarse en dos momentos: previos a la decisión de automatizar, en los que el órgano reconoce la imposibilidad material o jurídica del limitar el conjunto de posibilidades o, durante el desarrollo de la actuación automatizada, que ha de prever fases en las que el interesado pueda argumentar la existencia de motivos que impiden la aplicación automática de la regla.

Este derecho a la justicia individual también es objeto de comentarios críticos en la doctrina norteamericana, contraria al uso de las facultades discrecionales que implica su impartición (Huq, 2020:663)[37]. En el sistema del derecho administrativo norteamericano, la discrecionalidad es, en cierto modo, un mal menor, justificado por la concreción de situaciones particulares, entre ellas, cuando hay

---

[37] El derecho a la valoración individual, no a una predicción genérica basada en datos, parte de la idea errónea de que la persona dispone de información individualizada que el sistema no incluye (676). En todo caso, la igualdad avala el considerar al individuo con referencia a un grupo (677) y la información sólo sería relevante si la consecuencia fuera desfavorable (678). Favorecer a un sujeto no puede traducirse en un perjuicio para el sistema (665). Debe ser el propio algoritmo el que decida que hay una situación que requiere la intervención humana (667).

que sopesar normas en conflicto o descartar la aplicación de una regla porque hay factores contextuales que desaconsejan su aplicación acrítica (Binns, 2022:198). En los demás eventos, la Administración es una simple ejecutora de la regla contenida en la norma y esta condición es la que, a juicio de la doctrina, resulta plenamente consistente con su legitimación democrática (Green, 2022:3).

No existe la misma posición en sistema jurídico español, en que el que se reconoce pacíficamente la existencia de las potestades discrecionales atribuidas por el legislador a las AAPP y controlables en sede judicial. Lo proscrito es la arbitrariedad y no la discrecionalidad, toda vez que ésta se ejercita en el marco del ordenamiento, para la realización de los cometidos públicos, también previstos en la norma. La dinámica social requiere que la Administración esté dotada de este tipo de facultades y la regularidad del ejercicio viene garantizada por el control interno y externo al que está sometida la Administración.

En ordenamientos jurídicos, tales como el alemán, se ha consagrado, la reserva de humanidad vinculada al ejercicio de facultades discrecionales (§ 35a VwVfG)[38] y, tal y como se ha precisado previamente, un tímido esfuerzo en ese plano lo realiza también la Carta de Derechos Digitales. Al no existir una regla positivizada a nivel estatal a este respecto, es necesario razonar sobre la legitimidad del uso de la automatización en el ámbito del ejercicio de este tipo de potestades, partiendo de la premisa de que la discrecionalidad admite grados y modalidades:

Cuando se está en presencia de discrecionalidad en sentido pleno y estricto, es decir, de carácter volitivo, se está haciendo alusión a

---

38 No existe tal reserva en la normativa estatal española, si bien a nivel autonómico existen ejemplos de la exclusión de este tipo de potestades del ámbito material de aplicación de las actuaciones automatizadas: el art. 44.2 de la Ley 26/2010, de 3 de agosto, de régimen jurídico y procedimiento de las AAPP de Cataluña, indica que sólo pueden ser susceptibles de actuación administrativa automatizada los actos que se puedan adoptar con una programación basada en criterios y parámetros objetivos. En el mismo sentido, el art. 40.2 del Decreto 622/2019, de 27 de diciembre, de administración electrónica, simplificación de procedimientos y racionalización organizativa de la Junta de Andalucía.

potestades cuyo ejercicio no se puede programar *ex ante* con la generalidad y abstracción que son propias de las normas. De donde se sigue que tampoco podría programarse algorítmicamente, al menos no de forma tal que predetermine el resultado de tal ejercicio porque, si puede hacerse, el principio de legalidad del Estado de Derecho requeriría que dicha programación se haga en lenguaje natural y en una norma aprobada siguiendo el debido procedimiento y publicada. Así las cosas, en el campo de la discrecionalidad, en sentido pleno, la reserva de humanidad opera con absoluta eficacia.

Si por el contrario, la discrecionalidad esté acotada o limitada por la norma mediante reglas y/o condicionada mediante principios y criterios, o no consiste en una libertad para decidir, sino en un juicio técnico o en un mero margen de apreciación, puede generarse un espacio para la participación de los sistemas, con una programación que, atendiendo los principios o reglas de la norma, criterios técnicos o de práctica administrativa, conduzca a la misma decisión que hubiere adoptado una persona. En otras palabras, en el ejercicio de potestades discrecionales, más o menos regladas, o de discrecionalidad técnica, no existe una reserva de humanidad plena (Berlanga *et al.*, 2023).

En el sentido de que la discrecionalidad puede admitir cierto grado de automatización se ha pronunciado, con algunas excepciones[39], la doctrina española: de acuerdo con Valero "cuando el acto administrativo tenga carácter estrictamente declarativo o certifique la efectiva producción de un determinado hecho, acto o circunstancia, cabría admitir la completa automatización de la decisión administrativa, pues en estos casos el titular del órgano administrativo se limita a acceder a las correspondientes bases de datos e incorporar la información así obtenida al contenido del acto (...)". (2007: 75)[40].

Siguiendo al mismo autor, cuando la decisión tenga efectos constitutivos es necesario atender el grado de discrecionalidad, de forma tal que sólo en actuaciones regladas cabría aceptar la completa

---

39 Para Alamillo y Urios (2011:26) la automatización debe circunscribirse al ejercicio de potestades regladas.

40 En el mismo sentido Tejedor (2021:67).

automatización, mientras que en las discrecionales no "por cuanto, en estos casos, el amplio margen de que dispone el titular del órgano para la adopción de decisiones diversas igualmente válidas desde una perspectiva jurídica determina que los medios informáticos sólo puedan emplearse como un mero instrumento de apoyo, correspondiendo en última instancia al titular del órgano valorar directa y personalmente las ventajas e inconvenientes de cada una de las opciones a fin de decantarse por la más apropiada" (Valero, 2007: 75).

En el mismo sentido, Ponce considera que en el caso de las potestades regladas la subsunción jurídica es muy simple y el algoritmo se limita a sustituir al decisor, quien delega en este la facultad de resolver, mientras que si el ejercicio de la potestad supone el ingreso de apreciaciones subjetivas, basadas en conceptos extrajurídicos, el decisor no es libre de adoptar cualquiera, sino que está obligado a decidir cumpliendo con el estándar de diligencia debida y debido cuidado que impone la buena administración; así las cosas, el algoritmo sólo puede contribuir a arrojar más y mejores elementos de juicio para la toma de decisión, pero no puede sustituir al órgano activo (2019:28). Destacan los profesores Ponce (2019: 29) y Cerrillo (2019: 26) (2020: 26), que la empatía, entendida como la capacidad de ponerse en la posición de otro ser humano, es un criterio indispensable para la adopción de ciertas decisiones discrecionales en las que deben apreciarse por la Administración conceptos jurídicos indeterminados valorativos, tales como, la buena conducta, la buena fe, el ejercicio de la equidad en la revisión de oficio o la revocación, por ejemplo, o al ponderar elementos relevantes que afectan a personas.

En esa misma línea, para Martín Delgado (2009: 366) puede automatizarse la actividad que suponga el ejercicio de potestades regladas o, al menos de baja discrecionalidad, en las que sea posible "la parametrización de las posibilidades de actuación del órgano administrativo competente". La clave para determinar el ámbito de aplicación de la automatización en ejercicio de discrecionales radica, a juicio de este autor, en el cumplimiento de dos supuestos: (a) la inalterabilidad de la decisión, esto es, el manejo por la máquina de los mismos criterios que usan las personas físicas integrantes del órgano con competencia para resolver; y (b) el respeto de las garantías derivadas de los principios de legalidad, seguridad jurídica y defensa de los interesados. De forma tal que sólo cuando exista discrecionalidad no parametrizable, no puede usarse la automatización (Martin Delgado, 2009: 371)

Para Cerrillo (2021: 296) la decisión de si puede usarse o no para ejercicio de potestades discrecionales no puede ser general, sino que debe estar presidida por un análisis de riesgos y el principio de precaución, caso a caso. En ese sentido, la utilización en el ejercicio de las potestades discrecionales dependerá de los elementos que caracterizan la discrecionalidad y la capacidad técnica de los algoritmos para adecuarse a los mismos de forma satisfactoria, así como por la aplicación del principio de buena administración. A día de hoy, un algoritmo [la reflexión se hace para IA pero es extrapolable al tema que se analiza] es más eficiente que una persona en entornos de baja complejidad, pero, en entornos de gran incertidumbre (bien por falta de datos o por la baja calidad de los mismos) sigue siendo más eficiente la intervención humana. Adicionalmente, dado el estado de la técnica, el algoritmo no hace juicios, ni ponderaciones complejas, lo que desaconseja su uso decisorio en ejercicio de una potestad discrecional, reservándose su utilización a la aportación de información de calidad (Cerrillo, 2020: 25).

Recapitulando, la intervención humana resulta insoslayable en nuestro sistema jurídico en el ámbito del ejercicio de las facultades discrecionales propiamente dichas y puede modularse en el campo de la discrecionalidad técnica o potestades más o menos regladas atendiendo varios criterios: (a) equivalencia de las garantías; (b) inalterabilidad de la decisión; (c) capacidad técnica del algoritmo para adecuarse a las condiciones del ejercicio de la potestad y (d) efectividad de los beneficios derivados de la sustitución.

En todo caso, teniendo en cuenta que resulta altamente improbable que se puedan definir, *a priori*, las reglas de resolución de todas y cada una de las casuísticas que se someten a consideración de la Administración (Binns, 2022:202) y qué ésta no puede negarse al ejercicio de sus competencias alegando que los hechos no encajan en las reglas programadas en los sistemas, o justificar la regularidad de una decisión aun cuando los datos que tiene en cuenta el sistema no recogen la realidad de los hechos de los que pretende dar cuenta el interesando, surge naturalmente el derecho a obtener la intervención humana cuando los argumentos (hechos y consideraciones jurídicas) que se pretenden hacer valer ante la Administración pueden calificarse, en el sentido antes indicado, como atípicos y, en esa medida, no programables.

En el punto de la necesidad de constatar los hechos y verificar su adecuación al *factum* normativo, la jurisprudencia sobre el control del ejercicio de las facultades discrecionales es constante al relevar el papel de la verificación de los hechos determinantes: cualquier error en la adecuación entre el hecho concreto y el abstracto definido en el *factum* normativo conduce a la invalidez del acto por considerarse arbitrario. No le es dable a la Administración, ni inventarse los hechos, ni tampoco negar su existencia, para activar la consecuencia jurídica que se deriva del ejercicio de la potestad discrecional, por ende, ante la dificultad (por no hablar de imposibilidad) de concretar en una regla todas y cada de las casuísticas posibles, cuando la descripción fática es abierta o, aun cuando sin tener ese carácter, resulta jurídicamente admisible la equiparación entre eventos, resulta indispensable considerar la intervención humana que razone sobre estos hechos.

Otro tanto puede añadirse tratándose de argumentaciones jurídicas: la creatividad es una cualidad de los buenos operadores jurídicos y resulta improbable que en el diseño de un sistema puedan anticiparse la totalidad de argumentaciones aducibles, entre otras cosas, porque éstas se hallan vinculadas a los hechos (que pueden ser atípicos) y a los intereses. El derecho a que se tengan en cuenta argumentaciones que pueden calificarse de atípicas o disruptivas y, en todo caso, no programables, está vinculado al art. 24 CE y su vulneración incide sobre la validez del acto.

Otra cuestión, que se tratará en el apartado siguiente, es establecer cómo se ejercita ese derecho a que se tengan en cuenta situaciones o argumentaciones singulares: si debe preverse una garantía durante la actuación administrativa o si basta reconocer que una circunstancia de esta naturaleza puede alegarse en sede de recurso.

VI. LOS ROLES DE LAS PERSONAS EN UN SISTEMA HÍBRIDO

La intervención humana en los sistemas híbridos puede cumplir alguna o varias de las siguientes funciones: correctiva, resiliencia, centro de imputación de responsabilidades, interfaz con los interesados y protección del empleo (Crootof Y Kamisnki, 2023:473). Sobre tales funciones se exponen algunas consideraciones a continuación:

A) Función correctiva

En cuanto a la función correctiva puede indicarse que la intervención significativa a la que se refiere el WP 251, a propósito de la interpretación del art. 22 RGPD, implica que el sujeto esté autorizado y sea competente para modificar la decisión automatizada, ésto es, desarrolle una función correctiva al advertir la existencia de un error[41].

El error en el resultado que arroje el sistema puede obedecer a varios factores: (a) datos (los incluidos no reflejan la realidad, bien porque son erróneos, están desactualizados, son insuficientes o no son relevantes); (b) regla (la propia regla que sigue el sistema no se ajusta al ordenamiento, desde el origen, es decir, el diseño es erróneo, la manera cómo opera el algoritmo ha modificado el diseño original y su deriva no se ajusta a la legalidad o la regla es correcta para la generalidad de los casos, pero no para situaciones singulares); (c) el resultado se ajusta a la regla pero no es razonable jurídicamente o, concretamente, tiene un sesgo (Peeters, 2020:508).

En cuanto la función de control, la doctrina destaca lo paradójico que resulta justificar la introducción de un sistema por la complejidad de la cuestión que se pretende resolver (cantidad de información, multiplicidad de factores, entre otros), para luego atribuir a una persona la función de verificar si el resultado presenta o no

---

41 Huq (2020: 670) considera que la función correctiva también se ejercita mejor por otros sistemas.

algún error, detectando su causa (Crootof y Kaminski:2023, 469[42]; Coglianase y Hefter, 2022: 919; GREEN, 2022:11). En efecto, se detectan dos tipos de limitaciones de las personas para desarrollar esta función: las originadas en cuestiones físicas (competencia para procesar gran cantidad de información, en poco tiempo, y conocimiento del funcionamiento de los sistemas) y las que hallan su causa en la propia organización (asignación de funciones que no se ejecutaban previamente y para las que no necesariamente se encuentran capacitados, compatibilidad con otras tareas, desincentivo al apartamiento de la recomendación —el funcionario debe justificar el por qué se aparta de la recomendación, mientras que si la sigue no es necesario evidenciar los motivos—) (Peeters, 2020: 515 y 516; Crootof y Kaminski:2023, 469).

Así mismo, se objeta que, en algunos casos, la propia intervención humana incrementa el error (su entidad o impacto), bien porque dificulta la asignación de responsabilidades (Crootof y Kaminski:2023, 483; Green, 2022:10; Peeters, 2020:510; Coglianese y Lai, 2022:1317), o porque reduce la mejora asociada a la implantación del sistema (Huq, 2020: 639, 671; Crootof y Kaminski:2023, 469). En ese mismo sentido, se argumenta que el sesgo de automatización (tendencia humana a seguir la recomendación del sistema) (Peeters, 2020: 516[43]; Crootof y Kaminski, 2023: 469; Green, 2022:8), reduce la competencia del ser humano para detectar y corregir los errores del sistema, al tiempo que se critica que la propia regulación propicie la intervención como medio de elusión de la consecuencia jurídica citando, como caso paradigmático, el art. 22 RGPD que, sin describir con el detalle que garantiza la eficacia de la intervención, establece que la intervención humana exonera de su cumplimiento (Crootof y Kaminski, 2023: 445) (De Hert y Lacoz, 2023).

---

42 Los sistemas híbridos presentan, entre otros, los siguientes problemas: la lentitud humana ralentiza el sistema, el sesgo humano socava la consistencia, la complacencia limita la capacidad de elaborar un pensamiento contextual y hay que tomar en consideración el hecho de que, entre más tiempo se use el sistema, resulta más factible que se pierdan habilidades en el personal.

43 Los algoritmos adquieren cada vez más poder porque los operadores los ven como racionales, científicos y neutrales.

Definir un modelo de gobierno de un sistema decisorio híbrido, desde las personas y no desde la tecnología, implica reconocer el efecto de estos comentarios críticos sobre el ejercicio de la función correctiva, para tratar de solventarlos, partiendo de la premisa de que la función correctiva: opera como un continuo (se ejercita en varios momentos y los resultados pueden desencadenar varias acciones correctivas) (Peeters, 2020:512), requiere definir claramente el objeto de control para, a partir del propósito (Crootof y Kaminski,2023: 487), concretar el tipo de intervención humana que está en condiciones de alcanzarlo de acuerdo con su formación (Peeters, 2020: 517), según su conocimiento del sistema —comprensión del funcionamiento y uso— (Green, 2022:6), su posición dentro de la organización (Crootof y Kaminski, 2023: 502), tomando en consideración que el alcance difiere según la modalidad de la intervención:

1. Human in the loop —el resultado del sistema es un elemento de juicio de la decisión—

En este escenario, el órgano instructor cuenta con más elementos de juicio para proponer la decisión al órgano activo, de tal forma que, aun detectando el error, puedo proseguir con la actuación, prescindiendo del elemento decisorio del que recela. La omisión de este elemento de juicio no requiere, por sí misma, motivación, toda vez que el instructor, con arreglo a lo dispuesto en el art. 75.1 LPAC, debe realizar, de oficio, todos aquellos actos necesarios para necesarios para la determinación, conocimiento y comprobación de los hechos, contando con la colaboración del interesado, si éste ejercita su derecho a alegar y solicitar la práctica de pruebas. Salvo que exista una previsión al respecto, que colocaría al instructor en el deber de motivar, conforme lo establecido en el art. 35.1.i LPAC, no se advierten razones que impongan al instructor un deber concreto de justificar la desatención de un elemento de juicio proporcionado por un sistema, toda vez que la verificación de los hechos ha de realizarse conforme a los medios probatorios recabados durante la instrucción, atendiendo las reglas de la sana crítica. Así las cosas, la valoración de éste y los demás elementos de juicio constarán en la propuesta de resolución, si hubiere lugar a la misma, esto es, con carácter general, cuando no coinciden en el mismo órgano las competencias de instruir y resolver (LPAC; art. 88.7), sin que pueda atribuírsele una entidad probatoria especial, o superior, que amerite un tratamiento concreto, a un elemento de juicio proporcionado por un sistema.

Bajo este entendido, cabe considerar un escenario en el que un conjunto de resultados irrazonables sugieran al órgano instructor la presencia de un error en el funcionamiento del sistema, en este caso, la verificación de la causa (si es del dato o de la regla) necesariamente debe ser responsabilidad de personal técnico especializado (auditor, control de calidad y supervisor del sistema) quien cuenta con la formación idónea para identificarlo y puede demandar su corrección al órgano competente (especificación, programación).

Otra intervención humana que contribuye a identificar errores sobre los datos (inexactitud, desactualización, insuficiencia o irrelevancia) es la del propio interesado quien, con arreglo al art. 66.5 LPAC puede modificar y corregir una instancia normalizada en la que se emplee la función de autocompletado en ejercicio del derecho a la previsualización (Pedraza, 2023). Así mismo, su participación en la fase de alegaciones y audiencia, si la hubiere, también puede contribuir a la detección de este tipo de error.

Los errores en la regla (desde el diseño o por evolución), tal y como se ha indicado, pueden ser advertidos, por mor de la multiciplicidad de resultados erróneos, por el instructor, quien trasladará la cuestión al auditor o supervisor; éste, a partir de su conocimiento, también comunicará la información al órgano técnico competente. Un error específico en la regla es el que se genera por su aplicación acrítica (si la singularidad del caso amerita prodigar un tratamiento individual): este evento puede ser reconocido por el instructor, si la situación es flagrante o puede ser advertido por el interesado, como se prevé en el ordenamiento tributario alemán.

En efecto, un interesado en una actuación tributaria en Alemania puede solicitar la adopción de una decisión discrecional para su caso en concreto. El Bundestags-Drucksache 18/7457, p. 49 prescribe concretamente "que un caso tributario debe ser procesado por funcionarios públicos si existe "motivo" para hacerlo en un caso individual. Tal motivo surgirá, en particular, si el contribuyente proporciona más información en un llamado "campo de texto libre cualificado" de la declaración (cf. artículo 150, apartado 7 AO), expresa dudas, solicita verificación o, para evitar acusaciones de evasión fiscal, señala que basó deliberadamente su declaración de impuestos en una opinión jurídica que se desvía de la opinión jurídica de las autoridades fiscales que conoce".. Se consagra en tal norma un derecho subjetivo a la solicitud de intervención que es ejercitado en la propia instancia, poniendo de manifiesto razones de hecho o derecho que desaconsejan el recurso a los sistemas. Nada se opone a que se prevea un mecanismo similar en el ordenamiento jurídico español, como una ampliación del derecho a la previsualización de la instancia autocumplimentada: en caso de desacuerdo con los datos incluidos en el modelo normalizado, si no puede introducirse directamente la modificación o dada la existencia dc razones para solicitar la revisión individual (hechos adicionales que pretendan hacerse valer, apartamiento del criterio precedente, solicitud de aplicación de normas específicas, etc.) puede demandarse la intervención humana (la singularidad de la situación impide la aplicación automática de la norma).

Otra vía para detectar que puede haber un problema de esta naturaleza con la regla pueden ser los simuladores de decisiones: no resulta infrecuente, sobre todo en materia de reconocimiento de prestaciones, que las administraciones, a título informativo, coloquen a disposición de los usuarios este tipo de herramientas[44]. El simulador puede emplearse en una fase previa al procedimiento y, en ese caso, la instancia debe permitir que, a la vista del resultado simulado, el interesado solicite la intervención humana. Esta tipología de error sobre la regla también puede comunicarse al auditor o al órgano que ejecuta las competencias de mantenimiento, con miras a mejorar la propia regla.

Finalmente, los sesgos que eventualmente sean detectados por el instructor, también deben ser transmitidos y comunicados al personal técnico de supervisión, para que, realizadas las comprobaciones

---

[44] *Vid.* al respecto la contribución de Carmen CAMBLOR DE ECHANOVE en esta obra colectiva.

del caso, pueda solicitar la verificación y corrección a los órganos competentes.

2. Human on the loop —sistemas de recomendación al instructor o al activo—

En este evento, el resultado del sistema puede equipararse, jurídicamente, a un informe (LPAC; art. 80) o a la propuesta de resolución (LPAC; art. 88.7)[45]. En el primer caso, salvo que normativamente un informe se califique como vinculante, el órgano instructor y el activo podrán desatender su contenido, a la vista de la valoración conjunta de todos los medios probatorios a su alcance, sólo que si tiene carácter preceptivo necesariamente deberá hacer explícitos los motivos de su apartamiento, especialmente si han sido emitidos por un órgano consultivo (LPAC; art. 35.1.c).

Siempre que el órgano instructor sea diferente del activo y haya resuelto emplear un sistema para el ejercicio de sus competencias, el resultado del programa puede ser considerado una propuesta de resolución. El órgano activo puede apartarse de la propuesta de resolución, siempre que haga explícitos los motivos de la separación del criterio del instructor y haya dado traslado de su parecer al interesado, en el caso de que su situación empeore respecto al resultado propuesto por el sistema de recomendación.

Al igual que sucede tratándose de un elemento de juicio, si el instructor o el órgano activo reconocen la existencia de un error, pueden continuar con la tramitación y corregir, para ese caso concreto, el yerro. Lo importante es que den cuenta de la existencia del mismo al auditor o supervisor para que éste confirme la causa y solicite la adopción de la medida correctiva al órgano competente.

Lo mismo ocurre tratándose de las intervenciones de los interesados: en alegaciones o audiencia pueden percatarse del error y soli-

---

45 Si se tiene como propuesta de resolución se trata del acto que finaliza la instrucción y, en esa medida, el instructor, que ha de ser un órgano diferente al activo, realiza sobre el mismo un control out the loop.

citar una valoración diferente de los hechos y argumentaciones por parte del órgano competente.

El sesgo de automatización, en sede de una intervención on the loop, adquiere una mayor relevancia. Ha de partirse de la premisa que el sistema no sólo genera un elemento de juicio, sino una recomendación y la reconsideración de su contenido demanda la revisión de la totalidad del procedimiento. Han de establecerse medidas encaminadas a evitar que el órgano siga de forma acrítica la recomendación: salvo que la misma presente un error grosero, no es fácil configurar un escenario en el que el órgano discrepe del resultado del sistema, toda vez que la detección del error pasa porque se repita el proceso volitivo realizado por el sistema y si el órgano ha de ejecutar, cada vez que se posiciona sobre la recomendación, tal actividad, la participación del mismo carecería de sentido. En estos casos, la reconsideración exige: (1) que la recomendación no sólo consista en un resultado, sino que el órgano pueda apreciar, como si la instrucción fuera realizada por una persona, todos los componentes del iter volitivo (es responsabilidad del diseñador y programador que el sistema arroje un resultado comprensible y verificable en esos términos) en aras de valorar si la conclusión es razonable; (2) la intervención del interesado puede ser especialmente útil en ese caso: si se le da traslado de la recomendación, bien porque se aparte de la valoración de los hechos o de la aplicación de la norma, siempre que éstas se hagan explícitas, o porque discrepe del resultado y se esté en capacidad de razonar en sentido opuesto, lo cierto es que, a la vista de estos dos elementos de juicio (resultado del sistema y alegaciones), el órgano sí que está en capacidad de adoptar un posicionamiento razonado, menos permeable al sentido de la recomendación. En un modelo "on the loop" lo que debe evitarse, a toda costa, en aras de enervar el efecto del sesgo de automatización, es que el resultado del sistema sea el único elemento de juicio con el que cuente el órgano activo: hay que dotarlo de herramientas que le permitan cuestionar la conclusión, que no impliquen replicar la labor realizada por el sistema. Esas herramientas pueden consistir, bien en el conocimiento del funcionamiento del sistema y del origen y calidad de los datos de entrada, o, en las consideraciones del interesado.

En todo caso, el uso de recomendaciones emanadas de sistemas, demanda que el instructor o el activo, contrario a lo que sucede tratándose del instructor cuando el resultado se emplea como elemento de juicio, posean las siguientes competencias:

a) Entiendan adecuadamente las capacidades y limitaciones pertinentes del sistema, de tal suerte que puedan vigilar debidamente su funcionamiento, con vistas a detectar y resolver anomalías, problemas de funcionamiento y comportamientos inesperados;

b) Interpreten correctamente la información de salida del sistema, teniendo en cuenta, por ejemplo, los métodos y herramientas de interpretación disponibles.

3. Human out the loop

Este es el caso paradigmático del control sobre las decisiones administrativas: aquel que realiza el mismo órgano, un superior jerárquico u otro órgano competente, en el caso de la revisión de oficio o del extraordinario de revisión. En este evento, la decisión es adoptada sin intervención humana, ésto es, tras la instancia o el acto de incoación (y en algunos casos ha quedado indicado que también éste puede ser automatizado), no se ha generado ninguna participación humana: todo el proceso decisorio ha sido surtido por el sistema, con arreglo a los datos proporcionados y siguiendo las reglas programadas[46].

---

46 Destaca Huq (2020: 627) que se cursa en el Congreso norteamericano una propuesta de ley que incluye el derecho a solicitar la revisión humana de una decisión totalmente automatizada, si previsiblemente su efecto tiene un impacto significativo sobre la privacidad. En la propuesta presentada por la Reprepresenta, Anna Eshoo [D-CA-16] (Introduced 04/19/2023) SEC. 105. RIGHT TO HUMAN REVIEW OF AUTOMATED DECISIONS, puede leerse:
For any decision by a covered entity based solely on automated processing of personal information of an individual, if such processing materially increases reasonably foreseeable significant privacy harms for such individual, such covered entity shall—

Es factible que ni siquiera el propio interesado participe efectivamente del asunto, si su intervención se ha limitado a aceptar los datos que constan en una instancia normalizada pre-cumplimentada, o a realizar la solicitud, verbigracia, de la expedición de una constancia.

En estos eventos, que son los regulados por el art. 22 RGPD, tratándose de datos personales, ergo de personas físicas, el alcance del control resulta muy importante:

El órgano que ejerce el control debe estar en capacidad de detectar el error y corregirlo, sea cual fuere la naturaleza del mismo, toda vez que la revisión habilitada por los arts. 106, 112 y 113 LPAC no admite excepciones: en ese sentido es plena y cumple con la misión esencial de verificar si el acto debe o no producir efectos, en otras palabras, actualiza el principio de eficacia de la actuación administrativa (CE; art. 103.1). No es éste el lugar para profundizar sobre los efectos que se derivan de las irregularidades antes señaladas, entre otras cosas, porque tampoco es un tema pacífico entre la doctrina especializada que bascula entre considerar que pueden ser considerados causas de nulidad de pleno derecho (contenido imposible —LPAC—; art. 47.1.c; prescindencia absoluta del procedimiento establecido —LPAC—; art. 47.1.e, adquisición de derechos careciendo de los requisitos esenciales —LPAC—; art. 47.1.f) o de anulabilidad (LPAC; art. 48).

Lo único cierto es que el control sobre las decisiones automatizadas requiere contar con la pericia técnica que faculta, ya no sólo a verificar la existencia del error, sino también de precisar la causa, porque los efectos, sean una u otra, pueden diferir. De donde se sigue que ya no es suficiente que el órgano difiera a los de carácter técnico especializado la dilucidación de la causa, sino que él mismo debe estar en capacidad de identificarla, bien con la ayuda de

---

(1) inform such individual of what personal information is being or may be used for such decision;
(2) make available a reasonable mechanism by which such individual may request human review of such decision, upon request or in a publicly accessible location; and
(3) if such individual requests such a review, conduct such review within a reasonable amount of time after such request.

peritos, o porque se trate de un órgano colegiado, de composición mixta (técnico/jurídica). Valero (2007) aboga por una solución de esta naturaleza, basada en la posibilidad que recoge el art. 112. 2 LPAC al prescribir "Las leyes podrán sustituir el recurso de alzada, en supuestos o ámbitos sectoriales determinados, y cuando la especificidad de la materia así lo justifique, por otros procedimientos de impugnación, reclamación, conciliación, mediación y arbitraje, ante órganos colegiados o Comisiones específicas no sometidas a instrucciones jerárquicas, con respeto a los principios, garantías y plazos que la presente Ley reconoce a las personas y a los interesados en todo procedimiento administrativo".

El gobierno del sistema decisorio híbrido debe garantizar que el órgano que conoce del recurso cuenta con la capacidad y los méritos suficientes como para desarrollar esa función (cuenta con elementos de juicio, comprende cómo opera y razona) (Green, 2022:6) y ha de proveerlo de los medios para evitar el sesgo de automatización y no desincentivar la intervención. Una medida organizativa que puede eliminar o mitigar estas debilidades de la intervención humana puede ser, justamente, que se trate de un órgano especializado, que al disponer de cierta autonomía respecto al que adopta la decisión y realiza, en cierto modo, una función centralizada veedora del funcionamiento de los sistemas, no experimente algún desincentivo para controlar, ni tampoco ceda a la tentación de hacer caso acrítico a los sistemas.

Un punto menos tratado alrededor del tema del control, en sede de recurso, es el atinente a la competencia que debe tener el sujeto recurrente para plantear una impugnación basada en el mal funcionamiento del sistema. Esta competencia o habilidad real de impugnar parte de dos premisas: a) el conocimiento del sistema y b) estar en posesión de la capacidad económica, técnica, dedicación profesional u otros motivos que le permitan acceder a los medios necesarios para intentar este tipo de impugnación[47]. No es fortuito que se hayan empleado en este texto las mismas condiciones que fija el 14.3

[47] Binss (2022:205) y Huq (2020: 668) critican la función correctiva desarrollada por personas, por considerar que su activación implica que el interesado esté en posesión de medios técnicos y conocimientos significativos.

LPAC para que el Gobierno amplíe el conjunto de personas físicas obligadas a relacionarse electrónicamente con la Administración pública, al considerar oneroso el simple hecho de trabar la relación con la misma a través de medios electrónicos: si tales requisitos deben satisfacerse para obligar a un interesado a relacionarse electrónicamente, es razonable considerar que se trata de condiciones mínimas que también deben cumplirse para modular el ejercicio del derecho a la impugnación. En otras palabras, si la relación electrónica no puede imponerse a quien no está en condiciones de trabarla, tampoco debería someterse, a quien no esté en condiciones técnicas o económicas de recurrir una decisión automatizada, a la carga de desafiar el resultado del sistema.

No es extraño a las actuaciones administrativas que los recurrentes se hagan acompañar de peritos cuando se discuten cuestiones técnicas, sin embargo, estos trámites suelen estar asociados a ámbitos especializados y pretensiones susceptibles de apreciarse económicamente de forma generosa. No es éste el caso, verbigracia, de las actuaciones masivas que, como ha quedado dicho, son un ámbito propicio a la automatización: en dichas actuaciones, si se prescinde la de la intervención humana en la decisión, no va a ser fácil encontrar un interesado que cumpla con las condiciones o tenga los medios para impugnarla. La Administración crea en este caso un riesgo (restringir el acceso al recurso) que debe estar en capacidad de conjurar, so pena de vulnerar el derecho de defensa consagrado en el art. 24 CE, si las razones que acompañan el uso de los sistemas decisorios no justifican su modulación. A *priori*, no se advierten motivos que puedan inclinar la balanza en una composición de intereses a favor de la eficacia y eficiencia administrativas, si hay restricciones al derecho a la impugnación, de tal suerte que se considera ineluctable que, guardando las debidas proporciones, se provea a la comunidad de una salvaguardia, como la asistencia jurídica gratuita, que conjure el riesgo, al tiempo que garantice el equilibrio entre los bienes e intereses jurídicos en juego.

Esa medida de mitigación del riesgo ha de tener un carácter dual: de una parte, debe incluir un sistema de auditoría robusto y, a su vez supervisado, o sometido a certificaciones periódicas, que reduzca la posibilidad del yerro en el funcionamiento y abuso del sistema y, de otra, bien un servicio de asistencia, como el previsto para los no obligados a relacionarse electrónicamente con la Administración (LPAC; art. 12) o medidas que promuevan la creación de redes de participación cívica que, representando los intereses comunes de usuarios, cuenten con medios para impugnar, en su nombre, las decisiones[48].

Sobre esta modalidad de control también se alzan voces críticas entre la doctrina en cuanto al carácter simplemente reparativo de las resoluciones de los recursos (Green, 2022:8). La crítica a la naturaleza correctiva del recurso es común a las acciones de control interno, trátese o no de decisiones automatizadas: es conveniente fortalecer la participación en las fases previas a la adopción de la decisión que evite llegar a la adopción de un acto que puede resultar lesivo de los derechos subjetivos o intereses legítimos de los ciudadanos. En ese sentido, cabe propender por la prevención, más que por la corrección: si se precaven instancias de diálogo entre las administraciones y los interesados, las decisiones estarán fundadas en bases fácticas contrastadas y su sujeción al ordenamiento puede quedar salvaguardada en mayor medida.

Finalmente resulta importante destacar tratándose de esta función que se reconoce a la intervención humana que el control sobre el funcionamiento del sistema no es una tarea contingente, sino que debe llevarse a cabo a todo lo largo de la vida útil del sistema (desde su diseño hasta la cancelación de los datos de los que se nutre). Se trata de un proceso colaborativo, iterativo, que involucra a varios órganos, demanda su acción coordinada y ha de considerarse holísticamente (Crootof y Kamisnki, 2023: 488).

B) Otras funciones

De otra parte, la intervención humana no puede emplearse para eludir el cumplimiento normativo o la responsabilidad. La doctri-

---

48 También se promueve la educación digital específica, el Parlamento ha subrayado que este tipo de educación debe abordar la comprensión de los principios y la lógica de cómo funcionan los algoritmos y los procesos de toma de decisiones automatizadas y cómo interpretarlos de forma significativa (ap. 4 Res. 2017).

na (Green, 2022:10; Peeters, 2020:510; Coglianese y Lai, 2022: 1317) aporta evidencias sobre el recurso a la intervención humana como un medio para difuminar la eventual responsabilidad de los desarrolladores y de los responsables del funcionamiento de los sistemas. Para conjurar este riesgo ha de enfatizarse en la necesidad de delimitar claramente el papel de cada órgano en la utilización y correcto funcionamiento del sistema: la labor del auditor, quien identifica la causa e insta al responsable a su corrección, resulta esencial a tales efectos.

La garantía de resiliencia suele ser empleada como justificación de la intervención humana en los sistemas híbridos: adoptar fórmulas organizativas que sean capaces de garantizar la regularidad del servicio, si el sistema no funciona, teniendo en cuenta factores de eficiencia (no tiene sentido económico u organizativo duplicar las infraestructuras y procesos) y costes resulta indispensable para el desarrollo eficaz y eficiente de la actuación administrativa (Crootof y Kamisnki, 2023: 499).

Otra motivación recurrente para la intervención humana se ubica en la legitimación y en la función de la persona como interfaz entre el sistema y el interesado: el órgano, la persona física titular del mismo, debe estar en capacidad de contribuir a la inteligibilidad del resultado del sistema de manera tal que el interesado ejercite sus derechos y propenda por la efectividad de sus garantías. La ejecución de este papel requiere, nuevamente, que el titular esté en condiciones de comprender el funcionamiento del sistema (inputs, parámetros, reglas, proceso y resultado) y con dicha finalidad, puede resultar de utilidad que participe en el diseño de la aplicación y, en todo caso, que se obligue al desarrollador a brindar información suficiente sobre este extremo. Si los sistemas pueden ser explicables, la intervención humana es menos relevante, pero a mayor complejidad, será más importante la intervención, teniendo en mente que el escenario de opacidad resulta impensable tratándose de administraciones públicas (salvo en los casos de seguridad nacional, etc)[49].

---

[49] Vid al respecto las contribuciones de Antonio BERLANGA y J. Manuel MOLINA, así como el capítulo de Moisés BARRIO en esta obra colectiva.

Finalmente, la protección del empleo no puede considerarse una justificación *per se* de la intervención, pero sí que es un aspecto que debe tomarse en consideración en el diseño del gobierno del sistema decisorio híbrido, para acompañar los procesos de colaboración sistema-personas de medidas de reorganización de las tareas de los empleados públicos, encaminadas a: capacitarlos para el desarrollo de nuevas tareas, proveerlos de medios para garantizar la compatibilidad de las antiguas y de las nuevas funciones y colocarlos en situación de desarrollar funciones que añadan valor a la actividad, una vez las tareas repetitivas sean realizadas por sistemas.

VII. EL GOBIERNO DEL SISTEMA HÍBRIDO

Una vez definida la obligatoriedad de dar solución a casuísticas que no pueden predefinirse como reglas e incorporarse a los sistemas, se erige una barrera infranqueable para su utilización, que marca el espacio propio de la reserva de humanidad. En el medio, se delimita un ámbito de colaboración, dentro del cual se han precisado el alcance y condiciones para el desarrollo de diversas funciones por parte de las personas. Con estos presupuestos, pueden definirse los componentes del sistema híbrido, partiendo de dos enfoques:

El primero, que se denominará a los efectos de este trabajo, pro técnica (Huq, 2020; Cerrillo, 2020:26), propugna por definir el gobierno desde la limitación de los sistemas. Para Huq (2020: 619) no hay fundamento legal, ni práctico, que permita afirmar la existencia del derecho a la intervención humana, entre otros motivos, porque todos los recelos que subyacen tras la defensa del mismo pueden ser eliminados exigiendo un alto grado de fiabilidad técnica en los sistemas[50]. En sus propias palabras: "I suggest that machine decisions should be subject to a right to a well-calibrated machine decision that

[50] A juicio de quien realiza este estudio, el derecho a que el sistema que se emplee en la adopción de una decisión administrativa cumpla con estándares de fiabilidad técnica, es complementario del derecho a solicitar la intervención humana y no sustitutivo de la misma. Como se expondrá en los párrafos posteriores, se sostiene en este trabajo que el gobierno de un sistema híbrido admite varias modalidades y grados de intervención de las

folds in due process, privacy, and equality values. This is a better response than a right to a human decision to the many instruments now implemented by the government that are highly flawed". Siguiendo con su razonamiento, las líneas rojas (prohibiciones o cautelas) para el uso de sistemas, que se pueden conducir a la intervención humana, vienen dadas por los siguientes criterios:

- Ausencia de un buen parámetro de decisión, el resultado no está bien definido, o el ejercicio de la potestad involucra juicios morales (Huq, 2020: 635 y 685).
- Falencias en cuanto al conocimiento necesario para crear reglas eficaces.
- No hay datos disponibles o éstos no son representativos (Huq, 2020:634).
- La ausencia o falencias en la infraestructura técnica (alojamiento, procesamiento, seguridad)

Desde esta perspectiva, a menos que existan razones para considerar que un problema no es resolubre técnicamente, no hay lugar a la intervención humana.

Un enfoque alternativo sería el humanista, que promueve la definición del gobierno, desde la limitación del razonamiento humano: sólo deben emplearse sistemas que introduzcan mejoras verificables sobre el desarrollo de las actuaciones (Coglianese y Hefter, 2022: 915)[51] y siempre que su impacto residual sea asumible jurídicamente[52].

---

personas y, tratándose de los sistemas, demanda una garantía de fiabilidad técnica.

51 Siguiendo a Coglianese y Lai (2022) el grado de consecución de los objetivos ha de tener en cuenta las metas iniciales y aquellas que se generen como resultado del propio uso del sistema (1329) y el impacto debe verificarse sobre los ciudadanos y la sociedad en general (1330), siendo necesario realizar evaluaciones periódicas, entre otras cuestiones para que no se pierdan competencias (1331). Así mismo, los sesgos (1293-1298) y restricciones físicas (1290- 1292) del razonamiento e intervención humanos pueden ser corregidos por los sistemas

52 Sobre la utilidad de emplear sistemas en las actuaciones administrativas puede verse la contribución de Angel Manuel MOLINA en esta obra colectiva.

De los dos enfoques, el humanista es el que parece poseer un encaje constitucional más claro, teniendo en cuenta que es el ser humano, en su veste de pueblo soberano, del que emana el poder; aquel que la Administración ejercita, por mor de la legitimación democrática indirecta de la que, con carácter general, goza. La nota caracterizadora del Estado como democrático (CE; art. 1.1.) y el propio concepto de la soberanía popular (CE; art. 1.2) obligan a que el análisis sobre la confección del gobierno de sistemas híbridos se haga desde la persona hacia el sistema: el sistema complementa, mejora la ejecución humana, no viceversa.

Definido el enfoque, procede señalar a continuación los elementos más relevantes del gobierno[53]:

A) Requisitos infraestructurales

La decisión de automatizar en parte o la totalidad de una actuación administrativa, parte de la disponibilidad de datos de calidad (actualizados, representativos, etc.), así como de la existencia de condiciones de almacenamiento y seguridad (Coglianase y Lai, 2022: 1323). Como se ha dejado indicado en otros estudios (Pedraza, 2022, 2023), toda decisión organizativa que esté encaminada o incluya el recurso a sistemas informáticos, parte de la premisa de la existencia de datos de calidad que garanticen la fiabilidad técnica y jurídica de la decisión, así como la mejora verificable en el desarrollo de la actuación.

---

53 Green (2022:11) partiendo de la base que la supervisión humana no es suficiente para garantizar la fiabilidad del uso de los sistemas, propone un gobierno algorítmico institucional basado en: (1) participación democrática y mayor rigor en la decisión de uso, (2) existencia de prohibiciones basadas en la confianza en la utilización, (3) entre más discrecional sea la decisión menos lugar hay para la algoritmia, (4) debe realizarse un análisis de confiabilidad basado en valores y bienes jurídicos en juego; (6) valoraciones ex ante de usuarios mediatos e inmediatos y ex post para verificar características que sólo son apreciables con el uso, (7) rendición de cuentas.

B) Garantía de fiabilidad técnico/jurídica

Los sistemas que pretendan emplearse en la adopción de decisiones administrativas, deben cumplir con estándares de calidad que aseguren su correcto funcionamiento. Esta garantía que se recoge, verbigracia, en el art. 83.2 de la Real Decreto Legislativo 6/2015, de 30 de octubre, por el que se aprueba el texto refundido de la Ley sobre Tráfico, Circulación de Vehículos a Motor y Seguridad Vial, ha sido tratada por la jurisprudencia y doctrina especializadas[54], sin que se alcancen soluciones pacíficas sobre su alcance y funcionamiento[55]. Basta señalar, entre otras, la discusión sobre el ámbito objetivo de la aplicación de la normativa de metrología[56] definido en términos de mensurabilidad (sistemas que miden o cuentan) desatada en torno al uso de dispositivos de control de semáforos a través de captura de imágenes ("foto-rojo")[57], el debate sobre el margen de error admisi-

54 Por todas, (Sanchez F., 2020; Serrallonga, 2016; Martin, 2005; Periañez Et Al, 2012; Duran, 2023).

55 *Vid.* al respecto la contribución de Miguel CASINO en esta obra colectiva.

56 Ley 32/2014, de 22 de diciembre, de Metrología; Real Decreto 244/2016, de 3 de junio, por el que se desarrolla la Ley 32/2014, de 22 de diciembre, de Metrología y Orden ICT/155/2020, de 7 de febrero, por la que se regula el control metrológico del Estado de determinados instrumentos de medida

57 Por todos, (Serrallonga, 2016; Martin, 2005), TRIBUNAL SUPREMO, Sentencia 4782/2015, 12 de noviembre. ECLI:ES:TS:2015:4782. TRIBUNAL SUPERIOR DE JUSTICIA DE MADRID. Sentencia 1038/2021, de 29 de enero-ECLI:ES:TSJM:2021:1038. En el marco de ese debate cabría preguntarse si un sistema decisor o de recomendación que otorga puntuaciones en función a criterios mensurables, años, número de publicaciones, número de hijos, etc., podría entenderse sujeto a estos controles y si la garantía existente para el ejercicio de potestades sancionadoras (en materia de tráfico) puede y debe extenderse a procedimientos desfavorables o a todo tipo de procedimientos, en aras de evitar los falsos positivos.

ble en estos dispositivos[58] y, en general, su eficacia probatoria en el ámbito del ejercicio de potestades sancionadoras[59].

Con lo anterior se quiere relevar la importancia definir los criterios de fiabilidad técnica/jurídica de los sistemas que emplean las administraciones, teniendo en cuenta los aspectos susceptibles de fortalecimiento en el ámbito de la normativa metrológica. No cabe duda acerca del papel central que pueden llegar a desempeñar la normalización y los sistemas de certificación dentro de un modelo de gobierno de los sistemas híbridos, empero, es importante emplear como punto de partida la experiencia en materia de metrología para definir, cabalmente, entre otros, los siguientes componentes del sistema: alcance de la garantía (datos de entrada, proceso, datos de salida, fiabilidad técnica y/o también jurídica), efectos jurídicos (validez probatoria, condiciones atribuir el carácter de presunción *iuris tantum*, etc.), margen error admisible (cuánto y en qué contextos).

C) Planificación y gestión del riesgo

La interacción colaborativa entre personas y sistemas en la Administración no puede resolverse de forma aislada (Coglianese y Lai, 2022: 1334; Crootof y Kaminski, 2023:488-491)[60]. Se ha indicado previamente que ha de responder a una reflexión organizativa integral que conduzca al establecimiento de las condiciones para que el uso de los sistemas introduzca mejoras significativas y comprobables en el desarrollo de las actuaciones. Así mismo, debe considerar los re-

---

58 Por todos, (Periañez *et al*, 2012) JUZGADO DE LO CONTENCIOSO DE LOGROÑO. Sentencia 5138/2023, de 4 de septiembre - ECLI:ES:JCA:2023:5138 (FJ. 9).

59 Por todos, (Duran, 2023). JUZGADO DE LO CONTENCIOSO DE LOGROÑO. Sentencia 5138/2023, de 4 de septiembre - ECLI:ES:JCA:2023:5138 (FJ. 8). TRIBUNAL SUPERIOR DE JUSTICIA DE MADRID. Sentencia 5216/2023, de 28 de abril- ECLI:ES:TSJM:2023:5216 (FJ.8).

60 Y además es contingente: el valor que esta generación reconoce a la intervención humana puede modificarse con el tiempo, a medida, verbigracia, de que se adquiera mayor confianza en el uso de los sistemas. Así lo ha ilustrado Coglianese trayendo a colación las reticencias sobre el uso de los alcoholímetros y radares (2022: 901 y ss).

cursos que demanda la organización (medios personales y técnicos) para disfrutar plenamente de tales mejoras y, finalmente, ha de concretarse si el impacto residual de la adopción de los sistemas es asumible.

Una técnica al servicio de este objetivo de planificación es la evaluación de impacto[61]. En el caso del uso de los sistemas, dicha evaluación debe considerar, como mínimo, los siguientes aspectos:

Tabla 3. Contenido mínimo de la evaluación de impacto algorítmico

Criterios	Subcriterios	Impacto
Naturaleza	Sujetos afectados Datos Efectos Bienes jurídicos comprometidos Potestad ejercitada Técnica empleada	Menores, vulnerables, riesgo de exclusión Sensibles, personales, no personales Declarativos, constitutivos, favorables, desfavorables DFFF, derechos sociales, derechos legales Discrecionales, regladas IA simbólica, machine learning, etc.
Contexto	Voluntariedad u obligatoriedad	
Alcance	Material (ad extra o ad intra) Temporal (revisable periódicamente, con vocación de permanencia)	

[61] Para Coglianese y Hefter (2022:912) una formulación positiva de las condiciones de uso de los algoritmos se basa en la estandarización, las evaluaciones de impacto y las auditorias, sistemas de supervisión y formación. Cita como ejemplos de esfuerzos de estandarización los realizados por la OCDE (uso responsable de la IA), IEEE (criterios de gobierno y fases), National Institute of standards and technology- framwork para el uso por AAPP y entidades privadas, Administrative Conference of the United States. Así mismo, guías para la ejecución de auditorías han sido elaboradas por grupos de autoridades de protección de datos (Findlandia, Alemania, Holanda, Noruega y UK han acordado criterios para auditar la explicabilidad, ciberseguridad y la fiabilidad), ONG como The Responsible AI Institute (RAI Institute) y entidades como la IEEE.

Criterios	Subcriterios	Impacto
Finalidad del uso concreto Finalidad de la actuación	Elemento de juicio, Recomendación Decisión Consistencia, no discriminación, justicia individual	

Criterios como los propuestos permiten verificar la presencia de riesgos y definir las medidas técnicas y organizativas para su conjura que incluyen, tal y como se ha reseñado previamente, la intervención humana.

Una vez se ha llegado a la configuración de las medidas, puede verificarse:

Si el impacto es alto: el interesado es una persona vulnerable, la decisión está relacionada con el ejercicio de derechos fundamentales, el tratamiento se realiza sobre datos personales, el efecto es constitutivo y desfavorable, la relación no se genera a instancia del sujeto, el efecto es *ad extra*, tiene vocación de permanencia y se usa como decisión, las medidas técnicas y organizativas, que incluyen la intervención humana deben ser tan eficaces que el riesgo sea inexistente. En caso de que la adopción de medidas no evite un riesgo residual, deben prescindirse de la utilización del sistema.

Si el impacto no es significativo: se trata de actuaciones a instancia, en las que el interesado es una persona jurídica, la decisión incide sobre el ejercicio de derechos de configuración legal, el tratamiento versa sobre datos no personales, los efectos son declarativos y favorables y en el resultado es relevante garantizar la consistencia y no discriminación, siempre que las medidas técnicas y organizativas, incluida la intervención humana, eliminen o limiten el riesgo, el sistema puede emplearse.

El análisis de impacto permite, al igual que las auditorías y demás mecanismos de supervisión, reforzar la confianza en el uso de los sistemas. El juicio de confianza puede arrojar los siguientes resultados (Green, 2022:9):

- Si la utilización no genera confianza suficiente, hay que mejorarlo.
- Si con las mejoras el sistema no satisface la confianza exigible, no debe usa (principio de precaución)
- Si para saber si el sistema es confiable hay que probarlo durante un tiempo, puede usarse en un entorno controlado (sandbox)
- Si tras el uso se generan recelos, la utilización se suspende y se procede a la validación.

Finalmente, parte de la doctrina aboga por garantizar la participación en los procesos de planificación (y supervisión) como medio para mejorar la legitimidad del uso (Green, 2022: 11; Coglianese y Hefter, 2022: 920), así como para obtener elementos de juicio que permitan garantizar la fiabilidad de los sistemas (Coglianese y Lai, 2022: 1335).

D) Colaboración desde el diseño[62]

De acuerdo con Ostherimer (2021) el diseño de sistemas híbridos colaborativos, ha de basarse en los siguientes principios:

- Relación entre el diseñador y el usuario interno y externo del sistema que permita comprender el dato, la regla y los parámetros.
- Diseño sostenible: abierto a la adaptación, sometido a labores de supervisión y mantenimiento.
- Visión extendida: tiene en cuenta contexto del uso, la posición del órgano dentro de la organización y de ésta en la arquitectura organizativa administrativa

---

[62] Huq también admite que, si la intervención tiene sentido, es en la fase de diseño: ha de comprenderse cómo funciona el sistema para tratar de que cubra todas las posibilidades (2020:662). En sentido similar (Crootof y Kamisnki, 2023: 498)

- Verificación de que la organización está lista para la automatización: posee una estrategia para el uso de los sistemas y éstos consultan su componente misional.
- Sinergias entre la estrategia tecnológica y la organizativa: el sujeto no se adapta al sistema, el sistema se adapta a la dinámica organizativa orientada a la realización del interés general.
- Definir el objetivo, establecer el alcance de la mejora (exactitud, rapidez, consistencia, reducción de costes) y la tasa de error admisible[63].
- Diseño orientado hacia la mejora del desempeño de la persona: superación de sus límites y definición de sus roles (cómo incorpora el input, recibe el output, cómo responde ante fallo)
- Definición clara de roles: el sistema híbrido se construye bajo la idea de definir cómo trabajan mejor sus componentes juntos, según los roles, más que en establecer cuándo y cómo participan cada uno.
- Diseñados para interactuar eficaz y eficientemente con personas: comparte información
- Resiliencia: debe garantizarse la continuidad de la actividad, aun cuando ocurra un fallo en el sistema.

E) Formación y características organizativas

Resulta esencial que el personal se forme para obtener el mayor partido de los sistemas y hacer efectivos los derechos y garantías de los administrados (Peeters, 2020:517; Coglainese y Hefter, 2022: 921). Tal y como se ha dejado indicado previamente, cada rol humano tiene un nivel de exigencia en materia de formación y demanda un apuntalamiento organizativo que le permita desarrollarse eficaz

---

63 Para Coglianese y Hefter (2022: 896) el beneficio del uso de los sistemas está dado por su fiabilidad, de tal suerte que, si el sistema falla, no hay justificación para emplearlo. Así mismo, la tasa de error debe ser cero tratándose de riesgos sobre el ejercicio de derechos fundamentales.

y eficientemente. (Coglianese y Lai, 2022:1323; Crootfof y Kaminski, 2023: 499 y ss).

F) Control continuo y evaluación

El sistema debe prever mecanismos de comunicación y supervisión que permitan la retroalimentación constante del proceso. Así mismo, ha de permitir su trazabilidad y ser objeto de evaluación continua a efectos de introducir mejoras. El carácter continuo e iterativo del control es característico de los sistemas de protección de derechos, construidos desde el enfoque de gestión de riesgo y sujetos a la responsabilidad proactiva (Pedraza, 2022)

Otra característica común a este tipo de sistemas de control es la participación del público y organizaciones democráticas (Green, 2022:11). Se ha puesto de presente en los párrafos precedentes que, si la Administración genera un riesgo para el ejercicio de los derechos de los interesados, debe estar en capacidad de conjurarlo, propiciando, por ejemplo, la participación cívica en los procedimientos, tanto de adopción de la decisión de automatizar, como en la evaluación del funcionamiento de los sistemas.

Finalmente, el control debe ejercitarse, aún si es el sistema es desarrollado por un tercero: contractualmente han de preverse la publicidad de los algoritmos, datos y condiciones de entrenamiento, así como la adhesión a guías éticas de desarrollo (Coglianese y Lai, 2022: 1335)[64].

---

[64] 29. Hace hincapié en la necesidad de que se incorporen directrices y sistemas en las licitaciones públicas para los modelos, herramientas y programas de tratamiento de datos basados en macrodatos en materia de aplicación de la ley con el fin de garantizar que las autoridades encargadas de la aplicación de la ley puedan comprobar el código subyacente y así lo hagan antes de la adquisición final, y que pueda verificarse su adecuación, corrección y seguridad teniendo en cuenta que la transparencia y la responsabilidad están limitadas por el software propio; señala que algunos modelos de actuación policial predictiva son más respetuosos con la privacidad que otros, por ejemplo, cuando se realizan predicciones probabilísticas sobre lugares o acontecimientos y no sobre personas particulares. (Resolución big data de Parlamento Europeo, 2017).

VIII. CONSIDERACIÓN FINAL

A lo largo de este capítulo se han intentado describir las condiciones jurídicas de interacción entre los sistemas informáticos y las personas en el marco de una actuación administrativa, con miras a salvaguardar las garantías de los interesados en el procedimiento. Se parte de la premisa que la definición del gobierno de los sistemas híbridos debe realizarse desde un enfoque humanista que sitúe a los sistemas en su justa posición: un simple medio técnico al servicio de la realización de los objetivos de interés general, cuyo empleo debe: (1) estar justificado por la existencia de una mejora verificable sobre el desarrollo de las actuaciones y (2) aparejar un riesgo cuyo impacto residual sea jurídicamente asumible.

Automatizar todas o algunas de las fases que integran un procedimiento administrativo es una decisión de carácter organizativo que puede tener importantes consecuencias jurídicas. Esta consideración impone a las Administraciones el deber de analizar, concienzudamente, la necesidad/utilidad de introducir los sistemas informáticos en la tramitación, el impacto que ello genera en la organización administrativa (no sólo en una tramitación en concreto) y en el ejercicio de los derechos de los administrados, así como las condiciones de gobierno de tales sistemas (que demandan contar con personal capacitado para ejercer la supervisión). Se ha propuesto un modelo de gobierno que no sólo abarca las condiciones de convivencia entre el sistema y el empleado público, sino que también releva la posición de los interesados en el proceso de supervisión, aboga por una introducción planificada de tales sistemas, que incluya la observancia del principio de colaboración desde el diseño, haga uso de las técnicas asociadas a la responsabilidad proactiva y resuelva la cuestión de la redistribución de las funciones que son objeto de sustitución, para finalmente llamar la atención sobre un tema que, pese a no ser novedoso, parece seguir abierto a discusión: el alcance y efectividad de la garantía de fiabilidad técnico/jurídica de los sistemas que emplea la administración.

En este, como en tantos otros campos que ya se han destacado a lo largo de esta obra colectiva, se advierte un marcado fenómeno de silencio normativo[65] que, en lugar de desestimular, ha de servir de acicate a la Academia para proponer soluciones que salvaguarden las garantías de los interesados en los procedimientos administrativos.

IX. BIBLIOGRAFÍA

Barrio, M (2019). Principios generales de Derecho de los robots. En BARRIO (Dir). *Derecho de los Robots.* Madrid: La Ley. p. 117-144

Binns, R. (2022). Human Judgment in algorithmic loops: Individual justice and automated decision-making. *Regulation & Governance,* 16(1), 197-211.

Bygrave (2020). Article 22. En Kuner, C; Bygrave, L; Docksey,C *The EU General Data Protection Regulation (GDPR): A Commentary,* Oxford

Cerrillo I Martínez, A. (2019). El impacto de la inteligencia artificial en el derecho administrativo¿nuevos conceptos para nuevas realidades técnicas? *Revista General de Derecho Administrativo* 50.

Cerrillo I Martínez, A. (2020) ¿Son fiables las decisiones de las Administraciones públicas adoptadas por algoritmos? *European review of digital administration & law,* 1(1-2), 18-36.

Cerrillo I Martínez, A. (2021) Robots, asistentes virtuales y automatización de las administraciones públicas. *Revista Galega de Administración Pública,* EGAP Núm. 61, 271-309

Cerrillo I Martínez, A. (2022). La personalización de servicios. En: Cerrillo, A. Cartillo Ramos-Bossini, S. (Dir) *La administración Digital,* Dykinson, 311-342.

Coglianese, C., & Lai, A. (2022). Algorithm vs. algorithm. *Duke Law Journal,* 71(6), 1281-1340

Coglianese, C., & Hefter, K. (2022). From negative to positive algorithm rights. *William & Mary Bill of Rights Journal,* 30(4), 883-924.

Crootof, R., Kaminski, M. E., & Price, W. (2023). Humans in the loop. *Vanderbilt Law*

---

65 Las falencias del ordenamiento para encausar el uso de los sistemas es un tema ampliamente tratado en este trabajo, por todas *Vid.* al respecto las contribuciones de Angel Manuel MORENO MOLINA, Antonio FORTES, Carmen CAMBLOR DE ECHANOVE y Miguel CASINO.

Cuéllar, M. F., & Huq, A. Z. (2022). Artificially intelligent regulation. *Daedalus,* 151(2), 335-347.

De Winter, J.C.F., Dodou, D. Why the Fitts list has persisted throughout the history of function allocation. *Cogn Tech Work* 16, 1-11 (2014). https://doi.org/10.1007/s10111-011-0188-1

Duran Garcia, FJ. (2023). ¿Es determinante el certificado metrológico del radar en un procedimiento sancionador en materia de tráfico? *Consultor de los ayuntamientos y de los juzgados: Revista técnica especializada en administración local y justicia municipal,* Nº. 9

Fernández, B. S. (2020). Cuestiones controvertidas en la jurisprudencia menor derivadas de la utilización de elementos automáticos en materia de sanciones de tráfico. *Revista Aranzadi Doctrinal,* (2), 6.

Gamero Casado, E. (2023). Sistemas automatizados de toma de decisiones en el Derecho Administrativo Español. *Revista General de Derecho Administrativo,* (63), 20.

Green, B. (2022). The flaws of policies requiring human oversight of government algorithms. *Computer Law & Security Review,* 45, 105681.

Huq, A. Z. (2020). A right to a human decision. *Virginia Law Review,* 106, 611.

Katzenbach, C. & Ulbricht, L. (2019). Algorithmic governance. *Internet Policy Review,* 8(4). https://doi.org/10.14763/2019.4.1424

Lazcoz, G., & De Hert, P. (2023). Humans in the GDPR and AIA governance of automated and algorithmic systems. Essential pre-requisites against abdicating responsibilities. *Computer Law & Security Review,* 50, 105833.

Lucas Murillo De La Cueva, P. (2008). El derecho a la autodeterminación informativa y la protección de datos personales. *BIBLID* 1138-8552 (2008), 20, 43-58.

Martin Delgado, I. (2009). Naturaleza, concepto y régimen jurídico de la actuación administrativa automatizada. *Revista de administración pública,* (180), 353-386.

Martin Sanz, V (2005). Juegos de azar: control estatal metrológico estatal de contadores. STS de 31 de marzo de 2005. *Revista General de Derecho Administrativo,* Nº. 10

Michelini, D. J. (2010). Dignidad humana en Kant y Habermas. *Estudios de filosofía práctica e historia de las ideas,* 12(1), 41-49.

Ostheimer, J., Chowdhury, S., & Iqbal, S. (2021). An alliance of humans and machines for machine learning: Hybrid intelligent systems and their design principles. *Technology in Society,* 66, 101647.

Palma Ortigosa, A (2019). Decisiones automatizadas en el rgpd. El uso de algoritmos en el contexto de la protección de datos. *Revista General de Derecho Administrativo*, 50

Peces-Barba Martínez, G. (2007). *La dignidad humana.*

Pedraza Córdoba, J.P. (2022). *Responsabilidad proactiva en la gestión de datos personales por administraciones públicas.* Tirant lo blanch.

Pedraza Córdoba, J. P. (2023). Interoperabilidad e intercambio de datos entre administraciones públicas. *Revista General de Derecho Administrativo*, (62), 14.

Peeters, R. (2020). The agency of algorithms: Understanding human-algorithm interaction in administrative decision-making. *Information Polity*, 25(4), 507-522.

Periáñez Martín, A; Domínguez De Prado, A;, Muñoz Garrido, R (2012). Mancjo y funcionamiento de los equipos de comprobación objetiva: cinemómetros y etilómetros. En Blanco Hernandez *et al. Policía judicial de tráfico: delitos contra la seguridad vial*, pp. 283-317

Ponce Solé, J. (2019). Inteligencia artificial, Derecho administrativo y reserva de humanidad: algoritmos y procedimiento administrativo debido tecnológico. *Revista general de Derecho administrativo*, 50, 1-52.

Roig Batalla, A. (2017). "Safeguards for the right not to be subject to a decision based solely on automated processing (Article 22 GDPR)", *European Journal of Law and Technology*, Vol 8, No 3.

Roig Batalla, A. (2020). *Las garantías frente a las decisiones automatizadas: Del Reglamento General de Protección de Datos a la gobernanza algorítmica.* (Bosch Constitucional).

Santamaria Pastor, J. A. (1984). La teoría del órgano en el Derecho Administrativo. *Revista Española de Derecho Administrativo*, (40), 43-86.

Sanchez Fernandez, B (2020). Cuestiones controvertidas en la jurisprudencia menor derivadas de la utilización de elementos automáticos en materia de sanciones de tráfico. *Aranzadi Doctrinal*, 2.

Serrallonga y Sivilla, M (2016). Circulación. Infracción de tráfico. Falta de eficacia probatoria. La imagen captada por un dispositivo foto-rojo no tiene eficacia probatoria si no está sometida a control metrológico. *La administración práctica: enciclopedia de administración municipal*, ISSN 0210-2781, Nº. 2, 2016, pp. 131-133

Valero Torrijos, J. (2007), *El régimen jurídico de la e-Administración. El uso de medios informáticos y telemáticos en el procedimiento administrativo*, Ed. Comares, Granada.

Vaquer Caballería, M. (2011). El criterio de la eficiencia en el Derecho administrativo. *Revista de Administración Pública*, nº 186, 91-135.

Vaquer Caballería, M (2020). ¿Para qué sirve el procedimiento administrativo? En *Estudios sobre el procedimiento administrativo. III, Instituciones*, 54-82. Tirant lo Blanch.

Vaquer Caballería, M (2023). El humanismo del derecho administrativo de nuestro tiempo. *Revista de Administración Pública*, (222).

Velasco Rico, C. (2019). Datos y algoritmos en la ciudad inteligente. En *El derecho, la ciudad y la vivienda en la nueva concepción del desarrollo urbano: desafíos transnacionales y transdisciplinarios de la gobernanza en la Nueva Agenda Urbana* (pp. 209-226). Atelier.

La gestión automatizada de la información a caballo del secreto y la transparencia

ANTONIO DESCALZO GONZÁLEZ
Profesor Titular
Universidad Carlos III de Madrid

Sumario: I. PRELIMINAR. II. LA INTELIGENCIA ARTIFICIAL Y LA ACTUACIÓN AUTOMATIZADA EN LA ACTIVIDAD ADMINISTRATIVA. III. TRANSPARENCIA Y SECRETO EN LA ACTUACIÓN ADMINISTRATIVA AUTOMATIZADA. IV. BIBLIOGRAFÍA.

I. PRELIMINAR

Después de la Segunda Guerra Mundial, y con carácter general, el sistema jurídico administrativo entra en un escenario donde el proceso de aplicación del Derecho, lejos de ser una mera operación mecánica, como resultaba de la primera legalidad de la Revolución francesa, se convierte en algo rigurosamente axiológico, debido sobre todo a la puesta en primer término de los sistemas de valores que se afirman en las nuevas constituciones[1]. Con (García De Enterría, 1995:32)[2], cabe decir que "no hay aplicación sin una interpretación previa y, segunda observación y esencial, no hay interpretación sin una conformación valorativa de la norma".

---

1 García De Enterría E. (1995), "La aplicación del Derecho en los sistemas políticos continentales", en *La crisis del Derecho y sus alternativas*, CGPJ, Madrid, pp. 32 y 33.

2 García De Enterría E. (1995), "La aplicación del Derecho en los sistemas políticos continentales", en *La crisis del Derecho y sus alternativas*, cit., p. 31.

Hoy este fenómeno crítico se ha visto multiplicado por la especial conformación del ordenamiento jurídico contemporáneo. Es notorio, como dice (Santamaría Pastor, 1999:135), que la primera característica de los sistemas normativos actuales radica en la pavorosa hipertrofia de la producción normativa escrita[3]. Tal situación ha llevado, conforme concluye este mismo autor, "a una creciente desconfianza en la legislación formal, haciendo volver los ojos hacia una vida jurídica basada en grandes y sencillos principios, en la justicia del caso concreto, en la creatividad de la función judicial y en una visión reduccionista del Derecho a la tópica y a las técnicas argumentativas; esto es, en una tendencia hacia un sistema jurídico desformalizado y progresivamente no escrito, apegado a la singularidad y eminentemente escéptico ante los poderes normativos formales"[4].

En esta misma línea, (García De Enterría,1999:104) observa la inevitable vuelta a los métodos precodificadores de la jurisprudencia donde la primacía corresponde indiscutiblemente a los principios generales del Derecho en tanto que condensado ético de la justicia y reguladores de todas y cada una de las instituciones positivas de un ordenamiento[5].

Con lo brevemente dicho es muy fácil convenir que el cambio producido en la mecánica interna del sistema normativo incide decisivamente en la manera de configurar el ejercicio de la actuación de la Administración pública. Pues no cabe duda que las bases expuestas del Derecho contemporánco son aplicables a todos los operadores jurídicos, esto es, a particulares, Administración pública y jueces[6]. En

---

3 Santamaría Pastor J. A. (1999), *Principios de Derecho administrativo,* I, Ceura, Madrid, p. 135.

4 Santamaría Pastor J. A. (1999), *Principios de Derecho administrativo,* I, cit., p. 135.

5 García De Enterría E. (1999), *Justicia y seguridad jurídica en un mundo de leyes desbocadas,* Civitas, Madrid, p. 104; también en "La aplicación del Derecho en los sistemas políticos continentales", en *La crisis del Derecho y sus alternativas,* cit., pp. 32 a 35.

6 En definitiva, y como dice Morell Ocaña, "la contemplación del Derecho positivo como una *textura abierta,* en el sentido Weismann y Hart, que implica la presencia de un conjunto de actores cualificados, profesionales, que al aplicar el Derecho tienen que ayudar a la creación o individualización

la actualidad las normas han de conformarse, normalmente, a enunciar solamente criterios para encontrar solución a las controversias jurídicas, "ya que no está a su alcance ofrecer de antemano todas las posibles soluciones a todos los conflictos que puedan plantearse, soluciones que sólo podrán encontrar los administradores y los jueces a la vista de los casos concretos que se planteen"[7]. A partir de este momento, como dice en otro lugar (Fernández,1994:395)[8], "el Derecho deja concebirse como un sistema cerrado, hecho de preceptos y de dogmas enlazados entre sí por los medios de la lógica formal, para contemplarse como un sistema abierto al que es de esencia la aceptación por la propia comunidad y su vinculación a la idea de justicia en ésta vigente y en el que, por lo tanto, no todo está resuelto de antemano por una suerte de determinismo metodológico, según el cual las decisiones jurídicas no necesitarían ser justificadas por proceder de una autoridad legítima, sino que debe resolverse en cada caso mediante un esfuerzo permanente de justificación de dichas decisiones que muestre su carácter razonable y plausible cuando menos y pueda acreditar por ello la imprescindible legitimidad de ejercicio de sus autores, que la comunidad, que no acepta ya la mera imposición de las mismas por vía coactiva, inexcusablemente reclama".

Así las cosas, es posible afirmar que la Administración pública no goza ya de la base firme y sólida que proporcionara antaño la regla simple y estricta de aplicar la solución proporcionada por la Ley en el ejercicio de toda su actividad. Como ha dicho Morell Ocaña, actualmente son precisas normas flexibles que impongan criterios a la Administración acerca de la tarea que la Constitución le atribuye, pues "la realidad contemporánea exige una aplicación abierta de una legalidad que brinde opciones, que proporcione márgenes de

---

del mismo, frente a los problemas la realidad", véase MORELL OCAÑA L. (2001), "Dirección de la Administración pública por el Gobierno y garantías de imparcialidad administrativa", *RAP*, 156, p. 33.

7 Fernández T. R. (1999), "Principios y reglas: la discrecionalidad administrativa y la judicial", en *La experiencia jurisdiccional: del Estado legislativo de Derecho al Estado constitucional de Derecho*, CGPJ, Madrid, p. 165.

8 Fernández T. R. (1994), "¿Debe la Administración actuar racional y razonablemente?, *REDA*, 83, p. 395.

apreciación de los problemas y las soluciones, en el entorno de los intereses públicos"[9].

Desde otra perspectiva, la marcada por la evolución que va del Estado liberal de Derecho al Estado social de Derecho, (Parejo, 1991:73) ha puesto de relieve asimismo la existencia de un cambio bien apreciable en la tradicional programación por ley de la acción del poder ejecutivo. Este cambio se expresa en "un proceso continuado y creciente de desplazamiento de las decisiones desde el plano de la Ley formal al plano de la ejecución o aplicación de la misma (del legislador al Gobierno y la Administración), quedando en entredicho el modelo tradicional de «ejecución» como «subsunción»"[10].

Y, en fin, de este mismo parecer es Tornos (1990:110) cuando subraya acertadamente que "la legalidad propia de un Estado social de derecho tiende a configurarse como *atribución de fines o directrices*, dejando a la Administración un amplio campo de maniobra. Evidentemente, estos hechos hacen más difícil el control de la actuación administrativa, pues ya no se trata de revisar el acto imperativo dictado en ejecución de una norma, sino de *valorar la corrección en el cumplimiento de un mandato.* Del *control del acto se pasa al de la conducta*"[11].

Colocados en este contexto, no parece difícil sostener que la actual configuración del ordenamiento debe tener alguna que otra consecuencia sobre la tradicional configuración y articulación de las piezas que componen la actuación administrativa y, en particular, del *iter* en que consiste el procedimiento administrativo.

En efecto, sin perjuicio de reconocer que el procedimiento administrativo es aún "la actividad preparatoria o conducente a lo que realmente interesa, es decir, a la decisión o resultado final"[12] con la debida garantía de los derechos de los interesados conforme expresa

---

9 Morell Ocaña L. (2001), "Dirección de la Administración pública por el Gobierno y garantías de imparcialidad administrativa", cit., p. 31.

10 Parejo Alfonso L. (1991), *Crisis y renovación en el Derecho público*, CEC, Madrid, p. 73.

11 Tornos Mas J. (1990), "La situación actual del proceso contencioso-administrativo", *RAP*, 122, pp. 110 y 111, la cursiva en el texto.

12 Fernández Farreres G. (2018), *Sistema de Derecho administrativo I*, Civitas, Madrid, p. 663.

el artículo 105. c) de la CE, puede decirse que hoy, a través principalmente de la transparencia de las actuaciones públicas *ex* artículo 105. b) CE, cumple otras funciones en la actuación de la Administración pública.

En particular, todo apunta a considerar que la transparencia en el procedimiento no sólo permite un mejor control sobre la conducta de los participantes en el mismo —de la Administración y también de los interesados—, sino que igualmente se ofrece especialmente adecuada para explicar y justificar la resolución de asuntos complejos y dotados de una amplia discrecionalidad, como expresa la jurisprudencia europea al notar la relevancia de su incumplimiento incluso ante la circunstancia de que la solución adoptada no haya producido efectos adversos pues, "en efecto, es en el momento de adopción de la decisión que autoriza la realización del proyecto cuando no debe subsistir ninguna duda razonable desde un punto de vista científico sobre la inexistencia de efectos perjudiciales para la integridad del lugar afectado"[13].

Como ha señalado la doctrina[14], las actuaciones y trámites formales que dan vida y sentido al procedimiento administrativo están cobrando un nuevo y relevante impulso sobre la base del buen gobierno y del principio de buena administración establecido en el artículo 41 de la Carta de los Derechos Fundamentales de la Unión Europa y,

---

13 STJUE de 26 de octubre de 2006, Comisión/Portugal, C-239/04.

14 Ponce Solé J. (2001), *Deber de buena administración y derecho al procedimiento administrativo debido*, Lex Nova, Valladolid; Ponce Solé J. (2019), *La lucha por el buen gobierno y el derecho a una buena administración mediante el estándar jurídico de diligencia debida*, Universidad de Alcalá de Henares, Madrid; Carrillo Donaire J. A. (2010), "Buena administración, ¿un principio, un mandato o un derecho subjetivo?", en *Los principios jurídicos del Derecho administrativo*, La Ley, Madrid; Castillo Blanco F. (2015), "Garantías del derecho ciudadano al buen gobierno y a la buena administración", *REDA*, 172; Fernández T. R. (2019), "El derecho a una buena administración en la Sentencia del TJUE de 16 de enero de 2019", *RAP*, 209, pp. 247 a 257; Zambonino Pulito M. (2019), *Buen Gobierno y buena administración*, Iustel, Madrid.

sobre todo, gracias a su aplicación por la jurisprudencia del Tribunal de Justicia de la Unión Europea y del Tribunal Supremo[15].

En este sentido, y por todas, cabe destacar la Sentencia del Tribunal de Justicia de la Unión Europea, de 16 de enero de 2019, United Parcel Service c/Comisión, asunto C-265/17 P, resolutoria del recurso de casación interpuesto por la Comisión Europa contra la anulación judicial de su Decisión C(2013) 431, de 30 de enero de 2013, en atención a que en el procedimiento administrativo de control de una operación de concentración la Comisión había incurrido en el vicio formal de no poner en conocimiento de la entidad UPS la versión final del modelo econométrico utilizado para negar la concentración empresarial instada.

Frente a la alegación efectuada por la Comisión Europa sobre la supuesta irrelevancia de ese vicio formal para anular su Decisión el Tribunal de Justicia aprecia, por el contrario, que:

> "53 Tal como se ha señalado en los apartados 32 a 34 de la presente sentencia, los modelos econométricos son, por su propia naturaleza y función, instrumentos cuantitativos útiles para el análisis prospectivo que realiza la Comisión en el marco de los procedimientos de control de concentraciones. Los fundamentos metodológicos sobre los que se asientan estos modelos deben ser también lo más objetivos posible para evitar prejuzgar el resultado de este análisis en un sentido o en otro. *Estos elementos contribuyen, de esta forma, a la imparcialidad y a la calidad de las decisiones de la Comisión, de las que dependen, en última instancia, la confianza que el público y las empresas depositan en la legitimidad del procedimiento de control de concentraciones de la Unión.*
>
> 54. Habida cuenta de estas características, un modelo econométrico no puede calificarse de documento inculpatorio o exculpatorio atendiendo a los resultados a los que conduce y al uso subsiguiente que se le da con el fin de sustentar o descartar determinadas objeciones a una operación de concentración. Desde la perspectiva del respeto del derecho de defensa, la cuestión de si la falta de comunicación de un modelo econométrico a las partes en una operación de concentración justifica la anulación de la decisión de la Comisión no depende de la calificación previa de este modelo como documento inculpatorio o

---

15 Sobre los límites de su alcance véase FERNÁNDEZ FARRERES G. (2023), "El principio de buena administración según la doctrina de la Sala Tercera del Tribunal Supremo", *REDA*, 230, pp. 11 a 34.

exculpatorio, tal como ha señalado la Abogado General, en esencia, en el punto 40 de sus conclusiones.

55. Dada la importancia de los modelos econométricos para el análisis prospectivo de los efectos de una concentración, aumentar, como propugna en esencia la Comisión, el umbral probatorio requerido para anular una decisión por una vulneración del derecho de defensa que sea consecuencia, como en el presente asunto, de la falta de comunicación de criterios metodológicos, en particular de técnicas estadísticas, inherentes a esos modelos sería contrario al objetivo de incitar a la Comisión a actuar con transparencia al elaborar los modelos econométricos utilizados en los procedimientos de control de las concentraciones y menoscabaría la efectividad del posterior control jurisdiccional de sus decisiones.

56. De estos elementos se desprende que el Tribunal General no incurrió en error de Derecho al declarar, en el apartado 210 de la sentencia recurrida, que «*se ha vulnerado el derecho de defensa de la demandante, de forma que procede anular la Decisión [controvertida], siempre que la demandante haya acreditado suficientemente no que, de no haberse producido esta irregularidad procesal, la Decisión [controvertida] hubiera tenido un contenido diferente, sino que hubiera podido tener una oportunidad, incluso reducida, de preparar mejor su defensa* (véase, en este sentido, la sentencia de 25 de octubre de 2011, Solvay/Comisión, C-109/10 P, EU:C:2011:686, apartado 57)».

57. Por consiguiente, y contrariamente a lo que alega la Comisión, el Tribunal General no podía declarar inoperante el motivo basado en la vulneración del derecho de defensa invocado por UPS en primera instancia por el hecho de que, en los mercados danés y neerlandés, la Comisión habría comprobado la existencia de un obstáculo sustancial a la competencia efectiva con independencia de que se tomase o no en consideración el modelo econométrico"[16].

Como razona acertadamente (Fernández, 2019:255)[17], es necesario "destacar el paso adelante que la jurisprudencia europea ha dado en lo que respecta a la valoración de la eficacia invalidante de los vicios de procedimiento, que ya no se reduce a los casos en que la resolución final de dicho procedimiento hubiese podido ser diferente a lo que fue de no haberse cometido dicho vicio, sino que se reconoce también en los supuestos en los que, aunque la decisión final hubiese permanecido invariable, la irregularidad procedimental hubiese re-

---

16 La cursiva es mía.

17 Fernández T. R. (2019), "El derecho a una buena administración en la Sentencia del TJUE de 16 de enero de 2019", cit., p. 255.

ducido las posibilidades del interesado de defenderse mejor". Pero, de otro lado, me parece igualmente digno de resaltar la llamada del Tribunal de Justicia de la Unión Europea a la valoración favorable del procedimiento administrativo desde la perspectiva del buen gobierno o gobernanza[18] y de la buena administración, esto es, de la positiva contribución del tratamiento y gestión de la información en su interior para alimentar la imparcialidad y la calidad de las decisiones de la Administración, de la que dependen, en última instancia, y como bien dice la Sentencia citada, la confianza que los ciudadanos depositan en la legitimidad de los procedimientos.

Como afirma la doctrina, en la justa medida en que en no pocos ámbitos o sectores la Ley ha perdido capacidad para dirigir a la Administración a través de programas materiales que puedan preverlo todo "el procedimiento administrativo ha adquirido un creciente protagonismo en su función de legitimar y compensar ese déficit. Esa doble función —de legitimación democrática y de compensación de la debilidad directiva de la Ley— se acentúa cuando, a resultas de una programación legal tan abierta de la acción administrativa, padece la función de control que la jurisdicción tiene atribuida" [19].

Así pues, y en íntima línea de continuación con lo anterior, la nueva y compleja realidad a la que se enfrenta la Administración enlaza efectivamente con la recepción cada vez más amplia de un concepto plurifuncional del procedimiento administrativo entendido como un "proceso ordenado de información y su elaboración que se de-

---

18 El libro blanco elaborado por la Comisión Europea —Comunicación de la Comisión, de 25 de julio de 2001—, «La gobernanza europea. Un Libro Blanco» [COM (2001) 428 final —Diario Oficial C 287 de 12.10.2001]— identifica la gobernanza con las normas, procesos y comportamientos que influyen en el ejercicio de los poderes a nivel europeo, especialmente desde el punto de vista de la apertura, la participación, la responsabilidad, la eficacia y la coherencia; en la doctrina véase Parejo Alfonso L. (2004), "Los principios de la gobernanza europea", *Revista de Derecho de la Unión Europea*, 6, pp. 27 a 56.

19 Schneider J-P. (2008), "La evolución del procedimiento tipo de la Ley de procedimiento administrativo alemana de 1976: hacia un modelo integral y comprensivo", en *La transformación del procedimiento administrativo*, Global Law Press, Sevilla, p. 374.

sarrollan bajo la responsabilidad de una Administración pública"[20]. Más en particular, conecta con el principio de proporcionalidad y de elección de la medida menos restrictiva en la intervención sobre la actividad de los particulares a la que apunta de manera decidida el artículo 4 de la Ley 40/2015, de 1 de octubre, de régimen jurídico del sector público (en adelante, LRJSP); excelente muestra de la pérdida de capacidad de la Ley para dirigir a la Administración a través de programas materiales que puedan preverlo todo.

Esta máxima que rige actualmente la intervención pública se traduce, como dice el propio artículo 4 LRJSP, en la potestad de velar por el cumplimiento de los requisitos legalmente establecidos mediante la comprobación, verificación, investigación e inspección de los "hechos, actos, elementos, actividades, estimaciones y demás circunstancias que fueren necesarias" y, desde la perspectiva estrictamente procedimental, en el mandato del artículo 1.2 de la Ley 39/2015, de 1 de octubre, de procedimiento administrativo común (en adelante, LPAC), conforme al cual "solo mediante ley, cuando resulte eficaz, proporcionado y necesario para la consecución de los fines propios del procedimiento, y de manera motivada, podrán incluirse trámites adicionales o distintos a los contemplados en esta" misma Ley. Reglas de intervención menos restrictiva que finalmente coadyuva a la idea ya apuntada de una simplificación y agilización de los procedimientos administrativos entendida como reducción de las cargas innecesarias y de una agilización de sus trámites[21].

---

20 Concepto sugerido por Parejo Alfonso L. (2019), *Lecciones de Derecho administrativo*, Tirant lo Blanch, Valencia, p. 687. En similar sentido, Doménech Pascual G. (2014), "Hacia la simplificación de los procedimientos administrativos", en *La simplificación de los procedimientos administrativos. Actas del IX Congreso de la Asociación Española de Profesores de Derecho Administrativo*, EGAP, Santiago de Compostela, p. 25, señala que el procedimiento administrativo "no es otra cosa que un conjunto de actividades de obtención, almacenamiento, procesamiento, evaluación y comunicación de información".

21 Doménech Pascual G. (2014), "Hacia la simplificación de los procedimientos administrativos", cit., p. 16; Gamero Casado E. (2014), "Hacia la simplificación de los procedimientos administrativos: el procedimiento administrativo adecuado" también en *La simplificación de los procedimientos administrativos. Actas del IX Congreso de la Asociación Española de Profesores de Derecho Administrativo*, EGAP, Santiago de Compostela, p. 80.

Por consiguiente, y como ahora veremos con ocasión de la actuación automatizada y la aplicación de la inteligencia artificial, vale decir que frente a la tradicional actividad de la Administración pública de aseguramiento o defensa frente a peligros para impedir daños a bienes, basada en una respuesta administrativa derivada de la experiencia adquirida sobre cadenas de causalidad lineal mediante actos que autorizan, prohíben u ordenan, el proceso ordenado de recopilación y tratamiento de información en que se traduce el procedimiento se ofrece especialmente apto para la más reciente actuación administrativa de prevención de riesgos caracterizada, conforme expone Parejo Alfonso, porque la tarea de la Administración se desarrolla hoy frecuentemente en una fase previa a la concreción de cualquier peligro, toda vez que concurren situaciones en que la actualización de un potencial riesgo es incierta y conlleva un "déficit de conocimiento y de ponderación, tanto más acusado cuanto que ha de afrontarse no tanto cadenas causales lineales, cuanto evoluciones complejas impredecibles"[22].

En un contexto general "dominado por una incertidumbre que se expande por todos los espacios de la actuación y el pensamiento humano"[23], parece del todo adecuado que la Administración pública aproveche en su actuación las grandes oportunidades que hoy ofrece el análisis y tratamiento de los datos masivos, conforme ya viene siendo habitual en otros sectores de la realidad social y económica.

La siempre relevante función de los poderes públicos de recoger, tratar y difundir datos o informaciones resulta vital en la actuación de la Administración[24]. Pues como dice (Schmidt-Assmann, 2003:288)

---

22 Parejo Alfonso L. (2019), *Lecciones de derecho administrativo*, cit., pp. 464 a 469, donde se expone la clasificación de los principales modos de actuación de la Administración. Sobre las formas y tipos de actuación de la Administración véase Velasco Caballero F. (2018), "ideas ordenadoras del Derecho administrativo", en *Estudios de Derecho público en homenaje a Luciano Parejo Alfonso*, Tomo II, Tirant lo Blanch, Valencia, pp. 1209 y ss.

23 Esteve Pardo J. (2015), "Decidir y regular en la incertidumbre. Respuestas y estrategias del Derecho público", en *Estrategias del Derecho ante la incertidumbre y la globalización*, Marcial Pons, Madrid, p. 33.

24 Rebollo Puig M. (2009), "La actividad de inspección", en *Lecciones y materiales para el estudio del Derecho administrativo*, III, Iustel, Madrid, p. 53.

"el sistema o teoría de la acción administrativa ha de fundarse sobre un nuevo ordenamiento jurídico-público de la información, cuya construcción constituye una cuestión aún pendiente (...) El manejo de la información dentro de la Administración y en contacto con la Administración tiene una relevancia sobre la que el Derecho administrativo actual debe reflexionar, yendo más allá que el Derecho administrativo tradicional, que estaba preocupado fundamentalmente por el resultado final del procedimiento, es decir, la resolución. La información es elemento de la economía y forma parte de los bienes del saber"[25]. Esto es, el conocimiento es una "condición previa de toda capacidad de decisión"[26].

En resumen, resulta necesario analizar la actuación administrativa desde la perspectiva de la sucesiva actividad de recopilación de datos, del tratamiento de la información que proporcionan y, en fin, de la posterior utilización y difusión del conocimiento generado[27] superando, de esta manera, la tradicional idea de reserva y control de la información por la Administración, así como de su mera manifestación en la exteriorización a través normalmente de documentos escritos en papel o través de medios electrónicos dando lugar al archivo final en el correspondiente expediente.

La actuación administrativa automatizada y la inteligencia artificial responden perfectamente a este objetivo.

---

25 Schmidt-Assmann E. (2003), *La teoría general del Derecho administrativo como sistema*, INAP/Marcial Pons, Madrid, p. 288; en el mismo sentido, GRÖSCHNER R. (1993), "La ilustración del público como una tarea de la Administración", *DA*, 235-236, pp. 135 a 161.

26 Spiecker Gen. Döhmann I. (2015), "instrumentos estatales para la superación de escenarios de incertidumbre y autorregulación", en *Estrategias del Derecho ante la incertidumbre y la globalización*, cit., p. 47.

27 Kluth W. Y Nuckelt J. (2008), "La legislación de procedimiento administrativo y la generación de conocimiento en el ámbito de la Administración pública", en *La transformación del procedimiento administrativo*, Editorial Derecho Global, Sevilla, pp. 481 y 482.

II. LA INTELIGENCIA ARTIFICIAL Y LA ACTUACIÓN AUTOMATIZADA EN LA ACTIVIDAD ADMINISTRATIVA

La inteligencia artificial (en adelante, IA) es un término aplicado "a los sistemas que manifiestan un comportamiento inteligente, pues son capaces de analizar su entorno y pasar a la acción —con cierto grado de autonomía— con el fin de alcanzar objetivos específicos"[28]. De esta manera, en cuanto base de datos que puede razonar sobre sus datos, los ordenadores hacen cosas que "entrañan competencias psicológicas (como la percepción, la asociación, la predicción, la planificación, el control motor) que permiten a los seres humanos y demás animales alcanzar sus objetivos"[29] y requieren, al igual que sucede con la previa y cercana estadística[30], la utilización de "sistemas de procesamiento de la información que el programador concibe cuando escribe un programa y el que tiene en mente la gente al usarlo"[31].

---

28 Comunicación de la Comisión Europea *Inteligencia artificial para Europa*, Bruselas, 25.4.2018 COM(2018) 237 final, p. 1.

29 Boden M. A. (2017), *Inteligencia artificial*, Turner, Madrid, 2017, p. 11.

30 Conforme al Diccionario de la RAE, la estadística es una "rama de la matemática que utiliza grandes conjuntos de datos numéricos para obtener inferencias basadas en el cálculo de probabilidades". Desde la ciencia de los datos se recuerda que "muchas de las técnicas que se aplican en los problemas de *big data* se corresponden con una evolución, muy modulada tecnológicamente, de métodos estadísticos más o menos clásicos", Marco De Lucas J. (2017), "Una tendencia, *data science*, y tres claves: *big data*, supercomputación, *cloud*", *ICE*, 897, p. 43. Por su parte, la doctrina jurídica tiene establecido respecto de la función estadística pública que consiste en la "descripción de los fenómenos colectivos y de la realidad social mediante la recopilación, elaboración y ordenación sistemática de datos, así como la presentación, publicación y difusión de los resultados que se obtengan a partir del tratamiento de aquéllos", véanse Souvirón Morenilla J. Mª. (1994), "Consideraciones sobre la función estadística pública y su régimen", *RAP*, 134, p. 426; De La Fuente Miguélez A. (2017), "Aplicabilidad de la normativa sobre protección de datos de carácter personal en el ámbito de la función estadística pública", *RVAP*, 107-I, p. 275.

31 Boden M. A. (2017), *Inteligencia artificial*, cit., p. 13. *Vid.* al respecto la contribución de Antonio BERLANGA y J. Manuel MOLINA en esta obra colectiva.

Desde la perspectiva de la debida protección de las libertades públicas y de los derechos fundamentales especialmente previstos en el artículo 18.4 de la norma fundamental[32], la IA conecta particularmente con las definiciones contenidas en el artículo 3 del Reglamento (UE) 2018/1725 del Parlamento europeo y del Consejo, de 23 de octubre de 2018, relativo a la protección de las personas físicas en lo que respecta al tratamiento de datos personales por las instituciones, órganos y organismos de la Unión, y a la libre circulación de esos datos, y por el que se derogan el Reglamento 45/2001 y la Decisión 1247/2002/CE, del concepto de «tratamiento»[33] y, sobre todo, con la noción establecida para la «elaboración de perfiles» como "toda forma de tratamiento automatizado de datos personales consistente en utilizar datos personales para evaluar determinados aspectos personales de una persona física, en particular para analizar o predecir aspectos relativos al rendimiento profesional, situación económica, salud, preferencias personales, intereses, fiabilidad, comportamiento, ubicación o movimientos de dicha persona física".

El *Libro blanco de la Comisión Europea sobre la inteligencia artificial: un enfoque europeo orientado a la excelencia y la calidad*[34], ha desarrollado la noción a partir de la propuesta del grupo de alto nivel mediante la siguiente definición: "los sistemas de inteligencia artificial (IA) son programas informáticos (y posiblemente también equipos informáticos) diseñados por seres humanos que, dado un objetivo complejo, actúan en la dimensión física o digital mediante la percepción de su entorno mediante la adquisición de datos, la interpretación de los datos estructurados o no estructurados, el razonamiento sobre el conocimiento o el tratamiento de la información, fruto de estos

---

32 Cerrillo I Martínez A. (2019), "El impacto de la inteligencia artificial en el Derecho administrativo", *RGDA*, 50, p. 16 y ss.

33 Comprensiva de "cualquier operación o conjunto de operaciones realizadas en datos personales o conjuntos de datos personales, ya sea por procedimientos automatizados o no, como la recogida, registro, organización, estructuración, conservación, adaptación o modificación, extracción, consulta, utilización, comunicación por transmisión, difusión o cualquier otra forma de habilitación de acceso, cotejo o interconexión, limitación, supresión o destrucción".

34 Bruselas, 19.2.2020 COM(2020) 65 final.

datos y la decisión de las mejores acciones que se llevarán a cabo para alcanzar el objetivo fijado". El propio *Libro blanco sobre la inteligencia artificial* reconoce que "en los nuevos instrumentos jurídicos, la definición de la IA tendrá que ser suficientemente flexible para adaptarse al progreso técnico al tiempo que mantiene un nivel de precisión adecuado para ofrecer la seguridad jurídica necesaria"[35] pero, en cualquier caso, sostiene que a los efectos de todo posible debate sobre iniciativas políticas en el futuro, parece importante clarificar cuáles son los principales elementos que integran la IA, a saber: los «datos»[36] y los «algoritmos».

Más recientemente, el por ahora último borrador de la llamada Ley de Inteligencia Artificial de la Unión Europea, de 21 de mayo de 2024, entiende por sistema de IA "un sistema basado en una máquina que está diseñado para funcionar con distintos niveles de autonomía y que puede mostrar capacidad de adaptación tras el despliegue, y que, para objetivos explícitos o implícitos, infiere de la información de entrada que recibe la manera de generar resultados de salida, como predicciones, contenidos, recomendaciones o decisiones, que pueden influir en entornos físicos o virtuales" (artículo 3.1).

Puede decirse, por tanto, que la IA constituye un nuevo capítulo en la aplicación por parte de la Administración pública de los avances tecnológicos —en este caso de las tecnologías de la información— al servicio de la compleja función servicial que tiene encomendada por el artículo 103 de la norma fundamental.

Como reconoce en su exposición de motivos, la LPAC asume que "el desarrollo de las tecnologías de la información y comunicación también ha venido afectando profundamente a la forma y al contenido de las relaciones de la Administración con los ciudadanos y las empresas". Lo que vale decir que la utilización de los avances tecno-

---

35 *Libro blanco de la Comisión Europea sobre la inteligencia artificial: un enfoque europeo orientado a la excelencia y la calidad*, cit., p. 20.

36 Sobre la capital importancia de los datos véase la paralela Comunicación de la Comisión al Parlamento europeo, al Consejo, al Comité económico y social europeo y al Comité de las regiones *Una Estrategia Europea de Datos*, Bruselas, 19.2.2020 COM(2020) 66 final.

lógicos y de las herramientas de otras disciplinas científicas no es una cosa nueva en nuestro Derecho administrativo[37].

Así, cuando hoy se dice y se repite que la información es la nueva mina de oro, el nuevo petróleo[38], gracias a las grandes oportunidades que ofrece el análisis y tratamiento automatizado de los datos masivos, los llamados *big data*, resulta que ya la vieja Ley de 31 de diciembre de 1945, por la que se organiza la estadística oficial y se crea el Instituto Nacional de Estadística, establecía que había "llegado el momento de resolver con criterio amplio los problemas fundamentales de la organización estadística, dotando al nuevo Estado de un instrumento que le ayude eficazmente a ejercer aquellas funciones que han de constituir esencialmente la política de nuestros días y pueda en todo momento ofrecerle los elementos de juicio necesarios para una obra de gobierno firme en sus cimientos, entre los que descuella siempre el conocimiento objetivo de la realidad".

A tal fin la referida Ley de 1945 crea el Instituto Nacional de Estadística que en el orden científico será un centro dedicado a la observación y estudio de los fenómenos colectivos de la vida española y tendrá como misión primordial la centralización de las estadísticas de interés público mediante la realización de todas las operaciones del proceso estadístico entre las que destaca la recolección de datos —para la cual "todas las personas individuales o colectivas, españolas o extranjeras que residan en España, están obligadas a facilitar los datos estadísticos de toda índole requeridos con exactitud y dentro de los plazos que se fijen"— y la publicación de las que por el mismo se formen y elaboren[39].

---

37 Mestre Delgado J. F. (2003), "Nuevas tecnologías y Administración Pública", *DA*, 265-266, pp. 117 y ss.

38 Cerrillo I Martínez A. (2019), "El impacto de la inteligencia artificial en el Derecho administrativo", cit.; Autoridad Catalana De La Competencia (2016), *La economía de los datos. Retos para la competencia*, ES 12/2016, Barcelona, p. 8; Barnes J. (2007), "Sobre el derecho administrativo de la información", *Revista catalana de Derecho público*, 35, pp. 1 a 25.

39 Sobre la importancia de intensificar en ese momento la recopilación de estadísticas económicas para la puesta en marcha de la planificación administrativa véase HOFMANN A. C. (2023), *Una modernidad autoritaria. El desarrollismo en la España de Franco*, PUV, Valencia, pp. 112 y 113.

La búsqueda de elementos de juicio de carácter técnico o científico, capaces de ofrecer un "conocimiento objetivo de la realidad", con el que poder cumplir las tareas de interés general asignadas a la Administración reaparece poco tiempo después para tratar de resolver un tema siempre principal como es la determinación del justo precio en las operaciones expropiatorias.

La todavía vigente Ley de expropiación forzosa, de 16 de diciembre de 1954, señala así en su exposición de motivos que "la fijación de la indemnización constituye, como es obvio, el problema capital de una ley de expropiación" para lo cual el procedimiento ideal sería acudir a "reglas tasadas que permitan una determinación automática del valor del objeto de la expropiación". En efecto, "los criterios automáticos añaden a su intrínseca objetividad la ventaja de eliminar gran número de reclamaciones, ya que sustraen la base sobre la cual cabe plantearlas, que no es otra que la pluralidad abierta indefinidamente de los medios de estimación". Sin embargo, la exposición de motivos reconoce que este procedimiento ideal no puede cumplirse y, en su lugar, reconoce que debe acudir a un sistema basado en apreciación de las circunstancias específicas de cada caso encomendado a un nuevo órgano administrativo, el Jurado Provincial de Expropiación, ya que, en otras dificultades, la estimación fiscal en cuanto dato no es "una declaración administrativa de valoración" eficaz al margen de la relación fiscal.

De igual manera, la contratación administrativa ha tratado de seguir y aplicar las máximas de la ciencia económica en la adjudicación de la obra o servicio a realizar[40]. Como puso de relieve la doctrina[41], en el Real Decreto de 27 de febrero de 1852, relativo a los contratos sobre servicios públicos, las bases del sistema de contratación de

---

40 Sobre la remisión del Derecho a la ciencia económica y a otros sectores del conocimiento para regular y resolver véase Esteve Pardo J. (2015), "Decidir y regular en la incertidumbre. Respuestas y estrategias del Derecho público", cit., pp. 33 y ss.

41 Bassols Coma M. (1995), "Evolución de la legislación sobre contratación administrativa", en *Derecho de los contratos públicos*, Praxis, Barcelona, pp. 25 a 35; en el mismo sentido, HUERGO LORA A. (2009), "Los contratos del sector público: aspectos generales y elementos estructurales", en *Lecciones y materiales para el estudio del Derecho administrativo*, Tomo III, Iustel, Madrid, pp. 238 y 240.

toda clase de "servicios y obras públicas, quedaban sometidas a los principios de publicidad (remate público y solemne) y competencia"; principios que servían al objetivo final que explicitaba el propio preámbulo del Real Decreto de considerar que "la Administración al celebrar el contrato no debe proponerse una sórdida ganancia, abusando de las pasiones de los particulares (evitando, paralelamente, las confabulaciones y las proposiciones excesivamente onerosas que posteriormente no pueden cumplirse), sino averiguar el precio real de las cosas y pagar por ellas lo que sea justo y a esto conduce el sistema de pliegos cerrado".

Se comprende por eso mismo que en nuestros días la Comunicación de la Comisión Europea sobre *Inteligencia artificial para Europa* llame a la necesaria coordinación dentro de la Unión Europea para capitalizar, en entre otros, la plétora de datos del sector público que se podrían desbloquear para alimentar los sistemas de IA, tales como los relacionados con los servicios de utilidad pública y el medio ambiente, así como los datos de los ámbitos de la investigación y de la sanidad[42]. Aplicación que puede hacerse extensiva a la propia mejora de la organización interna de la Administración pública[43], pues como ha señalado la doctrina "el uso de *big data* y de la inteligencia artificial para la detección de riesgos de corrupción puede ser muy útil para prevenir la lacra de la mala administración y la corrupción y aparece como una consecuencia lógica y necesaria de los principios constitucionales de buena administración (eficacia, eficiencia economía ...) y de la protección del derecho a una buena administración de los ciudadanos"[44].

---

42 Comunicación de la Comisión Europea *Inteligencia artificial para Europa*, cit., p. 2.

43 Sobre su aplicación en el cumplimiento de los servicios declarados obligación de servicio público en materia de transporte aéreo, véase Ramis Melero D. (2017), "Actuación administrativa automatizada en las obligaciones de servicio público", *Revista de Evaluación de Programas y Políticas Públicas*, 8, pp. 15-30.

44 Ponce Solé J. (2018), "Renovación del Derecho público y derecho a una buena administración: el papel de la inteligencia artificial en las Administraciones públicas para la mejora de su gestión", en *Estudios de Derecho público en homenaje a Luciano Parejo Alfonso*, Tomo I, Tirant lo Blanch, Valencia, p.

El reciente Reglamento (UE) 2024/903 del Parlamento Europeo y del Consejo, de 13 de marzo de 2024, por el que se establecen medidas a fin de garantizar un alto nivel de interoperabilidad del sector público en toda la Unión (Reglamento sobre la Europa Interoperable), apunta en la misma dirección al subrayar que "para que las Administraciones públicas de la Unión puedan cooperar y los servicios públicos funcionen a través de las fronteras, es preciso reforzar el desarrollo de la interoperabilidad transfronteriza de las redes y sistemas de información utilizados para prestar o gestionar servicios públicos en la Unión. La actual cooperación informal debe sustituirse por un marco jurídico claro, que permita la interoperabilidad entre los distintos niveles y sectores administrativos y facilite la fluidez de los flujos transfronterizos de datos de manera que existan unos servicios digitales verdaderamente europeos que consoliden el mercado interior, respetando al mismo tiempo el principio de subsidiariedad. La interoperabilidad del sector público tiene, además, una importante incidencia en el derecho a la libre circulación de mercancías, personas, servicios y capitales consagrado en los Tratados, ya que unos procedimientos administrativos engorrosos pueden crear obstáculos considerables, sobre todo para las pequeñas y medianas empresas (pymes)".

La gestión de la información de manera electrónica se ofrece especialmente apta para la más reciente actuación administrativa de prevención de riesgos caracterizada, conforme expone (Parejo, 2019), porque la tarea de la Administración se desarrolla hoy frecuentemente en una fase previa a la concreción de cualquier peligro, toda vez que concurren situaciones en que la actualización de un potencial riesgo es incierta y conlleva un "déficit de conocimiento y de ponderación, tanto más acusado cuanto que ha de afrontarse no tanto cadenas causales lineales, cuanto evoluciones complejas impredecibles"[45].

1113; en el mismo sentido Cerrillo I Martínez A. (2019), "El impacto de la inteligencia artificial en el Derecho administrativo", cit., p. 32.

45 Parejo Alfonso L. (2019), *Lecciones de derecho administrativo*, cit., pp. 464 a 469.

Desde esta perspectiva, la era de los datos masivos y su aplicación por la IA se ajusta a esta nueva situación, ya que al referirse a las cosas que se pueden hacer a una gran escala pone en cuestión la forma en que vivimos y, "aún más, la sociedad tendrá que desprenderse de parte de su obsesión por la causalidad a cambio de meras correlaciones: ya no sabremos *por qué*, sino solo *qué*"[46].

En este contexto general dominado por la incertidumbre parece del todo adecuado, como se viene insistiendo, que la Administración pública aproveche las oportunidades que ofrece el tratamiento de los datos masivos[47].

Sin necesidad de abundar en otros muchos ejemplos, así sucede en el ámbito de la economía en general y del sector financiero en particular. Por lo que hace a la primera se resalta la transformación consistente en la aparición de múltiples operadores que basan su modelo de negocio en el tratamiento de la información, al trasladarse la ventaja competitiva desde la producción y la distribución a la información y su gestión[48]. Mientras que en el segundo se destacan los resultados esperanzadores que ofrece el análisis masivo de datos "para el control del fraude, la mejora en la gestión de los riesgos bancarios, la ubicación óptima de cajeros u oficinas, o la adecuación de productos a las necesidades de los clientes, lo que también redunda en una mayor eficiencia", teniendo en cuenta además que "su aprovechamiento es algo limitado en relación al potencial que ofrecen los más de 5 zettabytes (5 billones de gigabytes) de información que hoy existen en canales digitales (44 zettabytes previstos en 2020), de los que no llega a un 1% lo que se analiza y utiliza"[49]. Cambios que lógicamente suscitan también nuevos interrogantes sobre la aplicación

---

46 Mayer-Schönberger V. y Cukier K. (2013), *Big data. La revolución de los datos masivos*, Turner, Madrid, pp. 17 y 18, las cursivas en el texto.

47 Valero Torrijos J. (2023), "Digitalización de servicios públicos y gestión avanzada de los datos: de la protección a su apertura y gobernanza", en La digitalización en los servicios públicos, Marcial Pons, Madrid, pp. 69 y ss.

48 Autoridad Catalana De La Competencia (2016), *La economía de los datos. Retos para la competencia*, cit., p. 6.

49 González-Páramo J. M. (2016), *Reinventar la banca: de la gran recesión a la gran disrupción digital*, Discurso de recepción en la Real Academia de Ciencias Morales y Políticas, sesión del día 14 de junio de 2016, Madrid, p. 66.

de las instituciones conocidas para la defensa de la competencia en el mercado[50] y, más concretamente, sobre un aspecto tan esencial del mismo como es la determinación de la contraprestación o el precio por la obtención de los datos en cuanto materia prima del sistema.

La relevancia de la gestión de los datos masivos en la actual actividad administrativa aparece del todo acreditada, sin duda, en el complejo y conflictivo sector de la vivienda donde, para tratar de resolver alguno de los problemas que suscita el funcionamiento de su mercado, la reciente Ley 12/2023, de 24 de mayo, por el derecho a la vivienda, establece un mecanismo de carácter excepcional y acotado en el tiempo, que pueda intervenir en el mercado para amortiguar las situaciones de tensión y conceder a las Administraciones competentes el tiempo necesario para poder compensar en su caso el déficit de oferta o corregir con otras políticas de vivienda las carencias de las zonas declaradas de mercado residencial tensionado. Para ello, en las llamadas zonas de mercado residencial tensionado, cuando el propietario sea un gran tenedor, o en el caso de viviendas que no hubiesen estado arrendadas como vivienda habitual en los últimos cinco años cuando ello se justifique en la declaración de la zona, no podrá exceder del límite máximo del precio aplicable conforme al sistema de índices de precios de referencia, cuya aplicación se define a través de una nueva disposición transitoria que se introduce en la Ley 29/1994, de 24 de noviembre, de arrendamientos urbanos.

En concreto, la disposición adicional primera de Ley 12/2023, de 24 de mayo, por el derecho a la vivienda, dispone que "para el desarrollo de lo previsto en esta ley, se conformará una base de datos de contratos de arrendamiento de vivienda, a partir de la información contenida en los actuales registros autonómicos de fianzas de las comunidades autónomas, en el Registro de la Propiedad y otras fuentes de información de ámbito estatal, autonómico o local, con el objeto de incrementar la información disponible para el desarrollo del Sistema de índices de referencia del precio del alquiler de vivienda establecido en la disposición adicional segunda del Real Decreto-ley

---

50 Robles Martín-Laborda A. (2017-2018), "Cuando el cartelista es un robot. Colusión en mercados digitales mediante algoritmos de precios", *Actas de Derecho Industrial y Derecho de Autor*, 38.

7/2019, de 1 de marzo, de medidas urgentes en materia de vivienda y alquiler".

Así, y según establece ahora la Resolución de 14 de marzo de 2024, de la Secretaría de Estado de Vivienda y Agenda Urbana, por la que se determina el sistema de índices de precios de referencia a los efectos de lo establecido en el artículo 17.7 de la Ley 29/1994, de 24 de noviembre, de arrendamientos urbanos, el referido sistema de índices de precios de referencia se realiza por ámbitos territoriales, considerando las bases de datos, sistemas y metodologías desarrolladas por las distintas comunidades autónomas y asegurando en todo caso la coordinación técnica. De esta manera, el desarrollo del sistema responde a la solución de una de las características del arrendamiento en España que es la inexistencia de estadísticas oficiales sobre precios, a nivel estatal, que sirvan de referencia a los particulares y a los diferentes agentes que operan en este mercado, por lo que el primer objetivo del sistema es el de establecer una sistemática para ofrecer una base de información fiable y contrastada, para conocer la situación del mercado del alquiler residencial con la meta de garantizar la transparencia y el conocimiento de la evolución del mercado del alquiler de viviendas. Con este fin, y en línea con lo que se viene diciendo, el sistema de referencia descansa en "una explotación de la información declarada a efectos tributarios sobre arrendamientos de vivienda habitual, cuya información se encuentra disponible para los años 2015, 2016, 2017, 2018, 2019, 2020, 2021 y 2022, a partir de una base de datos que incluye un total de más de 24,6 millones de datos de bienes inmuebles que han declarado ingresos por arrendamiento".

Dentro del mismo sector de la vivienda, y en la misma línea de valorar las técnicas de gestión de la información en la supervisión de la economía, procede notar también la reciente propuesta de Reglamento del Parlamento Europeo y del Consejo, sobre la recogida y el intercambio de datos relativos a los servicios de alquiler de alojamientos de corta duración y por el que se modifica el Reglamento (UE) 2018/1724[51], donde se reconoce expresamente que un marco armonizado de la UE para la generación y el intercambio de datos

[51] Bruselas, 7.11.2022. COM (2022) 571 final 2022/0358 (COD).

es necesario para evitar la proliferación de requisitos y solicitudes divergentes de datos en el mercado único, lo cual obstaculizaría la prestación transfronteriza de servicios de intermediación en línea y de alquiler de corta duración. De este marco de intercambio de datos se espera que tenga un efecto positivo en el acceso de los anfitriones al mercado, ya que contribuirá a reducir las cargas administrativas relacionadas con los requisitos de registro para los anfitriones. Y, en particular, la propuesta establece que el intercambio de datos proporcionará a las autoridades los datos que necesitan para desarrollar y mantener normas aplicables al alquiler de propiedades de corta duración que sean adecuadas, y no más restrictivas de lo necesario, para alcanzar un objetivo de interés público.

En este contexto, el Tribunal de Justicia de la Unión Europea ha destacado la importancia de los datos disponibles y su análisis para la elaboración de políticas públicas proporcionadas. Por todas, la STJUE de 22 de septiembre de 2020, Cali Apartments SCI y HX/Procureur général près la cour d'appel de Paris y Ville de Paris, asuntos C-724/18 y C-727/18, observa, en relación con la obligación de compensación impuesta en el régimen de autorización para el mercado del arrendamiento a largo plazo, que corresponde al juez nacional comprobar, a la luz de todos los elementos de que dispone, en primer lugar, si dicha facultad proporciona una respuesta efectiva a una escasez de viviendas destinadas al arrendamiento de larga duración, constatada en los territorios de que se trata y, para ello, "son particularmente pertinentes estudios u otros análisis objetivos que pongan de manifiesto el hecho de que la obligación de compensación permite a las autoridades locales dar respuesta a una situación en la que la demanda de viviendas con uso residencial en condiciones económicas asequibles se satisface con dificultad debido, en particular, al desarrollo del arrendamiento de inmuebles amueblados destinados a vivienda a clientes de paso que no fijan en ellos su domicilio, efectuado de forma reiterada y durante breves períodos de tiempo".

Sobre esta base, la citada propuesta de Reglamento tiene por objeto, como digo, establecer las normas para la recogida de datos por parte de las autoridades competentes y los proveedores de plataformas en línea de alquiler de corta duración y para el intercambio de datos de las plataformas en línea de alquiler de corta duración a las autoridades competentes relativos a la prestación de servicios de alquiler de alojamientos de corta duración ofrecidos por los anfitriones a través de esas plataformas en línea de alquiler de corta duración. En concreto, y en lo que ahora importa, la propuesta ordena que los Estados miembros velarán por que se establezca o mantenga un procedimiento de registro e intercambio de información a través de un sistema de ventanilla única digital a través del cual las autoridades competentes tendrán acceso a la información transmitida a los efectos supervisar el cumplimiento de los procedimientos de registro, así como de ejecutar normas que regulen el acceso a los servicios de alquiler de alojamientos de corta duración y su prestación, siempre que dichas normas sean no discriminatorias, proporcionadas y conformes con el Derecho de la Unión.

Así pues, y en íntima línea de continuación con todo lo anterior, la nueva y compleja realidad a la que se enfrenta la Administración enlaza efectivamente con la recepción cada vez más amplia de la importancia de la transparencia, la información y la gestión de ambas dentro de la actividad Administración.

De igual manera, la gestión de los datos y la información enlaza también con la llamada función de garantía que marca la actuación de la Administración pública en ciertos sectores sensibles de la actividad económica sometidos a un régimen de vigilancia y supervisión mediante autoridades dotadas de independencia funcional. En efecto, es posible afirmar que el sistema establecido en estos sectores se sustenta en el acopio y tratamiento de la información[52]. Como ha notado la doctrina para el caso concreto de la Unión Europea, "la tarea fundamental de las agencias europeas es, por consiguiente, la regulación mediante la información"[53].

---

52 Sobre las autoridades administrativas independientes véase, por todos, Moreno Molina A. M. (1995), *La Administración por agencias en los Estados Unidos de Norteamérica*, BOE/UC3M, Madrid.

53 Muñoz Machado S. (1998), *Servicio público y mercado. Los fundamentos*, I, Civitas, Madrid, p. 272.

La transparencia y la publicidad son elementos claves en el funcionamiento libre y leal del sistema de economía de mercado[54]. El modelo precisa del complemento necesario de la información[55]. Esto es, la función de los poderes públicos de recoger, tratar y difundir datos e informaciones es vital para el mercado.

Con todo, y en rigor, en el ámbito del Derecho público la importancia de la información, el valor de los datos adecuadamente tratados, tampoco resulta nada nuevo entre nosotros, como demuestra que ya en la lejana fecha de 1516 el Cardenal Cisneros mandara a todos los secretarios de los órganos de gobierno de la católica majestad que "nos den y entreguen cualquier escrituras o registros o instrumentos de cualquier cualidad que sean que toquen a la corona real o al servicio del rey nuestro señor o a su estado e a sus reinos o a cosa de su hacienda o cosa que le toque en cualquier manera, porque acordamos de hacer unos archivos adonde todas las dichas escrituras se pongan y guarden, porque así conviene al servicio de Su Alteza, y que no estén derramadas, y que se pongan a recaudo porque no se pierdan"[56].

Desde entonces, como se ha dicho, la importancia de recabar, conservar y difundir la información atesorada a lo largo del tiempo por la Administración pública no ha dejado de crecer[57], como prueba que el derecho de acceso a los archivos y registros públicos sea una de las pocas figuras del Derecho administrativo recogida en la Constitución española con una expresa reserva de Ley en su regulación.

Colocados en este contexto general, y de conformidad con el artículo 13 d) LPAC, la Ley 19/2013, de 9 de diciembre, de transparen-

---

54 Al respecto me permito remitirme a mi trabajo Descalzo González A. (2003), *Principio de veracidad y política pública en el mercado de la publicidad comercial*, Dykinson, Madrid.

55 El valor de la información en la economía de mercado es resaltado en las sentencias del Tribunal Constitucional 386/1993, de 23 de diciembre y 155/1996, de 9 de octubre.

56 Carta del cardenal Cisneros a Diego López de Ayala, fechada en Madrid, el día 12 de abril de 1516, tomada de Pérez J. (2014), *Cisneros, el cardenal de España*, Taurus, Madrid, pp. 98 y 99.

57 Velasco Caballero F. (1998), *La información administrativa al público*, Montecorvo, Madrid.

cia, acceso a la información y buen gobierno (en adelante LTBG), responde actualmente a esa función y obedece, como dice su exposición de motivos, al objetivo de aproximarse a la normativa de los estados que junto al nuestro integran la Unión Europea y, sobre todo, a la necesidad de atajar la crisis de confianza de la sociedad sobre la gestión de los asuntos públicos mediante la técnica de someter la acción de los responsables públicos a un severo escrutinio, pues sólo "cuando los ciudadanos pueden conocer cómo se toman las decisiones que les afectan, cómo se manejan los fondos públicos o bajo qué criterios actúan nuestras instituciones podremos hablar del inicio de un proceso en el que los poderes públicos comienzan a responder a una sociedad que es crítica, exigente y que demanda participación de los poderes públicos".

Vale decir, por tanto, que la transparencia —en su doble vertiente de publicidad activa y de acceso a la información pública— prevista en la LTBG es un instrumento capital de conocimiento de la actividad de los poderes públicos al servicio de la participación y del control que, sobre la base del artículo 105. b) de la Constitución, corresponde ejercer a los ciudadanos *ex* artículos 1.1, 20 y 23 de la misma norma constitucional. Contribuye de manera decida a la mejora de la calidad democrática y a la necesaria "protección efectiva de los derechos inherentes al status constitucional del ciudadano"[58].

Se trata, desde luego, de un tema muy amplio del que ahora solo interesa llamar la atención sobre un ángulo concreto de la expresada LTBG; el referido a su incidencia en la mejor solución de la transparencia y secreto en la actuación administrativa automatizada. Efectivamente, aunque en su interior aparece la regulación de la publicidad activa desde la óptica general de conocer ciertos aspectos de la organización y funcionamiento de los poderes públicos, así como el derecho ciudadano de acceso a la información pública nada impide, sin embargo, que su regulación se aplique sobre la ordenación y necesario tratamiento de los datos recopilados y, en su caso, contenidos en los correspondientes archivos y ficheros a los fines del interés general que tiene encomendados la Administración pública.

---

58 Parejo Alfonso L. (2016), *La vigilancia y la supervisión administrativas,* Tirant lo Blanch, Valencia, p. 129.

Pues sucede, en rigor, que la actividad de recolección, archivo, acceso y transparencia de los datos y de la información se viene realizando entre nosotros de manera separada o estanca dentro de la Administración pública[59] y, además, vinculada a la dinámica propia de los expedientes resultantes de los correspondientes procedimientos, como prueba la propia sistemática del artículo 105 de la norma fundamental[60]. Muy seguramente, la mejor prueba de esta circunstancia de la tradicional desconexión es la reiterada apelación al derecho de los ciudadanos a no presentar datos y documentos que ya se encuentren en poder de las Administraciones públicas o que hayan sido elaborados por éstas, contenido hoy en el artículo 53.1.d) LPAC.

Por el contrario, y como observa la doctrina[61], el Derecho público de la información o la función pública informativa que alienta de manera decidida el avance de las tecnologías de la información y la comunicación conduce a la superación de los tratamientos parciales para, en su lugar, elaborar un sistema integral de tratamiento y generación de la información y del conocimiento al servicio del interés general. Dicho de otra manera, si bien es cierto que la Administración pública como organización ha venido utilizando en su actuación los datos de la realidad, es necesario que incorpore la tecnología para mejorar las tareas que tiene asignadas dentro del orden constitucional[62].

---

59 Rivero Ortega R. (2000), *El Estado vigilante*, Tecnos, Madrid, pp. 67 a 74.

60 Tema que ha merecido desde hace tiempo la atención de la doctrina, véanse Fernández Ramos S. (1997), *El derecho de acceso a los documentos administrativos*, Marcial Pons, Madrid; Guichot E. (2011), *Transparencia y acceso a la información en el Derecho europeo*, Global Law Press, Sevilla; Sainz Moreno F. (1991), "Secreto e información en el Derecho público", en *Estudios sobre la Constitución española. Homenaje al profesor Eduardo García de Enterría*, III, Civitas, Madrid.

61 Vaquer Caballería M. (2013), "Del FROB y los «stress test»: aportaciones de la crisis a la teoría sobre las formas de actividad de la Administración", *REDA*, 157, pp. 38 a 46.

62 Valero Torrijos J. (2023), "Digitalización de servicios públicos y gestión avanzada de los datos: de la protección a su apertura y gobernanza", en *La digitalización en los servicios públicos*, Marcial Pons, Madrid, pp. 69 y ss.

En este sentido, la naturaleza pública de la actividad de tratamiento de los datos aparece reconocida, por ejemplo, en la Sentencia del Tribunal de Justicia de la Unión Europea, de 12 de julio de 2012, Compass-Datenbank GmbH, asunto C-138/11, al declarar "que una actividad de recopilación de datos relativos a empresas, basada la obligación legal de declaración que se impone a éstas, y en las correspondientes facultades coercitivas, implica el ejercicio de prerrogativas de poder público" y, por consiguiente, tal actividad no constituye una actividad económica a los efectos de la aplicación de las normas de defensa de la competencia.

La IA en cuanto tratamiento masivo de datos a través de algoritmos aboca, como bien apunta la doctrina[63], a un ajuste y desarrollo de las instituciones y técnicas de nuestro Derecho administrativo que no afecta, sin embargo, a sus categorías o conceptos principales. En particular, exige superar la visión principalmente estática que sigue luciendo hoy en la LRJSP y en la LPAC limitada al simple ajuste de las tecnologías de la información a las figuras ya conocidas en la actuación de la Administración pública.

Así, por ejemplo, el llamado funcionamiento electrónico del sector público diseñado en el capítulo V, del título preliminar, de la LRJSP no se detiene tanto en regular el contenido de la IA a través de la actuación automatizada de la Administración —a la que sólo se dedica el artículo 41— cuanto en resolver para el ámbito de las relaciones electrónicas el tema básico y clásico de la correcta identificación y fijación del centro de imputación de las relaciones jurídicas desde el punto de vista de uno los sujetos participante, la Administración pública, en cuanto organización compleja de medios y de personas (artículos 38, 39, 40, 42, 43 y 45 LRJSP).

Por su parte, la LPAC asume idéntico papel para el otro sujeto ordinario de la relación jurídica administrativa, el interesado, toda vez que centra su principal atención en los sistemas de identificación,

---

63 Cerrillo I Martínez A. y Velasco Rico C. I. (2019), "Jurisdicción, algoritmos e inteligencia artificial", en *20 años de la Ley de lo contencioso-administrativo*, INAP, Madrid, pp. 292 y 293.

firma y registro electrónico de apoderamientos (artículos 6, 9, 10 y 12 LPAC).

Aun así, es posible vislumbrar tanto en las leyes de régimen jurídico del sector público y del procedimiento administrativo común de 2015 como en la LTBG el impacto de la tecnología a través particularmente de la llamada actuación administrativa automatizada en cuanto actividad unilateral formalizada mediante medios electrónicos o, en su caso, como manifestación de una actividad material o técnica.

III. TRANSPARENCIA Y SECRETO EN LA ACTUACIÓN ADMINISTRATIVA AUTOMATIZADA

Antes de cualquier otra consideración al respecto, quizás convenga subrayar que bajo la llamada actuación administrativa automatizada regulada escuetamente en el artículo 41 LRJSP es posible encontrar bien meras actuaciones automáticas sin un tratamiento de datos a través de algoritmos, bien verdaderas manifestaciones de la IA[64] en tanto comprende, según dice el propio precepto, "cualquier acto o actuación realizada íntegramente a través de medios electrónicos por una Administración pública en el marco de un procedimiento administrativo y en la que no haya intervenido de forma directa un empleado público"[65].

---

64 Sobre estas diferentes perspectivas de la automatización meramente robótica y la automatización cognitiva ligada a la inteligencia artificial véase Vaquer Caballería M. (2018), *"¿Para qué sirve el procedimiento administrativo?"*, en *Estudios sobre el procedimiento administrativo. III Instituciones*, Tirant lo Blanch, Valencia, pp. 54 y ss.

65 Como es sabido la regulación inicial de la actuación administrativa automatizada se encuentra en los artículos 96 y 100 de la Ley 58/2003, de 17 de diciembre, general tributaria; posteriormente el Anexo de la Ley 11/2007, de 22 de junio, de acceso electrónico de los ciudadanos a los servicios públicos, la define como "actuación administrativa producida por un sistema de información adecuadamente programado sin necesidad de intervención de una persona física en cada caso singular. Incluye la producción de actos de trámite o resolutorios de procedimientos, así como de meros actos de

En efecto, la nota quizás más relevante que ofrece la LRJSP en relación con la IA consiste en admitir en su interior la actuación de la Administración al margen de la voluntad de las personas en la elaboración de las declaraciones intelectuales de voluntad, juicio, conocimiento o deseo que viene caracterizando a la categoría de los actos administrativos en nuestra doctrina[66]. Dicho de otra manera, y fuera de su posible manifestación como una actividad material o técnica de la Administración en el ejercicio de sus competencias, la actuación a través de aplicaciones y medios electrónicos puede traducirse en una decisión con efectos jurídicos directos[67].

De manera similar al apuntado, y para el ámbito cercano del llamado servicio público de la Justicia, los artículos 56 y 57 del Real Decreto-ley 6/2023, de 19 de diciembre, por el que se aprueban medidas urgentes para la ejecución del plan de recuperación, transformación y resiliencia en materia de servicio público de justicia, función pública, régimen local y mecenazgo, distinguen entre actuaciones automatizadas, proactivas y asistidas al disponer que i) "se entiende por actuación automatizada la actuación procesal producida por un sistema de información adecuadamente programado sin necesidad de intervención humana en cada caso singular"; ii) por "actuaciones proactivas las actuaciones automatizadas, auto-iniciadas por los sistemas de información sin intervención humana, que aprovechan la información incorporada en un expediente o procedimiento de una Administración Pública con un fin determinado, para generar

---

comunicación". Sobre la misma véanse Valero Torrijos J. (2007), *El régimen jurídico de la e-Administración. El uso de los medios informáticos y telemáticos en el procedimiento administrativo común*, 2.ª ed., Comares, Granada; Palomar Olmeda A. (2007), *La actividad administrativa efectuada por medios electrónicos. A propósito de la Ley de acceso electrónico a las Administraciones públicas*, Thomson-Aranzadi, Cizur Menor.

66 Parejo Alfonso L. (2019), *Lecciones de derecho administrativo*, cit., pp. 784 a 787.

67 Martín Delgado I. (2009), "Naturaleza, concepto y régimen jurídico de la actuación administrativa automatizada", *RAP*, 180, pp. 353 a 386; Bauzá Martorell F. J. (2017), "Identificación, autenticación y actuación automatizada de las Administraciones públicas", en *Tratado de procedimiento administrativo común y régimen jurídico básico del sector público*, Tirant lo Blanch, Valencia, pp. 769 a 794.

avisos o efectos directos a otros fines distintos, en el mismo o en otros expedientes, de la misma o de otra Administración Pública, en todo caso conformes con la ley" y iii) por "actuación asistida aquella para la que el sistema de información de la Administración de Justicia genera un borrador total o parcial de documento complejo basado en datos, que puede ser producido por algoritmos, y puede constituir fundamento o apoyo de una resolución judicial o procesal".

Vistas así las cosas, no cabe duda que la IA entendida en sentido amplio requiere diferenciar entre sus muchas y complejas piezas; tarea que excede con mucho los estrechos límites de la presente investigación ceñida, dentro de la obra colectiva donde se inserta, a la conexión de la actuación administrativa automatizada regulada en el artículo 41 LRJSP con las reglas de transparencia y secreto que informan a la actuación administrativa. Veamos.

Por de pronto, y como se acaba de adelantar, la actuación administrativa automatizada puede consistir, según ya expresaba el Anexo de la Ley 11/2007, de 22 de junio, de acceso electrónico de los ciudadanos a los servicios públicos, en la producción de actos de trámite —incluidos los meros actos de comunicación— o resolutorios de procedimientos sin contar con el recurso al tratamiento de datos mediante algoritmos que caracteriza a la IA; bien merecer la calificación jurídica de actuación material o incluso la de acto administrativo de tramite o resolutorio fruto, en ambos casos, del tratamiento de datos mediante algoritmos propio de la IA.

Dejando ahora de lado la automatización meramente robótica, y como prueba el caso de la información y actuaciones previas en el procedimiento, nada impide, en efecto, que la actuación administrativa automatizada como manifestación de la IA sea una actividad material o técnica utilizada por la Administración pública tanto en la actividad interna (programación, planificación y evaluación), como en la actividad externa y, particularmente, dentro de la instrucción del procedimiento administrativo con el valor de una simple encuesta o sondeo[68] o, incluso, de un dictamen o informe con valor probatorio

---

[68] En particular, cabe mencionar en este lugar la posibilidad de utilizar los estudios, encuestas y bancos de datos del Centro de Investigaciones Sociológicas

que consecuentemente daría lugar a su consideración de acto administrativo de juicio y, en su caso, a una especialidad procedimental *ex* artículo 1.2 LPAC[69].

De hecho, que la regulación de la actuación automatizada tenga lugar en la LRJSP, en el capítulo dedicado al funcionamiento electrónico del sector público, apunta a considerar, conforme al preámbulo de la misma, que en ella predomina su función en la ordenación *ad intra* de cada Administración y de las relaciones entre ellas en lugar de la relativa a la de las relaciones *ad extra* de las Administraciones con los ciudadanos y empresas, establecidas en la LPAC.

Sea como sea, y como digo, nada impide que la actuación automatizada tenga en su caso la condición de una resolución administrativa como acredita el propio artículo 41.2 LRJSP al ordenar la necesaria indicación del órgano de imputación a efectos de impugnación; cuestión enteramente distinta es la relativa a la regulación del ejercicio de la potestad y su traducción en una competencia reglada o discrecional.

Pues, en realidad, la IA en cuanto tratamiento de datos masivos para resolver un problema de forma automática se traduce en dos cosas principales: capacidad "de tomar decisiones basadas en datos (en lugar de hacerlo solo por intuición, o por jerarquía, por inercia…), y en el extremo ser capaz de automatizar estas decisiones, es decir, de eliminarlas implementando algoritmos inteligentes que no requieren de intervención humana, o que sea mínima"[70].

La escueta y sumaria regulación contenida en el artículo 41.2 LRJSP[71] para la producción de la actuación automatizada no permite

---

gicas en cuanto organismo administrativo que tiene por finalidad el estudio científico de la sociedad española, así como de los elaborados por el Instituto Nacional de Estadística.

69 Cerrillo I Martínez A. (2019), "El impacto de la inteligencia artificial en el Derecho administrativo", cit., p. 25.

70 Alfaro E. (2017), "Datos, inteligencia e innovación", *ICE*, 897, p. 95.

71 Según el cual "en caso de actuación administrativa automatizada deberá establecerse previamente el órgano u órganos competentes, según los casos, para la definición de las especificaciones, programación, mantenimiento, supervisión y control de calidad y, en su caso, auditoría del sistema de infor-

considerarla, sin embargo, como un procedimiento administrativo especial en el marco de la LPAC pero, por el contrario, y como ya se ha dicho, cabe interpretarla como una especialidad del procedimiento administrativo común, conforme al artículo 1.2 y a la disposición adicional primera de la LPAC.

Empezando por lo segundo, no me parece dudoso que la previsión contenida en el citado artículo 41.2 LRJSP de establecer previamente el órgano competente del sistema de información y del código fuente, así como del órgano de imputación a efectos de imputación concuerdan con la regla del artículo 1.2 LPAC según la cual reglamentariamente podrán establecerse especialidades procedimentales referidas a los órganos competentes.

Por lo que hace a la primera cuestión, basta con anotar que para configurar un entero procedimiento estrictamente automatizado sería necesario contar *ex* artículo 1.2 LPAC con una norma con rango de Ley donde hacer constar de manera motivada las razones de eficacia, proporcionalidad y necesidad de establecer los trámites distintos a los contemplados en la LPAC que implica el funcionamiento de la IA como sería, en particular, dibujar la posición y participación de los interesados en un procedimiento de la Administración en el que si bien no interviene de forma directa un empleado público no pueden desconocerse los derechos de las personas que tengan un derecho o interés en el mismo[72]. Y, al igual que sucede con el sentido del silencio reservado a la Ley, parece que debería ser también una norma con rango de Ley la que establezca las condiciones necesarias para la producción y el sentido de una resolución automatizada.

mación y de su código fuente. Asimismo, se indicará el órgano que debe ser considerado responsable a efectos de impugnación".

72 En esta línea quizá convenga anotar que la definición contenida en el Anexo de la Ley 11/2007, de 22 de junio, de acceso electrónico de los ciudadanos a los servicios públicos, era quizás más dudosa pues admitía incluso que la actuación administrativa automatizada fuera producida "sin necesidad de intervención de una persona física en cada caso singular".

Cuestión diferente y discutida en la doctrina[73] es la naturaleza jurídica que corresponde otorgar a los algoritmos que debe utilizar la Administración pública para adoptar las decisiones automatizadas. Sin necesidad de entrar en detalle en esta controversia, no hay duda que la LPAC es claramente insuficiente a este respecto pues se limita a ordenar que "deberá establecerse previamente el órgano u órganos competentes, según los casos, para la definición de las especificaciones, programación, mantenimiento, supervisión y control de calidad y, en su caso, auditoría del sistema de información y de su código fuente" (artículo 41.2 LPAC) sin aclarar su condición de norma legal o reglamentaria, instrucción, orden servicio o acto administrativo general o particular. En esta línea, y conforme indica la doctrina, es claro que la transparencia debe aplicarse en cualquier caso a los efectos de conocer y, en su caso, refutar los datos y algoritmos que hace posible el funcionamiento de la IA[74].

Sea como sea, la descripción mínima del contenido típico de la IA revela la heterogeneidad de las decisiones que debe adoptar el poder público para su aplicación.

Por de pronto, debe ordenarse el régimen de los datos precisos para el acierto de la ulterior toma de decisiones, lo que presupone el correspondiente proceso de determinación de toda la información que sea procedente obtener, así como su recogida, tratamiento y explotación. Se trata, en definitiva, de asegurar la compleción

---

73 Véanse Boix Palop A. (2020), "Los algoritmos son reglamentos: la necesidad de extender las garantías propias de las normas reglamentarias a los programas empleados por la Administración para la adopción de decisiones", *Revista de Derecho Público,* 1, pp. 223 a 270; y una posición distinta en Arroyo L. (2020), "Algoritmos y reglamentos", *Almacén de Derecho,* 25.02.2020 (disponible en: https://almacendederecho.org/algoritmos-y-reglamentos/).

74 Cerrillo I Martínez A. (2019), "El impacto de la inteligencia artificial en el Derecho administrativo", cit., p. 21 y ss. Así, y para el caso de las instrucciones y órdenes de servicio, el artículo 6.1 LRJSP prevé que "cuando una disposición específica así lo establezca, o se estime conveniente por razón de los destinatarios o de los efectos que puedan producirse, las instrucciones y órdenes de servicio se publicarán en el boletín oficial que corresponda, sin perjuicio de su difusión de acuerdo con lo previsto en la Ley 19/2013, de 9 de diciembre, de transparencia, acceso a la información pública y buen gobierno".

y exactitud del conocimiento de la situación actual y la previsible evolución futura o, dicho de otra forma, lograr la determinación más completa de la realidad —fáctica y jurídica— sobre la que se va a actuar, incluyendo la pertinente relativa a los bienes y actividades, privados y públicos. Como autentico presupuesto del acertado ejercicio de la IA ha de garantizarse la adecuación del análisis de partida y de su valoración, así como la corrección de la decisión y, en este sentido, la incidencia sobre datos personales puede exigir su regulación por Ley.

En segundo lugar, los algoritmos que utiliza la IA suponen la formalización del proceso informativo, valorativo y decisional basado en el conocimiento alcanzado y, por tanto, y como se ha dicho, resulta precisa la explicitación de las razones que le otorgan soporte para justificar las decisiones, cumpliendo así la finalidad de motivación suficiente de éstas. Y, en fin, la IA da lugar a la decisión en sentido estricto en tanto producto del proceso anterior y, por tanto, comprensiva de la ordenación de los datos y de la programación: la decisión mediante algoritmos.

Por eso mismo la Comisión Europea considera conveniente mejorar el marco normativo para abordar el riesgo de opacidad («efecto caja negra») de numerosas tecnologías de la IA, pues "hace difícil detectar y demostrar los posibles incumplimientos de la legislación, especialmente las disposiciones legales que protegen los derechos fundamentales, imputan responsabilidades y permiten reclamar una indemnización"[75].

Con ello parece que podría superarse el problema clásico de la organización administrativa al que aludía magistralmente García de Enterría de resolver "la articulación de un grupo de seres personales, cada uno con su órbita propia de intereses y de tendencias, en el marco abstracto e impersonal de la organización a la cual deben servir, organización que, por otra parte, no puede existir sin que ese grupo de hombres le presten su propia fuerza espiritual, siempre poten-

---

75 *Libro blanco de la Comisión Europea sobre la inteligencia artificial: un enfoque europeo orientado a la excelencia y la calidad*, cit., p. 17.

cialmente disociadora"[76]. Hasta el momento, y con carácter general, la garantía de la objetividad de las personas en el servicio al interés general exigida por el artículo 103.1 CE se procura, primeramente, con el mandato establecido en el mismo precepto de reservar a la ley la regulación del estatuto de los funcionarios públicos con un sistema de incompatibilidades y de imparcialidad en el ejercicio de sus funciones que, en segundo lugar y para el caso de los procedimientos administrativos, se resuelve con las figuras de las abstención y recusación (artículos 23 y 24 LRJSP).

Aunque es del todo cierto que la IA —y en lo que ahora importa, la actuación automatizada— evita la subjetividad de las personas al excluirlas de su intervención directa[77], tampoco puede olvidarse que el tratamiento de los datos es susceptible de provocar sesgos que deben ser objeto de la necesaria regulación para salvar cualquier tipo de discriminación o arbitrariedad[78]. Así, y conforme resume el Libro blanco sobre la inteligencia artificial, "los principales riesgos relacionados con el uso de la inteligencia artificial afectan a la aplicación de las normas diseñadas para proteger los derechos fundamentales (como la protección de los datos personales y la privacidad, o la no discriminación) y la seguridad"[79].

Pues bien, para prevenir y, en su caso, remediar este claro riesgo inherente a la utilización de datos en la actuación automatizada puede convenirse que según sucede también en otros muchos ámbitos de la actividad de los poderes públicos la política pública de transparencia y las reglas sobre sus límites y excepciones son un instrumento de capital importancia como revela, desde luego, el artículo 41.2 LRJSP al establecer que la "actuación administrativa automatizada deberá establecerse previamente el órgano u órganos competentes,

---

76 García De Enterría E. (1985), "La organización y sus agentes: revisión de estructuras", en *La Administración española*, 4ª edición, Alianza, Madrid, p. 106.

77 Gómez Puente M. (2019), "El funcionamiento electrónico de la Administración", en *Lecciones de Derecho administrativo*, Civitas, Madrid, pp. 230 y 231.

78 Cerrillo I Martínez A. (2019), "El impacto de la inteligencia artificial en el Derecho administrativo", pp. 17 y 18.

79 *Libro blanco de la Comisión Europea sobre la inteligencia artificial: un enfoque europeo orientado a la excelencia y la calidad*, cit., p. 13.

según los casos, para la definición de las especificaciones, programación, mantenimiento, supervisión y control de calidad y, en su caso, auditoría del sistema de información y de su código fuente".

No por otra razón, y por lo que hace a la imprescindible tarea de recopilación de datos como fase previa al tratamiento de datos masivos en que consiste propiamente la IA mediante algoritmos[80] —y, de nuevo, la actuación automatizada—, es de notar, por de pronto, la secuencia de mandatos establecidos en la LRJSP (artículos 46, 155, 44 y 42, respectivamente): primero, y salvo cuando no sea posible, "todos los documentos utilizados en las actuaciones administrativas se almacenarán por medios electrónicos"; segundo, "cada Administración deberá facilitar el acceso de las restantes Administraciones Públicas a los datos relativos a los interesados que obren en su poder, especificando las condiciones, protocolos y criterios funcionales o técnicos necesarios para acceder a dichos datos con las máximas garantías de seguridad, integridad y disponibilidad"; tercero, "los documentos electrónicos transmitidos en entornos cerrados de comunicaciones establecidos entre Administraciones Públicas, órganos, organismos públicos y entidades de derecho público, serán considerados válidos a efectos de autenticación e identificación de los emisores y receptores" y cuarto, y en línea con esto último anterior, "en el ejercicio de la competencia en la actuación administrativa automatizada, cada Administración Pública" determinará los supuestos de utilización de los sistemas de firma electrónica.

Ahora bien, establecidas estas medidas sobre recopilación, autenticación y comunicación general de los datos de los interesados en formato electrónico con el claro y favorable objetivo de superar la tradicional situación de recolección, archivo y acceso a través de los compartimentos estancos que significan los expedientes resultantes

---

[80] Conforme recuerda el citado *Libro blanco de la Comisión Europea sobre la inteligencia artificial: un enfoque europeo orientado a la excelencia y la calidad*, p. 2, "la inteligencia artificial es una de las partes más importantes de la economía de los datos" y, por tanto, puede decirse que "la inteligencia artificial es una combinación de tecnologías que agrupa datos, algoritmos y capacidad informática".

de los procedimientos[81], la LRJSP se preocupa de observar que el acceso a los datos por parte de las Administraciones debe hacerse de conformidad con lo dispuesto en el Reglamento (UE) 2016/679 del Parlamento Europeo y del Consejo, de 27 de abril de 2016, relativo a la protección de las personas físicas en lo que respecta al tratamiento de datos personales y a la libre circulación de estos datos y por el que se deroga la Directiva 95/46/CE y en la Ley Orgánica 3/2018, de 5 de diciembre, de protección de datos personales y garantía de los derechos digitales.

Es más, y en relación directa no ya con el acceso sino con el tratamiento de datos masivos que significa la IA y por ende la actuación administrativa automatizada, el recién citado artículo 155 LRJSP dispone luego que en ningún caso podrá procederse a un tratamiento ulterior de los datos de los interesados para fines incompatibles con el fin para el cual se recogieron inicialmente los datos personales; no obstante lo cual, el precepto sigue diciendo que cuando la Administración Pública cesionaria de los datos pretenda el tratamiento ulterior de los mismos para una finalidad que estime compatible con el fin inicial, deberá comunicarlo previamente a la Administración Pública cedente a los efectos de que esta pueda comprobar dicha compatibilidad.

Por consiguiente, y como prueba la anotada protección de los datos personales, el tratamiento de datos masivos que implica la IA implica una incidencia restrictiva en la esfera de los derechos o intereses de los sujetos concernidos y, por ello, todo apunta a considerar que el tratamiento de datos masivos asociado a la IA exige contar con un régimen general para su correcta aplicación por la Administración pública. En concreto, debe incidirse en la transparencia para evitar la opacidad —el «efecto caja negra» de la IA— y en la motivación de las razones para el tratamiento, así como en las posibilidades de utilización en otras materias y procedimientos de la misma u otra Administración y, sobre todo, evaluar el escaso valor otorgado hasta

81 Interesa resaltar, en efecto, las diferencias entre el "archivo electrónico de documentos" previsto en el artículo 46 LRJSP y el "archivo de documentos" correspondiente al "expediente administrativo" referido en los artículos 17 y 70 LPAC.

el momento al consentimiento de las personas físicas y jurídicas ante una actuación administrativa[82].

En suma, y conforme expresa la doctrina dedicada a la ciencia de los datos, asentado en la comunidad científica que el análisis de los *big data* —de los datos masivos— se articula sobre la idea central de las 3V (volumen, variedad y velocidad) es necesario avanzar desde la óptica del Derecho añadiendo otras nuevas «V», a saber: veracidad y valor[83]. Elementos sobre los cuales el Derecho administrativo en particular puede y debe contribuir de manera decisiva. Garantizar la veracidad y el acceso a la información es una obligación de los poderes públicos derivada de los artículos 9.2, 20.1.d) y 53 de la norma fundamental y la protección del valor —personal y patrimonial— de los datos aparece reconocida en los artículos 18, 33 y 38 del mismo texto fundamental.

Como puede verse, se trata de un conjunto ciertamente heterogéneo de reglas y criterios procedentes en buena parte de la ciencia de los datos que al trasladarse al Derecho pueden tener la condición bien de normas —legales o reglamentarias—, bien de instrucciones administrativas internas, bien de actos administrativos de diverso alcance —incluido el general o con destinatario plural—.

En esta línea, y como se ha apuntado, la gestión de los datos masivos y la información en la actuación administrativa automatizada debe completarse, en todo caso, con las reglas generales establecidas en la LTBG.

Así, y por de pronto, deben sujetarse a los principios generales de la publicidad activa según los cuales los poderes públicos publicarán de forma periódica y actualizada la información cuyo conocimiento sea relevante para garantizar la transparencia de su actividad relacionada con el funcionamiento y control de la actuación pública (artículo 5 LTBG).

---

82 Cerrillo I Martínez A. (2019), "El impacto de la inteligencia artificial en el Derecho administrativo", cit., p. 23.

83 Marco De Lucas J. (2017), "Una tendencia, *data science*, y tres claves: *big data*, supercomputación, *cloud*", cit., pp. 40 y 41.

A su vez, y en conexión con el artículo 41.2 LRJSP, como quiera que la actuación automatizada se traduce en una actividad de relevancia jurídica, toda apunta a considerar que la definición de las especificaciones, programación, mantenimiento, supervisión y control de calidad y, en su caso, auditoría del sistema de información y de su código fuente debe ser objeto de publicación conforme al artículo 7 LTBG.

Por otra parte, y conforme a los artículos 12 y 13 LTBG, cabe sostener que sobre los datos y la información relacionados con la actuación administrativa automatizada todas la personas tienen derecho a acceder a la información pública entendida como "los contenidos o documentos, cualquiera que sea su formato o soporte, que obren en poder de alguno de los sujetos incluidos en el ámbito de aplicación de este título y que hayan sido elaborados o adquiridos en el ejercicio de sus funciones" con los límites, desde luego, señalados en los artículos 14, 15 y 16 de la misma LTBG.

Para acabar, un buen ejemplo de la importancia y tensión entre publicidad y reserva en la gestión de los datos masivos y la información se encuentra en el Real Decreto 785/2021, de 7 de septiembre, sobre el control de la explotación de las autorizaciones de arrendamiento de vehículos con conductor.

Como se desprende de su exposición de motivos, esta disposición trae causa de la previa anulación de la medida de control consistente en la obligación de comunicar electrónicamente a la Administración determinados datos relativos a los servicios contenida en el artículo 2 del Real Decreto 1076/2017, de 29 de diciembre, por el que se establecen normas complementarias al Reglamento de la Ley de Ordenación de los Transportes Terrestres.

Sobre la base del artículo 5 de la Ley 20/2013, de 9 de diciembre, de garantía de la unidad de mercado, el Tribunal Supremo en las Sentencias 332/2020, de 6 de marzo y 349/2020, de 10 de marzo, consideró, en efecto, que se trataba de una obligación desproporcionada y contraria a Derecho en la medida en que incluye los datos personales de los usuarios, información que resulta irrelevante para el fin que se persigue, creándose una base de datos que permite establecer patrones de conducta en relación con la movilidad y la utilización del servicio de este transporte urbano de personas físicas perfectamente identificadas.

Consecuentemente con dicho razonamiento judicial, el Real Decreto 785/2021, de 7 de septiembre, excluye ahora de los datos que deben ser comunicados y registrados electrónicamente a la Administración los que se refieren a los usuarios de los servicios. De esta forma, y conforme a los principios de buena regulación establecidos en la LPAC, la exposición de motivos del Real Decreto termina afirmando el cumplimiento de los principios de transparencia, necesidad y eficacia, toda vez que se da respuesta a la necesidad de contar con la información suficiente para poder comprobar el cumplimiento de la legislación vigente que regula la actividad de arrendamiento de vehículos con conductor y, todo ello, a través de medios electrónicos; igualmente se ajusta al principio de seguridad jurídica en tanto que el real decreto es coherente con la normativa aplicable. Y, en fin, respecto al principio de eficiencia, el uso de medios electrónicos simplifica la actividad de las empresas y de los órganos competentes en la materia.

Procede notar, finalmente, que la reciente STS número 739/2023, de 6 de junio, recurso de casación 406/2021, ha desestimado la impugnación interpuesta contra el Real Decreto 785/2021, de 7 de septiembre, por una supuesta violación de la normativa de protección de datos y de garantía de la unidad de mercado del sistema de información y registro establecido.

En relación con la opinión del recurrente de que las restricciones introducidas por el Real Decreto no están amparadas por una razón imperiosa de interés general según exige la Ley 20/2013, de 9 de diciembre, de garantía de la unidad de mercado, la Sala, remitiéndose a la citada Sentencia de 6 de marzo de 2020, resuelve que debe ser rechazada al no aplicarse ya en el vigente reglamento la referencia a los datos de los usuarios.

Tampoco estima la STS de 6 de junio de 2023 que la comunicación electrónica y su registro constituya una violación de la normativa de protección de datos, toda vez que:

> "el Real Decreto impugnado crea efectivamente un registro que constituye un tratamiento de datos, puesto que los titulares de las autoriza-

> ciones que, en muchos casos son personas físicas, quedan obligados a enviar determinados datos de los servicios prestados a los usuarios. Sin embargo, ello no significa que el Real Decreto sea una disposición sobre tratamiento de datos. O, dicho en otros términos, una disposición sobre la materia de tratamiento de datos es aquélla que regula algún aspecto relativo a la protección de datos personales y su tratamiento, no la que simplemente crea un registro que queda sometido a la normativa sobre tratamiento de datos. Dado el uso generalizado de procedimientos informáticos resulta sumamente frecuente que cualquier disposición sobre las más diversas materias requiera expresamente o implique necesariamente en su aplicación la creación de registros de datos o cualquier otro tipo de tratamiento de datos. No por ello todas esas disposiciones han de calificarse como disposiciones "sobre" tratamiento de datos. Simplemente ocurre que su aplicación determinará a su vez la de la normativa de protección de datos, en el sentido de que los registros o tratamientos de datos contemplados en la disposición deberán respetar dicha normativa".

Por consiguiente, y según ya no consta, puede convenirse que en la actual intervención administrativa destacan un conjunto de técnicas vinculadas al acopio, tratamiento y difusión de los datos y la información al servicio del interés general.

IV. BIBLIOGRAFÍA

Alfaro E. (2017). "Datos, inteligencia e innovación", ICE, 897.

Arroyo L. (2020). "Algoritmos y reglamentos", *Almacén de Derecho*, 25.02.2020 (disponible en: https://almacendederecho.org/algoritmos-y-reglamentos/).

Autoridad Catalana de la Competencia (2016). *La economía de los datos. Retos para la competencia*, ES 12/2016, Barcelona.

Barnes J. (2007). "Sobre el derecho administrativo de la información", *Revista catalana de Derecho público*, 35.

Bassols Coma M. (1995). "Evolución de la legislación sobre contratación administrativa", en *Derecho de los contratos públicos*, Praxis, Barcelona.

Bauzá Martorell F. J. (2017). "Identificación, autenticación y actuación automatizada de las Administraciones públicas", en *Tratado de procedimiento administrativo común y régimen jurídico básico del sector público*, Tirant lo Blanch, Valencia.

Boden M. A. (2017). Inteligencia artificial, Turner, Madrid, 2017.

Boix Palop A. (2020). "Los algoritmos son reglamentos: la necesidad de extender las garantías propias de las normas reglamentarias a los programas empleados por la Administración para la adopción de decisiones", *Revista de Derecho Público*, 1.

Carrillo Donaire J. A. (2010). "Buena administración, ¿un principio, un mandato o un derecho subjetivo?", en *Los principios jurídicos del Derecho administrativo*, La Ley, Madrid.

Castillo Blanco F. (2015). "Garantías del derecho ciudadano al buen gobierno y a la buena administración", *REDA*, 172.

Cerrillo I Martínez A. (2019). "El impacto de la inteligencia artificial en el Derecho administrativo", *RGDA*, 50.

Cerrillo I Martínez A. y Velasco Rico C. I. (2019). "Jurisdicción, algoritmos e inteligencia artificial", en *20 años de la Ley de lo contencioso-administrativo*, INAP, Madrid.

De La Fuente Miguélez A. (2017). "Aplicabilidad de la normativa sobre protección de datos de carácter personal en el ámbito de la función estadística pública", *RVAP*, 107-I.

Descalzo González A. (2003). *Principio de veracidad y política pública en el mercado de la publicidad comercial*, Dykinson, Madrid.

Doménech Pascual G. (2014). "Hacia la simplificación de los procedimientos administrativos", en *La simplificación de los procedimientos administrativos. Actas del IX Congreso de la Asociación Española de Profesores de Derecho Administrativo*, EGAP, Santiago de Compostela.

Esteve Pardo J. (2015). "Decidir y regular en la incertidumbre. Respuestas y estrategias del Derecho público", en *Estrategias del Derecho ante la incertidumbre y la globalización*, Marcial Pons, Madrid.

Fernández T. R. (1994). "¿Debe la Administración actuar racional y razonablemente?, *REDA*, 83.

Fernández T. R. (1999). "Principios y reglas: la discrecionalidad administrativa y la judicial", en *La experiencia jurisdiccional: del Estado legislativo de Derecho al Estado constitucional de Derecho*, CGPJ, Madrid.

Fernández T. R. (2019). "El derecho a una buena administración en la Sentencia del TJUE de 16 de enero de 2019", *RAP*, 209.

Fernández Farreres G. (2018). *Sistema de Derecho administrativo I*, Civitas, Madrid.

Fernández Farreres G. (2023). "El principio de buena administración según la doctrina de la Sala Tercera del Tribunal Supremo", *REDA*, 230.

Fernández Ramos S. (1997). *El derecho de acceso a los documentos administrativos*, Marcial Pons, Madrid.

Gamero Casado E. (2014). "Hacia la simplificación de los procedimientos administrativos: el procedimiento administrativo adecuado", en *La simplificación de los procedimientos administrativos. Actas del IX Congreso de la Asociación Española de Profesores de Derecho Administrativo,* EGAP, Santiago de Compostela.

García De Enterría E. (1985). "La organización y sus agentes: revisión de estructuras", en *La Administración española,* 4ª edición, Alianza, Madrid.

García De Enterría E. (1995). "La aplicación del Derecho en los sistemas políticos continentales", en *La crisis del Derecho y sus alternativas,* CGPJ, Madrid.

García De Enterría E. (1999). *Justicia y seguridad jurídica en un mundo de leyes desbocadas,* Civitas, Madrid.

Gómez Puente M. (2019). "El funcionamiento electrónico de la Administración", en *Lecciones de Derecho administrativo,* Civitas, Madrid.

González-Páramo J. M. (2016). *Reinventar la banca: de la gran recesión a la gran disrupción digital,* Discurso de recepción en la Real Academia de Ciencias Morales y Políticas, sesión del día 14 de junio de 2016, Madrid.

Gröschner R. (1993). "La ilustración del público como una tarea de la Administración", *DA,* 235-236.

Guichot E. (2011). *Transparencia y acceso a la información en el Derecho europeo,* Global Law Press, Sevilla.

Hofmann A. C. (2023). *Una modernidad autoritaria. El desarrollismo en la España de Franco,* PUV, Valencia.

Huergo Lora A. (2009). "Los contratos del sector público: aspectos generales y elementos estructurales", en *Lecciones y materiales para el estudio del Derecho administrativo,* Tomo III, Iustel, Madrid.

Kluth W. y Nuckelt J. (2008). "La legislación de procedimiento administrativo y la generación de conocimiento en el ámbito de la Administración pública", en *La transformación del procedimiento administrativo,* Editorial Derecho Global, Sevilla.

Marco De Lucas J. (2017). "Una tendencia, data science, y tres claves: big data, supercomputación, cloud", *ICE,* 897.

Martín Delgado I. (2009). "Naturaleza, concepto y régimen jurídico de la actuación administrativa automatizada", *RAP,* 180.

Mayer-Schönberger V. y Cukier K. (2013). *Big data. La revolución de los datos masivos,* Turner, Madrid.

Mestre Delgado J. F. (2003). "Nuevas tecnologías y Administración Pública", *DA,* 265-266.

Morell Ocaña L. (2001). "Dirección de la Administración pública por el Gobierno y garantías de imparcialidad administrativa", *RAP*, 156.

Moreno Molina A. M. (1995). *La Administración por agencias en los Estados Unidos de Norteamérica*, BOE/UC3M, Madrid.

Muñoz Machado S. (1998). *Servicio público y mercado. Los fundamentos*, I, Civitas, Madrid.

Palomar Olmeda A. (2007). *La actividad administrativa efectuada por medios electrónicos. A propósito de la Ley de acceso electrónico a las Administraciones públicas*, Thomson-Aranzadi, Cizur Menor.

Parejo Alfonso L. (1991). *Crisis y renovación en el Derecho público*, CEC, Madrid.

Parejo Alfonso L. (2004). "Los principios de la gobernanza europea", *Revista de Derecho de la Unión Europea*.

Parejo Alfonso L. (2016). *La vigilancia y la supervisión administrativas*, Tirant lo Blanch, Valencia.

Parejo Alfonso L. (2019). *Lecciones de Derecho administrativo*, Tirant lo Blanch, Valencia.

Pérez J. (2014). *Cisneros, el cardenal de España*, Taurus, Madrid.

Ponce Solé J. (2001). *Deber de buena administración y derecho al procedimiento administrativo debido*, Lex Nova, Valladolid.

Ponce Solé J. (2018). "Renovación del Derecho público y derecho a una buena administración: el papel de la inteligencia artificial en las Administraciones públicas para la mejora de su gestión", en *Estudios de Derecho público en homenaje a Luciano Parejo Alfonso*, Tomo I, Tirant lo Blanch, Valencia.

Ponce Solé J. (2019). *La lucha por el buen gobierno y el derecho a una buena administración mediante el estándar jurídico de diligencia debida*, Universidad de Alcalá de Henares, Madrid.

Ramis Melero D. (2017). "Actuación administrativa automatizada en las obligaciones de servicio público", *Revista de Evaluación de Programas y Políticas Públicas*, 8.

Rebollo Puig M. (2009). "La actividad de inspección", en *Lecciones y materiales para el estudio del Derecho administrativo*, III, Iustel, Madrid.

Rivero Ortega R. (2000). *El Estado vigilante*, Tecnos, Madrid.

Robles Martín-Laborda A. (2017-2018). "Cuando el cartelista es un robot. Colusión en mercados digitales mediante algoritmos de precios", *Actas de Derecho Industrial y Derecho de Autor*, 38.

Sainz Moreno F. (1991). "Secreto e información en el Derecho público", en *Estudios sobre la Constitución española. Homenaje al profesor Eduardo García de Enterría,* III, Civitas, Madrid.

Santamaría Pastor J. A. (1999). *Principios de Derecho administrativo,* I, Ceura, Madrid.

Schmidt-Assmann E. (2003). *La teoría general del Derecho administrativo como sistema,* INAP/Marcial Pons, Madrid.

Schneider J-P. (2008). "La evolución del procedimiento tipo de la Ley de procedimiento administrativo alemana de 1976: hacia un modelo integral y comprensivo", en *La transformación del procedimiento administrativo,* Global Law Press, Sevilla.

Souvirón Morenilla J. Mª. (1994). "Consideraciones sobre la función estadística pública y su régimen", *RAP,* 134.

Spiecker Gen. Döhmann I. (2015). "Instrumentos estatales para la superación de escenarios de incertidumbre y autorregulación", en *Estrategias del Derecho ante la incertidumbre y la globalización,* Marcial Pons, Madrid.

Tornos Mas J. (1990). "La situación actual del proceso contencioso-administrativo", *RAP,* 122.

Valero Torrijos J. (2007). *El régimen jurídico de la e-Administración. El uso de los medios informáticos y telemáticos en el procedimiento administrativo común,* 2.ª ed., Comares, Granada.

Valero Torrijos J. (2023). "Digitalización de servicios públicos y gestión avanzada de los datos: de la protección a su apertura y gobernanza", en *La digitalización en los servicios públicos,* Marcial Pons, Madrid.

Vaquer Caballería M. (2013). "Del FROB y los «stress test»: aportaciones de la crisis a la teoría sobre las formas de actividad de la Administración", *REDA,* 157.

Vaquer Caballería M. (2018). "¿Para qué sirve el procedimiento administrativo?", en *Estudios sobre el procedimiento administrativo. III Instituciones,* Tirant lo Blanch, Valencia.

Velasco Caballero F. (1998). *La información administrativa al público,* Montecorvo, Madrid.

Velasco Caballero F. (2018). "Ideas ordenadoras del Derecho administrativo", en *Estudios de Derecho público en homenaje Luciano a Parejo Alfonso,* Tomo II, Tirant lo Blanch, Valencia.

Zambonino Pulito Mª. (2019). *Buen Gobierno y buena administración,* Iustel, Madrid.

La administración de justicia y la automatización de funciones y procesos

ALBERTO PALOMAR OLMEDA
Magistrado de lo Contencioso-Administrativo en Madrid (E.V) y Profesor Titular (acred.) de Derecho Administrativo de la Universidad Carlos III

Sumario: I. PLANTEAMIENTO GENERAL. II. EL MARCO MÁS AMPLIO DE COBERTURA: LA LEY ORGÁNICA DEL PODER JUDICIAL. III. EL MARCO JURÍDICO DE LA AUTOMATIZACIÓN: LA LEY 18/2011, DE 5 DE JULIO, REGULADORA DEL USO DE LAS TECNOLOGÍAS DE LA INFORMACIÓN Y LA COMUNICACIÓN EN LA ADMINISTRACIÓN DE JUSTICIA Y EL NUEVO MARCO INTRODUCIDO EN EL RDL[1].IV. LA APUESTA POR LA AUTOMATIZACIÓN: LA TRAMITACIÓN ELECTRÓNICA. V. LA ACTUACIÓN JUDICIAL AUTOMATIZADA: REQUISITOS Y CARACTERÍSTICAS. VI. ALGUNAS REFERENCIAS A LA ORGANIZACIÓN ADMINISTRATIVA AL SERVICIO DE LA INTRODUCCIÓN Y UTILIZACIÓN DE MEDIOS ELECTRÓNICOS EN EL ÁMBITO DE LA ADMINISTRACIÓN DE JUSTICIA. A) El Comité técnico estatal de la Administración judicial electrónica. B) Esquema judicial de interoperabilidad y seguridad. VII. LA CUESTIÓN MÁS POLÉMICA: LA INTERCONEXIÓN ENTRE LA ELECTRÓNICA Y EL ACTO O LA ACTUACIÓN MATERIAL. A) Consideraciones de carácter estructural. B) La proyección sobre la validez/invalidez del acto en cuestión. VIII. EL IMPULSO DE LA DIGITALIZACIÓN DE LA ADMINISTRACIÓN DE JUSTICIA: REAL DECRETO-LEY 6/2023. IX. BIBLIOGRAFÍA.

I. PLANTEAMIENTO GENERAL

La referencia a la automatización en el ámbito de la Administración de Justicia es relativamente reciente si la comparamos con el marco general de las normas procesales, pero es cierto que esta apreciación no es, sin embargo, síntoma de una modernidad clara ya que la regulación que databa de 2011 se sitúa en un contexto institucio-

[1] La referencia al RDL se entiende hecha al Real Decreto-ley 6/2023, de 19 de diciembre, por el que se aprueban medidas urgentes para la ejecución del Plan de Recuperación, Transformación y Resiliencia en materia de servicio público de justicia, función pública, régimen local y mecenazgo.

nal que ha sido, en gran medida, superado en la ordenación del uso de las tecnologías en el ámbito público[2]. La sensación que, de alguna forma, se proyecta o gana enteros en la sociedad es que la tecnología va ganando camino sin que la ordenación jurídica que soporta la misma tenga la profundidad y el alcance que se corresponde con los cambios que se van introduciendo.

Es consecuencia de esta falta de actualización del Derecho el intento acelerado de introducción de medidas de eficiencia digital y procesal del Servicio Público de Justicia a través del Real Decreto Ley 6/2023, de 19 de diciembre por el que se aprueban medidas urgentes para la ejecución del Plan de Recuperación, Transformación y Resiliencia en materia de servicio público de justicia, función pública, régimen local y mecenazgo. Se trata, de nuevo, de una reforma de carácter horizontal, que afecta a un conjunto de normas diversas y que, finalmente, deroga la ley de 2011.

En todo caso conviene indicar que nos referimos, realmente, a los procesos que, al margen de los usuarios finales —jueces, letrados de la Administración, funcionarios, profesionales o particulares— se sitúan en el marco de lo que el Tribunal Constitucional denomina administración de la Administración de Justicia, esto es, en la provisión de los servicios necesarios para la realización de la función jurisdiccional[3]. Es cierto, sin embargo, que si esta provisión de bienes

---

[2] Como pone de manifiesto Fernández Salmerón, M., "Innovación y tecnología en la Administración de Justicia. Elementos para un paradigma de los derechos judiciales digitales", *Sociedad digital y Derecho* (De la Quadra-Salcedo, T. y Piñar mañas, J.L., Dirs.), BOE, Madrid, pp. 835-861. Puede consultarse la obra colectiva *Digitalización de la Justicia: prevención, investigación y enjuiciamiento* (Llorente Sánchez-Arjona, M. y Calaza López, S., Dirs.: Muinelo Cobo, J.C., Coord.), Aranzadi, Cizur Menor (Navarra), 2022.

[3] Como indicara la STC 173/2014, de 23 de octubre, en su FJ 2, "… Desde la STC 56/1990, de 29 de marzo (FFJJ 6 y 7), venimos considerando que junto a ese núcleo esencial de lo que debe entenderse por Administración de Justicia, existe un conjunto de medios personales y materiales que no se integran en él, sino que se colocan «al servicio de la Administración de Justicia» (art. 122.1 CE), dando lugar a lo que hemos denominado «administración de la Administración de Justicia».
En relación con estos medios personales y materiales que integran la «administración de la Administración de Justicia», en cuanto no resultan ele-

y servicios es meridianamente clara cuando se refiere a los bienes materiales es algo más compleja cuando se refiere a un elemento que debe dar servicio a profesionales diferenciados con intereses procesales también diferenciados que no tienen, además, una referencia común en la provisión o para ser más exactos en la determinación de la forma de provisión de aquellos servicios.

Pero antes de anticipar algunos de los problemas de organización y sistemática parece razonable que nos situemos en la delimitación conceptual de la utilización de la tecnología para la facilitación de procesos y no para la automatización de decisiones. En este punto, conviene indicar que entendemos por automatización, en el contexto legal al que nos vamos a referir, a dos realidades diferenciadas. De un lado, la que se refiere a los procesos periféricos y reaccionales que los profesionales o los ciudadanos realizan con una institución pública —en este caso la de la Administración de Justicia— y, de otro lado, un proceso de sustitución de procesos manuales en electrónicos que permite la tramitación de procedimientos en sede del mismo orden. Mientras las instituciones reaccionales presentan, en el plano legislativo, características centradas en la seguridad y en el aseguramiento de las actividades, las mencionadas en el segundo lugar se centran en las características de la sustitución de los funcionarios y la búsqueda de una estructura de funcionamiento diferenciado.

II. EL MARCO MÁS AMPLIO DE COBERTURA: LA LEY ORGÁNICA DEL PODER JUDICIAL

La cobertura formal del proceso de automatización y utilización de tecnologías se encuentra en el artículo 230 de la Ley Orgánica 6/1985, de 1 de julio, del Poder Judicial (LOPJ), modificado parcialmente en 1994, en 2014 y en 2018 y que constituye el anclaje del sistema procesal en su conjunto porque sus determinaciones vinculan al conjunto de jurisdicciones y de actores en cada una de ellas.

---

mento esencial de la función jurisdiccional o del autogobierno del Poder Judicial, cabe que tanto el Gobierno de la Nación como los Ejecutivos autonómicos puedan asumir competencias sobre los mismos…”.

Es cierto que este marco general se ha proyectado en las respectivas normas procesales y, específicamente, sobre la Ley 1/2000, de 7 de enero, de Enjuiciamiento Civil (LECiv) que opera como elemento común por su aplicación supletoria al conjunto del ordenamiento procesal. Por tanto, encontramos diversos esquemas y regulaciones sobre la automatización de funciones y de procesos en el ámbito de la Administración de Justicia con un alcance más homogéneo en los términos relaciones que en cualquier otros.

Podemos sistematizar el esquema regulatorio de la LOPJ en la siguiente forma:

A) Obligación de utilización de medios electrónicos cuando los mismos estén disponibles

Así lo establece el apartado 1del artículo 230 al señalar que "…1. Los juzgados y tribunales y las fiscalías están obligados a utilizar cualesquiera medios técnicos, electrónicos, informáticos y telemáticos, puestos a su disposición para el desarrollo de su actividad y ejercicio de sus funciones, con las limitaciones que a la utilización de tales medios establecen el capítulo I bis de este título y la normativa orgánica de protección de datos personales…>".

La disponibilidad no es solo física es, también, jerárquica o, por decirlo, en otros términos, fruto de la decisión general de aquel órgano al que corresponde la ordenación del respectivo colectivo profesional. Según esto, "…Las instrucciones generales o singulares de uso de las nuevas tecnologías que el Consejo General del Poder Judicial o la fiscalía general del Estado dirijan a los jueces y magistrados o a los fiscales, respectivamente, determinando su utilización, serán de obligado cumplimiento…".

Se trata de la fijación de una obligación en dos niveles. La primera, referida a los propios órganos judiciales y las fiscalías. Realmente es una alusión directa al órgano como concepto administrativo que debería hacerse, para mejor comprensión, al titular de la gestión del mismo, esto es, al letrado de la Administración de Justicia.

La segunda, ya es el deseo de establecer una obligación en el ámbito del estatus personal de los jueces y los fiscales y, por tanto, de establecer que la utilización de los medios electrónicos disponibles se traslada al ámbito de la relación personal con la mediación de los órganos constitucionales que, respectivamente, determinan las obligaciones de las personas que dependen de ambos. De ahí, la referencia al Consejo General del Poder Judicial (CGPJ), que afecta, esencialmente a los jueces y magistrados a los que aquel órgano puede emitir instrucciones de funcionamiento y, de otro lado, al Ministerio Fiscal que puede hacerlo en dicho ámbito.

Esta prescripción tiene la virtualidad de integrar la obligación de utilización informática en el ámbito de la relación jurídica y, por tanto, de los deberes que en virtud de la relación especial que les une con la Administración están obligados a asumir. A partir de esta determinación explícita, el deber en cuestión forma parte del contenido obligación de la respectiva relación de empleo público y, en consecuencia, es, incluso, exigible por vía disciplinaria. Es claro que el precepto de la LOPJ se refiere al género y que la concreción específica de los medios corresponderá probarse en cada momento en términos de imposición del deber de utilización y desobediencia a la misma.

B) Eficacia de los documentos emitidos de forma electrónica

1. Régimen documental común

Al lado de la determinación en clave de obligación para el uso de los elementos electrónicos, el artículo 230 de la LOPJ también señala que "...2. Los documentos emitidos por los medios anteriores, cualquiera que sea su soporte, gozarán de la validez y eficacia de un documento original siempre que quede garantizada su autenticidad e integridad y el cumplimiento de los requisitos exigidos por las leyes procesales...".

Se trata de una determinación que asegura la eficacia de los documentos emitidos de forma electrónica si bien condiciona dicha efectividad a que quede garantizada su autenticidad e integridad lo que, realmente, es una invocación genérica a las técnicas previstas en la Ley 6/2020, de 11 de noviembre, reguladora de determinados aspectos de los servicios electrónicos de confianza[4].

Adicionalmente se señala, como acabamos de ver, que la eficacia queda condicionada al cumplimiento de las exigencias previstas en las leyes procesales lo que constituye una remisión a los requisitos que, en cada momento, establezcan, de forma específica, las leyes procesales. No es fácil hacer una consideración de conjunto sobre la incidencia de las leyes procesales, pero sí nos sirve, al menos, la indicación de la competencia para la firma y de la conformación y requisitos del propio documento.

Esta prescripción que se "arrastra" del ámbito del procedimiento administrativo de carácter electrónico tiene como fundamento esencial zanjar los debates sobre la autenticidad de los documentos, el valor de las copias y demás elementos que, ahora, resultan diferidos en su autenticidad a la incorporación de una firma electrónica de aquel que, por su competencia, puede emitir la misma[5].

---

4 Sobre esta ley, por todos, Plaza Penades, J., "Sentido y alcance de la Ley 6/2020, reguladora de determinados aspectos de los servicios electrónicos de confianza", *Revista Aranzadi de derecho y nuevas tecnologías*, núm. 55, 2021; García Más, F.J., "Análisis de la Ley 6/2020 de 11 de noviembre, reguladora de determinados aspectos de los servicios electrónicos de confianza", *La Notaría*, núm. 3, 2020, pp. 43-61, y Alamillo Domingo, I., "La nueva Ley de Servicios de Confianza y la firma electrónica cualificada obtenida por videoconferencia ¿una oportunidad para el despliegue de la Administración electrónica?", *Diario La Ley*, núm. 9740, 2020.

5 La Ley 39/2015, de 1 de octubre de procedimiento administrativo común y de las Administraciones Públicas establece en el artículo 27 que:
"1. Cada Administración Pública determinará los órganos que tengan atribuidas las competencias de expedición de copias auténticas de los documentos públicos administrativos o privados.
Las copias auténticas de documentos privados surten únicamente efectos administrativos. Las copias auténticas realizadas por una Administración Pública tendrán validez en las restantes Administraciones.
A estos efectos, la Administración General del Estado, las Comunidades Autónomas y las Entidades Locales podrán realizar copias auténticas mediante funcionario habilitado o mediante actuación administrativa automatizada.
Se deberá mantener actualizado un registro, u otro sistema equivalente, donde constarán los funcionarios habilitados para la expedición de copias auténticas que deberán ser plenamente interoperables y estar interconec-

Finalmente, el artículo 7 del RDL establece que " 1. Los órganos y oficinas judiciales, fiscalías, y oficinas fiscales utilizarán para el desarrollo de su actividad y ejercicio de sus funciones los medios técnicos, electrónicos, informáticos y electrónicos puestos a su disposición por la Administración competente, siempre que dichos medios cumplan con los esquemas nacionales de interoperabilidad y seguridad, así como con la normativa técnica, instrucciones técnicas de seguridad, requisitos funcionales fijados por el Comité técnico estatal de la Administración judicial electrónica y normativa de protección de datos personales.2. Las administraciones públicas con competencia en medios materiales y personales de la Administración de Justicia dotarán a los órganos y oficinas judiciales y oficinas fiscales de sistemas tecnológicos que permitan la tramitación electrónica de los procedimientos y cumplan con los requisitos definidos en el apartado anterior.3. Las instrucciones de contenido general o singular relativas al uso de las tecnologías que el Consejo General del Poder Judicial o la fiscalía general del Estado dirijan a los jueces y magistrados o a los fiscales, respectivamente, serán de obligado cumplimiento. Igualmente lo serán las que la persona titular de la Secretaría General de la Administración de Justicia dirija a los letrados de la Administración de Justicia…".

---

tados con los de las restantes Administraciones Públicas, a los efectos de comprobar la validez de la citada habilitación. En este registro o sistema equivalente constarán, al menos, los funcionarios que presten servicios en las oficinas de asistencia en materia de registros.
2. Tendrán la consideración de copia auténtica de un documento público administrativo o privado las realizadas, cualquiera que sea su soporte, por los órganos competentes de las Administraciones Públicas en las que quede garantizada la identidad del órgano que ha realizado la copia y su contenido.
Las copias auténticas tendrán la misma validez y eficacia que los documentos originales…".
Sobre el precepto puede consultarse Gómez Padilla, R., "Artículo 27. Validez y eficacia de las copias realizadas por las Administraciones Públicas", *Régimen jurídico del sector público y procedimiento administrativo común* (Recuerda Girela, M.A., Dir.), Thomson Reuters Aranzadi, Cizur Menor (Navarra), 2016, pp. 263-275.

2. Documentos específicos

Como elemento diferencial respecto de muchos expedientes comunes, especialmente, en el ámbito del procedimiento administrativo, los expedientes judiciales pueden contener elementos de reproducción de las vistas y de las actuaciones. Su naturaleza es, por tanto, heterogénea y, sobre todo, potencialmente diferencial de la que corresponde al ámbito administrativo no jurisdiccional. Esto obligará a establecer condiciones y requisitos de carácter técnico, tanto en la utilización como en la custodia o el archivo, que respondan a la naturaleza de los documentos utilizados en el respectivo proceso.

Finalmente cabe indicar que se contiene en el citado artículo 230 de la LOPJ una referencia a que "3. Las actuaciones orales y vistas grabadas y documentadas en soporte digital no podrán transcribirse, salvo en los casos expresamente previstos en la ley...". Esta determinación de la conservación en su estado primitivo o de incorporación demuestra la necesidad, a la que aludíamos anteriormente, de cuidar las reglas específicas de conservación y utilización en función de las características del respectivo proceso.

En este mismo contexto y ya de forma específica, su apartado 4 establece que "...4. Los procesos que se tramiten con soporte informático garantizarán la identificación y el ejercicio de la función jurisdiccional por el órgano que la ejerce, así como la confidencialidad, privacidad y seguridad de los datos de carácter personal que contengan en los términos que establezca la ley...".

Realmente se trata de una determinación que corrobora la previsión contenida en el apartado 2 del mismo artículo 230 de la LOPJ y que trata de concretar que la utilización de la tecnología, en este caso, en la tramitación del procedimiento debe asegurar el ejercicio de la competencia por el órgano competente y la confidencialidad, privacidad y seguridad de la respectiva actuación.

Sobre la identificación el RD-L 6/2023 contiene una gran cantidad de disposición que tratan la materia, y un capítulo entero del Libro I del texto legal, en concreto el capítulo III, "De la identificación y firma electrónicas".

El artículo 19, primer precepto del capítulo en cuestión, contiene una expresión que abre la posibilidad de habilitar por vía reglamentaria "*otros sistemas de identificación digital*", evidenciando la intención de (como poco) ampliar el sistema electrónico a aquellos sistemas propios que puedan funcionar en el ámbito de la Administración de justicia[6].

3. Obligación de relación

Esta obligación se concreta en el apartado 5 del artículo 230 de la LOPJ con la siguiente indicación:

> "..5. Las personas que demanden la tutela judicial de sus derechos e intereses se relacionarán obligatoriamente con la Administración de Justicia, cuando así se establezca en las normas procesales, a través de los medios técnicos a que se refiere el apartado 1 cuando sean compatibles con los que dispongan los juzgados y tribunales y se respeten las garantías y requisitos previstos en el procedimiento que se trate...".

Como puede verse se trata de una determinación genérica que remite a las leyes procesales el establecimiento del momento a partir del cual resulta obligatoria la utilización de medios electrónicos. Como veremos posteriormente esta obligación se ha centrado, esencialmente, en los profesionales que se relacionan con la Administra-

---

6 Esta regulación se completa en el artículo 20 del RDL en los siguientes términos: "... 1. La firma en las actuaciones procesales y judiciales se realizará conforme a lo establecido en el artículo 10 de la Ley 39/2015, de 1 de octubre, y en el Reglamento (UE) n.º 910/2014 del Parlamento Europeo y del Consejo, de 23 de julio de 2014, y la Ley 6/2020, de 11 de noviembre, sin perjuicio del reconocimiento de los sistemas de firma de otros países con los que la Administración de Justicia pueda llegar a un acuerdo, en el marco de lo establecido por la Comisión Europea. Por vía reglamentaria podrán habilitarse otros sistemas de firma.
En el marco del Comité técnico estatal de la Administración judicial electrónica podrá determinarse el nivel de firma aplicable en cada una de las actuaciones en el ámbito de la Administración de Justicia. Dicha determinación deberá realizarse en la Guía de Interoperabilidad y Seguridad de autenticación, certificados y firma electrónica, en proporción al nivel de seguridad que se estime necesario para cada clase de actuación..."

ción de Justicia. Volvemos sobre los términos de esta obligación más adelante.

El Real Decreto 1065/2015, de 27 de noviembre, sobre comunicaciones electrónicas en la Administración de Justicia en el ámbito territorial del Ministerio de Justicia y por el que se regula el sistema LexNET. concreta la obligación de relación electrónica para los siguientes supuestos de acuerdo con su artículo 4:

a) Las personas jurídicas.

b) Las entidades sin personalidad jurídica.

c) Quienes ejerzan una actividad profesional para la que se requiera colegiación obligatoria para los trámites y actuaciones que realicen con la Administración de Justicia en ejercicio de dicha actividad profesional.

d) Los Notarios y Registradores.

e) Quienes representen a un interesado que esté obligado a relacionarse electrónicamente con la Administración de Justicia.

f) Los funcionarios de las Administraciones Públicas para los trámites y actuaciones que realicen por razón de su cargo.

g) Y los que legal o reglamentariamente se establezcan

Específicamente, el artículo 5 establece la obligatoriedad para los profesionales de la justicia y los órganos y oficinas judiciales. El precepto, en concreto, establece que:

> "... 1. Todos los Abogados, Procuradores, Graduados Sociales, Abogados del Estado, Letrados de las Cortes Generales, de las Asambleas Legislativas y del Servicio Jurídico de la Administración de la Seguridad Social, de las demás Administraciones Públicas, de las Comunidades Autónomas o de los Entes Locales, así como los Colegios de Procuradores y administradores concursales tienen la obligación de utilizar los sistemas electrónicos existentes en la Administración de Justicia para la presentación de escritos y documentos y para la recepción de actos de comunicación.
>
> 2. Asimismo, los sistemas electrónicos de información y comunicación, al igual que el resto de los sistemas informáticos puestos al servicio de la Administración de Justicia, deben ser usados obligatoriamente para el desempeño de su actividad por todos los integrantes de los órganos y oficinas judiciales y fiscales...".

En los términos que hemos transcrito, el artículo 7 del RDL establece esta misma obligación de utilización de los medios electrónicos disponibles.

4. Características generales

Finalmente, el artículo 230 de la LOPJ establece una delimitación de las características que deben cumplir los sistemas informáticos que se utilicen y señala que:

> "...6. Los sistemas informáticos que se utilicen en la Administración de Justicia deberán ser compatibles entre sí para facilitar su comunicación e integración, en los términos que determine el Comité técnico estatal de la Administración de justicia electrónica.
> La definición y validación funcional de los programas y aplicaciones se efectuará por el Comité técnico estatal de la Administración de justicia electrónica...".

Este es, sin duda, un elemento de disfuncionalidad operativa que siempre se ha valorado como uno de los elementos de mayor complejidad para el funcionamiento en red del conjunto del sistema. El liderazgo en la determinación de las condiciones compatibilidad le corresponde al Comité técnico estatal de la Administración de justicia electrónica[7] cuyas determinaciones deben condicionar la aprobación y utilización por las distintas Administraciones del respectivo sistema. La norma no establece, sin embargo, qué ocurre con los previamente establecidos y con aquellos que ya estaban en vigor o en funcionamiento antes de la reforma de la LOPJ que se analiza.

---

[7] Luego nos referiremos a este órgano. Establecido en la Ley 18/2011, de 5 de julio, reguladora del uso de las tecnologías de la información y la comunicación en la Administración de Justicia, su Disposición adicional primera dispone que " la estructura, composición y funciones del Comité técnico estatal de la Administración judicial electrónica serán establecidas reglamentariamente por el Gobierno, mediante real decreto, previo informe del Consejo General del Poder Judicial, de la Fiscalía General del Estado, de la Agencia Española de Protección de Datos y de las Comunidades Autónomas con competencias en la materia». Tal regulación está en el Real Decreto 396/2013, de 7 de junio, por el que se regula el Comité técnico estatal de la Administración judicial electrónica.

La regulación contenida en el RDL se sitúa, precisamente, en el esquema al que nos acabamos de referir cuando se señala que "... La consolidación en nuestra sociedad de las nuevas tecnologías, la evolución cultural de una ciudadanía consciente de los retos que comporta la digitalización y, sobre todo, la utilidad de los nuevos instrumentos y herramientas tecnológicas al servicio de una mejor y más eficiente gestión de los recursos públicos, también en el marco de la Administración de Justicia, implica para los poderes públicos el imperativo de abordar correctamente este nuevo marco relacional y, con él, delimitar y potenciar el entorno digital con el propósito de favorecer una más eficiente potestad jurisdiccional.

El gran punto de inflexión en esta materia se produjo con la promulgación de la Ley 18/2011, de 5 de julio, reguladora del uso de las tecnologías de la información y la comunicación en la Administración de Justicia, que estableció un verdadero marco tecnológico para el servicio público de Justicia, más allá de la utilización de herramientas tecnológicas concretas como el ordenador o los sistemas de gestión procesal.

En ella se introducían conceptos como el Punto de Acceso General de la Administración de Justicia y la Sede Judicial Electrónica, u organismos tan consolidados hoy en día como el Comité técnico estatal de la Administración judicial electrónica (CTEAJE), tan importante en un ámbito en el que existe un entramado tan complejo de competencias públicas...".

5. Conclusiones provisionales sobre el papel de la LOPJ

La reforma que se hizo en la LOPJ para dar cabida a la actuación electrónica en el ámbito de la gestión de la justicia podría merecer diferentes calificativos, pero, en este momento, nos bastaría con indicar que es una regulación posibilista que sirve de anclaje para que las normas procesales y las propias de la ordenación de la utilización de la electrónica sean las que establezcan las reglas y las características de cada caso.

El RDL trata de dar un impulso a la utilización de las nuevas tecnologías en los procesos internos y en los procesos relacionales de los ciudadanos y los profesionales con la Administración de Justicia.

Siendo esto así, lo que nos corresponde es analizar la determinación de este régimen que pasamos a realizar.

III. EL MARCO JURÍDICO DE LA AUTOMATIZACIÓN: LA LEY 18/2011, DE 5 DE JULIO, REGULADORA DEL USO DE LAS TECNOLOGÍAS DE LA INFORMACIÓN Y LA COMUNICACIÓN EN LA ADMINISTRACIÓN DE JUSTICIA Y EL NUEVO MARCO INTRODUCIDO EN EL RDL

El esquema que se ha planteado en el apartado anterior situaba la LOPJ en el frontispicio general de la materia y remite las determinaciones concretas a las respectivas leyes procesales y, aunque no lo diga, específicamente a la LECiv. Es cierto, sin embargo, que la escala de fuentes se vio alterada con la interposición de una norma común y, por tanto, aplicable al conjunto de actuaciones procesales que no proviene del bloque de leyes procesales, sino que se ubica en las leyes de la administración de justicia y, por tanto, más del ámbito organizativo que de cualquier otro.

Más allá de alguna referencia previa podemos indicar que el esquema más general lo podemos encontrar en la Ley 18/2011, de 5 de julio, reguladora del uso de las tecnologías de la información y la comunicación en la Administración de Justicia.

Según su artículo 1 "La presente Ley regula la utilización de las tecnologías de la información por parte de los ciudadanos y profesionales en sus relaciones con la Administración de Justicia y en las relaciones de la Administración de Justicia con el resto de Las administraciones y organismos públicos, en los términos recogidos en la Ley Orgánica 6/1985, de 1 de julio, del Poder Judicial...". Los términos en los que se produce esta habilitación son los que hemos analizado en el apartado anterior y, en consecuencia, los que, anteriormente, hemos considerado como posibilistas y habilitadores de un régimen que corresponde a las normas sustantivas de tecnologías o a las de carácter procesal.

Centrados en las primeras, las sustantivas, de carácter tecnológico podemos analizar los elementos más característicos de la regulación.

En este marco general podemos encontrar un régimen de usos de medios electrónicos que está previsto en el Título II de la Ley junto con una regulación específica del régimen jurídico de la Administración judicial electrónica; un título III que se refiere al régimen jurídico de la Administración judicial electrónica; un título IV que se refiere a la tramitación electrónica de los procedimientos judiciales; un título V que se refiere a la cooperación entre las Administraciones con competencias en materia de administración de justicia: el esquema judicial de interoperabilidad y seguridad.

A) Uso de los medios electrónicos en la Administración de Justicia: los instrumentos estáticos

La regulación diferencia entre un capítulo I, relativo a los derechos de los ciudadanos en sus relaciones con la Administración de Justicia por medios electrónicos; un capítulo II que se refiere al régimen jurídico de la denominada Administración judicial electrónica. Teniendo en cuenta que lo que analizamos en este ámbito es la automatización de la actividad prestacional de justicia nos centraremos, específicamente, en los que se incluyen en citado Capítulo II que tienen más relación con los aspectos operativos.

B) Régimen específico de la tramitación electrónica de los procedimientos judiciales

En este punto lo que contiene la Ley es un conjunto de determinaciones que integran el marco general. Entre estas instituciones podemos referirnos las siguientes:

1. Expediente judicial electrónico

Su regulación se contempla en el artículo 26 de la Ley cuando contiene una regulación que podemos sintetizar en la siguiente forma:

El concepto se establece en el apartado 1 del articulo 26 cuando señala que "...El expediente judicial electrónico es el conjunto de datos, documentos, trámites y actuaciones electrónicas, así como de grabaciones audiovisuales correspondientes a un procedimiento judicial, cualquiera que sea el tipo de información que contenga y el formato en el que se hayan generado..."[8].

Podemos indicar, por tanto, que el carácter y el concepto que utiliza la Ley es amplio limitándose a indicar que el expediente reunirá los documentos y testimonios gráficos o en cualquier formato que se acuñen al proceso.

Realmente el concepto procesal no es el de expediente judicial sino el de autos. De hecho, el conjunto de normas procesales gira en relación con el concepto de autos y de su conservación. La LEciv en el artículo 148 establece que:

> "Artículo 148. Formación, custodia y conservación de los autos.
> Los Letrados de la Administración de Justicia responderán de la debida formación de los autos dejando constancia de las resoluciones que dicten los Tribunales, o ellos mismos cuando así lo autorice la ley. Igualmente responderán de la conservación y custodia de los mismos, salvo el tiempo en que estuvieren en poder del Juez o Magistrado ponente u otros Magistrados integrantes del Tribunal..."[9].

---

8 Desde una perspectiva operativa, el apartado 4 del artículo 26 señala que "...La remisión de expedientes se sustituirá a todos los efectos legales por la puesta a disposición del expediente judicial electrónico, teniendo derecho a obtener copia electrónica del mismo todos aquellos que lo tengan conforme a lo dispuesto en las normas procesales..."

9 Desde otra perspectiva, el propio artículo 140 de la LECiv, rubricado "Información sobre las actuaciones", establece:
"1. Los Letrados de la Administración de Justicia y funcionarios competentes de la Oficina judicial facilitarán a cualesquiera personas que acrediten un interés legítimo y directo cuanta información soliciten sobre el estado de las actuaciones judiciales, que podrán examinar y conocer, salvo que sean o hubieren sido declaradas reservadas conforme a la ley. También po-

Esto nos permite indicar que lo que la normativa de tecnología denomina expediente judicial electrónico no es sino la información que, según las reglas procesales, compone un proceso realizado en forma electrónica.

El régimen de elaboración, de uso y de disposición se corresponde, por tanto, con lo que las leyes procesales establezcan para los autos procesales. En todo caso y en relación con la propia redacción del artículo 148 de la LECiv queda por resolver la atribución de responsabilidad en la custodia que realiza el citado artículo y el traslado de dicha responsabilidad a quien asume la gestión del programa informático que sirve de cobertura y respecto del cual el letrado de la Administración de Justicia carece de competencia alguna. Resta decir que el programa procede de la Administración a la que corresponda la prestación de los servicios materiales y la obligación de utilización del ente que, respectivamente, supervise u ordene el régimen de cada colectivo.

Una cuestión como esta hubiera precisado de una adaptación del régimen de responsabilidad para situar la de los letrados de la Administración de Justicia en su justo término y no en unos términos que resultan manifiestamente improcedentes en función de la autoría y del régimen de conservación y utilización. Mantener su función en los mismos términos que cuando la custodia de los autos era física y tenían margen de actuación es algo que carece de sentido en un programa que se le presenta como aprobado y cerrado y el margen de actuación del letrado es, ciertamente, muy limitado.

---

drán pedir aquéllas, a su costa, la obtención de copias simples de escritos y documentos que consten en los autos, no declarados reservados.
2. A petición de las personas a que se refiere el apartado anterior, y a su costa, se expedirán por el Letrado de la Administración de Justicia los testimonios y certificados que soliciten, con expresión de su destinatario.
3. No obstante lo dispuesto en los apartados anteriores, los tribunales por medio de auto podrán atribuir carácter reservado a la totalidad o a parte de los autos cuando tal medida resulte justificada en atención a las circunstancias expresadas por el apartado 2 del artículo 138.
Las actuaciones de carácter reservado sólo podrán ser conocidas por las partes y por sus representantes y defensores, sin perjuicio de lo previsto respecto de hechos y datos con relevancia penal, tributaria o de otra índole".

Podríamos indicar que la Ley ha utilizado el esquema puramente administrativo, esto es, de procedimiento administrativo sin tener en cuenta las peculiaridades de la Administración de Justicia y la desvinculación del letrado de la Administración de Justicia de la Administración que provee los servicios y sin que nadie, en su conjunto, pueda dar una instrucción vinculante para el conjunto de los actores que intervienen en el proceso.

Estas peculiaridades proyectan realmente sobre el expediente electrónico la competencia material de custodia y confección que corresponde al Letrado de la Administración de Justicia —ya sea en papel o de forma electrónica— mientras que la responsabilidad real corresponde a la Administración que establece el soporte, el programa y los requisitos de conservación y custodia. Esta delimitación que, probablemente, es la misma que se da en el procedimiento electrónico entre los órganos de soporte y los que materialmente ejercen la competencia administrativa, no deja de ser polémica en el ámbito de la Administración de Justicia y hubiera merecido alguna precesión más allá de la mera traslación de lo que estaba regulado en las leyes procedimentales comunes.

2. Documento judicial electrónico

Según el artículo 27 de la Ley tienen tal consideración "...las resoluciones y actuaciones que se generen en los sistemas de gestión procesal, así como toda información que tenga acceso de otra forma al expediente, cuando incorporen datos firmados electrónicamente en la forma prevista en la Sección 2.ª del Capítulo II del Título III de la presente Ley...".

Esta determinación se completa en el apartado 3 del citado artículo cuando se señala que "...Tendrá la consideración de documento público el documento electrónico que incluya la fecha electrónica y que incorpore la firma electrónica reconocida del secretario judicial, siempre que actúe en el ámbito de sus competencias, conforme a lo dispuesto en las leyes procesales...".

También aquí el esquema es el del procedimiento administrativo común, pero es cierto que aquí no produce el efecto distorsionador porque la traslación no plantea dificultades.

El reciente RD-L 6/2022 ha pretendido actualizar o completar y reiterar el concepto. Así pues el artículo 39 del texto recoge que:

> "1. Tendrá la consideración de documento judicial electrónico la información de cualquier naturaleza en forma electrónica, archivada en un soporte electrónico, según un formato determinado y susceptible de identificación y tratamiento diferenciado admitido en el Esquema Judicial de Interoperabilidad y Seguridad y en las normas que lo desarrollan, y que haya sido generada, recibida o incorporada al expediente judicial electrónico por la Administración de Justicia en el ejercicio de sus funciones, con arreglo a las leyes procesales.
> Todos los documentos judiciales electrónicos deberán contener metadatos que posibiliten la interoperabilidad, así como llevar asociado un sello o firma electrónica, en el que quede constancia del órgano emisor, fecha y hora de su presentación o creación, de conformidad con el Reglamento (UE) n.º 910/2014 del Parlamento Europeo y del Consejo, de 23 de julio de 2014, y con la Ley 6/2020, de 11 de noviembre.
> 2. Tendrá la consideración de documento público el documento judicial electrónico que, además de los requisitos anteriores, incorpore la firma electrónica del letrado o letrada de la Administración de Justicia, siempre que se produzca en el ámbito de las competencias que tuviesen asumidas conforme a las leyes procesales".

Nótese como incide el precepto en la interoperabilidad e identificación en el plano electrónico, realizando una remisión a la normativa europea.

Además, el apartado segundo amplía de forma genérica el concepto a cualquier documento que, cumpliendo los requisitos del primer apartado, lleve incorporada la firma electrónica del letrado o letrada de la Administración de Justicia, actuando lógicamente dentro de sus competencias.

3. Copias electrónicas

Según el artículo 28 de la Ley son:

> "*...Las copias realizadas por medios electrónicos de documentos electrónicos* emitidos por el propio interesado o por las oficinas judiciales, manteniéndose o no el formato original, tendrán inmediatamente

> la consideración de copias auténticas con la eficacia prevista en las leyes procesales, siempre que el documento electrónico original se encuentre en poder de la oficina judicial donde haya sido originado o incorporado y que la información de firma electrónica y, en su caso, de sellado de tiempo permitan comprobar la coincidencia con dicho documento.
> Si se alterase el formato original, deberá incluirse en los metadatos la condición de copia...".
> No obstante, la determinación más importante es la que se contiene en el apartado 2 cuando señala que "...Las copias realizadas por las oficinas judiciales, utilizando medios electrónicos, de documentos emitidos originalmente por ellas en soporte papel tendrán la consideración de copias auténticas".. Esta determinación se completa en el apartado 5 con la indicación de que "...Las copias realizadas en soporte papel de documentos judiciales electrónicos y firmados electrónicamente por el secretario judicial tendrán la consideración de copias auténticas, siempre que incluyan la impresión de un código seguro de verificación que permita contrastar su autenticidad mediante el acceso a los archivos electrónicos de la oficina judicial emisora"..

También el RD-L 6/2023 normativiza esta cuestión en el artículo 40, denominado Documento original y copias electrónicas, con una definición en línea con lo recogido en los artículos arriba transcritos.

Cualquier documento emanado de los sistemas de gestión procesal y provistos de firma electrónica, y los escritos y documentos iniciadores o de trámite de las partes tienen la consideración de documento original. Este artículo amplía los métodos de reconocimiento o validez de la firma, aceptando *"cualquiera de los sistemas legalmente establecidos"* en el caso de las resoluciones judiciales o administrativas firmadas por la autoridad competente.

Y en cuanto a las copias el artículo recoge una regulación más extensa expresando lo siguiente:

> "2. Tendrán la consideración de copias auténticas de documentos judiciales electrónicos originales las emitidas, cualquiera que sea su soporte o cambio de formato que se produzca, bajo la firma del letrado o letrada de la Administración de Justicia, y las que se obtengan mediante actuaciones automatizadas siempre que estén provistas de sello electrónico y concurran además estos requisitos:
> a) Que el documento electrónico original se encuentre en el expediente judicial electrónico.

> b) Que la información de firma electrónica, y en su caso de sello electrónico cualificado, así como de su contenido, permitan comprobar la coincidencia con dicho documento.
> 3. Las copias previstas en el apartado anterior gozarán de la eficacia prevista en las leyes procesales, siempre que la información de firma electrónica y, en su caso, de marca de tiempo o sello electrónico cualificado, así como de su contenido, permitan comprobar la coincidencia con dicho documento.
> 4. También serán copias auténticas, siempre que se emitan bajo la firma del letrado o letrada de la Administración de Justicia:
> a) Los documentos electrónicos generados por la oficina judicial, de acuerdo con la normativa técnica del Comité técnico estatal de la Administración judicial electrónica, sobre documentos judiciales en soporte papel que consten en los archivos judiciales.
> b) La digitalización de los documentos en papel presentados por quienes no estén obligados a relacionarse con la Administración de Justicia por medios electrónicos, siempre que se realice en los términos definidos por el Comité técnico estatal de la Administración judicial electrónica, que en todo caso, garantizarán su autenticidad, integridad y la constancia de la identidad con el documento imagen, así como los establecidos en los sistemas de lo que se dejará constancia, pudiendo impugnarse su validez por los cauces procesales procedentes.
> 5. Las copias auténticas se expedirán siempre a partir de un original o de otra copia auténtica, y tendrán la misma validez y eficacia que los documentos originales. Esta obtención podrá hacerse de forma automatizada mediante el correspondiente sello electrónico, y, en caso de que se alterase el formato original, deberá incluirse en los metadatos la condición de copia".

Es llamativo como se introduce en este artículo, dedicado a las copias electrónicas, en el apartado séptimo, una interdicción a imprimir y expedir documentos en formato papel, salvo circunstancias excepcionales o solicitud de persona no obligada a relacionarse por medios electrónicos.

4. Archivo electrónico de documentos

Es el Real Decreto 937/2003, de 18 de julio, de modernización de los archivos judiciales la norma que, con carácter general, regula lo que denomina el proceso de modernización de los archivos judiciales. Según el artículo 1.2. "... 2. Se entiende por archivo judicial tanto el conjunto orgánico de documentos judiciales como el lugar en el que quedan debidamente custodiados y clasificados los documentos judiciales, de acuerdo con las normas de funcionamiento que se establecen en el capítulo II…". Esta definición se completaba en el artículo 3 con la habilitación o la invitación al uso de las nuevas tecnologías. Se señalaba que "… Los Archivos Judiciales de Gestión, Territoriales y Central serán gestionados mediante programas y aplicaciones informáticas, compatibles con los ya existentes en juzgados y tribunales, adaptados a las funciones y cometidos de cada uno…".

Es importante, eso sí, recordar que el Real Decreto 937/2003 establecía la competencia del CGPJ para la aprobación de los programas y aplicaciones informáticas[10].

Una de las características más notables de esta regulación es la clasificación de los archivos en tres clases: archivos judiciales de gestión; archivos judiciales territoriales y archivo judicial central. Los primeros custodian los documentos judiciales correspondientes a cada proceso o actuación judicial que se encuentre en tramitación. Los segundos, se corresponden con la custodia de la documentación remitida por los responsables de los archivos judiciales de gestión[11]. Finalmente, el archivo judicial central es el que incluye la documentación judicial del Tribunal Supremo, la Audiencia nacional y los restantes órganos con jurisdicción en todo el territorio nacional.

---

10 En concreto, el apartado 2 del artículo 3 señala que "… 2. Los programas y aplicaciones informáticas serán aprobados por el Consejo General del Poder Judicial a propuesta del Ministerio de Justicia o de las comunidades autónomas con competencias en materia de provisión de medios materiales y económicos para el funcionamiento de la Administración de justicia, y deberán cumplir los requisitos exigidos en la legislación vigente…"

11 En el apartado 3 del mismo artículo se añade que "…Los documentos judiciales cuyo soporte sea papel, que se hallen almacenados y custodiados en los archivos judiciales, podrán convertirse a soporte magnético o cualquier otro que permita la posterior reproducción en soporte papel, a través de las técnicas de digitalización, microfilmación u otras similares, siempre que se garantice la integridad, autenticidad y conservación del documento, con el fin de obtener una fácil y rápida identificación y la búsqueda de la documentación.
Asimismo, los documentos judiciales que estén contenidos en soportes electrónicos podrán ser transformados a soporte escrito mediante mecanismos de reproducción…".

La regulación de esta materia en la Ley 18/2011 se encuentra en su artículo 29 cuando introduce un precepto habilitador que admite que "...Podrán almacenarse por medios electrónicos todos los documentos utilizados en las actuaciones judiciales...". Esta determinación se completa indicando que "...Los Archivos Judiciales de Gestión, Territoriales y Central serán gestionados mediante programas y aplicaciones informáticas, compatibles con los ya existentes en juzgados y tribunales, adaptados a las funciones y cometidos de cada uno, cuyo funcionamiento electrónico será regulado mediante Real Decreto...". En este punto y como puede verse apenas existen novedades en relación con la determinación a la que nos hemos referido en primer lugar y que se consagra en la norma reglamentaria.

Desde una perspectiva de gestión, el apartado 3 señala que "... Los medios o soportes en que se almacenen documentos deberán contar con medidas de seguridad que garanticen la integridad, autenticidad, confidencialidad, calidad, protección y conservación de los documentos almacenados y ajustarse a los requerimientos que garanticen la compatibilidad e interoperabilidad de los sistemas informáticos. En particular, asegurarán la identificación de los usuarios y el control de accesos, el cumplimiento de las garantías previstas en la legislación de protección de datos, así como lo previsto en los artículos 234 y 235 de la Ley Orgánica 6/1985, de 1 de julio, del Poder Judicial, y en las leyes procesales".. Es aquí donde se contiene alguna precisión de mayor nivel al señalar que deben utilizarse programas que permitan asegurar la integridad, autenticidad, confidencialidad, calidad y protección de los documentos y su compatibilidad con los sistemas generales de forma que se asegure el ejercicio de los derechos que se recogen en la propia Ley 18/2011.

En relación con este punto el extenso RD-L 6/2023 establece que la remisión de asuntos al archivo cuando se den las condiciones procesales para ello se llevará a cabo de manera automatizada, dando por definición de "Actuación automatizada" "*la actuación procesal producida por un sistema de información adecuadamente programado sin necesidad de intervención humana en cada caso singular*".

5. Consideración de carácter general

Como acabamos de analizar, en este marco de instituciones generales se contemplan referencias que, por otro lado, se encontraban con una regulación similar en la Ley 11/2007, de 22 de junio, de Acceso Electrónico de los Ciudadanos a los Servicios Públicos, a la Administración General del Estado. Realmente es muy perceptible la diferenciación entre la automatización de funciones y la de procesos siendo la primera la que se realiza en relación o atención a determinadas funciones y la segunda la que tiene por objeto la sustitución de la intervención humana en procesos, esto es, en procesos dinámicos que son o pueden ser la conjunción de diferentes funciones.

Como señalaremos más adelante, el esquema de la automatización de la actividad judicial no plantea problemas diferentes en su concepción, ya que en ambos casos se trata de procesos que incluyen trámites sucesivos en los que participan empleados públicos y profesionales y que tienen como finalidad esencial la de situar el procedimiento en el ámbito de una decisión final que se mantiene en manos de una persona humana bien sea, en este caso, el juez o magistrado, bien lo sea el letrado de la Administración de Justicia que, ciertamente, son los funcionarios públicos a los que corresponde, en su caso, dictar resoluciones que terminan un procedimiento o una parte de él.

Lo más característico no puede ser, por tanto, cómo sustituir los trámites previos por trámites electrónicos que, en eso, se trata de un proceso más o menos común. Lo relevante, de nuevo, es la organización de la Administración de Justicia que, realmente, disocia las competencias del conjunto de personas que actúan sobre el proceso automatizado y que, por tanto, la conformación del instrumento electrónico como una plataforma común, servida por la Administración competente en materia de servicios, y sobre la que deben operar un conjunto de empleados públicos cuyo régimen de actuación y responsabilidad corresponde a Administraciones u órganos constitucionales diferenciados.

C) Elementos operativos en la dinámica organizativa del sistema de Administración de Justicia

El artículo 8 del Real Decreto 1065/2015 de 27 de noviembre, sobre comunicaciones electrónicas en la Administración de Justicia en el ámbito territorial del Ministerio de Justicia y por el que se regula el sistema LexNET, determina que la presentación de escritos y documentos, el traslado de copias y la realización de comunicaciones y notificaciones por medios electrónicos se puede efectuar alternativamente por el sistema LEXNET o mediante la sede judicial electrónica correspondiente. La utilización de cualquiera de los dos sistemas propuestos produce los efectos que pasamos a analizar.

La definición de la sede electrónica judicial podemos tomarla del artículo 20 del Real Decreto en cuestión cuando señala que "...Los ciudadanos que, no siendo preceptiva su representación o asistencia por profesionales de la justicia, opten por relacionarse con la Administración de Justicia por medios electrónicos o vengan obligados a ello por ley o reglamento presentarán los escritos, demandas, solicitudes y documentos en los formatos y con las características que se describen en el Anexo IV, a los órganos y oficinas judiciales y fiscales a través de la sede judicial electrónica, salvo que utilicen el Servicio Compartido de Gestión de Notificaciones Electrónicas y la Carpeta Ciudadana provistos por el Ministerio de Hacienda y Administraciones Públicas si los medios tecnológicos lo permiten."..

Esto sitúa la sede judicial electrónica en un estrato subjetivo identificado: la comparecencia cuando no sea obligatoria la utilización de Lexnet y siempre que no se opte por utilizar el sistema compartido de gestión de notificaciones electrónicas y carpeta ciudadana provisto por el Ministerio de Hacienda y Administraciones Públicas.

Incluimos en este ámbito las siguientes instituciones:

1. Los registros judiciales electrónicos

Según el artículo 30 del Real Decreto 1065/2015 "...Las Administraciones competentes dotarán a las oficinas judiciales con funciones de registro de los medios electrónicos adecuados para la recepción y registro de escritos y documentos, traslado de copias, realización de actos de comunicación y expedición de resguardos electrónicos a través de medios de transmisión seguros, entre los que se incluirán los sistemas de firma y sellado de tiempo electrónicos reconocidos…"[12].

Desde una perspectiva operativa, es el artículo 31 el que señala que "…Los registros electrónicos emitirán automáticamente un recibo consistente en una copia autenticada del escrito, documento o comunicación de que se trate, incluyendo la fecha y hora de presentación y el número de entrada de registro".

Se trata, como venimos viendo, de una medida de carácter posibilistico que, en gran medida, pierde la efectividad con la aplicación del sistema Lexnet que, como venimos diciendo es "…El sistema LexNET es un medio de transmisión seguro de información que mediante el uso de técnicas criptográficas garantiza la presentación de escritos y documentos y la recepción de actos de comunicación, sus fechas de emisión, puesta a disposición y recepción o acceso al contenido de los mismos…"[13].

Su desarrollo se produce, en gran medida, con el artículo 9 del Real Decreto 1065/2015 cuando establece que "…Los órganos y las oficinas judiciales y fiscales, así como los profesionales de la justicia, remitirán sus escritos y documentos a través del sistema LexNET"[14].

---

12 Esta determinación se completa el apartado 3 cuando indica que "…3. En estos registros judiciales electrónicos únicamente se admitirán escritos y documentos dirigidos a las oficinas judiciales dependientes del mismo, conforme a lo establecido en el artículo 230 de la Ley Orgánica 6/1985, de 1 de julio, del Poder Judicial, en la Ley 59/2003, de 19 de diciembre, de firma electrónica, y en las leyes procesales".

13 Así se expresa el artículo 13 del Real Decreto 1065/2015.

14 El apartado 3 del propio artículo señala que "…La presentación de toda clase de escritos, documentos, dictámenes, informes u otros medios o instrumentos deberá ir acompañada de un formulario normalizado con el detalle o índice comprensivo del número, orden y descripción somera del contenido de cada uno de los documentos, así como, en su caso, del órgano u oficina judicial o fiscal al que se dirige y el tipo y número de expediente y año al que se refiere el escrito. Este formulario normalizado se ajustará a las disposiciones del Reglamento 2/2010, sobre criterios generales de homogeneización de las actuaciones de los servicios comunes procesales,

En la actualidad, el Título VI del RDL se refiere, específicamente, a los registros de la Administración de justicia y los archivos electrónicos. Al margen de la regulación del funcionamiento de los registros, el artículo 73 se refiere al Registro electrónico común de la Administración de justicia en los siguientes términos:

"... 1. El Registro Electrónico Común de la Administración de Justicia posibilitará la presentación de escritos y comunicaciones dirigidas a la Administración de Justicia y a los órganos y oficinas judiciales, fiscalías y oficinas fiscales, de manera complementaria e interoperable con los registros existentes en las administraciones con competencia de Justicia.
2. El Registro Electrónico Común de la Administración de Justicia será accesible a través del Punto de Acceso General de la Administración de Justicia e interoperable con el Registro Electrónico Común de la Administración General del Estado.
3. Será gestionado por el Ministerio de la Presidencia, Justicia y Relaciones con las Cortes. El Comité técnico estatal de la Administración judicial electrónica establecerá las condiciones de funcionamiento, así como los requisitos técnicos y previsiones para la adhesión al mismo de los sistemas existentes en las Comunidades Autónomas con competencia en la materia, teniendo el registro electrónico común un carácter complementario a éstos. Los escritos y comunicaciones que reúnan los requisitos que se determinen en la normativa técnica o de desarrollo, presentados al Registro Electrónico Común de la Administración de Justicia, generarán la entrada automática, proporcionando un acuse de recibo electrónico con acreditación de la fecha y hora de presentación.
4. Las administraciones públicas con competencias en medios materiales y personales de la Administración de Justicia facilitarán la interoperabilidad de los sistemas de justicia con el Registro Electrónico Común de la Administración de Justicia.
5. El Registro Electrónico Común de la Administración de Justicia informará al ciudadano, ciudadana o el o la profesional y le redirigirá, cuando proceda, a los registros competentes para la recepción de aquellos documentos que dispongan de aplicaciones o registros específicos para su tratamiento, bien por razón de la materia, bien porque aún no se ha procedido la adhesión de ámbitos competenciales o jurisdiccionales al mismo...".

---

aprobado por Acuerdo, de 25 de febrero de 2010, del Pleno del Consejo General del Poder Judicial"

En el plano operativo, el artículo 74 del RDL se refiere al Registro Electrónico de Apoderamientos cuando señala que "... 1. En el Ministerio de la Presidencia, Justicia y Relaciones con las Cortes existirá un Registro Electrónico de Apoderamientos Judiciales en el que deberán inscribirse los apoderamientos otorgados presencial o electrónicamente por quien ostente la condición de interesado o interesada en un procedimiento judicial a favor de su representante, para actuar en su nombre ante la Administración de Justicia. También deberán constar las demás circunstancias y representaciones previstas en este real decreto-ley.

2. El Registro Electrónico de Apoderamientos Judiciales permitirá comprobar válidamente la representación que ostentan quienes actúen ante la Administración de Justicia en nombre de un tercero...".

2. La relación electrónica

El artículo 33 de la Ley 18/2011, en sintonía con la normativa la normativa que en el ámbito administrativo contempla, actualmente, la Ley 39/2015, de 1 de octubre, del Procedimiento Administrativo Común de las Administraciones Públicas (LPAC)[15], determina que "...Los ciudadanos podrán elegir en todo momento la manera de comunicarse con la Administración de Justicia, sea o no por medios electrónicos ". En la actualidad, el artículo 5 del RDL señala que "... 1. Los ciudadanos y ciudadanas tienen derecho a relacionarse con la Administración de Justicia utilizando medios electrónicos para el ejercicio de los derechos previstos en los capítulos I y VII del título III del libro III de la Ley Orgánica 6/1985, de 1 de julio, del Poder Judicial, en la forma y con las limitaciones que en los mismos se establecen..."

---

15 El apartado 1 de su artículo 14 señala que " Las personas físicas podrán elegir en todo momento si se comunican con las Administraciones Públicas para el ejercicio de sus derechos y obligaciones a través de medios electrónicos o no, salvo que estén obligadas a relacionarse a través de medios electrónicos con las Administraciones Públicas. El medio elegido por la persona para comunicarse con las Administraciones Públicas podrá ser modificado por aquella en cualquier momento".

Asimismo, se podrá establecer legal o reglamentariamente la obligatoriedad de comunicarse con ella utilizando solo medios electrónicos cuando se trate de personas jurídicas o colectivos de personas físicas que por razón de su capacidad económica o técnica, dedicación profesional u otros motivos acreditados tengan garantizado el acceso y disponibilidad de los medios tecnológicos precisos.

En ejecución de esta determinación se dicta el Real Decreto 1065/2015 de 27 de noviembre, sobre comunicaciones electrónicas en la Administración de Justicia en el ámbito territorial del Ministerio de Justicia y por el que se regula el sistema LexNET, según el cual la relación será no electrónica cuando, según las leyes procesales, "... Los ciudadanos que no estén asistidos o representados por profesionales de la justicia podrán elegir, en todo momento, que la manera de comunicarse con la Administración de Justicia y la forma de recibir las comunicaciones y notificaciones de la misma sea o no por canales electrónicos" (artículo 4).

Esta conformación alternativa se completa en el propio artículo 4 con la referencia a quienes están obligado a la relación electrónica que incluye las personas jurídicas, las entidades sin personalidad jurídica, quienes ejerzan una actividad profesional para la que se requiera colegiación obligatoria, los notarios y registradores, quienes representen a un interesado que esté obligado a la relación electrónica, los funcionarios de las Administraciones Públicas y todos aquellos que legal o reglamentariamente se establezca esta prescripción.

Esta determinación se concreta en el artículo 5 del Real Decreto 1065/2015 con la siguiente precisión: "..Todos los Abogados, Procuradores, Graduados Sociales, Abogados del Estado, Letrados de las Cortes Generales, de las Asambleas Legislativas y del Servicio Jurídico de la Administración de la Seguridad Social, de las demás Administraciones Públicas, de las Comunidades Autónomas o de los Entes Locales, así como los Colegios de Procuradores y administradores concursales tienen la obligación de utilizar los sistemas electrónicos existentes en la Administración de Justicia para la presentación de escritos y documentos y para la recepción de actos de comunicación."..

Con carácter general, se añade en el apartado 2 del artículo 33 de la Ley 18/2011 que "...Las comunicaciones a través de medios electrónicos se realizarán, en todo caso, con sujeción a lo dispuesto en la legislación procesal y serán válidas siempre que exista constancia de la transmisión y recepción, de sus fechas y del contenido íntegro de las comunicaciones, y se identifique con la autenticación que sea exigible al remitente y al destinatario de las mismas".[16]

Y, desde otra perspectiva, el mismo artículo 33 añade que "...6. Las oficinas judiciales utilizarán en todo caso medios electrónicos en sus comunicaciones con otras Administraciones y organismos públicos, salvo imposibilidad legal o material...". Esta determinación es similar a la que se contiene en el artículo 3.2 de Ley 40/2015, de 1 de octubre, de Régimen Jurídico del Sector Público (LRJSP) que establece la misma obligación para los órganos administrativo determinando la obligación de la relación electrónica entre órganos[17].

---

16 El artículo 14 del Real Decreto 1065/2015 establece las siguientes funcionalidades que permiten entender que la utilización de dicho sistema cumple con la determinación legal. En concreto, señala el citado artículo que:
"...a) La presentación y transporte de escritos procesales y documentos que con los mismos se acompañen, así como su distribución y remisión al órgano u oficina judicial o fiscal encargada de su tramitación.
b) La gestión del traslado de copias, de modo que quede acreditado en las copias la fecha y hora en que se ha realizado efectivamente el traslado a los restantes Procuradores personados y la identidad de éstos, de conformidad con lo previsto en las leyes procesales.
c) La realización de actos de comunicación procesal conforme a los requisitos establecidos en las leyes procesales.
d) La expedición de resguardos electrónicos, integrables en las aplicaciones de gestión procesal, acreditativos de la correcta realización de la presentación de escritos y documentos anexos, de los traslados de copias y de la remisión y recepción de los actos de comunicación procesal y, en todo caso, de la fecha y hora de la efectiva realización.
e) La constancia de un asiento por cada una de las transacciones electrónicas a que se refieren los números anteriores, realizadas a través del sistema, identificando cada transacción los siguientes datos: identidad del remitente y del destinatario de cada mensaje, fecha y hora de su efectiva realización proporcionada por el sistema y, en su caso, proceso judicial al que se refiere, indicando tipo de procedimiento, número y año".

17 "...Las Administraciones Públicas se relacionarán entre sí y con sus órganos, organismos públicos y entidades vinculados o dependientes a través de medios electrónicos...".

Estas obligaciones procedimentales vienen a reiterarse, como venimos indicando, por el artículo 7 del RD-L 6/2023, que señala que "1. *Los órganos y oficinas judiciales, fiscalías, y oficinas fiscales utilizarán para el desarrollo de su actividad y ejercicio de sus funciones los medios técnicos, electrónicos, informáticos y electrónicos puestos a su disposición por la Administración competente, siempre que dichos medios cumplan con los esquemas nacionales de interoperabilidad y seguridad, así como con la normativa técnica, instrucciones técnicas de seguridad, requisitos funcionales fijados por el Comité técnico estatal de la Administración judicial electrónica y normativa de protección de datos personales*".

Además, ese artículo en su apartado segundo realiza una disposición de impulso, al expresar "*que la Administración de Justicia dotarán a los órganos y oficinas judiciales y oficinas fiscales de sistemas tecnológicos que permitan la tramitación electrónica de los procedimientos*".

3. Notificaciones

Su regulación está prevista en el artículo 34 cuando señala que "...1. El sistema de notificación permitirá acreditar la fecha y hora en que se produzca la salida y las de la puesta a disposición del interesado del acto objeto de notificación, así como de acceso a su contenido..."[18]. Específicamente, el artículo 11 del Real Decreto 1065/2015 señala que las comunicaciones con las partes procesales y, en su caso, con los terceros intervinientes se podrá realizar utilizando alguno de los siguientes canales electrónicos:

a) El sistema LexNET, si se trata, en su caso, de otros órganos y oficinas judiciales y fiscales, cuando las partes intervinientes en

---

[18] Esta regulación se completa indicando que "...En caso de que el acto de comunicación no pueda llevarse a cabo por medios electrónicos, se procederá a imprimir la resolución y la documentación necesaria, procediéndose a la práctica del acto de comunicación en la forma establecida en las leyes procesales e incorporándose a continuación el documento acreditativo de la práctica del acto de comunicación, debidamente digitalizado, al expediente judicial electrónico. En todo caso, el destinatario del acto de comunicación tendrá derecho a obtener copia de la documentación recibida en formato electrónico...".

el proceso estén representadas por profesionales de la justicia y así lo permitan las normas procesales y cuando los destinatarios de los actos de comunicación sean las Administraciones y organismos públicos y las Fuerzas y Cuerpos de Seguridad.

b) La sede judicial electrónica.

c) El Servicio Compartido de Gestión de Notificaciones Electrónicas y la Carpeta Ciudadana provistos por el Ministerio de Hacienda y Administraciones Públicas siempre que los medios tecnológicos lo permitan.

d) Otros sistemas electrónicos de información y comunicación que puedan establecerse.

Esta identificación de los medios se completa con la determinación de que todos los medios identificados deberán cumplir los requisitos de autenticidad, integridad, temporalidad, y resguardo acreditativo en los procesos de envío y recepción.

Este régimen resulta afectado por el RDL que, en el artículo 15 regula la denominada carpeta Justicia que debe contener "... 1. La Carpeta Justicia deberá contener, como mínimo:

a) La información necesaria que permita a los ciudadanos y ciudadanas su utilización.

b) La relación de los servicios que pueden obtener a través de la misma.

c) Los derechos y obligaciones de los ciudadanos y ciudadanas derivados de su uso.

d) La posibilidad de verificar los accesos previos por el ciudadano o ciudadana.

e) El acceso a los expedientes judiciales en el que el ciudadano fuese parte o interesado, de conformidad con lo establecido en este real decreto-ley.

f) El acceso y firma de los actos de comunicación de la Administración de Justicia pendientes, así como el acceso a los actos de comunicación ya practicados.

g) El acceso a la información personalizada que conste en el Tablón Edictal Judicial Único.

h) La obtención y gestión de cita previa en el ámbito judicial.

i) El acceso a una agenda personalizada de actuaciones ante la Administración de Justicia.

j) El acceso a los cauces para realizar sugerencias y quejas…"

IV. LA APUESTA POR LA AUTOMATIZACIÓN: LA TRAMITACIÓN ELECTRÓNICA

Está regulada en el Título III del RDL en los siguientes términos:

A) Iniciación del procedimiento por medios electrónicos

En los apartados anterior hemos indicado que el sistema de tramitación hace obligatoria la utilización de medios electrónicos en los supuestos tasados que incluyen lo que es habitual en las leyes procesales, esto es, la necesidad de utilización de abogado y procurador. Cuando esto ocurre la iniciación del procedimiento se produce mediante la comunicación cursada por Lexnet.

No obstante, en algunas ocasiones las leyes procesales admiten que el interesado pueda tener una intervención directa sin necesidad de aquellos profesionales. En estos supuestos el interesado tiene la capacidad o la posibilidad de decir si mantener la relación electrónica —voluntaria— por Lexnet o por la sede electrónica judicial.

Establece el artículo 33 de la Ley que "…1 1. El inicio por los ciudadanos y ciudadanas de un procedimiento judicial por medios electrónicos en aquellos asuntos en los que no sea precisa la representación procesal ni la asistencia letrada, requerirá la puesta a disposición de los interesados, en la sede judicial electrónica, de los correspondientes modelos o impresos normalizados, que deberán ser accesibles sin otras restricciones tecnológicas que las estrictamente derivadas de la utilización de estándares y criterios de comunicación y seguridad aplicables de acuerdo con las normas y protocolos nacionales e internacionales.

2. En todo caso, cuando los escritos fueran presentados en papel por las personas a las que se refiere el apartado 1 del presente artículo, se procederá a su digitalización por la sección correspondiente del servicio común procesal que tenga atribuidas dichas funciones.

3. Los y las profesionales que se relacionan con la Administración de Justicia presentarán sus demandas y otros escritos por vía telemática, empleando para el escrito principal la firma electrónica establecida en este real decreto-ley..."

B) Tramitación del procedimiento utilizando medios electrónicos

La regulación está contenida en el artículo 34 del RDL según el cual: ".... La gestión electrónica de los procedimientos judiciales respetará el cumplimiento de los requisitos formales y materiales establecidos en las normas procesales.

2. Las aplicaciones y sistemas de información utilizados para la gestión por medios electrónicos de los procedimientos deberán garantizar el control de los tiempos y plazos, la identificación del órgano u oficina responsable de los procedimientos, la tramitación ordenada de los expedientes, y asimismo facilitarán la simplificación y la publicidad de los procedimientos..."[19]..

Esta regla general se completa con tres determinaciones de carácter más concreto:

- Los sistemas de comunicación utilizados en la gestión electrónica de los procedimientos para las comunicaciones entre las unidades intervinientes en la tramitación de las distintas fases del proceso deberán cumplir los requisitos establecidos en el RDL y en las disposiciones reglamentarias de desarrollo.
- Cuando se utilicen medios electrónicos en la gestión del procedimiento, los actos de comunicación y notificación que hayan de practicarse se realizarán conforme a las disposiciones contenidas en el RDL

– La remisión de expedientes administrativos por las distintas administraciones y organismos públicos, prevista en las leyes procesales, se realizará a través de las herramientas de remisión telemática de expedientes administrativos puestas a su disposición.

En la actualidad, es la LRJSP la que se refiere a la cuestión de los requisitos de los documentos electrónicos en su artículo 46[20].

C) *Presentación de escritos, documentos y otros medios o instrumentos*

La presentación de toda clase de escritos, documentos, dictámenes u otros medios o instrumentos se ajustará a las leyes procesales. Esta formulación general se completa con las siguientes determinaciones:

a) Las partes o intervinientes deberán presentar todo tipo de documentos y actuaciones para su incorporación al expediente judicial electrónico en formato electrónico.

---

20 Establece que:
"1. Todos los documentos utilizados en las actuaciones administrativas se almacenarán por medios electrónicos, salvo cuando no sea posible.
2. Los documentos electrónicos que contengan actos administrativos que afecten a derechos o intereses de los particulares deberán conservarse en soportes de esta naturaleza, ya sea en el mismo formato a partir del que se originó el documento o en otro cualquiera que asegure la identidad e integridad de la información necesaria para reproducirlo. Se asegurará en todo caso la posibilidad de trasladar los datos a otros formatos y soportes que garanticen el acceso desde diferentes aplicaciones.
3. Los medios o soportes en que se almacenen documentos, deberán contar con medidas de seguridad, de acuerdo con lo previsto en el Esquema Nacional de Seguridad, que garanticen la integridad, autenticidad, confidencialidad, calidad, protección y conservación de los documentos almacenados. En particular, asegurarán la identificación de los usuarios y el control de accesos, el cumplimiento de las garantías previstas en la legislación de protección de datos, así como la recuperación y conservación a largo plazo de los documentos electrónicos producidos por las Administraciones Públicas que así lo requieran, de acuerdo con las especificaciones sobre el ciclo de vida de los servicios y sistemas utilizados"..

Se exceptúan de lo dispuesto en el párrafo anterior aquellos casos previstos en las leyes.

Específicamente, el artículo 43 del RDL se refiere a la presentación de documentos en papel y señala, con carácter general, que "... Los documentos en papel que se aporten en cualquier momento del procedimiento, siempre que la parte que los presente no venga obligada a relacionarse electrónicamente con la Administración de Justicia, se deberán digitalizar por la oficina judicial e incorporar al expediente judicial electrónico.

La digitalización a la que se refiere el apartado anterior habrá de cumplir con la normativa técnica establecida en el marco del Comité técnico estatal de la Administración judicial electrónica, y con lo dispuesto en el presente real decreto-ley, las leyes procesales u otras normas de desarrollo..."

b) La presentación de escritos y documentos, o cualesquiera otros medios o instrumentos, por medios electrónicos, incluso los que sean generados de forma automatizada, habrá de cumplir con lo dispuesto en las leyes procesales y con la normativa técnica establecida en el marco del Comité técnico estatal de la Administración judicial electrónica en las leyes procesales y, en su caso, en la normativa técnica. Deberán constar necesariamente:

1) La identidad de la persona que lo presente.

2) El órgano judicial, la oficina judicial u oficina fiscal a los que va dirigido.

3) El tipo y número de procedimiento al que se debe incorporar.

4) La fecha de presentación.

c) Los documentos que se hubiesen presentado electrónicamente deberán conservarse en un formato que permita garantizar la autenticidad, integridad y conservación del documento, así como su consulta con independencia del tiempo transcurrido desde su emisión. Se asegurará en todo caso la posibilidad de trasladar los datos a otros formatos y soportes que garanticen el acceso desde diferentes aplicaciones. La eliminación de dichos documentos deberá ser autorizada de acuerdo con lo dispuesto en la normativa aplicable sobre archivos judiciales.

D) Régimen específico de la representación procesal

A esta cuestión se refiere específicamente el artículo 40 de la Ley de 2011 cuando señala que "...El traslado de copias por vía telemática se realizará de forma simultánea a la presentación telemática de escritos y documentos ante el órgano u oficina judicial correspondiente"..

Al lado de esta determinación se señala en la relación con los poderes apud-acta que su realización se hará ante el Letrado de la Administración de Justicia y que a partir de ahí se utilizara adjuntando copia electrónica de la misma o mediante indicación del número, fecha y letrado de la Administración de Justicia ante quien se otorgó.

El RD-L 6/2023 recoge varios preceptos sobre la representación procesal, destacando el artículo 77 sobre la acreditación de la misma, que expresa:

> "La representación procesal se acreditará mediante consulta automatizada orientada al dato que confirme la inscripción de esta en el Registro Electrónico de Apoderamientos Judiciales, cuando el sistema así lo permita. En otro caso, se acreditará mediante la certificación de la inscripción en el Registro Electrónico de Apoderamientos Judiciales.
>
> En todos los casos, quien asuma la representación procesal indicará el número asignado a la inscripción en dicho Registro".

E) El acceso de las partes a la información sobre el estado de tramitación

La formulación que realiza el artículo 41 de la Ley 18/2011 es claramente proyectiva y según la cual "...Se pondrá a disposición de las partes un servicio electrónico de acceso restringido donde éstas puedan consultar, previa identificación y autenticación, al menos la información sobre el estado de tramitación del procedimiento, salvo que la normativa aplicable establezca restricciones a dicha información y con pleno respeto a lo dispuesto en la Ley Orgánica 15/1999, de 13 de diciembre, de Protección de Datos de carácter personal, y legislación que la desarrolla. La información sobre el estado de tramitación del procedimiento comprenderá la relación de los actos de trámite realizados, con indicación sobre su contenido, así como la fecha en la que fueron dictados…".

El RD-L consagra el conocer por medios electrónicos el estado de tramitación de los procedimientos en los que los ciudadanos sean parte procesal o interesados legítimos como un derecho, recogiendo en el artículo 5 de los derechos de los ciudadanos y ciudadanas.

Recibe una regulación más específica el acceso a la información sobre el estado de tramitación en el artículo 46, del meritado RD-L. El precepto reza:

> "1. Los servicios electrónicos que faciliten a las partes y a los y las profesionales que intervienen ante la Administración de Justicia el acceso al estado de tramitación del procedimiento o la consulta del expediente judicial electrónico, garantizarán la aplicación de la normativa que pueda establecer restricciones a dicha información, con pleno respeto a lo dispuesto en el Reglamento (UE) 2016/679 del Parlamento Europeo y del Consejo, de 27 de abril de 2016; en la Ley Orgánica 3/2018, de 5 de diciembre; en la Ley Orgánica 7/2021, de 26 de mayo, y su normativa de desarrollo, con las especialidades establecidas en la Ley Orgánica 6/1985, de 1 de julio, y en las leyes procesales.
> 2. La información sobre el estado de tramitación del procedimiento comprenderá la relación de los actos de trámite realizados, con indicación sobre su contenido, así como la fecha en la que fueron dictadas las resoluciones".

V. LA ACTUACIÓN JUDICIAL AUTOMATIZADA: REQUISITOS Y CARACTERÍSTICAS

Realmente la regulación del artículo 42 de la Ley 18/2011 es compleja porque se limita a indicar que el caso de actuación automatizada deberá establecerse por el Comité técnico estatal de la Administración judicial electrónica la definición de las especificaciones, programación, mantenimiento, supervisión y control de calidad y, en su caso, la auditoria del sistema de información y de su código fuente.

Como puede verse se establece la condición de la publicidad de las condiciones generales, pero no se indica exactamente qué debe o puede entenderse por automatización de procesos y procedimientos. En el ámbito de la regulación más detallada como es la LRJSP hemos convenido en que la actuación automatizada es la que sustituye procesos humanos. El alcance de dicha sustitución no está, por tanto, predeterminada, sino que realmente se remite al propio instrumento que ponga énfasis y señale el proceso de sustitución[21].

Esto ha llevado a diferenciar la automatización relacional de la automatización decisional. La primera es la que opera sobre las funciones proponiendo una solución técnica diferente a la histórica y que se caracteriza por la utilización instrumental de la tecnología. La segunda, la decisional es la que opera en los procesos y supone materialmente la sustitución del personal físico que la realiza.

Llegados a este punto podemos plantearnos si la sustitución del personal puede llegar a la sustitución íntegra de la función judicial. Para plantearnos esta situación es preciso arrancar de lo dispuesto en el artículo 117 de la Constitución (CE) cuando señala que ".... 1. La justicia emana del pueblo y se administra en nombre del Rey por Jueces y Magistrados integrantes del poder judicial, independientes, inamovibles, responsables y sometidos únicamente al imperio de la ley...".

Es claro, por tanto, que el ejercicio de la función jurisdiccional exige la participación ineludible de un juez o magistrado. Es cierto que la CE no determina el alcance ni la forma de esta participación. Este es el margen en el que nos movemos. La función jurisdiccional exige ineludiblemente la participación del juez, pero nada impide que esta función venga precedida de un proceso automatizado hasta el extremo que se considere. Lo relevante, en este punto, es que la

---

[21] Su artículo 41, cuya rúbrica es "Actuación administrativa automatizada", establece que:

"1. Se entiende por actuación administrativa automatizada, cualquier acto o actuación realizada íntegramente a través de medios electrónicos por una Administración Pública en el marco de un procedimiento administrativo y en la que no haya intervenido de forma directa un empleado público.

2. En caso de actuación administrativa automatizada deberá establecerse previamente el órgano u órganos competentes, según los casos, para la definición de las especificaciones, programación, mantenimiento, supervisión y control de calidad y, en su caso, auditoría del sistema de información y de su código fuente. Asimismo, se indicará el órgano que debe ser considerado responsable a efectos de impugnación".

participación del juez debe ser volitiva, esto es, puede utilizar sistemas o programas, pero la decisión final es la que el considera que recoge la aplicación del Ordenamiento Jurídico, más allá de que los aspectos no volitivos puedan ser realizados automáticamente. En el contexto actual, la sustitución de la voluntad del juez en la adopción de la decisión y en la formalización de su compromiso con la resolución es parte ineludible del modelo constitucional que pone en manos de jueces y magistrados la decisión sobre los asuntos que se le plantean sin que, por tanto, sea admisible, en este contexto algo que vaya más allá de una función ancilar.

Los límites de esta función ancilar quedan, por tanto, vinculados a que la decisión en su conformación y en su presentación final y la responsabilidad de la misma solo pueden corresponder a quien ejercer la función jurisdiccional. Traducido al plano operativo cabría indicar que solo sería válida la utilización de medios electrónicos decisionales siempre que los mismos no presenten decisiones autónomas que no hayan sido validadas o sugeridas por los responsables de la función jurisdiccional y siempre, claro está, que la decisión final esté o sea plenamente acorde con el ejercicio de la función jurisdiccional

La extensión objetiva de la actividad ancilar a la que nos estamos refiriendo está por delimitar y admite, qué duda cabe, muchos elementos diferenciales y característicos en función de la naturaleza del trámite. Es lo cierto, sin embargo, que la compatibilidad con la determinación del artículo 117 de la CE exige que la presencia del juez o magistrado (o de los letrados de la Administración de Justicia allí donde conforme a las leyes procesales les corresponde la función de impulso con carácter decisional) y, sobre todo, que la decisión del sujeto en cuestión tenga un elemento volitivo reconocible y no sustituible por la presentación electrónica de decisiones. Solo desde la asunción de la decisión previa y de la decisión final se puede hablar de compatibilidad con el sistema jurisdiccional.

El tema es, con toda certeza, muy problemático por los avances que está planteando la inteligencia artificial[22]. No es el tema aquí

---

[22] Cuestión esta que es de creciente interés en la doctrina. Puede consultarse, por todos, Cerrillo Martínez, A. y Velasco Rico, C., "Jurisdicción, algoritmos

planteado, pero no podemos dejar de indicar que en la inteligencia hay un proceso de selección y propuesta (cuando no de resolución) que proviene de lo que el propio programa considera que es la aplicación inteligente de la norma, en este caso. Esta concepción de propuesta o de resolución es la que marca la línea entre la actividad auxiliar o ancilar y la que es, puramente, decisional. Este límite que, ciertamente, es cada vez, más relativo y menos preciso es el que marca la admisibilidad constitucional de la automatización que, como decimos, excluye la actividad decisional.

Como novedad normativa con relación a la inteligencia artificial cabe hacer referencia a la tramitación ordenada al dato, que se regula en el capítulo II del Libro 1 del RD-L 6/2023, en concreto el artículo 35 del "Principio General de orientación al dato".

> "1. Todos los sistemas de información y comunicación que se utilicen en el ámbito de la Administración de Justicia, incluso para finalidades de apoyo a las de carácter gubernativo, asegurarán la entrada, incorporación y tratamiento de la información en forma de metadatos, conforme a esquemas comunes, y en modelos de datos comunes e interoperables que posibiliten, simplifiquen y favorezcan los siguientes fines:
> a) La interoperabilidad de los sistemas informáticos a disposición de la Administración de Justicia.
> b) La tramitación electrónica de procedimientos judiciales.
> c) La búsqueda y análisis de datos y documentos para fines jurisdiccionales y organizativos.
> d) La búsqueda y análisis de datos para fines de estadística.
> e) La anonimización y seudonimización de datos y documentos.
> f) El uso de datos a través de cuadros de mandos o herramientas similares, por cada Administración Pública en el marco de sus competencias.

---

e inteligencia artificial", *20 años de la Ley de lo Contencioso-administrativo: actas del XIV Congreso de la Asociación Española de Profesores de Derecho Administrativo. Murcia, 8-9 de febrero de 2019* (López Ramón, F. y Valero Torrijos, J., Coords.), INAOP, Madrid, 2019, pp. 291-303; Simón Castellano, P., "Inteligencia artificial y Administración de Justicia: ¿Quo vadis, justitia?", Revista de Internet, Derecho y Política, núm. 33, abril 2021, pp. 1.15; De Hoyos Sancho, M., " El uso jurisdiccional de los sistemas de inteligencia artificial y la necesidad de su armonización en el contexto de la Unión Europea", *Revista General de Derecho Procesal,* núm. 55, 2021, y la obra colectiva *Inteligencia artificial legal y administración de justicia* (Calaza López, S. y Llorente Sánchez-Arjona, M., Dirs.), Thomson Reuters Aranzadi, Cizur menor (Navarra), 2022.

> g) La gestión de documentos.
> h) La autodocumentación y la transformación de los documentos.
> i) La publicación de información en portales de datos abiertos.
> j) La producción de actuaciones judiciales y procesales automatizadas, asistidas y proactivas, de conformidad con la ley.
> k) La aplicación de técnicas de inteligencia artificial para los fines anteriores u otros que sirvan de apoyo a la función jurisdiccional, a la tramitación, en su caso, de procedimientos judiciales, y a la definición y ejecución de políticas públicas relativas a la Administración de Justicia.
> l) La transmisión de datos entre órganos judiciales, administraciones públicas y asimismo con los ciudadanos y ciudadanas o personas jurídicas, de acuerdo con la ley.
> m) Cualquier otra finalidad legítima de interés para la Administración de Justicia.
> 2. El uso de modelos de datos será obligatorio en las condiciones que se determinen por vía reglamentaria, previo informe del Comité técnico estatal de la Administración judicial electrónica, para el ámbito de todo el territorio del Estado".

Adicionalmente, sin duda, la gran novedad es la propia definición de las actuaciones automatizadas que realiza el artículo 56 del RDL cuando señala que:

> "... 1. Se entiende por actuación automatizada la actuación procesal producida por un sistema de información adecuadamente programado sin necesidad de intervención humana en cada caso singular.
> 2. Los sistemas informáticos utilizados en la Administración de Justicia posibilitarán la automatización de las actuaciones de trámite o resolutorias simples, que no requieren interpretación jurídica. Entre otras:
> a) El numerado o paginado de los expedientes.
> b) La remisión de asuntos al archivo cuando se den las condiciones procesales para ello.
> c) La generación de copias y certificados.
> d) La generación de libros.
> e) La comprobación de representaciones.
> f) La declaración de firmeza, de acuerdo con la ley procesal..."
> Con carácter general, el apartado 4 del citado artículo establece que "... Con relación a las actuaciones previstas en este artículo, los sistemas de la Administración de Justicia asegurarán:
> a) Que todas las actuaciones automatizadas y proactivas se puedan identificar como tales, trazar y justificar.
> b) Que sea posible efectuar las mismas actuaciones en forma no automatizada.
> c) Que sea posible deshabilitar, revertir o dejar sin efecto las actuaciones automatizadas ya producidas...".

VI. ALGUNAS REFERENCIAS A LA ORGANIZACIÓN ADMINISTRATIVA AL SERVICIO DE LA INTRODUCCIÓN Y UTILIZACIÓN DE MEDIOS ELECTRÓNICOS EN EL ÁMBITO DE LA ADMINISTRACIÓN DE JUSTICIA

A) El Comité técnico estatal de la Administración judicial electrónica

La Ley 18/2011, de 5 de julio, reguladora del uso de las tecnologías de la información y la comunicación en la Administración de Justica fijó la necesidad de un órgano que asegurará la interoperabilidad de los sistemas y aplicaciones de la Administración de Justicia y la cooperación entre las diferentes Administraciones. En la actualidad, es el artículo 85 del RDL el que establece la regulación específica.

El Comité técnico estatal de la Administración judicial electrónica estará integrado por una representación del Ministerio de Justicia y de cada una de las Comunidades Autónomas con competencias en la materia y por los representantes que al efecto podrán designar el Consejo General del Poder Judicial y la fiscalía general del Estado. Se trata, así, de un órgano cuya naturaleza es compleja porque forman parte del mismo órgano administrativos diversos, un órgano constitucional y un órgano con relevancia constitucional cuya personalidad en lo instrumental se sujeta por el propio Ministerio de Justicia. No obstante, el artículo 5 del Real Decreto 396/2013, de 7 de junio, por el que se regula el Comité técnico estatal de la Administración judicial electrónica determina que en lo no previsto en la Ley 18/2011, se trata de un órgano sometido a la normativa de procedimiento administrativo común aunque admite como trámite intermedio que el citado Comité establezca sus reglas propias de funcionamiento.

Este debate se proyecta, claro está, sobre sus acuerdos que, ciertamente, en función de la presencia del CGPJ deberían ser conocidos por la Sala Tercera del Tribunal Supremo ex artículo 12 de la Ley 29/1998, de 13 de julio, reguladora de la Jurisdicción Contencioso-administrativa (LJCA). Pero para llegar a esta conclusión hay que partir de la tesis de que la presencia del CGJP es la que condiciona "el rango" del órgano que, por otro, lado, en función del resto de sus miembros tendría que ser fiscalizado por otros órganos constitucionales.

Este Comité técnico estará copresidido por un representante del Consejo General del Poder Judicial y otro del Ministerio de Justicia.

Desde una perspectiva funcional le corresponde al órgano favorecer la compatibilidad y asegurar la interoperabilidad de los sistemas y aplicaciones empleados por la Administración de Justicia, preparar planes y programas conjuntos de actuación para impulsar el desarrollo de la Administración judicial electrónica y promover la cooperación entre las Administraciones Públicas y la Administración de Justicia para facilitar la información que se precise en el curso de un proceso.

Desde una perspectiva funcional le corresponde establecer las bases para el desarrollo del Esquema Judicial de Interoperabilidad y Seguridad teniendo en cuenta que la Ley de 2011 determinaba en su disposición adicional tercera que la interoperabilidad debía producirse en el plazo de cuatro años desde la entrada en vigor de la Ley de 2011.

La regulación concreta se produce con la publicación del Real Decreto 396/2013, de 7 de junio, por el que se regula el Comité técnico estatal de la Administración judicial electrónica.

Desde una perspectiva funcional es el artículo 6 del Real Decreto 396/2013 el que fija las competencias del órgano en las siguientes en la redacción que ha propuesto el artículo 85 del RDL "...

a) Definir y validar la funcionalidad y seguridad de los programas y aplicaciones que se pretendan utilizar el ámbito de la Administración de Justicia, con carácter previo a su implantación.

b) Impulsar y coordinar la elaboración y ejecución de las iniciativas de actuación y planes conjuntos, acuerdos y convenios, en aras a lograr la transformación digital de la Administración de Justicia.

c) Promover la puesta en marcha de servicios interadministrativos integrados y la compartición de infraestructuras técnicas y de los servicios comunes, que permitan la racionalización de los recursos de tecnologías de la información y la comunicación a todos los niveles.

d) Fijar y mantener actualizado el Esquema Judicial de Interoperabilidad y Seguridad, de modo que permita, a través de las plataformas tecnológicas necesarias, la interoperabilidad total de todas las aplicaciones informáticas al servicio de la Administración de Justicia.

e) En materia de ciberseguridad judicial, velar por la seguridad de los sistemas, estableciendo el marco organizativo a través del Subcomité de seguridad, la política de seguridad y promoviendo su desarrollo normativo, así como la definición y establecimiento de criterios de valoración de referencia que permitan a las Administraciones prestacionales determinar el nivel de seguridad de cada dimensión de los sistemas de información de juzgados, tribunales y fiscalías y los niveles de riesgos propuestos por las administraciones instrumentales, en los términos que se establezcan en la normativa relativa a protección de datos y de seguridad aplicable.

f) Informar los anteproyectos de ley, los proyectos de disposiciones reglamentarias y otras normas, que le sean sometidas por los órganos proponentes y cuyo objeto sea la regulación en materia de tecnologías de la información y la comunicación de aplicación en la Administración de Justicia.

g) Aquellas otras que legal o reglamentariamente se determinen…"

Adicionalmente, el artículo 8 del Real Decreto 396/2013 admite que el citado órgano realice una función consultiva o de impulso en la cooperación en materia de Administración de judicial electrónica.

B) Esquema judicial de interoperabilidad y seguridad

La definición está contemplada en el artículo 88 del RDL cuando señala que "… 1. El Esquema Judicial de Interoperabilidad y Seguridad estará constituido por el conjunto de instrucciones técnicas de interoperabilidad y seguridad aprobadas por el Comité técnico estatal de la Administración judicial electrónica y que permitan el cumplimiento del Esquema Nacional de Interoperabilidad y del Esquema Nacional de Seguridad en el ámbito de la Administración Electrónica, recogiendo las particularidades de la Administración de Justicia que requieran una concreta regulación…".

El precepto en cuestión añade que en su elaboración se tendrá en cuenta lo establecido en los Esquema nacionales de Interoperabilidad y de Seguridad, así como las recomendaciones de la Unión Europea, la situación tecnológica de las diferentes administraciones competente en materia de justicia y los servicios electrónicos e infraestructuras ya existentes.

Esta idea concluye afirmando que se utilizarán preferentemente estándares abiertos así como, en su caso, los estándares que sean de uso generalizado por los ciudadanos.

En este contexto se añaden algunas reglas adicionales:

1. Interoperabilidad y seguridad como cualidades integrales

El artículo 89 del RDL señala que los criterios de interoperabilidad y de seguridad se tendrán presentes de forma integral desde la concepción de los servicios, sistemas y aplicaciones y a lo largo de su ciclo de vida[23].

La importancia de la interoperabilidad como pilar fundamental de la administración digital y de la justicia se deja ver también en el transversal RD-L 6/2023. Ya en el artículo 1 del RD-L, Objeto y principios, se recoge la interoperabilidad como una garantía que la Administración de Justicia debe asegurar al utilizarse las tecnologías de la información. Las referencias a esta obligación de la Administración de garantizar la mencionada interoperabilidad, como el artículo 4: "*garantizarán la prestación del servicio público de Justicia por medios digitales equivalentes, interoperables y con niveles de calidad equiparables, que aseguren en todo el territorio del Estado, al menos, los siguientes servicios: (…) b) La interoperabilidad de datos entre cualesquiera órganos judiciales o fiscales*"

Dicho artículo 4 establece también como servicios mínimos que deben garantizar, entre otros, los siguientes:

---

23 *Vid.* al respecto la contribución de Carlos GALAN PASCUAL y Carlos GALAN CORDERO, Carlos en esta obra colectiva.

"g) Un registro común de datos para el contacto electrónico de ciudadanos, ciudadanas y profesionales, interoperable con los posibles registros existentes, para facilitar el contacto de los usuarios en los distintos ámbitos de competencias.

(...)

k) Un registro interoperable en el que conste el personal al servicio de la Administración de Justicia que haya sido habilitado para la realización de determinados trámites o actuaciones en ella".

VII. LA CUESTIÓN MÁS POLÉMICA: LA INTERCONEXIÓN ENTRE LA ELECTRÓNICA Y EL ACTO O LA ACTUACIÓN MATERIAL

A) Consideraciones de carácter estructural

La introducción de técnicas de automatización ya sea en el ámbito de las funciones o de los procesos tiene algunos problemas jurídicos que, desde luego, no son exclusivos del ámbito judicial, sino que son fruto de estos procesos que afectan al conjunto de órganos administrativos.

Intentemos una sistematización de los supuestos:

1. La cuestión relativa a la competencia del órgano, del funcionario o del empleado público[24]

El conjunto del sistema administrativo gira sobre la base del principio de competencia. De esta forma, las normas legales son las que determinan a qué órgano le corresponde, con preterición de todos los demás, ejercer o realizar una determinada actuación. Por tanto, la competencia es, por un lado, una atribución de un ámbito funcional y, por otro, una inmunización frente a las injerencias que procedan de cualquier otro órgano o funcionario que pueda tener acceso al mismo expediente.

[24] *Vid.* al respecto la contribución de Antonio FORTES en esta obra colectiva.

La competencia del órgano se atribuye directamente a una persona física, en cuanto titular legítimo del mismo, por la teoría de la imputación. La teoría de la imputación superó las anteriores consideraciones y vinculaciones directamente referidas a la representación como teoría procedente del derecho privado que permite atribuir los efectos de una actuación a la esfera personal de otra porque esta última ha consentido que dicho trasvase se produjera.

Es cierto, sin embargo, que la doctrina del consentimiento no es, probablemente, la más adecuada para la atribución de facultades en el ámbito jurídico-administrativo, sino que era necesario acudir a un cierto automatismo de la relación que tome en consideración los aspectos jurídico-administrativos y, dentro de los mismos, la legalidad del nombramiento y la actuación en el margen determinado por la norma. Cuando ambos vectores se dan, la actuación en cuestión deviene legítima y se entiende realizada por el órgano en cuestión sin necesidad de un apoderamiento de carácter civil sino por el mero desarrollo de su función en los términos que establece el ordenamiento jurídico.

La aplicación de esta doctrina al ámbito jurisdiccional ha determinado, en la actualidad, que algunas actuaciones de impulso del proceso se realizan por los Letrados de la Administración de Justicia y, otras, las de carácter resolutorio se realizan por jueces y magistrados.

A partir de aquí, podemos aplicar el primero de los requisitos apuntados y determinar que la asunción de los efectos de la respectiva resolución está vinculada a la competencia y a la legalidad del nombramiento. Solo el letrado de la Administración de Justicia (LAJ) competente o el juez o magistrado según las reglas de provisión del puesto o de sustitución o ejercicio temporal podrá asumir la realización del acto en cuestión.

Pero, situados en este plano, cabe plantearse el proceso de transformación del concepto "asumir" que, hasta ahora, pasó a lo largo de la historia, de la redacción, prácticamente total, a la asunción de lo redactado por otro en el marco del poder de dirección que corresponde especialmente a los LAJ en la ordenación del proceso. Es cierto, sin embargo, que más allá de haber superado el debate de la vinculación entre autoría y responsabilidad para centrarlo en este último concepto, cabe plantearse la extrapolación en la confección realizada por funcionario o la que procede de la utilización de un sistema electrónico.

La aplicación de la doctrina de la atribución solo es válida, como antes hemos indicado, si el funcionario público responsable de la firma puede conocer las características del programa aplicado y si puede discrepar de la solución propuesta por el sistema.

2. La aplicación de programas

En línea con lo que acabamos de indicar podemos, ahora, afirmar que la utilización de procedimientos mecanizados o automatizados en base electrónica o de cualquier otro tipo exige el conocimiento de las características del programa o del sistema analizado. Muy a menudo, hemos considerado, que esta publicación de las características y requisitos de los programas, aplicaciones o cualquier otro tipo sistemas electrónicos era, esencialmente, una garantía frente al particular que con ese conocimiento era capaz de reconstruir —con ayuda pericial— la aplicación al caso concreto y si las reglas de aplicación eran las correctas.

La publicación de las aplicaciones como garantía frente a terceros es algo más evidente pero no debe empañar la importancia de dicho conocimiento en vía interna. El funcionario al que vamos a transferir la responsabilidad de un acto administrativo debe, igualmente, estar en posición de conocer si las reglas aplicadas son las correctas y si suponen una adecuada aplicación del Ordenamiento Jurídico aplicable.

Esta garantía es esencial para la atribución de efectos de lo realizado por el programa a lo asumido por el funcionario con su firma. Tengamos en cuenta que esta atribución no es algo simple ni sin efectos: tiene incidencia en el ámbito administrativo-disciplinario y, eventualmente, en el ámbito penal porque se trata de actuaciones realizadas por el funcionario en el ejercicio de su cargo.

Si la atribución se quiere realizar con efectos jurídicos plenos es evidente que a quien asume la decisión con su firma es necesario asegurarle que el programa ha producido una aplicación correcta del

Ordenamiento Jurídico, que conoce, que es ajustada al trámite que toca y que, por tanto, la atribución de responsabilidad no es una imputación carente de fundamento y de esquema de responsabilidad.

Lo contrario, esto es, hacer al funcionario inimputable porque la función ha sido realizada mediante un medio del que el funcionario no responde por falta de conocimiento es vaciar el esquema de control de las actuaciones públicas y, específicamente, vaciar el reproche penal al convertir al funcionario en inimputable. De esta forma y parodiando la literatura podríamos decir que solo nos quedaría la responsabilidad patrimonial como único elemento de garantía en la actuación patológica de la Administración Pública.

En consideración a lo anterior los dos elementos lógicos que permiten la atribución de la responsabilidad pasan por el conocimiento de las características y del sistema aplicado y la asunción personal del documento. Esto es, claro está, la firma digital, pero es cierto que la voluntad, la volición en la firma o no del documento parece el elemento central de la imputación de la responsabilidad. Si el sistema llegará a firmar deberíamos reformular el esquema de competencia del derecho administrativo y toda la teoría del órgano administrativo y, específicamente, la de su titular en cuanto responsable del documento por su firma.

La volición y la capacidad de negación o apartarse del esquema expuesto es algo esencial a la transferencia de responsabilidad del órgano a su titular y es sobre esta sobre la que hemos montado un conjunto de mecanismos de responsabilidad que, de otra forma, quedarían eliminados.

De lo contrario, no sería el órgano administrativo el protagonista de la actuación administrativa, sino que ésta será un conjunto de trámites electrónicos que aplican, mediante una aplicación o un programa, el Ordenamiento Jurídico a un supuesto previamente planteado. El responsable último no será el órgano ni, claro está, su titular sino la Administración en su conjunto y, desde la perspectiva jurídica, el principio de personalidad jurídica única que cubre al conjunto de actuaciones y de órganos que realizan la función.

3. El supuesto específico de la función jurisdiccional estrictamente considerada

Esta reflexión ya la hemos abordado y necesariamente nos corresponde remitirnos a lo que hemos indicado en razón a la aplicación de procedimientos decisionales en el ámbito de la actuación jurisdiccional. Desde nuestra consideración, que añadimos ahora para cerrar adecuadamente el círculo conceptual, solo es posible cuando el juez o magistrado tenga la capacidad de tomar la última decisión y siempre que la electrónica se mueva en una posición ancilar que no enerve ni menoscabe la capacidad última de la adopción de la decisión por parte del titular del órgano jurisdiccional.

Esta consideración de que el sistema, el programa o la aplicación no pueden llegar a producir una propuesta autónoma al margen de la voluntad o de la decisión del juez o magistrado o, incluso, del LAJ, resulta clave para entender que el modelo actual, desde una perspectiva constitucional, no admite la sustitución de la persona física —con un nombramiento legal y una habilitación para el ejercicio de la función— por un sistema que, con las características que se quiera, tenga virtualidad de ofrecer una solución jurídica que no sea, realmente, validada por el titular del correspondiente órgano administrativo.

4. La aplicación al ámbito de la Administración de Justicia

Como venimos repitiendo si hay un sector en el que la organización administrativa es con certeza compleja es, precisamente, la justicia. Se visualiza con facilidad un órgano constitucional que asume un cierto liderazgo sobre los miembros de la carrera judicial; un órgano administrativo, como es el Ministerio de Justicia que completa el régimen de los jueces y magistrados y asume el liderazgo de gestión sobre los LAJ y la planificación sobre el resto de empleados públicos; finalmente, una Administración territorial que se caracteriza por la prestación real de los elementos físicos en los que se apoya el conjunto del sistema y en los que se incluyen tanto el reclutamiento de los medios humanos como los materiales.

El sistema, sin embargo, ha tratado de poner en manos del Ministerio de Justicia y, específicamente del Comité Técnico estatal de la Administración judicial electrónica el protagonismo de los programas y aplicaciones legitimado por la presencia en el órgano del conjunto de afectados y por la determinación de que el traslado a los usuarios se produce por el órgano correspondiente.

B) La proyección sobre la validez/invalidez del acto en cuestión

Las consideraciones a las que nos acabamos de referir nos llevarían directamente al análisis de los vicios en relación con las actuaciones que no respeten los principios esenciales del acto en cuestión.

En el ámbito puramente administrativo estaríamos en el terreno de dos causas de nulidad de pleno derecho *ex* artículo 47 de la LPAC. En concreto, las que se refieren a la incompetencia manifiesta y la de prescindir total y absolutamente del procedimiento establecido (letras b y e del precepto).

La traducción de aquellas causas al ámbito jurisdiccional se produce en el artículo 238 de la LOPJ cuando señala que los actos procesales serán nulos de pleno derecho en los casos siguientes:

1.º Cuando se produzcan por o ante tribunal con falta de jurisdicción o de competencia objetiva o funcional.

2.º Cuando se realicen bajo violencia o intimidación.

3.º Cuando se prescinda de normas esenciales del procedimiento, siempre que, por esa causa, haya podido producirse indefensión.

4.º Cuando se realicen sin intervención de abogado, en los casos en que la ley la establezca como preceptiva.

5.º Cuando se celebren vistas sin la preceptiva intervención del letrado de la Administración de Justicia.

6.º En los demás casos en los que las leyes procesales así lo establezcan.

Realmente el encaje de las causas previstas en la normativa procedimental administrativa común nos llevaría directamente al supuesto previsto en el apartado 3 del citado artículo 238 de la LOPJ que se refiere, como se ha dicho, a la infracción de las normas esenciales del procedimiento siempre que por esa causa se haya podido producir indefensión[25].

Esta referencia conceptual conduce directamente al artículo 240 de la LOPJ según el cual:

> "...1. La nulidad de pleno derecho, en todo caso, y los defectos de forma en los actos procesales que impliquen ausencia de los requisitos indispensables para alcanzar su fin o determinen efectiva indefensión, se harán valer por medio de los recursos legalmente establecidos contra la resolución de que se trate, o por los demás medios que establezcan las leyes procesales.
> 2. Sin perjuicio de ello, el juzgado o tribunal podrá, de oficio o a instancia de parte, antes de que hubiere recaído resolución que ponga fin al proceso, y siempre que no proceda la subsanación, declarar, previa audiencia de las partes, la nulidad de todas las actuaciones o de alguna en particular.
> En ningún caso podrá el juzgado o tribunal, con ocasión de un recurso, decretar de oficio una nulidad de las actuaciones que no haya sido solicitada en dicho recurso, salvo que apreciare falta de jurisdicción o de competencia objetiva o funcional o se hubiese producido violencia o intimidación que afectare a ese tribunal...".

---

[25] El artículo 243 de la LOPJ establece la nulidad parcial en los siguientes términos:

"...1. La nulidad de un acto no implicará la de los sucesivos que fueren independientes de aquél ni la de aquéllos cuyo contenido hubiese permanecido invariado aun sin haberse cometido la infracción que dio lugar a la nulidad.

2. La nulidad parcial de un acto no implicará la de las partes del mismo independientes de la declarada nula.

3. El juzgado o tribunal cuidará de que puedan ser subsanados los defectos en que incurran los actos procesales de las partes, siempre que en dichos actos se hubiese manifestado la voluntad de cumplir los requisitos exigidos por la ley.

4. Los actos de las partes que carezcan de los requisitos exigidos por la ley serán subsanables en los casos, condiciones y plazos previstos en las leyes procesales...".

Finalmente, el esquema de afección a los actos procesales es el previsto en el artículo 241 que, ciertamente, se configura con carácter excepcional pero que admite el denominado incidente de nulidad de actuaciones. Específicamente, señala:

> "... No se admitirán con carácter general incidentes de nulidad de actuaciones. serlo podrán pedir por escrito que se declare la nulidad de actuaciones fundada en cualquier vulneración de un derecho fundamental de los referidos en el artículo 53.2 de la Constitución, siempre que no haya podido denunciarse antes de recaer resolución que ponga fin al proceso y siempre que dicha resolución no sea susceptible de recurso ordinario ni extraordinario.
> Será competente para conocer de este incidente el mismo juzgado o tribunal que dictó la resolución que hubiere adquirido firmeza. El plazo para pedir la nulidad será de 20 días, desde la notificación de la la resolución o, en todo caso, desde que se tuvo conocimiento del defecto causante de indefensión, sin que, en este último caso, pueda solicitarse la nulidad de actuaciones después de transcurridos cinco años desde la notificación de la resolución...".

Como se ve, la causa no opera en la legislación procesal de una forma automática. Por decirlo en términos convencionales, es el recurso el instrumento directamente llamado a subsanar los defectos de procedimiento de las resoluciones que se dicten.

Al lado de esto y con formulación de oficio se admite la nulidad de actuaciones siempre que el requisito no sea subsanable y previa audiencia de las partes en relación con la causa directamente alegada.

Fuera de este contexto general, desde luego pensado para otras realidades que no son las electrónicas, cabe plantearse cómo adaptar ambas realidades, esto es, la de considerar nulos los actos que prescindan del procedimiento y que, simultáneamente, causen indefensión.

Esta consideración se sitúa, según lo que hemos visto, en un elemento clave que es la indefensión. El problema de la indefensión es que no se trata de un concepto matemático sino de un concepto que está directamente vinculado con el derecho de defensa y, por tanto, que admite o soluciones diferentes, aunque el tipo de acto procesal sea idéntico. Esto nos lleva a indicar que la nulidad enlaza directamente con la posición de las partes y no con el tipo de acto sobre el que opera.

De esta forma, la utilización de medios electrónicos o informáticos en condiciones que no aseguren los requisitos esenciales, en los términos a los que nos hemos referido, serán o no nulos y podrá utilizarse el procedimiento procesal al que nos acabamos de referir cuando la situación a la que nos referimos pueda ser considerada como una situación que, adicionalmente a la infracción de las reglas comunes, produce una situación de indefensión.

El problema parece resuelto con esta afirmación y esta situación de conectar la invalidez con la indefensión. El problema de esta segunda que, realmente, es la determinante de la invalidez es que, ciertamente, es apreciativa y valorativa y se vincula a los efectos de la correspondiente resolución en relación con el proceso en cuestión.

Esto nos lleva indicar que de las reglas anteriores no puede deducirse un criterio general sino que el criterio está en función del respectivo vicio y del respectivo procedimiento teniendo en cuenta que estos dos últimos son los elementos más determinantes de la infracción que pueden generar la nulidad.

En este sentido, cuando se produce una situación de indefensión lo primero que cabe decir es que es reflexiva, esto es, que no se produce únicamente entre el órgano jurisdiccional y la parte sino entre las partes y el propio órgano jurisdiccional. De esta manera, la admisión de un documento, de un trámite o de una actuación que no proceda conforme a las reglas procesales no causa indefensión en los beneficiados por la resolución, pero sí en todos los demás que son partes en el procedimiento y que ven como se convalida una actuación irregular. La irregularidad del procedimiento, su convalidación expresa o su simple admisión, es un elemento que puede tener encaje en el precepto declarado porque la capacidad de defensa está vinculada a la capacidad de las partes de hacer valer sus pretensiones de anulación o de defensa en condiciones de normalidad procesal. Es predicable, por tanto, de las posiciones activa y pasiva porque cualquier admisión de una posición procesal irregular en términos procesal es digna de considerase como una situación de indefensión que no se vincula únicamente con una decisión de fondo sino con un procedimiento tramitado conforme a las garantías establecidas legalmente.

Si intentamos descender en el plano y plantearnos en qué supuesto se puede producir una situación como la descrita llegaremos a la conclusión de que la sustitución del órgano jurisdiccional por un sistema electrónico sin la participación del titular de la competencia es, claramente, una situación que puede tener encaje en los supuestos de nulidad a los que nos hemos referido porque, finalmente, suponen la sustitución del ejercicio de la competencia. Al lado de esto, el resto de las situaciones que derivan de la interacción entre los elementos electrónicos y la voluntad o la realización de trámites completos está condicionado, en el marco de la invalidez, a que la elusión de las reglas comunes produzca indefensión o que altere el régimen común del proceso y los derechos de las partes en el mismo.

Esto nos permite indicar que, al igual que ocurre en el procedimiento administrativo, no es posible de antemano extraer una conclusión única y automática en relación con las infracciones de los actos procesales que provengan de la transformación de los procedimientos en electrónicos o de la automatización o la mecanización de funciones y procesos. La actual normativa vincula la infracción con el efecto: causar indefensión y, por tanto, las partes (tanto las activas como las pasivas) vendrán obligadas a demostrar que la infracción del procedimiento se proyecta en la esfera de defensa y lo hace minusvalorando o reduciendo la capacidad de una ellas que es lo que convencionalmente hemos venido a denominar como situación de indefensión.

En todo caso, lo que parece que claramente queda en este ámbito es la sustitución material de la actuación judicial por un procedimiento en lo que, anteriormente, hemos denominado electrónica decisional. El sistema debe asegurar que realmente las decisiones son adoptadas por quien constitucionalmente tiene esta potestad tanto por la capacidad de asunción de la misma mediante la utilización de medios personales de identificación y asunción como mediante la capacidad de discrepancia con el ejercicio real de la competencia. Solo desde esta posición puede mantenerse que la sustitución de los procedimientos o de las tareas por medios electrónicos respeta el principio constitucional de juzgar y hacer ejecutar lo juzgado.

VIII. EL IMPULSO DE LA DIGITALIZACIÓN DE LA ADMINISTRACIÓN DE JUSTICIA: REAL DECRETO-LEY 6/2023

En los apartados anteriores hemos ido realizando algunas precisiones al hilo de las regulaciones preexistentes en relación con diversos elementos que conforman la nueva regulación. Conviene, sin embargo, efectuar una mínima consideración de conjunto que complete esta regulación.

Debe hacerse mención específica y desarrollada del Real Decreto-ley 6/2023, de 19 de diciembre, aprueba medidas urgentes para la ejecución del Plan de Recuperación, Transformación y Resiliencia en áreas como el servicio público de justicia, la función pública, el régimen local y el mecenazgo; al cual se ha hecho referencias varias en los anteriores apartados.

La intención y objetivo es realizar un impulso a la digitalización y uso de la tecnología. En resumen pueden señalarse las consideraciones que proceden a recogerse.

En cuanto a las medidas de Eficiencia Digital y Procesal del Servicio Público de Justicia, el objetivo es facilitar la intervención telemática de los ciudadanos en procedimientos judiciales y simplificar la relación con la Administración de Justicia. Se busca también potenciar la tramitación tecnológica del Expediente Judicial Electrónico, enfocándose en la gestión de datos en lugar de documentos.

La norma establece los derechos y deberes digitales tanto de la ciudadanía como de los profesionales que interactúan con la Administración de Justicia. Destaca el reconocimiento del derecho de la ciudadanía a un servicio personalizado de acceso a procedimientos, información y servicios de la Administración de Justicia.

Asimismo, se garantiza el derecho de los profesionales de la Abogacía, la Procura y los Graduados Sociales a que los sistemas de información de la Administración de Justicia permitan la desconexión digital y la conciliación de la vida laboral, personal y familiar, conforme a la legislación procesal vigente. Cabe señalar al respecto el famoso periodo "navideño", el cual ha sido declarado inhábil a efectos procesales.

El acceso digital a la Administración de Justicia se define en el texto, estableciendo la sede judicial electrónica como una dirección electrónica accesible a través de redes de telecomunicaciones, gestionada por las administraciones competentes en Justicia. Se detalla su creación, contenido, servicios y responsabilidades.

Se regula el Punto de Acceso General de la Administración de Justicia (en adelante, "PAGAJ"), dirigido a los ciudadanos, que contendrá la Carpeta Justicia y el directorio de sedes judiciales electrónicas, facilitando el acceso a servicios e información de la Administración de Justicia y entidades relacionadas.

Se introduce la Carpeta Justicia, un servicio personalizado en el PAGAJ, permitiendo a cada individuo acceder a sus asuntos, consultar expedientes y solicitar citas. La identificación previa será requerida y se establecerán requisitos reglamentarios con el asesoramiento del Comité Técnico Estatal de la Administración Judicial Electrónica.

Se incluyen disposiciones sobre sistemas de identificación y firma electrónicas, como un método seguro de identificación en videoconferencias, regulación de sistemas de verificación segura, firmas para el personal de la Administración de Justicia, normas de interoperabilidad, y un sistema de identificación y firma no criptográfica para aquellos sin certificado electrónico o con dificultades de uso.

El RD-L establece la regulación para la tramitación electrónica de los procedimientos judiciales, con un enfoque orientado al dato. Los sistemas de información y comunicación deben permitir la trazabilidad de cualquier acceso, creación, modificación o eliminación de información jurisdiccional por parte del personal involucrado.

Entre los aspectos destacados se encuentran:

La iniciación y tramitación electrónica para aquellos obligados a comunicarse electrónicamente con la Administración de Justicia.

El principio de orientación al dato, garantizando la entrada, incorporación y tratamiento de la información en forma de metadatos, conforme a esquemas y modelos de datos comunes e interoperables.

El concepto de documento judicial electrónico, su presentación y tratamiento según el Esquema Judicial de Interoperabilidad y Seguridad y normativas correspondientes.

El expediente judicial electrónico, definido como el conjunto ordenado de datos, documentos, trámites y actuaciones electrónicas, identificado por un número único y con un índice electrónico.

El Sistema Común de Intercambio de documentos y expedientes judiciales electrónicos, permitiendo la itinerancia y transmisión entre oficinas u órganos judiciales.

Los actos de comunicación por vía electrónica y el acceso a través del Punto Común de Actos de Comunicación para los profesionales.

Las actuaciones automatizadas, proactivas y asistidas dentro del proceso judicial.

La norma regula los actos y servicios no presenciales en el ámbito judicial, permitiendo su realización mediante presencia telemática o videoconferencia, siempre que sea factible y solicitado por el ciudadano, cumpliendo con la normativa de protección de datos. Se establecen requisitos técnicos y de garantía para preservar la inmediación judicial, definiendo los "puntos de acceso seguros" y "lugares seguros" desde los cuales se pueden llevar a cabo intervenciones telemáticas con plenos efectos procesales.

Además, se aborda la emisión de actos de juicio y vistas electrónicos, así como la protección de datos en las actuaciones registradas en soporte audiovisual.

En cuanto a los registros y archivos electrónicos de la Administración de Justicia, la norma contempla:

El Registro de Datos de contacto electrónico con la Administración de Justicia.

El Registro Electrónico Común de la Administración de Justicia.

El Registro Electrónico de Apoderamientos Judiciales.

El Registro de personal habilitado para realizar trámites electrónicos específicos dentro de la Administración de Justicia.

Respecto a los archivos, se prevé la creación de un sistema interoperable para conservar y acceder a expedientes y documentos electrónicos.

La norma también aborda la regulación del Portal de Datos de la Administración de Justicia, promoviendo un modelo de coordinación basado en la cogobernanza y el diálogo horizontal entre las administraciones competentes en Justicia. Se fortalece el papel del Comité Técnico Estatal de la Administración Judicial Electrónica y se establecen directrices para garantizar la interoperabilidad y seguridad en el ámbito judicial. Además, se introducen medidas para la eficiencia procesal mediante modificaciones en leyes procesales, adaptándolas al entorno de tramitación electrónica.

IX. BIBLIOGRAFÍA

Alamillo Domingo, I. (2020). "La nueva Ley de Servicios de Confianza y la firma electrónica cualificada obtenida por videoconferencia ¿una oportunidad para el despliegue de la Administración electrónica?", *Diario La Ley*, núm. 9740, 2020.

Cerrillo Martínez, A. y Velasco Rico, C. (2019). "Jurisdicción, algoritmos e inteligencia artificial", *20 años de la Ley de lo Contencioso-administrativo: actas del XIV Congreso de la Asociación Española de Profesores de Derecho Administrativo.* Murcia, 8-9 de febrero de 2019 (López Ramón, F. y Valero Torrijos, J., Coords.), INAOP, Madrid, 2019, pp. 291-303;

De Hoyos Sancho, M. (2021). "El uso jurisdiccional de los sistemas de inteligencia artificial y la necesidad de su armonización en el contexto de la Unión Europea", *Revista General de Derecho Procesal*, núm. 55

García Más, F.J (2020)., "Análisis de la Ley 6/2020 de 11 de noviembre, reguladora de determinados aspectos de los servicios electrónicos de confianza", *La Notaría*, núm. 3,

Gómez Padilla, R. (2016). "Artículo 27. Validez y eficacia de las copias realizadas por las Administraciones Públicas", *Régimen jurídico del sector público y procedimiento administrativo común* (Recuerda Girela, M.A., Dir.), Thomson Reuters Aranzadi, Cizur Menor (Navarra) pp. 263-275.

López, S. C., & Sánchez-Arjona, M. L. (2022). *Digitalización de la Justicia: prevención, investigación y enjuiciamiento.* ARANZADI/CIVITAS.

López, S. C., & Sánchez-Arjona, M. L. (2022). *Inteligencia artificial legal y administración de justicia.* ARANZADI/CIVITAS.

Plaza Penades, J. (2021), "Sentido y alcance de la Ley 6/2020, reguladora de determinados aspectos de los servicios electrónicos de confianza", *Revista Aranzadi de derecho y nuevas tecnologías*, núm. 55

Salmerón, M. F. (2018). Innovación y tecnología en la Administración de Justicia. Elementos para un paradigma de los derechos judiciales digitales. In *Sociedad Digital y Derecho* (pp. 835-864). Ministerio de Industria, Comercio y Turismo.

Simón Castellano, P. (2021), "Inteligencia artificial y Administración de Justicia: ¿Quo vadis, justitia?", *Revista de Internet, Derecho y Política,* núm. 33, abril.